# SPSS 统计方法体系
# 与案例实验进阶

李望晨　张利平　编著

电子工业出版社
Publishing House of Electronics Industry
北京·BEIJING

## 内 容 简 介

本书针对基础统计和高级统计方法精选了许多代表性应用案例，旨在将理论介绍、操作演示、应用情景和结果解析融合起来，由基础向高级进阶。各章节先以统计方法原理、操作步骤和应用条件引入，再由案例模仿并演示窗口或参数设置，最后科学解析结果含义。本书内容共 16 章，包括 SPSS 软件相关功能和命令，描述统计的方法，概率论相关知识，参数估计和假设检验，常见的方差分析方法，非参数检验，交叉表的检验，定类变量、定序变量和数值变量的相关分析，回归分析、ROC 曲线分析、生存分析、因子分析、对应分析、信度分析、效度分析、聚类分析及判别分析等。本书提供电子课件及案例数据，读者可登录华信教育资源网（www.hxedu.com.cn）免费下载。

本书可作为医学、管理学、教育学、社会学等大类专业本科、硕士研究生阶段的实验教学用书，也可作为进行统计学研究及应用的参考用书。

未经许可，不得以任何方式复制或抄袭本书之部分或全部内容。
版权所有，侵权必究。

图书在版编目（CIP）数据

SPSS 统计方法体系与案例实验进阶 / 李望晨等编著. —北京：电子工业出版社，2024.3
ISBN 978-7-121-46500-0

Ⅰ. ①S… Ⅱ. ①李… Ⅲ. ①统计分析－软件包 Ⅳ. ①C819

中国国家版本馆 CIP 数据核字（2023）第 194438 号

责任编辑：秦淑灵　　　文字编辑：靳　平
印　　刷：固安县铭成印刷有限公司
装　　订：固安县铭成印刷有限公司
出版发行：电子工业出版社
　　　　　北京市海淀区万寿路 173 信箱　邮编：100036
开　　本：787×1 092　1/16　印张：36　字数：921.6 千字
版　　次：2024 年 3 月第 1 版
印　　次：2025 年 5 月第 2 次印刷
定　　价：108.00 元

凡所购买电子工业出版社图书有缺损问题，请向购买书店调换。若书店售缺，请与本社发行部联系，联系及邮购电话：(010) 88254888，88258888。
质量投诉请发邮件至 zlts@phei.com.cn，盗版侵权举报请发邮件至 dbqq@phei.com.cn。
本书咨询联系方式：qinshl@phei.com.cn。

# 前　　言

　　SPSS 软件是最早采用图形菜单驱动方式实现人机交互操作的统计分析软件。它融合了数据输入、数据编辑、数据管理、统计分析和图表演示等功能，并与其他格式的数据分析软件兼容性好。用户只要了解统计学方法的基本原理和应用条件，就能借助 SPSS 软件快速完成相应的数据分析任务。正是由于 SPSS 软件具有易学、易用和易操作的特点，使其在医疗、银行、证券、金融、保险、制造、商业、市场和教育等领域得到了广泛应用。培养统计学相关专业复合型人才要"厚基础、宽口径"，也就是在培养学生数据分析能力和拓宽应用视野时，不再局限于课堂，而是将理论方法、典型案例、软件操作和结论阐述等交叉融合，以便循序渐进地引导学生从理论向实践进阶。

　　本书侧重介绍常见统计学方法的提出背景、基本原理、实施步骤或前提条件，由案例演示 SPSS 软件操作流程，呈现结果，并完整解读结论意义。

　　本书以同步衔接的讲义为立足点，尽量满足理论知识、运算步骤和应用实践模块融合的一体化要求，以发挥即学即用的工具作用。本书忽略了大部分统计分析中相关数据的单位，也没有对软件截屏图中的物理量进行标准化处理。

　　本书受到山东省研究生教育专业学位研究生教学案例库课题（SDYAL2023153）和山东省教育督导学会科研项目（166）的资助，受到山东第二医科大学研究生处领导的支持。本书借鉴了同类书籍编者观点，从结构体系和内容优化上博采众长。

　　由于本书编写时间仓促，编者水平有限，书中难免存在疏漏，敬请读者批评指正！
E-mail:443478679@qq.com。

编者

# 目 录

关于统计学的科学认识 ......................................................................................... 1

## 第1章 SPSS 软件和数据文件 ............................................................................. 9
  1.1 SPSS 软件特点 .......................................................................................... 9
  1.2 SPSS 软件与统计方法的关系 ................................................................. 10
  1.3 SPSS 软件窗口和菜单功能 ..................................................................... 11
  1.4 变量定义、数据文件的建立与导入 ........................................................ 15
    【案例实验1】 ......................................................................................... 22
    【案例实验2】 ......................................................................................... 24
  1.5 问卷调查 .................................................................................................. 26
  1.6 多种调查方法的比较 ............................................................................... 31
  1.7 样本、抽样调查和常见的方法 ............................................................... 33
    【案例实验3】 ......................................................................................... 38
  【拓展练习】 ................................................................................................... 39

## 第2章 预处理 ........................................................................................................ 43
  2.1 转换预处理 ............................................................................................... 43
    2.1.1 计算变量 .......................................................................................... 43
    2.1.2 重新编码 .......................................................................................... 44
    2.1.3 计数 .................................................................................................. 45
    【案例实验1】 ......................................................................................... 46
    【案例实验2】 ......................................................................................... 52
    2.1.4 替换缺失值 ...................................................................................... 53
    2.1.5 编秩 .................................................................................................. 54
    【案例实验3】 ......................................................................................... 55
  2.2 数据预处理 ............................................................................................... 56
    2.2.1 合并文件 .......................................................................................... 56
    2.2.2 排序个案 .......................................................................................... 58
    2.2.3 分类汇总 .......................................................................................... 58
    2.2.4 拆分文件 .......................................................................................... 59
    2.2.5 加权个案 .......................................................................................... 59
    2.2.6 个案选择 .......................................................................................... 60
    【案例实验4】 ......................................................................................... 61
  【拓展练习】 ................................................................................................... 78

# 第 3 章 描述统计 ................................................................. 81
## 3.1 数据类型 ................................................................... 81
## 3.2 数值变量的描述统计 ......................................................... 83
### 3.2.1 集中趋势 ................................................................ 83
### 3.2.2 离散趋势 ................................................................ 87
### 3.2.3 分布的形态 .............................................................. 89
### 3.2.4 探索分析 ................................................................ 90
## 3.3 计数变量的描述统计 ......................................................... 90
## 3.4 统计分组 ................................................................... 93
## 3.5 统计图 ..................................................................... 97
## 3.6 统计表 .................................................................... 103
【案例实验 1】 .................................................................. 103
【案例实验 2】 .................................................................. 110
【案例实验 3】 .................................................................. 120
## 3.7 基本统计分析报表 .......................................................... 121
【案例实验 4】 .................................................................. 122
## 3.8 多重响应分析 .............................................................. 127
### 3.8.1 多项选择题的变量定义方法 .............................................. 127
### 3.8.2 多重响应集的设置与分析 ................................................ 129
【案例实验 5】 .................................................................. 130
【拓展练习】 .................................................................... 137

# 第 4 章 随机变量及分布 .......................................................... 139
## 4.1 概率论预备知识 ............................................................ 139
## 4.2 随机变量 .................................................................. 145
## 4.3 离散型随机变量分布 ........................................................ 146
## 4.4 连续型随机变量分布 ........................................................ 148
## 4.5 随机变量的数字特征 ........................................................ 159
## 4.6 常见分布概率、累计概率和分位点的计算 ...................................... 163
【案例实验 1】 .................................................................. 164
【案例实验 2】 .................................................................. 165
【案例实验 3】 .................................................................. 165
【案例实验 4】 .................................................................. 166
【案例实验 5】 .................................................................. 168
【案例实验 6】 .................................................................. 169
【拓展练习】 .................................................................... 170

# 第 5 章 参数估计和假设检验 ...................................................... 171
## 5.1 抽样及抽样推断的相关概念 .................................................. 171
## 5.2 大数定律和中心极限定理 .................................................... 172
## 5.3 参数估计 .................................................................. 175

|         | 5.3.1 点估计 | 176 |
|---|---|---|
|         | 5.3.2 区间估计 | 177 |
| 5.4 | 假设检验的基础知识 | 184 |
| 5.5 | $t$ 检验 | 189 |
|         | 5.5.1 单样本的假设检验 | 190 |
|         | 【案例实验1】 | 192 |
|         | 5.5.2 两个配对样本 $t$ 检验 | 193 |
|         | 【案例实验2】 | 195 |
|         | 5.5.3 两个独立样本 $t$ 检验 | 197 |
|         | 【案例实验3】 | 200 |
| 【拓展练习】 | | 202 |

## 第6章 方差分析 ········· 203

- 6.1 试验设计 ········· 203
- 6.2 单因素方差分析 ········· 211
  - 【案例实验1】········· 217
  - 【案例实验2】········· 221
- 6.3 两个因素方差分析 ········· 224
  - 6.3.1 随机区组设计 ········· 224
  - 6.3.2 随机区组设计的方差分析 ········· 226
  - 6.3.3 两个处理因素的试验问题 ········· 228
  - 【案例实验3】········· 228
  - 6.3.4 析因设计 ········· 232
  - 6.3.5 两个因素析因设计的方差分析 ········· 235
  - 【案例实验4】········· 238
- 6.4 协方差分析 ········· 242
  - 【案例实验5】········· 245
- 6.5 重复测量设计的方差分析 ········· 250
  - 【案例实验6】········· 252
  - 【案例实验7】········· 256
- 6.6 正交设计的方差分析 ········· 259
  - 6.6.1 正交设计 ········· 259
  - 6.6.2 正交设计的数据分析 ········· 263
  - 【案例实验8】········· 264
- 【拓展练习】········· 269

## 第7章 非参数检验 ········· 272

- 7.1 非参数检验的特点 ········· 272
- 7.2 两个独立样本的曼-惠特尼检验 ········· 273
  - 【案例实验1】········· 274
- 7.3 多个独立样本的克鲁斯卡尔-沃利斯检验 ········· 276

　　　　【案例实验2】············································································································277
　7.4　两个相关样本的威尔科克森符号秩检验················································································279
　　　　【案例实验3】············································································································280
　7.5　多个相关样本的弗里德曼检验······························································································281
　　　　【案例实验4】············································································································283
　7.6　肯德尔和谐系数检验···············································································································284
　　　　【案例实验5】············································································································285
　7.7　单个总体的正态分布检验······································································································287
　　　　【案例实验6】············································································································290
【拓展练习】······································································································································292

## 第8章　交叉表的检验······················································································································294
　8.1　交叉表资料···························································································································294
　　　8.1.1　交叉表资料的来源和表现形式···················································································294
　　　8.1.2　交叉表资料分析方法概述·························································································295
　8.2　$\chi^2$分布定理····················································································································296
　8.3　总体分布的拟合优度检验······································································································296
　8.4　双向无序分类且属性不同交叉表的卡方检验········································································298
　　　8.4.1　两个分类变量交叉分组形成的交叉表数据结构·····················································298
　　　8.4.2　两个分类变量独立情况下的理论频数计算·····························································299
　　　8.4.3　交叉表资料卡方检验的基本步骤···············································································299
　　　8.4.4　多个总体率相等或分类构成比一致性的检验···························································301
　　　8.4.5　四格表资料的检验·····································································································302
　　　【案例实验1】············································································································304
　　　【案例实验2】············································································································307
　　　【案例实验3】············································································································310
　　　【案例实验4】············································································································312
　8.5　单向有序分类交叉表的检验··································································································313
　　　【案例实验5】············································································································314
　　　【案例实验6】············································································································316
　8.6　双向有序分类交叉表的检验··································································································319
　　　8.6.1　属性相同的双向有序分类交叉表的检验·································································319
　　　【案例实验7】············································································································320
　　　8.6.2　属性不同的双向有序分类交叉表的检验·································································321
　　　8.6.3　定量资料或定性资料差异性检验的方法汇总···························································322
【拓展练习】······································································································································322

## 第9章　相关分析······························································································································324
　9.1　定类变量的相关分析···············································································································325
　　　　【案例实验1】············································································································326
　9.2　定序变量的相关分析···············································································································327

    【案例实验 2】································································································328
  9.3 数值变量的相关分析·······················································································329
    9.3.1 散点图·····································································································330
    9.3.2 相关系数·································································································331
    【案例实验 3】································································································334
    9.3.3 斯皮尔曼秩相关系数···············································································336
    【案例实验 4】································································································337
    【案例实验 5】································································································339
  9.4 偏相关分析·······································································································340
    【案例实验 6】································································································342
 【拓展练习】·················································································································348
**第 10 章 回归分析**···········································································································349
  10.1 回归分析的特点·····························································································349
  10.2 一元线性回归分析··························································································351
    【案例实验 1】································································································363
  10.3 多元线性回归分析··························································································365
    【案例实验 2】································································································379
    【案例实验 3】································································································381
  10.4 曲线回归分析··································································································384
    【案例实验 4】································································································386
  10.5 非线性回归分析······························································································387
    【案例实验 5】································································································389
    【案例实验 6】································································································392
  10.6 均匀设计的回归分析······················································································398
    【案例实验 7】································································································402
 【拓展练习】·················································································································405
**第 11 章 ROC 曲线分析**··································································································407
    【案例实验 1】································································································411
    【案例实验 2】································································································415
 【拓展练习】·················································································································421
**第 12 章 Logistic 回归分析**·····························································································422
  12.1 分类变量的回归分析······················································································422
  12.2 二分类 Logistic 回归分析···············································································423
    【案例实验 1】································································································435
    【案例实验 2】································································································442
  12.3 Probit 回归分析·······························································································452
    【案例实验 3】································································································453
  12.4 条件 Logistic 回归分析···················································································455
    【案例实验 4】································································································456

12.5　有序多分类 Logistic 回归分析 ·········································· 459
　　【案例实验 5】················································································ 461
12.6　无序多分类 Logistic 回归分析 ·········································· 468
　　【案例实验 6】················································································ 471
【拓展练习】························································································ 477

## 第 13 章　生存分析 ·············································································· 479
13.1　生存分析概论 ·············································································· 479
13.2　寿命表法 ······················································································ 484
　　【案例实验 1】················································································ 486
13.3　Kaplan-Meier 法 ········································································· 488
　　【案例实验 2】················································································ 490
13.4　Cox 回归分析 ············································································· 493
　　【案例实验 3】················································································ 499
　　【案例实验 4】················································································ 506
【拓展练习】························································································ 508

## 第 14 章　因子分析和对应分析 ·························································· 511
14.1　因子分析 ······················································································ 511
　　【案例实验 1】················································································ 514
14.2　对应分析 ······················································································ 520
　　【案例实验 2】················································································ 523
　　【案例实验 3】················································································ 526
　　【案例实验 4】················································································ 528
【拓展练习】························································································ 533

## 第 15 章　信度分析和效度分析 ·························································· 534
15.1　信度分析 ······················································································ 534
　　【案例实验 1】················································································ 535
15.2　效度分析 ······················································································ 539
　　【案例实验 2】················································································ 540
【拓展练习】························································································ 543

## 第 16 章　聚类分析和判别分析 ·························································· 545
16.1　聚类分析 ······················································································ 545
　　【案例实验 1】················································································ 548
　　【案例实验 2】················································································ 550
16.2　判别分析 ······················································································ 553
　　【案例实验 3】················································································ 557
【拓展练习】························································································ 561

**参考文献** ······································································································ 564

# 关于统计学的科学认识

## 一、统计学的发展进程

  统计学的产生与发展经历了古典记录统计学、近代描述统计学和现代推断统计学三个阶段。人们早先专注于文字记叙，后来侧重于数量比较。原始的统计工作在人类文字产生以前就已经存在了，例如，中国古代的结绳记事法距今已有数千年历史，蕴含着朴素的统计思想。进入封建社会以后，统计阶级为了对内统治、对外战争，需要征兵征税，开始了人口、土地、财产统计，意识到统计工作对于治国强邦的重要性。在中世纪以后，欧洲产生了国势学派和政治算术学派。国势学派通过对国家人口、军队、领土、居民职业和资源财产等事项的记述，对国情或国势进行研究，但是偏重事物性质的解释而不注重数量分析，尽管提出了"统计学"之名但无统计学之实。政治算术学派主张运用大量观察法、分类分析法和对比分析法来综合研究社会经济问题。政治算术学派代表人物威廉·配第（William Petty）用数字、重量、尺度来表达问题，马克思（Marx）评价他为"政治经济学之父"，在某种程度上也可以说是统计学的创始人。政治算术学派的观点虽然无统计学之名而实为统计学之正统起源。

  17世纪，概率论起源于赌博中的赌金分配问题，后来得益于微积分学理论的成熟，概率论又极大地促进了统计学方法的发展。帕斯卡（Pascal）和费马（Fermat）解决了一个赌徒提出的分赌本问题，出版了《论赌博中的计算》，提出了数学期望、概率的加法定理与乘法定理等基本概念。凯特勒（Quetelet）将古典概率论引入统计学，用纯数学的方法提高了随机现象数量研究的准确性，为此他被称为"现代统计学之父"。克尼斯（Knise）认为，统计学是研究社会现象变动规律性的实质性科学，强调在对总体大量观察和内在联系分析基础上揭示社会现象规律。19世纪末以来，数理统计学与自然科学、工程技术科学紧密结合而广泛应用于各个领域。高尔顿（Galton）和皮尔逊（Pearson）创建了生物统计学，提出了相关分析与回归分析理论。戈塞特（Gossaert）以笔名Student在《生物统计学》杂志论文中提出了$t$分布并开创了小样本统计理论的先河。费歇尔（Fisher）系统发展了抽样分布理论，首创了试验设计法并提出了方差分析法，后人评价他是在统计学的内涵（数学基础）和外延（统计方法）及其融合方面做得最好的。内曼（Neyman）完善了置信区间估计、假设检验、非参数估计和多元统计分析的数学理论，在加利福尼亚大学创建了世界著名的数理统计中心。柯尔莫哥洛夫（Kolmogorov）在《概率论基础》一书中以测度论为基础建立了概率论的公理化定义并由此奠定了现代概率论的理论基础，成为概率论发展史上的一个里程碑。路易斯（Luiz）提出了医学观察中的抽样误差概念、临床疗效对比的前瞻性原则。威尔克斯（Wilkes）创立了多元方差分析、多项式分布等多元分析方法。随着计量经济学、教育与心理测量学等领域的需求和计算机软件技术的发展，回归分析分支获得了学术界的极大关注，自从设立诺贝尔经济学奖以来，许多获奖者研究的内容与回归分析方法都有着密切联系。时间序列分析、判别分析法、因子分析、潜变量分析、路径分析和结构方程模型都可以看作回归分析的衍生分支。

二战以后，统计学受到计算机科学、信息论、混沌理论、人工智能等现代科学技术发展的影响，几乎所有科学研究都离不开统计方法。电子计算机的普遍使用不仅提高了统计数据处理的效率和准确性，更为数据的存储、更新、检索、计算创造了一体化媒介基础。当今世界最伟大的统计学家是 C.R.Rao（美籍印度裔），他不仅经历了皮尔逊（Pearson）、费歇尔（Fisher）的大师开创时代，也经历了大数据和人工智能的迅猛崛起时代。他在百年传奇的一生中，见证了统计学逐渐发展成为一门独立的学科，预见了大数据革命以及由数学、统计学和计算机科学所构成的交叉学科，建立了数学、统计学和计算机科学前沿研究所。

不可否认，近代苏联、英、法、美、德等国家的数学家、统计学家为统计学理论方法发展做出了巨大贡献。然而，我国统计学研究起步较晚，清代学者孟森在其译作《统计通论》中写道："吾国人方将就学于日本以开统计之路，夫学问为天下之公器，在先觉者固溶，后期这亦不得为辱，……，观西人之勤勤于此者三百年，日本之急起而直追者亦四十年"。日本学者横山雅男《统计讲义录》的中译本成为我国最早的统计学教材。清末年间，我国大学统计学课程教材主要是从日文翻译或者编译过来的，其内容主要受到德国社会统计学派的影响。我国在国际统计学界概率论、统计推断和多元统计等众多领域作出世界级贡献的学者是许宝騄，他是中国科学院首批学部委员，也是统计学界唯一的一级教授。20 世纪 30 年代在重庆大学和复旦大学设立统计学系。再到后来，经济类的"统计学"与数学类的"数理统计"合并成"统计学"，归入与数学、化学、经济学等并列的理学门类。本世纪初，"应用经济学"一级学科下的"统计学"二级学科与"数学"一级学科下的"概率论与数理统计"二级学科合并为"统计学"一级学科。现如今，统计学在我国经济管理和医疗卫生应用领域得到极大发展。厉德寅是我国最早从事数理统计学和计量经济学研究的学者，是经济统计、经济计量学科的奠基人之一。郭祖超是我国医学统计学的开拓者，编著了我国第一部医学统计方法教科书《医学与生物统计方法》，为推动我国医学科学发展作出了重要贡献。

关于统计学名称的由来说法如下。"统计"最早出现于中世纪拉丁语"Status"，指各种现象的状态，其语根源于意大利语"Stato"，含有国情的意思，德国"国势学派"的代表人物阿享瓦尔在《近代欧洲各国国势学纲要》绪论中用"国家"的词根"State"创造出一个单词"Statistik"，其含义是国家显著事项的比较和记述。法国译为 Statistique，意大利译为 Statistica，而英国译为 Statistics 并被采用至今，称为专门研究搜集数据、整理数据和分析数据的方法，以及制定统计标准原则。日本在明治维新以后，将 Statistik 译为"政表""政算""国势""形势"等，19 世纪末设立统计院并将其定名为"统计"。我国清末学者钮永建、林卓南等翻译了日本学者横山雅南所著《统计讲义录》，将"统计"词汇从日本引入中国。所谓"统"具有概括、综合的意思；"计"具有计算、测量的意思。因此，"统计"具有使用数学方法表达或反映大量数据蕴含的数量规律特征的意义。

数千年前，生活经验用于描述自然现象；数百年前，理论模型或归纳法用于科学研究；数十年前，计算科学用于仿真模拟复杂现象；而今天，伴随着超级计算和大规模网络技术的发展，在海量数据的驱动下产生了科学研究的第四种范式，即数据密集型科学，统计学由传统意义上的假设驱动向基于科学数据探索转变，其特点表现为不在意数据的杂乱，而强调数据的量；不要求数据精准，而看重其代表性；不刻意追求因果关系，而重视规律的总结。维克托·尔耶·舍恩伯格在《大数据时代：生活、工作与思维的大变革》中指出，大数据时代创造力模式将实现从因果关系研究到相关关系研究的过渡。

## 二、统计学的哲学思辨

世界上多数客观事物的发展变化表现出质与量、必然与偶然的辩证统一规律。人们在认识这种规律性时，应该遵循自然现象中的哲学法则。马克思说过，一门科学只有在利用了数学的时候才达到完善的程度。恩格斯（Engels）说过，数学是已知最纯粹量的规定，但是也充满了质的差异。科幻小说家威尔斯（Wells）于一百年前发出预言，统计学思维与阅读能力一样，将会变成社会人必不可少的生存能力。统计学家 C. R. Rao 说过，在终极的分析中，一切知识都是历史；在抽象的意义下，一切知识都是数学；在理性的基础上，所有的判断都是统计学。语言学家施莱歇尔（Schleicher）说过，统计是静止的历史，历史是流动的统计。经济学家萨缪尔森（Samuelson）说过，在许多与经济有关的学科中，统计学是特别重要的。经济学家马寅初说过，学者不能离开统计而研学，政治家不能离开统计而施政，事业家不能离开统计而执业。统计学与数学之间具有千丝万缕的联系。毛泽东说过，如果不懂得注意决定事物质量的数量界限，一切都是胸中无"数"，结论就不能不犯错误。习近平说过，善于获取数据、分析数据、运用数据，是领导干部做好工作的基本功。人类学家高尔顿（Galton）说过，当人类科学在探索问题的丛林中遇到难以逾越的障碍时，唯有统计学工具为其开辟了一条前进的通道。物理学家爱因斯坦（Einstein）说过，大学教育的价值不在于学习事实，而在于训练头脑去思考；他认为提出问题比解决问题更重要，因为解决问题也许仅仅是数学或实验上的技能而已，而提出新的问题、新的可能性，从新的角度去看旧问题，却需要有创造性的想象力，这标志着科学的真正进步。统计学方法是具有应用普及意义的数据分析工具，而且统计思维能力的培养对于人的心智认知具有难得的开发作用。

统计分析工作在研究中具有定量决策的意义，但是必须结合理论分析才能认识事物的科学规律。理论研究的基本方法有两种：一是公理思维，即分析与综合、归纳与演绎、抽象与概括、证明与反驳。二是辩证思维，即在运动发展和矛盾转化中把握事物的本质属性与特征。理论研究的作用如下：对数据分析结果作出理论性说明和解释，从理论上对研究假设进行检验和论证，由具体的、个别的经验现象上升到抽象的、普遍的理论认识，根据理论分析的结果提出研究结论并解释研究成果。此外，比较思维也是方法之一，包括数量比较、质量比较、纵向比较、横向比较、形式比较、内容比较、同类比较、异类比较、结构比较、功能比较、理论与事实比较，它利用系统论关于结构与功能相互关联的原理来分析社会现象或解释自然规律，通过剖析系统内在结构来认识系统特性及其本质，通过系统与环境之间的输入输出关系来判断系统内部状况及其特性。

统计学方法能否解决各学科中的数据分析问题，不仅取决于研究者对条件判断的正确性，还取决于其有无深厚的行业应用背景。不同研究者出于不同目的，针对不同数据结构或类型特点，会对方法选择和模型设定产生影响。只有将各学科的专业知识与统计分析结果相结合，才能得出科学合理的分析结论。在社会科学研究中，鉴于问题的多样性、复杂性，统计分析方法依赖于特定假设，统计学是科学探索世界的认识论和方法学工具，用于对复杂现实的简化与抽象，不能完全代替现实。物理学家爱因斯坦曾说："数学定律不能百分之百确实地用在现实生活里，现实生活不能百分之百确实地用数学定律描述。"社会学家华莱士曾提出学术研究中的"科学环"逻辑模型，该模型包括五个方框（理论、假设、观察、经验、概括、决定接受或拒绝原假设）和六个椭圆（逻辑演绎、操作化与设计调查工具、资料整理与分析、假设检验、逻辑推论、形成概念并建立命题），形象地揭示了科学研究是理论与研究之间相互作用的提升促进过程。一方面，从观察事实入手，通过描述和解释事实形成经验并上升为理论。从理论基础上做出假设，通过观察新的事实来检验该假设。另一方面，从理论出发，由理论产生假设、由假设指导观察、由观察形成经验，支持、反对或修改理论。所谓模型就是把复杂现象加以提炼，抛掉非实质成分而将实质性内容模式化，任何模型都只能在一定程度上而不是百分之百地反映现象规律，其应用程度有待于理论和实践的检验。企图用绝对准确的、反映因果关系的模型来解释事物的现象和规律是不现实的。

## 三、统计学的学习建议

统计大致有三个含义：统计工作、统计资料和统计学。统计可以理解为一项政府工作，也可以理解为一些枯燥抽象的数据，还可以理解为包含数学公式及其算法程序的方法论课程。有人用一句话比较统计三种说法的含义：根据调查统计，城市机关单位负责统计工作的人员中四分之一以上没有学过统计学。统计工作是政府机构为满足政治、经济、社会活动需要及科学研究需要而收集数据、整理汇总、编制数据报告的活动，包括统计调查、整理、描述、分析和呈现数据的过程。统计资料是由统计工作产生的原始的、加工的、用于呈现客观现象的数字、表格和图形表达的事实。统计学是研究客观现象数量关系及其变化规律的方法论科学，涉及统计资料的收集、显示、描述和分析的方法论。

统计学是研究随机现象统计规律性的一门学科。统计学是以初等数学、概率论、线性代数和微积分知识为基础发展起来的有关术语和方法论知识的应用数学分支。统计学更是对于大数据计算与机器学习技术等新兴学科后续学习的重要预科基础。统计学围绕随机现象的数量特征（如数量表现、数量关系和数量变化）进行数据搜集、整理、分析、推断和解释，由表及里、去伪存真，由大量随机现象的偶然特征发掘或推断客观必然规律。

理论统计学以数学中的概率论为基础，从纯理论角度对统计方法加以推导和证明。理论统计学从通用方法论意义上对概率论与数理统计中基本理论的来源、性质、定理及其证明的研究，由概率论、抽样技术、试验设计、假设检验、统计决策、时间序列和博弈论等一系列学科组成。应用统计学是在实质性专门学科领域研究随机现象数量规律的科学，是理论统计学中的方法论和思想在实质学科中的交叉应用与发展，涉及如何将专业设计和统计设计结合起来，如何从资料搜集、整理、综合、归纳、表达与分析中获得结论，包括但不限于社会统计学、生物统计学、经济统计学和人口统计学等。理论统计学研究为应用统计学的发展提供了定量分析方法，为其指明了发展方向、拓宽了应用范围。应用统计学在实际案例分析中，对理论统计学的研究方向和研究目标提供了重要参考。

统计学不仅可为数据分析工作提供通用意义的工具，还有助于引导学习者在假设、反证和推断工作中养成科学严谨的思维习惯。相比于统计学理论知识积累来说，基于抽样推断视角的科研设计能力和逻辑批判能力的应用实践锻炼更有深远意义。在统计学知识学习过程中，没有轻松随意的速效秘方。统计学理论基础源自数学学科，且有推导运算的特点。以数学概念、符号和公式为主的统计学理论知识体系具有抽象性、逻辑性和严谨性等特点。统计学方法论的工具作用已经得到各行业研究者的普遍公认。但是，学习者不能仅仅把统计学定位于数据分析工具掌握或通识教育课程体系完整性要求的组成部分，还应该重视基本概念、算法原理、产生背景和使用条件的熟练掌握，在基础理论知识学习、案例操作练习或科研设计实践中付出足够精力，在触类旁通领悟和潜移默化巩固中塑造综合素质。

归纳是指由具体事例、个别情况或经验现象逐步抽象概括为原则或结论的逻辑推理形式，即从特殊到一般、从个性到共性，从具体观察到一般规律。演绎与归纳的思维模式恰恰相反，它是利用基本理论知识去认识个别或特殊现象的逻辑推理形式，即从一般到特殊、从共性到个性，从一般性理论开始，通过观察、收集和分析资料检验理论的正确性。

例如，给定一个数学命题"等腰三角形的两个底角相等"，如果按照数学中的演绎法，就要从三角形等腰的条件出发，根据几何知识严格证明任何等腰三角形的两个底角肯定相等；如果按照统计学中的归纳法，那么可以随机画出数量充分多的、大小形状不同的等腰三角形，由圆规测量每个三角形的两个底角并比较，得出确实相等的结论。总之，归纳法和演绎法属于不同认识论范畴，统计学中的归纳推理思路不同于数学中的演绎推理思路。

概率论主要涉及数学理论而具有演绎特点，而数理统计方法偏重于对实际问题中搜集与分析的数据特征进行概括而具有归纳特点。数学研究以一般形式而不是特定对象去研究数量联系和空间形式，从严格定义、假设命题和给定条件出发去逻辑推理或演绎论证，而统计学研究由自然实验或社会调查中获取随机样本，以一定概率为前提条件去总结概括或归纳列举总体性质。从事物评价标准来看，数学方法关注严谨性和准确性，而统计学方法关注适用性和可操作性。从事物评价结论来看，数学工作者喜欢给出不是对、就是错的必然性结论，而统计学工作者喜欢从概率角度出发给出也许好、也许坏的或然性结论。

在统计学教学实践中发现，学习者往往不是觉得加、减、乘、除、平方和开方等大量数学运算困难枯燥，也不是因为数学定理复杂或公式抽象而望而却步，而是难以把系统性、逻辑性的统计推断思想贯穿于实质性学科的行业应用问题中，例如，对于概率分布的数学性质、假设检验理论与专业实际问题之间的本质联系不能把握到位，不能从专业设计与统计设计充分结合的视角提出问题、分析问题和解决问题。于是，学习者不要忽视统计学方法的提出背景、数学理论和适用条件，加强对基本概念、基本原理和基本方法的领会，并且需要付出较多的时间和精力去增厚理论基础、扩大应用口径。学习者在全面深化理论学习、树立统计学思想和训练量化思维以外，既要夯实基础理论方法知识，又要突出应用、强化技能，提升学以致用的高度和深度，不限时机且循序渐进地从课堂修业向现场实战进阶。

统计学理论方法包括描述统计和统计推断两大部分，其中统计推断部分是统计学方法的灵魂，它包括了参数检验、非参数检验、交叉表检验、单因素方差分析、多因素方差分析、协方差分析、相关分析、线性回归分析、非线性回归分析、Logistic 回归分析、Cox 回归分析等高级核心成果。然而对于学习者来说，描述统计部分不是低层次的统计学，不是因为简单初级就不重要了。陈希孺院士指出，描述统计是推断统计的基础，统计观念的养成很大程度上来源于对数据的"感觉"，培养这种"感觉"是描述统计的一个重要目的。

## 四、统计学的正确使用

统计学是收集数据、分析数据并由数据提取有用信息以辅助决策的一组概念、原理和方法。在以大数据为特征的信息化时代，统计学是通用于绝大多数学科的数据分析语言。例如，在企业管理领域，无论是在生产过程质量控制中，还是在员工业务绩效考核中，统计学都发挥了重要的工具作用；在发达国家，"六西格玛管理"将统计思想、统计方法、统计数据以及企业管理与质量控制理论结合起来；在生物医学研究领域，当进行临床试验设计、生物医药实验、流行病学调查、社区人群干预时，生物医学研究领域人员都要与统计学专业人员进行合作；在科技项目技术研究的过程中，要阐明统计设计程序；在论文撰写和成果发布时，需要给出统计学方法适用条件并规范阐述专业结论；在发布医学研究领域的新发现和新成果时，需要提供统计学证据。数据收集分析工作必须在符合统计设计和方法的条件下进行。统计学思维方式和方法论应用能力的培养，为现代人适应工作、社会生活，为高等教育人才培养任务提出了新要求。在教育部强调以本科教育为本的背景下，对于经济类、管理类或医学类本科生来说，统计学课程学习要求包括储备统计学理论知识、培养统计学逻辑推断思维能力、掌握一种以上统计学软件、科学合理解读统计分析结果、读懂学术著作中的统计学结论。

统计学家被看成从无根据的理论假设或猜想到预料中的必然结局之间划出界限的人。统计学方法只能用于数据之间关系特征分析的辅助定量工具，无法代替对实际问题的专业设计与规律思考。对于统计学来说，不仅要尊重它的科学性，还要强调它的艺术性，所谓"艺术"的深层意义就是，当选择或运用统计理论方法去收集和分析数据时，要根据不同研究目的和资料特点，讲究针对性、灵活性和艺术性，不能千篇一律、生搬硬套。

统计学方法可帮助研究者从纷繁复杂的资料中提取有用信息，用于发现和认识随机现象的客观规律，却不能用于违背、改变和创造规律。统计学方法虽然具有价值中立的工具属性，但只有真实、正确、规范和熟练使用统计学方法，才能使其成为称手工具乃至魔法利器，还要明确统计学方法不是万能的，不能夸大其对于研究设计的替代作用。不可否认，在日常生活实践或科研工作中大量存在统计学方法的误用、错用、滥用、违心使用的现象。例如，缺乏科学设计计划，搜集不准确、不可靠、不全面的资料，然后希望使用精巧的统计学方法去弥补不严密研究设计或实施过程的缺陷。错误使用统计学概念、不当选择统计学方法、不合理获取样本、绘制不规范的统计图表等现象，有些是能力或专业限制造成的，有些则是明知不可为而故意为之造成的。统计学方法本身是不会说谎的，却经常被说谎者用作掩饰其恶意捏造、夸大行为或蒙蔽其造假行为的道具。有些人不重视专业设计和统计设计的关系，不关注统计学方法选择的条件，给出不规范的统计分析结果解释，甚至认为统计学方法的作用就是去装饰或美化结论。有些人不能恰当使用统计学方法而引起科研结论误用。有些人对统计学方法的使用抱有歪曲认识，就像醉汉对待街边的路灯，路灯不是用来照亮道路的，而是以其柱子支撑摇晃身体的。有些人受利益驱使或为了不可告人的企图而弄虚作假、歪曲真相，搞数字游戏，故意挑选、扭曲或篡改数据，得出貌似科学实则荒谬的结论，误导同行关注方向，恶化求真学术风气，引发了严重的负面舆情。

文献复习、试验设计计划、数据收集记录、资料整理分析、结果表达解释、报告撰写与论文发表等环节均涉及统计学问题。实践工作中问题的复杂程度超出课堂范围，存在学用脱节现象。培养专业设计和统计设计的能力、分析和解决问题的能力不能完全依赖课堂教学。如果缺乏系统的知识储备和严格的实践锻炼，不关注试验设计规划、数据资料类型和统计学方法要求，就会引起研究目标、数据分析和结论阐述之间分隔。

公开发表的论文中常见统计学方法使用或结果解读错误的情形，举例如下。

（1）对于统计学方法名称的交待不够详细，读者无法判断结论的合理性及正确性。

（2）对于计量资料和计数资料来说，不能合理选用配对设计和成组设计中的统计学方法。

（3）对于 t 检验法或卡方检验法，没有指明其属于独立 t 检验法还是配对 t 检验法、皮尔逊（Pearson）卡方检验法还是麦克尼马尔（McNemar）检验法。

（4）两个变量没有区分是定序的还是定类的，一律把交叉表的皮尔逊卡方检验法用于讨论不同类型变量构成的一致性，而不是由更为适合的交叉表秩和检验法推断其差异性。

（5）在有关总体均值、中位数、回归系数等差异性的参数或非参数假设检验问题中，把 $P$ 值越小推断为总体差异越大，而不是越有理由推断总体存在差异。

（6）结论在有统计学意义时未必有专业使用价值。例如，某种药物采用配对设计研究高血压疗效，以大样本作为观测对象，结果发现血压均值下降 2mmHg（约为 19.6Pa），经过推断发现该差异有统计学意义。实际上，如此小幅度的数值差异在临床上没有参考价值。

（7）对于四格表资料的卡方检验来说，最好以理论频数 1 或 5 作为界限，根据样本量是否超过 40 来决定是否校正或匹配其他方法。

（8）对于等级资料或不服从正态分布的数值资料，描述性分析适用于中位数和四分位数间距，而不适用于均值和标准差。如果某种类型变量的频数太少，要与邻近类型的变量合并。

（9）在多元线性回归模型中，方法应用条件、变量类型或个数、资料预处理、样本量、多重共线性诊断、自变量筛选与纳入、模型检验与调试、结论合理解释等都要关注。

（10）在 Logistic 回归分析等广义线性模型中，当变量个数很多时，最好不要直接全部纳入模型，而是事先对其进行单因素分析，初步筛选有统计学意义或有专业实际价值的变量。

综上，在科研设计和数据分析过程中，必须把握统计学方法原理和适用条件，结合专业设计和资料搜集特点选择统计学方法，回避常见错误并做出科学合理的结论。

## 五、统计学的工作步骤

从广义上讲，数据就是一切记录的事实，包括但不限于数值，也可以是符号、文字、声音、图像、视频等信息载体，甚至是来自信函、备忘录、公报、议程、提案、剪报、媒体等途径的各类文件。计算机、网络、光电技术、卫星遥感或地理信息系统等高新技术逐渐被引入数据收集工作中来。人类社会已经进入大数据时代，大数据具有体量巨大、形式多样、增长快速、深藏价值的特点，用数据说话、用数据管理、用数据决策、用数据创新成为科研工作者的必备技能之一。数据可以分为结构型和非结构型两类形态。结构型数据可以用二维表结构来逻辑表达，如数字和符号。非结构型数据不方便用二维表结构来逻辑表达，包括所有格式的办公文档（文本、图片、XML、HTML、图像、音频、视频等）。从狭义上讲，数据主要来自问卷调查和试验设计途径，表现为观测数据和试验数据，测量尺度为定类尺度、定序尺度、定距尺度、定比尺度。常规统计学方法处理的是狭义数据，这也是医药实验工作者和社会调查工作者的关注点。

本书主要介绍狭义数据的分析，关注概率论与数理统计学中经典方法的使用。对于社会科学问题，人们常以"理解"暂时的、具体的、特定的社会现实为目的，以调查设计的方式，在无人为干预情境下通过调查表或问卷搜集随机抽样数据，发现现象间共变特征，却较难发现因果特征，限制了对社会运行或行为过程规律的了解。对于自然科学问题，人们常以"发现"永恒的、抽象的或普遍的科学真理为目的，以试验设计的方式，在有人为干预的情境下通过施加处理因素、安排随机分组处理并搜集随机试验数据。样本资料是推断总体假设是否成立的决策依据。统计学是体现数量大小、数量关系、数量变动、数量界限、数量规律的一个完整严密的学科体系。统计学活动发挥了信息收集、提供咨询、实施监督、监测预警和评估决策的功能。信息收集是指把数据资料提供给决策部门和民众，说明实际情况并起到指示器作用，提供咨询是指为决策部门提供备选方案并起到参谋作用，实施监督是指运用统计手段对社会、经济、科技工作进行定量检查督导并起到警报作用。

研究目的、数据结构、变量类型和分布特征影响了选用统计学方法的合理性。研究者在制订计划时需要具备统计学理论方法素养和逻辑批判思维能力，熟练掌握相关概念、原理和条件，针对数据搜集过程中的多样结构、类型或形式，将专业设计和统计设计充分结合，以确定全面合理的研究任务。在自然科学试验和社会调查科学工作中，问题需求提出、科研方向确定、项目设计、统计学方法和结论阐述是逐步落实的。专业设计和统计设计相互联系、密切结合，不能独立关注前者而忽视后者。对于专业设计，要考虑采用什么方式、方法验证假说，以保证研究的可行性、实用性、科学性和创新性。对于统计设计，要考虑如何搜集、整理和分析数据，依靠统计学方法，让数据说话，并提供客观合理的量化证据。

统计推断并非从必然证明必然，而是从偶然发现必然。从概率角度对问题进行逻辑分析是统计推断的典型特点。即使专业设计和统计设计流程衔接、规范到位，统计分析结论也只是在某次随机抽样或随机试验基础上的概率推断而已。统计工作任务是利用有限的样本信息，对难以或不能全部观察的总体特征进行推断。抽样工作只有按照随机化原则才能得出总体信息，否则抽样推断结论很可能是片面的，甚至是无效的。抽样推断结论具有统计学意义时并非一定有专业参考价值，还要与实际密切联系，才能确定对于决策是否具有专业的参考价值。专业工作者应该制订周密严谨的试验设计方案和数据分析工作计划，准确选择统计学方法，合理阐述统计分析结果，确定符合专业性和可读性的决策结论。

统计分析工作有如下四个基本步骤。

（1）数据的搜集准备。数据是统计分析的对象和事物规律探索的材料，主要来源于专题调查、试验设计、计划报表、共享网络资料和学术文献（图书、报刊、文件、论文、科技报告）等。在自然科学试验设计和社会科学专题调查中，应合理设计抽样调查方案或科学选择试验设计类型，控制抽样的代表性或试验条件，以获得质量较高且数量充分的代表性样本，合理确定变量类型，为统计学方法的选择提供条件。

（2）数据的加工整理。搜集数据以后，要检查数据的完整性、准确性、适用性或时效性，实施审核、修订、纠错、清洗、核对、筛选、分组和汇总整理，完成变量编码、转换、合并、排序、汇总、拆分、选择、加权、编秩等数据或转换的预处理工作。

（3）数据的统计分析。根据研究目的和数据资料类型分析，通过描述性指标计算、统计图绘制、参数估计、假设检验、方差分析、相关分析、回归分析、判别分析、聚类分析或生存分析等模块，探讨数据蕴含的特征、性质、规律或联系；阐述变量集中趋势或离散趋势，初步了解分布特征，由统计图和统计表直观演示或可视化比较，推断多个总体的参数或分布差异，筛选有统计学意义的影响因素并解释实际含义。统计学方法适用条件的满足不仅依赖于研究目的，更大程度上依赖于数据结构、变量类型与分布特征。

（4）结果的解读及呈现。根据数据类型和研究目的科学选择统计学方法，在软件协助下完成数据分析的全过程，结合专业经验解读结果并且得出决策结论。

# 第 1 章　SPSS 软件和数据文件

## 1.1　SPSS 软件特点

统计学方法的实现离不开数学运算。电子计算器只能用于完成某些指标（如求样本均值、标准差和相关系数等）的简单统计计算。统计分析软件不仅为数据搜集、检索、整理和存储搭建了人与机器交互的平台，也能迅速运行和全面呈现在原理或算法上十分复杂的方法，为各行业应用中的数据分析工作提供便捷的实施空间。常见的统计分析软件有 SPSS、SAS、Stata、R 等。这些软件的用法有不同特点，有的侧重代码编程、运行和调试，有的侧重交互式窗口驱动环境下的菜单选择和参数设置。Stata、SAS 和 R 软件是以专业性强的模块化批处理编程为特点的，学习成本大，掌握门槛高。SPSS 软件具有易学、易用和易操作的强大优势，各行业用户体验满意度好，成为数据分析师、科研人员和决策者的得力助手。

统计分析软件操作包括命令行执行、编程运行、菜单或对话框交互、混合运行等方式。

命令行执行方式是指首先由用户逐句提交命令，然后由软件系统逐条执行这些命令的操作方式，以 Stata（Statistics、data 合成词）软件为代表。Stata 软件具有简单易懂、功能强大的特点，受到初学者和高级用户的欢迎，尤为适用于计量经济学领域建模问题。

编程运行方式是指需要用户事先具备编程语言和语法规则的学习基础，由用户批量提交命令，然后由软件系统一次性执行这些命令并批量输出结果的操作方式，以 R 软件和 SAS 软件为代表。该方式能够按照程序自动进行多步骤的复杂数据分析，即使分析计算的时间较长，分析步骤较多，也都能够自动完成，无须人工干预。R 是自由免费、源代码开放的可编程软件，包括数据存储和处理系统、矩阵数组运算工具、统计分析、统计制图，以其简便而强大的编程语言而受到专业用户青睐。SAS 软件多用于高级用户的集成化、模块化的大型组合式系统，依靠编程语言实现数据访问、存储和管理，统计分析的模块功能十分强大，基于批量式操作的特点而提升了工作效率，成为高级用户的最爱。但是对于初学者或普通用户来说，SAS 软件使用的缺点包括价格昂贵、源代码不开放、难与其他开源软件集成交互、程序学习成本高、调试难度大。

菜单或对话框交互方式是指把操作命令封装于后台，通过变量选入、菜单或按钮点选的可视化操作获得输出结果的操作方式，以 Windows 操作系统为代表。

混合运行方式是指在使用菜单的同时编辑程序，是菜单或对话框交互运行和编程运行方式的综合，首先利用菜单方式，选择统计分析的菜单和选项，然后将其转换成命令程序，经过编辑修改后一次性提交执行。该方式不需要对窗口菜单操作进行人工干预，摆脱了编程运行方式要熟记命令和参数的制约。SPSS 软件以菜单或对话框交互方式为主、以混合运行方式为辅。随着 SPSS 软件服务领域扩大、深度增加，从功能上由单一的统计分析软件向为企业、教育、科研、政府等行业提供服务的综合产品延伸，于是社会科学统计程序（Statistical Program for Social Sciences）改名为统计产品和服务解决方案（Statistical Product and Service Solutions）。

SPSS 软件自 1968 年产生以来历经数次改版，Windows 版本于 1992 年出现，17.0 是公认完善的版本，现已出现 29.0 版本。IBM 公司在 2009 年收购了 SPSS 公司，IBM SPSS 软件的国际化名称从那时起沿用至今。

　　SPSS 软件有类似 Windows Office 家族软件的操作特点，是最早采用图形菜单驱动方式来实现人机交互操作的统计分析软件。SPSS 软件依据窗口菜单和对话框驱动界面实现常见统计学方法的数据分析功能，将数据输入、数据编辑、数据管理、统计分析和图表演示等功能集成为一体，与其余格式的数据分析软件兼容性好。用户只要了解统计学方法的基本原理和应用条件，就能借此快速完成相应的数据分析任务。正是 SPSS 软件的易学、易用、易操作且大众可及性等优点，使之成为普通用户数据分析的入门级软件，在医疗、银行、证券、金融、保险、制造、商业、市场和教育等行业得到普及与推广应用。SPSS 软件与 R 或 Python 等其他软件实现对接，调用某些程序模块并丰富、扩展了高级功能。SPSS 软件提供了强大开放的接口功能，支持读取或导入事先保存在 Epidata、Excel、SAS、Stata、Dbase 或文本等软件中与之不同格式的数据文件，便于迅速读取其他数据库中的海量数据。

　　SPSS 软件功能丰富、兼容性强、扩展性好、易用性强，已成为各行业普通用户首选的入门级统计分析软件。在使用 SPSS 软件时，大量复杂专业的程序命令被封装于后台，用户几乎只要通过鼠标拖拽、点击菜单和对话框选择就能完成相应操作，如逐级选择菜单，在对话框中选择变量、参数。SPSS 软件的操作和参数设置界面直观形象，具有简便易学的特点。使用 SPSS 软件会给用户带来贴心感受。在学习 SPSS 软件时，无须记忆参数命令，减少了掌握编程语言所花费的精力或时间成本。SPSS 软件表格可读性强，容易导出与保存，受到了初学者或非专业用户青睐，是用于统计学方法实现的常规软件。SPSS 软件的新方法更新速度慢。SPSS 软件即便增加了某些数据挖掘方法（如神经网络），但是也不能被看作标准的数据挖掘技术平台。由于 SPSS 软件的对话框式操作具有机械刻板的特点，即每次进行对话框式操作时都要从头开始逐步单击菜单命令或设置参数，所以 SPSS 软件难以胜任更专业、深层次、大批量、重复性的数据分析任务，难以适应复杂建模环境，不要对其使用范围和深度有过高期望。

　　在教材编写工作、教学培训工作或用户使用习惯的引导下，大多数用户往往过度关注 SPSS 软件图形化分级菜单或对话框互动功能，对于 SPSS 软件的语法编程功能感到很陌生。实际上，即使前者包含了 SPSS 软件中 90% 的功能，但是还有 10% 的功能必须通过编程方式才可以实现。因此，对于统计学高级专业用户来说，这部分功能仍然很值得深入学习。

## 1.2　SPSS 软件与统计方法的关系

　　方法是根本，软件是工具，应用是目的。统计学软件只对烦琐流程起到简化作用。在实际应用 SPSS 软件时，学习者必须储备深厚的统计学方法知识。统计学方法和 SPSS 软件彼此分工、衔接互补。统计学方法内容包括基础理论知识积累、批判思维能力培养、适用条件综合验证和实际资料解读分析。SPSS 软件在专业设计和统计学方法选择基础上，把复杂而烦琐的算法流程放入暗箱。只要合理选择统计学方法，就能通过 SPSS 软件的菜单和参数设置界面，运行软件并列述统计分析结果，科学解释实际问题中蕴含的统计规律性。

　　学习者务必重视统计学方法和 SPSS 软件的主次顺序与衔接关系。如果没有扎实的统计学方法理论基础，就难以发挥 SPSS 软件数据分析的独特工具效力；如果不掌握 SPSS 软件的操作技巧，对统计学方法的使用就会受到限制；如果不重视对统计学方法的学习，那么就会陷入"一学就会、一会就用、一用就错、一错就懵"的怪圈。学习者虽然不必按照理工类院校"概率论与数理统计"课程要求的那样重视数学理论推导过程，但是也要坚信数学理论推导过程对于统计学方法的融会贯通和精准把握具有深远意义，理应全面理解数学理论推导过程而不只关注琐碎知识片段的记忆，既要理解概念，又要动手实践。从统计学理论知识体系构建和逻辑思维能力培养的要求来看，学习者既要会"品菜"，也要明白如何"做菜"，还要熟练区分"菜谱"的优缺点，这样才能优选和匹配适合给定"烹饪"条件的"菜谱"。

总之，在学习统计学的过程中，"理论方法"→"软件工具"→"应用实现"符合循序渐进的认知规律。通过使用统计学软件，可以省去烦琐的计算过程，可以在统计学方法与实践应用之间搭建直接通达的桥梁。统计学方法与实践应用的密切联系需要夯实和强化。即使学习者对统计学方法不关心或缺少兴趣，也不要将统计学方法与实践应用脱钩。学习者要明确统计学方法的应用条件，关注案例的情景分析、观摩示范、结论阐述和报告撰写。对于各级菜单命令选择、变量选入和参数设置，学习者只要会仿照工具书上的案例即可。

大多数同类书籍采用手册介绍的编写风格，过分关注菜单命令选择的演示和参数功能设置的解释，往往选用简单案例，而这与实践应用中可能出现的复杂情形差距较大。有些同类书籍只是罗列输出表格，对于统计学方法的原理与适用条件一笔带过、缺少解读。对于大量有统计分析方法应用需求，又不了解统计分析方法如何使用的读者造成了困难。

本书将统计学方法原理条件、实验操作示范和案例应用分析需要一体化贯通起来，这样更有利于初学者对于统计学方法的复习巩固、辩证区分、规范使用，消除生搬硬套或乱选误用的现象。本书兼顾统计学方法的复习回顾、软件操作流程的演示和输出结果的详细阐述，确定框架结构，形成脉络体系，从而帮助教师在教学过程中发挥"我做你看、我带你做、你做我看"的作用，引导学生模仿观察、分解练习、完整试做、反馈纠错，从方法与软件、理论与实践结合的角度，成为提高授课、自学或答疑效果的友好帮手。

## 1.3 SPSS软件窗口和菜单功能

SPSS软件从17.0开始的版本基本完善了常见统计学方法功能。对于满足中低端层次统计分析任务需求的绝大部分普通用户来说，使用SPSS软件20.0及以下版本即可。SPSS软件高版本在窗口、语法和某些个别功能上进行了扩展。高级用户如果需要调用R、Python等第三方软件接口的编程扩展功能，那么需要安装最新版本。目前，IBM公司已经推出了SPSS软件29.0版本。SPSS软件还提供了中、英、德、法、日、俄等11国语言，使用者可以通过主菜单"编辑"下拉的"选项"实现不同国家语言界面的切换。

**1. 软件启动、退出**

用户安装SPSS软件时需要关注其版本与Windows系统版本的兼容性，明确Windows系统是32位的还是64位的，以免出现无法安装或安装以后不能运行的情况。用户可以通过双击计算机桌面上的快捷图标来启动SPSS软件，也可以通过单击"开始"菜单任务栏或锁定任务栏中的SPSS Statistics选项来启动SPSS软件。通过主菜单中的退出命令或右上角的关闭按钮来实现窗口的关闭。SPSS软件主界面风格跟Office家族的Excel软件相似。

**2. 菜单栏**

主菜单逐级单击、下拉或展开主菜单得到二级或三级子菜单，并可根据直观可视化的变量选择和按钮点选流程，顺利完成常见的数据分析任务。

下面介绍常见的主菜单和子菜单，以把握功能使用时的核心框架或脉络。

（1）文件（File）：包含新建、打开、保存和打印等子菜单。

（2）编辑（Edit）：包含剪切、粘贴、插入个案（变量）、查找、替换和选项等子菜单。

（3）视图（View）：包含设置字体、网格线切换、值标签切换等子菜单。

（4）数据（Data）：包含排序个案、合并文件、分类汇总、拆分文件、选择个案和加权个案等子菜单。

（5）转换（Transform）：包含计算变量、个案排秩和替换缺失值等子菜单。

（6）分析（Analyze）：包含报告、描述统计、比较均值、一般线性模型等子菜单，涵盖绝大部分统计分析方法，如方差分析、相关分析、回归分析、聚类分析、判别分析、因子分析、对应分析或生存分析等方法。对于社会调查问题，常用描述统计和回归子菜单；对于自然科学试验问题，常用描述统计、回归和一般线性模型子菜单。实际上，还有小部分统计学方法功能须由编程方式实现。

（7）图形（Graphs）：图表构建程序或旧对话框等子菜单用于绘制统计图。常见的统计图包括散点图、饼图、条图、直方图、箱线图、线图、茎叶图或面积图等。

主菜单如图 1-1 所示。常见的子菜单如图 1-2 所示。

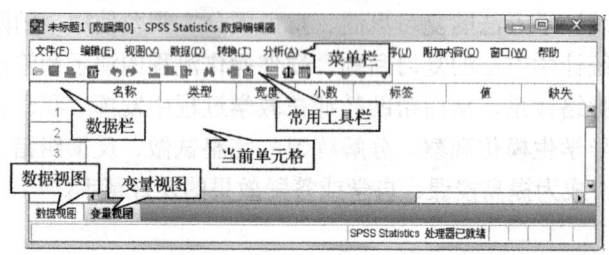

图 1-1　主菜单

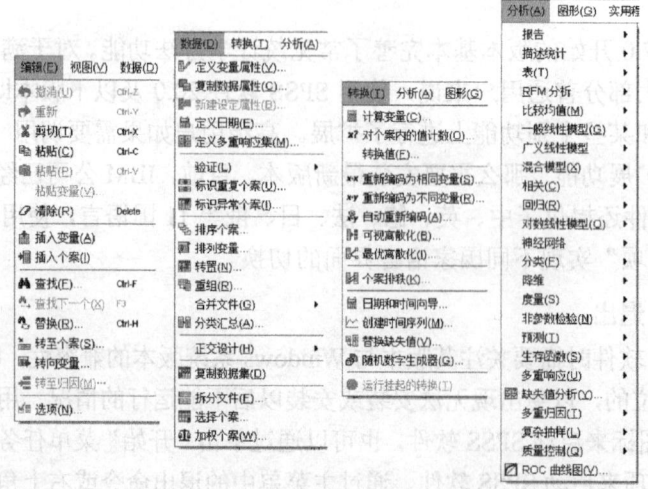

图 1-2　常见的子菜单

## 3. 工具栏

工具栏位于菜单栏的下面。在工具栏中，大量常用的功能依次通过图形按钮的形式呈现。按钮未激活时显示为灰色，表示处于不可用状态；按钮激活以后，可以对其进行设置。当把光标放在按钮上面时，将会自动弹出相应功能名称。工具栏中快捷菜单的含义如图 1-3 所示。

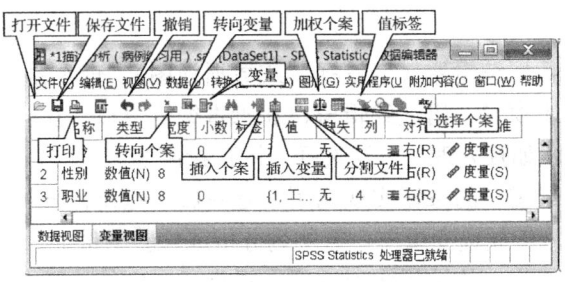

图 1-3　工具栏中快捷菜单的含义

## 4. 变量视图和数据视图

数据文件打开以后，系统在数据编辑区左下方给出供用户选择切换的、表格形式的两种窗口：变量视图、数据视图。

变量视图用于变量定义。在变量视图中，上方显示结构特征，左侧为排列序号，下方依次列出等待设置的结构框架，包括变量名称、类型、宽度、小数、标签、值、缺失、列、对齐和度量标准，如图 1-4 所示。数据视图用于根据变量类型、标记缺失值、定义值标签输入数据，如图 1-5 所示。"数据视图"窗口与 Excel 软件的窗口很相似，即行与列交叉形成的二维平面表格形式。

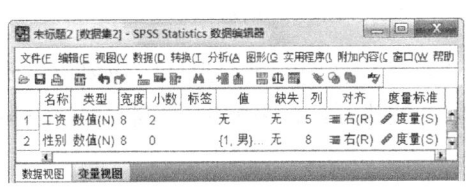　　

图 1-4　"变量视图"窗口　　　　图 1-5　"数据视图"窗口

在数据视图中，当数据量很大时，可在下方或右侧用鼠标拖动的方式，将屏幕分成 2 个或 4 个部分，同时生成 2 个或 4 个滚动条。当拖动某个部分滚动条时，其他部分将会处在冻结状态，这类似 Excel 软件的冻结窗格功能。数据视图的分屏如图 1-6 所示。

图 1-6　数据视图的分屏

"变量视图"和"数据视图"窗口相似、功能不同，应注意区分。当单击"变量视图"或

"数据视图"按钮时,该按钮就会以亮黄底色显示,表示已选中,此时可以设置相应内容。在数据视图和变量视图中,表中网格线默认为显示状态。通过单击主菜单视图,也可以在已选择网格线或反向选择网格线的方式之间切换,从而对表中网格线进行显示或隐藏。在数据视图中,下侧有左右滚动条,右侧有上下滚动条,以便于显示不同位置的数据。

### 5. 多级窗口设置

一级窗口通常是指数据编辑器(变量视图或数据视图)、查看器(结果输出窗口),以及高级用户使用的图表编辑窗口、语法编辑窗口和脚本编辑窗口。在一级窗口中,可以完成丰富多样的关键项目设置,如预处理、方法选择、图形绘制等。

二级窗口由其上一级窗口的按钮实现调用,是完成某些统计分析功能的主要窗口。在二级窗口中,左侧为数据库的候选变量框,右侧为分析或检验变量框。

三级窗口由其上一级窗口的按钮实现调用,提供了指定统计学方法参数设置的细节。在该窗口中,多数情况下采用默认设置,有时须更改设置。

一级、二级、三级窗口如图1-7所示。

图1-7 一级、二级、三级窗口

三级窗口设置完毕后,如果单击"继续"按钮,则会返回二级窗口。此时,如果在二级窗口中单击"确定"按钮,则运算步骤开始执行,结果输出窗口将会自动弹出或更新。

### 6. 查看器

查看器是用于查看统计分析结果的输出窗口。查看器左侧是树形结构的导航目录区,当单击目录前的"+""-"符号时,可以将目录展开或折叠;查看器右侧是内容显示区,包括命令文本、报表或图形等结果详细报告;在下方和右侧分别有纵向、横向的滚动条。两个区域彼此无影响,可随意调整大小,目录区与内容区红色箭头的指示内容对应。

查看器如图1-8所示。

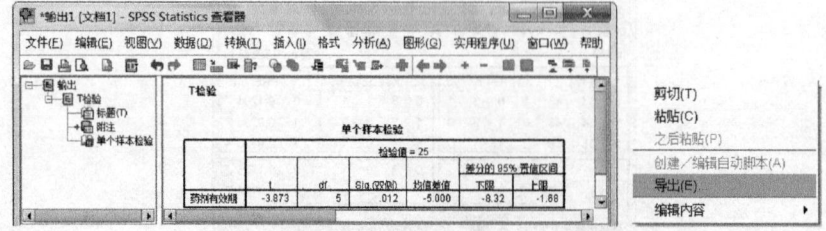

图1-8 查看器

当用户选择菜单、设置对话框和执行程序命令时,在查看器的内容区可以呈现丰富多样的统计分析结果。例如，显示排序个案、加权个案、拆分文件、选择个案等预处理命令是否生效，以枢轴表形式列出均值、标准差等描述性统计量，以及分类变量的单组或交叉分组频数，绘制饼图、散点图或直方图等。查看器随着操作进程而自动创建、弹出和更新，其默认的文件保存类型为*.sav。

查看器的内容区显示的报表是枢轴表。用户双击报表后，可以将其激活并完成个性化的编辑和修改。用户双击图形后，也可以将其激活并且完成个性化的编辑和修改，如更改图形的比例、字体、字号、颜色，删除和添加图形的某些元素等。查看器的内容区中的文本、报表或图形允许被复制、剪切到 Word、PowerPoint 等文档中。查看器也允许被导出并暂时保存为*.doc 或*.pdf 格式文件，以便用户有空的时候对其解读和分析。

**7. 变量列表框和按钮**

二级窗口提供了变量列表框。变量列表框的左侧为候选变量列表；变量列表框的右侧为分析变量列表。列表框中的变量以"度量尺度+变量名标签+变量名"三段式结构显示。

变量选入按钮的功能是把候选的变量从候选变量列表中选入分析变量列表中。当选中变量时，变量选入按钮就会从未被激活的浅灰状态变成激活待用的深色反显状态。当变量通过变量选入按钮选入分析变量列表后按住左键，双向拖放该变量到窗口中适合的位置。当反方向选择或双击时，都能将变量从分析变量列表中退回候选变量列表。变量可以被逐个选入分析变量列表。当按住 Shift 键时，可以选入连续的多个变量；当按住 Ctrl 键时，可以选入间断的多个变量。如果变量个数很多，可以拖动滚动条将其显示出来，然后再进行选择。

在某些二级或三级窗口中，会出现一些常用按钮，如继续、确定、重置、取消或帮助等按钮。在某些二级窗口中，还会有统计量、保存、绘图或选项等按钮，而当单击这些按钮以后，往往会弹出用于模型参数选择或反向选择的三级窗口。

候选变量列表、变量选入按钮及标准按钮如图 1-9 所示。

图 1-9　候选变量列表、变量选入按钮及标准按钮

## 1.4 变量定义、数据文件的建立与导入

当数据文件尚未建立时，多数菜单处于无法使用的浅灰色状态。数据文件的建立或编辑有两种途径：① 根据原始数据资料，直接在 SPSS 软件环境下依次完成变量定义、编码赋值和数据输入，建立全新的而且符合 SPSS 软件格式的数据文件。② 将其他格式（如记事本、Excel、EpiData）的电子文件导入并间接转换为 SPSS 软件格式的数据文件。

## 1. 变量定义

根据原始数据资料，定义变量、输入数据并建立数据文件。把来自调查或试验的数据资料转换为 SPSS 软件要求的数据结构形式，确定变量的结构信息，如设置变量名称、变量类型、变量名标签、变量值标签、缺失值、度量标准。变量类型主要包括数值、日期、设定货币和字符串。其中，数值最常用，字符串或日期次之，其他变量类型少用。字符串变量分析困难，最好提前改为编码形式。日期变量可以被看作特殊的数值变量。变量类型如图 1-10 所示。

### 1) 不同变量类型的定义特点

（1）一般字符串的定义特点：可以包含文字、符号等信息；默认宽度为 8 位，每个汉字占 2 个字符，可存入 4 个汉字。此类变量中字母大小写会被区分，难以编码和统计分析，常用于个案标识、个数不多的情况，如姓名、编号或户籍等。字符串变量常用于数据核查、合并、排序、选择等数据预处理，通常不参与统计分析和计算。

（2）日期的定义特点：必须按指定的日期格式输入，并且注意格式转换，如图 1-11 所示。

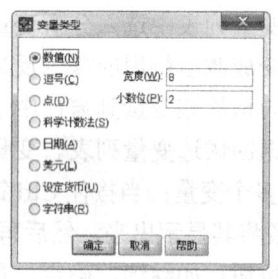
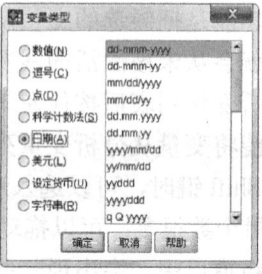

图 1-10　变量类型　　　　　图 1-11　日期的定义

例如，如果指定格式为 yy/mm/dd，那么"1990 年 6 月 12 日"被输入为"90/06/12"。

日期变量无法直接参与运算，通常由日期函数预处理转换为数值变量。例如，定义起点时间和结束时间，由计算变量中的日期差分函数计算差值，生成数值变量。

（3）一般数值的定义特点：默认宽度是 8 位，数值的小数部分默认显示 2 位；当数值输入以后，按照四舍五入规则显示用户指定的位数，也可以只显示数值的整数部分而不显示小数部分。当然，数值的小数部分显示位数不会影响数值存储的完整性和结果分析的准确性。

### 2) 变量个数

（1）一个变量：从所有备选项中只选择其中一个选项。例如，专业分为工科、理科、文科，要求选择一种专业，变量个数是 1 个，变量类型为数值，可以直接输入备选项的编号，并把小数部分位数设置为 0（只显示整数部分）。

（2）任意个数变量：从所有备选项中任意选择不限定个数的选项。例如，晚餐有米饭、馒头、水果、蔬菜、米粥、啤酒，要求任意选择一种以上种类，变量个数等于全部备选项个数，变量类型为数值，可以直接输入备选项编号。如果备选项事先根据是否选中而标记 1 或 0，那么可以直接输入数码 1 或 0，并把小数部分位数设置为 0（只显示整数部分）。

（3）限定个数变量：从所有备选项中任意选择个数固定的选项。例如，选修课程分为美术、哲学、摄影、雕塑，要求选择其中两门课程，变量个数等于指定选项个数，变量类型为数值，可以直接输入选项编号，把小数部分位数设置为 0（只显示整数部分）。

3) 变量名及说明

变量名是数据文件中不同变量区分的唯一标识。当通过问卷收集数据时，应保证变量个数充分多，以涵盖问卷涉及的全部观测信息。在数据文件中，不能重复出现名字完全一样的变量。虽然个案的变量值可以被复制、粘贴，但个案的变量名不能重复出现。变量名中的英文字母大小写不会被加以区分。变量名的首字符必须是字母和汉字，后面可以是任意字母、数字、句点，某些保留字段不能作为变量名，如 ALL、AND、BY、EQ、GE、GT、LE、LT、NE、NOT、OR、TO、WITH 等。变量名可用字母、汉字或字符"@""#""$"开头，不能以数字开头，不能有空格和特殊字符"！""？""-""+""=""*"，不能以"."" _ "结尾。变量名的定义规则不必过多记忆，一般在尝试中使用即可。变量名为默认名称时，自动以 VAR 开头并以数字补足 5 位，如 VAR00001。早期版本变量名长度限制为 8 个字符，后来版本限制为 64 个字符，但是实际做法上仍然要求变量名尽量简短以便于区分。如果变量的名称太长，反而会导致在统计分析时难以辨认和快速选择。

当资料复杂和变量个数多时，变量名不妨越简短越好，再为其设置长度限定在 256 个字符以内的变量名标签。变量名和变量名标签在候选变量列表中同时显示。在查看器中，将以变量名标签代替变量名显示。变量名标签是对变量名含义的进一步解释说明，增强了变量名含义解释和统计分析结果的可读性。变量名标签只用于解释变量名含义，无论是否设置或如何设置都不会影响统计分析结果的准确性。对于变量个数很多的情形，适合以词语、首字母缩写或"字母+数字序号"搭配方式进行变量命名。例如，当问卷篇幅很长或量表条目很多时，需要定义大规模的变量，这时不妨以"字母+数字序号"作为命名方式，其优点是用户能从海量资料中迅速定位指定问题，极大提高了变量选择和统计分析的效率。

4) 变量值标签

变量值标签用于对分类变量不同类别取值含义的解释说明，不仅明确了数据的含义，也增强了统计分析结果的直观可读性。每个类别含义与某个数码之间建立一一对应关系。例如，性别"男=1，女=2"，患病"是=1，否=0"，满意度"不满意=1，不确定=2，满意=3"。变量值标签设置的过程就是对分类变量的不同类别依次编码的过程。当分类变量经过值标签设置以后，变量类别以给定数码而不是字符的形式输入，而在查看器（输出窗口）中，变量类别会以标签名显示出来。实际上，这种以数码输入的做法不仅提高了数据快捷录入效率，减少工作量，还会使结果解读形象化，便于统计分析。因此，一般来说建议设置值标签。无论是否设置或怎样设置变量值标签，都不会对统计分析结果的准确性有影响。

分类变量常见形式包括二分类资料、无序多分类资料和有序多分类资料。二分类资料或无序多分类资料统称定类资料。例如，性别分为男和女，疗效分为有效和无效，行业分为工、农、兵、学、商，而这些类别在实际上没有大小、程度或顺序的区别意义。有序多分类资料又称定序资料、等级资料或半定量资料，类别之间认为是等距的，具有程度、大小或顺序的区分意义。例如，治疗效果分为治愈、显效、有效、无效，考核等次分为优秀、良好、中等、较差。有时候，为了满足统计学方法的适用条件，有序多分类资料也可以丢弃类别差异信息而看作无序多分类资料。分类资料（二分类资料、无序多分类资料或有序多分类资料）在 SPSS 软件中允许被定义为字符串型，甚至在度量标准中默认即可，即度量、有序、名义忽略更改，但是某些方法（如对应分析、秩和检验法）要求在 SPSS 软件中将有序多分类资料定义为数值型，在度量标准中修改为"有序"而不是"名义"。建议对度量标准进行合理设置。

在问卷调查工作中，利用选择题搜集应答信息的做法很常见。选择题表现形式较多，例如，从给定的所有备选项中只选出一个选项的单项选择题，以及任选一个及以上或必须选择固定个数的多项选择题，其变量值标签定义的方式不一样。对于只有两个备选项的单项选择题，可以根据这两个备选项的情况将变量值标签设置为 1，0；对于有多于两个备选项的单项选择题，可以根据备选项序号将变量值标签依次设置为 1，2，3，4…。多项选择题一般根据多重响应分析法的要求定义变量，包括多重二分法或多重分类法，其中多重二分法最为常见，其做法是把多项选择题中的每个备选项都定义为一个变量，变量值标签设置为 1，0，其中数值 1 指这个备选项被选中了，数值 0 指这个备选项没有被选中。

**2. 建立数据文件**

建立 SPSS 软件格式的数据文件包括变量定义和数据录入环节，一般先定义变量，再输入数据。只要打开 SPSS 软件就会自动新建一个空的数据文件。用户也可以单击菜单左上角的"新建"按钮并生成一个空的数据文件，在窗口左上角显示文字"未标题 1[数据集 0]"。所谓"未标题"是指数据暂时存储在一个未给标题的数据文件中。当使用 SPSS 软件对数据进行统计分析时，将会按照"数据集 0"的名称标识该数据文件。

1) 变量视图中的设置

单击"变量视图"按钮以切换到"变量视图"窗口，并在此窗口中进行变量定义。变量结构框架的每列给出了有关变量的结构信息，依次是名称、类型、宽度、小数、标签、值（变量值标签）、缺失值、列、对齐和度量。变量定义如图 1-12 所示。

（1）名称：变量名以字母、汉字或@开头，允许使用汉字、字母或下画线。

（2）类型：变量类型一般默认为数值，其次为字符串或日期。

（3）标签：变量名标签用于注释说明变量名。

（4）值：变量值标签，用于注释说明类别含义。

在"视图"主菜单中，选择或反向选择"值标签"选项，如图 1-13 和图 1-14 所示。

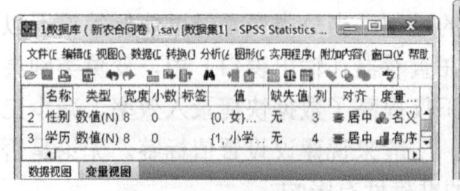

图 1-12　变量定义

图 1-13　选择"值标签"选项

图 1-14　反向选择"值标签"选项

（5）宽度：允许输入的最大位数，一般默认为 8 位。

（6）小数：变量值的小数部分显示的位数，并按照四舍五入显示，一般默认为 2 位。

（7）缺失值：可以不设置，也可以事先标识为特殊值，如-1、9999。

系统将缺失值自动默认为无效，并在统计分析时以某种规则自动排除或过滤掉所在个案。

说明：数值型变量中的缺失值用圆点"."表示，字符串变量中的缺失值默认为字符串。如果回收问卷中有未填写内容，在录入数据时可以跳过。如果提前统一设置特殊代码以标记缺失值，系统会在统计分析时把它与正常数据区分对待。这样的特殊代码最多可以设置 3 个，也可以设置一个区间及其以外的一个离散值作为标记。

缺失值设置如图 1-15 所示。

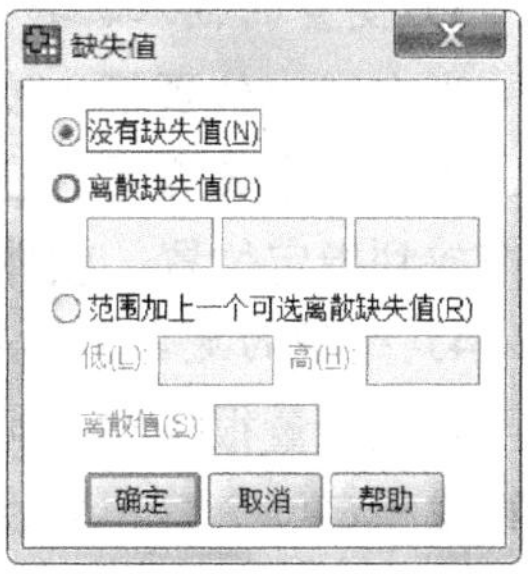

（8）列宽：每列变量值的宽度，一般为默认值。

图 1-15　缺失值设置

（9）对齐：每列变量值的对齐方式，一般为默认值，如居左、居右和居中。数值型变量默认右对齐，字符串变量默认左对齐。

（10）度量：包括名义、有序和度量，用于区分定类、定序和数值资料。

2）数据视图中的设置

用户根据数据视图中的设置，实现变量或个案的定位、插入、剪切、粘贴、清除、拖动。单击"数据视图"按钮以切换到数据视图窗口，这个窗口非常类似于 Excel 软件，可以根据变量值标签逐行输入相应数码。每行给出一个个案，每列给出一个变量，在行、列交叉位置的单元格中输入数据。当单击单元格时，可以把当前单元格激活并显示为深色。当单击上、下、左、右方向键"↑""↓""←""→"时，可以分别激活指定位置的单元格，并在激活的单元格中输入新数据、修改或删除原数据。为了提高数据输入效率，可以逐行录入数据，即在每次录入 1 个数据后就单击 Tab 键，从左往右在同行中移动光标，同时单击小键盘上的数字键以输入数据；也可以逐列录入数据，即在每次录入 1 个数据以后就单击 Enter 键，从上往下在同列中移动光标，同时单击小键盘上的数字键以输入数据。

当数据量很大时，为了避免数据录入差错，可以采用双录入法，然后由计算机对两次建立的数据集逐条比对，由计算机程序进行逻辑审核以发现错误。

SPSS 软件允许存储数量庞大的变量和个案。来自 Word、Excel、PPT 等软件表格中的数据资料允许被直接复制或粘贴到某个变量名称下方的数据单元格中，但是当粘贴表中文字到 SPSS 软件时，会丢失并显示为缺失数据，这是由于变量被事先定义为数值型而只能接受数值形式的数据。用户根据变量值标签设置的要求，不妨提前通过查找或替换方式把文字转换为数值，再将其整列复制并粘贴到单元格中，以快速建立 SPSS 数据文件。例如，在 Excel、Word 软件的电子表格中，性别标记为文字形式"男""女"，只有将其替换为数值"1""2"或"0""1"形式，才能将其逐列复制并粘贴到数据视图中变量名的下方。

如果电子表格中变量的数据事先按行排列，那么在将其粘贴入 SPSS 软件之前必须对其进行转置预处理。虽然 SPSS 软件也提供了"转置"命令，但是在 Excel 软件中进行转置操作更为便捷，其做法是选中指定的矩形数据块，将其复制后，在右键快捷菜单中单击"选择性粘贴"选项，然后生成转置以后的矩形数据块，经过任意剪切、粘贴或拼接组装后留用。如果数据资料是附带空格或标点、格式统一或结构整齐的文本形式的，那么事先通过 Word 软件中"表格"主菜单下拉的"转换"菜单，将其由文本转换成表格，即生成数据文件备用的电子表格。总之，熟练操作常见办公软件对于各类数据资料的编排整理很重要。

3）变量的插入、移动或删除

当在指定位置插入变量时，可以在右键快捷菜单中单击"插入变量"选项。当删除变量时，可以选中该变量并在右键快捷菜单中单击"清除"选项。当移动变量时，可以将其选中并拖放到指定位置。软件允许用户连续性或间断性选中多个变量。

4）个案的定位、插入或删除

当数据量很少时，可以直接在数据视图中通过拖动右侧滚动条或键盘的方向键等方式手动查找和定位个案。当数据量很多时，可以按照指定的查找和定位条件找到个案。

当在指定位置插入个案时，可以在右键快捷菜单中单击"插入个案"选项。当删除个案时，可以选中该个案并在右键快捷菜单中单击"清除"选项。当移动个案时，可以将其选中并拖放到指定位置。允许连续或间断性选中多个个案。

以上操作可以使用编辑主菜单的下拉菜单（如剪切、复制、粘贴、插入变量、插入个案）实现。此外，编辑主菜单还提供了"查找""替换""转至个案""转向变量"菜单命令。当然，也可以用"Ctrl+X""Ctrl+C""Ctrl+V"等组合键实现以上操作。当操作错误时，还可以持续单击"撤销"选项，直到恢复为以前的正确状态为止。"编辑"主菜单中的下拉菜单如图1-16所示。

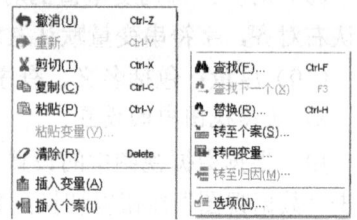

图1-16 编辑主菜单的下拉菜单

5）数据的保存

当用户输入或修改数据时，由于SPSS软件没有自动保存的功能，因而要注意随时单击"保存"按钮或按Ctrl+S组合键进行保存操作，以免在断电或计算机死机时发生数据丢失现象。在SPSS软件中，数据文件默认类型为*.sav，且每个变量中的结构信息和数据信息都能被完整保存下来。当前数据文件如果曾被存储过，那么单击"保存"按钮时将被直接覆盖更新，而文件名称和保存路径默认不变。当前数据文件如果不曾被存储过，单击"保存"按钮时将会弹出"另存为"窗口，以提示用户设置保存路径及名称。

### 3. 不同格式文件导入

原始数据资料有时并没有按照SPSS软件要求的格式保存，如以Excel电子表格或记事本格式输入并存储的原始数据资料、以问卷星搜集的网络调查资料、纸质问卷资料预先录入整理到EpiData软件中的电子数据等。由于不是SPSS软件格式的数据文件，这些数据资料几乎不能参与复杂而深入的统计分析，通常将其导入SPSS软件并完成格式转化以后再进行分析。

*.sav格式文件与一般格式文件不同，无法被其他常见格式的软件直接读取，即被其他软件读取时通用性差。当*.sav格式文件另存为其他格式文件时，变量结构信息（如变量名标签、变量值标签和度量等）就会丢失。实际上，SPSS软件能够满足大规模变量或个案的存储要求，而且通过"变量视图"和"数据视图"切换来定义变量和输入数据是常见做法。

当尚未建立任何格式的电子版文件时，用户可以直接定义变量、输入数据，建立*.sav格式文件并保存下来。SPSS软件有很强的开放性和友好性，方便读取其他格式文件，如Excel、记事本、问卷星、EpiData、Stata和SAS等格式的电子数据文件。通过在SPSS软件相应的对话框中进行可视化操作，可以读取或打开由以上格式存储过的数据文件，再逐步根据流程步骤将其间接转换为SPSS软件格式所需要的数据文件。

为了提高在SPSS软件中导入其他格式文件的效率，最好对*.txt或*.xls格式文件进行事先排版，且通常把变量放在初始文件的第一行。例如，当打开 Excel 格式文件时，SPSS 软件将会自动扫描，并且可以通过对话框从多个 Excel 格式文件工作簿中进行选择，然后默认或更改 Excel 格式文件中指定某个部分区域的数据。下面举例介绍，分别将 Excel（*.xls）格式文件或记事本（*.txt）格式文件导入 SPSS 软件中，转换格式以后存储为*.sav 格式文件。

1）以 Excel（*.xls）格式文件为例

单击"文件|打开|数据"菜单命令，在"文件类型"下拉菜单中，选择"Excel（*.xls,*.xlsx）"选项，将显示的数据文件"2 打开 Excel 格式文件（成绩）.xls"选入"文件名"文本框中。经过逐步操作设置后，自动生成*.sav 格式文件，如图 1-17 和图 1-18 所示。

说明：当用 SPSS 软件读取 Excel 格式文件时，该文件不能是打开状态，否则会出错。

图 1-17 打开*.xls 格式文件的设置

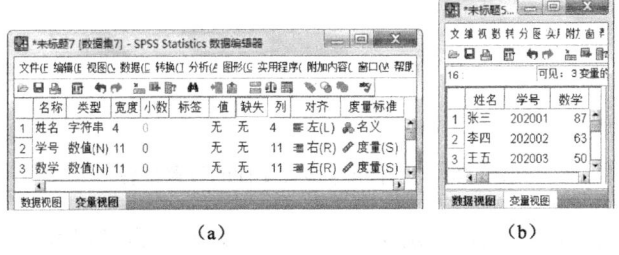

图 1-18 由*.xls 格式文件生成的*.sav 格式文件

2）以记事本（*.txt）格式文件为例

单击"文件|打开|数据"菜单命令，在"文件类型"下拉菜单中选择"文本格式（*.txt，*.dat）"选项，将显示的数据文件"打开 txt 格式文件（成绩）.txt"选入"文件名"文本框中。经过逐步操作设置后，自动生成*.sav 格式文件。如图 1-19 所示。

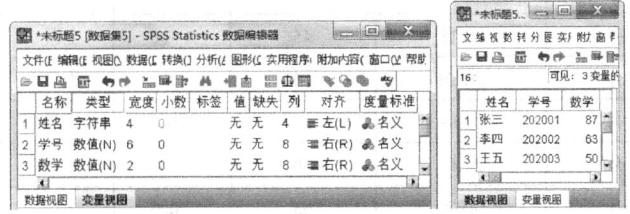

图 1-19 由*.txt 格式文件生成的*.sav 格式文件

操作设置过程如图 1-20 所示。

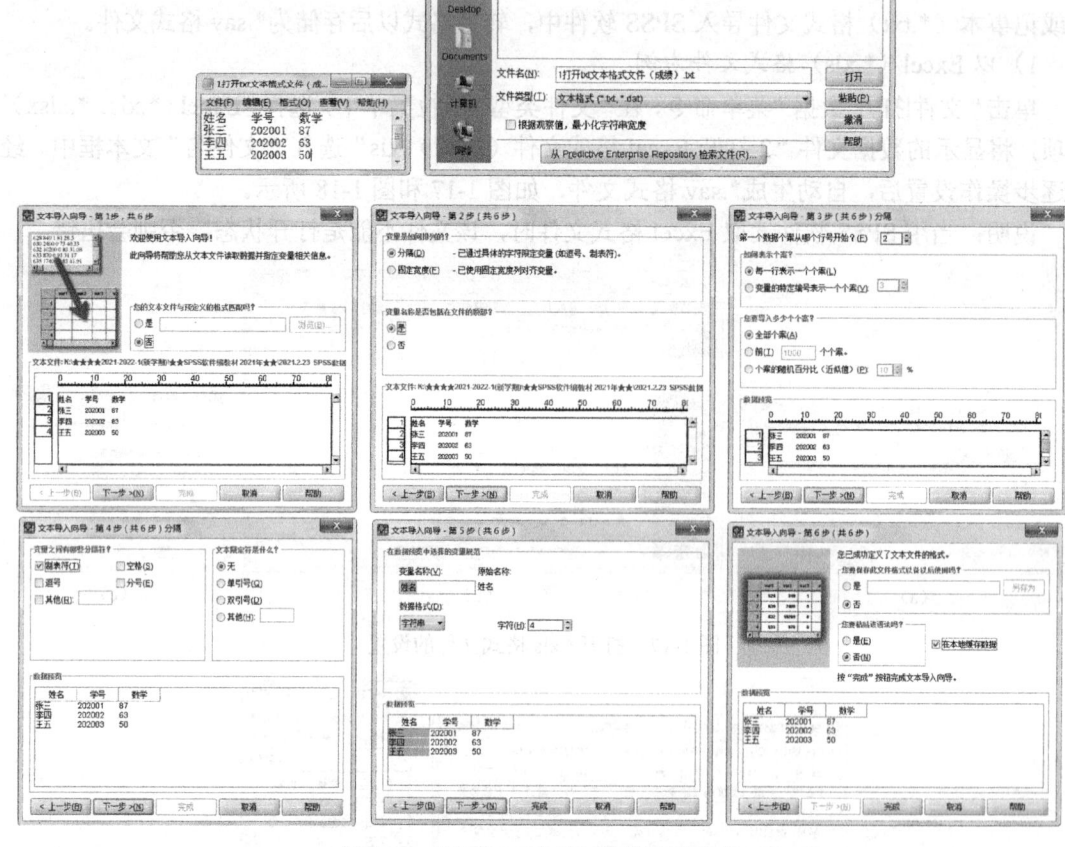

图 1-20 打开*.txt 格式文件的设置过程

【学习目标】掌握在 SPSS 软件中定义变量、输入数据、建立和保存数据文件的方法。

# 【案例实验 1】

某医院病例的数据资料如表 1-1 所示。变量定义如表 1-2 所示。建立数据文件。

表 1-1 某医院病例的数据资料

| 编号 | 性别 | 肾周积液 | 结石表面积/mm² | 手术时间/min | 灌注量/ml | 肾部位 | 结石侧肾盂压力/cmH₂O |
|---|---|---|---|---|---|---|---|
| 1 | 女 | 有 | 69.08 | 115 | 7 400 | 上段 | 105.32 |
| 2 | 男 | 有 | 43.18 | 45 | 4 500 | 上段 | 110.63 |
| 3 | 女 | 有 | 112.26 | 56 | 4 900 | 上段 | 170.85 |
| 4 | 男 | 有 | 91.89 | 90 | 3 500 | 上段 | 120.64 |
| 5 | 男 | 有 | 27.48 | 80 | 5 000 | 上段 | 130.65 |
| 6 | 女 | 有 | 141.30 | 65 | 7 000 | 上段 | 140.58 |
| 7 | 男 | 有 | 91.85 | 78 | 4 700 | 上段 | 132.64 |
| 8 | 女 | 有 | 77.72 | 85 | 6 000 | 上段 | 160.53 |

续表

| 编号 | 性别 | 肾周积液 | 结石表面积/mm² | 手术时间/min | 灌注量/ml | 肾部位 | 结石侧肾盂压力/cmH₂O |
|---|---|---|---|---|---|---|---|
| 9 | 女 | 无 | 81.68 | 60 | 1 000 | 上段 | 135.65 |
| 10 | 男 | 无 | 37.70 | 90 | 2 300 | 上段 | 152.12 |
| 11 | 女 | 无 | 65.94 | 58 | 3 600 | 中段 | 67.83 |
| 12 | 女 | 无 | 105.98 | 110 | 4 300 | 中段 | 75.68 |
| 13 | 女 | 无 | 27.49 | 90 | 800 | 中段 | 90.83 |
| 14 | 女 | 无 | 70.65 | 40 | 1 500 | 中段 | 110.64 |
| 15 | 男 | 无 | 290.28 | 30 | 2 000 | 中段 | 100.74 |
| 16 | 女 | 无 | 68.78 | 55 | 4 500 | 下段 | 96.72 |
| 17 | 女 | 无 | 42.39 | 60 | 3 800 | 下段 | 109.45 |
| 18 | 女 | 无 | 49.46 | 50 | 3 000 | 下段 | 96.56 |
| 19 | 男 | 无 | 56.52 | 55 | 1 800 | 下段 | 89.89 |
| 20 | 女 | 无 | 98.91 | 48 | 2 600 | 下段 | 80.73 |

表 1-2 变量定义

| 变量名 | 变量值标签 | 变量类型 | 输入第一个个案数据 |
|---|---|---|---|
| 编号 | 不设置 | 字符串 | 1 |
| 性别 | "男"=1、"女"=2 | 数值 | 2 |
| 肾周积液 | "无"=0、"有"=1 | 数值 | 1 |
| 结石表面积 | 不设置 | 数值 | 69.08 |
| 手术时间 | 不设置 | 数值 | 115 |
| 灌注量 | 不设置 | 数值 | 7 400 |
| 肾部位 | "上段"=1、"中段"=2、"下段"=3 | 数值 | 1 |
| 结石侧肾盂压力 | 不设置 | 数值 | 105.32 |

【数据文件】

切换到"变量视图"窗口,定义变量"编号",类型为字符串;定义变量"性别""肾周积液""结石表面积""手术时间""灌注量""肾部位""结石侧肾盂压力",类型均为数值;定义变量值标签"男"=1、"女"=2,"无"=0、"有"=1,"上段"=1、"中段"=2、"下段"=3,如图1-21所示。切换到"数据视图"窗口,依次输入每个变量的数据,如图1-22所示。

图 1-21 "变量视图"窗口

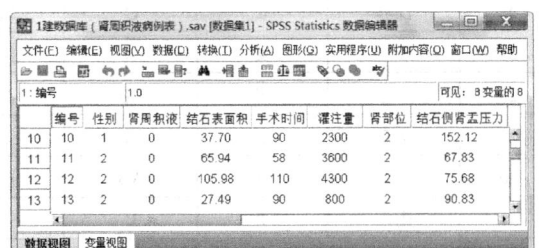

图 1-22 "数据视图"窗口

## 【案例实验2】

某医院病例的数据资料如表1-3所示。变量定义如表1-4所示。

表1-3 某医院病例的数据资料

| 编号 | 籍贯 | 性别 | 血型 | 职业 | 糖尿病史 | 胆固醇/mmol/l | 疗效 |
|---|---|---|---|---|---|---|---|
| 1 | 山东 | 男 | B | 工人 | 无 | 4.63 | 有效 |
| 2 | 广西 | 男 | AB | 商人 | 无 | 5.4 | 好转 |
| 3 | 山东 | 男 | B | 工人 | 无 | 6.12 | 无效 |
| 4 | 湖北 | 女 | A | 商人 | 无 | 5.4 | 显效 |
| 5 | 天津 | 男 | AB | 农民 | 有 | 4.63 | 好转 |
| 6 | 江苏 | 女 | O | 农民 | 无 | 5.4 | 无效 |
| 7 | 辽宁 | 女 | A | 工人 | 有 | 4.63 | 显效 |
| 8 | 江苏 | 女 | O | 农民 | 无 | 5.4 | 无效 |
| 9 | 辽宁 | 女 | A | 工人 | 有 | 5.6 | 显效 |
| 10 | 广西 | 男 | AB | 商人 | 无 | 5.33 | 好转 |
| 11 | 山东 | 男 | B | 工人 | 无 | 4.63 | 显效 |
| 12 | 广西 | 男 | AB | 商人 | 无 | 4.63 | 好转 |
| 13 | 山东 | 男 | B | 工人 | 无 | 4.63 | 有效 |
| 14 | 广西 | 男 | AB | 商人 | 无 | 4.63 | 好转 |
| 15 | 山东 | 男 | B | 工人 | 无 | 6.12 | 好转 |
| 16 | 山东 | 男 | B | 工人 | 无 | 4.63 | 无效 |
| 17 | 辽宁 | 女 | A | 工人 | 有 | 4.63 | 无效 |
| 18 | 广西 | 男 | AB | 商人 | 无 | 4.63 | 好转 |
| 19 | 山东 | 男 | B | 工人 | 无 | 4.63 | 好转 |
| 20 | 广西 | 男 | AB | 商人 | 无 | 5.6 | 好转 |
| 21 | 山东 | 男 | B | 工人 | 无 | 5.6 | 无效 |
| 22 | 湖北 | 女 | A | 商人 | 无 | 5.8 | 显效 |
| 23 | 天津 | 男 | AB | 农民 | 有 | 4.63 | 无效 |
| 24 | 江苏 | 女 | O | 农民 | 无 | 5.33 | 显效 |
| 25 | 辽宁 | 女 | A | 工人 | 有 | 4.63 | 好转 |
| 26 | 江苏 | 女 | O | 农民 | 无 | 7.45 | 无效 |
| 27 | 辽宁 | 女 | A | 工人 | 有 | 5.6 | 有效 |
| 28 | 广西 | 男 | AB | 商人 | 无 | 5.4 | 好转 |
| 29 | 山东 | 男 | B | 工人 | 无 | 5.8 | 有效 |
| 30 | 广西 | 男 | AB | 商人 | 无 | 4.63 | 好转 |
| 31 | 山东 | 男 | B | 工人 | 无 | 5.4 | 显效 |
| 32 | 广西 | 男 | AB | 商人 | 无 | 5.4 | 好转 |
| 33 | 山东 | 男 | B | 工人 | 无 | 5.4 | 好转 |

续表

| 编号 | 籍贯 | 性别 | 血型 | 职业 | 糖尿病史 | 胆固醇/mmol/l | 疗效 |
|---|---|---|---|---|---|---|---|
| 34 | 山东 | 男 | B | 工人 | 无 | 5.33 | 有效 |
| 35 | 辽宁 | 女 | A | 工人 | 有 | 4.63 | 显效 |
| 36 | 广西 | 男 | AB | 商人 | 有 | 5.33 | 好转 |
| 37 | 山东 | 男 | B | 工人 | 有 | 4.63 | 有效 |
| 38 | 广西 | 男 | AB | 商人 | 有 | 4.63 | 好转 |
| 39 | 山东 | 男 | B | 工人 | 无 | 4.63 | 显效 |
| 40 | 湖北 | 女 | A | 商人 | 有 | 4.63 | 显效 |
| 41 | 天津 | 男 | AB | 农民 | 有 | 5.6 | 好转 |
| 42 | 江苏 | 女 | O | 农民 | 无 | 4.63 | 显效 |
| 43 | 辽宁 | 女 | A | 工人 | 有 | 4.63 | 无效 |
| 44 | 江苏 | 女 | O | 农民 | 无 | 4.63 | 无效 |
| 45 | 辽宁 | 女 | A | 工人 | 有 | 5.6 | 有效 |
| 46 | 广西 | 男 | AB | 商人 | 有 | 5.6 | 好转 |
| 47 | 山东 | 男 | B | 工人 | 有 | 5.6 | 有效 |
| 48 | 广西 | 男 | AB | 商人 | 有 | 5.8 | 好转 |
| 49 | 山东 | 男 | B | 工人 | 无 | 4.63 | 显效 |
| 50 | 广西 | 男 | AB | 商人 | 有 | 5.4 | 好转 |
| 51 | 山东 | 男 | B | 工人 | 有 | 5.8 | 有效 |
| 52 | 湖北 | 女 | A | 商人 | 有 | 5.4 | 显效 |
| 53 | 天津 | 男 | AB | 农民 | 有 | 5.8 | 好转 |
| 54 | 江苏 | 女 | O | 农民 | 无 | 5.6 | 显效 |
| 55 | 辽宁 | 女 | A | 工人 | 有 | 4.63 | 显效 |
| 56 | 江苏 | 女 | O | 农民 | 无 | 5.8 | 无效 |
| 57 | 辽宁 | 女 | A | 工人 | 有 | 4.63 | 有效 |
| 58 | 广西 | 男 | AB | 商人 | 有 | 4.63 | 好转 |
| 59 | 山东 | 男 | B | 工人 | 有 | 5.4 | 有效 |
| 60 | 广西 | 男 | AB | 商人 | 无 | 4.63 | 好转 |

**表1-4 变量定义**

| 变量名 | 变量值标签 | 变量类型 |
|---|---|---|
| 编号 | 不设置 | 字符串 |
| 籍贯 | 不设置 | 字符串 |
| 性别 | "男"=1、"女"=2 | 数值 |
| 血型 | "A"=1、"B"=2、"O"=3、"AB"=4 | 数值 |
| 职业 | "工人"=1、"农民"=2、"商人"=3 | 数值 |
| 糖尿病史 | "有"=1、"无"=0 | 数值 |
| 胆固醇 | 直接输入 | 数值 |
| 疗效 | "无效"=1、"好转"=2、"有效"=3、"显效"=4 | 数值 |

【数据文件】

打开 SPSS 软件，切换到"变量视图"窗口，定义变量"编号""籍贯"，类型均为字符串；定义变量"性别""血型""职业""糖尿病史""胆固醇""疗效"，类型均为数值；定义变量值标签"男"=1、"女"=2，"A"=1、"B"=2、"O"=3、"AB"=4，"工人"=1、"农民"=2、"商人"=3，"有"=1、"无"=0，"无效"=1、"好转"=2、"有效"=3、"显效"=4。

切换到"数据视图"窗口，建立数据文件，如图1-23所示。

(a) 　　　　　　　　　　　　(b)

图 1-23　数据文件

实验案例1保存的数据文件为"1建数据库（肾周积液病例表）.sav"。
实验案例2保存的数据文件为"1建数据库（病历资料表格）.sav"。

## 1.5　问卷调查

社会科学早期从哲学中分化出来，研究方法以理性思辨为主，数学或统计学等定量方法的应用远远比自然科学落后，后来出现的实证研究与定量方法建立了密不可分的联系，对社会现象之间的复杂联系进行定量分析是社会学研究从思辨走向实证的突出特点。

在社会科学研究中，经常使用调查、实验、文献和访问等方法。其中，调查是兼有定性与定量分析特点的方法。定性分析侧重于事物含义、特征和本质认识，以理论构建、逻辑判断、文字描述为主，源于经验主义范式并且具有归纳特点。资料搜集分析多用文献法、观察法、个案法、访谈法、德尔菲法、头脑风暴法和 SWOT 分析法。定量分析侧重于测量、计算和比较，为理论检验提供数量参考依据，以严谨的数理逻辑、推理论证程序，更为完整、客观、准确地把握人类社会及思维的本质规律，源于实证主义范式并且具有演绎特点。定量分析多用问卷法、量表法、测量法、实验法、观察法、数学建模法和统计分析法。

由于社会现象错综复杂，许多混杂因素无法被量化，而且个体特征也很难进行同质化，所以研究者倾向于通过问卷调查的方式进行大量观察。调查工作包括确定调查目的、对象和范围，设计调查表内容项目，筛选测量指标，确定抽样调查方法，估计样本量，资料搜集整理分析等。例如，通过文献评述、专家咨询和小组研讨，考虑调查组织形式，确定目标人群、样本量、对象纳入或排除标准。在调查工作中，把专业设计、问卷拟定、动员培训、组织协调、进度协调、地域划分、经费预算、现场实施、数据输入和统计分析等环节看作系统工程，研讨拟解决的关键问题，尽量在每个步骤都减少误差，全面制定质量控制措施。

问卷即调查表，是根据研究目的或理论假设设计的系统周密、编排有序、经济便利的，由一系列调查项目、备选答案及说明组成的结构化问题清单，是调查工作中信息搜集的工具或载体。问卷调查及资料分析为社会科学研究从定性走向定量、从思辨走向实证提供了关键的物质手段。问卷常用于商业机构对消费者的了解、政府部门对社会情况和民意的了解，以及卫生健康机构对居民健康习惯或疾病暴露因素的研究。例如，调查高血压患者有无高血压家族史，近期血压是否稳定，列举高血压并发症有何危害，对感知症状（如头晕、疲劳感和失眠）量表进行打分，近期是否坚持正常服药，今后是否打算坚持每天服药等。

问卷设计是指根据调研目的列出需要了解的项目，利用一定格式把问题有序排列以后形成调查表，这项工作决定了后续研究的成败。问卷提供了数据搜集的标准化和统一化程序。一个新问题完整框架的提出比解决它更为重要，研究者要有远见卓识和开创精神，要花费精力去检索、征询、访谈和论证，进行严密的专业设计和统计设计，并通过查阅文献、咨询专家、反复研讨，保证变量筛选的全面性、数据搜集的准确性和方法选择的科学性，获得有统计意义和实践价值的决策结论。有人把问卷调查比作产品生产，把工人比作调查员，把车间流水线比作资料采集技术或分析方法，把问卷比作模具，把产品比作数据信息，即由专业熟练的调查人员使用好的调查程序和技术，通过标准完善的问卷获得优质的数据资料。

**1. 问卷设计要求**

（1）问题表述与提问方式要规范明确、符合实际。问卷所用语言要容易理解，精练、清楚、确切、得当。在问卷中要尽量避免出现诱导性、暗示性、否定性、敏感性和忌讳性问题，尽量避免使用过分专业的术语，考虑受访对象的背景、兴趣、知识和能力。

（2）主题明确、结构合理、项目齐全、通俗易懂、说明细致，符合客观实际和受访者的回答能力。问卷要包含给受访者的必要介绍（如调查目的、意义、内容、计划、说明、用途和隐私协议）。调查项目要包括名称、编号、页码、时间、地点等，且条理规范、数量适宜。问卷中的问题选项要遵循穷尽互斥的原则，从而保证问题的独立性和代表性。

（3）明确与问卷设计联系密切的某些因素。受访者熟悉或感兴趣的问卷内容，要详细、深入；受访者不熟悉、无兴趣或敏感枯燥的问卷内容，要尽量减少。例如，自填式问卷需要简单明了、便于理解，邮寄式问卷要附加简明扼要的封面性说明。

**2. 问卷设计步骤**

（1）根据研究目的拟定问题的框架结构，界定信息采集的范围。
（2）通过课题研讨和文献评阅，讨论问卷形式，编订问卷初稿。
（3）邀请业内专家协助检查、修改和完善问卷内容中的条目池。
（4）问卷在定稿前必须通过预调查工作修订完善，然后编排格式并交付印刷。

主观检验法是指把问卷交给在相关领域有丰富经验的资深专家或有切身体验感受的受访者，使其检查评阅并且给出修补性意见。客观验证法是指在问卷搜集整理过程中，把问卷回答率、有效回答率、填写错误率、填答不完全率和填答无变化率等作为回收质量参考依据。问卷回答率是指问卷回收数与问卷发放数之比。有效回答率是指剔除废卷以后的回答率。填写错误是指态度不认真或理解有误引起的答非所问。填答不完全是指若干问题没有回答而引起缺漏项。填答无变化是指大多数受访者所给应答几乎相同。

### 3. 问卷设计类型

问卷类型包括封闭式问卷、开放式问卷和半封闭式问卷。

封闭式问卷又称结构型问卷，设置两个及以上标准化备选项，选项之间无交叉重叠，便于受访者从问题和选项中了解实际意义，并对有限答案衡量比较后选择一个及以上答案，这样不仅提高了应答效率，而且有利于资料整理、编码、量化、汇总和统计分析。封闭式问卷是问卷设计的常见情形，适用于短时间、大规模、范围广或集中性调查活动。封闭式问卷的不足之处是受访者可能不假思索地选择答案甚至胡乱猜测答案，限制了应答者的创造力、想象力和自由发挥空间，不利于研究者发现新问题，难以兼顾信息搜集的周密性和全面性。

开放式问卷又称非结构型问卷，具体做法是不必组织和设计严密的框架，不设置备选答案，不受问题或答案界定范围限制，允许受访者根据自身理解、体会、态度和认识充分表达自己观点，适合于不清楚答案、答案很多或事先不确定回答范围的情况。开放式问卷可以搜集到横向更广、纵向更深的有价值信息，对于态度或观点性的问题调查有特殊意义，为问卷修订完善及后期扩大调查规模提供了参考依据。由于开放式问卷通过文字填空的形式搜集信息，答案不规范、资料分散，所以难以整理汇总、进行数量转换以及统计分析。很多征集观点性问题需要受访者认真思考，限制了参与积极性，出现大量无应答的情况。

有些问题会把封闭式问题和开放式问题结合起来。半封闭式问卷以封闭式问题为主，以开放式问题为辅，既有给定备选答案的封闭式问题，又有答案不限制且允许受访者自由回答的开放式问题。例如，调查择偶条件时列出选项"A.学历 B.收入 C.长相 D.其他____"，这是一个半开放式问题，当全部标准化备选项都不符合时，允许受访者自由填入补充的答案。

在问卷预调查时，如果受访者在"其他____"选项中填入几种答案，说明备选项还不太完善，问卷设计者可以将其追加到备选项中。例如，如果发现择偶条件"其他____"选项中填入"性格、职业"者较多，那么可以考虑将其追加为新的备选项。

### 4. 问卷内容

问卷是用于获得与验证假设有关的变量信息的。实际上，受访者对问卷内容存在未能事先顾及的认识上的限制。例如，问卷设计者易懂的问题而受访者却感到费解，问卷设计者熟悉的问题而受访者却感到陌生。

（1）问卷说明。问卷用于搜集受访者认知、态度和行为方面的信息，需要给出问候语、举办单位、调查者介绍、受访者隐私承诺、调查目的意义要求、结果用途和致谢语等说明，以取得受访者的支持、理解、信任或合作，保证资料搜集时的高质量和真实性。此外，问卷编号用于标识调查者或受访者的来源，以便进行监督、校对、抽检和核验。

（2）知情同意书。知情同意书是对受访者的尊严和权利关联的说明，如调查实施的依据、目的和方法，以及潜在损伤、风险和不可预测的未知情况，以强调是在无威逼利诱情况下取得受访者的主动合作的，尊重受访者自由选择的权益。

（3）填答说明。填答说明用于解释问卷中问题的含义，包括注意事项、回复方式、答案范围、填写方法和保密原则等。例如，填答说明可以限定选择的答案个数，可以让受访者按照重要顺序对答案进行排列，以及当答案都不符合时跳转到某题。

（4）身份信息。身份信息是指受访者的个人背景资料或人口学特征，如受访者的姓名、性别、年龄、民族、婚姻、职业、学历或收入，常以选择题的形式呈现出来。

（5）调查项目。调查项目包括具体问题及备选答案，是搜集受访者信息的依据。调查项目来源包括个人经验、文献报道成果、集体讨论或专家咨询结果、完全或部分借鉴前人研究设计过程的类似调查内容。调查项目的说明如下。

① 类型。一是有关受访者背景资料的问题，如年龄、性别、职业；二是有关行为或事实的问题，如是否患过某种疾病、有无某种饮食习惯；三是有关态度意见或看法的问题，如是否赞成、是否喜欢、是否愿意；四是说明理由的问题，如为什么放弃工作、为什么接受邀请。

② 问题数目。问题数目无统一规定，然而问题数目太多会延长受访者回答时间，增加受访者负担，降低有效回收率。

③ 问题难度。难度应控制在受访者知识和能力范围内，减少理论性或专业性难题。

④ 选项答案。备选项要有填答标记，如"A""①""□""()""[ ]"，勾选"√"或涂黑。

(6) 问题格式。

① 二项式或是非式：只有两个对立答案。例如，你今天迟到了吗？ A.是 B.否。

② 多项式：三个及以上答案。例如，你爱好什么？ A.音乐 B.美术 C.体育 D.书法。

③ 矩阵式：如果众多问题的备选答案相同、罗列整齐，可以压缩排列成矩阵形式。

矩阵形式通过将同类型问题集中排列在一起，节省问卷篇幅以及阅读或填答时间，提高选项之间的可比性，但是很容易强化固定模式或形成思维定势。

④ 顺位式：按照答案符合程度依次排序，常用于对重要或喜好符合程度的判断。例如，你对当前收入的满意程度如何？ A.满意 B.比较满意 C.一般 D.不太满意。

⑤ 自由式：对不清楚的问题进行探索性调查，对比较重要的问题深入调查。例如，在你入住酒店期间，发生过哪些服务不周之处？你认为在哪些方面要改进？

⑥ 尺度式：将答案分为不同等级并在某个位置打"√"。例如，参与社团活动浪费时间吗？按照非常不同意和同意的符合程度，在数字 1～2～3～4～5 中划出相应等级。

⑦ 填入式：直接把适合的数字填入空格中。例如，你的工龄是___年。

⑧ 比较式：同类事物放在一起进行比较。例如，针对指标体系设计行与列交叉形式的意见征询调查表；由德尔菲法，比较每位专家的重要性；按照九标度法赋值为 1～9，由指标体系的判断矩阵汇总；利用层次分析法对指标体系计算相应权重。

(7) 问题措辞。问题陈述要语义清楚、具体单一、简要得体、层次分明、通俗易懂，尽量不要笼统抽象、含糊不清、模棱两可、有多重含义或产生歧义，少用专业术语、缩略词；一个问题中尽量不要出现两个及以上答案；少用复合句、反问句、否定句和双重否定句；文字客观简短、修饰语较少，不要附带引用或列举权威性的观点；当问题涉及人的自尊心和隐私权时，最好有诚恳、友好和礼让的态度；减少禁忌性、敏感性、诱导性、倾向性、断定性、暗示性和否定性的问法，不要使用主观情绪性字眼，少用令人不悦、令人困窘、涉及隐私的话语，减少褒义词、贬义词或否定词的出现。例如，对于"你感觉学校餐厅的饭菜口味如何呢？"问题，不要用"你对餐厅的饭菜口味还算满意么？"的说法。

**5. 问卷排版和布局**

问卷排版和布局要求整齐、有条理、便于阅读，以减少拒答。注意问题排列时的逻辑顺序、时间顺序和类别顺序，注意问题的逻辑联系和衔接过渡原则，例如先简单后复杂、先一般后特殊、先熟悉后生疏、先通俗后专业、先封闭后开放、先现在后过去、先归类后排序、先事实行为再观念态度意见、先轻松有趣再严肃敏感。征询意见观点的开放式问题放在最后，减少回忆性或计算性问题。随着经济水平提升，生活习惯多元化，社会环境日益复杂，人们的隐私观念和戒备心理日益增强，对于政策政治、亲人隐私或主流价值问题比较敏感，会产生警觉、抵触、厌烦、敷衍心理，不配合、不真实回答，为了减少受访者一开始的思想顾虑，不妨把与人口学身份特征相关的问题（如学历、收入、年龄、婚姻、职业）放在问卷后面，随着问卷结束或互信关系建立，他们才会愿意透露个人或家庭背景资料。

### 6. 问卷评价和定稿

问卷初稿设计完成之后不要急于投入使用，还要由第三方进行综合评议，如交给资深专家或切身受访者提出修改或补充意见，经过全面而充分的研讨论证、多轮次修改与完善，最后才可以正式定稿打印和投入使用。在大规模正式调查前应事先进行小范围预调查，类似由现场演练方式对问卷逻辑错误或不当叙述进行修改完善。例如，问卷结构是否与研究主题相符、问题是否引起理解歧义、语义表述是否明确、调查内容是否全面贴切、初选的备选项是否合理规范。在量表测评中，还要估计信度和效度。

### 7. 调查员培训

大规模调查活动涉及范围广、花费成本高、参与人员多，在正式开展以前或在预调查时，要利用专门手册对调查员进行集中培训与个别指导。调查组织者要实时把握调查工作进度，强调调查工作分工与合作，切实担当起全过程的监督与指导作用。

（1）介绍本次调查的目的、计划、内容、方法等有关情况。

（2）调查的具体内容和任务：抽样方法、地点、对象、范围、数量、职责、工作量、工作时间、报酬、调查员的任务和权利。

（3）统一问题提问标准，准确理解问题含义，规范调查方法，统一调查用语，以便于在受访者填写问卷时进行现场指导。

（4）模拟调查或方位，采用比较流行的参与式方法、角色扮演法，使调查员身临其境体验现场整个过程的注意事项。

### 8. 质量控制和实施障碍

进行问卷调查工作之前需要优选抽样方法，然后经过问卷设计、预调查、调查员培训和正式调查以后，搜集电子版或纸质版问卷，完成逻辑检错和质量控制。在回收问卷时，要有人专门登记、存放、管理、记录回收日期、接收份数和接收员信息，审核问卷的有效性和完整性，及时校正或剔除错填、乱填或空白的问卷，由质控员及时抽检问卷回收的质量。将问卷资料直接或经格式转换录入以后，定义变量、输入数据和建立数据文件，经过数据清洗和预处理，选择统计学方法、解读统计结果并且编写研究报告。

问卷调查的障碍因素分为主观障碍因素和客观障碍因素。主观障碍因素主要来自受访者不认真、不配合等消极反应，调查员工作时敷衍应付、责任心不足。当障碍因素比较多的时候，信息在搜集过程中可能产生偏差，进而间接影响统计分析结论的质量。问卷设计者和调查员要重视并减少各种各样的障碍因素，尽量保证调查工作的客观真实性。

受访者对问卷调查不够重视，缺乏合作的责任感，存在随意、敷衍甚至反感的态度。主观障碍因素产生的原因主要是问卷篇幅大、内容多，受访者需要花费较长的时间去思考、回忆或计算；问卷中涉及个人隐私等敏感性内容；问卷内容脱离了受访者的回答能力范围，与受访者的认知程度或工作生活背景不协调；在问卷封面信中对于调查目的、内容和意义缺乏解释等。客观障碍因素来自受访者的阅读、理解、认知、表达、记忆和计算等能力条件限制。

调查员的专业能力、文化水平、表达能力、沟通经验和工作态度也是障碍因素产生的原因，调查员应诚实认真、勤奋踏实，对于调查工作有兴趣，语言表达和交际能力强，性别、年龄、民族、职业特征应符合不同任务要求，专业而复杂的调查工作需要学历高的调查员。有研究表明，与受访者具有同质社会背景、语速较快、音调较高、声音较大、发音清楚、声音悦耳、态度友好、受过训练的女性调查员容易取得受访者的积极配合。调查员通过现场指导与培训，对调查工作目的、内容、方法有整体共识，纠正典型错误，统一指导标准、问询用语和敏感问题沟通技巧。调查员相互之间角色互换，有利于在模拟现场中发现、归纳和总结存在的问题。现代社会发展引起城市居住空间变化，封闭式小区严格的物业管理制度导致入户调查难度增大。为了保证问卷调查的有效回收率，调查员可事先接触受访者并获得信任，为其提供时间或场合上的便利，争取权威组织或机构的支持，发放酬劳或馈赠纪念品。

除外，调查员要遵守调查工作伦理，保证受访者自愿参与，切勿不当使用调查结果、蓄意操作或弄虚作假。当调查者询问受访者亲密行为与个人观点问题时，受访者有权决定何时、向谁透露隐私。受访者有既可以接受调查、也可以拒绝调查的充分权利。

### 9. 量表

量表类似于问卷，是以理论逻辑分析为基础的调查工具。量表具有可读性强、可比性好、程序标准化和易于操作的特点。量表适用于三个方面：无法直接测量的感受指标、抽象的概念和态度、复杂的行为和观点，常见于心理学、社会学或精神病学测评问题。

例如，有些疾病或健康状态（如疼痛、失眠、心理、认知或生存质量）无法精确测量，只能通过某些表征或自我主观感受来间接测量。所谓测量是指按照法则给事物指派数字。量表中每个题项通常列举为多个有序等级，体现受访者认知感受的符合程度。量表侧重于对每个题项中的等级符合程度计分，每个题项计分相加以后可以看作数值变量。问卷侧重于对每个题项的选项计数，搜集每个题项不同选项的频数，常见于分类变量的统计分析。

量表和问卷资料适用的变量类型以及统计学方法的选择情况往往不同，量表和问卷在编制架构上有差异，量表要有科学的理论依据，而问卷只要符合主题即可。

量表设计者为了避免测量时的思维定势，将正向题和反向题相互穿插，在数据分析之前再将量表得分转换成正向题得分。量表要进行信度和效度检验。重测信度法用于检查不同时间、使用同样测量手段所得结果的一致性，即在尽可能相同情况下，用同样的问卷对同组受访者间隔一段时间后重复测试，计算两次测量结果的相关系数。分半信度法是将量表随机分半、前后分半或奇偶数分半，利用分半以后的分量表进行信度分析。内容效度又称表面效度或逻辑效度，是指由研究者或专家评估已经设计的项目是否符合主题内容，系统检查内容的适当性。结构效度是指考察量表的结构是否符合理论构想和框架，从量表条目的测评资料中提取公因子，命名以后验证其能否代表研究者预先假定或猜想的理论框架。

## 1.6 多种调查方法的比较

（1）自填问卷法是指针对大范围的受访者，通过标准化修订的选择题或量表收集信息。自填问卷法弱化了人际交往中主观因素的干扰影响，在非公开匿名情况下获得身份信息、隐私事实或敏感观点，只能搜集问卷中涉及的内容，信息采集缺乏弹性，难以深入了解新事物、新情况或新问题。自填问卷法不便于监督指导，难以获悉现场中的真实状态。

（2）个别发送法是指研究者将问题印制完毕以后，由调查员直接把问卷发放给受访者，当面讲清调查工作的目的意义，解释填写时需要注意的问题。受访者匿名填写并自行投入问卷回收箱。个别发送法容易取得受访者的配合，填写时间较充分，保证了问卷有效回答率，较少受到主观因素的干扰，但是调查广度和深度受到实际条件限制。

（3）集体发送法是指在保证调查工作质量的前提下，将问卷转交给指定的代理机构，再由这些机构负责间接地把问卷发给那些符合条件的受访者。

（4）集中填答法是指利用某种组织形式，把符合条件的受访者集中在固定场所，统一指导问卷调查的目的、要求和填答方法，当场解答问题，问卷现场填答以后当面回收。集中填答法节省时间、人力和费用，保证信息采集的质量和有效回答率，但是把受访者集中的难度大。

（5）邮寄填答法是指把问卷邮寄给受访者，受访者填写以后再邮寄回来，调查员与受访者不用当面交流。邮寄填答法调查范围广，不受地域限制，成本比较低，但是受访者的地址和姓名必须填写准确，问卷回收速度慢，有效回答率低，调查工作质量很难控制。

（6）网络调查法是指通过互联网和数字媒体等途径收集资料，如问道网、问卷星等。网络调查法方便快捷，省去了问卷打印、发放、收集、录入以及调查员培训的时间和费用，而资料收集具有自愿性、定向性、在线性、及时性、互动性、经济性和匿名性特点，但是抽样代表性差，有效回答率低。

（7）直接观察法是指调查员亲自到现场观察、计量和登记以后获得资料，调查员对观察到的事件不进行控制或干预，不受受访者意愿或回答能力的困扰，可以及时、准确、自动、可靠地获得某些特定类型的资料。直接观察法只能搜集表面现象信息，无法获取动机、态度、想法、情感或私下行为信息，难以深入把握问题实质或预知未来，受到时间和空间条件限制，耗时费力，成本较高，比如，观察超市中顾客特征、店员服务态度和顾客流量。

（8）当面访问法是指调查员在指定调查地点，直接对符合条件的受访者进行面对面访问，如引导入户、应约或拦截式访问。当面访问法的常见方式为标准式访问（结构式访问）和非标准式访问（非结构式访问）。当面访问法搜集的资料质量好，有效回答率高，调查范围和规模受到时间和空间的限制，对调查员有较高要求，不利于调查敏感或隐私问题。

当面访问法以问题开放性或询问灵活性为特点。当面访问法实施以前应当收集受访者资料，对其经历、个性、职位、职务、专场、兴趣有所了解，列出访问提纲，选择访谈方法，聘请专业访谈员并进行培训，使得访谈员对调查内容和工具有充分了解，约定访谈时间、地点和场所，携带访谈提纲、访谈表格、证明材料和录音设备。访谈员要礼貌称呼、自我介绍、简要说明，强调访谈重要性，消除受访者疑虑，激发受访者接受访谈的动机，提高兴趣，获得信任、理解和支持，注意谈话、提问、倾听或追问技巧，通过追问、复述、停顿、插话以及表情和动作达到控制进程的目的；承诺保护个人隐私、消除其思想压力，要严格控制和掌握访谈时间，注意耐心听、边听、边问、边记录，追问时要适时适度，本着非指导性态度，避免发表观点性评论，在预定时间、友好氛围中结束访问，礼貌而真诚地表示感谢。

结构式访问是指预先拟定周密计划或统一设计标准化问卷，要求受访者按照规定标准依次回答。结构式访问提高了效率、节省了时间，但是访谈内容难以深入，缺乏弹性或灵活性。非结构式访问又称深度访谈或自由访谈，是指访谈员和受访者围绕某个主题自由开展交流，不必设计标准化问卷，不必拟定计划，根据交流情景自由选择访谈程序、内容和顺序，气氛随和，内容深入，对访谈员的谈话技巧和交际艺术有较高的要求。

（9）小组访谈法又称焦点访谈法。实施小组访谈法以前，要明确访谈主题或提纲，准备充分多材料，确定参加人员、主持人、场所和时间。通过小组访谈法进行资料搜集简便易行、效率较高。小组访谈法有利于从多视角深入探讨问题，可以在更大范围内搜集观点和意见。

（10）电话访问法是指访谈员通过拨打电话的方式或借助计算机自动拨号系统进行访问。电话访问法在民意测验或市场调查过程中的使用率较高，是当面访问法的替代方法，一般控制在15分钟以内，受通话时间和记忆力约束而大多采用封闭式选择题，访谈员选择和技巧培训时要求口齿清除、语气亲切、语调平和。电话访问法简便易行、速度快、经费省、成本低、覆盖广、干扰小，适用于文化程度较低的受访者，便于质量监督管理和过程控制。电话访问法的不足是时间短，内容难以持续、扩展和深入，复杂程度受到限制，受访者拒访率高，接触到的受访者总体不太完整，难以判断信息的准确性和有效性。

常见的自填问卷法、当面访问法和电话访问法区别如下。自填问卷法返回率较低，不适合结构复杂的问卷，调查周期较长，难以及时采取质量调控措施；当面访问法虽然回答率较高，调查工作质量可以及时调控，但是成本较高；电话访问法速度快，适合于样本单位比较分散的情况，实施时间不能太长，拒访率较高。在社会科学问题研究中，要根据实际工作开展情况和资料搜集分析要求，对调查方法进行合理选取或综合使用。

## 1.7 样本、抽样调查和常见的方法

### 1. 总体和样本

总体就是在统计学中指定相同性质的对象全体，或者相似特征的全部事物组成的集合。有限总体是指在一定空间、时间或范围内有限数量对象的全体。无限总体是指不可能全部获得，只在理论上有存在意义的无限数量对象的全体。组成总体的最小元素或单位称为个体或观察单位。个体或观察单位的观察指标值由调查或测量获得。反映总体或样本特征的概念称为指标。反映个体某种属性或特征的概念称为标志。反映个体性质特征的标志称为品质标志。反映个体数量特征的标志称为数量标志。

例如，某校学生组成总体，每个学生是个体，学生的性别、民族、专业等反映属性特征的概念称为品质标志，反映期末成绩、年龄、身高、月消费额的概念就是数量标志。对于标志的回答称为标志表现，品质标志表现用文字或语言来描述，数量标志表现用数字来表示。例如，性别是品质标志，其标志表现为男、女；成绩是数量标志，其标志表现为分数。总体具有大量性、同质性和变异性的特点。大量性是条件，同质性是基础，变异性是前提。

（1）大量性是指总体中的个体数量充分多或无限多。

（2）同质性是指总体中的个体具有某种共同特征，对总体中个体影响较大而且可控的主要因素大致相同。如果所有个体无同质性，那么就没有用来进行针对性研究的总体，抽样推断工作也就失去了实施的意义。同质性的保障是相对而言的，即影响较大的、可以控制的主要因素相同或基本相同，不能控制的其他次要因素可以不同。

例如，青少年身高受到主要因素（如性别或年龄）的影响，研究者习惯将同性别或同年龄的青少年组成一个总体，而将遗传和营养等次要因素的混杂影响在多数情况下忽略不计，有时候可以用试验设计或统计计算方式控制来此类因素影响。

（3）变异性是指总体中具有某种共同特征的个体不完全相同。变异性是统计分析的前提

条件。例如,"天下没有完全一样的树叶",病情相同的病人使用同样治疗方法后的疗效不同。

统计学强调并非对研究对象全体(总体)进行观察,而是抽取出一部分(样本)获得观察数据(抽样)。根据问卷调查或试验设计资料,通过部分个体对总体进行推断。

总体是由研究对象的全体组成的集合,而样本是按照某种抽样方式从总体中随机抽取的、具有某项特征的部分个体组成的集合。样本来自总体并且尽量代表总体。样本中的个体受到偶然因素影响而存在数量差异,对于总体而言,该差异可以相互抵消而显现出稳定的规律性。统计学研究的关键任务是通过样本了解总体,对总体特征进行描述、估计或推断。抽样的目的是利用样本观测数据构造并计算统计量。统计量是对反映总体特征或性质的参数推断的基础。由于人力、物力和时间等条件限制,对于个体数量多、范围难以界定、成本高或破坏性大的试验,不能或不必获得全部个体,而是随机抽取部分个体组成样本来推断总体。

样本中的个体与总体 $X$ 分布相同,样本具有如下三个性质。

(1) 代表性:抽样获得的个体 $X_i$ 与总体 $X$ 具有相同的概率分布。

(2) 独立性:个体 $X_i$ 与其他个体彼此独立,是否被抽中不受其他个体的影响。

(3) 随机性:个体 $X_i$ 被抽中的机会与其他个体是相等的。

有限次数观察试验可获得抽样数据,但未能利用总体中的全部信息,抽样推断结论中有不确定性。统计推断着手于样本,着眼于总体,包括以下主要任务。

(1) 科学组织随机抽样或随机试验,保证样本有代表性。随机抽样可参考问卷设计及抽样调查等方法。随机试验可参考析因设计或正交设计等方法。

(2) 依据试验或抽样结果,由统计学方法做出准确可靠的推断。后续将会根据资料类型、数据结构和前提条件,对基础或高级统计学方法依次展开介绍。

### 2. 调查工作组织方式

调查包括定期报告、普查、重点调查和抽样调查等。

定期报告指政府和企事业部门统一制作报表内容和表式,统一领导、分级负责,按一定程序定期逐级向上报送,保证资料的准确性和及时性,能够全面、系统地搜集属于总体范围内的统计资料,但是需要专门机构和人员负责,占用人、财、物、时、空资源。由于报表内容相对固定,所以不能及时反映新情况和新问题,但对于制定宏观规划具有重要作用。

普查指根据特定目的,对全部对象(总体)专门组织的、一次性的全面调查,可以在一个国家、城市、社区或企业内进行,涉及面广、工作量大,需要动用大量的人、财、物、时、空资源,花费较长的时间才能完成,对数据的准确性、时效性和完整性要求很高,调查质量有时难以保证。普查虽然不会产生抽样误差,但是会在实施过程中增大系统误差。

重点调查指从组成调查总体的全部对象中,选出一部分数量很少的重点对象进行调查。例如,调查我国某基建材料的产量情况,只要集中对 8 家特大型企业进行调查就可以了,这样既可以节省资源,又可以在很短时间内基本掌握总体情况。如果总体中没有重点对象,那么无法开展重点调查,因而不具有普遍性,不能由调查资料对总体进行统计推断。

抽样调查指按照随机原则从总体中抽取部分个体组成样本,再基于样本构造统计量,然后根据统计量的概率分布性质,对总体参数做出以大概率为前提条件的可靠性推断。抽样调查属于非全面调查方法,具有经济节省、时效性强、准确度高和灵活方便的特点,便于集中精力把问题设计、实施过程和资料分析做得更细致。样本对于总体的代表性受到抽样组织形式、样本代表性和样本量的影响。如果统计推断工作离开了前期设计优良、执行有力、代表充分的抽样过程，那么无论研究多么有意义，统计分析方法多么高端、适配，研究结论都会有片面性缺陷。1895年，挪威统计学家凯尔在国际统计学会第五次大会上，提出用代表性样本方法来代替全面调查，成为抽样调查研究的里程碑。

**3. 抽样调查的方法**

1）概率抽样

概率抽样又称随机抽样，是指按照随机原则抽取样本，抽中概率已知或能够计算，基于样本构造统计量并用于推断总体参数。概率抽样保证了样本对于总体的代表性，通过资料统计分析获得有关总体的推断结论，这种方法在问卷调查工作中常见，具有经济节省、时效性强、准确度高、灵活方便等优点。

关于概率抽样工作有以下几点说明。

① 抽样遵循随机原则，个体是否被抽中是等可能的，不受人为主观因素影响。

② 通过抽取部分个体推断总体，根据样本与总体的联系及抽样分布规律，由样本观测结果推断总体数量特征。

③ 在以样本估计总体时，无法做出肯定可靠的准确推断，只能在一定概率前提下做出推断。

④ 由大数定律和中心极限定理，随着样本量增加，样本均值趋向于总体均值。

⑤ 当样本量足够大时，样本均值近似服从正态分布 $N(\mu,\sigma^2/n)$，其中参数 $\mu$ 称为数学期望或总体均值，参数 $\sigma^2/n$ 称为总体方差。

⑥ 抽样推断不能完全避免偶然误差，只能尽量将其控制在限定的范围内。

在实际工作中，如何保证抽样调查中的样本代表性是复杂而且困难的问题。数据太多时结果未必会准确，反而会干扰分析总体规律。数据质量好、有代表性，才可以分析出准确结果。如果抽样过程有偏差，那么样本量再大，其分析结果的准确性也无法弥补或改善。

抽样框是包括总体全部待分析单位的目录列表或名单框架。编制抽样框是随机抽样调查的基础。抽样框编制得好坏影响抽样调查时的随机性。抽样框不仅用于提供抽样的备选单位，还是抽样误差计算的依据。如果抽样框无法明确，那么概率抽样任务无法完成。虽然科学完善的抽样框对于抽样推断问题十分重要，但是在大规模调查工作中不易操作。

例如，1936年美国总统选举前夕，《文学摘要》杂志使用电话簿、车辆登记簿名单等方式，耗用大量资源发放并回收了200多万份问卷，预测罗斯福将选举失败，实际他却高票胜出。20世纪30年代美国经济大萧条，那些富裕、对现实满意和文化水平较高的少数上层群体才会拥有电话和汽车，罗斯福新政得到了底层穷人的大力支持，穷人投票积极性大幅提升，选民结构为此发生了很大变化。所以预测失败的原因除回收率很低（20%）以外，更主要的是抽样调查的选民结构不能代表实际情况，即抽样框无法代表全体选民结构。从此以后，《文学摘要》杂志声誉扫地而走向破产。当时有个年轻人盖洛普以有限成本调查了5000人，却几乎准确预测了罗斯福竞选的得票率，他后来成立了著名的盖洛普调查咨询公司。其实，早在20世纪20年代，《文学摘要》杂志利用抽样调查方法曾多次成功预测总统选举结果，那是因为未在后来的抽样框中大比例出现的穷人以前投票积极性很低。而在1948年，盖洛普也未能预测到杜鲁门胜选总统，因为1940年人口普查时提供的抽样框忽略了二战期间来到美国的城市移民。

抽样框的制定有如下常见方式。

（1）名单抽样框是指列出总体中全部单位的名录一览表。例如，教师为了调查中小学的安全意识，把全市中小学的花名册作为抽样单位。

（2）区域抽样框是指按地理位置将总体划分为若干区域，把每个区域作为抽样单位。例如，调查某市居民人均收入时，按照若干街道或片区划分居民。

（3）时间表抽样框是指按时间顺序将总体划分为若干单位，以时间间隔为抽样单位。例如，抽查流水线上的产品质量时，以钟点为间隔将产品划分为 24 个抽样单位。

常见的概率抽样方法有简单随机抽样、系统抽样、分层抽样、整群抽样、多阶段抽样。为了增强统计分析结论的说服力，符合专业任务的问卷设计、适合抽样调查的方法选择和充足样本量的获取都是关键。在研究报告中需要说明用到了什么类型的抽样方法，详细阐述抽样工作的组织流程，证明样本代表性和统计推断结论的说服力。

（1）简单随机抽样又称等概率抽样或纯随机抽样。该方法是概率抽样的理想形式，对总体中的个体单位进行编号（每个个体单位获得唯一编号），按照随机原则抽选号码：当个体单位数量少时，可以使用抽签或摸球的方法进行抽样；当个体单位数量较多时，可以使用随机数字表实施抽样。简单随机抽样可以保证总体中每个个体被抽到的机会相等，也就是使得纳入样本的每个个体可以均匀散布在总体中。简单随机抽样是基本抽样方法，其他抽样方法以此为基础。作为理想抽样方法，需要事先编制一个完整的总体单位表。如果总体中个体的数目很多，将会引起编号工作量很大且成本太高。

（2）系统抽样又称机械抽样，是指在总体中个体按照某种标志的时间或空间顺序进行编号，然后随机确定某个开始位置，最后按照某种间隔相等的距离，随机选取某个个体单位为起点，如果抽样的间隔距离为 $k$，那么每间隔 $k$ 个序号就要抽取一个个体，直到抽完 $n$ 个单位为止，最终得到样本量为 $n$ 的一个样本。

例如，将全厂职工工号尾数是 6 或身份证尾数是 7 的职工抽取出来并纳入样本。抽样误差一般小于简单随机抽样。如果在某个标志上有周期性规律，那么间隔不应与变化规律一致。例如，学校抽测宿舍温度时，如果号码尾数为偶数的宿舍都在阴面，受到光照影响而温度比较低，那么按此奇偶数规律抽取的宿舍无法代表所有情况。

（3）分层抽样又称类型抽样、分类抽样，是指将总体单位按照某些差异特征事先划分为若干层，性质相同者划分为同一层，计算在各层中应抽取的个体单位数，在各层中允许使用不同的抽样方法。用于划分层的标志要与总体的特征相关，且层内差异越小越好，层间差异越大越好。不同层根据比例或变异程度进行差别化抽取，比例大的层内多抽些，比例小的层内少抽些；变异大的层内多抽些，变异小的层内少抽些，以使样本尽量体现总体结构的特点。分层目的类似于从一锅杂粮粥中舀出一勺来，勺中的粥与锅中的粥成分结构相似。例如，某公司可以按照工种、性别和工龄分层，也可以按照销售、市场、广告部门分层。

（4）整群抽样是指把总体按照某种标志合并划分为互不交叉、没有重复的子集（群或组），且群间差异小，群内差异大，以群为抽样单位进行直接抽取，对抽取的群中所有个体实施调查的抽样方法。由于群内单位相互邻近，比分散单位更易于集中，方便组织、节约成本，但是抽样误差较大。整群抽样适合于群间差异小、群内个体差异大、抽取群的个数较多的总体。群内差异大表示群内个体不相似或异质性强。例如，某校抽样调查学生对于图书馆阅览环境的满意度时，可以随机抽取一个班级并调查其所有学生。

注意层和群的含义有很大区别。分层抽样要求层间差异大，层内差异小。整群抽样要求群间差异小而群内差异大。分层抽样是从不同的层中随机抽取指定比例个体组成样本。整群抽样要求抽取的群中个体要么全部抽取，要么全部不抽取。

抽样误差按由大到小排序：整群抽样、简单随机抽样、系统抽样、分层抽样。

（5）多阶段抽样。前4种抽样方法的特点是一次抽样以后获得完整样本，所以将前4种抽样方法称为单个阶段抽样。如果总体规模庞大、情况复杂，观察单位多且分布范围广，那么可以按照抽样单位的隶属关系或层次关系将抽样过程分成多个阶段。首先从总体抽取一级单位，再从一级单位抽取二级单位，继续从二级单位抽取三级单位……逐级类推。在不同阶段可以采用不同的抽样方法，当抽取全部个体以后再对其进行汇总。

在实际工作中，经常采用分层抽样、多阶段抽样和整群抽样相互结合的抽样方式。

例如，按照5个阶段调查新农村合作医疗开展情况，省为初级，县为二级，乡镇为三级，自然村为四级，网格为五级。按照经济水平（高、中、低），从省中抽取3个县，从县中抽取3个乡镇，从乡镇中抽取3个村，从村中抽取网格，再从中按照某种比例进行随机抽样。

又如，某省调查社会治安状况，可以按照经济发展水平、生活水平或地理位置进行分层，然后随机抽取3个城市，每个城市随机抽取3个县区，每个县区随机抽取3个乡镇，每个乡镇随机抽取3个村，村里居民完成编号和抽签以后，对抽中者由村委协助入户调查。

2）非概率抽样

非概率抽样又称非随机抽样，其特点是总体中每个对象抽中的概率未知或无法计算。非概率抽样主要依赖研究者的主观经验判断或根据便利性原则来抽取调查对象，需要具备深厚的专业背景、知识与经验。常见方法包括偶遇抽样、判断抽样、定额抽样和雪球抽样。

（1）偶遇抽样又称方便抽样或便利抽样，是指在许多试探性调查时，研究者根据实际情况，选择能降低成本和便于实施的抽样方法，并以容易接近者为受访者。

例如，在公园或酒吧调查青年人择偶条件时，将所拦截到愿意接受调查的行人作为样本。偶遇抽样的特点是不必事先编制抽样框，地点、时间、天气或主观意愿情况等因素都会影响样本的代表性。由于抽样误差无法计算，所以偶遇抽样无法用于推断总体，在科学研究时尽量不要用该方法。

（2）判断抽样又称立意抽样，是指研究者根据特定目的和主观态度，从总体中选择某些更容易代表总体的样本来完成的抽样方法，常用于总体边界无法确定或总体规模较小，调查涉及的范围较窄，或因为调查时间、人力、费用等条件有限而难以进行大规模抽样的情况。调查员必须熟悉问题所涉及的领域，在对调查总体有充分了解的情况下才能使用判断抽样。该方法受主观因素的影响大，根据判断抽取样本时会出现很大的抽样误差。例如，学校保卫处为调查公寓用电安全状况，对根据经验综合判断以后确定可能有隐患者进行调查。

（3）定额抽样又称配额抽样，是指调查员将总体按照一定标志分层或分类，在各层或各类中确定抽样比例，按该比例选取个体单位并组成样本。定额抽样强化控制了样本中结构信息与总体中结构信息的相似性，一定程度上保证了样本代表性。实际上，定额抽样和分层抽样都是按照属性或特征对总体进行分层或分类的，虽然貌似一样，却很不相同。分层抽样是在分层或分类以后按照随机性原则获得随机样本，而定额抽样是根据各层或各类中的分配比例由主观判断获得非随机样本。

（4）雪球抽样又称滚雪球抽样，是指当不能深入或全面了解总体时，首先选择从少数成员调查入手，由其提供线索以找到符合条件的成员，然后依次类推并且逐步扩大调查的范围，如同滚雪球一样逐渐联系到越来越多的成员，直到样本量扩大至满足要求时结束。雪球抽样适用于发生率低、稀疏而且隐秘的特殊群体，以便开展探索性研究，但是不能用于推断总体。

例如，调查艾滋病在同性恋人群中的传播渠道和聚集特点，在特殊场所访谈感染者或密切接触者，由其提供信息以获得更多符合的对象，调查对象数量充分多时则停止追加样本。

【学习目标】掌握根据问卷调查资料定义变量、输入数据、建立和保存数据文件的方法。

## 【案例实验3】

通过自行设计的"农村医疗保险服务问卷"实施抽样调查，并取出1份问卷的部分资料。在SPSS软件中，对这份资料进行变量定义、数据输入，并且建立数据文件。

> 一、基本信息
> 1．姓名：<u>李明</u>。
> 2．性别：① 男☑；② 女□。
> 3．学历：① 小学及以下□；② 初中☑；③ 高中或中专□；④ 大专及以上□。
> 二、专业信息
> 1．参加新农合（新型农村合作医疗的简称）至今约 <u>8</u> 年。
> 2．家庭成员购买了商业医疗保险：① 有☑；② 无□。若选无，则跳转至第4题。
> 3．家庭成员购买的商业医疗保险种类有（多选）：
>   ① 普通险☑；② 住院险☑；③ 意外伤害险□；④ 其他 <u>手术险</u> 。
> 4．对新农合的总体满意度：① 很好□；② 还可以☑；③ 不确定□；④ 不好□。

变量定义和数据输入如表1-5所示。

**表1-5 变量定义和数据输入**

| 变量名 | 变量名标签 | 变量值标签 | 变量类型 | 个案样本信息 | 输入数据 |
|---|---|---|---|---|---|
| T1.1 | 姓名 | 不设置 | 字符串 | <u>李明</u> | 李明 |
| T1.2 | 性别 | "男"=1、"女"=2 | 数值 | ① 男√ | 1 |
| T1.3 | 学历 | "小学及以下"=1、"初中"=2、"高中或中专"=3、"大专及以上"=4 | 数值 | ② 初中√ | 2 |
| T2.1 | 参加新农合年数 |  | 数值 | <u>8</u> | 8 |
| T2.2 | 有无商业医疗险 | "有"=1、"无"=0 | 数值 | ① 有√ | 1 |
| T2.31 | 普通险 | "有"=1、"无"=0 | 数值 | ① 普通险√ | 1 |
| T2.32 | 住院险 | "有"=1、"无"=0 | 数值 | ② 住院险√ | 1 |
| T2.33 | 意外伤害险 | "有"=1、"无"=0 | 数值 | ③ 意外伤害险 | 0 |
| T2.34 | 其他 | 不设置 | 字符串 | ④ 其他<u>手术险</u> | 手术险 |
| T2.4 | 新农合满意度 | "很好"=3、"还可以"=2、"不确定"=1、"不好"=0 | 数值 | ② 还可以√ | 2 |

【数据文件】

如图1-24（a）所示，切换到"变量视图"窗口，定义变量"姓名"和"其他"，类型均为字符串；定义变量"T1.1""T2.34"，类型均为字符串；定义变量"T1.2""T1.3""T2.1""T2.2""T2.31""T2.32""T2.33""T2.4"，类型均为数值。

定义变量值标签"性别""学历""参加新农合年数""有无商业医疗险""普通险""住院险""意外伤害险""新农合满意度"。

定义变量值标签"男"=1、"女"=2,"小学及以下"=1、"初中"=2、"高中或中专"=3、"大专及以上"=4,"有"=1、"无"=0,"很好"=3、"还可以"=2、"不确定"=1、"不好"=0。

数据文件如图1-24(b)所示。

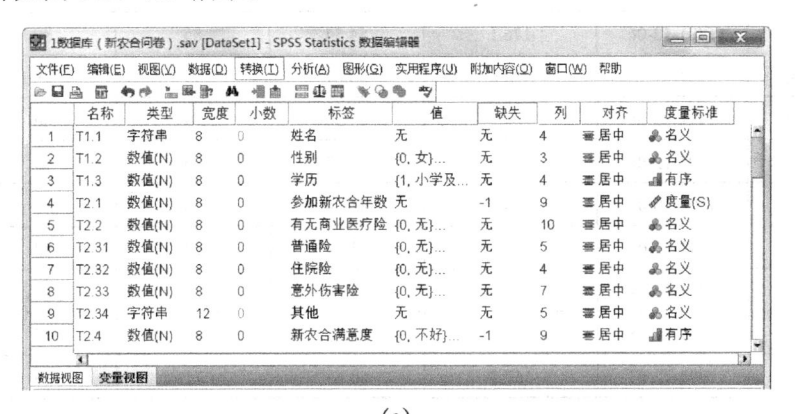

(a)

(b)

图1-24 数据文件

默认文件类型为*.sav,本例的数据文件是"1数据库(新农合问卷).sav"。

# 【拓展练习】

【练习1】某班级学生信息的数据资料如表1-6所示,定义变量,建立数据文件。

表1-6 某班级学生信息的数据资料

| 学号 | 性别 | 生日 | 身高/cm | 体重/kg | 语文成绩/分 | 数学成绩/分 | 生活费/元 |
| --- | --- | --- | --- | --- | --- | --- | --- |
| 200201 | 男 | 1992-01-12 | 156.42 | 47.54 | 75 | 79 | 345.00 |
| 200202 | 男 | 1992-06-05 | 155.73 | 37.83 | 78 | 76 | 435.00 |
| 200203 | 男 | 1992-05-17 | 144.6 | 38.66 | 65 | 88 | 643.50 |
| 200204 | 男 | 1992-08-31 | 161.5 | 41.68 | 79 | 82 | 235.50 |
| 200205 | 男 | 1992-09-17 | 161.3 | 43.36 | 82 | 77 | 867.00 |
| 200206 | 女 | 1992-12-21 | 158 | 47.35 | 81 | 74 | — |
| 200207 | 女 | 1992-10-18 | 161.5 | 47.44 | 77 | 69 | 1 233.00 |
| 200208 | 女 | 1992-07-06 | 162.76 | 47.87 | 67 | 73 | 767.80 |
| 200209 | 女 | 1992-06-01 | 164.3 | 33.85 | 64 | 77 | 553.90 |
| 200210 | 女 | 1992-09-12 | 144 | — | 70 | 80 | 343.00 |

续表

| 学号 | 性别 | 生日 | 身高/cm | 体重/kg | 语文成绩/分 | 数学成绩/分 | 生活费/元 |
|---|---|---|---|---|---|---|---|
| 200211 | 男 | 1991-10-13 | 157.9 | 49.23 | 84 | 85 | 453.80 |
| 200212 | 男 | 1991-12-06 | 176.1 | 54.54 | 85 | 80 | 843.00 |
| 200213 | 男 | 1991-11-21 | 168.55 | 50.67 | 79 | 79 | 657.40 |
| 200214 | 男 | 1991-09-28 | 164.5 | 44.56 | 75 | 80 | 1863.90 |
| 200215 | 男 | 1991-12-08 | 153 | 58.87 | 76 | 69 | 462.20 |
| 200216 | 女 | 1991-10-07 | 164.7 | 44.14 | 80 | 83 | 476.80 |
| 200217 | 女 | 1991-09-09 | 160.5 | 53.34 | 79 | 82 | — |
| 200218 | 女 | 1991-09-14 | 147 | 36.46 | 75 | 97 | 452.80 |
| 200219 | 女 | 1991-10-15 | 153.2 | 30.17 | 90 | 75 | 244.70 |
| 200220 | 女 | 1991-12-02 | 157.9 | 40.45 | 71 | 80 | 253.00 |

【练习2】通过自行设计的"大学生手机依赖现况调查问卷"实施抽样调查，并取出1份问卷的部分资料。在SPSS软件中，对这份资料进行变量定义和数据输入，建立数据文件。

大学生手机依赖现况调查问卷

一、基本情况

1. 性别：① 男☑；② 女☐。
2. 专业：① 理科☐；② 工科☐；③ 文科☑。
3. 年级：① 一年级☐；② 二年级☑；③ 三年级☐；④ 四年级☐。
4. 家乡所在地：① 城镇☐；② 农村☑。
5. 平均月生活费：① 1 000 元以下☐；② 1 000~2 000 元☑；③ 2 000~3 000 元☐；④ 3 000 元以上☐。

二、使用手机情况

1. 拥有第一部手机至今 __4__ 个月。
2. 你的手机价格：① 1 000 元以下☐；② 1 000~2 000 元☑；③ 2 000~3 000 元☐；④ 3 000 元以上☐。
3. 除通信功能外，目前主要使用手机的功能有（多选）：
① 娱乐（如拍照、音乐、视频、游戏、电子书）☑；
② 社交（如QQ、微信、微博）☐；
③ 商务（如邮件、文档处理、日程安排）☐；
④ 生活（如天气、导航、购物、股票）☑；
⑤ 信息资讯（如财经、体育、社会等新闻信息）☐。
4. 每天平均使用手机的时间：① 小于1小时☑；② 1~2小时☐；③ 2~4小时☐；④ 4小时以上☐。
5. 经常使用手机的场合（限选两项）：① 宿舍☑；② 课堂☐；③走路☐；④ 餐厅☐。

三、手机使用影响

1. 你因过度使用手机而使学习效率下降吗？① 是☐；② 否☑。
2. 曾被家人或朋友抱怨你过度玩手机吗？① 是☑；② 否☐。

3. 你因使用手机而感到的不适（多选）：① 头疼☑；② 干眼☐；③ 腱鞘炎☐；④ 耳鸣☐；⑤ 失眠☑；⑥ 其他 颈痛 。
4. 你感到生活圈子变窄而有孤独感吗？① 是☐；② 否☑。
5. 你遭受过手机诈骗吗？① 是☐；② 否☑。

四、手机依赖干预
1. 你认为最能减轻手机依赖的事情是：
① 纸质阅读☐；② 运动☑；③ 校园活动☐；④ 其他____。
2. 你每天运动的时间：① 几乎没有☐；② 1小时以内☑；③ 1～2小时☐；④ 2小时以上☐。
3. 学校通过举办活动来改善手机依赖现状：
① 非常有必要☐；② 一般☑；③ 无所谓☐；④ 完全不必要☐。
4. 你认为改善手机依赖现状的最有效途径是：① 自我管理☑；② 校方约束☐；③ 思想引导☐。
5. 你认为压力过大等精神问题与手机依赖现状的关联程度：
① 有很大关联，是主要因素☐；② 有一定关联☑；③ 无关联☐。

五、手机依赖症诊断

| 问 题 | 符合程度（在选项后面打"√"） | | | |
|---|---|---|---|---|
| | 总 是 | 经 常 | 偶 尔 | 从 不 |
| 对手机敏感而且总是感觉有未读信息或电话 | | | √ | |
| 总是下意识找手机或握在手心经常看才踏实 | | | √ | |
| 手机铃声长时间不响或来电少时感觉不安 | | | | √ |
| 吃饭时爱把手机放在桌子上，怕错过电话信息 | | | | √ |
| 听到手机响时会出现急躁或焦虑不安的情绪 | | | √ | |
| 出门忘带手机时会心烦意乱并设法取回手机 | | | √ | |
| 长时间使用手机时会感到头痛等身体不适感 | | | | √ |
| 上课收到短信或电话会立即查看并回复过去 | √ | | | |

【练习3】通过自行设计的"农村卫生服务需求、利用及满意度现况调查问卷"实施抽样调查，并取出1份问卷部分资料。在SPSS软件中，对这份资料进行变量定义、数据输入，建立数据文件。

### 农村卫生服务需求、利用及满意度现况调查问卷

一、基本信息
1. 所属乡镇：红星镇 ；所属行政村：前进村 。
2. 年龄：32 。
3. 性别：① 男☑；② 女☐。
4. 文化程度：① 初中及以下☐；② 高中/中专☐；③ 大专☑；④ 本科及以上☐。
5. 每年家庭收入约为 40 000 元；你个人每年收入约为 20 000 元。
6. 目前婚姻状况：① 未婚☐；② 已婚☑；③ 丧偶☐；④ 离婚☐。

二、专业信息
1. 目前最需要的医疗卫生服务：

① 老年护理□；② 慢性病防治☑；③ 妇幼保健□；④ 健康咨询□；⑤ 其他□。
2. 在需要服务时采取的方式：① 医生上门看病□；② 定期咨询医生☑；③ 其他□。
3. 对照顾老人服务的接受情况：① 能☑；② 不能□。如果接受，费用为 800 元/月。
4. 村卫生室已经开展的服务种类（多选）：
① 家庭病床□；② 户籍保健□；③ 简易门诊☑；④ 社区护理□；⑤ 热线咨询☑。
5. 近三年的平均医疗费用为 2 500 元；其中，报销_____元。
6. 对村卫生室服务的满意程度：① 很满意□；② 满意☑；③ 一般□；④ 不满意□；⑤ 很不满意□。

【练习4】通过某省"农户基本经营状况调查问卷"实施抽样，并取出1份问卷的部分资料。在 SPSS 软件中，对这份资料进行变量定义和数据输入，建立数据文件。

农户基本经营状况调查问卷

1. 总人口： 5 人。其中，男性人口： 3 人；女性人口： 2 人；劳动力人口： 3 人；未成年人口： 1 人。
2. 家庭户性质：① 本地户□；② 外来户☑ （迁入年份： 1991 ）。
3. 就业类型：① 纯农户□；② 非农户□；③ 农兼非☑；④ 非兼农□；⑤ 未就业□。
4. 经营范围：① 种植业□；② 养殖业☑；③ 林业□；④ 其他□。
5. 产品去向：① 自己消费□；② 小部分出售□；③ 大部分出售☑；④ 全部出售□。
6. 产品出售渠道：① 企业☑；② 商贩□；③ 委托出售□；④ 零售□；⑤ 批发□；⑥ 其他□。
7. 非农劳动力人数为 1 人（属于壮劳力：① 是☑；② 否□）。
8. 从事的非农产业：① 工厂□；② 建筑□；③ 运输☑；④ 仓储□；⑤ 餐饮□；⑥ 其他□。
9. 工作年数 5 年（按照整数计算，超过半年算一年）。
10. 投入时间大约占全年工作时间的 70% ；收入大约占全年总收入的 90 %。
11. 生产工具的拥有方式（"无"=0，"自家购买"=1，"合伙"=2，"租用"=3）。

| 生产工具 | 拖拉机 | 抽水机 | 收割机 | 大棚 | 货车 | 其他 |
| --- | --- | --- | --- | --- | --- | --- |
| 拥有方式 | 1 | 2 | 3 | 1 | 0 | 0 |

# 第 2 章 预 处 理

最初收集的原始数据资料往往粗糙而且杂乱，尚不能满足统计学方法的适用条件。于是，在建立数据文件以后和选择统计方法以前，还要对数据进行多样化的预处理工作，使之系统化、综合化、条理化，反映研究对象总体数量特征，满足统计分析工作需要。预处理起着承上启下的作用，既是数据收集的继续，又是数据分析的开始。预处理工作中要符合事实、层次分明、科学合理地界定事物性质，多角度体现数据中的有用信息，最大限度地满足统计学方法的适用条件。如果把数据库比作蔬菜，那么预处理就是择菜、洗菜、削皮、切剁或搅拌等入锅烹饪前的准备阶段，以便符合各种各样菜谱的烹饪要求。统计学方法的选择可比作按照菜谱要求决定烹饪方法。实际上，预处理和统计学方法选择的程序虽然烦琐，却很关键。研究者在预处理并选择统计方法时，必须事先进行周密思考并花费心思拟定出详细的实施计划。

随着数据分析工作的准备和深入，常见的代表性预处理方式举例如下。

◇ 根据区间划分规则对变量进行统计分组，将其转换为有序多分类变量。
◇ 预设初等函数或逻辑表达式的结构，按照计算规则生成新的变量。
◇ 按照条件（如比例、范围、随机方式）选择部分个案。
◇ 将分类变量汇总后计算均值、标准差或中位数等统计量。
◇ 将数据文件按照分类变量的不同类别拆分成多个文件。
◇ 将分类变量的离散类别合并成为少数的类别。
◇ 将多个变量按照重要性大小进行先后排列，数据以升序或降序显示。
◇ 将数据由小到大排序以后转换为秩次。
◇ 将数据文件按照相同变量和个案合并。
◇ 将分类变量按照某些类别特征计数。
◇ 将缺失数据按照规则替换或补缺。

SPSS 软件提供的预处理命令集中在"转换"和"数据"主菜单。

## 2.1 转换预处理

"转换"主菜单包括"计算变量""重新编码""计数""替换缺失值""编秩"等预处理命令。通过"转换"主菜单中的某些预处理命令，可以将若干变量按照指定的对应规则或算法替换或生成一个新变量，使得原变量和新变量之间具有数值上的一一对应关系。

### 2.1.1 计算变量

"计算变量"预处理命令可以根据已有变量派生出一个新变量，按照用户预先设置的数学表达式，利用数字、公式、逻辑运算符，以及间接引用的函数程序段编辑已有变量。"计算变量"预处理命令的操作方法是单击"转换"主菜单，再单击"计算变量"选项，在已经打开对话框的"目标变量"文本框中输入新变量名称,在"数字表达式"列表框中选入指定变量并预设算术表达式结构。"计算变量"预处理命令完成设置以后,在数据文件中就会自动生成一个新变量,并且将全部个案同步赋值以后自动保存在数据文件中。

#### 1. 算术表达式

算术表达式是常量、变量、运算符和括号连起来的式子,通常在"数字表达式"列表框中自定义。在软键盘中列出了常见运算符,如加"+"、减"-"、乘"*"、除"/"、乘方"**"、括号"()"等。在计算过程中,运算符的优先顺序是括号、乘方、乘/除、加/减。当自定义算术表达式时,运算符须注意优先顺序,不允许使用全角字符,要兼顾变量的度量衡单位差异。

#### 2. 函数

在"计数变量"对话框右侧"函数组"列表框中给出了事先编写、存储和备用的用于实现某些特定算法功能的程序段(又称函数)。函数执行后的结果称为函数值。

常见函数共有 180 多种,涵盖了算术函数、统计函数、分布函数、逻辑函数、字符串函数和日期函数等。其中,算术函数有绝对值(ABS)函数、反正弦值(ARSIN)函数、反正切值(ARTAN)函数、余弦值(COS)函数、e 为底的指数(EXP)函数、10 为底的指数(LG10)函数、e 为底的对数(LN)函数、正弦值(SIN)函数、平方根(SQRT)函数。统计函数有均值(MEAN)函数、标准差(SD)函数、方差(VAR)函数、总和(SUM)函数、最大值(MAX)函数、最小值(MIN)函数。例如,日期函数——DATEDIFF(终止日期,开始日期,"days")表示终止日期与开始日期之间的时间跨度或差值。函数的参数可以有一个及以上。多个参数之间用半角逗号隔开。非专业用户不必记住如此多函数的名称、用法和格式,只要在实际用到时对其进行查找、了解或学习设置即可。

#### 3. 条件或逻辑表达式

简单的条件表达式包含关系运算符、常量、变量、圆括号和算术表达式。常见的关系运算符有小于(<)、大于(>)、小于或等于(<=)、大于或等于(>=)、等于(=)、不等于(~=)。常见的逻辑运算符有与(&)、或(or)、非(~)。这些运算符在计算变量、变量重新编码和个案选择等预处理操作过程中可以联合使用。

### 2.1.2 重新编码

在数据分析过程中,经常要把数值变量进行统计分组,将其转换为有序多分类变量,有时要将邻近的多个等级、分组或类别进行合并。例如,将考试分数按照区间范围划分为多个等级;可以定义变量值标签,如"优秀"=3、"良好"=2、"一般"=1、"不合格"=0,也可以将某些数码"3""2""1"合并为"1",相当于将"优秀""良好""一般"合并为"合格"=1,从而把原变量的 4 个类别转换成更少的 2 个类别,并在全部个案中同步给出新变量的值。

对变量进行重新编码分为以下两种情况。

(1)重新编码为相同变量:直接替换原变量的值,变量名没有任何变化,全部个案同步完成值的更新,且当单击"保存"按钮以后,原数值无法恢复。

(2)重新编码为不同变量:保留原变量,按照转换规则生成一个新变量,原变量和新变量的数码之间有一一对应关系,且自动保存新变量。

"重新编码"预处理命令的用途如下。

（1）实现点值与点值之间的转换。

例如，"1, 2, 3, 4, 5"反向编码为"1→5, 5→1, 2→4, 4→2"。

（2）实现区间与点值之间的转换，将数值资料转换为定序资料。

例如，将血红蛋白含量（g/L）按照标准划分区间，定义变量值标签"<60（重度贫血）"=1、"60～<90（中度贫血）"=2、"90～<120（轻度贫血）"=3、"120～160（正常）"=4、">160（增高）"=5。又如，预设成绩分组标准[0, 60)，[60, 70)，[70, 80)，[80, 90)，[90, 100]，分别定义变量值标签"不及格"=1、"及格"=2、"中等"=3、"良好"=4、"优秀"=5。

（3）由一个或一组若干个分类变量派生出一组哑变量。例如，通过"重新编码"预处理命令，由有 $k$ 个类别的无序多分类变量，派生出一组（共 $k-1$ 个）虚拟的哑变量。$k$ 个类别不能用 $k$ 个哑变量表示，根据线性代数中的向量知识，如果这么做，则每个哑变量都可以表示成其余哑变量的线性组合，纳入多元线性回归模型时必然引起完全多重共线性现象。

哑变量是虚拟变量，又称指示变量，对无序多分类变量中的类别有指示作用。每个类别都对应一组哑变量的值，每个哑变量都是二值变量，其值为 0 或 1。通过"重新编码"预处理命令，可以依次设置，每次操作时只能生成一个哑变量。因此，一组哑变量须多次设置才能完成。当由无序多分类变量派生出一组哑变量时，必须事先指定参照类别。

例如，定义无序多分类变量"职业"，对三个类别依次定义变量值标签"教师"=1、"医生"=2、"工人"=3。如果以类别"工人"为参照，那么"职业"派生出一组（共两个）哑变量 $X(1)$ 与 $X(2)$。"教师"转换为 $X(1)=1$，$X(2)=0$，"医生"转换为 $X(1)=0$，$X(2)=1$，"工人"赋值为 $X(1)=0$，$X(2)=0$。哑变量设置和赋值情况如表2-1所示。

表2-1 哑变量设置和赋值情况

| 变 量 类 别 | 变量值标签 | 哑 变 量 ||
|---|---|---|---|
| | | $X(1)$ | $X(2)$ |
| 教师 | 1 | 1 | 0 |
| 医生 | 2 | 0 | 1 |
| 工人 | 3 | 0 | 0 |

利用"重新编码"预处理命令派生出哑变量 $X(1)$、$X(2)$，共两个步骤。

第1步：由分类变量"职业"生成哑变量 $X(1)$。"职业"的类别数码"1"转换为哑变量 $X(1)$ 的"1"；其余类别数码"2"、"3"都转换为哑变量 $X(1)$ 的"0"。

第2步：由分类变量"职业"生成哑变量 $X(2)$。"职业"的类别数码"2"转换为哑变量 $X(2)$ 的"1"；其余类别数码"1"、"3"都转换为哑变量 $X(2)$ 的"0"。

## 2.1.3 计数

"计数"是简单实用而又常见的预处理命令，用于快速获得具有某种特征的个案数目，通常用于对分类变量的某个类别、数值变量的某个点值、某个变量的缺失数据进行计数。计数变量的值为 1 或 0，即符合条件者记为"1"，不符合条件者记为"0"。计数变量生成以后，即可获得符合条件者（为"1"）的频数或频率。

例如，给定某班级学生信息统计表，通过"计数"预处理命令获得以下数据。

◇ 成绩为80分的全部人数。

◇ 转换生成"优秀""良好""中等""较差"4个等次，获得"良好"等次的全部人数。
◇ 男生人数和女生人数。
◇ 身高介于170～175cm之间的全部人数。
◇ 未填体重变量值的全部人数。

"计数"预处理命令有时与"重新编码"预处理命令联合起来使用。

例如，通过"重新编码"预处理命令，将所有学生考试分数转换为4个等次，把数值变量转换为有序多分类变量，再由"计数"预处理命令对属于某个等次的个案进行计数。

又如，顾客对服务的满意程度可以分成"非常满意""比较满意""不太满意""不满意"4个等级，通过"重新编码"预处理命令将其两两合并，转换为"满意"和"不满意"两类，从而把有序多分类变量转换成二分类变量，再利用"计数"预处理命令对属于"不满意"的个案进行计数。

【学习目标】理解"转换"预处理的常见命令，掌握操作流程并阐述结论。

## 【案例实验1】

通过手机成瘾量表测量大学生手机成瘾分数。数据资料如表2-2所示。

本例的数据文件是"2预处理（手机成瘾量表的总分和等级）.sav"。

表2-2 "2预处理（手机成瘾量表的总分和等级）.sav"中的数据资料

| 序号 | 专业 | 题1 | 题2 | 题3 | 题4 | 题5 | 题6 | 题7 | 题8 | 题9 | 题10 |
|---|---|---|---|---|---|---|---|---|---|---|---|
| 1 | 公共管理 | 1 | 1 | 1 | 1 | 1 | 1 | 1 | 1 | 1 | 1 |
| 2 | 预防医学 | 2 | 2 | 2 | 1 | 3 | 1 | 1 | 1 | 2 | 2 |
| 3 | 生物工程 | 1 | 1 | 2 | 2 | 1 | 1 | 1 | 1 | 2 | 1 |
| 4 | 公共管理 | 1 | 1 | 1 | 1 | 1 | 1 | 1 | 1 | 2 | 1 |
| 5 | 预防医学 | 4 | 2 | 1 | 1 | 3 | 3 | 3 | 1 | 2 | 3 |
| 6 | 生物工程 | 2 | 2 | 2 | 1 | 3 | 3 | 3 | 2 | 3 | 2 |
| 7 | 生物工程 | 2 | 2 | 3 | 2 | 1 | 1 | 1 | 1 | 4 | 4 |
| 8 | 公共管理 | 3 | 1 | 1 | 1 | 1 | 1 | 1 | 1 | 1 | 1 |
| 9 | 生物工程 | 1 | 1 | 1 | 1 | 1 | 1 | 1 | 1 | 2 | 3 |
| 10 | 公共管理 | 2 | 1 | 1 | 1 | 1 | 2 | 1 | 1 | 3 | 3 |
| 11 | 预防医学 | 2 | 1 | 1 | 1 | 1 | 1 | 1 | 1 | 2 | 1 |
| 12 | 预防医学 | 1 | 1 | 1 | 1 | 1 | 1 | 1 | 1 | 1 | 1 |
| 13 | 预防医学 | 2 | 1 | 1 | 1 | 1 | 1 | 1 | 1 | 1 | 3 |
| 14 | 公共管理 | 2 | 4 | 2 | 1 | 4 | 3 | 2 | 5 | 2 |  |
| 15 | 公共管理 |  |  |  |  |  |  |  |  |  |  |
| 16 | 生物工程 | 3 | 3 | 2 | 2 | 2 | 2 | 1 | 1 | 1 | 4 |
| 17 | 生物工程 | 1 | 1 | 1 | 1 | 1 | 1 | 1 | 1 | 1 | 1 |
| 18 | 预防医学 | 2 | 3 | 1 | 2 | 3 | 1 | 2 | 1 | 2 | 4 |
| 19 | 预防医学 | 1 | 1 | 1 | 1 | 1 | 1 | 1 | 1 | 2 | 1 |
| 20 | 生物工程 | 4 | 4 | 3 | 4 | 4 | 4 | 3 | 4 | 4 | 4 |

【数据文件】

定义变量"序号""专业",类型均为字符串;定义变量"题1""题2""题3""题4""题5""题6""题7""题8""题9""题10",类型均为数值。定义变量值标签"公共管理"=1、"预防医学"=2、"生物工程"=3。建立数据文件,如图2-1所示。

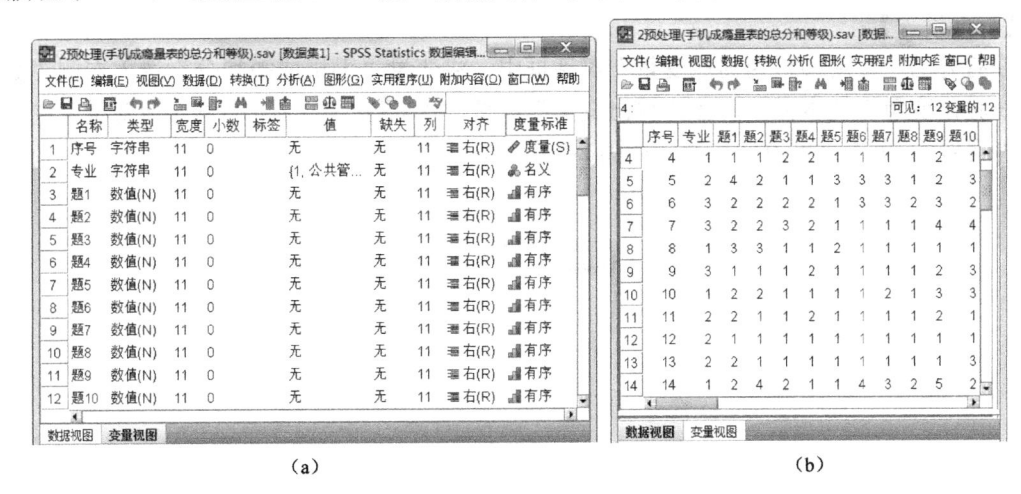

图2-1 数据文件

**操作要求(1)**:对所有题目分数累计求和。

【菜单选择】

单击"转换"主菜单,再单击"计算变量"选项。

【界面设置】

在打开的"计算变量"对话框的"目标变量"文本框中,输入"手机成瘾得分"。单击"类型与标签"按钮以后,还可以进行更为完善的设置。在"数字表达式"列表框中编辑算术表达式,即选入"题1"~"题10"并求和,单击"确定"按钮,如图2-2所示。

图2-2 "计算变量"对话框

**操作要求(2)**:利用重新编码预处理命令,生成一个新的变量"手机成瘾等级"。

设置两个变量之间的转换标准，建立一一对应关系：分数"0～14"或"1级"=1、"分数15～24"或"2级"=2、分数"25～39"或"3级"=3、分数"40～50"或"4级"=4。

【菜单选择】

单击"转换"主菜单，再单击"重新编码为不同变量"选项。

【界面设置】

在打开的"重新编码为其他变量"对话框中，将变量"手机成瘾得分"选入右侧"数字变量→输出变量"文本框中，在"输出变量"区域的"名称"文本框中输入新变量名称"手机成瘾等级"，单击"更改"按钮，如图2-3所示。

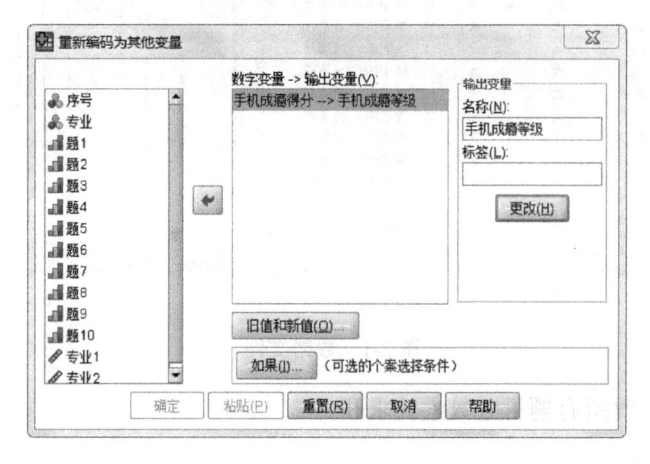

图2-3 "重新编码为其他变量"对话框

单击"旧值和新值"按钮，打开的"重新编码到其他变量：旧值和新值"对话框如图2-4所示。

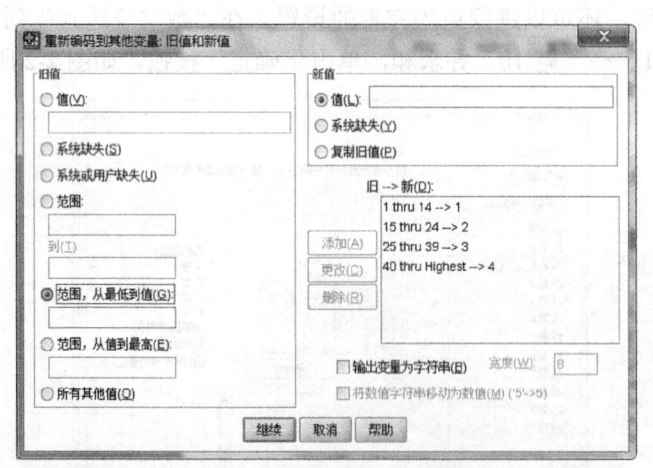

图2-4 "重新编码到其他变量：旧值和新值"对话框

在"旧值"区域的"范围，从最低到值"文本框中输入"14"；在"新值"区域的"值"文本框中输入"1"，单击"添加"按钮。在"旧值"区域"的"范围"文本框中输入"15"、"到"文本框中输入"24"；在"新值"区域的"值"文本框中输入"2"，单击"添加"按钮。在"旧值"区域的"范围"文本框中输入"25"，在"到"文本框中输入"39"；在"新值"

区域的"值"文本框中输入"3",单击"添加"按钮。在"旧值"区域的"范围,从值到最高"文本框中输入"40";在"新值"区域的"值"文本框中输入"4",单击"添加"按钮。生成的"手机成瘾等级"变量如图 2-5 所示。

说明①:"范围"是指把区间端点值包含在内的一个闭区间。

说明②:在"旧值"区域的"值"文本框中输入的是原变量的值,在"新值"区域的"值"文本框中输入的是新变量的值,而它们的对应关系在"旧→新"列表框中显示。

图 2-5  生成的"手机成瘾等级"变量

**操作要求(3)**:通过"计数"预处理命令,首先将专业中属于"生物工程"者进行计数;然后对求和得到的"手机成瘾得分"变量按照 15 分以上的要求进行计数。

【菜单选择】

单击"转换"主菜单,然后单击"对个案中的值计数"选项,打开"计算个案内值的出现次数"对话框。

【界面设置】

在"目标变量"文本框中输入"生物工程",将"专业"选入"数字变量"列表框中。单击"定义值"按钮,在打开的对话框的"值"文本框中输入"3",依次单击"添加"和"继续"按钮。

在"目标变量"文本框中输入"手机成瘾得分 15 分以上",将"手机成瘾得分"选入"数字变量"列表框中,单击"定义值"按钮,如图 2-6(a)所示;在打开的对话框的"范围,从值到最高"文本框中输入"15",如图 2-6(b)所示,依次单击"添加"和"继续"按钮。

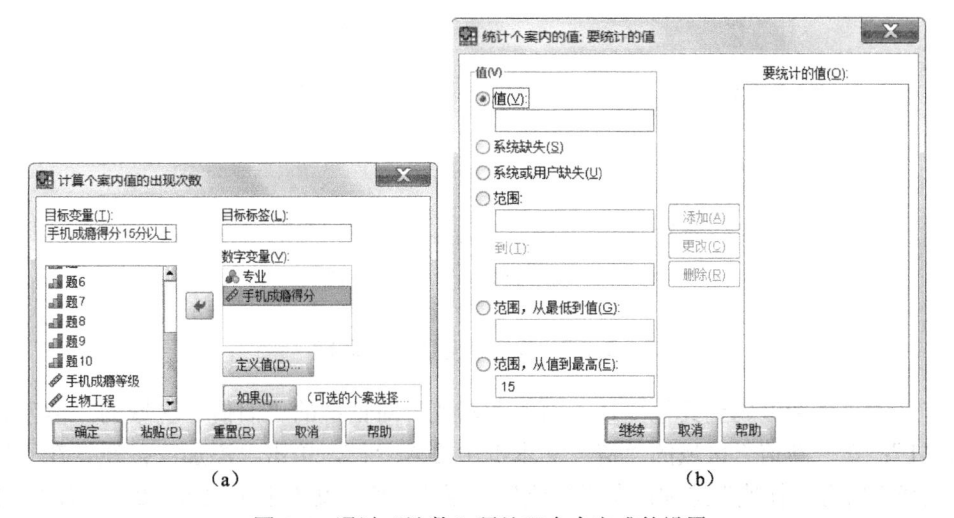

(a)　　　　　　　　　　　　　(b)

图 2-6  通过"计数"预处理命令完成的设置

**操作要求（4）**：利用"重新编码"预处理命令，由"专业"变量派生出一组（共两个）哑变量"专业1""专业2"。

提示：事先设置"生物工程"为参照，"公共管理"依次转换为哑变量"专业1"、"专业2"中的"1"、"0"；"预防医学"依次转换为哑变量"专业1"、"专业2"中的"0"、"1"，"生物工程"依次转换为哑变量"专业1"、"专业2"中的"0"、"0"。

两个哑变量的赋值如表2-3所示。

表2-3 两个哑变量的赋值

| 专 业 | 专 业 1 | 专 业 2 |
|---|---|---|
| "公共管理"=1 | 1 | 0 |
| "预防医学"=2 | 0 | 1 |
| "生物工程"=3 | 0 | 0 |

利用"重新编码"预处理命令派生出哑变量 $X(1)$、$X(2)$，共两个步骤。

第1步：由分类变量"专业"生成哑变量"专业1"。"专业"的类别数码"1"转换为哑变量"专业1"的"1"；其余类别数码"2"、"3"都转换为哑变量"专业1"的"0"。

第2步：由分类变量"专业"生成哑变量"专业2"。"专业"的类别数码"2"转换为哑变量"专业2"的"1"；其余类别数码"1"、"3"都转换为哑变量"专业2"的"0"。

【菜单选择】

单击"转换"主菜单，再单击"重新编码为不同变量"选项。

【界面设置】

在打开的"重新编码为其他变量"对话框中，将"专业"选入右侧"数字变量→输出变量"列表框中，在"输出变量"区域的"名称"文本框中输入"专业1"，单击"更改"按钮，单击"旧值和新值"按钮，如图2-7所示。

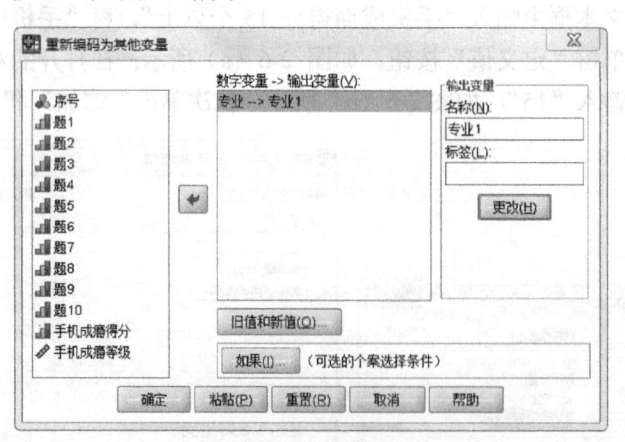

图2-7 设置哑变量"专业1"

在打开的"重新编码到其他变量：旧值和新值"对话框的"旧值"区域的"值"文本框中输入"1"；在"新值"区域的"值"文本框中输入"1"，单击"添加"按钮。在"旧值"区域，选择"所有其他值"选项；在"新值"区域的"值"文本框中输入"0"，依次单击"添加"和"继续"按钮，旧值和新值的转换结果如图2-8所示。

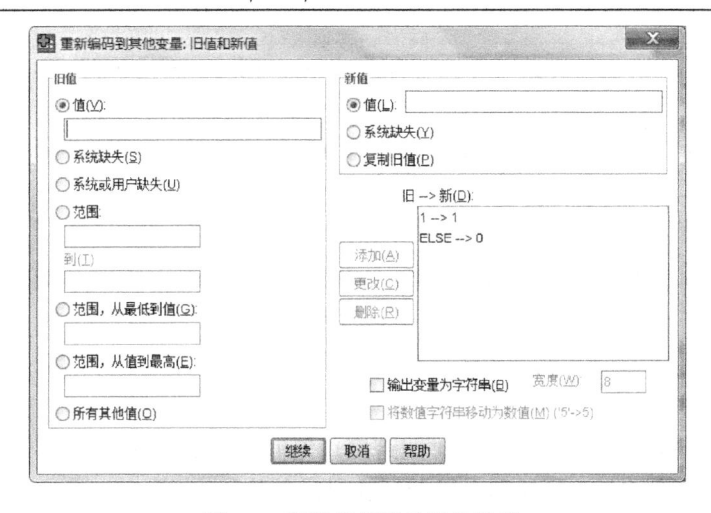

图 2-8 旧值和新值的转换结果

【菜单选择】
单击"转换"主菜单，再单击"重新编码为不同变量"选项。

【界面设置】
在打开的"重新编码为其他变量"对话框中，将"专业"选入右侧"数字变量→输出变量"列表框中，在"输出变量"区域的"名称"文本框中输入"专业2"，单击"更改"按钮，再单击"旧值和新值"按钮，如图 2-9 所示。

在打开的"重新编码到其他变量：旧值和新值"对话框的"旧值"区域的"值"文本框中输入"2"；在"新值"区域的"值"文本框中输入"1"，单击"添加"按钮。在"旧值"区域，选择"所有其他值"选项；在"新值"区域的"值"文本框中输入"0"，依次单击"添加"和"继续"按钮，旧值和新值的转换结果如图 2-10 所示。

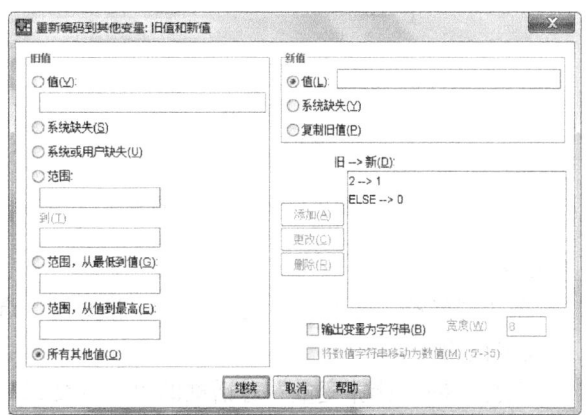

图 2-9 设置哑变量"专业2"　　　图 2-10 旧值和新值的转换结果

说明：在以上操作中，如果选择"所有其他值"选项，其他值就会全部转换为数码"0"。这种做法必须切合实际，不要存在异常值，以免造成转换时的错误。

由"专业"变量生成哑变量"专业1"和"专业2"后，全部个案同步完成赋值，如图 2-11 所示。

图 2-11　哑变量及赋值

## 【案例实验 2】

根据随访开始日期和终止日期，求时间跨度（差值）并生成数值变量。数据资料如表 2-4 所示。本例的数据文件是"2 预处理（日期型变量求差值）.sav"。

表 2-4　数据资料

| 开始日期 | 08/31/82 | 08/31/82 | 10/30/83 | 12/01/84 | 01/01/84 | 07/01/85 | 08/31/87 |
|---|---|---|---|---|---|---|---|
| 终止日期 | 10/31/89 | 08/28/86 | 03/31/90 | 10/01/87 | 10/01/88 | 10/01/88 | 12/30/90 |

【数据文件】

定义检验变量"开始日期""终止日期"，类型均为日期，设置格式为"mm/dd/yyyy"如图 2-12 所示。建立数据文件，如图 2-13 所示。

图 2-12　日期格式设置　　图 2-13　数据文件

【菜单选择】

单击"转换"主菜单，再单击"计算变量"选项。

【界面设置】

在打开的"计算变量"对话框的"目标变量"文本框中输入新变量的名称"差值"。

在"函数组"列表框中选择"日期运算"选项，然后在"函数和特殊变量"列表框中双击"DATEDIFF"选项。

这时，在"数字表达式"列表框中会显示 DATEDIFF (?, ?, ?)；依次选入变量"终止日期""开始日期"，设置参数"days"，此时将会在"数字表达式"列表框中显示"DATEDIFF (终止日期, 开始日期, "days")"，单击"确定"按钮，如图 2-14 所示。

图 2-14 "计算变量"对话框

## 2.1.4 替换缺失值

在收集数据时难免会出现数据记录不全的情况,这是数据采集或统计分析人员不希望遇到但是又无法完全避免的难题。例如,在问卷调查过程中,受访者对敏感性、禁忌性或隐私性问题拒绝作答;在社区人群调查时,高龄组受访者因行动不便而不能到场接受调查;调查人群收入时,高收入受访者出于保护隐私原因而不愿意提供收入信息。

资料大量缺失,不仅会增大统计分析时的系统性偏差,造成计算精度大幅度下降,还可能受限于某些统计学方法的使用条件或不满足模型设计的基本要求。例如,随机区组设计的方差分析法或时间序列分析法的应用条件要求数据不能缺失。常见缺失值的情形如下。

(1) 对于完全由随机因素引起的数据缺失,当缺失数据较少且与其他变量无关时,不妨经过排序以后将其集中起来,然后直接删除这些缺失个案。

(2) 当数据缺失较多且与其他变量存在某种联系时,如果直接删除这些缺失个案,可能会使得某些方法不再满足使用条件,还会增大结论分析时的偏差。

(3) 当把时间序列分析模型用于拟合周期波动或长期趋势变化规律时,数据缺失会造成模型无法建立的情况。在随机区组设计问题中,如果在数据结构单元格中有数据缺失,那么本区组中的其他数据将无法用于统计分析。

SPSS 软件一般默认将缺失数据视为无效,并在统计分析时自动过滤掉这部分个案。描述统计、探索分析或统计推断功能的许多模块附带缺失数据处理功能,如图 2-15 所示。

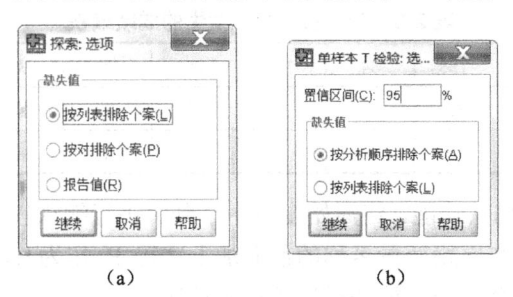

(a)　　　　　　　　(b)

图 2-15　缺失数据的默认处理

在图 2-15 中,"按列表排除个案"选项是指在所有变量中排除缺失个案,其他变量分析受影响;"按分析顺序排除个案"选项是指在当前变量中排除缺失个案,其他变量分析不受影响。

替换缺失值可以根据分布类型和研究目的将数据补充完整,使得原始样本数据得到最大限度的合理利用。在填补缺失数据可行的情况下,SPSS 软件给出了多种填补缺失数据的方法,如序列均值、临近点均值或中位数、线性插值算法。

此外,缺失数据也可以作为一个新的类别来使用。

例如,"性别"变量共设置"男性"、"女性"和"缺失"3 个类别,并以"女性"为参照,给出"男性""缺失"相比"女性"的分析结果,在软件操作时这种做法不会因缺失而自动删除整行个案。

【菜单选择】

单击"转换"主菜单,再单击"替换缺失值"选项。

【界面设置】

在打开的"替换缺失值"对话框中,把填补的缺失变量选入"新变量"列表框中;在"方法"下拉列表框中提供了 5 种填充方法,采用默认填充方法"序列均值",单击"确定"按钮。当变量数据被填补以后,系统会另外生成一个新变量。这个新变量会在原始变量名称后加上符号"_1"作为默认的名称,如图 2-16 所示。

图 2-16 "替换缺失值"对话框

## 2.1.5 编秩

编秩就是把原始数据按照数值或等级的降序或升序方式排列以后,依次转换成序号并作为秩次。原始数据与秩次建立一一对应关系。相同数据取平均秩次。此外,还可以事先设置某个分类变量为区分标准,在其不同类别分组的情况下,分别对原始数据进行编秩。

例如,对某宿舍男生的身高(单位:m)进行编秩,如表 2-5 所示。

又如,某班级随机抽取出来的部分学生成绩,以性别作为区分标准,在不同性别情况下,分别对男生成绩、女生成绩进行编秩,如表 2-6 所示。

表 2-5 某宿舍男生的身高编秩

| 身高/m | 1.70 | 1.75 | 1.75 | 1.80 | 1.85 | 1.85 |
|---|---|---|---|---|---|---|
| 排序 | 1 | 2 | 3 | 4 | 5 | 6 |
| 编秩 | 1 | 2.5 | 2.5 | 5 | 5.5 | 5.5 |

表 2-6 分别按照男、女生的成绩编秩

| 成绩/分 | 64 | 78 | 75 | 84 | 82 | 85 | 70 | 71 | 90 | 65 | 58 |
|---|---|---|---|---|---|---|---|---|---|---|---|
| 性别 | 男 | 男 | 女 | 男 | 女 | 男 | 男 | 女 | 女 | 男 | 男 |
| 编秩 | 2 | 5 | 2 | 6 | 3 | 7 | 4 | 4 | 3 | 1 |

通过 SPSS 软件中的编秩功能,将原始变量由小到大进行编秩以后,在数据文件中会自动生成新的秩变量。秩变量在原始变量名称的前面加上字母 R 作为其默认的名称。在数据视图中,秩变量用来存放每个个案经过编秩以后的相应秩次。

## 【案例实验3】

数据资料如表2-7所示。首先对全部个案的"结石表面积"编秩，然后分别对男性和女性的"结石表面积"编秩。本例的数据文件是"1建数据库（肾周积液病例表）.sav"。

表2-7 数据资料

| 编号 | 性别 | 结石表面积/mm² | 编号 | 性别 | 结石表面积/mm² | 编号 | 性别 | 结石表面积/mm² |
|---|---|---|---|---|---|---|---|---|
| 1 | 女 | 69.08 | 8 | 女 | 77.72 | 15 | 男 | 290.28 |
| 2 | 男 | 43.18 | 9 | 女 | 81.68 | 16 | 女 | 68.78 |
| 3 | 女 | 112.26 | 10 | 男 | 37.70 | 17 | 女 | 42.39 |
| 4 | 男 | 91.89 | 11 | 女 | 65.94 | 18 | 女 | 49.46 |
| 5 | 男 | 27.48 | 12 | 女 | 105.98 | 19 | 男 | 56.52 |
| 6 | 女 | 141.3 | 13 | 女 | 27.49 | 20 | 女 | 98.91 |
| 7 | 男 | 91.85 | 14 | 女 | 70.65 | | | |

**【数据文件】**

定义标识变量"编号"，类型为字符串；定义变量"性别""结石表面积"，类型为数值。定义变量值标签"男"=1、"女"=2。建立数据文件，如图2-17所示。

（a）

（b）

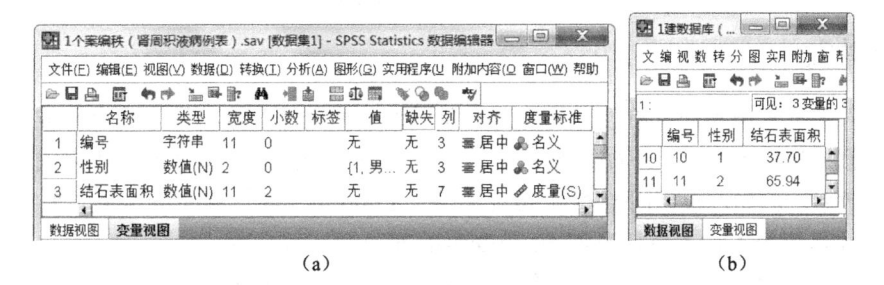

图2-17 数据文件

**操作要求（1）**：对全部个案按照结石表面积进行编秩。

**【菜单选择】**

单击"转换"主菜单，再单击"个案排秩"选项。

**【界面设置】**

在打开的"个案排秩"对话框中，将"结石表面积"选入"变量"列表框中，其他设置采用默认状态。

**操作要求（2）**：按照"性别"分组以后，分别对男性或女性的"结石表面积"编秩。

**【菜单选择】**

单击"转换"主菜单，再单击"个案排秩"选项。

**【界面设置】**

在打开的"个案排秩"对话框中，将"结石表面积"选入"变量"列表框中，将"性别"选入"排序标准"列表框中，如图2-18所示。按不同性别对"结石表面积"编秩，如图2-19所示。分别按照男性和女性对"结石表面积"编秩以后，如果对"性别"升序排列，那么还能在编秩过的数据文件中按不同性别进行显示，如图2-20所示。

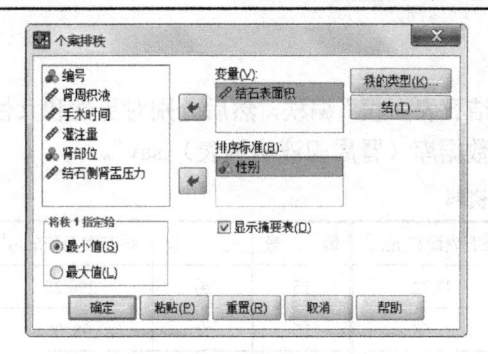

图 2-18 "个案排秩"对话框　　图 2-19 按不同性别编秩　　图 2-20 按不同性别显示

## 2.2 数据预处理

"数据"主菜单包括"合并文件""排序个案""分类汇总""拆分文件""加权个案""个案选择"等预处理命令。它的主要功能是对数据文件进行合并、拆分、浏览、筛选或排除。

对原始资料进行数据预处理过程中，不会产生一个新的变量。数据预处理方法简单实用，对于变量类型多、变量个数多的大样本资料，如果把数据预处理与描述分析、统计推断方法联合使用，那么可以完成更为多样而且个性化的数据分析任务。

### 2.2.1 合并文件

合并文件是把来源不同、单独存储的两个及以上数据文件，按某种方式合并成一个总的数据文件。当数据规模庞大时，不妨把数据输入任务分成多个部分，由多人合作完成，从而节省时间、提升效率。例如，根据问卷输入 50 个变量、1 000 例个案，并交给 5 个人来完成。

一种方式是每个人输入包括全部 50 个变量的部分 200 例个案。

另一种方式是每个人输入包括 10 个变量的全部 1 000 例个案。每人批量输入一部分数据并且单独保存为一个数据文件，通过添加个案或添加变量的方式依次对文件进行逐个合并。

#### 1. 添加个案或纵向合并

在变量名和结构信息相同的情况下，可把外部文件中的全部个案添加到当前数据文件中，并可在数据文件中把全部个案按照首尾相接的方式进行纵向合并。当数据文件中个案很多时，可事先由多个人分批向包含全部变量的空文件中输入数据，并将这些文件单独保存为数据文件。最后利用"添加个案"命令把外来数据文件逐个追加合并到当前数据文件窗口下方，从而把相同变量中来自不同数据文件的个案纵向连接，如表 2-8～表 2-10 所示。

表 2-8 纵向合并以前的数据文件（1）

|      | 变量 1 | 变量 2 |
|------|-------|-------|
| 个案 1 |       |       |

表 2-9 纵向合并以前的数据文件（2）

|      | 变量 1 | 变量 2 |
|------|-------|-------|
| 个案 2 |       |       |

表 2-10 纵向合并以后的数据文件

|      | 变量 1 | 变量 2 |
|------|-------|-------|
| 个案 1 |       |       |
| 个案 2 |       |       |

多个数据文件纵向合并以后，在数据视图中的数据集将会在纵向上变得更长。

对于来自两个数据文件的不同名的变量来说，不能合并是显而易见的。对于来自两个数据文件的同名变量来说，当变量结构信息不同时，系统往往也会提示其为非成对变量，不能实现此变量名下全部个案的合并，且在合并以后的文件中会丢失该变量。也就是说，两个变量类型不同或宽度不相等时不能作为同一个变量，从而无法实现合并。

例如，在两个数据文件中，一个变量类型设置为字符串，另一个变量类型设置为数值。又如，在字符串变量中，一个默认宽度为 8，另一个随着录入而调整宽度为 10。

又如，某个年级有 3 个班级成绩文件，定义变量为"学号""语文""数学""英语"，如果"学号"是字符串变量，其宽度在两个班级的成绩文件中不同，那么当把数据文件合并时，系统会提示因非成对变量而无法合并。有些变量结构信息不同，在合并时却不受影响，比如，数值变量小数点位数不同、度量标准（名义、有序或度量）不同等。

### 2．添加变量或横向合并

在两个数据文件中个案相同的情况下，可把外部文件中的变量添加到当前数据文件中，并依次对这些数据文件中的全部变量进行横向合并。当数据文件中变量很多时，研究者可以把所有变量分成多个部分，由每个人负责输入已经存放所有个案的一部分变量，然后分别保存为单个数据文件，最后利用"添加变量"命令，把外来数据文件逐个追加合并到当前数据窗口的右侧，也就是把来自不同数据文件的部分变量横向连接起来。

当两个数据文件横向合并时，通常需要指定某个标识变量（如"序号""学号"）作为关键变量。如果两个数据文件的个案相同，数量相等，排序也一样，那么在两个数据文件横向合并时不必指定关键变量，按照个案记录顺序直接合并就可以了。如果两个数据文件中的个案排列顺序不同或有部分个案不相同，那么无法建立对应关系，此时在两个数据文件横向合并时必须指定作为参考的关键变量。

按照添加变量的方式，可以把分别包含一部分变量的单个数据文件依次合并为包含变量个数更多（列数更宽）的一个总数据文件，如表 2-11～表 2-13 所示。

表 2-11　横向合并以前的数据文件（1）

|  | 变量 1 | 变量 2 |
|---|---|---|
| 个案 1 |  |  |

表 2-12　横向合并以前的数据文件（2）

|  | 变量 3 | 变量 4 |
|---|---|---|
| 个案 1 |  |  |

表 2-13　横向合并以后的数据文件

|  | 变量 1 | 变量 2 | 变量 3 | 变量 4 |
|---|---|---|---|---|
| 个案 1 |  |  |  |  |

多个数据文件被横向合并以后，数据视图中的数据集将会在横向上变得更长。

例如，某班级的一份成绩表包含变量"学号""语文"，该班级的另一份成绩表包含变量"学号""数学"，该班级的两份成绩表可以合并为包含变量"学号""语文"和"数学"的一份总成绩表。

如果两份成绩表已经事先按照"学号"排列且一一对应、没有缺失，那么可以按照个案排列顺序直接合并。如果两份成绩表事先未按照"学号"排列，而是分别按照随机顺序输入的，甚至有些成绩记录缺失，那么两份成绩表合并前必须指定标识变量（如"学号"）作为关键变量，"学号"相同者作为"语文"和"数学"合并时进行个案横向连接的依据，而如果不指定关键变量，那么按照顺序合并时就会出现错乱的现象，如张三的语文成绩合并在李四的名下。

### 2.2.2 排序个案

在数据视图中全部个案排列的先后顺序由输入时间的早晚来决定。鉴于数据排列杂乱无规律而不利于进行观察分析，用户可以根据指定的某个或若干个变量，按照变量取值的递增或递减规律，采用升序或降序的方式对个案进行重新排列，比如，分数由高到低排序，工资由少到多排序，病程由长到短排序。在排序过程中，个案所在行之间进行整行变动。当个案的一列变动而其他列不变动时，个案中变量值的对应位置关系将会出现错乱的现象。

排序个案有如下作用。

◇ 对数据进行粗略描述性分析，找出缺失值、最大值和最小值，计算全距，大致了解数据分布的形态，比较数据集中或离散趋势的特点。

◇ 快速寻找到缺失或异常值所占比例，便于数据清洗或整理。异常值可能来自调查或试验中把控不严、测量或记录时粗心错误，也可能是正常情况下由于抽样随机性带来了偶然偏差。那些超过上四分位数或低于下四分位数超过四分位数间距 1.5 倍的离群数据尤为受关注。除个案排序以外，绘制箱线图或四分位数检验法也是寻找异常值的方式。

**1. 单变量排序**

只有一个变量的排序，称为单变量排序。单变量排序最为简便的操作方法就是在数据视图中的变量名位置右击，直接完成升序或降序的过程。

当引入一个分组变量以后，还可以分别在不同分组内对某个变量进行排序。

例如，分别给出男生和女生的笔试成绩和面试成绩，既能对全部学生的笔试成绩进行升序显示，也可以只对男生的面试成绩进行降序显示或只对女生的笔试成绩进行升序显示。

**2. 多变量排序**

多变量排序又称多重排序。当排序变量为两个及以上时，务必提前指定这些排序变量的优先次序。在多变量排序时，首先选入的排序变量优先于后续选入的排序变量。首先对第一个排序变量排序，然后对第一个排序变量中取值相同的个案，再按照第二个排序变量继续排序，其余排序变量依次类推，直到全部轮流完为止。例如，定义值标签"男生"=1、"女生"=2，如果对性别降序以后再对同一性别中成绩升序排列，那么男生和女生成绩将会分别由低到高排序，女生成绩将被显示在前半部分，男生成绩将被显示在后半部分。

如果排序之前就提前设置了用于按行标记个案的某个变量（如"ID""学号""卡号"），那么数据文件按照多变量排序以后，如果打算撤销操作并恢复为原来的排列顺序，那么只要按照标识变量再次实施升序排列就行了。

例如，某班级成绩单按照总分由高到低排列以后，如果按照学号升序排列，那么又能恢复为按照学号排序前的初始状态。

### 2.2.3 分类汇总

分类汇总就是指定某个分类变量（可以是二分类、有序多分类或无序多分类形式），再将全部个案按照分类变量的不同类别划分若干个分组，并在每个分组中汇总某些摘要统计量（如均值、中位数、总和、标准差），特定值（如第一个值、最后一个值、最小值、最大值），个案数，百分比（构成比）。分类汇总也用于分类变量有多个的情况，即同时选入多个分类变量并按照多种交叉类别进一步细分，将其分类汇总为多样复合类别形式的摘要统计量。

例如，把学生按照性别和专业进行分组。如果把性别和专业都选入分组变量，将成绩作为汇总变量，默认均值为汇总函数，那么可以求出每个专业的男生、女生成绩均值。如果只把性别选入分组变量，把身高作为汇总变量，把汇总函数改成标准差，那么可以分别求出男生、女生身高的标准差。此外，如果把成绩和身高选入汇总变量，分别把汇总函数更改为中值、最大值，那么就可以求出成绩的中位数、身高的最大值。

实际上，分类汇总只适用于有限范围内某些摘要统计量的描述分析。在分类或分组的前提下，为了完成种类丰富多样的描述分析任务，如绘制统计图、讨论数据分布特征、计算出多种集中或离散趋势统计量，还要结合"拆分文件"或"个案选择"等预处理命令，在频数、描述或交叉表等二级窗口的参数设置要求下完成相应操作。

## 2.2.4 拆分文件

拆分文件就是指定以某个分类变量作为分组依据，把一个总数据文件中的全部个案，按照不同的类别分割，并将其临时存储为若干部分的数据文件。拆分文件目的是在不同类别的分组要求前提下，分别对拆分以后的部分数据文件，单独完成指定变量的统计分析任务。

"拆分文件"预处理命令一旦设置完成，在输出窗口中将会自动出现命令行提示。系统只是暂时存储该命令的设置，也不会单独显示拆分生成的单个数据文件。由于该命令是临时设定的，所以如果用户关闭了当前数据文件，那么该命令不被保存而自动失效。如果不撤销该命令或不关闭当前数据文件，那么该命令就会一直处于生效状态。

"拆分文件"预处理命令被执行以后，总的数据文件按照分类变量的类别临时存储为多个子数据文件。这些子数据文件经过分组以后分别完成多种统计分析任务。

例如，学生成绩分别按照专业或性别拆分文件以后，比较不同专业或不同性别学生成绩的分布特征、计算均值和标准差。当然，专业和性别既能单独也能一起用于拆分文件。

## 2.2.5 加权个案

所谓"权重"是对一组数据中赋予的具有权衡轻重作用的数值，"权"在韦氏大辞典中有三个含义：一、在所考虑的群体或系列中赋予某个项目的相对值；二、对某个项目相对重要性赋予的数；三、某个频数分布中某个项目的频数或频率。这里考虑第三个含义。

在 SPSS 软件的数据视图中，默认每行都是原始个案记录。对于分类变量来说，原始记录数据经过汇总以后变成频数数据，某个数码仅允许输入 1 次，再由定义的频数变量标记重复次数。由频数资料建立数据库的做法节省了工作量和存储空间。为让 SPSS 软件知道这是频数资料，在统计分析以前须作加权预处理（即数据复制）；如果不作加权预处理，软件不知道这是频数资料而按照逐行输入的原始记录个案执行，这将造成数据的错误。

对于单组频数资料或交叉分组资料，在用卡方检验、秩和检验和生存分析等方法前，通常以频数格式定义变量和建立数据文件，而加权预处理是后续统计分析的前提条件。

例如，肿瘤患者术后以年为间隔汇总死亡人数，如表 2-14 所示，属于单组频数资料。又如，按照两种治疗药物、疗效的有效和无效对病人进行药物种类和疗效的交叉分组，如表 2-15、表 2-16 所示，属于交叉分组资料。

表 2-14 频数资料

| 术后时间 | 1 | 2 | 3 | 4 | 5 | 6 | 7 | 8 | 9 | 10 |
|---|---|---|---|---|---|---|---|---|---|---|
| 期间死亡人数 | 82 | 65 | 52 | 40 | 30 | 20 | 15 | 8 | 4 | 2 |

表 2-15 原始资料

| 个案序号 | 药物种类 | 疗效 |
|---|---|---|
| 1 | 药物 A | 有效 |
| 2 | 药物 B | 无效 |
| … | … | … |
| 284 | 药物 A | 有效 |

表 2-16 交叉表资料

| 药物种类 | 疗效 | | 合计 |
|---|---|---|---|
| | 有效 | 无效 | |
| 药物 A | 120 | 25 | 145 |
| 药物 B | 90 | 49 | 139 |
| 合计 | 210 | 74 | 284 |

在数据视图中，SPSS 软件把每行数据自动默认为个案。如果全部个案按照某个类别或交叉分组的频数计数汇总，那么必须另外定义一个频数变量并进行加权预处理；否则，软件会把每行都默认为个案，而不是计数汇总以后的资料形式。"加权个案"对话框如图 2-21 所示。

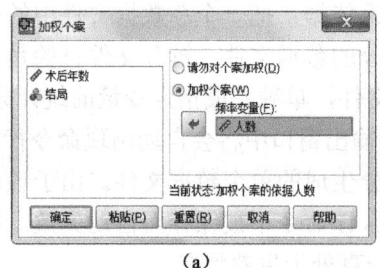

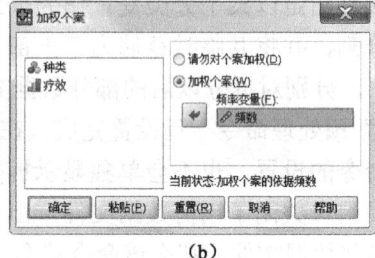

(a)　　　　　　　　　　　(b)

图 2-21 "加权个案"对话框

由于"加权个案"预处理命令是临时设定的，所以如果用户关闭了当前数据文件，那么"加权个案"预处理命令因不被保存而自动失效。如果不撤销该命令或不关闭当前数据文件，那么该命令就会一直处于生效状态。加权个案预处理命令一旦设置完成，将会在输出窗口中自动出现命令行提示。

### 2.2.6 个案选择

有时，用户需要根据一定的规则或条件，从已经收集的大规模数据文件中临时选出一部分符合指定要求的数据，再将其用于后续的统计分析过程中。例如，按照设置的条件表达式或限定范围选取符合选择条件的个案；按照近似比例或精确个数随机选出一部分个案。

"个案选择"预处理命令一旦设置完成，将会在输出窗口中自动出现命令行的提示。这时，全部个案临时显示为被选中和未被选中部分，却并未单独分出两个不同文件。由于"个案选择"预处理命令是临时设定的，所以如果用户关闭了当前数据文件，那么该命令因不被保存而自动失效。如果不撤销或者不关闭当前的数据文件，那么该命令就会一直处于生效状态。

（1）按照随机抽样选择个案：通过计算机产生随机数的方式从全部个案中随机选择个案，包括"大约"抽取和"精确"抽取两种方式。"大约"抽取指定近似比例，允许存在偏差，由系统随机抽取接近这个比例的个案。例如，"大约37%"抽取是指从全部个案中随机抽取近似比例为 37% 的个案。"精确"抽取按照限定的个数随机抽取个案。例如，"75"抽取是指从全部个案中随机抽取 75 例个案。

（2）按照条件表达式选择个案：设置某种数学函数或表达式，系统将会根据此条件要求判断个案是否被抽取，符合条件的个案将被选中，不符合条件的个案将被排除。

（3）按照数据的范围选择个案：在指定数据范围内选择全部个案，并给出包含此范围上界的个案编号和此范围下界的个案编号，且只有符合此变化范围要求的个案才被选中。

当"个案选择"预处理命令被执行以后，在数据文件中会生成标识变量 filter_$，其取值为 1 或 0：1 表示被选中或保留；0 表示未被选中或已排除。未被选中个案行序号将被显示为反斜杠，这时数据文件中被选中的个案将会参与后续统计分析。当删除变量 filter_$ 以后，反斜杠标记自动消失，此时"个案选择"预处理命令自动撤销，在数据文件中未被选中或已被选中的所有个案完全得以释放为原来样子。如果对变量 filter_$ 排序，那么未被选中或被选中的个案在数据文件中将分开显示。

"个案选择"预处理命令和"拆分文件"预处理命令很相似，都是在数据文件完整的情况下临时存储命令。它们的区别："个案选择"预处理命令是选出符合条件的部分个案进行统计分析的；"拆分文件"预处理命令是将全部个案分割为不同的部分进行统计分析的。例如，以"拆分文件"预处理命令选入的性别作为分组条件，将全部个案分割为男性和女性两个部分。又如，利用"个案选择"预处理命令设置符合的条件为男性，仅从全部个案中选出男性个案。

【学习目标】理解数据预处理的常见命令，掌握操作流程并阐述结论。

## 【案例实验 4】

某机构分成两次获取病人数据资料，如表 2-17 和表 2-18 所示。本例的数据文件是"1 合并个案（泌尿科病人体征）合并-1.sav""1 合并个案（泌尿科病人体征）合并-2.sav"。

表 2-17 病人编号为 1~15 的数据资料

| 编号 | 分组 | 年龄（岁） | 年龄组 | 性别 | 身高（cm） | 体重（kg） | 收缩压（mmHg） | 舒张压（mmHg） | 心率（次/分） | 心电图 |
|---|---|---|---|---|---|---|---|---|---|---|
| 1 | 安慰剂 | 60 | 50~65 岁 | 男 | 174 | 65 | 17.0 | 9.0 | 68 | 异常 |
| 2 | 实验药 | 33 | 18~34 岁 | 女 | 164 | 54 | 13.0 | 10.0 | 79 | 异常 |
| 3 | 安慰剂 | 24 | 18~34 岁 | 女 | 161 | 53 | 15.0 | 8.0 | 76 | 正常 |
| 4 | 实验药 | 34 | 18~34 岁 | 男 | 168 | 68 | 16.0 | 10.0 | 60 | 正常 |
| 5 | 安慰剂 | 26 | 18~34 岁 | 男 | 177 | 80 | 18.0 | 10.0 | 70 | 异常 |
| 6 | 实验药 | 65 | 50~65 岁 | 女 | 160 | 70 | 17.0 | 10.0 | 70 | 异常 |
| 7 | 安慰剂 | 18 | 18~34 岁 | 男 | 170 | 60 | 17.0 | 10.0 | 80 | 正常 |
| 8 | 实验药 | 64 | 50~65 岁 | 男 | 167 | 51 | 22.0 | 8.0 | 77 | 异常 |
| 9 | 实验药 | 64 | 50~65 岁 | 男 | 178 | 75 | 21.0 | 9.0 | 73 | 正常 |
| 10 | 安慰剂 | 29 | 18~34 岁 | 男 | 180 | 80 | 20.0 | 11.0 | 90 | 正常 |
| 11 | 实验药 | 32 | 18~34 岁 | 男 | 175 | 74 | 18.0 | 10.0 | 63 | 正常 |
| 12 | 实验药 | 64 | 50~65 岁 | 男 | 172 | 75 | 21.0 | 12.0 | 82 | 正常 |
| 13 | 安慰剂 | 46 | 35~49 岁 | 女 | 163 | 58 | 16.0 | 10.0 | 65 | 正常 |
| 14 | 实验药 | 63 | 50~65 岁 | 男 | 180 | 80 | 20.0 | 11.0 | 73 | 异常 |
| 15 | 实验药 | 64 | 50~65 岁 | 男 | 173 | 64 | 15.0 | 8.9 | 77 | 异常 |

表2-18  病人编号为16~30的数据资料

| 编号 | 分组 | 年龄（岁） | 年龄组 | 性别 | 身高（cm） | 体重（kg） | 收缩压（mmHg） | 舒张压（mmHg） | 心率（次/分） | 心电图 |
|---|---|---|---|---|---|---|---|---|---|---|
| 16 | 安慰剂 | 35 | 35~49岁 | 女 | 166 | 65 | 15.0 | 9.0 | 80 | 正常 |
| 17 | 实验药 | 63 | 50~65岁 | 女 | 160 | 63 | 19.0 | 11.0 | 90 | 异常 |
| 18 | 安慰剂 | 50 | 50~65岁 | 男 | 170 | 70 | 20.0 | 11.0 | 97 | 正常 |
| 19 | 安慰剂 | 55 | 50~65岁 | 男 | 168 | 70 | 20.0 | 11.0 | 75 | 正常 |
| 20 | 实验药 | 62 | 50~65岁 | 男 | 170 | 73 | 20.0 | 11.0 | 80 | 正常 |
| 21 | 安慰剂 | 60 | 50~65岁 | 男 | 170 | 62 | 17.0 | 10.5 | 60 | 正常 |
| 22 | 实验药 | 44 | 35~49岁 | 女 | 166 | 62 | 15.0 | 10.0 | 76 | 正常 |
| 23 | 实验药 | 30 | 18~34岁 | 女 | 156 | 55 | 11.0 | 7.0 | 78 | 正常 |
| 24 | 安慰剂 | 28 | 18~34岁 | 女 | 162 | 64 | 16.0 | 10.0 | 77 | 正常 |
| 25 | 安慰剂 | 62 | 50~65岁 | 女 | 158 | 78 | 16.0 | 10.0 | 86 | 正常 |
| 26 | 安慰剂 | 53 | 50~65岁 | 女 | 155 | 78 | 13.0 | 9.0 | 80 | 正常 |
| 27 | 实验药 | 48 | 35~49岁 | 女 | 162 | 66 | 18.0 | 12.0 | 84 | 正常 |
| 28 | 实验药 | 32 | 18~34岁 | 女 | 163 | 66 | 19.0 | 12.0 | 80 | 正常 |
| 29 | 安慰剂 | 30 | 18~34岁 | 女 | 164 | 67 | 15.0 | 10.0 | 77 | 正常 |
| 30 | 安慰剂 | 31 | 18~34岁 | 女 | 156 | 58 | 16.0 | 11.0 | 65 | 正常 |

【数据文件】

定义标识变量"编号"，类型为字符串；定义变量"分组""年龄""年龄组""性别""身高""体重""收缩压""舒张压""心率""心电图"，类型均为数值；定义变量值标签"实验药"=1、"安慰剂"=2，"18~34岁"=1、"35~49岁"=2、"50~65岁"=3，"男"=1、"女"=2，"异常"=1、"正常"=0，建立数据文件，如图2-22所示。

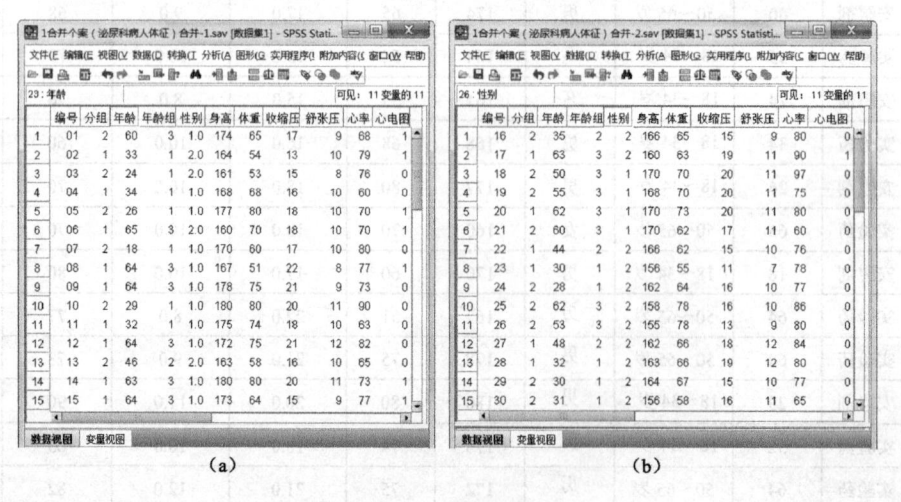

(a)　　　　　　　　　　　　　　　(b)

图2-22  数据文件

按照以下操作要求进行统计分析。

**操作要求（1）**：两个数据文件合并为"1合并个案（泌尿科病人体征）合并-总的.sav"。

【菜单选择】

单击"文件"主菜单，再单击"打开"选项，然后单击"数据"选项，打开第一个数据文件。重新单击"数据"主菜单，再单击"合并文件"选项，然后单击"添加个案"选项。

【界面设置】

在打开的对话框中，单击"浏览"按钮，找到将要合并进来的第二个数据文件"1 合并个案（泌尿科病人体征合并-2）.sav"，再单击"继续"按钮，如图2-23所示。

图2-23　添加个案

进行变量验证的对话框如图2-24所示。

图2-24　进行变量验证的对话框

在图2-24中，"新的活动数据集中的变量"列表框中列出两个文件中变量名和类型都相同的、将被合并的变量；两个文件中变量名或类型未能自动匹配的变量都会在"非成对变量"列表框中列出来；"(*)"表示来自当前数据文件；"(+)"表示来自外部数据文件；单击"确定"按钮，更新数据文件，如图2-25所示。

以下有几点说明。

说明①：当前数据文件中的变量如果没有同时包含在外部数据文件中，那么被选入"新的活动数据集中的变量"列表框中时，就会被保留在合并以后的数据文件中，并且外部数据文件中的个案显示为缺失。

说明②：外部数据文件中的变量如果没有同时包含在当前数据文件中，那么选入右侧"新的活动数据集中的变量"列表框中时，就会保留在合并以后的数据文件中，在当前数据文件中的个案显示为缺失。

说明③：如果以默认方式直接合并数据文件，那么无论外部数据文件中单独出现的不同变量还是当前数据文件中单独出现的不同变量都不出现在合并以后的数据文件中。

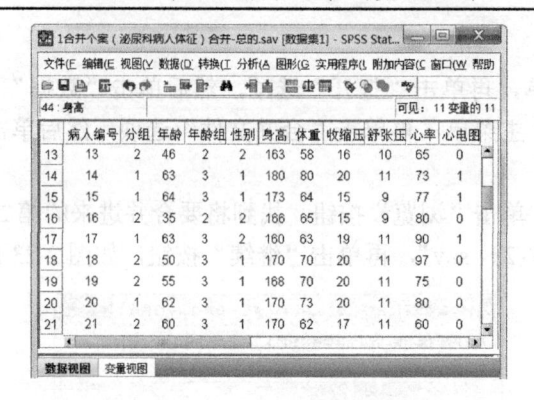

图 2-25 合并以后的数据文件

例如，变量"心率"在当前数据文件中，但不在外部数据文件中，如图 2-26、图 2-27 所示。

图 2-26 当前数据文件

图 2-27 外部数据文件

如果以默认方式合并两个数据文件，而非成对变量"心率"未被自动选入"新的活动数据集中的变量"列表框中，如图 2-28 所示，那么在合并以后的数据文件中就不会出现"心率"这个变量，如图 2-29 所示。

图 2-28 默认不选入非成对变量"心率"

图 2-29 不出现变量"心率"的数据文件

如果将"心率"手动选入"新的活动数据集中的变量"列表框中，那么合并以后的数据文件中就会保留这个变量，但是来自外部文件的那些个案中将会把"心率"显示为缺失，如图 2-30 所示。

第 2 章 预 处 理

图 2-30 选入非成对变量"心率"

**操作要求（2）**：抽取部分信息，分别建立两个数据文件，如表 2-19 和表 2-20 所示；把"编号"作为关键变量，将这两个数据文件合并为"1 合并变量（泌尿科病人体征）合并以后.sav"。

表 2-19 合并以前的数据文件（1）

| 编号 | 分组 | 年龄（岁） | 年龄组 | 性别 |
|---|---|---|---|---|
| 16 | 2 | 35 | 2 | 2 |
| 17 | 1 | 63 | 3 | 2 |
| 18 | 2 | 50 | 3 | 1 |
| 19 | 2 | 55 | 3 | 1 |
| 20 | 1 | 62 | 3 | 1 |
| 21 | 2 | 60 | 3 | 1 |
| 22 | 1 | 44 | 2 | 2 |
| 23 | 1 | 30 | 1 | 2 |
| 24 | 2 | 28 | 1 | 2 |
| 25 | 2 | 62 | 3 | 2 |
| 26 | 2 | 53 | 3 | 2 |

表 2-20 合并以前的数据文件（2）

| 编号 | 身高（cm） | 体重（kg） | 收缩压（mmHg） | 舒张压（mmHg） | 心率（次/分） |
|---|---|---|---|---|---|
| 20 | 170 | 73 | 20 | 11 | 80 |
| 21 | 170 | 62 | 17 | 10.5 | 60 |
| 22 | 166 | 62 | 15 | 10 | 76 |
| 23 | 156 | 55 | 11 | 7 | 78 |
| 24 | 162 | 64 | 16 | 10 | 77 |
| 25 | 158 | 78 | 16 | 10 | 86 |
| 26 | 155 | 78 | 13 | 9 | 80 |
| 27 | 162 | 66 | 18 | 12 | 84 |
| 28 | 163 | 66 | 19 | 12 | 80 |
| 29 | 164 | 67 | 15 | 10 | 77 |
| 30 | 156 | 58 | 16 | 11 | 65 |

【菜单选择】

单击"文件"主菜单，再单击"打开"选项，然后单击"数据"选项，打开第一个数据文件。重新单击"数据"主菜单，选择"合并文件"选项，单击"添加变量"按钮。

【界面设置】

在打开的对话框中，单击"浏览"，找到将要合并进来的第二个数据文件。单击"继续"按钮，如图 2-31 所示。在如图 2-32（a）所示的对话框中，进行变量验证。

图 2-31 添加变量

选择"按照排序数据文件中的关键变量匹配个案"选项，把"已排除的变量"列表框中的重名变量"编号"作为合并时的依据，并将其选入"关键变量"列表框中，单击"确定"按钮，如图 2-32（b）所示。

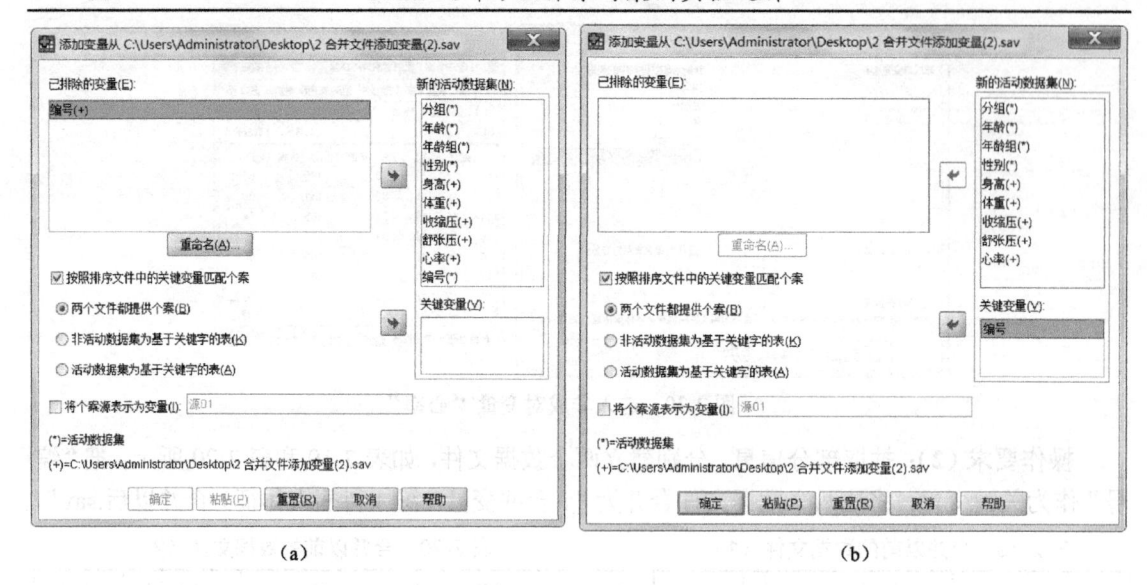

图 2-32 变量验证

经分析,在合并以后的数据文件中显示来自两个数据文件的全部变量,如图 3-33（a）所示。"编号"相同的个案横向连成一长串,按照全部个案所在行给出所有变量的值。对于两个数据文件中不同时出现的个案,来自外部文件的变量在合并以后的文件中就会自动默认为缺失数据,如图 2-33（b）所示。

图 2-33 合并数据文件

**操作要求（3）**：以"年龄组"为分组变量,按照"身高""体重""年龄"的均值和"收缩压""舒张压""心率"的中位数进行分类汇总。

【菜单选择】

单击"数据"主菜单,再单击"分类汇总"选项。

【界面设置】

在打开的"汇总数据"对话框中,将"年龄组"选入"分组变量"列表框中,将"身高""体重""年龄""收缩压""舒张压""心率"选入"变量摘要"列表框中,单击"函数"按钮,如图 2-34 所示。在打开的"汇总数据：汇总函数"对话框中,分别设置汇总函数"均值""中值""总和""标准差"。本例默认"身高""体重""年龄"按照"均值"汇总,但是要把"收缩压""舒张压""心率"改为按照"中值"汇总，如图 2-35 所示。

经过分类汇总以后的结果都会保存在当前的数据文件中。例如，"年龄组"作为分组变量，按照身高均值分类汇总以后，在各年龄组个案中将会重复出现所赋的值。

图 2-34 "汇总数据"对话框　　　　图 2-35 汇总函数的设置

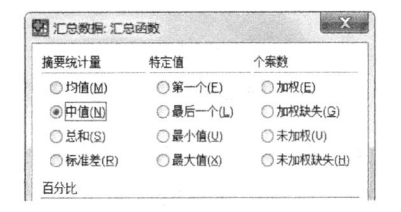

**操作要求（4）**：首先按照"分组"升序排列，再对"性别"相同时的"年龄"降序排列。

【菜单选择】

单击"数据"主菜单，再单击"排序个案"选项。

【界面设置】

在打开的"排序个案"对话框中，将"分组"选入"排序依据"列表框中，单击"升序"选项；将"年龄"选入"排序依据"列表框中，选择"降序"选项，单击"确定"按钮，如图 2-36 所示。对"分组"升序排列、"年龄"降序排列的结果如图 2-37 所示。

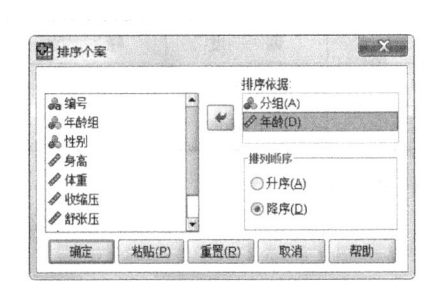

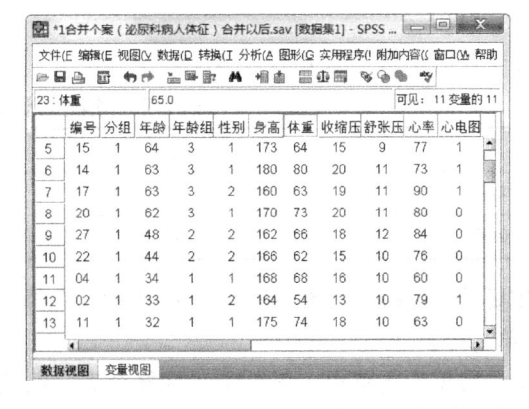

图 2-36 "排序个案"对话框　　　　图 2-37 对"分组"升序排列、"年龄"降序排列的结果

**操作要求（5）**：计算"身高""体重"的均值、标准差、偏度和峰度。对"身高""体重"进行标准化处理，其公式为每个变量值减去均值后再除以标准差。

【菜单选择】

单击"分析"主菜单，再单击"描述统计"选项，然后单击"描述"选项。

【界面设置】

在打开的"描述性"对话框中，将"身高""体重"选入"变量"列表框，采用默认的"将标准化得分另存为变量"选项，单击"选项"按钮，如图 2-38 所示。在打开的"描述：选项"对话框中，选择"均值"选项；在"离散"区域，选择"标准差"选项；在"分布"区域，选择"偏度""峰度"选项,如图2-39所示。

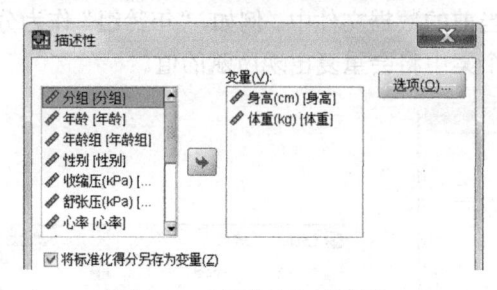

图2-38 "描述性"对话框

图2-39 "描述:选项"对话框

新变量的命名规则是"Z+原变量名"。身高标准分"Z身高"、体重标准分"Z体重"的个案被相应赋值以后,同时被自动保存在数据文件中,如图2-40所示。

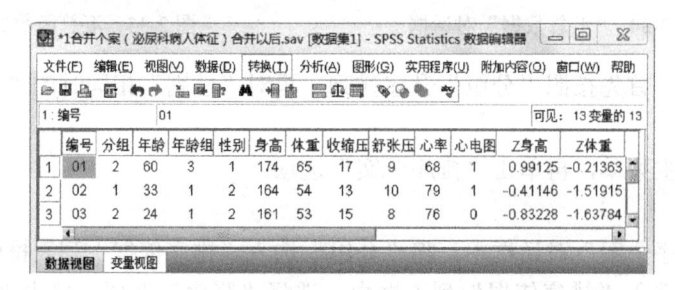

图2-40 标准化的"Z身高""Z体重"

【结果分析】

描述统计的结果如表2-21所示。

表2-21 描述统计的结果

|  | $N$ | 均 值 | 标 准 差 | 偏 度 | 峰 度 |
|---|---|---|---|---|---|
| 身高 | 30 | 166.93 | 7.129 | 0.191 | −0.782 |
| 体重 | 30 | 66.80 | 8.426 | −0.049 | −0.842 |

**操作要求(6-1)**:按照"舒张压大于10"选择满足条件的个案。

【菜单选择】

单击"数据"主菜单,再单击"选择个案"选项。

【界面设置】

在打开的"选择个案"对话框的"选择"区域,选择"如果条件满足"选项,单击"如果"按钮。在打开的"选择个案:If"对话框中,将"舒张压"选入右侧列表框中,然后设置条件"舒张压>10"。依次单击"继续"按钮。按照条件选择个案的设置如图2-41所示。

【结果分析】

个案选择结果如图2-42所示。

**操作要求(6-2)**:按照"男""50~65岁"(第3个年龄组)的条件选择个案。

【菜单选择】

单击"数据"主菜单,再单击"选择个案"选项。

第 2 章 预 处 理 · 69 ·

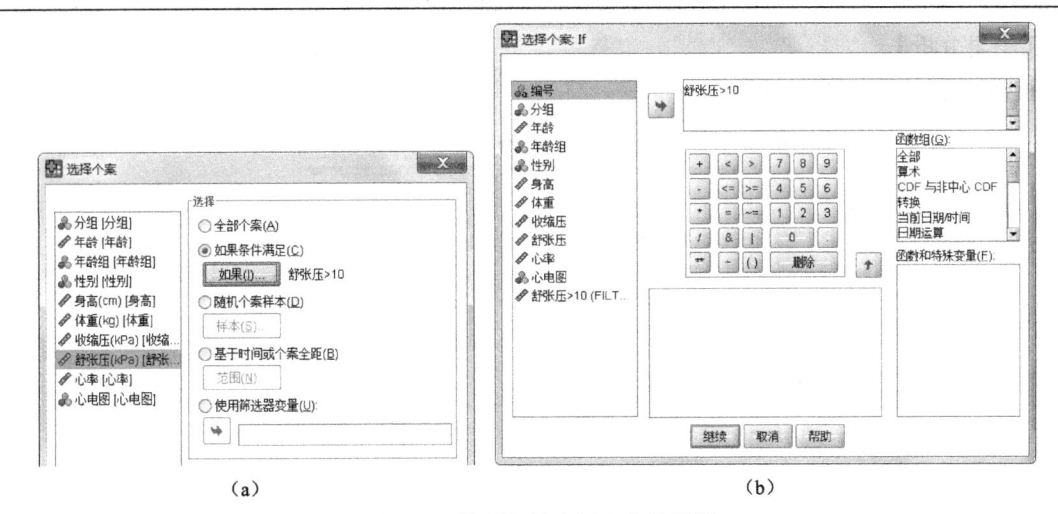

（a） （b）

图 2-41 按照条件选择个案的设置

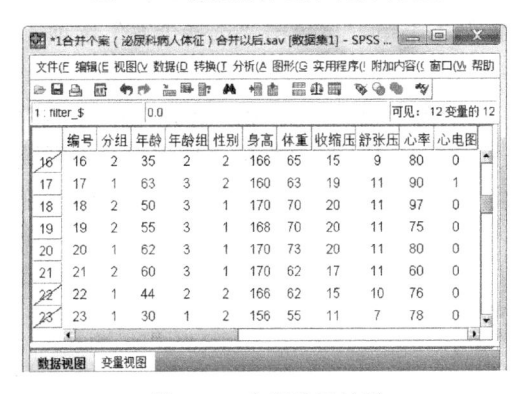

图 2-42 个案选择结果

【界面设置】

在打开的"选择个案"对话框的"选择"区域，选择"如果条件满足"选项，单击"如果"按钮。在打开的"选择个案：If"对话框中，将"年龄组"选入右侧列表框中并设置"年龄组=3"，将"性别"选入右侧列表框中并设置"性别=1"。依次单击"继续"按钮。按照"男""50～65 岁"的条件选择个案的设置如图 2-43 所示。

图 2-43 按照"男""50～65 岁"的条件选择个案的设置

【结果分析】

个案选择结果如图 2-44 所示。

图 2-44 个案选择结果

**操作要求（6-3）**：设定大约 80%的比例并按照随机的原则选择个案。

【菜单选择】单击"数据"主菜单，再单击"选择个案"选项。

【界面设置】

在打开的"选择个案"对话框的"选择"区域，选择"随机个案样本"选项，单击"样本"按钮。在打开的"选择个案：随机样本"对话框的"样本尺寸"区域，单击"大约"选项，并输入"80"。依次单击"继续"按钮。按照指定的比例随机选择个案的设置如图 2-45 所示。

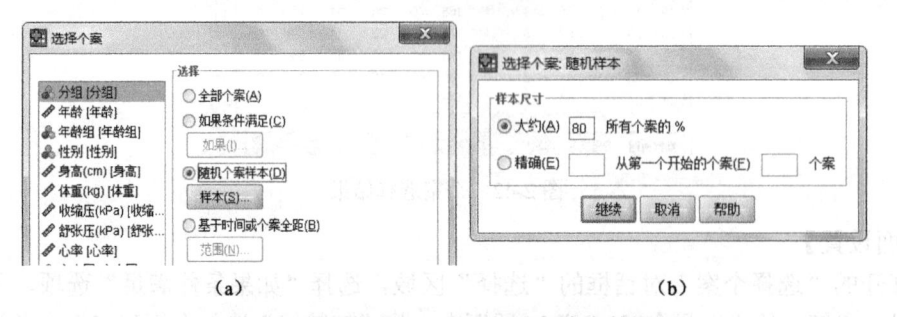

图 2-45 按照指定的比例随机选择个案的设置

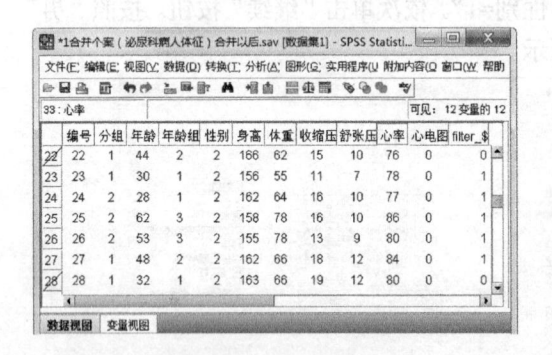

图 2-46 个案选择结果

【结果分析】

个案选择结果如图 2-46 所示。在数据文件中生成具有特征标识作用的新变量"filter_$"。画斜线的行序号为已排除、无斜线的行序号为已被选中。大约有 80%的个案将被随机选中。如果删除"filter_$"，那么"个案选择"预处理命令就会立即失效。按照"filter_$"排序以后，分别显示已被选中和未被选中两个部分数据。

**操作要求（7）**：采用多种方式拆分文件。首先以"性别"为分组变量拆分文件，然后更改为以"性别""年龄组"为复合形式的交叉分组变量拆分文件。

【菜单选择】

单击"数据"主菜单，再单击"拆分文件"选项。在打开的"拆分文件"对话框中，先

第 2 章 预 处 理　　　　　　　　　　　　　　　　　　　　　　　　　　　·71·

将"性别"选入"分组方式"列表框中,再将"年龄组"选入"分组方式"列表框中,如图 2-47 和图 2-48 所示。

图 2-47　按照"性别"拆分文件　　　　　图 2-48　按照"性别"和"年龄组"拆分文件

**操作要求（8）**：以"性别"作为分组变量,分别对"身高""体重"计算集中趋势指标。

【菜单选择】

单击"数据"主菜单,再单击"拆分文件"选项。在打开的"拆分文件"对话框中,将"性别"选入"分组方式"列表框中,单击"确定"按钮,如图 2-49 所示。

【界面设置】

单击"分析"主菜单,再单击"描述统计"选项,然后单击"频率"按钮,在打开的"频率"对话框的"变量"列表框中选入"身高""体重",取消之前默认选择的"显示频率表格"选项,如图 2-50 所示。

单击"统计量"按钮,在打开的"频率:统计量"对话框的"集中趋势"区域选择"均值""中位数""众数"选项,依次单击"继续"按钮,如图 2-51 所示。

图 2-49　按照"性别"拆分文件

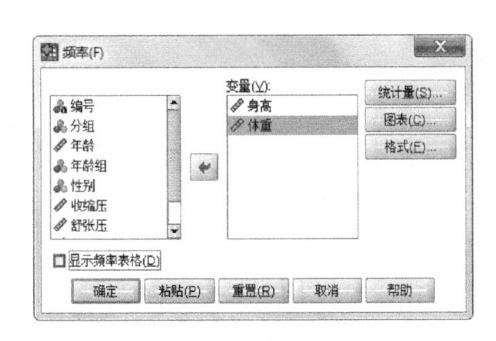

图 2-50　选入变量　　　　　　　　　图 2-51　集中趋势指标的设置

【结果分析】

男性的描述统计结果如表 2-22 所示。女性的描述统计结果如表 2-23 所示。

表 2-22  男性的描述统计结果

| 统 计 量 | 男 性 | |
|---|---|---|
| | 身高（cm） | 体重（kg） |
| 均值 | 172.8 | 69.8 |
| 中值 | 172 | 70 |
| 众数 | 170 | 80 |

表 2-23  女性的描述统计结果

| 统 计 量 | 女 性 | |
|---|---|---|
| | 身高（cm） | 体重（kg） |
| 均值 | 161.07 | 63.8 |
| 中值 | 162 | 64 |
| 众数 | 156 | 58 |

**操作要求（9）**：以"年龄组"为分组变量，对"收缩压""舒张压"计算离散趋势指标。

【菜单选择】

单击"数据"主菜单，再单击"拆分文件"选项。在打开的"拆分文件"对话框中，将"年龄组"选入"分组方式"列表框中，如图 2-52 所示。单击"分析"主菜单，再单击"描述统计"选项，然后单击"频率"按钮。

【界面设置】

在打开的"频率"对话框中，将"收缩压"和"舒张压"选入"变量"列表框，取消之前默认选择的"显示频率表格"选项，如图 2-53 所示。单击"统计量"按钮，在打开的"频率：统计量"对话框的"离散"区域，选择"标准差""方差""范围"选项，在"百分位值"区域选择"四分位数"选项，依次单击"继续"按钮，如图 2-54 所示。

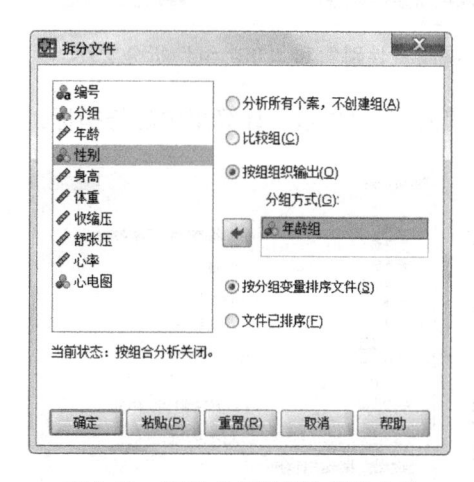

图 2-52  按照"年龄组"拆分文件

【结果分析】

不同年龄组的描述统计结果如表 2-24～表 2-26 所示。

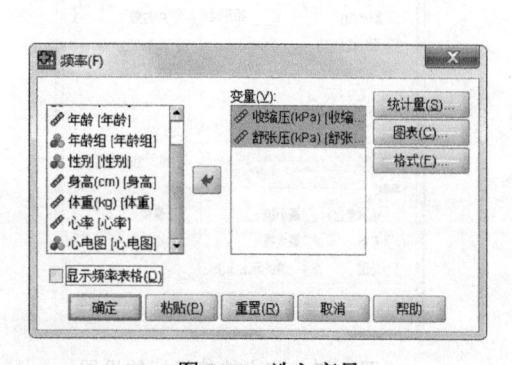

图 2-53  选入变量

图 2-54  离散趋势指标的设置

表 2-24  18～34 岁年龄组的描述统计结果

| 18～34 岁年龄组 | | 收缩压 | 舒张压 |
|---|---|---|---|
| 标准差 | | 2.516 6 | 1.311 4 |
| 方差 | | 6.333 | 1.72 |
| 全距 | | 9 | 5 |
| 百分位数 | 25 | 15 | 10 |
| | 50 | 16 | 10 |
| | 75 | 18 | 10.75 |

表 2-25  35～49 岁年龄组的描述统计结果

| 35～49 岁年龄组 | | 收缩压 | 舒张压 |
|---|---|---|---|
| 标准差 | | 1.414 2 | 1.258 3 |
| 方差 | | 2 | 1.583 |
| 全距 | | 3 | 3 |
| 百分位数 | 25 | 15 | 9.25 |
| | 50 | 15.5 | 10 |
| | 75 | 17.5 | 11.5 |

表 2-26  50～65 岁年龄组的描述统计结果

| 50～65 岁年龄组 | | 收缩压 | 舒张压 |
|---|---|---|---|
| 标准差 | | 2.594 4 | 1.154 3 |
| 方差 | | 6.731 | 1.332 |
| 全距 | | 9.0 | 4.0 |
| 百分位数 | 25 | 16.750 | 9.000 |
| | 50 | 19.500 | 10.250 |
| | 75 | 20.250 | 11.000 |

**操作要求（10）**：以"性别"为分组变量，计算"心电图"的百分比。

【菜单选择】

单击"数据"主菜单，再单击"拆分文件"选项。在打开的"拆分文件"对话框中，将"性别"选入"分组方式"列表框中，单击"确定"按钮，如图 2-55 所示。

【界面设置】

单击"分析"主菜单，再单击"描述统计"选项，然后单击"频率"按钮。在打开的"频率"对话框中，将"心电图"选入"变量"列表框中，如图 2-56 所示。

图 2-55  按照"性别"拆分文件

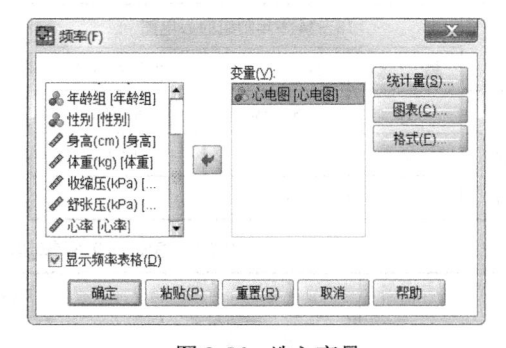

图 2-56  选入变量

【结果分析】

不同性别的描述统计结果如表 2-27 和表 2-28 所示。

表 2-27 男性的心电图描述统计结果

| 男性的心电图 | 频 数 | 百 分 比 | 累计百分比 |
|---|---|---|---|
| 正常 | 10 | 66.7% | 66.7% |
| 异常 | 5 | 33.3% | 100% |

表 2-28 女性的心电图描述统计结果

| 女性的心电图 | 频 数 | 百 分 比 | 累计百分比 |
|---|---|---|---|
| 正常 | 12 | 80% | 80% |
| 异常 | 3 | 20% | 100% |

**操作要求（11）**：以"年龄组"为分组变量，计算"心电图"的百分比。

**【菜单选择】**

单击"数据"主菜单，再单击"拆分文件"选项。在打开的"拆分文件"对话框中，将"年龄组"选入"分组方式"列表框中，单击"确定"按钮，如图 2-57 所示。

**【界面设置】**

单击"分析"主菜单，再单击"描述统计"选项，然后单击"频率"按钮。在打开的"频率"对话框中，将"心电图"选入"变量"列表框中，此时系统默认选择"显示频率表格"选项，如图 2-58 所示。

图 2-57 按照"年龄组"拆分文件

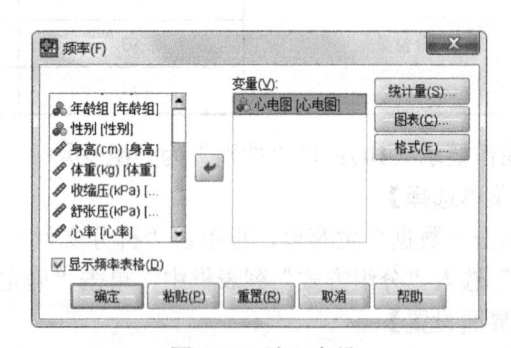

图 2-58 选入变量

**【结果分析】**

不同年龄组的描述统计结果如表 2-29～表 2-31 所示。

表 2-29 18～34 岁年龄组的心电图描述统计结果

| 18～34 岁年龄组的心电图 | 频 数 | 百 分 比 | 累计百分比 |
|---|---|---|---|
| 正常 | 10 | 83.3% | 83.3% |
| 异常 | 2 | 16.7% | 100% |
| 合计 | 12 | 100% | |

表 2-30 50～65 岁年龄组的心电图描述统计结果

| 50～65 岁年龄组的心电图 | 频 数 | 百 分 比 | 累计百分比 |
|---|---|---|---|
| 正常 | 8 | 57.1% | 57.1% |
| 异常 | 6 | 42.9% | 100% |
| 合计 | 14 | 100% | |

表 2-31 35～49 岁年龄组的心电图描述统计结果

| 35～49 岁年龄组的心电图 | 频 数 | 百 分 比 | 累计百分比 |
|---|---|---|---|
| 正常 | 4 | 100.0% | 正常 |
| 合计 | 4 | 100% | |

第 2 章 预 处 理

**操作要求（12）**：按照"性别""心电图"的交叉表形式，建立数据文件并加权预处理。

【数据文件】

定义变量"性别""心电图"，定义频数变量"交叉频数"，类型为数值型。定义变量值标签"男"=1、"女"=2，"正常"=1、"异常"=2。建立数据文件，如图 2-59 所示。

【菜单选择】

单击"数据"主菜单，再单击"加权个案"选项，打开"加权个案"对话框，如图 2-60 所示。

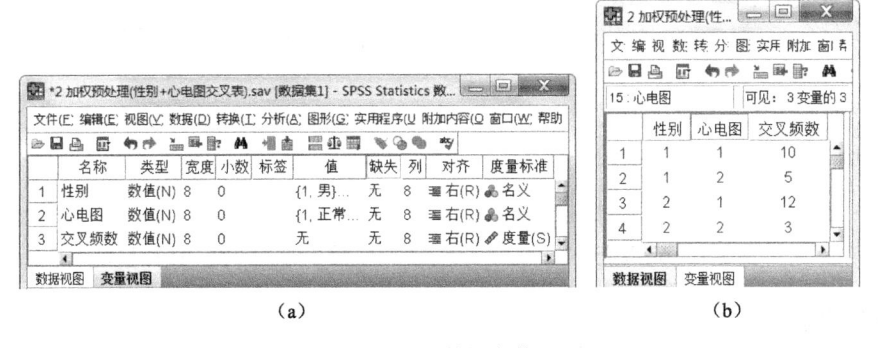

(a)　　　　　　　　　　　(b)

图 2-59　数据文件

【界面设置】

在"加权个案"对话框中，将"交叉频数"选入"频率变量"列表框，单击"确定"按钮。

**操作要求（13）**：分别将"性别"和"年龄组"作为行变量，将"心电图"作为列变量，进行交叉分组，然后在交叉表单元格中进行汇总，并分别按行、列的方式计算百分比。

【菜单选择】

单击"数据"主菜单，再单击"拆分文件"选项，然后单击"重置"按钮，撤销一直在生效的"拆分文件"预处理命令，最后单击"确定"按钮，如图 2-61 所示。

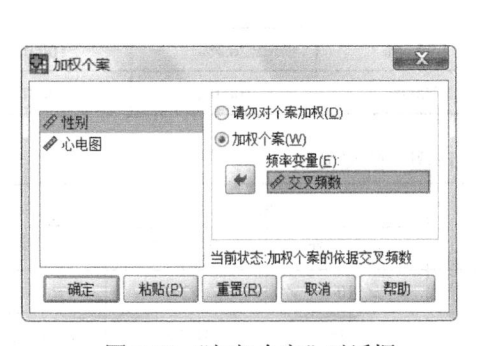

图 2-60　"加权个案"对话框　　　　　图 2-61　撤销拆分

【界面设置】

单击"分析"主菜单，再单击"描述统计"选项，然后单击"交叉表"按钮。在打开的"交叉表"对话框中，将"年龄组"和"性别"选入"行"列表框中，"心电图"选入"列"列表框中，如图 2-62 所示。单击"单元格"按钮，在打开的"交叉表：单元显示"对话框的

"计数"区域,选择"观察值"选项;在"百分比"区域,选择"行""列"选项;依次单击"继续"按钮,如图 2-63 所示。

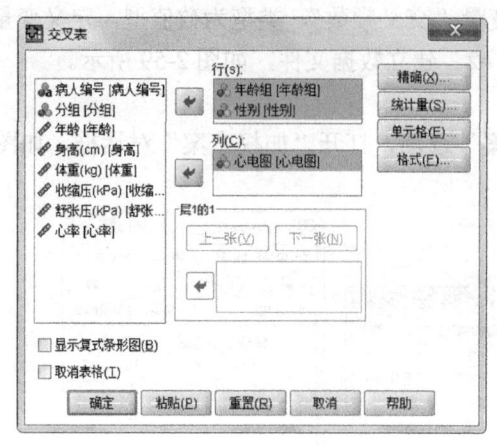

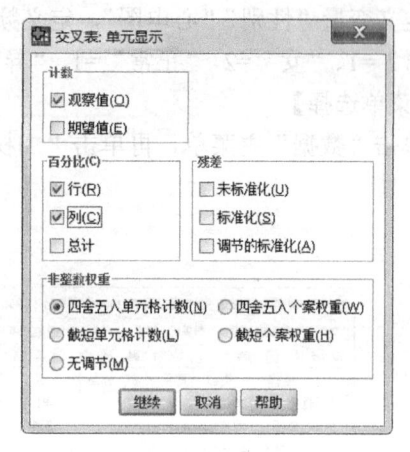

图 2-62 选入变量　　　　　图 2-63 计数、按行和列计算百分比

【结果分析】

"性别""心电图"的交叉表如表 2-32 所示。"年龄组""心电图"的交叉表如表 2-33 所示。

表 2-32 "性别""心电图"的交叉表

|  |  |  | 心 电 图 | | 合 计 |
|---|---|---|---|---|---|
|  |  |  | 正 常 | 异 常 | |
| 性别 | 男 | 计数 | 10 | 5 | 15 |
|  |  | 性别中的百分比 | 66.7% | 33.3% | 100.0% |
|  |  | 心电图中的百分比 | 45.5% | 62.5% | 50.0% |
|  | 女 | 计数 | 12 | 3 | 15 |
|  |  | 性别中的百分比 | 80.0% | 20.0% | 100.0% |
|  |  | 心电图中的百分比 | 54.5% | 37.5% | 50.0% |
| 合计 |  | 计数 | 22 | 8 | 30 |
|  |  | 性别中的百分比 | 73.3% | 26.7% | 100.0% |
|  |  | 心电图中的百分比 | 100.0% | 100.0% | 100.0% |

表 2-33 "年龄组""心电图"的交叉表

|  |  |  | 心 电 图 | | 合 计 |
|---|---|---|---|---|---|
|  |  |  | 正 常 | 异 常 | |
| 年龄组 | 18~34 岁 | 计数 | 10 | 2 | 12 |
|  |  | 年龄组中的百分比 | 83.3% | 16.7% | 100.0% |
|  |  | 心电图中的百分比 | 45.5% | 25.0% | 40.0% |
|  | 35~49 岁 | 计数 | 4 | 0 | 4 |
|  |  | 年龄组中的百分比 | 100.0% | 0.0% | 100.0% |
|  |  | 心电图中的百分比 | 18.2% | 0.0% | 13.3% |

续表

| | | | 心电图 | | 合 计 |
|---|---|---|---|---|---|
| | | | 正 常 | 异 常 | |
| 年龄组 | 50~65 岁 | 计数 | 8 | 6 | 14 |
| | | 年龄组中的百分比 | 57.1% | 42.9% | 100.0% |
| | | 心电图中的百分比 | 36.4% | 75.0% | 46.7% |
| 合计 | | 计数 | 22 | 8 | 30 |
| | | 年龄组中的百分比 | 73.3% | 26.7% | 100.0% |
| | | 心电图中的百分比 | 100.0% | 100.0% | 100.0% |

**操作要求（14）**：分别将"年龄组"作为行变量、"心电图"作为列变量、"性别"作为分层变量，进行交叉分组，然后在交叉表单元格中汇总，按照总数计算百分比。

**【菜单选择】**

单击"分析"主菜单，再单击"描述统计"选项，然后单击"交叉表"按钮。

**【界面设置】**

在打开的"交叉表"对话框中，将"性别"选入"层1的1"列表框，"年龄组"选入"行"列表框中，"心电图"选入"列"列表框中，如图2-64所示。单击"单元格"按钮，在打开的"交叉表：单元显示"对话框的"计数"区域，选择"观察值"选项；在"百分比"区域，选择"总计"选项；依次单击"继续"按钮，如图2-65所示。

图2-64　选入变量　　　　图2-65　计数、按总数计算百分比

说明：在交叉表分析中，分别由"行"、"列"列表框中取出的分类变量所搭配形成的交叉表是二维结构。在"行"、"列"列表框中被允许放入两个及以上分类变量，如果从"行"、"列"列表框中任取一个分类变量，那么交叉表分析的重复次数会随之增加。

当在"层1的1"列表框中引入第三个分类变量时，相当于又增加了一个维度，交叉表由二维结构变成三维结构。不妨把平面看成空间"切片"，那么第三个分类变量类别个数决定了"切片"个数。按照"层"列表框中分类变量的不同类别，"行"列表框和"列"列表框中的分类变量都去完成一次交叉表分析。当"层1的1"列表框中不止一个分类变量时，交叉表分析次数就会成倍增加。"层"列表框允许叠加层次，使得交叉表结构维度逐阶增加为四维、五维……。由于三维及以上的交叉表分析结果无法在二维结构的输出窗口呈现，于是以平面纸张形式铺展成从左向右读取的"切片"状态。"层1的1"列表框一般不用。

【结果分析】

"年龄组""心电图""性别"的交叉表如表2-34所示。

表2-34 "年龄组""心电图""性别"交叉表

| | | | | 心电图 | | 合计 |
|---|---|---|---|---|---|---|
| | | | | 正常 | 异常 | |
| 性别 | 男 | 年龄组 | 18~49岁 | 计数 | 4 | 1 | 5 |
| | | | | 总数的百分比 | 26.7% | 6.7% | 33.3% |
| | | | 50~65岁 | 计数 | 6 | 4 | 10 |
| | | | | 总数的百分比 | 40.0% | 26.7% | 66.7% |
| | | 合计 | | 计数 | 10 | 5 | 15 |
| | | | | 总数的百分比 | 66.7% | 33.3% | 100.0% |
| | 女 | 年龄组 | 18~34岁 | 计数 | 6 | 1 | 7 |
| | | | | 总数的百分比 | 40.0% | 6.7% | 46.7% |
| | | | 35~49岁 | 计数 | 4 | 0 | 4 |
| | | | | 总数的百分比 | 26.7% | 0.0% | 26.7% |
| | | | 50~65岁 | 计数 | 2 | 2 | 4 |
| | | | | 总数的百分比 | 13.3% | 13.3% | 26.7% |
| | | 合计 | | 计数 | 12 | 3 | 15 |
| | | | | 总数的百分比 | 80.0% | 20.0% | 100.0% |

【拓展练习】

【练习1】某医院安排两次体检并收集数据资料。数据资料如表2-35所示。

表2-35 数据资料

| 编号 | 性别 | 年龄/岁 | 心率/次/分 | 身高/cm | 体重/kg | 编号 | 性别 | 年龄/岁 | 心率/次/分 | 身高/cm | 体重/kg |
|---|---|---|---|---|---|---|---|---|---|---|---|
| 1 | 男 | 77 | 88 | 165 | 65 | 12 | 男 | 57 | 78 | 165 | 65 |
| 2 | 女 | 56 | 65 | 173 | 66 | 13 | 女 | 74 | 80 | 151 | 68 |
| 3 | 女 | 51 | 78 | 165 | 88 | 14 | 男 | 66 | 76 | 166 | 64 |
| 4 | 男 | 80 | 80 | 151 | 68 | 15 | 男 | 63 | 81 | 151 | 65 |
| 5 | 男 | 62 | 76 | 166 | 64 | 16 | 女 | 50 | 70 | 162 | 55 |
| 6 | 男 | 47 | 76 | 183 | 88 | 17 | 男 | 52 | 75 | 183 | 90 |
| 7 | 男 | 62 | 80 | 162 | 72 | 18 | 男 | 63 | 78 | 162 | 60 |
| 8 | 女 | 68 | 81 | 173 | 69 | 19 | 男 | 75 | 80 | 173 | 88 |
| 9 | 女 | 57 | 76 | 175 | 68 | 20 | 男 | 62 | 76 | 165 | 72 |
| 10 | 女 | 52 | 80 | 162 | 68 | 21 | 女 | 49 | 80 | 151 | 49 |
| 11 | 女 | 53 | 65 | 173 | 64 | 22 | 男 | 53 | 81 | 166 | 68 |

续表

| 编号 | 性别 | 年龄/岁 | 心率/次/分 | 身高/cm | 体重/kg | 编号 | 性别 | 年龄/岁 | 心率/次/分 | 身高/cm | 体重/kg |
|---|---|---|---|---|---|---|---|---|---|---|---|
| 23 | 女 | 57 | 76 | 155 | 64 | 27 | 女 | 46 | 78 | 173 | 72 |
| 24 | 女 | 74 | — | 165 | 65 | 28 | 女 | 81 | 77 | 165 | 59 |
| 25 | 男 | 66 | 88 | 165 | 66 | 29 | 女 | 47 | 76 | 151 | 68 |
| 26 | 女 | 63 | 65 | 162 | 68 | 30 | 男 | 62 | 80 | 166 | 68 |

**操作要求（1）**：定义变量"编号""性别""年龄""心率""身高""体重"，定义变量值标签"男"=1、"女"=2。根据编号为1~15的数据建立数据文件"体检1-15.sav"，根据编号为16~30的数据建立数据文件"体检16-30.sav"。利用"数据"主菜单中的"添加个案"预处理命令，把两个数据文件进行纵向合并，并另存为"体检1-30合并.sav"文件。

**操作要求（2）**：把"体检1-30合并.sav"文件分成两个数据文件，第一个数据文件包含变量"编号""性别""年龄"，第二个数据文件包含变量"编号""心率""身高""体重"。利用"数据"主菜单中的"添加变量"预处理命令，把两个数据文件横向合并，并保存。

**操作要求（3）**：利用"数据"主菜单中的"排序个案"预处理命令，将全部个案首先按照"性别"进行升序排列，然后按照"年龄"进行降序排列。

**操作要求（4）**：利用"数据"主菜单中的"分类汇总"预处理命令，把"性别"作为分组变量，按照"身高"和"体重"的均值、"年龄"和"心率"的中位数进行分类汇总。

**操作要求（5）**：利用"转换"主菜单中的"计算变量"预处理命令，生成"体重指数"变量并对其赋值。

**操作要求（6）**：利用"转换"主菜单中的"对个案中的值计数"预处理命令，对男性患者进行计数，然后对全部患者中的心率为80次/分以上者进行计数。

**操作要求（7）**：利用"转换"主菜单中的"个案选择"预处理命令，按要求选择个案。
① 以大约35%比例随机选择个案。
② 选择女性的个案。
③ 选择体重指数大于0.2的个案。

**操作要求（8）**：利用"转换"主菜单中的"替换缺失值"预处理命令，对"心率"以序列均值补缺。

**操作要求（9）**：利用"转换"主菜单中的"重新编码为不同变量"预处理命令，对"年龄"按照要求分组，生成一个分类变量"年龄组"。其转换标准是"不大于50岁"为第1组、"51~60岁"为第2组、"61~70岁"为第3组、"不小于71岁"为第4组，定义变量值标签并同步完成赋值过程。

**操作要求（10）**：利用"转换"主菜单中的"个案编秩"预处理命令，按要求编秩。
① 在整个数据文件中对"体重"编秩。
② 按照男性和女性分组以后，分别对"身高"编秩。

**操作要求（11）**：利用"转换"主菜单中的"重新编码为不同变量"预处理命令，把"性别"值标签"男"=1、"女"=2转换为新的值标签"男"=0、"女"=1，并在数据文件中同步完成赋值。

**操作要求（12）**：利用"转换"主菜单中的"重新编码为不同变量"预处理命令，设置参照"不大于 50 岁",将分类变量"年龄组"派生出一组共 3 个哑变量,并在数据文件中同步完成赋值。

**操作要求(13)**:由数据预处理命令中的"拆分文件"命令,按照"性别"拆分文件,分别求出"年龄""身高""体重"和"心率"的标准差、四分位数和四分位间距、偏度和峰度。

【**练习 2**】在案例实验 4 中,提供了"年龄组"和"心电图"的交叉表汇总资料,建立数据文件,利用"数据"主菜单中的"加权个案"预处理命令,对"频率"变量进行加权预处理。数据资料如表 2-36 所示。

表 2-36 数据资料

| 年 龄 组 | | 18~34 岁 | 35~49 岁 | 50~65 岁 |
|---|---|---|---|---|
| 心电图 | 正常 | 10 | 4 | 8 |
| | 异常 | 2 | 4 | 6 |

# 第 3 章 描 述 统 计

## 3.1 数据类型

变量又称随机变量或变数,用来阐述某种随机现象的数据变异性特点。变量按照数据类型分为数值变量和分类变量。分类变量又可以分为定类变量和定序变量。

不同数据类型比较如表 3-1 所示。

表 3-1 不同数据类型比较

| 数据类型 | | 特 点 | 举 例 |
|---|---|---|---|
| 数值变量 | | 离散或连续数值 | 体温、身高、成绩(百分制) |
| 分类变量 | 二分类 | 非此即彼、相互对立 | 性别、阴性和阳性、有效和无效 |
| | 无序多分类 | 属性独立、互不相容 | 血型(O 型、A 型、B 型、AB 型)<br>专业(临床、口腔、麻醉和预防) |
| | 有序多分类 | 等级大小、程度高低 | 成绩(优秀、良好、中等、较差)<br>疗效(治愈、显效、好转、无效) |

### 1. 定类变量

按照某种属性或类别分组或分类以后,可以用于计数汇总的资料称为定类变量。定类变量的测量层次最低,只能反映事物本质属性的类别,不能反映数量差异、大小顺序和程度差别。定类变量是按照穷尽原则和互斥原则将事物归入相互独立、互不兼容的属性或类别的。其中,每个类别用文字或经过值标签转换以后的数码表示。数码只是无大小比较意义的类别记号,只能表示属性分类、不能反映程度差异。例如,性别分为男和女;专业分成临床、口腔、麻醉和预防;血型分成 O 型、A 型、B 型和 AB 型;天气分成晴、阴、云和雨。

定类变量按照包含类别的个数多少,分成二分类变量或无序多分类变量。这两种定类变量也可以按照类别进行交叉分组,并可分别对定类变量中的不同类别频数在交叉表中进行汇总。只有两个类别的定类变量称为二分类变量;有 3 个及以上类别的定类变量称为无序多分类变量。在 SPSS 软件中,定类变量用 " 名义 (N) "表示,即名义尺度。

### 2. 定序变量

按照某种特征表现的类别划分等级或程度,各组观察单位经过计数汇总的资料称为定序变量,又称有序多分类变量。定序变量不仅区分事物或想象的不同类别,还反映事物或现象在轻重、大小、高低、优劣、强弱等在等级顺序或程度上的差异,然而不能反映具体的差距有多少。对于定序变量,等级或程度经过变量值标签设置以后,数码既可以表现出类别之分,又能表现出程度差异,但是数码只是表示不同的等级顺序,对两个相邻数码之间的差距多少未作具体说明或严格规定,不代表等级之间有相同的间隔。例如,学习成绩分成优秀、良好、中等、较差,两个等次之间可能相差 5 分,也可能相差 10 分。定序变量可以用于反映程度、等级、效果、位序，如满意程度、疼痛等级、疗效、考核等次。

具有多个类别的分类变量既可看作有序多分类，也可看作无序多分类。例如，学历可分成小学、初中、高中和大学，当学历作为人口学特征用于讨论不同类别构成比时，学历可以看作定类变量；如果为了讨论学历高低与收入多少有无相关关系，那么学历要看作定序变量。定序变量所含的信息量比定类变量更丰富。如果把定序变量直接当作定类变量来处理，那么就会丢弃类别测量信息，导致统计学方法的适用范围缩小。定序变量作为自变量纳入回归分析模型时，对于类别排序以后是非等距的情形，建议当成无序分类变量而派生出一组哑变量，并且将其取而代之。定序变量在 SPSS 软件中，用" 序号（O）"表示，即定序尺度。

定类变量和定序变量的统计分析构成问卷调查研究资料分析的主要组成部分。以 1975 年美国一项大型综合社会调查为例，分类变量的个数就占到了所有变量的 82%。

### 3. 数值变量

数值变量是指采用度量衡单位或自然测量方式获取的数据资料。数值变量既可以表现为在连续区间内的实数、也可以表现为个别的离散点值。数值变量既可以有度量衡单位，也可以没有度量衡单位。由试验仪器测量的客观指标通常是指有度量衡单位的数值变量，其特点是受到主观因素的干扰少，信息量充分且精确度高。例如，健康人血清胆固醇取遍连续区间 3.0～6.5mmol/L 内的任意实数。当计数资料中的离散点值较多且取值范围较大时，这种计数资料可以看成数值变量，如脉搏或红细胞数是没有单位的离散点值。当计数资料中的离散点值个数少且取值范围小时，这种计数资料更适合看作定类变量，如抛掷一枚骰子出现的点数。

正态分布是数值变量的常见分布形式，它具有中间多、两头少、近似对称的悬钟特点。数值变量有时服从偏态分布，大致表现为取值偏小或偏大的数据个数更多。例如，红细胞数、血红蛋白、脉搏数、同龄人的身高和体重等指标通常服从正态分布；肝酶、血脂、术后生存时间等指标通常不服从正态分布。如果某种数量指标的影响因素多且每个因素的影响小，那么该数量指标一般服从正态分布。例如，在生物临床试验中，随机误差一般服从正态分布。数值变量包含了非常充分的测量信息，如果抽样或试验资料来自正态分布总体，那么就可以满足多种参数统计学方法的条件，并可以获得描述分析（如均值、标准差）和统计推断（方差分析、回归分析）方法的丰富结论。

定距变量和定比变量统称数值变量。在 SPSS 软件中，数值变量用" （S）"表示，即度量尺度。

（1）定距变量取值能准确反映距离多少，可以进行排序，但是无法用于求比例或倍数。例如，"温度 15℃与 10℃差了 5℃"的说法正确，而"10℃比 5℃热了 1 倍"的说法错误。

（2）定比变量取值能准确反映距离多少，可以进行排序，而且还可以用于求比例或倍数。例如，"2 000 元比 1 500 元多 500 元"的说法正确，"2 000 元是 1 000 元的两倍"的说法也正确。定距资料、定比资料统称为数值资料。在统计分析时，不必严格地区分它们。

按照信息量由多变少、计量水准由高级向低级的转换顺序，数值资料可以转换为有序多分类资料或等级资料，无序多分类资料可以转换为二分类资料。有时，为了达到特定目或为满足某些方法应用条件，上述预处理转换是必要的。

例如，白细胞数量一般看作定距变量，如果按照正常和异常进行分组，那么可以看作二分类变量；如果按照过低（小于 $4×10^9$）、正常（$4×10^9$～$10×10^9$）、过高（大于 $10×10^9$）分成三组或以上，那么可以看作定序资料或等级资料。又如，如果考试分数按照组距式分组方式，依次确定优秀（90～100）、良好（80～90）、中等（70～80）和不及格（0～60）4个等级，那么考试分数可以成为有序多分类（等级）资料，也可以直接划分成合格和不合格而成为二分类变量资料。

再如，体重指数（BMI）是数值资料，可以根据小于18.5（偏瘦）、18.5～24（理想体重）、24～28（超重）、大于28（肥胖）的取值范围划分成为有序多分类（等级）资料，还可以根据大于24（胖）、小于或等于24（瘦）的取值范围划分成为二分类变量资料。

家庭年收入经过等距式（或非等距式）统计分组以后，根据指定的3个数值区间范围划分称为高收入、中等收入和低收入3个等级。还可以把收入等级和户型用于生成交叉分组的汇总表，按照户型计算收入等级的构成比，由此推断收入等级和户型有没有联系。

又如，由量表条目测评的总分数作为因变量，引入性别、职业、年龄组等因素作为自变量，考虑分类自变量个数较多的情况，可以把量表条目测评总分数转换为具有多个程度的等级。以上问题中，常见做法不用多元线性回归法，而是把因变量预处理转换为等级变量，再使用有序多分类Logistic回归分析法筛选对因变量等级上升概率有影响的自变量。

## 3.2 数值变量的描述统计

统计推断和描述统计是统计学的两大内容。统计推断是指由样本信息推断总体特征。描述统计是指通过分析集中趋势或离散趋势的统计指标，利用统计图表对数据整理、描述、归纳和概括，掌握其数量特征和分布规律。例如，在描述统计中，生成频数分布表，绘制统计图，计算集中趋势或离散趋势统计量，初步探索数据分布形态，如图3-1所示。

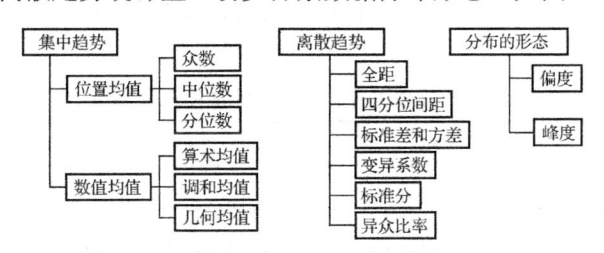

图3-1 数值变量的描述统计

### 3.2.1 集中趋势

集中趋势反映了一组数据向某个中心值聚集或靠拢的倾向性特征，用于描述数据分布的同质性特点。一般来说，接近中心值的数据个数较多、远离中心值的数据个数较少，即变量分布呈现向中心值靠拢或聚集的态势。平均指标是指由某个变量的所有数值抽象加工出来的，用于反映某个变量取值的共性或一般水平。平均指标掩盖了各变量值之间差异，具有抽象性与代表性。如果变量的变动幅度大或各变量值的差异程度大，则平均指标的代表性小。集中趋势指标具有抽象性、同质性和代表性的特点。常见的集中趋势指标包括数值均值和位置均值两大类，它们的信息含量、算法特点和适用条件不一样。

**1. 数值均值**

在全部数据参与计算的情况下，可以求得数值均值。数值均值包括算术均值、调和均值和几何均值，是个体差异相互抵消后的"重心"。任何数据都会影响数值均值的变化。

简单算术均值是将全部数据求和以后除以数据的总个数，即

$$\bar{x} = (x_1 + x_2 + \cdots + x_n)/n = \sum_{i=1}^{n} x_i / n$$

算术均值常见性质如下。

性质① 两个变量和/差的算术均值等于两个变量算术均值的和/差。

性质② 变量与常数和/差的算术均值等于变量算术均值与常数的和/差。

性质③ 每个变量与算术均值的离差之和等于零，即 $\sum_{i=1}^{n}(x_i - \bar{x}) = 0$。

性质④ 任意变量与算术均值的离差平方和最小，即 $\sum_{i=1}^{n}(x_i - \bar{x})^2 \leq \sum_{i=1}^{n}(x_i - a)^2$。

简单算术均值适用于未经统计分组的资料。加权算术均值适用于经过统计分组的资料。经过统计分组的资料可以分成单项式分组资料和组距式分组资料。

◇ 单项式分组资料划分为 $k$ 个类别，每个类别取值依次是 $x_1, x_2, \cdots, x_k$，每个类别取值的频数是 $f_1, f_2, \cdots, f_k$，其中 $\sum_{i=1}^{k} f_i = n$，加权算术均值 $\bar{x} \approx \dfrac{x_1 f_1 + x_2 f_2 + \cdots + x_k f_k}{f_1 + f_2 + \cdots + f_k} = \dfrac{1}{n}\sum_{i=1}^{k} x_i f_i$。

◇ 组距式分组资料划分为 $k$ 个组，组中值依次是 $m_1, m_2, \cdots, m_k$，每个组中值的频数是 $f_1, f_2, \cdots, f_k$，其中 $\sum_{i=1}^{k} f_i = n$，加权算术均值 $\bar{x} \approx \dfrac{m_1 f_1 + m_2 f_2 + \cdots + m_k f_k}{f_1 + f_2 + \cdots + f_k} = \dfrac{1}{n}\sum_{i=1}^{k} m_i f_i$。

组中值=（组下限+组上限）/2=组下限+组距/2=组上限-组限/2。由于组距式分组的组中值是组内数据的代表，并没有把组内数据的差异反映出来，所以加权算术均值可以作为算术均值的近似求法。当组中值及其频数的乘积越大时，将会对结果产生越大的影响。

1）单项式分组情况下求加权算术均值

已知某公司 28 个分店的销售额和分店数，求销售额均值。某公司分店销售额的加权算术均值如表 3-2 所示。

表 3-2  某公司分店销售额的加权算术均值

| 销售额 $x_i$/万元 | 300 | 310 | 320 | 330 | 340 | 350 |
|---|---|---|---|---|---|---|
| 分店数 $f_i$/个 | 2 | 4 | 6 | 10 | 5 | 1 |

$\bar{x} \approx \sum_{i=1}^{k} x_i f_i / \sum_{i=1}^{k} f_i = (300 \times 2 + 310 \times 4 + 320 \times 6 + 330 \times 10 + 340 \times 5 + 350)/28 \approx 325.36$。

2）组距式分组情况下求加权算术均值

已知某班级学生的不同分数段和人数，近似计算平均分。某班级学生分数的加权算术均值如表 3-3 所示。

表 3-3  某班级学生分数的加权算术均值

| 成绩分组/分 | 40~50 | 50~60 | 60~70 | 70~80 | 80~90 | 90~100 |
|---|---|---|---|---|---|---|
| 组中值 $x$/分 | 45 | 55 | 65 | 75 | 85 | 95 |
| 人数 $f$/人 | 1 | 4 | 11 | 16 | 19 | 9 |

$\bar{x} \approx \sum_{i=1}^{k} x_i f_i / \sum_{i=1}^{k} f_i = (45 + 55 \times 4 + 65 \times 11 + 75 \times 16 + 85 \times 19 + 95 \times 9)/60 = 77.5$。

在组距式分组情况下计算的算术均值只是一个近似值，因为组中值成为组内所有变量的代表值，并没有把组内各变量值的差异反映出来。

说明：算术均值的求法与数据观测值有直接关系，信息利用全面，数学性质优良，但是

对极端值的影响很敏感。极端值倾向于将算术均值"拉向"自己。当数据观测值近似服从正态分布时,算术均值是集中趋势的代表指标。当数据有极端值或呈现严重偏态分布时,将数据排序以后,把中位数而不是算术均值作为集中趋势描述的代表指标。

**2. 位置均值**

位置均值是指按照数据由大到小排列以后的位置或频数出现的多少来确定集中趋势描述指标的参考依据。常见的位置均值包括众数、中位数、分位数。

(1)众数。众数是一组数据中次数出现最多的数值。对于分布曲线来说,最高峰下方横坐标的值称为众数。众数不受极端值影响,无法参与代数运算,灵敏度和稳定性差。众数可能不存在,也可能为两个及以上。在频数分布图中,可以将众数情况一览无余。众数只能反映频数最大的类别,不能利用其他部分的数据信息,更适用于集中趋势很明显的时候。众数可以反映定类或定序资料的集中程度,但是用于数值资料描述时几乎没有使用意义,也就是对于未经组距式分组的数值资料来说用处不大。此外,众数在数据个数较多时才有使用意义。当数据个数太少或无明显集中趋势时,众数对于一组数据的代表性差。

在实际问题中,众数常见于不服从正态分布事物的集中趋势描述。例如,商家在销售鞋子时,不是以人群中平均尺码配货,而是以某个众数或多个众数尺码配货。

例如,某个班级学生成绩按照百分制进行评定以后,即使78分出现4次且次数最多,对于整个班级的学生成绩也几乎没有代表意义。如果班级成绩按照等级制评定以后,划分为优秀、良好、中等、较差;如果良好在这些等级中人数最多,那么说明等级中的良好是众数。

又如,当车间中女性职工比男性职工人数多时,说明车间中女性职工是众数。

对于单项式分组资料来说,根据频数确定某个类别为众数。

对于组距式分组资料来说,根据频数确定众数所在组并估算众数。

例如,某学院学生按照专业分组汇总,会计学专业人数为152人、法学专业人数为67人、管理学专业人数为42人、经济学专业人数为130人、社会学专业人数为30人,如表3-4所示。

又如,某班级按照成绩统计分组,获得每个成绩分组的人数,如表3-5所示。

表3-4 单项式分组资料

| 专 业 | 学生数/人 |
| --- | --- |
| 会计学 | 152 |
| 法学 | 67 |
| 管理学 | 42 |
| 经济学 | 130 |
| 社会学 | 30 |

表3-5 组距式分组资料

| 成绩分组/分 | 学生数/人 |
| --- | --- |
| 40~50 | 1 |
| 50~60 | 3 |
| 60~70 | 5 |
| 70~80 | 19 |
| 80~90 | 28 |
| 90~100 | 7 |

会计学专业学生数最多,说明会计学专业是众数。由于80~90分范围内的学生数最多,因而假定在该分组内均匀分布,可以使用组中值85分作为众数。

为了更为精确地估算众数,还可以使用以下等价的公式

$$M_0 = L + \frac{\Delta_1}{\Delta_1 + \Delta_2} \cdot d \quad \text{或} \quad M_0 = U + \frac{\Delta_2}{\Delta_1 + \Delta_2} \cdot d$$

式中，$L$ 为众数所在组下限；$U$ 为众数所在组上限；$d$ 为众数所在组组距；$\Delta_1$ 为众数组与偏小邻组的频数之差；$\Delta_2$ 为众数组与偏大邻组的频数之差。众数的估算结果如下

$$M_0 = 80 + \frac{28-19}{28-19+28-7} \times 10 = 83 \text{ 或 } M_0 = 90 - \frac{28-7}{28-19+28-7} \times 10 = 83$$

（2）中位数。一组数据按照由小到大顺序排列以后，位于中间位置的数据称为中位数。中位数恰好把全部数据个数分为两半。中位数是唯一确定的数值，在样本量小时数值不稳定，容易受到极端值的影响小。确定中位数的关键是找到中位数的位置。中位数不适用于代数运算、灵敏度低，适用于有序多分类或数值资料的描述分析，尤其适用于偏态分布或者开口分组资料集中程度的描述。无序多分类资料类别无差异，不能比较大小或排序，因此不能获得中位数。当数据个数 $n$ 为奇数时，可以取出中间位置的数据作为中位数。当数据个数 $n$ 为偶数时，可以取出中间位置的两个数据，并求出它们的算术均值来作为中位数。

例如，24 名技术员的月薪（单位：元）如表 3-6 所示，由小到大排序以后求中位数。

表 3-6　技术员的月薪

| 序号 | 1 | 2 | 3 | 4 | 5 | 6 | 7 | 8 | 9 |
|---|---|---|---|---|---|---|---|---|---|
| 月薪 | 47 200 | 48 600 | 48 650 | 48 700 | 48 800 | 48 900 | 49 000 | 49 100 | 49 300 |
| 序号 | 10 | 11 | 12 | 13 | 14 | 15 | 16 | 17 | 18 |
| 月薪 | 49 400 | 49 600 | 49 800 | 49 900 | 49 950 | 50 300 | 51 000 | 51 200 | 51 300 |
| 序号 | 19 | 20 | 21 | 22 | 23 | 24 | | | |
| 月薪 | 51 350 | 51 400 | 51 800 | 51 900 | 53 400 | 54 600 | | | |

中位数的位置在 (24+1)/2=12.5，位于第 12 个值"49 800"和第 13 个值"49 900"中间。于是，中位数=(49 800+49 900)/2=49 850（元）。中位数、众数和算术均值是用于反映集中趋势的数量指标。对于正态分布等对称分布资料来说，三者数值相等；对于轻度偏态分布资料来说，三者具有如下近似关系：众数-算术均值=（中位数-算术均值）×3。一组数据表现左右对称分布时，算术均值、众数和中位数完全相等。

（3）分位数。数据按照由小到大排序，根据个数相等的比例进行截取为若干段，处在每个分段点位置上的数值称为分位数。例如，第 $X$ 百分位数记为 $P_X$，$X$% 个观测值小于 $P_X$，(100-$X$)% 个观测值大于 $P_X$，四分位数、十分位数和百分位数是分位数的常见种类。常用百分位数为 $P_5$，$P_{25}$，$P_{75}$，$P_{50}$，$P_{95}$ 等。四分位数共有 3 个，依次是 $P_{25}$，$P_{50}$，$P_{75}$，是指将数据由小到大排列以后，将数据的总个数等分 4 个部分，处于中间 3 个分点的数据。四分位数找法与中位数类似，先确定四分位数位置，再在每个分点位置求得近似值。同理，百分位数是把数据由小到大排列以后等分 100 份，在每个分点位置上求得近似值。百分位数不仅能用于描述离散趋势，还能用于描述集中趋势。当全部百分位数联合使用时，可以刻画数据分布特点。

例如，10 个人月支出的数据资料如表 3-7 所示。由小到大排序后求四分位数。

表 3-7　10 个人月支出的数据资料

| 原数据 | 1 500 | 750 | 780 | 1 080 | 850 | 960 | 2 000 | 1 250 | 1 630 | 660 |
|---|---|---|---|---|---|---|---|---|---|---|
| 排序后的数据 | 660 | 750 | 780 | 850 | 960 | 1 080 | 1 250 | 1 500 | 1 630 | 2 000 |
| 位置 | 1 | 2 | 3 | 4 | 5 | 6 | 7 | 8 | 9 | 10 |

令 $Q_1$，$Q_2$，$Q_3$ 为 3 个四分位数，而第 2 个四分位数 $Q_2$ 就是中位数。

$Q_1$ 位置是 (10+1)/4=2.75，$Q_2$ 位置是 2×(10+1)/4=5.5，$Q_3$ 位置是 3×(10+1)/4=8.25。

第 1 个四分位数 $Q_1$ 在第 2 个和第 3 个数据之间，而且位置更偏重于后者。

第 2 个四分位数 $Q_2$ 在第 5 个和第 6 个数据之间，而且位置恰好居于中间。

第 3 个四分位数 $Q_3$ 在第 8 个和第 9 个数据之间，而且位置更偏重于前者。

利用四分位数的位置以及与两个邻近数据的关系，求四分位数为

$Q_1$=750+(780−750)×0.75=772.5

$Q_2$=960+(1 080−960)×0.5=1 020

$Q_3$=1 500+(1 630−1 500)×0.25=1 532.5

对于统计分组形式的数据资料来说，首先需要确定四分位数所在的组及其下限，最后由所在组前一组的累计频数和数据的总个数求四分位数近似值。

### 3.2.2 离散趋势

离散趋势用于描述一组数据偏离其中心值的倾向性特征，用于描述数据分布的变异性特点。离散趋势指标反映数据分布的疏密程度以及偏离中心值的程度，用来衡量和比较平均指标的代表性。数据分布越分散，说明变异越大、平均指标（中心值）的代表性越小。数据分布越集中，说明变异越小、中心值的代表性越大。

常见离散趋势指标有全距、四分位差、方差和标准差、变异系数、标准分和异众比率。其中，全距、四分位差、标准差和方差是适用于数值变量的绝对指标；变异系数、标准分是适用于数值变量的相对指标；异众比率是适用于分类变量的相对指标。

#### 1．全距

全距又称极差，是整个数据变异的最大幅度，样本极差不大于总体极差。未分组数据的全距为最大值与最小值的差值。分组数据的全距为最大分组的上限与最小分组的下限的差值。全距求法简单、只与两个极端值有关，对最大、最小值的影响非常敏感，当样本量小或数据个数少时很不稳定，通常在数据预处理、观察数据分布时使用。

#### 2．四分位间距

四分位间距是指排序以后中间半数比例数据的极差。四分位间距比极差更稳定，受极大值或极小值的影响小，用于反映偏态分布资料中间半数或 50%比例数据的离散程度。四分位间距越大说明中间半数的数据越离散；四分位间距越小说明中间半数的数据越集中。

#### 3．标准差和方差

标准差和方差适合反映正态分布总体中抽样数据偏离其样本均值的平均程度。由于标准差与原始数据的量纲相同、意义相似，因而更适用于多组抽样数据离散程度的描述或比较。对于未分组数据资料来说，计算样本方差的公式为 $S^2 = \sum_{i=1}^{n}(x_i - \bar{x})^2/(n-1)$；计算样本标准差的公式为 $S = \sqrt{\sum_{i=1}^{n}(x_i - \bar{x})^2/(n-1)}$。当样本量 $n$ 充分大时，可以忽略 $n$ 和 $n-1$ 不同的影响。

对于分组数据资料来说，标准差和方差一般使用加权以后的公式进行近似计算。

标准差用于描述数值资料的离散趋势，还用于变异系数和标准误的计算。标准差越小，说明数值资料的变异程度越小、密集在均值附近分布，均值对于数值资料的整体代表性越好。

如果某些指标服从正态分布,那么通常把均值与标准差一起用于数据描述性分析,并且可以在给定可靠度情况下求其参考值范围。令 $\bar{X}$ 为样本均值,$S$ 为样本标准差,则 $P(\bar{X}-S<X<\bar{X}+S)\approx 68\%$,$P(\bar{X}-2S<X<\bar{X}+2S)\approx 95\%$,$P(\bar{X}-3S<X<\bar{X}+3S)\approx 99.7\%$

从正态分布总体中随机抽样,当样本量较大时,大约68%的数据散布在(均值±1倍标准差)范围内,大约95%的数据散布在(均值±2倍标准差)范围内,大约99.7%数据散布在(均值±3倍标准差)范围内。经过标准化处理以后,在[-1, 1]范围内的概率近似为68.27%,在[-2, 2]范围内的概率近似为95%,在[-3, 3]范围内的概率近似为99.7%。

例如,设 $x_1, x_2, \cdots, x_n$ 和 $y_1, y_2, \cdots, y_n$ 为两组样本观察值,具有关系 $y_i = (x_i - a)/b$,其中 $a$、$b$ 为正常数,$i = 1, 2, \cdots, n$。以下为样本均值 $\bar{x}$ 与 $\bar{y}$ 的关系,以及样本方差 $S_x^2$ 与 $S_y^2$ 的关系。

$$\bar{y} = \frac{1}{n}\sum_{i=1}^{n} y_i = \frac{1}{n}\sum_{i=1}^{n}\frac{x_i - a}{b} = \frac{1}{b} \cdot \frac{1}{n}\sum_{i=1}^{n} x_i - \frac{a}{b} = \frac{1}{b}\bar{x} - \frac{a}{b}$$

$$S_y^2 = \frac{1}{n-1}\sum_{i=1}^{n}(y_i - \bar{y})^2 = \frac{1}{n-1}\sum_{i=1}^{n}\left(\frac{x-a}{b} - \frac{\bar{x}-a}{b}\right)^2 = \frac{1}{n-1}\sum_{i=1}^{n}\left(\frac{x-\bar{x}}{b}\right)^2 = S_x^2/b^2$$

于是,样本均值 $\bar{x}$、$\bar{y}$ 及样本方差 $S_x^2$、$S_y^2$ 的关系为 $S_y^2 = S_x^2/b^2$,$\bar{y} = (\bar{x}-a)/b$。

### 4. 平均差

平均差是一组数据与其算术均值的离差绝对值的算术均值,表明这组数据与算术均值的平均差距。对于未分组数据资料来说,计算平均差的公式为 $\sum_{i=1}^{n}|x_i - \bar{x}|/n$。计算平均差时会用到全部数据信息,因而比全距和四分位差更能比较客观反映变量分布的离散程度。然而,计算离差绝对值 $|x_i - \bar{x}|$ 时的数学处理不很方便,并且基于绝对值的数学算法性质欠佳而在使用时受到很大限制,因此标准差对于离散程度的描述在应用上相比之下更为常见。

### 5. 变异系数

变异系数又称离散系数,是描述数据离散程度的无量纲指标,适用于量纲不同的变量间或均数差别较大的变量间变异程度比较。变异系数计算公式为 $CV = S/|\bar{X}|$。变异系数作为消除了量纲和单位影响的相对指标,用以说明以均值作为基准处理以后数据的变异程度。当度量衡单位不同、数量级不同、均值差异较大的指标用于离散程度比较时,变异系数在反映离散趋势的性能上优于标准差。例如,身高、体重的数量级和单位都不同,变异系数对于离散程度的比较相比标准差更为适合。经过计算,某个班级的男生身高均值为170cm、身高标准差为17cm,体重均值为50kg、体重标准差为6kg,由公式分别求得体重和身高的变异系数为0.12(6/50=0.12)和0.1(17/170=0.1),所以体重的变异系数大则说明其离散程度更大。

### 6. 标准分

来自正态分布总体的数据有时要被转换成统一规格尺度的标准分(或 $Z$ 分数)再作比较,转化公式为标准分=(原始数据-均值)/标准差,即 $Z_i = (X_i - \bar{X})/S$,其中 $\bar{X}$ 和 $S$ 为均值和标准差。当数据被转化为标准分以后,服从均值为0、标准差为1的标准正态分布。

标准分是相对数,反映当数量级或单位不同时,某个指标数据在全部数据中的相对位置。标准分使得处于不同均值水平、不同度量衡单位或数量级变量的数据分布情况具有可比性。当把两组及以上的不同指标数据转化为标准分以后,使得在同一规格或尺度下有了可比性,即在兼顾指标变异的差别情况下,比较不同指标数据偏离其均值的严重程度。

例如，某个班级第 1 次成绩均值和标准差分别为 80 分和 10 分，第 2 次成绩均值和标准差为 70 分和 7 分；两次考试的内容和难度不同而无法相互比较。张三两次成绩分别为 92 分、80 分，将这两次成绩分别标准化为(92-80)/10=1.20、(80-70)/7=1.43，故第二次成绩好。

近似服从正态分布的数值变量用"均值±标准差"描述；不服从正态分布的数值变量用"中位数±四分位数间距"描述。正态分布总体中的抽样数据，与均值相差大于 2 倍标准差者约占 5%，这种数据称为异常值；当把数据经过标准化以后，绝对值大于 2 时即为异常值。

**7．异众比率**

众数用于反映分类资料数据的集中程度，是全部数据中个数最多类别的代表。众数以外的其余类别的频数在全部数据中所占的比例称为异众比率，衡量众数对一组数据的代表性。异众比率越大说明众数代表性越差，反之说明众数代表性就越好。一般来说，众数和异众比率共同用于描述分类变量中具有集中趋势或离散趋势的数据分布特征。

### 3.2.3 分布的形态

偏度和峰度用于考察变量分布形状是否左右对称，偏斜程度或陡峭程度如何，反映原始数据分布与标准正态分布之间的吻合程度。

偏度计算公式为 $\left(\sum_{i=1}^{n}(x_i-\bar{x})^3/s^3\right)/(n-1)$；峰度计算公式为 $\left(\sum_{i=1}^{n}(x_i-\bar{x})^4/s^4\right)/(n-1)-3$。

偏度是描述数据分布不对称方向和程度的，反映变量分布是左偏、还是右偏，受较小变量取值影响大、还是较大变量取值的影响大。当偏度小于 0 时，说明多数数据位于均值的左侧，此时的数据分布称为左（或负）偏分布。当偏度大于 0 时，说明多数数据位于均值的右侧，此时的数据分布称为右（或正）偏分布。当偏度等于 0 时，说明数据具有对称分布特点。

从图形上看，数据分布的拖尾在左侧说明数据分布为左偏分布、数据分布的拖尾在右侧说明数据分布为右偏分布。"左偏"或"右偏"并非是指高峰出现的位置在左侧或右侧。

左偏分布、右偏分布如图 3-2 所示。

峰度是描述数据分布陡缓程度的，用于观察数据聚集在众数周围的程度，反映变量分布是尖陡、还是扁平，即频数（或频率）分部大部分集中在众数附近、还是各变量值的频数（或频率）相差不大，甚至各变量值的频数（或频率）大致相等。如果变量分布的频数集中于众数附近，分布曲线尖陡，顶部较标准正态曲线更为凸起，则属于尖顶峰度。如果变量分布的频数比较接近，分布曲线扁平，顶部较标准正态分布曲线更为扁平，则属于平顶峰度。当偏度和峰度都等于 0 时，说明数据分布就是标准正态分布。当峰度大于 0 时，说明数据分布是比标准正态分布陡峭的尖峰（或尖顶）分布，且峰度越大说明数据分布越陡峭。当峰度小于 0 时，说明数据分布是比标准正态分布平阔的平峰（或平顶）分布，峰度越小则说明数据分布越平阔。峰度演示如图 3-3 所示。

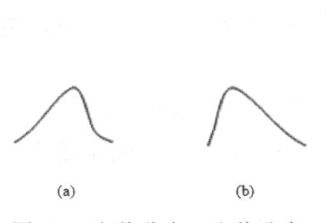

图 3-2 左偏分布、右偏分布

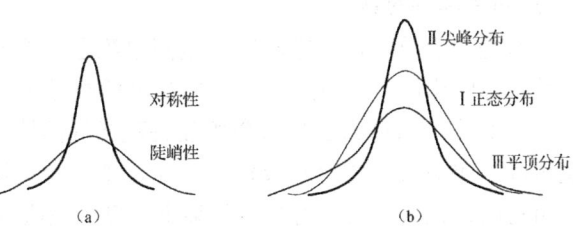

图 3-3 峰度演示

如果变量分布对称、无偏斜，那么第一个四分位数与第三个四分位数关于中位数对称，即中位数×2=第 1 个四分位数+第 4 个四分位数。数据分布无论是右偏分布还是左偏分布，中位数都居中。对于偏态分布资料来说，中位数约在均值到众数的 1/3 位置处。当数据分布为左偏分布时，均值在中位数的左侧、众数在中位数的右侧；当数据分布为右偏分布时，均值在中位数的右侧、众数在中位数的左侧。中位数、均值和众数的位置关系如图 3-4 所示。

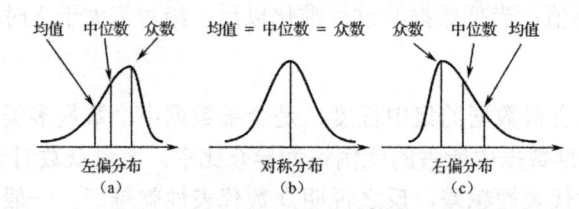

图 3-4 中位数、均值和众数的位置关系

对于偏态分布资料，平均或一般的情况不适合用算术均值来表示，而适合用中位数来表示。但实际上，普通公众习惯于用算术均值表示平均或一般的情况，而不习惯用中位数表示平均或一般的情况，而且很少去关心算术均值和中位数之间的含义和用法的差别。对于样本量较小且变异程度大的偏态分布资料来说，中位数的数值变化不稳定。

例如，如果随机抽取 5 套住房，价格从低到高排列为 60 万元、80 万元、100 万元、200 万元、2 000 万元，那么中位数是 100 万元，算术均值是 488 万元，且中位数和算术均值相差悬殊。引申分析，当房价中大部分较低且少部分很高时，如果用中位数代表平均指标，则更符合认识；如果用算术均值代表平均指标，则会引起怀疑。又如，有个顺口溜是"张村有个张千万，九个邻居零家产，统计平均算资产，个个都是张百万。"其含义是当多数人收入低、少数人收入高的时候，收入呈现右偏分布特点，该情况下的中位数会比均值小得多。

### 3.2.4 探索分析

由于数据资料纷繁复杂，变量个数多，变量类型多，所以只有初步把握数据分布特征，才能有针对性地选用适合的统计学方法。探索分析方法常用于核查数据的异常值或缺失值，初步验证数据是否近似来自正态分布总体或者两个变量是否满足方差齐性的条件，还可以绘制用于直观演示数据分布特征的茎叶图或箱线图。例如，茎叶图用于分析一组数据的分布特征；箱线图用于比较两组及以上数据的分布特征；单组抽样数据用于验证数据是否来自正态分布总体；多组抽样数据用于验证多个总体是否满足方差齐性的条件。

## 3.3 计数变量的描述统计

#### 1. 绝对数和相对数

绝对数是用于反映在一定时间或地点事物总体规模或水平的综合指标。相对数是两个有相互联系指标的比值。常用的相对数主要包括相对比、率和构成比。

（1）相对比。相对比是指两个相互关联指标的比值，既可以是性质相同或不同的指标之比，也可以是绝对数、相对数或均值之比，如两个地区同时期的发病数或发病率之比、医院门诊费用与门诊人次之比、两个医院某个年度营业收入之比。

（2）率。某种现象在特定条件下的实际发生数与总数之比称为率，又称频率或强度，计

算公式为 $R=x/n$，其中 $x$ 是实际发生数，$n$ 是总数。率可用小数表示，也可以以百、千、万或十万作为基数，采用百分率（%）、千分率（‰）、万分率（1/万）等形式表示。

发病率、患病率、死亡率和病死率常见于医疗卫生服务领域问题。

① 发病率是指在一定时期内特定人群中某种疾病新发病例的出现频率。
② 患病率是指对于某种疾病，现患病人数在总人数中所占的比例。
③ 死亡率是指在某人群中，死于某种疾病的人数占该人群总人数的比例。
④ 病死率是指在患某种疾病的病人中，由于该病而发生死亡人数占患该病总人数的比例。

比率分析就是对比率的描述分析。通过比率分析，可以获得反映比率的集中趋势和离散趋势的某些指标，如比率的中位数、均值、范围、最小值和最大值，以及比率的离差系数、标准差和平均绝对偏差等。平均绝对偏差又称平均差，是指将所有比率的绝对离差求和以后除以比率的总个数，离差系数是指平均绝对偏差与比率的中位数的比值。

样本率和总体率是两个不同的概念，样本率是反映样本的描述分析指标；总体率是反映总体的确定但又未知的参数；样本率是用于对总体率进行估计和检验的统计量。

在对不同处理中进行率的比较时，一定要注意率的可比性，即要求影响率比较的每个组内其他非处理因素构成比差不多。例如，在评价不同药物的有效率时，药物是否有效可能与患者性别、病情都有关系。为了保证构成情况差不多，就要采用某种标准将其标准化校正。这种校正以后的率称为标准化率或标化率。当然，计算标准化率的目的是为了进行不同分组之间的率的相对比较，并不反映实际大小。例如，在流行病学中，关注不同人群中影响某种疾病患病率的人口学特征构成情况，消除不同组内人口构成指标（年龄、性别等）方面的差别，然后计算按标准人口构成校准后的标准化率，一般在 Excel 软件中由转换公式实现。

（3）构成比。构成比就是某类别个体数与全部类别个体数的总和之比，即某事物内部各部分所占的比例或比重。当使用百分数表示时又称百分比。计算构成比的公式为 $p_i = n_i/N$，其中 $n_i$ 表示第 $i$ 个类别个数，$N$ 表示所有类别的总个数。

### 2. 不同指标的说明

病死率、死亡率、发病率、患病率是不同的指标。病死率是该病死亡人数与患病总人数的比值。死亡率是该病死亡人数与总人数的比值。发病率是新发病人数与总人数的比值。患病率是现患病人数与总人数的比值。

率在计算时需要有较大的分母（如 20 以上），否则既不适合用于描述也不适合用于比较。如果率在计算时没有较大的分母，则直接列举总数和发生某种事件（如死亡）的个数即可。例如，医生用药物治疗病人 2 例、只有 1 人治愈，治愈率为 50%的说法无参考意义。

率、构成比和相对比的概念不同，不要混淆。例如，某种疾病患者在 0～19 岁、20～49岁、50～69 岁、大于或等于 70 岁年龄组的构成比分别是 10%，25%，35%，30%，其中 50～69 岁年龄组的构成比最大。又如，某地区人群中某种疾病的男性患病率是 1%、女性患病率是 4%，由此求得男性患病率与女性患病率的相对比是 50%。

### 3. 交叉分组的构成比

如果按照某个属性分组，那么会缺乏与其他属性的联系。如果按照两个属性交叉分组，并按照两个不同属性的类别求得交叉分组的构成比，就可以深入揭示两个总体内部的规律性联系。所谓交叉分组是指两个分类变量的所有类别经过两两搭配以后的全部组合。假设两个

分类变量分别有 $m$ 个、$n$ 个类别，那么全部组合的个数为 $m \times n$。

例如，由性别和学习地点的随机抽样调查资料，可以求得在餐厅就餐学生占总数的构成比、宿舍就餐的男生数占男生总数的构成比。又如，由药物和疗效交叉分组汇总资料，可以求得每种药物有效的构成比、两种药物全都无效的构成比。性别和学习地点交叉分组如表 3-8 所示。药物和疗效交叉分组如表 3-9 所示。

表 3-8 性别和学习地点交叉分组

|  | 宿舍 | 餐厅 | 图书馆 |
|---|---|---|---|
| 男生 |  |  |  |
| 女生 |  |  |  |

表 3-9 药物和疗效交叉分组

|  | 有效 | 无效 |
|---|---|---|
| 甲药 |  |  |
| 乙药 |  |  |

分组或分类的频数是指不同组或类中数据的个数。分组或分类的频率就是指不同组或类中的数据占总数的比例。累计频数就是按照各组数据的取值范围排列顺序，由最高的数据组向更低的数据组或者由最低的数据组向更高的数据组逐组累计的频数。

人群类别和血型类别交叉分组如表 3-10 所示。药物和疗效交叉分组如表 3-11 所示。学历的频数和百分比比如表 3-12 所示。

表 3-10 人群类别和血型类别交叉分组 （单位：人）

| 人群类别 | 血型类别 | | | | 合计 |
|---|---|---|---|---|---|
|  | A | B | AB | O |  |
| 鼻咽癌患者 | 64 | 86 | 130 | 20 | 300 |
| 健康人 | 125 | 138 | 210 | 26 | 499 |
| 合计 | 189 | 224 | 340 | 46 | 799 |

表 3-11 药物和疗效交叉分组 （单位：人）

| 药物 | 疗效 | | | |
|---|---|---|---|---|
|  | 无效 | 好转 | 显效 | 治愈 |
| A | 15 | 21 | 24 | 29 |
| B | 20 | 33 | 25 | 18 |

表 3-12 学历的频数和百分比

| 学历 | 频数 | 百分比 | 有效百分比 | 累计百分比 |
|---|---|---|---|---|
| 小学及以下 | 2 | 3.6% | 3.6% | 3.6% |
| 初中 | 15 | 26.8% | 26.8% | 30.4% |
| 高中 | 16 | 28.6% | 28.6% | 59.0% |
| 大专 | 12 | 21.4% | 21.4% | 80.4% |
| 本科及以上 | 11 | 19.6% | 19.6% | 100.0% |
| 合计 | 56 | 100.0% | 100.0% |  |

说明④：在编制频数表时，无序多分类变量的类别排列顺序可以互换或打乱顺序；有序多分类变量的类别或组距式分组以后的组别排列顺序不可以打乱顺序，因为这样不仅不便于比较而且会使得累计百分比的计算失去意义。

## 3.4 统计分组

**1. 统计分组的定义和特点**

统计分组是通过选择某种分类或分组标志,把数据分成若干类别或区间,再基于类别或区间对事物汇总、整理并粗略把握其分布特征的预处理方法。例如,人群按照性别、民族、学历、职业、病情划分成不同属性类别。又如,成绩被划分为[0, 60), [60, 70), [70, 80), [80, 90), [90, 100],分别代表了不及格、及格、中等、良好、优秀等次。统计分组的关键是分组标志的选择和分组界限的确定。如果分组标志选择不当或分组界限不合理,那么就会混淆事物的性质,难以客观反映现象总体的特征。

数值资料统计分组在揭示数据特征、解析结构和探索联系的时候有重要作用。当数据量小时,不必事先统计分组,而是可以直接进行统计分析。当数据量大时,有必要事先统计分组并制定频数分布表,然后了解数据资料的集中程度和变异大小。

统计分组具有"分"与"合"的双重功能,不仅把总体划分为性质不同的多个部分,还把性质相似的个体归入同一部分。对于总体来说,统计分组是进行"分"的过程;对于个体来说,统计分组是进行"合"的过程。

统计分组满足穷尽互斥、不重不漏的原则,即所有数据都归入某个组中,每个数据只能归入唯一组中,组间差距大、组内差距小。用于分组的组限是把数据划分为不同性质的"分水岭",相当于事物性质在逐渐量变过程中引起质变的界限。

任何统计分组方式都有一定的局限性,当为了突出某种标志差异的时候,却往往会掩盖了其余标志的差异。例如,某院系调查学生心理状况,如果把性别作为分组标志,那么专业特征中表现的差异就被忽略了。因此,研究者要按照多个标志进行分组,从多个特征进行细致划分。但是当分组标志很多时,反而不利于对总体的全面认识。

例如,对于性别、专业、年龄、生源地、入学基础差异,在分组时可以选择某个分类变量,也可以选择两个以上分类变量。分类变量太多或太少不仅没必要,还会有适得其反的影响。

无论是按照分类变量的类别进行单项式分组,还是按照不同的连续区间进行组距式分组,关键是分组标志设置和区间界限划分。如果分组标志选择不当或区间界限划分不合理,那么事物的特征就会发生混淆或难以获得确切体现。

例如,对于某所学校大一学生英语成绩,与专业或性别相比,按照年龄进统计分组就不太适合。又如,对于某个班级学习成绩,适用于按照分数范围划分为[0, 60), [60, 70), [70, 80), [80, 90), [90, 100],不适用于按照分数范围划分为[0, 25), [25, 50), [50, 75), [75, 100]。

**2. 统计分组的种类**

当分组标志为一个时,可以利用简单分组反映某种特征的分布状况或内在结构。当分组标志为两个及以上时,可以按照不同类别进行交叉分组。例如,学生按照性别或专业的不同类别与成绩等次(优、良、中、差)进行交叉分组,分别生成与成绩等次的交叉表。

按照标志的分类区分或分组测量特点,统计分组可以分成品质分组和数量分组。品质分组又称属性分组,是指把总体按照某个分类变量划分成不同的类别,直接进行统计分组。数量分组又称变量分组,是指总体按照一个或多个数量标志分组,适用于数据个数很多时的离散型数值资料或不能逐一列举的连续型数值资料。

数量分组分成单项式分组和组距式分组。单项式分组就是把变量的类别值看成一个组，有多少个类别值就有多少个组。适用于取值范围变化不大、离散取值且个数少的情况。

例如，当某高校大一的学生按照年龄分组时，鉴于年龄都在17～20岁，那么可考虑把每个年龄单独分组，分别统计人数及构成比。组距式分组就是把变量的一个区间看成一个组，有多少个区间就有多少个组，区间长度就是组距，适用于数据个数多、变量取值范围广的情况，以及无法列举的连续实数值的情况。若按照多个数值界定范围的、不间断的连续区间进行分组，则这样的区间称为组距。

又如，对某校入学新生抽样调查月生活费的支出情况，以 100 元作为分组的组距，汇总划分在不同组的学生个数和构成比。此外，当数据个数很多时，还可以按照分位数分组，其做法是事先由分组数目确定分位数的个数 $n$，全部数据按照升序排列以后等分成 $n$ 份，并将分位点作为各组的上限和下限。

### 3. 组距式分组及其步骤

组距相等时的分组称为等距式分组；组距不相等时的分组称为非等距式分组。均匀分布数据可以使用等距式分组；不均匀分布数据可以使用非等距式分组。

例如，对于不同年龄段人口死亡率的构成比，由于各年龄段生理特征差别大，因而可以使用非等距式分组；常见做法是对于 1 岁以下人口以月作为分组间隔，对于 1～10 岁人口以年作为分组间隔，对于 11～20 岁人口以 5 年作为分组间隔，对于 21～60 岁人口以 10 年作为分组间隔，对于 60 岁以上人口以 5 年作为分组间隔。

组距式分组是指把数值资料根据区间划分标准划分多个分组。组距式分组基本步骤包括求全距（最大值减去最小值）、确定分组个数（组数）、组距（每组最大值与最小值之差），确定每组的上限和下限（每组的起点和终点，即组限）。组距式分组的难点是确定组数、组距和组限。组限一定要清楚明确，组间衔接必须严密、不遗漏、不重复；第一个分组包括资料中的最小值，最后一个分组包括资料中的最大值。组数和组距取决于数据类型、样本量和数据变化范围，应以清楚显示数据分布特征和规律为原则。因为统计分组只是为了粗略了解数据分布的特征，所以组数的确定没有严格意义上的特别规定。当样本量大或数据变化范围大时，要划分更多组数。组数太少会使数据分布过于集中，组数太多又会使数据分布过于分散。统计分组的经验公式为 $k = 1 + \lg n / \lg 2$，其中 $n$ 为数据个数，$k$ 为组数。

例如，成绩按照统计分组，划分为不合格[0, 60)、一般[60, 70)、中等[70, 80)、良好[80, 90)和优秀[90, 100]，这比直接划分为及格和不及格更能体现成绩的分布情况。然而，如果组距划分过细（如以 3 分或 5 分间隔为一组），则反而不利于反映数据分布的特点。

统计分组用于大量离散数据的统计汇总，不仅是数据收集整理的持续，也是数据统计分析的开始。统计分组可以由"转换"主菜单中的"重新编码"预处理命令实现，其转换的依据就是每个分组区间与分组类别编码之间的一一对应关系。在统计分组以后，求出每个分组的频数或频数密度、频率或频率密度，并通过绘制直方图来了解数据分布的特点。

### 4. 组距式分组举例

例如，某班级学生成绩（单位：分）为 83, 67, 80, 71, 81, 62, 73, 75, 57, 86, 96, 64, 89, 47, 91, 89, 66, 83, 84, 79, 72, 74, 61, 96, 82, 69, 94, 81, 70, 57, 83, 85, 78, 54, 99, 79, 64, 77, 84, 99, 76, 92, 79, 72, 94, 86, 53, 81, 93, 69, 85, 63, 78, 66, 77, 81, 80, 69, 83, 76。对该班学生成绩统计分组步骤如下。

(1) 确定组数。分组个数通常来自经验。如果组数太多，就会失去分组的实际意义；如果组数太少，则频数分布特征描述过于粗糙。当数据个数少于 50 时，可以分成 5~6 组。当数据个数为 100 左右时，可以分成 6~10 组。当数据个数多于 500 时，可以分成 10~15 组。

(2) 确定全距和组距。对于等距式分组来说，组距=（最大值-最小值）/组数=（100-47)/7=7.57。组距一般是整数，本例可取 8 或 10。

(3) 计算频数、累计频数或累计频率。本例以 10 为组距来分组并制定频数分布表。成绩统计分组如表 3-13 所示。频数分布表用于直观了解数据分布特征，确定频数和构成比。对于组距式分组，在数据分组后的每个组中，可以分别求得频数或频率；对于等距式分组，组间频数的比较有意义，也就是说频数或频率适用于分布特征描述及比较；对于非等距式分组，组间频数或频率的比较无意义，而频数或频率的密度更适用于分布特征描述及比较。

表 3-13 成绩统计分组

| 成绩/分 | 区间/分 | 频 数 | 频 率 | 百 分 比 |
| --- | --- | --- | --- | --- |
| 40~50 | [40~50) | 1 | 0.017 | 1.7% |
| 50~60 | [50~60) | 4 | 0.067 | 6.7% |
| 60~70 | [60~70) | 11 | 0.183 | 18.3% |
| 70~80 | [70~80) | 16 | 0.267 | 26.7% |
| 80~90 | [80~90) | 19 | 0.317 | 31.7% |
| 90~100 | [90~100) | 9 | 0.150 | 15.0% |
| 合计 | — | 60 | 1 | 100% |

以下有几点说明。

说明①：离散型数值资料中相邻组的上限与下限应该间断，不能重叠，以避免数据被重复计入两个相邻的不同组中。连续型数值资料中每组的上限与下一组的下限必须连续衔接而且重叠，以防止数据归类时出现遗漏。最小组的下限应略低于总体的最小变量值，最大组的上限略高于总体的最大变量值。为了避免在组限处重复计入两个以上组中，而约定每组上限不在本组内，分组以后形成一系列左端闭、右端开的区间，每个组内只包括下限数据。

例如，"40~50" 或 "40~" 表示[40, 50)，50 不计入该组，而是计入下一组[50, 60)并作为该组的下限。

说明②：当数据中有远离大多数数据的少数极端值时，通常需要设置上限或下限不封口的开口组，在最低组中不设下限，在最高组中不设上限。开口组的设置做法可以避免出现空白数据的组，也可以使极端值归入某个组。

说明③：组距式分组在体现各组组间差异，反映总体分布特征和结构的同时，也掩盖了各组内部差异。当用组中值近似作为组均值时，是假定组内的值呈均匀分布或在组中值左右呈对称分布的。组距式分组资料的分位数近似求法如下。

令 $n$ 表示所有组的频数总和，即全部数据的总频数，则第 $x$ 个分位数为

$P_x$=$P_x$ 所在组的下限+组距×($xn$/100-$P_x$ 所在组前一组的累计频数)/$P_x$ 所在组的频数。

例如，令 $x$ 分别取值 25，50，75，100，由近似算法求得 3 个四分位数为

$P_{25}$=$P_{25}$ 所在组的下限+组距×(25×$n$/100-$P_{25}$ 组前一组的累计频数)/$P_{25}$ 所在组频数；

$P_{50}$=$P_{50}$ 所在组的下限+组距×(50×$n$/100-$P_{50}$ 组前一组的累计频数)/$P_{50}$ 所在组频数；

$P_{75}=P_{75}$ 所在组的下限+组距×($75×n/100-P_{75}$ 组前一组的累计频数)/$P_{75}$ 所在组频数。

例如，根据表 3-13 中的资料，计算 1 上四分位数 $P_{25}$、下四分位数 $P_{75}$。

已知本例的数据总个数为 60。第 1 个四分位数 $P_{25}$ 在第 15 个和第 16 个数据之间，$P_{25}$ 所在组为 60~70。第 2 个四分位数 $P_{50}$ 就是中位数，$P_{50}$ 在第 29 个和第 31 个数据之间，$P_{75}$ 所在组为 70~80。第 3 个四分位数 $P_{75}$ 在第 45 个和第 46 个数据之间，$P_{75}$ 所在组为 80~90。

根据以上近似计算公式，分别求得 3 个四分位数为

第 1 个四分位数是 $P_{25}$=60+10×(25×60/100-5)/11=69.09；

第 2 个四分位数或中位数是 $P_{50}$=70+10×(50×60/100-16)/16=78.75；

第 3 个四分位数是 $P_{75}$=80+10×(75×60/100-32)/19=86.84。

在原始频数分布中，如果各组频数由下向上（由最低组向最高组）或由下向上（由最高组向最低组）依次累计，那么形成向上或向下累计的频数分布。

累计频数是指高于或低于某个值的频数。向下累计频数分布说明高于某个组下限的频数是多少，向上累计频数分布说明低于某个组上限的频数是多少。

在组距式分组资料中，中位数的求法即分位数求法的特例，可以直接用下面公式：

$M_e = L + (\sum f/2 - S_{m-1})/f_m \cdot d$ （下限公式）； $M_e = U + (\sum f/2 - S_{m+1})/f_m \cdot d$ （上限公式）

式中，$M_e$ 为中位数；$L$ 为中位数所在组的下限；$U$ 为中位数所在组的上限；$f$ 为中位数所在组的频数；$S_{m-1}$ 为中位数所在组上面累计的频数；$S_{m+1}$ 为中位数所在组下面累计的频数；$f_m$ 为总频数；$d$ 为中位数所在组的组距。

例如，计算组距式分组资料的中位数。数据资料如表 3-14 所示。

表 3-14 数据资料

| 成绩/分 | 频 数 | 向 上 累 计 | 向 下 累 计 |
| --- | --- | --- | --- |
| 30~40 | 4 | 4 | 50 |
| 40~50 | 6 | 10 | 46 |
| 50~60 | 8 | 18 | 40 |
| 60~70 | 12 | 30 | 32 |
| 70~80 | 9 | 39 | 20 |
| 80~90 | 7 | 46 | 11 |
| 90~100 | 4 | 50 | 4 |
| 合计 | 50 | — | — |

中位数应在(50+1)/2=25.5 位置。向上累计到 50~60 组时的频数为 18，向上累计到 60~70 组时的频数为 30，中位数组为 60~70 组，组中值 65 作为近似中位数。对于组距式分组资料，用上限公式和下限公式求得的中位数是一样的。

由下限公式求得中位数 $M_e = 60 + (50/2 - 18)/12 \times 10 = 65.83$；

由上限公式求得中位数 $M_e = 70 + (50/2 - 20)/12 \times 10 = 65.83$。

说明⑤：组中值反映组内数据的平均情况，组中值=(上限值+下限值)/2。组区间左端和右端有时不封闭，第一组区间左端开口称为"××以下"，最后一组区间右端开口称为"××以上"。

第一组的组中值=第一组的组上限-下一组的组距一半。最后一组的组中值=最后一组的下限+上一组的组距一半。累计频数或频率是指某个数值以下或以上组的频数或频率和，有向上

或向下累计方式两种求法。数据资料如表 3-15 所示。

表 3-15  数据资料

| 成绩/分 | 组中值/分 | 频 数 | 频 率 | 向 上 累 计 | | 向 下 累 计 | |
| --- | --- | --- | --- | --- | --- | --- | --- |
| | | | | 频 数 | 频 率 | 频 数 | 频 率 |
| 60 以下 | 55 | 2 | 5% | 2 | 5% | 40 | 100% |
| 60~70 | 65 | 7 | 18% | 9 | 23% | 38 | 95% |
| 70~80 | 75 | 11 | 28% | 20 | 50% | 31 | 78% |
| 80~90 | 85 | 12 | 30% | 32 | 80% | 20 | 50% |
| 90 以上 | 95 | 8 | 20% | 40 | 100% | 8 | 20% |
| 合计 | — | 40 | 100% | — | — | — | — |

## 3.5  统计图

**1. 统计图的概念**

统计图作为统计分析结果表达的重要工具之一，在调研报告或试验成果表达中非常多见。统计图就是利用点、线、面、直条和区块等元素组成的几何图形，通过散点位置、直条长短、线段升降和面积大小直观呈现信息全貌，反映数量关系、特征、分布或发展延续趋势的变化规律，探索两个变量有无关系、关系形态和关联程度，还可以将研究对象的内部构成、相互关系、对比情况或分布特点等特征形象、生动地表达出来，给读者留下深刻而又清晰地印象。统计图可以直观、形象、简洁、确切或协调地表达抽象或烦琐的结果，胜过冗长的文字表述，使读者在视觉冲击中一目了然、可读性强，便于读者对所要表达信息的理解、比较和记忆，在短时间内就能了解概况，获得关键信息，洞悉事物本质。在权威学术期刊的高水平论文中，通常附有恰如其分且赏心悦目的插图，用于加深读者对其背后数据规律的认识。

统计图的常见形式是二维平面图形，主要包括标题区、图形区、数据区。

(1) 标题区：位于图形区上方居中位置，其中的标题名称要简明扼要，并注上编号。

(2) 数据区：由图形区和坐标轴围成的重要部分。在数学上，常把二维统计图坐标轴分为横轴和纵轴。实际上，坐标轴根据数据类型分成分类轴和连续轴，并要注明横标目和纵标目的含义。分类轴通常放于横轴位置，其刻度依次代表了不同类别且无数量差异。连续轴通常放于纵轴位置，其刻度准确反映了数量差异。连续轴的刻度通常标记为算术等距形式，有时也标记为几何等距形式。

(3) 图形区：由两个坐标轴围成的内框区域，并由图形元素呈现数据特征，如直条、区块、点、线等。在阅读统计图时，要区分坐标轴刻度代表的是数量还是类别。例如，在条形图中，横轴表示分类资料，纵轴表示数值资料，直条的高低表示某种数量的指标大小。

统计图绘制的要求如下。

(1) 根据资料性质和研究目的选择适合的图形类别。

(2) 标题名称要简明准确。标题名称和编号之间空两格。

(3) 由纵轴和横轴组成的坐标系要标记刻度、名称、单位。在坐标系的第一象限内绘图，两个轴线交点为起点。图形区显示的长度、宽度比例大约为 5∶7。纵轴为统计指标，横轴为分组标志或统计指标。

(4) 两种以上事物应以不同线条、图标、纹理、图案或颜色表示。

**2. 常见的统计图**

常见的统计图有条形图、柱形图、圆形图、直方图、折线图、散点图、茎叶图、箱线图、线图等，如图 3-5 所示。

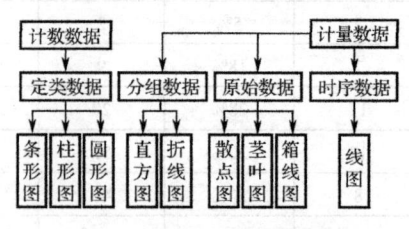

图 3-5 常见的统计图类型

1）圆形图

圆形图又称饼图，其中小扇形面积表示某种类别的百分比，圆形总面积表示 100%。圆形图如同切割生日蛋糕一样得到比例不等的小扇形，用于直观比较不同部分的组成多少。圆形图一般以时 9 点或 12 点位置为起点，按照顺时针方向衔接排列以线条或颜色分开的小扇形，对各部分比例进行观察和比较，如图 3-6 所示。

图 3-6 圆形图

2）条形图与柱形图

条形图与柱形图是由宽度相同、长度或高度不等的矩形来描述相互独立的不同类别的频数或频率的，而长度或高度表示类别的频数或频率。条形图与柱形图根据矩形排列方向分成横向的和纵向的。其中，类别放在纵轴的称为条形图，如图 3-7 所示；类别放在横轴的称为柱形图，如图 3-8 所示。

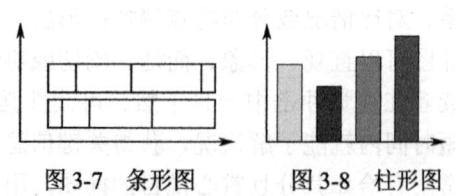

图 3-7 条形图　　图 3-8 柱形图

条形图与柱形图的基点从 0 开始，不同条或柱之间的坐标间隔宽度相等排列。条的长度或柱的高度有数量尺度比较意义；条或柱的宽度相等、只有类别演示意义而无数量尺度比较意义。条形图、柱形图和圆形图的作用相似，适用于构成比资料，它们的不同之处是用扇形区域的面积还是条、柱的高度来描述分类变量的不同类别所占的比例大小。

条形图的衍生形式有复式条形图、百分条形图和误差条形图等。复式条形图是以两个及以上矩形组成的条组形式进行频数或频率比较的，且各条组间断有缝隙、各条组内矩形连续而无缝隙。例如，将某学院男生和女生不同专业中的人数填入复式条形图中以进行比较。百分条形图是用一个大矩形表示所有类别的构成比的，这个大矩形的总长度为 100%。其中，所有类别表示为长度不等的多个小矩形，且长度表示构成比大小。百分条形图用于某个类别构成比的描述分析或多个类别构成比之间的差异推断。例如，将肿瘤种类构成比填入百分条形图中以进行不同地区或时期的肿瘤种类构成比比较。误差条形图是在两个及以上分组情况下，对均值+置信区间、均值+标准差倍数、均值+标准误倍数进行直观比较的。

3）直方图与折线图

直方图是由一组无间隔的矩形描述数值变量的频数或频率分布特征的。横轴表示等距或非等距的连续区间；纵轴表示相应区间的频数、频率或频率密度，其尺度尽量从 0 开始。直方图适用于数值数据、小矩形连续排列；条形图适用于分类数据、小矩形分散排列。如果小矩形高度表示每个组的频率密度，那么所有组代表的小矩形面积之和等于1，如图3-9所示。

不妨取直方图中每个小矩形顶端的中点，然后使用一些线段把这些小矩形顶端的中点依次连接起来，将其绘制成频数或频率的折线图（或多边形图），如图3-10所示。当小矩形高度表示频率密度时，如果经过划分以后的小矩形、个数充分多，那么频率密度曲线可以近似看成概率密度曲线，相应的函数近似称为数据分布的概率密度函数。

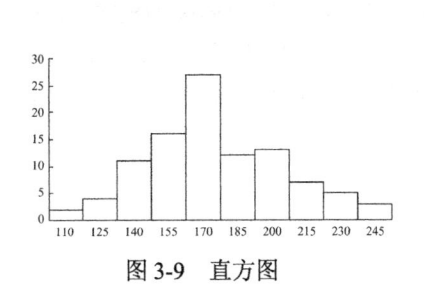

图3-9　直方图

图3-10　频数折线图

当数据个数较多且区间划分得较细时，每个区间中的数据点个数也可以作为纵坐标，然后通过点状分布图的形式对数据分布特征进行描述分析。

4）茎叶图

茎叶图由"茎"和"叶"两个部分来反映原始数据的分布特点。其中，"茎"表示高位数；"叶"表示低位数。茎叶图反映了数据分布状况，精确列出全部数值并充分保留了原始数据信息。茎叶图适用于描述当数据较少时的数据分布特征。如图3-11所示，右侧显示数据整数部分相同的频数；左侧是"茎"，表示整数部分；中间是"叶"，表示小数部分。

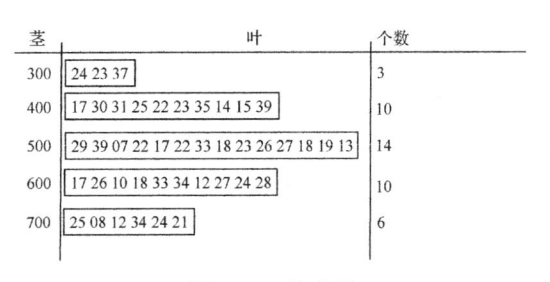

| 茎 | 叶 | 个数 |
|---|---|---|
| 300 | 24 23 37 | 3 |
| 400 | 17 30 31 25 22 23 35 14 15 39 | 10 |
| 500 | 29 39 07 22 17 22 33 18 23 26 27 18 19 13 | 14 |
| 600 | 17 26 10 18 33 34 12 27 24 28 | 10 |
| 700 | 25 08 12 34 24 21 | 6 |

图3-11　茎叶图

茎叶图和直方图对于数据分布演示的作用类似。统计分组汇总的做法损失原始数据信息，所以统计分组以后绘制的直方图不太适用于小样本数据、更适用于大样本数据。茎叶图就像个倒置的直方图，保留了原始数据信息，更适用于直接演示小样本数据分布特点。

5）散点图

散点图是以平面或空间中散点分布的特点反映变量之间关系的，即由散点的高低位置、密集程度和变化趋势直观反映变量的相关关系和变化特点，如图3-12所示。

在散点图中，横轴和纵轴起点都不必从零点开始。在散点图中，可以添加直线或多项式曲线，以便对大致趋势规律进行观察比较。对3个以上的变量两两绘制散点图是比较烦琐的，这时不妨由绘制散点图矩阵的命令快速实现绘制。

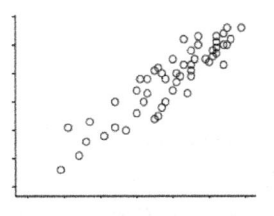

图3-12　散点图

6）箱线图

箱线图又称盒式图，是通过绘图演示的方式，用最大值、最小值、中位数、上四分位数和下四分位数共5个特征值粗略勾勒出数据分布的主要信息，由1个箱子和两条线段组成。如图3-13所示。在箱线图中，中间的黑色粗线就是中位数，箱子上、下（或左、右）边线为上、下四分位数。箱子长度或高度即四分位数间距,反映中间一半个数(占 50%)数据的离散程度。如果箱子越长,那么中间占全部数据比例为 50%的那部分数据变异程度越大。如果中间粗线大致位于中心位置,那么说明数据呈对称分布。箱线图可用来判断数据是否服从正态分布,如果箱体以中位数对称、上下短横线之间距离为箱体长度的 3 倍左右,则近似认为数据服从正态分布。当数据个数少时,为了描述数据分布特征,箱线图改为茎叶图更好。

在箱线图中,位于超过箱子边线上、下四分位数间距 1.5 倍距离的数据称为离群值,标记为空心点o。位于超过箱子边线上、下四分位数间距 3 倍距离的数据称为极端值,标记为星号*。当去掉离群值或极端值时,上、下两根外延出来的小横线分别表示最大值、最小值。

箱线图不仅用于描述一组数据分布特征,还可以用于比较多组数据分布特征。例如,绘制 8 门课程成绩箱线图,如图 3-14 所示。

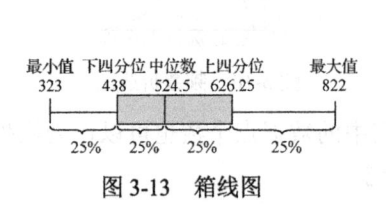

图 3-13  箱线图

图 3-14  课程成绩的箱线图

#### 7) 线图

线图是由线条的升降、延伸或波动表达一个变量随着另一个变量的动态变化趋势的。当把多个相似指标放在同一线图时,有利于相对比较。横轴可以是时间或另一个数值变量,纵轴基线一般从 0 开始,否则须作特殊标记或说明,以防给读者错误印象。数据点以折线连接、减少外延。纵、横轴不能人为缩小或扩大而影响变化趋势。两条及以上曲线须用不同线型或颜色区分。坐标轴常用算术尺度、有时也用对数尺度。常见的线图如图 3-15 所示。

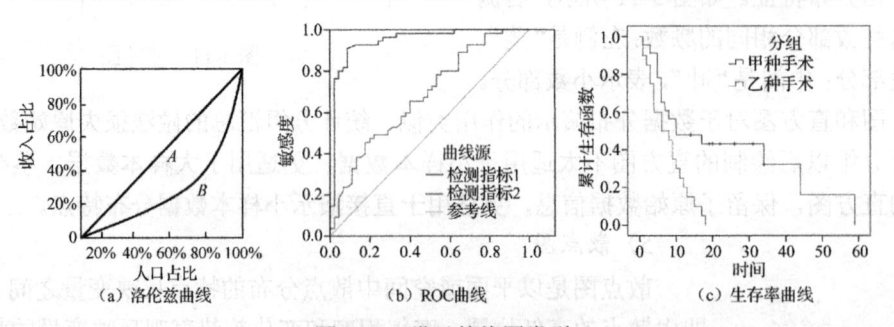

(a) 洛伦兹曲线    (b) ROC曲线    (c) 生存率曲线

图 3-15  常见的线图类型

例如,洛伦兹曲线是常见的累计频数图。在累计频数图中,横轴表示累计人口百分比,纵轴表示累计收入百分比。如果人群中收入分配完全均等,那么相等累计百分比的人口就占有相等累计百分比的收入。在图 3-15(a)中,收入分配曲线是绝对平均线(对角线)。如果绝大多数人口拥有很少收入,少部分人拥有绝大多数收入,则收入分配曲线表现为初始缓慢上升而后急速上升的特点。由洛伦兹曲线可以定义收入分配平均程度的基尼系数:$A/(A+B)$。其中,实际收入曲线与绝对平均线(对角线)围成面积 $A$,实际收入曲线与绝对不平均线(底边线向上、右侧垂直线向左的折线)围成面积 $B$。当 $A=0$ 时,基尼系数为 0,表示收入分配绝对平均,当 $B=0$ 时,基尼系数为 1,表示收入分配绝对不平均。

### 8）统计图

统计地图是指根据行政区域或地理特征划分的可视化地图来描述或比较某种统计指标在数量上的空间分布特点，对于地图中分割出来的不同区域，由深浅不同的颜色或样式不同的花纹来表示统计指标的程度差异或类别种类。统计地图用来描述传染病或人、财、物等公共卫生资源配置的空间分布情况。例如，山东省某年手足口病的发病率地图如图3-16所示。

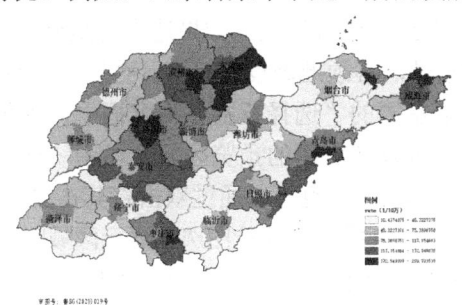

图3-16  山东省某年手足口病的发病率地图

### 9）历史上知名的统计图

南丁格尔的玫瑰花直方图如图3-17所示。英国战地护士南丁格尔在图中给出了军队医院季节性死亡率，推进英国当局重视并推行了医事改良提案。霍乱街区图如图3-18所示。英国传染病医生约翰斯诺出于霍乱源头的研究，绘制了伦敦市霍乱瘟疫死亡数地图，推测死亡者主要集中在某条街区的附近，发现病源竟然是被霍乱菌感染的水井。

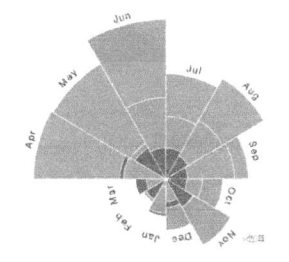

图3-17  玫瑰花直方图　　　　图3-18  霍乱街区图

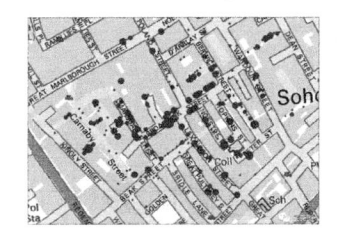

### 3. 绘制统计图的常用软件介绍

（1）Excel 软件：图形美观，易于操作，但只能用于绘制某些简单粗略的图形。

（2）Stata, S-plus, R, SAS 软件：借助专业编程语言才能绘制精美图形。

（3）GraphPad Prism 软件：生物医药研发领域功能强大的专业制图软件。

（4）Origin 软件：用于统计分析、信号处理和曲线拟合功能的专业制图软件。

（5）SPSS 软件：图形美观，种类繁多，容易操作，受到初级或普通用户欢迎。

常见绘制的统计图类型包括条形图、饼图、散点图和直方图等，如图3-19所示。

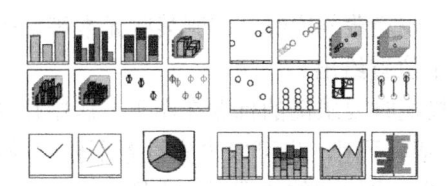

图3-19  绘制的统计图类型

在这些软件中，用户通过鼠标点选或拖曳的方式导入变量，以绘制类型多样的统计图。做法是从类型库中选择适合的图形种类，然后把绘图的变量拖曳到图中适合的坐标轴中。

单击主菜单"图形"选项，再单击"图表构建程序"选项，打开"图表构建程序"对话框，如图 3-20 所示。

以下有几点说明。

说明①："变量"列表框中显示所有变量。如果选中的是分类变量，那么所有类别将在下方位置自动列出。在定义变量时，必须准确设置尺度，否则在绘图时此变量会无效。

说明②：在"库"选项卡左侧的"选择范围"列表框中，提供了统计图的常见类型。只要单击某个统计图的类型，就可以在右侧的预览区域中显示统计图的子类型。用户可以将某个类型的统计图拖入上方展示区域中，也可以通过双击将其在展示区域中自动地呈现出来。

说明③：当把"库"选项卡中某类型的统计图选入展示区域时，就会自动创建两个坐标轴。

说明④：放置区是指坐标轴附近的虚线区域，允许用户从"变量"列表框选入变量。

例如，在预览区双击金字塔直方图以后，将其显示在展示区域中。在"变量"列表框中找到"性别""在公司工作时间"变量，并将这两个变量分别拖入虚线框中，如图 3-21 所示。

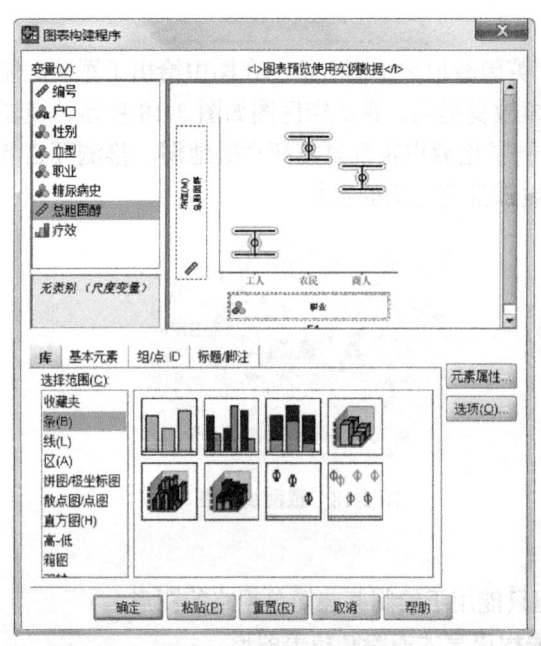

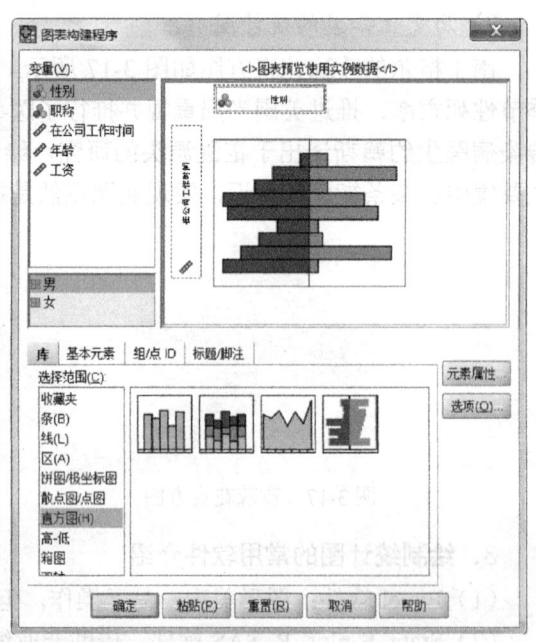

图 3-20 "图表构建程序"对话框（一）　　图 3-21 "图表构建程序"对话框（二）

从统计分析和美观演示的角度，对统计图进行个性化编辑与修改。其做法是双击统计图以后，在打开的"图形编辑器"配套的"属性"子对话框中设置相应内容，如更改图形比例、形状、大小、字体、字号、背景、颜色、边框和对齐方式等属性，还可以将统计图中某些元素移动位置、调整大小、显示或隐藏刻度线、增删某些元素等。在由 SPSS 软件生成的统计图中，标题将会在图的上方居中位置给出。

需要注意的是，在中文投稿时要求图的标题在图下方居中位置给出。因此，由由 SPSS 软件生成的统计图的标题可以删除不用，也可以事先设置不要生成标题，在将统计图插入正文以后，通过手动方式在统计图下方居中的位置添加上即可。

## 3.6 统计表

统计表由纵横交错的线条构成，其应用广泛。例如，调查表用来记录原始资料，整理表用来提供系统化和条理化的统计资料，分析表用来揭示事物数量特征、反映事物之间的联系和规律。不同行业研究者将指标或变量较多、信息杂乱的资料编排成具有目的明确、内容具体、重点突出、层次清晰、对照分明、数据规范、排列紧凑、条理清晰、美观简洁、高度概括和科学实用特点的统计表，不仅可以节省或代替了冗长的文字叙述，而且使得读者能够一目了然、快速把握数据的内部结构、分布特征和规律联系。统计表的绘制要求如下。

（1）统计表的总标题要简明扼要、用词确切、高度概括，放在表上方的居中位置，表格序号后面空上两格。必要时注明资料来源的时间和地点。

（2）在统计表的表格中，左侧（横行位置）是横标目；上侧（纵栏位置）是纵标目。主词用于说明总体、个体或者类别或属性的分组名称，一般放在表的左侧；宾词用于说明组成部分的数量标志特征或统计指标，一般放在表的右侧。从左向右读成完整句子。

（3）常见统计表的表格是左端和右端开口的"三线表"形式。其中，三线分别指顶线、底线和横栏下方的分割线；表格左端和右端不封口，不添加竖线或斜线等其他线条。

（4）在统计表的表格中，可以添加一条横线将逐项内容和合计进行分割，也可以添加一条竖线把两个纵标目分割开来，甚至还可以只隐藏表格左端和右端的竖线而保留表格内的竖线，这些功能有助于读者观察单元格中数据的归属。

（5）统计表中的数字要准确无误，一般用居中或右对齐方式，有小数点时以小数点对齐且小数点的位数要统一，数值极大或极小时要用科学记数法表示。缺漏项可以标记为省略号"…"，不能填写项标记为一字线"—"。当单位相同时，在标题或第一个横行中统一说明单位。有时，还要在统计表中注明资料来源、单位、填表人和日期等信息。当需要添加备注时，必须在适当位置标注*号，并在表格的左下角以小字号对其说明。如表3-16和表3-17所示。

表3-16  期末成绩统计分组

| 成绩分组/分 | 组中值/分 | 频　　数 | 频　　率 | 百　分　比 |
|---|---|---|---|---|
| ~60 | 55 | 5 | 0.084 | 8.4% |
| 60~70 | 65 | 11 | 0.183 | 18.3% |
| 70~80 | 75 | 16 | 0.267 | 26.7% |
| 90~ | 85 | 28 | 0.467 | 46.7% |

表3-17  血型和人群的交叉表（单位：人）

| 人　　群 | 血　型 | | | |
|---|---|---|---|---|
| | A | B | AB | O |
| 鼻咽癌患者 | 64 | 86 | 130 | 20 |
| 健康人 | 125 | 138 | 210 | 26 |
| 合计 | 189 | 224 | 340 | 46 |

【学习目标】

（1）理解数值变量的集中趋势和离散趋势指标的含义，掌握软件操作方法。

（2）理解频数、频率、构成比（百分比）和交叉汇总表的含义，掌握软件操作方法。

（3）理解拆分文件预处理和常见描述统计学方法的联合使用，掌握软件操作方法。

（4）理解常见统计图类型和统计表结构的绘制要求，掌握软件操作方法。

【案例实验1】

测量56名成年男子血清胆固醇。数据资料如表3-18所示。

本例建立的数据文件为"3 描述统计（血清胆固醇）.sav"。

表 3-18　成年男子血清胆固醇数据资料　　　　　　（单位：mmol/L）

| 3.21 | 4.03 | 5.24 | 6.27 | 3.54 | 6.52 | 5.42 | 5.01 | 5.12 | 5.25 | 3.21 | 2.54 |
| --- | --- | --- | --- | --- | --- | --- | --- | --- | --- | --- | --- |
| 3.33 | 2.36 | 3.68 | 3.47 | 3.51 | 3.55 | 4.32 | 4.52 | 4.02 | 4.30 | 6.01 | 6.23 |
| 6.27 | 6.35 | 4.27 | 4.32 | 4.52 | 5.24 | 6.27 | 3.54 | 6.52 | 5.42 | 5.42 | 5.01 |
| 5.25 | 4.02 | 3.21 | 6.41 | 4.30 | 6.01 | 3.47 | 3.51 | 3.55 | 3.55 | 6.32 | 5.12 |
| 4.32 | 4.52 | 5.42 | 3.51 | 4.32 | 4.52 | 4.52 | 4.02 | | | | |

**操作要求（1）**：计算"血清胆固醇"的算术均值、中位数、四分位数、众数、方差、标准差、极差、四分位间距和变异系数，以及数据分布的偏度和峰度。

**【数据文件】**

定义变量"血清胆固醇"，类型为数值。建立数据文件，如图 3-22 所示。

**【菜单选择】**

单击"分析"主菜单，再单击"描述统计"选项，然后单击"频率"选项。

**【界面设置】**

在打开的"频率"对话框中，将"血清胆固醇"选入"变量"列表框中，单击"统计量"按钮。在打开的"频率：统计量"对话框中，选择"均值""中位数""众数""标准差""方差""范围"选项，依次单击"继续"按钮，如图 3-23 所示。全部数据个数按照相等的比例划分。例如，选择"割点"选项，在后面文本框中输入数字"10"，那么数据个数按照等比例划分为 10 个部分，每个部分的分割点就是一个十分位数。

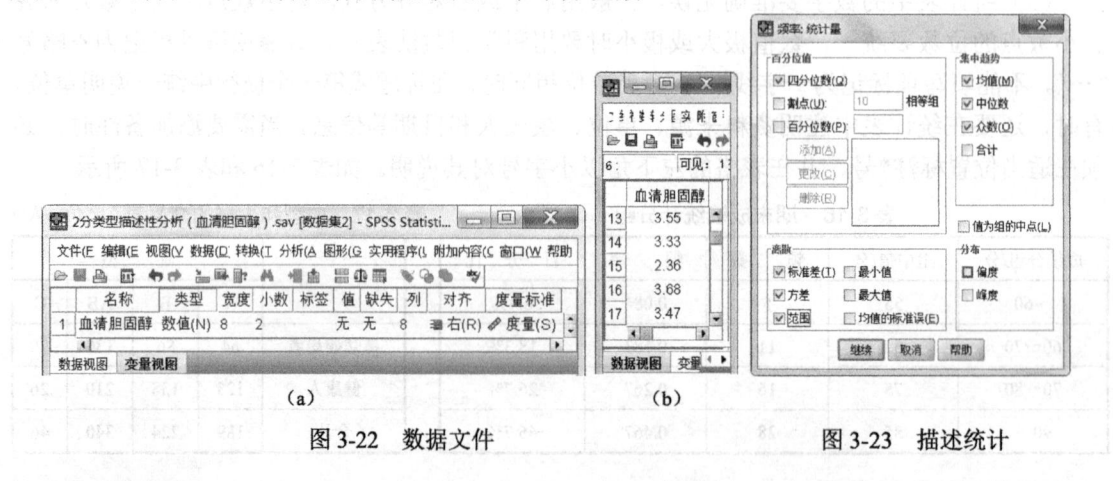

(a)

(b)

图 3-22　数据文件　　　　　　　　　　　图 3-23　描述统计

**【结果分析】**

描述统计结果如表 3-19 所示。

经分析，均值为 4.60，中位数为 4.42，众数为 4.52，标准差为 1.11，方差为 1.24，极差为 4.16，四分位数为 3.55、4.42、5.42，求得变异系数是 0.25、四分位数间距是 1.87。

表 3-19　描述统计结果

| 均值 | 中值 | 众数 | 标准差 | 方差 | 偏度 | 峰度 | 极差 | 四分位数 | | |
| --- | --- | --- | --- | --- | --- | --- | --- | --- | --- | --- |
| | | | | | | | | 25 | 50 | 75 |
| 4.60 | 4.42 | 4.52 | 1.11 | 1.24 | 0.18 | -0.94 | 4.16 | 3.55 | 4.42 | 5.42 |

**操作要求（2）**：对"血清胆固醇"分组，区间为[0, 3)，[3, 4)，[4, 5)，[5, 6)，[6, 7)，[7, +∞)。

【菜单选择】

单击"转换"主菜单，再单击"重新编码为不同变量"选项。

【界面设置】

在打开的"重新编码为其他变量"对话框中，将"血清胆固醇"选入右侧"数字变量→输出变量"列表框中，在"输出变量"区域的"名称"文本框中输入新变量名称"分组"，单击"更改"按钮，如图3-24所示。

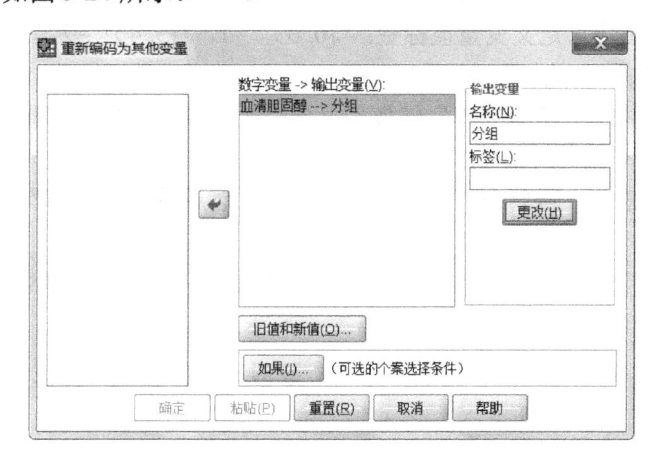

图 3-24　变量重新编码

单击"旧值和新值"按钮完成数值转换，如图3-25所示。

图 3-25　数值转换

在"旧值"区域的"范围"文本框中输入"0"，"到"文本框中输入"2.99999"；在"新值"区域的"值"文本框中输入"1"，然后单击"添加"按钮。

在"旧值"区域的"范围"文本框中输入"3"，"到"文本框中输入"3.99999"；在"新值"区域的"值"文本框中输入"2"，然后单击"添加"按钮。

在"旧值"区域的"范围"文本框中输入"4"，"到"文本框中输入"4.99999"；在"新值"区域的"值"文本框中输入"3",然后单击"添加"按钮。

在"旧值"区域的"范围"文本框中输入"5","到"文本框中输入"5.99999";在"新值"区域的"值"文本框中输入"4",然后单击"添加"按钮。

在"旧值"区域的"范围"文本框中输入"6","到"文本框中输入"6.99999";在"新值"区域的"值"文本框中输入"5",然后单击"添加"按钮。

在"旧值"区域的"范围,从值到最高"文本框中输入"7";在"新值"区域的"值"文本框中输入"6",然后单击"添加"按钮。最后单击"继续"按钮。

对分组变量"成绩段"定义变量值标签:"[0,3)"=1,"[3,4)"=2,"[4,5)"=3,"[5,6)"=4,"[6,7)"=5,"[7,+∞)"=6,如图 3-26 所示。

**操作要求(3)**:将"血清胆固醇"转换为"分组"以后,分别计算频数、百分比。

【菜单选择】

单击"分析"主菜单,再单击"描述统计"选项,然后单击"频率"选项。

【界面设置】

在打开的"频率"对话框中,将"分组"选入"变量"列表框,单击"确定"按钮,如图 3-27 所示。

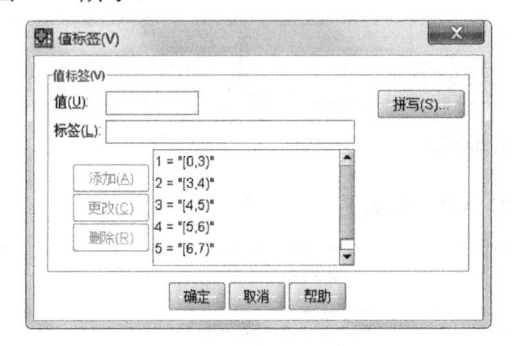

图 3-26 变量值标签

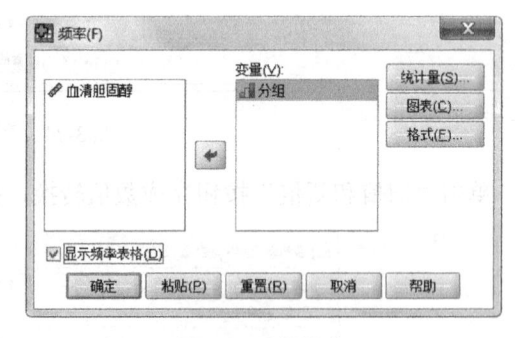

图 3-27 变量选入

【结果分析】

频数和百分比的结果如表 3-20 所示。

表 3-20 频数与百分比的结果

| 区 间 | 频 数 | 百 分 比 | 有效百分比 | 累计百分比 |
| --- | --- | --- | --- | --- |
| [0,3) | 2 | 3.6% | 3.6% | 3.6% |
| [3,4) | 15 | 26.8% | 26.8% | 30.4% |
| [4,5) | 16 | 28.6% | 28.6% | 58.9% |
| [5,6) | 12 | 21.4% | 21.4% | 80.4% |
| [6,7) | 11 | 19.6% | 19.6% | 100.0% |

经分析,在区间[0,3),[3,4),[4,5),[5,6),[6,7),[7,+∞)中的频数分别是 2,15,16,12,11,合计 56 例,百分比分别是 3.6%,26.8%,28.6%,21.4%,19.6%。

**操作要求(4)**:将"血清胆固醇"转换为"分组"以后,分别绘制饼图、直方图。

【界面设置】

第一次操作,在"频率"对话框中单击"图表"按钮,在打开的"频率:图表"对话框中选择"饼图"选项,如图 3-28 所示。

第二次操作,在"频率"对话框中单击"图表"按钮,在打开的"频率:图表"对话框中选择"直方图"选项,如图 3-29 所示。

图 3-28 选择"饼图"选项 　　　图 3-29 选择"直方图"选项

【结果分析】

按照"分组"绘制的饼图如图 3-30 所示。按照"分组"绘制的直方图如图 3-31 所示。

**操作要求(5)**:按照"血清胆固醇"的原始资料绘制直方图并进行编辑与修改。

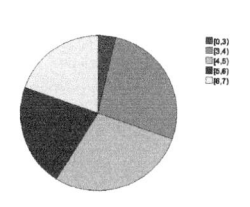

图 3-30 按照"分组"绘制的饼图 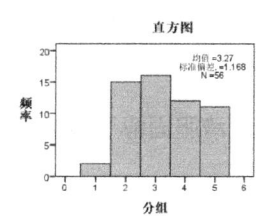　　　图 3-31 按照"分组"绘制的直方图

【菜单选择】

单击"分析"主菜单,再单击"描述统计"选项,然后单击"频率"选项。

【界面设置】

在打开的"频率"对话框中将"血清胆固醇"选入"变量"列表框,单击"确定"按钮,再单击"图表"按钮,如图 3-32 所示。在打开的"频率:图表"对话框中选择"直方图"和"带正态曲线"选项,如图 3-33 所示。

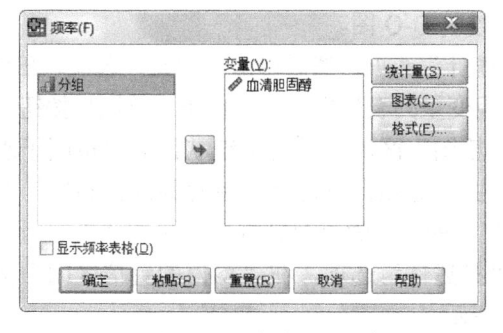

图 3-32 "频率"对话框 　　　图 3-33 "频率:图表"对话框

双击生成的直方图,在打开的"属性"对话框的"填充和边框"选项卡中设置填充阴影;选择"分箱"选项卡,在"X轴"区域选择"定制"选项,在"区间数"文本框中输入"10",单击"应用"按钮,然后在"区间宽度"文本框中输入"0.5",最后单击"应用"按钮,完成直方图的编辑,如图3-34所示。

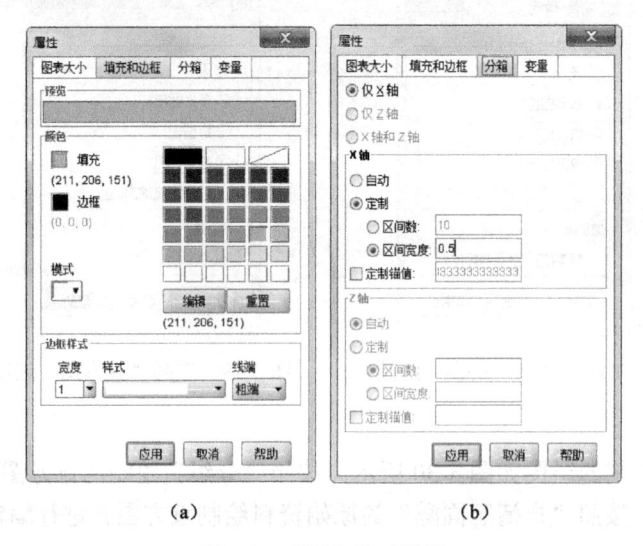

(a)　　　　(b)

图3-34 "属性"对话框

【结果分析】

最终绘制的"血清胆固醇"直方图如图3-35所示。

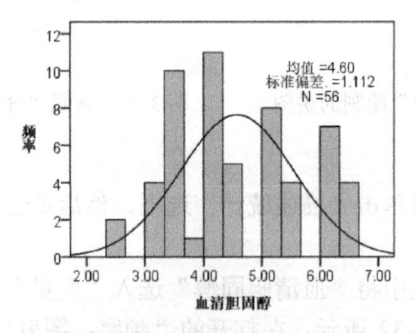

图3-35 "血清胆固醇"直方图

**操作要求（6）**：绘制"血清胆固醇"数据箱线图和茎叶图,计算均值的95%置信区间,对"血清胆固醇"数据进行正态性检验,绘制Q-Q图。

单击"分析"主菜单,再单击"描述统计"选项,然后单击"探索"选项。在打开的"探索"对话框中,将"血清胆固醇"选入"因变量列表"列表框,单击"绘图"按钮,如图3-36所示。在打开的"探索:图"对话框的"箱图"区域,采用系统默认的"按因子水平分组"选项,然后在"描述性"区域选择"茎叶图"选项,再选择"待检验的正态图"选项,最后单击"继续"按钮,如图3-37所示。在打开的"探索"对话框中,单击"统计量"按钮。在打开的"探索:统计量"对话框中选择"描述性"选项,在"均值的置信区间"文本框中输入"95",单击"继续"按钮,如图3-38所示。

在打开的"探索"对话框中,选择"输出"区域中"图"选项,单击"确定"按钮。

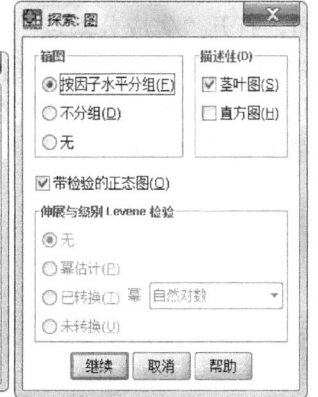

图 3-36 "探索"对话框  图 3-37 "探索：图"对话框  图 3-8 "探索：统计量"对话框

【结果分析】

最终绘制的茎叶图和箱线图如图 3-39 所示。散点多数聚集在对角线附近，说明数据来自正态分布总体，Q-Q 如图 3-40 所示。总体均值的 95%置信区间为（4.3035,4.8993）。

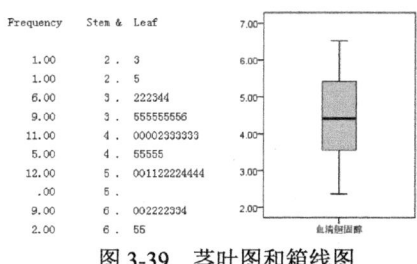

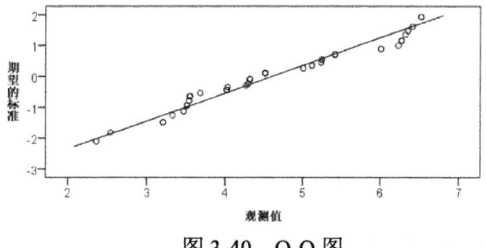

图 3-39　茎叶图和箱线图　　　　　　　图 3-40　Q-Q 图

**操作要求（7）**：利用可视离散化功能，将"血清胆固醇"数据按照四分位数分组。

【菜单选择】

单击"转换"主菜单，单击"可视离散化"选项，在打开的"可视离散化"对话框中将"血清胆固醇"选入"要离散的变量"列表框中，单击"继续"按钮，如图 3-41 所示。

在打开的"可视化封装"对话框的"已扫描的变量列表"列表框中，单击"血清胆固醇"选项，如图 3-42 所示。

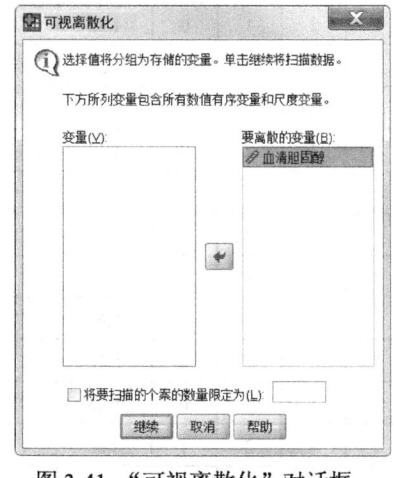

图 3-41　"可视离散化"对话框　　　　　图 3-42　"可视化封装"对话框

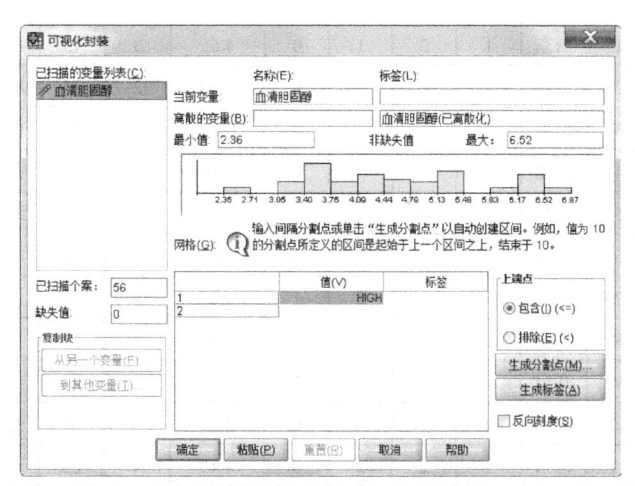

单击"生成分割点"按钮,打开"生成分割点"对话框。在"分割点数量"文本框中输入"3",在"宽度"文本框中对应显示"25.00"。单击"应用"按钮,如图3-43所示。

在"可视化封装"对话框中,可以显示四分位数"3.550""4.420""5.420",单击"生成标签"按钮,然后在"离散的变量"文本框中输入"分位数分组",单击"确定"按钮,如图3-44所示。

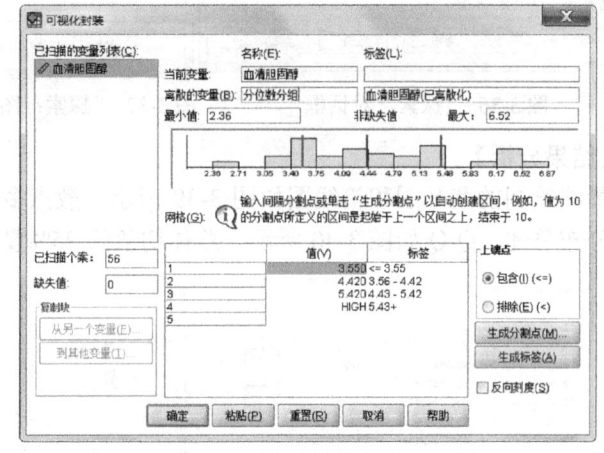

图3-43 "生成分割点"对话框

图3-44 四分位数分组的设置

【结果分析】全部个案按照四分位数分组以后将会在数据文件中显示。

## 【案例实验2】

某医院抽取63例患者的病例。数据资料如表3-21所示。

本例建立的数据文件为"1建数据库(病历复杂资料简表).sav"。

表3-21 数据资料

| 编号 | 籍贯 | 性别 | 血型 | 职业 | 病史 | 胆固醇/mmol/L | 疗效 | 编号 | 籍贯 | 性别 | 血型 | 职业 | 病史 | 胆固醇/mmol/L | 疗效 |
|---|---|---|---|---|---|---|---|---|---|---|---|---|---|---|---|
| 1 | 山东 | 1 | 2 | 1 | 0 | 4.63 | 3 | 13 | 山东 | 1 | 2 | 1 | 0 | 4.43 | 3 |
| 2 | 广西 | 1 | 4 | 2 | 0 | 5.40 | 2 | 14 | 广西 | 1 | 4 | 3 | 0 | 4.36 | 2 |
| 3 | 山东 | 2 | 3 | 1 | 0 | 6.20 | 1 | 15 | 山东 | 1 | 2 | 1 | 0 | 6.12 | 2 |
| 4 | 湖北 | 2 | 1 | 3 | 0 | 5.40 | 4 | 16 | 山东 | 1 | 2 | 2 | 0 | 4.43 | 1 |
| 5 | 天津 | 1 | 4 | 3 | 1 | 4.63 | 2 | 17 | 辽宁 | 2 | 3 | 1 | 1 | 4.03 | 1 |
| 6 | 江苏 | 2 | 3 | 2 | 0 | 5.40 | 2 | 18 | 广西 | 1 | 4 | 2 | 0 | 4.27 | 2 |
| 7 | 辽宁 | 2 | 1 | 2 | 0 | 4.63 | 2 | 19 | 山东 | 1 | 2 | 1 | 0 | 4.63 | 2 |
| 8 | 江苏 | 2 | 3 | 2 | 0 | 5.67 | 1 | 20 | 广西 | 1 | 4 | 3 | 0 | 5.60 | 2 |
| 9 | 辽宁 | 2 | 1 | 1 | 0 | 5.60 | 1 | 21 | 山东 | 1 | 2 | 1 | 0 | 5.56 | 1 |
| 10 | 广西 | 1 | 4 | 3 | 0 | 5.33 | 2 | 22 | 湖北 | 2 | 1 | 3 | 0 | 5.45 | 4 |
| 11 | 山东 | 2 | 3 | 1 | 0 | 4.45 | 2 | 23 | 天津 | 1 | 4 | 2 | 1 | 4.63 | 1 |
| 12 | 广西 | 1 | 4 | 3 | 0 | 4.23 | 2 | 24 | 江苏 | 2 | 3 | 1 | 0 | 5.33 | 4 |

续表

| 编号 | 籍贯 | 性别 | 血型 | 职业 | 病史 | 胆固醇/mmol/L | 疗效 | 编号 | 籍贯 | 性别 | 血型 | 职业 | 病史 | 胆固醇/mmol/L | 疗效 |
|---|---|---|---|---|---|---|---|---|---|---|---|---|---|---|---|
| 25 | 辽宁 | 2 | 1 | 1 | 1 | 4.63 | 2 | 45 | 辽宁 | 2 | 1 | 1 | 1 | 5.60 | 3 |
| 26 | 江苏 | 2 | 3 | 2 | 0 | 7.45 | 1 | 46 | 广西 | 1 | 4 | 3 | 1 | 5.88 | 2 |
| 27 | 辽宁 | 2 | 1 | 1 | 1 | 5.60 | 3 | 47 | 山东 | 2 | 2 | 1 | 1 | 5.60 | 3 |
| 28 | 广西 | 1 | 4 | 3 | 0 | 5.40 | 2 | 48 | 广西 | 1 | 4 | 3 | 1 | 5.80 | 2 |
| 29 | 山东 | 1 | 2 | 1 | 0 | 5.80 | 2 | 49 | 山东 | 1 | 2 | 1 | 0 | 4.63 | 4 |
| 30 | 广西 | 1 | 4 | 2 | 0 | 4.30 | 2 | 50 | 广西 | 1 | 4 | 3 | 0 | 3.40 | 2 |
| 31 | 山东 | 1 | 2 | 1 | 0 | 5.40 | 2 | 51 | 山东 | 1 | 2 | 1 | 0 | 3.50 | 3 |
| 32 | 广西 | 1 | 4 | 3 | 1 | 5.10 | 2 | 52 | 湖北 | 2 | 1 | 3 | 1 | 5.40 | 4 |
| 33 | 山东 | 1 | 2 | 1 | 0 | 5.40 | 2 | 53 | 天津 | 1 | 4 | 2 | 1 | 4.00 | 2 |
| 34 | 山东 | 1 | 2 | 1 | 0 | 5.33 | 3 | 54 | 江苏 | 2 | 3 | 2 | 0 | 5.60 | 4 |
| 35 | 辽宁 | 2 | 1 | 1 | 0 | 4.50 | 4 | 55 | 辽宁 | 2 | 1 | 1 | 1 | 4.63 | 4 |
| 36 | 广西 | 1 | 4 | 3 | 0 | 5.33 | 2 | 56 | 江苏 | 2 | 3 | 2 | 0 | 4.30 | 1 |
| 37 | 山东 | 1 | 2 | 1 | 0 | 4.63 | 2 | 57 | 辽宁 | 2 | 1 | 1 | 1 | 4.63 | 3 |
| 38 | 广西 | 1 | 4 | 3 | 1 | 4.63 | 2 | 58 | 广西 | 1 | 4 | 3 | 1 | 4.63 | 2 |
| 39 | 山东 | 1 | 2 | 1 | 0 | 4.00 | 2 | 59 | 山东 | 1 | 2 | 1 | 0 | 5.40 | 3 |
| 40 | 湖北 | 2 | 1 | 2 | 1 | 4.63 | 4 | 60 | 广西 | 1 | 4 | 3 | 0 | 4.63 | 2 |
| 41 | 天津 | 1 | 4 | 2 | 1 | 5.60 | 2 | 61 | 山东 | 1 | 2 | 1 | 0 | 5.60 | 3 |
| 42 | 江苏 | 2 | 3 | 2 | 0 | 4.23 | 4 | 62 | 山东 | 1 | 2 | 1 | 0 | 5.80 | 3 |
| 43 | 辽宁 | 2 | 1 | 1 | 1 | 4.33 | 1 | 63 | 广西 | 1 | 4 | 3 | 0 | 4.23 | 2 |
| 44 | 江苏 | 2 | 3 | 2 | 0 | 4.73 | 1 | | | | | | | | |

【数据文件】

定义标识变量"编号""籍贯",类型均为字符串。定义变量"性别""血型""职业""病史""胆固醇""疗效",类型均为数值。定义变量值标签"男"=1、"女"=2,"A"=1、"B"=2、"AB"=3、"O"=4,"工人"=1、"农民"=2、"商人"=3",病史"无"=0、病史"有"=1","无效"=1、"好转"=2、"有效"=3、"显效"=4。建立数据文件,如图 3-45 所示。

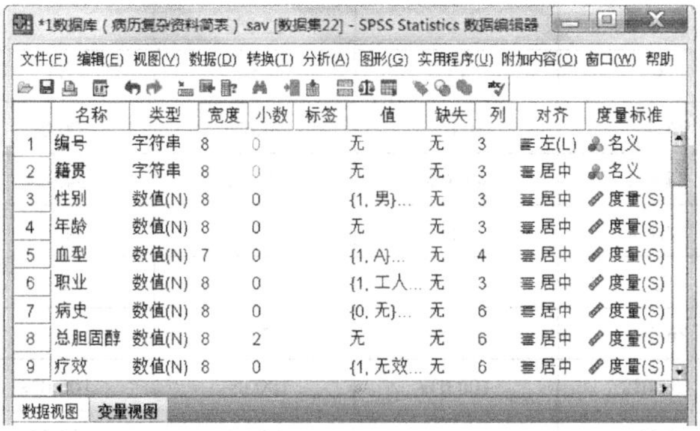

图 3-45 数据文件

**操作要求（1）**：将"性别"与"职业"按照交叉表汇总，按行、列和总计求百分比。

【菜单选择】

单击"分析"主菜单，再单击"描述统计"选项，然后单击"交叉表"选项。

【界面设置】

在打开的"交叉表"对话框中，将"性别"选入"行"列表框、"职业"选入"列"列表框，单击"单元格"按钮，如图3-46所示。在打开的"交叉表：单元显示"对话框的"百分比"区域选择"行""列""总计"选项，默认其他已有设置，单击"继续"按钮，如图3-47所示。

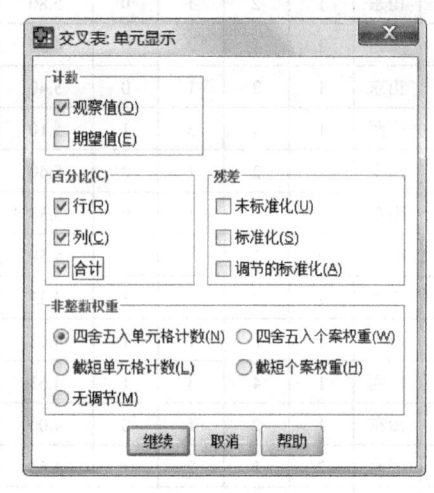

图3-46 "交叉表"对话框　　　图3-47 "交叉表：单元显示"对话框

【结果分析】

"性别"和"职业"的交叉表如表3-22所示。

表3-22 "性别"和"职业"的交叉表

|  |  |  | 职业 | | | 合计 |
|---|---|---|---|---|---|---|
|  |  |  | 工人 | 农民 | 商人 |  |
| 性别 | 男 | 计数 | 15 | 12 | 14 | 41 |
|  |  | 性别中的百分比 | 36.6% | 29.3% | 34.1% | 100.0% |
|  |  | 职业中的百分比 | 65.2% | 52.2% | 82.4% | 65.1% |
|  |  | 总数的百分比 | 23.8% | 19.0% | 22.2% | 65.1% |
|  | 女 | 计数 | 8 | 11 | 3 | 22 |
|  |  | 性别中的百分比 | 36.4% | 50.0% | 13.6% | 100.0% |
|  |  | 职业中的百分比 | 34.8% | 47.8% | 17.6% | 34.9% |
|  |  | 总数的百分比 | 12.7% | 17.5% | 4.8% | 34.9% |
| 合计 |  | 计数 | 23 | 23 | 17 | 63 |
|  |  | 性别中的百分比 | 36.5% | 36.5% | 27.0% | 100.0% |
|  |  | 职业中的百分比 | 100.0% | 100.0% | 100.0% | 100.0% |
|  |  | 总数的百分比 | 36.5% | 36.5% | 27.0% | 100.0% |

**操作要求（2）**：将"病史"与"疗效"按照交叉表汇总，按行和列求百分比。

【菜单选择】

单击"分析"主菜单,再单击"描述统计"选项,然后单击"交叉表"选项。

【界面设置】

在打开的"交叉表"对话框中,将"病史"选入"行"列表框,"疗效"选入"列"列表框,单击"单元格"按钮,如图3-48所示。在打开的"交叉表:单元显示"对话框的"百分比"区域选择"行""列""总计"选项,默认其他已有设置,单击"继续"按钮,如图3-49所示。

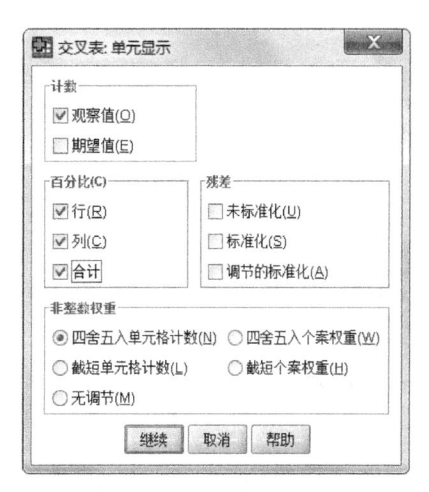

图3-48 "交叉表"对话框　　　　图3-49 "交叉表:单元显示"对话框

【结果分析】

"病史"和"疗效"的交叉表如表3-23所示。

表3-23 "病史"和"疗效"的交叉表

| | | | 疗效 | | | | 合计 |
|---|---|---|---|---|---|---|---|
| | | | 无效 | 好转 | 有效 | 显效 | |
| 病史 | 无 | 计数 | 8 | 13 | 6 | 9 | 36 |
| | | 病史中的百分比 | 22.2% | 36.1% | 16.7% | 25.0% | 100.0% |
| | | 疗效中的百分比 | 72.7% | 54.2% | 46.2% | 60.0% | 57.1% |
| | 有 | 计数 | 3 | 11 | 7 | 6 | 27 |
| | | 病史中的百分比 | 11.1% | 40.7% | 25.9% | 22.2% | 100.0% |
| | | 疗效中的百分比 | 27.3% | 45.8% | 53.8% | 40.0% | 42.9% |
| 合计 | | 计数 | 11 | 24 | 13 | 15 | 63 |
| | | 病史中的百分比 | 17.5% | 38.1% | 20.6% | 23.8% | 100.0% |
| | | 疗效中的百分比 | 100.0% | 100.0% | 100.0% | 100.0% | 100.0% |

**操作要求(3)**:对"胆固醇"进行描述分析,计算用于描述集中趋势或离散趋势的指标。

【菜单选择】

单击"分析"主菜单,再单击"描述统计"选项,然后单击"频率"选项。

【界面设置】

在打开的"频率"对话框中,将"胆固醇"选入右侧"变量"列表框。单击"统计量"

按钮,如图 3-50 所示。在打开的"频率:统计量"对话框的"百分位值"区域选择"四分位数"选项,在"集中趋势"区域选择"均值""中位数""众数"选项,在"离散"区域选择"标准差""方差"选项,单击"继续"按钮,如图 3-51 所示。

**【结果分析】**

描述统计结果如表 3-24 所示。

图 3-50 "频率"对话框

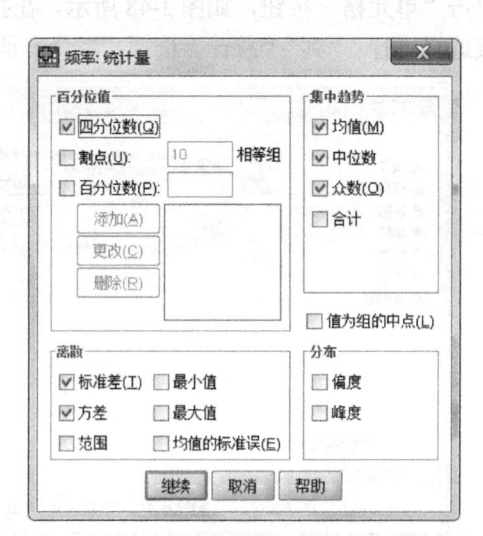

图 3-51 "频率:统计量"对话框

表 3-24 描述统计结果

| 均 值 | 中 值 | 众 数 | 标 准 差 | 方 差 | 四 分 位 数 | | |
|---|---|---|---|---|---|---|---|
| | | | | | 25 | 50 | 75 |
| 4.995 | 4.73 | 4.63 | 0.718 97 | 0.517 | 4.45 | 4.73 | 5.6 |

**操作要求(4)**:按照"病史"拆分文件,对"胆固醇"进行描述统计。

**【菜单选择】**

单击"数据"主菜单,再单击"拆分文件"选项,将"病史"选入"分组方式"列表框,单击"确定"按钮,如图 3-52 所示。

图 3-52 "拆分文件"对话框

【菜单选择】

单击"分析"主菜单,再单击"描述统计"选项,然后单击"频率"选项。

【界面设置】

在打开的"频率"对话框中,将"胆固醇"选入"变量"列表框,单击"统计量"按钮,如图 3-53 所示。在打开的"频率:统计量"对话框的"百分位值"区域选择"四分位数"选项,在"集中趋势"区域选择"均值""中位数""众数"选项,在"离散"区域选择"标准差""方差"选项,单击"继续"按钮,如图 3-54 所示。

图 3-53 "频率"对话框

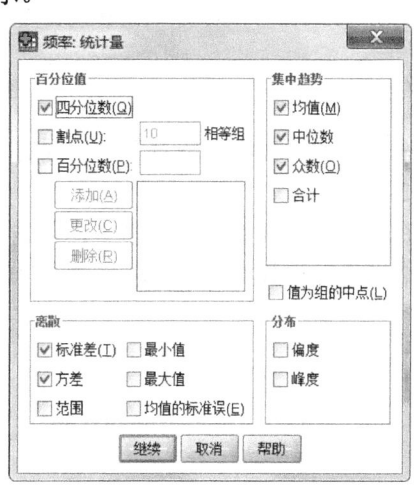

图 3-54 "频率:统计量"对话框

【结果分析】

无糖尿病史的胆固醇描述统计结果如表 3-25 所示。有糖尿病史的胆固醇描述统计结果如表 3-26 所示。

表 3-25 无病史的胆固醇描述统计结果

| 均值 | | 5.103 2 |
|---|---|---|
| 中值 | | 5.330 0 |
| 众数 | | 5.40 |
| 标准差 | | 0.740 55 |
| 方差 | | 0.548 |
| 百分位数 | 25 | 4.430 0 |
| | 50 | 5.330 0 |
| | 75 | 5.590 0 |

表 3-26 有病史的胆固醇描述统计结果

| 均值 | | 4.850 7 |
|---|---|---|
| 中值 | | 4.630 0 |
| 众数 | | 4.63 |
| 标准差 | | 0.675 69 |
| 方差 | | 0.457 |
| 百分位数 | 25 | 4.630 0 |
| | 50 | 4.630 0 |
| | 75 | 5.600 0 |

**操作要求(5)**:按照"病史"拆分文件,计算"疗效"的百分比并绘制饼图。

【菜单选择】

单击"分析"主菜单,再单击"描述统计"选项,然后单击"频率"选项。

【界面设置】

在打开的"频率"对话框中,将"疗效"选入"变量"列表框,默认系统选择的"显示频率表格"选项,单击"图表"按钮,如图 3-55 所示。

图 3-55 变量选入

在打开的"频率：图表"对话框的"图表类型"区域选择"饼图"，单击"继续"按钮，如图 3-56 所示。

在打开的"频率"对话框中，单击"统计量"按钮。在打开的"频率：统计量"对话框中，取消已经选择的所有选项，单击"继续"按钮，如图 3-57 所示。

图 3-56 "频率：图表"对话框    图 3-57 "频率：统计量"对话框

【结果分析】

无病史的疗效描述统计结果如表 3-27 所示。有病史的疗效描述统计结果如表 3-28 所示。有病史的疗效饼图如图 3-58 所示。无糖尿病史的疗效饼图如图 3-59 所示。

表 3-27 无病史的疗效描述统计结果

| | 频 数 | 百 分 比 |
|---|---|---|
| 无效 | 8 | 22.2 |
| 好转 | 13 | 36.1 |
| 有效 | 6 | 16.7 |
| 显效 | 9 | 25.0 |
| 合计 | 36 | 100.0 |

表 3-28 有无病史的疗效描述统计结果

| | 频 数 | 百 分 比 |
|---|---|---|
| 无效 | 3 | 11.1 |
| 好转 | 11 | 40.7 |
| 有效 | 7 | 25.9 |
| 显效 | 6 | 22.2 |
| 合计 | 27 | 100.0 |

图 3-58 有病史的疗效饼图　　　图 3-59 无病史的疗效饼图

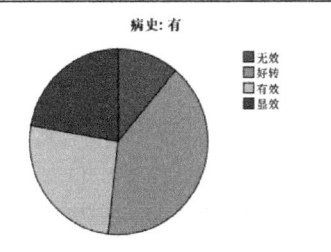

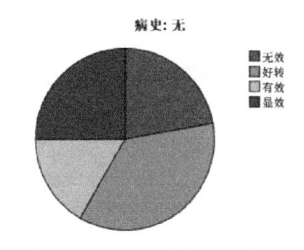

**操作要求（6）**：以"性别"作为分组变量，按照男性和女性拆分文件以后，分别绘制男性或女性胆固醇的箱线图。注意：此时，由分组变量"病史"拆分文件的命令一直处于生效中，所以要将该命令撤销以后再进行后续的操作。

【菜单选择】
单击"分析"主菜单，再单击"描述统计"选项，然后单击"探索"按钮。

【界面设置】
在打开的"探索"对话框中，将"胆固醇"选入"因变量列表"列表框中，将"性别"选入"因子列表"列表框中，在"输出"区域选择"图"选项，单击"确定"按钮，如图 3-60 所示。

图 3-60　"探索"对话框

以下有几点说明。

说明①：该操作的等价做法就是以"性别"作为分组变量，临时设置拆分文件命令并且存储这个命令。当分别绘制男性和女性箱线图时，将"胆固醇"选入"因变量列表"列表框中，再单独绘制属于男性或女性的"胆固醇"箱线图，此处不再赘述。

说明②：总体正态分布条件的验证有多种实施途径。

第一种途径是图示法，如 P-P 图、Q-Q 图或直方图。例如，通过 P-P 图观察实际累计概率与指定理论分布累计概率的符合程度来验证总体正态分布条件。

第二种途径是非参数检验法，如探索性分析法、单样本 K-S 检验法。单样本 K-S 检验法是具有代表性的方法，但从实用性角度不如图示法。

第三种途径是计算偏度系数和峰度系数。

说明③：在某些方法中设置了方差齐性条件验证，如独立样本的 $t$ 检验、单因素方差分析和一般线性模型，此处不再赘述。

【结果分析】

最终绘制的箱线图如图 3-61 所示。

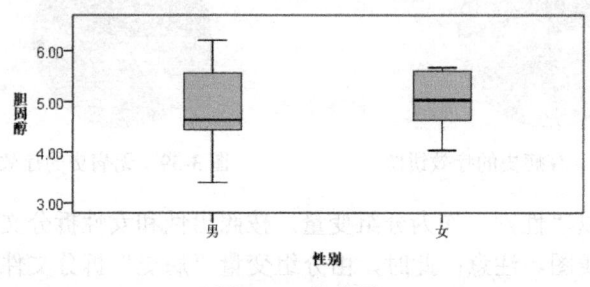

图 3-61 箱线图

**操作要求（7）**：根据图表构建程序，"胆固醇"均值按照"职业"和"性别"绘制复式条形图。

【菜单选择】

单击"图形"主菜单，再单击"图表构建程序"选项。

【界面设置】

在打开的"图表构建程序"对话框中选择"库"选项卡，在"选择范围"区域选择"条"选项，在右侧预览区域单击"群集条形图"选项。在"变量"列表框中，将"职业"选入展示区域横轴附近的虚线框中，将"胆固醇"选入展示区域纵轴附近的虚线框中，默认统计量是均值。将"性别"选入展示区域右上角的虚线框中，单击"确定"按钮，如图 3-62 所示。

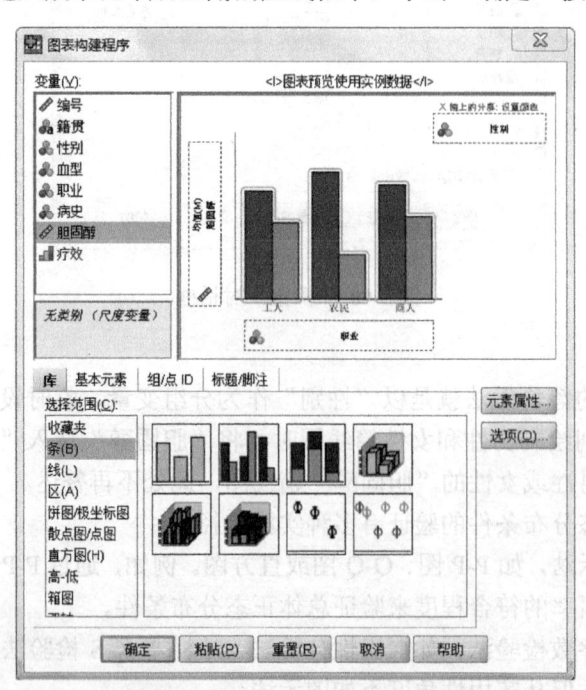

图 3-62 "图表构建程序"对话框

【结果分析】

最终绘制的复式条形图如图 3-63 所示。

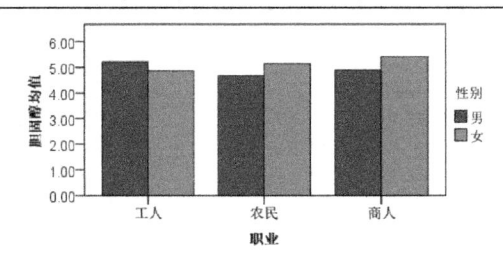

图 3-63 复式条形图

**操作要求（8）**：根据图表构建程序，按照"性别"绘制"胆固醇"的误差条形图。

【菜单选择】

单击"图形"主菜单，再单击"图表构建程序"选项。

【界面设置】

在打开的"图表构建程序"对话框的"库"选项卡的"选择范围"区域选择"条形图"选项，在右侧预览区域单击"简单误差条形图"选项，在左上角"变量"列表框中，将"性别"选入横轴附近的虚线框中，将"胆固醇"选入纵轴附近的虚线框中，单击"确定"按钮，如图 3-64 所示。

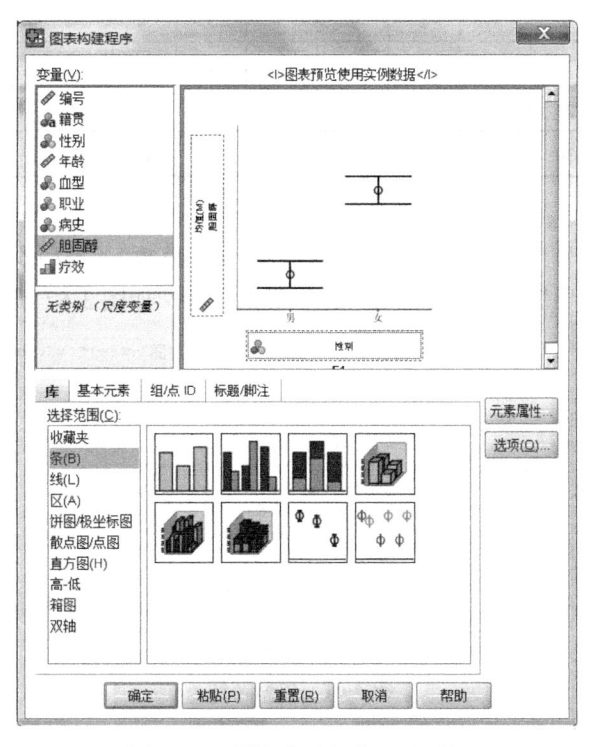

图 3-64 "图表构建程序"对话框

【结果分析】

最终绘制的误差条形图如图 3-65 所示。双击该图并把纵轴起点改为"4.50"。经分析，女性"胆固醇"均值大于男性的，离散程度较大。

由于置信区间无重叠，因而说明男性和女性的总体"胆固醇"均值差异有统计学意义。在误差条形图中，默认使用均值 95%的置信区间，如图 3-66 所示。

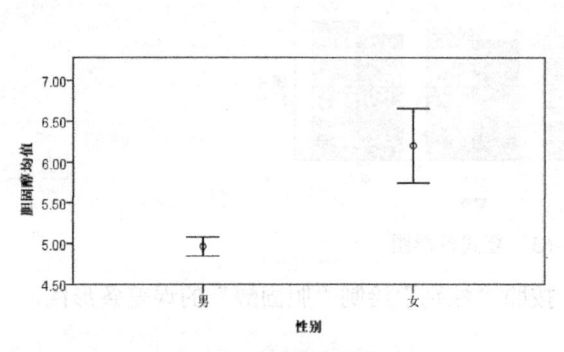

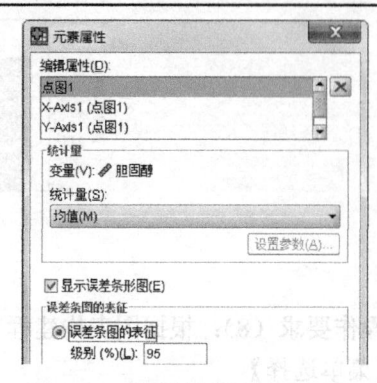

图 3-65　误差条形图　　　　　　图 3-66　误差条形图的相关设置

## 【案例实验 3】

基层医生业务培训班汇总了每期学员的合格数和总数。按照"性别"对合格率进行分析。数据资料如表 3-29 所示。本例的数据文件是"3 比率分析（男女学员的合格率）.sav"。

表 3-29　数据资料

| 培训期号 | 1 | 1 | 2 | 2 | 3 | 3 | 4 | 4 | 5 | 5 | 6 | 6 |
|---|---|---|---|---|---|---|---|---|---|---|---|---|
| 性别 | 男 | 女 | 男 | 女 | 男 | 女 | 男 | 女 | 男 | 女 | 男 | 女 |
| 学员合格数 | 23 | 31 | 25 | 29 | 20 | 15 | 22 | 24 | 19 | 21 | 22 | 13 |
| 学员总数 | 30 | 40 | 32 | 34 | 26 | 19 | 29 | 31 | 27 | 26 | 25 | 14 |

【数据文件】

定义变量"培训期号""性别""学员合格数""学员总数"，类型均为数值。

定义变量值标签"男"=1、"女"=2。建立数据文件，如图 3-67 所示。

(a)

(b)

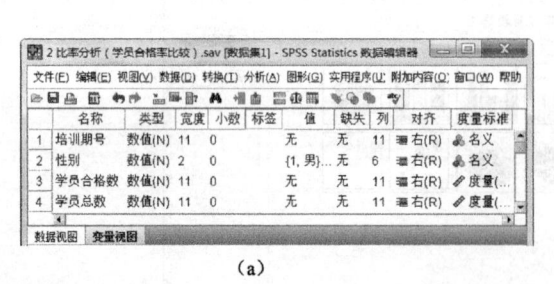

图 3-67　数据文件

【菜单选择】

单击"分析"主菜单，再单击"描述统计"选项，然后单击"比率"选项。

【界面设置】

在打开的"比率统计量"对话框中，把"学员合格数"选入"分子"列表框中，"学员总数"选入"分母"列表框中，"性别"选入"组变量"列表框中。单击"统计量"按钮，如图 3-68 所示。

在打开的"比率统计量：统计量"对话框的"集中趋势"区域中选择"中位数""均值"

选项,在"离散"区域选择"最小值""最大值""AAD""COD"选项,单击"继续"按钮,如图 3-69 所示。

图 3-68 "比率统计量"对话框

图 3-69 "比率统计量:统计量"对话框

【结果分析】

描述统计结果如表 3-30 所示,按照"性别"分组的合格率分析如表 3-31 所示。

表 3-30 描述统计结果

| 性 别 | 计 数 | 百 分 比 |
|---|---|---|
| 男 | 6 | 50.0% |
| 女 | 6 | 50.0% |

表 3-31 按照"性别"分组的合格率分析

| 组 | 均 值 | 中 值 | 极 小 值 | 极 大 值 | 均值绝对值偏差 | 离散系数 |
|---|---|---|---|---|---|---|
| 男 | 0.777 | 0.768 | 0.704 | 0.880 | 0.034 | 0.044 |
| 女 | 0.821 | 0.799 | 0.774 | 0.929 | 0.042 | 0.052 |

从均值绝对值偏差和离散系数来看,女性学员合格率的离散程度大。

## 3.7 基本统计分析报表

SPSS 软件完成统计分析操作以后,可以将所有统计结果以表格的形式输出在查看器中。除外,SPSS 软件还有自带的基本统计分析报表功能模块,输出一系列含有多种统计量的报表,让用户事先大致了解数据之间的内在联系。基本统计分析报表与描述统计功能很类似,可以列出常见统计量的初步分析结果,例如汇总均值、方差、标准差、中位数、四分位数间距、极大值、极小值、偏度和峰度等,进行正态性检验、独立性检验,分析多个变量之间的相互关系,按照用户规定格式输出报表。这个模块的优点是操作形式简洁,结果查看方便,输出信息种类多样，主要包括的子模块有在线分析报告、代码本和个案摘要报告等。

（1）在线分析报告。在线分析报告主要用于按照一个或多个分组所分的组，计算连续变量的基本统计量，并且以分层的方式输出结果，表中每一层依据一个分组变量的结果输出。在功能对话框中，可供选择的统计量有总和、偏度、偏度标准误差、第一个、最后一个、在总和中所占的百分比、在总个案中所占的百分比、集合平均值、调和平均值等。

（2）个案摘要报告。个案摘要报告主要用于按指定分组变量的不同水平绘制交叉表并进行汇总，对变量进行记录并计算相应统计量，主要为定量数据提供描述服务，可以预览或打印数据，有利于用户直观掌握数据基本特征并提高统计分析效能。除外，基本统计分析报表还包括行形式摘要报告和列形式摘要报告功能，生成更为复杂的结果。

（3）代码本：代码本主要用于反映数据文件中的变量属性特征信息，如对分类变量进行计数和百分数计算，对数值变量进行均值、标准差、中位数、四分位数间距的计算等。

【学习目标】理解基本统计报表的常见方法，掌握操作流程并阐述结论。

## 【案例实验 4】

获得两个班级的数学和物理成绩，进行基本统计分析报表分析。数据资料如表 3-32 所示。本例的数据文件是"3 基本统计分析报表（班级成绩性别）.sav"。

表 3-32　数据资料

| 班级 | 性别 | 数学/分 | 物理/分 | 班级 | 性别 | 数学/分 | 物理/分 | 班级 | 性别 | 数学/分 | 物理/分 | 班级 | 性别 | 数学/分 | 物理/分 |
|---|---|---|---|---|---|---|---|---|---|---|---|---|---|---|---|
| 一班 | 女 | 46 | 62 | 一班 | 1 | 81 | 78 | 二班 | 男 | 62 | 63 | 二班 | 女 | 79 | 86 |
| 一班 | 女 | 57 | 67 | 一班 | 1 | 82 | 85 | 二班 | 男 | 63 | 76 | 二班 | 女 | 82 | 88 |
| 一班 | 男 | 62 | 72 | 一班 | 2 | 83 | 88 | 二班 | 男 | 64 | 58 | 二班 | 女 | 83 | 80 |
| 一班 | 女 | 63 | 65 | 一班 | 1 | 84 | 80 | 二班 | 男 | 66 | 47 | 二班 | 男 | 83 | 80 |
| 一班 | 女 | 64 | 62 | 一班 | 1 | 84 | 86 | 二班 | 女 | 66 | 77 | 二班 | 男 | 83 | 85 |
| 一班 | 男 | 66 | 54 | 一班 | 1 | 84 | 78 | 二班 | 女 | 67 | 73 | 二班 | 男 | 84 | 87 |
| 一班 | 男 | 67 | 71 | 一班 | 1 | 85 | 89 | 二班 | 女 | 68 | 66 | 二班 | 男 | 84 | 88 |
| 一班 | 男 | 69 | 67 | 一班 | 2 | 85 | 88 | 二班 | 男 | 68 | 83 | 二班 | 男 | 84 | 82 |
| 一班 | 女 | 72 | 77 | 一班 | 2 | 86 | 84 | 二班 | 男 | 71 | 70 | 二班 | 男 | 85 | 87 |
| 一班 | 女 | 73 | 78 | 一班 | 1 | 87 | 88 | 二班 | 女 | 72 | 78 | 二班 | 女 | 86 | 83 |
| 一班 | 男 | 73 | 80 | 一班 | 1 | 88 | 90 | 二班 | 男 | 73 | 80 | 二班 | 男 | 87 | 89 |
| 一班 | 男 | 74 | 74 | 一班 | 1 | 88 | 87 | 二班 | 女 | 74 | 77 | 二班 | 男 | 87 | 88 |
| 一班 | 女 | 76 | 78 | 一班 | 1 | 89 | 92 | 二班 | 女 | 75 | 68 | 二班 | 男 | 88 | 78 |
| 一班 | 女 | 77 | 80 | 一班 | 2 | 89 | 90 | 二班 | 女 | 75 | 78 | 二班 | 男 | 88 | 86 |
| 一班 | 女 | 78 | 81 | 一班 | 1 | 90 | 87 | 二班 | 女 | 76 | 68 | 二班 | 男 | 88 | 95 |
| 一班 | 女 | 78 | 68 | 一班 | 2 | 92 | 96 | 二班 | 男 | 76 | 80 | 二班 | 男 | 90 | 90 |
| 一班 | 男 | 78 | 78 | 一班 | 1 | 94 | 94 | 二班 | 男 | 77 | 82 | 二班 | 男 | 91 | 94 |
| 一班 | 女 | 79 | 84 | 一班 | 1 | 96 | 97 | 二班 | 男 | 77 | 88 | 二班 | 女 | 94 | 88 |
| 一班 | 男 | 79 | 83 | 一班 | 1 | 99 | 99 | 二班 | 男 | 77 | 75 | 二班 | 女 | 96 | 98 |
| 一班 | 男 | 81 | 86 | 二班 | 1 | 53 | 53 | 二班 | 男 | 79 | 74 | 二班 | 男 | 98 | 92 |

## 第3章 描述统计

**【数据文件】**

定义变量"班级""性别""数学""物理",类型均为数值。定义变量值标签"一班"=1、"二班"=2,"男"=1、"女"=2。建立数据文件,如图 3-70 所示。

图 3-70 数据文件

**操作要求(1)**:利用在线分析报告的功能进行描述统计。

**【菜单选择】**

单击"分析"主菜单,再单击"报告"选项,然后单击"OLAP 立方"选项。

**【界面设置】**

在打开的"OLAP 立方"对话框中,将"班级"和"性别"选入"分组变量"列表框中,将"数学"和"物理"选入"摘要变量"列表框中,单击"统计量"按钮,如图 3-71 所示。

在打开的"OLAP 立方:统计量"对话框中,将"个案数""均值""标准差""方差""中位数"等选入"单元格统计量"列表框中,单击"继续"按钮,如图 3-72 所示。

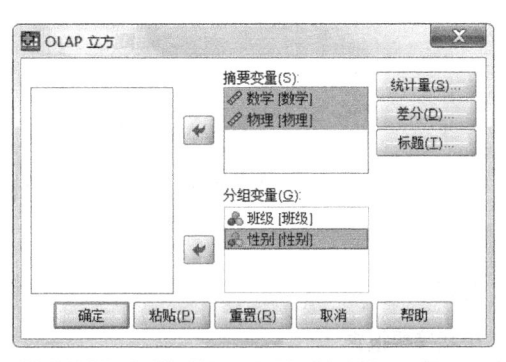

图 3-71 "OLAP 立方"对话框    图 3-72 "OLAP 立方:统计量"对话框

**【结果分析】**

在线分析报表如表 3-33 所示。

表 3-33 在线分析报表

|    | N | 均值 | 标准差 | 方差 | 中值 | 极小值 | 极大值 | 全距 | 峰度 | 偏度 |
|----|---|------|--------|------|------|--------|--------|------|------|------|
| 数学 | 80 | 78.71 | 10.617 | 112.714 | 79.00 | 46 | 99 | 53 | 0.228 | -0.539 |
| 物理 | 80 | 79.82 | 10.833 | 117.361 | 80.00 | 47 | 99 | 52 | 0.405 | -0.726 |

双击在线统计分析报表，还可以对分组变量进行激活，并选择分组变量的不同类别，从而可以按照不同类别列出分组变量的统计量，如图3-73所示。

| 班级 | 一班 | | | | | | | | |
|------|------|------|------|------|------|------|------|------|------|
| 性别 | 女 | | | | | | | | |
| | 男 | 均值 | 标准差 | 中值 | 极小值 | 极大值 | 全距 | 方差 | 峰度 | 偏度 |
| 数学 | 女 | 78.12 | 13.416 | 78.00 | 46 | 99 | 53 | 179.985 | -0.887 | -0.813 |
| 物理 | 总计 | 80.94 | 11.283 | 81.00 | 62 | 99 | 37 | 127.309 | -0.722 | -0.273 |

图3-73 按照不同类别列出分组变量的统计量

**操作要求（2）**：利用个案摘要报告功能进行描述统计。

**【菜单选择】**

单击"分析"主菜单，再单击"报告"选项，然后单击"个案汇总"选项。

**【界面设置】**

在打开的"摘要个案"对话框中，将"班级"和"性别"作为分组变量，选入"分组变量"列表框中；将"数学"和"物理"作为描述分析对象，选入"变量"列表框中。此时，不能选择左下角的"显示个案"选项，否则会占用大篇幅列出全部个案。单击"统计量"按钮，如图3-74所示。在打开的"摘要报告：统计量"对话框中，将指定的常见统计量选入"单元格统计量"列表框中，单击"继续"按钮，如图3-75所示。

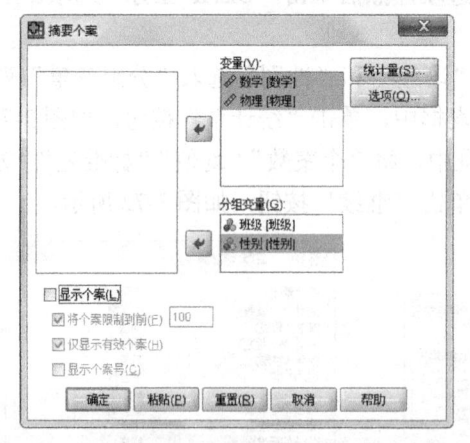

图3-74 "摘要个案"对话框　　图3-75 "摘要报告：统计量"对话框

**【结果分析】**

仅列举部分个案的汇总结果，如表3-34所示。

表3-34 个案摘要报告

| 班级 | 性别 | 指标 | 数学 | 物理 | 班级 | 性别 | 指标 | 数学 | 物理 |
|------|------|------|------|------|------|------|------|------|------|
| 一班 | 男 | N | 22 | 22 | 二班 | 男 | N | 25 | 25 |
| | | 均值 | 79.55 | 80.32 | | | 均值 | 77.84 | 78.16 |
| | | 中值 | 81.50 | 81.50 | | | 中值 | 77.00 | 80.00 |
| | | 极小值 | 62 | 54 | | | 极小值 | 53 | 47 |
| | | 极大值 | 96 | 97 | | | 极大值 | 98 | 95 |
| | | 全距 | 34 | 43 | | | 全距 | 45 | 48 |

续表

| 班级 | 性别 | 指标 | 数学 | 物理 | 班级 | 性别 | 指标 | 数学 | 物理 |
|---|---|---|---|---|---|---|---|---|---|
| 一班 | 男 | 标准差 | 9.455 | 10.101 | 二班 | 男 | 标准差 | 11.261 | 12.841 |
| | | 方差 | 89.403 | 102.037 | | | 方差 | 126.807 | 164.890 |
| | | 峰度 | -0.689 | 0.787 | | | 峰度 | -0.487 | 0.199 |
| | | 偏度 | -0.465 | -0.840 | | | 偏度 | -0.266 | -0.908 |
| | 女 | $N$ | 17 | 17 | | 女 | $N$ | 16 | 16 |
| | | 均值 | 78.12 | 80.94 | | | 均值 | 79.56 | 80.56 |
| | | 中值 | 78.00 | 81.00 | | | 中值 | 80.50 | 79.00 |
| | | 极小值 | 46 | 62 | | | 极小值 | 66 | 66 |
| | | 极大值 | 99 | 99 | | | 极大值 | 96 | 98 |
| | | 全距 | 53 | 37 | | | 全距 | 30 | 32 |
| | | 标准差 | 13.416 | 11.283 | | | 标准差 | 8.374 | 8.286 |
| | | 方差 | 179.985 | 127.309 | | | 方差 | 70.129 | 68.663 |
| | | 峰度 | 0.887 | -0.722 | | | 峰度 | -0.417 | 0.041 |
| | | 偏度 | -0.813 | -0.273 | | | 偏度 | -0.043 | -0.138 |

**操作要求（3）**：利用代码本的功能进行描述统计。

**【菜单选择】**

单击"分析"主菜单，再单击"报告"选项，然后单击"代码本"选项。

**【界面设置】**

打开"代码本"对话框，在"变量"选项卡中，将"变量"列表框中的"物理""数学""班级""性别"选入"代码本变量"列表框中，如图3-76（a）所示；单击"输出"按钮，默认其他设置，如图3-76（b）所示。

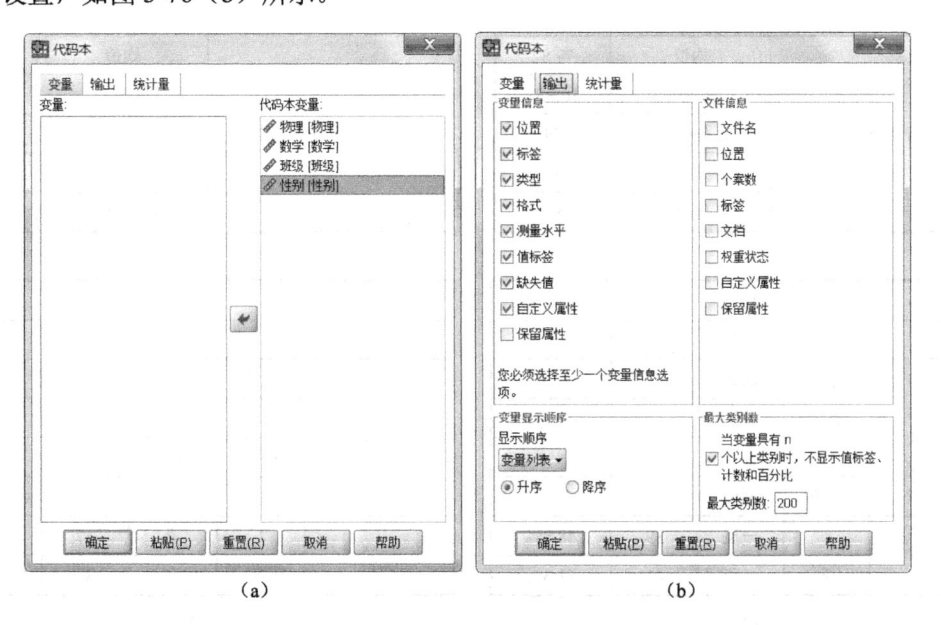

（a）　　　　　　　　　　　　（b）

图3-76 "代码本"对话框

单击"统计量"选项卡，默认设置，单击"确定"按钮，如图3-77所示。

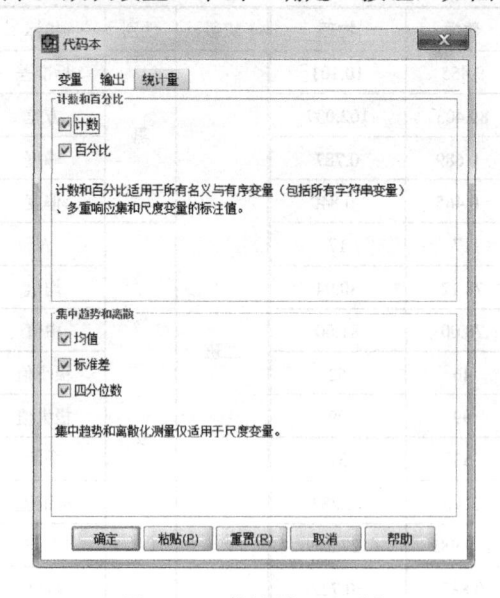

图3-77 "统计量"选项卡

【结果分析】

代码本结果如表3-35所示。

表3-35 代码本结果

| 物理 | | |
| --- | --- | --- |
| 标准属性 | 标签 | 物理 |
| | 类型 | 数值 |
| | 格式 | F8 |
| | 测量 | 刻度 |
| 集中趋势和离散趋势 | 均值 | 79.82 |
| | 标准差 | 10.833 |
| | 百分位25 | 74 |
| | 百分位50 | 80 |
| | 百分位75 | 88 |

(a)

| 数学 | | |
| --- | --- | --- |
| 标准属性 | 标签 | 数学 |
| | 类型 | 数值 |
| | 格式 | F8 |
| | 测量 | 刻度 |
| 集中趋势和离散趋势 | 均值 | 78.71 |
| | 标准差 | 10.617 |
| | 百分位25 | 72.50 |
| | 百分位50 | 79.00 |
| | 百分位75 | 86.50 |

(b)

| 班级 | | | | | |
| --- | --- | --- | --- | --- | --- |
| | | | 值 | 计数 | 百分比 |
| 标准属性 | | 标签 | 班级 | | |
| | | 类型 | 数值 | | |
| | | 格式 | F8 | | |
| | | 测量 | 刻度 | | |
| 标注的值 | 1 | 一班 | | 39 | 48.8% |
| | 2 | 二班 | | 41 | 51.3% |

(c)

| 性别 | | | | | |
| --- | --- | --- | --- | --- | --- |
| | | | 值 | 计数 | 百分比 |
| 标准属性 | | 标签 | 性别 | | |
| | | 类型 | 数值 | | |
| | | 格式 | F8 | | |
| | | 测量 | 刻度 | | |
| 标注的值 | 1 | 男 | | 47 | 58.8% |
| | 2 | 女 | | 33 | 41.3% |

(d)

## 3.8 多重响应分析

问卷调查常见于社会科学研究工作，对于由多项选择题方式收集的分类资料来说，适合使用多重响应分析法。多项选择题要求从备选项中选择任意个数的答案或固定个数的答案，每个备选项可能被选中，也可能未被选中。需要注意的是，多项选择题变量和值标签的定义方式不同于单项选择题。单项选择题的题干简化以后用于定义变量，而备选项及编号可全部用于定义值标签。

例如，对于单项选择题"你对餐厅的伙食服务满意吗？A.不太满意 B.不确定 C.比较满意"，可以设置变量名"伙食服务满意度"，设置定义变量值标签为"不太满意"=1、"不确定"=2、"比较满意"=3。

对于多项选择题来说，可以考虑将备选项依次用于定义变量值标签。然而存在的问题是，如果只用一个变量存放供选的应答信息，那么在数据输入时，在此变量名的下面可以填入备选项对应的若干数码，然而由此方式输入的数据无法参与统计分析。

例如，对于多项选择题"调查学生课间休息习惯：A.趴下打盹 B.游戏聊天 C.起身溜达"，受访学生可以从全部选项中任意选择答案。多项选择题与单项选择题的变量和值标签定义方式不同。对于单项选择题，可以定义变量"课间休息习惯"，那么设置变量值标签为"趴下打盹"=1、"游戏聊天"=2、"起身溜达"=3。如果实际情况是学生甲选择"A""C"、学生乙选择"A""B""C"，那么由学生甲的答案输入"1""3"，由学生乙的答案输入"1""2""3"。虽然此时变量值输入上完全可行，但是无法同时对两个及以上数值的统计分析。只有当输入唯一变量值时，统计分析才有操作可行性。

### 3.8.1 多项选择题的变量定义方法

#### 1. 多重二分法

多重二分法是指把多项选择题的每个备选项定义成一个二分类的变量，有多少个备选项就需要定义多少个变量。每个二分类变量分别用于表示某个备选项。变量值标签通常定义为"选中"=1、"未选中"=0，再根据备选项有无应答的实际情况收集信息。对于由多项选择题收集的应答资料，多重二分法是变量定义和数据输入的常见设置方式。

#### 2. 多重分类法

对于备选项个数较多的多项选择题，下面从两种情况介绍变量定义方法。

第一种情况：对于备选答案个数没有限定要求的任意多项选择题，当全部备选项个数非常多时，全部受访者可能只是从中选择了其中一部分的答案，每个人选择的答案个数要求一个及以上、个数不固定、可多可少。

第二种情况：问题设计者要求应答者必须从所有选项中选择固定个数的答案。属于这种情况的多项选择题称为限定多项选择题。限定多项选择题的特点是每个人选择的答案个数要求两个及以上、数量较少、个数固定且不多也不少。

对于多项选择题来说，如果备选项个数很多，全部受访者任意选择的个数少或按照要求选择固定个数，那么当由多重二分法把备选项定义成二分类变量时，定义变量值标签为"选中"=1、"未选中"=0。由于多数变量未被选中而输入数码"0"，这时重复工作量非常大。

下面提出多项选择题变量定义和数据输入的新方法，即多重分类法。

多重分类法可以节约数据存储空间、减少输入工作量。多重分类法实际选择或固定选择的答案个数就是定义的变量个数，变量值标签的定义方式与单项选择题的情况一样，即由备选项序号定义变量值标签。当由多重分类法定义变量时，将全部受访者实际选择的答案上限个数作为变量个数，于是每个人的答案个数不或超过这个变量个数，只要在前几个变量中依次输入选项数码，在剩下变量中默认不输入数码即可。

例如，择偶条件包括8个备选项：收入、学历、工作、相貌、家庭、身高、性格、爱好。

如果受访者中实际最多选择了两个答案或按要求必须选择两个答案，则由多重分类法可以设置两个变量。变量值标签的定义方式与单项选择题的一样，即"收入"=1、"学历"=2、"工作"=3、"相貌"=4、"家庭"=5、"身高"=6、"性格"=7、"爱好"=8。

如果受访者选择了"收入""相貌"，那么在两个变量中依次输入数码1、4。

如果受访者只选择"工作"，那么在第一个变量中输入数码3，在其余变量中不输入数码，即默认数据为缺失。

**3．多种情形举例**

1) 任意多项选择题的情形

例如，调查学生在择业时考虑的条件（任意选择，对符合的条件打"√"），学生甲的选择情况是"1.收入√ 2.专业 3.前途√ 4.地区√ 5.爱好√ 6.风险 7.强度√ 8.福利"；学生乙的选择情况是"1.收入 2.专业√ 3.前途 4.地区 5.爱好 6.风险√ 7.强度 8.福利"。

（1）按照多重二分法分析。直接定义8个变量，依次定义变量"收入""专业""前途""地区""爱好""风险""强度""福利"。每个变量统一定义相同的变量值标签："选"=1、"不选"=0。根据学生甲的选择，在定义的8个变量中依次输入数码"1""0""1""1""1""0""1""0"；根据学生乙的选择，在定义的8个变量中依次输入数码"0""1""0""0""0""1""0""0"。

（2）按照多重分类法分析。在实际调查工作中，如果全部受访者最多选择了5个选项，那么就需要定义5个变量，依次定义变量"选择1""选择2""选择3""选择4""选择5"。每个变量值标签的定义方式与单项选择题的一样，即"收入"=1、"专业"=2、"前途"=3、"地位"=4、"爱好"=5、"风险"=6、"强度"=7、"福利"=8。根据学生甲的选择，在5个变量中依次输入数码"1""3""4""5""7"。根据学生乙的选择，在前两个变量中依次输入数码"2""6"，在其余4个变量中不用输入数码，即默认数据为缺失。

2) 限定多项选择题的情形

例如，调查学生在择业时考虑的条件（任意选择、限选3个选项，对符合的条件打"√"），学生丙的选择情况是"1.收入√ 2.专业 3.前途 4.地区√ 5.爱好√ 6.风险 7.强度 8.福利"；学生丁的选择情况是"1.收入 2.专业√ 3.前途 4.地区√ 5.爱好 6.风险 7.强度 8.福利√"。

（1）按照多重二分法分析。由备选项的个数直接定义8个变量，变量名分别是"收入""专业""前途""地区""爱好""风险""强度""福利"，每个二分类变量定义相同的变量值标签为"选"=1、"不选"=0。根据学生丙的选择，在变量中依次输入数码"1""0""0""1""1""0""0""0"；根据学生丁的选择，在变量中依次输入数码"0""1""0""1""0""0""0""1"。

（2）按照多重分类法分析。鉴于全部受访者实际最多选择了3个选项，因此只要定义3个变量，依次定义变量"选择1""选择2""选择3"。每个变量值标签的定义方式与单项选择题的一样，即"收入"=1、"专业"=2、"前途"=3、"地区"=4、"爱好"=5、"风险"=6、"强度"=7、"福利"=8。根据学生丙的选择，在 3 个变量中依次输入数码"1""4""5"。根据学生丁的选择，在 3 个变量中依次输入数码"2""4""8"。

### 3.8.2 多重响应集的设置与分析

下面以多重二分法为例介绍多重响应集的设置与分析。

每个备选项定义的变量应被看作以多项选择题应答信息的分解形式定义的一个临时多重响应集。按照选项个数定义的多个二分类变量仍然被看作整体而不是分散独立的单个变量。这个多重响应集是临时设定的。只要关闭当前数据文件，这个多重响应集就会自动失效。如果不撤销设置或不关闭当前的数据文件，这个多重响应集就会一直生效。

如果不定义这个临时的多重响应集，那么可以对每个二分类变量依次单独进行频数分析，从而分别获得每个选项的分析结果。此外，二分类变量也可以与另一个用作分组的变量进行交叉分组汇总，并可以在交叉表的单元格中列出两个分类变量交叉类别的频数。在多项选择题中，有多少个备选项就要生成多少个相同结构的交叉表。每个交叉表单独完成操作以后，还能对其进行描述分析和统计推断。

例如，将以上多项选择题的 8 个择业条件作为二分类变量，分别与性别进行交叉分组汇总，总共生成 8 个四格表。逐个在四格表中求交叉分组的频数或百分比，推断男性和女性的选项构成情况有无差异。

如果事先定义一个临时的多重响应集，那么相当于仍然把全部的二分类变量看作整体，只要实施一次性的频数分析，就会获得每个选项的频数。此外，这个临时的多重响应集还可以作为整体，与某个用作分组的变量结合生成一个交叉表，演示全部备选项与之交叉分组以后的结果。设置多重响应集的频数分析和交叉表逐个分析相比，不仅工作量小，而且结果形式与变量单独操作时不同。以下展开介绍两种统计分析方法。

**1. 多重响应集的频数分析**

当把临时设置的多重响应集选入以后，可一次性完成频数分析。这与每个选项变量单独进行的、经过多次操作的频数分析不同。对多重响应集进行频数分析以后，不仅可以得到全部选项的应答人次和应答人数，还可以求得相应百分比。应答人数是指对某个备选项应答的总人数。只要有人应答，就要累计人数。应答人次是指某个备选项应答的总次数。只要有人应答，就要累计次数。应答人次和应答人数的概念不同。通常，应答人次大于应答人数。

例如，择偶条件分别是收入、学历、工作、相貌、家庭、身高、性格、爱好，由多重响应集的频数分析，可以计算每个选项的应答人次及所占的比例。

**2. 多重响应集的交叉表分析**

当把临时设置的多重响应集选入以后，可一次性完成与某个分组变量的交叉分组。将全部选项与该分组变量的类别进行完全交叉搭配，可生成一个交叉表并把频数汇总结果放入每个单元格中。多重响应集的交叉表分析的操作方法、结果形式不同于对每个选项逐个单独操作的情况。前者只会得到一个交叉表，并在每个单元格中依次给出全部选项与分组变量不同类别的交叉分组频数和百分比。后者是分别把选项选中或未选中的二分类结果与分组变量的不同类别交叉搭配，如果多项选择题共有 8 个备选项，就要实施 8 次分析。

例如，对于由 8 个择偶条件作为备选项的任意多项选择题，备选项分别是收入、学历、工作、相貌、家庭、身高、性格、爱好。如果给定的分组变量是"性别",分别对"男生"和"女生"抽样调查择偶条件,那么在临时设置多重响应集的前提下,利用交叉表的分析操作对8个择偶条件与"性别"交叉分组,可以获得8行×2列的交叉表,并在单元格中列出8个择偶条件分别被"男生""女生"选择的人数。此外,既可以按照"男生"和"女生"逐列给出择偶条件的人数百分比,也可以按照择偶条件逐行给出"男生"和"女生"的人数百分比。

【学习目标】理解多项选择题的多重响应分析法,掌握操作流程并阐述结论。

## 【案例实验 5】

某部门抽样调查部分通勤职工的交通工具使用情况。交通工具的选项为公交车、班车、私家车、电动车、自行车和其他。职工按照岗位分成教学、行政、后勤,职工按照性别分成男性、女性。数据资料如表 3-36 所示。

本例的数据文件是"4 多重响应分析多重二分法(交通工具、岗位).sav""4 多重响应分析多重分类法(交通工具、岗位).sav"。

表 3-36 数据资料

| 编号 | 岗位 | 性别 | 公交车 | 班车 | 私家车 | 电动车 | 自行车 | 其他 |
|---|---|---|---|---|---|---|---|---|
| 1 | 教学 | 男 | 1 | 1 | 0 | 0 | 0 | 0 |
| 2 | 行政 | 男 | 1 | 1 | 1 | 0 | 0 | 0 |
| 3 | 行政 | 女 | 0 | 1 | 1 | 1 | 0 | 0 |
| 4 | 行政 | 女 | 0 | 0 | 1 | 0 | 0 | 0 |
| 5 | 后勤 | 男 | 0 | 0 | 0 | 1 | 0 | 1 |
| 6 | 后勤 | 男 | 1 | 0 | 0 | 0 | 1 | 0 |
| 7 | 教学 | 男 | 0 | 0 | 0 | 0 | 0 | 1 |
| 8 | 行政 | 女 | 1 | 1 | 0 | 0 | 0 | 0 |
| 9 | 后勤 | 女 | 0 | 0 | 1 | 0 | 0 | 0 |
| 10 | 教学 | 男 | 0 | 0 | 1 | 0 | 0 | 0 |
| 11 | 行政 | 女 | 0 | 0 | 0 | 0 | 1 | 0 |
| 12 | 行政 | 男 | 0 | 1 | 0 | 1 | 0 | 1 |
| 13 | 教学 | 女 | 0 | 0 | 1 | 0 | 0 | 0 |
| 14 | 教学 | 男 | 1 | 1 | 0 | 1 | 0 | 0 |
| 15 | 行政 | 女 | 1 | 0 | 0 | 0 | 1 | 0 |
| 16 | 行政 | 男 | 1 | 0 | 0 | 0 | 1 | 0 |
| 17 | 教学 | 女 | 0 | 1 | 0 | 0 | 0 | 1 |
| 18 | 教学 | 男 | 1 | 0 | 1 | 0 | 0 | 0 |
| 19 | 教学 | 女 | 1 | 0 | 0 | 0 | 0 | 0 |
| 20 | 教学 | 女 | 1 | 0 | 0 | 0 | 1 | 0 |

**操作要求(1)**:按照多重二分法定义变量和多重响应集。

【数据文件】

定义标识变量"编号",定义变量"公交车""班车""私家车""电动车""自行车""其他""岗位""性别",类型均为数值。定义变量值标签"选"=1、"不选"=0,"教学"=1、"行政"=2、"后勤"=3,"男"=1、"女"=2。建立数据文件,如图 3-78 所示。

(a)

(b)

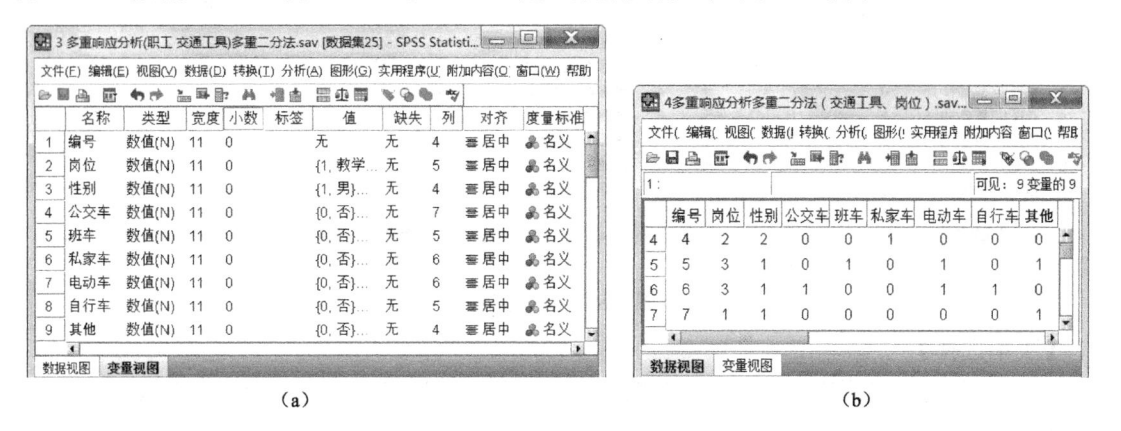

图 3-78 数据文件

【菜单选择】

单击"分析"主菜单,再单击"多重响应"选项,然后单击"定义变量集"选项。

【界面设置】

在打开的"定义多重响应集"对话框的"设置定义"区域中,将"公交车""班车""私家车""电动车""自行车"和"其他"选入"集合中的变量"列表框中;在"将变量编码为"区域中,选择"二分法"选项,在"计数值"文本框中输入"1"。在"名称"文本框中输入"交通工具",再单击"添加"按钮,将其选入"多重响应集"列表框,如图 3-79 所示。

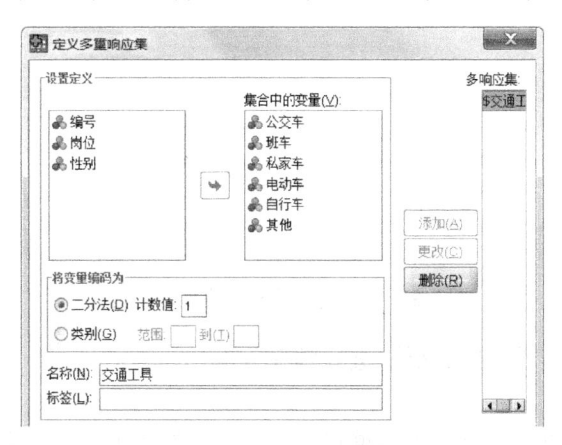

图 3-79 "定义多重响应集"对话框

**操作要求(2)**:由多重分类法定义变量和多重响应集。

【数据文件】

全部职工调查完毕后,发现实际有人最多选择了 4 个答案。按照多重分类法,定义变量"选择 1""选择 2""选择 3""选择 4"共 4 个变量,类型均为数值。定义变量值标签"公交车"=1、"班车"=2、"私家车"=3、"电动车"=4、"自行车"=5 和"其他"=6。定义变量"编号",类型为字符串。定义变量"岗位""性别",类型均为数值。定义变量值标签"教学"=1、"行政"=2、"后勤"=3,"男"=1、"女"=2。建立数据文件,如图 3-80 所示。

## 图 3-80 数据文件

**【菜单选择】**

单击"分析"主菜单,再单击"多重响应"选项,然后单击"定义变量集"选项。

**【界面设置】**

在打开的"定义多重响应集"对话框的"设置定义"区域中,将"选择1""选择2""选择3""选择4"选入"集合中的变量"列表框中;在"将变量编码为"区域,选择"类别"选项;在"范围"文本框中输入"1",在"到"文本框中输入"6";在"名称"文本框中输入"交通工具",再单击"添加"按钮,将其选入"多重响应集"列表框中,如图3-81所示。

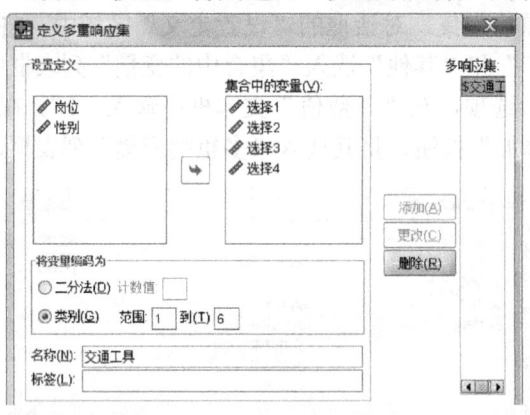

图 3-81 "定义多重响应集"对话框

**操作要求(3)**:由多重响应分析法进行频率分析。

**【菜单选择】**

单击"分析"主菜单,再单击"多重响应"选项,然后单击"频率"选项。

**【界面设置】**

在打开的"多重响应频率"对话框的"多重响应集"区域中,系统给出了临时的多重响应集"$交通工具",将其选入右侧"表格"框内,如图3-82所示。

**【结果分析】**

所有数据都是有效的。多重响应集的频数分析的结果如表3-37所示。

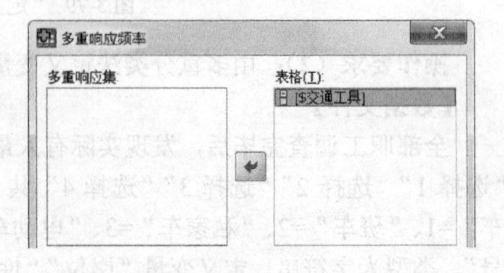

图 3-82 "多重响应频率"对话框

表 3-37 多重响应集的频数分析的结果

| | | 响应 | | 个案百分比 |
|---|---|---|---|---|
| | | $N$ | 百分比 | |
| 交通工具 | 公交车 | 10 | 21.7% | 50.0% |
| | 班车 | 11 | 23.9% | 55.0% |
| | 私家车 | 8 | 17.4% | 40.0% |
| | 电动车 | 5 | 10.9% | 25.0% |
| | 自行车 | 8 | 17.4% | 40.0% |
| | 其他 | 4 | 8.7% | 20.0% |
| 合计 | | 46 | 100.0% | — |

经分析，多种交通工具分别占应答总次数的响应百分比是 21.7%、23.9%、17.4%、10.9%、17.4%、8.7%。占个案总数的个案百分比分别是 50.0%、55.0%、40.0%、25.0%、40.0%、20.0%。

**操作要求（4）**：由多重响应分析法进行交叉表分析。

【菜单选择】

单击"分析"主菜单，再单击"多重响应"选项，然后单击"交叉表"选项。

【界面设置】

在打开的"多重响应交叉表"对话框中，将"岗位"和"性别"选入"列"列表框中，将"多重响应集"区域的"$交通工具"选入"行"列表框中，单击"定义范围"，如图 3-83 所示。

对岗位而言，在"多重响应交叉表：定义范围"对话框的"最小值"文本框中输入"1"，在"多重响应交叉表：定义范围"对话框的"最大值"文本框中输入"3"，单击"继续"按钮；对性别而言，在"最小值"文本框中输入"1"，"最大值"文本框中输入"2"，单击"继续"按钮，如图 3-84 所示。

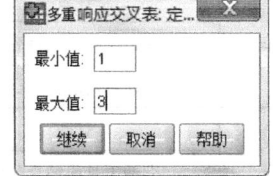

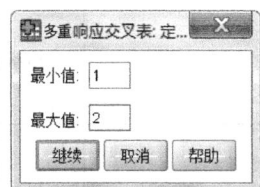

图 3-83 "多重响应交叉表"对话框　　　　图 3-84 定义范围

第一种情形，基于个案求百分比。在"多重响应交叉表"对话框中，单击"选项"按钮。在打开的"多重响应交叉表：选项"对话框中，"单元格百分比"区域中，选择"行""列"选项；在"百分比基于"区域中选择"个案"选项，如图 3-85 所示。

第二种情形，基于响应求百分比。在"多重响应交叉表"对话框中，单击"选项"按钮。

在打开的"多重响应交叉表：选项"对话框的"单元格百分比"区域中，选择"行""列"选项；在"百分比基于"区域中选择"响应"选择，如图3-86所示。

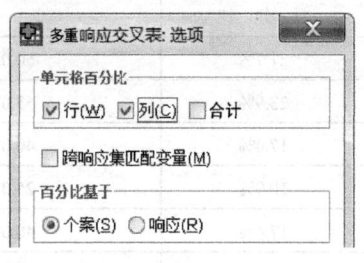

图 3-85　第一种情形设置　　　　　图 3-86　第二种情形设置

**【结果分析】**

第一种情形，多重响应集与岗位、性别的交叉分析如表3-38和表3-39所示。

表3-38中按照岗位给出了应答人数及其总的应答人数、在不同备选项中每种岗位应答人数所占的百分比、在不同岗位中每个备选项的应答人数所占的百分比。

表3-39中按照性别给出了应答人数及其总的应答人数、在不同的备选项中每种同性应答人数所占的百分比、在不同性别中每个备选项的应答人数所占的百分比。

表3-38　多重响应集与岗位的交叉分析

| | | | 岗　位 | | | 计数合计 |
|---|---|---|---|---|---|---|
| | | | 教　学 | 行　政 | 后　勤 | |
| 交通工具 | 公交车 | 计数 | 4 | 5 | 1 | 10 |
| | | 交通工具内的百分比 | 40.0% | 50.0% | 10.0% | |
| | | 岗位内的百分比 | 44.4% | 62.5% | 33.3% | |
| | 班车 | 计数 | 6 | 4 | 1 | 11 |
| | | 交通工具内的百分比 | 54.5% | 36.4% | 9.1% | |
| | | 岗位内的百分比 | 66.7% | 50.0% | 33.3% | |
| | 私家车 | 计数 | 2 | 5 | 1 | 8 |
| | | 交通工具内的百分比 | 25.0% | 62.5% | 12.5% | |
| | | 岗位内的百分比 | 22.2% | 62.5% | 33.3% | |
| | 电动车 | 计数 | 1 | 2 | 2 | 5 |
| | | 交通工具内的百分比 | 20.0% | 40.0% | 40.0% | |
| | | 岗位内的百分比 | 11.1% | 25.0% | 66.7% | |
| 交通工具 | 自行车 | 计数 | 4 | 3 | 1 | 8 |
| | | 交通工具内的百分比 | 50.0% | 37.5% | 12.5% | |
| | | 岗位内的百分比 | 44.4% | 37.5% | 33.3% | |
| | 其他 | 计数 | 2 | 1 | 1 | 4 |
| | | 交通工具内的百分比 | 50.0% | 25.0% | 25.0% | |
| | | 岗位内的百分比 | 22.2% | 12.5% | 33.3% | |
| 计数合计 | | | 19 | 20 | 7 | 46 |

表 3-39 多重响应集与性别的交叉分析

|  |  |  | 性 别 | | 计数合计 |
|---|---|---|---|---|---|
|  |  |  | 男 | 女 |  |
| 交通工具 | 公交车 | 计数 | 6 | 4 | 10 |
|  |  | 交通工具内的百分比 | 60.0% | 40.0% |  |
|  |  | 性别内的百分比 | 60.0% | 40.0% |  |
|  | 班车 | 计数 | 5 | 6 | 11 |
|  |  | 交通工具内的百分比 | 45.5% | 54.5% |  |
|  |  | 性别内的百分比 | 50.0% | 60.0% |  |
|  | 私家车 | 计数 | 3 | 5 | 8 |
|  |  | 交通工具内的百分比 | 37.5% | 62.5% |  |
|  |  | 性别内的百分比 | 30.0% | 50.0% |  |
|  | 电动车 | 计数 | 3 | 2 | 5 |
|  |  | 交通工具内的百分比 | 60.0% | 40.0% |  |
|  |  | 性别内的百分比 | 30.0% | 20.0% |  |
|  | 自行车 | 计数 | 3 | 5 | 8 |
|  |  | 交通工具内的百分比 | 37.5% | 62.5% |  |
|  |  | 性别内的百分比 | 30.0% | 50.0% |  |
|  | 其他 | 计数 | 3 | 1 | 4 |
|  |  | 交通工具内的百分比 | 75.0% | 25.0% |  |
|  |  | 性别内的百分比 | 30.0% | 10.0% |  |
| 计数合计 |  |  | 23 | 23 | 46 |

第二种情形，多重响应集与岗位、性别交叉分析分别如表 3-40 和 3-41 所示。

表 3-40 中，按照岗位给出应答人次以及总的应答人次、在不同备选项中每种岗位应答人次所占的百分比、不同岗位中每个备选项的应答人次所占的百分比。

表 3-41 中，按照性别给出应答人次以及总的应答人次、在不同备选项中每种性别应答人次所占的百分比、不同性别中每个备选项的应答人次所占的百分比。

表 3-40 多重响应集与岗位的交叉分析

|  |  |  | 岗 位 | | | 计数合计 |
|---|---|---|---|---|---|---|
|  |  |  | 教 学 | 行 政 | 后 勤 |  |
| 交通工具 | 公交车 | 计数 | 4 | 5 | 1 | 10 |
|  |  | 交通工具内的百分比 | 40.0% | 50.0% | 10.0% |  |
|  |  | 岗位内的百分比 | 21.1% | 25.0% | 14.3% |  |
|  | 班车 | 计数 | 6 | 4 | 1 | 11 |
|  |  | 交通工具内的百分比 | 54.5% | 36.4% | 9.1% |  |
|  |  | 岗位内的百分比 | 31.6% | 20.0% | 14.3% |  |
|  | 私家车 | 计数 | 2 | 5 | 1 | 8 |
|  |  | 交通工具内的百分比 | 25.0% | 62.5% | 12.5% |  |

续表

|  |  |  | 岗 位 | | | 计数合计 |
|---|---|---|---|---|---|---|
|  |  |  | 教 学 | 行 政 | 后 勤 |  |
| 交通工具 | 私家车 | 岗位内的百分比 | 10.5% | 25.0% | 14.3% |  |
|  | 电动车 | 计数 | 1 | 2 | 2 | 5 |
|  |  | 交通工具内的百分比 | 20.0% | 40.0% | 40.0% |  |
|  |  | 岗位内的百分比 | 5.3% | 10.0% | 28.6% |  |
|  | 自行车 | 计数 | 4 | 3 | 1 | 8 |
|  |  | 交通工具内的百分比 | 50.0% | 37.5% | 12.5% |  |
|  |  | 岗位内的百分比 | 21.1% | 15.0% | 14.3% |  |
|  | 其他 | 计数 | 2 | 1 | 1 | 4 |
|  |  | 交通工具内的百分比 | 50.0% | 25.0% | 25.0% |  |
|  |  | 岗位内的百分比 | 10.5% | 5.0% | 14.3% |  |
| 计数合计 | | | 19 | 20 | 7 | 46 |

表3-41 多重响应集与性别的交叉分析

|  |  |  | 性 别 | | 计数合计 |
|---|---|---|---|---|---|
|  |  |  | 男 | 女 |  |
| 交通工具 | 公交车 | 计数 | 6 | 4 | 10 |
|  |  | 交通工具内的百分比 | 60.0% | 40.0% |  |
|  |  | 性别内的百分比 | 26.1% | 17.4% |  |
|  | 班车 | 计数 | 5 | 6 | 11 |
|  |  | 交通工具内的百分比 | 45.5% | 54.5% |  |
|  |  | 性别内的百分比 | 21.7% | 26.1% |  |
|  | 私家车 | 计数 | 3 | 5 | 8 |
|  |  | 交通工具内的百分比 | 37.5% | 62.5% |  |
|  |  | 性别内的百分比 | 13.0% | 21.7% |  |
|  | 电动车 | 计数 | 3 | 2 | 5 |
|  |  | 交通工具内的百分比 | 60.0% | 40.0% |  |
|  |  | 性别内的百分比 | 13.0% | 8.7% |  |
| 交通工具 | 自行车 | 计数 | 3 | 5 | 8 |
|  |  | 交通工具内的百分比 | 37.5% | 62.5% |  |
|  |  | 性别内的百分比 | 13.0% | 21.7% |  |
|  | 其他 | 计数 | 3 | 1 | 4 |
|  |  | 交通工具内的百分比 | 75.0% | 25.0% |  |
|  |  | 性别内的百分比 | 13.0% | 4.3% |  |
| 计数合计 | | | 23 | 23 | 46 |

## 【拓展练习】

【练习1】已知某班级学生的考试成绩,按要求进行操作分析。数据资料如表3-42所示。

表3-42 数据资料

| 83 | 67 | 80 | 71 | 81 | 62 | 73 | 75 | 57 | 86 | 47 | 91 |
|---|---|---|---|---|---|---|---|---|---|---|---|
| 72 | 74 | 61 | 96 | 82 | 69 | 94 | 81 | 70 | 57 | 66 | 83 |
| 76 | 92 | 79 | 72 | 94 | 86 | 53 | 81 | 93 | 69 | 84 | 79 |
| 66 | 77 | 81 | 80 | 69 | 83 | 76 | 85 | 63 | 78 | 85 | 78 |
| 54 | 99 | 79 | 64 | 77 | 84 | 99 | 64 | 89 | 83 | 89 | 96 |

按照以下要求进行操作分析。

（1）计算集中趋势和离散趋势指标，包括算术均值、中位数、四分位数、众数、方差、标准差、极差、四分位间距和变异系数；计算偏度和峰度；绘制箱线图、茎叶图。

（2）数据资料先进行统计分组：[0, 50)，[50, 60)，[60, 70)，[70, 80)，[80, 90)，[90, 100]。再计算每个分组的频数、百分比，最后绘制直方图。

【练习2】已知某医院病人的检查结果，数据资料如表3-43所示。

表3-43 数据资料

| 编号 | 性别 | 肾周积液 | 结石表面积/mm² | 手术时间/min | 灌注量/ml | 肾部位 | 结石侧肾盂压力/cmH$_2$O |
|---|---|---|---|---|---|---|---|
| 1 | 女 | 有 | 69.08 | 115 | 7 400 | 上段 | 105.32 |
| 2 | 男 | 有 | 43.18 | 45 | 4 500 | 上段 | 110.63 |
| 3 | 女 | 有 | 112.26 | 56 | 4 900 | 上段 | 170.85 |
| 4 | 男 | 有 | 91.89 | 90 | 3 500 | 上段 | 120.64 |
| 5 | 男 | 有 | 27.48 | 80 | 5 000 | 上段 | 130.65 |
| 6 | 女 | 有 | 141.30 | 65 | 7 000 | 上段 | 140.58 |
| 7 | 男 | 有 | 91.85 | 78 | 4 700 | 中段 | 132.64 |
| 8 | 女 | 有 | 77.72 | 85 | 6 000 | 中段 | 160.53 |
| 9 | 女 | 无 | 81.68 | 60 | 1 000 | 中段 | 135.65 |
| 10 | 男 | 无 | 37.70 | 90 | 2 300 | 中段 | 152.12 |
| 11 | 女 | 无 | 65.94 | 58 | 3 600 | 中段 | 67.83 |
| 12 | 女 | 无 | 105.98 | 110 | 4 300 | 中段 | 75.68 |
| 13 | 女 | 无 | 27.49 | 90 | 800 | 中段 | 90.83 |
| 14 | 女 | 无 | 70.65 | 40 | 1 500 | 中段 | 110.64 |
| 15 | 男 | 无 | 290.28 | 30 | 2 000 | 中段 | 100.74 |
| 16 | 女 | 无 | 68.78 | 55 | 4 500 | 下段 | 96.72 |
| 17 | 女 | 无 | 42.39 | 60 | 3 800 | 下段 | 109.45 |
| 18 | 女 | 无 | 49.46 | 50 | 3 000 | 下段 | 96.56 |
| 19 | 男 | 无 | 56.52 | 55 | 1 800 | 下段 | 89.89 |
| 20 | 女 | 无 | 98.91 | 48 | 2 600 | 下段 | 80.73 |

操作分析要求如下：
（1）针对"结石表面积""结石侧肾盂压力"，分别计算均值、标准差、变异系数。
（2）按照"性别"分组，对"灌注量"的中位数进行分类汇总。
（3）针对"手术时间""灌注量"，分别计算中位数、四分位数间距、偏度、峰度。
（4）针对"肾部位""肾周积液"，分别计算频数和百分比，绘制条形图。
（5）针对"性别"和"肾周积液"交叉汇总。
（6）按照"性别"分组，求"肾部位"百分比并绘制饼图。
（7）直接对"结石表面积"进行正态性检验。
（8）按照"性别"分组，验证"结石侧肾盂压力"是否满足方差齐性。
（9）依次利用基本统计分析报表提供的在线分析报告、代码本、个案摘要报告和个案汇总功能。对不同性别的"结石表面积""手术时间""灌注量""结石侧肾盂压力"进行尽量全面的描述性分析。

【练习 3】从"和平""胜利""前进"3 个城市抽样调查诊所卫生服务开展情况。卫生服务的备选项：家庭病床、健康档案、简易门诊、社区护理和热线咨询。对备选项进行频数分析，对备选项和城市种类进行交叉表分析。数据资料如表 3-45 所示。

表 3-45　数据资料

| 城市 | 家庭病床 | 健康档案 | 简易门诊 | 社区护理 | 热线咨询 | 城市 | 家庭病床 | 健康档案 | 简易门诊 | 社区护理 | 热线咨询 |
|---|---|---|---|---|---|---|---|---|---|---|---|
| 和平 | 1 | 1 | 0 | 0 | 0 | 胜利 | 1 | 1 | 0 | 1 | 0 |
| 胜利 | 1 | 1 | 1 | 0 | 0 | 胜利 | 1 | 0 | 1 | 0 | 0 |
| 胜利 | 0 | 1 | 1 | 1 | 0 | 和平 | 0 | 1 | 1 | 0 | 1 |
| 胜利 | 0 | 0 | 1 | 0 | 0 | 和平 | 0 | 1 | 1 | 0 | 0 |
| 前进 | 0 | 1 | 1 | 1 | 1 | 和平 | 1 | 1 | 0 | 0 | 0 |
| 前进 | 1 | 1 | 1 | 1 | 0 | 和平 | 1 | 1 | 1 | 0 | 0 |
| 和平 | 0 | 0 | 1 | 0 | 1 | 前进 | 0 | 0 | 1 | 0 | 0 |
| 前进 | 1 | 0 | 1 | 1 | 0 | 和平 | 1 | 1 | 1 | 0 | 0 |
| 和平 | 0 | 0 | 1 | 0 | 0 | 胜利 | 0 | 1 | 1 | 0 | 0 |
| 和平 | 1 | 1 | 0 | 0 | 0 | 前进 | 1 | 1 | 1 | 0 | 1 |

【练习 4】采用偶遇抽样的方法调查学生的性别、学习情况和自习地点共 3 个变量。性别是二分类变量，分成男生、女生。学习情况是有序多分类变量，分成优秀、良好、中等、较差。自习地点是无序多分类变量，分成宿舍、教室、图书馆。

本练习的数据文件是"8 交叉表描述分析（抽样调查问卷性别、学习情况和自习地点）.sav"。

按照以下要求进行操作分析。
（1）分别将"性别"与"学习情况""自习地点"交叉分组以后生成交叉汇总表。
（2）采用两种以上方法，按照"性别"分组，求"学习情况"中位数、"自习地点"众数。
（3）采用两种以上方法，按照"性别"分组，求"学习情况""自习地点"中的构成比。

# 第4章 随机变量及分布

## 4.1 概率论预备知识

概率论起源于中世纪产生自欧洲的"赌金分配"问题,后来成为从数量关系和变化规律的角度研究随机现象统计规律,体现偶然与必然、个别与一般、局部与总体之间辩证关系的一门数学学科。在大量重复试验中通过构造研究随机现象的概括化模型,透过大量表面偶然现象发现内部隐藏的本质必然的统计规律。一个半世纪以前,有"现代统计学之父"之称的凯特勒把统计学与概率论结合起来,提出一门兼有数学和统计学双重性质的数理统计学学科。数理统计学是以概率论作为数量分析基础知识,研究如何以更有效方式收集、整理和分析有限的资料,对所考察问题尽量做出精确而可靠的推断和预测,为采取决策和行动提供依据或建议,与很多实质性学科交叉融合、迅速发展的一门数学学科。数理统计学不是对所有研究对象全体(总体)进行观察,而是通过抽取其中的部分(样本)进行观察并获得数据(抽样过程),然后以概率论知识作为工具,通过部分代表性数据对全体进行科学推断。

下面系统而概括性地介绍概率论的知识点。

**1. 随机事件和随机试验**

(1)确定性现象是指在一定条件下必然发生或不发生的现象。确定性现象可以事先被预知到是否会发生。例如,在标准大气压下,当水加热到100℃时会沸腾。

(2)随机现象是指在一定条件下可能发生事先不确定的多种结果。例如,抛掷一枚硬币,既可能正面朝上,又可能反面朝上,事先无法确定发生那种情况。虽然随机现象在个别观察或试验中的结果有偶然性,但是经过多次重复试验或观察以后会表现出统计规律性。

随机试验具有如下三个特点:随机试验在相同的条件下重复进行;每次随机试验的结果不止一种;在随机试验之前必须确定所有可能结果,但无法预知会出现哪个结果。

随机试验的可能结果统称为事件。基本事件是指不可再细分的每次随机试验结果,又称样本点。基本事件的全体或所有可能随机试验结果组成的集合称为样本空间,记为 $\Omega$,由样本空间中的元素组成。根据随机试验目的的不同,对应的样本空间也不同。

例如,上午10点到11点进入超市人数的样本空间为{1, 2, 3, …};打电话找到某人的样本空间为{在,不在};抛掷一枚硬币的样本空间为{正面,反面};抛掷一枚骰子的样本空间为{1, 2, 3, 4, 5, 6};询问顾客是否喜欢商品的样本空间为{喜欢,不喜欢,不清楚};明天股票走势的样本空间为{上升,下跌,平盘}。

一次随机试验中所有可能的结果称为随机事件,常记为英文大写字母 $A, B, C$。任何随机事件都是由不能分解的基本事件所组成样本空间的子集。样本空间($\Omega$)包含了所有基本事件,又称必然事件。空集($\varnothing$)不含任何基本事件,又称不可能事件。

必然事件是指随机试验中的所有可能结果,对应为全集。例如,某样本空间对应的全集为{1, 2, 3}。不可能事件是指随机试验中的不可能结果,对应为空集。基本事件是指随机试中的某个可能结果，对应为单点集，如{1}, {2}, {3}。随机事件是指随机试验中的某些可能结果，对应为子集，如{1}, {2}, {3}, {1,2}, {1,3}, {2,3}, {1,2,3}。在随机试验中，当且仅当随机事件$A$所包含的某个样本点出现时称为$A$发生。

例如，某人随机抛掷一次一枚六个面质地均匀的骰子，出现点数随机发生且概率相等。

必然事件或样本空间记为$\Omega=\{1,2,3,4,5,6\}$；基本事件记为$A_i=\{i\}$，$i=1,2,3,4,5,6$；随机事件"出现奇数点"记为$B=\{1,3,5\}$；随机事件"出现的点数被7整除"为不可能事件；如果出现点数3，则$\{3\}\subset B$，说明随机事件$B$发生。

### 2. 随机事件的关系

（1）如果随机事件$A$的发生必然导致随机事件$B$的发生，则称随机事件$B$包含随机事件$A$，或称随机事件$A$包含于随机事件$B$中，记作$A\subset B$。

（2）如果随机事件$A$与$B$是相互包含的随机事件，则称随机事件$A$与$B$相等，记作$A=B$。

（3）如果两个随机事件$A$与$B$中至少有一个随机事件发生，则称为随机事件$A$与$B$的和，记作$A+B$。若$n$个随机事件$A_1,A_2,\cdots,A_n$中至少有一个发生，则记作$A_1+A_2+\cdots+A_n$。

（4）如果两个随机事件$A$与$B$同时发生，则称为随机事件$A$与$B$的积，记作$AB$。
$n$个随机事件$A_1,A_2,\cdots,A_n$同时发生，记作$A_1A_2\cdots A_n$。

（5）如果随机事件$A$发生，同时随机事件$B$不发生，则称为随机事件$A$与$B$的差，记作$A-B$。它是由属于随机事件$A$但不属于随机事件$B$的所有随机事件构成的集合。

（6）如果两个随机事件$A$与$B$不同时发生，则称随机事件$A$与$B$互不相容或互斥，记作$AB=\varnothing$。

（7）如果随机事件$A_1,A_2,\cdots,A_n$中任意两个随机事件不能同时发生，则称其两两互不相容，记作$A_iA_j=\varnothing, 1\leq i<j\leq n$。随机事件$A$的对立随机事件记作$\bar{A}$，即$\bar{A}A=\varnothing$。

（8）如果随机事件$A$与$B$中有且仅有一个随机事件发生，则随机事件$A$与$B$互为对立随机事件，记作$AB=\varnothing, A+B=\Omega$。

例如，已知3个随机事件$A,B,C$，用随机事件的关系表示。

（1）随机事件$A$发生而随机事件$B$与随机事件$C$都不发生，记作$A\bar{B}\bar{C}$。

（2）随机事件$A$与随机事件$=B$发生而随机事件$C$不发生，记作$AB\bar{C}$。

（3）3个随机事件$A,B,C$都发生，记作$ABC$。

（4）3个随机事件$A,B,C$恰好发生一个，记作$A\bar{B}\bar{C}+\bar{A}B\bar{C}+\bar{A}\bar{B}C$。

（5）3个随机事件$A,B,C$恰好发生两个，记作$AB\bar{C}+A\bar{B}C+\bar{A}BC$。

（6）3个随机事件$A,B,C$至少发生一个，记作$A+B+C$。

（7）3个随机事件$A,B,C$全不发生，记作$\overline{ABC}$。

（8）3个随机事件$A,B,C$至少有一个不发生，记作$\bar{A}+\bar{B}+\bar{C}$。

### 3. 随机事件的运算律

（1）交换律：$A+B=B+A, AB=BA$。

（2）结合律：$(A+B)+C=A+(B+C), (AB)C=A(BC)$。

（3）分配律：$(A+B)C=(AC)+(BC), A+(BC)=(A+B)(A+C)$。

（4）差积转换律：$A-B=A\bar{B}=A-AB$。

（5）对偶律：$\overline{A+B}=\bar{A}\bar{B}$，$\overline{AB}=\bar{A}+\bar{B}$。

一般地，$\overline{A_1 A_2 \cdots A_n} = \overline{A_1} + \overline{A_2} + \cdots + \overline{A_n}$，$\overline{A_1 + A_2 + \cdots + A_n} = \overline{A_1}\,\overline{A_2} \cdots \overline{A_n}$。

**4．频率、概率及其性质**

在相同条件下，如果随机事件 $A$ 在 n 次试验中独立重复 $m$ 次，那么随机事件 $A$ 的频率 $f_n(A) = m/n$。当试验次数 n 变大时，$f_n(A)$ 会逐渐稳定于概率 $P$，这种现象称为频率的稳定性，说明随机事件发生的可能性是随机事件本身所固有的、不会随着主观意志而改变的客观属性。通常，概率 $P(A) = p$ 用来表示随机事件 $A$ 在试验中出现的可能性大小。概率 $P$ 越大，说明随机事件 $A$ 发生的可能性越大；概率 $P$ 越小，说明随机事件 $A$ 发生的可能性越小。

只要 $n$ 足够大，频率围绕概率 $P(A) = p$ 摆动的幅度就会足够小，此时 $f_n(A)$ 就可以作为概率 $P(A) = p$ 的估计值。当 $n$ 太小时，频率的波动范围大而不适合用来估计概率。

苏联数学家柯尔莫哥洛夫（Kolmogrov）给出概率的公理体系：设 $\Omega$ 是随机试验的样本空间，如果 $\Omega$ 中任意事件 $A$ 对应的实数 $P(A)$ 满足以下公理，则称 $P(A)$ 为随机事件 $A$ 的概率。

（1）非负性：对任意事件 $A$，有 $0 \leqslant P(A) \leqslant 1$。

（2）规范性：必然事件 $\Omega$ 的概率为 1，不可能事件 $\varnothing$ 的概率为 0，即 $P(\Omega)=1$，$P(\varnothing)=0$。

（3）可列可加性：对于两两互不相容事件 $A_1, A_2, \cdots, A_n$，$A_i A_j = \varnothing, 1 \leqslant i < j \leqslant n$，有关系式 $P(A_1 + A_2 + \cdots + A_n) = P(A_1) + P(A_2) + \cdots + P(A_n)$ 恒成立。

决策者综合利用各种信息，由主观经验或直觉判断估计的概率称为主观概率。主观概率不是随意猜想或胡乱编造的，而是建立在经验知识或研判分析基础上的。不同人对同一事物会给出不同主观概率。例如，甲说后天下雨的概率为 0.3，乙说后天下雨的概率为 0.5。

概率有如下运算性质。

（1）如果随机事件 $A$ 与 $B$ 互不相容，则 $P(A+B) = P(A) + P(B)$。

（2）一般地，如果随机事件 $A_1, A_2, \cdots, A_n$ 两两互不相容，则 $P(A_1 + A_2 + \cdots + A_n) = P(A_1) + P(A_2) + \cdots + P(A_n)$。

（3）任取随机事件 $A$ 及其对立随机事件 $\overline{A}$，有 $P(A) = 1 - P(\overline{A})$。

（4）任意随机事件 $A$ 与 $B$，有 $P(A-B) = P(A) - P(AB)$。对其验证如下。

证明：随机事件 $A$ 与 $B$ 显然满足关系 $A = (A-B) + AB$，并且 $(A-B) \cap (AB) = \varnothing$，即 $A-B$ 与 $AB$ 互不相容，则 $P(A) = P((A-B) + AB) = P(A-B) + P(AB)$，移项得 $P(A-B) = P(A) - P(AB)$。

特别地，当 $B \subset A$ 时，有 $AB = B$，于是 $P(A-B) = P(A) - P(B)$。

（5）任取随机事件 $A$ 与 $B$，有 $P(A+B) = P(A) + P(B) - P(AB)$。

（6）任取随机事件 $A$ 与 $B$，如果 $P(B) > 0$，则称 $P(A|B) = P(AB)/P(B)$ 是在已知随机事件 $B$ 发生的条件下，随机事件 $A$ 发生的条件概率，记作 $P(A|B)$。

（7）任取随机事件 $A$ 与 $B$，如果满足 $P(AB) = P(A)P(B)$，则称随机事件 $A$ 与 $B$ 相互独立。

如果随机事件 $A$ 与 $B$ 相互独立，则 $A$ 与 $\overline{B}$、$\overline{A}$ 与 $B$、$\overline{A}$ 与 $\overline{B}$ 也相互独立。

下面验证若随机事件 $A$ 与 $B$ 相互独立，则 $\overline{A}$ 与 $\overline{B}$ 也相互独立。

$P(\overline{A}\overline{B}) = P(\overline{A+B}) = 1 - P(A+B) = 1 - P(A) - P(B) + P(AB) = 1 - P(A) - P(B) + P(A)P(B)$
$= (1-P(A))(1-P(B)) = P(\overline{A})P(\overline{B})$，即 $P(\overline{A}\overline{B}) = P(\overline{A})P(\overline{B})$，所以 $\overline{A}$ 与 $\overline{B}$ 相互独立。

在实际问题中，两个随机事件之间的独立性通过实际意义分析判断。

（8）如果 $P(A) > 0$，随机事件 $A$ 与 $B$ 相互独立，则 $P(A|B)P(B) = P(B|A)P(A)$。

（9）如果 $A_1 + A_2 + \cdots + A_n = \Omega$；$A_i A_j = \varnothing, 1 \leqslant i < j \leqslant n$，则称 $A_1, A_2, \cdots, A_n$ 为完备事件组。

(10) 任取随机事件 $A$ 与 $B$，如果 $P(B) > 0$，则由以上条件概率的相关知识，得到概率的乘法公式 $P(AB) = P(B)P(A|B)$。

推广形式一，设 $P(AB) > 0$，则 $P(ABC) = P(A)P(B|A)P(C|AB)$。

推广形式二，设 $P(A_1A_2\cdots A_{n-1}) > 0$，则 $P(A_1A_2\cdots A_n) = P(A_1)P(A_2|A_1)\cdots P(A_n|A_1A_2\cdots A_{n-1})$。

若 3 个随机事件 $A_1, A_2, A_3$ 相互独立，则至少发生其中一个的概率

$$P(A_1 + A_2 + A_3) = 1 - P(\bar{A_1}\bar{A_2}\bar{A_3}) = 1 - P(\bar{A_1})P(\bar{A_2})P(\bar{A_3})$$
$$= 1 - (1 - P(A_1))(1 - P(A_2))(1 - P(A_3))$$

特别地，假定 $P(A_1) = P(A_2) = P(A_3) = p$，那么

$$P(A_1 + A_2 + A_3) = 1 - P(\bar{A_1}\bar{A_2}\bar{A_3}) = 1 - P(\bar{A_1})P(\bar{A_2})P(\bar{A_3}) = 1 - (1-p)(1-p)(1-p) = 1 - (1-p)^3。$$

【例 1】已知 $P(A) = 0.4$，$P(A+B) = 0.7$，分别在如下三种情况下求 $P(B)$，依次是 $A$ 与 $B$ 互不相容、$A \subset B$、$P(AB) = 0.2$。

解：情况一：当随机事件 $A$ 与 $B$ 互不相容时，求得
$$P(B) = P(A+B) - P(A) = 0.7 - 0.4 = 0.3$$

情况二：当 $A \subset B$ 时，$B = A + B$，求得
$$P(B) = P(A+B) = 0.7$$

情况三：当 $P(AB) = 0.2$ 时，求得
$$P(B) = P(A+B) - P(A) + P(AB) = 0.7 - 0.4 + 0.2 = 0.5$$

【例 2】已知 $P(A) = 0.1$，$P(B) = 0.3$，$P(A|B) = 0.2$，求 $P(AB)$ 和 $P(A+B)$。

解：
$$P(AB) = P(B)P(A|B) = 0.3 \times 0.2 = 0.06$$
$$P(A+B) = P(A) + P(B) - P(AB) = 0.1 + 0.3 - 0.06 = 0.34$$
$$P(B|A) = P(AB)/P(A) = 0.6$$
$$P(A\bar{B}) = P(A-B) = P(A) - P(AB) = 0.1 - 0.06 = 0.04$$
$$P(\bar{A}|\bar{B}) = P(\bar{A}\bar{B})/P(\bar{B}) = P(\overline{A+B})/(1-P(B)) = (1-P(A+B))/(1-P(B)) = 0.9429$$

【例 3】某同学拿 4 只钥匙开门，不确定哪一只钥匙能打开门，他一只接一只进行尝试并直到打开门为止。分别求第 1 只、第 2 只、第 3 只才打开门的概率。

解：设 $A_i = \{第 i 把打开门\}$，$i = 1, 2, 3$，于是

第 1 只才打开门的概率 $P(A_1) = 1/4$；

第 2 只才打开门的概率 $P(\bar{A_1}A_2) = P(\bar{A_1})P(A_2|\bar{A_1}) = (3/4) \times (1/3) = 1/4$；

第 3 只才打开门的概率 $P(\bar{A_1}\bar{A_2}A_3) = P(\bar{A_1})P(\bar{A_2}|\bar{A_1})P(A_3|\bar{A_1}\bar{A_2}) = (3/4) \times (2/3) \times (1/2) = 1/4$。

【例 4】甲、乙向目标射击，甲击中目标的概率为 0.6，乙击中目标的概率为 0.5，求目标被击中的概率。

解：设 $A = \{甲击中目标\}$，$B = \{乙击中目标\}$，$C = \{目标被击中\}$，那么 $C = A + B = \{至少有一人（甲或乙）击中目标\}$。显然，$A$ 与 $B$ 相互独立，那么目标被击中的概率为

$$P(C) = P(A+B) = P(A) + P(B) - P(AB) = P(A) + P(B) - P(A)P(B) = 0.8$$

下面利用独立事件和对立事件的性质计算概率。

【例 5】甲、乙、丙三人独立射击目标，击中目标的概率分别为 0.2, 0.3, 0.5，求目标被击中至少一次的概率。

解：设 $A = \{甲击中目标\}$，$B = \{乙击中目标\}$，$C = \{丙击中目标\}$。

目标被击中至少一次的概率为

$$P(A+B+C) = 1 - P(\overline{A+B+C}) = 1 - P(\overline{A}\overline{B}\overline{C})$$
$$= 1 - P(\overline{A})P(\overline{B})P(\overline{C}) = 1 - (1-P(A))(1-P(B))(1-P(C))$$
$$= 1 - 0.8 \times 0.7 \times 0.5 = 0.72$$

【例6】在空战中有两架飞机甲和乙，甲向乙开火，击落乙的概率为0.2；若乙未被击落，就地还击，击落甲的概率为0.3；若甲未被击落，击落乙的概率为0.4；求在这3个回合中，甲被击落的概率和乙被击落的概率。空战演示如图4-1所示。

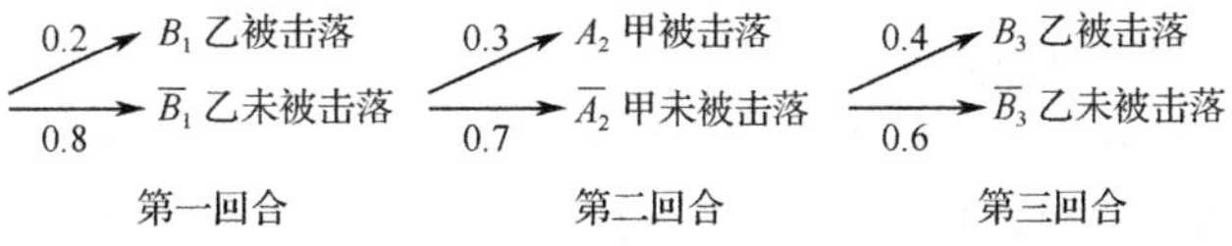

图4-1 空战回合演示图

解：设 $A$ = {甲被击落}，$B$ = {乙被击落}；$B_1$ = {乙在第一回合被甲击落}，$A_2$ = {甲在第二回合被乙击落}，$B_3$ = {乙在第三回合被甲击落}。

已知 $P(B_1) = 0.2$，$P(A_2 | \overline{B_1}) = 0.3$，$P(B_2 | \overline{B_1} \overline{A_2}) = 0.4$，那么

甲被击落的概率、乙被击落的概率分别为

$$P(A) = P(\overline{B_1}A) = P(\overline{B_1})P(A_2|\overline{B_1}) = (1-0.2) \times 0.3 = 0.24$$
$$P(B) = P(B_1) + P(\overline{B_1}\overline{A_2}B_3) = P(B_1) + P(\overline{B_1})P(\overline{A_2}|\overline{B_1})P(B_3|\overline{B_1}\overline{A_2})$$
$$= 0.2 + (1-0.2) \times (1-0.3) \times 0.4 = 0.424$$

由此可知，甲被击落的概率小于乙被击落的概率。正所谓在攻击时要"先发制人"。

**5. 全概率公式和贝叶斯公式**

事件 $B$ 发生的概率是每个原因事件 $A_i$ 发生条件下引起事件 $B$ 发生的概率之和。

如果原因事件 $A_1, A_2, \cdots, A_n$ 构成完备事件组（$A_1 + A_2 + \cdots + A_n = \Omega$，$A_iA_j = \varnothing$），且已知第一个原因事件 $A_i$ 发生的概率为 $P(A_i)$，那么在 $A_i$ 发生的条件下，引起 $B$ 发生的概率记作 $P(B|A_i)$，那么可以推导出全概率公式

$$P(B) = P(B\Omega) = P(B(A_1 + A_2 + \cdots + A_n)) = P(BA_1 + BA_2 + \cdots + BA_n)$$
$$= P(A_1)P(B|A_1) + P(A_2)P(B|A_2) + \cdots + P(A_n)P(B|A_n) = \sum_{i=1}^{n} P(A_i)P(B|A_i)$$

即

$$P(B) = \sum_{i=1}^{n} P(A_i)P(B|A_i)$$

在运用概率进行推断以前，事先掌握某个事件 $A_i$ 的初始概率 $P(A_i)$，又称先验概率。

首先获得关于这个事件的先验信息，然后收集资料并先验信息进行修正。当结果事件 $B$ 已经确认发生的情况下，是由原因事件 $A_i$ 引起的概率 $P(A_i|B)$ 称为后验概率。

由全概率公式 $P(B) = \sum_{i=1}^{n} P(A_i)P(B|A_i)$ 推导贝叶斯（Bayes）公式（逆概率公式）为

$$P(A_i|B) = \frac{P(A_iB)}{P(B)} = \frac{P(A_i)P(B|A_i)}{\sum_{i=1}^{n} P(A_i)P(B|A_i)}$$

英国统计学家贝叶斯（Bayes）推导出的这个公式竟然被封存而沉寂了近300年。近些年来，人们重新发现了它的价值并推动了贝叶斯统计理论的产生与发展。在贝叶斯统计理论与

决策科学结合的背景下,产生了用于管理学的贝叶斯决策方法。基本思想是指提前有了一定"认识"(先验概率),开展"实践"(调查样本信息),获得"再认识"(后验概率),"再实践"(后验概率代替先验概率、调查新的样本信息),如此循环并推进修正的"再认识"过程,体现了大胆猜测、现场观察、积累经验、收集信息和修正认识的思维模式。

【例7】某考生回答一个四选一的选择题,他知道正确答案的概率为1/2,他不知道正确答案但是猜对的概率为1/4,,已知考试结束时发现他答对了,求他确实知道正确答案的概率。

解:设 $A_1$={答对}, $A_2$={答错};设 $B_1$={知道正确答案}, $B_2$={不知道正确答案}。

$$P(B_1)=1/2,\ P(B_2)=1/2,\ P(A_1|B_1)=1,\ P(A_1|B_2)=1/4$$

该考生考试结束时答对的概率

$$P(A_1)=P(B_1)P(A_1|B_1)+P(B_2)P(A_1|B_2)=(1/2)\times1+(1/2)\times(1/4)=5/8$$

考试结束时发现他答对的情况下,其原因是他确实知道正确答案的概率

$$P(B_1|A_1)=P(B_1A_1)/P(A_1)=\frac{P(B_1)P(A_1|B_1)}{P(B_1)P(A_1|B_1)+P(B_2)P(A_1|B_2)}=(1/2)/(5/8)=4/5$$

【例8】某病毒在总人口中携带率为10%,携带病毒者阳性反应率为95%,携带病毒者阴性反应率为5%。不携带病毒者阳性反应率为20%,不携带病毒者阴性反应率为80%。问题如下:

(1)从全人口中随机抽取一人进行检测,求阳性反应的概率;

(2)已知某人检测结果为阳性,求这个人携带病毒的概率。

解:设 $B_1$={阳性反应}, $B_2$={阴性反应};设 $A_1$={携带病毒}, $A_2$={不携带病毒}。

$$P(A_1)=10\%,\ P(A_2)=90\%,\ P(B_1|A_1)=95\%,\ P(B_1|A_2)=5\%$$

随机从全人口中抽取一人检测,发生阳性反应的概率

$$P(B_1)=P(A_1)P(B_1|A_1)+P(A_2)P(B_1|A_2)=10\%\times95\%+90\%\times20\%=27.5\%$$

检测结果阳性者携带病毒的概率

$$P(A_1|B_1)=P(A_1B_1)/P(B_1)=\frac{P(A_1)P(B_1|A_1)}{P(A_1)P(B_1|A_1)+P(A_2)P(B_1|A_2)}=34.55\%$$

贝叶斯公式作为条件概率的延伸,在统计决策工作中具有重要作用。

【例9】甲胎蛋白免疫试验法用于肝癌的诊断决策。

在甲胎蛋白免疫试验法中,会出现真阳性和假阳性的现象,即健康人和肝癌患者都会出现阳性。已知肝癌患者阳性的概率很大而正常人阳性的概率很小。经调查,总人群肝癌发病的概率为0.04%,肝癌患者阳性的概率为94%,健康人阳性的概率为4%。问题如下:

(1)求一次试验为阳性时患肝癌的概率;

(2)连续两次独立试验都为阳性时患肝癌的概率;

(3)连续三次独立试验都为阳性时患肝癌的概率。

解:令 $A$={患肝癌}, $\bar{A}$={不患肝癌}; $B$={试验结果阳性}, $\bar{B}$={试验结果阴性},则

$$P(B|A)=94\%,\ P(A)=0.04\%,\ P(B|\bar{A})=4\%,\ P(\bar{A})=99.96\%$$

一次试验阳性时患肝癌的概率为

$$P(A|B)=\frac{P(A)P(B|A)}{P(A)P(B|A)+P(\bar{A})P(B|\bar{A})}=\frac{0.04\%\times94\%}{0.04\%\times94\%+99.96\%\times4\%}\times100\%=0.93\%$$

如果一次试验阳性,患肝癌的概率从0.04%修正为0.93%。

记 $B_1$={第1次试验结果阳性}, $B_2$={第2次试验结果阳性}。

由独立事件概率的性质,可得

$$P(B_1B_2|A) = P(B|A)P(B|A), \quad P(B_1B_2|\overline{A}) = P(B|\overline{A})P(B|\overline{A})$$

连续两次独立试验都为阳性时患肝癌的概率

$$P(A|B_1B_2) = \frac{P(A)P(B_1B_2|A)}{P(A)P(B_1B_2|A) + P(\overline{A})P(B_1B_2|\overline{A})}$$

$$= \frac{P(A)P(B|A)P(B|A)}{P(A)P(B|A)P(B|A) + P(\overline{A})P(B|\overline{A})P(B|\overline{A})} = 18.10\%$$

记 $B_i = \{第 i 次试验结果阳性\}$,$i = 1, 2, 3$。

由独立事件概率的性质,可得

$$P(B_1B_2B_3|A) = P(B|A)P(B|A)P(B|A), \quad P(B_1B_2B_3|\overline{A}) = P(B|\overline{A})P(B|\overline{A})P(B|\overline{A})$$

连续三次独立试验阳性时患肝癌的概率

$$P(A|B_1B_2B_3) = \frac{P(A)P(B_1B_2B_3|A)}{P(A)P(B_1B_2B_3|A) + P(\overline{A})P(B_1B_2B_3|\overline{A})}$$

$$= \frac{P(A)P(B|A)P(B|A)P(B|A)}{P(A)P(B|A)P(B|A)P(B|A) + P(\overline{A})P(B|\overline{A})P(B|\overline{A})P(B|\overline{A})} = 83.85\%$$

在临床医学领域,当用灵敏度很高的诊断试验方法筛检患病率很低的人群时,会出现少量的假阳性病人,因此要经过三次及以上检测都是阳性时才有疾病确诊的参考意义。

上例中随机事件可以更换,例如,把患肝癌改为狼来了,把一次试验为阳性改为某人叫喊狼来了。假设实际上狼来了的概率是 $P(A) = 0.04\%$;当狼不来时,每个人叫喊狼来了(撒谎)的概率都是 $P(B|\overline{A}) = 4\%$;当狼来时,每个人叫喊狼来了的概率是 $P(B|A) = 94\%$。

◇ 一个人叫喊狼来了时,狼真来的概率 $P(A|B_1) = 0.93\%$。

◇ 连续两个人叫喊狼来了时,狼真来的概率 $P(A|B_1B_2) = 18.10\%$。

◇ 连续三个人叫喊狼来了时,狼真来的概率 $P(A|B_1B_2B_3) = 83.85\%$。

也就是说,研究者本来认为某个原因发生的可能性很小,但是由其引起的结果后来接二连三地出现了,那么就要修正之前的认识,认为这个原因发生的可能性明显变大了。

## 4.2 随机变量

随机试验的结果可以通过随机事件及其概率来描述。然而,它事先并非以数值形式表示的。为了研究随机现象的统计规律,不妨把随机试验结果与实数之间建立一一对应关系,将其称为随机试验结果的数量化。于是,参考定义在实数轴上的普通函数的做法,将定义在样本空间上的函数称为随机变量。相应地,随机事件及其概率的研究转化为随机变量及其取值规律的研究。通过随机变量的数学性质,可以把不具有数量特点的随机事件及其概率的研究转换为随机变量的取值及其分布(密度)函数的研究,从而方便地使用现代数学工具(如微积分、概率论、随机过程)研究随机试验结果的统计规律。

随机变量按取值的特点分成离散型随机变量和连续型随机变量。

### 1. 离散型随机变量

离散型随机变量是指取值为有限可列个或无限可列个,而且取值能够逐个列举出来的整数点值形式的随机变量。例如,一枚硬币抛掷结果分成正面、反面,样本空间 $S=\{正, 反\}$。

建立映射关系 $f$：正→1，反→0，即正面朝上时赋值为 $X=1$，反面朝上时赋值为 $X=0$。于是，定义随机变量 $X$，$X=1$ 表示出现正面，$X=0$ 表示出现反面。

又如，一枚骰子抛掷点数为 1, 2, 3, 4, 5, 6，样本空间 $S=\{1, 2, 3, 4, 5, 6\}$。定义随机变量 $X$ 为出现点数，建立映射关系 $f$：1→1，2→2，3→3，4→4，5→5，6→6，那么随机事件 $A=\{$出现点数不超过 4$\}$ 与随机变量 $X\leqslant 4$，$X\in S$ 对应。除外，还可以建立映射关系 $f$：1→0, 2→0, 3→0, 4→0, 5→0, 6→1。定义随机变量 $Z$，$Z=1$ 表示点数 6 出现，$Z=0$ 表示点数 6 没有出现，那么随机事件 $A=\{$点数不是 6$\}$ 与随机变量 $Z=0$ 相对应。

再如，疾病疗效为治愈、显效、好转、无效，则定义随机变量并依次取值 4, 3, 2, 1；血样化验为阳性、阴性，则定义随机变量并令其在阳性时取值 1、在阴性时取值 0。

### 2. 连续型随机变量

连续型随机变量是指在一个区间或若干个区间范围内能够取遍区间的所有实数、而且取值不能逐个列举或数出来的随机变量。例如，顾客等待班车时间是在 [0, 15] 取值范围内的所有实数、某校初三学生身高是在 [1.40, 1.70] 取值范围内的所有实数。又如，某个超市每天顾客流量、某地区初一学生统考成绩、12 岁青少年身高都可以转换为随机变量。

根据随机变量的分布律或概率密度等数学性质，可以讨论其取值或取值范围的概率。对于离散型随机变量，由其服从的特定分布律得到某个点值的概率，以及在一定范围内所有可能点值的概率之和。对于连续型随机变量，可以通过概率密度函数的定积分，也就是某个区间内概率密度曲线与 $x$ 轴围成图形的面积来表示在这个区间范围内取值的概率。

每次抽样得到的个体都是一个随机变量。由样本中个体构造的、不含任何未知参数的函数称为统计量。由一次随机抽样的样本观测值可以求出构造的统计量取值。

由于随机抽样中的个体具有差异性，因而每次抽样以后求出的统计量的值就会不同。统计量也是随机变量，它的取值围绕在总体参数附近呈现波动变化特点。统计量的值可用于估计未知的总体参数及其置信区间。统计量的构造形式与实际资料特点、方法适用条件相互适应，根据研究目的和任务而有特殊要求。统计学家已经证明连续型随机变量的某些概率分布（如正态分布、$t$ 分布、$\chi^2$ 分布和 $F$ 分布）具有经典的数学性质。随机变量的概率分布及性质是参数估计法或假设检验法选择的依据。只有了解常见概率分布定义及其构成关系，才能对以其为理论基础的特定假设检验方法有更为透彻的理解和更为灵活的运用。

## 4.3 离散型随机变量分布

假设离散型随机变量 $X$ 有可列个值 $x_i$，其概率分布是 $P(X=x_i)=p_i$，$i=1, 2, \cdots$。

离散型随机变量的概率分布如表 4-1 所示。

表 4-1 离散型随机变量的概率分布

| 随机变量 $X$ | $x_1$ | $x_2$ | $x_3$ | $\cdots$ | $x_i$ | $\cdots$ |
|---|---|---|---|---|---|---|
| 概率 $P$ | $p_1$ | $p_2$ | $p_3$ | $\cdots$ | $p_k$ | $\cdots$ |

离散型随机变量的概率分布性质：$p_i \geq 0$，$i=1, 2, \cdots$ 且 $\sum_{i=1}^{+\infty} p_i = 1$。

下面介绍几种离散型随机变量的典型分布。

## 1. 二项分布

在每次随机试验中，假设随机事件 $A$ 只有发生和不发生两种结果。在相同条件下重复独立地开展 $n$ 次的随机试验，称为 $n$ 重伯努利试验。其中，"重复"是指随机事件 $A$ 发生的概率 $p$ 不变；"独立"是指随机事件 $A$ 是否发生不会受到其他次数随机试验结果的影响。

在 $n$ 重伯努利试验中，随机事件 $A$ 恰好发生 $k$ 次的概率为

$$P_n(k) = C_n^k p^k (1-p)^{n-k}$$

式中，组合数 $C_n^k$ 为 $\dfrac{n!}{k!(n-k)!}$。

随机事件 $A$ 第 $i$ 次发生记作 $A_i$、不发生记作 $\overline{A}_i$。假设随机事件 $A$ 前 $k$ 次都发生、后 $n-k$ 次都不发生，将其记作 $A_1 A_2 \cdots A_k \overline{A}_{k+1} \overline{A}_{k+2} \cdots \overline{A}_n$，于是求得概率为

$$P(A_1 A_2 \cdots A_k \overline{A}_{k+1} \overline{A}_{k+2} \cdots \overline{A}_n) = \overbrace{pp\cdots p}^{k} \overbrace{(1-p)(1-p)\cdots(1-p)}^{n-k} = p^k (1-p)^{n-k}$$

考虑到每次发生或不发生的任意排列共有 $C_n^k = \dfrac{n!}{k!(n-k)!}$ 种互不相容的情形，于是随机事件 $A$ 恰好发生 $k$ 次的概率为

$$P_n(k) = C_n^k p^k (1-p)^{n-k}$$

随机事件 $A$ 重复发生次数 $X$ 服从二项分布，记作 $X \sim B(n, p)$。二项分布是离散型随机变量中最具有典型意义的概率分布。二项分布如表 4-2 所示。

表 4-2 二项分布

| 随机变量 $X$ | 0 | 1 | $\cdots$ | $k$ | $\cdots$ | $n$ |
|---|---|---|---|---|---|---|
| 取值概率 $P$ | $(1-p)^n$ | $C_n^1 p q^{n-1}$ | $\cdots$ | $C_n^k p^k (1-p)^{n-k}$ | $\cdots$ | $p^n$ |

二项分布有如下数学性质。

$$P_n(k) = C_n^k p^k (1-p)^{n-k} \geq 0, \ k = 0, 1, \cdots, n; \ \sum_{k=0}^{n} p_k = \sum_{k=0}^{n} C_n^k p^k q^{n-k} = (p+q)^n = 1。$$

当 $n=1$ 时，相当于安排 1 次伯努利试验，随机事件 $A$ 发生 1 次或 0 次，称为重复发生次数 $X$ 服从两点分布或 0-1 分布，记为 $X \sim B(1, p)$。两点分布如表 4-3 所示。

表 4-3 两点分布

| 随机变量 $X$ | 0 | 1 |
|---|---|---|
| 取值概率 $P$ | $1-p$ | $p$ |

【例 1】已知某药对于某病的治愈率为 80%，用该药治疗的患者有 20 人，求有人未治愈的概率及恰好有 2 人未治愈的概率。

解：每个人用药治疗是独立重复试验，是否治愈为两个对立结果事件。每次试验记录随机事件 $A = \{$病人未治愈$\}$，未治愈率为 20%，即 $P(A) = 0.2$。这是 $n = 20$，$p = 0.2$ 的伯努利试验。

根据二项分布的性质，可得未治愈人数为 $k$ 的发生概率 $P(X=k) = C_{20}^k \times 0.2^k \times 0.8^{20-k}$。

有人未治愈的概率

$$P(X \geq 1) = \sum_{k=1}^{20} C_{20}^k \times 0.2^k \times 0.8^{20-k} = 1 - P(X=0) = 1 - 0.8^{20} = 0.9885$$

恰好有 2 人未治愈的概率

$$P(X=2) = C_{20}^2 \times 0.2^2 \times 0.8^{18} = 0.1369$$

## 2. 泊松分布

泊松分布是二项分布的近似形式，用于在重复次数很多的试验中，计算某种稀有现象发生次数的概率，如大人群调查以后，计算 RhD 阴性稀有血型携带人数的概率。

如果随机事件 $A$ 在一次试验中发生概率 $p$ 较小且试验次数 $n$ 较大，那么恰好发生 $k$ 次时的概率近似为

$$P_n(k) = \lambda^k e^{-\lambda}/k!, \ k = 0, 1, 2, \cdots; \ \lambda > 0$$

其中，$e \approx 2.718$。

随机事件 $A$ 重复发生次数 $X$ 服从泊松分布，记为 $X \sim P(\lambda)$。泊松分布如表 4-4 所示。

表 4-4  泊松分布

| 随机变量 $X$ | 0 | 1 | … | $k$ | … |
|---|---|---|---|---|---|
| 取值概率 $P$ | $e^{-\lambda}$ | $\lambda e^{-\lambda}$ | … | $\lambda^k e^{-\lambda}/k!$ | … |

泊松分布有如下数学性质。

$P_n(k) = \lambda^k e^{-\lambda}/k! \geq 0, \ k = 0, 1, \cdots;$ $\sum_{k=0}^{+\infty} p_k = \sum_{k=0}^{+\infty} \lambda^k e^{-\lambda}/k! = 1$。

当试验次数 $n$ 较大且每次发生率 $p$ 较小时，令 $np = \lambda$，则 $\lim\limits_{n \to +\infty} C_n^k p_n^k (1-p_n)^{n-k} = \lambda^k e^{-\lambda}/k!$。

证明：$C_n^k p_n^k (1-p_n)^{n-k} = \dfrac{n!}{k!(n-k)!} p^k (1-p)^{n-k} = \dfrac{n(n-1)\cdots(n-k+1)}{k!} p^k (1-p)^{n-k}$

$= \dfrac{n^k}{n^k} \cdot \dfrac{n(n-1)\cdots(n-k+1)}{k!} p^k (1-p)^{n-k} = 1 \cdot \dfrac{n-1}{n} \cdot \dfrac{n-2}{n} \cdots \dfrac{n-k+1}{n} \cdot \dfrac{(np)^k (1-p)^{n-k}}{k!}$

令 $np = \lambda$，$\lim\limits_{n \to \infty} \dfrac{n-1}{n} \cdot \dfrac{n-2}{n} \cdots \dfrac{n-k+1}{n} = 1$，$\lim\limits_{n \to \infty}(1-p)^{n-k} = \lim\limits_{n \to \infty}\left(\left(1 + \dfrac{-\lambda}{n}\right)^{\frac{n}{-\lambda}}\right)^{-\lambda\left(1-\frac{k}{n}\right)} = e^{-\lambda}$

于是，$\lim\limits_{n \to +\infty} C_n^k p_n^k (1-p_n)^{n-k} = \lambda^k e^{-\lambda}/k!$ 成立。

综上，当试验次数 $n$ 较大时，有近似关系 $C_n^k p_n^k (1-p_n)^{n-k} \to \lambda^k e^{-\lambda}/k!$。

【例 2】某地人群中胃癌发病率为 0.01%，抽查 50 000 人，胃癌患者人数 $X$ 服从二项分布 $B(50\ 000, 0.000\ 1)$。由二项分布和泊松分布，求没有胃癌患者或胃癌患者不少于 5 人的概率。

解：$n = 50\ 000$ 很大，$p = 0.000\ 1$ 很小，$\lambda = np = 50\ 000 \times 0.000\ 1 = 5$。

由二项分布和泊松分布，计算没有胃癌患者的概率

$$P(X = 0) = C_{50\ 000}^0 \ 0.000\ 1^0 \times 0.999\ 9^{50\ 000} \approx \lambda^0 e^{-\lambda}/0! = e^{-5} = 0.006\ 74$$

由二项分布和泊松分布，计算胃癌患者多于 5 人的概率

$$P(X \geq 5) = 1 - P(X < 5)$$

$$= 1 - \sum_{k=0}^{4} C_{50\ 000}^k \times 0.000\ 1^k \times 0.999\ 9^{50\ 000-k} \approx 1 - \sum_{k=0}^{4} 5^k \times e^{-5}/k! = 0.559\ 5$$

经分析，由二项分布和泊松分布求出来的概率近似相等。

## 4.4  连续型随机变量分布

连续型随机变量的取值是某个区间内的所有实数，这些数值无法逐个列举出来。

由基于概率密度函数的定积分，可以求出连续型随机变量在某个区间内取值的概率。

### 1. 概率密度函数

对于连续型随机变量来说，可以通过等距式统计分组方式整理成频数分布表；频数与数据的总个数相除以后得到频率；频率与组距相除以后得到频率密度。根据频率密度分布表，可以绘制直方图。在直方图中，每个小矩形的宽度表示组距；每个小矩形的高度表示频率密度；每个小矩形的面积等于频率密度乘以组距，表示每个分组中取值的频率。

这时候，将所有小矩形顶部的中心连接成折线，如果样本量足够大，则随着分组个数增加、小矩形个数增加，每个小矩形逐渐变窄或变细，最终退化成一条竖线，于是小矩形顶部中心连成的折线逐渐平滑并退化趋向于一条连续的光滑曲线，这条光滑曲线对应的函数就是概率密度函数 $f(x)$。随机变量 $X$ 在某个区间内取值的概率等于概率密度函数 $f(x)$ 的定积分，即由其对应的这条连续曲线与 $x$ 轴在区间内围成图形的面积。

连续型随机变量 $X$ 在区间 $(a, b)$ 内取值的概率 $P(a < X < b) = \int_a^b f(x)dx$，如图 4-2 所示。

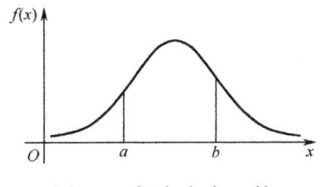

图 4-2 概率密度函数

概率密度函数 $f(x)$ 有如下数学性质。

（1）非负性：曲线 $f(x)$ 位于 $x$ 轴上面，$f(x) \geq 0$。

（2）归一性：曲线 $f(x)$ 与 $x$ 轴围成的图形面积为 1，即 $\int_{-\infty}^{+\infty} f(x)dx = P(-\infty < X < +\infty) = 1$。

### 2. 分布函数、分位点或临界值

令 $X$ 表示连续型随机变量，定义分布函数 $F(x) = P(X \leq x) = \int_{-\infty}^{x} f(t)dt$，由此计算这个随机变量 $X$ 在 $(-\infty, x]$ 内取值的概率，其中 $f(x)$ 是概率密度函数。$P(X \leq x)$ 表示在区间 $(-\infty, x]$ 内取值的概率，即 $f(x)$ 与 $x$ 轴围成的左端开口图形的面积。$P(X > x)$ 表示在区间 $(x, +\infty)$ 内取值的概率，即 $f(x)$ 与 $x$ 轴围成右端开口图形的面积。某个区间内取值的概率大小由概率密度函数 $f(x)$ 数学性质和定积分几何意义解释，有时被用于指定统计推断结论。分布函数如图 4-3 所示。

某些连续型随机变量的概率密度函数关于轴对称。由定积分几何意义，取得比临界值更极端情形的概率等于末端开口部分围成的面积。分位点或临界值如图 4-4 所示。

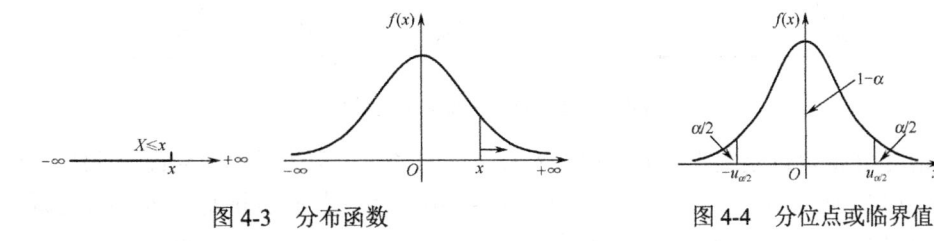

图 4-3 分布函数　　　　图 4-4 分位点或临界值

$P(x_1 < X \leq x_2) = P(X \leq x_2) + P(X \leq x_1) = F(x_2) - F(x_1) = \int_{x_1}^{x_2} f(t)dt$。其几何意义是随机变量 $X$ 落在区间 $(x_1, x_2)$ 的概率等于区间 $(x_1, x_2)$ 与曲线下方围成图形的面积。

$P(|X| > u_{\alpha/2}) = P(X > u_{\alpha/2}) + P(X < -u_{\alpha/2}) = \alpha/2 + \alpha/2 = \alpha$。其中，$u_{\alpha/2}$ 为双侧分位点。

下面介绍几种连续型随机变量的典型分布。

### 3. 正态分布

正态分布（Normal Distribution）是由高斯在描述误差相对频数分布模型时提出来的，后人将其称为高斯分布。正态分布是在连续型随机变量中常见且最具有典型意义的概率分布，也是 $t$ 分布、$\chi^2$ 分布、$F$ 分布等重要分布的数学理论基础。某些经典的参数检验方法（如 $t$ 检验、方差分析）在由样本构造满足适用条件的统计量时，前提是样本来自正态分布总体。

由大数定律和中心极限定理可以证明，大量独立同分布的随机变量之和，或由这些随机变量计算的均值都被认为近似服从正态分布。如果某个指标受到多种复杂因素的影响，只要每种因素的影响都相对很小，那么这个指标（如随机误差）往往就会服从正态分布。

尤其需要注意的是，中心极限定理是针对统计量 $\bar{X}$ 或 $\sum X$，而不是针对原始数据 $X_i$ 提出来的。如果样本量大于 30 或 50，那么统计量（如样本均值）的分布近似服从正态分布。以如下说法是错误的：如果样本量大于 30 或 50，那么原始数据 $X_i$ 的分布近似服从正态分布。

正态分布概率密度函数及其位置参数演示如图 4-5 所示。

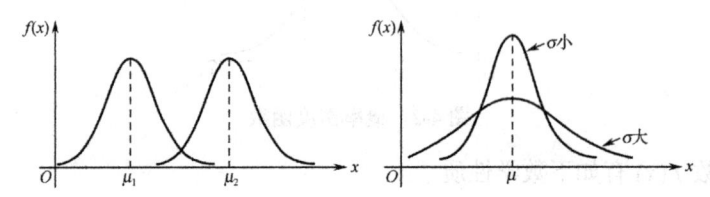

图 4-5　正态分布概率密度函数及其位置参数演示

正态分布的分布特征是大多数变量取值集中在平均值附近，且由平均值到两侧，取值个数逐渐减少。在自然科学或社会科学中，大部分数值变量服从正态分布，例如身高、体重、学习成绩、胆固醇含量等。有些数值变量不服从正态分布，如肿瘤手术后患者存活时间、某城市商品房的挂牌单价、某城市所有家庭的收入。

随机变量 $X$ 服从正态分布记作 $X \sim N(\mu, \sigma^2)$。随机变量 $X$ 取值范围是 $(-\infty, +\infty)$。正态分布概率密度函数 $f(x)$ 为曲线簇，由两个参数 $\mu, \sigma$ 唯一确定。表达式为 $f(x) = e^{-(x-\mu)^2/2\sigma^2} / \sqrt{2\pi}\sigma$。

正态分布的概率密度函数如图 4-6 所示。

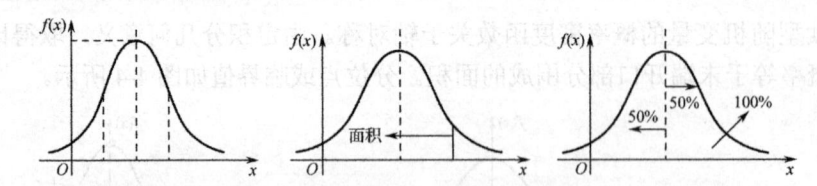

图 4-6　正态分布的概率密度函数

概率密度函数 $f(x)$ 是关于中心轴单峰对称、中间隆起、两边平坦的悬钟形曲线。$f(x)$ 的对称轴 $x = \mu$ 与 $x$ 轴垂直。$f(x)$ 左半部分关于 $(-\infty, \mu]$ 递增、右半部分关于 $[\mu, +\infty)$ 递减。在对称轴 $x = \mu$ 位置处，$f(x)$ 取最大值 $1/\sqrt{2\pi}\sigma$。当 $x = \mu \pm \sigma$ 时，$f(x)$ 分别获得拐点。$f(x)$ 曲线在拐点处的弯曲方向和陡峭程度发生变化。$x$ 轴是 $f(x)$ 唯一的水平渐近线。在理论上，当 $f(x)$ 对应曲线向横轴左右两侧无限延伸过程中，与渐近线 $x$ 轴无限接近但是永远不相交。

$f(x)$ 具有性质 $\int_{-\infty}^{+\infty} f(x) \mathrm{d}x = 1$，即概率密度函数 $f(x)$ 曲线与 $x$ 轴围成的面积为 1。

$\mu$ 称为位置参数，由其确定 $f(x)$ 曲线中心位置。$\sigma$ 称为形状参数，由其反映 $f(x)$ 曲线形状。参数 $\sigma$ 越小说明 $f(x)$ 曲线越陡峭，参数 $\sigma$ 越大说明 $f(x)$ 曲线越平阔。当 $\mu$ 大于 0 时，说明 $f(x)$ 曲线的中心位置向右平移 $\mu$ 个单位。

分布函数 $F(x) = P(X \leq x) = \int_{-\infty}^{x} f(t) dt = \int_{-\infty}^{x} e^{-(t-\mu)^2/2\sigma^2}/\sqrt{2\pi}\sigma dt$。

正态分布是由两个参数决定的分布族，当参数变化时，分布形状和数学性质会有差异。由其计算概率的过程复杂多样、不易把握。如果把正态分布族统一转换为标准正态分布，那么将会简化计算概率的过程。

当 $\mu = 0$ 且 $\sigma = 1$ 时，标准正态分布的概率密度函数为 $\varphi(x) = e^{-x^2/2}/\sqrt{2\pi}$。

标准正态分布的概率分布函数 $\Phi(x) = P(X \leq x) = \int_{-\infty}^{x} \varphi(t) dt = \int_{-\infty}^{x} e^{-t^2/2}/\sqrt{2\pi} dt$。

标准正态分布的概率密度函数及双侧分位数如图 4-7 所示。

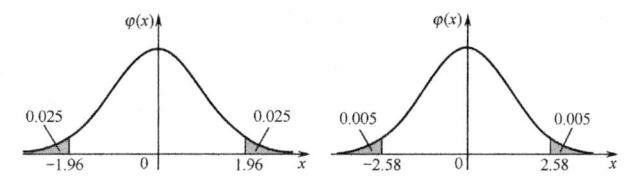

图 4-7 标准正态分布的概率密度函数及双侧分位数

如果给定概率密度函数 $\varphi(x)$ 的分位点，那么由分位点切割成区间，再由定积分求得某个区间内取值的概率。函数 $\varphi(x)$ 与 $x$ 轴围成下方图形的面积用于直观演示概率大小。

标准正态分布 $N(0,1)$ 附表列出近似概率分布函数值。

$\Phi(1.96) = P(X \leq 1.96) = \int_{-\infty}^{1.96} \frac{1}{\sqrt{2\pi}} e^{-t^2/2} dt = 0.975$。分位数和概率的关系如图 4-8 所示。

实际上，以上广义积分无法手工计算而是由软件求得的。为了省去烦琐的计算，人们编制了标准正态分布取值与 $\Phi(\cdot)$ 的附表，使常见随机变量取值与累计概率一一对应。只要随机变量 $X \sim N(0,1)$，就能查表求得 $\Phi(\cdot)$。由分位点的含义得到

$$P(X > z_\alpha) = \int_{z_\alpha}^{+\infty} \frac{1}{\sqrt{2\pi}} e^{-t^2/2} dt = \alpha, \quad P(X \leq z_\alpha) = \int_{-\infty}^{z_\alpha} \frac{1}{\sqrt{2\pi}} e^{-t^2/2} dt = 1-\alpha$$

$$1 - \Phi(z_\alpha) = \alpha, \quad \Phi(z_\alpha) = 1 - \alpha$$

例如，$\Phi(3.09) = P(X \leq 3.09) = \int_{-\infty}^{3.09} \frac{1}{\sqrt{2\pi}} e^{-t^2/2} dt = 0.999$。于是，$1 - \Phi(3.09) = P(X > 3.09) = 0.001$。常见分位点与概率如表 4-5 所示。

表 4-5 常见分位点与概率

| 分位点 | 3.09 | 2.576 | 2.327 | 1.96 | 1.645 | 1.282 |
|---|---|---|---|---|---|---|
| 概率 | 0.001 | 0.005 | 0.01 | 0.025 | 0.05 | 0.1 |

随机变量 $X$ 在 $(a,b]$ 取值的概率等于在端点 $a,b$ 处分布函数 $\Phi(\cdot)$ 的差值（查表可得），即

$$P(a < X \leq b) = P(X \leq b) - P(X \leq a) = \Phi(b) - \Phi(a)$$
$$= \int_{-\infty}^{b} e^{-t^2/2}/\sqrt{2\pi} dt - \int_{-\infty}^{a} e^{-t^2/2}/\sqrt{2\pi} dt = \int_{a}^{b} e^{-t^2/2}/\sqrt{2\pi} dt$$

例如，令 $X \sim N(0,1)$，$P(0.5 < X \leq 1.5) = \Phi(1.5) - \Phi(0.5) = 0.9332 - 0.6915 = 0.2417$。

标准正态分布 $N(0,1)$ 的概率分布函数 $\Phi(-x) = 1 - \Phi(x)$，$\Phi(0) = 1/2$。

概率分布函数演示如图 4-9 所示。

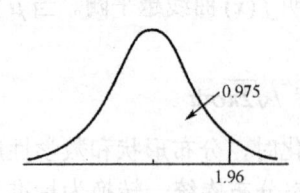

图 4-8　分位数和概率的关系　　　图 4-9　概率分布函数演示

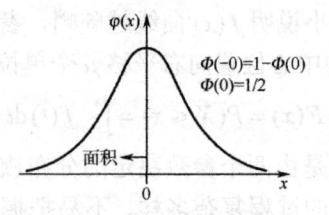

由定积分的换元法，令 $u=-t$，积分限也相应变化，则

$$\Phi(-x)=\int_{-\infty}^{-x}e^{-t^2/2}/\sqrt{2\pi}dt=-\int_{+\infty}^{x}e^{-u^2/2}/\sqrt{2\pi}du=\int_{x}^{+\infty}e^{-u^2/2}/\sqrt{2\pi}du$$

$$=\int_{-\infty}^{+\infty}e^{-u^2/2}/\sqrt{2\pi}du-\int_{-\infty}^{x}e^{-u^2/2}/\sqrt{2\pi}du=1-\int_{-\infty}^{x}e^{-t^2/2}/\sqrt{2\pi}dt=1-\Phi(x)$$

当 $x=0$ 时，$\Phi(-0)=1-\Phi(0)$，于是 $\Phi(0)=1/2$。

设正态分布随机变量 $X\sim N(\mu,\sigma^2)$，说明正态分布族中的概率密度函数完全由两个参数 $\mu,\sigma^2$ 决定。从几何意义上来说，只要通过平移变换和尺度变换，都可以将其转换为标准正态分布 $Y=\dfrac{X-\mu}{\sigma}\sim N(0,1)$，即正态分布族都可以进行标准化处理。

定理：任何正态分布 $X\sim N(\mu,\sigma^2)$ 都能转换为 $Y=\dfrac{X-\mu}{\sigma}\sim N(0,1)$ 分布。

证明：已知 $X\sim N(\mu,\sigma^2)$，则 $X$ 对应的概率密度函数为

$$f(t)=e^{-(t-\mu)^2/2\sigma^2}/\sqrt{2\pi}\sigma$$

$X$ 的分布函数为

$$F_Y(y)=P(Y\leqslant y)=P\left(\dfrac{X-\mu}{\sigma}\leqslant y\right)=P(X\leqslant \sigma y+\mu)=\int_{-\infty}^{\sigma y+\mu}f(t)dt$$

$$=\int_{-\infty}^{\sigma y+\mu}e^{-(t-\mu)^2/2\sigma^2}/\sqrt{2\pi}\sigma dt=\int_{-\infty}^{y}e^{-x^2/2}/\sqrt{2\pi}dx$$

对上式两边关于 $y$ 求导，得到 $Y$ 的概率密度函数为

$$f_Y(y)=F'_Y(y)=e^{-y^2/2}/\sqrt{2\pi}$$

既然 $Y$ 的概率密度函数为 $e^{-y^2/2}/\sqrt{2\pi}$，说明经过转换以后 $Y=\dfrac{X-\mu}{\sigma}\sim N(0,1)$。

对于任何服从正态分布 $N(\mu,\sigma^2)$ 的随机变量，区间范围内取值的概率为

$$P(a<X\leqslant b)=P\left(\dfrac{a-\mu}{\sigma}<\dfrac{X-\mu}{\sigma}\leqslant\dfrac{b-\mu}{\sigma}\right)=\Phi\left(\dfrac{b-\mu}{\sigma}\right)-\Phi\left(\dfrac{a-\mu}{\sigma}\right)$$

$$P(X\leqslant a)=P\left(\dfrac{X-\mu}{\sigma}\leqslant\dfrac{a-\mu}{\sigma}\right)=\Phi\left(\dfrac{a-\mu}{\sigma}\right)$$

【例1】已知产品重量服从正态分布 $X\sim N(150,5^2)$，求概率 $P(140<X\leqslant 155)$。

解：$P(140<X\leqslant 155)=\Phi\left(\dfrac{155-150}{5}\right)-\Phi\left(\dfrac{140-150}{5}\right)=\Phi(1)-\Phi(-2)$

$=\Phi(1)-(1-\Phi(2))=0.84135-1+0.97725=0.8186$

【例2】由已知可得某血常规指标总体 $X\sim N(60,25)$，求以 95% 的概率保证偏离总体均值 60 的参考值范围。

解：$P(|X-60|<h) = P\left(\left|\dfrac{X-60}{5}\right| < h/5\right) = \Phi(h/5) - \Phi(-h/5) = 2\Phi(h/5) - 1 = 95\%$

查表得 $h/5 = 1.96$，即 $h = 9.8$，于是该血常规指标的参考值范围是 $(50.2, 69.8)$。

【例3】从正态分布总体 $X \sim N(10,4)$ 中抽取样本容量为 9 的样本 $X_1, X_2, \cdots, X_9$。求样本均值与总体均值之差小于 2 的概率 $P(|\bar{X} - 10| < 2)$。

解：$P(|\bar{X} - 10| < 2) = P\left(\left|\dfrac{\bar{X} - 10}{2/3}\right| < 3\right) = P\left(-3 < \dfrac{\bar{X} - 10}{2/3} < 3\right) = 2\Phi(3) - 1 = 0.9972$

【例4】求概率 $P(\max(X_1, X_2, \cdots, X_9) > 8)$，随机变量 $X_1, X_2, \cdots, X_9 \sim N(10, 4)$ 且独立。

解：$P(\max(X_1, X_2, \cdots, X_9) > 8) = 1 - P(\max(X_1, X_2, \cdots, X_9) \leq 8)$
$= 1 - P(X_1 \leq 8, X_2 \leq 8, \cdots, X_9 \leq 8)$
$= 1 - P(X_1 < 8)P(X_2 < 8) \cdots P(X_9 < 8)$
$= 1 - (P(X_1 \leq 8))^9 = 1 - \left(P\left(\dfrac{X_1 - 10}{2} \leq -1\right)\right)^9 = 1 - \Phi^9(-1) \approx 1$

【例5】已知 $X \sim N(3, \sigma^2)$，$P(3 < X \leq 5) = 0.3$，求概率 $P(X \leq 0)$。

解：$P(3 < X \leq 5) = \Phi\left(\dfrac{5-3}{\sigma}\right) - \Phi\left(\dfrac{3-3}{\sigma}\right) = \Phi\left(\dfrac{2}{\sigma}\right) - \Phi(0) = 0.3$

$\Phi\left(\dfrac{2}{\sigma}\right) = \Phi(0) + 0.3 = 0.5 + 0.3 = 0.8$

$P(X \leq 0) = \Phi\left(\dfrac{0-2}{\sigma}\right) = \Phi\left(-\dfrac{2}{\sigma}\right) = 1 - \Phi\left(\dfrac{2}{\sigma}\right) = 0.2$

【例6】设 $X \sim N(5, 2^2)$，求概率 $P(4 < X \leq 7)$ 与 $P(|X| > 1)$。

解：$P(4 < X \leq 7) = \Phi\left(\dfrac{7-5}{2}\right) - \Phi\left(\dfrac{4-5}{2}\right) = \Phi(1) - \Phi(-0.5)$
$= \Phi(1) - (1 - \Phi(0.5)) = \Phi(1) - 1 + \Phi(0.5) = 0.8413 - 1 + 0.6915 = 0.5328$

$P(|X| > 1) = 1 - P(|X| \leq 1) = 1 - P(-1 \leq X \leq 1) = \Phi\left(\dfrac{1-5}{2}\right) - \Phi\left(\dfrac{-1-5}{2}\right)$
$= 1 - (\Phi(-2) - \Phi(-3)) = 1 - (1 - \Phi(2) - 1 + \Phi(3)) = 1 + \Phi(2) - \Phi(3) = 0.9786$

【例7】设随机变量 $X \sim N(\mu_1, \sigma_1^2)$，$Y \sim N(\mu_2, \sigma_2^2)$，且 $P(|X - \mu_1| \leq 1) > P(|Y - \mu_2| \leq 1)$。请比较 $\sigma_1, \sigma_2$ 的大小。

解：由于 $P(|X - \mu_1| \leq 1) > P(|Y - \mu_2| \leq 1)$，将其等价变形为

$P\left(\left|\dfrac{X - \mu_1}{\sigma_1}\right| \leq \dfrac{1}{\sigma_1}\right) > P\left(\left|\dfrac{Y - \mu_2}{\sigma_2}\right| \leq \dfrac{1}{\sigma_2}\right)$，所以 $\Phi\left(\dfrac{1}{\sigma_1}\right) > \Phi\left(\dfrac{1}{\sigma_2}\right)$，从而 $\dfrac{1}{\sigma_1} > \dfrac{1}{\sigma_2}$，即 $\sigma_1 < \sigma_2$。

【例8】已知 $X \sim N(\mu, \sigma^2)$，计算概率 $P(|X - \mu| \leq \sigma)$，$P(|X - \mu| \leq 2\sigma)$，$P(|X - \mu| \leq 3\sigma)$。

解：$P(|X - \mu| \leq \sigma) = P\left(-1 \leq \dfrac{X - \mu}{\sigma} \leq 1\right) = \Phi(1) - \Phi(-1) = 2\Phi(1) - 1 = 0.6826$

$P(|X - \mu| \leq 2\sigma) = P\left(-2 \leq \dfrac{X - \mu}{\sigma} \leq 2\right) = \Phi(2) - \Phi(-2) = 2\Phi(2) - 1 = 0.9545$

$$P(|X-\mu|\leq 3\sigma)=P\left(-3\leq\frac{X-\mu}{\sigma}\leq 3\right)=\Phi(3)-\Phi(-3)=2\Phi(3)-1=0.9973$$

经分析，如果总体近似服从正态分布，那么大约 68%的数据散落在 $(\mu-\sigma,\mu+\sigma)$ 内、大约95%的数据散落在 $(\mu-2\sigma,\mu+2\sigma)$ 内、大约 99.7%的数据散落在 $(\mu-3\sigma,\mu+3\sigma)$ 内，只有不到 3%的数据散落在 $(\mu-3\sigma,\mu+3\sigma)$ 外。在企业质量检验和过程控制领域，如果在一次试验中发生了这种小概率事件，那么就会认为质量有异常。

$6\sigma$ 标准（又称六西格玛管理质量水准）是基于这种概率算法提出的。

$$P(|X-\mu|\leq 6\sigma)=P\left(-6\leq\frac{X-\mu}{\sigma}\leq 6\right)=\Phi(6)-\Phi(-6)=2\Phi(6)-1=0.999\,999\,998$$

如果总体近似服从正态分布，那么大约 2/10 000 000 000 的数据散落在 $(\mu-6\sigma,\mu+6\sigma)$ 以外。

对于 $X\sim N(\mu,\sigma^2)$，求得 $P\left(\left|\frac{X-\mu}{\sigma}\right|\leq z_{\alpha/2}\right)=1-\alpha$，其中 $z_{\alpha/2}$ 为分位数，如 $z_{0.05/2}=1.96$。

说明随机变量 $X$ 的取值有 $(100\times(1-\alpha))\%$ 落在 $(\mu-z_{\alpha/2}\sigma,\mu+z_{\alpha/2}\sigma)$ 内。

对于来自正态分布 $N(\mu,\sigma^2)$ 的一个大样本，如果由样本标准差 $S$ 代替总体标准差 $\sigma$，由样本均值 $\bar{X}$ 代替总体均值 $\mu$，那么大约 $[100\times(1-\alpha)]\%$ 的数据落在 $(\bar{X}-z_{\alpha/2}S,\bar{X}+z_{\alpha/2}S)$ 内。

对于来自正态分布 $N(\mu,\sigma^2)$ 的一个大样本，大约 68%的数据落在 $(\bar{X}-S,\bar{X}+S)$ 内，大约 95%的数据落在 $(\bar{X}-2S,\bar{X}+2S)$ 内，大约 99%的数据落在 $(\bar{X}-3S,\bar{X}+3S)$ 内。

对于来自标准正态分布 $N(0,1)$ 或数据经过标准化以后的一个大样本，大约 68%的数据落在 $(-1,1)$ 内、大约 95%的数据落在 $(-2,2)$ 内、大约 99%的数据落在 $(-3,3)$ 内。

正态分布取值范围示意图如图 4-10 所示。

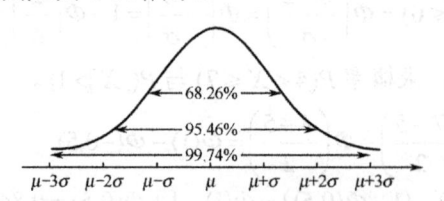

图 4-10 正态分布取值范围示意图

在临床医学工作中，常要获得绝大多数正常人的人体形态、功能和代谢产物等生理指标变化范围。例如，某个地区的成年男性每升血液中的红细胞数近似服从正态分布。从中随机抽检 500 人，求得样本均值 $\bar{X}$ 为 $60\times 10^{12}$，样本标准差 $S$ 为 $0.5\times 10^{12}$。经计算，$\bar{X}-2S=59\times 10^{12}$，$\bar{X}+2S=61\times 10^{12}$，所以该地区成年男性红细胞数的 95%参考值范围是 $(59\times 10^{12},61\times 10^{12})$。

### 4. $\chi^2$ 分布

设随机变量 $X_1,X_2,\cdots,X_n$ 独立且服从 $N(0,1)$ 分布，定义统计量 $\chi^2=X_1^2+X_2^2+\cdots+X_n^2$ 服从自由度为 $n$ 的 $\chi^2$ 分布，记作 $\chi^2\sim\chi^2(n)$。

$\chi^2$ 分布的概率密度函数 $f(x)$ 表达式为

当 $x\geq 0$ 时，$f(x)=x^{n/2-1}\mathrm{e}^{-x/2}/2^{n/2}\Gamma(n/2)$；当 $x<0$ 时，$f(x)=0$

由 $\chi^2$ 分布定义定义域可知，服从该分布的随机变量的取值范围是 $(0,+\infty)$。

对于 $\chi^2$ 分布的概率密度函数来说，自由度 $n$ 决定对应曲线的形状。当 $n$ 不同时，对应着一族不同的曲线。$\chi^2$ 分布为单峰、右偏的非对称分布。随着自由度 $n$ 的变大，$\chi^2$ 分布的概率密度函数曲线形状逐渐趋于对称。当自由度为 1 时，曲线形状类似 "L" 型。如图 4-11 所示。

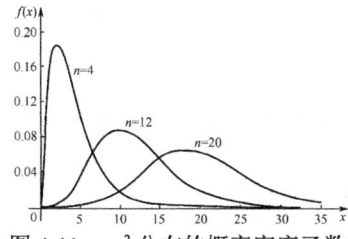

图 4-11 $\chi^2$ 分布的概率密度函数

由 $\chi^2$ 分布的概率密度函数可得

$$P\left(\chi^2 > \chi_\alpha^2(n)\right) = \int_{\chi_\alpha^2(n)}^{+\infty} f(t)\mathrm{d}t = \alpha, \quad \int_0^{+\infty} f(x)\mathrm{d}x = 1$$

例如，$\chi_{0.01}^2(8) = 20.09$，$P(\chi^2 > 20.09) = \int_{20.09}^{+\infty} f(x)\mathrm{d}x = 0.01$。

如果随机变量有 $n$ 个，约束条件的个数为 $k$，那么自由度（自由未知量的个数）等于 $n-k$。令 $X_1, X_2, \cdots, X_n$ 是容量为 $n$ 的一个随机样本，由于存在一个约束条件 $\sum_{i=1}^n (x_i - \bar{x}) = 0$，所以样本方差 $S^2 = \dfrac{1}{n-1} \sum_{i=1}^n (x_i - \bar{x})^2$ 的自由度为 $n-1$。

**定理** 设随机变量 $X \sim \chi^2(n_1)$，$Y \sim \chi^2(n_2)$，而且相互独立，则 $X + Y \sim \chi^2(n_1 + n_2)$。

证明略，大致由 $\chi^2$ 分布定义验证。

**定理** 设 $X_1, X_2, \cdots, X_n$ 为正态分布总体 $N(\mu, \sigma^2)$ 的一个简单随机样本，证明

$$\frac{(n-1)S^2}{\sigma^2} \sim \chi^2(n-1), \quad \text{其中 } S^2 = \frac{1}{n-1} \sum_{i=1}^n (x_i - \bar{x})^2$$

证明：$\dfrac{(n-1)S^2}{\sigma^2} = \sum_{i=1}^n \left(\dfrac{x_i - \bar{x}}{\sigma}\right)^2 = \sum_{i=1}^n \left(\dfrac{(x_i - \mu) - (\bar{x} - \mu)}{\sigma}\right)^2$

$= \sum_{i=1}^n \left(\dfrac{x_i - \mu}{\sigma}\right)^2 - 2\sum_{i=1}^n \dfrac{(x_i - \mu)(\bar{x} - \mu)}{\sigma^2} + n\left(\dfrac{\bar{x} - \mu}{\sigma}\right)^2$

$= \sum_{i=1}^n \left(\dfrac{x_i - \mu}{\sigma}\right)^2 - 2n\left(\dfrac{\bar{x} - \mu}{\sigma}\right)^2 + n\left(\dfrac{\bar{x} - \mu}{\sigma}\right)^2$

$= \sum_{i=1}^n \left(\dfrac{x_i - \mu}{\sigma}\right)^2 - n\left(\dfrac{\bar{x} - \mu}{\sigma}\right)^2 = \sum_{i=1}^n \left(\dfrac{x_i - \mu}{\sigma}\right)^2 - \left(\dfrac{\bar{x} - \mu}{\sigma/\sqrt{n}}\right)^2$

由于 $\sum_{i=1}^n \left(\dfrac{x_i - \mu}{\sigma}\right)^2 \sim \chi^2(n)$，$\left(\dfrac{\bar{x} - \mu}{\sigma/\sqrt{n}}\right)^2 \sim \chi^2(1)$，所以 $\sum_{i=1}^n \left(\dfrac{x_i - \bar{x}}{\sigma}\right)^2 \sim \chi^2(n-1)$。

也就是说，$\dfrac{(n-1)S^2}{\sigma^2} = \sum_{i=1}^n \left(\dfrac{x_i - \bar{x}}{\sigma}\right)^2 \sim \chi^2(n-1)$ 成立。

**【例 9】** 令 $X_1, X_2, X_3, X_4$ 是来自正态分布 $N(0, 2^2)$ 的一个简单随机样本，即 $X_i \sim N(0, 2^2)$。求 $\dfrac{1}{20}(X_1 - 2X_2)^2 + \dfrac{1}{100}(3X_3 - 4X_4)^2$ 的分布。

解：$X_1 - 2X_2 \sim N(0, 20)$，$\dfrac{X_1 - 2X_2}{2\sqrt{5}} \sim N(0, 1)$；$3X_3 - 4X_4 \sim N(0, 100)$，$\dfrac{3X_3 - 4X_4}{10} \sim N(0, 1)$。

于是 $\left(\dfrac{X_1-2X_2}{2\sqrt{5}}\right)^2+\left(\dfrac{3X_3-4X_4}{10}\right)^2\sim\chi^2(2)$，即 $\dfrac{1}{20}(X_1-2X_2)^2+\dfrac{1}{100}(3X_3-4X_4)^2\sim\chi^2(2)$。

**5. $t$ 分布**

设随机变量 $X\sim N(0,1)$, $Y\sim\chi^2(n)$，统计量 $X/\sqrt{Y/n}$ 服从自由度为 $n$ 的 $t$ 分布，记作 $t\sim t(n)$。$t$ 分布的概率密度函数表达式为

$$f(x)=\dfrac{\Gamma((n+1)/2)}{\sqrt{n\pi}\Gamma(n/2)}(1+x^2/n)^{-(n+1)/2},\ -\infty<x<+\infty$$

$t$ 分布的概率密度函数曲线是单峰对称的悬钟形曲线。自由度 $n$ 决定了该曲线的形状。当 $n$ 较大时，虽然 $t$ 分布与 $N(0,1)$ 分布的概率密度函数不同，但是曲线形状相似。

$t$ 分布的概率密度函数如图 4-12 所示。

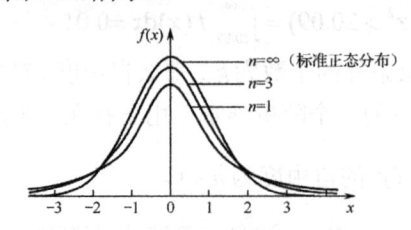

图 4-12　$t$ 分布的概率密度函数

令 $f(t)$ 为概率密度函数，那么 $t$ 分布的概率分布函数为

$$F(x)=P(X\leqslant x)=\int_{-\infty}^{x}f(t)\mathrm{d}t$$

由 $t$ 分布定义可知，服从该分布的随机变量的取值范围是 $(-\infty,+\infty)$。

由 $t$ 分布的概率密度函数可得

$$P(t>t_{\alpha/2}(n))=\int_{t_{\alpha/2}(n)}^{+\infty}f(t)\mathrm{d}t=\alpha,\ \int_{-\infty}^{+\infty}f(x)\mathrm{d}x=1$$

经验证，$t_{0.01}(10)=2.764$, $P(t>2.764)=0.01$, $P(t>2.764)=\int_{2.764}^{+\infty}f(x)\mathrm{d}x=0.01$。

之前大量观测数据为基础的社会统计问题得到普遍关注，正态分布占据了权威地位。后来在人工干预试验中常见小样本数据采集问题。曾经在牛津大学学过数学和化学的英国人戈塞特（Gosset）在一家酿酒厂担任酿造化学技师，他通过大量小样本试验数据的积累，怀疑在正态分布以外还存在某种未知的分布形式，他师从于皮尔逊研究少量数据的统计分析方法以后，在《生物统计学》杂志上以笔名 Student 发表了开创性的论文成果：

假设样本 $X_1,X_2,\cdots,X_n$ 服从正态分布 $N(\mu,\sigma^2)$，$\sigma^2$ 未知，则 $t=\dfrac{\overline{X}-\mu}{S/\sqrt{n}}\sim t(n-1)$。

这个成果在统计学发展史上有划时代意义，开创了小样本统计推断的新纪元。后来由费歇尔（Fisher）给出了完整证明并编制了 $t$ 分布的分位数表，$t$ 检验法从此进入应用。

【例 10】设随机变量 $X_1,X_2,\cdots,X_6$ 来自 $N(0,1)$ 分布总体，证明

$$\dfrac{(X_1+X_2+X_3)^2}{3(X_4+X_5+X_6)^2}\sim\chi^2(2),\ \dfrac{X_1+X_2+X_3}{(X_4^2+X_5^2+X_6^2)^{1/2}}\sim t(3)$$

证明：已知 $X_1,X_2,\cdots,X_6\sim N(0,1)$，于是 $X_1+X_2+X_3,X_4+X_5+X_6\sim N(0,3)$。

分别将其标准化以后得

$$\frac{((X_1+X_2+X_3)-0)}{\sqrt{3}}\sim N(0,1), \quad \frac{((X_4+X_5+X_6)-0)}{\sqrt{3}}\sqrt{3}\sim N(0,1)$$

由 $\chi^2$ 分布的定义可得 $\dfrac{(X_1+X_2+X_3)^2}{3}+\dfrac{(X_4+X_5+X_6)^2}{3}\sim\chi^2(2)$。

又已知 $X_4,X_5,X_6\sim N(0,1)$，于是 $X_4^2+X_5^2+X_6^2\sim\chi^2(3)$。

由 $t$ 分布的定义可得

$$\frac{(X_1+X_2+X_3)/\sqrt{3}}{\sqrt{(X_4^2+X_5^2+X_6^2)/3}}\sim t(3), \quad 即 \quad \frac{X_1+X_2+X_3}{(X_4^2+X_5^2+X_6^2)^{1/2}}\sim t(3)$$

【例 11】设随机变量 $X_1,X_2,\cdots,X_n$ 服从 $N(0,\sigma^2)$，证明 $\dfrac{X_1+X_2}{\sqrt{X_3^2+X_4^2}}\sim t(2)$。

证明：已知 $X_1\sim N(0,\sigma^2)$，$X_2\sim N(0,\sigma^2)$，于是 $X_1+X_2\sim N(0,2\sigma^2)$。

将其标准化以后得到

$$\frac{((X_1+X_2)-0)}{\sqrt{2\sigma^2}}\sim N(0,1)$$

已知 $X_3\sim N(0,\sigma^2)$，$X_4\sim N(0,\sigma^2)$，于是

$$\left(\frac{X_3-0}{\sigma}\right)^2+\left(\frac{X_4-0}{\sigma}\right)^2\sim\chi^2(2)$$

由 $t$ 分布的定义可得

$$\frac{X_1+X_2}{\sqrt{X_3^2+X_4^2}}=\left(\frac{X_1+X_2}{\sqrt{2\sigma^2}}\right)\Big/\sqrt{\left(\frac{X_3^2+X_4^2}{\sigma^2}\right)/2}\sim t(2)$$

【例 12】设总体 $X\sim N(\mu,\sigma^2)$，$X_1,X_2,\cdots,X_{n+1}$ 为随机抽取的一个样本，分别以 $\bar{X}_n, S_n^2$ 表示样本 $X_1,X_2,\cdots,X_n$ 的样本均值及样本方差。求统计量 $\dfrac{X_{n+1}-\bar{X}_n}{S_n}\sqrt{\dfrac{n}{n+1}}$ 的分布。

解：$\bar{X}_n\sim N(\mu,\sigma^2/n)$，$X_{n+1}$ 与 $X$ 总体同分布，于是 $X_{n+1}\sim N(\mu,\sigma^2)$，又由于 $X_{n+1}$ 与 $\bar{X}_n$ 独立，所以 $X_{n+1}-\bar{X}_n\sim N\big(0,(1+1/n)\sigma^2\big)$，将 $X_{n+1}-\bar{X}_n$ 进行标准化处理，则有 $\dfrac{X_{n+1}-\bar{X}_n}{\sigma\sqrt{1+1/n}}\sim N(0,1)$。

由定理结论，$\dfrac{(n-1)S_n^2}{\sigma^2}\sim\chi^2(n-1)$。

由 $t$ 分布的定义

$$\frac{X_{n+1}-\bar{X}_n}{\sigma\sqrt{1+1/n}}\Big/\sqrt{\frac{(n-1)S_n^2}{\sigma^2}/(n-1)}=\frac{X_{n+1}-\bar{X}_n}{S_n\sqrt{1+1/n}}\sim t(n-1)$$

于是，统计量 $\dfrac{X_{n+1}-\bar{X}_n}{S_n}\sqrt{\dfrac{n}{n+1}}$ 服从 $t(n-1)$ 分布。

**6. $F$ 分布**

设随机变量 $X_1\sim\chi^2(n_1)$，$X_2\sim\chi^2(n_2)$，$X_1$ 和 $X_2$ 相互独立，那么称统计量 $(X_1/n_1)/(X_2/n_2)$ 服从自由度为 $(n_1,n_2)$ 的 $F$ 分布，记作 $F\sim F(n_1,n_2)$。其中，$n_1,n_2$ 是两个自由度。当自由度不同时，概率密度函数的表达式也不同，当 $n_1,n_2$ 不同时，对应着一族不同的曲线。

$F$ 分布的概率密度函数 $f(x)$ 表达式为

当 $x \geq 0$ 时，$f(x) = \dfrac{\Gamma((n_1+n_2)/2)}{\Gamma(n_1/2)\Gamma(n_2/2)}(n_1/n_2)^{n_1/2} x^{n_1/2-1}(1+n_1 x/n_2)^{-(n_1+n_2)/2}$；当 $x < 0$ 时，$f(x) = 0$

该函数所对应曲线得形状由自由度 $n_1$, $n_2$ 决定，$F$ 分布为单峰、右偏的非对称分布。随着自由度 $n_1$, $n_2$ 变大，$F$ 分布的概率密度函数曲线形状逐渐趋于对称。

有人绘制了自由度分别为 500, 1000 的 $F$ 分布的概率密度函数曲线，发现其跟正态分布的概率密度函数曲线几乎一样，具有中间高、两头低的对称特点。如图 4-13 所示。

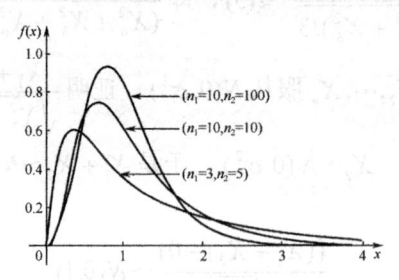

图 4-13 $F$ 分布的概率密度函数

令 $f(t)$ 为概率密度函数，那么 $F$ 分布的概率分布函数为

$$F(x) = P(X \leq x) = \int_{-\infty}^{x} f(t) dt$$

由 $F$ 分布定义可知，服从该分布的随机变量的取值范围是 $(0, +\infty)$。

由 $F$ 分布的概率密度函数可得

$$P(F > F_\alpha(n_1, n_2)) = \int_{F_\alpha(n_1, n_2)}^{+\infty} f(t) dt = \alpha, \quad \int_0^{+\infty} f(x) dx = 1$$

经验证，$F_{0.01}(5,10) = 5.64$，$P(F > 5.64) = \int_{5.64}^{+\infty} f(x) dx = 0.01$。

【例 13】设 $X \sim N(\mu, \sigma^2)$，样本 $X_1, X_2$ 来自总体 $X$，求统计量 $Y = \dfrac{(X_1+X_2)^2}{(X_1-X_2)^2}$ 的分布。

解：由于 $X_1 \sim N(\mu, \sigma^2)$，$X_2 \sim N(\mu, \sigma^2)$，所以

$$X_1 + X \sim N(0, 2\sigma^2), \quad X_1 - X \sim N(0, 2\sigma^2)$$

于是

$$\frac{X_1+X_2}{\sqrt{2\sigma^2}} \sim N(0,1), \quad \frac{X_1-X_2}{\sqrt{2\sigma^2}} \sim N(0,1)$$

由 $\chi^2$ 分布的定义，$\left(\dfrac{X_1+X_2}{\sqrt{2\sigma^2}}\right)^2 \sim \chi^2(1)$，$\left(\dfrac{X_1-X_2}{\sqrt{2\sigma^2}}\right)^2 \sim \chi^2(1)$。

由 $F$ 分布的定义，$Y = \dfrac{(X_1+X_2)^2}{(X_1-X_2)^2} = \left(\dfrac{X_1+X_2}{\sqrt{2\sigma^2}}\right)^2 \bigg/ \left(\dfrac{X_1-X_2}{\sqrt{2\sigma^2}}\right)^2 \sim F(1,1)$。

【例 14】设 $X \sim N(0,1)$，样本 $X_1, X_2$ 来自总体 $X$，求统计量 $Y = X_1/X_2$ 的分布。

解：$X_2 \sim N(0,1)$，由 $\chi^2$ 分布的定义，$(X_2)^2 \sim \chi^2(1)$。

又由于 $X_1 \sim N(0,1)$，由 $t$ 分布的定义

$$Y = X_1/X_2 = X_1/\sqrt{(X_2)^2/1} \sim t(1)$$

综上，正态分布 $N(\mu, \sigma^2)$、$t$ 分布、$\chi^2$ 分布和 $F$ 分布都是曲线族。

## 4.5 随机变量的数字特征

### 1. 数学期望和方差

（1）设离散型随机变量的分布函数为 $P(X = x_i) = p_i$，那么离散型随机变量的数学期望为 $E(X) = \sum_{i=1}^{+\infty} x_i p_i$；方差为 $V(X) = E(X - E(X))^2 = \sum_{i=1}^{+\infty} (x_i - E(X))^2 p_i$。

离散型随机变量函数 $Y = g(X)$ 的数学期望为 $E(Y) = \sum_{i=1}^{+\infty} g(x_i) p_i$。

（2）设连续型随机变量的密度函数为 $f(x)$，那么连续型随机变量的数学期望为 $E(X) = \int_{-\infty}^{+\infty} x f(x) dx$；方差为 $V(X) = E(X - E(X))^2 = \int_{-\infty}^{+\infty} (x - E(X))^2 f(x) dx$。

连续型随机变量函数 $Y = g(X)$ 的数学期望为 $E(Y) = \int_{-\infty}^{+\infty} g(x) f(x) dx$。

实际上，定积分就是基于极限思想，在连续区间中进行的分割、离散化和近似计算。

令 $\sqrt{V(X)}$ 为 $X$ 的标准差，$\dfrac{\sqrt{V(X)}}{E(X)}$ 称为变异系数，后者不受随机变量 $X$ 的量纲影响。

$V(X) = E(X^2) - E^2(X)$ 为方差的另一种等价形式。

$V(X) = E(X - E(X))^2 = E(X^2) - 2E(X)E(X) + E^2(X) = E(X^2) - E^2(X)$。

### 2. 数学期望和方差的性质

（1）$E(C) = C$，$V(C) = 0$，其中 $C$ 为常数。
（2）对于任意随机变量 $X$，$E(CX) = CE(X)$，$V(CX) = C^2 V(X)$，其中 $C$ 为常数。
（3）$E(aX + b) = aE(X) + b$，$V(aX + b) = a^2 V(X)$，其中 $a, b$ 为常数。
（4）对于任意两个随机变量 $X$ 和 $Y$，$E(X + Y) = E(X) + E(Y)$。
（5）如果随机变量 $X$ 和 $Y$ 独立，则 $E(XY) = E(X)E(Y)$，$V(X \pm Y) = V(X) + V(Y)$。
（6）对于随机变量 $X_1, X_2, \cdots, X_n$，$E(X_1 + X_2 + \cdots + X_n) = E(X_1) + E(X_2) + \cdots + E(X_n)$。
（7）如果随机变量 $X_1, X_2, \cdots, X_n$ 独立，$V(X_1 + X_2 + \cdots + X_n) = V(X_1) + V(X_2) + \cdots + V(X_n)$。

【命题1】服从两点分布的随机变量 $X \sim B(1, p)$，证明数学期望为 $p$、方差为 $(1-p)$。
【命题2】服从二项分布的随机变量 $X \sim B(n, p)$，证明数学期望为 $np$、方差为 $np(1-p)$。

证明方法一：
对于一次试验来说，随机变量 $X \sim B(1, p)$，于是有
$$E(X) = 0 \times (1-p) + 1 \times p = p, \quad V(X) = E(X^2) - E^2(X) = 0^2 \times (1-p) + 1^2 \times p - p^2 = p(1-p)$$
那么对于 $n$ 次独立重复试验来说，有
$$X \sim B(n, p), \quad X = \sum_{i=1}^{n} X_i$$
$$E(X) = E(\sum_{i=1}^{n} X_i) = \sum_{i=1}^{n} E(X_i) = np, \quad V(X) = V(\sum_{i=1}^{n} X_i) = \sum_{i=1}^{n} V(X_i) = np(1-p)$$

证明方法二：
$X \sim B(n, p)$，则
$$E(X) = \sum_{k=0}^{n} k C_n^k p^k (1-p)^{n-k} = \sum_{k=0}^{n} k \frac{n!}{k!(n-k)!} p^k (1-p)^{n-k} = \sum_{k=0}^{n} \frac{n(n-1)!}{(k-1)!(n-k)!} p p^{k-1} (1-p)^{n-k}$$
$$= np \sum_{k=1}^{n} \frac{(n-1)!}{(k-1)!(n-k)!} p^{k-1} (1-p)^{n-1-(k-1)} = np (p + (1-p))^n = np$$

关于它的方差$V(X)$推导不再赘述。

【命题3】服从泊松分布$X\sim P(\lambda)$随机变量,证明数学期望和方差均为$\lambda$。

证明:
$$E(X)=\sum_{k=0}^{n}k\frac{\lambda^k e^{-\lambda}}{k!}=\lambda e^{-\lambda}\sum_{k=1}^{n}\frac{\lambda^{k-1}}{(k-1)!}=\lambda e^{-\lambda}e^{\lambda}=\lambda$$

$$E(X^2)=\sum_{k=0}^{n}k^2\frac{\lambda^k e^{-\lambda}}{k!}=e^{-\lambda}\sum_{k=0}^{n}(k(k-1)+k)\frac{\lambda^k}{k!}$$

$$=\lambda^2 e^{-\lambda}\sum_{k=2}^{n}\frac{\lambda^{k-2}}{(k-2)!}+\lambda e^{-\lambda}\sum_{k=1}^{n}\frac{\lambda^{k-1}}{(k-1)!}=\lambda^2 e^{-\lambda}e^{\lambda}+\lambda e^{-\lambda}e^{\lambda}=\lambda^2+\lambda$$

于是,$V(X)=E(X^2)-E^2(X)=\lambda^2+\lambda-\lambda^2=\lambda$。

【命题4】服从正态分布的随机变量$X\sim N(\mu,\sigma^2)$,证明数学期望为$\mu$、方差为$\sigma^2$。

证明:令$\frac{x-\mu}{\sigma}=t$,则$x=\mu+\sigma t$。

正态分布的数学期望为

$$E(X)=\int_{-\infty}^{+\infty}xe^{-\frac{(x-\mu)^2}{2\sigma^2}}/\sqrt{2\pi}\sigma dx=\int_{-\infty}^{+\infty}(\mu+\sigma t)e^{-t^2/2}/\sqrt{2\pi}dt$$

$$=\mu\int_{-\infty}^{+\infty}e^{-t^2/2}/\sqrt{2\pi}dt+\sigma\int_{-\infty}^{+\infty}te^{-t^2/2}/\sqrt{2\pi}dt=\mu$$

正态分布的方差为

$$V(X)=\int_{-\infty}^{+\infty}(x-\mu)^2 e^{-\frac{(x-\mu)^2}{2\sigma^2}}/\sqrt{2\pi}\sigma dx=\sigma^2\int_{-\infty}^{+\infty}t^2 e^{-t^2/2}/\sqrt{2\pi}dt$$

$$=-\sigma^2 te^{-t^2/2}/\sqrt{2\pi}\Big|_{-\infty}^{+\infty}+\sigma^2\int_{-\infty}^{+\infty}e^{-t^2/2}/\sqrt{2\pi}dt=0+\sqrt{2\pi}\sigma^2/\sqrt{2\pi}=\sigma^2$$

【例1】设随机变量$X$的概率密度为$f(x)=\begin{cases}kx^a & 0<x<1 \\ 0 & x>1, x<0\end{cases}$,已知$E(X)=0.75$,求$k$和$a$。

解:$E(X)=\int_{-\infty}^{+\infty}xf(x)dx=\int_{0}^{1}kx^{a+1}dx=k/(a+2)$。已知$E(X)=0.75$,求得$k/(a+2)=0.75$。

根据概率密度函数的性质$\int_{-\infty}^{+\infty}f(x)dx=\int_{0}^{1}kx^a dx=k/(a+1)=1$,得$a=2$,$k=3$。

【例2】设随机变量$X\sim N(1,2)$,$Y\sim N(0,3)$,$X$与$Y$相互独立,求$V(3X-2Y)$。

解:设随机变量$X\sim N(1,2)$,$Y\sim N(0,3)$,则$V(X)=2$,$V(Y)=3$。

又由于$X$与$Y$相互独立,所以$V(3X-2Y)=9V(X)+4V(Y)=9\times 2+4\times 3=30$。

【例3】假设病毒的人群携带率为$p$,某社区现有居民$N$人,病毒核酸检测工作方案一是逐一检测;工作方案二是分组混检,每组$k$个人。如果混检结果为阴性,那么只检测1次;如果混检结果为阳性,那么组内每个人都要检测1次。

问题一:如果采用分组混检方式可以减少总的检测次数,那么$p$和$k$满足什么关系。

问题二:假设$p=0.02$,当$k$取值为多少时,总的检测次数最少。

问题三:假设$p=0.1$,当$k$取不同值时,讨论$EX$并比较检验次数。

问题四:当$p$取不同值时,讨论最佳的分组人数$k$。

解:如果采用分组混检方式,那么当组内无人携带病毒时,只须检测1次,即每个人检测$1/k$次;当组内有人携带病毒时,共须检测$1+k$次,即每个人检测$1/k+1$次。

令 $X$ 为每个人的检测次数，那么每个人的检测次数 $X$ 的分布列如表 4-6 所示。

表 4-6　每个人的检测次数的分布列

| $X$ | $1/k$ | $1/k+1$ |
|---|---|---|
| $P$ | $p^k$ | $1-p^k$ |

问题一：

每个人的平均检测次数：$E(X)=(1/k)\cdot p^k+(1+1/k)\cdot(1-p^k)=1+1/k-p^k$。

该社区全部居民的平均检测次数为 $N\cdot(1+1/k-p^k)$。

如果采用分组混检方式减少总的检测次数，则要满足 $N\cdot(1+1/k-p^k)<N$，即 $1/k<p^k$。

问题二：

为了总的检测次数最少，即 $N\cdot(1+1/k-p^k)$ 取最小值，也就是 $1+1/k-p^k$ 取最小值。

由于 $p=0.02$，求得 $k=8$。所以当每组检测 8 人时，总的检测次数最少。

问题三：

假设 $p=0.1$，当 $k$ 取不同值时，每个人的平均检测次数（数学期望）如表 4-7 所示。

表 4-7　不同 $k$ 时每个人的平均检测次数

| $k$ | 2 | 3 | 4 | 5 | 8 | 10 | 30 | 33 | 34 |
|---|---|---|---|---|---|---|---|---|---|
| $EX$ | 0.690 | 0.604 | 0.594 | 0.610 | 0.695 | 0.751 | 0.991 | 0.994 | 1.0016 |

当 $k\geq 34$ 时，平均检测次数大于 1，比逐一检测的工作量大。

当 $k\leq 33$ 时，平均检测次数在不同程度上得到减少。

问题四：当 $p$ 取不同值时，最佳的分组人数 $k$、每个人的平均检测次数如表 4-8 所示。

表 4-8　不同 $p$ 时每个人的平均检测次数

| $p$ | 0.14 | 0.10 | 0.08 | 0.06 | 0.04 | 0.02 | 0.01 |
|---|---|---|---|---|---|---|---|
| $k$ | 3 | 4 | 4 | 5 | 6 | 8 | 11 |
| $EX$ | 0.697 | 0.594 | 0.534 | 0.466 | 0.384 | 0.274 | 0.196 |

经分析，$p$ 越小则说明分组检测方式比逐个检测方式的成本越小。

【例 4】设 $k$ 为任意实数，$EX$ 为随机变量 $X$ 的数学期望，证明 $E(X-k)^2\geq E(X-EX)^2$。

证明：$E(X-k)^2-E(X-EX)^2=E(X^2-2kX+k^2)-E(X^2-2X\cdot EX+(EX)^2)$

$$=-2kEX+k^2+(EX)^2=(EX-k)^2=E(X-k)^2\geq 0$$

即 $E(X-k)^2\geq E(X-EX)^2$ 成立。

### 3．矩及矩估计

1）总体矩和样本矩

设 $X$ 和 $Y$ 为随机变量，$k$ 和 $l$ 为正整数。

令 $E(X^k)$ 为随机变量 $X$ 的 $k$ 阶原点矩，$E(X-EX)^k$ 为随机变量 $X$ 的 $k$ 阶中心矩。

特别地，一阶原点矩 $EX$ 是 $X$ 的总体均值或数学期望，二阶中心矩 $E(X-EX)^2$ 是 $X$ 的总体方差。$k$ 阶原点矩 $E(X^k)$ 和 $k$ 阶中心矩 $E(X-EX)^k$ 分别是总体均值和方差的推广。

令 $E(X^kY^l)$ 为随机变量 $X$ 和 $Y$ 的 $k+l$ 阶混合原点矩。

令 $E\left((X-E(X))^k(Y-E(Y))^l\right)$ 为随机变量 $X$ 和 $Y$ 的 $k+l$ 阶混合中心矩。

特别地，$E(XY)$ 为随机变量 $X$ 和 $Y$ 的 $1+1$ 阶混合原点矩。

$E\big((X-E(X))(Y-E(Y))\big)$ 为随机变量 $X$ 和 $Y$ 的 $1+1$ 阶混合中心矩，即协方差。

令 $\frac{1}{n}\sum_{i=1}^{n}X_i^k$ 为样本 $k$ 阶原点矩，样本一阶原点矩 $\frac{1}{n}\sum_{i=1}^{n}X_i$ 是样本均值 $\bar{X}$。

令 $\frac{1}{n}\sum_{i=1}^{n}(X_i-\bar{X})^k$ 为样本 $k$ 阶中心矩，样本二阶原点矩 $\frac{1}{n}\sum_{i=1}^{n}(X_i-\bar{X})^2$ 是样本方差 $S^2$。

2）矩估计

矩估计是基于样本矩（或函数）估计总体矩（或函数）的方法。优点是简便易行，不必事先知道总体分布类型；缺点是在总体分布已知情况下，不能充分利用其数学性质。

【例5】总体 $X$ 的概率密度为 $f(x,\theta)=\begin{cases}e^{-(x-\theta)}, & x\geq\theta\\ 0, & x<\theta\end{cases}$，$X_1, X_2, \cdots, X_n$ 是随机样本。由总体一阶矩和样本一阶矩的替代关系估计参数 $\theta$。

解：令 $E(X)=\sum_{i=1}^{n}X_i/n=\bar{X}$，则

$$E(X)=\int_{\theta}^{+\infty}xe^{-(x-\theta)}dx=e^{\theta}(-xe^{-x}\big|_{\theta}^{+\infty}+\int_{\theta}^{+\infty}e^{-x}dx)=\theta+1$$

于是，$E(X)=\theta+1=\sum_{i=1}^{n}X_i/n=\bar{X}$；所以，参数 $\theta$ 的矩估计量 $\hat{\theta}=\bar{X}-1=\sum_{i=1}^{n}X_i/n-1$。

4. 协方差及其性质

对于随机变量 $X,Y$，定义 $X,Y$ 的协方差

$$\text{Cov}(X,Y)=E\big((X-E(X))(Y-E(Y))\big)$$

协方差不是用来反映离散程度大小，而是用来反映两个变量的关联程度大小。

（1）$X,Y$ 为离散型随机变量，假设联合分布律为

$$P(X=x_i,Y=y_j)=p_{ij}, i,j=1,2,\cdots$$

那么定义协方差为

$$\text{Cov}(X,Y)=\sum_{i=1}^{+\infty}\sum_{j=1}^{+\infty}(x_i-E(X))\big(y_j-E(Y)\big)p_{ij}$$

（2）$X,Y$ 为连续型随机变量，假设联合联合密度为 $f(x,y)$，那么定义协方差为

$$\text{Cov}(X,Y)=\int_{-\infty}^{+\infty}\int_{-\infty}^{+\infty}(x-E(X))\big(y-E(Y)\big)f(x,y)dxdy$$

协方差 $\text{Cov}(X,Y)$ 是反映 $X$ 与 $Y$ 相互联系的重要数学特征。

协方差具有如下性质。

（1）$\text{Cov}(X,C)=0$，其中 $C$ 为常数。

（2）$\text{Cov}(X,Y)=\text{Cov}(Y,X)$。

（3）$\text{Cov}(aX,bY)=ab\text{Cov}(Y,X)$，其中 $a,b$ 为常数。

（4）$\text{Cov}(X_1+X_2,Y)=\text{Cov}(X_1,Y)+\text{Cov}(X_2,Y)$。

（5）$V(X\pm Y)=V(X)+V(Y)\pm 2\text{Cov}(X,Y)$。当 $X,Y$ 相互独立时，$\text{Cov}(X,Y)=0$。

5. 相关系数及其性质

对随机变量 $X,Y$ 标准化，$X^*=\dfrac{X-E(X)}{\sqrt{V(X)}}$，$Y^*=\dfrac{Y-E(Y)}{\sqrt{V(Y)}}$，于是有

$$E(X^*)=0, E(Y^*)=0, V(X^*)=1, V(Y^*)=1$$

于是，定义随机变量 $X,Y$ 标准化协方差或相关系数为

$$\rho_{XY} = \text{Cov}(X^*, Y^*) = E\left(X^* - E(X^*)\right)\left(Y^* - E(Y^*)\right) = E(X^*Y^*)$$
$$= E\left(\frac{X - E(X)}{\sqrt{V(X)}}\right)\left(\frac{Y - E(Y)}{\sqrt{V(Y)}}\right) = \frac{E(X - E(X))(Y - E(Y))}{\sqrt{V(X)}\sqrt{V(Y)}} = \frac{\text{Cov}(X,Y)}{\sqrt{V(X)}\sqrt{V(Y)}}$$

相关系数 $\rho_{XY}$ 具有以下性质。

(1) $|\rho_{XY}| \leq 1$，$V(X^* \pm Y^*) = V(X^*) + V(Y^*) \pm 2\text{Cov}(X^*, Y^*) = 2 \pm 2\rho_{XY}$。

(2) $|\rho_{XY}| = 1 \Leftrightarrow X, Y$ 有严格线性关系，存在常数 $a, b$，使得 $P(Y = aX + b) = 1$。

(3) 如果 $X$ 与 $Y$ 的相关系数 $\rho_{XY} = 0$，则称 $X$ 与 $Y$ 不相关，其等价形式如下
$$\rho_{XY} = 0 \Leftrightarrow \text{Cov}(X,Y) = 0 \Leftrightarrow E(XY) = E(X)E(Y) \Leftrightarrow V(X \pm Y) = V(X) + V(Y)$$

【例 6】已知 $V(X) = 25$，$V(Y) = 36$，$\rho_{XY} = 0.4$，求 $V(X + Y)$ 和 $V(X - Y)$。

解：因为 $\rho_{XY} = \dfrac{\text{Cov}(X,Y)}{\sqrt{V(X)}\sqrt{V(Y)}}$，又已知 $V(X) = 25$，$V(Y) = 36$，$\rho_{XY} = 0.4$，则

$$\text{Cov}(X,Y) = \rho_{XY}\sqrt{V(X)}\sqrt{V(Y)} = 0.4\sqrt{25 \times 36} = 12$$
$$V(X + Y) = V(X) + V(Y) + 2\text{Cov}(X,Y) = 25 + 36 + 2 \times 12 = 85$$
$$V(X - Y) = V(X) + V(Y) - 2\text{Cov}(X,Y) = 25 + 36 - 2 \times 12 = 37$$

## 4.6 常见分布概率、累计概率和分位点的计算

根据离散型随机变量的分布率，可以求得取值点的概率或在一个范围内取值的累计概率。根据连续型随机变量的概率密度函数，可以通过求定积分的方式，求得给定区间内取值的累计概率，也可以由给定的累计概率反求区间的另一个端点（分位点）。

由于计算十分复杂或无法手工实现，在 SPSS 软件中编制了常见分布的概率、累计概率、分位点函数如表 4-9 所示。

表 4-9 常见分布的概率、累计概率、分位点函数

| 内容 | | 函数 |
|---|---|---|
| 二项分布 | 概率 | $P(X = k)$ : PDF.BINOM$(k, n, p)$ |
| | 累计概率 | $P(X \leq k)$ : CDF.BINOM$(k, n, p)$ |
| 泊松分布 | 概率 | $P(X = x)$ : PDF.POISSON$(x, \lambda)$ |
| | 累计概率 | $P(X \leq x)$ : CDF.POISSON$(x, \lambda)$ |
| 正态分布 | 累计概率 | $P(X \leq x)$ : CDF.NORMAL$(x, \mu, \sigma)$ |
| | 分位点 | $x_\alpha$ : IDF.NORMAL$(x, \mu, \sigma)$ |
| $\chi^2$ 分布 | 累计概率 | $P(\chi_\alpha^2(n) \leq x)$ : CDF.CHISQ$(x, n)$ |
| | 分位点 | $\chi_\alpha^2(n)$ : IDF.CHISQ$(1 - \alpha, n)$ |
| $t$ 分布 | 累计概率 | $P(t(n) \leq x)$ : CDF.T$(x, n)$ |
| | 分位点 | $t_\alpha(n)$ : IDF.T$(1 - \alpha, n)$ |
| $F$ 分布 | 累计概率 | $P(F(n_1, n_2) \leq x)$ : CDF.F$(x, n_1, n_2)$ |
| | 分位点 | $F_\alpha(n_1, n_2)$ : IDF.F$(1 - \alpha, n_1, n_2)$ |

【学习目标】理解随机变量的概率、累计概率和分位点求法，掌握操作流程并阐述结论。

## 【案例实验1】

由函数命令 PDF.BINOM$(k,n,p)$ 计算概率 $P(X=k)$；由函数命令 CDF.BINOM$(k,n,p)$ 计算累计概率 $P(X \leq k)$。其中，$k, p$ 为二项分布 $B(k,n,p)$ 的参数。

已知二项分布 $B(30, 0.2)$，$n=30$，$p=0.2$，求 $P(X=6)$ 和 $P(X \leq 6)$。

【数据文件】

定义变量"事件A发生次数"，类型为数值，输入参数值"6"。

【菜单选择】

单击"转换"主菜单，再单击"计算变量"选项。

【界面设置】

在打开的"计算变量"对话框的"目标变量"文本框中输入"概率1"，在"函数组"列表框中选择"PDF与非中心PDF"选项，然后在"函数和特殊变量"列表框中双击"PDF.BINOM"选项。这时候，在"数字表达式"列表框中显示"PDF.BINOM(?, ?, ?)"，依次输入"6, 30, 0.2"，单击"确定"按钮，如图4-14所示。

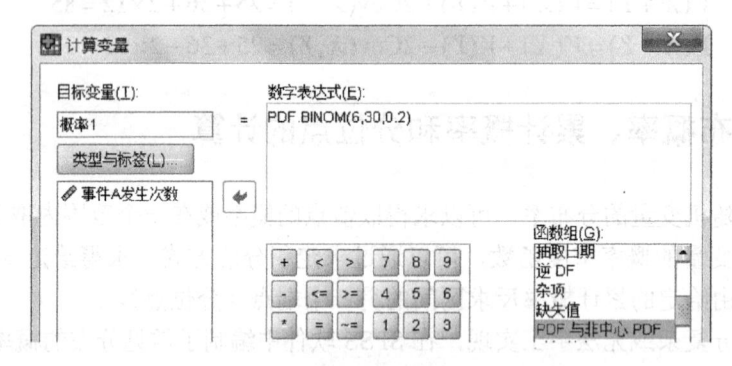

图4-14 二项分布概率函数命令的设置

在"目标变量"文本框中输入"概率2"，在"函数组"列表框中选择"CDF与非中心CDF"选项，然后在"函数和特殊变量"列表框中双击"CDF.BINOM"选项。这时候，在"数字表达式"列表框中显示"CDF.BINOM(?, ?, ?)"，依次输入"6, 30, 0.2"，如图4-15所示。

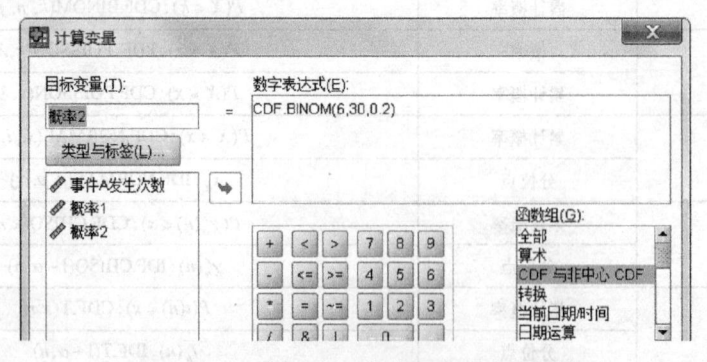

图4-15 二项分布累计概率函数命令的设置

【结果分析】

$P(X=6) = 0.179$，$P(X \leq 6) = 0.607$。

## 【案例实验 2】

由函数命令 PDF.POISSON$(x,\lambda)$ 计算概率 $P(X=x)$。由函数命令 CDF.POISSON$(x,\lambda)$ 计算累计概率 $P(X \leq x)$。其中，$\lambda$ 为泊松分布 $P(\lambda)$ 的参数。

已知泊松分布 $P(1.6)$，求 $P(X=3)$ 和 $P(X \leq 3)$。

【数据文件】
定义变量"事件 A 发生次数"，类型为数值，输入参数值"3"。

【菜单选择】
单击"转换"主菜单，再单击"计算变量"选项。

【界面设置】
在打开的"计算变量"对话框的"目标变量"文本框中输入"概率 1"，在"函数组"列表框中选择"PDF 与非中心 PDF"选项，然后在"函数和特殊变量"列表框中双击"PDF.POISSON"选项。这时候，在"数字表达式"列表框中显示"PDF.POISSON(?,?)"，依次输入"3, 1.6"，如图 4-16 所示。

图 4-16 泊松分布概率函数命令的设置

在"目标变量"文本框中输入"概率 2"，在"函数组"列表框中选择"CDF 与非中心 CDF"选项，然后在"函数和特殊变量"列表框中双击"CDF.POISSON"选项。这时候，在"数字表达式"列表框中显示"CDF.POISSON(?,?)"，依次输入"3, 1.6"，如图 4-17 所示。

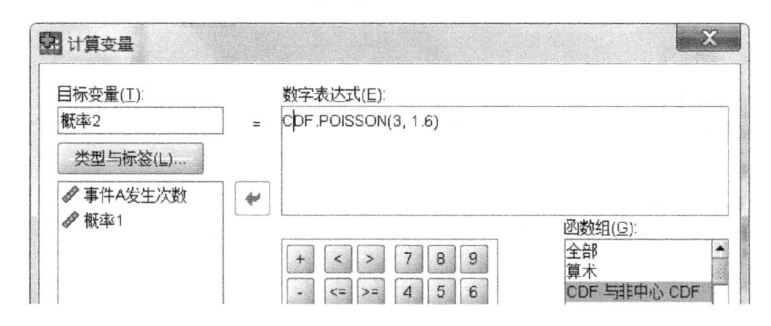

图 4-17 泊松分布累计概率函数命令的设置

【结果分析】
$P(X=3) = 0.138$，$P(X \leq 3) = 0.92$。

## 【案例实验 3】

由函数命令 IDF.NORMAL$(1-\alpha, \mu, \sigma)$ 计算分位点 $x_\alpha$。由函数命令 CDF.NORMAL$(x, \mu, \sigma)$

计算累计概率 $P(X \leq x)$；其中，$\mu, \sigma$ 为正态分布 $N(\mu, \sigma^2)$ 参数。

① 已知正态分布 $N(150, 5^2)$，求 $P(X \leq 155)$。
② 已知正态分布 $N(500, 100^2)$，求分位点 $x_0$，使得 $P(X > x_0) = 0.428$。

【数据文件】
定义"随机变量"，类型为数值，输入参数值"155"。

【菜单选择】
单击"转换"主菜单，再单击"计算变量"选项。

【界面设置】
在打开的"计算变量"对话框的"目标变量"文本框中输入"分位点"，在"函数组"列表框中选择"逆 DF"选项，然后在"函数和特殊变量"列表框中双击"IDF.NORMAL"选项。这时候，在"数字表达式"列表框中显示"IDF.NORMAL(?, ?, ?)"，依次输入"0.572, 500, 100"，如图 4-18 所示。

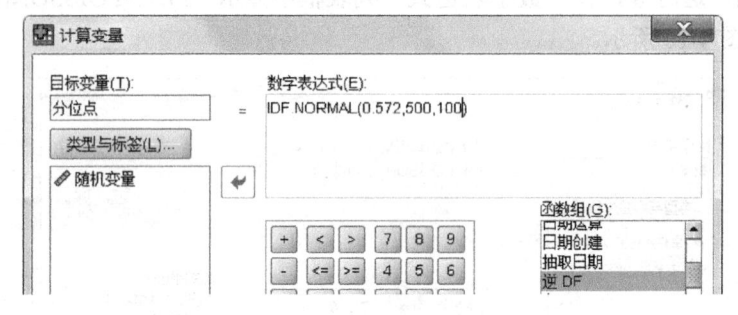

图 4-18　正态分布分位点函数命令的设置

由分位点定义，既然 $P(X > x_0) = 0.428$，那么 $P(X \leq x_0) = 0.572$。

在"目标变量"文本框中输入"概率"，在"函数组"列表框中选择"CDF 与非中心 CDF"选项。在"数字表达式"列表框中显示"CDF.NORMAL(?, ?, ?)"，依次输入"155, 150, 5"，如图 4-19 所示。

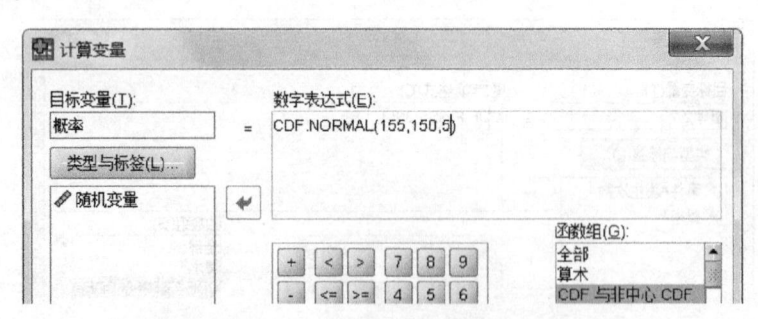

图 4-19　正态分布概率函数命令的设置

【结果分析】
$P(X \leq 155) = 0.138$。由 $P(X \leq x_0) = P(X \leq 518.15) = 0.572$，得到分位点是 518.15。

【案例实验 4】
由函数命令 CDF.CHISQ$(x, n)$ 计算累计概率 $P(\chi^2 \leq x)$；由函数命令 IDF.CHISQ$(1-\alpha, n)$ 计

算分位点 $\chi_\alpha^2(n)$。其中, $\chi^2$ 分布的自由度为 $n$。

① 求 $P(\chi_\alpha^2(10) > 25)$。② 求分位点 $\chi_{0.05}^2(50)$,使得 $P(\chi^2 > \chi_{0.05}^2(50)) = 0.05$。

【数据文件】

定义"随机变量",类型为数值,输入参数值"25"。

【菜单选择】

单击"转换"主菜单,再单击"计算变量"选项。

【界面设置】

在打开的"计算变量"对话框的"目标变量"文本框中输入"概率",在"函数组"列表框中选择"CDF 与非中心 CDF"选项,然后在"函数和特殊变量"列表框中双击"CDF.CHISQ"选项。这时候,在"数字表达式"列表框中显示"CDF.CHISQ(?, ?)",输入"25, 10",如图 4-20 所示。

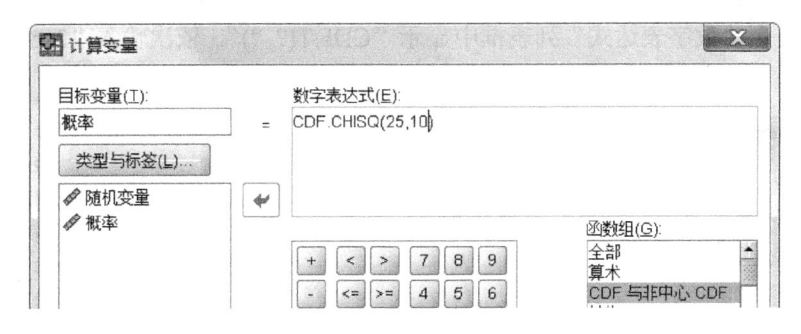

图 4-20 $\chi^2$ 分布概率函数命令的设置

由分位点定义,既然 $P(\chi^2 > \chi_{0.05}^2(50)) = 0.05$,那么 $P(\chi^2 \leq \chi_{0.05}^2(50)) = 0.95$。

在"目标变量"文本框中输入"分位点",在"函数组"列表框中选择"逆 DF"选项,然后在"函数和特殊变量"列表框中双击"IDF.CHISQ"选项。这时候,在"数字表达式"列表框中显示"IDF.CHISQ(?, ?)",依次输入"0.95, 50",如图 4-21 所示。

图 4-21 $\chi^2$ 分布的分位点函数命令的设置

【结果分析】

$P(\chi^2(10) > 25) = 1 - P(\chi^2(10) \leq 25) = 1 - 0.9946 = 0.0054$。

由 $P(\chi^2 \leq \chi_{0.05}^2(50)) = P(\chi^2 \leq 67.5) = 0.95$,得到分位点为 67.5。

## 【案例实验5】

由函数命令 CDF.T$(x,n)$ 计算累计概率 $P(T \leq x)$；由函数命令 IDF.T$(1-\alpha,n)$ 计算分位点 $t_\alpha(n)$。其中，$t$ 分布的自由度为 $n$。

① 求 $P(t(50) > 2)$。② 求分位点 $t_{0.025}(10)$，使得 $P(t > t_{0.025}(10)) = 0.025$。

【数据文件】

定义"随机变量"，类型为数值，输入参数值"2"。

【菜单选择】

单击"转换"主菜单，再单击"计算变量"选项。

【界面设置】

在打开的"计算变量"对话框的"目标变量"文本框中输入"概率"，在"函数组"列表框中选择"CDF 与非中心 CDF"选项，然后在"函数和特殊变量"列表框中双击"CDF.T"选项。这时候，在"数字表达式"列表框中显示"CDF.T(?, ?)"，依次输入"2, 50"，如图 4-22 所示。

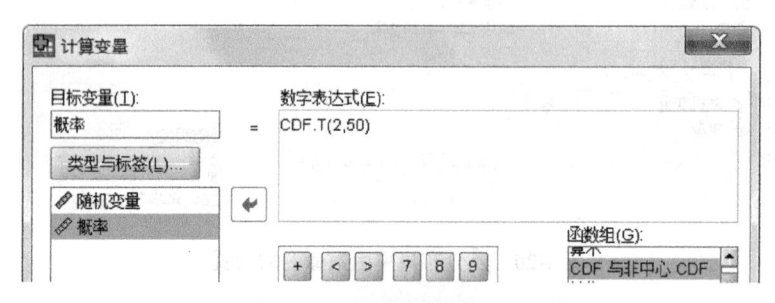

图 4.22 $t$ 分布概率函数命令的设置

由分位点的定义，既然 $P(t > t_{0.025}(10)) = 0.025$，那么 $P(t \leq t_{0.025}(10)) = 0.975$。

在"目标变量"文本框中输入"分位点"，在"函数组"列表框中选择"逆 DF"选项，然后在"函数和特殊变量"列表框中双击"IDF.T"选项。这时候，在"数字表达式"列表框中显示"IDF.T(?, ?)"，依次输入"0.975, 10"，如图 4-23 所示。

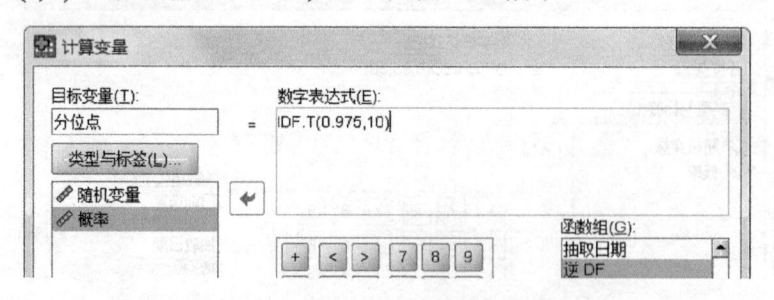

图 4-23 $t$ 分布分位点函数命令的设置

【结果分析】

$P(t(50) > 2) = 1 - P(t(50) \leq 2) = 1 - 0.9745 = 0.0255$。

由 $P(t \leq t_{0.025}(10)) = P(t \leq 2.23) = 0.975$，得到分位点为 2.23。

## 【案例实验6】

由函数命令 CDF.F$(x, n_1, n_2)$ 计算累计概率 $P(F(n_1, n_2) \leq x)$；由函数命令 IDF.F$(1-\alpha, n_1, n_2)$ 计算分位点 $F_\alpha(n_1, n_2)$。其中，$n_1, n_2$ 为 $F$ 分布的自由度。

① 求 $P(F(10,5) \leq 0.3)$。 ② 求分位点 $F_{0.95}(10,5)$，使得 $P(F > F_{0.95}(10,5)) = 0.95$。

**【数据文件】**

定义"随机变量"，类型为数值，输入参数值"0.3"。

**【菜单选择】**

单击"转换"主菜单，再单击"计算变量"选项。

**【界面设置】**

在打开的"计算变量"对话框的"目标变量"文本框中输入"概率"，在"函数组"文本框中选择"CDF 与非中心 CDF"选项，然后在"函数和特殊变量"列表框中双击"CDF.F"选项。这时候，在"数字表达式"文本框中显示"CDF.F(?, ?, ?)"，依次输入"0.3, 10, 5"，如图 4-24 所示。

图 4-24 $F$ 分布概率函数命令的设置

由分位点定义，既然 $P(F > F_{0.95}(10,5)) = 0.95$，那么 $P(F \leq F_{0.95}(10,5)) = 0.05$。

在"目标变量"文本框中输入"分位点"，在"函数组"文本框中选择"逆 DF"选项，然后在"函数和特殊变量"列表框中双击"IDF.F"选项。这时候，在"数字表达式"文本框中显示"IDF.F(?, ?, ?)"，依次输入"0.05, 10, 5"，如图 4-25 所示。

图 4-25 $F$ 分布分位点函数命令的设置

**【结果分析】**

$P(F(10,5) \leq 0.3) = 0.0497$。

由 $P(F \leq F_{0.95}(10,5)) = P(F \leq 0.301) = 0.05$，得到分位点为 0.301。

## 【拓展练习】

**【练习1】** 已知二项分布 $B(50, 0.1)$,求 $P(X=3)$ 及 $P(X \leq 3)$。

**【练习2】** 已知泊松分布 $P(3)$,求 $P(X=4)$ 及 $P(X \leq 5)$。

**【练习3】** 已知正态分布 $N(300, 4^2)$,求 $P(X \leq 100)$。

**【练习4】** 已知正态分布 $N(100, 20^2)$,求分位点 $x_0$,使得 $P(X > x_0) = 0.440$。

**【练习5】** ① 求 $P(\chi^2(8) > 15)$;② 求分位点 $\chi^2_{0.05}(8)$,使得 $P(\chi^2 > \chi^2_{0.05}(8)) = 0.05$。

**【练习6】** ① 求 $P(t(20) > 3)$;② 求分位点 $t_{0.025}(20)$,使得 $P(t > t_{0.025}(20)) = 0.025$。

**【练习7】** ① 求 $P(F(7,8) \leq 0.045)$;② 求分位点 $F_{0.95}(7,8)$,使得 $P(F \leq F_{0.95}(7,8)) = 0.05$。

# 第 5 章 参数估计和假设检验

## 5.1 抽样及抽样推断的相关概念

总体是指根据研究目的确定的、由全部同质观察单位组成的集合。样本是指从总体中随机抽取的、由部分观察单位组成的集合。样本来自总体并用于代表或估计总体，而随机抽样是进行统计推断的基础。由于个体的变异性引起样本的内在结构与总体的内在结构不全一致，所以样本不可能完全绝对地代替总体，基于随机抽样数据做出的总体推断结论也不是肯定准确无误的，不是必然的结论而是或然的结论，存在一定的不确定性。研究者有必要提高抽样代表性、保证数据质量、扩大样本量，以便于做出尽量稳定可靠的推断结论。

参数是描述总体数量特征的确定但未知的一种概括性数字度量。反映样本数量特征的指标称为统计量（样本函数）。常见的统计量有样本均值、样本方差、样本标准差和样本标准误。

例如，如果关于总体的参数是总体均值 $\mu$（数学期望）和总体方差 $\sigma^2$，那么与之相对应的样本统计量就是样本均值 $\bar{X}$ 和样本方差 $S^2$。统计推断就是指根据随机收集的样本信息去推断总体的数量特征，从非确定性角度进行概率推断的逻辑思维方法。

抽样推断的大致流程如图 5-1 所示。

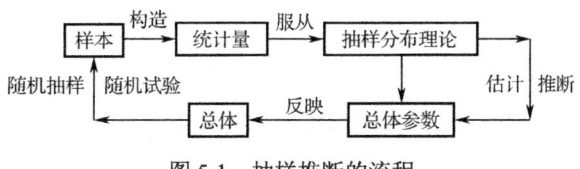

图 5-1 抽样推断的流程

样本并不是被直接用于推断总体的，而是由样本构造特定的统计量，将分散的样本信息集中在统计量取值上，再根据统计量的抽样分布数学性质计算概率，间接用于推断总体数量特征的。统计量对于统计学的重要性相当于随机变量对于概率论的重要性。在构造统计量时，必须关注假定条件、方案设计、资料类型，并事先考虑用到何种概率分布及其性质。

当从总体中随机抽取样本时，既然每个个体都是取值不固定的随机变量，那么由此构造的统计量也是取值不固定的随机变量。只有在抽样完成以后，才能由样本观测值求得统计量值。统计量所服从的特定概率分布又称抽样分布，常见有正态分布、$t$ 分布、$\chi^2$ 分布、$F$ 分布。这些分布的数学理论性质为在一定概率情况下的总体特征推断提供了可行性依据。

从正态分布总体中随机抽取的个体仍然服从正态分布，还可以证明由此计算的样本均值也服从正态分布。任何服从正态分布的随机变量都可以转换为标准正态分布。对于大样本来说，样本均值表现为中间多、两边少的对称分布，可以证明其近似服从正态分布。

抽样误差是指由于随机抽样工作的非全面性或偶然性造成的样本统计量与总体参数之间的差异。样本由部分个体组成，无法提供全面信息。只要个体存在变异，那么抽样误差就不可能避免。通过抽样方法合理选择和样本量扩大等途径，尽量将抽样误差控制在一定范围内。

均值的抽样误差是指由抽样引起的样本均值与总体均值之间的差异。样本方差或标准差反映了观测值偏离总体均值的离散程度。样本标准误反映了样本均值偏离总体均值的离散程度。抽样分布是由样本构造的统计量所服从的概率分布,是用于由样本推断总体特征的理论依据。统计量的构造取决于数据资料的类型和抽样分布的数学性质。

样本均数未必等于或不会恰好等于总体均数,样本均数之间也会存在差异。样本均值的频数分布具有规律性,表现为围绕总体均值上下随机波动,大样本的样本均数分布围绕总体均数呈现中间多、两边少、左右基本对称、近似服从正态分布。样本均值的变异程度小于样本中个体的变异程度。随着样本量变大,样本均数的变异范围逐渐缩小。样本均值的方差等于总体方差$\sigma^2$与样本量$n$的比值。样本均值的离散程度小于原始变量的离散程度。样本量越大则样本均值的离散程度越小。

## 5.2 大数定律和中心极限定理

在大量重复试验且试验条件不变的情况下,由大量独立同分布的随机样本构造的统计量会呈现出与总体参数充分接近的概率性质,这种概率性质称为大数定律。

例如,当样本量大时,样本均值趋近于总体均值,而频率趋近于概率。统计规律性是隐藏在大量数据中的客观事实,有时候要通过大量观察和精细分析才能发现。

又如,对于一名孕妇来说,生男孩还是生女孩是纯属偶然的、可能性相等的,通过大量观察却发现出生婴儿的性别比例几乎是个恒定的常数,即男孩与女孩之比为105:100,这个比例不是1:1。

**1. 切比雪夫(Chebyshev)大数定律**

设随机变量$X_1, X_2, \cdots, X_n$独立且来自同一分布总体,$E(X_i) = \mu$,$V(X_i) = \sigma^2$,$i = 1, 2, \cdots, n$。那么$\bar{X} = \sum_{i=1}^{n} X_i / n$依概率收敛于$\mu$,也就是有如下关系式。

对任意$\varepsilon > 0$,有

$$\lim_{n \to +\infty} P\left(\left|\sum_{i=1}^{n} X_i / n - \mu\right| < \varepsilon\right) = \lim_{n \to +\infty} P\left(\left|\bar{X} - \mu\right| < \varepsilon\right) = 1$$

由此可见,当观察次数充分大时,以样本均值近似代替总体均值有了理论依据。

**2. 伯努利(Bernoulli)大数定律**

设大量重复$n$次独立试验中,随机事件$A$发生的次数为$X$,每次试验中随机事件$A$发生的概率为$p$。那么$X/n$依概率收敛于$p$,也就是有如下关系式

对任意$\varepsilon > 0$,有

$$\lim_{n \to +\infty} P\left(\left|X/n - p\right| < \varepsilon\right) = 1$$

大数定律以严格的数学知识描述了频率的稳定性,为概率定义提供了理论根据。

大数定律的本质意义如下。

虽然个体受到偶然因素的影响作用不同而在数量上存在差异,但是对于总体而言可以相互抵消而显现出稳定的规律性。在大量观察基础上,研究对象中个别的、偶然的差异相互抵消或补充,而必然的、稳定的规律将会显现出来。也就是说,尽管个别现象受到偶然因素影响而有各自不同的表现,但是对总体大量观察以后进行平均,就会使得偶然因素的影响相互抵

消，消除了由个别偶然因素引起的极端影响，从而使得总体平均数估计值趋于稳定。

因此，大数定律所蕴含的观点是偶然性与必然性、个别性与一般性的对立统一规律在数量关系上的反映，无论是从数学方法上还是在哲学思考上都有重要意义。

### 3. 勒维-林德贝格（Levy-Lindeberg）中心极限定理

设随机变量 $X_1, X_2, \cdots, X_n$ 独立且来自同一分布总体，$E(X_i) = \mu$，$V(X_i) = \sigma^2$，$i = 1, 2, \cdots, n$。那么 $E(\sum_{i=1}^{n} X_i) = n\mu$，$V(\sum_{i=1}^{n} X_i) = n\sigma^2$。

对于任意实数 $x$，当 $n$ 充分大时，具有近似结论

$$\lim_{n \to +\infty} P\left(\frac{\sum_{i=1}^{n} X_i - n\mu}{\sqrt{n}\sigma} \leqslant x\right) = \lim_{n \to +\infty} P\left(\frac{\bar{X} - \mu}{\sigma/\sqrt{n}} \leqslant x\right) \approx \frac{1}{\sqrt{2\pi}} \int_{-\infty}^{x} e^{-t^2/2} dt$$

式中，$\bar{X} = \sum_{i=1}^{n} X_i / n$，即

$$P\left(\frac{\sum_{i=1}^{n} X_i - n\mu}{\sqrt{n}\sigma} \leqslant x\right) \approx \Phi(x), \quad P\left(\frac{\bar{X} - \mu}{\sigma/\sqrt{n}} \leqslant x\right) \approx \Phi(x)$$

### 4. 棣莫弗-拉普拉斯（De Moivre-Laplace）中心极限定理

独立重复完成 $n$ 次试验以后，获得一组服从两点分布的随机变量 $X_i$，$i = 1, 2, \cdots, n$。设 $P(X_i = 1) = p$，$P(X_i = 0) = 1 - p$，那么 $\sum_{i=1}^{n} X_i$ 服从二项分布 $B(np, np(1-p))$。

对于任意实数 $x$，当 $n$ 充分大时，具有如下结论

$$\lim_{n \to +\infty} P\left(\frac{\sum_{i=1}^{n} X_i - np}{\sqrt{np(1-p)}} \leqslant x\right) = \lim_{n \to +\infty} P\left(\frac{\bar{X} - p}{\sqrt{p(1-p)/n}} \leqslant x\right) \approx \frac{1}{\sqrt{2\pi}} \int_{-\infty}^{x} e^{-t^2/2} dt$$

式中，$\bar{X} = \sum_{i=1}^{n} X_i$，即

$$P\left(\frac{\sum_{i=1}^{n} X_i - np}{\sqrt{np(1-p)}} \leqslant x\right) \approx \Phi(x), \quad P\left(\frac{\bar{X} - p}{\sqrt{p(1-p)/n}} \leqslant x\right) \approx \Phi(x)$$

中心极限定理解释了大量独立同分布随机变量的均值近似服从正态分布的数学性质，从而更加确立了正态分布的基础地位。

如果独立同分布的随机变量 $X_i$ 个数 $n$ 充分多，那么无论随机变量 $X_k$ 是否服从正态分布或其他分布，总体数学期望和方差即便未知，都会认为 $\sum_{i=1}^{n} X_i$ 近似服从正态分布。

当从同质总体中随机抽取大样本时，样本均值 $\bar{X} = \sum_{i=1}^{n} X_i / n$ 将会服从正态分布，而将其标准化以后将会近似服从标准正态分布。

例如，大量独立偶然因素综合影响而形成的随机误差一般会服从正态分布。

早在 18 世纪初，数学家棣莫弗就已经证明了二项分布以正态分布为极限分布，作为中心极限定理的某种情形。当从同一个总体中随机抽取的样本量 $n$ 足够大时，二项分布 $B(n, p)$ 的极限分布就是正态分布 $N(np, np(1-p))$。

直到 19 世纪上半叶，数学家林德伯格和勒维证明了当从任意分布总体中抽取样本时，样本均值的极限分布仍然为正态分布，由此给出了更为一般意义上的中心极限定理。

**【例1】** 一个电梯最大载重量为 1 000 公斤，该电梯一次进入 20 人，如果每个人体重（千克）服从 $N(60, 15^2)$，求电梯超重的概率。

解：令第 $i$ 个人体重为随机变量 $X_i$，$X_i$ 之间相互独立。

共 20 个人的体重记为 $X = \sum_{i=1}^{20} X_i$，可以推出 $X \sim N(60 \times 20, 15^2 \times 20)$。

于是电梯超重的概率

$$P(X > 1\,000) = P\left(\frac{X - 60 \times 20}{\sqrt{15^2 \times 20}} > \frac{1\,000 - 60 \times 20}{\sqrt{15^2 \times 20}}\right) = 1 - \Phi\left(\frac{1\,000 - 60 \times 20}{\sqrt{15^2 \times 20}}\right)$$
$$= 1 - \Phi(-2.98) = \Phi(2.98) \approx 99.8\%$$

【例2】已知某病发病率为 0.001，随机抽检 10 000 人，求患者在 15 到 20 之间的概率。

解：将患病记为 $X_i = 1$、不患病标记为 $X_i = 0$。抽检人数 $n = 10\,000$，发病率 $p = 0.001$。每个抽中者是否患病 $X_i$ 是独立的随机变量。在 10 000 个人中，患病人数 $X = \sum_{i=1}^{10000} X_i$。

$$E(X) = E(\sum_{i=1}^{10000} X_i) = \sum_{i=1}^{10000} E(X_i) = np = 10\,000 \times 0.001 = 10$$
$$V(X) = V(\sum_{i=1}^{10000} X_i) = \sum_{i=1}^{10000} V(X_i) = np(1-p) = 10\,000 \times 0.001 \times 0.999 = 9.99$$

样本量 $n$ 充分大，由中心极限定理，求得患病人数在 15 到 20 之间的近似概率为

$$P(15 \leqslant X \leqslant 20) = P\left(\frac{15 - np}{\sqrt{np(1-p)}} \leqslant \frac{X - np}{\sqrt{np(1-p)}} \leqslant \frac{20 - np}{\sqrt{np(1-p)}}\right)$$
$$= P\left(\frac{15 - 10}{\sqrt{0.99}} \leqslant \frac{X - 10}{\sqrt{0.99}} \leqslant \frac{20 - 10}{\sqrt{0.99}}\right) \approx \Phi(3.164) - \Phi(1.582) = 5.6\%$$

【例3】当红果树和黄果树杂交以后，分别长出红果和黄果杂交果树的理论比例为 3:1。若种植杂交果树 100 株，求长出黄果的杂交果树数（简称黄果数）在 20 到 30 之间的概率。

解：设 $X$ 为黄果数，则 $X$ 服从 $n = 100$，$p = 1/4$ 的二项分布 $B(100, 1/4)$，从而可得

$$E(X) = np = 25, \quad V(X) = npq = 18.75$$

样本量 $n$ 充分大，由中心极限定理，求得黄果数在 20 到 30 之间的近似概率

$$P(20 \leqslant X \leqslant 30) \approx \Phi\left(\frac{20 - 25}{\sqrt{18.75}}\right) - \Phi\left(\frac{30 - 25}{\sqrt{18.75}}\right) = 2\Phi(1.1547) - 1 = 2 \times 0.875 - 1 = 0.75$$

样本量 $n$ 充分大，泊松分布 $P(\lambda)$ 的极限分布是正态分布 $N(n\lambda, n\lambda)$。

【例4】某医院每月接种疫苗的人数是服从参数为 2 的泊松分布的随机变量，求在 3 年中接种疫苗人数在 70 到 75 之间的概率。

解：设第 $i$ 个月接种疫苗的人数为 $X_i$，服从参数 $\lambda = 2$ 的泊松分布，即 $X_i \sim P(5)$。每个月接种疫苗的人数 $X_i$ 是独立的随机变量，$i = 1, 2, \cdots, 36$。于是，在 3 年（共 36 个月）中接种疫苗的合计人数 $X = \sum_{i=1}^{36} X_i$。

经推导，可得

$$E(X) = E(\sum_{i=1}^{36} X_i) = \sum_{i=1}^{36} EX_i = n\lambda = 36 \times 2 = 72$$
$$V(X) = V(\sum_{i=1}^{36} X_i) = \sum_{i=1}^{36} V(X_i) = n\lambda = 36 \times 2 = 72$$

样本量 $n$ 充分大，由中心极限定理，在 3 年中接种疫苗的人数在 70 到 75 之间的概率为

$$P(70 \leqslant X \leqslant 75) = P\left(\frac{70 - n\lambda}{\sqrt{n\lambda}} \leqslant \frac{X - n\lambda}{\sqrt{n\lambda}} \leqslant \frac{75 - n\lambda}{\sqrt{n\lambda}}\right) = P\left(\frac{70 - 72}{\sqrt{72}} \leqslant \frac{X - 72}{\sqrt{72}} \leqslant \frac{75 - 72}{\sqrt{72}}\right)$$
$$\approx \Phi(0.3535) - \Phi(-0.2357) = \Phi(0.3535) + \Phi(0.2357) - 1 \approx 0.231$$

由第 4 章可知，正态分布、$\chi^2$ 分布、$t$ 分布、$F$ 分布都是连续型随机变量的常见概率分布。

于是，来自正态分布总体的随机样本常被用来构造服从这些概率分布的统计量。这些概率分布的数学性质和小概率反证法的思想是抽样推断总体特征的理论依据。对于 $u$ 检验、$\chi^2$ 检验、$t$ 检验、$F$ 检验来说，可以先由抽样资料和研究目的构造指定分布的统计量，再由数学性质计算统计量取值更极端情形的概率是否构成小概率事件。

例如，已知两个独立的正态分布总体满足方差齐性条件，经过随机抽样或随机分组以后，由两个样本构造服从 $t$ 分布的统计量，采用 $t$ 检验，将其用于两个总体均值的差异性比较。

又如，已知 3 个及以上独立的正态分布总体满足方差齐性条件，经过随机抽样或随机分组以后，由 3 个及以上样本构造满足 $F$ 分布的统计量，采用方差分析，将其用于 3 个及以上总体均值的差异性比较，以及总体均值的两两比较。

## 5.3 参数估计

统计推断是指从总体中随机抽取部分观察单位并将其作为样本，在一定概率保证的前提下，利用样本观测信息及其构造的统计量所服从的概率分布性质，对参数假设做出的不确定估计或判断。统计推断包括参数估计和假设检验。由于个体存在变异，因而由某个样本构造的统计量不会恰好等于总体参数，且由两个以上样本构造的统计量也不会恰好相等，这种统计量与总体参数之间的差异称为抽样误差。当从正态分布总体中随机抽取样本时，每次抽样以后计算的样本均值 $\bar{X}$ 围绕总体均值 $\mu$ 而呈现出近似正态分布特点。

例如，某个样本均值 $\bar{X}$ 的标准差为 $V(\bar{X}) = \sigma^2/n$，样本均值 $\bar{X}$ 的标准差为 $\sqrt{V(\bar{X})} = \sigma/\sqrt{n}$。其中，样本量为 $n$、总体标准差为 $\sigma$。当 $\sigma$ 越小或 $n$ 越大时，样本均值 $\bar{X}$ 的标准误（即样本均数的标准差）就会越小。

又如，某种特征样本率 $p$ 的方差 $V(p) = V(X/n) = V(X)/n^2 = nP(1-P)/n^2 = P(1-P)/n$，样本率 $p$ 的标准差 $\sqrt{V(p)} = \sqrt{P(1-P)/n}$。其中，特征发生的次数为 $X$、样本量为 $n$、总体率为 $P$、样本率为 $p$。样本率 $p$ 的标准差 $\sqrt{V(p)} = \sqrt{P(1-P)/n}$。当 $P(1-P)$ 越小或样本量 $n$ 越大时，样本率 $p$ 的的标准误（即样本率 $p$ 的标准差）就会越小。

总体中的参数是反映其数量特征或性质的概括指标，如正态分布总体中的均值 $\mu$ 和方差 $\sigma^2$、总体相关系数 $\rho$、总体率 $P$、线性回归分析模型中的偏回归系数 $\beta$、Logistic 回归分析中的偏回归系数 $\beta$ 及优势比 OR、Cox 回归分析中的偏回归系数 $\beta$ 及相对危险度 RR、ROC 曲线下方图形的面积 AUC 等。参数估计就是利用样本构造的统计量来估计用于反映总体数量特征的参数及其置信区间。参数估计有以下两种途径。

第一种途径是点估计。该途径由样本构造统计量，将求出来的已知却非唯一的样本统计量值去直接估计唯一却未知的总体参数。点估计值只是参数的一次明确的近似值，没有反映误差大小，没有指出估计值允许波动的范围和把握程度有多大，看似明确却无法判断可靠性。

第二种途径是区间估计。该途径不给出参数估计的确定值，而是指定由样本估计覆盖参数的可能取值的、非唯一的区间范围，同时给出了该区间所能够覆盖参数的可靠程度（即置信度、概率）大小。这个区间的两个端点都是由抽样求出来的统计量。

例如，男生身高总体均值是未知参数，随机抽取并测量 100 个男生身高。如果直接把样本均值 1.73m 作为总体均值的估计值，这种做法没有考虑抽样误差的影响，偏差不可预知。

如果由端点为 1.71m 与 1.75m 的区间覆盖总体均值的保证概率是 95%，那么它同时给出了估计的范围和可靠程度，可见区间估计比点估计解释力度和应用意义更好。

### 5.3.1 点估计

由样本构造统计量，根据随机抽样资料求得统计量的点值，将其直接用于估计总体中的未知参数。这种参数估计方法称为点估计，相应的统计量称为点估计量。点估计量的构造方式不止一种。鉴于点估计量是关于样本的函数，因此它的取值也会随样本观测值而发生变化，即点估计量仍然是随机变量。点估计量的取值不会恰好等于参数，而是围绕参数上下摆动。

当点估计量用于估计总体参数时的评价标准包括无偏性、有效性和一致性。

如果点估计量的数学期望等于参数，那么说明点估计量具有无偏性。如果点估计量与参数之间的偏差或点估计量的离散程度用方差反映，那么在多个无偏估计量中，方差越小则越有效。随着样本量增大，点估计量接近参数的概率变大。当样本量趋于无穷大时，点估计量就会依概率 1 收敛于参数，那么说明点估计量具有一致性。

**1. 样本均值的无偏性**

经分析，可得

$$E(\bar{X}) = E\left(\sum_{i=1}^{n} X_i/n\right) = \sum_{i=1}^{n} E(X_i)/n = \mu$$

$$V(\bar{X}) = V\left(\sum_{i=1}^{n} X_i/n\right) = \sum_{i=1}^{n} V(X_i)/(n^2) = \sigma^2/n$$

$$E(S^2) = E\left(\sum_{i=1}^{n}(X_i - \bar{X})^2/(n-1)\right) = E\left(\sum_{i=1}^{n}\left((X_i - \mu) - (\bar{X} - \mu)\right)^2/(n-1)\right)$$

$$= E\left(\sum_{i=1}^{n}(X_i - \mu)^2 - 2(\bar{X} - \mu)\sum_{i=1}^{n}(X_i - \mu) + n(\bar{X} - \mu)^2\right)/(n-1)$$

$$= \left(\sum_{i=1}^{n} E(X_i - \mu)^2 - nE(\bar{X} - \mu)^2\right)/(n-1)$$

$$= \left(\sum_{i=1}^{n} E(X_i - E(X_i))^2 - nE(\bar{X} - E(\bar{X}))^2\right)/(n-1) = (n\sigma^2 - \sigma^2)/(n-1) = \sigma^2$$

所以，$\bar{X}$，$S^2$ 分别是 $\mu$，$\sigma^2$ 的无偏估计量。也就是说，样本均值和样本方差都具有无偏性。

**2. 样本均值的有效性**

经分析，可得

$$V(\bar{X}) = V(\sum_{i=1}^{n} X_i/n) = (1/n^2)\sum_{i=1}^{n} V(X_i) = (1/n^2)n\sigma^2 = \sigma^2/n, \quad V(X_i) = \sigma^2$$

所以，$V(\bar{X}) < V(X_i)$，说明 $\bar{X}$ 是比 $X_i$ 更为有效的统计量。

**3. 样本均值的一致性**

设随机变量 $X_1, X_2, \cdots, X_n$ 独立且同分布，$E(X_i) = \mu$，$V(X_i) = \sigma^2$，$i = 1, 2, \cdots, n$。

根据大数定律可知，对于任意正实数 $\varepsilon > 0$，具有结论 $\lim_{n \to +\infty} P(|\bar{X} - \mu| < \varepsilon) = 1$，即 $\bar{X}$ 依概率收敛于 $\mu$，称为当样本量大时，样本均值 $\bar{X}$ 具有一致性。也就是说，在一个大样本时给出的估计量要比在一个小样本时给出的估计量会更有可能接近总体参数。

综上，样本均值 $\bar{X}$ 是总体均值 $\mu$ 的无偏、有效、一致的好统计量。

【例 1】从总体 $X$ 中进行随机抽样，设总体均值 $E(X) = \mu$，总体方差 $V(X) = \sigma^2$。简单随机样本为 $X_1, X_2, X_3$，验证 $0.2X_1 + 0.3X_2 + 0.5X_3$ 和 $0.1X_1 + 0.6X_2 + 0.3X_3$ 都是总体均值 $\mu$ 的无偏估计量，并比较哪个更有效。

解：由于 $X_1, X_2, X_3$ 为样本，所以随机变量 $X_1, X_2, X_3$ 与总体 $X$ 独立且同分布，则
$$E(X_i) = \mu, \quad V(X_i) = \sigma^2, \quad i = 1, 2, 3$$
$$E(0.2X_1 + 0.3X_2 + 0.5X_3) = 0.2E(X_1) + 0.3E(X_2) + 0.5E(X_3) = E(X) = \mu$$
$$E(0.1X_1 + 0.6X_2 + 0.3X_3) = 0.1E(X_1) + 0.6E(X_2) + 0.3E(X_3) = E(X) = \mu$$

所以，$0.2X_1+0.3X_2+0.5X_3$ 及 $0.1X_1+0.6X_2+0.3X_3$ 都是参数 $\mu$ 的无偏估计量。

经分析，可得
$$V(0.2X_1 + 0.3X_2 + 0.5X_3) = 0.04V(X_1) + 0.09V(X_2) + 0.25V(X_3) = 0.38\sigma^2$$
$$V(0.1X_1 + 0.6X_2 + 0.3X_3) = 0.01V(X_1) + 0.36V(X_2) + 0.09V(X_3) = 0.46\sigma^2$$

所以，$V(0.2X_1 + 0.3X_2 + 0.5X_3) < V(0.1X_1 + 0.6X_2 + 0.3X_3)$，说明 $0.2X_1 + 0.3X_2 + 0.5X_3$ 的总体方差更小。于是，认为它是更为有效的估计量。

### 5.3.2 区间估计

波兰裔美籍统计学家尼曼（Neyman）于上世纪初创立了区间估计的严格数学理论。

根据一次抽样构造并求出来的点估计量估计总体参数，由于不能获得它与参数的误差，而无法说明其对参数代表性的好坏。为此考虑进一步将统计量和标准误结合，在事先给定较大可靠度（即概率）的前提下，由样本推断总体参数的置信区间，这种做法称为区间估计。

从统计推断的思想来看，参数估计与假设检验有相似之处、也有区别。参数估计是从量的角度推断参数的取值范围；假设检验是从质的角度推断参数有无某种性质。

区间估计的思路是根据抽样资料构造参数 $\theta$ 的点估计量 $\hat{\theta}$；为了衡量估计的准确度，设法找出两个正数 $\lambda$ 和 $\alpha$，使得关系 $\hat{\theta} - \lambda < \theta < \hat{\theta} + \lambda$ 成立时的概率为 $1-\alpha$。当 $\lambda$ 和 $\alpha$ 越小时，点估计量 $\hat{\theta}$ 偏离参数 $\theta$ 的程度就会越小。$1-\alpha$ 或 $100\times(1-\alpha)\%$ 称为置信度或可靠度。

区间估计的做法好比把射击试验中的靶心看成参数，每次射击时真正击中靶心的可能性很小或不会恰好发生，但是多次射击以后，打在靶上的多数射击孔的边界可以化成一个圆形区间，而且使得这个圆形区间覆盖或包住靶心的可能性充分大。

实际上，参数 $\theta$ 是确定但未知的，反映了总体的某种数量特征和性质。置信区间是指与一定概率密切联系的且由两个端点围成的区间，用于估计参数 $\theta$ 的变动范围，一般要事先给出估计的可靠度 $1-\alpha$。任意给定的一个置信区间要么包含、要么不包含参数，而在多次抽样构造的置信区间中，可以从平均意义上使用概率来刻画大约有多少个区间包含了参数。

例如，令 $\alpha=0.1$，则区间估计的置信度为 $0.9$（$1-\alpha=0.9$）。置信区间的含义解释如下：从平均意义上来说，从总体中分别随机抽样 100 次，可以获得 100 个样本，将其分别用于构造参数 $\mu$ 的 100 个置信区间，那么在这 100 个置信区间中平均有 90 个包含了参数 $\mu$，平均有 10 个未包含参数 $\mu$。也就是说，任取一次随机抽样资料，由此估计置信区间的两个端点，那么这个置信区间能够包住参数的成功概率是 90%、失败概率是 10%，如图 5-2 所示。

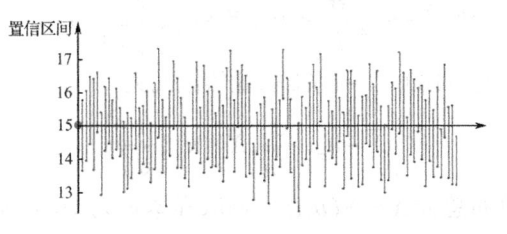

图 5-2 置信区间的含义

置信区间是随机不确定但可以由样本计算出来的。每次抽样时的样本观测值不会恰好一样,由其估计的置信区间也不同。每次求出的置信区间是为了捕获参数而一手甩开来的"渔网"。不是每次"收网"都能够"捕获"参数。

区间估计好坏的评价标准是可靠度和精确性,置信区间的宽度反映了区间估计的精确性,其宽度越小越好。当样本量固定时,区间估计的可靠度和精确性是相互矛盾和制约的。置信区间越宽,则区间估计的精确性越差、可靠度却会越大。置信区间越窄,则区间估计的精确性越好、可靠度却会越小。当区间估计的精确程度达到最大而可靠度达到最小时就退化成为了点估计。一般是在区间估计的置信度较大的条件下,尽量使得区间估计的精确性更好。

对于某些对称分布(如正态分布、$t$ 分布)来说,如果区间估计时置信度已被事先确定,那么当分位点关于中心对对称时,所构造的枢轴量推导出来的置信区间最窄,即估计的精确性最高。因此,在对称分布情况下,一般在区间估计时取对称的分位点。

例如,在标准正态分布中选取双侧对称的分位点 $-u_{\alpha/2}, u_{\alpha/2}$,由此推导出来的置信区间最窄,所估计的置信区间精确性好于其他两种不对称的情况。如图 5-3 所示。

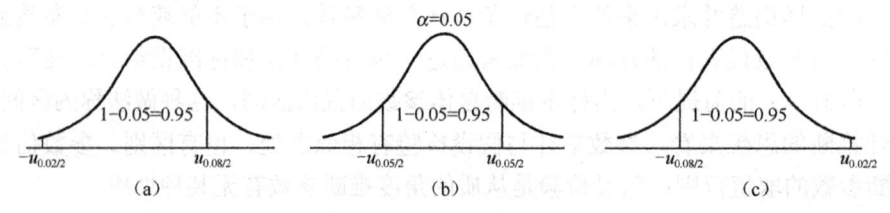

图 5-3 置信区间的比较

下面由几种抽样分布的数学性质和大数定律等知识,假设简单随机样本 $X_1, X_2, \cdots, X_n$ 来自正态分布 $N(\mu, \sigma^2)$ 总体,推导出单个总体均值 $\mu$ 的置信区间。

### 1. 单个总体参数的置信区间估计

(1)当总体方差 $\sigma^2$ 已知时,由正态分布总体 $X \sim N(\mu, \sigma^2)$ 的性质可得以下结论

$$\bar{X} \sim N(\mu, \sigma^2/n), \quad E(\bar{X}) = \mu, \quad V(\bar{X}) = \sigma^2/n$$

构造服从标准正态分布 $N(0,1)$ 的枢轴量为

$$U = \frac{\bar{X} - \mu}{\sigma/\sqrt{n}} \sim N(0,1)$$

由服从标准正态分布 $N(0,1)$ 随机变量的概率知识,可得

$$P\left(\left|\frac{\bar{X} - \mu}{\sigma/\sqrt{n}}\right| < u_{\alpha/2}\right) = 1 - \alpha$$

即

$$P\left(\bar{X} - u_{\alpha/2}\frac{\sigma}{\sqrt{n}} < \mu < \bar{X} + u_{\alpha/2}\frac{\sigma}{\sqrt{n}}\right) = 1 - \alpha$$

于是,参数 $\mu$ 的置信度为 $100 \times (1-\alpha)\%$ 的置信区间为

$$\left(\bar{X} - u_{\alpha/2}\frac{\sigma}{\sqrt{n}}, \bar{X} + u_{\alpha/2}\frac{\sigma}{\sqrt{n}}\right)$$

【例 2】假设从正态分布总体 $X \sim N(\mu, 1)$ 中抽取样本量为 16 的样本,样本均值 $\bar{X}$ 为 5.2。由此估计参数 $\mu$ 的置信度分别为 95% 和 99% 的置信区间。

解：已知 $n=16$，$\bar{X}=5.2$，$\sigma=1$，令 $1-\alpha=0.95$，查标准正态分布表得 $u_{0.05/2}=1.96$。
那么参数 $\mu$ 的置信度为 95%的置信区间为

$$\bar{X} \pm u_{\alpha/2}\frac{\sigma}{\sqrt{n}} = 5.2 \pm 1.96/\sqrt{16} = 5.2 \pm 0.49$$

又令 $1-\alpha=0.99$，即 $\alpha=0.01$，查标准正态分布表得 $u_{0.01/2}=2.58$。
那么参数 $\mu$ 的置信度为 99%的置信区间为

$$\bar{X} \pm u_{\alpha/2}\frac{\sigma}{\sqrt{n}} = 5.2 \pm 2.58/\sqrt{16} = 5.2 \pm 0.645$$

须注意，抽样误差 $\sigma/\sqrt{n}$ 与总体标准差 $\sigma$、样本量 $n$ 有关。当总体变异越大或样本量 $n$ 越小时，置信区间变宽，区间估计的可靠性越大，精确性越差。

除外，当 $\alpha$ 变小时，置信度 $1-\alpha$ 变大，分位点 $u_{\alpha/2}$ 相应变大，将会使得置信区间变宽。当样本量 $n$ 变大或总体标准差 $\sigma$ 变小时，将会使得置信区间变窄。

（2）当总体方差 $\sigma^2$ 未知时，由正态分布总体 $X \sim N(\mu,\sigma^2)$ 可得

$$\bar{X} \sim N(\mu,\sigma^2/n), \quad E(\bar{X})=\mu, \quad V(\bar{X})=\sigma^2/n$$

根据 $U_1=\dfrac{\bar{X}-\mu}{\sigma/\sqrt{n}} \sim N(0,1)$，$\dfrac{(n-1)S^2}{\sigma^2} \sim \chi^2(n-1)$，构造服从 $t$ 分布的枢轴量为

$$t=\frac{\bar{X}-\mu}{S/\sqrt{n}} \sim t(n-1)$$

由服从 $t$ 分布随机变量的概率知识，可得

$$P\left(\left|\frac{\bar{X}-\mu}{S/\sqrt{n}}\right|<t_{\alpha/2}(n-1)\right)=1-\alpha$$

即

$$P\left(\bar{X}-t_{\alpha/2}(n-1)\frac{S}{\sqrt{n}}<\mu<\bar{X}+t_{\alpha/2}(n-1)\frac{S}{\sqrt{n}}\right)=1-\alpha$$

于是，参数 $\mu$ 的置信度为 $100 \times (1-\alpha)\%$ 的置信区间为

$$\left(\bar{X}-t_{\alpha/2}(n-1)\frac{S}{\sqrt{n}}, \bar{X}+t_{\alpha/2}(n-1)\frac{S}{\sqrt{n}}\right)$$

【例3】假设分数总体服从正态分布，随机抽测学生并获取分数为 54.8, 72.3, 53.6, 64.7, 43.6, 58.3, 63.0, 49.6, 66.2, 52.5, 61.2, 69.9，求总体均值的置信度为 90%的置信区间。

解：根据样本观测数据计算 $\bar{X}=59.14$，$S^2=74.15$，$S=\sqrt{S^2}=8.61$。
令 $1-\alpha=0.9$，$\alpha=0.1$。查标准正态分布表得临界值 $t_{\alpha/2}(11)=59.14$。
于是，参数 $\mu$ 的置信度为 99%的置信区间为

$$\bar{X} \pm t_{\alpha/2}(n-1)\frac{S}{\sqrt{n}} = 59.14 \pm 1.796 \times 8.61/\sqrt{12} = 59.14 \pm 4.46$$

须注意，抽样误差 $S/\sqrt{n}$ 与样本标准差 $S$、样本量 $n$ 有关。当个体变异越大或样本量 $n$ 越小时，置信区间变宽，区间估计的可靠性越大、精确性越差。

（3）在参数 $\sigma$ 未知时，由样本构造服从 $\chi^2$ 分布的枢轴量为

$$\chi^2=\frac{(n-1)S^2}{\sigma^2} \sim \chi^2(n-1)$$

由服从 $\chi^2$ 分布随机变量的概率知识，可得

$$P\left(\chi^2_{1-\alpha/2} < \frac{(n-1)S^2}{\sigma^2} < \chi^2_{\alpha/2}\right) = 1 - \alpha$$

即

$$P\left(\frac{(n-1)S^2}{\chi^2_{\alpha/2}} < \frac{(n-1)S^2}{\sigma^2} < \frac{(n-1)S^2}{\chi^2_{1-\alpha/2}}\right) = 1 - \alpha$$

于是，参数 $\sigma^2$ 的置信度为 $100 \times (1-\alpha)\%$ 的置信区间为

$$\left(\frac{(n-1)S^2}{\chi^2_{\alpha/2}}, \frac{(n-1)S^2}{\chi^2_{1-\alpha/2}}\right)$$

须注意，$\chi^2$ 分布不是对称分布，而且 $\chi^2$ 分布服从统计量的取值也不能为负值，所以不能使用 $P\left(\left|\frac{(n-1)S^2}{\sigma^2}\right| < \chi^2_{\alpha/2}\right) = 1 - \alpha$ 估计置信区间。

（4）对于大样本来说，令 $P$ 是未知的总体率或总体成数，满足条件 $nP > 5, n(1-P) > 5$。设 $p = k/n$ 为样本率或成数，$n$ 为样本量，$X = k$ 为某种特征发生的频数，$X \sim B(n, P)$。由于 $E(X) = nP$，$V(X) = nP(1-P)$，可得

$$E(p) = E(X/n) = P, \quad V(p) = V(X/n) = P(1-P)/n$$

由样本构造近似服从 $N(0,1)$ 的枢轴量为

$$U = \frac{p - P}{\sqrt{P(1-P)/n}} \sim N(0,1)$$

考虑把 $P(1-P)$ 近似替换为 $p(1-p)$，那么将以上枢轴量改为

$$\frac{p - P}{\sqrt{p(1-p)/n}} \sim N(0,1)$$

由服从 $N(0,1)$ 分布随机变量的概率知识，可得

$$P\left(\left|\frac{p - P}{\sqrt{p(1-p)/n}}\right| < u_{\alpha/2}\right) = 1 - \alpha$$

即

$$P\left(p - u_{\alpha/2}\sqrt{p(1-p)/n} < P < p + u_{\alpha/2}\sqrt{p(1-p)/n}\right) = 1 - \alpha$$

于是，参数 $P$ 的置信度为 $100 \times (1-\alpha)\%$ 的置信区间为

$$\left(p - u_{\alpha/2}\sqrt{p(1-p)/n}, p + u_{\alpha/2}\sqrt{p(1-p)/n}\right)$$

（5）对于来自泊松分布的大样本来说，$X \sim P(\lambda)$，总体参数 $\lambda$ 未知。设 $\bar{X}$ 为样本均值，则 $E(\bar{X}) = \lambda$，$V(\bar{X}) = \lambda/n$。由样本构造近似服从标准正态分布的枢轴量为

$$U = \frac{\bar{X} - \lambda}{\sqrt{\lambda/n}} \sim N(0,1)$$

不妨把 $\lambda$ 近似替换为 $\bar{X}$，那么以上枢轴量变成

$$U = \frac{\bar{X} - \lambda}{\sqrt{\bar{X}/n}} \sim N(0,1)$$

由近似服从 $N(0,1)$ 随机变量的概率知识，可得
$$P\left(\left|\frac{\bar{X}-\lambda}{\sqrt{\bar{X}/n}}\right|<u_{\alpha/2}\right)=1-\alpha$$

即
$$P\left(\bar{X}-u_{\alpha/2}\sqrt{\bar{X}/n}<\lambda<\bar{X}+u_{\alpha/2}\sqrt{\bar{X}/n}\right)=1-\alpha$$

于是，参数 $\lambda$ 的置信度为 $100\times(1-\alpha)\%$ 的置信区间为
$$\left(X/n-u_{\alpha/2}\sqrt{\bar{X}/n},\ X/n+u_{\alpha/2}\sqrt{\bar{X}/n}\right)$$

**2. 两个总体参数之差或之比的置信区间估计**

两个总体均值之差、两个总体方差之比或两个总体成数之差的置信区间可以选择适合的抽样分布，类似构造特定的枢轴量并经过等价转换以后推导出来。

假设两个独立样本 $X_1, X_2, \cdots, X_n$ 和 $Y_1, Y_2, \cdots, Y_m$ 分别来自两个正态分布总体 $N(\mu_1, \sigma_1^2)$ 和 $N(\mu_2, \sigma_2^2)$，由此估计参数 $\mu_1-\mu_2$ 的置信区间。

（1）当总体方差 $\sigma_1^2$ 已知时，由正态分布总体 $X_i \sim N(\mu_1, \sigma_1^2)$ 可得
$$\bar{X} \sim N(\mu_1, \sigma_1^2/n_1),\quad E(\bar{X})=\mu_1,\quad V(\bar{X})=\sigma_1^2/n_1$$

当总体方差 $\sigma_2^2$ 已知时，由正态分布总体 $Y_i \sim N(\mu_2, \sigma_2^2)$ 可得
$$\bar{Y} \sim N(\mu_2, \sigma_2^2/n_2),\quad E(\bar{Y})=\mu_2,\quad V(\bar{Y})=\sigma_2^2/n_2$$
$$U_1=\frac{\bar{X}-\mu_1}{\sigma_1/\sqrt{n_1}}\sim N(0,1),\quad U_2=\frac{\bar{Y}-\mu_2}{\sigma_2/\sqrt{n_2}}\sim N(0,1)$$

由两个样本构造服从标准正态分布的枢轴量为
$$U=\frac{\bar{X}-\bar{Y}-(\mu_1-\mu_2)}{\sqrt{\sigma_1^2/n_1+\sigma_2^2/n_2}}\sim N(0,1)$$

由服从 $N(0,1)$ 分布随机变量的概率知识，可得
$$P\left(\left|\frac{\bar{X}-\bar{Y}-(\mu_1-\mu_2)}{\sqrt{\sigma_1^2/n_1+\sigma_2^2/n_2}}\right|<u_{\alpha/2}\right)=1-\alpha$$

即
$$P\left(\bar{X}-\bar{Y}-u_{\alpha/2}\sqrt{\frac{\sigma_1^2}{n_1}+\frac{\sigma_2^2}{n_2}}<\mu_1-\mu_2<\bar{X}-\bar{Y}+u_{\alpha/2}\sqrt{\frac{\sigma_1^2}{n_1}+\frac{\sigma_2^2}{n_2}}\right)=1-\alpha$$

于是，参数 $\mu_1-\mu_2$ 的置信度为 $100\times(1-\alpha)\%$ 的置信区间为
$$\left(\bar{X}-\bar{Y}-u_{\alpha/2}\sqrt{\frac{\sigma_1^2}{n_1}+\frac{\sigma_2^2}{n_2}},\ \bar{X}-\bar{Y}+u_{\alpha/2}\sqrt{\frac{\sigma_1^2}{n_1}+\frac{\sigma_2^2}{n_2}}\right)$$

（2）当总体方差 $\sigma_1^2$ 未知时，由正态分布总体 $X_i \sim N(\mu_1, \sigma_1^2)$ 可得
$$\bar{X} \sim N(\mu_1, \sigma_1^2/n_1),\quad E(\bar{X})=\mu_1,\quad V(\bar{X})=\sigma_1^2/n_1$$

当总体方差 $\sigma_2^2$ 未知时，由正态分布总体 $Y_i \sim N(\mu_2, \sigma_2^2)$ 可得
$$\bar{Y} \sim N(\mu_2, \sigma_2^2/n_2),\quad E(\bar{Y})=\mu_2,\quad V(\bar{Y})=\sigma_2^2/n_2$$

假设 $\sigma_1^2 = \sigma_2^2 = \sigma^2$,$\dfrac{(n_1-1)S_1^2}{\sigma_1^2} \sim \chi^2(n_1-1)$,$\dfrac{(n_2-1)S_2^2}{\sigma_2^2} \sim \chi^2(n_2-1)$,可得

$$\frac{(n_1-1)S_1^2}{\sigma^2} + \frac{(n_2-1)S_2^2}{\sigma^2} \sim \chi^2(n_1+n_2-2)$$

由两个样本构造服从 $t$ 分布的枢轴量为

$$t = \frac{\bar{X} - \bar{Y} - (\mu_1 - \mu_2)}{S_w \sqrt{1/n_1 + 1/n_2}} \sim t(n_1+n_2-2),\ \text{其中}\ S_w^2 = \frac{(n_1-1)S_1^2 + (n_2-1)S_2^2}{n_1+n_2-2}$$

由服从 $t$ 分布随机变量的概率知识,可得

$$P\left( \left| \frac{\bar{X} - \bar{Y} - (\mu_1 - \mu_2)}{S_w \sqrt{1/n_1 + 1/n_2}} \right| < t_{\alpha/2}(n_1+n_2-2) \right) = 1 - \alpha$$

即

$$P\left( \bar{X} - \bar{Y} - \frac{t_{\alpha/2}(n_1+n_2-2)S_w}{\sqrt{1/n_1 + 1/n_2}} < \mu_1 - \mu_2 < \bar{X} - \bar{Y} + \frac{t_{\alpha/2}(n_1+n_2-2)S_w}{\sqrt{1/n_1 + 1/n_2}} \right) = 1 - \alpha$$

于是,参数 $\mu_1 - \mu_2$ 的置信度为 $100 \times (1-\alpha)\%$ 的置信区间为

$$\left( \bar{X} - \bar{Y} - \frac{t_{\alpha/2}(n_1+n_2-2)S_w}{\sqrt{1/n_1 + 1/n_2}},\ \bar{X} - \bar{Y} + \frac{t_{\alpha/2}(n_1+n_2-2)S_w}{\sqrt{1/n_1 + 1/n_2}} \right)$$

(3) 当参数 $\sigma_1^2, \sigma_2^2$ 未知时,假设两个独立样本 $X_1, X_2, \cdots, X_n$ 和 $Y_1, Y_2, \cdots, Y_m$ 分别来自正态分布总体 $N(\mu_1, \sigma_1^2)$ 和 $N(\mu_2, \sigma_2^2)$,由此估计参数 $\sigma_1^2/\sigma_2^2$ 的置信区间。

由两个样本构造服从 $F$ 分布的枢轴量为

$$F = \frac{(n_1-1)S_1^2/\sigma_1^2}{(n_2-1)S_2^2/\sigma_2^2} \sim F(n_1-1, n_2-1)$$

由服从 $F$ 分布随机变量的概率知识,可得

$$P\left( F_{1-\alpha/2}(n_1,n_2) < \frac{(n_1-1)S_1^2/\sigma_1^2}{(n_2-1)S_2^2/\sigma_2^2} < F_{\alpha/2}(n_1,n_2) \right) = 1 - \alpha$$

于是,参数 $\sigma_1^2/\sigma_2^2$ 的置信度为 $100 \times (1-\alpha)\%$ 的置信区间为

$$\left( \frac{(n_1-1)S_1^2}{(n_2-1)S_2^2} \bigg/ F_{\alpha/2}(n_1,n_2),\ \frac{(n_1-1)S_1^2}{(n_2-1)S_2^2} \bigg/ F_{1-\alpha/2}(n_1,n_2) \right)$$

(4) 对于两个大样本来说,令 $P_1, P_2$ 分别为总体率或总体成数。

设 $p_1 = k_1/n_1$,$p_2 = k_2/n_2$ 为分别样本率或样本成数,$n_1, n_2$ 为样本量,$X = k_1, Y = k_2$ 分别为两种特征发生的频数,$X \sim B(n_1, P_1), Y \sim B(n_2, P_2)$,假设满足如下条件

$$n_1 P_1 > 5,\ n_1(1-P_1) > 5,\ n_2 P_2 > 5,\ n_2(1-P_2) > 5$$

根据 $E(X) = n_1 P_1$,$V(X) = n_1 P_1(1-P_1)$,可得

$$E(p_1) = P_1,\quad V(p_1) = P_1(1-P_1)/n_1$$

根据 $E(Y) = n_2 P_2$,$V(X) = n_2 P_2(1-P_2)$,可得

$$E(p_2) = P_2,\quad V(p_2) = P_2(1-P_2)/n_2$$

$$U_1 = \frac{p_1 - P_1}{\sqrt{P_1(1-P_1)/n_1}} \sim N(0,1),\quad U_2 = \frac{p_2 - P_2}{\sqrt{P_2(1-P_2)/n_2}} \sim N(0,1)$$

由两个样本构造近似服从标准正态分布的枢轴量为

$$U = \frac{p_1 - p_2 - (P_1 - P_2)}{\sqrt{P_1(1-P_1)/n_1 + P_2(1-P_2)/n_2}} \sim N(0,1)$$

两个样本率折中以后,令 $\bar{p} = (n_1 p_1 + n_2 p_2)/(n_1 + n_2)$ 近似代替 $p_1, p_2$,那么将枢轴量改为

$$U = \frac{p_1 - p_2 - (P_1 - P_2)}{\sqrt{\bar{p}(1/n_1 + 1/n_2)}} \sim N(0,1)$$

由服从 $N(0,1)$ 分布随机变量的概率知识,可得

$$P\left(\left|\frac{p_1 - p_2 - (P_1 - P_2)}{\sqrt{\bar{p}(1/n_1 + 1/n_2)}}\right| < u_{\alpha/2}\right) = 1 - \alpha$$

即

$$P\left(p_1 - p_2 - u_{\alpha/2}\sqrt{\bar{p}(1/n_1 + 1/n_2)} < P_1 - P < p_1 - p_2 + u_{\alpha/2}\sqrt{\bar{p}(1/n_1 + 1/n_2)}\right) = 1 - \alpha$$

于是,参数 $P_1 - P_2$ 的置信度为 $100 \times (1-\alpha)\%$ 的置信区间为

$$\left(p_1 - p_2 - u_{\alpha/2}\sqrt{\bar{p}(1/n_1 + 1/n_2)},\quad p_1 - p_2 + u_{\alpha/2}\sqrt{\bar{p}(1/n_1 + 1/n_2)}\right)$$

综上,区间估计就是在一定概率保证的条件下由一次抽样工作获得样本,用于构造覆盖或包住这个参数的两个端点并由此确定置信区间。置信区间受到研究目的、抽样分布、总体标准差、置信度和样本量等多种条件的影响。置信度变大则置信区间变宽;样本量变大则置信区间变窄。当样本量足够大时,更加保证了参数估计的稳定性。

对以上常见情形推导出来的置信区间进行总结,如表 5-1 所示。

表 5-1 常见情形的置信区间

| 分布 | 参数 | 条件 | 置信度为 $100 \times (1-\alpha)\%$ 的置信区间 |
|---|---|---|---|
| 正态 | $\mu$ | $\sigma^2$ 已知 | $\left(\bar{X} - u_{\alpha/2}\dfrac{\sigma}{\sqrt{n}}, \bar{X} + u_{\alpha/2}\dfrac{\sigma}{\sqrt{n}}\right)$ |
| | | $\sigma^2$ 未知 | 小样本时为 $\left(\bar{X} - t_{\alpha/2}(n-1)\dfrac{S}{\sqrt{n}}, \bar{X} + t_{\alpha/2}(n-1)\dfrac{S}{\sqrt{n}}\right)$<br>大样本时近似为 $\left(\bar{X} - u_{\alpha/2}\dfrac{S}{\sqrt{n}}, \bar{X} + u_{\alpha/2}\dfrac{S}{\sqrt{n}}\right)$ |
| | $\sigma^2$ | $\mu$ 未知 | $\left(\dfrac{(n-1)S^2}{\chi^2_{\alpha/2}}, \dfrac{(n-1)S^2}{\chi^2_{1-\alpha/2}}\right)$ |
| 二项 | $P$ | 大样本 | $\left(p - u_{\alpha/2}\sqrt{\dfrac{p(1-p)}{n}}, p + u_{\alpha/2}\sqrt{\dfrac{p(1-p)}{n}}\right)$ |
| 泊松 | $\lambda$ | 大样本 | $nP > 5, n(1-P) > 5$ 时为 $(\bar{X}/n - u_{\alpha/2}\sqrt{\bar{X}/n}, \bar{X}/n + u_{\alpha/2}\sqrt{\bar{X}/n})$ |
| 正态 | $\mu_1 - \mu_2$ | $\sigma_1, \sigma_2$ 已知 | $\left(\bar{X} - \bar{Y} - u_{\alpha/2}\sqrt{\dfrac{\sigma_1^2}{n_1} + \dfrac{\sigma_2^2}{n_2}}, \bar{X} - \bar{Y} + u_{\alpha/2}\sqrt{\dfrac{\sigma_1^2}{n_1} + \dfrac{\sigma_2^2}{n_2}}\right)$ |
| | | $\sigma_1, \sigma_2$ 未知 | $\left(\bar{X} - \bar{Y} - \dfrac{t_{\alpha/2}(n_1+n_2-2)S_w}{\sqrt{1/n_1 + 1/n_2}}, \bar{X} - \bar{Y} + \dfrac{t_{\alpha/2}(n_1+n_2-2)S_w}{\sqrt{1/n_1 + 1/n_2}}\right)$ |
| | $\sigma_1^2/\sigma_2^2$ | $\mu_1, \mu_2$ 未知 | $\left(\dfrac{(n_1-1)S_1^2}{(n_2-1)S_2^2}\Big/F_{\alpha/2}(n_1,n_2), \dfrac{(n_1-1)S_1^2}{(n_2-1)S_2^2}\Big/F_{1-\alpha/2}(n_1,n_2)\right)$ |
| 二项 | $P_1 - P_2$ | 大样本 | $n_1 P_1 > 5, n_1(1-P_1) > 5, n_2 P_2 > 5, n_2(1-P_2) > 5$ 时为<br>$\left(p_1 - p_2 - u_{\alpha/2}\sqrt{\bar{p}(1/n_1 + 1/n_2)}, p_1 - p_2 + u_{\alpha/2}\sqrt{\bar{p}(1/n_1 + 1/n_2)}\right)$ |

## 5.4 假设检验的基础知识

### 1. 小概率事件和概率反证法

小概率事件是指发生可能性很小的随机事件。例如，飞机失事的情况并非不会发生，只是发生概率极小。于是，"乘坐一次飞机时飞机不失事"成为登机者接受的共识。

在基于随机抽样或随机试验资料的统计推断方法及其应用问题中，认为小概率事件不应该发生的思想是制定结论的核心依据。概率反证法在此原理上被制定出来，其含义是小概率事件在一次随机抽样或随机试验中不应发生的假定前提下，如果发现结果为小概率事件，那么就要反过来去否定原来的假设。例如，学生甲声称他的袋子里有 99 个白色乒乓球、1 个黄色乒乓球。验证学生甲是否在撒谎，学生乙从他的袋子里随机抓了一个球，结果是个黄色球，学生乙由此推断学生甲在撒谎。乙作出推断结论的依据是，既然学生从袋子里抓出黄球的概率很小（才 1%），那么只从袋子里抓一次球时就不会恰好抓到黄球。

原假设 $H_0$ 又称无效假设或零假设。原假设 $H_0$ 是希望收集证据予以反对的结论。备择假设 $H_1$ 是与原假设 $H_0$ 联系却又对立的假设，一般反映了希望收集证据予以支持的结论。结合研究目的和抽样分布知识，在不同方法中会遇到原假设 $H_0$ 的不同形式，例如某个总体均值与常数相等、两个及以上总体均值相等、某个总体分布与正态分布一致、两个总体的分布位置相同、两个变量总体的线性相关系数为零，两个分类变量总体是无关联的。

以下有几点说明。

说明①：原假设 $H_0$ 和备择假设 $H_1$ 的关系要正确对待。原假设 $H_0$ 和备择假设 $H_1$ 不是"非此即彼"的关系，不能将两者地位同等看待。原假设 $H_0$ 的成立性是无法从数学上进行严格证明的。当研究者在制定原假设 $H_0$ 和备择假设 $H_1$ 时，通常是把希望否定的指定假设或某种标准作为原假设 $H_0$。这是因为只有当由样本推断为拒绝原假设 $H_0$ 时，推断原假设 $H_0$ 不成立的结论才更具有参考意义。经过抽样调查或试验工作，由研究者事先默许成立的原假设 $H_0$ 和样本信息构造某个随机事件。根据小概率反证法的思想，如果经过计算发现其发生概率越小，那么推断原假设 $H_0$ 不成立的结论就会更具有说服力度。如果经过计算发现其发生概率不小，那么不应该拒绝原假设 $H_0$，只是说明尚无充分的理由否定原假设 $H_0$，还不能肯定原假设 $H_0$ 就是正确的。不拒绝原假设 $H_0$ 的结论参考意义不大。

说明②：概率反证法是与数学反证法大致相似但又不相同的思路。数学反证法是指如果绝对不发生的事件发生了，那么就要拒绝之前默认的原假设。概率反证法是指如果概率很小的事件发生了，那么就要拒绝之前默认的原假设。概率反证法得出的推断结论未必是绝对的事实，因为概率很小的事件仍然有发生的可能性。于是，在由概率反证法制定抽样推断结论时，是以允许出现与事实不符合错误的可能性为前提的。

说明③：概率反证法提出的出发点是企图肯定或证实一个结论很难，否定它却容易得多，有时只用一个反例就做到了。虽然小概率事件发生的可能性很小，但是仍然有发生的可能性。如果在一次抽样推断中小概率事件恰好发生了，那么从它不应该发生的角度去拒绝原假设 $H_0$，也会出现与事实不符合的错误，只是这个错误很小而已。研究者认为，在抽样推断的结论中会有发生错误的可能性，既然能够将其控制在很小范围内，就不妨忽略掉而坚持认为不应该恰好发生，这是开展抽样推断工作的依据。当然，研究者也会尽力优化抽样调查或试验方案设计、增大样本量，降低拒绝原假设 $H_0$ 犯错误的可能性。

## 2. 假设检验思想的提出

假设检验又称显著性检验，是事先对总体参数和总体分布形式做出一个规定假设，然后利用样本提供的信息，以一定的概率来判断这个假设是否成立或合理，即判断总体的真实情况是否与原假设存在显著的系统性差异。它是由样本推断总体特征工作中提出来的经典思想，为统计学方法的构建、发展与完善指引了方向。建立原假设 $H_0$ 并且又希望去拒绝掉它的依据是，虽然原假设 $H_0$ 很难证明是不正确的，但是当否定它时往往会容易得多。例如，某种数学猜想很难被证明是不正确的，有时只要能够找到一个反例，就能验证其不成立了。

参数估计和假设检验都体现了由样本推断总体的思想。参数估计是以样本资料估计总体参数的可能范围；假设检验是由样本资料检验对总体参数的事先假设或猜想是否成立。

## 3. 假设检验的两类错误

小概率事件在一次随机抽样或随机试验中虽然很少发生、但是仍然会发生。

根据小概率事件不应该发生的原理，由样本推断总体，由部分推断全部，无论原假设 $H_0$ 是否被拒绝，所得结论中都会有出现错误的可能性，所以假设检验的结论不能被绝对化使用。

第一类错误或"弃真"错误：虽然原假设 $H_0$ 成立且事实上是正确的，但是经过抽样推断以后拒绝了原假设 $H_0$。第二类错误或"取伪"错误：虽然原假设 $H_0$ 成立且事实上是不正确的，但是经过抽样推断以后没有充分证据拒绝原假设 $H_0$，因此只能接受原假设 $H_0$ 是成立的。

令出现第一类错误的概率 $P\{拒绝\ H_0|H_0\ 为真\}=\alpha$，出现第二类错误的概率 $P\{接受\ H_0|H_0\ 为假\}=\beta$。以上概率条件不同，概率相加 $\alpha+\beta$ 无意义，$\alpha+\beta\neq 1$ 或 $\alpha+\beta=1$ 都可能正确。

假设检验的错误及其举例如表 5-2、表 5-3 所示。

表 5-2 假设检验的错误

| 推断结论 | 真实情况 | |
|---|---|---|
| | $H_0$ 为真 | $H_0$ 为假 |
| 接受 $H_0$ | 正确 | 第二类错误 |
| 拒绝 $H_0$ | 第一类错误 | 正确 |

表 5-3 假设检验的错误举例

| 推断结论 | 真实情况 | |
|---|---|---|
| | 患病 | 未患病 |
| 阳性 | 真阳性 | 假阳性 |
| 阴性 | 假阴性 | 真阴性 |

在临床试验问题中，如果原假设 $H_0$ 是新药与传统药疗效无差异，当出现第一类错误（实际无差异而推断为有差异）时，可能会引起患者利益受损或病情延误；当出现第二类错误（实际有差异而推断无差异）时，可能会增加进一步研发新药物时的非必要巨大成本。

置信度 $1-\alpha$ 表示统计分析结论为拒绝原假设 $H_0$ 时的可靠度，一般需要事先设定。如果希望拒绝原假设 $H_0$ 的结论可信度更大，那么要减小 $\alpha$。检验效能或把握度 $1-\beta$ 表示统计分析结论为接受原假设 $H_0$ 的把握度。与 $\alpha$ 相比，$\beta$ 更难被计算或控制。当样本量 $n$ 不变时，如果放大了出现第一类错误的概率 $\alpha$，那么出现第二类错误的概率就会减小，反之亦然。也就是说，当 $\alpha$ 变大时，$\beta$ 将会变小；当 $\beta$ 变大时，$\alpha$ 将会变小。两类错误之间此消彼长的关系与医学中的漏诊和误诊之间的关系类似。为了减少漏诊会增加误诊，为了减少误诊会增加漏诊，而且漏诊和误诊的概率相加不恰好是 100%。当样本量 $n$ 变大时，可以同时减小出现这两类错误的概率。通常的做法是把出现第一类错误的概率 $\alpha$ 控制在限定范围，再去尽量减小出现第二类错误的概率 $\beta$。此外，在假设检验工作中，若非特别要求，一般默认 $\alpha$ 为 0.05，这是因为如果把第一类错误的概率 $\alpha$ 控制得太小，那么很有可能增大了第二类错误的概率 $\beta$。

### 4. 参数假设检验的基本步骤

假设检验分为参数假设检验或非参数假设检验两大类。参数假设检验对总体分布有严格限制，常见总体为数值资料且已知服从正态分布的情形，当总体分布不符合假定条件时，参数假设检验应该为非参数假设检验更为适合。下面阐述参数假设检验的基本步骤。

步骤①：根据研究目的和资料类型，针对总体的性质制定原假设 $H_0$，利用适合的抽样分布（如正态分布、$t$ 分布、$\chi^2$ 分布、$F$ 分布）知识构造相对应的统计量。

步骤②：默认原假设 $H_0$ 已经成立，由样本观测值求得统计量的值。

步骤③：第一种做法是利用统计量所服从特定概率分布的附表查出临界值，求出以临界值作为端点时的拒绝域；第二种做法是预设小概率事件的显著性水平或检验水准 $\alpha$，即人为规定的小概率界限。如果所获得的统计量取值更为极端情形的相伴概率 $P$ 小于 $\alpha$，那么认为构成了小概率事件，即原假设 $H_0$ 不成立，由此即可制定符合专业解释的决策结论。

### 5. 临界值法的基本步骤

步骤①：建立原假设 $H_0$ 和备择假设 $H_1$。

步骤②：通过抽样分布的性质和实际资料的特点构造适合的统计量，默认原假设 $H_0$ 成立，将样本观测值代入统计量。

步骤③：已知显著性水平 $\alpha$，基于某种抽样分布（如正态分布、$t$ 分布、$\chi^2$ 分布、$F$ 分布）的数学性质，将统计量取值与指定分布的临界值进行比较。如果统计量取值落入了由临界值确定的小概率区域，那么拒绝原假设 $H_0$，否则尚无充分理由拒绝原假设 $H_0$。

### 6. $P$ 值法

利用抽样资料构造服从某种概率分布的统计量，求得统计量取值更为极端情形的相伴概率 $P$，其英语单词为 Significance，译为统计学意义或统计显著性。

在给定相伴概率 $P$ 时，不必通过某种概率分布表查出临界值就可以判断是否拒绝原假设 $H_0$。相伴概率 $P$ 不会绝对是 0，其值越小时参考意义越大。当绘制出某种抽样分布（如正态分布、$t$ 分布、$\chi^2$ 分布、$F$ 分布）的概率密度函数曲线以后，相伴概率 $P$ 可以直观描述为这条曲线与 $X$ 轴围成的一端或两端开口图形中单尾或双尾部分的面积。

临界值法的接受域、拒绝域如图 5-4 所示。$P$ 值法演示如图 5-5 所示。

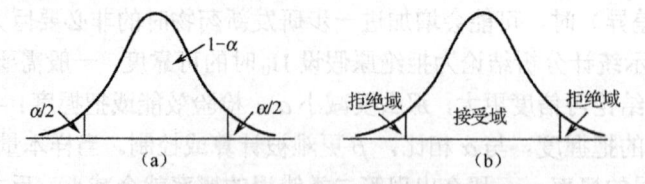

图 5-4 临界值法的接受域、拒绝域演示

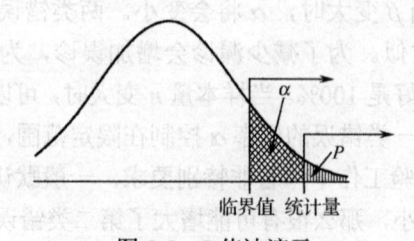

图 5-5 $P$ 值法演示

根据 $P$ 值法制定总体推断结论的依据是比较相伴概率 $P$ 与显著性水平 $\alpha$（小概率事件判断标准），当 $P<\alpha$ 时，拒绝原假设 $H_0$；当推断结论为拒绝原假设 $H_0$ 时，那么出现第一类错误的概率就是 $P$，即正确推断为拒绝原假设 $H_0$ 结论的把握度是 $1-P$。例如，$P=0.02$，表示原假设 $H_0$ 事实上成立，当由 100 次随机抽样做假设检验时，平均有 2 次拒绝原假设 $H_0$，即犯错的概率是 2%，不犯错的概率是 98%，认为这么小的犯错概率可以接受（不用看显著性水平 $\alpha$）。

相伴概率 $P$ 的大或小是一个相对概念，$P$ 越小则说明拒绝原假设 $H_0$ 的理由越充分。显著性水平（即检验水准）$\alpha$ 是人为规定的小概率界限，可以提前给出，一般默认为 0.05，有时也可以取 0.01 或 0.001。为何不是其他数值？如考试成绩常用 60 分为及格线一样，英国统计学家费歇尔（Fisher）把小概率标准规定为 0.05 时，并未给出充分理由，人们接受并沿用了这个经验标准，即比 0.05 更小的概率就是小概率。

当然，显著性水平 $\alpha$ 为 0.01 比为 0.05 作为判断小概率事件的标准更为严格，即当采用 0.01 作为小概率标准制定拒绝结论时，相比 0.05 更倾向于不拒绝原假设 $H_0$，从而在拒绝原假设 $H_0$ 时，降低了发生第一类错误的风险，但同时也可能使得第二类错误的概率增加。当小概率事件的判断标准变化时，统计分析结论也会不同。

例如，令 $\alpha=0.05$，相伴概率 $P$ 为 0.02，则相伴概率 $P<\alpha$，这说明拒绝原假设 $H_0$；令 $\alpha=0.01$，相伴概率 $P$ 为 0.02，则相伴概率 $P \geq \alpha$，这说明不拒绝原假设 $H_0$。由于显著性水平 $\alpha$ 通常默认为 0.05，当相伴概率 $P$ 为 0.047 或 0.051 时，即在两者接近时要慎重制定结论。总之，如果不是为了提前说明或适应某些方法使用条件要求，一般事先默认 $\alpha$ 为 0.05 即可。

### 7. $P$ 值法的基本步骤

步骤①：建立原假设 $H_0$ 和备择假设 $H_1$。

步骤②：根据抽样分布性质构造统计量，默认原假设 $H_0$ 成立，将样本观测值代入统计量。

步骤③：已知显著性水平 $\alpha$ 和抽样分布（如正态分布、$t$ 分布、$\chi^2$ 分布、$F$ 分布）性质，求出统计量取值更为极端情形的相伴概率 $P$。当 $P<\alpha$ 时，认为构成小概率事件，根据小概率不发生原理（或概率反证法），拒绝原假设 $H_0$；当 $P \geq \alpha$ 时，还不能认为构成小概率事件，于是尚无充分理由（即没有足够证据）拒绝原假设 $H_0$。

### 8. 假设检验的应用

说明①：假设检验问题是从抽样推断角度提出来的，并在推断结论中保留了出现两类错误的可能性。当由样本推断总体并得出拒绝原假设 $H_0$ 的结论时，允许以较小概率出现错误，即不可避免出现抽样推断结论与真实不符的情况。因此，在表达拒绝或接受原假设 $H_0$ 结论时，不能用绝对或肯定的语气。当拒绝原假设 $H_0$ 时，说明备择假设 $H_1$ 的结论有统计学意义，同时获知把握度是 $1-P$。当不拒绝原假设 $H_0$ 时，说明备择假设 $H_1$ 的结论无统计学意义。

说明②：对于假设检验的推断结论制定来说，临界值法与 $P$ 值法完全等价。

◇ 临界值法常用于统计学方法练习。事先规定显著性水平 $\alpha$，通过某种概率分布表查出临界值。统计量取值与临界值进行比较，如果统计量取值落入拒绝域，那么拒绝原假设 $H_0$。

◇ $P$ 值法常用于研究报告成果陈述。根据抽样资料求统计量取值更为极端情形的相伴概率 $P$。当 $P<\alpha$ 时，认为构成小概率事件，于是拒绝原假设 $H_0$。

假设检验包括参数假设检验和非参数假设检验两大类。参数假设检验以 $t$ 检验或方差分析为代表。其中，$t$ 检验常用于将一个样本用于推断总体均值是否为常数、将两个以上的样本用于推断两个以上的总体均值是否相等。对于两个及以上总体均值比较的参数检验问题来说，数据资料通常来自配对、完全随机、随机区组、析因或正交等试验设计类型。

### 9. 统计分析结论的阐述

在专业期刊或会议上公开发表或宣读的学术论文有固定的规范要求，学术论文并非一般性的工作总结、汇报或报告，具有较高的学术价值，是把实践资料升华为研究观点以后的概括和提炼，可以用于成果的推广、应用和转化，允许同行质疑、重复检验和传播借鉴。

在学术论文的前言或摘要中提到的统计学方法必须在正文和结果发布时确实用到且表述完整。在统计分析结论中，描述分析部分要列出常见统计量，如算术均值、标准差、中位数、率和构成比等；对于正态分布资料，可以使用"均值±标准差"（不推荐使用"均值±标准误"）进行描述；对于偏态分布资料，可以使用"中位数±四分位数间距"进行描述；对于某些非参数检验方法，可以列出 $P_{50}$ 分位数（中位数）、$P_{25}$ 分位数、$P_{75}$ 分位数。在统计推断部分，$t$ 检验要区分单样本 $t$ 检验、配对设计 $t$ 检验或成组设计 $t$ 检验等不同形式；方差分析要区分完全随机设计、随机区组设计或析因设计等不同形式；如果总体均值不全相等则要进行两两比较；如果不服从正态分布或不满足方差齐性，则应考虑使用非参数法等。

不规范或出现错误的统计分析结果不仅会影响学术论文质量、引起读者质疑，还会误导同行研究者的关注方向。在英文期刊中关于假设检验的表述有"significant difference"或"no significant difference"，在中文期刊中表述为"差异有统计学意义或无统计意义"，但是不要表述为"有显著差异或无显著差异"。在研究者给出有关总体的推断结论时，要交代抽样调查方法或试验设计方案、研究对象的纳入排除标准、选择试验观察指标、制定样本量计算的依据、列出统计学方法、报告统计量，还要给出相伴概率 $P$，而不只是笼统给出大于或小于 0.05 的判断结果。当涉及总体均值、回归系数和优势比等总体参数估计时，既要给出点估计值，又要给出置信度为 95%或 99%的置信区间。根据资料类型合理选择统计图表的类型，文字解释部分不能过度重复，数轴坐标上的刻度要符合度量要求。一般来说，率保留 1 位整数，相关系数保留 2 位小数，统计量保留 3 位小数，相伴概率 $P$ 保留 3 位小数。均数的有效位数不应多于原始数据，标准差或标准误可以比原始数据增加一个小数位数。

研究者尤其要关注试验设计类型、抽样资料代表性、样本量和统计学方法的要求。统计分析结果使用的科学规范性非常重要，统计分析结果是从某次问卷抽样调查或随机试验设计基础上得出的量化意见，即使抽样调查或试验设计的过程严格控制了实施条件，也会受到样本代表性的影响或混杂因素的干扰。统计分析结果只是告诉读者最终得到了什么，这些东西究竟是什么，不能直接作为最终研究结论，当有统计学意义时并非一定有专业意义。

例如，某种药物采用配对设计研究高血压疗效，以大样本作为观测对象，结果发现血压均值相比下降 2mmHg（约为 19.6Pa），经过推断发现该差异有统计学意义。实际上，如此小幅度的数值差异在临床上没有转个有意义。

因此，研究者不仅要得出恰如其分、符合应用要求的统计分析结果，还要将统计分析结果和专业理论分析应该结合起来，告诉读者为什么、说明了什么、下一步应该怎么办、还需要做什么，未必是肯定、可以是否定、也可以假定，由此做出符合科学问题解释的合理判断，既是研究者深思熟虑的产物，也是激起读者沉淀回味的思想，不同的人完全可能从同一结果中引出不同方面、不同深度的最终研究结论。专业理论分析与统计分析结果相呼应，对研究假设进行验证或论证，通过分析探讨、补充解释、客观评价，由具体、个别的经验现象上升到抽象抽象、普遍的理性认识，作为更高层次的概括、由表及里的一系列思考，与国内外同行观点或同类研究比较，突出研究的理论意义与实践价值，指出不足之处，找出不同研究错误或偏差发生的原因，提出下一步探索或改进的方向、建议和设想。

## 5.5 $t$ 检验

连续型随机变量在某个区间范围内取值的概率等于其服从分布概率密度函数 $f(x)$ 的定积分。这个定积分的几何意义就是概率密度函数曲线、区间和 $X$ 轴所围成一端或两端开口图形单尾和双尾部分的面积。例如，$t$ 分布概率密度函数 $f(x)$ 表达式、曲线形状由自由度 $n$ 决定。统计量取值更为极端情形的相伴概率 $P$ 就是曲线与 $X$ 轴围成末端开口尾部的面积。统计量取值越极端则这部分面积越小，即统计量取值更为极端情形的概率越小。

常见的概率分布（如正态分布、$t$ 分布、$\chi^2$ 分布、$F$ 分布）曲线均有类似的解释特点。

正态分布的概率密度函数 $f(x) = e^{-(x-\mu)^2/2\sigma^2}/\sqrt{2\pi}\sigma$，$-\infty < x < +\infty$；

标准正态分布或 $N(0,1)$ 分布的概率密度函数 $f(x) = e^{-x^2/2}/\sqrt{2\pi}$，$-\infty < x < +\infty$；

$t$ 分布的概率密度函数 $f(x) = (1+x^2/n)^{-(n+1)/2}\Gamma((n+1)/2)/\sqrt{n\pi}\Gamma(n/2)$，$-\infty < x < +\infty$。

虽然 $t$ 分布与 $N(0,1)$ 分布的概率密度函数不同，但是相应曲线的形状比较相似，都是单峰对称分布的悬钟形曲线。$t$ 分布的概率密度函数曲线矮胖、末端平坦；$N(0,1)$ 分布的概率密度函数曲线高瘦、末端尖细。随着自由度变大，$t$ 分布的概率密度函数曲线由矮胖变得更为高瘦。当样本量变大时，$t$ 分布与 $N(0,1)$ 分布概率密度函数的曲线形状变得相似；当 $n \to +\infty$ 时，$t$ 分布和 $N(0,1)$ 分布概率密度函数的曲线重合。

例如，当自由度 $df = 50$ 时，可以验证分位点近似相等，即 $t_{0.01/2}(50) \approx u_{0.01/2} = 2.58$。

当由样本构造服从 $t$ 分布的统计量时，样本量 $n$ 越大则自由度 $n-1$ 越大，于是概率密度函数曲线末端形状越尖细，较小的统计量就可能成为小概率事件。同理，当自由度越小时，$t$ 分布的概率密度函数曲线末端形状越粗厚，较大的统计量才可能成为小概率事件。

$t$ 分布的概率密度函数的数学性质是 $t$ 检验的理论基础及其统计量的构造依据。

基于 $t$ 检验的小样本推断思想在统计学发展史上具有里程碑意义。

$t$ 检验的步骤如下。

步骤①：提出关于总体性质的原假设 $H_0$。

例如，单个总体均值 $\mu$ 与常数 $\mu_0$ 相等，两个总体均值 $\mu_1$ 与 $\mu_2$ 相等。

步骤②：当原假设 $H_0$ 成立时，由抽样资料构造服从 $t$ 分布的统计量。

步骤③：确定显著性水平 $\alpha$ 和样本量 $n$，通过 $t$ 分布表查出临界值并确定拒绝域，求统计量取值更为极端情形的相伴概率 $P$。如果统计量取值落入拒绝域或 $P$ 小于 $\alpha$，那么认为拒绝原假设 $H_0$。相伴概率 $P$ 越小则说明越有理由拒绝原假设 $H_0$。

常见的 $t$ 检验包括：单样本 $t$ 检验（单个总体均值 $\mu$ 与常数 $\mu_0$ 比较）、两个独立样本 $t$ 检验（两个独立总体均值比较）和两个配对样本 $t$ 检验（两个配对总体均值比较）。

当总体均值未知时，经过随机抽样获得属于某个样本的观测值，并将该观测值用于推断总体均值 $\mu$ 是否等于指定的常数 $\mu_0$，或两个总体均值 $\mu_1$ 与 $\mu_2$ 是否相等。

抽样误差是肯定存在的，真实差异可能存在、也可能不存在。真实差异和抽样误差引起的差异会纠缠在一起，因而造成差异可能只是由抽样误差引起的，也可能是由本质上的不同造成的。一般来说，如果差异小，则抽样误差足以解释这个差异；如果差异足够大，则倾向于推断认为单个总体均值与常数差异或两个总体均值有差异是系统性的原因。由于直觉比较不太准确，提倡由某种概率分布理论性质和小概率事件反证法思想作为推断依据更为科学，而且结论受到样本量 $n$ 大小、显著性水平 $\alpha$ 等条件的影响。

例如，对于单样本的 $t$ 检验来说，事先假定总体均值与常数无差异，构造服从 $t$ 分布的统计量，然后依据 $t$ 分布的数学性质计算概率并进行推断；两个总体均值比较的 $t$ 检验也依据 $t$ 分布的数学性质；多个总体均值比较的方差分析则依据 $F$ 分布的数学性质。

### 5.5.1 单样本的假设检验

#### 1. 构造统计量

当样本来自正态分布总体且总体方差 $\sigma^2$ 未知时，单样本 $t$ 检验是具有代表性的方法。

设随机变量 $X \sim N(0, 1)$，$Y \sim \chi^2(n)$，$X$ 与 $Y$ 具有独立性，那么统计量 $X/\sqrt{Y/n} \sim t(n)$，即 $X$ 服从自由度为 $n$ 的 $t$ 分布。由正态分布或 $\chi^2$ 分布的性质可以构造出这样的统计量。

假设样本 $X_1, X_2, \cdots, X_n$ 服从正态分布 $N(\mu, \sigma^2)$，样本均值 $\bar{X}$ 是样本的线性组合。

由正态分布性质可以证明 $\bar{X}$ 服从正态分布 $N\left(\mu, \dfrac{\sigma^2}{n}\right)$，将其标准化为 $\dfrac{\bar{X} - \mu}{\sigma/\sqrt{n}} \sim N(0,1)$。

已知 $\dfrac{X_i - \mu}{\sigma} \sim N(0,1)$，$\dfrac{\bar{X} - \mu}{\sigma/\sqrt{n}} \sim N(0,1)$，所以

$$\sum_{i=1}^{n}\left(\frac{X_i - \mu}{\sigma}\right)^2 \sim \chi^2(n), \quad \left(\frac{\bar{X} - \mu}{\sigma/\sqrt{n}}\right)^2 \sim \chi^2(1)$$

由 $\chi^2$ 分布统计量的可加性，可得

$$\frac{\sum_{i=1}^{n}(X_i - \bar{X})^2}{\sigma^2} = \frac{\sum_{i=1}^{n}(X_i - \mu)^2 - n(\bar{X} - \mu)^2}{\sigma^2} = \sum_{i=1}^{n}\left(\frac{X_i - \mu}{\sigma}\right)^2 - \left(\frac{\bar{X} - \mu}{\sigma/\sqrt{n}}\right)^2 \sim \chi^2(n-1)$$

于是，由 $t$ 分布的定义构造统计量为

$$\frac{\bar{X} - \mu}{\sigma/\sqrt{n}} \bigg/ \sqrt{\frac{(n-1)S^2}{\sigma^2}/(n-1)} = \frac{\bar{X} - \mu}{S/\sqrt{n}} \sim t(n-1)$$

#### 2. 单样本 $u$ 检验的基本步骤

当样本来自正态分布总体且总体方差 $\sigma^2$ 已知时，单样本 $u$ 检验是具有代表性的方法。

假设样本 $X_1, X_2, \cdots, X_n$ 服从正态分布 $N(\mu, \sigma^2)$，那么由正态分布的性质推导出 $\bar{X}$ 也服从正态分布 $N(\mu, \sigma^2/n)$，将其标准化为统计量 $\dfrac{\bar{X} - \mu}{\sigma/\sqrt{n}} \sim N(0,1)$

步骤①：建立原假设 $H_0$ 为 $\mu = \mu_0$；建立备择假设 $H_1$ 为 $\mu \neq \mu_0$。

步骤②：由标准正态分布的定义构造统计量

$$u = \frac{\bar{X} - \mu}{\sigma/\sqrt{n}} \sim N(0,1)$$

式中，$\sigma$ 为总体标准差，$n$ 为样本量。默认原假设 $H_0$ 成立，将样本观测值代入统计量。

步骤③：阐述结论。

◇临界值法。根据显著性水平$\alpha$、自由度$n-1$，通过标准正态分布表查出临界值$u_{\alpha/2}$。当$|u|>u_{\alpha/2}$时，拒绝原假设$H_0$；当$|u|\leqslant u_{\alpha/2}$时，不拒绝原假设$H_0$。

◇$P$值法。由显著性水平$\alpha$和$N(0,1)$分布性质，求统计量取值更极端情形的相伴概率$P$。

当$P<\alpha$时，拒绝原假设$H_0$；当$P\geqslant\alpha$时，不拒绝原假设$H_0$。相伴概率$P$越小则说明越有理由认为总体均值与常数有差异，而不是说明总体均值与常数差异越大。

【例1】某厂在正常生产情况下瓶装饮料的酒精含量$X\sim N(4.45,0.108^2)$。随机抽测5瓶饮料并测量酒精含量为4.40,4.25,4.21,4.33,4.46。已知总体方差为$0.108^2$，推断生产是否正常。

解：原假设$H_0$为$\mu=4.45$；备择假设$H_1$为$\mu\neq4.45$。

由于总体方差$\sigma^2$已知，考虑用$u$检验法。

已知样本量$n=5$，饮料的正常酒精含量$\mu_0=4.45$，$\bar{X}=4.33$，$\sigma=0.108$。

默认原假设$H_0$成立，求得统计量

$$u=\frac{\bar{X}-\mu}{\sigma/\sqrt{n}}=\frac{4.33-4.45}{0.108/\sqrt{5}}=-2.485$$

默认显著性水平$\alpha=0.05$，查标准正态分布表得临界值$u_{0.025}=1.96$。

经分析，$|u|=2.485>u_{0.025}=1.96$，说明落入了拒绝域，于是认为拒绝原假设$H_0$，从而说明瓶装饮料的平均酒精含量与4.45差异无统计学意义，即生产线不正常。

对于大样本数据资料，$t$分布统计量近似服从$N(0,1)$分布，于是也可以使用$u$检验。

由于小样本试验设计收集的资料，一般来说总体方差未知，所以不用单样本$u$检验。

**3. 单样本$t$检验的基本步骤**

步骤①：建立原假设$H_0$为$\mu=\mu_0$；建立备择假设$H_1$为$\mu\neq\mu_0$。

步骤②：由$t$分布的定义构造统计量

$$t=\frac{\bar{X}-\mu}{S/\sqrt{n}}\sim t(n-1)$$

式中，$S$为样本标准差，$n$为样本量。默认原假设$H_0$成立，将样本观测值代入统计量。

步骤③：阐述结论。

◇ 临界值法。根据显著性水平$\alpha$、自由度$n-1$，通过$t$分布表查出临界值$t_{\alpha/2}(n-1)$。

当$|t|>t_{\alpha/2}(n-1)$时，拒绝原假设$H_0$；当$|t|\leqslant t_{\alpha/2}(n-1)$时，不拒绝原假设$H_0$。

◇ $P$值法。根据显著性水平$\alpha$和$t$分布的数学性质，求统计量取值更为极端情形的相伴概率$P$。当$P<\alpha$时，拒绝原假设$H_0$；当$P\geqslant\alpha$时，不拒绝原假设$H_0$。相伴概率$P$越小则说明越有理由认为总体均值与常数有差异，而不是说明总体均值与常数差异越大。

**4. 满足条件**

单样本$t$检验须满足的条件是数值型资料、总体服从正态分布、总体方差未知，样本量大小无要求。对于$t$检验或方差分析等参数检验方法来说，在统计量构造及验证中都要用到正态分布条件，其验证方法包括单样本K-S检验法、P-P图法、Q-Q图法和直方图法。

实际上，如果总体不是明显偏离正态分布，那么$t$检验仍然可用。

【例2】某厂正常生产每瓶饮料的酒精含量$X\sim N(4.45,\sigma^2)$。随机抽测5瓶饮料的酒精含量分别为4.40,4.25,4.21,4.33,4.46。假设总体方差$\sigma^2$未知，推断当前生产线是否正常。

解：原假设$H_0$为$\mu=4.45$；备择假设$H_1$为$\mu\neq4.45$。

由于总体方差 $\sigma^2$ 未知，考虑用 $t$ 检验。

已知样本量 $n=5$，饮料的正常酒精含量 $\mu_0 = 4.45$，$\bar{X} = 4.33$，$S = 0.103$。

默认原假设 $H_0$ 成立，求得统计量

$$t = \frac{\bar{X} - \mu}{S/\sqrt{n}} = \frac{4.33 - 4.45}{0.103/\sqrt{5}} = -2.605$$

默认显著性水平 $\alpha = 0.05$，$n-1 = 4$，查 $t$ 分布表得临界值 $t_{0.025}(4) = 2.776$。

经分析，$|t| = 2.605 < t_{0.025}(4) = 2.776$，说明尚无理由或还没有充分证据拒绝原假设 $H_0$，认为饮料的平均酒精含量与 4.45 差异无统计学意义，于是可以推断当前生产线是正常的。

【学习目标】理解单个总体均值与常数比较的 $t$ 检验，掌握操作流程并阐述结论。

## 【案例实验 1】

某厂宣称药剂的平均有效期是 21.5 天。随机抽测 6 份药剂并测度有效期分别是 19 天、18 天、22 天、20 天、16 天、25 天。已知药剂的有效期总体服从正态分布，请推断当前生产线与该厂宣称的情况是否不同。本例的数据文件是"5 单样本 t 检验（药剂有效期）.sav"。

【数据文件】

定义检验变量"药剂有效期"，类型为数值。建立数据文件，如图 5-6 所示。

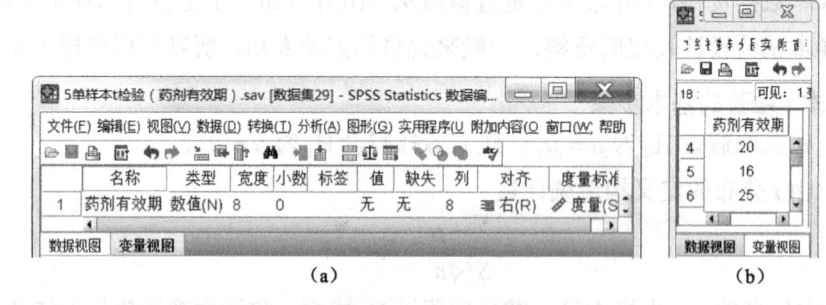

图 5-6 数据文件

【菜单选择】

单击"分析"主菜单，再单击"比较均值"选项，然后单击"单样本 t 检验"选项。

【界面设置】

在打开的"单样本 t 检验"对话框中，将"药剂有效期"选入"检验变量"列表框中，将指定的常数"21.5"输入"检验值"文本框，单击"确定"按钮，如图 5-7 所示。

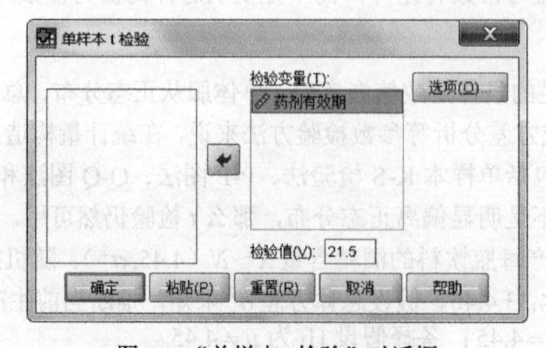

图 5-7 "单样本 t 检验"对话框

【结果分析】

描述统计的结果和单样本 $t$ 检验的结果分别如表 5-4 和表 5-5 所示。

表 5-4 描述统计的结果

|  | $N$ | 均 值 | 标 准 差 | 均值的标准误 |
| --- | --- | --- | --- | --- |
| 药剂有效期 | 6 | 20.000 0 | 3.162 28 | 1.290 99 |

经分析，药物有效期的均值为 20.000，标准差为 3.162，均值的标准误为 1.291。

表 5-5 单样本 $t$ 检验的结果

|  | 统 计 量 | df | 显著性水平（双侧） | 均 值 差 | 均值差的95%置信区间 ||
| --- | --- | --- | --- | --- | --- | --- |
|  |  |  |  |  | 下 限 | 上 限 |
| 药剂有效期 | −1.162 | 5 | 0.298 | −1.500 00 | −4.818 6 | 1.818 6 |

经分析，由单样本 $t$ 检验，构造并计算的统计量为 −1.162，相伴概率 $P$ 取值为 0.298（大于 0.05），说明药剂有效期总体均值与该厂宣称的 21.5 天差异无统计学意义。

均值差的 95%置信区间是 (−4.818 6, 1.818 6)。其中，该置信区间包含 0，即药剂有效期总体均值的 95%置信区间包括常数 21.5，说明药剂有效期总体均值与该厂宣称不符合。

以下有两点说明。

说明①：在单样本 $t$ 检验的 SPSS 软件运行结果中，给出了置信区间并作为补充内容。

一般来说，当涉及模型中的参数估计问题时，建议阐述置信区间的结果并给予专业解读。

置信区间从"量"的角度说明总体均值的范围及可靠度；假设检验从"质"的角度说明总体均值与常数的差异有无统计学意义及把握度。置信区间不但回答了差异有无统计学意义，而且提供了更多有用信息，可以显示差异的具体程度或由专业判断有无实际价值。

置信区间只能在预先规定的检验水准下计算，不能完全代替假设检验；假设检验可以获得精确的相伴概率 $P$，作为统计推断结论判断依据时，在说服力上优于置信区间。

说明②：在 SPSS 软件输出窗口单元格中，显著性水平有时显示为 0.000，有人认为既然相伴概率 $P$ 为 0，那么拒绝原假设结论就不会再出现第一类错误了。

在假设检验问题中，抽样推断结论无法避免第一类错误！显著性水平有时显示 0.000、并非就是 0，这是经过四舍五入默认取前三位小数的形式；只要双击 0.000 所在的单元格，那么小数位数将会显示更全（如 0.000 254）。所以，"$P$=0.000" 应该说成 "$P$<0.001"。

### 5.5.2 两个配对样本 $t$ 检验

#### 1. 配对设计的形式

从同质总体中随机抽取出特征或性质相似的受试对象，利用非处理因素确定配对条件，并据此配成对子，对子内的受试对象初始条件尽量一致，对子之间的受试对象初始条件允许有差异。每个对子的对象被随机安排在两个水平处理组中接受处理，对子个数相对于安排重复试验的处理次数。这种做法使得对子内混杂因素对观察指标的影响更为均衡，从而有利于控制混杂因素的干扰作用而专注于比较处理因素不同水平下总体均值的差异。

按照受试对象来源方式的不同，分为同源配对和非同源配对。

① 同源配对是指同一受试对象分别接受两种处理配成对子或某种处理前后配成对子。

例如，一盒牛奶分别用两种测定方法并检测脂肪含量；小鼠者注射某种毒物并检测肝脏和肾脏的毒物浓度；糖尿病患者服用某种药物一段时间并检测服药前后晨起空腹血糖值。

② 非同源配对是指将特征或性质相似的受试对象配成对子，分别接受两种不同处理。例如，同窝两只孪生小鼠分别喂食两种饲料一段时间并观测体重改变量；学习基础水平相同的两名学生分别按两种方法培训一段时间并测验成绩。

配对设计有利于对影响实验的混杂因素加以控制，改善了不同处理组之间非处理因素影响的均衡性，但是不宜过多、过严地引入配对条件。

配对设计试验收集数据的特点是，两个配对样本的样本量相等，两两成对，一一对应，对子中数据的搭配顺序不变。

### 2. 配对设计的假设检验

两个配对样本的原始数据是构造统计量的间接依据，而每个对子的两个数据相减并转化成一个差值样本，才是构造统计量的直接依据。两个配对样本的 $t$ 检验是对配对设计资料分析的代表方法，其前提是两个配对样本的差值来自正态分布总体，利用配对设计的两个样本推断两个总体均值是否相等。

配对设计的数据结构如表 5-6 所示。

表 5-6 配对设计的数据结构

| 样本一 | $X_1$ | $X_2$ | $X_3$ | … | $X_i$ | … | $X_n$ |
|---|---|---|---|---|---|---|---|
| 样本二 | $Y_1$ | $Y_2$ | $Y_3$ | … | $Y_i$ | … | $Y_n$ |
| 对子差值 | $D_1$ | $D_2$ | $D_3$ | … | $D_i$ | … | $D_n$ |

当两个样本分别来自正态分布总体且总体方差未知时，利用样本构造服从 $t$ 分布的统计量。由 $t$ 分布的定义，假设随机变量 $X \sim N(0,1)$，$Y \sim \chi^2(n)$，$X$ 与 $Y$ 独立，那么随机变量 $X/\sqrt{Y/n} \sim t(n)$，即服从自由度为 $n$ 的 $t$ 分布。注意：此处 $n$ 是自由度而不是样本量。

令 $D = X - Y$，它是由对子差值组成的序列；$\bar{D}$，$S_d$ 是对子差值序列的样本均值和标准差；$\mu_d$ 是对子差值序列对应的总体均值；$\sigma$ 是对子差值序列的总体标准差；$n$ 是配成对子的个数。

根据正态分布和 $\chi^2$ 分布的性质，可以利用样本构造服从 $t$ 分布的统计量。

由于

$$\frac{\bar{D} - \mu_d}{\sigma/\sqrt{n}} \sim N(0,1), \quad \frac{(n-1)S_d^2}{\sigma^2} \sim \chi^2(n-1)$$

所以

$$\frac{\bar{D} - \mu_d}{\sigma/\sqrt{n}} \bigg/ \sqrt{\frac{(n-1)S_d^2}{\sigma^2}/(n-1)} \sim \frac{\bar{D} - \mu_d}{S_d/\sqrt{n}} \sim t(n-1)$$

于是，两个配对样本被转化成一个差值样本，从而使用单样本 $t$ 检验的思路，通过推断差值总体的均值与 0 差异有无统计学意义，得出两个配对总体均值差异有无统计学意义。

### 3. 两个配对样本 $t$ 检验的基本步骤

步骤①：建立原假设 $H_0$ 为 $\mu_d = \mu_1 - \mu_2 = 0$；建立备择假设 $H_1$ 为 $\mu_d \neq 0$。

步骤②：由 $t$ 分布性质构造统计量

$$t = \frac{\bar{D} - \mu_d}{S_d/\sqrt{n}} \sim t(n-1)$$

式中，$S_d$ 为样本中对子差值序列的标准差，$n$ 为样本中的对子个数。默认原假设 $H_0$ 成立，将样本代入统计量。

步骤③：阐述结论。

◇ 临界值法。根据显著性水平 $\alpha$ 和自由度 $n-1$，通过 $t$ 分布表查出临界值 $t_{\alpha/2}(n-1)$。

当 $|t| > t_{\alpha/2}(n-1)$ 时，拒绝原假设 $H_0$；当 $|t| \leqslant t_{\alpha/2}(n-1)$ 时，不拒绝原假设 $H_0$。

◇ $P$ 值法。已知显著性水平 $\alpha$ 和 $t$ 分布的性质，计算服从 $t$ 分布统计量的相伴概率 $P$。

当 $P < \alpha$ 时，拒绝原假设 $H_0$；当 $P \geqslant \alpha$ 时，不拒绝原假设 $H_0$。相伴概率 $P$ 越小则说明越有理由认为两个总体均值有差异，而不是说明两个总体均值差异越大。

**4．满足条件**

条件①：两个样本来自配对设计试验。

条件②：两个配对样本的差值总体服从正态分布。

条件③：两个样本所在的总体方差未知。样本量无要求，适用于小样本情况。

当两个样本相关性越高时，两个配对样本 $t$ 检验的效果越好。

【例3】随机抽样某厂生产的 10 瓶药剂，每瓶按照两种方法分别测定其有效成分含量，如表 5-7 所示。请推断这两种方法测定的药剂有效成分含量差异有无统计学意义。

**表 5-7　两种方法测定的药剂有效成分含量**

| 甲法 | 0.84 | 0.591 | 0.674 | 0.632 | 0.687 | 0.978 | 0.75 | 0.73 | 1.2 | 0.87 |
|---|---|---|---|---|---|---|---|---|---|---|
| 乙法 | 0.58 | 0.509 | 0.5 | 0.316 | 0.337 | 0.517 | 0.454 | 0.512 | 0.997 | 0.506 |
| 差值 $d_i$ | 0.26 | 0.082 | 0.174 | 0.316 | 0.35 | 0.461 | 0.296 | 0.218 | 0.203 | 0.364 |

解：建立原假设 $H_0$ 为差值总体均值 $\mu_d = 0$；建立备择假设 $H_1$ 为 $\mu_d \neq 0$。

默认原假设 $H_0$ 成立，计算服从 $t$ 分布的统计量为

$$t = \frac{\bar{D} - \mu_d}{S_d/\sqrt{n}} = \frac{0.2724 - 0}{0.1087/\sqrt{10}} = 7.925$$

其中，$n = 10, \sum_{i=1}^{10} d_i = 2.724, \sum_{i=1}^{10} d_i^2 = 0.8483, \bar{d} = \sum_{i=1}^{10} d_i/10 = 2.724/10 = 0.2724$。

$$S_d^2 = \left(\sum_{i=1}^{10} d_i^2 - 10(\bar{d})^2\right)/(10-1) = (0.8483 - 10 \times 0.2724^2)/(10-1) = 0.1087^2$$

对于显著性水平 $\alpha = 0.05$，$n - 1 = 9$，通过 $t$ 分布表查出临界值 $t_{0.025}(9) = 2.262$。

经分析，$|t| = 7.925$（大于 2.262），说明落入了拒绝域，于是认为拒绝原假设 $H_0$，从而说明由这两种方法测量的药剂有效成分含量差异有统计学意义，即两种测定方法是不同的。

【学习目标】理解两组配对总体均值差异比较的 $t$ 检验，掌握操作流程并阐述结论。

## 【案例实验2】

某药物用于治疗病情相似的 10 名高血压患者，获得治疗前和治疗后的血压值（单位：mmHg）。假设治疗前血压、治疗后血压值的总体服从正态分布，总体方差都未知，推断治疗前血压、治疗后血压总体均值是否相等。数据资料如表 5-8 所示。

本例的数据文件是"5 两个配对样本 t 检验（治疗前后血压）.sav"。

表 5-8  数据资料

| 治疗前血压 | 115 | 110 | 129 | 109 | 110 | 116 | 116 | 116 | 120 | 104 |
| 治疗后血压 | 116 | 90 | 108 | 89 | 92 | 90 | 110 | 120 | 88 | 96 |

【数据文件】

定义两个检验变量"治疗前血压"和"治疗后血压",类型均为数值。

建立数据文件,如图 5-8 所示。

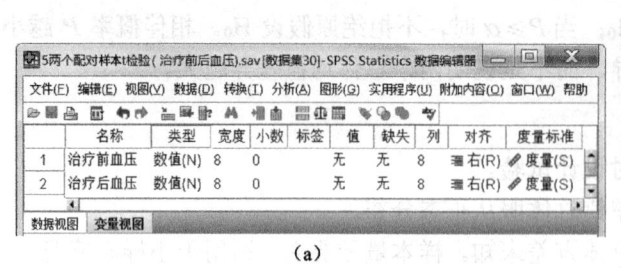

图 5-8  数据文件

【菜单选择】

单击"分析"主菜单,再单击"比较均值"选项,然后单击"配对样本 t 检验"选项。

【界面设置】

在打开的"配对样本 t 检验"对话框中,分别将两个变量"治疗前血压"和"治疗后血压"选入"成对变量"列表框中的"Variable1"和"Variable2",单击"确定"按钮,如图 5-9 所示。

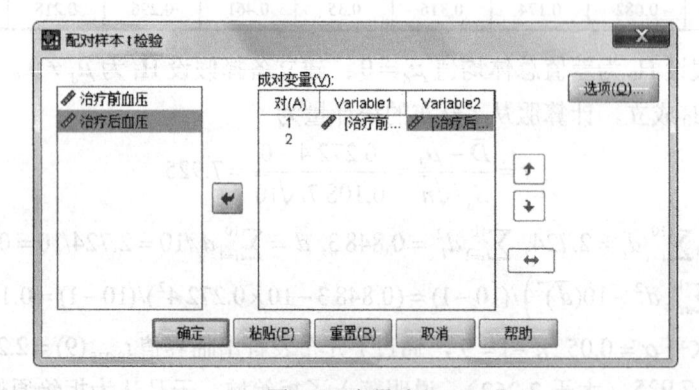

图 5-9  变量选入

【结果分析】

描述统计的结果如表 5-9 所示。

表 5-9  描述统计的结果

| 样 本 | | 均 值 | $N$ | 标 准 差 | 均值的标准误 |
| --- | --- | --- | --- | --- | --- |
| 对 1 | 治疗前血压 | 114.50 | 10 | 6.900 | 2.182 |
| | 治疗后血压 | 99.90 | 10 | 12.315 | 3.894 |

经分析,两个配对样本的均值分别为 114.50 和 99.90,标准差分别为 6.9 和 12.315。

两个配对样本的相关分析如表 5-10 所示。

表 5-10 两个配对样本的相关分析

| 样　本 | N | 相关系数 | 显著性水平 |
|---|---|---|---|
| 治疗前血压与治疗后血压 | 10 | 0.355 | 0.314 |

经分析,两个配对样本的相关性不高,说明两个配对样本 $t$ 检验的使用效果可能受此影响。两个配对样本 $t$ 检验的结果如表 5-11 所示。

表 5-11 两个配对样本 $t$ 检验的结果

| 治疗前血压-治疗后血压(差值) | | | | | 统计量 | df | 显著性水平(双侧) |
|---|---|---|---|---|---|---|---|
| 均　值 | 标 准 差 | 均值的标准误 | 均值差的95%置信区间 | | | | |
| | | | 下　限 | 上　限 | | | |
| 14.60 | 11.79 | 3.73 | 6.17 | 23.03 | 3.92 | 9 | 0.004 |

经分析,由两个配对样本 $t$ 检验,求得统计量为 3.92,相伴概率 $P$ 取值为 0.004(小于 0.05),从而说明治疗前血压和治疗后血压的总体均值差异有统计学意义。

两个配对总体均值差的 95%置信区间是(6.17,23.03)。该置信区间未将 0 包含在内,说明两个配对总体的均值存在差异。由样本均值比较分析认为,用该药治疗以后的血压更低,说明该药物治疗高血压有效。

### 5.5.3 两个独立样本 $t$ 检验

#### 1. 成组设计的方式

成组设计又称完全随机设计,包括随机分组试验和随机抽样调查方式。随机分组试验是指将同质受试对象随机分成两组,每组接受两种不同方式进行处理,推断两种处理方式情况下观察指标总体的均值差异有无统计学意义。随机抽样调查是指从两个独立总体随机抽取样本,推断两个独立总体的均值差异有无统计学意义。

成组设计试验收集数据的特点是,两个独立样本的样本量未必相等,每个样本中的数据可以任意排列。

#### 2. 成组设计的假设检验

两个样本的原始数据是构造统计量的直接依据。两个独立总体均值比较的 $t$ 检验或 $t'$ 检验是成组设计资料分析的代表方法,其前提是两个独立的样本分别来自两个独立的正态分布总体,在这总体方差 $\sigma_1^2$ 和 $\sigma_2^2$ 未知情况下,比较两个独立总体的均值差异有无统计学意义。

成组设计的数据结构如表 5-12 所示。

表 5-12 成组设计的数据结构

| 样本一 | $X_1$ | $X_2$ | $X_3$ | … | $X_i$ | … | $X_{n_1}$ |
|---|---|---|---|---|---|---|---|
| 样本二 | $Y_1$ | $Y_2$ | $Y_3$ | … | $Y_j$ | … | $Y_{n_2}$ |

每个因素水平处理组的样本量允许不同,如表 5-12 中两行的数据个数 $n_1$ 和 $n_2$ 未必相等。当样本来自正态分布总体且总体方差未知时,由 $t$ 分布的定义,假设随机变量 $X \sim N(0,1)$, $Y \sim \chi^2(n)$, $X$ 与 $Y$ 独立,则 $X/\sqrt{Y/n} \sim t(n)$ 服从自由度为 $n$ 的 $t$ 分布。

根据正态分布和 $\chi^2$ 分布的性质，可以利用两个样本构造服从 $t$ 分布的统计量。

假设两个样本分别来自正态分布总体，即 $X_i \sim N(\mu_1, \sigma_1^2)$，$Y_i \sim N(\mu_2, \sigma_2^2)$。

$$\frac{(n_1-1)S_1^2}{\sigma_1^2} \sim \chi^2(n_1-1), \quad \frac{(n_2-1)S_2^2}{\sigma_2^2} \sim \chi^2(n_2-1)$$

根据 $\chi^2$ 分布统计量的可加性，可得

$$\frac{(n_1-1)S_1^2}{\sigma_1^2} + \frac{(n_2-1)S_2^2}{\sigma_2^2} \sim \chi^2(n_1+n_2-2)$$

根据正态分布的性质，可得 $\bar{X} - \bar{Y} \sim N(\mu_1 - \mu_2, \sigma_1^2/n_1 + \sigma_2^2/n_2)$，则

$$\frac{\bar{X} - \bar{Y} - (\mu_1 - \mu_2)}{\sqrt{\sigma_1^2/n_1 + \sigma_2^2/n_2}} \sim N(0,1)$$

由 $t$ 分布的定义

$$\frac{\bar{X} - \bar{Y} - (\mu_1 - \mu_2)}{\sqrt{\sigma_1^2/n_1 + \sigma_2^2/n_2}} \bigg/ \sqrt{\left(\frac{(n_1-1)S_1^2}{\sigma_1^2} + \frac{(n_2-1)S_2^2}{\sigma_2^2}\right)/(n_1+n_2-2)} \sim t(n_1+n_2-2)$$

首先验证是否满足方差齐性条件 $\sigma_1^2 = \sigma_2^2 = \sigma^2$，然后决定选择 $t$ 检验还是 $t'$ 检验。当不满足方差齐性条件时，使用经过自由度校正的 $t'$ 检验。

下面分别通过两种形式构造两个独立样本 $t$ 检验的统计量。

① 当满足方差齐性条件时，$\sigma_1^2 = \sigma_2^2 = \sigma^2$，将其代入并构造 $t$ 检验的统计量为

$$\frac{(\bar{X} - \bar{Y}) - (\mu_1 - \mu_2)}{\sqrt{(1/n_1 + 1/n_2)S_w^2}} \sim t(n_1+n_2-2), \quad S_w^2 = \frac{(n_1-1)S_1^2 + (n_2-1)S_2^2}{n_1+n_2-2}$$

② 当不满足方差齐性条件时，$\sigma_1^2 \neq \sigma_2^2$，构造经过校正的 $t'$ 检验的统计量为

$$\frac{(\bar{X} - \bar{Y}) - (\mu_1 - \mu_2)}{\sqrt{S_1^2/n_1 + S_2^2/n_2}} \sim t(\text{df}), \quad \text{df} = (n_1+n_2-2)\left(\frac{1}{2} + \frac{S_1^2 S_2^2}{S_1^4 + S_2^4}\right)$$

式中，$\bar{X}, \bar{Y}$ 是样本均值；$S_1^2, S_2^2$ 是样本方差；$n_1, n_2$ 是样本量。

说明：两个总体方差齐性又称两个总体方差相等，即两个总体的变异程度相似。当一个样本中观测值分散、另一个样本中观测值集中时，两个样本方差会相差比较大，倾向于认为不满足方差齐性条件，这时可以用 $t'$ 检验。此外，还可以用数据资料经过秩次转换的非参数检验（见后续章节），虽然非参数检验简单，但是信息利用不充分、降低了检验效能。

### 3. 两个独立样本 $t$ 检验的基本步骤

如果两个独立样本来自正态分布总体且总体方差都未知，则 $t$ 检验是代表方法。

第一阶段：方差齐性条件验证。

建立原假设 $H_0$ 为 $\sigma_1^2 = \sigma_2^2$；建立备择假设 $H_1$ 为 $\sigma_1^2 \neq \sigma_2^2$。

分别对来自两个总体的样本求样本均值，计算每组观测值与其样本均值差异的绝对值，由此构造服从 $F$ 分布的统计量并进行推断。当 $P \geq \alpha$ 时，不拒绝原假设 $H_0$，认为两组及以上总体满足方差齐性条件。对于两个独立样本 $t$ 检验来说，SPSS 软件自带了方差齐性条件验证，根据是否满足方差齐性条件，再决定使用 $t$ 检验的结果还是 $t'$ 检验的结果。

第二阶段：两个独立样本 $t$ 检验。

步骤①：建立原假设 $H_0$ 为 $\mu_1 = \mu_2$；建立备择假设 $H_1$ 为 $\mu_1 \neq \mu_2$。

步骤②：默认原假设 $H_0$ 成立，即 $\mu_1 - \mu_2 = 0$。

令 $S_1^2$ 和 $S_2^2$ 为样本方差，$n_1$ 和 $n_2$ 为样本量。

当满足方差齐性条件时，构造 $t$ 检验的统计量为

$$\frac{\bar{X} - \bar{Y}}{\sqrt{(1/n_1 + 1/n_2)S_w^2}} \sim t(n_1 + n_2 - 2), \quad S_w^2 = \frac{(n_1 - 1)S_1^2 + (n_2 - 1)S_2^2}{n_1 + n_2 - 2}$$

当不满足方差齐性条件时，构造经过校正的 $t'$ 检验的统计量为

$$\frac{\bar{X} - \bar{Y}}{\sqrt{S_1^2/n_1 + S_2^2/n_2}} \sim t(\mathrm{df})$$

步骤③：阐述结论。

◇ 临界值法。当满足方差齐性条件时，由 $t$ 检验，通过 $t$ 分布表查出临界值 $t_{\alpha/2}(n_1 + n_2 - 2)$。当 $|t| > t_{\alpha/2}(n_1 + n_2 - 2)$ 时，拒绝原假设 $H_0$；当 $|t| \leqslant t_{\alpha/2}(n_1 + n_2 - 2)$ 时，不拒绝原假设 $H_0$。

当不满足方差齐性条件时，由经过校正的 $t'$ 检验，通过 $t$ 分布表查出临界值并由插值法近似求得 $t_{\alpha/2}(\mathrm{df})$。当 $|t| > t_{\alpha/2}(\mathrm{df})$ 时，拒绝原假设 $H_0$；当 $|t| \leqslant t_{\alpha/2}(\mathrm{df})$ 时，不拒绝原假设 $H_0$。

◇ $P$ 值法。当满足方差齐性条件时，由 $t$ 检验，求得统计量取值更极端情形的相伴概率 $P$。当 $P < \alpha$ 时，拒绝原假设 $H_0$；当 $P \geqslant \alpha$ 时，不拒绝原假设 $H_0$。

当不满足方差齐性条件时，由 $t'$ 检验，求得统计量取值更极端情形的相伴概率 $P$。当 $P < \alpha$ 时，拒绝原假设 $H_0$；当 $P \geqslant \alpha$ 时，不拒绝原假设 $H_0$。相伴概率 $P$ 越小则说明越有理由认为两个总体均值有差异，而不是两个总体均值差异越大。

**4．满足条件**

条件①：两个样本来自成组设计试验。

条件②：两个独立样本所在总体都服从正态分布；样本量无要求，适用于小样本情况。

条件③：推断两个总体是否满足方差齐性条件。

【例 4】某些特征相似的试验动物被随机分配到两个组，分别安排用两种饲料进行喂食，一段时间以后记录体重增量，如表 5-13 所示。假设体重增量服从正态分布，总体方差未知但是相等。请推断两种饲料喂食动物的体重增量差异有无统计学意义。

表 5-13 两种饲料喂食动物的体重增量

| 第一组 | 46 | 30 | 38 | 48 | 60 | 46 | 26 | 58 | 46 | 48 | 44 | 48 |
|---|---|---|---|---|---|---|---|---|---|---|---|---|
| 第二组 | 54 | 46 | 50 | 52 | 52 | 58 | 64 | 56 | 54 | 54 | 58 | 36 |

解：建立原假设 $H_0$ 为 $\mu_1 = \mu_2$；建立备择假设 $H_1$ 为 $\mu_1 \neq \mu_2$。采用成组比较的 $t$ 检验。

$$n_1 = n_2 = 12, \quad \bar{X} = 44.83, \quad S_1^2 = 96.33, \quad \bar{Y} = 52.83, \quad S_2^2 = 48.33$$

默认原假设 $H_0$ 成立，计算服从 $t$ 分布的统计量为

$$t = \frac{\bar{X} - \bar{Y}}{S_w \sqrt{1/n_1 + 1/n_2}} = \frac{44.83 - 52.83}{8.505\sqrt{1/12 + 1/12}} = -2.304, \quad 其中 S_w^2 = \frac{(n_1 - 1)S_1^2 + (n_2 - 1)S_2^2}{n_1 + n_2 - 2} = 72.33$$

令显著性水平 $\alpha = 0.05$，通过 $t$ 分布表查出临界值 $t_{0.025}(22) = 1.717$。

经分析，$|t| = 2.304$（大于 1.717），说明落入了拒绝域，认为拒绝原假设 $H_0$，从而认为两种饲料引起的体重增量总体均值差异有统计学意义，即认为两种饲料喂养效果是不同的。

### 5. 两个独立样本 $u$ 检验的基本步骤

如果两个样本来自正态分布总体且总体方差都未知，则 $u$ 检验是代表方法。

由于小样本试验设计收集的资料，总体方差未知，所以两个独立样本 $u$ 检验几乎不用。假设两个样本分别来自两个正态分布总体：$X_i \sim N(\mu_1, \sigma_1^2)$，$Y_i \sim N(\mu_2, \sigma_2^2)$。

步骤①：建立原假设 $H_0$ 为 $\mu_1 - \mu_2 = 0$；建立备择假设 $H_1$ 为 $\mu_1 \neq \mu_2$。

步骤②：默认原假设 $H_0$ 成立，及 $\mu_1 - \mu_2 = 0$。构造统计量为

$$\frac{\bar{X} - \bar{Y} - (\mu_1 - \mu_2)}{\sqrt{\sigma_1^2/n_1 + \sigma_2^2/n_2}} = \frac{\bar{X} - \bar{Y}}{\sqrt{\sigma_1^2/n_1 + \sigma_2^2/n_2}} \sim N(0,1)$$

步骤③：阐述结论。

◇ 临界值法。根据显著性水平 $\alpha$、自由度 $n-1$，通过 $t$ 分布表查出临界值 $u_{\alpha/2}$。当 $|u| > u_{\alpha/2}$ 时，拒绝原假设 $H_0$；当 $|u| \leqslant u_{\alpha/2}$ 时，不拒绝原假设 $H_0$。

◇ $P$ 值法。由显著性水平 $\alpha$ 和 $N(0,1)$ 分布性质，求统计量取值更为极端情形的相伴概率 $P$。当 $P < \alpha$ 时，拒绝原假设 $H_0$；当 $P \geqslant \alpha$ 时，不拒绝原假设 $H_0$。相伴概率 $P$ 越小则说明越有理由认为两个总体均值有差异，而不是两个总体均值差异越大。

【学习目标】 理解两组独立样本总体均值差异比较的 $t$ 检验，掌握操作流程并阐述结论。

## 【案例实验 3】

安排成组设计试验，探讨血清对于白血病的诊断意义。假设对照组和白血病组的血清都服从正态分布，总体方差都未知、是否相等也未知，推断白血病组和对照组的血清总体均值差异有无统计学意义。数据资料如表 5-14 所示。

本例的数据文件是"5 两个独立样本 t 检验（血清测定值）.sav"。

表 5-14 数据资料

| 对照组 | 179 | 180 | 183 | 160 | 187 | 185 | 165 | 185 | 178 | 191 | 181 | |
|---|---|---|---|---|---|---|---|---|---|---|---|---|
| 白血病组 | 630 | 602 | 589 | 869 | 638 | 592 | 690 | 723 | 653 | 523 | 516 | 613 | 638 |

【数据文件】

定义检验变量"血清测定值"，定义分组变量"组别"，类型均为数值。定义变量值标签"对照组"=1、"病例组"=2。建立数据文件，如图 5-10 所示。

(a)

(b)

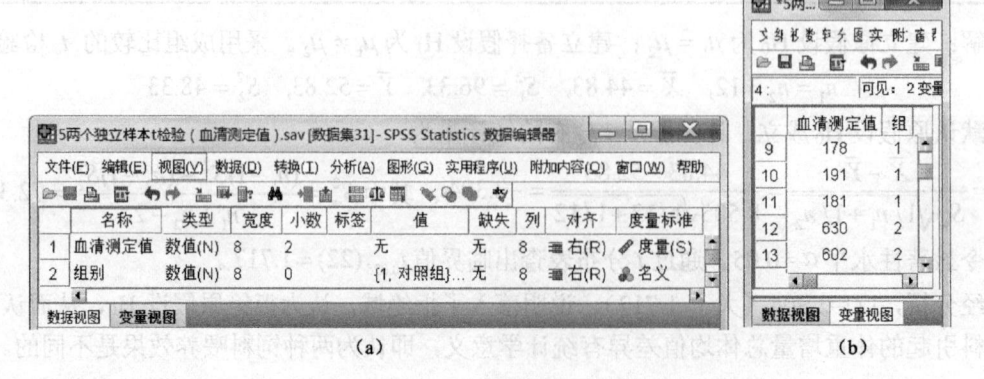

图 5-10 数据文件

## 第 5 章 参数估计和假设检验

【菜单选择】
单击"分析"主菜单，再单击"比较均值"选项，然后单击"独立样本 t 检验"选项。

【界面设置】
在打开的"独立样本 t 检验"对话框中，将"血清测定值"选入"检验变量"列表框中，然后将"组别"选入"分组变量"列表框，再单击"定义组"按钮，在打开的对话框的"组 1"和"组 2"文本框中，输入分组变量的数码"1"和"2"，单击"确定"按钮。如图 5-11 所示。

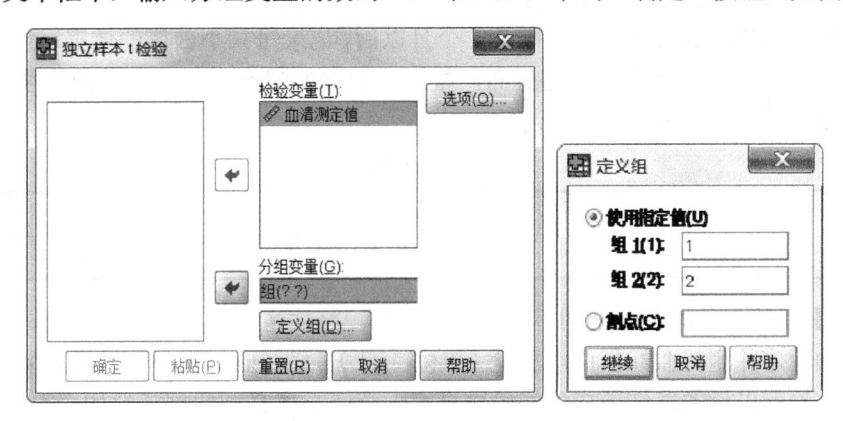

图 5-11 "独立样本 t 检验"对话框

【结果分析】
描述统计的结果如表 5-15 所示。

表 5-15 描述统计的结果

| 血清组别 | N | 均值 | 标准差 | 均值的标准误 |
| --- | --- | --- | --- | --- |
| 对照组 | 11 | 179.45 | 9.256 | 2.791 |
| 白血病组 | 13 | 636.62 | 90.416 | 25.077 |

经分析，两组血清的样本均值分别为 179.45 和 636.62，标准差分别为 9.256 和 90.416。
两个独立样本 t 检验的结果如表 5-16 所示。

表 5-16 两个独立样本 t 检验的结果

| | 方差的 Levene 检验 | | 均值的 t 检验 | | | | | | |
| --- | --- | --- | --- | --- | --- | --- | --- | --- | --- |
| | 统计量 | 显著性水平 | 统计量 | df | 显著性水平 | 均值差 | 标准误差值 | 均值差的 95%置信区间 | |
| | | | | | | | | 下限 | 上限 |
| 假设方差相等 | 7.35 | 0.013 | -16.64 | 22 | 0.000 | -457.16 | 27.48 | -514.14 | -400.18 |
| 假设方差不等 | | | -18.11 | 12.3 | 0.000 | -457.16 | 25.23 | -511.99 | -402.33 |

经过方差的 Levene 检验，统计量为 7.35，相伴概率 $P$ 取值为 0.013（小于 0.05），说明拒绝总体方差相等的原假设，认为不满足方差齐性条件。

于是，读取"假设方差不等"所在行的 t 检验结果，统计量为-18.11，相伴概率 $P$ 小于 0.001，说明对照组和白血病组血清差异有统计学意义；均值差的 95%置信区间是（-511.99，-402.33），不包含 0 在内，认为对照组与白血病组的血清总体均值不同。

经样本均值比较，白血病组的血清高于对照组，说明血清对于白血病有诊断参考意义。

# 【拓展练习】

**【练习1】** 某自动包装机器在正常情况下包装产品的每袋质量均值为0.5kg。现从当前生产线上随机抽样 8 袋产品质量依次为 0.497kg, 0.506kg, 0.524kg, 0.488kg, 0.511kg, 0.510kg, 0.515kg, 0.512kg。已知产品质量总体服从正态分布，推断当前生产线是否正常。

**【练习2】** 某实验室引进同批次特征相似的小白鼠，随机取出 9 窝，分别将来自同窝的两只小白鼠分别用高蛋白或低蛋白饲料喂食 1 个月以后，记录每只小白鼠的体重增量（单位：g），已知小白鼠的体重增量总体服从正态分布，推断两种饲料喂食引起小白鼠的体重增量差异有无统计学意义。数据资料如表 5-17 所示。

表 5-17 数据资料

| 小白鼠的体重增量 | 高蛋白组 | 83 | 97 | 104 | 107 | 113 | 119 | 123 | 124 | 129 |
|---|---|---|---|---|---|---|---|---|---|---|
| | 低蛋白组 | 65 | 70 | 70 | 78 | 85 | 94 | 101 | 107 | 122 |

**【练习3】** 新药与传统药分别用于治疗幼儿贫血，将病情相似的贫血幼儿随机分成两组，接受两种药物治疗并测得血红蛋白增加量（单位：g/L）。已知血红蛋白增加量总体服从正态分布，推断两种治疗以后的血红蛋白增加量差异有无统计学意义。数据资料如表 5-18 所示。

表 5-18 数据资料

| 血红蛋白增加量 | 新药组 | 24 | 36 | 25 | 14 | 26 | 34 | 23 | 30 |
|---|---|---|---|---|---|---|---|---|---|
| | 传统药组 | 14 | 18 | 20 | 15 | 22 | 24 | 21 | 25 |

**【练习4】** 某医师用中药青木香治疗高血压患者，每位患者在治疗前和治疗后分别测得舒张压（单位：kPa）。已知舒张压总体服从正态分布，推断中药青木香治疗前后的舒张压差异有无统计学意义。数据资料如表 5-19 所示。

表 5-19 数据资料

| 舒张压 | 治疗前 | 14.7 | 15.3 | 17.7 | 17.7 | 16.8 | 14.4 | 14.7 | 18.7 | 13.9 | 16.1 |
|---|---|---|---|---|---|---|---|---|---|---|---|
| | 治疗后 | 12 | 15.4 | 13.5 | 17.5 | 14.7 | 11.7 | 12.3 | 16.8 | 11.5 | 11.8 |

# 第6章 方差分析

在中世纪，罗杰.培根（Roger Bacon）提出了试验科学，倡导面向自然、依靠试验、注重经验、反对盲从权威。20世纪初，英国统计学家费歇尔（R.A.Fisher）在伦敦 Rothamsted 农业试验站由皮尔逊（pearson）领导的统计分析室工作，深入研究了田间试验统计方法，提出了随机化、重复和分组原则，创立了随机化试验设计和方差分析的理论方法，成为统计学发展史上的一座里程碑。后人鉴于这个伟大贡献，把 Rothamsted 农业试验站誉为生物统计学的圣地。由费歇尔首创并由后人发展完善起来的试验设计，已经成为用于安排试验和分析数据的数理统计分支，被誉为工程师的钥匙、工程的催化剂，被广泛推广于农林、生物、化工、医疗等研发或生产领域。不同行业研究者根据试验设计方法的要求，制订试验计划，事先提出理论假设或猜想，科学安排干预控制的试验条件，节省了人力、物力、财力和时间成本，获取了高质量和代表性的随机样本资料，经过数据统计分析以后，结合比较、综合、归纳和推理思考，旨在推断出试验条件与观察指标之间蕴涵的一般性规律或联系。

## 6.1 试验设计

试验设计常用于研究自然科学问题。它与社会科学中的观察研究区别在于是否安排若干处理因素，并有目的性地施加控制条件。试验设计要事先设定研究目标，以某个理论假设或猜想为起点，施加处理因素并严格控制人为干预的不同水平试验条件。在生命科学和医疗卫生领域，试验设计常见应用领域有动物试验、临床试验、现场试验和社区试验等。观察研究是指不施加任何干预或控制措施，在完全自然状态下围绕事物特征记录或收集样本观测资料。试验设计和观察研究区别是是否施加了人为控制或干预。在医疗卫生领域，观察研究通常使用现况研究、横断面研究、病例对照研究和队列研究等方法，以特定人群为研究对象，了解当前状况、筛选危险因素、检验病因假设、评价防治效果和开展疾病监测。

### 1. 试验设计的定义

在试验设计时，单凭熟练技能和务实态度远远不够，要确定适宜的选题，制订科学、合理、有效和周密的计划，根据研究目的确定研究任务和技术路线，掌握试验设计程序，将专业设计和统计设计工作联系起来；遵循试验设计的原则进行统筹安排，选择与试验效应有关的观察指标，确定受试对象的纳入和排除标准、选择处理因素并科学安排水平及其个数；尽量控制系统误差并减少随机误差影响，消除疏忽或过失误差；使用更为经济节省的途径来安排试验方案，降低人力、物力、财力和时间等方面的资源消耗，从而获得高质量、代表性的样本；选择适合的统计学方法进行数据预处理、描述分析和统计推断，确定研究结论并对其解读阐述；向同行发布稳定可靠的科学结论，为社会带来理想的经济效益。

通常情况下，试验设计要完成以下任务。

（1）根据选题和目的，制订出科学、合理、有效、周密的计划。

(2) 确定受试者和观察指标，选择若干个处理因素，分别在不同水平的处理组中分别安排重复次数的试验，同时控制误差，缩短周期，减少成本，提高效率。

(3) 收集观察指标数据，选择适合的统计分析方法。在整个研究过程中，推断不同水平总体观察指标的差异性，比较影响因素的主次顺序，寻找关键的影响因素，判断每个因素有无单独作用以及因素之间有无交互作用，将观察指标取得理想值作为导向，找出每个因素中相应的最理想水平，将最优水平组合作为以后多因素试验设计时的最佳搭配条件。

试验中的专业设计是指明确研究的目的和意义，保证研究的创新性、先进性、可行性、科学性、效能性和可持续性，具备文献查阅和跨学科交流合作能力，运用专业知识或科学方法完成系统流程设计。专业设计一般包括文献评阅、选题规划、提出假设、筛选受试对象、确定试验材料、拟定试验方案，考虑关键问题解决途径、资源消耗、预期效果或效益估计、仪器设备、人员分工、经费预算等，对经费多少、周期长短周密考虑或统筹安排。

试验中的统计设计是指在相关学科理论指导下，根据研究问题的性质、目的和任务，从统计学原理出发统筹安排，提出理论假设、界定总体范围，决定有无人为干预措施，确定处理因素以及水平的个数，选择试验设计的类型，执行随机对照重复原则，讨论混杂因素的控制措施，确定观察指标并科学收集数据资料，从减少两类错误角度估算样本量，对数据进行审核查验、录入校对、质量控制和整理汇总，规定研究工作的进度安排和质量要求，拟定研究工作的资源配置和组织实施方式，尽量控制试验误差，科学选择数据分析方法。

研究者必须熟练掌握统计学方法的适用条件，并在项目选题、设计、实施、分析到成果发布过程中把专业设计和统计设计融为一体。在专业设计时确定计划、明确统计学方法，不能等到资料收集时再去找方法、等到试验失败后再去找原因。选题新颖、设计科学、实施严格、分析正确和结论规范都是促进成果发布及与同行交流的必要条件。

### 2. 试验设计的要素

(1) 受试对象是指根据研究目的和要求在试验中进行处理的对象，既可以是作为基础试验对象的动物、植物和微生物，也可以是作为临床试验对象的器官、组织、细胞或血清，甚至还可以是作为公共卫生或社区心理干预试验对象的特定人群。受试对象要有明确的纳入和排除标准，必须对处理因素反应敏感并且具有稳定性。

如果基础试验对象是动物，则按照种系、年龄、性别、体重进行合理选择和科学分配。如果临床试验对象是患者，人具有生理、心理和社会属性，生命活动和疾病转归具有复杂性，不同个体在生理、心理、社会和环境等诸多方面存在差异且经常处于动态变化中，病情观察指标结果存在较大差异，往往离散度大、准确性低。健康自愿参与者的条件容易筛选和控制，而患者各方面的条件很难严格控制。需要诊断明确、依从性好、代表性强，根据年龄、性别、病情、分期、病程和病史制定纳入或排除患者的一致标准，在必要时要对患者采用分层设计或倾向匹配等方法。试验设计人员不仅要考虑研究过程的复杂性和测量结果的差异性，还要注意有没有违背医学伦理和医德规范的现象，提前制定所有参与研究者遵照执行的书面规范，把生命安全和健康放在首位，尽量选择中青年、病程和病情适中者，纳入对处理因素反应灵敏者，排除对处理因素有潜在损害者，伴有其它疾病、容易引发副作用或使得病情加重者不宜纳入。不能对人体产生进一步伤害或增加新的痛苦，不能延误病人治疗或加重病情，尽量减少病人额外的经济负担。在公共卫生或社区试验中，人口学特征往往十分复杂，也要注意对性别、年龄、民族、职业、文化程度和经济状况进行分层设计。

（2）处理因素是指在试验中人为控制并施加给受试对象的、用于讨论观察指标有无直接或间接效应发生的干预条件，既可以是动物喂食饲料种类、疾病诊疗方法，也可以是受试对象的生理或身份特征，如患者性别、职业、遗传因素和年龄。在试验设计中，一定要抓住主要因素，明确处理因素和非处理因素，研究者更加关注那些对观察指标影响较大，有较大经济意义却又不够了解的处理因素。对于处理因素，在试验过程中要进行标准化处理，严格控制每个分组中的性质、强度或实施途径，尽量做到始终如一。例如，对于某种药剂来说，厂家批次、用法用量、环境标准和使用时间应保持一致。当处理因素多而难以取舍时，不妨事先安排预备试验，初步观察试验结果，为后续进行正规试验做好充分准备。

（3）水平是指处理因素在试验安排时的多种特定状态或数量等级。两种及以上处理因素的不同水平之间的搭配称为试验单元。水平既可以是数量上划分的不同级别（如程度、剂量），也可以是性质上划分的不同类别（如种类、方式）。例如，水稻产量是观察指标，肥料是处理因素，肥料的不同用量或种类都可用来安排水平。处理因素一般是分类变量，实际安排的类别个数就是水平的个数。以药物试验为例，药物种类、药物剂量、药物浓度、服药以后时间都可以用来划分水平。根据专业知识、既往经验、因素特点、试验条件和结果敏感程度确定水平变化的取值范围，可以适当划分水平间隔和水平个数，常见划分方法有等差法、等比法、优选法和随机法。例如，温度可以分成30℃、40℃、50℃、60℃共4个水平，两两间隔10℃。又如，药物剂量分成4mg/kg、8mg/kg、16mg/kg、32mg/kg，剂量成倍增加。

在由多因素多水平安排的析因设计试验问题中，不同处理因素的水平交叉分组作为试验条件，这样的试验条件称为单元。观察指标数据资料放在数据结构表中的单元格内。因素水平在理论上应该大一些，但是无论在实验室还是现场都会受到变化范围的制约，如果试验范围太小，那么不易获得比已有试验条件更有显著改善的结果，从而把对观察指标有显著影响的因素误认为没有显著影响，历史上某些重大发明的诞生竟然源自于"试验事故"，因为在试验事故发生时，伴随着意外选择的水平范围与经验选择的水平范围差别很大。

（4）非处理因素是指对观察指标产生干扰影响的、研究者希望在试验设计时控制的混杂因素。由于混杂因素可以对试验结果产生与处理因素类似的促进或抑制影响，从而掩盖或放大了处理因素作用，影响了处理因素不同水平比较，造成了研究结论出现偏倚。在安排分层试验设计（如随机区组设计）或数据处理（如协方差分析）过程中应控制混杂因素的干扰影响，以便专注于研究处理因素不同水平之间的差异比较。例如，在动物试验中，用两种饲料对小白鼠进行喂食试验，体重增量是观察指标，饲料是处理因素，饲料的种类是水平，种系、年龄、性别、进食量、饲养环境、营养因素可能是在试验中要控制的混杂因素。又如，在临床试验中，对肝癌患者按照某种手术干预方式进行治疗，患者病情、病程、病型、年龄、性别、肿瘤类型、位置、大小、严重程度、肝功能评分可能是在试验中要控制的混杂因素。

（5）观察指标与研究目的有本质联系。观察指标可通过仪器或设备进行客观测量，并可作为确切反映处理因素不同水平之间差异的计算分析依据。观察指标通常具备如下特性。

◇ 客观性。客观性是指观察指标由仪器或设备测量时不受人为因素影响。

◇ 特异性。特异性是指选取的观察指标受到环境干扰的影响小。

例如，在糖尿病人检测时，血糖不易受到混杂因素影响，其特异性高于尿糖。

◇ 灵敏性。灵敏性用于反映处理因素不同水平情况下的观察指标的变化程度。

例如，缺铁性贫血在缺铁明显时才会有临床症状，血清铁蛋白而非临床症状适合作为观察指标。观察指标灵敏但成本昂贵时，应折中选择相对廉价者。

◇ 精确性。精确性又称信度，用于反映观察指标的重复观测值之间彼此接近的程度。任意两个观测值相差的绝对值越小则精确性越高。

◇ 准确性。准确性又称效度，用于反映观察指标的观测值与真值相互接近的程度，即观察指标的观测值与真值相差的绝对值越小则准确度越高。

◇ 稳定性。稳定性用于反映不同处理组内观察指标变化的波动范围。

◇ 可行性。可行性是指观察指标明确具体、代表性好、易于获得。

◇ 重演性。重演性是指在同样条件下重新试验时，能再次获得一致或相似的观察指标。

观察指标可以分为定量指标和定性指标。其中，定量指标最常见，而定性指标较少见。定量指标是借助设备或仪器，以测量、称量或计数等方法客观获取的、不受人为因素干扰的、用于刻画某种特征或性状的连续型数值资料。例如，由仪器测量患者的体温、心率、白细胞计数、尿胆红素。定性指标是根据主观直觉评估感受程度的等级资料。例如，医生对患者或由患者主诉对于精神、疼痛、眩晕、营养感受程度的描述。定性指标通常要使用评分、分级或编秩法，转换为有序多分类资料，以满足统计学方法应用条件。

（6）试验误差是指由非处理因素干扰、个体变异或疏忽过失等原因，造成观察指标出现波动和偏离真实情况，从而在测量值与真实值之间产生误差，引起试验结果和研究结论出现假象或错误。在试验设计中，观察指标数据随机波动而表现为误差的原因多种多样的。例如，不同操作人员具有不同的阅历、知识、结构、天赋、心理特征、技术技能和操作水平。原材料在厚度、长度、密度、颜色、硬度方面有差异，即使统一规格或型号的材料从微观上看也有差异。在工作中采用不同的方法，即使同一个人在不同时间，工作程序也不完全一致。在测量过程中，由于量具、操作者和测量方法有差异。试验环境存在差异，不同季节的温度、湿度、气压不同，即使在同一季节、同一天也存在差异。

试验误差一般包括三种，即随机误差、系统误差和疏忽误差。

① 随机误差又称偶然误差，是指由非人为偶然因素引起的多次观测结果之间没有固定倾向性或规律性的偏差。随机误差产生的原因是在随机抽样调查或随机分组试验中样本与总体的成分结构不能完全符合，样本不能完全代表总体而造成试验结果与真实规律难以完全一致，造成基于抽样计算的估计量值与总体参数不符合。随机误差无法严格控制、不可完全避免。当试验次数足够多时，随机误差时大时小、时正时负，倾向于相互抵消，从平均意义上影响减少且均值在零附近波动，一般具有统计规律性，其总体服从正态分布。

② 系统误差是指由确定原因引起的、具有稳定倾向性并按照某种规律发生变化的误差。例如，系统误差可以由试验周期较长、条件控制不严格，以及仪器调试、操作标准、测量角度等原因引起，也可以由试验材料差异（如纯度差异、产地差异、厂家差异或批次差异）较大引起，还可以由试验动/植物遗传、发育或形态差异引起。系统误差还受试验人员生理差异或自然环境的影响。其中，试验人员生理差异包括分辨能力、反应速度、擅长业务或习惯偏好等方面；自然环境包括温度、湿度、气压、气流、光线、海拔和磁场等方面。系统误差具有规律性，要视其影响程度而进行相应控制。

③ 疏忽误差又称过失误差，是由外部环境干扰、工作态度不认真和主观造假等原因，在操作、测量、计算、记录、抄写、汇总或输入过程中发生错误而引起的误差。疏忽误差没有统计规律性，当技术水平提高、责任心加强或态度认真细致时就能消除或避免此类误差出现。

对于少数偏差很大的可疑数据，如果在试验过程中发现，则及时暂停试验、分析原因、纠正错误。如果在实验结束时才发现，则应该寻找原因以后再决定取舍。

试验设计的关键目的是减少试验误差、提高试验精度、保证研究结果的可靠性。试验误差必须在研究的各个阶段进行控制，还可以通过安排预备试验来寻找试验误差产生的可能原因，修订试验设计方案，界定研究对象的纳入或排除标准，优选或更改试验设计类型，评估试验误差的变化范围。例如，为了消除混杂因素的影响，可以将完全随机设计改为随机区组设计，适当增加样本量，在试验过程中严格控制处理因素的干预条件，对操作人员进行仪器操作规范的培训。此外，适当增加各处理组中的试验重复次数、扩大样本量，也可以减少随机误差的影响。除外，在抽样调查调查中也会产生误差，例如被调查者不愿或难以提供真实情况的误差，调查人员弄虚作假和各种人为因素干扰的误差；由于抽样框不完善，抽样时违反随机原则，样本结构与总体结构不符合产生的误差。虽然不能完全避免误差，但是可以尽量减少其影响。通过仔细核对、质量控制、加强培训或严格控制试验的条件，减少系统误差和疏忽误差的影响甚至避免系统误差和过失误差。

### 3. 试验设计的注意问题

试验设计重在通过随机抽样或随机试验，揭示客观事物中蕴含的规律或联系。任何试验设计方案都要考虑如何尽量控制或均衡非处理因素带来的干扰影响。如果试验设计过程安排不合理，那么就会引起研究结论出现偏倚，无法准确讨论随机现象的统计规律。

例如，某种新药按照如下试验设计方法治疗普通感冒，区分缺点并制定纠偏策略。

方法①：患者只使用新药进行治疗。纠偏策略①："设置对照组"。无论是否用药或用什么药，普通感冒患者经过一段时间都有很大可能自愈。为了验证或比较新药的疗效更好，可以考虑安排服用传统药物的患者或不服用药物的患者作为对照组。

方法②：由卫生院选择患者纳入新药组，在大型医院选择患者纳入传统药物组。纠偏策略②："混杂因素要均衡"。由卫生院选择的患者与由大型医院选择的患者在生活、环境、饮食和人口学特征方面不太一样，而这些混杂因素会对疗效产生掩盖、放大或歪曲的影响。于是，在试验设计或者数据分析时，必须对这些混杂因素的影响进行控制。

方法③：门诊患者按问诊时间编号，然后将编号靠前的患者选入新药组，将编号靠后的患者选入传统药物组。纠偏策略③："按照随机原则分组"。在一天的不同时段内，门诊患者的病情和人口学特征会存在差异，应尽量保证患者分配的随机性。

方法④：选择病情相似的两名患者，其中一名患者用新药治疗，另一名患者用传统药物治疗。纠偏策略④："重复安排试验并且确保样本量充分"。患者生理特征、生活和工作习惯会引起疗效差异。当治疗试验次数较少时，统计分析的结果容易受到偶然因素影响而产生随机误差。于是，应安排充分多的患者参与治疗试验，保证统计分析时样本量充分。

### 4. 试验设计的原则

1）随机化原则

随机化原则是指在从符合条件的同质总体中随机抽样时，为了提高样本对于总体的代表性，在抽样调查时，总体中的每个个体以均等机会被选中以后纳入纳入样本，或者在安排试验时，每个受试对象按照均等机会被随机分配到不同处理组中，使得每个对象接受不同干预措施的概率相等，不能有意或无意地出现主观偏好，避免有人为主观意愿地抽取或分配，使得大量难以控制的非处理因素在试验组和对照组中分布相当，使大量未知或不可控的混杂因素的影响很恒分散在每次试验中。随机化原则包括抽样随机、分组随机、实验顺序随机，常见实施方法有抽签法、掷骰子法、抓阄法或随机数表法。注意：随机不同于随意或随便；随意或随便无法保证个体被抽取或分配的等可能性。例如，在 16 只小白鼠中，不能随便抓取 8 只小白鼠放在试验组而剩余 8 只小白鼠放在对照组，因为其活力不同会干扰抓取时的随机性。对于人口学、病情和病程等复杂变量的临床试验设计，随机化原则容易被忽视或难以保证，有时只能做到尽量满足要求即可，受试者分层设计是常见做法。

随机化原则通常表现在随机抽样工作和随机分组工作中。随机抽样常见于观察研究，是指总体中的个体以相等机会被独立选中并纳入不同水平的处理组。随机分组常见于实验研究，是指将特征相似的每个对象以相等机会分配到不同水平的处理组，使得样本对于总体的代表性好，从而保证混杂因素在每个水平分组中影响的均衡性。

2）重复原则

重复原则是指在试验条件相同的情况下安排重复试验，控制偶然因素引起的随机误差影响，尽量避免把个别情况当成普遍规律，从而使得统计分析的结论更为稳定。例如，当抛掷硬币的重复次数较多时，会突显硬币正面朝上发生次数的规律（概率为 50%）。随机误差客观存在且不可避免。随着试验次数增加，随机误差正、负值抵消，而其平均值有趋近于零的倾向。如果在某个试验条件下只做一次试验并获得观测值，则无法获得数据差异，也就无法计算随机误差。只有在多种因素的不同水平搭配条件下，安排重复试验并收集观测数据，才能为因素之间交互作用的推断提供条件。当试验重复次数很多时，会引起试验的周期变长、成本加大，并占用更多的时间、空间和资源，造成材料选择标准、试验安排环境、仪器设备操作等条件难以严格控制，从而引起未知的随机误差增加。因此，是否安排重复试验或安排多少次试验，要兼顾试验类型、试验条件和结果精度的要求。

3）对照原则

对照原则是指把受试对象分为试验组和对照组，并尽量使这两组非处理因素的影响均衡一致，从而在处理因素不同水平分组总体中，尽量突出观察指标之间的差异。

◇ 空白对照是指无干预或以安慰剂作为对照。例如，试验组使用新药，对照组不用药或使用与新药外形、味道都相似的物质（如淀粉、生理盐水等）。在临床医学试验中，患者是受试对象，由于涉及医学伦理学问题，所以不适合安排空白对照。

◇ 自身对照是指对于同一受试对象，将两种处理方式的观察指标结果进行对照。例如，将每个受试对象治疗以后与治疗以前的某种生理或生化指标进行对照。

◇ 组间对照是指把多种处理方式的观察指标结果进行相互对照。例如，特征性质相似的两个患者分别用不同药物治疗以后，对某种疗效指标进行比较。

◇ 标准对照是指不设置对照组，将某种处理方式的观察指标结果与作为标准的参考范围进行比较。例如，职工体检的高密度脂蛋白指标与人体正常的高密度脂蛋白范围进行比较。

试验组和对照组的样本量不必相等，而相等时会提高统计分析的效率。除处理因素外，试验组和对照组中的其他条件基本一致，混杂因素均衡性好。当把人作为受试对象时，为了避免心理因素干扰引起的偏倚，可以采用安慰剂作为空白对照。安慰剂是一种无药物有效成分且无任何药理作用的制剂，外观、剂型、大小、颜色、重量、气味、口味都与药物一样，不易识别。例如，当患者或医生知道治疗时使用的是新药时，可能对此期望大、愿意配合治疗，而对于使用安慰剂则会产生不配合的消极态度。

4）局部控制原则

局部控制原则是指在试验组和对照组中，复杂多样的非处理因素的影响要尽量相似、保持一致、便于控制，以便减少非处理因素对观察指标的干扰影响，提高处理组间的可比性，增强结论的可靠度。例如，在动物试验中，动物的种系、品系、窝别、性别和体重应尽量一致；在临床医学试验中，患者的生理、病情、病程、年龄、性别和生活条件应尽量相似。随机区组设计是消除混杂因素影响的有效实施途径之一，是按照非处理因素的不同水平分层的，且在每个层中均衡安排非处理因素并且使其影响尽量相似。例如，在研究两种药物的疗效差异时，病情、性别、年龄可能是混杂因素。根据病情轻重、不同性别、不同年龄段划分不同的层，在每个层中随机分配用于安排试验的受试对象。此外，还可以通过协方差分析，在数据计算时而不是试验设计时对混杂因素进行有效控制。

**5. 样本量的注意问题**

样本量大小受到资料类型、随机误差、均衡条件、试验效应、混杂因素的影响，当在相同条件下安排多次重复试验时，使得样本量充分大时可以有效减小偶然因素的影响。当样本量小时，偶然因素引起的随机误差影响大，将引起统计分析结论不稳定，从而降低抽样推断时的检验效能$1-\beta$。其中，$\beta$是出现第二类错误的概率。当样本量大时，偶然因素引起的随机误差影响小，试验成本高、浪费大，难以严格保证试验条件，还容易引起结论有统计学意义而实际上却无参考价值的情况。样本量的确定与检验水准$\alpha$、检验效能$1-\beta$、资料类型、容许误差、试验成本、结果精度、指标灵敏性和试验条件控制都有关。在数值型资料、试验误差大、试验均衡性差、结果精度要求高、组间效应差值小、观察指标反应敏感、混杂因素多或试验条件容易控制时，样本量取大一些。在完全随机设计试验中，每个组中样本量是否相等都可以，而样本量相等时的数据分析效率更高。从不同种类试验设计类型选择、假设检验两类错误减少以及使得检验效能提高的角度确定样本量估计公式。

**6. 几种常见试验设计方法**

1）完全随机设计

完全随机设计的基本思路是从同质总体中抽样获得特征相似的受试对象，无主观倾向性地将其随机分配到处理因素的不同水平分组中；每个分组安排一定次数的重复试验，其他非处理因素的条件尽量相似；全面收集观察指标数据，对处理因素不同水平的总体均值或总体分布差异性进行统计推断，对三个及以上水平的总体均值或总体分布差异性进行两两比较。两个独立样本的$t$检验、方差分析或两个及以上独立样本的秩和检验（曼-惠特尼检验、克鲁斯卡尔-沃利斯检验）是常见统计分析方法。

2）配对设计

配对设计的基本思路是从同质总体中随机抽取条件尽量相似的两个受试对象配成对子，把影响观察指标的非处理因素作为制定配对的条件；将每对受试对象随机安排在两个水平的分组中处理，使得非处理因素在每个对子中的影响均衡，从而有利于控制其干扰影响，专注于处理因素两个水平观察指标的差值总体均值或差值总体中位数与0之间的差异性比较。两个配对样本的$t$检验或或两个相关样本的符号秩检验是常见统计分析方法。

3）随机区组设计

随机区组设计又称配伍设计，也被看成配对设计的扩展形式，其基本思路是将受试对象按照相似的特征划分成多个区组，同区组内对象具有同质性，不同区组间对象允许有差异；将每个区组中的 3 个及以上受试对象随机分配到处理因素的不同水平分组中，在每个水平分组中分别安排无重复试验；使得非处理因素在每个区组内的影响均衡，从而有利于控制其干扰影响，专注于处理因素不同水平观察指标的总体均值或总体中位数的差异性比较，对三个及以上水平的总体均值或总体中位数差异性进行两两比较。两个因素无重复试验的方差分析或多个相关样本的弗里德曼检验是常见统计分析方法。

4）析因设计

析因设计又称交叉组设计，基本思路是在安排两种及以上处理因素时，全面考虑各种处理因素不同水平的交叉组合搭配情况，在不同处理因素的全部水平都能够相互搭配一次的条件下，制定安排试验的条件并作为处理组划分的依据。试验处理组的个数等于所有因素不同水平个数的乘积。将受试对象随机分配在每个处理组中，在每个处理组中通常安排重复且次数相等的试验，对每个处理因素不同水平的总体均值差异性进行统计推断，对三个及以上水平的总体均值或总体中位数差异性进行两两比较，还可以讨论多个处理因素之间有没有交互作用。两个因素等重复试验的方差分析是常见统计分析方法。

5）正交设计

在处理因素个数比较多（通常为 4 个以上）且水平个数很少的情况下，当用多个处理因素不同水平的任意可能交叉分组安排全面试验条件时，试验规模太大而无法满足实际要求，于是把析因设计改为正交设计。正交设计的基本思路是利用正交表的"均衡分散、整齐可比"特点，根据处理因素和水平个数，查正交表并进行表头设计，从所有水平的全面交叉分组中挑选代表性组合作为安排试验的条件，只安排很少次数的非全面试验就能大致满足试验任务的要求，节省了时间、降低了成本、提高了效率。第一个用处是筛选对观察指标影响有统计学意义的因素，确定因素影响的主次顺序。第二个用处是比较每个因素不同水平观察指标的样本均值，从每个因素中挑选最优水平并组成多个因素的最优水平组合作为最佳配方。基于样本均值极差的直观分析和多因素方差分析是常见统计分析方法。

6）均匀设计

在处理因素个数和水平个数都很多的情况下，使用正交设计仍然不能满足试验规模如此大的实际要求，于是改为均匀设计。均匀设计的基本思路是在处理因素和水平个数都很多时，为保证每个因素所有水平都能在试验中出现一次的情况下，只利用均匀表的"均衡分散"特点且舍弃"整齐可比"特点，根据处理因素和水平个数，由均匀表和均匀表的使用表安排非全面试验中所有因素不同水平的搭配条件，从所有水平的全面组合中筛选某些代表性的组合，使得每个因素的不同水平只出现一次，因此最节省试验次数。第一个用处是筛选对观察指标影响有统计学意义的因素，确定因素影响的主次顺序。第二个用处是比较每个因素不同水平观察指标的样本均值，从每个因素中挑选最优水平并组成多个因素的最优水平组合作为最佳配方。多元线性回归分析（或多项式回归分析）是常见统计分析方法。

除外，调查或观察研究是与试验设计方法不同的数据收集方法，是指不必设置处理因素或人为施加干预条件，在客观自然状态下进行，受到限制条件少，一般不能证实因果关系，只能反映关联程度。描述性、分析性、病例对照是常见统计分析方法。例如，流行病学研究者自行设计问卷,通过横断面研究(现况调查),形成特定时间、人群对疾病特征或健康状况的"快照",描述疾病或健康状况的分布,推断与疾病关联的因素。

## 6.2 单因素方差分析

### 1. 特点

单因素方差分析通过完全随机设计收集数据,且处理因素只有1个。假设 $k$ 个水平、第 $i$ 个水平安排 $n_i$ 个受试对象,观察指标为 $x_{ij}$,其中 $i=1, 2, \cdots, k$,$j=1, 2, \cdots, n_i$。数据结构如表6-1所示。

表6-1 数据结构

| 因素水平 | 样 本 | | | |
|---|---|---|---|---|
| | 1 | 2 | ⋯ | $n_i$ |
| 1 | $x_{11}$ | $x_{12}$ | ⋯ | $x_{1n_1}$ |
| 2 | $x_{21}$ | $x_{22}$ | ⋯ | $x_{2n_2}$ |
| ⋯ | ⋯ | ⋯ | ⋯ | ⋯ |
| $i$ | $x_{i1}$ | $x_{i2}$ | ⋯ | $x_{in_i}$ |
| ⋯ | ⋯ | ⋯ | ⋯ | ⋯ |
| $k$ | $x_{k1}$ | $x_{k2}$ | ⋯ | $x_{kn_k}$ |

按照完全随机设计要求,在同质总体中抽样获得特征相似的受试对象,无主观倾向性地将其随机分配到处理因素的两个及以上水平分组中。每个分组安排一定次数的重复试验,其他非处理因素的条件需要尽量相似。

① 优点:试验设计过程简便易行、适用范围广,水平个数和重复次数的限制小,适用于试验条件明确、个体差异和波动较小的情形,每个水平样本量可以不同,个别数据缺失时不会影响统计分析。

② 缺点:只能安排一个因素,由于每个水平分组中未对非处理因素进行局部控制,将非处理因素对各组观察指标的影响归入试验误差,受抽样误差影响较大,均衡可比性不好,检验效率和统计结论可靠性低于配对设计、随机区组设计等方式。

### 2. 引例分析

考察不同温度对于药物得率的影响,选取 5 种温度安排试验条件,每种试验条件下确定一个水平分组,每个水平分组中重复安排 4 次试验。在不同温度下按照完全随机设计试验,选择假设检验方法并推断药物得率总体差异性。数据资料如表6-2所示。

表6-2 数据资料

| 温度水平 | 药物得率 | | | | 均值 |
|---|---|---|---|---|---|
| 60 | 91% | 89% | 86% | 90% | 89 |
| 65 | 88% | 83% | 80% | 84% | 84 |
| 70 | 94% | 90% | 83% | 85% | 88 |
| 75 | 84% | 81% | 76% | 82% | 81 |
| 80 | 95% | 93% | 96% | 94% | 95 |

按照完全随机试验设计要求条件，把药物材料随机分配到温度不同的 5 个水平分组。温度就是处理因素或自变量，5 个水平分别是 60℃, 65℃, 70℃, 75℃, 80℃，药物得率就是观察指标或因变量。这样的数值资料一般会服从正态分布。不同水平分组的样本是独立的，假设分别来自不同的正态分布总体。

经分析，同一温度水平分组中的药物得率不同，这是偶然因素干扰、测量误差或温度多种条件导致的。温度差异和偶然因素干扰都是引起不同温度水平分组中的药物得率的样本均值有差异的原因。不同水平的样本均值差异是由随机误差还是由处理因素来解释呢？当这些样本均值差异较大时，倾向于认为温度（处理因素）是引起差异的主因，在不同温度试验条件下的药物得率的总体均值不同。由于直觉比较不太准确，提倡由小概率事件反证法思想作为推断依据更为科学，而且结论受到样本量 $n$ 大小、显著性水平 $\alpha$ 等条件的影响。

如何推断 5 个总体均值 $\mu_1, \mu_2, \mu_3, \mu_4, \mu_5$ 差异有无统计学意义呢？$t$ 检验能不能使用呢？如果 $t$ 检验能使用，那么 5 个水平的总体均值两两比较，共要检验 10 次。在每次检验中的第一类错误的概率 $\alpha$ 是 0.05，那么 10 次检验以后，出现第一类错误的概率 $1-(1-\alpha)^{10}=0.401>>0.05$！于是，多次独立实施 $t$ 检验不仅工作量大，还会严重扩大大出现第二类错误的概率。

英国统计学家费歇尔（R.A.Fisher）针对多个水平的总体均值推断问题，提出了方差分析，并逐渐完善起一套成熟而系统的方法论，在许多类型试验设计的数据处理中有广泛应用。该方法的数学理论基础是以 Fisher 名字首字母命名的 $F$ 分布。方差分析通过检验多个水平分组下的总体均值是否全相等来推断处理因素（分类型自变量）对观察指标（数值型因变量）的影响，其本质是推断分类型自变量对数值型因变量的影响。它同时考虑所有样本资料信息，还可以避免对多个总体均值作两两比较检验时第一类错误的严重扩大。

方差分析（变异数分析）就是利用变异分解的思想，将总变异分解成不同表现形式并构造服从 $F$ 分布的统计量，然后实施参数假设检验。主要步骤是根据试验设计类型，收集观测指标数据资料，根据数据总变异来源，分解为因素组间误差引起的离差平方和、组内误差引起的离差平方和等多个部分，将每个部分离差平方和的自由度也作相应分解，然后对组间平均变异与组内平均变异进行比较，由 $F$ 分布构造统计量，计算其相伴概率 $P$ 并制定统计结论，从而推断每个因素有没有无单独作用，多个因素之间有没有交互作用。

**3．单因素方差分析的基本思路**

在完全随机设计试验中，观察指标只有 1 个，处理因素只有 1 个，水平个数一般为多个。假设观察指标是数值类型，满足了总体服从正态分布和方差齐性条件。

单因素方差分析适用于推断多个水平分组下的总体均值差异有无统计学意义。

如果处理因素为 2 个及以上，那么不仅要讨论每个处理因素不同水平的总体均值差异有无统计学意义，在必要时还要继续讨论处理因素之间不同水平交叉组合作为试验条件的总体均值差异有无统计学意义。

◇ 当处理因素的水平个数为 3 个及以上时，可以使用单因素方差分析。

◇ 当处理因素的水平个数为 2 个时，可以使用两个独立样本的 $t$ 检验或 $t'$ 检验。

下面给出单因素方差分析的基本思路。

不妨将观察指标分解为 $x_{ij} = \mu + \tau_i + \varepsilon_{ij}$。其中，$\tau_i$ 为第 $i$ 个水平分组的效应，且 $\sum_{i=1}^{k} \tau_i = 0$；第 $i$ 个水平分组、第 $j$ 个测量数据的随机误差为 $\varepsilon_{ij}$。总体均值为 $\mu$；水平个数 $k$，总样本量为 $n$。$\mu$ 和 $\tau_i$ 反映了统计规律；$\varepsilon_{ij}$ 反映了未受控制、无法解释的综合作用，即随机误差。

全部的样本均值 $\bar{x} = \sum_{i=1}^{k}\sum_{j=1}^{n_i} x_{ij}/n$，第 $i$ 个水平的样本均值 $\bar{x}_{i\cdot} = \sum_{j=1}^{n_i} x_{ij}/n_i$。

总的离差平方和（总变异）为 $SS_T = \sum_{i=1}^{k}\sum_{j=1}^{n_i}(x_{ij}-\bar{x})^2$。

组内离差平方和、误差的离差平方和（组内变异）为 $SS_E = \sum_{i=1}^{k}\sum_{j=1}^{n_i}(x_{ij}-\bar{x}_{i\cdot})^2$。

组间离差平方和、因素的离差平方和（组间变异）为 $SS_A = \sum_{i=1}^{k}\sum_{j=1}^{n_i}(\bar{x}_{i\cdot}-\bar{x})^2$。

在数学上有关系式 $x_{ij}-\bar{x} = (x_{ij}-\bar{x}_{i\cdot}) + (\bar{x}_{i\cdot}-\bar{x})$。

两边平方以后求和、化简，推导出总的离差平方和的分解形式

$$\begin{aligned} SS_T &= \sum_{i=1}^{k}\sum_{j=1}^{n_i}(x_{ij}-\bar{x})^2 \\ &= \sum_{i=1}^{k}\sum_{j=1}^{n_i}\left((x_{ij}-\bar{x}_{i\cdot}) + (\bar{x}_{i\cdot}-\bar{x})\right)^2 \\ &= \sum_{i=1}^{k}\sum_{j=1}^{n_i}\left((x_{ij}-\bar{x}_i)^2 + 2(x_{ij}-\bar{x}_{i\cdot})(\bar{x}_{i\cdot}-\bar{x}) + (\bar{x}_{i\cdot}-\bar{x})^2\right) \\ &= \sum_{i=1}^{k}\sum_{j=1}^{n_i}(x_{ij}-\bar{x}_{i\cdot})^2 + \sum_{i=1}^{k}\sum_{j=1}^{n_i}(\bar{x}_{i\cdot}-\bar{x})^2 + 2\sum_{i=1}^{k}\sum_{j=1}^{n_i}(x_{ij}-\bar{x}_{i\cdot})(\bar{x}_{i\cdot}-\bar{x}) \\ &= SS_E + SS_A \end{aligned}$$

式中，$\sum_{i=1}^{k}\sum_{j=1}^{n_i}(x_{ij}-\bar{x}_{i\cdot})(\bar{x}_{i\cdot}-\bar{x}) = 0$，其推导过程不再赘述。

下面给出单因素方差分析的具体思路。

(1) 总变异 $SS_T$ 分解为组间变异 $SS_A$、组内变异 $SS_E$，即 $SS_T = SS_A + SS_E$。

$SS_T$ 自由度 $df_T = n-1$，$SS_E$ 自由度 $df_E = n-k$，$SS_A$ 自由度 $df_A = k-1$，$df_T = df_A + df_E$。

$SS_T$ 反映了处理因素和偶然因素共同作用引起的观察指标变异情况。

$SS_A$ 反映了处理因素不同水平作用引起的观察指标变异情况。

$SS_E$ 反映了其他偶然因素作用引起的观察指标变异情况。

(2) 求出组间均方 $MS_A = SS_A/(k-1)$、组内均方 $MS_E = SS_E/(n-k)$。

组间均方是处理因素不同水平造成的平均变异；组内均方是随机误差造成的平均变异。

(3) 默认原假设 $H_0$ 为 $\mu_1 = \mu_2 = \cdots = \mu_k$ 成立，即认为 $k$ 个样本来自同一个正态分布总体。

下面构造并证明统计量 $MS_A/MS_E$ 服从 $F$ 分布。

所有样本来自相同正态分布总体，则

$$\frac{SS_T}{\sigma^2} = \sum_{i=1}^{k}\sum_{j=1}^{n_i}\left(\frac{x_{ij}-\bar{x}}{\sigma}\right)^2 \sim \chi^2(n-1), \quad \frac{SS_A}{\sigma^2} = \sum_{i=1}^{k}\sum_{j=1}^{n_i}\left(\frac{\bar{x}_{i\cdot}-\bar{x}}{\sigma}\right)^2 \sim \chi^2(k-1)$$

总的离差平方和经过分解以后，由 $\chi^2$ 分布的可加性质，可得

$$\frac{\sum_{i=1}^{k}\sum_{j=1}^{n_i}(x_{ij}-\bar{x}_{i\cdot})^2}{\sigma^2} = \frac{\sum_{i=1}^{k}\sum_{j=1}^{n_i}(x_{ij}-\bar{x})^2}{\sigma^2} - \frac{\sum_{i=1}^{k}\sum_{j=1}^{n_i}(\bar{x}_{i\cdot}-\bar{x})^2}{\sigma^2} \sim \chi^2(n-k)$$

由 $F$ 分布定义，可得

$$\left(\frac{SS_A}{\sigma^2}/(k-1)\right) \Big/ \left(\frac{SS_E}{\sigma^2}/(n-k)\right) = \frac{SS_A/(k-1)}{SS_E/(n-k)} = \frac{MS_A}{MS_E} \sim F(k-1, n-k)$$

在某种意义上，由均方 $MS_A$ 和 $MS_E$ 代替离差平方和 $SS_A$ 和 $SS_E$ 的出发点，与用样本方差 $S^2 = \sum_{i=1}^{k}(x_i-\bar{x})^2/(n-1)$ 而不用离差平方和 $\sum_{i=1}^{k}(x_i-\bar{x})^2$ 来比较资料的离散程度有类似道理，其含义是变异程度的比较不应受样本量大小和约束条件的影响。

(4) 推断结论。如果处理因素不同水平引起的平均变异 $MS_A$ 在很大程度上超过了随机误差引起的平均变异 $MS_E$，那么由 $F$ 分布的概率性质，验证统计量 $MS_A/MS_E$ 取值更为极端情形

是否算得上小概率事件。$F$ 分布的概率密度函数如图 6-1 所示。$P$ 值法演示如图 6-2 所示。

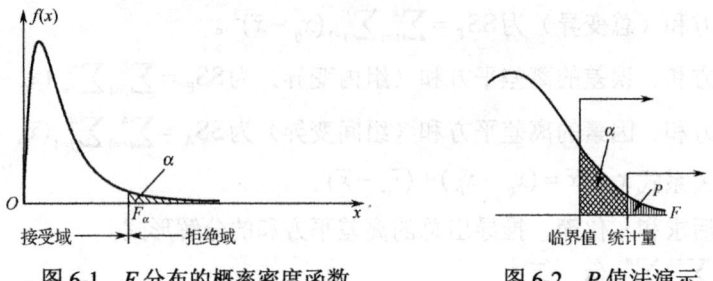

图 6-1　$F$ 分布的概率密度函数　　　　图 6-2　$P$ 值法演示

### 4. 第一阶段基本步骤

建立原假设 $H_0$ 为 $\mu_1 = \mu_2 = \cdots = \mu_k$，即 $k$ 个水平的总体均值全相等；建立备择假设 $H_1$ 为 $k$ 个水平的总体均值 $\mu_1, \mu_2, \cdots, \mu_k$ 不全相等，也就是说至少有两个水平的总体均值不相等。

默认原假设 $H_0$ 成立，构造统计量为

$$F = \frac{SS_A/(k-1)}{SS_E/(n-k)} = \frac{MS_A}{MS_E} \sim F(k-1, n-k)$$

（1）临界值法。$F$ 检验的结果如表 6-3 所示。查自由度为 $k-1$, $n-k$ 的 $F$ 分布表，得到临界值 $F_\alpha(k-1, n-k)$。当 $F > F_\alpha(k-1, n-k)$ 时，拒绝原假设 $H_0$；否则不拒绝原假设 $H_0$。

表 6-3　$F$ 检验的结果

| 来源 | 离差平方和 | df | 均方 | 统计量 | 临界值 |
| --- | --- | --- | --- | --- | --- |
| 组间 | $SS_A$ | $k-1$ | $MS_A = SS_A/(k-1)$ | $F = MS_A/MS_E$ | $F_\alpha(k-1, n-k)$ |
| 组内 | $SS_E$ | $n-k$ | $MS_E = SS_E/(n-k)$ | | |
| 总数 | $SS_T$ | $n-1$ | | | |

（2）$P$ 值法。默认原假设 $H_0$ 成立，求统计量 $MS_A/MS_E$ 取值更为极端情形的相伴概率 $P$。当 $P < \alpha$ 时，拒绝原假设 $H_0$，说明不同水平的总体均值差异有统计学意义。当 $P \geq \alpha$ 时，不拒绝原假设 $H_0$，说明不同水平的总体均值差异无统计学意义。相伴概率 $P$ 越小则说明越有理由认为不同水平的总体均值有差异，而不是说明总体均值的差异越大。

### 5. 满足条件

在统计量的构造过程中用到 3 个条件，将其概括为多个水平分组的样本分别来自独立、服从正态分布、满足方差齐性条件的总体。从严格证明的角度，如果总体不满足上述条件，那么构造的统计量不服从 $F$ 分布，然而这些条件也可以在应用中适当放松。

条件①：多个水平的样本观测值相互独立。在完全随机设计中，每次试验都是独立完成的，因此保证了试验结果的独立性。

条件②：多个水平的总体方差未知但是相等，即满足了方差齐性。单因素方差分析必须满足方差齐性条件。当样本量相差不大时，如果方差只是轻微不齐，则对于方差分析使用的影响不大。在方差严重不齐时，最好把单因素方差分析改为非参数检验法。

条件③：多个水平样本来自正态分布总体。有学者发现当总体不服从正态分布时，只要分布对称且样本量大于 12，有些观察指标不服从正态分布，对方差分析结论影响不太大。观察指标有时也可以经过平方根、对数或反正弦等方式转换以后验证是否服从正态分布。

### 6．阐述结论

（1）临界值法。根据显著性水平 $\alpha$ 和两个自由度 $k-1, n-k$，通过 $F$ 分布表查得临界值 $F_\alpha(k-1, n-k)$。当 $F > F_\alpha(k-1, n-k)$ 时，拒绝原假设 $H_0$，否则不拒绝原假设 $H_0$。

（2）$P$ 值法。求统计量取值更为极端情形下的相伴概率 $P$。

当 $P < \alpha$ 时，拒绝原假设 $H_0$，说明不同水平的总体均值差异有统计学意义。当 $P \geq \alpha$ 时，不拒绝原假设 $H_0$，说明不同水平的总体均值差异无统计学意义。相伴概率 $P$ 越小则说明越有理由认为多个总体均值有差异，而不是总体均值的差异越大。

【例1】考察某中药对心脏功能的影响，配置每 100mL 含 1g、1.5g、3g 和 5g 该中药药液，测定大鼠离体心脏在该中药药液中 7~8min 时的冠脉血流量。假设冠脉血流量总体服从正态分布、满足方差齐性条件，推断不同剂量的该中药药液中冠脉血流量总体均值差异有无统计学意义。数据资料如表 6-4 所示。

表 6-4　数据资料

| 药液剂量 | 冠脉血流量 | | | | | | |
|---|---|---|---|---|---|---|---|
| 1g | 6.2 | 6 | 6.8 | 1 | 6 | 6.4 | 12 |
| 1.5g | 6.4 | 5.4 | 0.8 | 0.8 | 1.1 | 0.3 | 1 |
| 3g | 2 | 1.2 | 1.7 | 3.2 | 0.5 | 1.1 | 0.5 |
| 5g | 0.2 | 0.2 | 0.5 | 0.5 | 0.4 | 0.3 | |

解：建立原假设 $H_0$ 为 $\mu_1 = \mu_2 = \mu_3 = \mu_4$；建立备择假设 $H_1$ 为 $\mu_1, \mu_2, \mu_3, \mu_4$ 不全相等。

已知 $n_1 = n_2 = n_3 = 7, n_4 = 6, n = 27, k = 4$，则

$$\mathrm{SS_T} = \sum_{i=1}^{k}\sum_{j=1}^{n_i}(x_{ij} - \bar{x})^2 = 242.78, \quad \mathrm{SS_A} = \sum_{i=1}^{k} n_i(\bar{x}_{i\cdot} - \bar{x})^2 = 138.21, \quad \mathrm{SS_E} = \mathrm{SS_T} - \mathrm{SS_A} = 104.57$$

从而求得统计量为

$$F = \frac{\mathrm{SS_A}/(k-1)}{\mathrm{SS_E}/(n-k)} = \frac{138.21/3}{104.57/23} = 10.13$$

令 $\alpha = 0.01$，通过 $F$ 分布表查得临界值 $F_{0.01}(3, 23) = 4.76$。

$F$ 检验的结果如表 6-5 所示。

表 6-5　$F$ 检验的结果

| 来源 | 离差平方和 | df | 均方 | 统计量 | $P$ | 临界值 |
|---|---|---|---|---|---|---|
| 组间 | 138 | 3 | 46 | 10 | 小于 0.001 | $F_{0.01}(3, 23) = 4.76$ |
| 组内 | 105 | 23 | 4.6 | | | |
| 总数 | 243 | 26 | | | | |

经分析，统计量 10.13 大于临界值 4.76，说明落入了拒绝域，于是认为拒绝原假设 $H_0$，从而说明不同剂量的该中药药液中的冠脉血流量差异有统计学意义，即该中药药液的剂量不同可能会影响心脏功能。

### 7．第二阶段基本步骤

当单因素方差分析的结论为拒绝原假设 $H_0$ 时，只能判断处理因素对观察指标产生了影响。如果不同水平的处理因素产生了影响，则不同水平的总体均值不全相等，即至少有两个水平的总体均值存在差异。到底哪些水平的总体均值相等或不相等，最好还要对多个水平的总体

均值进行事后两两比较。

当假定方差齐性时，两两比较的算法有十余种，说明当前尚没有公认的令人信服的统一算法。研究者已经提出多种两两比较的算法，有的算法对组间总体均值差异反应敏感，有的算法适用于指定对照组进行比较的情况，有的算法适用于各组样本量不全相等的非均衡数据，有的算法适用于样本量小的情况。

以下有几点说明。

说明①：无论使用哪种总体均值两两比较的算法，全部数据都要参与计算，这与两个独立样本均值的 $t$ 检验有所不同。

说明②：当每个水平试验次数少时，可以使用最小显著性差异（Least Significant Difference，LSD）法或纽曼-科伊尔斯（S-N-K，Student-Newman-Keuls）法。

说明③：当每个水平试验次数不等时，可以使用谢夫（Scheffe）法。

说明④：当每个水平试验次数相等时，可以使用图基（Tukey）法或邦弗仑尼（Bonferroni）法。

说明⑤：当多个试验组分别与对照组比较时，可以使用邓尼特（Dunnett）法。

说明⑥：LSD 法即最小显著性差异法，类似于两组比较的 $t$ 检验。注意：LSD 法过于灵敏，容易增大发生第一类错误的概率，倾向于比较结果有差异的结论。

说明⑦：图基法适用于样本量相等情况、与 S-N-K 法相似，都是相似子集的划分方法，即不同子集之间总体均值有差异，同一子集内总体均值无差异。

下面使用谢夫法进行两两比较。

建立原假设 $H_0$ 为 $\mu_i = \mu_j$；建立备择假设 $H_1$ 为 $\mu_i \neq \mu_j$。

构造统计量 $S = |\bar{x}_i - \bar{x}_j| / \sqrt{MS_E(1/n_i + 1/n_j)}$。

由两两比较的 $S$ 表，查得临界值 $S_\alpha = \sqrt{(k-1)F_\alpha(k-1, n-k)}$，满足 $P(S \geq S_\alpha(k, n-k)) = \alpha$。令 $T_{ij} = S_\alpha \sqrt{MS_E(1/n_i + 1/n_j)}$，当 $|\bar{x}_{i.} - \bar{x}_{j.}| \geq T_{ij}$ 时，拒绝原假设 $H_0$；认为 $\mu_i \neq \mu_j$，即第 $i$ 个总体均值和第 $j$ 个总体均值有差异。

使用谢夫法对不同剂量的该中药药液中的冠脉血流量进行两两比较。

已知 $k = 4$，$n_1 = n_2 = n_3 = 7$；$n_4 = 6$，$k - 1 = 3$，$n - k = 23$。

由两两比较的 S 表查得临界值 $S_{0.05}(k, n-k) = S_{0.05}(4, 23) = 3$。

$T_{12} = T_{13} = T_{23} = S_\alpha \sqrt{MS_E(1/7 + 1/7)} = 3.0\sqrt{4.55 \times (1/7 + 1/7)} = 3.42$。

$T_{14} = T_{24} = T_{34} = S_\alpha \sqrt{MS_E(1/7 + 1/6)} = 3.0\sqrt{4.55 \times (1/7 + 1/6)} = 3.56$。

$|\bar{x}_1 - \bar{x}_2| = 4.08 > T_{12} = 3.42$，认为 $\mu_1$ 与 $\mu_2$ 差异有统计学意义。

$|\bar{x}_1 - \bar{x}_3| = 4.88 > T_{13} = 3.42$，认为 $\mu_1$ 与 $\mu_3$ 差异有统计学意义。

$|\bar{x}_1 - \bar{x}_4| = 5.99 > T_{14} = 3.56$，认为 $\mu_1$ 与 $\mu_4$ 差异有统计学意义。

$|\bar{x}_2 - \bar{x}_3| = 0.08 < T_{23} = 3.42$，认为 $\mu_2$ 与 $\mu_3$ 差异有统计学意义。

$|\bar{x}_2 - \bar{x}_4| = 1.91 < T_{24} = 3.56$，认为 $\mu_2$ 与 $\mu_4$ 差异有统计学意义。

$|\bar{x}_3 - \bar{x}_4| = 1.11 < T_{34} = 3.56$，认为 $\mu_3$ 与 $\mu_4$ 差异有统计学意义。

以下有两点说明。

说明①：在由完全随机设计安排的单因素试验中，当不同水平比较时，直接求出来的样本均值有参考意义。例如，某个水平的样本均值越大，说明该水平作为试验条件时结果越理想或越不理想。在由析因设计收集数据并计算的边际均值,是消除其他因素影响以后的样本均值修正结果,而且当不同水平比较时,边际均值比样本均值更有参考意义。

说明②:在生物医药试验中,应充分关注试验设计类型、处理因素个数及其水平个数、某种试验条件下的重复试验次数、混杂因素的控制、观察指标的选择、统计分析方法的适用条件。根据数据结构的特点和总离差平方和的分解形式可知,方差分析有很多种类。例如,单因素方差分析适用于基于完全随机设计收集的资料;两个因素方差分析适用于基于随机区组设计或析因设计收集的资料。多种类型试验设计的方差分析基本原理、适用条件将在后续章节介绍。

【学习目标】理解单因素方差分析的理论方法,掌握操作流程并阐述结论。

## 【案例实验1】

将病情和身体特征相似的患者按是否用药以及用药剂量多少,随机分成高剂量组、低剂量组和对照组。分别对这3组患者治疗4周以后,测量他们餐后2h的血糖下降值。已知这3组患者的血糖下降值分别来自正态分布总体,推断不同组的总体均值差异有无统计学意义。数据资料如表6-6所示。本例的数据文件是"6单因素方差分析(血糖下降值).sav"。

表6-6 数据资料

| 高剂量组 | 5.6 | 9.5 | 6 | 8.7 | 9.2 | 5 | 16.3 | 11.8 | 14.6 | 4.9 | 8.1 | 3.8 |
|---|---|---|---|---|---|---|---|---|---|---|---|---|
| 低剂量组 | 0.6 | 5.7 | 12.8 | 4.1 | 1.8 | 0.1 | 2 | 5.6 | 7 | 7.9 | 4.3 | 6.4 |
| 对照组 | 2.4 | 0.9 | 7 | 3.9 | 1.6 | 6.4 | 2.7 | 6.9 | 1.5 | 3.8 | | |

【数据文件】

定义检验变量"血糖下降值"和分组变量"用药组",类型均为数值。定义变量值标签"高剂量组"=1、"低剂量组"=2、"对照组"=3。建立数据文件,如图6-3所示。

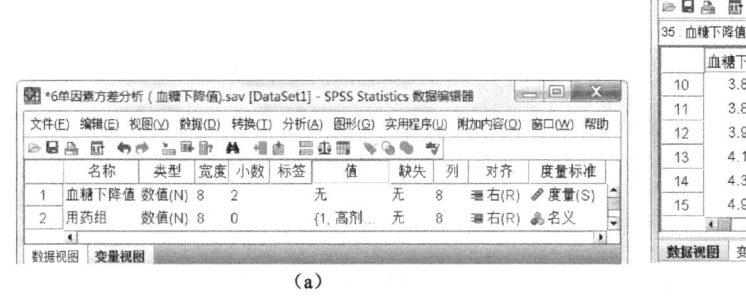

(a)　　　　　　　　　　　　　　　(b)

图6-3 数据文件

单因素方差分析有两种操作方法,分别在"比较均值"和"一般线性模型"模块中。

**操作方法一:**

【菜单选择】

单击"分析"主菜单,再单击"比较均值"选项,然后单击"单因素ANOVA"选项。这是最为常见的操作方法。

【界面设置】

在打开的"单因素方差分析"对话框中,将"血糖下降值"选入"因变量列表"列表框中,再将"用药组"选入"因子"列表框中,单击"选项"按钮,如图6-4所示。

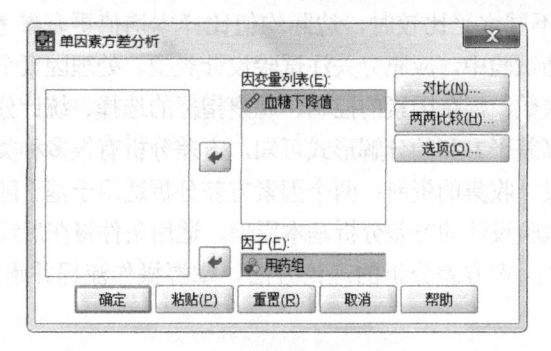

图6-4 变量选入的设置

在打开的"单因素 ANOVA:..."对话框的"统计量"区域,选择"描述性""方差同质性检验"选项,再选择"均值图"选项,在"缺失值"区域,默认选择"按分析顺序排除个案"选项,单击"继续"按钮,如图6-5所示。

在"单因素方差分析"对话框中,单击"两两比较"按钮。当不同水平的样本量不等时使用 Scheffe 法,当试验次数不多时使用 LSD 法或 S-N-K 法,当与对照组比较时使用 Dunnett 法,在打开的"单因素 ANOVA:两两比较"对话框中选择相应选项,在"控制类别"下拉列表中选择"最后一个"选项,而"最后一个"就是"对照组=3",单击"继续"按钮,如图6-6所示。

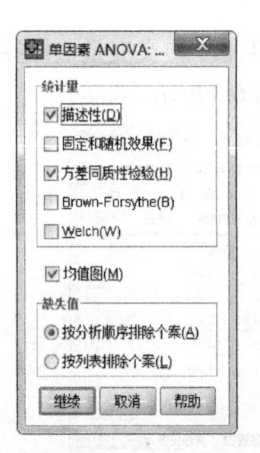

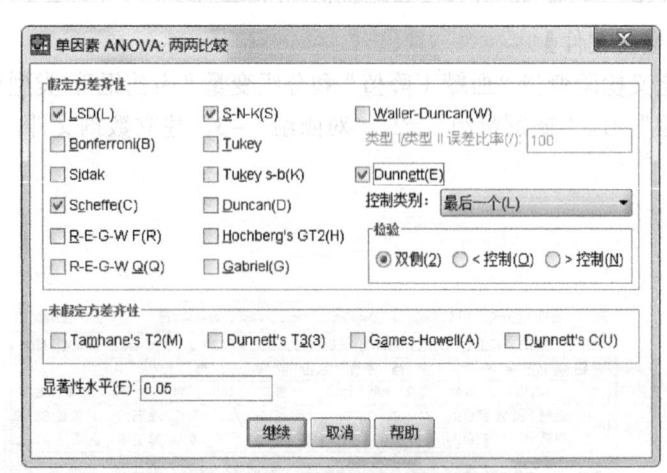

图6-5 方差齐性条件验证的设置     图6-6 两两比较的设置

【结果分析】

(1) Levene检验的结果如表6-7所示。

表6-7 Levene检验的结果

| 统计量 | df1 | df2 | 显著性水平 |
|---|---|---|---|
| 0.959 | 2 | 30 | 0.394 |

经分析,由 Levene 检验,相伴概率 $P$ 为 0.394(大于 0.05),认为满足方差齐性条件。

（2）单因素方差分析的结果如表 6-8 所示。

表 6-8 单因素方差分析的结果

| 来源 | 离差平方和 | df | 均方 | 统计量 | 显著性水平 |
|---|---|---|---|---|---|
| 组间 | 150.004 | 2 | 75.002 | 6.452 | 0.005 |
| 组内 | 360.381 | 31 | 11.625 | | |
| 总数 | 510.385 | 33 | | | |

经分析，由 $F$ 检验，求得统计量为 6.452，相伴概率 $P$ 为 0.005（小于 0.05），说明高剂量组、低剂量组和对照组的总体均值差异有统计学意义，从而认为 3 组总体的均值不全相等。

（3）基于 Scheffe 法、LSD 法和 Dunnett 法的两两比较如表 6-9 所示。基于 S-N-K 法的两两比较如表 6-10 所示。

表 6-9 基于 Scheffe 法、LSD 法和 Dunnett 法的两两比较

| 方法 | （I）组 | （J）组 | 均值差 | 标准误 | 显著性水平 | 差值的 95%置信区间 | |
|---|---|---|---|---|---|---|---|
| | | | | | | 下限 | 上限 |
| Scheffe 法 | 高剂量组 | 低剂量组 | 3.766 67 | 1.391 95 | 0.037 | 0.188 1 | 7.345 3 |
| | | 对照组 | 4.915 00 | 1.459 89 | 0.008 | 1.161 7 | 8.668 3 |
| | 低剂量组 | 高剂量组 | -3.766 67 | 1.391 95 | 0.037 | -7.345 3 | -0.188 1 |
| | | 对照组 | 1.148 33 | 1.459 89 | 0.736 | -2.604 9 | 4.901 6 |
| | 对照组 | 高剂量组 | -4.915 00 | 1.459 89 | 0.008 | -8.668 3 | -1.161 7 |
| | | 低剂量组 | -1.148 33 | 1.459 89 | 0.736 | -4.901 6 | 2.604 9 |
| LSD 法 | 高剂量组 | 低剂量组 | 3.766 67 | 1.391 95 | 0.011 | 0.927 8 | 6.605 6 |
| | | 对照组 | 4.915 00 | 1.459 89 | 0.002 | 1.937 5 | 7.892 5 |
| | 低剂量组 | 高剂量组 | -3.766 67 | 1.391 95 | 0.011 | -6.605 6 | -0.927 8 |
| | | 对照组 | 1.148 33 | 1.459 89 | 0.437 | -1.829 1 | 4.125 8 |
| | 对照组 | 高剂量组 | -4.915 00 | 1.459 89 | 0.002 | -7.892 5 | -1.937 5 |
| | | 低剂量组 | -1.148 33 | 1.459 89 | 0.437 | -4.125 8 | 1.829 1 |
| Dunnett 法（双侧） | 高剂量组 | 对照组 | 4.915 00 | 1.459 89 | 0.004 | 1.541 8 | 8.288 2 |
| | 低剂量组 | | 1.148 33 | 1.459 89 | 0.644 | -2.224 9 | 4.521 6 |

表 6-10 基于 S-N-K 法的两两比较

| 分组 | | $N$ | 均值 | 显著性水平 |
|---|---|---|---|---|
| 子集 1 | 对照组 | 10 | 3.710 0 | 0.430 |
| | 低剂量组 | 12 | 4.858 3 | |
| 子集 2 | 高剂量组 | 12 | 8.625 0 | 1.000 |

经分析，由 Scheffe 法，高剂量组与低剂量组相伴概率 $P$ 为 0.037（小于 0.05），说明总体均值差异有统计学意义；高剂量组和对照组相伴概率 $P$ 为 0.008（小于 0.05），说明总体均值差异有统计学意义。由 LSD 法，高剂量组与低剂量组相伴概率 $P$ 为 0.011（小于 0.05），说明总体均值差异有统计学意义；高剂量组和对照组相伴概率 $P$ 为 0.002（小于 0.05），说明总体均值差异有统计学意义。由 Dunnett 法，高剂量组与对照组相伴概率 $P$ 为 0.004（小于 0.05），说明总体均

差异有统计学意义。

需要说明的是，S-N-K法将总体均值差异无统计学意义的分组显示在同一个子集中，而在不同子集中的分组之间总体均值差异有统计学意义。由S-N-K法，低剂量组与对照组同在子集1中，组内相伴概率$P$为0.430（小于0.05），而在子集2中只有高剂量组，说明低剂量组与对照组的总体均值差异无统计学意义，而高剂量组与低剂量组、对照组的总体均值差异有统计学意义。

综上，高剂量组与对照组的总体均值差异有统计学意义，认为高剂量服药的疗效更好。

（4）描述统计的结果如表6-11所示。

表6-11 描述统计的结果

| 分组 | N | 均值 | 标准差 | 标准误 | 均值的95%置信区间 | | 最小值 | 最大值 |
|---|---|---|---|---|---|---|---|---|
| | | | | | 下限 | 上限 | | |
| 高剂量组 | 12 | 8.625 0 | 3.958 91 | 1.142 84 | 6.109 6 | 11.140 4 | 3.80 | 16.30 |
| 低剂量组 | 12 | 4.858 3 | 3.564 08 | 1.028 86 | 2.593 8 | 7.122 8 | 0.10 | 12.80 |
| 对照组 | 10 | 3.710 0 | 2.315 38 | 0.732 19 | 2.053 7 | 5.366 3 | 0.90 | 7.00 |

经分析，高剂量组血糖下降值的样本均值为8.625 0，在3个水平分组中最大，于是高剂量服药的疗效更好。样本均值如图6-7所示。

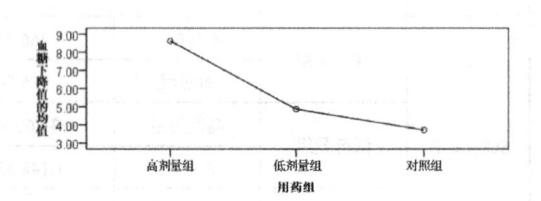

图6-7 样本均值

**操作方法二：**

【菜单选择】

单击"分析"主菜单，再单击"一般线性模型"，然后单击"单变量"。

【界面设置】

在打开的"单变量"对话框中，将"血糖下降值"选入"因变量"列表框中，再将"用药组"选入"固定因子"列表框中，单击"模型"按钮，如图6-8所示。

在打开的"单变量：模型"对话框的"指定模型"区域，选择"设定"选项，在"构建项"区域的"类型"下拉列表中选择"主效应"选项，将"用药组"选入"模型"列表框中，然后单击"继续"按钮，如图6-9所示。说明："固定因子"是人为控制的处理因素。

图6-8 变量选入的设置

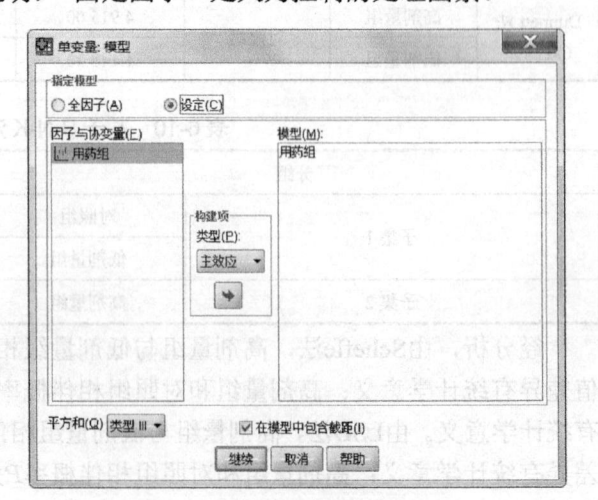

图6-9 模型的设置

在"单变量"对话框中,单击"选项"按钮。在打开的"单变量:选项"对话框中,将"用药组"选入"显示均值"列表框中,选择"比较主效应"选项,在"置信区间调节"下拉列表中默认选择的"LSD(无)"选项,在"输出"区域选择"描述统计"和"方差齐性检验"选项,单击"继续"按钮,如图6-10所示。

在"单变量"对话框中,单击"两两比较"按钮。在打开的"单变量:观测均值的两两比较"对话框中选择相应的选项,如图6-11所示。

说明:在方差严重不齐的情况下,SPSS软件中给出的两两比较方法很少使用,通常做法是一开始就把方差分析改为秩和检验,并在秩和检验中进行两两比较。

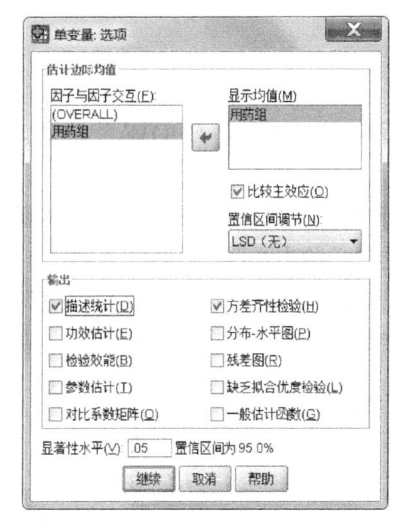

图6-10 "单变量:选项"对话框    图6-11 "单变量:观测均值的两两比较"对话框

## 【案例实验2】

探讨血清脱水葡萄糖醇浓度(单位:μmol/L)与疾病的关系,将健康者作为对照组,将疾病患者作为处理组(包括糖尿病患者组、糖尿病合并肾衰患者组、肾移植患者组)。假设血清脱水葡萄糖醇浓度总体服从正态分布,推断4种水平分组的总体均值差异有无统计学意义。数据资料如表6-12所示。

本例的数据文件是"6 单因素方差分析(血清脱水葡萄糖醇浓度水平).sav"。

表6-12 数据资料

| 对照组 | 46.15 | 82.31 | 54.67 | 70.37 | 68.8 | 80.57 | 76.66 | 77.74 | 88.73 | 74.62 |
|---|---|---|---|---|---|---|---|---|---|---|
| 糖尿病患者组 | 30.82 | 56.83 | 32.01 | 41.26 | 12.25 | 33.62 | 21.69 | 23.33 | 47.62 | 30.57 |
| 糖尿病合并肾衰患者组 | 49.41 | 32.96 | 42.83 | 21.43 | 44.06 | 47.85 | 40.98 | 3.89 | 23.77 | 28.95 |
| 肾移植患者组 | 90.89 | 71.16 | 82.99 | 57.32 | 84.87 | 89.03 | 80.78 | 36.27 | 60.13 | 66.34 |

## 【数据文件】

定义检验变量"血清脱水葡萄糖醇浓度水平"和分组变量"组别",类型均为数值。

定义变量值标签"对照组"=1、"糖尿病患者组"=2、"糖尿病合并肾衰患者组"=3、"肾移植患者组"=4。

建立数据文件,如图6-12所示。

(a) (b)

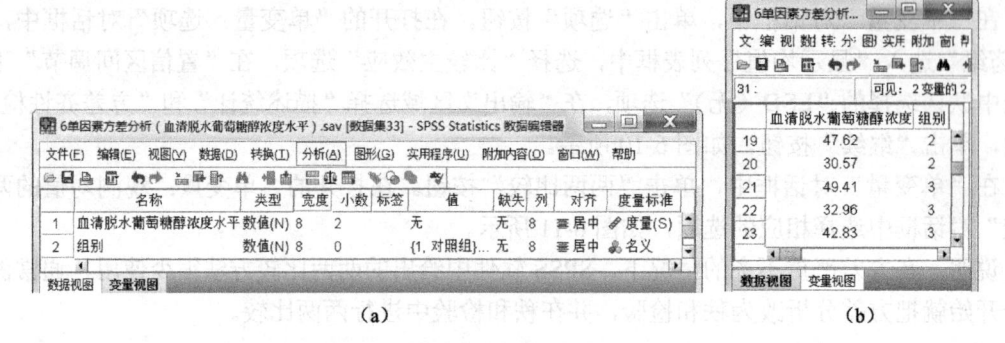

图 6-12 数据文件

【菜单选择】
单击"分析"主菜单，再单击"比较均值"选项，然后单击"单因素 ANOVA"选项。

【界面设置】
在打开的"单因素方差分析"对话框中，将"血清脱水葡萄糖醇浓度水平"选入"因变量列表"列表框中，将分组变量"组别"选入"因子"列表框中，单击"选项"按钮，如图 6-13 所示。在打开的"单因素 ANOVA:…"对话框的"统计量"区域，选择"方差同质性检验"选项，再选择"均值图"选项，保持其余默认选项，单击"继续"按钮，如图 6-14 所示。

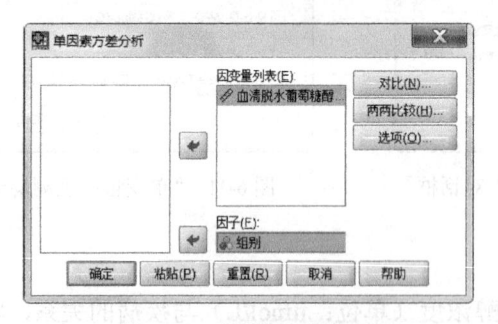

图 6-13 变量选入的设置

在"单因素方差分析"对话框中，单击"两两比较"按钮。在打开的"单因素 ANOVA：两两比较"对话框中选择相应选项，单击"继续"按钮，如图 6-15 所示。

图 6-14 方差齐性条件验证的设置　　图 6-15 两两比较的设置

**【结果分析】**

（1）Levene检验的结果如表6-13所示。单因素方差分析的结果如表6-14所示。

表6-13 Levene检验的结果

| 统 计 量 | df1 | df2 | 显著性水平 |
|---|---|---|---|
| 0.560 | 3 | 36 | 0.645 |

表6-14 单因素方差分析的结果

| 来　源 | 离差平方和 | df | 均　方 | 统 计 量 | 显著性水平 |
|---|---|---|---|---|---|
| 组间 | 14 989.265 | 3 | 4 996.422 | 23.843 | 0.000 |
| 组内 | 7 544.088 | 36 | 209.558 | | |
| 总数 | 22 533.353 | 39 | | | |

经分析，由Levene检验，相伴概率$P$为0.645（大于0.05），认为满足方差齐性条件。由$F$检验，统计量为23.843，相伴概率$P$小于0.001，说明不同水平的总体均值差异有统计学意义。

（2）两两比较的结果如表6-15所示。

表6-15 两两比较的结果

| 方　法 | (I)组别 | (J)组别 | 均　值　差 | 显著性水平 | 均值差的95%置信区间 | |
|---|---|---|---|---|---|---|
| | | | | | 下　限 | 上　限 |
| Tukey法 | 对照组 | 糖尿病患者组 | 39.062 00 | 0.000 | 21.626 3 | 56.497 7 |
| | | 糖尿病合并肾衰患者组 | 38.449 00 | 0.000 | 21.013 3 | 55.884 7 |
| | | 肾移植患者组 | 0.084 00 | 1.000 | −17.351 7 | 17.519 7 |
| | 糖尿病患者组 | 对照组 | −39.062 00 | 0.000 | −56.497 7 | −21.626 3 |
| | | 糖尿病合并肾衰患者组 | −0.613 00 | 1.000 | −18.048 7 | 16.822 7 |
| | | 肾移植患者组 | −38.978 00 | 0.000 | −56.413 7 | −21.542 3 |
| | 糖尿病合并肾衰患者组 | 对照组 | −38.449 00 | 0.000 | −55.884 7 | −21.013 3 |
| | | 糖尿病患者组 | 0.613 00 | 1.000 | −16.822 7 | 18.048 7 |
| | | 肾移植患者组 | −38.365 00 | 0.000 | −55.800 7 | −20.929 3 |
| Tukey法 | 肾移植患者组 | 对照组 | −0.084 00 | 1.000 | −17.519 7 | 17.351 7 |
| | | 糖尿病患者组 | 38.978 00 | 0.000 | 21.542 3 | 56.413 7 |
| | | 糖尿病合并肾衰患者组 | 38.365 00 | 0.000 | 20.929 3 | 55.800 7 |
| Bonferroni法 | 对照组 | 糖尿病患者组 | 39.062 00 | 0.000 | 20.987 0 | 57.137 0 |
| | | 糖尿病合并肾衰患者组 | 38.449 00 | 0.000 | 20.374 0 | 56.524 0 |
| | | 肾移植患者组 | 0.084 00 | 1.000 | −17.991 0 | 18.159 0 |
| | 糖尿病患者组 | 对照组 | −39.062 00 | 0.000 | −57.137 0 | −20.987 0 |
| | | 糖尿病合并肾衰患者组 | −0.613 00 | 1.000 | −18.688 0 | 17.462 0 |
| | | 肾移植患者组 | −38.978 00 | 0.000 | −57.053 0 | −20.903 0 |
| | 糖尿病合并肾衰患者组 | 对照组 | −38.449 00 | 0.000 | −56.524 0 | −20.374 0 |
| | | 糖尿病患者组 | 0.613 00 | 1.000 | −17.462 0 | 18.688 0 |

| | （I）组别 | （J）组别 | 均值差 | 显著性水平 | 均值差的95%置信区间 | |
|---|---|---|---|---|---|---|
| | | | | | 下限 | 上限 |
| Bonferroni法 | 糖尿病合并肾衰患者组 | 肾移植患者组 | −38.365 00 | 0.000 | −56.440 0 | −20.290 0 |
| | | 对照组 | −0.084 00 | 1.000 | −18.159 0 | 17.991 0 |
| | 肾移植患者组 | 糖尿病患者组 | 38.978 00 | 0.000 | 20.903 0 | 57.053 0 |
| | | 糖尿病合并肾衰患者组 | 38.365 00 | 0.000 | 20.290 0 | 56.440 0 |

通过Tukey法和Bonferroni法进行两两比较，求相伴概率$P$，解释结论含义。

经分析，糖尿病患者组和对照组的相伴概率$P$小于0.001，说明总体均值差异有统计学意义。糖尿病合并肾衰患者组和对照组的相伴概率$P$小于0.001，说明总体均值差异有统计学意义。糖尿病患者组和肾移植患者组的相伴概率$P$小于0.001，说明总体均值差异有统计学意义。

综上，认为糖尿病患者组、糖尿病合并肾衰患者组与对照组之间的血清脱水葡萄糖醇浓度水平不同，糖尿病患者组与肾移植患者组之间的血清脱水葡萄糖醇浓度水平不同。

（3）4个水平分组的样本均值如图6-16所示。

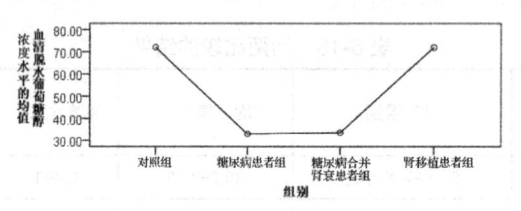

图6-16　4个水平分组的样本均值

经分析，糖尿病患者组、糖尿病合并肾衰患者组的血清脱水葡萄糖醇浓度水平的均值更小，即这两个分组的血清脱水葡萄糖醇浓度水平会低于对照组和肾移植患者组的血清脱水葡萄糖醇浓度水平。

## 6.3　两个因素方差分析

### 6.3.1　随机区组设计

**1. 提出背景**

处理因素是指研究者在试验中打算施加给受试对象的、用于讨论观察指标有无直接或间接效应发生的干预条件。处理因素一般是分类变量。处理因素的多个类别用于设置不同水平处理组的试验条件，推断不同水平处理组观察指标的总体均值差异有无统计学意义，讨论在哪个水平情况下取得观察指标的理想值。

每个水平处理组的受试对象应尽量来自相对同质的总体，但是某些混杂因素可能对观察指标产生潜在的干扰影响。如果受试对象的异质性特征复杂，那么当通过完全随机设计安排试验条件时，试验误差较大、结果不稳定。为此考虑按照相似特征划分区组，使同一区组内的对象受到混杂因素的影响尽量均衡，从而便于处理因素不同水平总体均值的比较。

非处理因素作为受试对象配对或配伍条件，按照相似特征划分区组。

例如，用于安排区组的条件有时是动物窝别、种系，有时是患者性别、病情或病程等。区组间的差异越大越好；区组内的差异越小越好。由于区组内的混杂因素影响比较均衡，所以有利于突出处理因素不同水平总体均值差异。

又如，在小白鼠喂食试验中，饲料种类是处理因素，小白鼠的种系用于安排区组，关注不同种类饲料对小白鼠体重增量变化的影响。同一种系小白鼠受混杂因素影响均衡，从而有利于突出不同种类饲料喂食的小白鼠体重增量差异。又如，在小麦产量试验中，肥料的用量是处理因素，土壤的性质用于安排区组。

**2. 基本思路**

随机区组设计又称配伍组设计，基本思路是将受试对象按照相似的特征划分成多个区组，使得每个区组中的受试对象具有同质性。将每个区组中的 3 个及以上受试对象随机分配到处理因素的不同水平分组，在每个分组中分别安排无重复的试验。由于区组内混杂因素的影响比较均衡，所以有利于控制其干扰影响，从而专注于分析处理因素的作用。

随机区组设计是为了推断处理因素不同水平的观察指标总体均值差异有无统计学意义。随机区组设计可以看作配对设计的扩展形式，而配对设计可以看作随机区组设计的特例。

（1）随机区组设计的优点：同一区组内的受试对象来自特征相似的某个总体，区组内混杂因素的影响比较均衡；每个区组的受试对象被随机分配到不同水平的分组，每个区组内的受试对象个数等于水平的个数，从而提高了处理因素不同水平之间比较的效率。

（2）随机区组设计的缺点：数据结构写成因素不同水平和不同区组之间交叉分组的交叉表形式。由于试验没有重复，所以在水平和区组交叉的单元格中只有 1 个数据，无法用于处理因素和区组之间交互作用分析。从方差分析角度来看，数据一旦发生缺失，那么其所在区组的数据就不能继续被使用，从而被丢弃，因此降低了数据分析的效率。

须注意，随机区组设计是把受试对象按照特征划分区组，每个区组的受试对象被随机分配到不同水平分组中并安排试验。完全随机设计是将特征相似的全部受试对象随机分配到每个水平分组中并安排试验。区组的作用是在特征相似的受试对象中控制混杂因素的影响。随机区组设计的检验效能通常优于完全随机设计的检验效能。如果受试对象在不同区组中的混杂因素影响明确，那么随机区组设计的结论比完全随机设计的结论可靠。

**3. 数据收集特点**

假设处理因素有 $r$ 个水平、区组有 $s$ 个、每个区组有 $r$ 个特征相似的受试对象，受试对象被随机分配到处理因素的 $r$ 个水平所在的分组，且每个区组的受试对象的个数和处理因素的水平个数都等于 $r$，数据结构资料写成 $r$ 行×$s$ 列交叉表形式。数据结构如表 6-16 所示。

表 6-16 数据结构

| 处理因素水平 | 区组 B 编号 | | | |
|---|---|---|---|---|
| | 1 | 2 | ... | $s$ |
| 1 | $x_{11}$ | $x_{12}$ | ... | $x_{1s}$ |
| 2 | $x_{21}$ | $x_{22}$ | ... | $x_{2s}$ |
| ... | ... | ... | ... | ... |
| $r$ | $x_{r1}$ | $x_{r2}$ | ... | $x_{rs}$ |

### 6.3.2 随机区组设计的方差分析

对于由多因素试验设计收集的资料，仍然使用方差分析，即多因素方差分析。多因素方差分析的特点类似单因素方差分析的特点，给出总离差平方和的分解形式，再由 $F$ 分布的数学性质分别构造统计量。

下面给出随机区组设计的无重复试验方差分析的基本思路。

根据试验设计类型或变量个数确定总变异（离差平方和）的来源、种类，把总变异分解为处理因素不同水平的变异、不同区组的变异、组内误差的变异 3 个部分，然后讨论处理因素有没有作用、区组有没有作用。每个部分变异除以自由度后，再计算变异的均方，然后由 $F$ 检验推断处理因素作用、区组作用有无统计学意义。处理因素有作用的等价说法是不同水平的总体均值不全相等。鉴于采用不重复试验的方式收集试验数据，在数据结构表的单元格中只有一个数据，不能推断区组与处理因素有无交互作用，更无法推断方差齐性条件是否成立。

**1. 总离差平方和的分解**

不妨将观察指标 $x_{ij}$ 分解，即 $x_{ij} = \mu + \tau_i + \beta_j + \varepsilon_{ij}$。其中，总体均值 $\mu$，第 $i$ 个水平分组的效应为 $\tau_i$，且 $\sum_{i=1}^{r} \tau_i = 0$；第 $j$ 个区组观察指标的效应为 $\beta_j$，$\sum_{j=1}^{s} \beta_j = 0$；第 $i$ 个水平、第 $j$ 个区组观察指标数据的随机误差为 $\varepsilon_{ij}$。$\mu, \tau_i, \beta_j$ 反映了观察指标的统计规律；随机误差 $\varepsilon_{ij}$ 反映了未受控制、无法解释的且相互独立的综合影响。

总的样本均值为 $\bar{x} = \sum_{i=1}^{r}\sum_{j=1}^{s} x_{ij}/rs$；第 $j$ 个区组的样本均值为 $\bar{x}_{\cdot j} = \sum_{i=1}^{r} x_{ij}/r$；处理因素的第 $i$ 个水平样本均值为 $\bar{x}_{i\cdot} = \sum_{j=1}^{s} x_{ij}/s$。

总的离差平方和为 $\mathrm{SS_T} = \sum_{i=1}^{r}\sum_{j=1}^{s}(x_{ij} - \bar{x})^2$。

处理因素变异、处理因素的离差平方和为 $\mathrm{SS_A} = \sum_{i=1}^{r}\sum_{j=1}^{s}(\bar{x}_{i\cdot} - \bar{x})^2$。

区组变异、区组的离差平方和为 $\mathrm{SS_B} = \sum_{i=1}^{r}\sum_{j=1}^{s}(\bar{x}_{\cdot j} - \bar{x})^2$。

误差变异、误差的离差平方和为 $\mathrm{SS_E} = \sum_{i=1}^{r}\sum_{j=1}^{s}(x_{ij} - \bar{x}_{i\cdot} - \bar{x}_{\cdot j} + \bar{x})^2$。

在数学上有关系式 $x_{ij} - \bar{x} = (\bar{x}_{i\cdot} - \bar{x}) + (\bar{x}_{\cdot j} - \bar{x}) + (x_{ij} - \bar{x}_{i\cdot} - \bar{x}_{\cdot j} + \bar{x})$。

对关系式两边平方以后求和，进行数学推导并化简处理。

总的离差平方和分解形式如下

$$\sum_{i=1}^{r}\sum_{j=1}^{s}(x_{ij} - \bar{x})^2 = \sum_{i=1}^{r}\sum_{j=1}^{s}(\bar{x}_{i\cdot} - \bar{x})^2 + \sum_{i=1}^{r}\sum_{j=1}^{s}(\bar{x}_{\cdot j} - \bar{x})^2 + \sum_{i=1}^{r}\sum_{j=1}^{s}(x_{ij} - \bar{x}_{i\cdot} - \bar{x}_{\cdot j} + \bar{x})^2$$

以上分解形式简化为 $\mathrm{SS_T} = \mathrm{SS_A} + \mathrm{SS_B} + \mathrm{SS_E}$。

总的自由度分解形式为 $\mathrm{df_T} = \mathrm{df_A} + \mathrm{df_B} + \mathrm{df_E}$。其中，$\mathrm{SS_T}$ 自由度 $\mathrm{df_T} = rs - 1$、$\mathrm{SS_A}$ 自由度 $\mathrm{df_A} = r - 1$、$\mathrm{SS_B}$ 自由度 $\mathrm{df_B} = s - 1$、$\mathrm{SS_E}$ 自由度 $\mathrm{df_E} = (r-1)(s-1)$。

**2. 统计量的构造**

在构造统计量的过程中，要求受试对象相互独立，处理因素的不同水平分组、不同区组的总体分别服从正态分布，还要满足方差齐性条件（令总体方差都是 $\sigma^2$）。

经分析，如果每个区组中的受试对象在处理因素的不同水平下各安排 1 次无重复试验，那么区组与水平交叉表的单元格中只有 1 个数据，无法验证正态分布和方差齐性的假定条件。方差齐性条件至少要有 3 个以上的重复观测数据才能实施。因此在大多数情况下，由专业经验直接认为方差齐性条件成立，然后使用两个因素无重复试验的方差分析。

由 $\chi^2$ 分布的定义和性质构造统计量。

（1）所有样本来自相同正态分布总体，则

$$\frac{SS_T}{\sigma^2} = \sum_{i=1}^{r} \sum_{j=1}^{s} \left( \frac{x_{ij} - \bar{x}}{\sigma} \right)^2 \sim \chi^2(rs-1)$$

（2）不同水平样本来自相同正态分布总体，则

$$\frac{SS_A}{\sigma^2} = \sum_{i=1}^{r} \sum_{j=1}^{s} \left( \frac{\bar{x}_{i\cdot} - \bar{x}}{\sigma} \right)^2 \sim \chi^2(r-1)$$

（3）不同区组样本来自相同正态分布总体，则

$$\frac{SS_B}{\sigma^2} = \sum_{i=1}^{r} \sum_{j=1}^{s} \left( \frac{\bar{x}_{\cdot j} - \bar{x}}{\sigma} \right)^2 \sim \chi^2(s-1)$$

总的离差平方和经过推导以后，分解形式如下

$$\frac{\sum_{i=1}^{r} \sum_{j=1}^{s} (x_{ij} - \bar{x}_{i\cdot} - \bar{x}_{\cdot j} + \bar{x})^2}{\sigma^2}$$

$$= \frac{\sum_{i=1}^{r} \sum_{j=1}^{s} (x_{ij} - \bar{x})^2}{\sigma^2} - \frac{\sum_{i=1}^{r} \sum_{j=1}^{s} (\bar{x}_{i\cdot} - \bar{x})^2}{\sigma^2} - \frac{\sum_{i=1}^{r} \sum_{j=1}^{s} (\bar{x}_{\cdot j} - \bar{x})^2}{\sigma^2}$$

由 $\chi^2$ 分布的可加性质可得

$$\frac{SS_E}{\sigma^2} = \sum_{i=1}^{r} \sum_{j=1}^{s} \frac{(x_{ij} - \bar{x}_{i\cdot} - \bar{x}_{\cdot j} + \bar{x})^2}{\sigma^2} \sim \chi^2(r-1)(s-1)$$

令 $MS = SS/df$，分别构造服从 $F$ 分布的统计量 $MS_A/MS_E$ 和 $MS_B/MS_E$。

分别由 $F$ 分布的定义构造统计量：

$$\left( \frac{SS_A}{\sigma^2(r-1)} \right) \Big/ \left( \frac{SS_E}{\sigma^2(r-1)(s-1)} \right) = \frac{MS_A}{MS_E} \sim F(r-1, (r-1)(s-1))$$

$$\left( \frac{SS_B}{\sigma^2(s-1)} \right) \Big/ \left( \frac{SS_E}{\sigma^2(r-1)(s-1)} \right) = \frac{MS_B}{MS_E} \sim F(s-1, (r-1)(s-1))$$

**3．基本步骤**

由 $F$ 检验，分别推断处理因素有无作用、区组有无作用，也就是推断处理因素不同水平、不同区组的总体均值差异有无统计学意义。

步骤①：原假设 $H_{0A}$ 为处理因素不同水平的总体均值全相等，备择假设 $H_{1A}$ 为处理因素不同水平的总体均值不全相等，则

$$F_A = \frac{SS_A/(r-1)}{SS_E/((r-1)(s-1))} = \frac{MS_A}{MS_E} \sim F(r-1, (r-1)(s-1))$$

步骤②：原假设 $H_{0B}$ 为不同区组的总体均值全相等，备择假设 $H_{1B}$ 为不同区组的总体均值不全相等，则

$$F_B = \frac{SS_B/(s-1)}{SS_E/((r-1)(s-1))} = \frac{MS_B}{MS_E} \sim F(s-1, (r-1)(s-1))$$

（1）临界值法。

查自由度为 $k-1, (r-1)(s-1)$ 的 $F$ 分布表，得临界值 $F_\alpha(k-1,(r-1)(s-1))$。

当统计量 $F > F_\alpha(k-1,(r-1)(s-1))$ 时，拒绝原假设 $H_{0A}$；

当统计量 $F \leq F_\alpha(k-1,(r-1)(s-1))$ 时,不拒绝原假设 $H_{0A}$。

查自由度为 $s-1, (r-1)(s-1)$ 的 $F$ 分布表,得临界值 $F_\alpha(s-1,(r-1)(s-1))$。

当统计量 $F > F_\alpha(s-1,(r-1)(s-1))$ 时,拒绝原假设 $H_{0B}$;

当统计量 $F \leq F_\alpha(s-1,(r-1)(s-1))$ 时,不拒绝原假设 $H_{0B}$。

随机区组设计方差分析的结果如表 6-17 所示。

表 6-17 随机区组设计方差分析的结果

| 来源 | 离差平方和 | df | 均方 | 统计量 | 临界值 |
| --- | --- | --- | --- | --- | --- |
| 处理因素 | $SS_A$ | $r-1$ | $MS_A$ | $F_A$ | $F_\alpha(k-1,(r-1)(s-1))$ |
| 区组 | $SS_B$ | $s-1$ | $MS_B$ | $F_B$ | $F_\alpha(s-1,(r-1)(s-1))$ |
| 误差 | $SS_E$ | $(r-1)(s-1)$ | $MS_E$ | | |
| 总和 | $SS_T$ | $rs-1$ | | | |

(2)$P$ 值法。

默认原假设 $H_{0A}$ 或 $H_{0B}$ 成立,求统计量取值更为极端情形的相伴概率 $P$。

当相伴概率 $P < \alpha$ 时,拒绝原假设 $H_{0A}$ 或 $H_{0B}$,说明处理因素不同水平或不同区组的总体均值差异有统计学意义。当相伴概率 $P \geq \alpha$ 时,不拒绝原假设 $H_{0A}$ 或 $H_{0B}$,说明不同水平或不同区组的总体均值差异无统计学意义。相伴概率 $P$ 越小则说明越有理由认为总体的均值有差异,注意不是认为总体的均值差异越大。当拒绝原假设 $H_{0A}$ 或 $H_{0B}$ 时,说明总体均值不全相等,此时还继续进行两两比较。

### 6.3.3 两个处理因素的试验问题

两个处理因素的无重复试验设计是指将特征相似的一组受试对象,在两个处理因素之间所有水平的交叉分组条件下安排无重复(只做一次)的试验,推断每个处理因素不同水平总体均值差异有无统计学意义。在不严格意义上,区组可以看作另一个处理因素,把随机区组设计当成两个处理因素无重复试验设计的特例。两个处理因素无重复试验的方差分析只讨论处理因素的单独效应有无统计学意义,不能讨论两个处理因素之间的交互效应有无统计学意义。

两个处理因素无重复试验的方差分析要求每个处理因素不同水平的样本来自正态分布总体,且满足方差齐性条件。两个处理因素不同水平的交叉组合下只安排无重复试验,数据结构可以写成两个因素不同水平的交叉表形式,无法用来验证正态分布和方差齐性条件是否成立。只能由专业经验直接认为满足正态分布和方差齐性条件以后,才能满足方差分析的应用要求。如果两个处理因素的不同水平交叉分组以后作为试验条件,那么在每种试验条件下还可以安排重复相等次数的所谓析因设计试验,使用两个因素等重复试验的方差分析。

【学习目标】理解两个处理因素无重复试验的方差分析,掌握操作流程并阐述结论。

【案例实验3】

某实验室引进相同种系的 8 窝新生小白鼠,每窝共有 3 只,将同一窝小白鼠随机分配搭配分别添加 A 营养素、B 营养素和 C 营养素的三种饲料中,经过一段时间喂食以后测量体重增量(单位:g)。推断不同营养素对小白鼠体重增量有无影响。数据资料如表 6-18 所示。

本例的数据文件是"6 随机区组设计的无重复试验的双因素方差分析(营养素).sav"。

表 6-18 数据资料

| 处理因素水平 | 窝1 | 窝2 | 窝3 | 窝4 | 窝5 | 窝6 | 窝7 | 窝8 |
|---|---|---|---|---|---|---|---|---|
| A 营养素 | 40.1 | 47.8 | 43.1 | 43.5 | 55.2 | 41.4 | 51.9 | 42.2 |
| B 营养素 | 58.2 | 48.5 | 53.8 | 64.2 | 68.4 | 45.7 | 53 | 39.8 |
| C 营养素 | 64.5 | 62.4 | 58.6 | 72.5 | 79.3 | 38.4 | 51.2 | 46.2 |

【数据文件】

定义检验变量"体重增量",分组变量"营养素""区组",类型均为数值。定义变量值标签"A 营养素"=1、"B 营养素"=2、"C 营养素"=3。建立数据文件,如图 6-17 所示。

图 6-17 数据文件

【菜单选择】

单击"分析"主菜单,再单击"一般线性模型"选项,然后单击"单变量"选项。

【界面设置】

在打开的"单变量"对话框中,将"体重增量"选入"因变量"列表框中,将"区组"和"营养素"选入"固定因子"列表框中,单击"模型"按钮,如图 6-18 所示。在打开的"单变量:模型"对话框的"指定模型"区域,选择"设定"选项,在"构建项"区域的"类型"下拉列表中选择"主效应"选项,将"营养素"和"区组"选入"模型"列表框中,单击"继续"按钮,如图 6-19 所示。

图 6-18 变量选入的设置

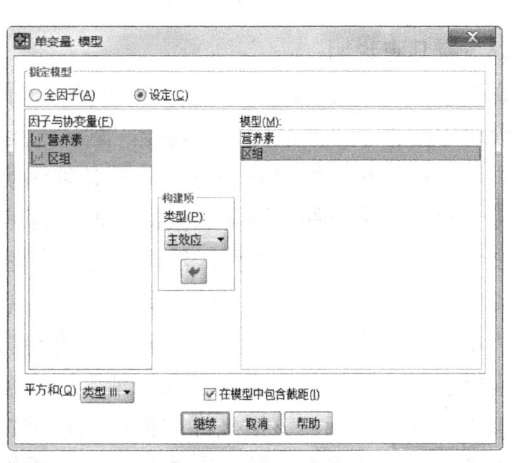

图 6-19 模型的设置

以下有几点说明。

说明①："固定因子"是指由人为干预控制的处理因素。处理因素一般是分类变量。处理因素所有水平都能够在试验中出现。"协变量"是指与因变量有线性依存关系且研究者希望排除的对因变量有干扰影响的混杂因素，一般是数值变量。

说明②："全因子"模型是指默认分析处理因素或协变量的主效应、处理因素之间的交互效应的模型。经过验证为协变量的变量应被选入协变量框，协变量与自变量的关系是独立的，在统计分析中将会排除其干扰影响。

说明③："设定"即"定制"，是指自定义设置处理因素的单独作用、处理因素之间的交互作用。每个分类变量通常被选入主效应，有时会将一部分或全部分类变量选入交互效应。

在"单变量"对话框中，单击"选项"按钮。在打开的"单变量：选项"对话框中，将"营养素"选入"显示均值"列表框中，再选择"比较主效应"选项，默认选用 LSD 法两两比较，如图 6-20 所示。

在"单变量"对话框中，单击"绘制"按钮。在打开的"单变量：轮廓图"对话框中，将"区组"选入"水平轴"列表框中，将"营养素"选入"单图"列表框中，依次单击"添加""继续"按钮，如图 6-21 所示。

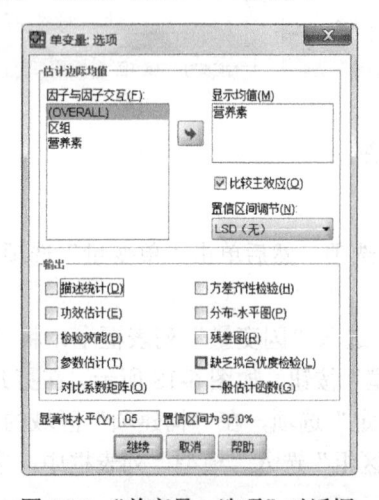

图 6-20 "单变量：选项"对话框　　　　图 6-21 "单变量：轮廓图"对话框

以下有几点说明。

说明①："一般线性模型"模块中附带了"两两比较"功能，涉及方法种类很多；在"选项"模块中附带了"两两比较"功能，默认选用 LSD 法。

说明②：随机区组设计的方差分析必须满足方差齐性条件，但是无重复试验的数据结构无法用于验证这个条件，通常直接默认条件满足即可。有人认为把处理因素选入"固定因子"列表框中并用于验证这个条件，然而那是完全随机设计的方差齐性条件验证的做法。

说明③：轮廓图又称交互效应图，用于直观比较边际均值并显示因素之间有无交互效应。当在"单图"列表框中选入处理因素时，将会按照该处理因素的每个水平绘制均值线，散点的纵坐标表示边际均值。当在"水平轴"列表框中选入处理因素时，将会把这个处理因素的不同水平作为横坐标，该横坐标的刻度表示类别。绘制均值线的条数等于在"单图"列表框中选入处理因素的水平个数。在本例中，区组编号就是横坐标、不同水平的边际均值就是纵坐标,不同水平的边际均值点可以连成均值线。

说明④:边际均值是指控制其余处理因素影响,并对指定处理因素进行修正以后得到的不同水平均值。当只有一个处理因素时,边际均值与样本均值完全一样。实际上,边际均值在用于某个处理因素不同水平差异的比较时,比样本均值更有参考意义。

【结果分析】

(1) 随机区组设计的方差分析的结果如表 6-19 所示。

表 6-19 随机区组设计的方差分析的结果

| 来源 | Ⅲ型平方和 | df | 均方 | 统计量 | 显著性水平 |
|---|---|---|---|---|---|
| 校正模型 | 2 234.627 | 9 | 248.292 | 5.528 | 0.002 |
| 截距 | 67 193.584 | 1 | 67 193.584 | 1 496.138 | 0.000 |
| 区组 | 1 494.060 | 7 | 213.437 | 4.752 | 0.006 |
| 营养素 | 740.568 | 2 | 370.284 | 8.245 | 0.004 |
| 误差 | 628.759 | 14 | 44.911 | | |
| 总计 | 70 056.970 | 24 | | | |

说明:"校正模型"是指对整个模型的检验。经分析,"校正模型"所在行的相伴概率 $P$ 为 0.002(小于 0.05),说明整个模型有统计学意义。由 $F$ 检验,"区组"所在行的相伴概率 $P$ 为 0.006(小于 0.05),说明不同区组的总体均值差异有统计学意义,也就是认为不同区组的小白鼠的体重增量不同。"营养素"所在行的相伴概率 $P$ 为 0.004(小于 0.05),说明摄入不同营养素的小白鼠的体重增量差异有统计学意义,也就是认为营养素对体重增量产生了影响。

(2) 两两比较的结果如表 6-20 所示。

表 6-20 两两比较的结果

| 方法 | (I)营养素 | (J)营养素 | 均值差 | 显著性水平 | 均值差的95%置信区间 | |
|---|---|---|---|---|---|---|
| | | | | | 下限 | 上限 |
| LSD法 | A营养素 | B营养素 | -8.300 0 | 0.027 | -15.486 7 | -1.113 3 |
| | | C营养素 | -13.487 5 | 0.001 | -20.674 2 | -6.300 8 |
| | B营养素 | A营养素 | 8.300 0 | 0.027 | 1.113 3 | 15.486 7 |
| | | C营养素 | -5.187 5 | 0.144 | -12.374 2 | 1.999 2 |
| | C营养素 | A营养素 | 13.487 5 | 0.001 | 6.300 8 | 20.674 2 |
| | | B营养素 | 5.187 5 | 0.144 | -1.999 2 | 12.374 2 |

经分析,A 营养素与 C 营养素的相伴概率 $P$ 为 0.001(小于 0.05),说明引起的体重增量差异有统计学意义。A 营养素与 B 营养素的相伴概率 $P$ 为 0.027(小于 0.05),说明引起的体重增量差异有统计学意义。综上,A 营养素与 B 营养素、C 营养素引起的体重增量存在差异。

(3) 轮廓图分析。

区组编号作为横坐标、边际均值作为纵坐标。每种营养素的边际均值点连成均值线,用于直观比较不同营养素的边际均值是否不同,如图 6-22 所示。

补充说明:由于样本均值不能排除区组的影响,所以无实用意义。边际均值在计算时控制了不同区组的影响,在用于营养素的不同种类比较时更有实用意义。

经分析,3 种营养素的体重增量边际均值有差异,A 营养素和 C 营养素的差异更大。

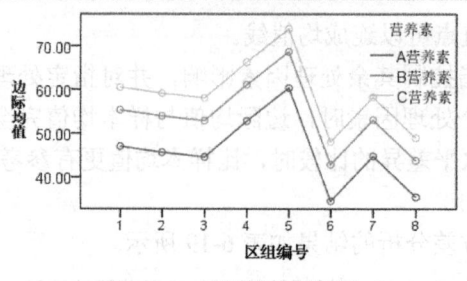

图 6-22 边际均值的比较

### 6.3.4 析因设计

#### 1. 析因设计的定义

在安排有两个处理因素的试验设计问题中，如果在所有水平交叉分组下只有 1 次试验，那么无法推断两个处理因素有无交互作用。如果将两个及以上处理因素所有水平的交叉分组作为试验条件，每种试验条件下安排了重复相等次数的试验，那么这就是析因设计。重复试验有利于减少单次试验结果中随机误差的影响。在两个处理因素全部水平的交叉分组条件下，分别安排具有重复相等次数的试验，称为两个因素析因设计。

#### 2. 析因设计的用处

析因设计的第一个用处是研究每个处理因素的主效应和处理因素之间的交互效应。析因设计不仅推断每个处理因素不同水平的总体均值差异有无统计学意义，还要推断所有处理因素之间交叉分组水平的总体均值差异有无统计学意义。

析因设计的第二个用处是比较每个处理因素不同水平观察指标的样本均值，以观察指标尽量取到更为理想的值作为导向，从每个处理因素中找到最佳的水平，以形成所有处理因素的最佳水平组合，从而通过全面试验寻找最佳的试验配方。

例如，工资收入是观察指标，处理因素是职业，包括教师、医生和公务员，由单因素方差分析推断职业对于工资收入的影响，即比较不同职业的工资收入总体均值差异有无统计学意义。如果对性别和职业的所有水平交叉分组，在每个分组中随机抽取相等人数，那么不仅可以分别讨论性别、职业有无单独作用，还可以讨论性别和职业有无交互作用，即当性别发生变化时，不同职业的工资收入具有不等比例的差异。以取得工资收入更高为导向，确定出性别和职业的最佳组合，如男性和医生的工资收入会更高。

又如，在药物得率试验中，不妨在温度与浓度的所有种类交叉分组以后作为试验条件，每个试验条件下安排重复相等次数试验，不仅可以分别推断温度、浓度有无单独作用，还可以推断温度和浓度之间有无交互作用。验证温度或浓度不同时的药物得率总体均值差异有无统计学意义，验证温度变化时，不同浓度的药物得率具有不等比例的差异。以取得更大药物得率为导向，确定温度和浓度的最佳组合，如温度最高和浓度适中的药物得率会更大。

#### 3. 效应的含义

（1）单独效应是指当其他处理因素水平固定时，同一处理因素不同水平之间的差异。

（2）主效应是指某个处理因素不同水平的平均差异。

（3）交互效应是指某个处理因素的平均效应是否随着另一个处理因素的不同水平发生变化，也就是两个及以上处理因素有无相互促进或彼此拮抗的关系。当交互效应存在时，仅检验主效应没有太大意义，因为很有可能是交互效应在起作用。

无交互作用是指当一个处理因素的水平变化时，其他处理因素不同水平的平均效应不变化。有交互作用是指当一个处理因素的水平变化时，其他处理因素不同水平的平均效应发生变化，即随着一个处理因素不同水平的变化，另一个处理因素的不同水平的样本均值有比例不一致的扩大或缩小变化趋势。

例如，当患者服用药物 A 和 B 并观察疗效时，如果同时服用两种药物的疗效大于单独服用一种药物的疗效，即"1+1>2"，则说明药物 A 和 B 的疗效相互促进。

又如，对麦田施加两种肥料，当单独使用肥料甲或肥料乙时，小麦产量分别是 40kg、60kg，合计产量为 100kg；当同时使用肥料甲和肥料乙时，小麦产量是 120kg；上述两种情况的产量差距是 20kg，则认为这是两种肥料的交互效应造成的。

假设处理因素为 A 与 B。以处理因素 A 的不同水平 $A_1$、$A_2$、$A_3$ 作为横轴，依次固定处理因素 A 某个水平，分别与处理因素 B 的不同水平组合下求得观察指标均值，并将其连成均值线。图 6-23（a）与（b）显示无交互作用；图 6-23（c）与（d）显示有交互作用，判断依据是当处理因素 A 的水平发生变化时，处理因素 B 不同水平的均值连线不平行。

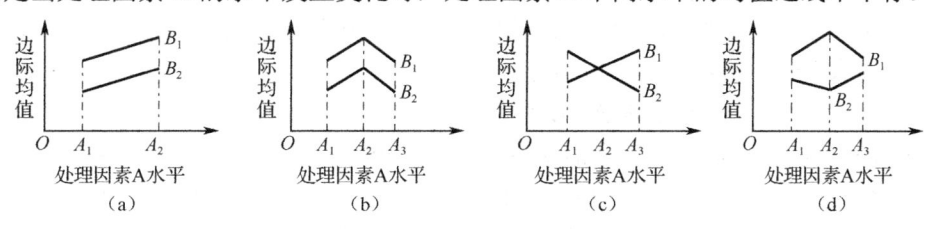

图 6-23 交互效应演示

当两个因素之有交互作用时，不能只用主效应作为判断因素是否重要的依据，即使因素的主效应不大，只要包含这个因素的交互作用显著，这个因素也是重要的。

【例1】某析因设计有两个处理因素 A、B；处理因素 A 有两个水平 $A_1$、$A_2$，处理因素 B 有两个水平 $B_1$、$B_2$。第一种、第二种情形的观察指标数据如图 6-24 所示。第一种、第二种情形的观察指标数据如表 6-21 和 6-22 所示。在两种情形下求因素 A、B 的主效应，在第二种情形下求因素 A 和 B 或因素 B 和 A 的交互效应，并对结论进行分析。

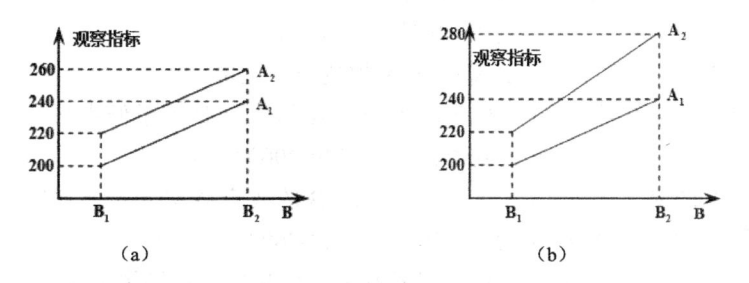

图 6-24 第一种、第二种情形的观察指标数据

表 6-21 第一种情形的观察指标数据

|  | 低水平 $A_1$ | 高水平 $A_2$ |
| --- | --- | --- |
| 低水平 $B_1$ | 200 | 220 |
| 高水平 $B_2$ | 240 | 260 |

表 6-22 第二种情形的观察指标数据

| | 低水平 $A_1$ | 高水平 $A_2$ |
| --- | --- | --- |
| 低水平 $B_1$ | 200 | 220 |
| 高水平 $B_2$ | 240 | 280 |

(1) 在第一种情形中,求因素 A、B 的主效应。

因素 A 的主效应=因素 A 高水平的观察指标均值-因素 A 低水平的观察指标均值。

不考虑因素 B 的影响,只考虑因素 A 的独立作用。当因素 A 处于低水平 $A_1$ 时,观察指标均值是(200+240)/2=220,当因素 A 处于高水平 $A_2$ 时,观察指标均值是(220+260)/2=240。于是求得因素 A 的主效应是(220+260)/2-(200+240)/2=20。

不考虑因素 A 的影响,只考虑因素 B 的独立作用。当因素 B 处于低水平 $B_1$ 时,观察指标均值为(200+220)/2=210,当因素 B 处于高水平 $B_2$ 时,观察指标均值为(240+260)/2=250。所以,因素 B 的主效应是(240+260)/2-(200+220)/2=40。

当因素 B 处于低水平 $B_1$ 时,因素 A 的效应是 220-200=20;当因素 B 处于高水平 $B_2$ 时,因素 A 的效应也是 260-240=20。两个数值相同、图中直线平行,说明不存在交互效应。当因素 B 处于不同水平时,因素 A 的效应不变。

(2) 在第二种情形中,求因素 A、B 的主效应。

因素 A 的主效应=因素 A 高水平的观察指标均值-因素 A 低水平的观察指标均值。

不考虑因素 B 的影响,只考虑因素 A 的独立作用。当因素 A 处于低水平 $A_1$ 时,观察指标均值是(200+240)/2=220,当因素 A 处于高水平 $A_2$ 时,观察指标均值是(220+280)/2=250。所以,因素 A 的主效应是(220+280)/2-(200+240)/2=30。

不考虑因素 A 的影响,只考虑因素 B 的独立作用。当因素 B 处于低水平 $B_1$ 时,观察指标均值为(200+220)/2=210,当因素 B 处于高水平 $B_2$ 时,观察指标均值为(240+280)/2=260。所以,因素 B 的主效应是(240+260)/2-(200+220)/2=50。

当因素 B 处于低水平 $B_1$ 时,因素 A 的效应是 220-200=20;当因素 B 处于高水平 $B_2$ 时,因素 A 的效应却是 260-240=40。两个数值不同、图中直线不平行,说明存在交互效应。当因素 B 处于不同水平时,因素 A 的效应变化。

(3) 在第二种情形中,求因素 A、B 的交互作用。

当因素 B 处于不同水平时,计算因素 A 的效应变化量。

因素 A 和 B 的交互效应=(B 处于高水平时 A 的效应-B 处于低水平时 A 的效应)/2。

因素 A 和 B 的交互效应=((280-240)-(220-200))/2=10。

因素 B 和 A 的交互效应=(A 处于高水平时 B 的效应-A 处于低水平时 B 的效应)/2。

因素 B 和 A 的交互效应=((280-220)-(240-200))/2=10。

由图看出,如果两条边际均值线或延长线的夹角越尖锐,则说明交互效应越强。

综上,因素 A 和 B 的交互效应都是((280+200)-(220+200))/2=10,没有必要区分 A 和 B 的交互作用、B 和 A 的交互效应。于是,交互效应有通用公式:因素 A、B 的交互效应=(A 高水平且 B 高水平-(A 高水平且 B 低水平+A 低水平且 B 高水平))/2。

### 4. 析因设计的特点

按照析因设计安排试验并且收集的数据资料,不仅可以用于推断每个处理因素有无单独作用，还可以用于推断多个处理因素之间有无交互作用。如果处理因素的个数增加，那么所有水平在可能的交叉分组情况下，处理组的个数将会翻倍式增长。当试验条件很多时，重复试验次数将会变得更多，人力、物力、财力和场地等成本难以承受如此规模，难以严格控制条件，误差来源途径复杂。例如，对每个处理因素都安排 5 个水平的析因设计试验，如果处理因素个数逐渐变多，那么在全部水平交叉分组情况下，试验条件个数如表 6-23 所示。

表 6-23 试验条件个数

| 处理因素个数 | 2 | 3 | 4 | 5 | 6 |
|---|---|---|---|---|---|
| 试验条件个数 | 25 | 125 | 625 | 3 125 | 15 625 |

## 6.3.5 两个因素析因设计的方差分析

### 1. 数据结构

假设处理因素 A 有 $r$ 个水平、处理因素 B 有 $s$ 个水平，在两个处理因素所有水平的交叉分组条件下，需要安排的试验条件个数为 $r \times s$。如果在每种试验条件下都重复安排了 $c$ 次试验，那么等待全部试验完成以后收集并整理成的数据结构如表 6-24 所示。

表 6-24 数据结构

| 处理因素 A 水平 | 处理因素 B 水平 | | | |
|---|---|---|---|---|
| | $B_1$ | $B_2$ | ... | $B_s$ |
| $A_1$ | $x_{111}, ..., x_{11c}$ | $x_{121}, ..., x_{12c}$ | ... | $x_{121}, ..., x_{12c}$ |
| $A_2$ | $x_{211}, ..., x_{21c}$ | $x_{221}, ..., x_{22c}$ | ... | $x_{2s1}, ..., x_{2sc}$ |
| ... | ... | ... | ... | ... |
| $A_r$ | $x_{r11}, ..., x_{r1c}$ | $x_{r21}, ..., x_{r2c}$ | ... | $x_{rs1}, ..., x_{rsc}$ |

析因设计的最简单情形是，处理因素只有两个并且每个因素只有两个水平。

假设处理因素 A 有两个水平 $A_1$，$A_2$，处理因素 B 有两个水平 $B_1$，$B_2$，交叉分组的条件是 $A_1B_1$，$A_1B_2$，$A_2B_1$，$A_2B_2$。在每种试验条件下安排两次及以上重复相等次数的试验。

不妨将观察指标 $x_{ij}$ 分解为 $x_{ij} = \mu + \alpha_i + \beta_j + \gamma_{ij} + \varepsilon_{ij}$。其中，$\mu$ 为总体均值；$\alpha_i$ 为处理因素 A 的第 $i$ 个水平观察指标的效应，且 $\sum_{i=1}^{r} \alpha_i = 0$；$\beta_j$ 为处理因素 B 的第 $j$ 个水平观察指标的效应，且 $\sum_{j=1}^{s} \beta_j = 0$；$\gamma_{ij}$ 为处理因素 A 第 $i$ 个与 B 第 $j$ 个水平观察指标的交互效应，且 $\sum_{i=1}^{r} \gamma_{ij} = 0$，$\sum_{j=1}^{s} \gamma_{ij} = 0$；$\varepsilon_{ij}$ 为随机误差，反映了未受控制、无法解释且相互独立的综合影响。

### 2. 误差的离差平方和分解

（1）总的样本均值、处理因素不同水平的样本均值、处理因素不同水平交互的样本均值。

处理因素 A 的第 $i$ 个水平的样本均值为 $\bar{x}_{i..} = \sum_{j=1}^{s} \sum_{k=1}^{c} x_{ijk} / sc$；处理因素 B 的第 $j$ 个水平的样本均值为 $\bar{x}_{.j.} = \sum_{i=1}^{r} \sum_{k=1}^{c} x_{ijk} / rc$；总的样本均值为 $\bar{x} = \sum_{i=1}^{r} \sum_{j=1}^{s} \sum_{k=1}^{c} x_{ijk} / rsc$；处理因素 A 的第 $i$ 个水平和处理因素 B 的第 $j$ 个水平交互的样本均值为 $\bar{x}_{ij.} = \sum_{k=1}^{c} x_{ijk} / c$。

（2）总的离差平方和、单个处理因素的离差平方和、两个处理因素交互的离差平方和。

总的离差平方和为 $\mathrm{SS_T} = \sum_{i=1}^{r} \sum_{j=1}^{s} \sum_{k=1}^{c} (x_{ijk} - \bar{x})^2$。

处理因素 A 的离差平方和为 $\mathrm{SS_{因素A}} = \sum_{i=1}^{r} \sum_{j=1}^{s} \sum_{k=1}^{c} (\bar{x}_{i..} - \bar{x})^2 = rc \sum_{i=1}^{r} (\bar{x}_{i..} - \bar{x})^2$。

处理因素 B 的离差平方和为 $\mathrm{SS}_{\text{因素B}} = \sum_{i=1}^{r}\sum_{j=1}^{s}\sum_{k=1}^{c}(\overline{x}_{\cdot j\cdot} - \overline{x})^2 = sc\sum_{j=1}^{s}(\overline{x}_{\cdot j\cdot} - \overline{x})^2$。

处理因素 A 与 B 交互的离差平方和为

$$\mathrm{SS}_{\text{因素A×B}} = \sum_{i=1}^{r}\sum_{j=1}^{s}\sum_{k=1}^{c}(\overline{x}_{ij\cdot} - \overline{x}_{i\cdot\cdot} - \overline{x}_{\cdot j\cdot} + \overline{x})^2 = c\sum_{i=1}^{r}\sum_{j=1}^{s}(\overline{x}_{ij\cdot} - \overline{x}_{i\cdot\cdot} - \overline{x}_{\cdot j\cdot} + \overline{x})^2$$

误差的离差平方和 $\mathrm{SS}_{\mathrm{E}} = \sum_{i=1}^{r}\sum_{j=1}^{s}\sum_{k=1}^{c}(x_{ijk} - \overline{x}_{ij\cdot})^2$

总变异分解为处理因素 A 的离差平方和、处理因素 B 的离差平方和、处理因素 A 与 B 交互的离差平方和、误差的离差平方和，即

$$\mathrm{SS}_{\mathrm{T}} = \mathrm{SS}_{\text{因素A}} + \mathrm{SS}_{\text{因素B}} + \mathrm{SS}_{\text{因素A×B}} + \mathrm{SS}_{\mathrm{E}}$$

总的离差平方和经过推导以后，分解形式如下

$$\sum_{i=1}^{r}\sum_{j=1}^{s}\sum_{k=1}^{c}(x_{ijk} - \overline{x})^2 = rc\sum_{i=1}^{r}(\overline{x}_{i\cdot\cdot} - \overline{x})^2 + sc\sum_{j=1}^{s}(\overline{x}_{\cdot j\cdot} - \overline{x})^2$$
$$+ c\sum_{i=1}^{r}\sum_{j=1}^{s}(\overline{x}_{ij\cdot} - \overline{x}_{i\cdot\cdot} - \overline{x}_{\cdot j\cdot} + \overline{x})^2 + \sum_{i=1}^{r}\sum_{j=1}^{s}\sum_{k=1}^{c}(x_{ijk} - \overline{x}_{ij\cdot})^2$$

自由度 $\mathrm{df}_{\mathrm{T}} = \mathrm{df}_{\text{因素A}} + \mathrm{df}_{\text{因素B}} + \mathrm{df}_{\text{因素A×B}} + \mathrm{df}_{\mathrm{E}}$。其中，$\mathrm{SS}_{\mathrm{T}}$ 自由度 $\mathrm{df}_{\mathrm{T}} = rsc - 1$、$\mathrm{SS}_{\mathrm{A}}$ 自由度 $\mathrm{df}_{\mathrm{A}} = r - 1$、$\mathrm{SS}_{\mathrm{B}}$ 自由度 $\mathrm{df}_{\mathrm{B}} = s - 1$、$\mathrm{SS}_{\mathrm{A×B}}$ 自由度 $\mathrm{df}_{\mathrm{A×B}} = s - 1$、$\mathrm{SS}_{\mathrm{E}}$ 自由度 $\mathrm{df}_{\mathrm{E}} = rs(c-1)$。

### 3. 统计量的构造

当构造服从 $F$ 分布的统计量时，要求独立安排每次试验，每个处理因素不同水平总体服从正态分布且满足方差齐性条件，总体方差是 $\sigma^2$。经分析，可以使用单样本 K-S 检验法讨论总体是否服从正态分布。当样本量小时，有些研究者由专业经验默认正态分布成立。

（1）所有样本来自相同正态分布总体，则

$$\frac{\mathrm{SS}_{\mathrm{T}}}{\sigma^2} = \sum_{i=1}^{r}\sum_{j=1}^{s}\sum_{k=1}^{c}\left(\frac{x_{ijk} - \overline{x}}{\sigma}\right)^2 \sim \chi^2(rsc - 1)$$

（2）处理因素 A 与 B 的不同水平样本来自相同正态分布总体，则

$$\frac{\mathrm{SS}_{\text{因素A}}}{\sigma^2} = rc\sum_{i=1}^{r}\left(\frac{\overline{x}_{i\cdot\cdot} - \overline{x}}{\sigma}\right)^2 \sim \chi^2(r - 1), \quad \frac{\mathrm{SS}_{\text{因素B}}}{\sigma^2} = sc\sum_{j=1}^{s}\left(\frac{\overline{x}_{\cdot j\cdot} - \overline{x}}{\sigma}\right)^2 \sim \chi^2(s - 1)$$

（3）处理因素 A 与 B 的交互水平样本来自相同正态分布总体，则

$$\frac{\mathrm{SS}_{\text{因素A×B}}}{\sigma^2} = c\sum_{i=1}^{r}\sum_{j=1}^{s}\left(\frac{\overline{x}_{ij\cdot} - \overline{x}_{i\cdot\cdot} - \overline{x}_{\cdot j\cdot} + \overline{x}}{\sigma}\right)^2 \sim \chi^2(r - 1)(s - 1)$$

由总变异的分解形式和 $\chi^2$ 分布可加性定理，可得

$$\frac{\mathrm{SS}_{\mathrm{E}}}{\sigma^2} = \sum_{i=1}^{r}\sum_{j=1}^{s}\sum_{k=1}^{c}\left(\frac{x_{ijk} - \overline{x}}{\sigma}\right)^2 \sim \chi^2(rs(c - 1))$$

由均方计算公式 MS=SS/df，分别构造 $\mathrm{MS}_{\text{因素A}}/\mathrm{MS}_{\mathrm{E}}$、$\mathrm{MS}_{\text{因素B}}/\mathrm{MS}_{\mathrm{E}}$、$\mathrm{MS}_{\text{因素A×B}}/\mathrm{MS}_{\mathrm{E}}$，再分别用于构造服从 $F$ 分布的统计量：

$$\left(\frac{\mathrm{SS}_{\text{因素A}}}{\sigma^2(r-1)}\right) \Big/ \left(\frac{\mathrm{SS}_{\mathrm{E}}}{\sigma^2 rs(c-1)}\right) = \frac{\mathrm{SS}_{\text{因素A}}/(r-1)}{\mathrm{SS}_{\mathrm{E}}/(rs(c-1))} = \frac{\mathrm{MS}_{\text{因素A}}}{\mathrm{MS}_{\mathrm{E}}} \sim F(r-1,\ rs(c-1))$$

$$\left(\frac{\mathrm{SS}_{\text{因素B}}}{\sigma^2(s-1)}\right) \Big/ \left(\frac{\mathrm{SS}_{\mathrm{E}}}{\sigma^2 rs(c-1)}\right) = \frac{\mathrm{SS}_{\text{因素B}}/(s-1)}{\mathrm{SS}_{\mathrm{E}}/(rs(c-1))} = \frac{\mathrm{MS}_{\text{因素B}}}{\mathrm{MS}_{\mathrm{E}}} \sim F(s-1,\ rs(c-1))$$

$$\left(\frac{\mathrm{SS}_{\text{因素A×B}}}{\sigma^2(r-1)(s-1)}\right) \Big/ \left(\frac{\mathrm{SS}_{\mathrm{E}}}{\sigma^2 rs(c-1)}\right) = \frac{\mathrm{SS}_{\text{因素A×B}}/(r-1)(s-1)}{\mathrm{SS}_{\mathrm{E}}/(rs(c-1))} = \frac{\mathrm{MS}_{\text{因素A×B}}}{\mathrm{MS}_{\mathrm{E}}} \sim F((r-1)(s-1),\ rs(c-1))$$

### 4. 基本步骤

由 $F$ 检验，分别推断处理因素 A 与 B 的单独作用有无统计学意义，以及处理因素 A 与 B 的交互作用有无统计学意义，也就是推断每个处理因素不同水平的总体均值、两个处理因素所有水平交叉分组的总体均值差异有无统计学意义。

建立原假设 $H_{0A}$ 为处理因素 A 不同水平的总体均值全相等；建立备择假设 $H_{1A}$ 为处理因素 A 不同水平的总体均值不全相等，则

$$F_{\text{因素A}} = \frac{SS_{\text{因素A}}/(r-1)}{SS_E/(rs(c-1))} = \frac{MS_{\text{因素A}}}{MS_E} \sim F(r-1, rs(c-1))$$

建立原假设 $H_{0B}$ 为处理因素 B 不同水平的总体均值全相等；建立备择假设 $H_{1B}$ 为处理因素 B 不同水平的总体均值不全相等，则

$$F_{\text{因素B}} = \frac{SS_{\text{因素B}}/(s-1)}{SS_E/(rs(c-1))} = \frac{MS_{\text{因素B}}}{MS_E} \sim F(s-1, rs(c-1))$$

建立原假设 $H_{0A \times B}$ 为处理因素 A 与 B 不同水平交互的总体均值全相等；建立备择假设 $H_{1A \times B}$ 为处理因素 A 与 B 不同水平交互的总体均值不全相等，则

$$F_{\text{因素A} \times \text{B}} = \frac{SS_{\text{因素A} \times \text{B}}/((r-1)(s-1))}{SS_E/(rs(c-1))} = \frac{MS_{\text{因素A} \times \text{B}}}{MS_E} \sim F((r-1)(s-1), rs(c-1))$$

**1）临界值法**

查 $F$ 分布表得临界值 $F_\alpha(r-1, rs(c-1))$。当统计量 $F > F_\alpha(r-1, rs(c-1))$ 时，拒绝原假设 $H_{0A}$；当统计量 $F \leq F_\alpha(r-1, rs(c-1))$ 时，不拒绝原假设 $H_{0A}$。

查 $F$ 分布表得临界值 $F_\alpha(s-1, rs(c-1))$。当统计量 $F > F_\alpha(s-1, rs(c-1))$ 时，拒绝原假设 $H_{0B}$；当统计量 $F \leq F_\alpha(s-1, rs(c-1))$ 时，不拒绝原假设 $H_{0B}$。

查 $F$ 分布表得临界值 $F_\alpha((r-1)(s-1), rs(c-1))$。当统计量 $F > F_\alpha((r-1)(s-1), rs(c-1))$ 时，拒绝原假设 $H_{0A \times B}$；当统计量 $F \leq F_\alpha((r-1)(s-1), rs(c-1))$ 时，不拒绝原假设 $H_{0A \times B}$。

析因设计的方差分析的结果如表 6-25 所示。

**表 6-25　析因设计的方差分析的结果**

| 来　源 | 离差平方和 | df | 均　方 | 统计量 | 临　界　值 |
|---|---|---|---|---|---|
| 处理因素 A | $SS_{\text{因素A}}$ | $r-1$ | $MS_{\text{因素A}}$ | $F_{\text{因素A}}$ | $F_\alpha(r-1, rs(c-1))$ |
| 处理因素 B | $SS_{\text{因素B}}$ | $s-1$ | $MS_{\text{因素B}}$ | $F_{\text{因素B}}$ | $F_\alpha(s-1, rs(c-1))$ |
| 处理因素 A×B | $SS_{\text{因素A} \times \text{B}}$ | $(r-1)(s-1)$ | $MS_{\text{因素A} \times \text{B}}$ | $F_{\text{因素A} \times \text{B}}$ | $F_\alpha((r-1)(s-1), rs(c-1))$ |
| 误差 | $SS_E$ | $rs(c-1)$ | $MS_E$ | | |
| 总和 | $SS_T$ | $rsc-1$ | | | |

**2）P 值法**

默认原假设 $H_{0A}$、$H_{0B}$ 或 $H_{0A \times B}$ 成立，求统计量取值更为极端情形的相伴概率 $P$。当相伴概率 $P < \alpha$ 时，拒绝原假设 $H_{0A}$、$H_{0B}$ 或 $H_{0A \times B}$，说明处理因素 A 不同水平、B 不同水平、A 与 B 不同水平交互的总体均值差异有统计学意义。当相伴概率 $P \geq \alpha$ 时，不拒绝原假设 $H_{0A}$、$H_{0B}$ 或 $H_{0A \times B}$，说明处理因素 A 不同水平、B 不同水平、A 与 B 不同水平交互的总体均值差异无统计学意义。相伴概率 $P$ 越小则说明越有理由认为不同水平的总体均值有差异。如果拒绝原假设，那么认为不同水平的总体均值不全相等，还要通过两两比较找出哪些水平有差异。

如果处理因素为两个以上、水平个数也为两个以上，那么多因素析因设计问题应该在所有水平交叉分组的条件下安排重复相等次数的试验。由全因子模型（或饱和模型）分析每个处理因素的单独作用、处理因素之间的交互作用。如果涉及处理因素的个数非常多，以不同处理因素所有水平交叉分组作为试验条件，试验规模太大，难以严格控制试验条件。

## 【案例实验4】

病情相似的患者使用甲、乙两种药物治疗一段时间以后，观测血胆固醇降低值，每种药物分成"加"和"不加"共两个水平。推断每种药物有无单独作用、药物之间有无交互作用。数据资料如表6-26所示。本例的数据文件是"6析因设计的等重复试验的双因素方差分析.sav"。

表6-26 数据资料

| | | | | | |
|---|---|---|---|---|---|
| 甲药不加、乙药不加 | 0.856 5 | 0.735 2 | 0.935 7 | 1.269 8 | 0.921 7 |
| 甲药不加、乙药加 | 1.153 2 | 0.991 8 | 1.212 1 | 0.985 7 | 0.883 2 |
| 甲药加、乙药不加 | 1.136 5 | 1.102 5 | 1.421 3 | 1.187 6 | 1.156 4 |
| 甲药加、乙药加 | 1.786 2 | 2.012 3 | 2.324 2 | 1.989 2 | 2.001 2 |

【数据文件】

定义检验变量"血胆固醇降低值"，定义分组变量"甲药"和"乙药"，类型均为数值。定义变量值标签"加"=1、"不加"=0。建立数据文件，如图6-25所示。

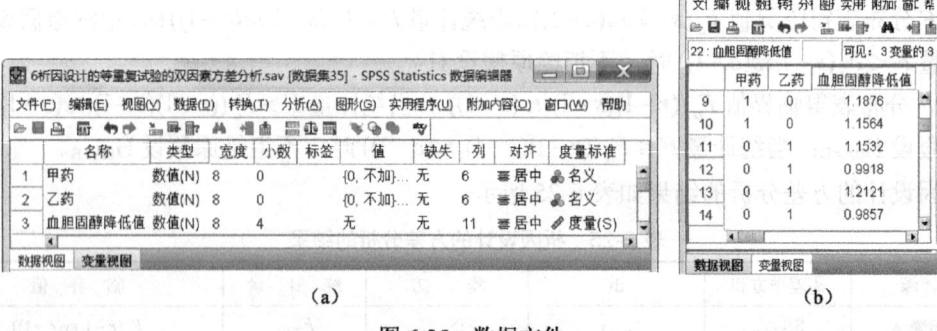

图6-25 数据文件

【菜单选择】

单击"分析"主菜单，再单击"一般线性模型"选项，然后单击"单变量"选项。

【界面设置】

在打开的"单变量"对话框中，将"血胆固醇降低值"选入"因变量"列表框中，将"甲药"和"乙药"选入"固定因子"列表框中，单击"模型"按钮，如图6-26所示。

在打开的"单变量：模型"对话框的"指定模型"区域，默认选择"全因子"选项，单击"继续"按钮，如图6-27所示。

如果在"指定模型"区域选择"设定"选项，当在"构建项"区域的"类型"下拉列表中选择"主效应"选项时，则将"甲药""乙药"选入"模型"列表框中；当在"构建项"区域的"类型"下拉列表中选择"交互"选项时，将"甲药""乙药""乙药*甲药"选入"模型"列表框中，如图6-28所示。

图 6-26 变量选入的设置

图 6-27 "单变量：模型"对话框（一）

图 6-28 "单变量：模型"对话框（二）

以下有两点说明。

说明①：鉴于析因设计不仅要分析处理因素的主效应，还要分析处理因素之间的交互效应，因此可以选择"全因子"模型，自动分析处理因素的交互效应。

例如，假设处理因素有 3 个，分别是为 A，B，C。如果选择全因子模型，那么总的离差平方和分解为 $SS_T = SS_A + SS_B + SS_C + SS_{A \times B} + SS_{A \times C} + SS_{B \times C} + SS_{A \times B \times C} + SS_E$。其中，A×B、A×C、B×C 是一级交互作用，A×B×C 是二级交互作用。

说明②：对于指定部分处理因素的一级或二级以上交互作用，在"设定"模型中由用户手动自定义设置。"主效应"是指验证选入的变量有无单独作用，即讨论不同水平总体均值差异有无统计学意义。"交互"是指验证选入的变量有无交互作用，讨论在一个处理因素的不同水平变化的情形下，当另一个处理因素不同水平变化时的观察指标有无更大差别的变化。

在"单变量"对话框中单击"选项"按钮。在打开的"单变量：选项"对话框中，将"甲药""乙药""甲药*乙药"依次选入"显示均值"列表框中；在"输出"区域，选择"方差齐性检验"选项；单击"继续"按钮，如图 6-29 所示。在"单变量"对话框中单击"绘制"按钮。在打开的"单变量：轮廓图"对话框中，将"乙药"选入"水平轴"列表框中，"甲药"选入"单图"列表框中，单击"添加"按钮；同理，也可以将"甲药"选入"水平轴"列表框中，"乙药"选入"单图"列表框中，单击"添加"按钮，如图 6-30 所示。

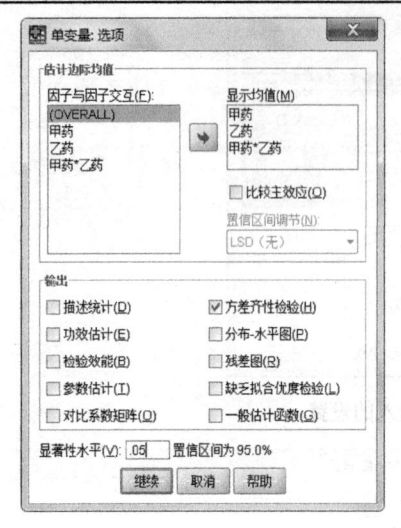

图 6-29　边际均值、方差齐性检验的设置　　　图 6-30　轮廓图的设置

以下有两点说明。

说明①：在本例轮廓图中，把药物甲的两个水平作为横坐标、药物乙的两个水平边际均值作为纵坐标，再把药物乙的两个水平边际均值点连成均值线。既然在"单变量：轮廓图"对话框的"单图"列表框中选入的变量有两个水平，那么均值线共有两条。

说明②：从轮廓图分析，当不同水平均值线或延长线交叉时，说明两个处理因素有交互作用；当均值线平行时，说明两个处理因素无交互作用。对于正向取值的观察指标来说，如果均值线不平行且有增长扩大趋势，那么说明两个处理因素具有协同促进的交互作用。如果均值线不平行且有下降缩小变化趋势，那么说明两个处理因素具有拮抗的交互作用。

【结果分析】

（1）$F$ 检验的结果如表 6-27 所示。

表 6-27　$F$ 检验的结果

| 统 计 量 | df1 | df2 | 显著性水平 |
|---|---|---|---|
| 0.141 | 3 | 16 | 0.934 |

经分析，由 $F$ 检验，相伴概率 $P$ 为 0.934（大于 0.05），说明满足了方差齐性条件。

（2）主效应检验的结果如表 6-28 所示。

表 6-28　主效应检验的结果

| 来　源 | Ⅲ型平方和 | df | 均　方 | 统 计 量 | 显著性水平 |
|---|---|---|---|---|---|
| 截距 | 33.962 | 1 | 33.962 | 1 226.041 | 0.000 |
| 甲药 | 1.905 | 1 | 1.905 | 68.770 | 0.000 |
| 乙药 | 1.065 | 1 | 1.065 | 38.458 | 0.000 |
| 甲药*乙药 | 0.649 | 1 | 0.649 | 23.415 | 0.000 |
| 误差 | 0.443 | 16 | 0.028 | | |
| 总计 | 38.024 | 20 | | | |

经分析，由 $F$ 检验，"甲药"所在行的相伴概率 $P$ 小于 0.001，说明甲药有单独作用；由 $F$

检验,"乙药"所在行的相伴概率 $P$ 小于 0.001,说明乙药有单独作用;由 $F$ 检验,"甲药*乙药"所在行的相伴概率 $P$ 小于 0.001,说明甲药和乙药的交互作用有统计学意义。

由于甲药、乙药只有两个水平,因此不必进行两两比较。

(3) 估算边际均值。

"甲药"、"乙药"、"甲药*乙药"的边际均值分别如表 6-29、表 6-30、表 6-31 所示。

表 6-29 "甲药"的边际均值

| "甲药"水平 | 均 值 | 标准误差 | 均值的95%置信区间 ||
|---|---|---|---|---|
| | | | 下 限 | 上 限 |
| 不加 | 0.994 | 0.053 | 0.883 | 1.106 |
| 加 | 1.612 | 0.053 | 1.500 | 1.723 |

表 6-30 "乙药"的边际均值

| "乙药"水平 | 均 值 | 标准误差 | 均值的95%置信区间 ||
|---|---|---|---|---|
| | | | 下 限 | 上 限 |
| 不加 | 1.072 | 0.053 | 0.961 | 1.184 |
| 加 | 1.534 | 0.053 | 1.422 | 1.645 |

表 6-31 "甲药*乙药"的边际均值

| "甲药"水平 | "乙药"水平 | 均 值 | 标准误差 | 均值的95%置信区间 ||
|---|---|---|---|---|---|
| | | | | 下 限 | 上 限 |
| 不加 | 不加 | 0.944 | 0.074 | 0.786 | 1.102 |
| | 加 | 1.045 | 0.074 | 0.887 | 1.203 |
| 加 | 不加 | 1.201 | 0.074 | 1.043 | 1.359 |
| | 加 | 2.023 | 0.074 | 1.865 | 2.180 |

经分析,甲药加入比不加入的边际均值大,乙药加入比不加入的边际均值大,甲药和乙药都加入时的边际均值大,因此认为两种药物都加入才能更有利于提高疗效。

(4) 轮廓图的运行结果如图 6-31 所示。

图中纵轴为边际均值,横轴为分类轴,横轴放入因素水平,刻度无数值上的比较意义。由图 6-30(a)分析,当甲药不加入改为加入时,乙药加入比不加入的边际均值线有增长扩大趋势,说明甲药和乙药具有协同的交互作用。图 6-30(b)同理解释,不再赘述。

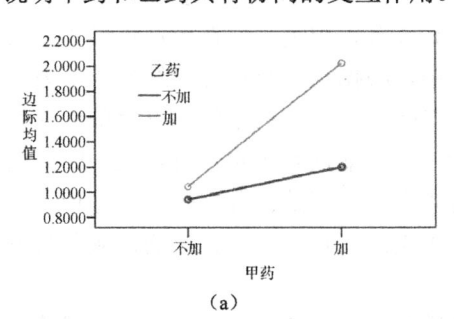

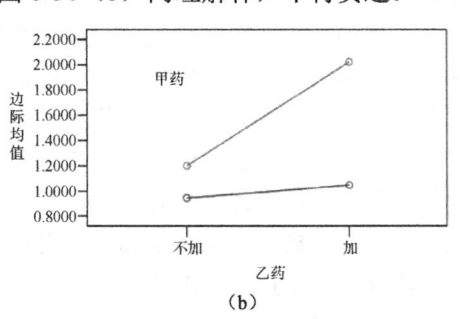

图 6-31 轮廓图的运行结果

## 6.4 协方差分析

### 1. 混杂因素控制的策略

观察指标不仅会受处理因素的影响，也会受非处理因素或混杂因素的影响。例如，为了比较不同种类的药物对于疗效的影响，患者的病情、性别和年龄都可能是混杂因素。又如，为了比较教学方法对于期末成绩的影响，入学成绩可能是混杂因素。如果在制定统计分析结论时忽略了混杂因素的干扰影响，那么就无法准确推断处理因素的作用。因此，研究者希望采取措施排除混杂因素的干扰影响，专注于推断处理因素对观察指标的影响有无作用。

1) 在试验设计阶段混杂因素控制

在完全随机设计试验中，来自同质总体的受试对象有相似特征，按照完全随机分配方式，可以进一步使得混杂因素的干扰影响得以分散。在配对设计或随机区组设计中，需要实现把受试对象按照相似的特征划分区组，利用区组内混杂因素均衡相似的特点控制其产生的干扰影响。在临床研究中，患者会受人口特征、病情、社会等混杂因素的影响。当采用不同方法治疗疾病时，需要事先根据患者性别、年龄组或病情进行分层设计。只有排除了混杂因素的干扰影响以后，不同治疗方法的疗效比较才能更为可靠。

2) 在数据分析阶段混杂因素控制

如果在试验过程中，难以对混杂因素进行有效控制，那么不妨默认混杂因素一直存在，在试验完成以后利用混杂因素与因变量之间的线性依存关系，在数据分析过程中去排除混杂因素的影响。例如，在研究不同培训模式的教学效果是否不同时，入学成绩能体现入学基础差异性，而期末成绩可能受入学成绩和培训模式两个方面的影响；如果在不同培训模式下，期末成绩与入学成绩都有相似的线性依存关系，而且入学成绩和培训模式无关，那么可以将入学成绩对于期终成绩的因果作用提取出来，在数据分析过程中排除入学成绩的影响。

### 2. 混杂因素控制的途径

下面举例分析控制混杂因素的两种途径。例如，为了推断饲料种类是否影响小白鼠喂食以后的体重增量变化，需要验证的小白鼠体重增量与饲料种类可能有关，同时也会受种系、窝别或进食量的影响。

途径①：先将同一种系、窝别的小白鼠完全随机分配以后，安排不同种类的饲料喂食，或者事先把来自相同种系、窝别的小白鼠配成对子或安排区组，每个对子或区组中的小白鼠经过分组以后，分别随机使用不同种类的饲料进行喂食，然后通过单因素方差分析或随机区组设计方差分析，对由多种饲料喂食的小白鼠体重增量总体均值差异进行推断。

途径②：当混杂因素在试验设计阶段未被控制或难以控制，并在数据资料收集以后讨论对观察指标的影响时，可以考虑在统计分析过程中，根据与观察指标的线性依存关系去剔除混杂因素带来的影响。例如，除了受饲料种类的影响以外，小白鼠的体重增量也受其进食量的影响。由于进食量在试验设计过程中未加控制，所以默认其影响一直存在。如果经过验证发现进食量与体重增量有线性依存关系，那么可以等到进行数据分析时，由进食量与体重增量建立线性回归分析模型，从体重增量的总变异中剔除进食量的干扰影响，从而对不同种类饲料引起的体重增量起到修正作用。

协方差分析属于控制协变量对因变量影响的数据分析方法，在许多类型的试验设计数据分析中都可以使用协方差分析，只不过用在完全随机设计数据分析中更为多见。

### 3. 完全随机设计协方差分析的三类变量

（1）因变量是研究者关注的观察指标，一般为数值变量。

（2）处理因素是自变量，一般为分类变量，有两个及以上水平。

（3）协变量是指在试验过程中未加控制的混杂因素，一般为数值变量。协变量可以被客观测量，与自变量相互独立，可以为一个及以上水平。协变量与因变量具有线性依存关系，而且这种线性依存关系的特点在处理因素各水平组间保持一致。

说明：协变量与因变量有时表现为同类事物，如入学成绩与期末成绩、起始体重与后测体重。这时，可以通过方差分析或 $t$ 检验对协变量和因变量的差值进行分析。在多数情况下，协变量和因变量是不同类事物。例如，协变量是进食量，因变量是体重增量，两者性质不同而不能计算差值。这时，可以考虑使用协方差分析。

### 4. 完全随机设计协方差分析的应用条件

条件①：因变量要满足方差分析的基本条件，如正态分布、个体独立、方差齐性等条件。单样本 K-S 检验法用于讨论总体是否服从正态分布，有时由专业经验直接默认总体服从正态分布的假设成立。

条件②：自变量与协变量无关。假设协变量与因变量有线性依存关系，一种做法是，当自变量取不同的水平时，协变量与因变量建立一元线性回归分析模型，由散点图观察相应这些直线之间是否平行；另一种做法是，当自变量取不同的水平时，协变量和因变量建立一元线性回归分析模型，推断理论回归系数相等有无统计学意义，即平行线假定条件的验证。

条件③：自变量与协变量独立性的验证有其他途径。在总的离差平方和的分解算法中，可以事先引入协变量与自变量的交互项，由 $F$ 检验推断自变量与协变量之间有无关系。通过绘制样本散点图来确认自变量与协变量独立性的做法更为常见。

也就是说，因变量是连续变量、自变量有两个以上分组，协变量为数值变量，观测值相互独立、各组内协变量与因变量存在线性关系、各组间协变量与因变量的回归直线平行、各组内因变量的残差近似正态分布、各组内因变量的残差方差齐、各组间因变量的残差方差齐。

### 5. 完全随机设计协方差分析的基本思路

协方差分析常用于基础医学或临床医学的试验设计问题，通过把回归分析和方差分析的思想结合起来，由某种数据分析算法控制试验中混杂因素的影响，在处理因素不同水平情况下专注于推断观察指标总体均值差异有无统计学意义，基本思想是从因变量总离差平方和中扣除协变量对因变量的回归平方和，对残差平方和继续分解以后进行修正的方差分析。

思路①：在处理因素不同水平时，由回归分析讨论混杂因素与观察指标有无线性依存关系、回归直线是否平行，判断混杂因素能否作为协变量。从总离差平方和中将协变量关于因变量（观察指标）的线性依存关系分离出去，即剔除掉由此引起的离差平方和，以消除协变量对于因变量变异产生的干扰影响。

思路②：对总离差平方和中的剩余部分继续分解为处理因素引起的离差平方和和随机误差引起的平方和。由方差分析对经过协变量调整修正以后的处理因素不同水平观察指标总体均值差异进行推断。如果总体均值之间有差异，则还需要进一步的两两比较。

协方差分析同样适用于随机区组设计或析因设计，协变量甚至可以是两个及以上。下面以完全随机设计为例，简述协方差分析的基本思路。

协方差模型表达式为 $x_{ij} = \mu + a_i + \beta z_{ij} + \varepsilon_{ij}$，式中 $x_{ij}$ 为水平 $A_i$ 对试验结果产生的附加影响，是水平 $A_i$ 对观测变量产生的效应，$\beta$ 为回归系数，$z_{ij}$ 为水平 $A_i$ 下第 $j$ 次试验的观测值对应的协变量值，$\varepsilon_{ij}$ 为抽样误差。方差分解、统计量构造等数学算法不再赘述。

协方差分析的结果如表 6-32 所示。

表 6-32　协方差分析的结果

| 来源 | 离差平方和 | df | 均方 | 统计量 | 临界值 |
|---|---|---|---|---|---|
| 协变量 Z | $SS_Z$ | 1 | $MS_Z$ | $F_Z$ | $F_\alpha(1, n-k-1)$ |
| 处理因素 A | $SS_A$ | $k-1$ | $MS_A$ | $F_A$ | $F_\alpha(k-1, n-k-1)$ |
| 误差 | $SS_E$ | $n-k-1$ | $MS_E$ | | |
| 总和 | $SS_T$ | $n-1$ | | | |

（1）建立原假设 $H_{0Z}$ 为协变量与因变量之间的线性依存关系不显著；建立备择假设 $H_{1Z}$ 为协变量与因变量之间的线性依存关系显著。

◇ 临界值法。查 $F$ 分布表得临界值 $F_\alpha(1, n-k-1)$。当统计量 $F > F_\alpha(1, n-k-1)$ 时，拒绝原假设 $H_{0Z}$；当统计量 $F \leq F_\alpha(1, n-k-1)$ 时，不拒绝原假设 $H_{0Z}$。

◇ $P$ 值法。求统计量取值更为极端情形的相伴概率 $P$。当相伴概率 $P < \alpha$ 时，拒绝原假设 $H_{0Z}$，说明协变量与因变量之间的线性依存关系有统计学意义。当相伴概率 $P \geq \alpha$ 时，不拒绝原假设 $H_{0Z}$，说明协变量与因变量之间的线性依存关系无统计学意义。

（2）建立原假设 $H_{0A}$ 为经过协变量修正的处理因素不同水平总体均值全相等；建立备择假设 $H_{1A}$ 为经过协变量修正的处理因素不同水平总体均值不全相等。

◇ 临界值法。查 $F$ 分布表得临界值 $F_\alpha(k-1, n-k-1)$。当统计量 $F > F_\alpha(k-1, n-k-1)$ 时，拒绝原假设 $H_{0A}$；当统计量 $F \leq F_\alpha(k-1, n-k-1)$ 时，不拒绝原假设 $H_{0A}$。

◇ $P$ 值法。求统计量取值更为极端情形的相伴概率 $P$。当相伴概率 $P < \alpha$ 时，拒绝原假设 $H_{0A}$，说明经过协变量修正的处理因素不同水平总体均值差异有统计学意义；当相伴概率 $P \geq \alpha$ 时，不拒绝原假设 $H_{0A}$，说明经过协变量修正的处理因素不同水平总体均值差异无统计学意义。

**6. 案例演示**

把种系相同的小白鼠随机分成 3 组，分别安排 3 种饲料进行喂食，推断饲料的不同种类对于体重增量有无影响。体重增量是因变量，饲料种类是处理因素或自变量（有 3 个水平）。假设在试验中未控制进食量，验证饲料种类是否为协变量并决定是否使用协方差分析。

条件①：独立观测喂食不同种类饲料后测量的体重（简称后测体重），且后测体重增量服从正态分布、满足方差齐性条件。

条件②：在不同种类饲料的分组中，初始体重与后测体重之间有线性依存关系。

条件③：初始体重不会受到饲料种类的影响。在不同种类饲料的分组中，由进食量与后测体重的散点图观察拟合直线特点，比较不同水平的直线是否平行。

当满足以上条件时，不妨利用初始体重与后测体重的线性依存关系，排除初始体重对于后测体重干扰的部分影响，由完全随机设计的协方差分析对经过修正的、不同饲料喂食以后的后测体重增量总体均值差异进行推断，最终确定饲料种类对于体重增量变化有无作用。

【学习目标】理解协方差分析的理论方法，掌握操作流程并阐述结论。

## 【案例实验 5】

将生活环境相似、初始体重（单位：kg）不同的肥胖者随机分组，分别由减肥方案 A、减肥方案 B、减肥方案 C 对肥胖者持续干预一段时间以后获得后测体重（单位：kg）。第一种思路：推断不同减肥方案的体重控制效果差异有无统计学意义。第二种思路：求得后测体重与初始体重的差值，推断不同减肥方案情况下体重改变量的差异有无统计学意义。数据资料如表 6-33 所示。本例的数据文件是"6 协方差分析（减肥方案体重）.sav"。

表 6-33 数据资料

| 减肥方案 A | | 减肥方案 B | | 减肥方案 C | |
|---|---|---|---|---|---|
| 初始体重 | 后测体重 | 初始体重 | 后测体重 | 初始体重 | 后测体重 |
| 85 | 70 | 97 | 77 | 89 | 82 |
| 83 | 68 | 90 | 76 | 91 | 84 |
| 75 | 65 | 100 | 78 | 83 | 80 |
| 76 | 67 | 95 | 78 | 95 | 83 |
| 80 | 67 | 103 | 81 | 100 | 85 |
| 91 | 71 | 106 | 82 | 102 | 87 |
| 84 | 69 | 99 | 79 | 105 | 90 |
| 90 | 72 | 94 | 78 | 110 | 92 |

第一种思路：由协方差分析，推断不同减肥方案的体重控制效果差异有无统计学意义。

【数据文件】

定义检验变量"后测体重"，协变量"初始体重"，分组变量"减肥方案"，类型均为数值。定义值标签"模式 A"=1、"模式 B"=2、"模式 C"=3。建立数据文件，如图 6-32 所示。

(a)

(b)

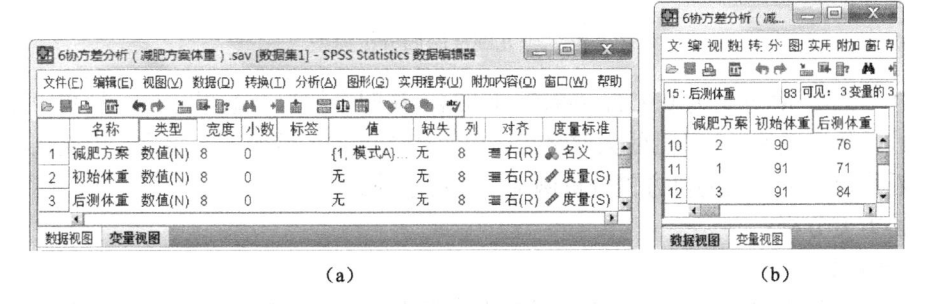

图 6-32 数据文件

(1) 线性趋势判断。

【菜单选择】

单击"图形"主菜单，再单击"旧对话框"选项，然后单击"散点/点状"选项。

【界面设置】

在打开的"散点图/点图"对话框中单击"简单分布"图标，再单击"定义"按钮，如图 6-33 所示。在打开的"简单散点图"对话框中，将"初始体重"选入"X 轴"列表框中，将"后测体重"选入"Y 轴"列表框中。将"减肥方案"选入"面板依据"区域的"行"列表框中，单击"确定"按钮,如图 6-34 所示。双击生成的散点图后,打开"图表编辑器"对话框,右击工作区,在弹出的快捷菜单中单击"添加总计拟合线"选项,如图 6-35 所示。

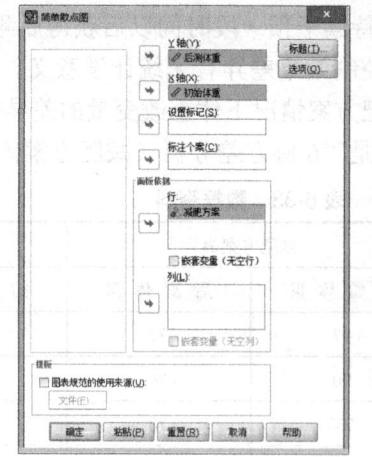

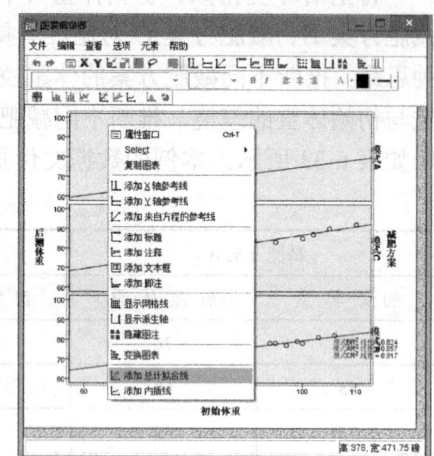

图 6-33 "散点图/点图"对话框　　图 6-34 "简单散点图"对话框　　图 6-35 "图表编辑器"对话框

3 种减肥方案的初始体重与后测体重建立一元线性回归分析模型,如图 6-36 所示。

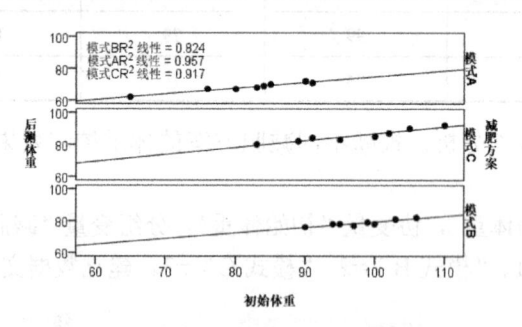

图 6-36 一元线性回归分析模型

求得决定系数 $R^2$ 分别为 0.957,0.917,0.824,说明直线拟合效果还行,且初始体重与后测体重有线性依存关系。3 条直线大致平行,说明初始体重和减肥方案独立。由此认为,初始体重可以看作协变量,认为协方差分析满足了使用条件。

(2) 协方差分析。

【菜单选择】

单击"分析"主菜单,再单击"一般线性模型"选项,然后单击"单变量"选项。在软件中,协方差分析与其它多因素方差分析的操作方法类似。

【界面设置】

在打开的"单变量"对话框中,将"后测体重"选入"因变量"列表框中,将"减肥方案"选入"固定因子"列表框中,将"初始体重"选入"协变量"列表框中,单击"选项"按钮,如图 6-37 所示。

在打开的"单变量:选项"对话框中,将"减肥方案"选入"显示均值"列表框中,选择"比较主效应"选项,在"置信区间调节"下拉列表中选择"LSD"选项,在"输出"区域,选择"描述统计"和"方差齐性检验"选项,单击"继续"按钮,如图 6-38 所示。

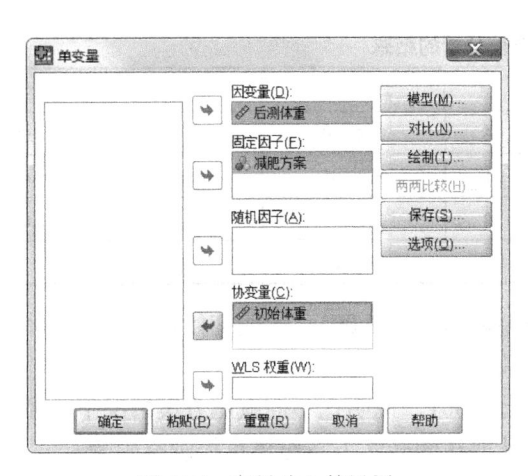

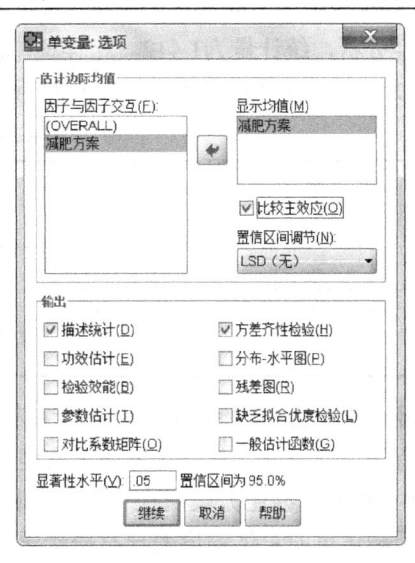

图 6-37 变量选入的设置　　　　　图 6-38 "单变量：选项"对话框

说明："两两比较"模块除外，在"选项"模块中也附带了基于 LSD 法的两两比较功能。

在"单变量"对话框中，单击"模型"按钮。在打开的"单变量：模型"对话框的"指定模型"区域，默认选择"全因子"选项；如果改选"设定"选项，那么在"构建项"区域的"类型"下拉列表中选择"主效应"选项，并将"减肥方案""初始体重"选入"模型"列表框中。既然将"初始体重"看作协变量，在"构建项"区域的"类型"下拉列表中选择"交互"选项时，不应该把协变量与自变量的交互项"减肥方案*初始体重"选入"模型"列表框中，如图 6-39 所示。

图 6-39 模型的设置

【结果分析】

（1）方差齐性检验的结果如表 6-34 所示。

表 6-34 方差齐性检验的结果

| 统 计 量 | df1 | df2 | 显著性水平 |
| --- | --- | --- | --- |
| 1.412 | 2 | 21 | 0.266 |

经分析，统计量为1.412，相伴概率$P$为0.266（大于0.05），认为满足了方差齐性条件。

（2）协方差分析的结果如表6-35所示。

表6-35　协方差分析的结果

| 来源 | III型平方和 | df | 均方 | 统计量 | 显著性水平 |
|---|---|---|---|---|---|
| 截距 | 244.430 | 1 | 244.430 | 256.689 | 0.000 |
| 初始体重 | 192.205 | 1 | 192.205 | 201.844 | 0.000 |
| 减肥方案 | 371.271 | 2 | 185.636 | 194.945 | 0.000 |
| 误差 | 19.045 | 20 | 0.952 | | |

经分析，由$F$检验，初始体重所在行的相伴概率$P$小于0.001，说明初始体重对后测体重的影响有统计学意义，从而认为两者有线性依存关系。

由$F$检验，减肥方案所在行的相伴概率$P$小于0.001，说明在不同减肥方案情况下，经过修正的后测体重的总体均值差异有统计学意义，从而认为减肥方案对体重控制有影响。

（3）两两比较的结果如表6-36所示。

表6-36　两两比较的结果

| （I）减肥方案 | （J）减肥方案 | 均值差 | 显著性水平 | 均值差的95%置信区间 | |
|---|---|---|---|---|---|
| | | | | 下限 | 上限 |
| 减肥方案A | 减肥方案B | -3.973 | 0.000 | -5.359 | -2.588 |
| | 减肥方案C | -11.166 | 0.000 | -12.508 | -9.824 |
| 减肥方案B | 减肥方案A | 3.973 | 0.000 | 2.588 | 5.359 |
| | 减肥方案C | -7.193 | 0.000 | -8.213 | -6.173 |
| 减肥方案C | 减肥方案A | 11.166 | 0.000 | 9.824 | 12.508 |
| | 减肥方案B | 7.193 | 0.000 | 6.173 | 8.213 |

经分析，3种减肥方案两两比较时的相伴概率$P$小于0.001，说明在3种减肥方案下，经过修正的后测体重总体均值两两差异有统计学意义，从而认为体重控制效果都不同。

（4）修正的后测体重分析的结果如表6-37所示。

表6-37　修正的后测体重分析的结果

| 减肥方案 | 均值 | 标准误差 | 均值的95%置信区间 | |
|---|---|---|---|---|
| | | | 下限 | 上限 |
| 减肥方案A | 72.370 | 0.451 | 71.430 | 73.310 |
| 减肥方案B | 76.343 | 0.381 | 75.549 | 77.137 |
| 减肥方案C | 83.537 | 0.368 | 82.768 | 84.305 |

经比较，对于体重控制来说，减肥方案A最好、减肥方案B次之、减肥方案C最差。

协方差分析的另一种条件验证方法是推断初始体重和减肥方案有无交互作用。

在"模型"中设置交互项"减肥方案*初始体重"，经验证其无统计学意义时，将初始体重看作协变量。

对追加的初始体重和减肥方案之间交互作用进行验证，如图6-40和表6-38所示。

图 6-40 初始体重和减肥方案之间交互作用验证的设置

表 6-38 初始体重和减肥方案之间交互作用验证的结果

| 来源 | III型平方和 | df | 均方 | 统计量 | 显著性水平 |
|---|---|---|---|---|---|
| 截距 | 191.452 | 1 | 191.452 | 197.510 | 0.000 |
| 减肥方案 | 0.984 | 2 | 0.492 | 0.508 | 0.610 |
| 初始体重 | 143.026 | 1 | 143.026 | 147.551 | 0.000 |
| 减肥方案*初始体重 | 1.597 | 2 | 0.798 | 0.824 | 0.455 |
| 误差 | 17.448 | 18 | 0.969 | | |

经分析，由 $F$ 检验，"减肥方案*初始体重"所在行的相伴概率 $P$ 为 0.455（大于 0.05），认为初始体重和减肥方案的交互项无统计学意义，说明可以将初始体重看作协变量。

第二种思路：求得后测体重与初始体重的差值，将体重改变量看作观察指标，推断不同减肥方案情况下体重改变量的差异有无统计学意义。

（1）单因素方差分析的结果如表 6-39 所示。

表 6-39 单因素方差分析的结果

| 来源 | 离差平方和 | df | 均方 | 统计量 | 显著性水平 |
|---|---|---|---|---|---|
| 组间 | 254.083 | 2 | 127.042 | 7.215 | 0.004 |
| 组内 | 369.750 | 21 | 17.607 | | |
| 总数 | 623.833 | 23 | | | |

经分析，由 $F$ 检验，统计量为 7.215，相伴概率 $P$ 为 0.004（小于 0.05），说明在 3 种减肥方案情况下，体重改变量的总体均值差异有统计学意义。

（2）两两比较的结果如表 6-40 所示。

经分析，减肥方案 B 和减肥方案 C 所在行的相伴概率 $P$ 为 0.003（小于 0.05），说明减肥方案 B 与减肥方案 C 的体重改变量的总体均值差异有统计学意义。减肥方案 A 和减肥方案 B 所在行的相伴概率 $P$ 为 0.066（大于 0.05），减肥方案 A 和减肥方案 C 所在行的相伴概率 $P$ 为 0.374（大于 0.05），说明减肥方案 A 和减肥方案 B、减肥方案 A 和减肥方案 C 的体重改变量的总体均值差异无统计学意义。

表 6-40　两两比较的结果

| （I）体重差值 | （J）体重差值 | 均　值　差 | 显著性水平 | 均值差的95%置信区间 | |
|---|---|---|---|---|---|
| | | | | 下　限 | 上　限 |
| 减肥方案 A | 减肥方案 B | 5.000 00 | 0.066 | −0.288 3 | 10.288 3 |
| | 减肥方案 C | −2.875 00 | 0.374 | −8.163 3 | 2.413 3 |
| 减肥方案 B | 减肥方案 A | −5.000 00 | 0.066 | −10.288 3 | 0.288 3 |
| | 减肥方案 C | −7.875 00 | 0.003 | −13.163 3 | −2.586 7 |
| 减肥方案 C | 减肥方案 A | 2.875 00 | 0.374 | −2.413 3 | 8.163 3 |
| | 减肥方案 B | 7.875 00 | 0.003 | 2.586 7 | 13.163 3 |

## 6.5　重复测量设计的方差分析

### 1. 提出背景

重复测量设计的基本思路是指定处理因素的不同水平作为分组条件，每个受试对象分别在多个位置点上（不一定是时间，也有可能是空间、姿态、形态）采集样本观测数据。处理因素可以施加干预措施并将研究对象随机化分组。重复测量设计利用了相同个体在不同位置点的相关性特点，所以即便对于小样本数据资料来说，其统计分析结论的可靠性和稳定性也往往不错。按照重复测量设计获得观察指标数据在不同研究对象间是相互独立的，但是同一研究对象不同位置点的测量数据存在相关性，位置越相邻的数据之间相关程度越大。

例如，安排动物参与试验，经过随机分组以后分别对其注射两种药物，对两种药物浓度随时间延续的发展变化特点进行比较。同一只动物在不同时间点上体内药物的浓度有相关性，动物的个数一般不必纳入太多，即样本量不用太大。采用重复测量设计安排试验，将收集的观测数据纳入适合的多因变量方差分析进行处理。

### 2. 重复测量设计的数据结构

假设数据采集点为 $n$ 个，每个对象分别从 $n$ 个采集点获得 $n$ 次数据。将受试对象作为行、采集点作为列来整理已收集的资料，形成类似交叉表的数据结构，如表 6-41、表 6-42 所示。

表 6-41　单因素单个水平的数据结构

| 编号 | 时点 1 | 时点 2 | ⋯ | 时点 $n$ |
|---|---|---|---|---|
| 1 | $x_{1,1}$ | $x_{1,2}$ | ⋯ | $x_{1,n}$ |
| 2 | $x_{2,1}$ | $x_{2,2}$ | ⋯ | $x_{2,n}$ |
| ⋯ | ⋯ | ⋯ | ⋯ | ⋯ |
| $m$ | $x_{m,1}$ | $x_{m,2}$ | ⋯ | $x_{m,n}$ |

表 6-42　单因素多个水平的数据结构

| 水平 | 编号 | 时点 1 | 时点 2 | ⋯ | 时点 $n$ |
|---|---|---|---|---|---|
| 1 | 1 | $x_{1,1,1}$ | $x_{1,1,2}$ | ⋯ | $x_{1,1,n}$ |
| 1 | 2 | $x_{1,2,1}$ | $x_{1,2,2}$ | ⋯ | $x_{1,2,n}$ |
| ⋯ | ⋯ | ⋯ | ⋯ | ⋯ | ⋯ |
| 1 | $m_1$ | $x_{1,m1,1}$ | $x_{1,m1,2}$ | ⋯ | $x_{1,m1,n}$ |
| 2 | 1 | $x_{2,1,1}$ | $x_{2,1,2}$ | ⋯ | $x_{2,1,n}$ |
| 2 | 2 | $x_{2,2,1}$ | $x_{2,2,2}$ | ⋯ | $x_{2,2,n}$ |
| ⋯ | ⋯ | ⋯ | ⋯ | ⋯ | ⋯ |
| 2 | $m_2$ | $x_{2,m2,1}$ | $x_{2,m2,2}$ | ⋯ | $x_{2,m2,n}$ |

（1）如表 6-41 所示，在以单因素单个水平分组的试验条件下，受试对象共有 $m$ 个。将每个受试对象在不同采集点上收集的试验数据用于推断不同采集点的总体均值差异。

（2）如表 6-42 所示，在以单因素多个水平分组的试验条件下，每个水平分组的受试对象个数分别为 $m_1$、$m_2$。当获得每个受试对象在不同采集点的数据以后，可以推断处理因素不同水平的总体均值差异，以及处理因素与采集点有无交互作用。

### 3. 重复测量设计的方差分析

对于重复测量设计，个体在不同采集点上重复获取的数据之间存在相关性，从而不能满足单因素方差分析的独立性条件的要求；受试对象并不被完全随机地分配到不同水平的处理组，既不是按照区组对相似特征对象安排试验条件，也不是在两个因素不同水平的交叉分组情况下安排重复相等次数的试验。因此，重复测量设计与以往的试验设计不同。

在重复测量设计中，在从不同采集点获得数据以后，根据数据结构形式和统计分析目的，引入多个因变量的方差分析，把因变量总的离差平方和分解为不同采集点的离差平方和、处理因素的离差平方和、采集点与处理因素交互作用的离差平方和、其他随机因素引起的误差的离差平方和。重复测量设计用于推断处理因素有无作用、采集点有无作用，以及处理因素与采集点有无交互作用，也就是推断处理因素不同水平的总体均值差异有无统计学意义，不同采集点的总体均值差异有无统计学意义。重复测量设计可以分成以下两种情形。

（1）单个水平分组重复测量资料的总的离差平方和分解形式如下
$$SS_T = SS_{采集点间} + SS_{受试者间} + SS_{受试者内} + SS_E$$

（2）多个水平分组重复测量资料的总的离差平方和分解形式如下
$$SS_T = SS_{处理} + SS_{采集点间} + SS_{处理×采集点} + SS_{受试者间} + SS_{受试者内} + SS_E$$

### 4. 应用条件

重复测量设计要求按照数据采集点的个数定义多个因变量，且定义的因变量个数等于采集点个数。受试对象之间相互独立。方差-协方差矩阵满足多元正态分布、多元方差齐性条件，就此举例说明，对高血压和非高血压两组群体在多个时间点重复测量，观察指标选用收缩压，非高血压患者收缩压往往变化不大，高血压群体的收缩压往往变化较大，于是造成两组人群的方差-协方差矩阵不满足多元方差齐性条件。

通过单样本 K-S 检验法讨论总体是否服从正态分布。当样本量小时，有些研究者由专业经验默认总体服从正态分布的假设成立。方差齐性条件的验证通常附列在必要模块中。

此外，重复测量设计要求协方差矩阵满足球形假定条件，即矩阵主对角线元素（方差）相等、次对角线元素（协方差）为零。当球形检验通过时，直接看主体内效应检验即可，否则需要看多变量检验结果。所谓主体内是指重复测量的各个时间点是用各个时间点进行分组的方差分析表。如果协方差矩阵不满足球形假设，则要做自由度校正，常用 Greenhouse-Geisser 法、Huynh-Feldt 法等。

### 5. 重复测量设计、完全随机设计、随机区组设计的区别

（1）重复测量设计的思路如上所述。每个受试对象从每个时点或部位上采集数据，所有受试对象从不同采集点获得的数据个数相等，每个受试对象在不同采集点之间有相关性，不同受试对象之间彼此无关。重复测量设计不允许有缺失数据，否则相应受试对象在不同采集点上的数据都不能被使用。对于抽样资料，要使用多因变量方差分析比较处理因素不同水平的

总体均值差异、不同采集点的总体均值差异，并讨论采集点和处理因素之间有无交互作用。

（2）完全随机设计是指将特征相似的受试对象按照不同水平随机分组以后安排试验。每次试验都是相互独立的。在不同水平分组中安排的试验次数，以及采集的数据个数不必相等。对于此类试验数据，要使用单因变量单因素方差分析比较不同水平的总体均值差异。

（3）随机区组设计是按照区组安排受试对象的，每个区组中受试对象的特征或性质相似，区组内混杂因素的影响均衡。每个区组的受试对象被随机分配到不同水平的处理组，每个区组的受试对象个数等于处理因素的水平个数，每个水平的受试对象个数等于区组个数。随机区组设计不允许有缺失数据，否则所在区组的数据都不能被使用。对于随机区组设计，采用单因变量两个因素方差分析比较因素不同水平的总体均值差异，但是不能讨论因素和区组之间的交互作用。

【学习目标】理解重复测量设计的方差分析理论方法，掌握操作流程并阐述结论。

## 【案例实验 6】

身体特征和病情相似的患者分别使用 A 药和 B 药两种药物治疗后，抽取血样并且放置 0 分钟、45 分钟、90 分钟和 135 分钟，测量其血糖浓度（单位：mmol/L）。推断药物种类、放置时间的单独作用或交互作用对血糖浓度有无影响。数据资料如表 6-43 所示。

本例的数据文件是"6 重复测量方差分析（血糖浓度）.sav"。

表 6-43 数据资料

| 组 别 | | A | A | A | A | B | B | B | B |
| --- | --- | --- | --- | --- | --- | --- | --- | --- | --- |
| 放置时间 | 0 分钟 | 5.32 | 5.32 | 5.94 | 5.49 | 5.71 | 6.27 | 5.88 | 5.32 |
| | 45 分钟 | 5.32 | 5.26 | 5.88 | 5.43 | 5.49 | 6.27 | 5.77 | 5.15 |
| | 90 分钟 | 4.98 | 4.93 | 5.43 | 5.32 | 5.43 | 5.66 | 5.43 | 5.04 |
| | 135 分钟 | 4.65 | 4.7 | 5.04 | 5.04 | 4.93 | 5.26 | 4.93 | 4.48 |

【数据文件】

定义检验变量"放置时间 1""放置时间 2""放置时间 3""放置时间 4"，定义分组变量"组别"，类型均为数值。定义变量名标签分别是"0 分钟""45 分钟""90 分钟""135 分钟"，"A 药"=1、"B 药"=2。建立数据文件，如图 6-41 所示。

(a)　　　　　　　　(b)

图 6-41　数据文件

【菜单选择】

单击"分析"主菜单,再单击"一般线性模型"选项,然后单击"重复度量"选项。

【界面设置】

在打开的"重复度量定义因子"对话框的"被试内因子名称"文本框中输入"放置时间",在"级别数"文本框中输入"4",单击"添加"按钮;在"度量名称"文本框中输入"血糖浓度",单击"添加"按钮,再单击"定义"按钮,如图 6-42 所示。在打开的"重复度量"对话框中,依次将"放置时间1""放置时间2""放置时间3""放置时间4"选入"群体内部变量"列表框中,将"组别"选入"因子列表"列表框中,单击"模型"按钮,如图 6-43 所示。

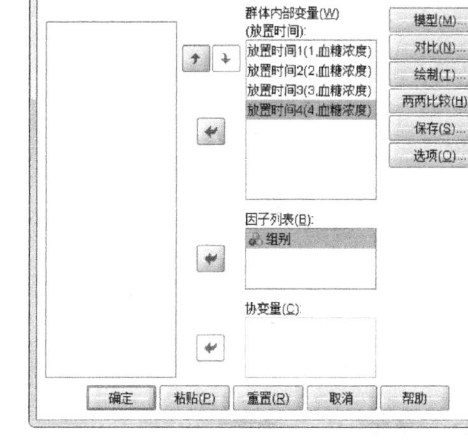

图 6-42 "重复度量定义因子"对话框

图 6-43 "重复度量"对话框

在打开的"重复变量:模型"对话框的"指定模型"区域,默认"全因子"选项,单击"继续"按钮;当分析"组别"和"放置时间"交互作用时,选择"设定"选项,将"组别"选入"群体间模型"列表框中、"放置时间"选入"群体内模型"列表框中,如图 6-44 所示。

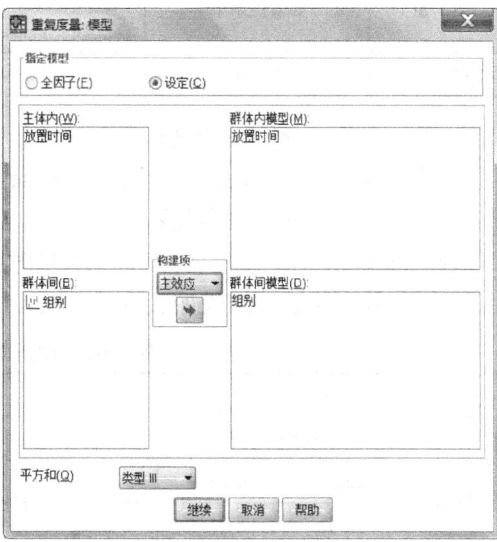

图 6-44 模型的设置

在"重复度量"对话框中,单击"绘制"按钮。在打开的"重复度量:轮廓图"对话框中,将"组别"选入"单图"列表框中,"放置时间"选入"水平轴"列表框中,单击"添加"和"继续"按钮,如图 6-45 所示。在"重复度量"对话框中,单击"选项"按钮。在打开的"多变量:选项"对话框中,将"组别"和"放置时间"选入"显示均值"列表框中,在"输出"区域,选择"方差齐性检验"选项,单击"继续"按钮,如图 6-46 所示。

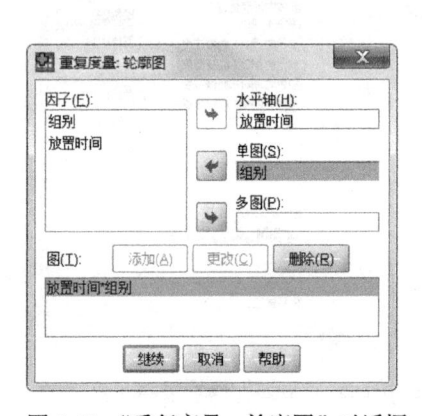

图 6-45 "重复变量:轮廓图"对话框

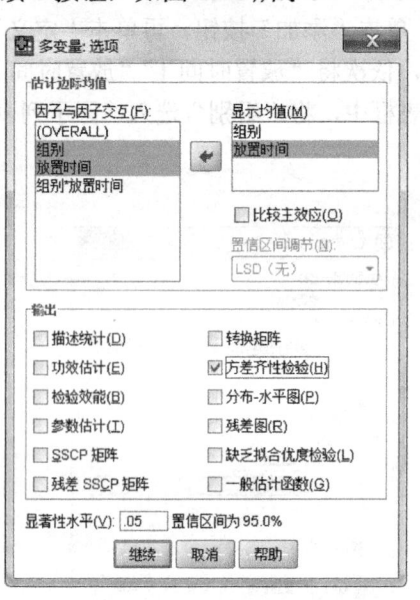

图 6-46 "多变量:选项"对话框

【结果分析】

(1) Mauchly 球形度检验的结果如表 6-44 所示。

表 6-44 Mauchly 球形度检验的结果

| 统 计 量 | 显著性水平 | ε | | |
|---|---|---|---|---|
| | | Greenhouse-Geisser 法 | Huynh-Feldt 法 | 下 限 |
| 15.691 | 0.009 | 0.409 | 0.546 | 0.333 |

经分析,由 Mauchly 球形度检验,统计量为 15.691,相伴概率 $P$ 为 0.009(小于 0.05),说明不满足球对称检验的条件,由 Greenhouse-Geisser 法进行自由度校正。

一般地,epsilon(即 $\varepsilon$)大小关系分析如下:当 $\varepsilon=1$ 时说明完美满足球形假设;当 $\varepsilon<0.75$ 时使用 Greenhouse-Geisser 法校正;当 $\varepsilon>0.75$ 时使用 Huynh-Feldt 法校正。

(2) 组内效应检验的结果如表 6-45 所示。

表 6-45 组内效应检验的结果

| 来 源 | | Ⅲ型平方和 | df | 均 方 | 统 计 量 | 显著性水平 | $\eta_p^2$ |
|---|---|---|---|---|---|---|---|
| 放置时间 | 采用的球形度 | 2.960 | 3 | 0.987 | 88.544 | 0.000 | 0.937 |
| | Greenhouse-Geisser 法 | 2.960 | 1.228 | 2.411 | 88.544 | 0.000 | 0.937 |
| | Huynh-Feldt 法 | 2.960 | 1.639 | 1.806 | 88.544 | 0.000 | 0.937 |
| | 下限 | 2.960 | 1.000 | 2.960 | 88.544 | 0.000 | 0.937 |

续表

| 来源 | | III型平方和 | df | 均方 | 统计量 | 显著性水平 | $\eta_P^2$ |
|---|---|---|---|---|---|---|---|
| 放置时间*组别 | 采用的球形度 | 0.061 | 3 | 0.020 | 1.832 | 0.178 | 0.234 |
| | Greenhouse-Geisser法 | 0.061 | 1.228 | 0.050 | 1.832 | 0.221 | 0.234 |
| | Huynh-Feldt法 | 0.061 | 1.639 | 0.037 | 1.832 | 0.211 | 0.234 |
| | 下限 | 0.061 | 1.000 | 0.061 | 1.832 | 0.225 | 0.234 |

经分析，由Greenhouse-Geisser法校正以后，"放置时间"的"Greenhouse-Geisser法"所在行的相伴概率$P$小于0.001，说明不同放置时间对于血糖浓度影响有统计学意义。

"放置时间*组别"的"Greenhouse-Geisser法"所在行的相伴概率$P$为0.221（大于0.05），说明放置时间与组别之间的交互作用对于血糖浓度的影响无统计学意义。

（3）方差齐性检验的结果如表6-46所示。

表6-46 方差齐性检验的结果

| 放置时间 | 统计量 | df1 | df2 | 显著性水平 |
|---|---|---|---|---|
| 0分钟 | 0.246 | 1 | 6 | 0.638 |
| 45分钟 | 1.014 | 1 | 6 | 0.353 |
| 90分钟 | 0.176 | 1 | 6 | 0.689 |
| 135分钟 | 0.068 | 1 | 6 | 0.802 |

经分析，4个时点变量是0分钟、45分钟、90分钟、135分钟，分别在每个时点变量情况下，检验两种药物总体的方差齐性。由$F$检验，相伴概率$P$分别是0.638，0.353，0.689，0.802，都大于0.05。因此，在不同的放置时间，两种药物血糖浓度的总体都满足了方差齐性条件。

（4）组间效应检验的结果如表6-47所示。

表6-47 组间效应检验的结果

| 来源 | III型平方和 | df | 均方 | 统计量 | 显著性水平 | $\eta_P^2$ |
|---|---|---|---|---|---|---|
| 截距 | 914.530 | 1 | 914.530 | 2 432.212 | 0.000 | 0.998 |
| 组别 | 0.276 | 1 | 0.276 | 0.733 | 0.425 | 0.109 |
| 误差 | 2.256 | 6 | 0.376 | | | |

经分析，由$F$检验，统计量为0.733，相伴概率$P$为0.425（大于0.05），说明两种药物的血糖浓度总体均值差异无统计学意义，认为药物种类对于血糖浓度没有影响。

（5）轮廓图分析。

图中横轴为放置时间、纵轴为边际均值。"放置时间"作为横坐标、"药物边际均值"作为纵坐标，不同边际均值的散点连成均值线，边际均值的比较如图6-47所示。

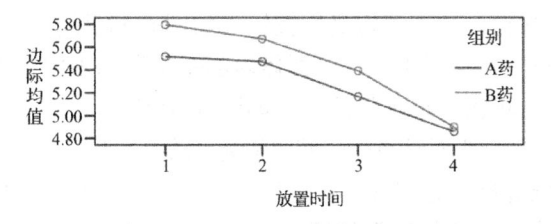

图6-47 边际均值的比较

经分析，两种药物的血糖浓度边际均值随着放置时间延续有下降趋势。服用 B 药后比服用 A 药后的血糖浓度下降更快，两种药物的边际均值随着时间延续而缩小差异。

## 【案例实验 7】

研究两种固定设备对于脊柱前屈活动的影响，以 12 个脊柱骨标本作为受试对象，将其随机分配到固定设备 A 组和固定设备 B 组，分别在正常、损伤、固定和疲劳共 4 个状态下测量最大前屈度，推断固定设备种类的单独作用、状态的单独作用和两者之间的交互作用。数据资料如表 6-48 所示。本例的数据文件是"6 重复测量设计方差分析（脊柱损伤）.sav"。

表 6-48 数据资料

| 固定设备 | | A | A | A | A | A | A | B | B | B | B | B | B |
|---|---|---|---|---|---|---|---|---|---|---|---|---|---|
| 最大前屈度 | 正常 | 5.81 | 6.32 | 7.08 | 7.72 | 8.2 | 6 | 8.22 | 5.05 | 9.44 | 5.61 | 6.58 | 8.4 |
| | 损伤 | 13.53 | 13.39 | 16.03 | 17.8 | 11.35 | 10.86 | 22.04 | 15.9 | 17.21 | 10.32 | 15.64 | 19.79 |
| | 固定 | 2.54 | 1.72 | 10.41 | 4.82 | 2.35 | 2.73 | 4.03 | 1.88 | 2.54 | 0.89 | 3.05 | 3.27 |
| | 疲劳 | 5.75 | 1.5 | 1.95 | 5 | 6.32 | 2.92 | 1.98 | 3.76 | 1.24 | 1.31 | 2.72 | 5.15 |

【数据文件】

定义 4 个采集点的检验变量"正常""损伤""固定""疲劳"，类型均为数值。定义分组变量"固定设备"，类型为数值型。定义变量值标签"固定设备 A"=1、"固定设备 B"=2。建立数据文件，如图 6-48 所示。

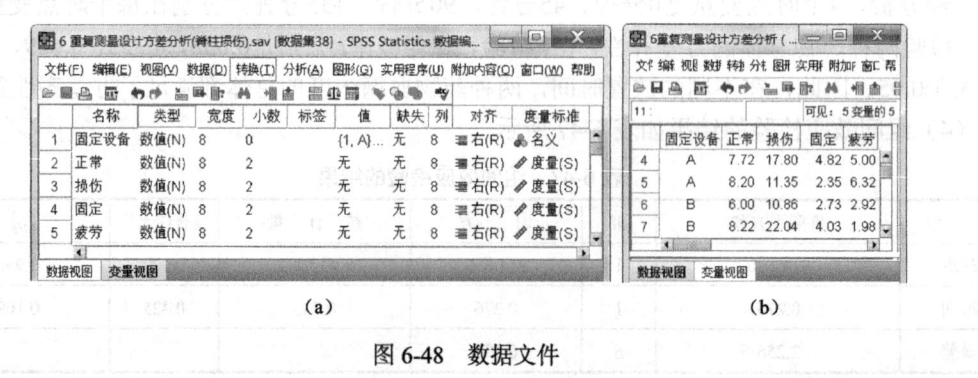

(a)

(b)

图 6-48 数据文件

【菜单选择】

单击"分析"主菜单，再单击"一般线性模型"选项，然后单击"重复度量"选项。

【界面设置】

在打开的"重复度量定义因子"对话框的"被试内因子名称"文本框中输入"不同状态"，在"级别数"文本框中输入"4"，单击"添加"按钮；在"度量名称"文本框中输入"最大前屈度"，单击"添加"按钮，单击"定义"按钮，如图 6-49 所示。

在打开的"重复度量"对话框中，在"群体内部变量"列表中选入变量，在"因子列表"列表中选入"固定设备"，单击"选项"按钮，如图 6-50 所示。

在打开的"多变量：选项"对话框中，将"固定设备""不同状态"依次选入"显示均值"列表框，在"输出"区域选择"方差齐性检验"选项，单击"继续"按钮，如图 6-51 所示。

在"重复度量"对话框中单击"绘制"按钮。在打开的"重复度量：轮廓图"对话框中，将

"固定设备"选入"单图"列表中,将"不同状态"选入"水平轴"列表中,依次单击"添加"和"继续"按钮,如图 6-52 所示。

图 6-49 定义因子

图 6-50 变量选入

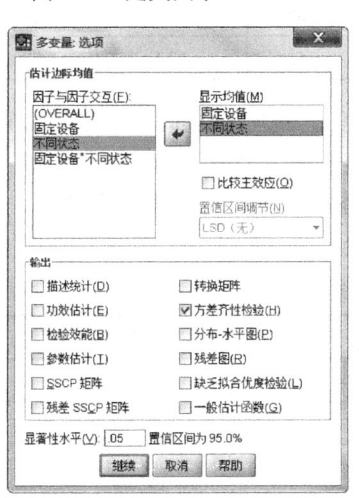

图 6-51 "多变量:选项"对话框

图 6-52 轮廓图设置

【结果分析】

(1) 方差齐性检验的结果如表 6-49 所示。

表 6-49 方差齐性检验的结果

| 状 态 | 统 计 量 | df1 | df2 | 显著性水平 |
|---|---|---|---|---|
| 正常 | 3.635 | 1 | 10 | 0.086 |
| 损伤 | 0.903 | 1 | 10 | 0.364 |
| 固定 | 5.119 | 1 | 10 | 0.047 |
| 疲劳 | 3.677 | 1 | 10 | 0.084 |

经分析,由 $F$ 检验,相伴概率 $P$ 分别是 0.086、0.364、0.047、0.084,都大于 0.05,认为在每种状态下,两种固定设备的最大前屈度总体都满足了方差齐性条件。

(2) Mauchly 球形度检验的结果如表 6-50 所示。

表 6-50 Mauchly 球形度检验的结果

| 统 计 量 | 显著性水平 | ε | | |
|---|---|---|---|---|
| | | Greenhouse-Geisser 法 | Huynh-Feldt 法 | 下 限 |
| 5.289 | 0.384 | 0.759 | 1.000 | 0.333 |

经分析，采用 Mauchly 球形度检验，统计量为 5.289，相伴概率 $P$ 为 0.384（大于 0.05），说明满足球形度检验的条件，不必由 Greenhouse-Geisser 法进行自由度校正。

（3）组内效应检验的结果如表 6-51 所示。

表 6-51 组内效应检验的结果

| 来 源 | | Ⅲ型平方和 | df | 均 方 | 统 计 量 | 显著性水平 | $\eta_p^2$ |
|---|---|---|---|---|---|---|---|
| 不同状态 | 采用的球形度 | 1 072.4 | 3.00 | 357.47 | 73.01 | 0.00 | 1 072.4 |
| | Greenhouse-Geisser 法 | 1 072.4 | 2.28 | 470.69 | 73.01 | 0.00 | 1 072.4 |
| | Huynh-Feldt 法 | 1 072.4 | 3.00 | 357.47 | 73.01 | 0.00 | 1 072.4 |
| 不同状态*固定设备 | 采用的球形度 | 19.58 | 3.00 | 6.53 | 1.33 | 0.28 | 19.58 |
| | Greenhouse-Geisser 法 | 19.58 | 2.28 | 8.60 | 1.33 | 0.29 | 19.58 |
| | Huynh-Feldt 法 | 19.58 | 3.00 | 6.53 | 1.33 | 0.28 | 19.58 |

经分析，不同状态所在行的相伴概率 $P$ 小于 0.001，说明不同状态下的最大前屈度的总体均值差异有统计学意义。"不同状态*固定设备"所在行的相伴概率 $P$ 大于 0.05，说明不同状态与固定设备种类的交互作用下，最大前屈度的总体均值差异无统计学意义。

（4）组间效应的检验的结果如表6-52所示。

表 6-52 组间效应检验的结果

| 来 源 | Ⅲ型平方和 | df | 均 方 | 统 计 量 | 显著性水平 | $\eta_p^2$ |
|---|---|---|---|---|---|---|
| 截距 | 2 476.609 | 1 | 2 476.609 | 251.283 | 0.000 | 2 476.609 |
| 组别 | 1.767 | 1 | 1.767 | 0.179 | 0.681 | 1.767 |
| 误差 | 98.558 | 10 | 9.856 | | | 98.558 |

经分析，由$F$检验，统计量为0.179，相伴概率$P$为0.681（大于0.05），说明固定设备A和固定设备B的最大前屈度的总体均值差异无统计学意义，认为固定设备种类无作用。

（5）轮廓图分析。如图 6-53 所示。

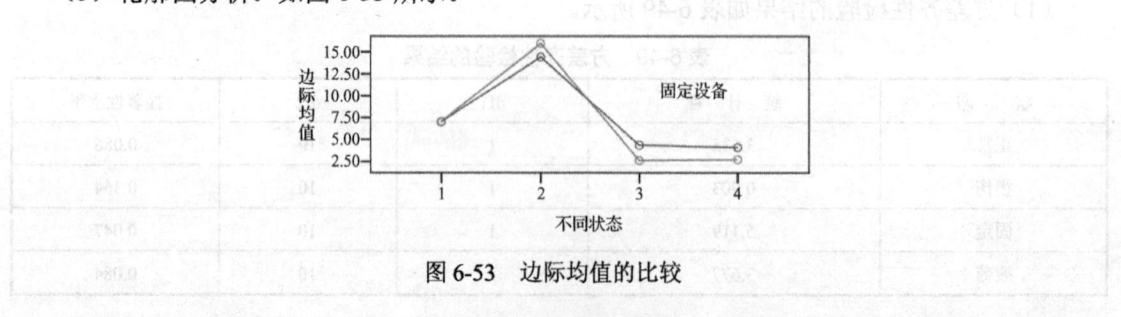

图 6-53 边际均值的比较

分别把 4 种状态作为横坐标，固定设备 A 和固定设备 B 的边际均值作为纵坐标。两种固定设备的边际均值按照 4 种状态的采集点连成一条均值线。经分析，在不同状态下的固定设备 A 和固定设备 B 最大前屈度的边际均值差别不大。

## 6.6 正交设计的方差分析

### 6.6.1 正交设计

#### 1. 正交设计的提出

在医学、药学、农学和化工领域，多因素试验设计问题很常见，其主要特点是受试对象被施加多个处理因素的作用，在每个因素所有水平交叉分组搭配的条件下，选出某些代表性的水平组合作为配方，设计非全面试验。试验以后收集数据资料并用于统计分析处理，推断每个因素的单独作用或因素之间的交互作用有无统计学意义，比较多种因素影响的主次顺序，确定观察指标取得最理想值时的水平组合，作为最优的试验条件、生产工艺或配方。

如果处理因素和水平的个数都比较少，那么可以考虑把不同因素的全部水平交叉分组作为试验条件，这种全面安排试验的方法称为析因设计。析因设计一般适用于因素和水平个数很少的试验设计问题，因素最好小于 3 个。

例如，因素个数为 2、水平个数也是 2，全面进行交叉分组的情况共 4 种，试验条件共有 4 种、满足了析因设计试验的要求。

当处理因素个数较多时，由于析因设计要求不同因素的所有水平在完全交叉分组条件下安排重复相等次数的试验，所以试验规模太大，实际工作无法承受。如果多因素试验设计的因素个数增多，那么试验条件的个数就会呈现翻倍式增长的特点。

例如，对于 $n$ 个因素、5 个水平的析因设计问题，因素个数为 $n$，那么所有水平交叉组合条件共 $5^n$ 个。如果还要在每种试验条件下安排 $k$ 次重复试验，那么试验次数是 $5^n \times k$，因此试验规模达到无法满足要求。多因素 5 个水平的试验条件个数如表 6-53 所示。

表 6-53 多因素 5 个水平的试验条件个数

| 因素个数 | 2 | 3 | 4 | 5 | 6 |
|---|---|---|---|---|---|
| 试验条件 | 25 | 125 | 625 | 3 125 | 15 625 |

研究者可以考虑安排正交设计试验，从全部水平组合中选择一部分有代表性的水平组合作为试验条件，为安排非全面试验并减少试验规模提供了可行性。

例如，假设试验安排 5 个因素、每个因素安排 4 个水平，那么在多个因素所有水平的全面交叉分组条件下，试验次数为 $C_4^1 \times C_4^1 \times C_4^1 \times C_4^1 \times C_4^1 = 4^5 = 1\,024$。根据 4 个水平的正交表只要安排 16 次试验，16 次远远小于 1 024 次，说明试验次数明显减少。

#### 2. 正交设计的用处

日本质量控制专家田口玄一提出通过查找规格化的正交表来安排试验条件的正交设计方法，正交表的理论基础是拉丁方知识。日本电讯研究所利用正交设计研制了"线形弹簧继电器"，使得电话机的收听效果大为改进，对于日本电信事业的发展起到了极为重要作用。正交设计的基本思想是在处理因素个数不止一个、水平个数比较少的情况下，所有因素不同水平的交叉分组安排全面试验条件时，可能由于试验规模太大而无法满足实际要求。如果使用正交表的"均衡分散、整齐可比"的特点，根据因素和水平个数，从所有水平的全面交叉分组中挑选代表性组合作为试验条件，那么只要安排次数很少的非全面试验就能大致满足试验任务的要求，节省了时间、降低了成本、提高了效率。

正交设计的第一个用处是，筛选对观察指标影响有统计学意义的因素，确定因素影响的主次顺序。正交设计的第二个用处是，由非全面的试验方案设计，比较每个因素不同水平观察指标的样本均值，以观察指标尽量取到更为理想的值为导向，从每个因素中挑选最优水平，然后将其汇总以后获得所有因素的最优水平组合并作为理想的试验配方。

**3. 正交表的类型**

正交表可以分成等水平的正交表和混合水平的正交表两大类。

等水平的正交表是指水平个数全相等，记作 $L_n(p^r)$。其中，L 表示正交表符号，是"Latin"的首字母；$n$ 表示正交表行数，即安排试验次数；$r$ 表示正交表列数，即最多安排因素个数，且该列数要大于因素的个数；$p$ 表示每列数码的种类，即每个因素所需安排的水平个数。正交表的任意两行之间、任意两列之间可以互换。

例如，在安排 4 个因素、2 个水平的非全面试验时，用到正交表 $L_8(2^7)$。因素 A，B，C，D 依次安排在正交表中的任意 4 列，表中数码表示水平。每行中分别给出了某次试验 4 个因素依次安排的水平，8 行数码依次提供了全部共 8 次试验指定因素的水平。

因素个数、水平个数以及因素之间是否有交互作用都是正交表种类选择时的参考依据，尽量满足试验次数减少的同时，还要兼顾试验成本与试验精度提升的折中要求。正交表一般适用的试验因素个数以 3~7 个为宜、不能太多。当所有因素的水平个数相等时，可以选择等水平的正交表。当所有因素的水平个数不等时，可以选择混合水平的正交表。根据因素个数和水平个数不同，正交表选择的种类不唯一。为了提高试验结果统计分析的精度，有必要安排更多次数的试验，选定行数比较多的正交表种类。由于试验条件的限制，重要因素的水平个数应多取些，次要因素的水平个数应少取些，那么选混合水平的正交表，即所有因素的水平个数不全相等的正交表。由混合水平的正交表安排试验时满足均衡分散的原则。

例如，以混合水平正交表 $L_8(4^1 \times 2^4)$ 进行操作演示。该表共有 8 行、5 列，可以安排 8 次试验，最多安排 5 个因素。1 个因素有 4 个水平，其余因素都有 2 个水平；第 1 个因素安排在第 1 列，与其余 4 个因素所在列组成了 8 种数码对：(1, 1)，(1, 2)，(2, 1)，(2, 2)，(3, 1)，(3, 2)，(4, 1)，(4, 2)，每种数码对都出现了 1 次。其余 4 个因素安排在第 2, 3, 4, 5 列，任取两列组成 4 种数码对 (1, 1)，(1, 2)，(2, 1)，(2, 2)，每种数码对都出现了 2 次。

又如，在 4 个因素正交设计中，第 1 个因素有 2 个水平，其余 3 个因素都有 3 个水平，使用混合水平正交表 $L_{18}(2^1 \times 3^7)$，总共安排 18 次试验。

拟水平法是针对因素水平个数不全相等的正交设计问题，对其中水平个数较少的因素构造虚拟的若干个水平，将其转换为水平个数相等的问题，从而使用等水平正交表来安排试验。

例如，在上例中，把第 1 个因素中的理想水平追加 1 次试验，构造虚拟的第 3 个水平，从而使得所有 4 个因素的水平都是 3 个。把混合水平正交表 $L_{18}(2^1 \times 3^7)$ 中的第 1 个因素具有 3 个水平，从而改为使用等水平正交表 $L_9(3^4)$，总共安排 9 次试验。

**4. 正交表的特点**

正交表用于安排代表性的、非全面的水平组合。正交表中的数码表示水平，水平个数等于数码个数。"均衡分散性"和"整齐可比性"是正交表的典型特点，这些特点保证了由正交表安排的"看似片面"的非全面试验条件更好地代替了全面试验条件。

特点①：均衡分散性。从正交表中任取一列，每一列中包含的数码个数相同，即每个因素的不同水平都要出现一次、没有遗漏，而且出现的次数相等。

特点②：整齐可比性。从正交表中任取两列，用在同一行中的两个数码组成数码对，交叉搭配齐全，即两种因素的不同水平组合都要出现、没有遗漏，而且出现的次数相等。

以正交表 $L_8(2^7)$ 中取第 7 列为例，"整齐可比"特点表现为每个水平的次数相等。数码 1 即水平"1"出现了 4 次，数码 2 即水平"2"也出现了 4 次。"均衡分散"特点表现为任取两列，每行数码组成 1 个数码对，两两搭配的情况共有 4 种：(1,1)，(1,2)，(2,1)，(2,2)。每种数码对都出现 2 次、没有遗漏，而且出现次数相等。正交表 $L_8(2^7)$ 如表 6-54 所示。

表 6-54　正交表 $L_8(2^7)$

| 试验序号 | 列中的数码 | | | | | | |
|---|---|---|---|---|---|---|---|
| | 1 | 2 | 3 | 4 | 5 | 6 | 7 |
| 1 | 1 | 1 | 1 | 1 | 1 | 1 | 1 |
| 2 | 1 | 1 | 1 | 2 | 2 | 2 | 2 |
| 3 | 1 | 2 | 2 | 1 | 1 | 2 | 2 |
| 4 | 1 | 2 | 2 | 2 | 2 | 1 | 1 |
| 5 | 2 | 1 | 2 | 1 | 2 | 1 | 2 |
| 6 | 2 | 1 | 2 | 2 | 1 | 2 | 1 |
| 7 | 2 | 2 | 1 | 1 | 2 | 2 | 1 |
| 8 | 2 | 2 | 1 | 2 | 1 | 1 | 2 |

在正交表中，列号用来安排某个因素，行号用来安排每次试验中的各因素指定的水平作为搭配条件。行之间或列之间无先后顺序、地位平等，可以互换位置。

例如，因素 A, B, C 都有 3 个水平，在全面交叉搭配条件下，总共安排 $3^3 = 27$ 次试验。由正交表 $L_9(3^4)$ 只安排 9 次试验：$A_1B_1C_1$、$A_2B_1C_2$、$A_3B_1C_3$、$A_1B_2C_2$、$A_2B_2C_2$、$A_3B_2C_1$、$A_1B_3C_3$、$A_2B_3C_1$、$A_3B_3C_2$。

在三维空间中演示试验点的分布情况，如图 6-54 所示。

27 个试验点完全覆盖了正方体的表面，每行或每列都有 3 个试验点点。由正交表安排的 9 个试验点均衡分布在正方体的表面上，每行每列有且仅有 1 个试验点，说明由正交表安排少部分试验点的代表性。

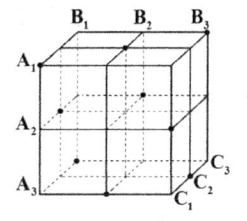

图 6-54　试验点分布

**5．正交表的选择**

当选择正交表时，必须充分考虑因素个数和水平个数、试验成本和精度要求。

选择正交表并且完成正交表的表头设计，正交表中的每一列表示一个因素；每一行数码表示每次试验时，按照每个因素安排的水平，也就是获得每次试验的条件或试验配方。

以下有几点说明。

说明①：正交表的每行表示 1 次试验，表中的数码即每个因素的水平并被用作试验条件。

说明②：根据因素个数和水平个数，可供选择的正交表种类并不唯一。当因素个数多时，就要选择列数多的正交表。正交表越复杂，则表中的行数就会越多，试验的总次数也会越多。因素的个数一般不超过 9 个，每个因素的水平个数不要太多，一般以 2~3 个为宜。

说明③：如果正交设计试验的精度要求高，那么不妨选择总的试验次数多的正交表。当试验成本高或试验限制条件多时，只好选择总的试验次数少的正交表。

例如，在正交设计中安排的因素为 A, B, C, D，每个因素都设置 2 个水平，可以选择正交表

$L_8(2^7)$、$L_{12}(2^{11})$、$L_{16}(2^{15})$，分别安排的试验次数为8、12、16。

说明④：如果不考虑任何因素之间的交互作用，那么每个因素可以被安排在正交表的任意列中。如果要考虑部分因素之间的交互作用，那么每个因素、因素之间的交互作用就要借助正交表对应的交互作用表来安排指定的列。两个因素之间的交互作用称为一级交互作用，三个因素之间的交互作用为二级交互作用。由正交表安排的试验次数少，另一个原因是三个及以上因素之间的高级交互作用不考虑，只考虑少部分因素的一级交互作用。

举例演示，如果正交设计中的因素为 A, B, C, D，选择正交表 $L_8(2^7)$。如果研究者不仅要考虑因素 A, B, C, D 的单独作用，还要考虑部分因素 A, B, C 的一级交互作用 A×B、A×C、B×C，那么就要借助正交表 $L_8(2^7)$ 的交互作用表来安排正交表中指定的列。

正交表 $L_8(2^7)$ 的交互作用表如表 6-55 所示。

表 6-55 正交表 $L_8(2^7)$ 的交互作用表

| 列 号 | 1 | 2 | 3 | 4 | 5 | 6 | 7 |
|---|---|---|---|---|---|---|---|
| 1 | （1） | 3 | 2 | 5 | 4 | 7 | 6 |
| 2 |  | （2） | 1 | 6 | 7 | 4 | 5 |
| 3 |  |  | （3） | 7 | 6 | 5 | 4 |
| 4 |  |  |  | （4） | 1 | 2 | 3 |
| 5 |  |  |  |  | （5） | 3 | 2 |
| 6 |  |  |  |  |  | （6） | 1 |

第一步，因素 A 和 B 被安排在正交表 $L_8(2^7)$ 中的第 1、第 2 列，通过查表 6-55 可知，列号 1 和列号 2 交叉处的数字是 3，说明将 A×B 安排在正交表 $L_8(2^7)$ 中的第 3 列。

第二步，因素 C 直接被安排在正交表 $L_8(2^7)$ 中的第 4 列，通过查表 6-55 可知，列号 1 和列号 4 交叉处的数字是 5，说明 A×C 应该被安排在正交表 $L_8(2^7)$ 中的第 5 列。

第三步，因素 B 和 C 已经被安排在正交表 $L_8(2^7)$ 中的第 2、第 4 列，通过查表 6-55 可知，列号 2 和列号 4 交叉处的数字是 6，说明 B×C 应该被安排在正交表 $L_8(2^7)$ 中的第 6 列。

第四步，因素 D 直接被安排在正交表 $L_8(2^7)$ 中的第 7 列。

综上，因素 A, B, C, D 被安排在正交表 $L_8(2^7)$ 中的第 1、第 2、第 4、第 7 列，一级交互作用 A×B、A×C、B×C 被安排在正交表 $L_8(2^7)$ 中的第 3、第 5、第 6 列。

#### 6. 正交设计的步骤

步骤①：确定研究目的、选择观察指标。任何试验都要有科学适宜的研究目的，观察指标一般是指由仪器或设备客观测量的定量指标，选取时必须有严格的标准。

步骤②：确定试验的因素和水平。由专业经验确定因素的种类和个数、划分适合的水平个数，确定安排试验时的条件。优先安排主要因素，然后依次安排次要因素。

步骤③：选择适合的正交表、进行表头设计。根据因素个数、水平个数和试验精度来挑选更为符合试验要求的正交表。如果所有因素的水平个数相等，那么可以选择等水平的正交表。如果每个因素的水平个数不全相等，那么可以选择混合水平的正交表。

对于等水平的正交表 $L_n(p^r)$ 来说，分别确定正交表的 3 个参数 $n, p, r$。

如果考虑因素的交互作用，那么应事先指定哪些因素有交互作用，由该正交表的交互作用表将其安排在指定的某些列。由于因素的个数小于或等于正交表的列数，所以正交表种类的选择不唯一。为了试验数据分析结果的精度更高,选择行数多、结构规模大的正交表,安排试验次数更多的试验。正交表中至少留一个不放置因素或交互作用的空白列,在数据方差分析时又称为误差列。正交表的列数≥因素所占列数+交互作用所占列数+空白列。

步骤④:正交表的列用来安排全部的处理因素,数码表示需要安排的水平。

例如,正交表 $L_8(2^7)$ 中因素 $A,B,C,D$ 被安排在第 1、第 2、第 4、第 7 列,第 3 行的数码"1""2""1""2"代表水平 $A_1,B_2,C_1,D_2$,即第 3 次试验时的不同因素水平搭配条件。

步骤⑤:记录每次试验的观察指标数据,一般由直观分析法和方差分析进行处理。推断每个因素有无单独作用、因素之间有无交互作用,判断因素影响的主次顺序。如果某个因素不同水平的均值极差最大,那么该因素对观察指标的影响也就最大。对于次要因素的最优水平选择,既要参考因素的均值极差,又要对成本、时间或收益进行统筹兼顾。

以下有两点说明。

说明①:对于观察指标影响大的、尚未考察或没有掌握其影响规律的因素应纳入;对于观察指标影响小的、对于影响规律已经掌握的因素应少选或不选。在确定每种因素划分的水平等级时,可以由专业经验知识,在大致理想范围内通过尝试性试验来进行逐步寻优。

说明②:用正交表安排试验时,必须严格按表中规定的每号方案完成每次试验,因为每号试验从不同角度提供信息,即使从专业经验认为某号试验结果预计不理想,也要认真做完。试验操作熟练程度和外界条件会对试验结果产生影响,不必按照正交表安排试验顺序,可以抽签并按随机顺序进行。如果试验结果好坏不是用一个观察指标判断而是用多个观察指标来权衡,那么可以由综合平衡法或加权评分法将其生成的综合指标作为参考。

## 6.6.2 正交设计的数据分析

### 1. 直观分析法的思路

直观分析法又称极差分析法,其基本思路是试验完成并观测观察指标数据以后,计算每个因素不同水平的样本均值。当每个因素不同水平的样本均值极差越大时,说明该因素对试验结果变化的影响越大或作用越明显,由此确定因素影响的主次顺序。从每个因素寻找均值取到理想值时的水平,从所有因素中选出代表性水平组合作为最佳的试验条件。

直观分析法属于描述性分析法,在"看一看、算一算、比一比"中寻找结论,虽然简单直观、便于实施,但是信息利用粗糙,主要是为了寻找相对较优的可行方案或比较适宜的水平范围。对于水平个数大于 3 且考虑交互作用的试验来说,直观分析法不要使用。直观分析法不能完成统计推断任务,不能区分试验条件变化时引起的数据波动与随机误差引起的数据波动,不能说明观察指标差异是因素的不同水平引起的,还是偶然因素带来随机误差引起的,因此不能用于不同水平的总体均值差异比较,也不能推断因素之间有无交互作用。

为了比较多个因素不同水平的样本均值差异,还可以将因素及其水平、样本均值标记在坐标系中绘制趋势图,横轴上放置因素及其水平,纵轴上放置相应水平的均值。当因素为数量因素且水平为 3 个及以上时,可以使用折线连接起来,考察连续变化的特点;当因素为非数量因素时,水平只表示分类,删除不同水平均值点之间的折线,只用散点表示。

例如,某种药物得率试验安排三个因素 A、B、C。其中,催化剂种类 A 是非数量因素,有三水平 $A_1$、$A_2$、$A_3$;温度 B 是数量因素,有三个水平 $B_1$、$B_2$、$B_3$,依次表示温度上升;pH 值 C 有两个水平 $C_1$、$C_2$。因素、水平和观察指标(药物得率)均值演示如图 6-55。

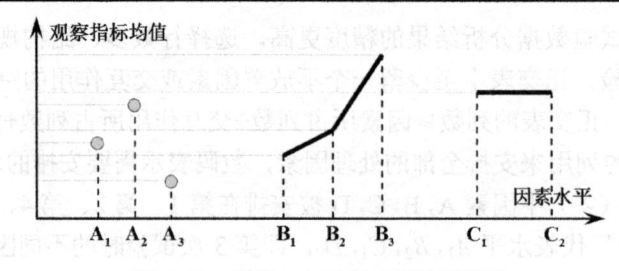

图 6-55 因素、水平和观察指标演示

经分析，由直观分析法发现，催化剂种类 $A_2$ 的药物得率最大；最高温度 $B_3$ 的药物得率最大，温度越高则药物得率越大；pH 值变化没有引起药物得率的差异。

**2. 方差分析的思路**

由正交试验设计安排多因素试验时，在每种试验条件下应安排两次及以上重复试验并收集数据。由方差分析推断每个因素的主效应、指定因素的交互效应。

方差分析的基本思想是将总的离差平方和分解为每个因素的离差平方和、因素交互作用的离差平方和、误差的离差平方和，用于推断因素有无单独作用，讨论每个因素的主效应，推断不同因素之间有无交互作用，讨论不同因素之间的交互效应。

以下有几点说明。

说明①：试验完成并收集观察指标数据以后，先由直观分析法，将某个因素不同水平的样本均值进行比较，再由多因素的方差分析推断不同水平的总体均值差异性。

说明②：正交设计的方差分析用于讨论指定因素的交互作用。当有 3 个以上因素时，可以讨论任意两个因素的一级交互作用、3 个及以上因素的二级交互作用。实际上，当有多个因素时，一般只考虑一级交互作用，却很少讨论二级以上交互作用。

说明③：由正交设计安排的试验次数少，由于混杂因素、偶然因素的影响，试验结果更容易出现随机波动。对于样本量小、观察指标数据变化不稳定的情况，由正交设计的方差分析得出的统计分析结论不应该被绝对化对待，不能夸大对实际问题的决策参考意义。

【学习目标】理解正交设计方差分析的理论方法，掌握操作流程并阐述结论。

## 【案例实验 8】

从有机溶液提取人参皂苷，浸出率是试验的观察指标。确定 4 个处理因素，分别是溶液浓度、催化剂量、溶剂的 pH 值和温度（℃），每个因素都要安排两个不同的水平。数据资料如表 6-56 所示。本例的数据文件是"6 正交设计建卡（四因素两水平浸出率）.sav"。

表 6-56 数据资料

| 水平 | A（溶液浓度） | B（催化剂量） | C（溶剂的 pH 值） | D（温度） |
| --- | --- | --- | --- | --- |
| 1 | 70%（$A_1$） | 0.1%（$B_1$） | 6.8（$C_1$） | 80（$D_1$） |
| 2 | 80%（$A_2$） | 0.2%（$B_2$） | 7.2（$C_2$） | 90（$D_2$） |

第一种方法，由 SPSS 软件中的菜单生成正交表。

【菜单选择】

单击"数据"主菜单，再单击"正交设计"选项，然后单击"生成"选项。

**【界面设置】**

在打开的"生成正交设计"对话框的"因子名称"文本框中输入"溶液浓度",单击"添加"按钮,再单击"定义值"按钮。在打开的"生成设计:定义值"对话框中,定义变量值标签"70%"=1、"80%"=2,单击"继续"按钮,如图 6-56 所示。

同样,定义变量值标签催化剂量"0.1%"=1、"0.2%"=2,pH 值"6.8"=1、"7.2"=2,温度"80℃"=1、"90℃"=2。在"生成正交设计"对话框的"数据文件"区域,选择"创建新数据集"选项,在"数据集名称"文本框中输入"浸出率正交设计试验",单击"确定"按钮,如图 6-57 所示。正交表头设计如图 6-58 所示。

图 6-56 "生成设计:定义值"对话框 　　图 6-57 创建数据文件的设置

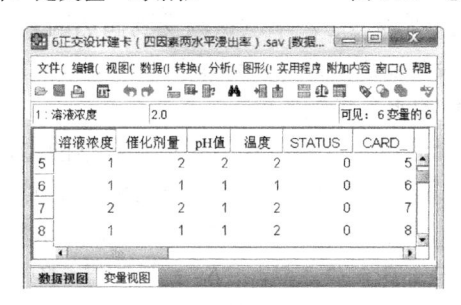

图 6-58 正交表头设计

第二种方法,由查表法选择正交表 $L_8(2^7)$。正交表 $L_8(2^7)$ 如表 6-57 所示。

表 6-57 正交表 $L_8(2^7)$

| 试验号 | 1 | 2 | 3 | 4 | 5 | 6 | 7 |
|---|---|---|---|---|---|---|---|
| | A | B | A×B | C | A×C | B×C | D |
| 1 | 1 | 1 | 1 | 1 | 1 | 1 | 1 |
| 2 | 1 | 1 | 1 | 2 | 2 | 2 | 2 |
| 3 | 1 | 2 | 2 | 1 | 1 | 2 | 2 |
| 4 | 1 | 2 | 2 | 2 | 2 | 1 | 1 |
| 5 | 2 | 1 | 2 | 1 | 2 | 1 | 2 |
| 6 | 2 | 1 | 2 | 2 | 1 | 2 | 1 |
| 7 | 2 | 2 | 1 | 1 | 2 | 2 | 1 |
| 8 | 2 | 2 | 1 | 2 | 1 | 1 | 2 |

由正交表 $L_8(2^7)$ 安排 8 次试验，试验条件和观察指标数据如表 6-58 所示。

为了提高试验结果的精度和稳定性，可以安排试验重复次数更多的正交表，例如 $L_{12}(2^{11})$ 和 $L_{16}(2^{15})$。本例选用正交表 $L_8(2^7)$，将 4 个因素分别安排在第 1、第 2、第 4、第 7 列，第 3 列安排 A×B，第 5 列安排 A×C，第 6 列安排 B×C，即安排指定 3 个因素的一级交互作用。由正交表安排的代表性水平组合作为试验条件，每行安排 1 次试验，每行数码依次用于逐个安排因素的水平。

表 6-58 试验条件和观察指标数据

| 试验号 | 1（A） | 2（B） | 3 | 4（C） | 5 | 6 | 7（D） | 浸出率 |
|---|---|---|---|---|---|---|---|---|
| 1 | 1（70%） | 1（0.1%） | 1 | 1（6.8） | 1 | 1 | 1（80℃） | 82% |
| 2 | 1（70%） | 1（0.1%） | 1 | 2（7.2） | 2 | 2 | 2（90℃） | 85% |
| 3 | 1（70%） | 2（0.2%） | 2 | 1（6.8） | 1 | 2 | 2（90℃） | 70% |
| 4 | 1（70%） | 2（0.2%） | 2 | 2（7.2） | 2 | 1 | 1（80℃） | 75% |
| 5 | 2（80%） | 1（0.1%） | 2 | 1（6.8） | 2 | 1 | 2（90℃） | 74% |
| 6 | 2（80%） | 1（0.1%） | 2 | 2（7.2） | 1 | 2 | 1（80℃） | 79% |
| 7 | 2（80%） | 2（0.2%） | 1 | 1（6.8） | 2 | 2 | 1（80℃） | 80% |
| 8 | 2（80%） | 2（0.2%） | 1 | 2（7.2） | 1 | 1 | 2（90℃） | 87% |

**1. 直观分析的实现**

假设观察指标的取值越大则越理想。单次试验受到偶然因素影响而随机波动，参考意义未必好。经比较，第 8 次试验的浸出率最大，但是从全部安排总共 16 次试验的角度，水平组合 $A_2, B_2, C_2, D_2$ 未必是最理想的水平搭配条件。

下面对全部数据进行综合分析，计算因素不同水平数据的均值的极差，极差越大则说明因素的影响越大，均值越大则相应的水平越优。举例演示如下，因素 A 只有 2 个水平 $A_1$ 和 $A_2$，每个水平都安排了 4 次试验。挑出包含水平 $A_1$ 的 4 个数据并求和 $K_1$、挑出包含水平 $A_2$ 的 4 个数据并求和 $K_2$：$K_1 = 82+85+70+75 = 312$，$K_2 = 74+79+80+87 = 320$。然后求出水平 $A_1$ 的均值 $\bar{K}_1$、挑出包含水平 $A_2$ 的均值 $\bar{K}_2$：$\bar{K}_1 = K_1/4 = 312/4 = 78$，$\bar{K}_2 = K_2/4 = 320/4 = 80$。最后，求得因素 A 的不同水平数据的均值的极差 $R = \bar{K}_2 - \bar{K}_1 = 80 - 78 = 2$。

同理，分别求得因素 B、因素 C、因素 D 的不同水平数据的均值和极差。当极差越大时说明相应因素的影响越大。经比较，因素 C 不同水平数据的均值的极差最大，因素 A 和因素 B 的不同水平数据的均值的极差其次，因素 D 的不同水平数据的均值的极差最小。

经分析，因素 A 和因素 C 的两个水平 $\bar{K}_1 < \bar{K}_2$，因素 A 和因素 B 的两个水平 $\bar{K}_1 > \bar{K}_2$，因素 A 和因素 D 的两个水平 $\bar{K}_1 = \bar{K}_2$，说明因素 A、因素 B、因素 C 的最佳水平分别是 $A_2, B_1, C_2$。由于温度越低则能耗越少，所以因素 D 取水平 $D_1$。于是，由 $A_2, B_1, C_2, D_1$ 确定出最佳配方："溶剂浓度 80%" $= A_2$，"催化剂 0.1%" $= B_1$，"pH 值 7.2" $= C_2$，"温度 80℃" $= D_1$。

**2. 方差分析的实现**

如果研究者仅考虑因素 A 与因素 B 的交互作用 A×B，不考虑其他因素之间的交互作用，那么总的离差平方和分解形式为 $SS_T = SS_{因素A} + SS_{因素B} + SS_{A×B} + SS_{因素C} + SS_{因素D} + SS_E$。

由正交设计的方差分析推断每个因素有无单独作用、指定的因素之间有无交互作用。

【数据文件】

定义检验变量"浸出率",定义 4 个分组变量"溶液浓度""催化剂量""pH 值""温度",类型均为数值。定义变量值标签"70%"=1、"80%"=2,"0.1%"=1、"0.2%"=2,"6.8"=1、"7.2%"=2,"80℃"=1、"90℃"=2。建立数据文件,如图 6-59 所示。

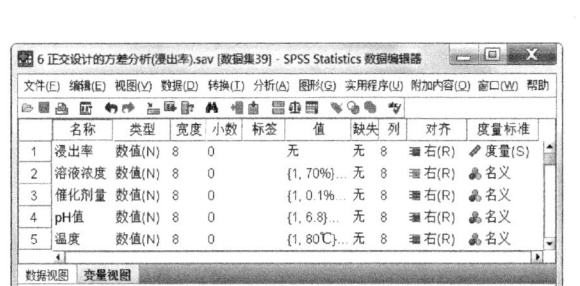

图 6-59　数据文件

【菜单选择】

单击"分析"主菜单,再单击"一般线性模型"选项,然后单击"单变量"选项。

【界面设置】

在打开的"单变量"对话框中,将"浸出率"选入"因变量"列表框中,将"溶液浓度""催化剂量""pH 值""温度"选入"固定因子"列表框中,如图 6-60 所示。

图 6-60　变量选入的设置

在本例中,按要求只考虑"催化剂量"和"溶液浓度"的交互作用。

在"单变量"对话框中,单击"模型"按钮。在打开的"单变量:模型"对话框的"指定模型"区域,选择"设定"选项,在"构建项"区域的"类型"下拉列表中选择"主效应"选项,将"溶液浓度""催化剂量""pH 值""温度"选入"模型"列表框中。在"构建项"区域的"类型"下拉列表中选择"交互"选项,将"溶液浓度""催化剂量"选入"模型"列表框中,单击"继续"按钮,如图 6-61 所示。在"单变量"对话框中,单击"选项"按钮。在打开的"单变量:选项"对话框中,将"溶液浓度""催化剂量""pH 值""温度""溶液浓度*催化剂量"选入"显示均值"列表框中，单击"继续"按钮，如图 6-62 所示。

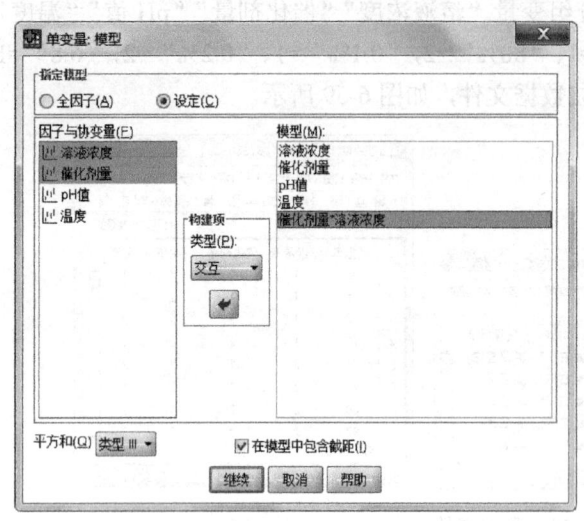

图 6-61　设置主效应、交互效应　　　　图 6-62　计算边际均值

【结果分析】

（1）方差分析的结果如表 6-59 所示。

表 6-59　方差分析的结果

| 来源 | III型平方和 | df | 均方 | 统计量 | 显著性水平 |
|---|---|---|---|---|---|
| 温度 | 0 | 1 | 0 | 0 | 1.000 |
| 溶液浓度 | 8 | 1 | 8 | 4 | 0.184 |
| 催化剂量 | 8 | 1 | 8 | 4 | 0.184 |
| pH 值 | 50 | 1 | 50 | 25 | 0.038 |
| 催化剂量*溶液浓度 | 162 | 1 | 162 | 81 | 0.012 |
| 误差 | 4 | 2 | 2 | | |

经分析，由 $F$ 检验，pH 值所在行的统计量为 25，相伴概率 $P$ 为 0.038（小于 0.05），说明 pH 值的作用有统计学意义。由 $F$ 检验，"催化剂量*溶液浓度"所在行的统计量为 81，相伴概率 $P$ 为 0.012（小于 0.05），说明催化剂量与溶液浓度的交互作用有统计学意义。

（2）均值比较。

"催化剂量*溶液浓度"的浸出率均值如表 6-60 所示。pH 值的浸出率均值如表 6-61 所示。

表 6-60　"催化剂量*溶液浓度"的浸出率均值

| 催化剂量 | 溶液浓度 | 均值 | 标准误差 | 均值的95%置信区间 | |
|---|---|---|---|---|---|
| | | | | 下限 | 上限 |
| 0.1% | 70% | 83.500 | 1.000 | 79.197 | 87.803 |
| | 80% | 76.500 | 1.000 | 72.197 | 80.803 |
| 0.2% | 70% | 72.500 | 1.000 | 68.197 | 76.803 |
| | 80% | 82.500 | 1.000 | 79.197 | 87.803 |

经分析，催化剂量 0.1%且溶液浓度 70%时，浸出率均值最大。

表 6-61 pH 值的浸出率均值

| pH 值 | 均 值 | 标准误差 | 均值的95%置信区间 | |
|---|---|---|---|---|
| | | | 下 限 | 上 限 |
| 6.8 | 76.500 | 0.707 | 73.458 | 79.542 |
| 7.2 | 81.500 | 0.707 | 78.458 | 84.542 |

由极差确定因素影响作用的主次顺序，从所有因素的最佳水平中挑选出代表性水平组合，将其作为最理想的试验条件。本例以浸出率最大为目的，当 pH 值为 7.2 时，浸出率均值最大，为 81.5。催化剂量和溶液浓度无统计学意义。从催化剂量与溶液浓度的交互作用来看，催化剂量为 0.1%且溶液浓度为 70%时，浸出率均值最大为 83.5。虽然温度的作用无统计学意义，但是为了降低能耗而选择温度 80℃。于是，所有因素的最佳水平组合为 $A_1, B_1, C_2, D_1$，说明最佳试验条件（配方）是溶液浓度取 70%，催化剂量取 0.1%，pH 值取 7.2，温度取 80℃。

经分析，最佳试验条件（配方）中的不同因素水平组合并未出现在由正交表 $L_8(2^7)$ 安排的 8 次试验条件中，反而说明由正交设计安排试验时的代表性。

以下有两点说明。

说明①：在方差分析的结果表中，如果因素或因素之间的交互作用的相伴概率都大于 0.05（或大于 0.1），那么因素或因素之间的交互作用都没有统计学意义。为了提高数据分析效率，考虑将其离差平方和合并到误差的离差平方和（包括自由度）中。接下来，重新完成方差分析过程，往往得到部分因素或因素之间的交互作用有统计学意义。

说明②：由临界值法推断结论，当因素和因素之间的交互作用有统计学意义时，如果根据因素确定的最佳水平与根据交互作用确定的最佳水平不一致，那么以交互作用选出的最佳水平为准。由 P 值法推断结论，根据相伴概率 P 的大小顺序来依次确定因素的最佳水平，即相伴概率 P 越小者越被优先来确定其最佳水平。接下来由直观分析法，通过因素不同水平数据的均值大小比较来确定相应因素的最佳水平。

## 【拓展练习】

【练习1】考察不同温度对于药物得率的影响，在 3 种温度下安排试验，按照每个温度水平（单位：℃）随机分组以后，在每个处理组中重复安排相等的 5 次试验。假设药物得率总体服从正态分布，推断不同温度的药物得率差异有无统计学意义。数据资料如表 6-62 所示。

表 6-62 数据资料

| 温度水平 | 药 物 得 率 | | | | |
|---|---|---|---|---|---|
| 60℃ | 86% | 89% | 91% | 90% | 92% |
| 70℃ | 83% | 90% | 94% | 85% | 89% |
| 80℃ | 96% | 93% | 95% | 94% | 98% |

【练习2】研究不同剂量生长激素对于大鼠体重变化的影响，取出 4 窝大鼠，每窝共 3 只，每窝的不同大鼠被随机注射不同剂量的生长激素，一段时间以后测量体重改变量（单位：g）。假设体重改变量总体服从正态分布，推断不同剂量生长激素的大鼠体重改变量差异有无统计学意义。数据资料如表 6-63 所示。

表 6-63 数据资料

| 激素剂量组织 | 窝别 | | | |
|---|---|---|---|---|
| | A | B | C | D |
| 低剂量组 | 106 | 42 | 70 | 42 |
| 中剂量组 | 116 | 68 | 111 | 63 |
| 高剂量组 | 145 | 115 | 133 | 87 |

【练习 3】研究性别、玉米饲料和大豆饲料共 3 种因素对于同种系乳猪的日均体重增量影响。性别：母猪（$A_1$）、公猪（$A_2$）；大豆饲料：加 4%蛋粉（$B_1$）、不加蛋粉（$B_2$）；玉米饲料：加 0.6%己氨酸（$C_1$）、不加己氨酸（$C_2$）。3 种因素的不同水平交叉分组以后，完全随机分配 8 只乳猪进行喂食，一个月以后求得日均体重增量（单位：kg）。推断每种因素有无单独作用、因素之间有无一级交互作用，并寻求乳猪增重的最佳试验条件。数据资料如表 6-64 所示。

表 6-64 数据资料

| $A_1B_1C_1$ | $A_1B_1C_2$ | $A_1B_2C_1$ | $A_1B_2C_2$ | $A_2B_1C_1$ | $A_2B_1C_2$ | $A_2B_2C_1$ | $A_2B_2C_2$ |
|---|---|---|---|---|---|---|---|
| 0.55 | 0.77 | 0.51 | 0.48 | 0.73 | 0.84 | 0.67 | 0.42 |
| 0.54 | 0.6 | 0.57 | 0.61 | 0.7 | 0.62 | 0.6 | 0.6 |
| 0.74 | 0.58 | 0.68 | 0.59 | 0.59 | 0.67 | 0.63 | 0.64 |
| 0.71 | 0.74 | 0.66 | 0.62 | 0.61 | 0.66 | 0.66 | 0.48 |
| 0.62 | 0.61 | 0.43 | 0.49 | 0.69 | 0.76 | 0.61 | 0.55 |
| 0.58 | 0.57 | 0.5 | 0.49 | 0.54 | 0.73 | 0.57 | 0.48 |
| 0.56 | 0.72 | 0.58 | 0.52 | 0.7 | 0.63 | 0.67 | 0.54 |
| 0.51 | 0.79 | 0.65 | 0.49 | 0.61 | 0.61 | 0.71 | 0.49 |

【练习 4】将特征相似的小白鼠随机分组，每个分组中的小白鼠喂食同一种饲料，一段时间后获得进食量数据和体重增量数据。已知饲料种类和进食量对体重增量都有影响，控制进食量这个混杂因素，推断饲料种类对小白鼠的体重增量有无作用。数据资料如表 6-65 所示。

表 6-65 数据资料

| 饲料种类 A | | 饲料种类 B | | 饲料种类 C | |
|---|---|---|---|---|---|
| 进食量 | 体重增量 | 进食量 | 体重增量 | 进食量 | 体重增量 |
| 265.9 | 27.0 | 260.3 | 32.0 | 544.7 | 160.3 |
| 271.6 | 41.7 | 271.1 | 47.7 | 481.2 | 96.1 |
| 210.2 | 25.0 | 214.7 | 36.7 | 418.9 | 114.6 |
| 300.1 | 52.0 | 300.1 | 65.0 | 556.6 | 134.8 |
| 262.2 | 14.5 | 269.7 | 39.0 | 394.7 | 76.3 |
| 304.4 | 48.8 | 307.5 | 37.9 | 426.6 | 72.8 |
| 272.4 | 48.0 | 278.9 | 51.5 | 416.1 | 99.4 |
| 242.8 | 37.0 | 240.8 | 41.0 | 580.5 | 147.0 |
| 342.9 | 56.5 | 340.7 | 61.3 | 608.3 | 165.8 |
| 356.9 | 76.0 | 356.3 | 102.1 | 559.6 | 169.8 |

【练习5】把病情、病程、年龄和性别等特征大致相似的患者随机分成 3 个组,分别使用 3 种麻醉方法,依次在时间间隔相等的 3 个时点 $T_1, T_2, T_3$ 测量患者的收缩压(单位:mmHg)。3 个时点的收缩压是因变量,麻醉方法是处理因素且分成 3 个水平 A,B,C。推断麻醉方法种类和测量时点对于患者的收缩压有无影响。数据资料如表 6-66 所示。

表 6-66　数据资料

| 因素水平 | | A | A | A | B | B | B | C | C | C |
|---|---|---|---|---|---|---|---|---|---|---|
| 测量时点 | $T_1$ | 108 | 109 | 112 | 120 | 121 | 129 | 119 | 128 | 123 |
| | $T_2$ | 112 | 115 | 119 | 118 | 119 | 126 | 118 | 121 | 120 |
| | $T_3$ | 120 | 126 | 124 | 131 | 129 | 135 | 135 | 148 | 143 |

【练习6】为比较两种类型氧合器 XB、KB 对于体外循环手术患者的血清含量影响。两组患者在转流前、转流中、术后 3 天和术后 8 天共 4 个采集时点测量血清 IgG(单位:g/L)。推断氧合器种类和采集点对于病人血清 IgG 含量有无影响。数据资料如表 6-67 所示。

表 6-67　数据资料

| 类型 | 转流前 | 转流中 | 术后3天 | 术后8天 | 类型 | 转流前 | 转流中 | 术后3天 | 术后8天 |
|---|---|---|---|---|---|---|---|---|---|
| XB | 6.68 | 2.92 | 10.9 | 9.81 | KB | 2.49 | 1.23 | 7.03 | 10.2 |
| XB | 13.5 | 8.7 | 13.5 | 12.3 | KB | 10.7 | 2.75 | 9.69 | 12.2 |
| XB | 8.6 | 3.5 | 9 | 10.5 | KB | 7.85 | 2.49 | 6.39 | 17.8 |
| XB | 9.8 | 8.1 | 7.7 | 9.8 | KB | 8.8 | 10.7 | 11.2 | 14 |
| XB | 3.8 | 8.9 | 9.69 | 3.8 | KB | 3.38 | 4.34 | 11 | 10 |
| XB | 14.3 | 7.2 | 6.39 | 17.8 | KB | 14 | 11.8 | 9.6 | 13.2 |
| XB | 8.7 | 3.8 | 9.4 | 14.2 | KB | 10 | 3.95 | 10.1 | 11.3 |

【练习7】在改进工艺阿糖胞苷得率试验中,处理因素是催化剂用量(单位:mol)A、氧化剂用量(单位:mol)B、温度 C、杂质去除法 D。由正交表 $L_8(2^7)$ 安排多因素两水平试验,不考虑交互作用,将因素安排在正交表的第 1、第 2、第 4、第 7 列。推断因素 A,B,C,D 的单独作用,确定因素影响的顺序并寻找最佳配方。数据资料如表 6-68 所示。

表 6-68　数据资料

| 试验序号 | A | B | | C | | | D | 阿糖胞苷得率 |
|---|---|---|---|---|---|---|---|---|
| 1 | 1 | 1 | 1 | 1 | 1 | 1 | 1 | 25.1% |
| 2 | 1 | 1 | 1 | 2 | 2 | 2 | 2 | 13.4% |
| 3 | 1 | 2 | 2 | 1 | 1 | 2 | 2 | 32.5% |
| 4 | 1 | 2 | 2 | 2 | 2 | 1 | 1 | 20% |
| 5 | 2 | 1 | 2 | 1 | 2 | 1 | 2 | 26.3% |
| 6 | 2 | 1 | 2 | 2 | 1 | 2 | 1 | 22.7% |
| 7 | 2 | 2 | 1 | 1 | 2 | 2 | 1 | 41.2% |
| 8 | 2 | 2 | 1 | 2 | 1 | 1 | 2 | 17.3% |

# 第 7 章　非参数检验

## 7.1　非参数检验的概述

### 1. 非参数检验的特点

以往学过的参数检验（如 $t$ 检验、方差分析）都要求样本来自正态分布总体。当总体分布类型不确定或不满足正态分布等条件时，参数检验方法所需构造的统计量及抽样分布性质都已经无效。如果原假设形式或统计推断结论在制定时与总体参数无关，则不妨改用总体分布不依赖、无要求的所谓非参数检验法（又称自由分布检验）作为假设检验的新思路。在非参数检验中的大多方法基于秩次算法为主，其基本思路是先把原始资料转换为秩次（编秩），然后推断总体分布位置有无差异。所谓编秩就是指将原始数据由小到大、等级由弱变强排序以后，使用序号编码（称为秩次）来代替原始数据，然后纳入相应的统计分析算法。非参数检验更关注数据资料初步分析，根据总体个数和试验设计类型选择方法包括威尔科克森符号秩检验、克鲁斯卡尔-沃利斯检验、曼-惠特尼检验、弗里德曼检验等。

（1）非参数检验的优点：对总体分布的约束条件大大放宽，不至于因为假定条件过于严格或理想化而使得实际资料无法满足方法应用条件，适用于总体分布类型不明确的样本，对于数据类型或测量尺度无要求，适用于用程度、等级和名次等形式的有序多分类资料、存在偏离整体数据极端值的数值资料、无法进行精确测量的数值资料、存在开口分组的资料、边界不确定的资料、真实性受到部分污染的资料、总体分布形态无法确定或经过变量变换以后仍不满足正态分布条件的资料、不满足方差齐性条件或经过变量变换以后仍未满足方差齐性条件的资料，以及其他不满足参数检验条件要求的低质量资料，非参数检验的使用条件限制较小、更为宽松、范围更广，对数值敏感性小、结果稳健性好，对于小样本很小且总体分布未知时，非参数检验法在一定程度上弥补了样本资料不足的缺陷。

（2）非参数检验的缺点：将原始数据由小到大进行排序以后，原始数据被转换为秩次信息，会使得在信息测量精确性上利用不够充分。例如，对于 3 个数字 1,10,11 编秩为 1,2,3，对于 3 个数字 1,10,100 000 也是编秩为 1,2,3，可以注意到 10 与 11 差别很小、10 与 100 000 差别很大，从而在编秩以后无法充分体现原始数据中的真实差异。除外，非参数检验相比参数检验来说，容易增大出现第二类错误的概率，也就是在原假设实际不成立的情况下，却往往推断为不拒绝它，从而降低了检验效能。一般来说，非参数检验法应用的缺点比优点更多。

### 2. 非参数检验的注意问题

非参数检验的效能比较低，原始数据信息利用不充分，结论笼统、粗糙。参数检验通常要求总体服从正态分布和满足方差齐性条件。如果参数检验要求的条件都已经被满足，获得来自正态分布总体的样本、精确观测且计量层次达到数值资料要求的大样本，那么再使用非参数检验时就会浪费原始数据信息，增大出现第二类错误的概率。因此，从原始数据信息利用充分性或假设检验效能提高的角度，应尽量使用参数检验而不使用非参数检验。

## 7.2 两个独立样本的曼-惠特尼检验

### 1. 概述

两个独立样本的非参数检验适用于按照成组设计收集的资料。对于非正态分布的总体来说，可以使用这种方法推断两个独立总体的分布位置有无差异。

1）两个独立样本的非参数检验适用的资料收集方式

第一种方式是随机分组试验，将同质受试对象随机分成两组，分别接受两种处理并获得观察指标数据，推断两种处理情况下观察指标总体的分布位置有无差异。第二种方式是随机抽样调查，从两个独立总体中分别随机抽样，推断两个独立总体的分布位置有无差异。

2）两个独立总体差异比较的方法选择

（1）对于总体服从正态分布的数值资料，如果考虑由样本均值和标准差构造服从 $t$ 分布的统计量，推断两个独立总体的均值差异有无统计学意义，则使用两个独立样本的 $t$ 检验。

（2）对于小样本有序多分类资料、总体不服从正态分布的数值资料，如果考虑把两个样本混合以后编秩、构造统计量，推断两个独立总体的分布位置是否相同，则使用两个独立样本的秩和检验。

### 2. 两个独立样本的曼-惠特尼检验的基本思想

两个独立样本的曼-惠特尼（Mann Whitney）的基本思想是把两个独立样本完全混合在一起，按照由小到大顺序编秩，分别计算每个样本的秩和并求得平均秩，构造统计量并推断两个独立总体的分布位置有无差异。如果两个独立总体分布位置无差异，则两个样本的平均秩常会大致相等。由于随机抽样或随机分组试验时受到偶然因素引起的随机误差影响，即使两个独立总体无差异，两个样本的秩和均值也会不同。如果两个样本的秩和均值差异超出了偶然因素所能解释的范围，那么就有理由认为两个独立总体的分布位置存在差异。如果两个样本的秩和均值差异不是很大，那么就认为此类差异是偶然因素引起的，这时两个独立总体的分布位置尚不能认为存在差异。当然，直觉判断不准确，推断结论考虑由小概率事件反证法思想作为依据，也会受到样本量 $n$ 大小、显著性水平 $\alpha$ 等条件的影响。

### 3. 两个独立样本的曼-惠特尼检验的基本步骤

（1）建立假设。原假设 $H_0$ 为两个独立总体的分布位置相同；备择假设 $H_1$ 为两个独立总体的分布位置不同。

（2）编秩。两组独立样本的数据混合以后从小到大排序、编秩。当数据不同时，顺次进行编秩即可；当数据相同时，要将相应数据的秩次统一修改为平均秩次。接下来，要把编好的秩次分别还给每个样本中的相应对象，然后分别计算每个样本的秩和。

（3）确定统计量。当两个样本量不等时，以样本量较小的秩和作为统计量。当两个样本量相等时，不妨任取一个样本的秩和作为统计量。

（4）制定结论。查秩和检验的 T 界值表，得到置信区间，当 T 不在此范围时，拒绝原假设 $H_0$。求得相伴概率 $P$，当 $P<\alpha$ 时，说明拒绝原假设 $H_0$；当 $P \geq \alpha$ 时，说明不拒绝原假设 $H_0$。相伴概率 $P$ 越小则说明越有理由认为两个独立总体的分布位置不同。

【例1】抽样检测肺癌患者和硅肺患者的某种病理标志物（单位：cm），请通过秩和检验推断两种疾病患者的标志物总体分布位置差异有无统计学意义。数据资料如表 7-1 所示。

表 7-1  数据资料

| 肺癌患者标志物 | 2.78 | 3.23 | 4.2 | 4.87 | 5.12 | 6.21 | 7.18 | 8.05 | 8.56 | 9.6 |
| --- | --- | --- | --- | --- | --- | --- | --- | --- | --- | --- |
| 硅肺患者标志物 | 3.23 | 3.5 | 4.04 | 4.15 | 4.28 | 4.34 | 4.47 | 4.64 | 4.75 | 4.82 |

解：建立原假设 $H_0$ 为肺癌患者标志物和硅肺患者标志物的总体无差异或分布位置相同；备择假设 $H_1$ 为肺癌患者标志物和硅肺患者标志物的总体有差异或分布位置不同。两个样本的混合以后编秩如表 7-2 所示。

表 7-2  两个样本的混合编秩

| 序号 | 1 | 2 | 3 | 4 | 5 | 6 | 7 | 8 | 9 | 10 |
| --- | --- | --- | --- | --- | --- | --- | --- | --- | --- | --- |
| 肺癌患者标志物 | 2.78 | 3.23 | | | | | 4.2 | | | |
| 硅肺患者标志物 | | | 3.23 | 3.5 | 4.04 | 4.15 | | 4.28 | 4.34 | 4.47 |
| 编秩 | 1 | 2.5 | 2.5 | 4 | 5 | 6 | 7 | 8 | 9 | 10 |
| 序号 | 11 | 12 | 13 | 14 | 15 | 16 | 17 | 18 | 19 | 20 |
| 肺癌患者标志物 | | | | 4.87 | 5.12 | 6.21 | 7.18 | 8.05 | 8.56 | 9.6 |
| 硅肺患者标志物 | 4.64 | 4.75 | 4.82 | | | | | | | |
| 编秩 | 11 | 12 | 13 | 14 | 15 | 16 | 17 | 18 | 19 | 20 |

经分析，肺癌患者标志物的秩和为 129.5、硅肺患者标志物的秩和为 80.5。鉴于样本量相等，那么任取其中一个秩和作为统计量，即 $T=80.5$ 或 $129.5$。由 $n_1=n_2=10$，$\alpha=0.05$，查秩和检验的 T 界值表，得到置信区间 $(83,127)$，于是拒绝原假设 $H_0$，认为两种疾病患者的病理标志物的总体分布位置差异有统计学意义。

**4．补充说明**

说明①：定义一个检验变量，为程度、等级形式的有序多分类资料。再定义一个分组变量，类别为两个。针对原始资料的数据结构形式，在 SPSS 软件环境下，将两个分类变量赋值信息录入数据文件，直接使用两个独立样本的曼-惠特尼检验。

说明②：检验变量为有序多分类资料形式，类别为三个及以上。既然两个变量都是定类变量，那么就会事先把原始资料交叉分组汇总到交叉表中，将分组变量和检验变量类别进行交叉搭配，把属于交叉类别共有属性的频数填入二维交叉表单元格中。在 SPSS 软件环境下，除了定义分组变量和检验变量以外，还要定义一个频数变量，事先对频数变量进行加权预处理，再使用两个独立样本的曼-惠特尼检验。

例如，学习等次是有序多分类资料，是检验变量，可以分成优秀、良好、中等、较差；性别是分组变量。学习等次和性别交叉分组以后，频数资料计入 2 行×4 列的交叉表单元格，还要定义一个频数变量，标记交叉表单元格中的人数。经过频数变量加权以后，使用两个独立样本的曼-惠特尼检验，推断不同性别总体的学习等次有无差异。

【学习目标】理解两个独立样本的曼-惠特尼检验的理论方法，掌握操作流程并阐述结论。

# 【案例实验 1】

对某种致癌物直接暴露方式下和间接暴露方式下的两种人群血液进行随机抽样，分别获得血液中致癌物浓度（单位：μmol/l）。假设两种人群血液中的致癌物浓度总体都不服从正态分布，推断两种人群血液中致癌物浓度总体分布位置差异有无统计学意义。数据资料如表 7-3 所示。本例的数据文件是"7 两个独立样本的秩和检验（两种暴露方式的致癌物）.sav"。

表 7-3　数据资料

| 直接暴露方式下 | 0.82 | 0.87 | 0.97 | 1.21 | 1.64 | 2.08 | 2.13 | | | |
| --- | --- | --- | --- | --- | --- | --- | --- | --- | --- | --- |
| 间接暴露方式下 | 0.24 | 0.24 | 0.29 | 0.33 | 0.44 | 0.58 | 0.63 | 0.72 | 0.87 | 1.01 |

【数据文件】

定义检验变量"致癌物"，定义分组变量"暴露方式"，类型均为数值。

定义变量值标签"直接暴露"=1、"间接暴露"=2。建立数据文件，如图 7-1 所示。

图 7-1　数据文件

【菜单选择】

单击"分析"主菜单，再单击"非参数检验"选项，然后单击"两个独立样本"选项。

【界面设置】

在打开的"两个独立样本检验"对话框中，将"致癌物"选入"检验变量列表"列表框中，将"暴露方式"选入"分组变量"列表框中，单击"定义组"按钮；在打开的"两独立样本：定义组"对话框的"组 1"和"组 2"文本框中分别输入"1"和"2"；在"两个独立样本检验"对话框的"检验类型"区域，默认选择"Mann-Whitney U"选项。单击"确定"按钮，如图 7-2 所示。

图 7-2　变量选入的设置

【结果分析】

两组秩均值的结果如表 7-4 所示。秩和检验的结果如表 7-5 所示。

表 7-4 两组秩均值的结果

| 暴露方式 | N | 秩均值 | 秩和 |
|---|---|---|---|
| 间接暴露 | 10 | 5.95 | 59.5 |
| 直接暴露 | 7 | 13.36 | 93.5 |
| 总数 | 17 | | |

表 7-5 秩和检验的结果

| 统计量 | | |
|---|---|---|
| 曼-惠特尼 U 检验 | 4.5 |
| 威尔科克森符号秩检验 | 59.5 |
| 渐近显著性水平（双侧） | 0.003 |
| 精确显著性水平（单侧） | 0.001 |

经分析，对于两个独立样本的秩和检验来说，选择曼-惠特尼 U 检验，统计量为 4.5。

本例为小样本，于是选择相伴概率 P 为 0.001（小于 0.05），说明两种人群血液中致癌物浓度的总体分布位置差异有统计学意义，认为两种人群血液中的致癌物浓度不同。

说明：对于大样本，近似用 Z 检验，其"渐近显著性"指的就是相伴概率 P。对于小样本，直接用曼-惠特尼检验，其"精确显著性"指的就是相伴概率 P。

## 7.3 多个独立样本的克鲁斯卡尔-沃利斯检验

### 1. 概述

多个独立样本的非参数检验适用于按照完全随机设计试验收集的资料，用于在总体分布未知或确定不服从正态分布的情况下，推断多个独立总体的分布位置有无差异或者多个独立总体的中位数是否相同。

1）多个独立样本的非参数检验适用的资料收集方式

第一种方式是随机分组试验，将受试对象按照相似的特征划分成多各区组，每个区组中的对象具有同质性，同区组内的不同受试对象被随机分配到处理因素的不同水平分组中。第二种方式是随机抽样调查，从三个及以上的独立总体中分别随机抽取一定数量的对象。

2）多个独立总体差异比较的方法选择

（1）在观察指标为数值资料且总体服从正态分布、满足方差齐性的情况下，经过随机抽样或随机分组试验以后，获得三个及以上的独立样本。按照变异分解的思想，构造服从 $F$ 分布的统计量，则由单因素方差分析推断这些独立总体的均值差异有无统计学意义。单因素方差分析就是 $t$ 检验类似功能的推广。

（2）在小样本等级资料或数值资料但总体不服从正态分布情况下，经过随机抽样或随机分组试验以后，获得三个及以上的独立样本，可以考虑用秩和检验法，将多个样本混合以后编秩，将原始资料转换为秩次信息，求得每个样本的秩和并且构造统计量，用多个独立样本的克鲁斯卡尔-沃利斯（Kruskal-Wallis）检验推断多个独立总体的分布位置有无差异。

### 2. 多个独立样本的克鲁斯卡尔-沃利斯检验的基本步骤

（1）建立假设。原假设 $H_0$ 为多个独立总体的分布位置无差异或中位数相同；备择假设 $H_1$ 为多个独立总体的分布位置有差异或中位数不同。

（2）编秩。将多个独立样本混合以后由小到大排序、编秩。当数据不同时，按顺序依次编秩；当数据相同时，取平均秩，再把秩分别还给原来样本中的对象，求得每个样本的秩和。

（3）求统计量。统计量为

$$H = \left(12/(N(N+1))\right)\sum_{i=1}^{k} R_i^3/n_i - 3(N+1) \sim \chi^2(k-1)$$

式中，$R_i$ 为第 $i$ 个样本的秩和，$k$ 为独立样本的个数；$n_i$ 为第 $i$ 个样本量；$N$ 为数据总个数，$N = n_1 + n_2 + \cdots + n_k$。由 H 界值表可以判断统计量是否落入置信区间（或接受域）。

需要说明的是，在本章所有非参数检验方法的实施过程中，当编秩发现有较多的相同秩时，必须对统计量公式进行校正。这里不再统一赘述。

（4）制定结论。求得相伴概率 $P$，当 $P < \alpha$ 时，说明拒绝原假设 $H_0$；当 $P \geq \alpha$ 时，说明不拒绝原假设 $H_0$。相伴概率 $P$ 越小则说明越有理由认为多个总体的分布位置不同。

如果拒绝原假设 $H_0$，那么认为多个独立总体分布位置有差异。类似于单因素方差分析，中对于三个以上不全相等总体均值还要进行两两比较的做法，对于三个以上不全相等的总体中位数或分布位置进行两两比较，常用 Nemenyi 法。不再赘述。

**3. 补充说明**

说明①：定义一个检验变量，为程度、等级形式的有序多分类资料。再定义一个分组变量，类别为三个及以上。针对原始资料的数据结构形式，在 SPSS 软件环境下，将两个分类变量赋值信息录入数据文件，直接使用多个独立样本的克鲁斯卡尔-沃利斯检验。

说明②：由于检验变量为有序多分类资料形式，类别为三个及以上。分组变量的类别表现为两个及以上。既然两个变量都是定类变量，那么就会事先把原始资料交叉分组汇总到交叉表中，将分组变量和检验变量类别进行交叉搭配，把属于交叉类别共有属性的频数填入二维交叉表单元格中。在 SPSS 软件环境下，除了定义分组变量和检验变量以外，还要定义一个频数变量，事先对频数变量进行加权预处理，再使用多个独立样本的克鲁斯卡尔-沃利斯检验。

例如，将身体特征和病情相似的患者随机分配到 3 种治疗方案中，疗效分为痊愈、显效、好转、有效和无效。如果将治疗方法和疗效的不同类别进行交叉搭配，把由病例资料汇总以后的频数放在二维交叉表的单元格中，定义分组变量（治疗方案）、检验变量（疗效），定义频数变量并事先加权预处理，由克鲁斯卡尔-沃利斯检验推断不同治疗方案的疗效差异。

综上，当两个分类变量的类别个数有限时，对于不同的数据文件结构形式（第一手的原始资料或经过交叉表汇总加工的二手资料），研究者要关注变量类型、研究目的来判断方法使用条件。对于交叉表汇总的分类资料，还要事先定义频数变量并进行加权个案预处理。

【学习目标】

理解多个独立样本的克鲁斯卡尔-沃利斯检验的理论方法，掌握操作流程并阐述结论。

## 【案例实验 2】

按照随机抽样方式获得正常人、单纯性肥胖者和皮质醇增多症患者的血浆总皮质醇（单位：100μmol/L）。假设血浆总皮质醇总体不服从正态分布，推断 3 种人群的血浆皮质醇总体分布位置差异有无统计学意义。数据资料如表 7-6 所示。

本例的数据文件是"7 多个独立样本非参数检验（血浆总皮质醇、人群）.sav"。

表 7-6 数据资料

| 正常人 | 0.11 | 0.52 | 0.61 | 0.69 | 0.77 | 0.86 | 1.02 | 1.08 | 1.27 | 1.92 |
| --- | --- | --- | --- | --- | --- | --- | --- | --- | --- | --- |
| 单纯性肥胖者 | 0.17 | 0.33 | 0.55 | 0.66 | 0.86 | 1.13 | 1.38 | 1.63 | 2.04 | 3.75 |
| 皮质醇增多症患者 | 2.70 | 2.81 | 2.92 | 3.59 | 3.86 | 4.08 | 4.30 | 4.30 | 5.96 | 6.62 |

【数据文件】

定义检验变量"血浆总皮质醇"，分组变量"组别"，类型均为数值。定义变量值标签"正常人"=1、"单纯性肥胖者"=2、"皮质醇增多症患者"=3。建立数据文件,如图7-3所示。

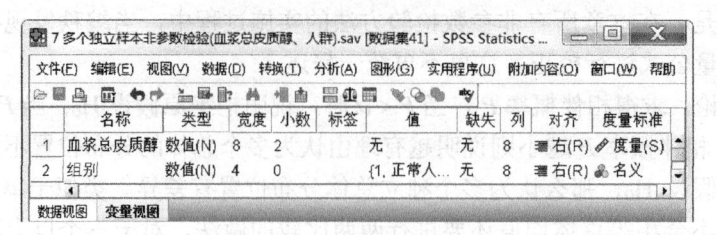

图7-3 数据文件

【菜单选择】

单击"分析"主菜单,再单击"非参数检验"选项,然后单击"k个独立样本"选项。

【界面设置】

在打开的"多个独立样本检验"对话框中,将"血浆总皮质醇"选入"检验变量列表"列表框中,将"组别"选入"分组变量"列表框中,单击"定义范围"按钮;在打开的对话框的"最小值"和"最大值"文本框中分别输入"1"和"3";在"多个独立样本检验"对话框的"检验类型"区域,默认选择"Kruskal-Wallis H"选项,单击"确定"按钮,如图7-4所示。

图7-4 变量选入的设置

【结果分析】

各组秩均值的结果如表7-7所示。克鲁斯卡尔-沃利斯检验的结果如表7-8所示。

表7-7 各组秩均值的结果

| 组 别 | $N$ | 秩 均 值 |
|---|---|---|
| 正常人 | 10 | 9.65 |
| 单纯性肥胖者 | 10 | 11.75 |
| 皮质醇增多症患者 | 10 | 25.1 |

表7-8 克鲁斯卡尔-沃利斯检验的结果

| | |
|---|---|
| 统计量 | 18.13 |
| df | 2 |
| 渐近显著性水平 | 0.001 |

经分析,选择克鲁斯卡尔-沃利斯检验进行多个独立样本的秩和检验,相伴概率 $P$ 为 0.001 (小于 0.05),说明正常人、单纯性肥胖者和皮质醇增多症患者这 3 种人群的血浆总皮质醇的总体分布位置差异有统计学意义,认为3种人群血浆总皮质醇不全相同。

## 7.4 两个相关样本的威尔科克森符号秩检验

**1. 概述**

两个相关样本的非参数检验适用于按照配对设计试验收集的资料,用于在总体分布类型未知或不服从正态分布的情况下,推断两个相关样本的总体分布有无差异或差值总体的中位数是否为零。在试验设计时,需要将特征相似的对象配对,每个对子中的对象被随机安排在不同水平的处理组中,使得同一对子内混杂因素的影响均衡,从而控制混杂因素的影响而专注讨论处理因素作用。

两个配对总体差异比较的方法选择:

(1) 对于总体服从正态分布的数值资料,如果分别抽样构造服从 $t$ 分布的统计量,推断两个配对总体均值差异有无统计学意义,则使用参数检验——对样本 $t$ 检验。

(2) 对于小样本定序资料或者总体不服从正态分布的数值资料,考虑将两个样本对子差值的绝对值由小到大排序、编秩,且直接删除为 0 的对子差值,再由秩次构造特定统计量,推断两个配对总体的分布有无差异,可以使用威尔科克森(Wilcoxon)符号秩检验。

**2. 两个相关样本的威尔科克森符号秩检验的基本思想**

两个相关样本的非参数检验的基本思想是求两个样本对子差值并对其绝对值按照升序排列以后编秩,数据相同时取平均秩,且对子差值的正负符号与对子"秩"的正负符号保持一致,分别求出每个对子差值对应的符号秩。在对子差值为正值的情况下求正秩和,在对子差值为负值的情况下求负秩和,构造满足特定方法的统计量。

威尔科克森符号秩检验既考虑了对子差值的正负符号,又充分利用了对子差值绝对值的顺序位次信息。但是,该检验不像参数假设检验那样利用精确差值来参与代数运算,且编秩的做法降低了信息利用充分性。

如果两个配对总体的分布无差异或对子差值总体的中位数为 0,那么对子差值样本的正秩和与负秩和的取值大致相等。由于受个体变异或者偶然因素的影响,即使原假设 $H_0$ 成立,正秩和与负秩和也不会恰巧相等。两者差异是偶然因素还是系统因素造成的呢?如果正秩和与负秩和差异超出了随机误差的解释范围,那么倾向于认为两个配对总体的分布有差异。当然,直觉判断不准确,推断结论考虑由小概率事件反证法思想作为依据,也会受到样本量 $n$ 大小、显著性水平 $\alpha$ 等条件的影响。

**3. 两个相关样本的威尔科克森符号秩检验的基本步骤**

(1) 建立假设。原假设 $H_0$ 为两个配对总体无差异或对子差值总体的中位数是 0;备择假设 $H_1$ 为两个配对总体有差异或对子差值总体的中位数不是 0。

(2) 编秩。首先求对子差值,再将对子差值按照绝对值由小到大排序、编秩,并将为 0 的对子差值忽略不计。数据不同时依次编秩,数据相同时取平均秩。

(3) 确定统计量。根据对子差值的符号求得符号秩。正秩用于求正秩和 $T_+$、负秩用于求负秩和 $T_-$,统计量 $T=\min(T_+, T_-)$。查符号秩检验的 $M$ 界值表,根据符号秩总个数 $n$(未必是对子个数),确定置信区间 $T_1 \sim T_2$。

(4) 制定结论。当 $T$ 不在此范围时,拒绝原假设 $H_0$。求得相伴概率 $P$,当 $P<\alpha$ 时,说明拒绝原假设 $H_0$;当 $P \geq \alpha$ 时,说明不拒绝原假设 $H_0$。相伴概率 $P$ 越小则说明越有理由认为

两个配对总体有差异。

说明：如果推断总体中位数与给定值的差异，则将样本数据与之求差、编秩即可。

【例 1】某校在宿舍环境整改前后，分别随机抽取部分宿舍并对其环境按统一标准打分。宿舍环境分数如表 7-9 所示。已知分数总体不服从正态分布，通过符号秩检验推断该校宿舍环境整改前后的分数总体差异有无统计学意义。

表 7-9　宿舍环境分数

| 整改前分数 | 74 | 70 | 75 | 68 | 72 | 70 | 75 | 68 | 70 | 70 |
|---|---|---|---|---|---|---|---|---|---|---|
| 整改后分数 | 78 | 72 | 70 | 75 | 70 | 77 | 88 | 82 | 75 | 71 |

解：建立原假设 $H_0$ 为整改前后的对子差值总体的中位数是 0 或整改前后总体无差异。建立备择假设 $H_1$ 为整改前后的对子差值总体的中位数不是 0 或整改前后总体有差异。

求配对资料中的对子差值，并由小到大排序后编秩，再根据对子差值符号求正秩和或负秩和。编秩的结果如表 7-10 所示。

表 7-10　编秩的结果

| 整改前分数 | 74 | 70 | 75 | 68 | 72 | 70 | 75 | 68 | 70 | 70 |
|---|---|---|---|---|---|---|---|---|---|---|
| 整改后分数 | 78 | 72 | 70 | 75 | 70 | 77 | 88 | 82 | 75 | 71 |
| 对子差值 | 4 | 2 | −5 | 7 | −2 | 7 | 13 | 14 | 5 | 1 |
| 秩 | 4 | 2.5 | 5.5 | 7.5 | 2.5 | 7.5 | 9 | 10 | 5.5 | 1 |
| $T_+$ | 4 | 2.5 |  | 7.5 |  | 7.5 | 9 | 10 | 5.5 | 1 |
| $T_-$ |  |  | 5.5 |  | 2.5 |  |  |  |  |  |

继续求得符号秩，正秩和 $T_+=47$、负秩和 $T_-=8$，于是统计量 $T=\min(47,8)=8$。查符号秩检验表，置信区间左端点 $T_{0.05}(10)=10$，$T<T_{0.05}(10)$，拒绝原假设 $H_0$，说明该学校宿舍整改前后分数的对子差值总体的中位数不是 0，即认为整改前后的宿舍环境评分有差异。

【学习目标】

理解两个相关样本威尔科克森符号秩检验的理论方法，掌握操作流程并阐述结论。

## 【案例实验 3】

受试者服用两种药物后，分别测得血药浓度达峰时间（单位：h）。假设服用两种药物后血药浓度达峰时间总体不服从正态分布，推断服用两种药物后血药浓度达峰时间的总体差异有无统计学意义。数据资料如表 7-11 所示。

本例的数据文件是"7 两个配对符号秩检验（血药浓度达峰时间）.sav"。

表 7-11　数据资料

| 药物 A 达峰时间 | 2.5 | 3.0 | 1.25 | 1.75 | 3.5 | 2.5 | 1.75 | 2.25 | 3.5 | 2.5 | 2.0 |
|---|---|---|---|---|---|---|---|---|---|---|---|
| 药物 B 达峰时间 | 3.5 | 4.0 | 2.5 | 2.0 | 3.5 | 4.0 | 1.5 | 2.5 | 3.0 | 3.0 | 3.5 |

【数据文件】

定义检验变量"药物 A 达峰时间"和"药物 B 达峰时间"，类型均为数值。

建立数据文件，如图 7-5 所示。

【菜单选择】

单击"分析"主菜单，再单击"非参数检验"选项，然后单击"两个相关样本"选项。

【界面设置】

在打开的"两个相关样本检验"对话框中，分别将"药物 A 达峰时间"和"药物 B 达峰时间"选入"检验对"列表框中的"Variable1"和"Variable2"栏下，单击"确定"按钮，如图 7-6 所示。

(a)

(b)

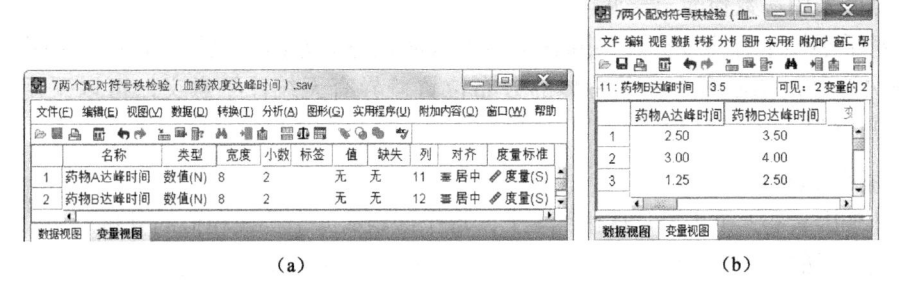

图 7-5 数据文件

图 7-6 "两个相关样本检验"对话框

【结果分析】

符号秩检验的结果如表 7-12 所示。

表 7-12 符号秩检验的结果

| 统 计 量 | -2.150 |
|---|---|
| 渐近显著性水平（双侧） | 0.032 |

经分析，由符号秩检验，统计量为-2.150，相伴概率 $P$ 为 0.032（小于 0.05），说明服用两种药物后血药浓度达峰时间的对子差值总体的中位数不是 0，即认为服用两种药物后血药浓度达峰时间不同。

## 7.5 多个相关样本的弗里德曼检验

### 1. 概述

多个相关样本的非参数检验适用于按照随机区组设计试验收集的资料，用于在多个相关总体的分布类型未知或不服从正态分布的情况下，推断不同总体的分布位置有无差异。

多个相关样本的非参数检验来自随机区组设计试验，将受试对象按照相似的特征划分成多个区组，使得每个区组中的受试对象具有同质性，再将每个区组中的 3 个及以上受试对象随机分配到处理因素的不同水平分组，在每个分组中分别安排无重复的试验，使区组内混杂因素的影响比较均衡，以便控制混杂因素的影响，从而专注于分析处理因素的作用。

根据随机区组设计收集多个相关样本，讨论多个相关样本的方法选择：

（1）对于总体服从正态分布的数值资料，如果推断多个水平总体的均值差异有无统计学意义，则可以采用参数检验——两个因素无重复试验的方差分析。

（2）对于小样本有序分类资料或者总体不服从正态分布的数值资料，有必要将原始数据转换为秩次信息，推断多个相关总体的分布位置差异有无统计学意义，可以采用弗里德曼（Friedman）检验（又称 $M$ 检验）。

### 2. 数据收集特点

假设处理因素有 $r$ 个水平、区组为 $s$ 个、每个区组有 $r$ 个特征相似的受试对象，将其随机分配到处理因素的 $r$ 个水平所在的区组，每个区组的受试对象个数和处理因素的水平个数都等于 $r$。将数据资料写成 $r$ 行×$s$ 列交叉表形式，如表 7-13 所示。

表 7-13 数据结构

| 因素水平 | 区组编号 | | | |
|---|---|---|---|---|
| | 1 | 2 | ... | $s$ |
| 1 | $x_{11}$ | $x_{12}$ | ... | $x_{1s}$ |
| 2 | $x_{21}$ | $x_{22}$ | ... | $x_{2s}$ |
| ... | ... | ... | ... | ... |
| $r$ | $x_{r1}$ | $x_{r2}$ | ... | $x_{rs}$ |

弗里德曼检验是在威尔科克森符号秩检验基础上，将功能扩展以后的非参数检验。它的基本思路是将每个区组内的数据分别进行编秩，即编秩工作是在同一区组中进行的，这是因为只有相同区组内的比较才有意义。在每种水平下对不同区组的秩分别求和并进行比较。如果不同水平的总体分布有显著差异，那么不同水平的平均秩也会表现出较大差异。如果不同水平的平均秩相差不大，那么倾向于认为不同水平的总体分布无显著差异。实际上，由于安排不重复试验，每个单元格中只收集 1 次数据，那么偶然因素或个体变异引起的随机误差影响，再加上编秩转换方式对于信息利用的不充分性，使弗里德曼检验效能很低。

说明①：弗里德曼检验也适用于样本量太小的情况。对于小样本来说，如果由样本推断总体特征，则往往稳定性和可靠度都差，这时可以选择此类非参数检验。

说明②：威尔科克森符号秩检验适用于两个相关样本的秩和检验，而弗里德曼检验适用于 3 个相关样本的秩和检验，可以看成是对威尔科克森符号秩检验的扩展。

说明③：弗里德曼检验与克鲁斯卡尔-沃利斯检验均适用于多个相关样本和独立样本，但它们的检验目的不一样，且统计量和实施步骤都不同。弗里德曼检验是在每个区组内独立排序、编秩的；克鲁斯卡尔-沃利斯检验是将全体数据合并在一起排序、编秩的。当多个相关样本总体之间多重比较时，可以采用 Bonferroni 校正的正态近似法，这里不再赘述。

### 3. 多个相关样本的弗里德曼检验的基本步骤

（1）建立假设。原假设 $H_0$ 为多个相关样本的总体分布无差异；备择假设 $H_1$ 为多个相关样本的总体分布有差异。

（2）编秩。每个区组数据升序排列以后编秩，分别在不同因素水平下求秩和。

（3）构造统计量。统计量为

$$\frac{12}{sr(r+1)}\sum_{i=1}^{r}(R_i - s(r+1)/2)^2 = \frac{12}{sr(r+1)}\sum_{i=1}^{r}R_i^2 - 3s(r+1) \sim \chi^2(r-1)$$

式中，$R_i$ 为第 $i$ 个水平的秩和。

（4）制定结论。求得相伴概率 $P$，当 $P < \alpha$ 时，说明拒绝原假设 $H_0$；当 $P \geq \alpha$ 时，说明不拒绝原假设 $H_0$。相伴概率 $P$ 越小则越有理由认为多个相关样本的总体分布有差异。

【学习目标】

理解多个相关样本的弗里德曼检验的理论方法，掌握操作流程并阐述结论。

## 【案例实验4】

将患者按照相似的病情特征分配区组，并随机分配患者服用不同种类药物。治疗以后的疗效采用等级制方式打分。推断不同种类药物的疗效总体差异有无统计学意义。数据资料如表 7-14 所示。本例的数据文件是"7 多个相关非参数检验（4 种药物的效果等级秩次）.sav"。

表 7-14 数据资料

| 药物种类 | 区组编号 | | | | | | | | | | | | |
|---|---|---|---|---|---|---|---|---|---|---|---|---|---|
| | A | B | C | D | E | F | G | H | I | J | K | L | M |
| 药物甲 | 4 | 4 | 5 | 3 | 3 | 2 | 4 | 3 | 3 | 3 | 2 | 1 | 5 |
| 药物乙 | 6 | 6 | 7 | 7 | 8 | 6 | 7 | 6 | 4 | 5 | 5 | 4 | 6 |
| 药物丙 | 7 | 8 | 8 | 7 | 8 | 9 | 7 | 8 | 9 | 9 | 7 | 9 | 9 |
| 药物丁 | 5 | 6 | 6 | 6 | 6 | 7 | 8 | 6 | 7 | 6 | 7 | 4 | 8 |

【数据文件】

定义检验变量"药物甲""药物乙""药物丙""药物丁"，类型均为数值。建立数据文件，如图 7-7 所示。

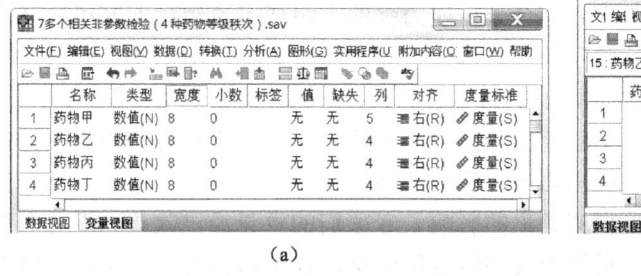

（a）　　　　　　　　　（b）

图 7-7　数据文件

【菜单选择】

单击"分析"主菜单，再单击"非参数检验"选项，然后单击"$k$ 个相关样本"选项。

【界面设置】

在打开的"多个关联样本检验"对话框中，分别将"药物甲""药物乙""药物丙""药物丁"选入"检验变量"列表框中；在"检验类型"区域，默认选择"Friedman"选项，单击"确定"按钮，如图7-8所示。

【结果分析】

弗里德曼检验的结果如表7-15所示。

表7-15 弗里德曼检验的结果

| | |
|---|---|
| $N$ | 13 |
| 统计量 | 32.049 |
| df | 3 |
| 渐近显著性水平 | 0.001 |

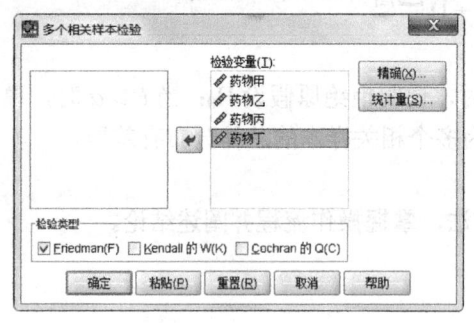

图7-8 "多个相关样本检验"对话框

经分析，由弗里德曼检验，统计量为32.049，相伴概率 $P$ 为0.001（小于0.05），说明4种药物疗效的总体分布差异有统计学意义，认为药物的疗效不全相同。

## 7.6 肯德尔和谐系数检验

在多指标评价或多目标决策工作中，经常会遇到由多位专家集体对多个对象进行独立评估或判断并给出评分的问题。例如，由多位考官评价多名考生，由多位专家决策多份备选方案，由多位专家讨论指标体系重要性。通常使用德尔菲（Delphi）法组织调研和函询，让专家们独立发表个人评分意见。研究者在评分数据资料回收以后，通常使用肯德尔和谐系数检验来判断多位专家集体评分结果的收敛要求或评分标准的一致性。

**1. 德尔菲法实施背景**

德尔菲法由美国兰德公司提出并推广于管理工作。德尔菲法的基本思路是成立项目筹备组、拟定主题和提纲、设计函询调查表。按照问题涉及的不同领域，分别选择有专门造诣、资历权威、经验丰富、认真负责、综合分析能力强的人组成专家组。专家组所从事专业和熟悉领域要具有代表性、关联性和互补性。每位专家按照给定程序对函询内容进行独立判断，以避免权威者的垄断效应和先言倾向诱导，从而有利于个人独立表达意见。

每位专家依靠直觉经验、文献查阅和同行交流等途径，对于函询调查表中的内容进行思考研判，匿名发表个人意见并提出修改、调整或补充的理由。由于专家们互不知情、互不交流，在独立思考的过程中不受权威意见的影响。专家们的意见经过收集、汇总和整理以后，由组织者将经过整理加工的意见重新反馈给每位专家，促使每位专家决定是否修改自己的原来意见，这样就有利于从群策群力和集思广益角度进行充分研判。接下来，对专家们的初步评分意见通过肯德尔和谐系数检验进行分析，以便为第二轮函询提供参考。

**2. 肯德尔和谐系数检验的背景**

专家组针对若干个被评价对象进行独立评价、评分。每个被评价对象相当于一个区组，每个专家相当于处理因素的不同水平，分别让不同专家对同一个对象独立评价、评分，将每个对象的来自不同专家的意见纳入同一个区组中,这非常类似随机区组设计情境。根据前面多个相关样本的非参数检验推断思路,如果把被评价对象看作样本,把专家看作处理因素的不同水平,就可以使用弗里德曼检验对不同专家评价标准的差异进行推断。

除了以上抽样推断思想以外,还有一种思路是将被评价对象作为一个整体,由专家组对全部对象的评价意见做出一致性评估,验证是否仍然存在较大的分歧或集体意见是否达到了收敛要求,由此决定是否重新组织下一轮次评价工作,并促使个别专家修改分散的观点。对于一致性评估,可以使用肯德尔(Kendall)和谐系数检验。

以综合评价指标体系修订为例,每个专家依据李克特量表对指标重要性独立打分,通过肯德尔和谐系数检验,测量集体评价意见一致性。当肯德尔和谐系数较小时,说明专家组意见分歧大,考虑对第一轮评价意见再次统计、集中和反馈以后,再次组织第二轮或更多轮的函询工作。当肯德尔和谐系数较大(如大于0.8)时,说明专家组意见达成一致。

**3. 肯德尔和谐系数检验的步骤**

(1)假设 $r$ 个专家针对 $s$ 个对象进行独立评分。数据结构如表 7-16 所示。

表 7-16　数据结构

| 专　　家 | 对象 1 | 对象 2 | … | 对象 $s$ |
|---|---|---|---|---|
| 专家 1 | $x_{11}$ | $x_{12}$ | … | $x_{1s}$ |
| 专家 2 | $x_{21}$ | $x_{22}$ | … | $x_{2s}$ |
| … | … | … | … | … |
| 专家 $r$ | $x_{r1}$ | $x_{r2}$ | … | $x_{rs}$ |

(2)每个被评价对象分别由 $r$ 个专家独立评分,数据资料逐列填入交叉表的单元格中。在该交叉表中,每行数据表示某个专家对 $s$ 个被评价对象的逐个评分。

将该交叉表中每列数据升序排列并转换为秩次。在 $r$ 行 $s$ 列的数据矩阵中,假设第 $i$ 个专家对第 $j$ 个被评价对象评分记为 $x_{ij}$,并将每列中 $r$ 个专家的评分排序以后转换为秩次 $R_{ij}$。

(3)构造肯德尔和谐系数的统计量为

$$W = \frac{12}{r^2(s^3-s)} \sum_{j=1}^{s}(R_j - r(s+1)/2)^2$$

式中 $R_j = \sum_{i=1}^{r} R_{ij}$ 是第 $j$ 个被评价对象的秩和。

(4)关系式 $0 \leq W \leq 1$ 成立,当 $W$ 越大或越接近 1 时,说明评分一致性越强;当 $W$ 越小或越接近 0 时,说明评分一致性越弱。一般地,当 $W$ 为 0.7 以上时,认为评分具有一致性。肯德尔和谐系数检验更关注肯德尔和谐系数大小,而不是一致性结论有无统计学意义。

**【案例实验 5】**

3 位公司面试专家对 8 名考生独立评分,评分方式用李克特量表,取值范围为 1~10 分。数据资料如表 7-17 所示。本例的数据文件是"7Kendall 系数(考生意见的一致性).sav"。

表 7-17　数据资料

| 专　　家 | 考生 1 | 考生 2 | 考生 3 | 考生 4 | 考生 5 | 考生 6 | 考生 7 | 考生 8 |
|---|---|---|---|---|---|---|---|---|
| 专家 1 | 9 | 8 | 7 | 8 | 9 | 9 | 7 | 8 |
| 专家 2 | 7 | 8 | 9 | 6 | 10 | 9 | 8 | 9 |
| 专家 3 | 6 | 6 | 5 | 7 | 8 | 10 | 9 | 6 |

(2) 第一种方法是采用肯德尔和谐系数检验。
分析专家集体对于所有考生评分意见的一致性。

【数据文件】
定义变量"考生1""考生2""考生3""考生4""考生5""考生6""考生7""考生8"，类型均为数值。建立数据文件，如图7-9所示。

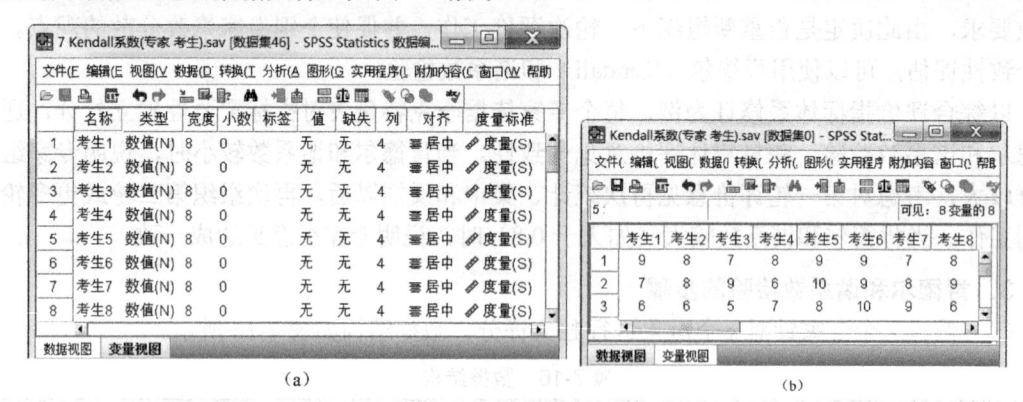

(a)　　　　　　　　　　　　　(b)

图7-9　数据文件

【菜单选择】
单击"分析"主菜单，再单击"非参数检验"选项，然后单击"$k$ 个相关样本"选项。

【界面设置】
在打开的"多个相关样本检验"对话框中，将"考生1""考生2""考生3""考生4""考生5""考生6""考生7""考生8"分别选入"检验变量"列表框中；在"检验类型"区域，选择"Kendall 的 W(K)"选项，单击"确定"按钮，如图7-10所示。

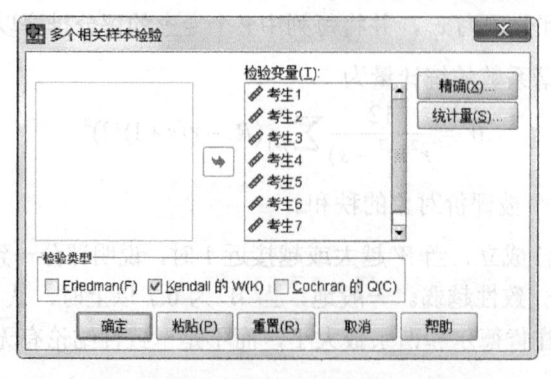

图7-10　"多个相关样本检验"对话框

【结果分析】
经分析，第一轮的肯德尔和谐系数为 0.466，说明专家组意见的一致性不好。于是，在第二轮时，由专家组中的专家各自调整自己之前给出的评分，重新求得肯德尔和谐系数。当肯德尔和谐系数大于 0.7 时，可以认为专家组的意见达到收敛要求，即认为出现了一致的情况。

(1) 第二种方法是采用多个相关样本的弗里德曼检验。
补充说明：弗里德曼检验与肯德尔和谐系数的变量定义特点和数据结构不同，作用也不一样。前者专家个数即变量个数；后者被评对象个数即变量个数。

将考生作为样本,用于推断不同专家的评分标准差异有无统计学意义。

【数据文件】

定义检验变量"专家1""专家2""专家3",类型均为数值。建立数据文件,如图 7-11 所示。

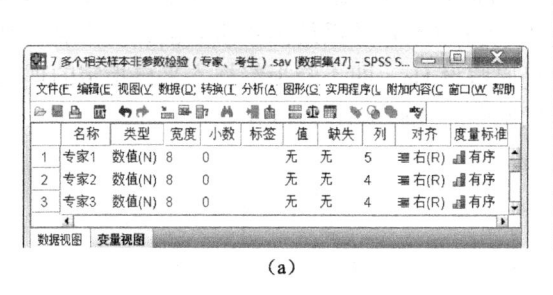

图 7-11  数据文件

【菜单选择】

单击"分析"主菜单,再单击"非参数检验"选项,然后单击"$k$ 个相关样本"选项。

【界面设置】

在打开的"多个相关样本检验"对话框中,将"专家1""专家2""专家3"分别选入"检验变量"列表框中;在"检验类型"区域,选择"Friedman(F)"选项,单击"确定"按钮,如图 7-10 所示。

【结果分析】

弗里德曼检验的结果如表 7-12 所示。

图 7-12  "多个相关样本检验"对话框

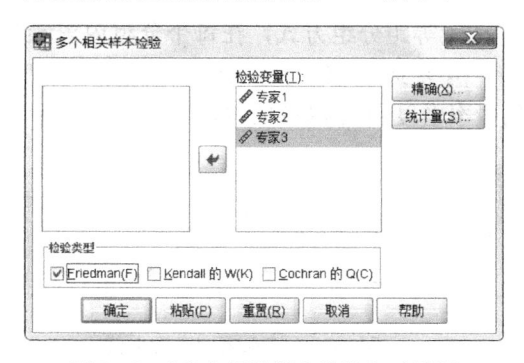

表 7-18  弗里德曼检验的结果

| $N$ | 8 |
| --- | --- |
| 统计量 | 1.867 |
| df | 2 |
| 渐近显著性水平 | 0.393 |

经分析,相伴概率 $P$ 为 0.393(大于 0.05),说明 3 个专家评分标准差异无统计学意义。

## 7.7  单个总体的正态分布检验

### 1. 单样本 K-S 检验

在统计推断中,常要讨论某个抽样总体分布与指定的分布(如二项分布、泊松分布、指数分布和正态分布)差异有无统计学意义,或者讨论两个抽样总体分布差异有无统计学意义。常见方法为 Shapiro-Wilk(S-W)检验、Kolmogorov-Smirnov(K-S)检验。前者适用于 50 例以下的小样本、而且无大量重复数据的情形;后者适用于 50 例以上的大样本情形。在 SPSS

软件"分析"主菜单的"非参数检验"二级菜单中提供了"单样本 K-S 检验"选项。

建立原假设 $H_0$ 为单个样本代表的总体分布与指定的理论分布无差异；建立备择假设 $H_1$ 为单个样本代表的总体分布与指定的理论分布有差异。首先获得理论累计频率分布与样本累计频率分布，再将两者进行比较，然后根据两者的最大偏差值构造统计量。如果最大偏差值超过一定程度，那么倾向于认为这两种分布差异是系统因素引起的，反之认为两种分布差异是抽样偶然因素引起的，说明不拒绝原假设 $H_0$，即不能拒绝样本来自指定的理论分布总体。

理论累计概率分布或样本累计频率分布比较如图 7-13 所示。

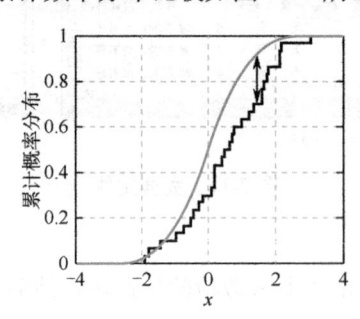

图 7-13　理论累计概率分布或样本累计频率分布比较

在图 7-13 中，光滑曲线是理论累计概率分布，不规则折线是样本累计频率分布。

### 2. 单个总体正态分布的检验

正态分布是某些理论分布（如 $t$ 分布、$\chi^2$ 分布、$F$ 分布）构造的基础。小样本数值资料来自正态分布总体是参数假设检验（如 $t$ 检验、$\chi^2$ 检验、$F$ 检验）的前提条件之一。

由直方图演示样本资料是否服从正态分布。按照等距分组方式，在每个分组内求频数、频率、频率密度。频率密度直方图表现出中间多、两头少且大致对称的分布特点，如图 7-14 所示。当样本量大且分组个数较多时，近似得到概率密度函数 $f(x)$ 曲线，如图 7-15 所示。

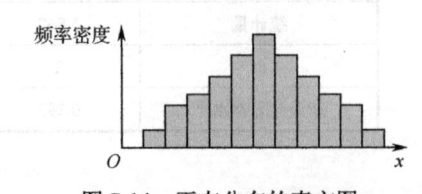

图 7-14　正态分布的直方图　　　　图 7-15　概率密度函数曲线

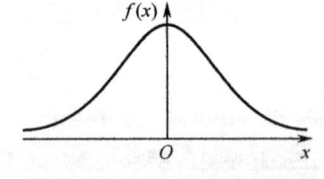

如果样本观测资料经过统计分组以后表现出上述特点，那么大致认为样本来自正态分布总体。当然，直觉判断不准确，推断结论考虑由小概率事件反证法思想作为依据，也会受到样本量 $n$ 大小、显著性水平 $\alpha$ 等条件的影响。

说明：当样本与总体正态分布条件偏离不大时，许多方法对于总体服从正态分布的条件有一定耐受性。在正态分布的拟合优度检验中，K-S 检验的精确度要优于卡方检验。K-S 检验对于小样本不敏感，但是对大样本又太敏感。当样本量很小时，往往直接默认总体服从正态分布。当样本量很大时，建议结合直方图、P-P 图或 Q-Q 图来判断总体是否服从正态分布。

下面根据单样本 K-S 检验的基本步骤，验证样本是否来自正态分布总体。

（1）建立假设。建立原假设 $H_0$ 为样本所在总体分布与正态分布无差异；建立备择假设 $H_1$ 为样本所在总体分布与正态分布有差异。

(2)将数值资料按照等距分组的方式进行预处理,样本量为 $n$、组数为 $k$,获得每个分组的频数,逐组求累计频数,累计频数与组数 $k$ 相除以后求样本累计频率 $S_n(x)$。

(3)由已知正态分布 $N(\mu,\sigma^2)$,将分组上限 $x$ 标准化为 $z=(x-\mu)/\sigma$。所有分组进行类似处理,由标准正态分布 $N(0,1)$ 上限 $z$,查 $N(0,1)$ 分布表,得到理论累计频率 $F_n(z)$。

(4)每个分组的样本累计频率 $S_n(x)$ 和理论累计频率 $F_n(z)$ 相减求偏差值。

(5)构造统计量 $\max\{|S_n(x)-F_n(z)|\}$,求其取得更极端情形的相伴概率 $P$。

(6)当相伴概率 $P<\alpha$ 时,拒绝原假设 $H_0$;当相伴概率 $P\geq\alpha$ 时,不拒绝原假设 $H_0$,说明不能否认样本来自正态分布总体。如果不拒绝原假设 $H_0$,那么说明样本来自正态分布总体。相伴概率 $P$ 越大,则越有理由认为样本来自正态分布总体。

【例1】从某厂生产线上随机抽取 1 000 份产品,将其称重的质量(单位:kg),求得样本均值为 400、样本方差为 16。接下来,由等距分组方式汇总,推断产品质量是否来自均值为 400、方差为 16 的正态分布总体。主要结果如表 7-19 所示。

表 7-19 主要计算结果

| 分 组 | 份数 | 累计份数 | 样本累计频率 | $z$ | 理论累计频率 | 绝对差异 |
| --- | --- | --- | --- | --- | --- | --- |
| <386 | 1 | 1 | 0.001 | -3.5 | 0.000 2 | 0.000 8 |
| 386~388 | 1 | 2 | 0.002 | -3.0 | 0.001 3 | 0.000 7 |
| 388~390 | 4 | 6 | 0.006 | -2.5 | 0.006 2 | 0.000 2 |
| 390~392 | 16 | 22 | 0.022 | -2.0 | 0.022 8 | 0.000 8 |
| 392~394 | 47 | 69 | 0.069 | -1.5 | 0.066 8 | 0.002 2 |
| 394~396 | 86 | 155 | 0.155 | -1.0 | 0.158 7 | 0.003 7 |
| 396~398 | 137 | 292 | 0.292 | -0.5 | 0.308 5 | 0.016 5 |
| 398~400 | 205 | 497 | 0.497 | 0.0 | 0.500 0 | 0.000 3 |
| 400~402 | 210 | 707 | 0.707 | 0.5 | 0.691 5 | 0.015 5 |
| 402~404 | 141 | 848 | 0.848 | 1.5 | 0.841 3 | 0.006 7 |
| 404~406 | 82 | 930 | 0.93 | 2.0 | 0.933 2 | 0.003 2 |
| 406~408 | 46 | 976 | 0.976 | 2.5 | 0.977 2 | 0.001 2 |
| 408~410 | 18 | 994 | 0.994 | 3.0 | 0.993 8 | 0.000 2 |
| 410~412 | 4 | 998 | 0.998 | 3.0 | 0.998 7 | 0.000 7 |
| 412~414 | 1 | 999 | 0.999 | 3.5 | 0.999 8 | 0.000 8 |
| >414 | 1 | 1 000 | 1 | 4.0 | 1.000 0 | 0.000 0 |

解:(1)建立原假设 $H_0$ 为产品来自正态分布总体 $N(400,4^2)$;建立备择假设 $H_1$ 为产品不是来自正态分布总体 $N(400,4^2)$。

(2)把样本资料按照等距分组方式进行汇总,计算其频数、累计频数及累计频率,由每个分组的右端点计算理论累计频率,然后在每个分组内计算样本累计频率和理论累计频率的偏差,构造服从 $D$ 分布的统计量并进行假设检验。

(3)经过等距分组方式汇总以后,求出每个分组的上限标准化值 $z=$(上限-400)/4。

例如，第 1 个分组的 $z$ 为 $(386-400)/4=-3.5$，第 2 个分组的 $z$ 为 $(388-400)/4=-3.0$。

（4）查标准正态分布表求得理论累计频率 $F_n(x)$。

例如，第 1 个分组的理论累计频率 $P(z \leqslant -3.5)=0.0002$，第 2 个分组的理论累计频率 $P(z \leqslant -3.0)=0.0013$，依次类推。由样本累计频率 $S_n(x)$ 和理论累计频率 $F_n(x)$ 偏差求统计量 $\max\{|S_n(x)-F_n(z)|\}=0.0165$，求得临界值为 0.043，没有落入拒绝域，也可以通过相伴概率 $P$ 进行判断。经分析，没有理由拒绝产品质量来自正态分布总体。

### 3．P-P 图和 Q-Q 图法

P-P 图：以样本经验累计频率作为横坐标，以指定理论分布的累计概率作为纵坐标，把原始样本数据转换为坐标系中的散点。Q-Q 图：以样本分位数作为横坐标，以特定理论分布的分位数作为纵坐标，把原始数据转换为坐标系中的散点。

其中，P 是 Probability（概率）的首字母；Q 是 Quantile（分位数）的首字母。

如果总体近似服从正态分布，那么在 P-P 图和 Q-Q 图的第一象限中的散点几乎围绕着对角线分布。散点越接近对角线则说明对理论分布拟合越好，当然也不会与对角线完全吻合，因为样本总是受到偶然因素和个体变异的影响。

【学习目标】

理解单个总体正态分布检验的单样本 K-S 检验理论方法、P-P 图法和 Q-Q 图法，掌握操作流程并阐述结论。

## 【案例实验 6】

抽样测量患者每分钟脉搏次数并推断脉搏次数是否来自正态分布总体。数据资料如表 7-20 所示。本例的数据文件是"7 正态分布拟合检验（患者脉搏次数）.sav"。

表 7-20　数据资料

| 54 | 67 | 68 | 70 | 66 | 67 | 71 | 78 | 68 | 70 |
| 65 | 69 | 72 | 73 | 59 | 71 | 73 | 58 | 57 | 72 |

【数据文件】

定义检验变量"脉搏次数"，类型为数值。建立数据文件，如图 7-16 所示。

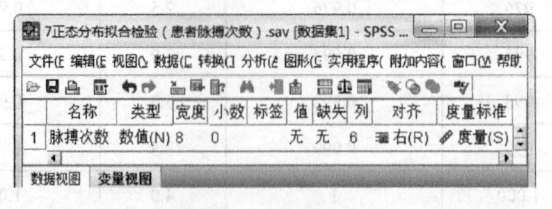

图 7-16　数据文件

（1）第一种方法采用单样本 K-S 检验。

【菜单选择】

单击"分析"主菜单，再单击"非参数检验"选项，然后单击"1-样本 K-S（1-sample K-S）"选项。

【界面设置】

在打开的"单样本 Kolmogorov-Smirnov"对话框中，将检验变量"脉搏次数"选入"检验变量列表"列表框中；在"检验分布"区域，默认选择"常规"选项，单击"确定"按钮，如图 7-17 所示。

【结果分析】

正态分布的检验结果如表 7-21 所示。

表 7-21　正态分布的检验结果

| 正态参数 | 均值 | 67.40 |
|---|---|---|
| | 标准差 | 6.134 |
| 最极端差异 | 绝对值 | 0.174 |
| | 正 | 0.131 |
| | 负 | −0.174 |
| 统计量 | | 0.778 |
| 渐近显著性水平（双侧） | | 0.580 |

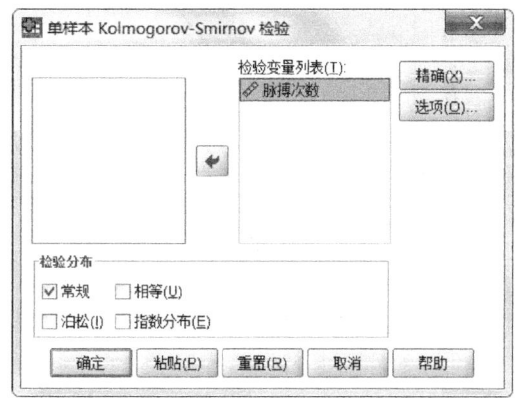

图 7-17　单样本 K-S 检验的设置

经分析，由单样本 K-S 检验，统计量为 0.778，相伴概率 $P$ 为 0.580（大于 0.20），说明脉搏次数所在总体分布与正态分布差异无统计学意义，认为样本来自正态分布总体。

（2）第二种方法采用 P-P 图法、Q-Q 图法。

【菜单选择】

单击"分析"主菜单，再单击"描述统计"选项，然后单击"P-P 图"或"Q-Q 图"选项。

【界面设置】

在打开的"P-P 图"对话框或"Q-Q 图"对话框中，将"脉搏次数"选入"变量"列表框中，单击"确定"按钮，如图 7-18 或图 7-19 所示。

图 7-18　P-P 图的设置　　　　　　图 7-19　Q-Q 图的设置

【结果分析】

P-P 图的结果如图 7-19 所示。Q-Q 图的结果如图 7-20 所示。

经分析，P-P 图、Q-Q 图散点多数在对角线附近，认为脉搏次数总体服从正态分布。

图 7-20  P-P 图的结果

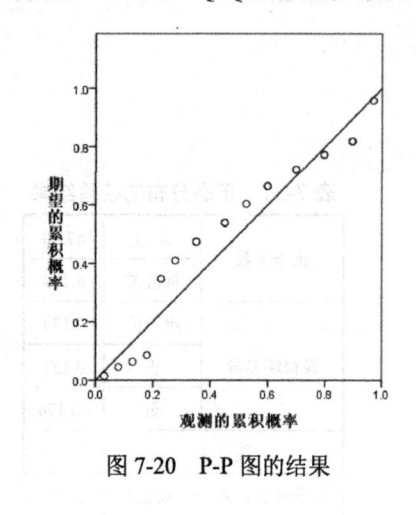

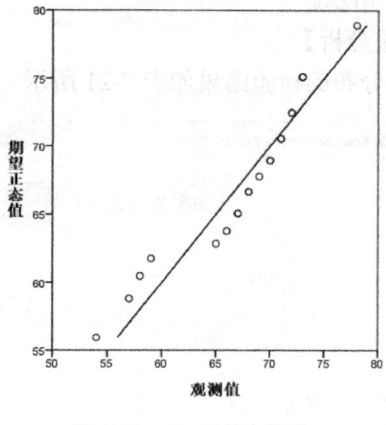

图 7-21  Q-Q 图的结果

# 【拓展练习】

【练习 1】由某病患者的血清胆固醇数据的抽样资料，推断血清胆固醇是否来自正态分布总体。数据资料如表 7-22 所示。

表 7-22  数据资料

| 3.89 | 3.41 | 5.70 | 6.84 | 4.40 | 3.77 | 3.63 |
|---|---|---|---|---|---|---|
| 4.56 | 3.58 | 3.98 | 2.93 | 3.50 | 2.45 | |

【练习 2】将特征相似的 20 只小鼠随机分成两组，分别按照两种方式安排试验并观测某种生理指标的情况。假设在两种方式下的生理指标总体都不服从正态分布，推断由两种方式测量的生理指标总体分布位置（或中位数）差异有无统计学意义。数据资料如表 7-23 所示。

表 7-23  数据资料

| 甲方式的生理指标 | 336 | 371 | 386 | 364 | 377 | 292 | 288 | 304 | 333 | 302 |
|---|---|---|---|---|---|---|---|---|---|---|
| 乙方式的生理指标 | 258 | 291 | 300 | 285 | 298 | 303 | 312 | 260 | 339 | 290 |

【练习 3】将特征相似的 8 对大鼠随机分配到两种毒物组。其中，第一组的 8 只大鼠注射甲种毒物，第二组的 8 只大鼠注射乙种毒物，观察大鼠的存活时间（单位：h）。假设大鼠存活时间的总体不服从正态分布，推断两种毒物处理的相似特征大鼠的存活时间差值总体（或中位数）与 0 差异有无统计学意义。数据资料如表 7-24 所示。

表 7-24  数据资料

| 治疗组的存活时间 | 3.1 | 5.3 | 1.4 | 4.6 | 2.8 | 4.0 | 3.8 | 5.5 |
|---|---|---|---|---|---|---|---|---|
| 对照组的存活时间 | 1.9 | 0.5 | 0.9 | 2.1 | 1.4 | 2.1 | 1.1 | 0.8 |

【练习 4】从甲种香烟中随机抽取 10 支香烟，从乙种香烟中随机抽取 9 支香烟，分别测量每支香烟的尼古丁含量（单位：mg）。假设尼古丁含量的总体不服从正态分布，推断两种香烟的尼古丁含量总体分布位置差异有无统计学意义。数据资料如表 7-25 所示。

表 7-25 数据资料

| 每支甲种香烟的尼古丁含量 | 25 | 28 | 23 | 26 | 29 | 23 | 25 | 27 | 24 | 22 |
|---|---|---|---|---|---|---|---|---|---|---|
| 每支乙种香烟的尼古丁含量 | 28 | 29 | 31 | 33 | 32 | 29 | 30 | 37 | 26 | 25 |

【练习 5】将同一种系的小鼠随机分成 3 个处理组，分别感染甲、乙、丙 3 种病菌，观测某项生理指标的情况。假设生理指标的总体不服从正态分布，推断 3 种病菌造成的该项生理指标总体分布位置（或中位数）差异有无统计学意义。数据资料如表 7-26 所示。

表 7-26 数据资料

| 病菌种类 | 小鼠感染病菌后的生理指标 | | | | | | | | | | | |
|---|---|---|---|---|---|---|---|---|---|---|---|---|
| 甲 | 1.30 | 1.40 | 1.60 | 1.70 | 1.80 | 1.70 | 2.20 | 1.90 | 1.80 | 1.70 | 1.60 | 1.50 |
| 乙 | 2.20 | 1.90 | 2.66 | 2.68 | 2.80 | 2.70 | 2.58 | 2.30 | 1.80 | 2.30 | 2.80 | 2.40 |
| 丙 | 3.30 | 3.40 | 3.80 | 2.90 | 4.00 | 3.50 | 3.80 | 3.75 | 3.80 | 3.40 | 4.10 | 3.60 |

【练习 6】按照随机区组设计方式安排试验，每个区组中安排 3 只孪生动物，随机分配以后对其分别注射药物 A、药物 B、药物 C。假设药物代谢时间的总体不服从正态分布，推断 3 种药物的代谢时间总体差异有无统计学意义。数据资料如表 7-27 所示。

表 7-27 数据资料

| 药物种类 | 区组编号 | | | | | | | | | | | |
|---|---|---|---|---|---|---|---|---|---|---|---|---|
| | A | B | C | D | E | F | G | H | I | J | K | L |
| 药物 A | 190 | 175 | 110 | 140 | 50 | 75 | 75 | 70 | 120 | 85 | 60 | 140 |
| 药物 B | 187 | 220 | 150 | 160 | 53 | 125 | 100 | 67 | 140 | 70 | 87 | 114 |
| 药物 C | 170 | 210 | 171 | 155 | 54 | 130 | 116 | 58 | 142 | 110 | 100 | 95 |

【练习 7】由德尔菲法匿名征询专家意见，根据李克特量表对指标体系中的指标重要性独立评分。通过肯德尔和谐系数检验，分析专家组意见的一致性。数据资料如表 7-28 所示。

表 7-28 数据资料

| 专家 | 指标 1 | 指标 2 | 指标 3 | 指标 4 | 指标 5 | 指标 6 | 指标 7 | 指标 8 |
|---|---|---|---|---|---|---|---|---|
| 专家 1 | 4 | 4 | 5 | 3 | 3 | 2 | 4 | 3 |
| 专家 2 | 6 | 6 | 7 | 7 | 8 | 6 | 7 | 6 |
| 专家 3 | 7 | 8 | 8 | 7 | 8 | 9 | 7 | 8 |
| 专家 4 | 5 | 6 | 6 | 6 | 6 | 7 | 8 | 6 |

# 第 8 章　交叉表的检验

## 8.1　交叉表资料

### 8.1.1　交叉表资料的来源和表现形式

在问卷调查中，通常使用选择题来收集受访者的应答信息。当问卷中的选择题个数很多时，需要定义的分类变量个数也很多。为了在统计分析过程中快速找到变量，不妨用“字母+数字”的形式标记变量名称。选择题题干可以看作一个分类变量，简化以后定义为变量名。选择题的备选项可以转换为分类变量的类别取值。两个分类变量可以采用交叉表（又称列联表、交互分类表、行×列表或 R×C 表）形式来进行数据汇总整理，分别将其放在交叉表的行位置和列位置，不妨称为行变量 $X$ 和列变量 $Y$。行、列变量的交叉分类如图 8-1 所示。

| | $Y_1$ | $Y_2$ | $Y_3$ | $Y_4$ | 合计 |
|---|---|---|---|---|---|
| $X_1$ | | | | | |
| $X_2$ | | | | | |
| $X_3$ | | | | | |
| 合计 | | | | | |

| | $Y_1$ | $Y_2$ | 合计 |
|---|---|---|---|
| $X_1$ | | | |
| $X_2$ | | | |
| 合计 | | | |

图 8-1　行、列变量的交叉分类

行变量 $X$ 类别个数为 $R$，第 $i$ 个类别记为 $X_i$，全部类别是 $X_1, X_2, \cdots, X_R$。列变量 $Y$ 类别个数为 $C$，第 $j$ 个类别记为 $Y_j$，全部类别是 $Y_1, Y_2, \cdots, Y_C$。第 $i$ 个类别 $X_i$ 和第 $j$ 个类别 $Y_j$ 交叉分组以后，在对应单元格中的观察频数（或实际频数）记为 $O_{ij}$。数据资料如表 8-1 所示。

表 8-1　数据资料

| 行变量 $X$ | 列变量 $Y$ | | | |
|---|---|---|---|---|
| | $Y_1$ | $Y_2$ | … | $Y_C$ |
| $X_1$ | $O_{11}$ | $O_{12}$ | … | $O_{1C}$ |
| $X_2$ | $O_{21}$ | $O_{22}$ | … | $O_{2C}$ |
| … | … | … | … | … |
| $X_R$ | $O_{R1}$ | $O_{R2}$ | … | $O_{RC}$ |

例如，“性别”是具有 2 个分类的资料，“学习等次”是具有 4 个分类的资料，调查学生 154 人。定义检验变量“个案序号”“性别”“学习等次”。定义第 2 个和第 3 个变量的值标签：“男”=1、“女”=2，“优”=4、“良”=3、“中”=2、“差”=1。原始资料如表 8-2 所示。

如果原始资料中按照性别和学习等次的应答信息经过交叉分组以后进行汇总，则将“性别”作为行变量，将“学习等次”作为列变量。将“性别”和“学习等次”交叉分组以后，在交叉表单元格中输入学生人数。汇总资料如表 8-3 所示。

表 8-2 原始资料

| 个案序号 | 1 | 2 | 3 | 4 | 5 | 6 | 7 | 8 | … | 154 |
|---|---|---|---|---|---|---|---|---|---|---|
| 性别 | 男 | 女 | 女 | 男 | 女 | 女 | 男 | 女 | … | 男 |
|  | 1 | 2 | 2 | 1 | 2 | 2 | 1 | 2 | … | 1 |
| 学习等次 | 优 | 良 | 中 | 差 | 中 | 良 | 优 | 差 | … | 差 |
|  | 4 | 3 | 2 | 1 | 2 | 3 | 4 | 1 | … | 1 |

表 8-3 汇总资料

| 性别 | 学 习 等 次 | | | |
|---|---|---|---|---|
|  | 差 | 中 | 良 | 优 |
| 男 | 18 | 30 | 17 | 13 |
| 女 | 14 | 20 | 20 | 22 |

## 8.1.2 交叉表资料分析方法概述

交叉表中的行变量和列变量都是分类变量。鉴于类别之间有无顺序、位次、等级或程度的差异，最好将分类变量分成无序多分类变量和有序多分类变量。只有两个类别的分类变量称为二分类资料。于是，交叉表通常分成双向无序分类交叉表、单向有序分类交叉表和双向有序分类交叉表共 3 种类型。针对不同类型的交叉表，统计学方法选择的常见情形如下。

情形①：对于双向无序多分类且属性不同的交叉表，使用卡方检验，按照某个分类变量的不同组别，推断另一个无序多分类变量中的不同类别总体构成比是否一致。

例如，将某院校专业（工学、文科）和吸烟情况（吸烟、不吸烟）进行交叉汇总，使用卡方检验，推断专业与吸烟是否独立或有无联系，即推断不同专业的总体吸烟率是否相等。

情形②：对于单向有序多分类且属性不同的交叉表，使用秩和检验，按照分组变量推断另一个有序多分类变量的等级程度有无差异。

例如，将药物（甲、乙、丙）和疗效（治愈、显效、有效、无效）形成交叉表，使用秩和检验，推断三种药物种类的疗效有无差异。药物种类是分组变量，为二分类或无序多分类变量；疗效是检验变量，为有序多分类变量。

情形③：对于双向有序多分类且属性相同的交叉表，使用 Kappa 检验，推断两个属性完全相同的有序多分类变量在评定分级方向上是否一致。

例如，专家甲和专家乙分别给出所有考生的考评分级（优秀、良好、中等、较差）。把分别由两个专家给出的、排列顺序相同的评定分级进行交叉分组汇总，将交叉分组的频数输入单元格中，使用 Kappa 检验，推断两位专家在评定分级方向上是否一致。

情形④：对于双向有序多分类且属性不同的交叉表，无特定统计分析方法。对于单向或双向有序且属性不同的交叉表资料，如果故意丢弃有序多分类资料中不同类别的差异，那么可以将其看作无序多分类资料，参考情形①和情形②选择统计学方法。

例如，由问卷选择题收集学历和收入信息，以交叉分组后形成的交叉表进行汇总，学历包括小学、中学、大学，收入包括 3 000 元以下、3 000～5 000 元、5 000～8 000 元、8 000元以上。学历和收入既可以看作有序多分类资料，也可以看作无序多分类资料。

按照情形①，学历是分组变量，属于无序多分类资料；收入可以看作无序多分类资料。使用卡方检验，推断不同学历人群的不同收入类别的总体构成比是否一致。

按照情形②，学历是分组变量，属于无序多分类资料；收入可以看作有序多分类资料。使用秩和检验，推断不同学历人群的总体收入高低程度有无差异。

此外，当把学历和收入都看成有序多分类资料时，那么还可以使用伽马（Gamma）相关系数或斯皮尔曼秩相关系数对学历和收入相关方向和密切程度进行描述性分析。

## 8.2 $\chi^2$ 分布定理

对于某个分类变量或两个分类变量来说，在事先假定某种性质成立的条件下，可以在其相应交叉表单元格中求得所谓的理论频数（或期望频数）。英国 Pearson 提出并证明了 $\chi^2$ 分布定理，构造服从 $\chi^2$ 分布的统计量，用于反映实际频数和理论频数的吻合程度。如果大多数理论频数和实际频数相近，那么说明两者差异由偶然因素和随机误差就能解释，还不能认为是系统因素引起的，即不能拒绝原假设。如果理论频数与实际频数差异足够大，那么统计量取值更极端情形的相伴概率很小，认为两者差异是系统因素引起的，从而拒绝原假设。

Pearson 证明了关于理论频数和实际频数之间近似关系的定理，又称 $\chi^2$ 分布定理，即

$$\sum \frac{(实际频数-理论频数)^2}{理论频数} \sim \chi^2 \text{分布}, \quad \sum_{i=1}^{k} \frac{(O_i - E_i)^2}{E_i} \sim \chi^2(k-m-1) \text{分布}, \quad i=1,2,\cdots,k$$

式中，$k$ 为样本组数、$m$ 为参数个数、$O_i$ 为实际频数、$E_i$ 为理论频数。$\sum (O-E)^2$ 表示实际频数与理论频数的偏离程度，$\sum ((O-E)^2/E)$ 用于消除不同分组理论频数差异的影响。随着样本组数增加，这个统计量会变大，为了体现其影响而引入自由度 $k-m-1$。

## 8.3 总体分布的拟合优度检验

$\chi^2$ 分布定理可用于抽样分布与指定理论分布之间的拟合优度检验（拟合是参考模仿的定性表达；优度是程度大小的定量比较），也就是检验样本是否来自某种指定理论分布的总体。基本思想是将随机抽样或随机试验数据进行统计分组，获得每个分组内的实际频数 $O_i$。例如，假设抽样数据来自正态分布总体，求得每个分组内的、经过标准分（即 $Z$ 分数）转化后的上下组限和落在组内的概率，继而求出对应的理论频数 $E_i$，然后基于实际频数和理论频数，由卡方检验构造服从 $\chi^2$ 分布的统计量，求得该统计量取值更为极端情形的相伴概率，由此判断该样本来自总体服从正态分布的原假设是否成立。

实际上，关于总体正态分布的检验方法还有很多，如基于频数分布的直方图、P-P 图、Q-Q 图、S-W 检验、K-S 检验等。实际上，卡方检验法用于总体分布的拟合优度检验时倾向于得出接受原假设或认为总体服从指定理论分布的粗糙结论。

当使用卡方检验进行总体分布的拟合优度检验时，要求样本量 $n$ 足够大，否则抽样推断总体是否服从指定理论分布的可靠性不易得到保证。理论频数的计算公式为 $E_i>5$ 且 $E_i = np_i$。其中，$p_i$ 为数据落在第 $i$ 个组内的概率。理论频数 $E_i<5$ 的分组应与邻近分组进行合并。

**【例 1】** 一颗骰子投掷 132 次并统计点数的实际频数 $O_i$，由此推断这颗骰子的质量是否均匀。数据资料如表 8-4 所示。

表 8-4 数据资料

| 点数 $X$ | 1 | 2 | 3 | 4 | 5 | 6 |
|---|---|---|---|---|---|---|
| 实际频数 $O_i$ | 17 | 21 | 25 | 23 | 22 | 24 |

解：如果这个骰子质量是均匀的，那么理论上投出每种点数的可能性应相等。

建立原假设 $H_0$ 为投出每种点数的概率都是 $P(X=i) = p_i = 1/6$，$i=1,2,3,4,5,6$。

于是，每种点数投出的理论频数 $E_i = np_i = 132 \times (1/6) = 22$。

建立备择假设 $H_1$ 为投出每种点数的概率 $P(X=i) = p_i$ 不全是 $1/6$。

构造服从 $\chi^2$ 分布的统计量为

$$\chi^2 = \sum_{i=1}^{6} \frac{(O_i - E_i)^2}{E_i} = \frac{(17-22)^2}{22} + \frac{(21-22)^2}{22} + \frac{(25-22)^2}{22} + \cdots + \frac{(24-22)^2}{22} = 1.818$$

既然没有任何未知参数，于是自由度 $df = k - 1 = 6 - 1 = 5$。

查 $\chi^2$ 分布表得临界值 $\chi^2_{0.05}(5) = 11.72$，经比较统计量 $\chi^2 < \chi^2_{0.05}(5)$。

于是，不拒绝原假设 $H_0$，说明尚不能推翻骰子不均匀的原假设。

【例2】从某工厂生产线上随机抽取 100 份产品，分别称重后通过统计分组的方式对产品质量进行汇总。由此推断产品质量是否来自正态分布总体。数据资料如表 8-5 所示。

表 8-5 数据资料

| 组限 | 组中值 | 实际频数 | 标准化组限 | 概率 | 理论频数 | 合并后的理论频数 |
|---|---|---|---|---|---|---|
| $[-\infty, 40)$ | 38.5 | 3 | $(-\infty, -1.97)$ | 0.025 | 2.5 | 8.9 |
| $[40, 43)$ | 41.5 | 6 | $[-1.97, -1.35)$ | 0.064 | 6.4 | |
| $[43, 46)$ | 44.5 | 15 | $[-1.35, -0.73)$ | 0.144 | 14.4 | 14.4 |
| $[46, 49)$ | 47.5 | 18 | $[-0.73, -0.11)$ | 0.223 | 22.3 | 22.3 |
| $[49, 52)$ | 50.5 | 30 | $[-0.11, 0.51)$ | 0.238 | 23.8 | 23.8 |
| $[52, 55)$ | 53.5 | 14 | $[0.51, 1.13)$ | 0.176 | 17.6 | 17.6 |
| $[55, 58)$ | 56.5 | 11 | $[1.13, 1.74)$ | 0.090 | 9.0 | 13.0 |
| $[58, 61)$ | 59.5 | 2 | $[1.74, 2.36)$ | 0.031 | 3.1 | |
| $[61, +\infty)$ | 62.5 | 1 | $[2.36, +\infty)$ | 0.009 | 0.9 | |

提示：对数据统计分组以后获知每个分组内的实际频数。取组中值作为每个分组内所有数据的代表，结合每个分组内数据的个数进行加权计算，近似求得样本均值和样本方差。假定数据来自正态分布总体，由此决定正态分布的参数就是总体均值和总体方差。

于是，将样本均值和样本方差作为总体均值和总体方差的估计结果。分别将每个分组的上限和下限进行标准化处理（转化为 Z 分数），由上限、下限及标准正态分布的数学性质，求得数据在每个分组内取值的概率，再由数据总个数求得落在每个分组内的理论频数，最后将实际频数和理论频数代入 $\chi^2$ 分布的统计量公式，完成理论分布的拟合优度检验。

解：原假设 $H_0$ 为产品质量的总体服从正态分布；备择假设 $H_1$ 为产品质量的总体不服从正态分布。总体均值与总体标准差分别由样本均值和样本标准差近似代替。

对于划分成 9 个分组的以上资料，由加权求和法近似计算均值为

$$\mu = \bar{x} \approx \sum_{i=1}^{k} m_i f_i / n = (38.5 \times 3 + 41.5 \times 6 + \cdots + 62.5 \times 1)/100 \approx 49.54$$

$$\sigma^2 = \sum_{i=1}^{k} m_i^2 f_i / n - \bar{x}^2 = (38.5^2 \times 3 + 41.5^2 \times 6 + \cdots + 62.5^2 \times 1)/100 - 49.54^2 \approx 23.558$$

假设以上总体在理论上近似服从正态分布 $N(49.54, 4.8542)$。

当原假设 $H_0$ 成立时，由第 1 列中各分组的上下组限进行标准化处理 $u = (x - \mu)/\sigma$。

查标准正态分布表，由标准化组限求得各分组内取值的概率、理论频数。

说明：第1组的理论频数小于5，所以将其与邻近第2组的理论频数合并，而且与之对应的实际频数也要合并。倒数第1组中的理论频数也小于5，所以将其与邻近倒数第2组的理论频数合并。之后，发现合并的理论频数仍然小于5，继续考虑将其与邻近倒数第3组的理论频数合并，同样合并实际频数。然后，在6个分组中获得实际频数和理论频数。

接下来，构造服从 $\chi^2$ 分布的统计量为

$$\chi^2 = \sum_{i=1}^{6} \frac{(O_i - E_i)^2}{E_i} = \frac{(9-8.9)^2}{8.9} + \frac{(15-14.4)^2}{22} + \frac{(18-22.3)^2}{22} + \cdots + \frac{(14-13.0)^2}{22} = 3.269$$

已知统计量在构造时用到两个参数 $\mu$、$\sigma$，于是自由度 $df = k - 2 - 1 = 6 - 2 - 1 = 3$。查 $\chi^2$ 分布表得临界值 $\chi^2_{0.05}(3) = 7.815$。经比较，统计量 $\chi^2 < \chi^2_{0.05}(5)$，说明尚不能拒绝原假设 $H_0$，不能否定总体服从正态分布的原假设，也就是认为产品质量来自正态分布总体。

同理，$\chi^2$ 分布定理也可用于其他分布的拟合优度检验，其做法是指定某种理论分布，由抽样资料估计参数，经过统计分组以后求得每个分组内的理论频数。由卡方检验，从整体上对理论频数与实际频数的吻合角度，推断所服从指定理论分布的原假设是否成立。

## 8.4 双向无序分类且属性不同交叉表的卡方检验

$\chi^2$ 分布定理常用于两个分类变量的关联性检验。首先假定两个分类变量有无关联，当事先假定的总体性质成立时，求得理论频数，并由此构造服从 $\chi^2$ 分布的统计量。理论频数与实际频数之间差异越大，那么统计量取值更极端情形的相伴概率越小或越倾向于落入拒绝域，由小概率反证法认为两个分类变量的关联有统计学意义。

### 8.4.1 两个分类变量交叉分组形成的交叉表数据结构

在 $R \times C$ 交叉表形式的数据结构中，行变量的类别数记为 $R$、列变量的类别数记为 $C$。在双向无序多分类且属性不同的交叉表中，行变量的第 $i$ 个类别记为 $X_i$，列变量的第 $j$ 个类别记为 $Y_j$。在两个分类变量交叉分组的单元格中，实际频数记为 $O_{ij}$。假设两个分类变量独立或无关联的原假设成立，根据联合概率分布的知识求得理论频数 $E_{ij}$。

实际频数的 $R \times C$ 交叉表如表8-6所示。理论频数的 $R \times C$ 交叉表如表8-7所示。

表 8-6 实际频数的 $R \times C$ 交叉表

| 行变量 $X$ | 列变量 $Y$ | | | | 行和 $O_{i\cdot}$ |
| --- | --- | --- | --- | --- | --- |
| | $Y_1$ | $Y_2$ | ... | $Y_C$ | |
| $X_1$ | $O_{11}$ | $O_{12}$ | ... | $O_{1C}$ | $O_{1\cdot}$ |
| $X_2$ | $O_{21}$ | $O_{22}$ | ... | $O_{2C}$ | $O_{2\cdot}$ |
| ... | ... | ... | ... | ... | ... |
| $X_R$ | $O_{R1}$ | $O_{R2}$ | ... | $O_{RC}$ | $O_{R\cdot}$ |
| 列和 $O_{\cdot j}$ | $O_{\cdot 1}$ | $O_{\cdot 2}$ | ... | $O_{\cdot C}$ | $n$ |

表 8-7 理论频数的 $R \times C$ 交叉表

| 行变量 $X$ | 列变量 $Y$ | | | |
| --- | --- | --- | --- | --- |
| | $Y_1$ | $Y_2$ | ... | $Y_C$ |
| $X_1$ | $E_{11}$ | $E_{12}$ | ... | $E_{1C}$ |
| $X_2$ | $E_{21}$ | $E_{22}$ | ... | $E_{2C}$ |
| ... | ... | ... | ... | ... |
| $X_R$ | $E_{R1}$ | $E_{R2}$ | ... | $E_{RC}$ |

其中，行和 $O_{i\cdot} = \sum_{j=1}^{C} O_{ij}$、列和 $O_{\cdot j} = \sum_{i=1}^{R} O_{ij}$、总样本量 $n = \sum_{i=1}^{R} \sum_{j=1}^{C} O_{ij}$。

频率分布的 $R \times C$ 交叉表如表8-8所示。

表 8-8 频率分布的 R×C 交叉表

| 行变量 X | 列变量 Y | | | | 行和 $p_{i\cdot}$ |
|---|---|---|---|---|---|
| | $Y_1$ | $Y_2$ | ... | $Y_C$ | |
| $X_1$ | $p_{11}$ | $p_{12}$ | ... | $p_{1C}$ | $p_{1\cdot}$ |
| $X_2$ | $p_{21}$ | $p_{22}$ | ... | $p_{2C}$ | $p_{2\cdot}$ |
| ... | ... | ... | | ... | ... |
| $X_R$ | $p_{R1}$ | $p_{R2}$ | ... | $p_{RC}$ | $p_{R\cdot}$ |
| 列和 $p_{\cdot j}$ | $p_{\cdot 1}$ | $p_{\cdot 2}$ | ... | $p_{\cdot C}$ | 1 |

## 8.4.2 两个分类变量独立情况下的理论频数计算

建立原假设 $H_0$ 为分类变量（交叉表的行变量）X 与分类变量（交叉表的类变量）Y 独立；建立备择假设 $H_1$ 为分类变量 X 与分别变量 Y 不独立。

根据随机事件 A 与随机事件 B 独立的等价说法是 $P(AB) = P(A)P(B)$。

根据离散型随机变量的联合概率分布知识，假设两个分类变量 X 和 Y 独立，那么变量 X 的第 i 个类别 $X_i$ 不受变量 Y 的第 j 个类别 $Y_j$ 的影响，即 $P(X=X_i, Y=Y_j) = P(X=X_i)P(Y=Y_j)$。

令 $P(X=X_i, Y=Y_j) = p_{ij}$，$P(X=X_i) = p_{i\cdot}$，$P(Y=Y_j) = p_{\cdot j}$，那么有关系 $p_{ij} = p_{i\cdot} p_{\cdot j}$。

于是，由 $P(X=X_i) = p_{i\cdot} = O_{i\cdot}/n$，$P(Y=Y_j) = p_{\cdot j} = O_{\cdot j}/n$，求得 $p_{ij} = (O_{i\cdot}/n)(O_{\cdot j}/n)$。

也就是说，事先假定行变量和列变量独立的总体性质成立，那么求得理论频数
$$E_{ij} = np_{ij} = np_{i\cdot}p_{\cdot j} = n(O_{i\cdot}/n)(O_{\cdot j}/n) = O_{i\cdot}O_{\cdot j}/n$$

接下来，构造近似服从 $\chi^2$ 分布的统计量，验证统计量取值更为极端的情形是否构成小概率事件，由此推断行变量 X 与列变量 Y 总体上是否独立或有无关联。

## 8.4.3 交叉表资料卡方检验的基本步骤

双向无序多分类且属性不同的独立性检验，即交叉表资料卡方检验，基本步骤如下。

（1）建立假设。原假设 $H_0$ 为行变量 X 与列变量 Y 独立或无关联；备择假设 $H_1$ 为行变量 X 与列变量 Y 不独立或有关联。

（2）求统计量。统计量为

$$\chi^2 = \sum_{i=1}^{r}\sum_{j=1}^{c}\frac{(O_{ij}-E_{ij})^2}{E_{ij}} \sim \chi^2((R-1)(C-1))$$

由于 $p_{1\cdot} + p_{2\cdot} + \cdots + p_{R\cdot} = 1$，$p_{\cdot 1} + p_{\cdot 2} + \cdots + p_{\cdot C} = 1$，则独立参数的个数是 $(R-1)+(C-1)$，于是自由度 $df = RC - ((R-1)+(C-1)) - 1 = (R-1)(C-1)$。

统计量计算时受到交叉表中单元格个数以及实际频数与理论频数的相对偏差值影响。

随机误差的干扰作用和原假设不成立都会引起实际频数 $E_{ij}$ 不等于理论频数 $O_{ij}$。

如果 $E_{ij}$ 和 $O_{ij}$ 差异大，则统计量 $\chi^2$ 大，根据 $\chi^2$ 分布知识，统计量取值更为极端情形的可能性就会很小。根据小概率事件不发生的原理，倾向于认为拒绝原假设 $H_0$。

同样，如果 $E_{ij}$ 和 $O_{ij}$ 差异小，则统计量小、根据 $\chi^2$ 分布知识，倾向于不拒绝原假设 $H_0$。

$\chi^2$ 分布的概率密度函数如图 8-2 所示。

（3）由临界值法，查表得临界值。由卡方检验推断统计量取值更为极端情形是否构成小概率事件。根据显著性水平 $\alpha$、自由度 $n-1$，查 $\chi^2$ 分布表得临界值 $\chi^2_\alpha(n-1)$。当统计量 $\chi^2 > \chi^2_\alpha(n-1)$ 时，说明拒绝原假设 $H_0$。当统计量 $\chi^2 \leq \chi^2_\alpha(n-1)$ 时，说明不拒绝原假设 $H_0$。当拒绝原假设 $H_0$ 时，认为行变量和列变量之间不独立或有关联。

（4）由 $P$ 值法，求相伴概率 $P$。当相伴概率 $P < \alpha$ 时，拒绝原假设 $H_0$。当相伴概率 $P \geq \alpha$ 时，不拒绝原假设 $H_0$。当拒绝原假设 $H_0$ 时，说明行变量和列变量之间不独立或有关联。相伴概率 $P$ 越小，那么拒绝原假设 $H_0$ 时出现第一类错误的概率越小，越有理由认为行变量和列变量之间有关联。卡方检验的结论如图 8-3 所示。

图 8-2　$\chi^2$ 分布的概率密度函数　　　　图 8-3　卡方检验的结论

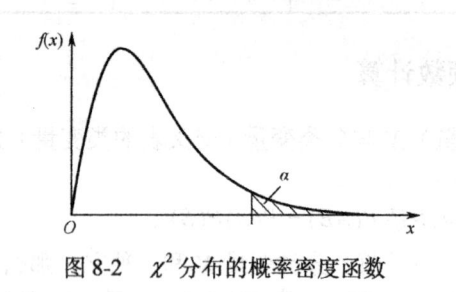

通过卡方检验，只能推断两个分类变量是否存在关联，不能说明关联强弱程度。当拒绝原假设 $H_0$ 时，有必要结合相关系数来度量两个分类变量的关联程度。

当样本量 $n \geq 40$ 且所有理论频数 $E \geq 5$ 时，可以直接使用卡方检验。

对于四格表资料来说，当样本量 $n \geq 40$ 且所有理论频数 $1 \leq E < 5$ 时，根据卡方检验的要求必须对统计量公式进行连续性校正。当样本量 $n \geq 40$ 或存在理论频数 $E < 1$ 时，改为 Fisher 精确概率法。该方法以超几何分布为基础，不属于卡方检验的范畴，不反映分类变量之间相关的程度。

成组设计的四格表如表 8-9 所示。

表 8-9　成组设计的四格表

| 行变量 $X$ | 列变量 $Y$ | | 合计 |
|---|---|---|---|
| | $Y_1$ | $Y_2$ | |
| $X_1$ | $a$ | $b$ | $a+b$ |
| $X_2$ | $c$ | $d$ | $c+d$ |
| 合计 | $a+c$ | $b+d$ | $n=a+b+c+d$ |

由表 8-9 可以计算相伴概率 $P = \dfrac{(a+b)!(c+d)!(a+c)!(b+d)!}{n!a!b!c!d!}$。

当相伴概率 $P < \alpha$ 时，拒绝原假设 $H_0$；当相伴概率 $P \geq \alpha$ 时，不拒绝原假设 $H_0$。

如果理论频数太小，那么第一种方法是增加样本数，第二种方法是将太小的理论频数所在行或列与性质相近的行或列中的实际频数合并，使得重新计算的理论频数增大，但是需要从专业角度判断实际频数如何合并或合并以后有没有实际意义，第三种方法是将理论频数小的行或列删除。在交叉表结构发生改变以后，应该重新使用卡方检验来分析和制定结论。

说明①：$\chi^2$ 分布属于连续型随机变量的分布，然而对于分类形式资料来说，频数只能以整数的形式给出，由此构造的统计量往往是离散而非连续的。只有当样本量充分时，才能减少并忽略掉以上原因产生的偏差。

说明②：两个变量交叉表用于判断行变量和列变量之间是否存在相关。当有多个分类变量时，只能把一张多个变量的多维交叉表分解成多个二维交叉表才行。卡方检验作为一种对分类变量间相关系数的检验方法，无法给出变量间关系的准确数量描述，不能准确描述某变量一个类别的变化会对交叉表中的频数产生怎样的作用以及作用的幅度大小。

说明③：对数线性回归分析法作为交叉表分析的补充，用于分析多个分类变量之间作用。基本思想是以多维交叉表中的对数频数为对象，将多个分类变量称为因素、多个因素不同类别对频数分布的独立影响称为主效应、多个因素不同类别组合造成的的影响称为交互效应。以多个变量的多维交叉表为出发点，认为交叉表中的频数分布是各变量不同类别独立作用以及各变量不同类别组合交互作用的结果。交叉表中每个单元格的频数是两个因素相应类别独立作用以及组合作用的结果，考虑类似使用卡方检验、多因素方差分析、多元线性回归分析法结合的建模思路，解释对数频数的变化成因、拟合对数频数的变化规律。

## 8.4.4 多个总体率相等或分类构成比一致性的检验

行变量和列变量独立的等价说法有很多。例如，以某个分类变量作为分组变量，讨论经过分组以后，另一个分类变量不同类别的总体构成比例有无差异。又如，以某个分类变量作为分组变量，讨论在另一个二分类变量中指定目标事件的总体发生率是否相等。

**1. 多个总体率相等的检验**

在两个分类变量中，假设一个分类变量是分组变量，另一个分类变量是由两个类别组成的检验变量。如果事先把检验变量的某个类别作为目标事件，那么两个分类变量独立的等价说法是在不同分组中目标事件的总体发生率相等。实际上，各个分组的样本率差异既有可能来自偶然因素引起的抽样误差，也有可能来自系统中总体率存在本质差异等多方面因素。当然，研究者关心引起多组样本率差异的原因是否为多组总体率本来就存在差异。

【例1】一个变量是药物种类，共3个类别；另一个变量是药物疗效，共两个类别。药物种类和药物疗效之间独立的等价说法是不同种类药物的总体有效率相等，也就是不同种类药物总体中的有效与无效比例是否一致。

原始资料如表8-10所示。交叉表资料如表8-11所示。由3×2交叉表结构形式汇总以后，实际频数演示的数据结构如表8-12所示，而理论频数演示的数据结构如表8-13所示。

表8-10 原始资料

| 个案序号 | 药物种类 | 疗 效 |
|---|---|---|
| 1 | 药物A | 有效 |
| 2 | 药物C | 无效 |
| 3 | 药物B | 无效 |
| ... | ... | ... |
| 284 | 药物A | 有效 |

表8-11 交叉表资料

| 药物种类 | 疗 效 | | 合 计 |
|---|---|---|---|
| | 有效 | 无效 | |
| 药物A | 120 | 25 | 145 |
| 药物B | 50 | 27 | 77 |
| 药物C | 40 | 22 | 62 |
| 合计 | 210 | 74 | 284 |

表8-12 实际频数演示的数据结构

| 药物种类 | 疗 效 | | 合 计 |
|---|---|---|---|
| | 有效 | 无效 | |
| 药物A | $O_{11}$ | $O_{12}$ | $O_{1\cdot}$ |
| 药物B | $O_{21}$ | $O_{22}$ | $O_{2\cdot}$ |
| 药物C | $O_{31}$ | $O_{32}$ | $O_{3\cdot}$ |
| 合计 | $O_{\cdot 1}$ | $O_{\cdot 2}$ | $n$ |

表8-13 理论频数演示的数据结构

| 药物种类 | 疗 效 | |
|---|---|---|
| | 有效 | 无效 |
| 药物A | $E_{11}$ | $E_{12}$ |
| 药物B | $E_{21}$ | $E_{22}$ |
| 药物C | $E_{31}$ | $E_{32}$ |

解：当 3 个样本有效率 $P_1$，$P_2$，$P_3$ 表现为不相等时，既可能是由于 3 个总体有效率 $P_1$，$P_2$，$P_3$ 本质上不相等引起的，也可能是由于随机误差造成的。

下面构造 $\chi^2$ 分布的统计量，并进行假设检验。

建立原假设 $H_0$ 为总体有效率全相等，即 $P_1=P_2=P_3$。建立备择假设 $H_1$ 为总体有效率 $P_1$，$P_2$，$P_3$ 不全相等。如果行变量和列变量相互独立，那么求得理论频数 $E_{ij}=(O_i.\cdot O_{.j})/n$。

如上 3×2 交叉表中的实际频数是已知的，假定当两个分类变量独立则可以求出理论频数，于是构造近似服从 $\chi^2$ 分布的统计量为

$$\chi^2 = \sum_{i=1}^{3}\sum_{j=1}^{2}\frac{(O_{ij}-E_{ij})^2}{E_{ij}} = \frac{(120-107.2)^2}{107.2} + \frac{(25-37.8)^2}{37.8} + \cdots + \frac{(22-16.2)^2}{16.2} = 11.951$$

某个理论频数的求法举例：$E_{32}=(O_3.\cdot O_{.2})/n=(62\times74)/284=16.15$，其他类似。

查 $\chi^2$ 分布表得临界值 $\chi^2_{0.05}(2)=5.991$，经比较得 $\chi^2>\chi^2_{0.05}(2)$，于是拒绝原假设 $H_0$，说明 3 种药物的总体有效率差异有统计学意义，也就是说 3 种药物的总体有效率不全相等。

实际上，如果总体有效率不全相等，那么还要进行组间两两比较以找出差异。

如果用于比较的总次数为 $k$，那么更适合选取的显著性水平为 $\alpha'=\alpha/k$。

当其余两组与对照组比较时，$\alpha'=\alpha/2$。当组间两两比较时，$\alpha'=\alpha/C_3^2$。

**2. 分类构成比一致性检验**

两个无序多分类变量独立的另一种等价情形是，当把一个分类变量作为分组变量时，另一个分类变量各类别之间的总体构成比例倾向于一致。

例如，对机械、心理学和生物专业的学生的爱好进行抽样调查，爱好种类有足球、音乐、社团。专业和爱好种类独立的等价说法是 3 个专业的学生总体中的爱好种类构成比一致。

说明：两个无序多分类变量的关联性分析与率（或构成比）的差异性分析在检验过程和方式上完全一致，但是它们的研究目的、设计方案、数据结构与结果解释上有本质差别。关联分析主要针对同于随机样本的两个不同属性变量所形成的交叉表，侧重于推断两个不同属性变量之间是否存在关联性。率（或构成比）的比较主要针对两个或多个独立随机样本所形成的交叉表，侧重于推断分别所代表的总体率（或构成比）之间是否存在差异性。

### 8.4.5 四格表资料的检验

四格表中的行变量、列变量都是二分类资料。根据两个分类变量的属性和类别是否相同，可以选择成组设计的卡方检验和配对设计的卡方检验。

**1. 属性不同的四格表卡方检验**

假设两个分类变量的属性不同，来自成组设计情形。四格表资料如表 8-14、8-15 所示。

表 8-14 四格表资料（一）

| 行变量 $X$ | 列变量 $Y$ | | 行和 $O_i.$ |
|---|---|---|---|
| | $Y_1$ | $Y_2$ | |
| $X_1$ | $O_{11}$ | $O_{12}$ | $O_1.$ |
| $X_2$ | $O_{21}$ | $O_{22}$ | $O_2.$ |
| 列和 $O_{.j}$ | $O_{.1}$ | $O_{.2}$ | $n$ |

表 8-15 四格表资料（二）

| 行变量 $X$ | 列变量 $Y$ | | 行和 $O_i.$ |
|---|---|---|---|
| | $Y_1$ | $Y_2$ | |
| $X_1$ | $a$ | $b$ | $a+b$ |
| $X_2$ | $c$ | $d$ | $c+d$ |
| 列和 $O_{.j}$ | $a+c$ | $b+d$ | $n$ |

四格表卡方检验的自由度 $df = (R-1)(C-1) = (2-1)\times(2-1) = 1$。

实际频数记为 $O_{11} = a$, $O_{12} = b$, $O_{21} = c$, $O_{22} = d$。当行变量和列变量独立时，理论频数为

$$E_{11} = \frac{(a+b)(a+c)}{n}, E_{12} = \frac{(a+b)(b+d)}{n}; E_{21} = \frac{(c+d)(a+c)}{n}, E_{22} = \frac{(c+d)(b+d)}{n}$$

建立原假设 $H_0$ 为行变量和列变量无关联。建立备择假设 $H_1$ 为行变量和列变量有关联。

当样本量 $n \geq 40$，且理论频数 $E \geq 5$ 时，把统计量推导为如下等价形式：

$$\chi^2 = \sum_{i=1}^{2}\sum_{j=1}^{2} \frac{(O_{ij}-E_{ij})^2}{E_{ij}} = \frac{n(ad-bc)^2}{(a+b)(c+d)(a+c)(b+d)} \sim \chi^2(1)$$

当样本量 $n \geq 40$，且至少有一个理论频数 $E$ 满足 $1 < E < 5$ 时，统计量被连续性校正为

$$\chi^2 = \sum_{i=1}^{R}\sum_{j=1}^{C}\left((|O_{ij}-E_{ij}|-0.5)^2/E_{ij}\right) = \frac{n(|ad-bc|-0.5n)^2}{(a+b)(c+d)(a+c)(b+d)} \sim \chi^2(1)$$

当样本量 $n < 40$ 或 $n \geq 40$，且至少有一个理论频数 $E < 1$ 时，使用 Fisher 精确概率法。

通过临界值法，查表得临界值 $\chi^2_\alpha(1)$。

当统计量 $\chi^2 > \chi^2_\alpha(1)$ 时，拒绝原假设 $H_0$；当统计量 $\chi^2 \leq \chi^2_\alpha(1)$ 时，不拒绝原假设 $H_0$。

还可以通过 $P$ 值法，求得统计量对应的相伴概率 $P$。

当相伴概率 $P < \alpha$ 时，拒绝原假设 $H_0$；当相伴概率 $P \geq \alpha$ 时，不拒绝原假设 $H_0$。

【例 2】比较新疗法和传统疗法的疗效差异，推断新疗法与传统疗法的总体有效率是否相等。原始资料如表 8-16 所示。交叉表资料如表 8-17 所示。

表 8-16 原始资料

| 个案序号 | 疗 法 | 疗 效 |
|---|---|---|
| 1 | 新疗法 | 无效 |
| 2 | 传统疗法 | 有效 |
| … | … | … |
| 60 | 新疗法 | 有效 |

表 8-17 交叉表资料

| 人群类别 | 疗 效 | | 合 计 |
|---|---|---|---|
| | 有效 | 无效 | |
| 新疗法 | 28 | 6 | 34 |
| 传统疗法 | 4 | 22 | 26 |
| 合计 | 32 | 28 | 60 |

解：建立原假设 $H_0$ 为新疗法与传统疗法的总体有效率相等。建立备择假设 $H_1$ 为新疗法与传统疗法的总体有效率不相等。经验证，理论频数 $E$ 均大于 5，于是不必校正统计量。

构造的统计量为

$$\chi^2 = \frac{n(ad-bc)^2}{(a+b)(c+d)(a+c)(b+d)} = \frac{60(28\times22 - 6\times4)^2}{34\times26\times32\times28} = 26.55$$

查 $\chi^2$ 分布表得临界值 $\chi^2_{0.05}(1) = 3.841$，统计量 $26.55 > 3.841$，于是拒绝原假设 $H_0$，认为新疗法与传统疗法的总体有效率不相等。

**2. 属性相同的四格表卡方检验**

属性相同的四格表卡方检验又称 McNemar 检验。

假设两个分类变量的属性完全相同，这种资料来自配对设计的情形。

McNemar 检验只用到四格表资料中次对角线（从右上角到左下角）单元格上的数据，来分析两个分类方法的分类结果有无差异，而并不利用主对角线（从左上角到右下角）单元格上的数据。当主对角线上的频数所占比例大时，倾向于认为分类方法一致，否则认为分类方法不一致。配对设计的四格表资料如表 8-18 所示。

表 8-18 配对设计的四格表资料

| 分类方法一 | 分类方法二 | |
|---|---|---|
| | $X_1$ | $X_2$ |
| $X_1$ | a | b |
| $X_2$ | c | d |

建立原假设 $H_0$ 为两个相同属性分类变量的分类方法一致；建立备择假设 $H_1$ 为两个相同属性分类变量的分类方法不一致。两种分类方法的差异性表现在 $b$ 和 $c$ 上。

理论频数的计算公式为 $E_{ij} = (b+c)/2$，则有

$$\chi^2 = \sum_{i=1}^{2}\sum_{j=1}^{2}\frac{(O_{ij}-E_{ij})^2}{E_{ij}} = \frac{(b-(b+c)/2)^2}{(b+c)/2} + \frac{(c-(b+c)/2)^2}{(b+c)/2} = \frac{(b+c)^2}{b+c}$$

当样本量 $(b+c) \geq 40$ 时，构造的统计量为

$$\frac{(b-c)^2}{b+c} \sim \chi^2(1)$$

当样本量 $(b+c) < 40$ 时，必须将统计量校正为

$$\frac{(|b-c|-1)^2}{b+c} \sim \chi^2(1)$$

通过临界值法，查表得临界值 $\chi_\alpha^2(1)$。通过 $P$ 值法，求得相伴概率 $P$。当统计量 $\chi^2 > \chi_\alpha^2(1)$ 时，拒绝原假设 $H_0$；当统计量 $\chi^2 \leq \chi_\alpha^2(1)$ 时，不拒绝原假设 $H_0$。当相伴概率 $P < \alpha$ 时，拒绝原假设 $H_0$；当相伴概率 $P \geq \alpha$ 时，不拒绝原假设 $H_0$。$P$ 越小则说明拒绝原假设 $H_0$ 的理由越充分。

【例 3】两种药物分别用于治疗病情相似的患者，疗效分成有效和无效。收集原始资料和经过汇总以后的交叉表资料。推断两种药物疗效是否一致。原始资料如表 8-19 所示。交叉表资料如表 8-20 所示。

表 8-19 原始资料

| 个案序号 | 药物 A | 药物 B |
|---|---|---|
| 1 | 有效 | 有效 |
| 2 | 无效 | 有效 |
| … | … | … |
| 60 | 有效 | 无效 |

表 8-20 交叉表资料

| 药物 A | 药物 B | | 合 计 |
|---|---|---|---|
| | 有效 | 无效 | |
| 有效 | 28 | 6 | 34 |
| 无效 | 4 | 22 | 26 |
| 合计 | 32 | 28 | 60 |

解：建立原假设 $H_0$ 为两种药物疗效无关联；建立备择假设 $H_1$ 为两种药物疗效有关联。根据次对角线单元格上的数据，$(b+c) = 50 > 40$，构造统计量为

$$\chi^2 = \frac{(b-c)^2}{b+c} = 64/20 = 3.2$$

查表得临界值 $\chi_{0.05}^2(1) = 3.841$，不拒绝原假设 $H_0$，说明两种药物疗效关联无统计学意义。

综上，根据样本量大小、分类变量的属性、不同试验设计类型及交叉表数据结构形式，选择哪种卡方检验法以及是否进行统计量的校正都是要注意的问题。

【学习目标】理解双向无序交叉表的卡方检验，掌握操作流程并阐述结论。

# 【案例实验 1】

已知鼻咽癌患者与健康人血型的交叉表资料，推断人群类别与血型类别是否独立。数据

资料如表 8-21 所示。本例的数据文件是"8 交叉表卡方（血型鼻咽癌）.sav"。

表 8-21　数据资料

| 人 群 类 别 | 血 型 类 别 | | | |
|---|---|---|---|---|
| | A | B | AB | O |
| 鼻咽癌患者 | 64 | 86 | 130 | 20 |
| 健康人 | 125 | 138 | 210 | 26 |

【数据文件】

（1）交叉表资料。

定义分组变量"人群类别""血型类别"，类型均为数值。定义频数变量"交叉频数"，类型为数值型。定义变量值标签"鼻咽癌患者"=1、"健康人"=2，"A"=1、"B"=2、"AB"=3、"O"=4。建立数据文件，如图 8-4 所示。

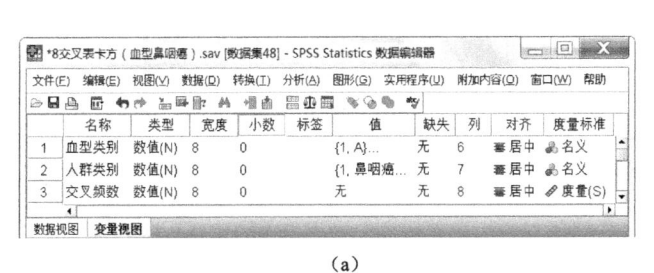

图 8-4　数据文件

【菜单选择】

单击"数据"主菜单，再单击"加权个案"选项。

【界面设置】

在打开的"加权个案"对话框中，将"交叉频数"选入"频数变量"列表框中，单击"确定"按钮，如图 8-5 所示。

（2）原始资料。

定义变量"血型类别""人群类别"，类型均为数值。

图 8-5　"加权个案"对话框

【菜单选择】

单击"分析"主菜单，再单击"描述统计"选项，然后单击"交叉表"选项。

【界面设置】

在打开的"交叉表"对话框中，将"血型类别"选入"行"列表框中，将"人群类别"选入"列"列表框中，单击"统计量"按钮，如图 8-6 所示。

在打开的"交叉表：统计量"对话框中，选择"卡方"选项，在"名义"区域选择"相关系数"选项，单击"继续"按钮，如图 8-7 所示。

说明①：如果两个分类变量之间相关或不独立，那么意味着一个变量的某个类别与另一个变量的类别有联系，表现为交互组单元格的频数会与其它交互组单元格不同。

说明②：当由两个分类变量资料建立数据文件时，通常把行变量和列变量设置为数值型。

对于双向无序分类交叉表的卡方检验来说,也可以把行变量和列变量设置为字符型。即便这样,仍然有些方法要求变量必须设置为数值型。例如,对于双向无序多分类资料的秩和检验来说,如果检验变量设置为字符型,那么会引起秩和检验无法使用。对于双向无序多分类资料的对应分析法来说,只有在行变量和列变量都设置为数值型时才能使用。

说明③:如果数据来自交叉表汇总资料,那么需要定义 3 个变量,即不仅要定义两个分类变量,还要定义一个频数变量。首先要对频数变量加权预处理,然后进行卡方检验。如果数据来自原始资料,那么只要定义两个变量,直接进行卡方检验即可。

图 8-6 变量选入的设置　　　　　图 8-7 卡方检验的设置

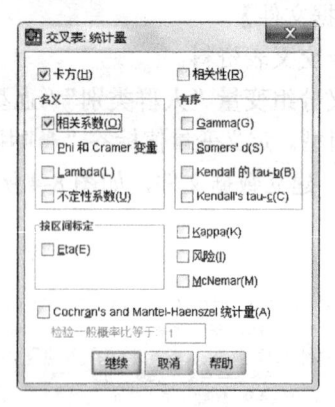

【结果分析】

案例处理结果摘要如表 8-22 所示。

表 8-22 案例处理结果摘要

| | 有效 | | 无效 | |
|---|---|---|---|---|
| | N | 百分比 | N | 百分比 |
| 有效 | 799 | 100.0% | 0 | 0.0% |

交叉表如表 8-23 所示。

表 8-23 交叉表

| 人群类别 | 血型类别 | | | | 合计 |
|---|---|---|---|---|---|
| | A | B | AB | O | |
| 鼻咽癌患者 | 64 | 86 | 130 | 20 | 300 |
| 健康人 | 125 | 138 | 210 | 26 | 499 |
| 合计 | 189 | 224 | 340 | 46 | 799 |

经分析,重新生成交叉表以后显示全部数据均有效,确认数据录入无误。

交叉表的卡方检验的结果如表 8-24 所示。相关系数如表 8-25 所示。

表 8-24 交叉表的卡方检验的结果

| | 值 | df | 渐近显著性水平(双侧) |
|---|---|---|---|
| 统计量 | 1.921 | 3 | 0.589 |
| 似然比 | 1.924 | 3 | 0.588 |

表 8-25 相关系数

| 相关系数 | 渐近显著性水平 |
| --- | --- |
| 0.049 | 0.589 |

说明：对于大样本而言，似然比卡方检验法与皮尔逊卡方检验法有相似结论。

经分析，由卡方检验，统计量为 1.921，相伴概率 $P$ 为 0.589（大于 0.05），说明人群类别与血型类别相关无统计学意义，认为两种人群的血型构成比例无差异。根据样本资料求得相关系数为 0.049，说明人群类别与血型类别的相关程度非常低。

## 【案例实验 2】

将药物 A、药物 B、药物 C 纳入治疗试验，疗效分成有效和无效。推断 3 种药物的总体有效率是否相等，当有效率不相等时还要进行两两比较。数据资料如表 8-26 所示。

本例的数据文件是"8 交叉表的卡方检验（三种药物总体有效率）.sav"。

表 8-26 数据资料

| 疗 效 | 药 物 种 类 | | |
| --- | --- | --- | --- |
| | 药物 A | 药物 B | 药物 C |
| 有效 | 120 | 50 | 40 |
| 无效 | 25 | 27 | 22 |

## 【数据文件】

（1）交叉表资料。

定义两个分组变量"药物""疗效"，定义频数变量"频数"，类型均为数值。定义变量值标签"药物 A"=1、"药物 B"=2、"药物 C"=3，"有效"=1、"无效"=2。建立数据文件，如图 8-8 所示。

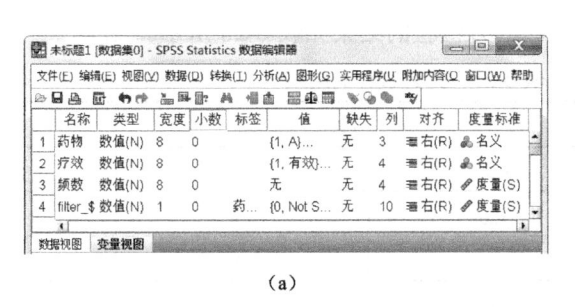

（a）　　　　　　　　　　　　（b）

图 8-8 数据文件

## 【菜单选择】

单击"数据"主菜单，再单击"加权个案"选项。

## 【界面设置】

在打开的"加权个案"对话框中，将"频数"选入"频数变量"列表框中，单击"确定"按钮，如图 8-9 所示。

（2）原始资料。

定义变量"药物""疗效"，类型均为数值。

第一阶段分析：

【菜单选择】

单击"分析"主菜单，再单击"描述统计"选项，然后单击"交叉表"选项。

【界面设置】

在打开的"交叉表"对话框中，将"药物"选入"行"列表框中，"疗效"选入"列"列表框中，单击"统计量"按钮，如图 8-10 所示。在打开的"交叉表：统计量"对话框中，选择"卡方"选项，单击"继续"按钮，如图 8-11 所示。

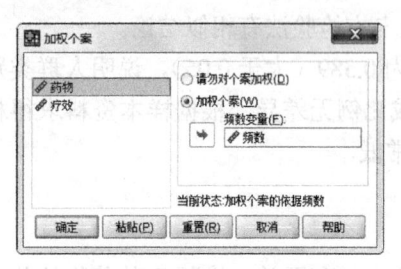

图 8-9 "加权个案"对话框

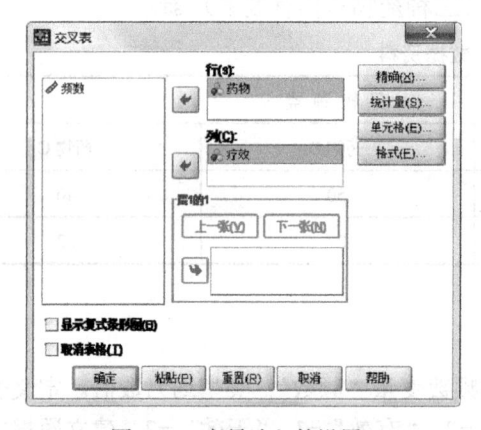

图 8-10 变量选入的设置

图 8-11 卡方检验的设置

【结果分析】

描述统计的结果如表 8-27 所示。卡方检验的结果如表 8-28 所示。

表 8-27 描述统计的结果

| 用药方式 | 疗效 | | 合计 |
| --- | --- | --- | --- |
| | 有效 | 无效 | |
| 药物 A | 120 | 25 | 145 |
| 药物 B | 50 | 27 | 77 |
| 药物 C | 40 | 22 | 62 |
| 合计 | 210 | 74 | 284 |

表 8-28 卡方检验的结果

| | 值 | df | 渐近显著性水平（双侧） |
| --- | --- | --- | --- |
| 统计量 | 11.951 | 4 | 0.018 |

经分析，由卡方检验，统计量为 11.951，相伴概率 $P$ 为 0.018（小于 0.05），说明 3 种药物的总体有效率差异有统计学意义，然后还要进行两两比较。

第二阶段分析：

挑选药物 A 和药物 B 建立四格表，推断这两种药物的总体有效率差异有无统计学意义。

【菜单选择】

单击"数据"主菜单，再单击"选择个案"选项。

【界面设置】

在打开的"选择个案"对话框的"选择"区域，选择"如果条件满足"选项，单击"如果"按钮如图 8-12 所示。在打开的"选择个案：If"对话框中将"药物"选入右侧列表框中，设置条件"药物=1 or 药物=2"，如图 8-13 所示。

【菜单选择】

单击"分析"主菜单，再单击"描述统计"选项，然后单击"交叉表"选项。

【界面设置】

在打开的"交叉表"对话框中，将"药物"选入"行"列表框中，将"疗效"选入"列"列表框中。单击"统计量"按钮，如图 8-14 所示。

图 8-12 "选择个案"对话框

图 8-13 "选择个案：If"对话框

在打开的"交叉表：统计量"对话框中，选择"卡方"选项，单击"继续"按钮，如图 8-15 所示。

图 8-14 变量选入的设置

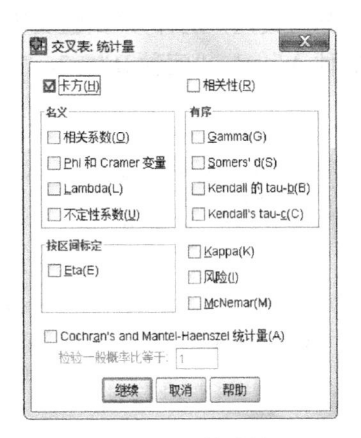

图 8-15 卡方检验的设置

## 【结果分析】

描述统计的结果如表 8-29 所示。卡方检验的结果如表 8-30 所示。

表 8-29 描述统计的结果

| 药物种类 | 疗效 | | 合计 |
|---|---|---|---|
| | 有效 | 无效 | |
| 药物 A | 120 | 25 | 145 |
| 药物 B | 50 | 27 | 77 |
| 合计 | 170 | 52 | 222 |

表 8-30 卡方检验的结果

| | 值 | df | 渐近显著性水平（双侧） |
|---|---|---|---|
| 统计量 | 8.907 | 1 | 0.003 |
| 连续校正 | 7.941 | 1 | 0.005 |
| 似然比 | 8.608 | 1 | 0.003 |

经分析，选中的有效案例数为 170。由卡方检验，统计量为 8.907，相伴概率 $P$ 为 0.003（小于 0.05），说明药物 A 与药物 B 的总体有效率差异有统计学意义。

## 【案例实验 3】

两类胃病（病种 A、B）患者试验有阳性和阴性两种反应，推断两类胃病的阳性率是否相等。数据资料如表 8-31 所示。本例的数据文件是"8 四格表卡方（病种 试验反应）.sav"。

表 8-31 数据资料

| 病种 | 试验反应 | |
|---|---|---|
| | 阳性 | 阴性 |
| 病种 A | 28 | 6 |
| 病种 B | 4 | 22 |

## 【数据文件】

（1）交叉表资料。

定义分组变量"病种""试验反应"，定义频数变量"频数"，类型均为数值。定义变量值标签"病种 A"=1、"病种 B"=2，"阳性"=1、"阴性"=2。建立数据文件，如图 8-16 所示。

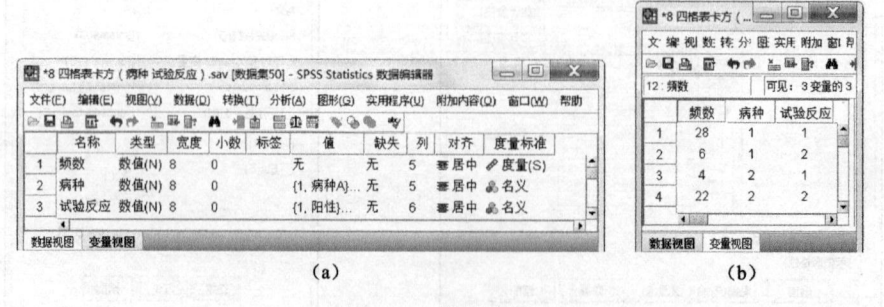

图 8-16 数据文件

【菜单选择】

单击"数据"主菜单,再单击"加权个案"选项。

【界面设置】

在打开的"加权个案"对话框中,将"频数"选入"频数变量"列表框中,单击"确定"按钮,如图8-17所示。

(2) 原始资料。

定义变量"病种""试验反应",类型均为数值。建立数据文件。

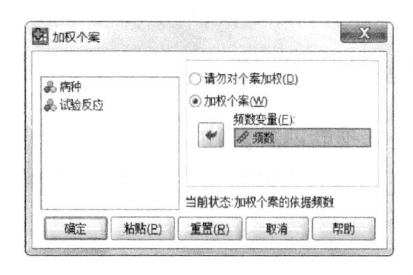

图 8-17 "加权个案"对话框

【菜单选择】

单击"分析"主菜单,再单击"描述统计"选项,然后单击"交叉表"选项。

【界面设置】

在打开的"交叉表"对话框中,将"病种"选入"行"列表框中,将"试验反应"选入"列"列表框中,单击"统计量"按钮,如图8-18所示。在打开的"交叉表:统计量"对话框中,选择"卡方"选项,单击"继续"按钮,如图8-19所示。

图 8-18 变量选入的设置　　　　　图 8-19 卡方检验的设置

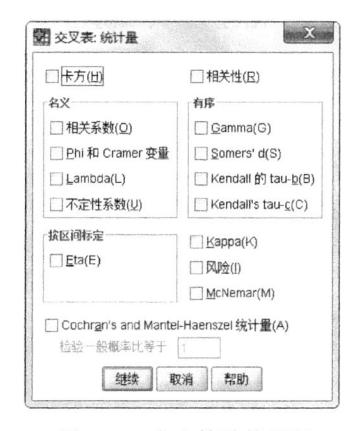

【结果分析】

描述统计的结果如表8-32所示。卡方检验的结果如表8-33所示。

表 8-32 描述统计的结果

| 病 种 类 别 | 试 验 反 应 | | 合　　计 |
|---|---|---|---|
| | 阳性 | 阴性 | |
| 病种 A | 28 | 6 | 34 |
| 病种 B | 4 | 22 | 26 |
| 合计 | 32 | 28 | 60 |

表 8-33 卡方检验的结果

| | 值 | df | 渐近显著性水平(双侧) |
|---|---|---|---|
| 统计量 | 26.548 | 1 | 0.001 |

经分析,由卡方检验,统计量为 26.548,相伴概率 $P$ 为 0.001(小于 0.05),说明病种与

试验反应相关有统计学意义，也就是不同病种的阳性率差异有统计学意义。

## 【案例实验 4】

推断两种药物对相同受试对象试验反应结果的一致性。数据资料如表 8-34 所示。
本例的数据文件是"8 配对四格表（药物阳性阴性试验）.sav"。

表 8-34 数据资料

| 药物 A | 药物 B | |
|---|---|---|
| | 阳性 | 阴性 |
| 阳性 | 28 | 6 |
| 阴性 | 14 | 22 |

【数据文件】

（1）交叉表资料。

定义两个分组变量"药物 A""药物 B"，定义频数变量"交叉频数"，类型均为数值。定义变量值标签"阳性"=1、"阴性"=2。建立数据文件，如图 8-20 所示。

图 8-20 数据文件

图 8-21 "加权个案"对话框

【菜单选择】

单击"数据"主菜单，再单击"加权个案"选项。

【界面设置】

在打开的"加权个案"对话框中，将"交叉频数"选入"频数变量"列表框中，单击"确定"按钮，如图 8-21 所示。

（2）原始资料。

定义变量"药物 A""药物 B"，类型均为数值。建立数据文件。

【菜单选择】

单击"分析"主菜单，再单击"描述统计"选项，然后单击"交叉表"选项。

【界面设置】

在打开的"交叉表"对话框中，将"药物 A"选入"行"列表框中，"药物 B"选入"列"列表框中，单击"统计量"按钮，如图 8-22 所示。在打开的"交叉表：统计量"对话框中，选择"McNemar"选项，单击"继续"按钮，如图 8-23 所示。

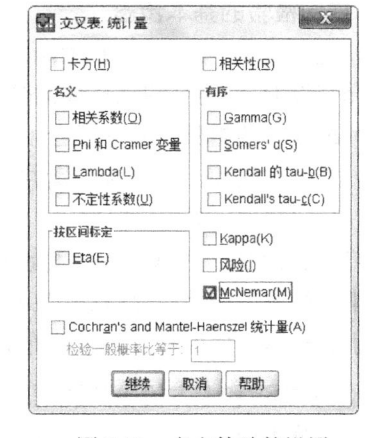

图 8-22　变量选入的设置　　　　图 8-23　卡方检验的设置

【结果分析】

描述统计的结果如表 8-35 所示。McNemar 检验的结果如表 8-36 所示。

表 8-35　描述统计的结果

|  |  | 药物 B | | 合　计 |
|---|---|---|---|---|
|  |  | 阳性 | 阴性 | |
| 药物 A | 阳性 | 28 | 6 | 34 |
|  | 阴性 | 14 | 22 | 36 |
| 合　计 | | 42 | 28 | 70 |

表 8-36　McNemar 检验的结果

| 统　计　量 | 精确显著性水平（双侧） |
|---|---|
| — | 0.115 |

经分析，由 McNemar 检验，相伴概率 $P$ 为 0.115（大于 0.05），说明药物 A 和药物 B 关于试验反应的分类一致性无统计学意义，认为药物 A 和药物 B 的试验反应无关联。

## 8.5　单向有序分类交叉表的检验

### 1. 基本思想

由随机抽样或随机分组的方式收集两个分类变量资料：一个作为分组变量，是二分类或无序多分类资料，类别之间没有位次或程度上的差异；另一个作为检验变量，是有序多分类资料，类别之间有位次或程度上的差异。

例如，药物种类是分组变量，表现为两种及以上的药物；治疗效果是检验变量，表现为治愈、显效、有效和无效 4 种疗效。

两种分类变量的不同类别交叉分组汇总形式又称为单向有序分类交叉表（即分组变量是无序的、属性变量是有序的）。在数据结构上与双向无序分类交叉表很类似，但在选择统计学方法和阐述统计分析结论时一定要注意区分。

### 2. 秩和检验的基本步骤

（1）建立假设。原假设 $H_0$ 为两个独立总体的分布位置无差异或两独立个总体的中位数相同；备择假设 $H_1$ 为两个独立总体的分布位置有差异或两个独立总体的中位数不同。

（2）编秩。两组数据充分混合以后编秩，然后把秩还给原来的样本。

（3）分别求秩和、确定统计量并求值，有时还要对统计量公式进行校正。

（4）制定结论。求相伴概率 $P$。当相伴概率 $P < \alpha$ 时，拒绝原假设 $H_0$；当相伴概率 $P \geq \alpha$ 时不拒绝原假设 $H_0$。$P$ 越小则说明越有理由认为两个总体的分布位置存在差异。

对于小样本，使用曼-惠特尼 U 检验，取精确显著性水平的值作为相伴概率 $P$ 的值。

对于大样本，使用标准正态分布 $Z$ 检验，取渐近显著性水平的值作为相伴概率 $P$ 的值。

### 3. 秩和检验和卡方检验的说明

有序多分类或无序多分类资料的信息量不同，对于单向有序分类交叉表资料来说，不加区分地一律使用基于交叉表的卡方检验是不恰当的。下面对两种方法进行讨论。秩和检验是经过编秩以后，比较某个有序多分类变量在等级程度上变化的差异。卡方检验是把有序多分类变量看作无序多分类变量，比较某个分类变量中不同类别构成比的一致性。

例如，将性别作为分组变量，将学习等次作为检验变量。性别是二分类变量，分为男生和女生；学习等次是有序多分类变量，分为优秀、良好、中等、较差 4 个等级。某研究者分别使用秩和检验和卡方检验分析以后，对于两种检验的相伴概率 $P$ 很大差异感到困惑，究其原因是他没有从两种检验的研究目的、应用条件、原假设以及推断结论进行区分。

由卡方检验，相伴概率 $P$ 为 0.368（大于 0.05），认为男生和女生的学习等次构成比例差异无统计学意义。由两个独立样本的秩和检验（如曼-惠特尼 U 检验），相伴概率 $P$ 为 0.002 7（小于 0.05），认为男生和女生的学习程度差异有统计学意义。当分组变量类别有两个以上时，由多个独立样本的秩和检验（如克鲁斯卡尔-沃利斯检验）推断学习程度差异有无统计学意义。

又如，将种类（药物 A、药物 B、药物 C）作为分组变量，将疗效（治愈、显效、好转、无效）作为检验变量，此时最好由独立样本的秩和检验（如克鲁斯卡尔-沃利斯检验）推断疗效差异有无统计学意义。

由此来说，对于单向有序分类交叉表资料来说，检验变量是有等级差异的半定量资料，且无论从利用信息充分性的角度还是从阐述结论实用性的角度，都更适合使用秩和检验。

前面介绍过，秩和检验适用于按照分组变量的不同类别进行交叉分组以后，再按照不同分组对检验变量的等级差异性进行推断。对于交叉表汇总资料来说，在 SPSS 软件中需要定义 3 个变量，即除了把分类变量分别放在交叉表的行、列，还要定义一个频数变量，用于记录交叉表单元格中的频数，频数变量必须提前加权预处理以后，才能使用秩和检验。

【学习目标】理解单向有序分类交叉表的秩和检验，掌握操作流程并阐述结论。

## 【案例实验 5】

某医生用两种药物（药物 A、药物 B）治疗患者的疾病，并在治疗以后获得不同等级的疗效，然后推断两种药物对于疗效差异有无统计学意义。原始资料如表 8-37 所示。交叉表资料如表 8-38 所示。本例的数据文件是"8 交叉表秩和（疗效有序四分类）.sav"。

思路①：推断两种药物的 4 种疗效构成比例是否一致。这种做法目的是，把疗效看作无序多分类资料，相当于从疗效程度大小的角度放弃差异，适用于进行交叉表的卡方检验。

思路②：推断两种药物的疗效有无差异。这种做法目的是，把疗效看作有序多分类资料，作为检验变量用从程度大小角度对疗效差异进行比较，这时适用于进行交叉表的秩和检验。

表 8-37 原始资料

| 个案序号 | 种类 | 疗效 |
|---|---|---|
| 1 | 药物 A | 无效 |
| 2 | 药物 A | 好转 |
| 3 | 药物 B | 治愈 |
| 4 | 药物 A | 显效 |
| … | … | … |
| 185 | 药物 B | 好转 |

表 8-38 交叉表资料

| 种类 | 疗效 | | | | 合计 |
|---|---|---|---|---|---|
| | 无效 | 好转 | 显效 | 治愈 | |
| 药物 A | 15 | 21 | 24 | 29 | 89 |
| 药物 B | 20 | 33 | 25 | 18 | 96 |
| 合计 | 35 | 54 | 49 | 47 | 185 |

【数据文件】

（1）交叉表资料。

定义两个分组变量"种类""疗效"，定义频数变量"频数"，类型均为数值。定义变量值标签"药物 A"=1、"药物 B"=2，疗效变量"无效"=1、"好转"=2、"显效"=3、"治愈"=4。建立数据文件，如图 8-24 所示。

(a)

(b)

图 8-24 数据文件

【菜单选择】

单击"数据"主菜单，再单击"加权个案"选项。

【界面设置】

在打开的"加权个案"对话框中，将"频数"选入"频数变量"列表框中，单击"确定"按钮，如图 8-25 所示。

（2）原始资料。

定义变量"种类""疗效"，类型均为数值。

【菜单选择】

单击"分析"主菜单，再单击"非参数检验"选项，然后单击"两个独立样本"选项。

【界面设置】

在打开的"两个独立样本检验"对话框中，将"疗效"选入"检验变量列表"列表框中，将"种类"选入"分组变量"列表框中，单击"定义组"按钮，如图 8-26 所示。在打开的对话框中，分别在"组 1"和"组 2"文本框中输入"1"和"2"。在"两个独立样本检验"对话框的"检验类型"区域,默认选择"Mann-Whitney U"选项,单击"确定"按钮。

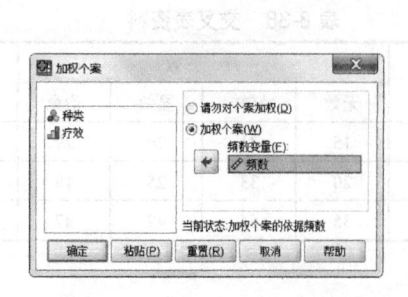

图 8-25 "加权个案"对话框

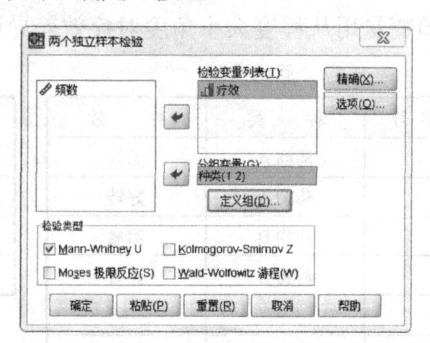

图 8-26 "两个独立样本检验"对话框

【结果分析】

两组的数据如表 8-39 所示。秩和检验的结果如表 8-40 所示。

表 8-39 两组的数据

| 种 类 | N | 秩均值 | 秩 和 |
|---|---|---|---|
| 药物 A | 89 | 101.31 | 9 016.5 |
| 药物 B | 96 | 85.3 | 8 188.5 |

表 8-40 秩和检验的结果

| 统计量 | 曼-惠特尼 U 检验 | 3 532.500 |
|---|---|---|
| | Z 检验 | -2.103 |
| | 渐近显著性水平(双侧) | 0.035 |

经分析,由两个独立样本的秩和检验,采用曼-惠特尼 U 检验,相伴概率 $P$ 为 0.035(小于 0.05),说明 A 药和 B 药的疗效等级差异有统计学意义,认为两种药的疗效不同。

补充说明:在原始资料中,检验变量是疗效,种类是分组变量,那么直接用秩和检验。如果把种类和疗效交叉分组以后,经过事先汇总并获得了交叉表形式的资料,那么还需要定义一个频数变量并进行加权预处理,然后再用秩和检验。

【案例实验 6】

自行设计调查问卷,通过选择题随机采集学生的性别、学习情况和自习地点选择情况。这里由于数据文件要占用较大篇幅而未列出。

本例的数据文件是"8 交叉表描述分析(抽样调查问卷性别、学习情况和自习地点).sav"。

**操作要求①**:推断不同性别的学习情况优劣等级水平有无差异。

**操作要求②**:推断不同性别对于自习地点的选择偏好是否一致。

**操作要求③**:将性别依次与学习情况、自习地点采用交叉表进行描述性分析。

(1) 推断男生和女生的学习情况在优劣程度上有无差异,采用单向有序分类交叉表的秩和检验。

【菜单选择】

单击"分析"主菜单,再单击"非参数检验"选项,然后单击"两个独立样本"选项。

【界面设置】

在打开的"两个独立样本检验"对话框中,将"学习情况"选入"检验变量列表"列表框中,将"性别"选入"分组变量"列表框中,单击"定义组"按钮,如图 8-27 所示。在打开的对话框中,分别在"组 1"和"组 2"文本框中输入"1""2"。在"两个独立样本检验"

## 第 8 章 交叉表的检验

对话框的"检验类型"区域，默认选择"Mann-Whitney U"选项，单击"确定"按钮。

【结果分析】

秩和检验的结果如表 8-41 所示。

表 8-41 秩和检验的结果

| 统计量 | 曼-惠特尼 U 检验 | 48 189.500 |
|---|---|---|
| | 威尔科克森符号秩检验 | 129 999.500 |
| | Z 检验 | -4.595 |
| 渐近显著性水平（双侧） | | 0.001 |

图 8-27 "两个独立样本检验"对话框

经分析，由两个独立样本的秩和检验，采用曼-惠特尼 U 检验，相伴概率 $P$ 为 0.001（小于 0.05），说明男生和女生的学习情况在优劣程度上差异有统计学意义。

（2）推断性别与自习地点选择的独立性，也就是讨论男生和女生的自习地点的构成比例是否一致，采用双向无序分类交叉表的卡方检验。

【菜单选择】

单击"分析"主菜单，再单击"描述统计"选项，然后单击"交叉表"选项。

【界面设置】

在打开的"交叉表"对话框中，将"性别"选入"行"列表框中，将"自习地点"选入"列"列表框中。单击"统计量"按钮，如图 8-28 所示。在打开的"交叉表：统计量"对话框中，选择"卡方"选项，单击"继续"按钮，如图 8-29 所示。

图 8-28 "交叉表"对话框　　图 8-29 "交叉表：统计量"对话框

【结果分析】

卡方检验的结果如表 8-42 所示。

表 8-42　卡方检验的结果

|  | 值 | df | 渐近显著性水平（双侧） |
|---|---|---|---|
| 统计量 | 21.094 | 2 | 0.000 |
| 似然比 | 20.885 | 2 | 0.000 |

经分析，由卡方检验，统计量为 21.094，相伴概率 $P$ 小于 0.001，认为自习地点选择的总体构成比例差异有统计学意义。当样本量大时，皮尔逊卡方统计量和似然比卡方统计量类似。

（3）将性别依次与学习情况、自习地点采用交叉表进行描述性分析。

【菜单选择】

单击"分析"主菜单，再单击"描述统计"选项，然后单击"交叉表"选项。

【界面设置】

在打开的"交叉表"对话框中，将"性别"选入"行"列表框中，将"学习情况"和"自习地点"选入"列"列表框中，单击"确定"按钮，如图 8-30 所示。

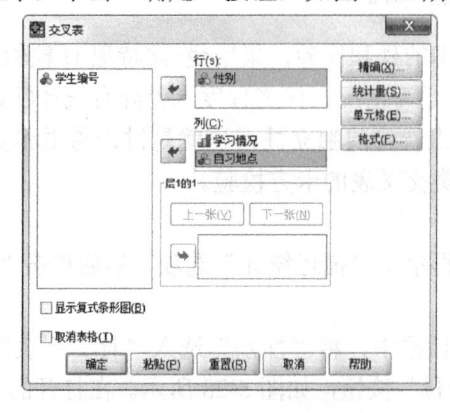

图 8-30　"交叉表"对话框

【结果分析】

性别和学习情况的交叉表如表 8-43 所示。性别和自习地点的交叉表如表 8-44 所示。

表 8-43　性别和学习情况的交叉表

|  |  | 学习情况 | | | | 合计 |
|---|---|---|---|---|---|---|
|  |  | 优秀 | 良好 | 中等 | 较差 |  |
| 性别 | 男 | 61 | 62 | 49 | 124 | 296 |
|  | 女 | 35 | 208 | 112 | 49 | 404 |
| 合计 |  | 96 | 270 | 161 | 173 | 700 |

表 8-44　性别和自习地点的交叉表

|  |  | 自习地点 | | | 合计 |
|---|---|---|---|---|---|
|  |  | 宿舍 | 教室 | 图书馆 |  |
| 性别 | 男 | 76 | 171 | 49 | 296 |
|  | 女 | 50 | 285 | 69 | 404 |
| 合计 |  | 126 | 456 | 118 | 700 |

## 8.6 双向有序分类交叉表的检验

### 8.6.1 属性相同的双向有序分类交叉表的检验

对于两个无序多分类变量且经过计数汇总的交叉表资料，由交叉表的卡方检验推断其是否独立或有无关联。如果两个分类变量都是有序多分类资料，变量名称相同、属性一样，而且划分的等级个数也相同、等级排列的先后顺序也一样，那么对于经过汇总的双向有序分类交叉表资料，使用 Kappa 检验，推断这两个有序多分类变量在评定分级方向上是否一致。

Kappa 检验常用于针对简单易行、成本低的新评定分级方法与金标准评定分级方法的一致性进行比较。如果经过统计推断认为，该评定分级方法与虽然可靠但是操作困难、耗资源、成本高的金标准评定分级方法得出的结论一致，那么建议改为使用新方法。

例如，由两个医生拿到同一批患者的医学影像，根据某个指标异常程度进行评定分级，推断这个指标在异常程度评定分级方向上是否一致。又如，用两种方法对一组对象某种化学反应的激烈程度进行评定分级，讨论其在激烈程度评定分级方向上是否一致。

**1. Kappa 系数**

对于属性相同、级别个数相等的两个有序多分类变量，分别按照相同的评定分级方向，依次按顺序排列在交叉表的行或列。经过交叉分组以后对频数汇总，形成双向有序分类交叉表的数据结构。通过 Kappa 系数分析两个分类变量在评定分级方向上的一致性。

标记 $P_o = \sum_{i=1}^{k} O_{ii}/n$ 为观察（实际）一致率，即观察到的一致数与样本量 $n$ 之比。

标记 $P_e = \sum_{i=1}^{k} E_{ii}/n$ 为期望（理论）一致率，即期望的一致数与样本量 $n$ 之比。

式中，$O_{ii}$、$E_{ii}$ 为在交叉表中处在主对角线上第 $i$ 行、第 $i$ 列的实际频数、理论频数。假设交叉表的行数或列数都是 $k$，行数和列数依次标记为 $i=1,2,\cdots,k$。

假设在行变量与列变量在分级方向一致的前提下，求得理论频数 $E_{ij}$、期望一致率 $P_e$

$$E_{ij} = np_{ij} = np_i.p_{.j} = n(O_i./n)(O_{.j}/n) = (O_i.O_{.j})/n$$

$$P_e = \sum_{i=1}^{k} E_{ii}/n = \sum_{i=1}^{k} (O_i.O_{.i})/n^2, \quad n = \sum_{i=1}^{k}\sum_{j=1}^{k} O_{ij}$$

于是，构造 Kappa（一致性）系数为

$$\text{Kappa} = (P_o - P_e)/(1 - P_e)$$

以配对四格表为特例，求得

$$P_o = (a+d)/n, \quad P_e = ((a+b)(a+c)+(c+d)(b+d))/n^2$$

如果属性相同的双向有序多分类交叉表的主对角线上单元格的频数所占比例越大，那么求得 Kappa 系数的绝对值就越大，说明两个分类变量在评定分级方向上一致性越好。

Kappa 系数在理论上的取值范围为 -1～1。一般来说，当 Kappa 系数小于 0.02 时，说明两个分类变量在评定分级方向上一致性差；当 Kappa 系数介于 0.02～0.2 时，说明两个分类变量在评定分级方向上轻微一致；当 Kappa 系数介于 0.2～0.4 时，说明两个分类变量在评定分级方向上勉强一致；当 Kappa 系数介于 0.4～0.6 时，说明两个有序多分类变量在评定分级方向上一致性较好；当 Kappa 系数介于 0.6～0.8 时，说明两个分类变量在评定分级方向上一致性好；当 Kappa 系数介于 0.8～1.0 时，说明两个分类变量在评定分级方向上几乎一致。Kappa

系数的绝对值越小，说明两个分类变量在评定分级方向上一致性越差。

**2. Kappa 系数的假设检验**

由 Kappa 检验推断两个有序多分类变量总体在评定分级方向上的一致性。

步骤①：建立原假设 $H_0$ 为两个有序多分类变量的评定分级方向不一致；建立备择假设 $H_1$ 为两个有序多分类变量的评定分级方向一致。

步骤②：当样本量大时，由 Kappa 系数构造统计量。

步骤③：由 SPSS 软件求得统计量对应的相伴概率 $P$。当相伴概率 $P < \alpha$ 时，拒绝原假设 $H_0$；当相伴概率 $P \geq \alpha$ 时，不拒绝原假设 $H_0$。相伴概率 $P$ 越小则说明越有理由认为两个有序多分类变量的评定分级方向一致。

说明：Kappa 检验是配对设计四格表 McNemar 检验类似功能的扩展。McNemar 检验用于推断两个相同属性分类变量的差异性；Kappa 检验用于推断两个有序多分类变量等级划分的一致性。McNemar 检验利用交叉表次对角线上单元格的频数信息；Kappa 检验利用了交叉表中全部单元格的频数信息。

【学习目标】理解双向有序多分类交叉表 Kappa 检验，掌握操作流程并阐述结论。

## 【案例实验 7】

两种方法用于心脏室壁收缩程度的评定分级，推断其在评定分级方向上是否一致。数据资料如表 8-45 所示。本例的数据文件是"8 双向有序交叉表的 Kappa 检验（对比核素法）.sav"。

表 8-45　数据资料

| 对比法 | 核素法 | | |
| --- | --- | --- | --- |
| | 正常 | 减弱 | 异常 |
| 正常 | 58 | 2 | 3 |
| 减弱 | 1 | 42 | 7 |
| 异常 | 8 | 9 | 17 |

【数据文件】

（1）交叉表资料。

定义分组变量"对比法组""核素法组"，定义频数变量"交叉频数"，类型均为数值。定义变量值标签"正常"=1、"减弱"=2、"异常"=3。建立数据文件，如图 8-31 所示。

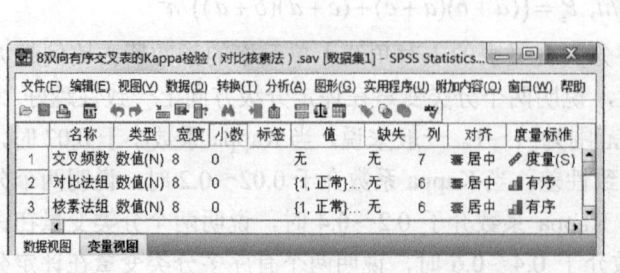

图 8-31　数据文件

【菜单选择】

单击"数据"主菜单,再单击"加权个案"选项。

【界面设置】

在打开的"加权个案"对话框中,将"交叉频数"选入"频数变量"列表框中,单击"确定"按钮,如图 8-32 所示。

(2) 原始资料。定义变量"对比法组""核素法组",类型均为数值。建立数据文件。

图 8-32 "加权个案"对话框

【菜单选择】

单击"分析"主菜单,再单击"描述统计"选项,然后单击"交叉表"选项。

【界面设置】

在打开的"交叉表"对话框中,将"对比法组"选入"行"列表框中,将"核素法组"选入"列"列表框中,单击"统计量"按钮,如图 8-33 所示。在打开的"交叉表:统计量"对话框中,选择"Kappa"选项,单击"继续"按钮,如图 8-34 所示。

图 8-33 "交叉表"对话框

图 8-34 "交叉表:统计量"对话框

【结果分析】

Kappa 检验的结果如表 8-46 所示。

表 8-46 Kappa 检验的结果

| Kappa 系数值 | 渐近标准误差 | 统 计 量 | 渐近显著性水平 |
| --- | --- | --- | --- |
| 0.681 | 0.050 | 11.411 | 0.001 |

经分析,Kappa 系数为 0.681,相伴概率 $P$ 为 0.001(小于 0.05),说明对比法和核素法在评定分级方向上一致性有统计学意义。

## 8.6.2 属性不同的双向有序分类交叉表的检验

属性不同的双向有序分类交叉表的检验无特定的统计学方法。如果把属性不同的两个有序多分类变量都看作无序多分类变量,那么由交叉表的卡方检验推断其独立性。属性不同的双向有序分类变量还可以由交叉表的斯皮尔曼等级相关系数描述相关性。如果把一个变量看作分组变量,则由秩和检验推断另一个有序多分类变量在等级程度上有无差异。除外,为了推断两个有序分类变量是否呈现线性变化趋势，可以使用 Mantel-haenszel 卡方检验法。

### 8.6.3 定量资料或定性资料差异性检验的方法汇总

定量资料差异性检验的方法如表 8-47 所示。

表 8-47　定量资料差异性检验的方法

| 定量资料类型 | 定量资料性质 | 使用的差异性检验的方法 |
| --- | --- | --- |
| 单个样本资料 | 正态分布 | 使用样本均值与总体均值比较的 $t$ 检验 |
| | 非正态分布 | 在经过变量转换并使之服从正态分布之后，使用符号秩检验 |
| 配对设计的两个样本资料 | 正态分布 | 使用配对设计的 $t$ 检验或随机区组设计的方差分析法 |
| | 非正态分布 | 在经过变量转换并使之服从正态分布之后，使用 Wilcoxcon 符号秩检验 |
| 成组设计的两个样本资料 | 正态分布且满足方差齐性 | 使用完全随机设计的方差分析法；当差别有统计学意义时，进行多重比较 |
| | 非正态分布 | 在经过变量转换并使之服从正态分布之后，使用克鲁斯卡尔-沃利斯秩和检验；当差别有统计学意义时，进行多重比较 |
| 随机区组设计的多个样本资料 | 正态分布且满足方差齐性 | 使用随机区组设计的方差分析法；当差别有统计学意义时，进行多重比较 |
| | 非正态分布 | 在经过变量转换并使之服从正态分布之后，使用弗里德曼检验；当差别有统计学意义时，进行多重比较 |

定性资料差异性检验的方法如表 8-48 所示。

表 8-48　定性资料差异性检验的方法

| 检验内容 | 使用的差异性检验的方法 |
| --- | --- |
| 单样本率与总体率的比较 | 由二项分布直接计算概率后使用正态近似法 |
| 两个样本率的比较 | 使用 $Z$ 检验、四格表的卡方检验 |
| 多个样本率或构成比的比较 | 使用 $R×C$ 交叉表资料的卡方检验 |
| 配对资料的比较 | 使用配对的卡方检验 |

## 【拓展练习】

【练习1】选择 3 种治疗方案分别用于治疗病毒肝炎，疗效分成有效、无效。推断这 3 种治疗方案的总体有效率差异有无统计学意义。数据资料如表 8-49 所示。

表 8-49　数据资料

| 治疗方案 | 疗效 | |
| --- | --- | --- |
| | 有效 | 无效 |
| 甲 | 51 | 49 |
| 乙 | 35 | 45 |
| 丙 | 59 | 15 |

【练习2】用小白鼠惊厥法测定羚羊角制剂的抗电休克效果，采用口服、皮下、腹腔 3 种

用药方式。推断其用药方式和抗电休克效果是否独立。数据资料如表 8-50 所示。

表 8-50 数据资料

| 用 药 方 式 | 抗电休克效果 | | |
|---|---|---|---|
| | 死亡 | 惊厥 | 耐受 |
| 口服 | 20 | 15 | 18 |
| 皮下 | 8 | 13 | 15 |
| 腹腔 | 4 | 9 | 40 |

【练习 3】选择两种方法分别用于培训学生技能,学习效果分成 4 种等级:较差、中等、良好、优秀。推断这两种方法的培训效果有无差异。数据资料如表 8-51 所示。

表 8-51 数据资料

| 培 训 方 法 | 学 习 效 果 | | | |
|---|---|---|---|---|
| | 较差 | 中等 | 良好 | 优秀 |
| 甲 | 21 | 18 | 32 | 30 |
| 乙 | 26 | 32 | 27 | 17 |

【练习 4】血清法和滤片法分别用来测定凝血结果,凝血结果分成 4 种等级:-、+、++、+++。推断这两种方法的凝血结果是否一致。数据资料如表 8-52 所示。

表 8-52 数据资料

| 滤片法的凝血结果 | 血清法的凝血结果 | | | |
|---|---|---|---|---|
| | - | + | ++ | +++ |
| - | 8 | 0 | 1 | 0 |
| + | 0 | 10 | 1 | 0 |
| ++ | 0 | 1 | 26 | 2 |
| +++ | 0 | 1 | 0 | 6 |

【练习 5】"罗氏"培养基法和"罗氏+庆大霉素"培养基法分别用于真菌试验,其试验反应分为阳性、阴性。推断这两种方法的阳性率是否一致。数据资料如表 8-53 所示。

表 8-53 数据资料

| "罗氏"培养基法的真菌试验反应 | "罗氏+庆大霉素"培养基法的真菌试验反应 | |
|---|---|---|
| | 阳性 | 阴性 |
| 阳性 | 24 | 36 |
| 阴性 | 6 | 54 |

# 第9章 相关分析

世界上事物之间普遍存在着或多或少的相互影响、相互依赖或相互制约的联系。这种联系可以分成确定性的函数关系和非确定性的统计关系。

（1）确定性的函数关系：表现为两个变量有完全精确的、严格依赖的对应关系，一个变量可以由另一个变量完全决定，只要确定其中一个变量数值，那么另一个变量就会以精确的数学函数表达式与之匹配数值。例如，圆的面积 $S$ 和半径 $r$ 满足 $S = \pi r^2$。

（2）非确定性的统计关系或相关关系：表现为两个变量有某种密切联系，但是一个变量无法唯一决定另一个变量，尚未达到由数学函数进行精确刻画的程度。对于抽样资料来说，函数关系反映了两个变量联系的理想状态，相关关系反映了两个变量联系的普遍现实状态。相关分析建立在大量观察的基础上，从平均意义上讨论相关的方向、形态或密切程度。传统科学研究是先提出理论，再搜集数据进行推断验证。在大数据背景及事物复杂关联视角下，相关分析的思想更有助于迅速发现规律性。

数据变量一般分为分类变量和数值变量，其中分类变量又可以分成二分类变量、无序多分类变量和有序多分类变量。一般将二分类变量编码为 0,1。其中，1 表示目标事件发生；0 表示目标事件不发生。当无序多分类变量或有序多分类变量有 3 个及以上的类别时，一般将其编码为 1,2,3,…。数值变量可以分为连续型数值变量和离散型数值变量，既可能有单位，也可能无单位；既可以取某个区间内的所有实数，也可以取逐个列举的离散点值。

数值变量的相关关系分为平行关系和因果关系。平行关系用于描述地位对等、不分主次、伴随共变的两个变量之间相关关系的类型、方向和程度，但是不能反映两个变量之间的依赖关系，无法从一个变量来推算另一个变量。例如，身高与体重、年龄与血压、天气冷和下雪都是平行关系。因果关系是指在两个变量相关分析的基础上继续讨论彼此依赖关系。例如，经验认为教育程度与收入水平具有因果关系，收入水平在较大程度上受教育程度的正向影响。一般通过线性、非线性回归模型和广义线性模型反映数值变量的相关关系。根据不同变量，相关系数的定义公式、选择使用也有不同。不同类型变量的相关系数用于描述相关关系的有无、方向和程度。相关系数作为用于描述相关关系的统计量，使得两个变量的相关关系是否成立、相关性质或强弱分析有了度量依据，从而使得事物相关的定性判断有了可行性。相关系数可以反映数值变量的平行关系大小，却无法反映是否存在因果关系，即使相关系数很大，也无法确定哪个数值变量是因、哪个数值变量是果。

说明：社会统计学研究者定义相关系数时，很关注消减误差比例（PRE）的概念，$PRE=(E_1-E_2)/E_1$，其中 $E_1$ 为不知道 $X$ 的值来预测 $Y$ 时产生的误差，$E_2$ 为知道 $X$ 的值来预测 $Y$ 时产生的误差。$PRE$ 越大则用 $X$ 的值预测 $Y$ 时减少的误差占比较大，从而说明 $X$ 与 $Y$ 的关系越密切。

例如，在数值变量相关分析中，皮尔逊相关系数、斯皮尔曼秩相关系数有消减误差比例的意义。在分类变量相关分析中，许多相关系数无消减误差比例的意义。

## 9.1 定类变量的相关分析

无序多分类变量常见用于反映品质或属性的不同类别，但是不能反映不同类别之间的等级、顺序或程度。二分类变量和无序多分类变量统称为定类变量，其类别只有属性区分意义，因此相关分析时只关注相关的密切程度而不关注相关的方向，其取值范围为 0~1（正数）。Phi 系数、列联系数、Lambda 系数、Cramer's V 系数常用于描述两个无序多分类变量的相关关系。其中，构造公式与卡方统计量有关系者如下：Phi 系数=$\sqrt{\chi^2/n}$，列联系数=$\sqrt{\chi^2/(\chi^2+n)}$，Cramer's V 系数=$\sqrt{\chi^2/(n\min(R-1, C-1))}$。其中，$n$ 为样本量；$R,C$ 为行数和列数。

实际上，这些相关系数都是从卡方统计量的表达式生成的，没有削减误差比例的意义，不能表示相关关系的方向。$\varphi$ 系数只适用于两个二分类变量 2×2 四格表的情况；列联系数适用于方形交叉表；Cramer's V 系数适用于长方形交叉表；不确定系数适用于变量是对称关系的情况。上述种类相关系数的取值范围为 0~1，取值越接近 1 越说明两个变量的相关性越强。相关系数种类不止一个，却从侧面说明了相关关系的度量尚无公认通用的标准。

两个无序多分类变量的原始资料经过交叉分组以后往往要使用交叉表汇总。当由原始资料建立数据文件时，可以定义两个无序多分类变量，对于已经汇总得出的交叉表资料形式，还要定义一个频数变量，事先进行加权个案预处理。

有些时候，原本两个分类变量的相关性方向特点很类似，但是经过数据汇总、合并处理以后，相关性方向特点却出现了逆转性变化。为此举例并思考产生的原因。

【例1】某学院有会计学和统计学两个专业，每个专业男生和女生的数学成绩从 80 分截断为两个部分，如表 9-1 和表 9-2 所示。经分析，在会计学、统计学专业学生的数学成绩中，男生不低于 80 分的比例都大于女生不低于 80 分的比例。现在将两个专业学生的数学成绩合并，如表 9-3 所示。

表 9-1　会计学专业学生的数学成绩

| 性别 | 不低于 80 分的人数 | 小于 80 分的人数 | 总人数 | 不低于 80 分的比例 |
|---|---|---|---|---|
| 女生 | 8 | 45 | 53 | 15.09% |
| 男生 | 51 | 101 | 152 | 33.55% |

表 9-2　统计学专业学生的数学成绩

| 性别 | 不低于 80 分的人数 | 小于 80 分的人数 | 总人数 | 不低于 80 分的比例 |
|---|---|---|---|---|
| 女生 | 201 | 50 | 251 | 80.08% |
| 男生 | 92 | 9 | 101 | 91.09% |

表 9-3　两个专业学生的数学成绩

| 性　别 | 不低于 80 分的人数 | 小于 80 分的人数 | 总　人　数 | 不低于 80 分的比例 |
|---|---|---|---|---|
| 女生 | 209 | 95 | 304 | 68.75% |
| 男生 | 143 | 110 | 253 | 56.52% |

解：经分析，从整个学院学生的数学成绩来看，女生不低于 80 分的比例大于男生不低于 80 分的比例。

分别从会计学、统计学专业来看，发现 8/53 大于 51/152，201/251 大于 92/101。但是两个专业学生的数学成绩合并以后，8+201=209，53+251=304，51+92=143，152+101=253，反而发现 209/304 小于 143/253。这是因为从数学上验证出不等式关系：当 $b/a > d/c, f/e > h/g$ 时，$(b+f)/(a+e) > (d+h)/(c+g)$ 未必成立。

以上例子说明要了解事物之间的真实相关关系，就要剖析数据结构中生成的内在机制。

【学习目标】理解定类变量相关系数的求法,掌握操作流程并阐述结论。

# 【案例实验1】

通过临床试验设计获得鼻咽癌患者与健康人的血型资料,讨论人群类别与血型类别的相关性。数据资料如表9-4所示。

本例的数据文件是"9交叉表卡方(血型鼻咽癌).sav"。

表9-4 数据资料

| 人群类别 | 血型类别 | | | |
|---|---|---|---|---|
| | A | B | AB | O |
| 鼻咽癌患者 | 64 | 86 | 130 | 20 |
| 健康人 | 125 | 138 | 210 | 26 |

【数据文件】

(1)交叉表资料。

定义分组变量"血型类别""人群类别",定义频数变量"交叉频数",类型均为数值。定义变量值标签"鼻咽癌患者"=1、"健康人"=2,"A"=1、"B"=2、"AB"=3、"O"=4。建立数据文件,如图9-1所示。

(a)

(b)

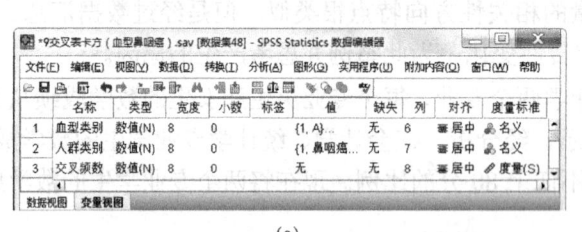

图9-1 数据文件

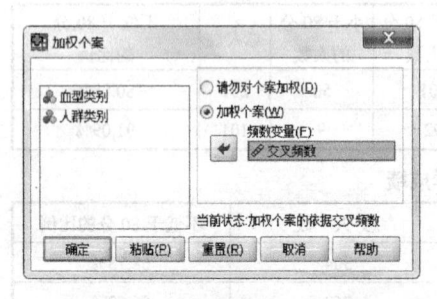

图9-2 "加权个案"对话框

【菜单选择】

单击"数据"主菜单,再单击"加权个案"选项。

【界面设置】

在打开的"加权个案"对话框中,将"交叉频数"选入"频数变量"列表框中,单击"确定"按钮,如图9-2所示。

(2)原始资料。

定义变量"血型类别""人群类别",类型为数值。

【菜单选择】

单击"分析"主菜单,再单击"描述统计"选项,然后单击"交叉表"选项。

【界面设置】

在打开的"交叉表"对话框中,将"人群类别"选入"行"列表框中,"血型类别"选入"列"列表框中,单击"统计量"按钮,如图9-3所示。

在打开的"交叉表:统计量"对话框的"名义"区域选择"相关系数",如图9-4所示。

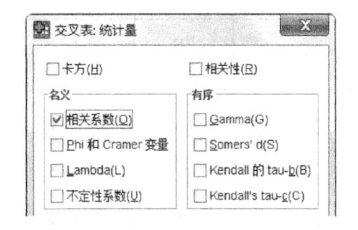

图 9-3 "交叉表"对话框　　　　　图 9-4 "交叉表：统计量"对话框

【结果分析】

相关分析的结果如表 9-5 所示。

表 9-5 相关分析的结果

| 相 关 系 数 | 渐近显著性水平 |
|---|---|
| 0.049 | 0.589 |

经分析，相关系数为 0.049，说明由样本表现出来的人群类别与血型类别的相关程度很低。相伴概率 $P$ 为 0.589（大于 0.05），说明人群类别与血型类别的相关性无统计学意义。

## 9.2　定序变量的相关分析

定序变量又称有序多分类变量，表现为类别之间有大小、多少、优劣或高低的差异，其信息量比无序多分类变量的信息量更丰富。从某种意义上，定序变量又称半定量资料。例如，学业成绩分成优秀、良好、中等、较差，类别之间体现了由高水平到低水平的变化。

已知有序多分类变量 $X$ 和 $Y$，当第 $i$ 个和第 $j$ 个个案 $(X_i,Y_i)$ 和 $(X_j,Y_j)$ 满足 $X_i>X_j$、$Y_i>Y_j$ 时说明构成了一个同序对；当第 $i$ 个和第 $j$ 个个案 $(X_i,Y_i)$ 和 $(X_j,Y_j)$ 满足 $X_i>X_j$、$Y_i<Y_j$ 时说明构成了一个异序对。

例如，调查手机成瘾和学业成绩的相关关系，手机成瘾共分成 5 个等级，标记为 1~5，这个数字越大说明手机成瘾越严重。学业成绩共分成 4 个等级，依次标记 1~4，这个数字越大说明成绩越优秀。假设学生甲分别取值 3、2，学生乙分别取值 5、3、学生丙分别取值 4、1，于是学生甲和学生乙构成了一个同序对，学生甲和学生丙构成了一个异序对。

对于有序多分类变量 $X$ 和 $Y$ 来说，如果搜集样本资料并求同序对的个数 $n_s$、异序对的个数 $n_d$，那么按照削减误差比例的思想，定义 Gamma 系数为 $(n_s-n_d)/(n_s+n_d)$，用于反映两个有序多分类变量的相关关系，取值范围是 -1~1。显然，如果同序对的个数占比更大，则两个有序多分类变量倾向于正相关，否则倾向于负相关。如果对有序多分类变量 $X$ 和 $Y$ 交叉分组，并事先进行交叉分组汇总，生成交叉表资料形式，那么由右下余子式法求同序对个数 $n_s$，由左下余子式法求异序对个数 $n_d$，最后将这些数值代入 Gamma 系数公式。

假设有序多分类变量 $X$、$Y$ 都划分为 3 个类别。例如，抽样调查每位职工的归属感和入职时长。入职时长分成短、中、长 3 个等级，归属感分成低、中、高 3 个等级，如表 9-6、表 9-7 所示。由两种余子式法分别求出同序对个数和异序对个数，求得 Gamma 系数。

表 9-6 数据资料（一）

| 行变量 X | 列变量 Y | | |
|---|---|---|---|
| | $Y_1$ | $Y_2$ | $Y_3$ |
| $X_1$ | $n_{11}$ | $n_{12}$ | $n_{13}$ |
| $X_2$ | $n_{21}$ | $n_{22}$ | $n_{23}$ |
| $X_3$ | $n_{31}$ | $n_{32}$ | $n_{33}$ |

表 9-7 数据资料（二）

| 入职时长 | 归属感 | | |
|---|---|---|---|
| | 低 | 中 | 高 |
| 短 | 8 | 4 | 3 |
| 中 | 6 | 5 | 1 |
| 长 | 4 | 4 | 5 |

由右下余子式法求同序对的个数为

$$n_s = n_{11}(n_{22} + n_{32} + n_{23} + n_{33}) + n_{21}(n_{32} + n_{33}) + n_{12}(n_{23} + n_{33}) + n_{22}n_{33}$$

由左下余子式法求异序对的个数为

$$n_d = n_{13}(n_{21} + n_{22} + n_{31} + n_{32}) + n_{12}(n_{21} + n_{31}) + n_{23}(n_{31} + n_{32}) + n_{22}n_{31}$$

于是，Gamma 系数 $\gamma = (n_s - n_d)/(n_s + n_d) = 0.28$

这个结果说明入职时长和归属感的相关程度低。

【学习目标】理解定序变量相关系数的求法，掌握操作流程并阐述结论。

## 【案例实验 2】

收集部分病例资料并观察不同病程患者的疗效，讨论疗效与病程相关性。数据资料如表 9-8 所示。本例的数据文件是 "9 交叉表卡方（病程疗效）.sav"。

表 9-8 数据资料

| 病 程 | 疗 效 | | |
|---|---|---|---|
| | 痊愈 | 好转 | 无效 |
| 小于 1 个月 | 79 | 24 | 8 |
| 1～3 个月 | 30 | 13 | 1 |
| 3～6 个月 | 102 | 83 | 30 |
| 大于 6 个月 | 29 | 26 | 10 |

【数据文件】

（1）交叉表资料。

定义变量"病程""疗效"，定义频数变量"频数"，类型均为数值。定义变量值标签"小于 1 个月"=1、"1～3 个月"=2、"3～6 个月"=3、"大于 6 个月"=4，"痊愈"=1、"好转"=2、"无效"=3。建立数据文件，如图 9-5 所示。

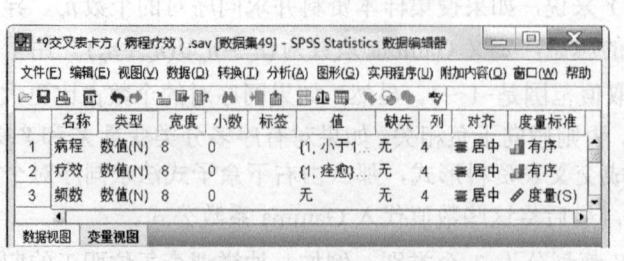

(a)

(b)

图 9-5 数据文件

【菜单选择】

单击"数据"主菜单,再单击"加权个案"选项。

【界面设置】

在打开的"加权个案"对话框中,将"频数"选入"频数变量"列表框中,单击"确定"按钮,如图9-6所示。

(2)原始资料。

定义变量"病程""疗效",类型均为数值。

图9-6 "加权个案"对话框

【菜单选择】

单击"分析"主菜单,再单击"描述统计"选项,然后单击"交叉表"选项。

【界面设置】

在打开的"交叉表"对话框中,将"病程"选入"行"列表框中,将"疗效"选入"列"列表框中;单击"统计量"按钮,如图9-7所示。在打开的"交叉表:统计量"对话框的"有序"区域选择"Gamma",如图9-8所示。

图9-7 "交叉表"对话框

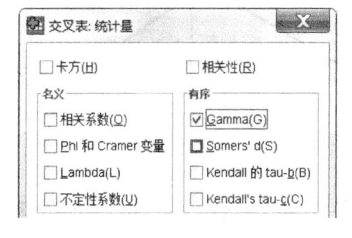

图9-8 相关系数选择

【结果分析】

Gamma系数的结果如表9-9所示。

表9-9 Gamma系数的结果

| 值 | 渐近标准误差 | 近似值 | 渐近显著性水平 |
|---|---|---|---|
| 0.316 | 0.066 | 4.676 | 0.000 |

经分析,Gamma系数为0.316,认为病程长短和疗效相关性不大。相伴概率 $P$ 小于0.001,推断总体相关性有统计学意义。说明:当样本量大时,虽然样本相关系数较小,但是当由样本相关系数推断总体相关系数时,往往得出有统计学意义的结论。

## 9.3 数值变量的相关分析

数值资料信息量充分而且丰富,可以参与加、减、乘、除数学四则运算。

两个数值资料之间的数量关系研究主要包括相关分析和回归分析两个部分。

（1）相关分析。确定两个数值变量有没有关系，分析相关关系的表现形态，测定相关关系的密切程度，由样本反映的相关关系能否推断总体之间的相关关系。对于有确定关系但没有严格函数关系的两个数值变量来说，首先由样本观测数据绘制散点图，通过分析散点图中散点分布和变化特点，大致观察相关关系的类型、方向和程度。相关关系类型的判断依据专业理论、实践经验和定量分析。如果两个变量表现为线性共变关系，那么求得线性相关系数，以便在数量上反映线性相关的方向和程度。从几何学角度来说，直线是曲线的特殊形态，线性相关即直线相关，而曲线相关包含于非线性相关的范畴。

（2）回归分析。探索两个及以上事物在数量上的依存关系规律。后续章节介绍。

### 9.3.1 散点图

散点图（又称相关图）用于两个数值变量之间线性共变关系的初步分析。每个散点的横坐标和纵坐标分别标记了两个数值变量的观测值。通过分析散点图中点的分布位置、形状或走向，直观而粗糙地了解相关关系的轮廓形态（直线或曲线）、方向（正或负）以及密切程度（大或小）。相关分析不区分自变量、因变量，而在散点图中仍然习惯性区分 X 轴、Y 轴。

在散点图中，如果点的分布范围比较窄，那么说明两个数值变量高度相关；如果点的分布范围比较宽，那么两个数值变量低度相关。通过散点图分析，可以看出两个数值变量有无线性共变关系或彼此伴随关系的特点，找出离群点或异常值。散点图演示如图 9-9 所示。

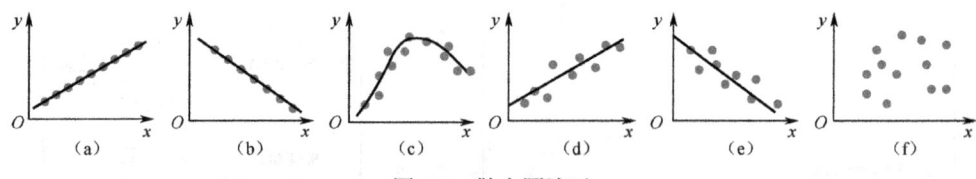

图 9-9 散点图演示

在图 9-9（a）、(b) 所示的散点图中，数据点完全在一条直线上，没有一个数据点偏离出直线，说明两个数值变量是严格的线性相关关系，分别是正线性相关或负线性相关的最理想情形。在图 9-9（c）所示的散点图中，数据点大致在一条曲线上，说明两个数值变量不是线性相关关系而是曲线相关关系。在图 9-9（d）、(e) 所示的散点图中，数据点大致而非完全在一条直线上，这是常见且要讨论的情形，说明两个数值变量是不严格且值得探讨的线性共变关系。在图 9-9（f）所示的散点图中，所有数据点不规则、无规律，说明两个数值变量无任何线性或非线性相关关系。

例如，已知某省居民人均可支配收入（$x$）和人均消费支出数据（$y$），绘制散点图如图 9-10 所示。经分析，两个数值变量在数量上具有线性共变关系（同时增或同时减）的特点。

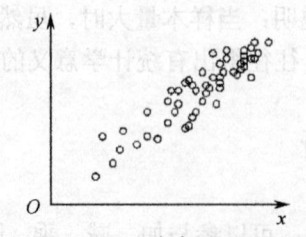

图 9-10 某省居民人均可支配收入（$x$）和人均消费支出（$y$）的散点图

当两个数值变量存在相关关系时，存在以下情形。

（1）两个数值变量存在因果关系，一个数值变量是因、另一个数值变量是果。

（2）两个数值变量存在相互依存的关系，很难确定哪个是因、哪个是果。

（3）两个数值变量只是在数量上有统计关系，没有实际意义。

如果认为两个数值变量有前因后果的依赖关系，那么考虑建立一元线性回归模型，由回归系数解释一个数值变量增加 1 个单位时，另一个数值变量增加若干个比例单位。

### 9.3.2 相关系数

散点图粗略演示了两个数值变量相关关系和密切程度，但是具有主观随意、不够精确的缺点。说明：在散点图中，由于横轴和纵轴坐标比例、以及两个数值变量度量衡单位或数量级的影响，造成图形的直观演示效果与真实情况比较起来出现不可靠的情况。

下面给出描述两个数值变量线性关系密切程度的统计量，即皮尔逊相关系数 $r$。

**1. 皮尔逊相关系数**

在假设两个数值变量 $X$ 和 $Y$ 总体联合起来服从双变量正态分布，而严格来说并不是两个数值变量 $X$ 和 $Y$ 总体分别服从正态分布的条件下，英国皮尔逊提出皮尔逊相关系数，又称积差相关系数，以精确反映两个数值变量 $X$ 和 $Y$ 线性相关关系的密切程度。

标记 $(x_1, y_1), (x_2, y_2), \cdots, (x_n, y_n)$ 是两个数值变量 $X$ 和 $Y$ 的样本量为 $n$ 的观测数据。

对数值变量 $X$ 和 $Y$ 分别进行标准化处理，得到

$$X^* = \frac{X - E(X)}{V(X)}, \quad Y^* = \frac{Y - E(Y)}{V(Y)}$$

式中，$E(X)$、$E(Y)$ 分别是 $X$、$Y$ 的数学期望，$V(X)$、$V(Y)$ 分别是 $X$、$Y$ 的方差。

可以验证，$E(X^*) = E(Y^*) = 0$，$V(X^*) = V(Y^*) = 1$。

线性相关系数就是标准化的协方差，参考第 4 章总体线性相关系数 $\rho$ 的定义：

$$\rho = E\left(X^* - E(X^*)\right)\left(Y^* - E(Y^*)\right) = E(X^* Y^*)$$

$$\rho = E\left(\frac{X - E(X)}{V(X)}\right)\left(\frac{Y - E(Y)}{V(Y)}\right)$$

$$= \frac{E(X - E(X))(Y - E(Y))}{\sqrt{E(X - E(X))^2}\sqrt{E(Y - E(Y))^2}}$$

$$= \frac{E(XY) - E(X) \cdot E(Y)}{\sqrt{EX^2 - (EX)^2}\sqrt{EY^2 - (EY)^2}}$$

根据样本矩代替总体矩的思想，定义的皮尔逊（Pearson）相关系数为

$$r = \frac{1}{n}\sum_{i=1}^{n}\left(\frac{x_i - \bar{x}}{s_x}\right)\left(\frac{y_i - \bar{y}}{s_y}\right)$$

$$= \frac{\frac{1}{n}\sum_{i=1}^{n}(x_i - \bar{x})(y_i - \bar{y})}{\sqrt{\frac{1}{n}\sum_{i=1}^{n}(x_i - \bar{x})^2 \cdot \frac{1}{n}\sum_{i=1}^{n}(y_i - \bar{y})^2}}$$

$$= \frac{\frac{1}{n}\sum_{i=1}^{n} x_i y_i - \bar{x} \cdot \bar{y}}{\sqrt{\frac{1}{n}\sum_{i=1}^{n} x_i^2 - \bar{x}^2} \sqrt{\frac{1}{n}\sum_{i=1}^{n} y_i^2 - \bar{y}^2}}$$

$$= \frac{\sum_{i=1}^{n} x_i y_i - n\bar{x} \cdot \bar{y}}{\sqrt{\sum_{i=1}^{n} x_i^2 - n\bar{x}^2} \sqrt{\sum_{i=1}^{n} y_i^2 - n\bar{y}^2}}$$

式中，$\bar{x}$、$\bar{y}$是两组观测数据的样本均值；$s_x$、$s_y$是两组观测数据的样本标准差。

皮尔逊相关系数$r$（或称线性相关系数）是判断两个数值变量$X$和$Y$线性相关方向和密切程度的依据。方差用于反映某个数值变量分布的离散程度、协方差用于反映两个数值变量关系的密切程度，虽然一字之差，但是含义不同。线性相关系数由样本协方差（离差乘积除以数据个数）和样本方差（离均差平方和除以数据个数）构造。样本协方差表示两个数值变量的离均差乘积的和，具有数量级和单位。线性相关系数没有数量级和单位，是用于两个变量相关关系比较的相对数。线性相关系数演示如图9-11所示。

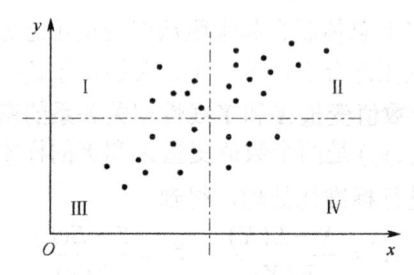

图9-11 皮尔逊相关系数演示

由图看出，由两个变量均值（坐标轴垂线）分割出来的四个象限具有如下特点

I：$\sum_{i=1}^{n}(x_i - \bar{x})(y_i - \bar{y}) < 0$  III：$\sum_{i=1}^{n}(x_i - \bar{x})(y_i - \bar{y}) > 0$

II：$\sum_{i=1}^{n}(x_i - \bar{x})(y_i - \bar{y}) > 0$  IV：$\sum_{i=1}^{n}(x_i - \bar{x})(y_i - \bar{y}) < 0$

经分析，当多数散点在第一、四象限（I、IV）时，线性相关系数趋向于取负值；当多数散点在第二、三象限（II、III）时，线性相关系数趋向于取正值；当散点分布区域"粗胖"或类似橄榄球形状时，线性相关系数的绝对值较小；当散点分布区域"细瘦"或类似棍棒形状时，线性相关系数的绝对值较大。

线性相关系数只是从统计学的角度，判断两个数值变量之间线性相关关系的方向和密切程度，正如描述性分析方法的共同特点，其结果只是用来进行两个数值变量在数量上的比较而无法代替专业理论上的思考，无法用来判断两个变量有无因果关系。即使由大量观测数据绘制的散点图表现出线性相关关系或由观测数据求出很大的线性相关系数$r$，也不能说明两个数值变量有因果联系，更不能确定哪个变量是因、哪个变量是果。例如，在某农户家中，小树在长高、小猪在长大，随着时间延续而依次收集树高和猪重的数据资料，由其绘制的散点图在直线附近波动、具有单调递增趋势，由其计算的线性相关系数很大，但是小树和小猪的成长过程互不影响，更无法由一个变化来预测另一个变化。

**2. 线性相关系数的特点**

（1）对称性：$X$与$Y$、$Y$与$X$的线性相关系数相等。既然在线性相关系数的公式中的乘法计算满足了交换律，那么显然说明线性相关系数的计算结果具有对称性。

(2) 无量纲性：线性相关系数是个纯数，不会受两个数值变量的单位或数量级影响。在线性相关系数的分子和分母中，其单位或数量级经过约分而抵消掉了。

(3) 反映线性相关程度：线性相关系数能描述两个变量的线性关系，但是不能描述两个变量的非线性关系（如曲线关系）。当线性相关系数很小或为 0 时，只能说明两个数值变量无线性相关关系，而不能说明两个变量数值有无非线性相关关系。例如，如果两个数值变量 $X$ 和 $Y$ 满足关系 $X^2+Y^2=1$，那么其数据点散落在一个单位圆上，关于两条坐标轴大致呈左右且上下对称，由此可以求出两个数值变量的线性相关系数为 0。

(4) 数值灵敏性：线性相关系数是由抽样观测数据构造的随机变量，其数学运算容易受个别离群值的影响。如果经过复核认为个别数据点的来源不正常或记录错误，那么就要及时将其删除。如果离群值是在正常情况下由于随机抽样引起的偶然极端情形，那么就不要随意将其删除，否则会造成线性相关系数出现偏倚或错误的结果。

由数学不等式证明，线性相关系数 $r$ 的取值范围为 $-1 \sim 1$，其绝对值反映了线性相关程度，而其正负符号反映了线性相关方向。两个变量线性正相关说明"此长彼也长"，两个变量线性负相关说明"此消彼长"。当 $r=1$ 时，两个变量完全正相关；当 $r=-1$ 时，两个变量完全负相关；当 $r=0$ 时，两个变量完全不相关。这几个状态对于样本资料来说都是罕见而不会发生的最理想状态。当样本量大时，如果 $|r|<0.3$，则两个变量不相关；如果 $|r|\in[0.3,0.5)$，则两个变量低度相关；如果 $|r|\in[0.5,0.8)$，则两个变量中度相关；如果 $|r|\geq 0.8$，则两个变量高度相关。当样本量不同时，$r$ 无相互之间比较意义。当样本量小时，抽样因素会引起 $r$ 不稳定。

### 3. 总体相关系数的假设检验

总体相关系数是从全部取值计算的角度提出的，是确定但未知的理论值。由于抽样随机性和样本量不大的原因，样本相关系数取值呈现出不稳定变动的特点。如图 9-12 所示。

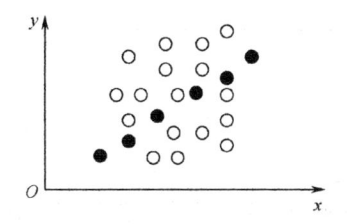

图 9-12 样本相关系数和总体相关系数

由所有数据求出的总体相关系数为 0.000 2，而由抽样资料（实心点）求出的样本相关系数为 0.907，虽然这样的抽样结果很难恰好发生，但是仍然有发生可能性。

样本相关系数由于受到样本量大小和抽样随机性影响，不能直接用来说明样本所对应的总体线性相关是否有统计学意义。即使总体相关系数为 0，那么样本相关系数也不会恰好为 0。

当样本相关系数大到一定程度时，一般认为线性相关关系不是由随机抽样中超出预期的巧合现象或随机数据点中的极端变异引起的，而是由系统因素引起的。

下面通过引入假设检验方法，由样本相关系数($r$)构造统计量并用于推断总体相关系数($\rho$)是否为 0，也就是推断两个变量总体上的线性相关关系有无统计学意义。

### 4. 总体相关系数的假设检验步骤

(1) 建立假设。原假设 $H_0$ 为 $\rho=0$；备择假设 $H_1$ 为 $\rho \neq 0$。

(2) 构造统计量。计算样本相关系数 $r$，由于 $E(r)=\rho$，$V(r)=(1-r^2)/(n-2)$；当样本量

$n$ 充分大时，构造统计量

$$t = (r - E(r))/\sqrt{V(r)} = (r - \rho)/\sqrt{(1-r^2)/(n-2)} = r\sqrt{n-2}/\sqrt{1-r^2} \sim t(n-2)$$

（3）临界值法。根据显著性水平 $\alpha$、自由度 $n-2$，查 $t$ 分布表得临界值 $t_{\alpha/2}(n-2)$。

当 $|t| > t_{\alpha/2}(n-2)$ 时，拒绝原假设 $H_0$；当 $|t| \leq t_{\alpha/2}(n-2)$ 时，不拒绝原假设 $H_0$。

（4）$P$ 值法。求相伴概率 $P$。当 $P < \alpha$ 时，拒绝原假设 $H_0$，认为两个数值变量总体相关有统计学意义；当 $P \geq \alpha$ 时，不拒绝原假设 $H_0$，认为两个变量总体相关无统计学意义。相伴概率 $P$ 越小则说明越有理由认为两个变量总体是线性相关的。

以下有几点说明。

说明①：在有些教材中提到用线性相关系数 $r$ 的检验法，这与 $t$ 检验法是等价转换关系，也就是把统计量 $t = r\sqrt{n-2}/\sqrt{1-r^2}$ 转换为统计量 $r = t/\sqrt{n-2+t^2}$，同时把临界值 $t_{\alpha/2}(n-2)$ 转化为临界值 $r_{\alpha/2}(n-2)$。当然，在这些教材后面也附带了供查询的 $r$ 检验临界值表。

说明③：当样本量 $n$ 比较小时，即使 $|r|$ 比较大，可能推断出总体线性相关有统计学意义。当样本量 $n$ 比较大时，即使 $|r|$ 不算大，也可能推断出总体线性相关有统计学意义。如果两个数值变量总体线性相关的显著性检验不通过，那么回归分析建模工作也就失去意义。

说明②："相关系数显著性"与"相关关系程度"具有不同含义，前者说明由样本推断总体线性相关的理由是否充分，后者说明由样本相关系数所描述的线性相关密切程度。

【例 1】测量药物试验剂量 $X$（单位：mg）和药物作用消失天数 $Y$，已知变量 $X$ 与 $Y$ 大致满足双变量正态分布的条件，计算线性相关系数并进行假设检验。数据资料如表 9-10 所示。

表 9-10　数据资料

| 剂量 $X$ | 3 | 3 | 4 | 5 | 6 | 6 | 7 | 8 | 9 | 9 |
|---|---|---|---|---|---|---|---|---|---|---|
| 天数 $Y$ | 9 | 5 | 12 | 9 | 14 | 16 | 22 | 18 | 24 | 22 |

解：线性相关系数为

$$r = \frac{\sum_{i=1}^{10}(x_i-\bar{x})(y_i-\bar{y})}{\sqrt{\sum_{i=1}^{10}(x_i-\bar{x})^2 \sum_{i=1}^{10}(y_i-\bar{y})^2}} = 0.910\,2$$

建立原假设 $H_0$：总体相关系数 $\rho = 0$；建立备择假设 $H_1$：总体相关系数 $\rho \neq 0$。

默认原假设 $H_0$ 成立，即 $\rho = 0$，构造并计算统计量 $t = r\sqrt{n-2}/\sqrt{1-r^2} = 6.215\,9$。

事先假定显著性水平 $\alpha = 0.05$，自由度 $n-2 = 8$，查 $t$ 分布表得临界值 $t_{0.05/2}(8) = 2.306\,0$。

由于 $|t| = 6.215\,9 > 2.306\,0$，于是拒绝原假设 $H_0$，认为两个变量总体线性相关有统计学意义。

【学习目标】理解皮尔逊相关系数及其检验方法，掌握操作流程并阐述结论。

【案例实验 3】

抽样调查学生的体重和心脏横径。绘制散点图，求样本相关系数并进行总体相关性检验。数据资料如表 9-11 所示。本例的数据文件是 "9 定距相关分析（体重+心脏横径）.sav"。

表 9-11　数据资料

| 体重（$X$） | 25.50 | 19.50 | 24.00 | 20.50 | 25.00 | 22.00 | 21.50 | 23.50 | 26.50 | 23.50 |
|---|---|---|---|---|---|---|---|---|---|---|
| 心脏横径（$Y$） | 9.20 | 7.80 | 9.40 | 8.60 | 9.00 | 8.80 | 9.00 | 9.40 | 9.70 | 8.80 |

## 【数据文件】

定义变量"体重""心脏横径",类型均为数值。建立数据文件,如图 9-13 所示。

(a)

(b)

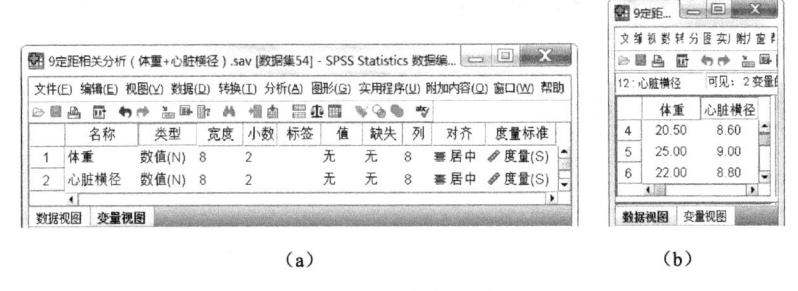

图 9-13 数据文件

### 1. 散点图绘制

【菜单选择】

单击"图形"主菜单,再单击"旧对话框"选项,然后单击"散点/点状"选项。

【界面设置】

在打开的"散点图/点图"对话框中,单击"简单分布"图标,单击"定义"按钮,如图 9-14 所示。在打开的"简单散点图"对话框中,将"体重"选入"X 轴"列表框中,将"心脏横径"选入"Y 轴"列表框中,如图 9-15 所示。

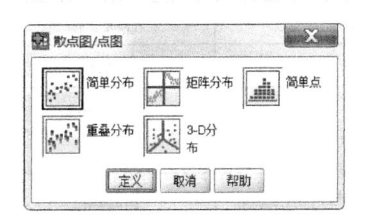

图 9-14 "散点图/点图"对话框

图 9-15 "简单散点图"对话框

双击生成的散点图,在打开的"属性"对话框中,单击"拟合线"选项卡,默认选择"线性"选项,如图 9-16 所示。添加拟合线的散点图如图 9-17 所示。

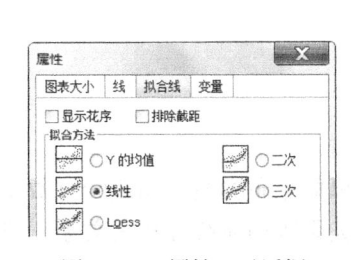

图 9-16 "属性"对话框

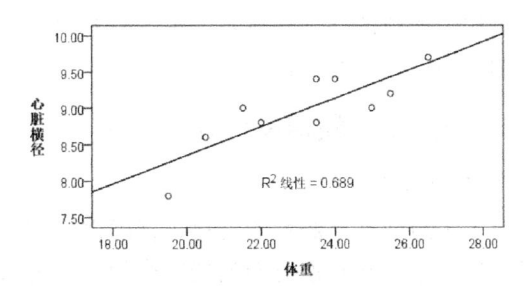

图 9-17 添加拟合线的散点图

经分析,决定系数为 0.689,说明直线的拟合效果较好,认为两个变量有线性相关关系。

### 2. 线性相关系数及其检验

【菜单选择】

单击"分析"主菜单,再单击"相关"选项,然后单击"双变量"选项。

【界面设置】

在打开的"双变量相关"对话框中,将"体重""心脏横径"选入"变量"列表框中;在"相关系数"区域,默认选择"Pearson"选项,单击"确定"按钮,如图 9-18 所示。

图 9-18 "双变量相关"对话框

【结果分析】

相关分析的结果如表 9-12 所示。

表 9-12 相关分析的结果

| | | 体　重 | 心脏横径 |
|---|---|---|---|
| 体重 | 皮尔逊相关系数 | 1 | 0.830 |
| | 显著性水平（双侧） | — | 0.003 |
| | N | 10 | 10 |
| 心脏横径 | 皮尔逊相关系数 | 0.830 | 1 |
| | 显著性水平（双侧） | 0.003 | — |
| | N | 10 | 10 |

经分析,"体重"和"心脏横径"的皮尔逊相关系数是 0.830,说明它们是线性相关的。由总体相关系数的显著性检验,相伴概率 $P$ 为 0.003（小于 0.05）,说明"体重"和"心脏横径"的线性相关性有统计学意义。

### 9.3.3　斯皮尔曼秩相关系数

**1. 基本原理**

对于等级或次序测量的资料、精确性受到污染的资料、总体分布类型未知或经过数学转化以后仍然不服从正态分布的资料来说,不适合由皮尔逊相关系数描述线性相关关系,可以把两个数值变量分别转换为秩次以后再计算所谓的等级（或秩）相关系数。

基本思路是,对两个数值变量 $X$ 和 $Y$ 收集观测数据,组成对子 $(x_1, y_1), (x_2, y_2), \cdots, (x_n, y_n)$。分别将 $x_1, x_2, \cdots, x_n$ 和 $y_1, y_2, \cdots, y_n$ 按由小到大排序,将观测数据 $x_1, x_2, \cdots, x_n$ 转化为秩次 $u_1, u_2, \cdots, u_n$,再将观测数据 $y_1, y_2, \cdots, y_n$ 转化为秩次 $v_1, v_2, \cdots, v_n$。接下来,把观测数据对子 $(x_1, y_1), (x_2, y_2), \cdots, (x_n, y_n)$ 与秩次数据对子 $(u_1, v_1), (u_2, v_2), \cdots, (u_n, v_n)$ 对应起来,把秩次替换原始数据并代入皮尔逊相关系数的公式,即得斯皮尔曼（Spearman）秩相关系数。

$$r_s = \frac{\sum_{i=1}^n (u_i - \bar{u})(v_i - \bar{v})}{\sqrt{\sum_{i=1}^n (u_i - \bar{u})^2 \sum_{i=1}^n (v_i - \bar{v})^2}} \quad \text{或} \quad r_s = 1 - \frac{6\sum_{i=1}^n (u_i - v_i)^2}{n(n^2 - 1)}$$

斯皮尔曼秩相关系数不是反映两个变量线性相关关系强弱的统计量。从计算特点来看，更适用于反映两个变量的单调关系有无、正反方向和强弱程度。斯皮尔曼秩相关系数检验与皮尔逊相关系数检验步骤相似。为了讨论总体相关性，由斯皮尔曼秩相关系数构造统计量，求相伴概率 $P$。当 $P < \alpha$ 时，拒绝原假设 $H_0$，认为两个变量总体秩相关有统计学意义。当 $P \geq \alpha$ 时，不拒绝原假设 $H_0$，认为两个变量总体秩相关无统计学意义。相伴概率 $P$ 越小则说明越有理由认为两个变量线性相关，但是不能说成两个变量的线性相关关系越强。

**2. 两个数值变量的斯皮尔曼秩相关分析**

如果两个数值变量不服从双变量正态分布，那么不再严格满足皮尔逊相关系数的条件。斯皮尔曼秩相关系数对于总体分布类型无要求，作为非参数统计方法，适用于不服从双变量正态分布的资料、等级资料或总体分布未知的资料，其本质是把两个数值变量编秩以后，由秩次代替原始数据，同时损失了充分信息、降低了精确性。一般来说，斯皮尔曼秩相关系数小于皮尔逊相关系数，不容易推断出真实存在的相关关系。在实际问题中，对于经验判断两个变量分别近似满足正态分布的数值变量来说，也可以使用皮尔逊相关系数。

**3. 两个有序多分类变量的斯皮尔曼秩相关分析**

两个属性不同的有序多分类变量相关分析通常不满足皮尔逊相关系数的使用条件，于是考虑使用斯皮尔曼秩相关系数。如果给定两个有序多分类变量的原始资料，那么可以不必事先进行秩次转换，直接在 SPSS 软件中相应设置。如果有序分类资料中的相同数据个数比较多，那么可以使用校正公式。针对两个有序多分类变量，有时给出按照不同类别交叉分组汇总的所谓交叉表形式，也就是把分类变量分别放在表中行与列的位置，在每个单元格中填入两个变量交叉类别同时发生时的频数。对于经过交叉分组汇总的交叉表资料，还要事先定义一个频数变量，对其经过加权预处理以后，再进行斯皮尔曼秩相关分析的操作。

说明：在大样本心理测评问题中，题项以 5 级李克特量表测量并获得有序多分类资料，很多个案在两个变量上的序数相等，计算斯皮尔曼秩相关系数时会有大量秩次差为 0 的情况。这样的有序多分类变量最好看成定距变量，建议用 Pearson 积差相关系数分析。

【学习目标】理解斯皮尔曼秩相关系数及其检验方法，掌握操作流程并阐述结论。

## 【案例实验 4】

学习时间按照天数进行度量，测验成绩按照名次进行度量，假定它们不服从双变量正态分布，计算斯皮尔曼秩相关系数并进行总体相关的显著性检验。数据资料如表 9-13 所示。

本例的数据文件是 "9 等级有序相关分析（学习时间+测验成绩）.sav"。

表 9-13 数据资料

| 学习时间 | 3 | 3 | 4 | 5 | 6 | 6 | 7 | 8 | 8 | 9 |
|---|---|---|---|---|---|---|---|---|---|---|
| 测验成绩 | 9 | 5 | 12 | 9 | 14 | 16 | 22 | 18 | 24 | 22 |

【数据文件】

定义变量 "学习时间" "测验成绩"，类型均为数值。建立数据文件，如图 9-19 所示。

（a） （b）

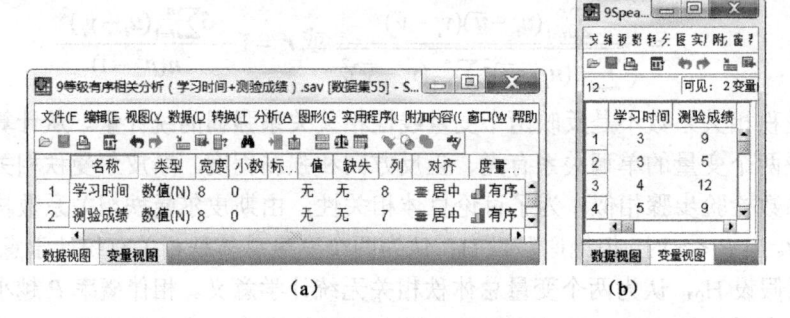

图 9-19 数据文件

【菜单选择】

单击"分析"主菜单，再单击"相关"选项，然后单击"双变量"选项。

【界面设置】

在打开的"双变量相关"对话框中，将"学习时间""测验成绩"选入"变量"列表框中；在"相关系数"区域，选择"Spearman"选项，单击"确定"按钮，如图 9-20 所示。

图 9-20 "双变量相关"对话框

【结果分析】

斯皮尔曼秩相关分析的结果如表 9-14 所示。

表 9-14 斯皮尔曼秩相关分析的结果

| | | 学习时间 | 测验成绩 |
|---|---|---|---|
| 学习时间 | 斯皮尔曼秩相关系数 | 1.000 | 0.914 |
| | 显著性水平（双侧） | — | 0.000 |
| | N | 10 | 10 |
| 测验成绩 | 斯皮尔曼秩相关系数 | 0.914 | 1.000 |
| | 显著性水平（双侧） | 0.000 | — |
| | N | 10 | 10 |

经分析，"学习时间"和"测验成绩"的斯皮尔曼秩相关系数为 0.914，说明两者正相关；由总体相关系数的显著性检验，相伴概率 $P$ 小于 0.001，说明两者相关性有统计学意义。

## 【案例实验 5】

人类遗体年龄以 10 岁为间隔进行统计分组,由行业标准对冠状动脉硬化程度划分等级。由斯皮尔曼秩相关系数分析年龄组与冠状动脉硬化等级的相关性。数据资料如表 9-15 所示。

本例的数据文件是"9 交叉表 Spearman 相关分析(年龄组和冠状动脉硬化等级).sav"。

表 9-15 数据资料

| 年 龄 组 | 冠状动脉硬化等级 | | | |
|---|---|---|---|---|
| | - | + | ++ | +++ |
| 20~29 岁 | 70 | 22 | 4 | 2 |
| 30~39 岁 | 27 | 24 | 9 | 3 |
| 40~49 岁 | 16 | 23 | 13 | 7 |
| ≥50 岁 | 9 | 20 | 15 | 14 |

【数据文件】

(1)交叉表资料。

定义变量"年龄组""冠状动脉硬化等级",定义频数变量"频数",类型均为数值。定义变量值标签"20 岁~"=1、"30 岁~"=2、"40 岁~"=3、"≥50 岁"=4,"-"=1、"+"=2、"++"=3、"+++"=4。建立数据文件,如图 9-21 所示。

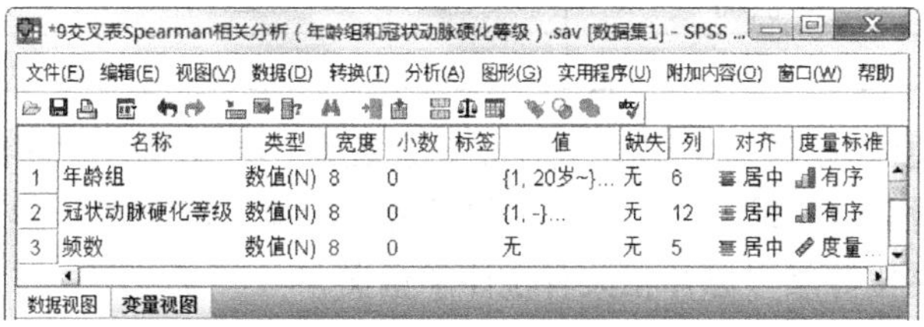

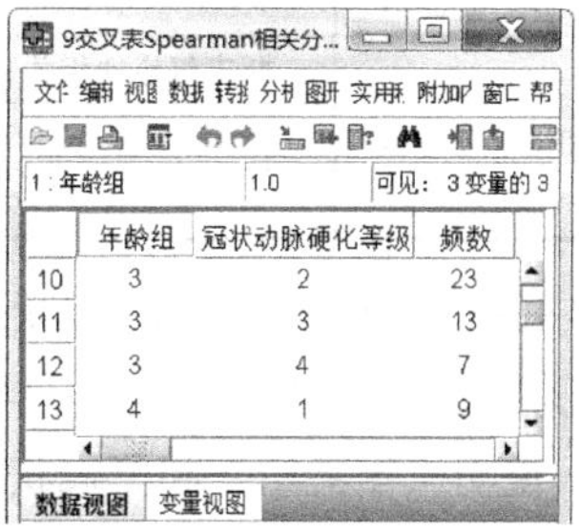

图 9-21 数据文件

【菜单选择】

单击"数据"主菜单,再单击"加权个案"选项。

【界面设置】

在打开的"加权个案"对话框中,将"频数"选入"频数变量"列表框中,单击"确定"按钮,如图 9-22 所示。

(2)原始资料。

定义变量"年龄组""冠状动脉硬化等级",类型均为数值。

【菜单选择】

单击"分析"主菜单,再单击"相关"选项,然后单击"双变量"选项。

【界面设置】

在打开的"双变量相关"对话框中,依次将"冠状动脉硬化等级""年龄组"选入"变量"列表框中;在"相关系数"区域,选择"Spearman"选项,单击"确定"按钮,如图 9-23 所示。

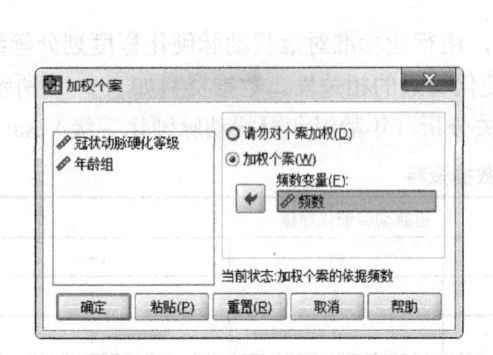

图 9-22 "加权个案"对话框　　　　图 9-23 "双变量相关"对话框

【结果分析】
斯皮尔曼秩相关分析的结果如表 9-16 所示。

表 9-16 斯皮尔曼秩相关分析的结果

| | | 年 龄 组 | 冠状动脉硬化等级 |
|---|---|---|---|
| 年龄组 | 斯皮尔曼秩相关系数 | 1.000 | 0.488 |
| | 显著性水平（双侧） | — | 0.000 |
| | $N$ | 278 | 278 |
| 冠状动脉硬化等级 | 斯皮尔曼秩相关系数 | 0.488 | 1.000 |
| | 显著性水平 | 0.000 | — |
| | $N$ | 278 | 278 |

经分析，"年龄组"和"冠状动脉硬化等级"的斯皮尔曼秩相关系数为 0.488，说明"年龄组"和"冠状动脉硬化等级"之间具有单调递增关系。由总体相关的显著性检验，相伴概率 $P$ 小于 0.001，说明"年龄组"和"冠状动脉硬化等级"总体相关有统计学意义。

## 9.4 偏相关分析

### 1. 方法提出

线性相关分析用于讨论地位对等、不分主次的两个数值变量有无数量上的线性单调关系，线性相关系数只是研究者定性分析的辅助工具。由于任何事物之间的关系是错综复杂的，表面上的相关关系夹杂着其余变量带来的影响。例如，两个数值变量同时受到第三方变量的增进或削减作用，直接计算出来的相关系数很大；其实是夸大了本不应有的相关关系，于是考虑通过人为干预来剔除影响，下面介绍的偏相关分析是实现途径之一。

偏相关分析又称净相关分析，是指从专业理论和实践经验介入的角度，通过数据驱动的就散方式，在人为控制第三方（一个及以上）干扰变量对两个数值变量相关关系分析的影响情况下，在相对纯净环境下更为真实地反映两个数值变量之间的相关关系。根据专业理论和实践经验，当决定控制其余变量影响并进行偏相关分析以后，出现如下可能情形：原本直接由两个数值变量求出的线性相关系数比较大，偏相关系数却比较小；原本直接推断出来的两个数值变量总体线性相关，偏相关关系却不成立。

例如，某人群收入和血压似乎表现出线性相关关系，当收入逐年变多时、血压也在逐年上升，这种现象其实是年龄增长带来的。如果控制或剔除了年龄增长的影响，由偏相关分析，很有可能会发现收入和血压的线性相关关系小。又如，当某地外卖冷饮销量越多时，防晒品的营业额也越多。实际上，外卖冷饮销量增长和防晒品营业额增长同时受到气温升高的影响。如果控制或剔除了气温升高的影响，由偏相关分析，很有可能会发现外卖冷饮销量和防晒品营业额的线性相关关系很小。变量相关关系如图9-24所示。

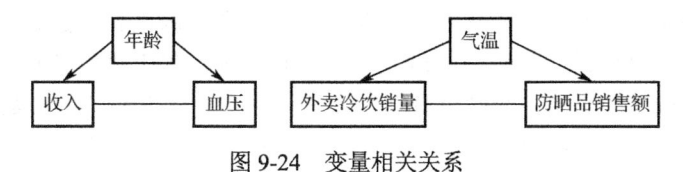

图9-24 变量相关关系

在偏相关分析中，控制变量不是统计方法决定的，而是由研究者根据专业理论和经验人为"故意"指定的。控制变量选择的合理性关系着两个数值变量相关关系的判断。

**2．基本思想**

偏相关分析（净相关分析）的基本思想是根据专业理论或实践经验知识，从人为干预的角度控制一个及以上第三方变量对两个数值变量线性相关关系的影响，从而讨论两个数值变量之间真实相关关系的有无、方向和程度大小。当控制变量只有一个时，称为一阶偏相关系数，而高阶偏相关系数是皮尔逊相关系数及所有更为低阶偏相关系数的嵌套结构。

举例如下，假设变量 $X_1, X_2, X_3, X_4$ 服从联合正态分布。

（1）不控制任何变量，对 $X_1, X_2$ 直接求皮尔逊相关系数 $r_{12}$。

（2）控制变量 $X_3$，对 $X_1, X_2$ 求一阶偏相关系数 $r_{12,3} = (r_{12} - r_{13}r_{23})/\sqrt{(1-r_{13}^2)(1-r_{23}^2)}$。

（3）控制变量 $X_3, X_4$，对 $X_1, X_2$ 求二阶偏相关系数 $r_{12,34} = (r_{12,4} - r_{13,4}r_{23,4})/\sqrt{(1-r_{13,4}^2)(1-r_{23,4}^2)}$。

**3．三点说明**

说明①：偏相关分析是由经验区分两个变量虚假相关的途径。如果偏相关系数与皮尔逊相关系数差异小，那么控制变量的影响小，否则控制变量的影响大。

说明②：控制变量可以有一个及以上，控制变量的选择不是统计方法决定的，而是根据理论和经验决定的。控制变量选择的合理性关系结论的真实性。

说明③：当变量服从多维正态分布时，由皮尔逊相关系数衡量线性相关关系。当变量不满足多维正态分布时，分别将其编秩以后，由斯皮尔曼秩相关系数衡量单调关系。

**4．两个总体偏相关系数的假设检验步骤**

（1）建立假设。原假设 $H_0$：两个变量总体偏相关系数为0；备择假设 $H_1$：两个变量总体偏相关系数不为0。

（2）构造统计量，求偏相关系数 $r$。构造统计量为

$$t = r\sqrt{n-q-2}/\sqrt{1-r^2} \sim t(n-q-2)$$

式中，$n$ 为样本量；$q$ 为偏相关系数的阶，当控制变量为1个时，$q=1$。

（3）临界值法。查自由度为 $n-q-2$ 的 $t$ 分布表得临界值 $t_{\alpha/2}(n-q-2)$。当 $|t| > t_{\alpha/2}(n-q-2)$ 时，拒绝原假设 $H_0$；当 $|t| \leq t_{\alpha/2}(n-q-2)$ 时，不拒绝原假设 $H_0$。

（4）$P$ 值法。求相伴概率 $P$，当 $P < \alpha$ 时，拒绝原假设 $H_0$，认为两个变量总体偏相关系

数非零有统计学意义。当 $P \geq \alpha$ 时，不拒绝原假设 $H_0$，认为两个变量总体偏相关系数非零相关性无统计学意义。相伴概率 $P$ 越小则说明越有理由认为两个变量存在偏相关关系，注意不要说成是两个变量的线性相关性越大。

【学习目标】理解偏相关系数及其检验方法，掌握操作流程并阐述结论。

## 【案例实验6】

完成如下三种做法：第一种做法是直接对"身高"和"肺活量"进行线性相关分析。第二种做法是人为控制"体重"的影响，对"身高"和"肺活量"进行偏相关分析。第三种做法是人为控制"体重"的影响，绘制"身高"和"肺活量"的偏相关图。数据资料如表 9-17 所示。本例的数据文件是"9 偏相关分析（身高、体重、肺活量）.sav"。

表 9-17 数据资料

| 身高 | 体重 | 肺活量 | 身高 | 体重 | 肺活量 | 身高 | 体重 | 肺活量 |
|---|---|---|---|---|---|---|---|---|
| 135.10 | 32.00 | 1.75 | 148.50 | 37.20 | 2.25 | 155.10 | 44.70 | 2.75 |
| 139.90 | 30.40 | 2.00 | 165.50 | 49.50 | 3.00 | 160.50 | 37.50 | 2.00 |
| 163.60 | 46.20 | 2.75 | 135.00 | 27.60 | 1.25 | 143.00 | 31.50 | 1.75 |
| 146.50 | 33.50 | 2.50 | 153.30 | 41.00 | 2.75 | 149.40 | 33.90 | 2.25 |
| 156.20 | 37.10 | 2.75 | 152.00 | 32.00 | 1.75 | 160.80 | 40.40 | 2.75 |
| 156.40 | 35.50 | 2.00 | 160.50 | 47.20 | 2.25 | 159.00 | 38.50 | 2.50 |
| 167.80 | 41.50 | 2.75 | 153.00 | 32.00 | 1.75 | 158.20 | 37.50 | 2.00 |
| 149.70 | 31.00 | 1.50 | 147.60 | 40.50 | 2.00 | 150.00 | 36.00 | 1.75 |
| 145.00 | 33.00 | 2.50 | 157.50 | 43.30 | 2.25 | 144.50 | 34.70 | 2.25 |

【数据文件】

定义变量"身高""体重""肺活量"，类型均为数值。建立数据文件，如图 9-25 所示。

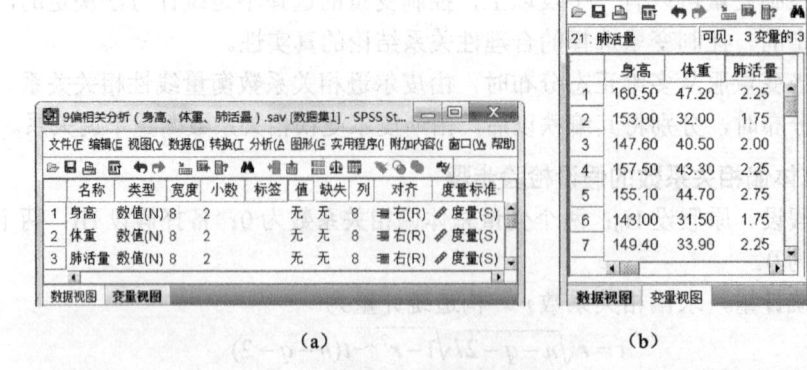

(a)　　(b)

图 9-25 数据文件

第一种做法：直接对"身高"和"肺活量"进行线性相关分析。

【菜单选择】

单击"分析"主菜单，再单击"相关"选项，然后单击"双变量"选项。

## 第9章 相关分析

【界面设置】

在打开的"双变量相关"对话框中,将"身高""肺活量"选入"变量"列表框中;在"相关系数"区域,默认选择"Pearson"选项,单击"确定"按钮,如图9-26所示。

图9-26 "双变量相关"对话框

【结果分析】

相关分析的结果如表9-18所示。

表9-18 相关分析的结果

|  |  | 身 高 | 肺 活 量 |
|---|---|---|---|
| 身高 | 皮尔逊相关系数 | 1 | 0.620 |
|  | 显著性水平(双侧) | — | 0.001 |
|  | N | 27 | 27 |
| 肺活量 | 皮尔逊相关系数 | 0.620 | 1 |
|  | 显著性水平(双侧) | 0.001 | — |
|  | N | 27 | 27 |

经分析,"身高"与"肺活量"的皮尔逊相关系数是 0.620,说明两个变量在一定程度上具有正向的线性相关关系;由"身高"与"肺活量"之间总体相关系数的显著性检验,相伴概率 $P$ 为 0.001(小于 0.05),说明"身高"和"肺活量"总体线性相关有统计学意义。

第二种做法:以"体重"为控制变量,对"身高"和"肺活量"进行偏相关分析。

【菜单选择】

单击"分析"主菜单,再单击"相关"选项,然后单击"偏相关"选项。

【界面设置】

在打开的"偏相关"对话框中,将"身高""肺活量"选入"变量"列表框中,"体重"选入"控制"列表框中。单击"确定"按钮,如图9-27所示。

【结果分析】

偏相关分析的结果如表9-19所示。

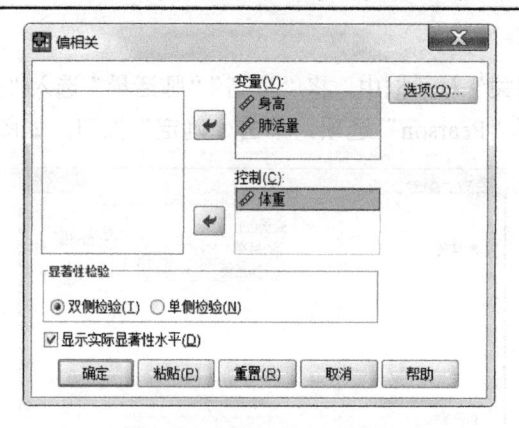

图 9-27 "偏相关"对话框

表 9-19 偏相关分析的结果

| | | 身　高 | 肺 活 量 |
|---|---|---|---|
| 身高 | 偏相关系数 | 1.000 | 0.136 |
| | 显著性水平（双侧） | — | 0.508 |
| | 自由度 | 0 | 24 |

经分析，控制"体重"影响，"身高"和"肺活量"的偏相关系数为 0.136，很小。由总体偏相关系数的显著性检验，相伴概率 $P$ 为 0.508（大于 0.05），说明"身高"和"肺活量"相关关系无统计学意义。综上，认为体重引起身高和肺活量之间线性相关的虚假现象。

第三种做法：人为控制"体重"的影响，绘制"身高"和"肺活量"的偏相关图。

实际上，直接绘制的散点图和偏相关散点图不是一回事。

直接绘制的散点图用于反映无控制变量的影响下，两个数值变量的线性相关关系。偏相关散点图用于可视化演示两个数值变量的偏相关关系的形态、方向或密切程度。

关于偏相关散点图的数学原理不再赘述，下面仅介绍其绘图的思路。

当控制变量只有 1 个时，首先在两个数值变量中指定一个为因变量，以控制变量为自变量建立一元线性回归方程，然后在两个数值变量中指定另一个为因变量，以控制变量为自变量建立一元线性回归方程。如此经过两步操作，分别把控制变量代入模型并求得残差变量，将两步操作的残差变量用于计算皮尔逊相关系数。该皮尔逊相关系数恰好等于两个变量的偏相关系数。如此来说，由两个残差变量绘制的散点图就是偏相关散点图。

第一步，以"身高"为因变量，以"体重"为自变量进行一元线性回归分析。

【菜单选择】

单击"分析"主菜单，再单击"回归"选项，然后单击"线性"选项。

【界面设置】

在打开的"线性回归"对话框中，将"身高"选入"因变量"列表框中，将"体重"选入"自变量"列表框中，单击"保存"按钮，如图 9-28 所示。在打开的"线性回归：保存"对话框的"残差"区域，选择"未标准化"选项，如图 9-29 所示。

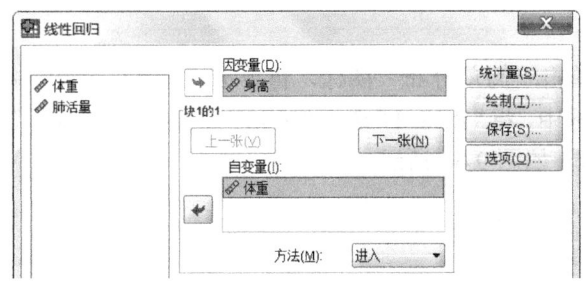

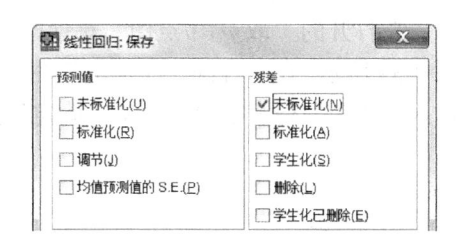

图 9-28 "线性回归"对话框　　　　　图 9-29 "线性回归：保存"对话框

第二步，以"肺活量"为因变量，以"体重"为自变量进行一元线性回归分析。
【菜单选择】
单击"分析"主菜单，再单击"回归"选项，然后单击"线性"选项。
【界面设置】
在打开的"线性回归"对话框中，将"肺活量"选入"因变量"列表框中，将"体重"选入"自变量"列表框中，单击"保存"按钮，如图 9-30 所示。在打开的"线性回归：保存"对话框的"残差"区域，选择"未标准化"选项，如图 9-31 所示。

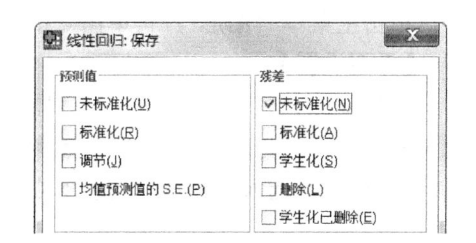

图 9-30 "线性回归"对话框　　　　　图 9-31 "线性回归：保存"对话框

【结果分析】
在数据文件中，生成两个变量"RES_1"和"RES_2"，如图 9-32 所示。

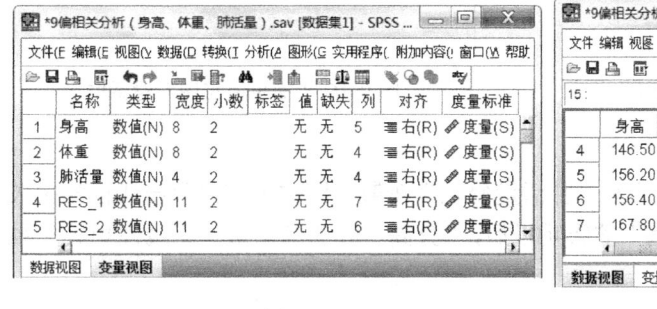

（a）　　　　　　　　　　　　　　（b）

图 9-32 数据文件

第三步，绘制变量"RES_1"和"RES_2"之间的散点图。
【菜单选择】
单击"图形"主菜单，再单击"旧对话框"选项，然后单击"散点/点状"选项。

【界面设置】

在打开的"散点图/点图"对话框中,单击"简单分布"图标,再单击"定义"按钮,如图 9-33 所示。在打开的"简单散点图"对话框中,将"RES_1"选入"X 轴"列表框中,"RES_2"选入"Y 轴"列表框中,单击"确定"按钮,如图 9-34 所示。

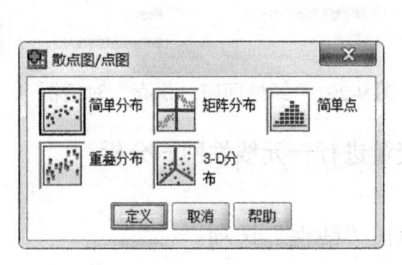

图 9-33 "散点图/点图"对话框

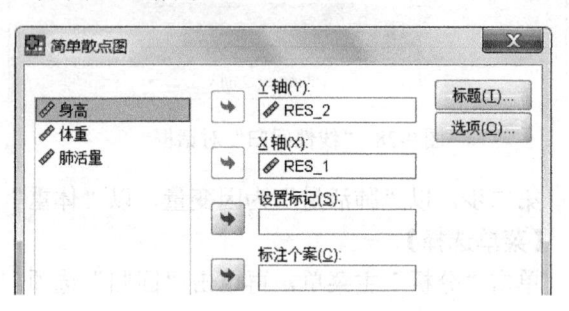

图 9-34 "简单散点图"对话框

"身高"加上其均值 152.355 6,"肺活量"加上其均值 2.213 0。利用数据主菜单中的计算变量命令,分别生成两个变量"身高修正""肺活量修正"。

第四步,根据两个变量"身高修正"和"肺活量修正",绘制散点图。

【菜单选择】

单击主菜单"图形",再单击"旧对话框"选项,然后单击"散点/点状"选项。

【界面设置】

在打开的"散点图/点图"对话框中,单击"简单分布"图标,再单击"定义"按钮,如图 9-35 所示。在打开的"简单散点图"对话框中,将"身高修正"选入"X 轴"列表框中,"肺活量修正"选入"Y 轴"列表框中,如图 9-36 所示。

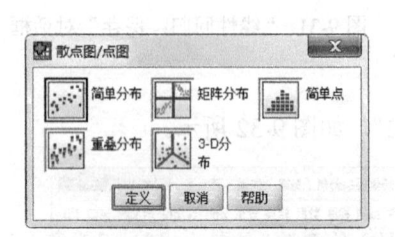

图 9-35 "散点图/点图"对话框

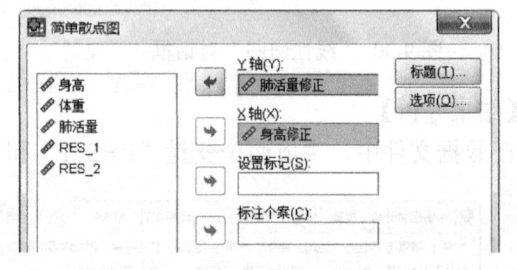

图 9-36 "简单散点图"对话框

【结果分析】

如图 9-37 所示,"身高修正"和"肺活量修正"在散点图中没有表现出线性相关关系,由此说明控制第三个变量即"体重"的影响以后,"身高"和"肺活量"无线性相关关系。

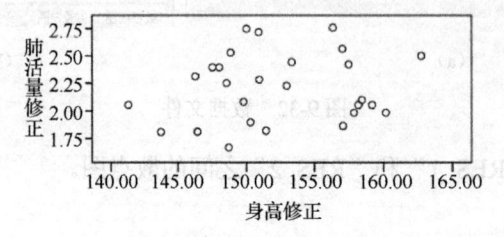

图 9-37 散点图

第五步，对变量"身高修正"和"肺活量修正"进行相关分析。
【菜单选择】
单击"分析"主菜单，再单击"相关"选项，然后单击"双变量"选项。
【界面设置】
在打开的"双变量相关"对话框中，将"身高修正""肺活量修正"选入"变量"列表框中；在"相关系数"区域，默认选择"Pearson"选项，单击"确定"按钮，如图 9-38 所示。

图 9-38 "双变量相关"对话框

【结果分析】
相关分析的结果如表 9-20 所示。

表 9-20 相关分析的结果

|  |  | 身 高 修 正 | 肺活量修正 |
|---|---|---|---|
| 身高修正 | 相关系数 | 1 | 0.136 |
|  | 显著性水平（双侧） | — | 0.508 |
|  | N | 27 | 27 |
| 肺活量修正 | 相关系数 | 0.136 | 1 |
|  | 显著性水平（双侧） | 0.508 | — |
|  | N | 27 | 27 |

一方面，"身高修正"和"肺活量修正"的相关系数为 0.136。
由第一种做法，"身高"和"肺活量"的皮尔逊相关系数为 0.620；由第二种做法，"身高"和"肺活量"的偏相关系数也是 0.136。经过比较，发现两者并不相等。
另一方面，由"身高修正"和"肺活量修正"的总体相关系数的显著性检验，相伴概率 $P$ 为 0.508（大于 0.05），"身高修正"和"肺活量修正"总体相关无统计学意义。
由第一种做法，"身高"和"肺活量"总体线性相关为 0.620，相伴概率 $P$ 为 0.001（小于 0.05）。由第二种做法：控制体重以后，"身高"和"肺活量"总体偏相关的显著性检验，相伴概率 $P$ 为 0.508（大于 0.05）。经过比较，发现两者并不一致。

## 【拓展练习】

【练习 1】对身高和体重进行相关分析。数据资料如表 9-21 所示。

表 9-21　数据资料

| 身高 | 171 | 167 | 177 | 154 | 169 | 175 | 163 | 152 | 172 | 162 |
|---|---|---|---|---|---|---|---|---|---|---|
| 体重 | 53 | 56 | 64 | 49 | 55 | 66 | 52 | 47 | 58 | 50 |

【练习 2】在某种生物试验中，收集 3 个变量"吸氨量""底水"和"时间"。在控制"时间"影响的情况下，对"底水"和"吸氨量"进行相关分析。数据资料如表 9-22 所示。

表 9-22　数据资料

| 底水 | 136.5 | 136.5 | 136.5 | 138.5 | 138.5 | 138.5 | 140.5 | 140.5 | 140.5 | 138.5 | 138.5 |
|---|---|---|---|---|---|---|---|---|---|---|---|
| 时间 | 250 | 250 | 180 | 250 | 180 | 215 | 180 | 215 | 250 | 215 | 215 |
| 吸氨量 | 6.2 | 7.5 | 4.8 | 5.1 | 4.6 | 4.6 | 2.8 | 3.1 | 4.3 | 4.8 | 4.1 |

【练习 3】抽样调查学生自己与知心朋友的人生愿望，人生愿望的选项为"快乐家庭""理想工作""增广见闻"。对自己与知心朋友的人生愿望进行相关分析。数据资料如表 9-23 所示。

表 9-23　数据资料

| 自己的人生愿望 | 知心朋友的人生愿望 | | |
|---|---|---|---|
|  | 快乐家庭 | 理想工作 | 增广见闻 |
| 快乐家庭 | 28 | 9 | 3 |
| 理想工作 | 2 | 41 | 7 |
| 增广见闻 | 2 | 4 | 4 |

【练习 4】住户人口密度分为低、中、高 3 个等级，住户内部冲突等级分为轻、中、重 3 个等级。对住户人口密度与住户内部冲突等级进行相关分析。数据资料如表 9-24 所示。

表 9-24　数据资料

| 住户内部冲突等级 | 住户人口密度 | | |
|---|---|---|---|
|  | 高 | 中 | 低 |
| 重 | 23 | 20 | 4 |
| 中 | 11 | 55 | 28 |
| 轻 | 8 | 27 | 24 |

# 第 10 章 回 归 分 析

## 10.1 回归分析的特点

**1. 方法背景**

相关分析用于讨论两个数值变量是否符合线性相关关系,或是否具有线性、单调的共同变化特点,并且讨论线性相关关系的方向和程度。相关分析不能判断现象之间具体的数量变动依存关系,也不能根据相关关系来估计或预测因变量的数值,也就是说不能用于由一个数值变量的变化来推断另一个数值变量的变化,两个数值变量在数量上有相关(或共变)关系并不代表两个数值变量就一定有因果(或依存)关系。

从专业经验视角判断两个数值变量有无线性相关关系,如果求得皮尔逊相关系数较大,那么可以据此关系继续建立一元线性回归模型,既可用于解释一个数值变量的变化会引起另一个数值变量精确的比例或倍数变化,还可用于预测或控制,通过一个数值变量的取值范围计算另一个数值变量的取值范围。对于没有实际意义、毫无关联的事物强行进行线性回归分析,既无道理也无用途。例如,由群体学生成绩的抽样资料,分析数学成绩和语文成绩之间有无线性相关关系,假设两者服从双变量正态分布,计算数学成绩和语文成绩之间的皮尔逊相关系数。鉴于认为数学成绩和语文成绩之间无线性相关关系,那么不能由语文成绩来推测数学成绩。如果提前筛选某些自变量(如学习时间、智商和入学情况)作为数学成绩的影响因素,那么可以由此预测数学成绩的取值和置信区间。

**2. 定义特点**

回归分析就是在试验、观察或调查的基础上,收集某些变量的数据资料,通过建立理想化的数学模型来研究变量之间相关关系的密切程度、结构状态和数量依存关系,以寻找不确定现象背后的统计规律。这个数学模型只是从数据驱动的角度,提供规律探索的辅助依据,并未在专业理论上涉及事物本质规律性分析。如果要探究事物的本质规律性,那么还要结合相关学科的专业理论或实践经验进行深入研判与思辨。

回归分析是为了从数量上反映变量之间的不确定相关关系,引入理想函数来建立因果推断模型的方法。它的基本思路是当因变量 $Y$ 是数值变量时,引入与之有密切关联的一组自变量 $X_1, X_2, \cdots, X_m$,建立多元函数结构 $Y = f(X_1, X_2, \cdots, X_m; \beta_0, \beta_1, \beta_2, \cdots, \beta_m) + \varepsilon$,以反映因变量 $Y$ 与自变量 $X_1, X_2, \cdots, X_m$ 的因果联系。其中,$\beta_0, \beta_1, \beta_2, \cdots, \beta_m$ 是参数;$\varepsilon$ 为误差项。回归模型中的观测项=结构项+随机项。其中,观测项表示因变量的实际取值;结构项表示因变量与自变量之间的线性或非线性结构关系;随机项表示未被结构项解释的剩余部分,是由已经忽略或存在差错的结构因素、测量误差和随机干扰产生的。由于研究者难以完全或准确掌握因变量的影响因素,所以模型结构偏倚是难免的。测量误差是由于数据测量、记录或报告不精准引起的。随机干扰是指难以控制的不确定偶然因素的影响。

一元线性回归模型 $Y = \beta_0 + \beta_1 X_1 + \varepsilon$ 或多元线性回归模型 $Y = \beta_0 + \beta_1 X_1 + \cdots + \beta_m X_m + \varepsilon$ 以

样本观测数据为依据,验证是否有效拟合了变量之间的线性相关关系,估计偏回归系数并解释含义,检验回归方程整体或每个回归系数的显著性。在回归模型构建时,线性结构形式常见选择的原因如下:① 线性回归分析应用十分广泛;② 在线性假定条件下的统计学理论方法已经成熟,例如,由决定系数反映拟合效果,由最小二乘法估计参数、检验回归方程和回归系数的显著性等;③ 许多非线性结构模型能够间接转换为线性结构模型。

$Y$ 为分类变量时不能直接用作因变量。可以由某个类别发生的概率 $P$ 构造函数 $f(P)$,再与自变量 $X_1, X_2, \cdots, X_m$ 建立类似的线性函数 $f(P) = \beta_0 + \beta_1 X_1 + \cdots + \beta_m X_m + \varepsilon$,解释某个类别发生时的概率 $P$ 与自变量 $X_1, X_2, \cdots, X_m$ 的相关关系。

随机误差 $\varepsilon$ 是函数中不能由自变量 $X_1, X_2, \cdots, X_m$ 解释的部分,由以下方面原因引起:① 由于人们认识局限性而未考虑的因素或受时间、费用、数据质量的制约而未能引入的因素;② 在样本数据采集过程中的变量测量误差;③ 理论模型可能未非线性结构而设定为线性结构而造成的偏差;④ 其他未控制或未考虑的随机因素、非随机因素等。

实际上,数学函数 $y = f(x)$ 说明,只要给定了 $x$,便有确定的 $y$ 与之一一对应起来。鉴于数据点中个体变异或随机误差的影响,即便两个变量完全符合线性或曲线相关关系,抽样观测的数据点也总是或轻微、或严重地偏离直线或曲线。尽管严格精确的直线函数和随机散布的数据观测点不是一回事,研究者仍然希望用函数拟合数据点的方法来近似找出数量相关关系,这是设计数学建模的逻辑出发点。当然,研究目的、变量个数、变量类型和数据结构都会影响线性回归分析或曲线回归分析方法选择的使用条件和结论解读。

例如,根据气温、游客数和冷饮销量的调查资料,常使用如下统计学方法:

(1) 当气温与游客数、冷饮销量有共变关系时,考虑线性相关分析。

(2) 气温变化会引起冷饮销量变化,即当气温越高时,冷饮越畅销,假设两者存在线性相关关系,将气温作为自变量,冷饮销量作为因变量,建立一元线性回归模型。其中,回归系数用于解释当气温变化 1 个单位时,会引起冷饮销量平均有多少比例的变化量。

(3) 研究游客数和冷饮销量的相关关系,假设气温与游客数、冷饮销量都具有联系,而且当气温发生变化时,游客数和冷饮销量的相关关系有不同变化特点,考虑气温同时对于游客数和冷饮销量的干扰影响,并考虑将其控制以后进行偏相关分析。

(4) 假设气温、游客数与冷饮销量之间有线性相关关系,将冷饮销量作为因变量,将气温和游客数作为自变量,建立多元线性回归模型。其中,偏回归系数用于解释气温、游客数变化 1 个单位时,会引起冷饮销量平均有多少比例的变化量。有些时候,会将偏回归系数进行标准化处理后,用于比较气温和游客数对冷饮销量变化影响的相对程度。

(5) 将冷饮销量转换为二分类因变量,即畅销和滞销状态。以畅销作为目标事件,建立二分类 Logistic 回归模型。其中,偏回归系数用于解释气温、游客数分别变化 1 个单位或等级时,冷饮销量畅销概率与滞销概率之间的比值是未变化前的多少倍。

(6) 将冷饮销量按照组距式统计分组方式转换为有序多分类变量,分成 5 个等级,组距划分一般按照相等间隔的方式。以冷饮销量取不同等级时的累计概率作为因变量,建立有序多分类 Logistic 回归模型。其中,偏回归系数用于解释气温或游客数变化 1 个单位或等级时,冷饮销量变化 1 个以上等级的概率变为原来的多少倍。

(7) 把冷饮销量看作无序多分类变量,分成 3 种状态,建立无序多分类 Logistic 回归模型,求一种状态概率与另一种状态概率的比值。其中,偏回归系数用于解释气温或游客数增加 1 个单位或等级时，两种状态概率的比值是未变化前的多少倍。

回归分析与聚类分析、判别分析一起被称为多元统计分析的三大分支，在经济学、社会学或卫生学领域有重要应用。常见或重要的回归分析方法包括一元或多元线性回归分析、曲线回归分析、非线性回归分析、Logistic 回归分析、Probit 回归分析、Cox 回归分析等。从更为广泛意义上讲，时间序列分析、判别分析、因子分析、潜变量分析、路径分析和结构方程模型都可以看作回归分析的衍生分支。自从设立诺贝尔经济学奖以来，许多获奖者本身就是统计学家、计量经济学家或数学家，其相关研究内容与回归分析方法都有着极其密切的联系。随着回归分析方法在经济学应用研究中的日益普及，曾经一度形成了只有使用回归分析方法，才会让实证分析结论更有说服力或分量的夸张共识。近代计算机软件（如 Stata、SAS、EViews、SPSS）为大规模复杂回归模型设计与应用提供了便捷高效的途径。

## 10.2 一元线性回归分析

### 1. 应用思路

"回归"（Regression）由英国遗传学家、达尔文的天才表弟高尔顿（Galton）提出。高尔顿被认为是相关分析与回归分析的创始人，是生物统计学的主要创立者。他通过观察 1078 对夫妇以后得出了规律：高个子父辈成年儿子也是高个子、身高一般不高过父辈；矮个子父辈成年儿子也是矮个子、身高一般不矮于父辈。子辈平均身高有向同代人平均身高靠拢的趋势，使得人类身高保持相对稳定而不是走向分化。高尔顿把这类现象称为"回归"。高尔顿和他的学生皮尔逊（Pearson）以每对夫妇的平均身高作为自变量、以该对夫妇一个成年儿子身高作为因变量，绘制散点图并拟合出一条直线 $y=33.73+0.516x$，每当父母身高每增加 1 个单位时，预测其成年儿子的身高在平均意义上将会增加 0.516 个单位。由于高尔顿最初引入"回归"思想来描述父子身高的线性依赖关系，后人出于纪念而把事物之间数量依存关系分析的方法称为"回归"，不过"回归"这个名词的现今意义早已超越了古典意义的范围。

线性回归分析是指在线性相关分析的基础上，分析一个变量是否随着另一个自变量的变化而变化。被影响的随机变量 $Y$，称为因变量、响应变量、被解释变量或外生变量。由研究者干预的、对因变量产生影响的、非随机的控制变量（或协变量）$X$，称为自变量、解释变量或内生变量。在不严格意义上，协变量在模型中的作用地位与自变量类似。

下面举例讨论三种变量作用、方法选择和结果解释的关系。抽样获取病例资料，多种治疗方法是控制因素、不同治疗方法降糖效果可能有差异；年龄是混杂因素、年龄大则血糖会升高；血糖降低值是观察指标。第一种方法，由协方差分析，剔除年龄影响而将修正以后的不同治疗方法血糖降低值进行差异比较。第二种方法，由多元线性回归分析，年龄作为协变量、治疗方法作为自变量、血糖降低值作为因变量，当年龄固定不变并控制影响时，分析随着治疗方法种类变化时，引起血糖降低值改变了多少单位。然而不是，当治疗方法固定不变并控制影响时，分析随着年龄变化时，引起血糖降低值改变了多少个单位。

研究者由一个自变量、一组自变量的线性组合与因变量在数量上的线性相关关系，建立了具有线性函数结构形式的数学模型，当把全部自变量观测值代入模型以后，可以内插或外延得出因变量的取值及其置信区间。由样本资料估计该模型自变量的偏回归系数，从平均意义上反映当控制或排除其余自变量以后，自变量变化 1 个单位时引起因变量的平均变化量或净作用幅度,所以回归系数在名称上附加上"偏"或"边际"含义的说明。

一整套方法实施的程序如下:提出实际问题→理论模型构建、变量筛选、数据收集分析→参数估计、回归方程和回归系数的 $t$ 检验、残差分析(正态性、独立性、零均值、等方差等)→自变量调整、模型优化→模型评价与应用(结构分析、参数解释、预测或控制)。

**2. 理论模型**

只有一个自变量的线性回归模型称为一元线性回归模型;有两个及以上自变量的线性回归模型称为多元线性回归模型。一元线性回归分析的理论模型为 $Y=\beta_0+\beta_1X+\varepsilon$,反映因变量 $Y$ 与自变量 $X$ 的线性相关关系。其中,截距或常数项 $\beta_0$ 是自变量 $X$ 对因变量 $Y$ 没有任何作用时,因变量 $Y$ 的数量表现;由自变量 $X$ 直接估计的部分是 $\beta_0+\beta_1X$,用于反映自变量 $X$ 与因变量 $Y$ 之间的线性相关关系。

一元线性回归分析的理论模型(又称总体模型),可以写作 $f(X)=\beta_0+\beta_1X+\varepsilon$,称为给定自变量 $X$ 时因变量 $Y$ 的条件数学期望,又称随机变量 $Y$ 对自变量 $X$ 的均值回归函数。这个模型是从平均意义视角表述自变量 $X$ 与因变量 $Y$ 的统计规律性的,是在其他因素影响考虑剔除或加以控制(即取值固定)的条件下分析自变量 $X$ 是如何线性影响因变量 $Y$ 的。

误差项 $\varepsilon$ 又称不可直接观测的随机干扰项,用于解释除自变量 $X$ 外、未知的随机或非随机因素影响引起因变量 $Y$ 变化的部分,它是因变量与未知的总体回归线之间的纵向距离。实际上,由于研究者认识范围和模型应用条件的限制,以及偶然因素引起的随机误差影响,由自变量 $X$ 与因变量 $Y$ 的样本观测数据往往不能建立完全适合的线性相关关系。

误差项 $\varepsilon$ 是对理论模型中自变量以外因素的体现,也是对模型条件不满足的补充。

误差项 $\varepsilon$ 体现在如下方面:难以明确或者无法获得测量信息的因素;受到认识局限、数据质量、时间费用制约,未引入回归方程但又对因变量确实有影响的因素;大量对因变量影响很小、随机性很强、变化规律无法解释的因素;由于无法测量而使用替代变量引起的偏差。除外,在理论上属于非线性结构模型,在实际上却使用线性结构模型所引起的偏差也反映在误差项 $\varepsilon$ 中,此时误差项 $\varepsilon$ 的规律性或趋势性很可能是模型结构须改变的暗示。

线性回归模型应用的条件之一是自变量 $X$ 与因变量 $Y$ 有线性相关关系;自变量的取值是固定而非随机的;误差项 $\varepsilon$ 服从正态分布,数学期望或总体均值为 0、总体方差为常数,即 $\varepsilon \sim N(0, \sigma^2)$,$E(\varepsilon)=0$,$V(\varepsilon)=\sigma^2$;误差项 $\varepsilon$ 之间相互独立、协方差 $COV(\varepsilon_i,\varepsilon_j)=0$;误差项 $\varepsilon$ 与自变量 $X$ 无关,即误差项 $\varepsilon$ 与自变量 $X$ 的协方差 $COV(X,\varepsilon)=0$。由于误差项 $\varepsilon$ 服从正态分布,那么因变量 $Y$ 也服从正态分布,即 $\varepsilon \sim N(0, \sigma^2)$,$Y \sim N(\beta_0+\beta_1X, \sigma^2)$。将理论回归模型 $Y=\beta_0+\beta_1X+\varepsilon$ 两边取数学期望,得到理论回归方程 $E(Y|X)=\alpha+\beta X$。

在理论模型中,误差项 $\varepsilon$ 未知,用样本经验模型中的残差 $e$ 变化特点来反映。残差 $e$ 即模型拟合值和真实观测值之差,是参数估计和假设检验的依据。

线性表达式 $Y=f(X)=\beta_0+\beta_1X+\varepsilon$ 反映了自变量 $X$ 和因变量 $Y$ 的线性相关关系,又兼顾了不能用自变量 $X$ 解释的随机误差部分,是理想状态的模型。

一元线性回归模型看似简单,却基本体现了回归分析的建模思想、朴素理论和适用条件。后续多元线性回归模型乃至广义线性模型都可以看作对其的推广、深入或延伸。

一元线性回归分析的实施步骤如下。

步骤①:绘制散点图,直观演示两个变量有无共同线性变化特点。

步骤②:求线性相关系数,讨论两个变量之间线性相关的程度。

步骤③：由专业经验判断两个变量有无线性函数结构的相关关系。
步骤④：估计一元线性回归模型参数，即常数项、回归系数。
步骤⑤：验证模型拟合效果，对残差进行分析，检验回归方程整体和回归系数的显著性，根据回归系数的大小讨论当自变量变化 1 个单位时，因变量平均将会改变多少个单位。根据自变量取值，预测因变量的点值及其置信区间。根据因变量限定变化范围的要求，可以对自变量的取值范围进一步控制。可见，预测和控制是两个相反的过程。

线性回归模型的建立与使用要遵循事物的内在联系和规律，既要符合实际问题的特点，也要符合使用的前提条件，否则模型无任何意义。

例如，冥王星直径的测量精度随着设备改进而逐年提高。历史上曾经有人发现冥王星直径的测量结果是逐年变小的，绘制冥王星直径与年份之间散点图时反向它们有单调递减的线性共变特点，求得很大的皮尔逊相关系数，由直线方程拟合建模并外推预测以后，他认为"冥王星将会越来越小、未来就要消失的！"

**3. 参数估计**

1）建模的特点

当数据点和某条直线的偏离距离不是很大时，可以由这条直线描述数据分布的特点，由一元线性回归模型解释两个变量的线性相关关系。鉴于随机因素的影响，即使两个变量有线性相关关系，数据点也不会恰好与这条直线完全吻合，只可能在这条直线上或其两侧，且存在大小不一的偏差。既然数据点不严格在这条直线上，那么自变量 $X$ 与因变量 $Y$ 有线性相关关系，并未密切到只要给定自变量 $X$ 就能唯一确定因变量 $Y$ 的程度。

如果数据点具有近似线性变化的特点，那么可以考虑从穿过全部数据点的许多直线中找出一条最适合或最理想的直线，使得这条直线从全部数据点中完美穿过并充分反映其分布的集中趋势。如图 10-1 所示。从整体上来看，这条理想的直线逼近了全部数据点，而数据点散落在直线附近；当越靠近直线时数据点越多、当越离开直线时数据点越少。

由于理论模型 $Y = \beta_0 + \beta_1 X + \varepsilon$ 中的系数未知，从样本观测数据出发，标记 $\beta_0$ 和 $\beta_1$ 的估计值分别为 $b_0$、$b_1$，从而获得经验模型 $Y = b_0 + b_1 X$。其中，$b_0$ 是直线截距，$b_1$ 是直线斜率。与理论模型相比，这个经验模型缺少误差项 $\varepsilon$，表示一条由样本估计的理想直线。

在经验模型 $Y = b_0 + b_1 X$ 中，如果给自变量 $X$ 增加 1 个单位（$X^* = X + 1$），那么得到新模型 $Y^* = b_0 + b_1 X^*$，两个模型相减即得 $Y^* - Y = b_1$。因此，回归系数 $b_1$ 解释为自变量 $X$ 增加或减少 1 个单位时，将会引起因变量 $Y$ 平均增加或减少了 $b_1$ 个单位，有直观解释意义。$b_0$（$X = 0$ 时的基线情况）是指当自变量 $X$ 对因变量 $Y$ 不起作用时，因变量 $Y$ 在数量上的表现。

理论模型包含无法由自变量解释的部分，于是保留了误差项 $\varepsilon$。由数据点拟合的最理想直线称为经验模型，没有误差项 $\varepsilon$，只用自变量 $X$ 来解释因变量 $Y$。

将因变量 $Y$ 观测值和拟合值相减就可以得到残差 $e$，如图 10-2 所示。理论模型中的误差项 $\varepsilon$ 的自相关性可以通过残差 $e$ 的自相关性得以反映。

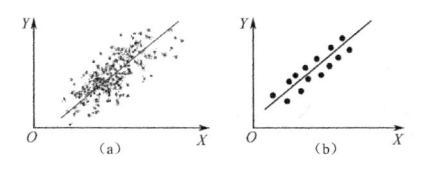

图 10-1 数据点与理想直线　　　　图 10-2 残差演示

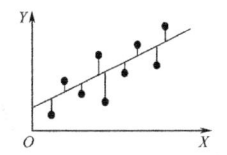

2）最小二乘法

数据点 $(x_i, y_i)$ 代入经验模型求拟合值 $(x_i, \hat{y}_i)$，$i=1,2,\cdots,n$。第 $i$ 个数据点与直线的纵向距离 $y_i - \hat{y}_i$ 称为残差 $e_i$。注意：这里不是数据点与直线的垂直距离。

如果以残差和 $\sum_{i=1}^{n}(y_i - \hat{y}_i)$ 反映数据点有没有落在回归直线上的情况，以及数据点偏离直线的程度，那么数据点在直线上方时对应的残差为正，数据点在直线下方时对应的残差为负。对于把残差直接相加得到的残差和，由于正、负残差相抵消而无法真实反映残差总量。为此，构造残差平方和 $Q = \sum_{i=1}^{n} e_i^2 = \sum_{i=1}^{n}(y_i - \hat{y}_i)^2$ 来反映全部数据点偏离理想直线的程度。残差平方和 $Q$ 越小，那么说明数据点与理想直线越贴近。

在两百多年以前，德国数学家高斯基于残差平方和最小的思想提出了最小二乘法，对于回归分析方法论起点研究有着标志性意义。在保证 $\sum_{i=1}^{n}(y_i - \hat{y}_i)^2$ 取得最小值条件下，由多元微分学中的多元函数极值知识，寻求那个穿过全部数据点的所谓最理想回归方程中的参数。

实际上，还曾有人提出了最小一乘法，即令绝对离差和 $\sum_{i=1}^{n}|y_i - \hat{y}_i|$ 取最小值。

所谓"二乘"即"平方"、"一乘"即"绝对值"，当时从国外翻译时沿用了这样的名词。最小二乘法的数学性质好，但受到极端值影响大。最小一乘法受到极端值影响小而拟合残差更小，但是数学运算性质差、必须由迭代算法实现。

误差项 $\varepsilon$ 均值为 0、相互独立，方差相等或为常数称为高斯-马尔科夫（即 G-M）条件，是最小二乘法的前提，一般由残差分析进行事后验证。

将样本观测值依次代入经验模型 $\boldsymbol{Y} = b_0 + b_1 \boldsymbol{X}$，并写作线性方程组或矩阵形式

$$\begin{cases} \hat{y}_1 = b_0 + b_1 x_1 \\ \hat{y}_2 = b_0 + b_1 x_2 \\ \vdots \\ \hat{y}_n = b_0 + b_1 x_n \end{cases}$$

即

$$\hat{\boldsymbol{Y}} = \begin{pmatrix} \hat{y}_1 \\ \hat{y}_2 \\ \vdots \\ \hat{y}_n \end{pmatrix} = \begin{pmatrix} 1 & x_1 \\ 1 & x_2 \\ \vdots & \vdots \\ 1 & x_n \end{pmatrix} \begin{pmatrix} b_0 \\ b_1 \end{pmatrix} = \boldsymbol{X}\boldsymbol{\beta}, \quad 式中\ \boldsymbol{X} = \begin{pmatrix} 1 & x_1 \\ 1 & x_2 \\ \vdots & \vdots \\ 1 & x_n \end{pmatrix}, \boldsymbol{\beta} = \begin{pmatrix} b_0 \\ b_1 \end{pmatrix}$$

求残差平方和

$$Q = \sum_{i=1}^{n}(y_i - \hat{y}_i)^2 = \sum_{i=1}^{n}(y_i - b_0 - b_1 x_i)^2$$

由二元函数求极值的微分学知识。

将残差平方和 $Q$ 关于参数求偏导数，并分别令其为 0（求驻点），可得

$$\begin{cases} \partial Q / \partial b_0 = -2\sum_{i=1}^{n}(y_i - b_0 - b_1 x_i) = 0 \\ \partial Q / \partial b_1 = -2\sum_{i=1}^{n}(y_i - b_0 - b_1 x_i) x_i = 0 \end{cases}$$

即

$$\begin{cases} n b_0 + b_1 \sum_{i=1}^{n} x_i = \sum_{i=1}^{n} y_i \\ b_0 \sum_{i=1}^{n} x_i + b_1 \sum_{i=1}^{n} x_i^2 = \sum_{i=1}^{n} x_i y_i \end{cases}$$

由矩阵形式

$$\begin{pmatrix} n & \sum_{i=1}^n x_i \\ \sum_{i=1}^n x_i & \sum_{i=1}^n x_i^2 \end{pmatrix} \begin{pmatrix} b_0 \\ b_1 \end{pmatrix} = \begin{pmatrix} \sum_{i=1}^n y_i \\ \sum_{i=1}^n x_i y_i \end{pmatrix}$$

可得

$$\begin{pmatrix} b_0 \\ b_1 \end{pmatrix} = \begin{pmatrix} n & \sum_{i=1}^n x_i \\ \sum_{i=1}^n x_i & \sum_{i=1}^n x_i^2 \end{pmatrix}^{-1} \begin{pmatrix} \sum_{i=1}^n y_i \\ \sum_{i=1}^n x_i y_i \end{pmatrix}$$

即

$$\begin{cases} b_1 = (\sum_{i=1}^n x_i y_i - n\overline{xy})/(\sum_{i=1}^n x_i^2 - n\overline{x}^2) \\ b_0 = \sum_{i=1}^n y_i / n - b_1 \sum_{i=1}^n y_i / n = \overline{y} - b_1 \overline{x} \end{cases}$$

式中

$$\overline{x} = \sum_{i=1}^n x_i / n, \overline{y} = \sum_{i=1}^n y_i / n$$

经以上验证，$\overline{y} = b_0 + b_1 \overline{x}$ 成立，说明该直线一定穿过由全部数据点虚构的中心点 $(\overline{x},\overline{y})$。从物理学视角，$n$ 个数据点 $(x_i, y_i)$ 的中心点就是 $(\overline{x},\overline{y})$，因此该直线一定穿过中心点。如果分别对自变量和因变量进行中心化处理，那么将变量取值减去样本均值以后取代原来的值，由此估计的直线方程消去了常数项，而且必过中心点 $(0,0)$。

3）最大似然法

参数估计也可以用最大似然法，其大致思路是在样本观测信息基础上，利用总体的概率密度函数或分布性质等，构造包含未知参数的似然函数，在似然函数或自然对数取值最大时，计算未知参数估计值。假设只有一个未知参数 $\theta$，使得似然函数 $L(\theta)$ 取最大值。

对于离散型随机变量，由联合概率分布构造似然函数 $L(\theta) = \prod_{i=1}^n P(x_i, \theta)$。

对于连续型随机变量，由联合概率密度构造似然函数 $L(\theta) = \prod_{i=1}^n f(x_i, \theta)$。

为了求似然函数最大值，令 $\dfrac{\mathrm{d}L(\theta)}{\mathrm{d}\theta} = 0$ 或 $\dfrac{\mathrm{d}\ln L(\theta)}{\mathrm{d}\theta} = 0$，即可解得 $\theta$ 的最大似然估计 $\hat{\theta}$。

例如，从某车间生产的产品中抽取 $n$ 件产品，其中有 $m$ 件次品，由最大似然法估计次品率 $p$。用 $X_i$ 表示第 $i$ 次抽取到的是次品或正品，$i=1,2,\cdots,n$。$X_i=1$ 表示第 $i$ 次抽到的是次品；$X_i=0$ 表示第 $i$ 次抽到的是正品。

$X_i$ 服从两点分布，概率分布 $P(X_i, p) = p^{X_i}(1-p)^{1-X_i}$，$X_i = 0, 1$，$i=1,2,\cdots,n$。

于是似然函数为

$$L(p) = \prod_{i=1}^n p^{x_i}(1-p)^{1-x_i} = p^{\sum_{i=1}^n x_i}(1-p)^{n-\sum_{i=1}^n x_i}$$

由于在 $n$ 次抽取的产品中有 $m$ 件次品，故 $m = \sum_{i=1}^n X_i$，于是可得

$$L(p) = p^m(1-p)^{n-m}$$

对其两边取自然对数得

$$\ln L(p) = m \ln p + (n-m)\ln(1-p)$$

关于 $p$ 求导，并令导数为 0，可得的似然方程为

$$\mathrm{d}\ln L(p)/\mathrm{d}p = m/p - (n-m)/(1-p) = 0$$

解得参数 $p$ 的最大似然估计值为

$$\hat{p} = m/n$$

又如，由最大似然法估计一元线性回归模型中的参数。

将样本中的 $n$ 个数据点 $(x_i, y_i)$ 代入理论模型得 $y_i = \beta_0 + \beta_1 y_i + \varepsilon_i$。误差项 $\varepsilon$ 由于相互独立、服从正态分布 $N(0, \sigma^2)$，所以总体均值为 0、总体方差 $\sigma^2$ 为常数。

将误差项标准化为

$$(\varepsilon_i - E(\varepsilon_i))/V(\varepsilon_i) = \varepsilon_i/\sigma^2, \quad \varepsilon_i = y_i - \beta_0 + \beta_1 y_i$$

已知误差项 $\varepsilon_i$ 的概率密度函数 $f(\varepsilon_i) = e^{-(y_i - \beta_0 + \beta_1 x_i)/2\sigma^2}/\sqrt{2\pi}\sigma$，由样本构造极大似然函数为

$$\begin{aligned} L(\beta_0, \beta_1, \sigma^2) &= f(\varepsilon_1)f(\varepsilon_2)\cdots f(\varepsilon_n) \\ &= \left(e^{-(y_1 - \beta_0 + \beta_1 x_1)/2\sigma^2}/\sqrt{2\pi}\sigma\right)\left(e^{-(y_2 - \beta_0 + \beta_1 x_2)/2\sigma^2}/\sqrt{2\pi}\sigma\right)\cdots\left(e^{-(y_2 - \beta_0 + \beta_1 x_2)/2\sigma^2}/\sqrt{2\pi}\sigma\right) \\ &= \prod_{i=1}^{n} e^{-(y_i - \beta_0 + \beta_1 x_i)/2\sigma^2}/(\sqrt{2\pi}\sigma)^n = e^{-\sum_{i=1}^{n}(y_i - \beta_0 + \beta_1 x_i)/2\sigma^2}/(\sqrt{2\pi}\sigma)^n \end{aligned}$$

对其取自然对数得

$$\ln L(\beta_0, \beta_1, \sigma^2) = -\sum_{i=1}^{n}(y_i - \beta_0 + \beta_1 x_i)/2\sigma^2 - n\ln\sigma - n\ln(2\pi)/2$$

由三元函数求极值的微分学知识，分别对其关于参数求偏导并令导数为 0，可得

$$\begin{cases} \partial \ln L/\partial \beta_0 = -\sum_{i=1}^{n}(y_i - \beta_0 - \beta_1 x_i)(-1)/\sigma^2 \\ \partial \ln L/\partial \beta_1 = -\sum_{i=1}^{n}(y_i - \beta_0 - \beta_1 x_i)(-x_i)/\sigma^2 \\ \partial \ln L/\partial \sigma^2 = -n/(2\sigma^2) + \sum_{i=1}^{n}(y_i - \beta_0 + \beta_1 x_i)^2/2\sigma^4 \end{cases}$$

化简为

$$\begin{cases} nb_0 + b_1 \sum_{i=1}^{n} x_i = \sum_{i=1}^{n} y_i \\ b_0 \sum_{i=1}^{n} x_i + b_1 \sum_{i=1}^{n} x_i^2 = \sum_{i=1}^{n} x_i y_i \\ \hat{\sigma}^2 = \sum_{i=1}^{n}(y_i - \beta_0 + \beta_1 x_i)^2/n \end{cases}$$

解得

$$\begin{cases} b_1 = \left(\sum_{i=1}^{n} x_i y_i - n\bar{x}\bar{y}\right)\big/\left(\sum_{i=1}^{n} x_i^2 - n\bar{x}^2\right) = \sum_{i=1}^{n}(x_i - \bar{x})(y_i - \bar{y})\big/\sum_{i=1}^{n}(x_i - \bar{x})^2 \\ b_0 = \sum_{i=1}^{n} y_i/n - b_1 \sum_{i=1}^{n} y_i/n = \bar{y} - b_1 \bar{x} \\ \hat{\sigma}^2 = \sum_{i=1}^{n}(y_i - \hat{y}_i)^2/n \end{cases}$$

由此可见，在一元线性回归模型中，最大似然法与最小二乘法估计的结果相同。

线性相关系数 $r$ 和回归系数 $b_1$ 分别为

$$r = \sum_{i=1}^{n}(x_i - \bar{x})(y_i - \bar{y})\Big/\sqrt{\sum_{i=1}^{n}(x_i - \bar{x})^2 \sum_{i=1}^{n}(y_i - \bar{y})^2}$$

$$b_1 = \sum_{i=1}^{n}(x_i - \bar{x})(y_i - \bar{y})\Big/\sum_{i=1}^{n}(x_i - \bar{x})^2$$

经比较，线性相关系数 $r$ 与回归系数 $b_1$ 的符号一致。

说明：线性相关系数计算和线性回归模型参数估计都会受偏离数据主体的异常值影响，异常值与其它数据远远分开，与回归直线拉开了较大差距，从而带来了较大残差，由残差平方和最小法（最小二乘法）估计参数可知，异常值会对参数估计结果产生很大干扰影响。

散点图用于直观可视化地发现异常值的位置、严重性、数量。为了避免引起回归直线的斜率和截距发生变化，必须核查异常值是测量记录还是随机抽样引起的。若异常值是测量记录引起，则及时将其修订或剔除。有些异常值也可能是因为个别数据变异由抽样随机性引起的正常现象，尽管这些数据不满足统计建模工作的预期条件，也无理由将其随意删除，否

则会扩大系统误差造成模型失真。当删除异常值以后，必须重新建立模型，再次核查可能出现的新异常值。注意：异常值删除次数要尽量少，否则会引起整体数据失真。当有较多异常值出现时，还有可能说明这就是总体不符合理论模型假定为线性结构形式的一种提示。

拟合线的不同情形如图 10-3 所示。

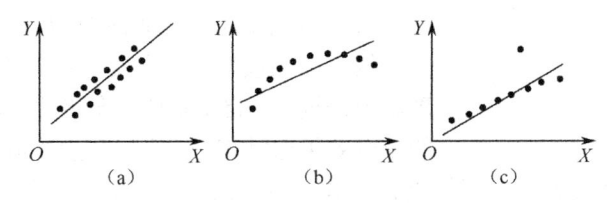

图 10-3 拟合线的不同情形

在图 10-3（a）中，直线适用于拟合数据点；在图 10-3（b）中，曲线适用于拟合数据点；在图 10-3（c）中，存在异常数据点，对直线拟合数据点的效果产生干扰影响。

**4．预测与控制**

模型参数估计完成以后，结构分析（解释回归系数的数量含义）是最常见的用途。除外，还可以由自变量预测因变量或由因变量控制自变量。控制和预测是反方向过程，预测是将自变量代入回归模型，以估计因变量及其置信区间；控制是利用回归方程进行逆向估计，即为了满足因变量不超过限定值或不低于限定值时，自变量应被控制在多大范围内。

（1）预测

将给定自变量 $x_0$ 代入经验模型，从平均意义上预测 $\hat{y}_0 = b_0 + b_1 x_0$。

可以得出以下结论

$$(y_0 - \hat{y}_0) / \left( \sigma \sqrt{1 + \frac{1}{n} + \frac{(x_0 - \overline{x})^2}{\sum_{i=1}^{n}(x_i - \overline{x})^2}} \right) \sim N(0,1)$$

$$\frac{\sum_{i=1}^{n}(y_i - \hat{y}_i)^2}{\sigma^2} = \frac{(n-2)\mathrm{SE}^2}{\sigma^2} \sim \chi^2(n-2)$$

其中，$\mathrm{SE} = \sqrt{\frac{1}{n-2} \sum_{i=1}^{n}(y_i - \hat{y}_i)^2}$。于是可得

$$(y_0 - \hat{y}_0) / \left( \mathrm{SE} \sqrt{1 + \frac{1}{n} + \frac{(x_0 - \overline{x})^2}{\sum_{i=1}^{n}(x_i - \overline{x})^2}} \right) \sim t(n-2)$$

事先确定置信度 $1-\alpha$，推导 $y_0$ 取值的预测区间

$$\left( \hat{y}_0 - t_{\alpha/2}(n-2)\mathrm{SE}\sqrt{1 + \frac{1}{n} + \frac{(x_0 - \overline{x})^2}{\sum_{i=1}^{n}(x_i - \overline{x})^2}},\ \hat{y}_0 + t_{\alpha/2}(n-2)\mathrm{SE}\sqrt{1 + \frac{1}{n} + \frac{(x_0 - \overline{x})^2}{\sum_{i=1}^{n}(x_i - \overline{x})^2}} \right)$$

令 $x_0 = \overline{x}$，此时求得 $y_0$ 取值的最小预测区间

$$\left( \hat{y}_0 - t_{\alpha/2}(n-2)\mathrm{SE}\sqrt{1 + 1/n},\ \hat{y}_0 + t_{\alpha/2}(n-2)\mathrm{SE}\sqrt{1 + 1/n} \right)$$

当样本量 $n$ 很大时，此时求得 $y_0$ 取值的最小预测区间

$$(\hat{y}_0 - u_{\alpha/2}\mathrm{SE},\ \hat{y}_0 + u_{\alpha/2}\mathrm{SE})$$

经分析，若显著性水平 $\alpha$ 越小、$t_{\alpha/2}(n-2)$ 越大，则 $y_0$ 取值的预测区间越大、预测精度越低；伴随着样本量 $n$ 越大，$y_0$ 取值的预测区间越小、预测精度越高。

图 10-4 弧形区带

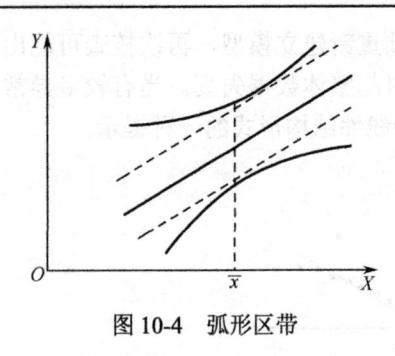

由于 $\sum_{i=1}^{n}(x_i-\overline{x})^2$ 反映自变量的分散程度，其值越大则 $y_0$ 取值的预测区间越小、预测精度越高。将 $y_0$ 取值的预测区间端点连成中间窄、两端宽的喇叭状弧形区带。该区带在均值点 $(\overline{x},\overline{y})$ 处最窄，如果越远离均值点 $(\overline{x},\overline{y})$，则弧形区带宽度越大，如图 10-4 所示。

线性回归模型中的自变量是在某段范围内取值的。从理论上来说，当自变量取值范围比较小时，线性回归模型的拟合效果通常较好。当自变量取值范围比较大时，线性回归模型可能具有更为复杂的非线性结构形式，由线性回归模型进行预测的效果可能会变差。

（2）控制

若给定因变量 $Y$ 的变化范围 $(y_1,y_2)$，则可以求出自变量 $X$ 的变化范围 $(x_1,x_2)$。

当置信度为 $1-\alpha$ 时，令 $\mathrm{SE}=\sqrt{\sum_{i=1}^{n}(y_i-\hat{y}_i)^2/(n-2)}$，可得

$$y_1 = a + bx_1 - t_{\alpha/2}(n-1)\mathrm{SE}\sqrt{1+\frac{1}{n}+\frac{(x_1-\overline{x})^2}{\sum_{i=1}^{n}(x_i-\overline{x})^2}}$$

$$y_2 = a + bx_2 + t_{\alpha/2}(n-1)\mathrm{SE}\sqrt{1+\frac{1}{n}+\frac{(x_2-\overline{x})^2}{\sum_{i=1}^{n}(x_i-\overline{x})^2}}$$

当样本量大时，有近似简化公式

$$y_1 = a + bx_1 - u_{\alpha/2}\mathrm{SE}, \quad y_2 = a + bx_2 + u_{\alpha/2}\mathrm{SE}$$

从上式中求出 $x_1,x_2$，即可得到自变量 $X$ 应被控制的取值范围为 $(x_1,x_2)$。

注意：当把 $X$ 和 $Y$ 互换作为因变量、自变量时，由样本观测数据重新估计的回归模型并不是直接将原来回归模型中的两个变量互换就行。

当保证 $Y$ 轴纵向上求得的残差平方和 $\sum_{i=1}^{n}(y_i-\hat{y}_i)^2$ 最小并估计最理想直线时，不能保证 $X$ 和 $Y$ 互换作为因变量、自变量以后，所得模型在 $X$ 轴横向上求得的残差平方和 $\sum_{i=1}^{n}(x_i-\hat{x}_i)^2$ 仍然最小，或者此时拟合效果最好。

回归方程用于预测或控制时，一般只用于自变量的原来取值范围内。当取值范围超出时，预测值的置信区间迅速变大而不可靠，而且自变量与因变量之间的线性关系可能在某个节点突然转变，而这种新的变化是否存在或何时出现都无法知道。

### 5. 决定系数 $R^2$

（1）决定系数 $R^2$ 的由来

拟合优度用于度量样本观测点在回归直线附近集聚的紧密程度，评价回归方程对于样本数据点的代表程度，经常由决定系数 $R^2$ 描述。总的离差平方和分解如图 10-5 所示。

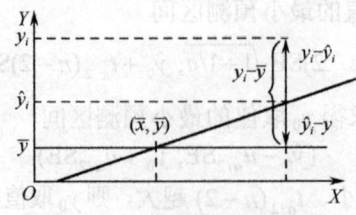

图 10-5 总的离差平方和分解

在数学上有关系式 $(y_i - \bar{y}) = (y_i - \hat{y}_i) + (\hat{y}_i - \bar{y})$，两边平方以后求和、化简，证明分解关系 $\sum_{i=1}^{n}(y_i - \bar{y})^2 = \sum_{i=1}^{n}(y_i - \hat{y}_i)^2 + \sum_{i=1}^{n}(\hat{y}_i - \bar{y})^2$ 成立。

证明：假设一元线性回归模型为 $\hat{y} = b_0 + b_1 x$，由 $\hat{y}_i = b_0 + b_1 x_i$，$\bar{y} = b_0 + b_1 \bar{x}$，可得

$$\begin{aligned}
\sum_{i=1}^{n}(\hat{y}_i - \bar{y})(y_i - \hat{y}_i) &= \sum_{i=1}^{n}\left((b_0 + b_1 x_i) - (b_0 + b_1 \bar{x})\right)(y_i - \hat{y}_i) \\
&= b_1 \sum_{i=1}^{n}(x_i - \bar{x})(y_i - \hat{y}_i) \\
&= b_1 \sum_{i=1}^{n}(x_i - \bar{x})\left((y_i - \bar{y}) - (\hat{y}_i - \bar{y})\right) \\
&= b_1 \sum_{i=1}^{n}(x_i - \bar{x})(y_i - \bar{y}) - b_1 \sum_{i=1}^{n}(x_i - \bar{x})(\hat{y}_i - \bar{y}) \\
&= b_1 \sum_{i=1}^{n}(x_i - \bar{x})(y_i - \bar{y}) - b_1^2 \sum_{i=1}^{n}(x_i - \bar{x})^2
\end{aligned}$$

将参数估计公式 $b_1 = \sum_{i=1}^{n}(x_i - \bar{x})(y_i - \bar{y}) / \sum_{i=1}^{n}(x_i - \bar{x})^2$ 代入上式以后，恰好得到

$$\sum_{i=1}^{n}(y_i - \hat{y}_i)(\hat{y}_i - \bar{y}) = 0$$

于是推导出

$$\begin{aligned}
\sum_{i=1}^{n}(y_i - \bar{y})^2 &= \sum_{i=1}^{n}\left((y_i - \hat{y}_i) + (\hat{y}_i - \bar{y})\right)^2 \\
&= \sum_{i=1}^{n}(y_i - \hat{y}_i)^2 + \sum_{i=1}^{n}(\hat{y}_i - \bar{y})^2 + 2\sum_{i=1}^{n}(y_i - \hat{y}_i)(\hat{y}_i - \bar{y}) \\
&= \sum_{i=1}^{n}(y_i - \hat{y}_i)^2 + \sum_{i=1}^{n}(\hat{y}_i - \bar{y})^2 + 0
\end{aligned}$$

下一步，将 $\sum_{i=1}^{n}(y_i - \bar{y})^2 = \sum_{i=1}^{n}(y_i - \hat{y}_i)^2 + \sum_{i=1}^{n}(\hat{y}_i - \bar{y})^2$ 等价变形为

$$1 = \frac{\sum_{i=1}^{n}(y_i - \hat{y}_i)^2}{\sum_{i=1}^{n}(y_i - \bar{y})^2} + \frac{\sum_{i=1}^{n}(\hat{y}_i - \bar{y})^2}{\sum_{i=1}^{n}(y_i - \bar{y})^2}$$

经分析，$\dfrac{\sum_{i=1}^{n}(y_i - \hat{y}_i)^2}{\sum_{i=1}^{n}(y_i - \bar{y})^2}$ 和 $\dfrac{\sum_{i=1}^{n}(\hat{y}_i - \bar{y})^2}{\sum_{i=1}^{n}(y_i - \bar{y})^2}$ 是此消彼长的关系，一个变小则另一个变大。

定义决定系数为 $R^2 = \dfrac{\sum_{i=1}^{n}(\hat{y}_i - \bar{y})^2}{\sum_{i=1}^{n}(y_i - \bar{y})^2}$，即 $\sum_{i=1}^{n}(\hat{y}_i - \bar{y})^2$ 在 $\sum_{i=1}^{n}(y_i - \bar{y})^2$ 中所占的比例。

实际上，在一元线性回归模型中，决定系数 $R^2$ 恰好为线性相关系数 $r^2$，证明如下

$$R^2 = \frac{\sum_{i=1}^{n}(\hat{y}_i - \bar{y})^2}{\sum_{i=1}^{n}(y_i - \bar{y})^2} = \frac{\sum_{i=1}^{n}(b_0 + b_1 x_i - \bar{y})^2}{\sum_{i=1}^{n}(y_i - \bar{y})^2} = \frac{\sum_{i=1}^{n}(\bar{y} - b_1 \bar{x} + b_1 x_i - \bar{y})^2}{\sum_{i=1}^{n}(y_i - \bar{y})^2} = \frac{b_1^2 \sum_{i=1}^{n}(x_i - \bar{x})^2}{\sum_{i=1}^{n}(y_i - \bar{y})^2}$$

将回归系数 $b_1 = \dfrac{\sum_{i=1}^{n}(x_i - \bar{x})(y_i - \bar{y})}{\sum_{i=1}^{n}(x_i - \bar{x})^2}$ 代入上式，化简以后可得

$$R^2 = \frac{\left(\sum_{i=1}^{n}(x_i - \bar{x})(y_i - \bar{y})\right)^2}{\left(\sum_{i=1}^{n}(x_i - \bar{x})^2 \sum_{i=1}^{n}(y_i - \bar{y})^2\right)} = r^2$$

式中，$r$ 为变量 $X$ 与变量 $Y$ 的皮尔逊相关系数。

经分析，当 $|r|$ 接近 1 时，决定系数 $R^2$ 接近 1，说明自变量 $X$ 与因变量 $Y$ 之间有理想的线性关系。当 $|r|$ 接近 0 时，决定系数 $R^2$ 接近 0，自变量 $X$ 与因变量 $Y$ 也可能有理想的曲线关系。

另外，由于 $R^2 = \dfrac{b_1^2 \sum_{i=1}^{n}(x_i - \bar{x})^2}{\sum_{i=1}^{n}(y_i - \bar{y})^2} = \dfrac{b_1^2 (n-1) S_x^2}{(n-1) S_y^2} = b_1^2 S_x^2 / S_y^2$，所以还有关系式 $R = b_1 S_x / S_y$。

式中，$S_x$ 和 $S_y$ 分别为自变量 $X$ 和因变量 $Y$ 的样本标准差。

当把自变量 $X$ 与因变量 $Y$ 交换时,重新由最小二乘法估计的回归系数为

$$b_1^* = \frac{\sum_{i=1}^{n}(y_i-\overline{y})(x_i-\overline{x})}{\sum_{i=1}^{n}(y_i-\overline{y})^2}$$

于是,将回归系数 $b_1$ 和 $b_1^*$ 相乘以后,得到如下关系式

$$b_1 \cdot b_1^* = \frac{\sum_{i=1}^{n}(x_i-\overline{x})(y_i-\overline{y})}{\sum_{i=1}^{n}(x_i-\overline{x})^2} \cdot \frac{\sum_{i=1}^{n}(y_i-\overline{y})(x_i-\overline{x})}{\sum_{i=1}^{n}(y_i-\overline{y})^2} = R^2$$

经分析,决定系数 $R^2$ 恰好就是以上两种回归系数 $b_1$、$b_1^*$ 的乘积。

决定系数 $R^2$ 是没有量纲(数量级、单位)的相对指标,反映具有平行关系的两个数值变量线性相关的程度。$R^2$ 反映某个或一组自变量变化时,能引起因变量发生变异的解释程度,反映全部数据点在回归直线周围的贴近密切程度,取值越大则说明拟合效果越好。

为了简单起见,令 $SS_T = \sum_{i=1}^{n}(y_i-\overline{y})^2$,$SS_R = \sum_{i=1}^{n}(\hat{y}_i-\overline{y})^2$,$SS_E = \sum_{i=1}^{n}(y_i-\hat{y}_i)^2$。

$SS_R$ 称为回归直线拟合值 $\hat{y}_i$ 与均值 $\overline{y}$ 的离差平方和(回归离差平方和)。

$SS_T$ 是观测值 $y_i$ 与均值 $\overline{y}$ 的离差平方和,即由自变量引起因变量变化的部分。

$SS_E$ 是观测值 $y_i$ 与拟合值 $\hat{y}_i$ 的残差平方和,即由其他因素引起因变量变化的部分。

于是,已经有结论 $SS_T = SS_E + SS_R$,$1 = SS_R/SS_T + SS_E/SS_T$,决定系数 $R^2 = SS_R/SS_T$。

(2)回归方程的拟合优度检验

对决定系数 $R^2$ 大小的分析又被称为回归方程的拟合优度检验,用于讨论数据点聚集在回归直线周围的密集程度,评价回归方程对样本数据的代表程度。决定系数 $R^2$ 越大,则模型对全部数据点的拟合程度越好。如果全部数据点落在回归直线上,决定系数 $R^2$ 为 1,说明数据点的总变异完全由回归方程来解释,即自变量完全解释因变量的线性变化。

当样本量很大时,即便决定系数 $R^2$ 小,理论回归方程仍然有可能有统计学意义;即便决定系数 $R^2$ 大,曲线回归分析有可能比线性回归分析还要好。当样本量很大时,虽然决定系数 $R^2$ 不大,仍然可以通过模型拟合优度的检验。举例来说,在小样本试验设计问题中,决定系数 $R^2$ 接近 0.8 才通过;在大样本抽样调研问题中,决定系数 $R^2$ 为 0.5 以上就可以了。

需要注意的是,回归方程的拟合优度检验是描述分析、不是统计推断,不涉及如下内容:建立关于总体的原假设和备择假设,选择检验统计量并计算统计量值,根据抽样分布的数学性质确定临界值或计算相伴概率 $P$,制定拒绝或不拒绝原假设 $H_0$ 的结论步骤。

除外,平均平方误差 $\dfrac{\sum_{i=1}^{n}(y_i-\hat{y}_i)^2}{n-2}$ 用于反映模型拟合效果时,与 $R^2$ 功能类似,解释如下:

$$R^2 = 1 - \frac{n-2}{SS_T} \cdot \frac{\sum_{i=1}^{n}(y_i-\hat{y}_i)^2}{n-2}$$

### 6. 回归系数的 $t$ 检验和理论回归方程的 $F$ 检验

由于抽样随机性的原因,在样本数据基础上得到的经验回归方程未必是事物总体间数量关系的真实体现,为此要对回归系数和理论回归方程进行检验。

回归系数的 $t$ 检验用于推断指定的回归系数是否为 0。

理论回归方程的 $F$ 检验(即模型整体性检验)用于推断回归系数是否全为 0。

对于一元线性回归分析来说,只有一个回归系数,两种检验的原假设一样,即 $\beta_1 = 0$。

(1)建立假设。原假设 $H_0$ 为 $\beta_1 = 0$;备择假设 $H_1$ 为 $\beta_1 \neq 0$。

$\beta_1 = 0$ 的含义是自变量无论如何变化,都不会引起因变量的变化。

(2) 构造服从 $t$ 分布的统计量。

若 $E(b_1) = \beta_1$,$V(b_1) = \sigma^2 / \sum_{i=1}^{n}(x_i - \bar{x})^2$,则有
$$b_1 \sim N(\beta_1, \sigma^2 / \sum_{i=1}^{n}(x_i - \bar{x})^2)$$

若将 $\mathrm{SE} = \sqrt{\dfrac{1}{n-2} \sum_{i=1}^{n}(y_i - \hat{y}_i)^2}$ 作为 $\sigma^2$ 的无偏估计,则有
$$\frac{(n-2)\mathrm{SE}^2}{\sigma^2} \sim \chi^2(n-2)$$

假设 $\beta_1 = 0$,于是构造服从 $t$ 分布的统计量
$$t = (b_1 - \beta_1) \Big/ \sqrt{\left(\sum_{i=1}^{n} e_i^2 / (n-2)\right) \Big/ \sum_{i=1}^{n}(x_i - \bar{x})^2} = b_1 / S_{b_1} \sim t(n-2)$$

由此可以估计出 $\beta_1$ 的置信区间为
$$\left(b_1 - t_{\alpha/2}(n-2)\mathrm{SE} \Big/ \sqrt{\sum_{i=1}^{n}(x_i - \bar{x})^2},\ b_1 + t_{\alpha/2}(n-2)\mathrm{SE} \Big/ \sqrt{\sum_{i=1}^{n}(x_i - \bar{x})^2}\right)$$

◇临界值法。查自由度为 $n-2$ 的 $t$ 分布表,得到临界值 $t_{\alpha/2}(n-2)$。当 $t > t_{\alpha/2}(n-2)$ 时,拒绝原假设 $H_0$;否则不拒绝原假设 $H_0$。

◇求相伴概率 $P$。当 $P < \alpha$ 时,拒绝原假设 $H_0$;否则不拒绝原假设 $H_0$。当拒绝原假设 $H_0$ 时,认为理论上的回归系数有统计学意义。

(3) 构造服从 $F$ 分布的统计量。

由 $t$ 分布和 $F$ 分布的定义,可以推出 $t(n-2)$ 和 $F(1, n-2)$ 是等价的。

如果事先构造两个独立的随机变量 $X \sim N(0, 1)$,$Y \sim \chi^2(n-2)$,那么由其定义,依次构造服从 $t$ 分布、$\chi^2$ 分布、$F$ 分布的统计量为
$$X / \sqrt{Y/(n-2)} \sim t(n-2),\quad X^2 \sim \chi^2(1),\quad (X^2/1)/(Y/(n-2)) \sim F(1, n-2)$$

如前所述,在决定系数 $R^2$ 的推导过程中得出
$$\sum_{i=1}^{n}(y_i - \bar{y})^2 = \sum_{i=1}^{n}(y_i - \hat{y}_i)^2 + \sum_{i=1}^{n}(\hat{y}_i - \bar{y})^2 \text{。}$$

令 $\mathrm{SS_T} = \sum_{i=1}^{n}(y_i - \bar{y})^2$,$\mathrm{SS_R} = \sum_{i=1}^{n}(\hat{y}_i - \bar{y})^2$,$\mathrm{SS_E} = \sum_{i=1}^{n}(y_i - \hat{y}_i)^2$,则 $\mathrm{SS_T} = \mathrm{SS_R} + \mathrm{SS_E}$。

由 $\chi^2$ 分布可加性定理,在原假设 $H_0$ 成立且满足方差齐性的条件下,成立如下关系
$$\frac{\mathrm{SS_T}}{\sigma^2} = \frac{\sum_{i=1}^{n}(y_i - \bar{y})^2}{\sigma^2} \sim \chi^2(n-1),\quad \frac{\mathrm{SS_R}}{\sigma^2} = \frac{\sum_{i=1}^{n}(\hat{y}_i - \bar{y})^2}{\sigma^2} \sim \chi^2(1)$$

所以
$$\frac{\mathrm{SS_E}}{\sigma^2} = \frac{\sum_{i=1}^{n}(y_i - \hat{y}_i)^2}{\sigma^2} = \frac{\sum_{i=1}^{n}(y_i - \bar{y})^2}{\sigma^2} - \frac{\sum_{i=1}^{n}(\hat{y}_i - \bar{y})^2}{\sigma^2} \sim \chi^2(n-2)$$

由约束条件 $\sum_{i=1}^{n}(y_i - \bar{y}) = 0$,则 $\mathrm{SS_T}$ 自由度 $\mathrm{df_T} = n-1$。由 $n$ 个观测值估计 2 个参数 $b_0, b_1$ 时失去 2 个自由度,于是 $\mathrm{SS_E}$ 的自由度 $\mathrm{df_E} = n-2$,而且 $\mathrm{df_T} = \mathrm{df_R} + \mathrm{df_E}$。

接下来,由 $F$ 分布的定义,构造服从 $F$ 分布的统计量为
$$\left(\frac{\mathrm{SS_R}}{\sigma^2} \Big/ 1\right) \Big/ \left(\frac{\mathrm{SS_E}}{\sigma^2} \Big/ (n-2)\right) = \frac{\mathrm{SS_R}/1}{\mathrm{SS_E}/(n-2)} = \frac{\mathrm{MS_R}}{\mathrm{MS_E}} \sim F(1, n-2)$$

说明,由均方 $\mathrm{MS_R}$ 和 $\mathrm{MS_E}$ 代替离差平方和 $\mathrm{SS_R}$ 和 $\mathrm{SS_E}$ 的出发点,与用样本方差而不用离差平

方和来比较资料的离散程度有类似道理，即变异程度的比较不应该受样本量和约束条件影响。

$F$ 检验的主要结果如表 10-1 所示。

表 10-1　$F$ 检验的主要结果

| 平方和 | df | 均方 | 统计量 | 临界值 |
|---|---|---|---|---|
| $SS_R$ | 1 | $MS_R = SS_R/1$ | $F = MS_R/MS_E$ | $F_\alpha(1, n-2)$ |
| $SS_E$ | $n-2$ | $MS_E = SS_E/(n-2)$ | | |
| $SS_T$ | $n-1$ | | | |

◇临界值法。查自由度为 1, $n-2$ 的 $F$ 分布表，得到临界值 $F_\alpha(1, n-2)$。当 $F > F_\alpha(1, n-2)$ 时，拒绝原假设 $H_0$；否则不拒绝原假设 $H_0$。

◇求相伴概率 $P$。当 $P < \alpha$ 时，拒绝原假设 $H_0$；否则不拒绝原假设 $H_0$。当拒绝原假设 $H_0$ 时，认为理论上的回归方程有统计学意义。

### 7. 残差分析

残差分析有助于事后验证数据质量和建模条件满足情况。残差分析的主要任务是通过样本回归模型的残差分析理论回归模型的误差是否为均值 0，以及误差之间是否独立或存在自相关性，还有助于找出数据中的异常值、杠杆值、强影响点。

以标准化残差 $\varepsilon$ 为纵轴、以标准化因变量预测值 $\hat{y}$（或自变量 $X$）为横轴绘制的散点图对于数据代表性、模型满足条件和拟合效果事后验证有参考意义。

残差散点图演示如图 10-6 所示。

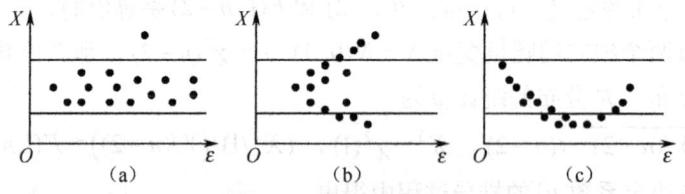

图 10-6　残差散点图演示

图 10-6（a）显示线性散点大致稳定在由两条水平线界定的带状区域内，无聚拢或扩散特点，散点围绕残差均值的横线上下随机散落，说明满足误差项线性、独立、等方差性的条件，线性模型结构合适。图 10-6（b）显示散点分布有扩大变化特点，说明不满足误差项等方差性条件，线性模型结构形式不太适合。图 10-6（c）显示残差散点具有曲线特点，说明不满足误差项线性、独立、等方差性条件，必须改用非线性模型结构。

如果回归方程较好反映了因变量的特征和变化规律，那么残差散点图中不应有明显规律性和趋势性，即残差散点是杂乱无章的。残差分析涉及自相关性检验、方差齐性检验等方面，可以通过相关系数、DW 等统计量，以及散点图或直方图等可视化演示等途径来实现。

残差自相关性检验用于验证模型对于数据信息提取的充分性。

令残差 $e_i = y_i - \hat{y}_i$，自相关系数 $\hat{\rho} = \sum_{i=1}^{n} e_i e_{i-1} / \sqrt{\sum_{i=1}^{n} e_i^2 \cdot \sum_{i=2}^{n} e_{i-1}^2}$，其取值范围为 $-1 \sim 1$。

构造统计量 $DW = \sum_{i=1}^{n}(e_i - e_{i-1})^2 / \sum_{i=1}^{n} e_i^2$。当样本量大时，下面验证 $DW \approx 2(1-\hat{\rho})$。

$$DW = \sum_{i=1}^{n}(e_i - e_{i-1})^2 / \sum_{i=1}^{n} e_i^2 = (\sum_{i=1}^{n} e_i^2 + \sum_{i=2}^{n} e_{i-1}^2 - 2\sum_{i=1}^{n} e_i e_{i-1}) / \sum_{i=1}^{n} e_i^2$$

$$\approx (2\sum_{i=1}^{n} e_i^2 - 2\sum_{i=2}^{n} e_i e_{i-1}) / \sum_{i=1}^{n} e_i^2 = 2(1-\hat{\rho})$$

一般地，当 DW 为 1.5～2.5 时，说明残差自相关性弱或模型拟合效果好。通过 DW 分布

表可以查出下限值 $d_L$、上限值 $d_U$，根据置信区间进行残差相关性的 DW 检验，适合于时间序列数据残差相关性分析，不适合于非时间序列数据残差相关性分析。

如果残差自相关性严重，那么随机误差项违背了经典回归方程中假定的误差项独立性条件，自变量无法充分反映因变量的变化规律，这时考虑引入某些重要却遗漏掉的自变量（增加自变量）或将事先假定的线性结构改变为非线性结构，以建立非线性回归模型。

### 8．线性相关分析与线性回归分析的联系和区别

在一元线性回归模型中，线性相关分析是线性回归分析的基础，线性回归分析是线性相关分析的深入。当两个变量线性相关性有统计学意义时，线性回归分析才有继续讨论的价值。如果没有从定性上对相关关系的密切程度进行专业判断，那么就不能进行回归分析。

（1）在线性相关分析中，两个变量是服从双变量联合正态分布的随机变量，如果一个变量是受到干预控制的变量，另一个变量是随机变量，那么线性相关分析没有意义。在线性回归分析中，因变量必须是服从正态分布的随机变量，而自变量既可以是随机变量，也可以是经过精确测量或严格干预控制的非随机变量。

（2）在线性相关分析中，两个随机变量在数量上表现出正向或反向的线性共变特点，且处于同等重要的平行地位。在线性回归分析中，一般指定因变量 $Y$ 和自变量 $X$，因变量 $Y$ 的变化需要通过自变量 $X$ 的变化进行合理解释。

（3）线性相关分析讨论两个随机变量有无数量上的线性共变关系，由散点图直观演示变化形态、方向、密切程度、由线性相关系数精确度量，推断两个变量总体有无线性相关性。回归分析用最小二乘法估计的理想直线反映自变量与因变量的线性相关关系，用回归系数解释自变量变化 1 个单位将会引起因变量有多少单位的平均变化量，用自变量预测因变量及其置信区间，给定因变量变化范围以后，对自变量的变化范围进行控制。

【学习目标】理解一元线性回归分析的理论方法，掌握操作流程并阐述结论。

## 【案例实验 1】

由冬季降水量与次年空气碳氢化合物浓度建立一元线性回归模型。数据资料如表 10-2 所示。本例的数据文件是 "10 一元线性回归分析（冬季降水量与次年空气碳氢化合物浓度）.sav"。

**表 10-2　数据资料**

| 冬季降水量 | 28 | 22 | 31 | 23 | 58 | 33 | 21 | 20 | 45 | 31 | 23 | 16 | 14 |
|---|---|---|---|---|---|---|---|---|---|---|---|---|---|
| 次年空气碳氢化合物浓度 | 3.5 | 2.1 | 3.4 | 3.2 | 4.6 | 3.6 | 3.1 | 2.8 | 3.4 | 2.6 | 2.3 | 2.2 | 2.0 |

【数据文件】

定义变量 "冬季降水量" "次年空气碳氢化合物浓度"，类型均为数值。建立数据文件，如图 10-7 所示。

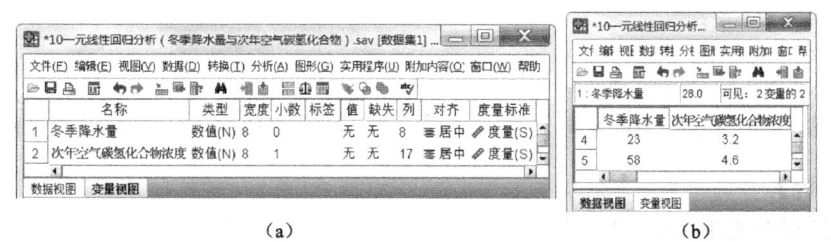

(a)　　　　　　　　　　　　　(b)

图 10-7　数据文件

【菜单选择】

单击"分析"主菜单，再单击"回归"选项，然后单击"线性"选项。

【界面设置】

在打开的"线性回归"对话框中，将"次年空气碳氢化合物浓度"选入"因变量"列表框中，将"冬季降水量"选入"自变量"列表框中，单击"确定"按钮，再单击"统计量"按钮，如图10-8所示。

在打开的"线性回归：统计量"对话框的"回归系数"区域，选择"估计"选项；在"残差"区域，选择"Duibin-Watson"选项；在其他区域，选择"模型拟合度"选项；单击"继续"按钮，如图10-9所示。

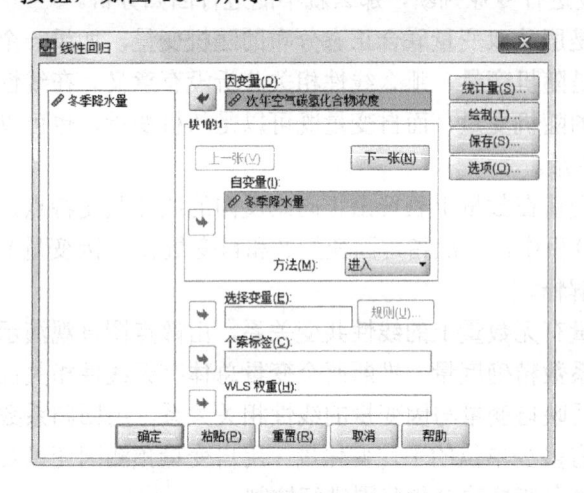

图10-8 "线性回归"对话框

图10-9 "线性回归：统计量"对话框

在"线性回归"对话框中，单击"绘制"按钮。在打开的"线性回归：图"对话框中，将"ZPRED"选入"X2（X）"列表框中，将"ZRESID"选入"Y（Y）"列表框中；在"标准化残差图"区域，选择"正态概率图"选项；单击"继续"按钮，如图10-10所示。

在"线性回归"对话框中，单击"保存"按钮。在打开的"线性回归：保存"对话框的"预测值"区域选择"未标准化"选项，如图10-11所示。

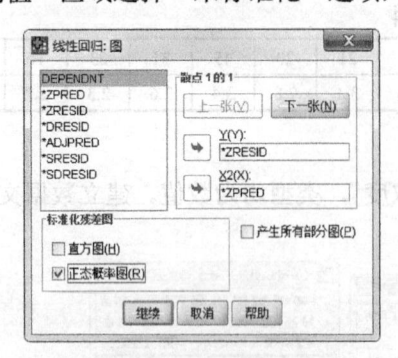

图10-10 残差分析的设置

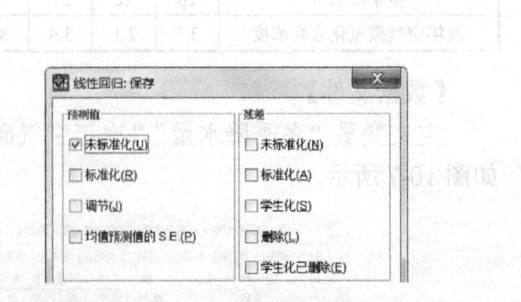

图10-11 保存预测值的设置

【结果分析】

（1）模型拟合效果如表10-3所示。

### 表 10-3 模型拟合效果

| 模 型 | $R$ | $R^2$ | 调整 $R^2$ | 标准估计误差 | 统计量 DW |
|---|---|---|---|---|---|
| 1 | 0.830 | 0.689 | 0.660 | 0.435 0 | 1.342 |

经分析，调整的决定系数 $R^2$ 为 0.660，那么在因变量总变异中，被自变量解释的比例达 82%，说明该模型拟合效果还行。DW 统计量为 1.342，不在 1.5~2.5 范围内，说明残差还是具有轻度的自相关性。

（2）回归方程的 $F$ 检验的结果如表 10-4 所示。

### 表 10-4 回归方程的 $F$ 检验的结果

| 模 型 | | 平 方 和 | df | 均 方 | 统计量 | 显著性水平 |
|---|---|---|---|---|---|---|
| 1 | 回归 | 4.596 | 1 | 4.596 | 24.292 | 0.000 |
| | 残差 | 2.081 | 11 | 0.189 | | |
| | 总计 | 6.677 | 12 | | | |

由回归方程的 $F$ 检验，统计量为 24.292，相伴概率 $P$ 小于 0.001，说明自变量（冬季降水量）的回归系数不全为 0，有统计学意义。

（3）回归系数估计及 $t$ 检验的结果如表 10-5 所示。

### 表 10-5 回归系数估计及 $t$ 检验的结果

| 模 型 | | 回 归 系 数 | 标 准 误 差 | 标准化回归系数 | $t$ | 显著性水平 |
|---|---|---|---|---|---|---|
| 1 | 常量 | 1.554 | 0.314 | | 4.946 | 0.000 |
| | 冬季降水量 | 0.051 | 0.010 | 0.830 | 4.929 | 0.000 |

经分析，一元线性回归模型表达式为 $Y=1.554+0.051X$。由 $t$ 检验，统计量为 4.929，相伴概率 $P$ 小于 0.001，说明回归系数有统计学意义。

（4）残差分析。

如图 10-12 所示，残差散点图中的点在穿过 0 的水平线附近随机散落，无明显趋势或聚散规律，认为满足误差项独立性、方差齐性条件。如图 10-13 所示，残差 P-P 图中的点围绕对角线附近随机散落，于是认为残差近似服从正态分布。经分析，认为模型满足假定条件。

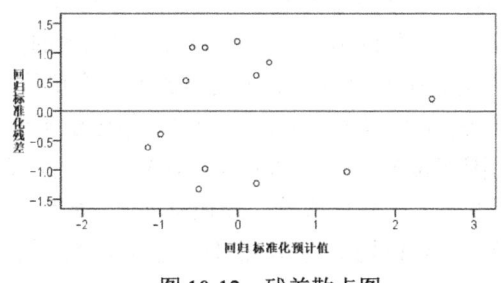

图 10-12 残差散点图

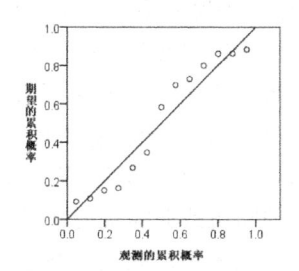

图 10-13 残差 P-P 图

## 10.3 多元线性回归分析

### 1. 方法背景

一元线性回归分析反映自变量与因变量的线性相关关系。因变量也可能同时与多个自变量有线性相关关系，可以表示为多个自变量的线性组合，即多元线性回归分析（或多重线性回归分析）。多元线性回归分析同样要求因变量是数值变量、总体服从正态分布。

当然，如果结局变量是二分类、无序多分类和有序多分类变量，那么还要寻求适用于因变量为分类变量及其他总体分布要求的广义线性模型。例如，有时候选择适用于二分类、无序多分类和有序多分类结局变量的 Logistic 回归分析，有时候选择适用于结局变量为二分类变量且允许存在删失数据的 Cox 回归分析等。注意：有些文献为了读者理解方便，在广义线性模型中，仍然把分类形式的结局变量称为因变量。实际上，真正出现在模型中的因变量并不是结局变量本身，而是与结局变量中的指定类别发生概率有密切联系的转换函数。

多元线性回归分析是对一元线性回归分析的扩展与深入，通常考虑以下目的。

目的①：筛选对于因变量影响有统计学意义的自变量。

目的②：偏回归系数可以反映指定自变量改变 1 个单位时引起因变量 $Y$ 的平均变化量，也就是控制或排除其余自变量干扰以后，考察指定自变量的净作用。

目的③：偏回归系数的绝对值用于不同自变量对因变量影响作用的相对比较。

### 2. 基本思路

（1）确定自变量 $X_1, X_2, \cdots, X_m$ 和因变量 $Y$。被影响的随机变量称为因变量或响应变量。事先经过干预控制的、影响因变量 $Y$ 的非随机变量称为自变量或解释变量。

自变量分成两类：一类是与因变量关系待确定的重点关注变量；另一类是与因变量存在相关关系，在分析自变量与因变量之间关系时必须扣除其影响的协变量。

（2）自变量 $X_1, X_2, \cdots, X_m$ 个数不唯一，变量类型无特殊要求，其中数值变量、二分类变量和有序多分类变量是常见类型，一般可直接纳入模型。对于无序多分类变量来说，由其派生出一组虚拟的哑变量、取而代之纳入模型。对于有序多分类变量来说，如果等级差距均匀、含义相近，那么可以不做预处理而直接纳入模型；如果等级差距不均匀，则最好按照无序多分类变量处理，也是由其派生出一组虚拟的哑变量并且取而代之纳入模型。

因变量 $Y$ 必须是服从总体正态分布的数值变量，不能是定类或定序变量。对于未设置交互项的 $m$ 个自变量来说，最多建立 $2^m-1$ 种结构的多元线性回归模型。

（3）多元线性回归分析理论模型为 $Y = \beta_0 + \beta_1 X_1 + \cdots + \beta_m X_m + \varepsilon$。其中，$\beta_1, \beta_2, \cdots, \beta_m$ 为偏回归系数；$\varepsilon$ 为误差项。因变量 $Y$ 和 $\beta_0 + \beta_1 X_1 + \cdots + \beta_m X_m$ 的理论取值范围是 $(-\infty, +\infty)$。

（4）估计模型参数，检验回归方程和偏回归系数的显著性，解释偏回归系数的实际含义。偏回归系数 $\beta_i$ 表示当自变量 $X_i$ 增加 1 个单位时，引起因变量 $Y$ 平均增加了 $\beta_i$ 个单位。$\beta_i$ 称为"偏"回归系数是由于在解释其含义时要将自变量 $X_i$ 以外的其余自变量取值固定不变。

模型中包括自变量 $X_1, X_2, \cdots, X_m$ 引起的因变量 $Y$ 的变化部分 $\beta_0 + \beta_1 X_1 + \cdots + \beta_m X_m$，以及其他未知的随机或非随机因素影响引起的因变量 $Y$ 的变化部分，即误差项 $\varepsilon$。误差项 $\varepsilon$ 相互独立、与自变量无关、服从正态分布、没有趋势、总体均值为 0、总体方差为常数 $\sigma^2$。

### 3. 参数估计

将理论模型 $y = \beta_0 + \beta_1 X_1 + \cdots + \beta_m X_m + \varepsilon$ 中的误差项 $\varepsilon$ 去掉，由样本观测值估计对应的经验模型 $Y = b_0 + b_1 X_1 + \cdots + b_m X_m$。其中，$b_0, b_1, \cdots, b_m$ 是偏回归系数。偏回归系数 $b_i$（$i=0,1,\cdots,m$）含义为自变量 $X_i$ 改变 1 个单位时引起因变量 $Y$ 的平均变化量。

对于给定的 $m$ 个自变量 $X$ 和因变量 $Y$，收集样本观测值 $(x_{i1}, \cdots, x_{im}, y_i)$，$i=1, 2, \cdots, n$，即样本量为 $n$。将所有样本观测值整理为如表 10-6 所示的数据结构。

表 10-6 数据结构

| 变量 | | $X_1$ | $X_2$ | ... | $X_m$ | $Y$ |
|---|---|---|---|---|---|---|
| $n$ 个观测值 | 组 1 | $x_{11}$ | $x_{12}$ | ... | $x_{1m}$ | $y_1$ |
| | 组 2 | $x_{21}$ | $x_{22}$ | ... | $x_{2m}$ | $y_2$ |
| | ... | ... | ... | ... | ... | ... |
| | 组 $n$ | $x_{n1}$ | $x_{n2}$ | ... | $x_{nm}$ | $y_n$ |

把全部样本观测值依次代入经验模型,得到拟合值 $\hat{y}_i = b_0 + b_1 x_{i1} + b_2 x_{i2} + \cdots + b_m x_{im}$,写成线性方程组或矩阵方程的形式

$$\begin{cases} \hat{y}_1 = b_0 + b_1 x_{11} + b_2 x_{12} + \cdots + b_m x_{1m} \\ \hat{y}_2 = b_0 + b_1 x_{21} + b_2 x_{22} + \cdots + b_m x_{2m} \\ \vdots \\ \hat{y}_n = b_0 + b_1 x_{n1} + b_2 x_{n2} + \cdots + b_m x_{nm} \end{cases} \text{或} \begin{pmatrix} \hat{y}_1 \\ \hat{y}_2 \\ \vdots \\ \hat{y}_n \end{pmatrix} = \begin{pmatrix} 1 & x_{11} & x_{12} & \cdots & x_{1m} \\ 1 & x_{21} & x_{22} & \cdots & x_{2m} \\ \vdots & \vdots & \vdots & & \vdots \\ 1 & x_{n1} & x_{n2} & \cdots & x_{nm} \end{pmatrix} \begin{pmatrix} b_0 \\ b_1 \\ \vdots \\ b_m \end{pmatrix} \text{或} \hat{\boldsymbol{Y}} = \boldsymbol{X}\boldsymbol{\beta}$$

在矩阵方程 $\hat{\boldsymbol{Y}} = \boldsymbol{X}\boldsymbol{\beta}$ 中,$\hat{\boldsymbol{y}}$ 为因变量观测值组成的 $n$ 维列向量;$\boldsymbol{X}$ 为 $n$ 行、$m+1$ 列的 $n \times (m+1)$ 阶矩阵;$\boldsymbol{\beta}$ 为经验模型中全部参数组成的 $m+1$ 维列向量。

多元线性回归模型仍然由最小二乘法的思路估计参数。最小二乘法使用的前提条件是线性回归模型大致满足线性、独立、服从正态分布和满足方差齐性这 4 个基本条件。当线性回归模型不满足这 4 个基本条件时,还可以使用岭回归分析或偏最小二乘回归分析。

当然,多元线性回归模型的参数估计也可以使用最大似然法。由于因变量服从正态分布,所以可以由概率密度函数构造极大似然函数。为了取得该函数的极大值,可以将该函数取自然对数并求偏导数、令偏导数为 0;最后得到与最小二乘法一样的参数估计结果。

下面介绍由最小二乘法估计参数的思路。

令观测值 $y_i$ 与模型拟合值 $\hat{y}_i$ 的残差 $e_i = y_i - \hat{y}_i = y_i - (b_0 + b_1 x_{i1} + b_2 x_{i2} + \cdots + b_m x_{im})$。

计算 $y_i$ 与 $\hat{y}_i$ 的残差 $e_i$ 的平方和 $Q = \sum_{i=1}^{n} e_i^2 = \sum_{i=1}^{n} (y_i - (b_0 + b_1 x_{i1} + b_2 x_{i2} + \cdots + b_m x_{im}))^2$。

为了求得残差平方和 $Q$ 最小值,可以由多元函数求极值的知识,将残差平方和关于偏回归系数 $b_0, b_1, \cdots, b_m$ 分别求偏导数,令其为 0 或求驻点,转换为正规方程组

$$\begin{cases} \partial Q/\partial b_0 = -2 \sum_{i=1}^{n} (y_i - b_0 - b_1 x_{i1} - b_2 x_{i2} - \cdots - b_m x_{ip}) = 0 \\ \partial Q/\partial b_1 = -2 \sum_{i=1}^{n} (y_i - b_0 - b_1 x_{i1} - b_2 x_{i2} - \cdots - b_m x_{ip}) x_{i1} = 0 \\ \vdots \\ \partial Q/\partial b_p = -2 \sum_{i=1}^{n} (y_i - b_0 - b_1 x_{i1} - b_2 x_{i2} - \cdots - b_m x_{ip}) x_{ip} = 0 \end{cases}$$

$$\begin{pmatrix} n & \sum_{i=1}^{n} x_{i1} & \sum_{i=1}^{n} x_{i2} & \cdots & \sum_{i=1}^{n} x_{im} \\ \sum_{i=1}^{n} x_{i1} & \sum_{i=1}^{n} x_{i1}^2 & \sum_{i=1}^{n} x_{i2} x_{i1} & \cdots & \sum_{i=1}^{n} x_{im} x_{i1} \\ \vdots & \vdots & \vdots & & \vdots \\ \sum_{i=1}^{n} x_{im} & \sum_{i=1}^{n} x_{i1} x_{im} & \sum_{i=1}^{n} x_{i2} x_{im} & \cdots & \sum_{i=1}^{n} x_{im}^2 \end{pmatrix} \begin{pmatrix} b_0 \\ b_1 \\ \vdots \\ b_m \end{pmatrix} = \begin{pmatrix} \sum_{i=1}^{n} y_i \\ \sum_{i=1}^{n} x_{i1} y_i \\ \vdots \\ \sum_{i=1}^{n} x_{im} y_i \end{pmatrix}$$

如果标记向量 $\boldsymbol{Y} = \begin{pmatrix} y_1 \\ y_2 \\ \vdots \\ y_n \end{pmatrix}$,矩阵 $\boldsymbol{X} = \begin{pmatrix} 1 & x_{11} & x_{12} & \cdots & x_{1m} \\ 1 & x_{21} & x_{22} & \cdots & x_{2m} \\ \vdots & \vdots & \vdots & & \vdots \\ 1 & x_{n1} & x_{n2} & \cdots & x_{nm} \end{pmatrix}$,$\boldsymbol{\beta} = \begin{pmatrix} b_0 \\ b_1 \\ \vdots \\ b_m \end{pmatrix}$,那么以上方程组简

记为矩阵形式 $\boldsymbol{X}^T(\boldsymbol{Y} - \boldsymbol{X}\hat{\boldsymbol{\beta}}) = 0$,即 $(\boldsymbol{X}^T \boldsymbol{X})\boldsymbol{\beta} = \boldsymbol{X}^T \boldsymbol{Y}$,于是 $\boldsymbol{\beta} = (\boldsymbol{X}^T \boldsymbol{X})^{-1} \boldsymbol{X}^T \boldsymbol{Y}$。

其中，$(X^TX)^{-1}$ 是逆矩阵，而 $X^TX$ 为 $m+1$ 阶的方阵。要使得矩阵 $X^TX$ 的逆矩阵 $(X^TX)^{-1}$ 存在，就必须要求 $n\times(m+1)$ 阶矩阵 $X$ 为满秩矩阵，即秩为 $m+1$，于是 $n\geq(m+1)$ 必须严格成立。因此，由最小二乘法估计参数时，理论样本量 $n$ 不能少于参数个数 $m$。

实际上，在随机试验或随机抽样工作中获取的样本资料存在大量随机误差，即使自变量与因变量存在回归方程设定的线性依存关系，也无法对其精准反映。为了保证参数估计结果稳定可靠，除了要求样本资料代表典型或数据质量可靠以外，要求样本量充分大且越大越好。有学者建议，样本量与自变量个数之比为 40 倍以上才能保证应用的要求。

对于一组自变量 $X_1, X_2, \cdots, X_m$ 来说，如果存在一组不全为 0 的实数 $k_0, k_1, k_2, \cdots, k_m$，使得 $k_0 + k_1X_1 + k_2X_2 + \cdots + k_mX_m = 0$，即矩阵 $X$ 的秩 $rank(X) < m+1$，称为完全共线性，$|X^TX| = 0$，$(X^TX)\beta = X^TY$ 的解不唯一，$(X^TX)^{-1}$ 不存在，则最小二乘估计 $\beta = (X^TX)^{-1}X^TY$ 不成立。

如果存在一组不全为 0 的数 $k_0, k_1, k_2, \cdots, k_m$，使得 $k_0 + k_1X_1 + k_2X_2 + \cdots + k_mX_m \approx 0$，称为近似共线性，$|X^TX| \approx 0$，$(X^TX)^{-1}$ 对角线元素很大，$\hat{\beta}$ 的方差阵 $V(\hat{\beta}) = \sigma^2(X^TX)^{-1}$ 的对角线元素就很大，那么由最小二乘法估计参数的方差很大。随着自变量之间共线性程度增强，参数估计值的准确性、稳定性就会变得越严重。

经验模型的几何意义是从因变量关于自变量的所有可能线性函数中找出一个最优模型，其对应的空间曲面整体上会更加靠近样本观测值的坐标点。

实际上，$Y = b_0 + b_1X_1 + \cdots + b_mX_m$ 的几何意义就是定义在 $m+1$ 维空间中的一个超平面。

一般地，当自变量为 1 个时，$Y = b_0 + b_1X$ 为在平面内从穿过数据点的直线中取最优者。当自变量为 2 个时，$Y = b_0 + b_1X_1 + b_2X_2$ 为在空间内从穿过数据点的平面中取最优者。

最优直线如图 10-14 所示。最优平面如图 10-15 所示。

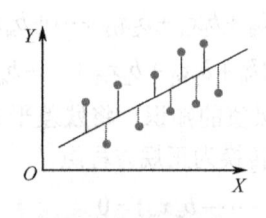

图 10-14 最优直线　　图 10-15 最优平面

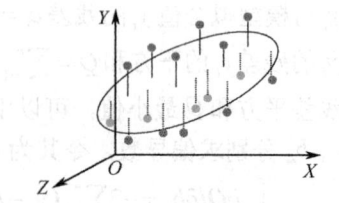

以自变量为 2 个时为例，求 $Q = \sum_{i=1}^{n}(y_i - (b_0 + b_1x_{i1} + b_2x_{i2}))^2$ 的三个偏导数并令其都为 0。于是，得到正规方程组

$$\begin{cases} \partial Q/\partial b_0 = -2\sum_{i=1}^{n}(y_i - b_0 - b_1x_{i1}) = 0 \\ \partial Q/\partial b_1 = -2\sum_{i=1}^{n}(y_i - b_0 - b_1x_{i1} - b_2x_{i2})x_{i1} = 0 \\ \partial Q/\partial b_2 = -2\sum_{i=1}^{n}(y_i - b_0 - b_1x_{i1} - b_2x_{i2})x_{i2} = 0 \end{cases}$$

化简为

$$\begin{cases} \sum_{i=1}^{n}y_i = nb_0 - b_1\sum_{i=1}^{n}x_{i1} - b_2\sum_{i=1}^{n}x_{i2} \\ \sum_{i=1}^{n}y_ix_{i1} = b_0\sum_{i=1}^{n}x_{i1} + b_1\sum_{i=1}^{n}x_{i1}^2 + b_2\sum_{i=1}^{n}x_{i1}x_{i2} \\ \sum_{i=1}^{n}y_ix_{i2} = b_0\sum_{i=1}^{n}x_{i2} + b_1\sum_{i=1}^{n}x_{i1}x_{i2} + b_2\sum_{i=1}^{n}x_{i2}^2 \end{cases}$$

解得

$$\begin{cases} b_0 = \bar{y} - b_1\sum_{i=1}^{n}x_{i1}/n - b_2\sum_{i=1}^{n}x_{i2}/n = \bar{y} - b_1\bar{x}_1 - b_2\bar{x}_2 \\ b_1 = \left(\sum_{i=1}^{n}y_ix_{i1}\sum_{i=1}^{n}x_{i2}^2 - \sum_{i=1}^{n}y_ix_{i2}\sum_{i=1}^{n}x_{i1}x_{i2}\right) / \left(\sum_{i=1}^{n}x_{i1}^2\sum_{i=1}^{n}x_{i2}^2 - \left(\sum_{i=1}^{n}x_{i1}x_{i2}\right)^2\right) \\ b_2 = \left(\sum_{i=1}^{n}y_ix_{i2}\sum_{i=1}^{n}x_{i1}^2 - \sum_{i=1}^{n}y_ix_{i1}\sum_{i=1}^{n}x_{i1}x_{i2}\right) / \left(\sum_{i=1}^{n}x_{i1}^2\sum_{i=1}^{n}x_{i2}^2 - \left(\sum_{i=1}^{n}x_{i1}x_{i2}\right)^2\right) \end{cases}$$

**4. 常见应用**

（1）在因果推断建模和影响因素分析时，筛选理论偏回归系数有统计学意义的自变量。

（2）偏回归系数用于讨论自变量改变 1 个单位时引起因变量的平均变化量。标准化偏回归系数消除了自变量单位或数量级影响，用于比较某个自变量对因变量影响的相对大小。

（3）根据一组自变量的样本观测值，预测因变量的取值及其置信区间。根据一组因变量的限定范围，固定其余自变量，再估算某个自变量的上限和下限。

对于预测应用而言，如果自变量取值在建模时所用的样本观测值范围内，称为内插预测或拟合；如果自变量取值超出建模时所用的样本观测值范围之外，称为外推预测。内插预测的效果往往很好。外推预测的效果通常不好，自变量和因变量本质上可能不是线性相关关系，事物外部发展变化规律可能与历史样本数据反映的特点不太符合，即严格来说，理论上的模型结构可能并非更适合线性结构。

在实际问题中，多元线性回归模型受到变量筛选全面性、数据量化难易度、数据收集精确性、样本代表性、数量充分性以及线性结构模型符合度的制约，预测的结果往往不够精确，一般是为宏观决策提供定量依据。

**5. 注意问题**

多元线性回归模型结构简单、应用广泛，然而对其设计不当和乱用误用的情况很普遍。鉴于多元线性回归模型应用条件受到实际资料和研究目的限制，研究者要从主观和客观结合、定性与定量结合的角度，进行自变量筛选、纳入或排除，讨论变量类型和变量个数，必要时对分类变量派生出一组哑变量并取代以后纳入模型，诊断自变量有无多重共线性现象。在实际问题建立模型时，样本观测数据的核查与更新、理论模型的设计与改进，自变量的筛选与调整是个反复适应、循环变动的过程。

1）自变量及类型设置

在多元线性回归模型中，鉴于因变量为数值型，建议多数自变量也为数值型。自变量按照功能分为"关注"和"控制"，关注变量是指具有重要理论或实际意义的自变量。控制变量会干扰对关注变量的分析，于是将其纳入模型并在统计分析中控制干扰影响。

在调查研究问题中，许多影响因素表现为二分类、无序多分类或有序多分类变量类型。如果将这样的分类自变量纳入模型，那么需要由分类变量派生出一组哑变量并取而代之纳入模型进行分析。例如，把性别、职业、生活方式等影响因素作为分类变量，把量表测量题项的综合评分作为因变量，偏回归系数反映当自变量类别变化时，在平均意义上所能引起因变量的变化量，还要推断自变量有无统计学意义。

当自变量为二分类变量时，通常定义其值标签为 0，1。这两个数码虽无数量上的比较意义，但是也可以直接纳入模型并解释结论。当定义二分类变量值标签为 1，2 时，最好事先将其修改或编码为 0，1，相当于派生出一个沿用原来名称而不变的哑变量，取而代之纳入模型并解释结论。自变量为有序多分类变量时可以直接纳入模型并解释结论。

当自变量为无序多分类变量时，定义其值标签的数码只是类别标记、无大小之分，必须由其派生出一组哑变量以后才能纳入模型。当由 $k$ 个类别的无序多分类变量派生出一组哑变量时，要事先指定某个类别作为参照类别。这个参照类别在某个哑变量中赋值为 1，而在其他哑变量中赋值为 0。由重新编码预处理的命令，将具有 $k$ 个（$k \geqslant 2$）类别的无序多分类变量一次性派生出一组 $k-1$ 个哑变量，并在全部个案中同步完成哑变量赋值。一组 $k-1$ 个哑变量的取值要与每个类别对应起来，但是不能说成每个类别用某个哑变量代替或表示。

例如，无序多分类变量的类别编码为 1, 2, 3, 4, 5，如果指定最后类别（即类别 5）作为参照类别，那么需要由其派生出一组共 4 个哑变量。其中，每个哑变量都是一个二值分类变量，赋值为 0，1。又如，教育程度 $X_1$ 为无序多分类自变量，共 4 个类别"小学"=1、"初中"=2、"高中"=3、"大学"=4，以"小学"作为参照类别，派生出一组共 3 个哑变量 $X_1(1)$, $X_1(2)$, $X_1(3)$ 并对其赋值。这 4 个类别和一组 3 个哑变量的赋值一一对应，如表 10-7 所示。

表 10-7 哑变量的赋值

| 教育程度 | $X_1(1)$ | $X_1(2)$ | $X_1(3)$ |
|---|---|---|---|
| 初中 | 1 | 0 | 0 |
| 高中 | 0 | 1 | 0 |
| 大学 | 0 | 0 | 1 |
| 小学 | 0 | 0 | 0 |

假设由李克特量表中的题项测评以后，以题项简单求和的总分作为因变量 $Y$。建立多元线性回归模型 $Y = \beta_0 + (\beta_1 X_1(1) + \beta_2 X_1(2) + \beta_3 X_1(3)) + \cdots + \beta_m X_m$。

把"小学"对应的 3 个哑变量取值"0, 0, 0"依次代入多元线性回归模型，得到
$$Y_{小学} = \beta_0 + (\beta_1 \times 0 + \beta_2 \times 0 + \beta_3 \times 0) + \cdots + \beta_m X_m$$

把"大学"对应的 3 个哑变量取值"0, 0, 1"依次代入多元线性回归模型，得到
$$Y_{大学} = \beta_0 + (\beta_1 \times 0 + \beta_2 \times 0 + \beta_3 \times 1) + \cdots + \beta_m X_m$$

两个式子相减求得 $Y_{大学} - Y_{小学} = \beta_3$。参数 $\beta_3$ 含义为当教育程度以"小学"作为参照类别，由类别"小学"改为类别"大学"时所引起总分 $Y$ 的平均变化量。

以下有两点说明。

说明①：有序多分类自变量直接纳入模型，而无序多分类自变量必须派生出一组哑变量并且取而代之纳入模型。

说明②：当自变量为分类变量（二分类、有序多分类、无序多分类）并且数量较多时，模型拟合效果（如决定系数 $R^2$）往往欠佳。当多数自变量为分类变量时，因变量也为分类变量或由数值变量转换为分类变量时，使用 Logistic 回归模型比多元线性回归模型更佳。

2）自变量选择和自动筛选方法

不同研究者针对同一个问题可能选择不同的自变量。因此，研究者有必要与某些专门领域的专家合作，结合实际问题情景、基本理论假设、专业经验认识、综合分析能力和业界观点确定选择的自变量，同时还要在实践过程中对所选择的自变量反复验证、剔除补充、优化调整。从某种意义上，自变量选择和统计模型设计不仅是一门科学，更像是一门艺术。

如果遗漏了某些重要自变量，那么多元线性回归模型的可靠性就会不好，但是为了不遗漏重要的自变量而引入大量不重要的自变量，就会造成很多自变量数据质量较差或难以获取，

有些纳入多元线性回归模型的变量之间信息存在重叠或相关性,增加了多元线性回归模型复杂程度,引起多重共线性现象趋于严重。当自变量存在多重共线性现象时,这些自变量互相削弱对于因变量的边际影响,使得偏回归系数不能反映单个变量对因变量的独立作用。由于人的认识水平或局限性,很难找到一组互不相关却又影响因变量的自变量。

在多元线性回归模型中选择自变量时,要遵循少而精的原则;除通过专业经验定性筛选自变量外,还可以通过收集样本数据资料并结合统计建模自动筛选自变量。全模型是指所有的自变量都进入回归方程,选模型是根据一定准则选择符合条件的部分自变量进入回归方程。如果一个自变量能使决定系数 $R^2$ 变大且其他偏回归系数显著,就将该自变量纳入多元线性回归模型。如果未能增大决定系数 $R^2$ 且对于其他偏回归系数无影响,就无须将该自变量纳入多元线性回归模型。如果一个自变量能使决定系数 $R^2$ 变大但其他自变量的偏回归系数显著性检验变得无法通过,就将该自变量纳入多元线性回归模型并取代其他自变量。纳入多元线性回归模型的自变量必须有统计学意义,并应尽量避免出现线性相关性。如果一个自变量使多元线性回归模型出现偏回归系数的符号与专业理论认识相悖离,那么不应该将这个自变量纳入多元线性回归模型。从数据驱动的角度,以下筛选自变量的算法有代表性。

(1)进入法:把所有自变量一次性强制纳入多元线性回归模型,使自变量全部出现在多元线性回归模型中。

(2)前进法:把自变量逐个纳入多元线性回归模型,并且不再移出多元线性回归模型。

(3)后退法:把所有自变量逐个移出多元线性回归模型,不再纳入多元线性回归模型。

(4)逐步法:逐步法是将向前法和向后法的优点兼收并蓄,由向前法引入自变量,由向后法剔除自变量。每当一个新自变量纳入模型时,就要考察该自变量对模型中已有自变量的影响,验证该自变量对回归方程检验的 $F$ 统计量有无扩大影响或对相伴概率 $P$ 有无减小影响,讨论该自变量有无统计学意义,决定是否移出该自变量;将对因变量影响不大或可有可无的自变量移出模型,确保模型包含对因变量有影响的自变量。一般默认将自变量纳入模型标准 $\alpha_入$(显著性水平)为 0.1,默认将自变量移出模型标准 $\alpha_出$(显著性水平)为 0.15;将自变量纳入或移出模型标准(显著性水平)不要过度严格,通常要大些。

以下有几点说明。

说明①:逐步法兼顾了自变量与因变量之间、自变量之间的相关性信息;所有自变量的纳入和移出是一个有进有出的过程。因此,由逐步法可以对前期纳入多元线性回归模型的自变量进行"负责任式"跟踪验证,没引入一个变量的同时,考察已经进入判别函数的变量,判断其是否因为随着后续变量的引入而变得不再重要。最终在兼顾全部自变量相互之间大小比较的基础上,将有统计学意义者纳入多元线性回归模型,将无统计学意义者移出多元线性回归模型。直到既没有自变量引入模型,也没有自变量需要剔除为止。

说明②:无论采用什么方法筛选自变量,当从回归方程中移出不显著的偏回归系数对应自变量而重新建立多元线性回归模型时,都应该重新对偏相关系数进行估计,对回归方程和偏回归系数进行显著性检验;不能把一个偏回归系数不显著的自变量移出简单理解为从回归方程中去掉;由于自变量之间可能有相关关系,当移出一个偏回归系数不显著的自变量时,会引起其余自变量的偏回归系数估计值变化,且其余自变量对因变量的贡献将会重新得到分配。

说明③:在由逐步法筛选自变量过程中,原来进入模型且有统计学意义的自变量也会再后来退化为无统计学意义。自变量存在被循环式纳入或移出的可能性。

例如，假设由专业经验初步获得自变量 $A, B, C, D, E, F$，计算这些自变量两两之间的简单相关系数、每个自变量与因变量 $Y$ 的偏相关系数。其中，偏相关系数真实反映哪些自变量对因变量的影响较大。

说明④：由逐步法筛选自变量可能出现如下情况。由于自变量之间存在一定程度的多重共线性，使得某些已经进入回归方程的自变量回归系数不在显著。

例如，第一次引入了与因变量 $Y$ 相关的第 1 位的自变量 $A$。第二次引入了与因变量 $Y$ 相关的第 3 位的自变量 $C$ 而不是第 2 位的自变量 $B$，这是因为自变量 $B$ 和自变量 $A$ 相关性大，而自变量 $C$ 与第一次引入的自变量 $A$ 相关性较小，于是引入自变量 $C$ 而不是自变量 $B$。第三次引入与因变量 $Y$ 相关的第 2 位的自变量 $B$，然而自变量 $A$ 同时被移出了，分析其原因是自变量 $A$ 与 $B$ 相关性大。以此类推。

3）估计偏回归系数和标准化偏回归系数

偏回归系数即非标准化偏回归系数，用于反映当某个自变量变化 1 个单位而其余自变量不变时，该自变量引起因变量 $Y$ 的平均变化量。标准化偏回归系数是消除了自变量数量级或单位影响的偏回归系数，其相对作用比较有参考意义。

偏回归系数和标准化偏回归系数的算法如下。

◇ 第一种办法，分别根据自变量或因变量的观测值、均值和标准差，将自变量或因变量标准化并转换为 Z 分数，然后将自变量、因变量的 Z 分数纳入模型并求得偏回归系数。

◇ 第二种办法，偏回归系数 $b$ 乘以自变量 $X$ 的样本标准差 $S_x$，再除以因变量的样本标准差 $S_y$，就可得到标准化偏回归系数。标准化偏回归系数的绝对值本身无实际意义，只是用于反映自变量对因变量的影响程度。由于受自变量单位或数量级的影响，当偏回归系数 $b$ 更大时，标准化偏回归系数绝对值未必会更大。此外，偏回归系数的估计对异常值反应敏感，必须结合残差特点和工作实际决定是否移出。

4）样本量、变量类型和个数

样本数据代表性和充分性决定了多元线性回归模型可靠性、稳定性和实用性。样本量要尽量大，通常为自变量个数的 10 倍以上。当样本量小时，参数估计稳定性和可靠性变差。当样本量少于自变量个数时，无法估计参数。自变量和因变量的类型和个数都须关注。如果因变量是数值变量，自变量多数是二分类、有序多分类或无序多分类变量，且自变量数量较大，那么多元线性回归模型拟合效果不好。为适应多元线性回归分析方法使用条件，有时不妨把因变量由数值变量转换为有序多分类变量，这是一种故意丢弃信息量做法。

例如，将学生性别或专业作为自变量，把考试成绩转换为 4 个等次（优秀、良好、中等和较差）作为因变量，此时更适用有序多分类 Logistic 回归分析。

### 6. 多元线性回归模型的检验

常见的多元线性回归模型的检验有调整决定系数 $R^2$ 的拟合效果分析、回归方程的 $F$ 检验、偏回归系数的 $t$ 检验、残差自相关性（DW）检验、残差散点图分析、多重共线性现象的诊断。

1）调整决定系数 $R^2$ 的拟合效果分析

决定系数 $R^2$ 用于描述多元线性回归模型的拟合效果，表示所有自变量与因变量之间线性回归关系的密切程度，以及讨论自变量的线性组合是否解释了因变量绝大部分变化信息。$R$ 又称复相关系数，为正值，相当于观测值 $y_i$ 和拟合值 $\hat{y}_i$ 的皮尔逊相关系数。当无统计学意义的自变量数量增多时，通常会引起残差平方和 $SS_E$ 变小，从而使得决定系数 $R^2$ 增大，多元线性回归模型结构变得很复杂,并且会出现更为严重的多重共线性现象。

兼顾拟合激励效果和多元线性回归模型复杂度的平衡要求,将决定系数 $R^2$ 调整为

$$\bar{R}^2 = 1 - \frac{(n-1)(SS_E/SS_T)}{n-m-1} = 1 - \frac{(n-1)(1-R^2)}{n-m-1}$$

当 $\bar{R}^2$ 取值较大时,说明影响因变量 $Y$ 变化的主要因素是自变量,而其余因素影响小。

当样本量 $n$ 很大时,经过调整的决定系数 $\bar{R}^2$ 与决定系数 $R^2$ 几乎相等。

其实,平均平方误差 $\frac{\sum_{i=1}^{n}(y_i - \hat{y}_i)^2}{n-m-1}$ 用于反映模型拟合效果时,与 $\bar{R}^2$ 功能类似,解释如下:

$$\bar{R}^2 = 1 - \frac{(n-1)(SS_E/SS_T)}{n-m-1} = 1 - \frac{(n-1)}{SS_T} \frac{\sum_{i=1}^{n}(y_i - \hat{y}_i)^2}{n-m-1}$$

2) 理论回归方程的 $F$ 检验

理论回归方程的 $F$ 检验用来推断一组自变量与因变量有无线性依存关系。如果至少一个自变量的偏回归系数有统计学意义,那么理论回归方程就能建立起来。

下面介绍理论回归方程的 $F$ 检验的基本思路。

建立原假设 $H_0$ 为 $\beta_1 = \beta_2 = \cdots = 0$,即全部偏回归系数都是 0,建立备择假设 $H_1$ 为至少有一个偏回归系数不是 0。当原假设 $H_0$ 成立时,说明自变量 $X_1, X_2, \cdots, X_m$ 的变化不会引起因变量 $Y$ 的变化,因变量与自变量没有线性关系,即理论回归方程不恰当。

如前所述,在决定系数 $R^2$ 的推导过程中得出

$$\sum_{i=1}^{n}(y_i - \bar{y})^2 = \sum_{i=1}^{n}(y_i - \hat{y}_i)^2 + \sum_{i=1}^{n}(\hat{y}_i - \bar{y})^2$$

令 $SS_T = \sum_{i=1}^{n}(y_i - \bar{y})^2$, $SS_R = \sum_{i=1}^{n}(\hat{y}_i - \bar{y})^2$, $SS_E = \sum_{i=1}^{n}(y_i - \hat{y}_i)^2$,则 $SS_T = SS_R + SS_E$。

由 $\chi^2$ 分布可加性定理,在原假设 $H_0$ 成立而且满足方差齐性的条件下,如下关系成立

$$\frac{SS_T}{\sigma^2} = \frac{\sum_{i=1}^{n}(y_i - \bar{y})^2}{\sigma^2} \sim \chi^2(n-1), \quad \frac{SS_R}{\sigma^2} = \frac{\sum_{i=1}^{n}(\hat{y}_i - \bar{y})^2}{\sigma^2} \sim \chi^2(m)$$

所以

$$\frac{SS_E}{\sigma^2} = \frac{\sum_{i=1}^{n}(y_i - \hat{y}_i)^2}{\sigma^2} = \frac{\sum_{i=1}^{n}(y_i - \bar{y})^2}{\sigma^2} - \frac{\sum_{i=1}^{n}(\hat{y}_i - \bar{y})^2}{\sigma^2} \sim \chi^2(n-m-1)$$

由于约束条件 $\sum_{i=1}^{n}(y_i - \bar{y}) = 0$,于是 $SS_T$ 自由度 $df_T = n-1$。由 $n$ 个观测值估计 $m+1$ 个参数 $b_0, b_0, \cdots, b_m$ 时失去 $m+1$ 个自由度,于是 $SS_E$ 的自由度 $df_E = n-m-1$,而且 $df_T = df_R + df_E$。

接下来,由 $F$ 分布的定义,构造服从 $F$ 分布的统计量为

$$\left(\frac{SS_R}{\sigma^2} \middle/ m\right) \middle/ \left(\frac{SS_E}{\sigma^2} \middle/ (n-m-1)\right) = \frac{SS_R/m}{SS_E/(n-m-1)} = \frac{MS_R}{MS_E} \sim F(m, n-m-1)$$

回归方程的 $F$ 检验的主要结果如表 10-8 所示。

表 10-8 回归方程的 $F$ 检验的主要结果

| 平方和 | df | 均方 | 统计量 | 临界值 |
|---|---|---|---|---|
| $SS_R$ | $m$ | $MS_R = SS_R/m$ | $F = MS_R/MS_E$ | $F_\alpha(m, n-m-1)$ |
| $SS_E$ | $n-m-1$ | $MS_E = SS_E/(n-m-1)$ | | |
| $SS_T$ | $n-1$ | | | |

查自由度为 $m, n-m-1$ 的 $F$ 分布表，得到临界值 $F_\alpha(1, n-m-1)$。当 $F > F_\alpha(1, n-m-1)$ 时，拒绝原假设 $H_0$；否则不拒绝原假设 $H_0$。求相伴概率 $P$，当 $P < \alpha$ 时，拒绝原假设 $H_0$，拒绝原假设 $H_0$；否则不拒绝原假设 $H_0$。

统计量 $F$ 和决定系数 $R^2$ 的关系表达式为

$$F = (R^2/m) / \left((1-R^2)/(n-m-1)\right)$$

当决定系数 $R^2$ 越大时，多元线性回归模型拟合效果越好，同时统计量 $F$ 的取值也会越大，倾向于拒绝全部回归系数为 0 的原假设，也就是推断回归方程在理论上有统计学意义。实际上，决定系数 $R^2$ 是对样本的描述分析，$F$ 检验是对理论模型的统计推断。也就是说，回归方程显著性的 $F$ 检验与反映拟合效果的决定系数 $R^2$ 有类似用处，然而其原理是不同的。

3) 偏回归系数的 $t$ 检验

对于一元线性回归模型来说，回归方程和回归系数的显著性检验是一样的。对于多元线性回归模型来说，回归方程的 $F$ 检验即模型整体性检验，是检验全部偏回归系数不全为 0，但也可能存在偏回归系数为 0，于是还要通过偏回归系数的显著性检验逐个考察。

下面介绍偏回归系数的 $t$ 检验。

建立原假设 $H_0$ 为自变量 $X_i$ 的偏回归系数 $\beta_i$ 为 0。建立备择假设 $H_1$ 为自变量 $X_i$ 的偏回归系数 $\beta_i$ 不为 0，自变量 $X_i$ 引起因变量 $Y$ 线性变化。

构造统计量为

$$b_i / S_{b_i} \sim t(n-m-1)$$

式中，$S_{b_i} = S_y \sqrt{c_{ii}} = \sqrt{\sum_{i=1}^n (y_i - \hat{y}_i)^2 / (n-m-1)} \sqrt{c_{ii}}$，是 $b_i$ 的标准误。

如果矩阵 $X$ 已经做过中心标准化处理，那么 $c_{ii}$ 就是方程组系数矩阵 $(X^T X)^{-1}$ 主对角线上的第 $i$ 个元素，又称为方差膨胀因子。还可以验证关系式 $c_{ii} = 1/(1-R_i^2)$，其中 $R_i^2$ 是自变量 $X_i$ 为因变量、以其余自变量为自变量建立回归方程的决定系数，$R_i^2$ 度量了自变量 $X_i$ 对其余自变量的线性相关程度，$R_i^2$ 越接近 1 则说明由自变量引起的多重共线性现象越严重。

求取值更极端情形的相伴概率 $P$，当 $P < \alpha$ 时，拒绝原假设 $H_0$；当 $P \geq \alpha$ 时，不拒绝原假设。如果自变量为 $m$ 个，那么偏回归系数的 $t$ 检验要做 $m$ 次。

说明：回归方程的 $F$ 检验用于推断偏回归系数是否全为 0，而偏回归系数的 $t$ 检验用于推断某个偏回归系数是否为 0。因此这两种检验的原假设和推断结论不同。偏回归系数的 $t$ 检验不通过并不意味着变量之间没有回归关系，只能说明两个变量没有显著的直线回归关系，并不排除有更好描述它们关系的非线性回归关系存在。

4) 残差自相关性（DW）检验

定义自相关系数 $\hat{\rho} = \sum_{i=1}^n e_i e_{i-1} / \sqrt{\sum_{i=1}^n e_i^2 \cdot \sum_{i=2}^n e_{i-1}^2}$。式中，$e_i = y_i - \hat{y}_i$，$\hat{\rho}$ 介于 $-1 \sim 1$ 之间。

构造统计量 $DW = \sum_{i=1}^n (e_i - e_{i-1})^2 / \sum_{i=1}^n e_i^2$。当样本量很大时，$DW \approx 2(1-\hat{\rho})$，验证如下：

$$DW = \frac{\sum_{i=1}^n (e_i - e_{i-1})^2}{\sum_{i=1}^n e_i^2} = \frac{\sum_{i=1}^n e_i^2 + \sum_{i=2}^n e_{i-1}^2 - 2\sum_{i=2}^n e_i e_{i-1}}{\sum_{i=1}^n e_i^2} \approx \frac{2\sum_{i=1}^n e_i^2 - 2\sum_{i=1}^n e_i e_{i-1}}{\sum_{i=1}^n e_i^2} = 2(1-\hat{\rho})$$

当 DW 为 1.5～2.5 时，说明残差自相关性弱或多元线性回归模型拟合效果好。

5) 残差散点图分析

标准化残差散点图常用于讨论误差项有无独立性，是否服从零均值、方差齐性的正态分布,以及寻找原来数据点中是否出现离群点或异常值。如果残差满足了假定条件,那么当把经过标准化后的因变量预测值放在横轴、经过标准化后的残差放在纵轴时,会发现绘制的散点变化规律稳定,没有明显的上升或下降趋势,也没有周期性等其他规律性变化特点,大致在纵坐标为 0 的水平线上下附近随机散落。

当散点波动范围基本稳定时,说明残差满足方差齐性条件。当散点随着因变量取值增加而逐渐扩展或聚拢时,说明误差项具有异方差性。当散点具有某种趋势或规律特点时,说明误差项具有自相关性,这是由于遗漏了某些重要自变量或不符合事先假定的线性结构。异方差会破坏模型理论假定条件,使得最小二乘法估计参数的结论出现偏差。

残差散点图分析和多重共线性分析都属于模型质量优劣讨论的范畴。如果多元线性回归模型分析结果不理想,就要对变量进行优选或对多元线性回归模型进行调整,考虑在继续收集数据资料或在专业分析的基础上补充自变量,甚至放弃线性模型结构的原定设想。实际上,当多元线性回归模型的假定条件违背时,只要不很严重则仍然可以接受。

此外,在多元线性回归模型中,类似绘制散点图做法,可以通过绘制散点图矩阵(两两变量之间散点图)来直观判断变量之间有无线性相关关系。

6) 多重共线性现象的诊断

在多元线性回归模型中,各个自变量完全不相关是理想情形。当自变量数量较多时,不仅数据收集质量会变差,而且变量之间往往有复杂的相关关系,即有的自变量可以大致表示成其他自变量的线性组合形式,称为多重共线性现象。如果以某个自变量作为因变量、其他自变量作为自变量建立模型,则决定系数 $R^2$ 趋近于 1,此现象称为完全共线性现象,当然这是极为理想的情况。在实际问题中,一定程度上普遍存在着的不完全共线性现象,它是以严重性程度刻画的概念,而不能用非此即彼的截然标准来断定其有还是无。当自变量数量越多时,就会越有可能增加多重共线性现象。多重共线性现象会使得样本偏回归系数估计的稳定性变差、具有极大的标准误,总体偏回归系数的显著性检验不能通过。如果某个自变量变化,那么与之线性相关的自变量也会变化,这就使得参数估计不可信。

由于事物涉及的因素复杂和人们认识水平有局限性,所以很难分清哪些因素对因变量有重要影响,哪些因素有密切关联,并且很难找出一组尽量独立又对因变量有显著影响的自变量。既然一组自变量不能消除相关性,那么多重共线性现象也就难以完全避免。多重共线性现象是在收集的变量数据中客观存在的,会对自变量偏回归系数的显著性检验产生干扰影响。

当自变量有多重共线性现象时,由最小二乘法得到参数 $\beta_i$ 的无偏估计值的方差或标准差会变大,引起参数估计值不稳定、置信区间变宽。当构造 $t$ 分布的统计量时,参数估计值变小会倾向于得出不拒绝原假设(认为偏回归系数为 0)的结论,使得实际上有统计学意义的自变量出现无统计学意义的假象。

多重共线性现象的诊断指标有容忍度(又称容差)TOL、方差膨胀因子 VIF、特征值、条件指数等。方差膨胀因子为 $1-R_i^2$,其中 $R_i^2$ 是以自变量 $X_i$ 为因变量、其余自变量为自变量建立多元线性回归模型并计算的决定系数,用于反映自变量之间的线性相关程度。容忍度就是方差膨胀因子的倒数。条件指数为 $\sqrt{\lambda_m/\lambda_i}$,其中 $\lambda_i$ 为相关系数矩阵 $\boldsymbol{X}^\mathrm{T}\boldsymbol{X}$ 的第 $i$ 个特征值,而 $\lambda_{\max}$ 为全部特征值中的最大者。

当最大特征值远远大于其他特征值时,那么说明最大特征值对应的自变量对于因变量方差的解释能力是最高的,自变量之间存在相当多的重叠信息。当某个自变量方差膨胀因子大、容忍度小或条件指数大时，认为该自变量与其余自变量之间具有线性相关关系，可以从定量分析的角度考虑将其从多元线性回归模型中移出。当在多元线性回归模型中只保留一个自变量时，方差膨胀因子或容忍度的值等于 1，肯定不存在多重共线性现象。如果某个自变量方差膨胀因子大于 10 或所有自变量方差膨胀因子的均值远大于 1（如大于 5）或条件指数大于 30，那么考虑每次移出方差膨胀因子或条件指数最大者并重新建立多元线性回归模型，同时需要多次反复操作并结合专业进行分析。如果自变量简单相关系数多数较大，那么多重共线性现象不容忽视。当自变量只有两个时，可以直接计算相关系数。当自变量为 3 个及以上时，即使自变量两两之间的相关系数小，仍然会有多重共线性现象。

（1）多重共线性现象的表现情形。

◇ 虽然多元线性回归模型拟合效果好，但是多数偏回归系数的显著性检验无统计学意义。
◇ 以某个自变量与其余自变量建立多元线性回归模型，决定系数 $R^2$ 较大。
◇ 当样本量或自变量的数量略微变化时，偏回归系数估计及其检验结果变化较大。
◇ 经验认为多元线性回归模型中重要的自变量未通过偏回归系数的显著性检验。
◇ 经验认为与因变量关系大或偏相关系数绝对值大的自变量未通过显著性检验。
◇ 偏回归系数估计值与预期值差别大，甚至其符号与经验认识明显背离。
◇ 在全部自变量相关系数矩阵中，非主对角线上的元素多数非零且有些较大。
◇ 经验认为重要的自变量在偏回归系数估计时的标准误较大。
◇ 偏回归系数估计方差和标准差比较大，置信区间显得很宽，其真实值难以把握。

（2）多重共线性现象的解决途径。

◇ 自变量在纳入模型以前要进行初步筛选，由经验移出少数次要者。有时，移出自变量的做法仍然不能达到消除多重共线性的预期效果。
◇ 增加样本量是减轻多重共线性现象的最直接有效途径，但是实际操作的局限性大，这是因为自变量不受控制，且难以获得新数据，也难以确定增加新数据的数量。
◇ 当多重共线性现象严重时，由逐步筛选法自动移出经验证为无统计学意义的自变量，往往就能改善或基本消除多重共线性现象，所以它是常见且有效的做法。
◇ 由每个自变量与因变量计算偏相关系数、与其它自变量计算相关系数。考虑将偏相关系数最小、与其他自变量相关系数大的自变量移出。
◇ 经过偏回归系数估计以后，移出方差膨胀因子或条件指数较大的自变量。
◇ 由专业经验知识，把高度线性相关的多个变量综合加工为某个变量。
◇ 由因子分析法把相互关联的一组变量进行结构性重组，经过信息浓缩以后转换为少数公因子，并纳入多元线性回归模型。对一组自变量进行系统聚类分析，将某些变化特点相似的自变量自动归入不同的分组，再在分组中由专业经验对自变量进行筛选或移出。

当自变量数量不是很多时，按照逐步法既能筛选有统计学意义的自变量，又可以消除多重共线性现象。当自变量数量较多时，首先由专业经验对自变量进行初步筛选，然后由逐步回归法筛选自变量，通常可以发现并消除多重共线性现象。

有时为了消除多重共线性现象，必须移出的自变量恰好是研究者经验认为重要的自变量。有时从数据驱动角度删除了理论上有重要意义的自变量，那么会导致模型假设错误并且由此产生有偏估计，从而造成比多重共线性问题更严重的后果。也就是说，不移出该自变量会产生多重共线性现象，引起参数估计值不可信，而移出该自变量却又达不到预期研究的目的。

于是，研究者还要考虑收集数据资料以增加信息量支撑，或者从专业经验角度补充新的变量，重新建立多元线性回归模型并反复论证。在实际问题中，如果增加样本量的工作成本较低、方便可行，把多重共线性现象减小到模型质量允许忽略的程度，那么从理论思辨或数据驱动视角去进行变量筛选工作的必要性就不必刻意夸大了。

7) 举例分析

【例1】因变量为 $Y$，自变量为 $X_1, X_2, X_3, X_4$。建立多元线性回归模型，验证其拟合效果，诊断多重共线性现象，并讨论变量调整和模型优化途径。数据资料如表10-9所示。

表 10-9 数据资料

| $Y$ | 36 | 43 | 61 | 74 | 83 | 97 | 119 | 157 | 206 | 251 | 291 | 359 |
|---|---|---|---|---|---|---|---|---|---|---|---|---|
| $X_1$ | 900 | 1 003 | 1 182 | 1 376 | 1 511 | 1 701 | 2 027 | 2 578 | 3 497 | 4 284 | 4 839 | 5 161 |
| $X_2$ | 36 | 37 | 38 | 39 | 39 | 40 | 41 | 42 | 43 | 43 | 45 | 47 |
| $X_3$ | 38 | 48 | 65 | 59 | 52 | 72 | 108 | 131 | 138 | 146 | 149 | 159 |
| $X_4$ | 97 | 99 | 101 | 102 | 104 | 105 | 107 | 109 | 113 | 117 | 120 | 124 |

解：经分析，全部变量数据有共同增减的变化趋势，即使多元线性回归模型拟合效果好，也很容易引起多重共线性现象，使得偏回归系数估计值不可信、显著性检验不通过。

本例求得经过调整的决定系数 $R^2$ 为0.990，说明多元线性回归模型拟合效果好。经 $F$ 检验，相伴概率 $P$ 小于0.001，认为回归方程理论上有统计学意义。偏回归系数的 $t$ 检验结果多数没有参考意义。方差膨胀因子很大，说明存在多重共线性现象。

多元线性回归模型检验结果（一）如表10-10所示。

表 10-10 多元线性回归模型检验结果（一）

| 变量 | 偏回归系数 | $t$ | $P$ | 方差膨胀因子 |
|---|---|---|---|---|
| $X_1$ | 0.052 | 2.414 | 0.047 | 109.528 |
| $X_2$ | 10.226 | 1.188 | 0.274 | 78.286 |
| $X_3$ | −0.337 | −1.305 | 0.233 | 13.458 |
| $X_4$ | 0.714 | 0.120 | 0.908 | 256.903 |

如果依次以 $X_1, X_2, X_3, X_4$ 作为因变量，其余3个自变量作为自变量建立多元线性回归模型，并求得决定系数为0.995, 0.994, 0.962, 0.998，说明存在多重共线性现象。

于是，如表10-11所示，移出方差膨胀因子最大的自变量 $X_4$，重新建立多元线性回归模型。经分析，虽然减轻了多重共线性现象，但是其严重性仍然不容忽视，参数估计与检验结果还是会受到影响。

表 10-11 多元线性回归模型检验结果（二）

| 变量 | 偏回归系数 | $t$ | $P$ | 方差膨胀因子 |
|---|---|---|---|---|
| $X_1$ | 0.055 | 7.519 | 0 | 14.098 |
| $X_2$ | 11.138 | 2.955 | 0.018 | 17.105 |
| $X_3$ | −0.349 | −1.584 | 0.152 | 11.219 |

如表10-12所示，如果考虑移出自变量 $X_1$ 以后，采用进入法筛选自变量，发现多元线性回归模型中只有 $X_4$ 有统计学意义。多重共线性现象使得参数估计与检验结果无价值。

表 10-12 多元线性回归模型检验结果（三）

| 变量 | 偏回归系数 | $t$ | $P$ | 方差膨胀因子 |
| --- | --- | --- | --- | --- |
| $X_2$ | -4.708 | -0.621 | 0.552 | 37.882 |
| $X_3$ | -0.037 | -0.130 | 0.900 | 10.347 |
| $X_4$ | 14.145 | 5.224 | 0.001 | 33.067 |

如表10-13所示，由逐步法筛选的自变量 $X_4$ 有统计学意义。

表 10-13 多元线性回归模型检验结果（四）

| 变量 | 偏回归系数 | $t$ | $P$ | 方差膨胀因子 |
| --- | --- | --- | --- | --- |
| $X_4$ | 12.188 | 28.008 | 0.000 | 1.000 |

本例中的样本量相对来说并不大，应该考虑增加样本量或结合专业经验引入新的自变量，可以将所有自变量信息浓缩并转化为少数公因子以后再取而代之纳入多元线性回归模型，也可以将若干自变量合并为一个新的自变量。综上，样本量少、自变量呈现单调共变趋势是多重共线性现象产生的主要原因，使得参数估计与模型检验结果的参考意义不大。

### 7. 自变量交互作用

当自变量为两个及以上时，还可以设置指定的部分或者全部自变量的一阶或一阶以上交互作用，把单个自变量、自变量之间的乘积、自变量的乘方用作待筛选的自变量而纳入多元线性回归模型，验证多元线性回归模型拟合效果，对回归方程和回归系数进行显著性检验，找出有统计学意义的自变量，估计偏回归系数并解释因变量影响的含义。

在实际问题中，通过试验设计收集的样本量不大，是否考虑交互作用主要靠专业知识，为了检验两个自变量是否具有交互作用，普遍做法就是在方程中加入它们的乘积项。多元线性回归模型不仅用于认识事物之间关系，还可以用这种关系推算或预测未来的发展变化趋势。在化工试验领域常见使用响应面分析方法，一般是指将作为试验条件的自变量的乘方项、交互项纳入以后，构建所谓的多项式回归模型，估计模型参数、筛选影响因素、绘制自变量和因变量的空间曲面图形，预测观察指标最优值及其最佳试验条件。

例如，设有 3 个自变量 $X_1, X_2, X_3$，当只把 $X_1$ 和 $X_3$ 的乘积纳入多元线性回归模型时，建立多元线性回归模型 $Y = f(X_1, X_2, X_3, X_1X_3)$。

在生物医药试验中，经常把自变量 $X_1, X_2, X_3$ 交互项、乘方项纳入多元线性回归模型，也就是建立二次响应曲面回归模型 $Y = f(X_1, X_2, X_3, X_1^2, X_2^2, X_3^2, X_1X_2, X_1X_3, X_2X_3)$。

实际上，一元二次多项式、多元二次多项式都是多元线性回归模型的特例。须注意，只要模型中保留了某个自变量，就要保留它的所有低次项，而不管低次项有无统计学意义。

例如，一元多项式 $Y = b_0 + b_1X + b_2X^2 + \cdots + b_mX^m$，以 $X_1 = X, X_2 = X^2, \cdots, X_m = X^m$ 作为自变量，转换为线性结构 $Y = b_0 + b_1X_1 + b_2X_2 + \cdots + b_mX_m$，其中 $m$ 一般小于 4。

又如，以多元二次多项式 $Y = b_0 + \sum_{j=1}^{m} b_j X_j + \sum_{j=1}^{m} b_{jj} X_j^2 + \sum_{j<k} b_{jk} X_j X_k$ 中的二次项和乘积项分别可以作为新的自变量，将该多项式转换为多元线性回归模型并进行分析。回归系数共有 $m(m+3)/2$ 个，样本量须大于 $1 + m(m+3)/2$ 才有资格估计它们。当 $m$ 较大时无法满足条件。于是，自变量筛选算法常用逐步法。

【学习目标】理解多元线性回归分析的建模方法，掌握操作流程并阐述结论。

## 【案例实验 2】

抽查男童体检资料。以肺活量为因变量，以身高和体重为自变量，进行多元线性回归分析。数据资料如表 10-14 所示。本例的数据文件是"10 多元线性回归（男童体检资料）.sav"。

表 10-14　数据资料

| 身高 | 135.1 | 163.6 | 156.2 | 167.8 | 145.0 | 165.5 | 153.3 | 154.6 |
|---|---|---|---|---|---|---|---|---|
| 体重 | 32.0 | 46.2 | 37.1 | 41.5 | 33.0 | 49.5 | 41.0 | 39.5 |
| 肺活量 | 1.75 | 2.75 | 2.75 | 2.75 | 2.50 | 3.00 | 2.75 | 2.50 |

【数据文件】

定义变量"身高""体重""肺活量"，类型均为数值。建立数据文件，如图 10-16 所示。

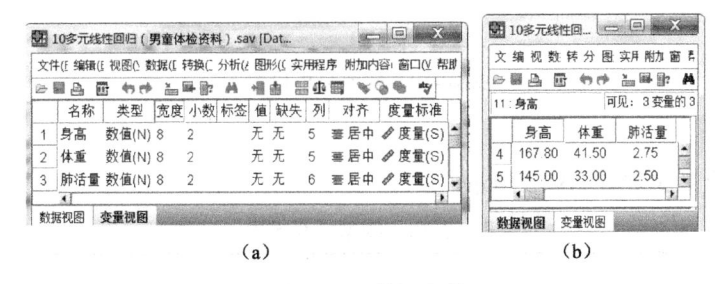

（a）　　　　　　　　　　　　（b）

图 10-16　数据文件

【菜单选择】

单击"分析"主菜单，再单击"回归"选项，然后单击"线性"选项。

【界面设置】

在打开的"线性回归"对话框中，将"身高""体重"选入"自变量"列表框中，将"肺活量"选入"因变量"列表框中；在"方法"下拉列表中，选择"逐步"选项。单击"统计量"按钮，如图 10-17 所示。在打开的"线性回归：统计量"对话框的"残差"区域，选择"Durbin-Watson"选项；在"回归系数"区域，默认选择"估计"选项；在其他区域，选择"模型拟合度"选项，单击"继续"按钮，如图 10-18 所示。

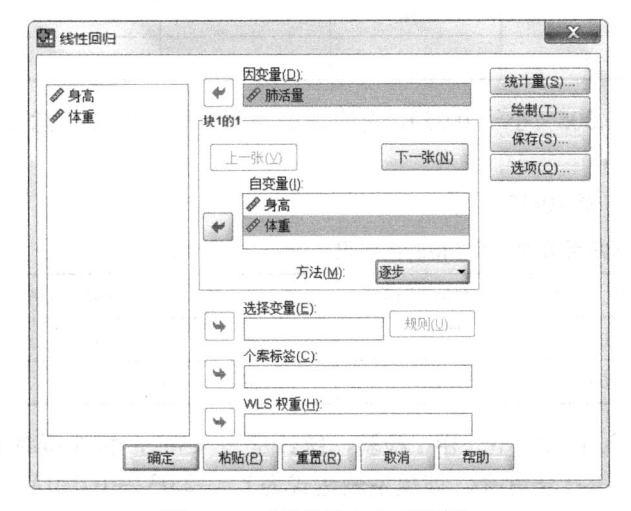

图 10-17　"线性回归"对话框　　　　图 10-18　"线性回归：统计量"对话框

在"线性回归"对话框中,单击"绘制"按钮。在打开的"线性回归:图"对话框中,将"ZPRED"选入"X2(X)"列表框中,将"ZRESID"选入"Y(Y)"列表框中;在"标准化残差图"区域,选择"正态概率图"选项,单击"继续"按钮,如图 10-19 所示。

图 10-19 残差分析设置

【结果分析】

(1) 模型拟合效果如表 10-15 所示。

表 10-15 模型拟合效果

| 模 型 | $R$ | $R^2$ | 调整 $R^2$ | 标准估计的误差 | 统计量 DW |
|---|---|---|---|---|---|
| 1 | 0.872 | 0.760 | 0.720 | 0.199 13 | 2.036 |

经分析,调整的决定系数 $R^2$ 为 0.720,说明在因变量总的变异中,能被纳入该模型的自变量比例达 72%,认为该模型拟合效果较好。DW 统计量为 2.036,在 1.5~2.5 范围内,非常接近 2,说明残差自相关性很小。

(2) 回归方程的 $F$ 检验即模型整体性检验,结果如表 10-16 所示。

表 10-16 回归方程的 $F$ 检验的结果

| 模 型 | | 平 方 和 | df | 均 方 | 统 计 量 | 显著性水平 |
|---|---|---|---|---|---|---|
| 1 | 回归部分 | 0.754 | 1 | 0.754 | 19.023 | 0.005 |
| | 残差部分 | 0.238 | 6 | 0.040 | | |
| | 总计 | 0.992 | 7 | | | |

经分析,由 $F$ 检验,相伴概率 $P$ 为 0.005(小于 0.05),说明理论回归方程有统计学意义,即至少有一个自变量的偏回归系数不为 0。

(3) 回归系数估计及 $t$ 检验的结果如表 10-17 所示。

表 10-17 回归系数估计及 $t$ 检验的结果

| 模 型 | | 回归系数 | 标准误差 | 标准化回归系数 | 统 计 量 | 显著性水平 |
|---|---|---|---|---|---|---|
| 1 | 常量部分 | -2.032 | 1.063 | | -1.912 | 0.104 |
| | 身高部分 | 0.030 | 0.007 | 0.872 | 4.362 | 0.005 |

经分析,只有自变量"身高"被纳入了该模型。由 $t$ 检验,统计量为 4.362,相伴概率 $P$ 为 0.005(小于 0.05),说明回归系数有统计学意义。该模型表达式为 $Y = -2.032 + 0.030 X_1$,说明当"身高"增加 1 个单位时,将会引起"肺活量"平均增加 0.03 个单位。

（4）残差分析。残差散点图如图 10-20 所示。残差 P-P 图如图 10-21 所示。

经分析，残差散点图中的散点在穿过纵坐标为 0.0 的水平线附近随机散落，无明显趋势或聚散规律，认为满足误差项独立性、方差齐性条件。残差 P-P 图中散点围绕对角线附近随机散落，于是认为残差近似服从正态分布。综上，认为该模型满足理论模型假定条件。

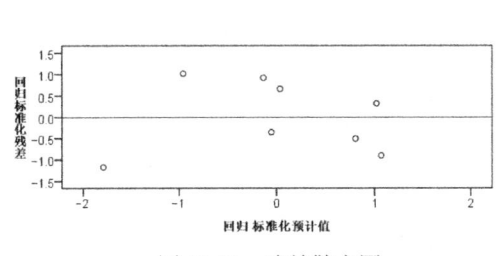

图 10-20　残差散点图

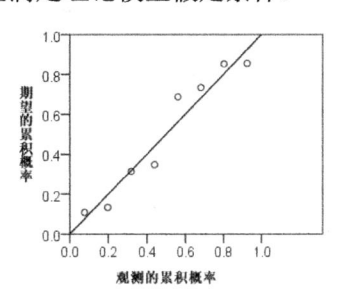

图 10-21　残差 P-P 图

## 【案例实验 3】

抽样调查煤矿井下工人中 II 期高血压患者收缩压和可能的影响因素。待筛选自变量是环境污染等级（$X_1$）、井下工龄（$X_2$）、体重（$X_3$）、吸烟年数（$X_4$）、饮酒年数（$X_5$），因变量（$Y$）是收缩压。建立多元线性回归模型并筛选影响因素。数据资料如表 10-18 所示。

本例的数据文件是"10 多元线性回归（煤矿井下作业 II 期高血压影响因素）.sav"。

表 10-18　数据资料

| $X_1$ | $X_2$ | $X_3$ | $X_4$ | $X_5$ | $Y$ | $X_1$ | $X_2$ | $X_3$ | $X_4$ | $X_5$ | $Y$ |
| --- | --- | --- | --- | --- | --- | --- | --- | --- | --- | --- | --- |
| 0 | 10 | 51 | 20 | 10 | 12 | 1 | 36 | 59 | 20 | 14 | 14 |
| 0 | 10 | 65 | 10 | 0 | 13.3 | 0 | 35 | 60 | 0 | 20 | 13.3 |
| 0 | 7 | 60 | 0 | 0 | 12.8 | 1 | 12 | 57 | 12 | 0 | 13.3 |
| 1 | 21 | 73 | 30 | 3 | 14.7 | 2 | 34 | 57 | 46 | 4 | 14.4 |
| 0 | 2 | 67 | 10 | 0 | 12.5 | 2 | 13 | 67 | 0 | 0 | 13 |
| 0 | 10 | 65 | 7 | 5 | 12 | 3 | 20 | 78 | 35 | 19 | 14.9 |
| 0 | 13 | 81 | 0 | 0 | 13 | 1 | 0 | 81 | 5 | 0 | 13 |
| 2 | 18 | 68 | 10 | 5 | 13.7 | 1 | 0 | 59 | 3 | 2 | 12.5 |
| 0 | 16 | 80 | 30 | 12 | 15 | 0 | 0 | 81 | 6 | 0 | 12.5 |
| 1 | 20 | 71 | 17 | 20 | 13.3 | 3 | 39 | 79 | 51 | 14 | 16 |
| 2 | 26 | 76 | 0 | 5 | 15.5 | 3 | 39 | 79 | 51 | 14 | 16 |
| 2 | 13 | 70 | 9 | 0 | 13.9 | 0 | 17 | 60 | 12 | 6 | 12.4 |
| 0 | 10 | 70 | 25 | 10 | 13.3 | 1 | 33 | 64 | 0 | 0 | 13.6 |
| 0 | 10 | 54 | 40 | 20 | 13.3 | 2 | 20 | 74 | 35 | 10 | 15 |
| 0 | 10 | 55 | 47 | 16 | 13 | 1 | 21 | 65 | 0 | 10 | 12.8 |
| 1 | 10 | 57 | 15 | 0 | 12 | 2 | 15 | 89 | 44 | 20 | 16 |
| 2 | 24 | 61 | 14 | 10 | 13.6 | 0 | 26 | 78 | 0 | 0 | 14.3 |
| 1 | 42 | 69 | 41 | 2 | 16.1 | 3 | 38 | 61 | 27 | 10 | 15 |
| 3 | 40 | 71 | 30 | 19 | 14.7 | 0 | 0 | 70 | 10 | 5 | 12 |
| 2 | 38 | 60 | 10 | 0 | 13 | 0 | 0 | 74 | 0 | 0 | 13.3 |

【数据文件】

定义变量"X1""X2""X3""X4""X5""Y",类型均为数值。数据文件如图10-22所示。

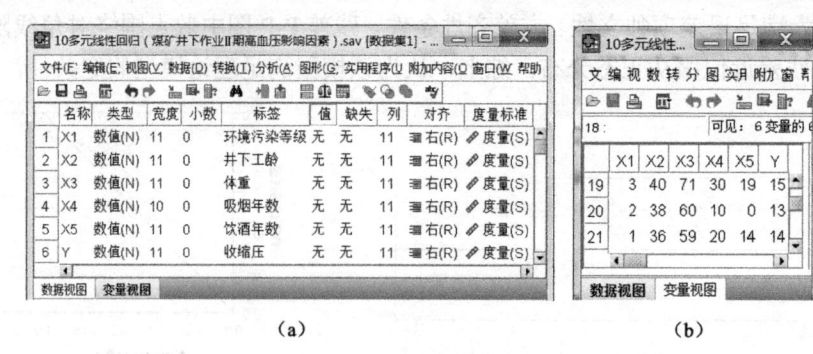

(a)

(b)

图10-22　数据文件

【菜单选择】

单击"分析"主菜单,再单击"回归"选项,然后单击"线性→"选项。

【界面设置】

在打开的"线性回归"对话框中,将"收缩压[Y]"选入"因变量"列表框中,"环境污染等级[X1]""井下工龄[X2]""体重[X3]""吸烟年数[X4]""饮酒年数[X5]"选入"自变量"列表框中;在"方法"下拉列表中选择"逐步"选项,单击"统计量"按钮,如图10-23所示。

在打开的"线性回归:统计量"对话框的"回归系数"区域,选择"估计"选项;在其他区域选择"模型拟合度""共线性诊断"选项;在"残差"区域,选择"Durbin-Watson"选项,单击"继续"按钮,如图10-24所示。

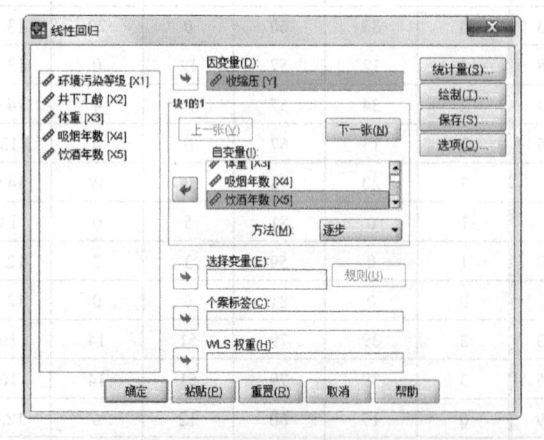

图10-23　"线性回归"对话框　　　　图10-24　"线性回归:统计量"对话框

说明:"估计"是指输出偏回归系数及其标准误、标准化偏回归系数、回归系数的 t 统计量、相伴概率,各自变量的容忍度。"模型拟合度"是指输出引入与剔除方程的自变量、给出复相关系数、决定系数及其修正值、估计值的标准误和方差分析表。

在打开的"线性回归"对话框中,单击"绘制"按钮。在打开的"线性回归:图"对话框中,将"ZPRED"选入"X2（X）"列表框中,将"ZRESID"选入"Y（Y）"列表框中;在"标准化残差图"区域,选择"正态概率图"选项,单击"继续"按钮,如图10-25所示。

图 10-25 "线性回归：图"对话框

【结果分析】

在由逐步法筛选自变量的过程中，依次建立了 3 个模型。软件运行时涉及到了大量的数学运算，环境污染等级（$X_1$）、井下工龄（$X_2$）、体重（$X_3$）、吸烟年数（$X_4$）、饮酒年数（$X_5$）在多元回归方程中是有进有出的。

(1) 拟合效果如表 10-19 所示。

表 10-19 拟合效果

| 模 型 | $R$ | $R^2$ | 调整 $R^2$ | 标准估计的误差 |
|---|---|---|---|---|
| 1 | 0.673 | 0.453 | 0.439 | 0.907 |
| 2 | 0.798 | 0.636 | 0.617 | 0.749 |
| 3 | 0.913 | 0.834 | 0.820 | 0.514 |

经分析，从 3 个模型来看，经过调整的决定系数 $R^2$ 依次为 0.439、0.617、0.820，说明在筛选变量的过程中，模型拟合效果越来越好。第 3 个模型（即最终模型）的拟合效果最好，在因变量总的变异中，能被纳入模型的所有自变量解释的比例达到 82%。

(1) 回归方程的 $F$ 检验的结果如表 10-20 所示。

表 10-20 回归方程的 $F$ 检验的结果

| 模 型 | | 平 方 和 | df | 均 方 | 统 计 量 | 显著性水平 |
|---|---|---|---|---|---|---|
| 1 | 回归部分 | 25.905 | 1 | 25.905 | 31.516 | 0.000 |
| | 残差部分 | 31.235 | 38 | 0.822 | | |
| | 总计 | 57.140 | 39 | | | |
| 2 | 回归部分 | 36.358 | 2 | 18.179 | 32.366 | 0.000 |
| | 残差部分 | 20.782 | 37 | 0.562 | | |
| | 总计 | 57.140 | 39 | | | |
| 3 | 回归部分 | 47.634 | 3 | 15.878 | 60.135 | 0.000 |
| | 残差部分 | 9.506 | 36 | 0.264 | | |
| | 总计 | 57.140 | 39 | | | |

经分析，由回归方程的 $F$ 检验，3 个模型的相伴概率 $P$ 小于 0.001，说明回归方程理论上有统计学意义，即至少有一个自变量的偏回归系数不为 0。

(3) 偏回归系数估计及 $t$ 检验的结果如表 10-21 所示。

表 10-21 偏回归系数估计及 $t$ 检验的结果

| 模型 | | 偏回归系数 | 标准误差 | 标准化偏回归系数 | $t$ | 显著性水平 | 共线性统计量 | |
|---|---|---|---|---|---|---|---|---|
| | | | | | | | 容忍度 | 方差膨胀因子 |
| 1 | 常量部分 | 12.773 | 0.219 | | 58.429 | 0.000 | | |
| | $X_4$ | 0.050 | 0.009 | 0.673 | 5.614 | 0.000 | 1.000 | 1.000 |
| 2 | 常量部分 | 8.998 | 0.894 | | 10.068 | 0.000 | | |
| | $X_4$ | 0.046 | 0.007 | 0.620 | 6.211 | 0.000 | 0.985 | 1.015 |
| | $X_3$ | 0.057 | 0.013 | 0.431 | 4.314 | 0.000 | 0.985 | 1.015 |
| 3 | 常量部分 | 8.120 | 0.627 | | 12.944 | 0.000 | | |
| | $X_4$ | 0.031 | 0.006 | 0.416 | 5.528 | 0.000 | 0.815 | 1.227 |
| | $X_3$ | 0.061 | 0.009 | 0.465 | 6.775 | 0.000 | 0.979 | 1.021 |
| | $X_2$ | 0.046 | 0.007 | 0.488 | 6.535 | 0.000 | 0.827 | 1.209 |

下面只对拟合效果最好的第 3 个模型进行分析，自变量 $X_4$, $X_3$, $X_2$ 依次纳入模型 3。

模型 3 表达式为 $Y=8.12+0.046X_2+0.061X_3+0.031X_4$，自变量 $X_2$, $X_3$, $X_4$ 对应的偏回归系数分别是 0.046, 0.061, 0.031，由此可以解释自变量 $X_2$, $X_3$, $X_4$ 对于因变量线性变化的贡献。

由偏回归系数的 $t$ 检验，相伴概率 $P$ 小于 0.001，说明 $X_2$, $X_3$, $X_4$ 有统计学意义。在模型 3 中，标准化偏回归系数的关系为 0.488>0.465>0.416，说明 $X_2$ 的影响最大，$X_3$ 和 $X_4$ 的影响次之。由于方差膨胀因子（1.209, 1.227, 1.021）都比较小，认为多重共线性现象对模型质量的影响不大，可以忽略掉。

（4）残差分析。残差散点图如图 10-26 所示。残差 P-P 图如图 10-27 所示。

图 10-26 残差散点图　　　　图 10-27 残差 P-P 图

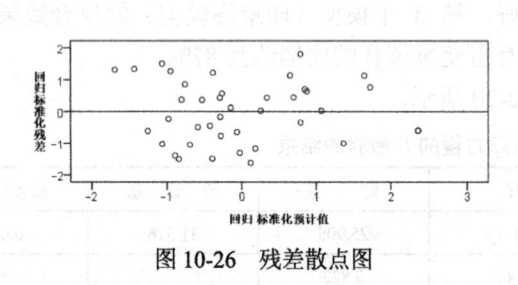

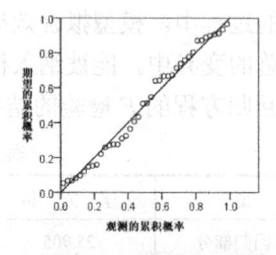

经分析，图 10-26 中的散点在穿过纵轴上纵坐标为 0 的水平线附近随机散落，无明显趋势或聚散规律，认为满足误差项独立性、方差齐性条件。残差的 P-P 图中散点围绕对角线附近随机散落，于是认为残差近似服从正态分布。经分析，认为模型 3 满足了理论模型假定条件。

## 10.4 曲线回归分析

### 1. 提出背景

建立线性回归模型的前提条件是自变量与因变量具有线性相关关系。实际上，自变量和因变量还可以表现为非线性关系，简单函数曲线就是非线性关系范畴的特殊情形。

许多初等函数曲线常用于描述两个变量之间的简单关系。例如，血药浓度随着时间变化的曲线具有单调递增、凸形弯曲特点，可以选择逻辑函数建立曲线回归模型。

在生物统计学中，生长函数 $Y = A(1-ae^{-kt})^{1/(m-1)}$ 常用来描述生物发展规律，其中 $A$ 为极限生长量，$a$ 为初始参数，$k$ 为速率，$m$ 为异速参数，$m$ 决定了曲线形状。

当 $m=2$ 时，即 Logistic 函数 $Y = A/(1-ae^{-kt})$；当 $m \to 1$ 时，即 Gompertz 函数 $Y = Ae^{-ae^{-kx}}$。

某些简单非线性函数经过变量代换后可以转换为线性函数，这种做法称为"曲线直线化"。对于"曲线直线化"后建立的线性回归模型，如果满足模型结构为线性、观测值独立、残差服从正态分布、残差满足方差齐性的条件，那么不妨由最小二乘法估计参数，最后再把模型经过反向还原以后即得曲线回归模型。常见的函数曲线如表 10-22 所示。

表 10-22 常见的函数曲线

| 名 称 | 表 达 式 | "曲线直线化"后的表达式 |
|---|---|---|
| 二次函数曲线 | $Y = b_0 + b_1X + b_2X^2$ | $Y = b_0 + b_1X_1 + b_2X_2$ |
| 三次函数曲线 | $Y = b_0 + b_1X + b_2X^2 + b_3X^3$ | $Y = b_0 + b_1X_1 + b_2X_2 + b_3X_3$ |
| 复合函数曲线 | $Y = b_0 b_1^X$ | $\ln Y = \ln b_0 + (\ln b_1)X$，$Y^* = b_0^* + b_1^*X$ |
| 增长函数曲线 | $Y = e^{b_0+b_1X}$ | $\ln Y = b_0 + b_1X$，$Y^* = b_0 + b_1X$ |
| 对数函数曲线 | $Y = b_0 + b_1 \ln X$ | $Y = b_0 + b_1X^*$ |
| 指数函数曲线 | $Y = b_0 e^{b_1X}$ | $\ln Y = \ln b_0 + b_1X$，$Y^* = b_0^* + b_1X$ |
| 逆函数曲线 | $Y = b_0 + b_1/X$ | $Y = b_0 + b_1(1/X)$，$Y = b_0 + b_1X^*$ |
| S 型函数曲线 | $\ln Y = b_0 + b_1/X$ | $\ln Y = b_0 + b_1(1/X)$，$Y^* = b_0 + b_1 \cdot X^*$ |
| 幂函数曲线 | $Y = b_0 X^{b_1}$ | $\ln Y = \ln b_0 + b_1 \ln X$，$Y^* = b_0^* + b_1X^*$ |
| 逻辑函数曲线 | $Y = 1/(1/k + b_0 b_1^X)$ | $\ln(1/Y - 1/k) = \ln b_0 + (\ln b_1)X$，$Y^* = b_0^* + b_1^*X^*$ |
| 双曲函数曲线 | $Y = X/(b_0 + b_1X)$ | $1/Y = b_1 + b_0/X$，$Y^* = b_0^* + b_1^*X^*$ |

当不能明确哪种函数曲线更符合数据点变化规律时，不妨同时尝试选择很多种函数曲线，由软件分别完成参数估计、检验和拟合优度分析，然后绘制演示图并找出最优者。

**2. 基本步骤**

步骤①：通过专业知识、既往经验和直观判断，讨论自变量和因变量之间是否符合某种函数对应的平滑曲线所固有的变化规律特点。

步骤②：由观测数据绘制散点图，初步筛选可能与之匹配的多种函数。将图中散点的轮廓变化特点与这些函数对应曲线的形状进行粗略比较；由观测数据估计这些函数模型的参数，结合散点图和决定系数 $R^2$ 等指标，从多种函数曲线中优选出最能反映变量关系特征者建立模型。

步骤③：由样本观测数据，经过参数估计和曲线回归方程的检验，根据自变量取值，由曲线回归模型对因变量进行回代、外推，验证拟合效果和预测精度。

以下有几点说明。

说明①：在时间序列分析问题中，常把时间 $t$ 作为自变量、事物 $y$ 作为因变量。通过散点图观察出某种曲线关系，或已经在理论上预言了某种关系。事物（数据）随着时间变化特点作为确定曲线类型的依据，建立曲线回归模型，估计参数并外推预测。

例如，细菌增殖随着时间延续具有指数曲线式增长特点，如图 10-28（a）所示；婴儿身长随着时间延续具有对数曲线式增长特点，如图 10-28（b）所示；动物种群或病毒传染随着时间延续具有 Logistic 曲线式增长特点，即先放缓、后加速、出现拐点以后又放缓、最终渐趋饱和的稳定形态，如图 10-28（c）所示。

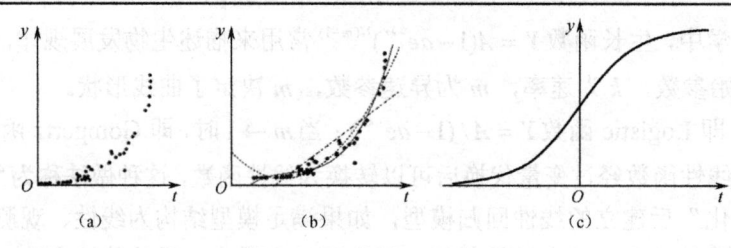

图 10-28 曲线回归分析

说明②：对于在自变量限定变化范围内建立的曲线回归模型，即便该模型在自变量限定变化范围内的拟合效果很好，但当由不在限定变化范围内的自变量外推预测因变量时，该模型拟合效果也可能很差。

说明③：当两个变量之间的规律尚不清楚且无现成的函数使用时，可以利用一元多项式回归，通过增加多项式的高次项来拟合散点变化趋势。由数学知识，任意 $n$ 个数据点可由 $n-1$ 次多项式函数曲线精准拟合，多项式函数曲线可以逼近任意的连续函数曲线。多项式函数的次数越高则其曲线拟合效果就会越好，曲线峰+谷（即弯）等于多项式函数的次数-1。即便多项式函数曲线暂时对数据点拟合效果理想，但数据点的轻微波动就会引起参数估计结果敏感变化、结果稳定性差。也就是说，3 次以上的多项式函数曲线无实际用处。

说明④：真实世界的事物极其复杂而无法通过数据全面反映，不要过度追求模型完美，所有模型都不完美但确实有用。不要一味使用拟合优度而获得没有意义的模型，不要过度使用变量转换以提高模型拟合效果。对于波状起伏变化的数据无法通过数据变化获得线性形式的散点图。当数据中存在负数或 0 的情况时，无法进行平方根或对数变换。

【学习目标】熟悉常见函数曲线的数学性质，掌握操作流程并阐述结论。

## 【案例实验 4】

已知某病毒阴性率 $Y$ 随年龄 $X$ 增长而逐渐变大，建立适合的曲线回归模型。数据资料如表 10-23 所示。本例的数据文件是"10 曲线回归（病毒阴性率和年龄）.sav"。

表 10-23 数据资料

| 年龄 $X$ | 1 | 2 | 3 | 4 | 5 | 6 | 7 |
|---|---|---|---|---|---|---|---|
| 阴性率 $Y$ | 56.7 | 75.9 | 90.8 | 93.2 | 96.6 | 95.7 | 96.3 |

【数据文件】

定义变量"年龄""阴性率"，类型均为数值。建立数据文件，如图 10-29 所示。

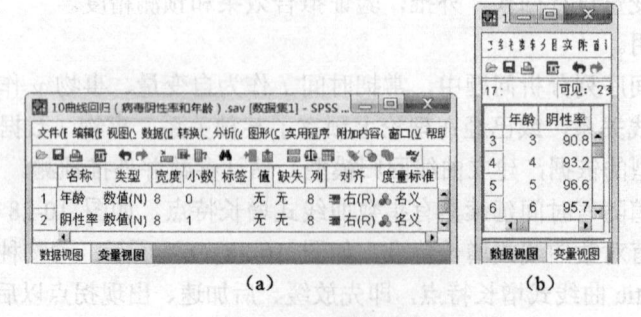

图 10-29 数据文件

【菜单选择】

单击"分析"主菜单，再单击"回归"选项，然后单击"曲线估计"选项。

【界面设置】

在打开的"曲线估计"对话框中，将"阴性率"选入"因变量"列表框中，将"年龄"选入"因变量"区域的"变量"列表框中；在"模型"区域，选择"二次项""立方""对数"选项，单击"确定"按钮，如图10-30所示。

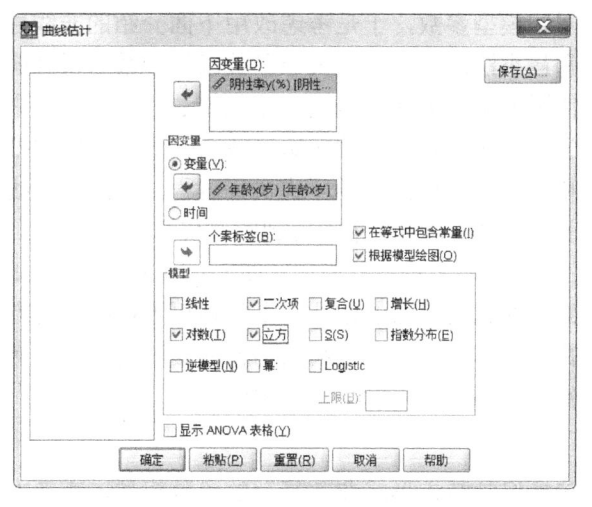

图 10-30 "曲线估计"对话框

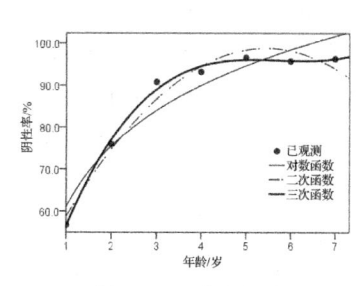

图 10-31 曲线拟合

【结果分析】

如图10-31所示，实心黑点是样本观测值，经比较认为三次函数曲线的拟合效果更好。参数估计的结果如表10-24所示。

表 10-24 参数估计的结果

| 模 型 | $R^2$ | 统 计 量 | df1 | df2 | 显著性水平 | 参数估计值 | | | |
|---|---|---|---|---|---|---|---|---|---|
| | | | | | | $b_0$ | $b_1$ | $b_2$ | $b_3$ |
| 对数函数模型 | 0.914 | 52.999 | 1 | 5 | 0.001 | 60.990 | 20.911 | | |
| 二次函数模型 | 0.971 | 66.186 | 2 | 4 | 0.001 | 38.714 | 22.055 | -2.024 | |
| 三次函数模型 | 0.995 | 196.221 | 3 | 3 | 0.001 | 24.714 | 37.999 | -6.690 | 0.389 |

经分析，回归方程显著性检验的相伴概率 $P$ 为 0.001（小于 0.05），说明回归方程有统计学意义。三次函数决定系数 $R^2$ 为 0.995，其表达式为 $Y = 24.714 + 37.999X - 6.690X^2 + 0.389X^3$。

## 10.5 非线性回归分析

### 1. 提出背景

非线性回归模型是对线性回归模型的自然推广，适用于拟合两个变量之间任意初等函数结构的非线性相关关系，当然也包含某些简单函数曲线的相关关系。大多数简单函数可以通过"曲线直线化"间接转换为线性函数。于是，基于简单函数的曲线回归分析可以看作线性回归分析的特例，可以由最小二乘法间接估算曲线回归模型中的参数。有些复杂函数虽然从理论上可以转换为线性函数，将曲线回归模型转化为线性回归模型，但是在"曲线直线化"的转换过程中会损失信息，不能获得最优拟合效果。还有些复杂函数从理论上不能转换为线性函数，不能转化为线性回归模型，也不能使用最小二乘法估计模型中的参数。

例如，对于 $y = ka^b$ 曲线来说，$k, a, b$ 是参数。当参数 $k$ 未知时，该曲线无法线性化，从本质上不能间接通过"曲线直线化"的方式进行处理；当参数 $k$ 已知时，该曲线可以间接转换为指数函数曲线，从本质上能够间接通过"曲线直线化"的方式进行处理。

由于最小二乘法不适合求解非线性回归模型参数，于是考虑改用下面介绍的非线性最小二乘法。虽然后者也是利用了残差平方和最小法原理，但是关于参数求偏导数后得到的是关于未知参数的非线性方程组，于是不再使用最小二乘法而是使用迭代算法并借助软件来近似求解模型参数。迭代算法属于数值分析学科范畴，是以参数初始值或前一步估计值递推得到下一步估计值的算法，是一个估计检验和再次估计检验的循环式执行过程。在此类非线性最小二乘法的思路下，阻尼最小二乘法和序列二次规划法是常被用到的迭代算法。

当数据点数量很少时，还可以使用三和法求解某些曲线模型（如 Logistic 曲线、修正指数曲线等）参数，不过基于非线性最小二乘法的迭代算法的估计结果往往更为精确。还有人提出首先由三和法估算出模型参数，再将其作为非线性最小二乘法估计的参数初始值，然后继续采用迭代的算法求解模型参数，这种搭配互补的做法当然是合理的。

### 2. 实施思路

综上，对于那些虽然可以进行线性转换但是结构形式非常复杂的函数模型，或者本质上无法进行线性转换的函数模型，需要寻找其他参数估计方法。具体思路如下。

根据以往经验或专业知识，观察样本观测数据的散点图，预设非线性函数的表达式结构，先为所有未知参数根据参数变化范围指定初始值，将原方程按照泰勒级数展开，只取一阶各项作为线性函数的逼近，其余项均归入误差中，使用最小二乘法对模型参数进行估计，用参数估计值代替初始值，将方程再次按照泰勒级数展开、进行线性化处理，重新由最小二乘法求出参数估计值，直到参数估计值收敛为止。随着迭代求解过程的继续，残差平方和逐步变小，达到迭代收敛条件时算法执行自动终止。这种先由专业经验和样本观测数据的散点图预设非线性函数的结构，近似估计参数的迭代运算过程，须在计算机编程环境中实现。有时候，初始值的设定对模型能否顺利求解影响大，一个好的初始值不应偏离真实参数太远，否则迭代次数会增加甚至根本无法收敛，亦或收敛到一个局部最优解而非全局最优解。

如果某些非线性回归模型的残差平方和在迭代过程中可能无法收敛，那么就难以获得比较理想的参数估计值。此时，常见做法是由专业经验调整非线性函数的结构，或者重新试选新的参数初始值，建立模型以后计算决定系数 $R^2$、绘制可视化散点图，通过反复调试、综合比较，优选出拟合效果最令人满意的非线性回归模型，估计参数以后进行检验和应用。

以下有几点说明。

说明①：大部分非线性回归模型简单、样本观测数据个数不多，参数初始值试选为 1，残差平方和在迭代过程中一般能达到收敛。对于结构复杂的非线性回归模型，采用迭代算法可能不会获得全局最优解，甚至出现残差平方和在迭代过程中不收敛或收敛很慢的情况，参数初始值设定有时很关键、需要多次试选才行。该模型提供的决定系数 $R^2$ 不同于最小二乘法，可用于验证该模型拟合效果，但并非是唯一标准。当该模型拟合效果较好时，决定系数 $R^2$ 参考意义大，反之未必成立。当模型拟合效果差时，由于不再适用于反映数据变化的规律，需要考虑对模型表达式进行修改。

说明②：简单曲线回归分析可以采用两种做法：第一种做法是直接按照"曲线直线化"思路，将简单曲线回归分析转换为线性回归分析问题，由最小二乘法估计参数；第二种做法是使用非线性回归分析，由专业知识和研究目的设置简单曲线回归模型表达式的结构，采用非线性最小二乘法按照迭代算法估计参数。相比而言，第二种做法没有经过变量代换，直接用到原始数据，信息损失量更少，对于参数估计的效果来说，通常好于第一种所谓的"曲线直线化"做法，拟合误差也会更小，但缺点是计算量大，必须借助软件完成，甚至会出现残差平方和在迭代过程中无法收敛的情况，有时获得局部最优解而不是全局最优解，有时不断试选参数初始值并重新运行软件程序才能获得理想的参数估计值。

说明③：当使用线性回归模型的最小二乘法时，默认基于残差平方和来构造损失函数来估计参数并评价模型拟合效果，在计算时易受数据异常值的影响。于是，在 SPSS 软件协助的情况下，可以使用非线性回归菜单中的选项，虽然设置了线性回归模型表达式，但是在对话框中重新自定义了损失函数，即改为基于绝对偏差和来构造损失函数，称为最小一乘法，然后按照迭代算法估计参数。在残差分析时，由最小一乘法相比最小二乘法估计模型的拟合效果更好些，通过绘制残差散点图来直观比较。由于决定系数 $R^2$ 是基于残差平方和构造的，一般不作为最小一乘法与最小二乘法估计模型拟合效果的比较依据。

【学习目标】理解非线性回归模型的理论方法，掌握操作流程并阐述结论。

## 【案例实验5】

药剂量以等级表示，作为自变量 $X$；药物反应程度以百分数表示，作为因变量 $Y$。由数据资料拟合非线性函数 $Y = c_0 - c_0/(1+(X/c_2)^{c_1})$，其中 $c_0, c_1, c_2$ 为参数。数据资料如表 10-25 所示。本例的数据文件是"10 非线性回归1（药剂量、药物反应程度）.sav"。

表 10-25　数据资料

| 药剂量 | 1 | 2 | 3 | 4 | 5 | 6 | 7 | 8 | 9 |
|---|---|---|---|---|---|---|---|---|---|
| 药物反应程度 | 0.5 | 2.3 | 3.4 | 24 | 54.7 | 82.1 | 94.8 | 96.2 | 96.4 |

【数据文件】

定义变量"药剂量""药物反应程度"，类型均为数值。建立数据文件，如图 10-32 所示。

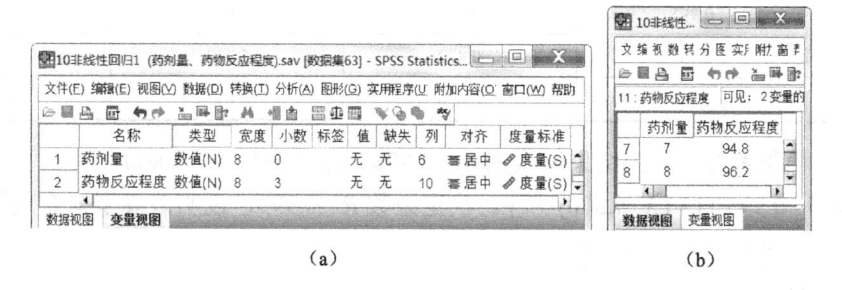

（a）　　　　（b）

图 10-32　数据文件

第一阶段：建立模型。

【菜单选择】

单击"分析"主菜单，再单击"回归"选项，然后单击"非线性"选项。

【界面设置】

在打开的"非线性回归"对话框中,将"药物反应程度"选入"因变量"列表框中;在"模型表达式"文本框中输入"c0-c0/[(1+(药剂量/c2)**c1]"。表达式可以用电脑外接键盘输入,也可以用对话框中的计算器按键把数字运算符或括号点选到表达式中。

试选参数初始值,如果发现残差平方和在迭代过程中收敛,那么重新设置参数初始值即可,单击"参数"按钮,如图10-33所示。在打开的"非线性回归:参数"对话框的"名称"文本框中依次输入"c0""c1""c2",在"初始值"文本框中依次输入"1""1""1",依次单击"添加"按钮和"继续"按钮,如图10-34所示。

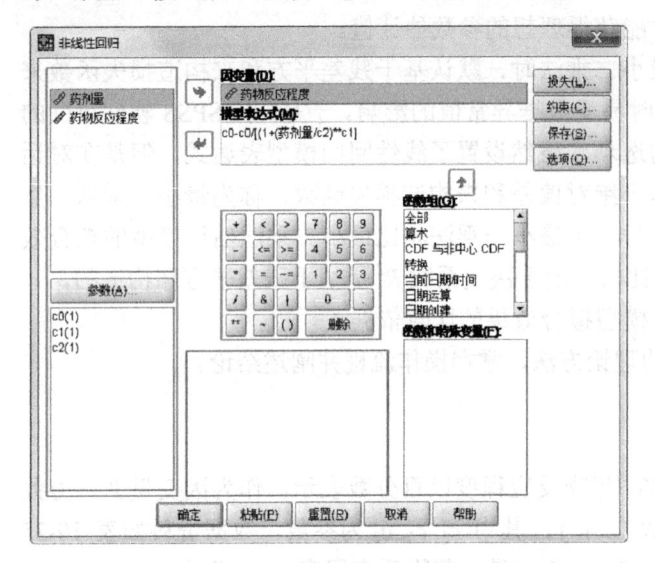

图10-33 "非线性回归"对话框　　　　图10-34 "非线性回归:参数"对话框

【结果分析】

残差平方和随着迭代次数增加而变小,模型最终收敛。参数估计如表10-26所示。

表10-26 参数估计

| 参　数 | 估 计 值 | 标 准 误 | 95%置信区间 | |
|---|---|---|---|---|
| | | | 下限 | 上限 |
| $c_0$ | 0.995 | 0.016 | 0.957 | 1.034 |
| $c_1$ | 6.761 | 0.422 | 5.729 | 7.794 |
| $c_2$ | 4.800 | 0.050 | 4.677 | 4.922 |

经分析,模型参数估计的结果依次为 $c_0$=0.995,$c_1$=6.761,$c_2$=4.800。建立非线性回归模型为 $Y = 0.995 - 0.995/\left(1+(X/4.800)^{6.761}\right)$。决定系数 $R^2$=0.999,说明该模型拟合效果好。

第二阶段:模型拟合效果演示。

【菜单选择】

单击"转换"主菜单,再单击"计算变量"选项。

【界面设置】

在打开的"计算变量"对话框的"目标变量"文本框中输入变量名称"模型拟合值",在

"数字表达式"文本框中输入"0.955-0.955/[1+(药剂量/4.800)**6.761]",单击"确定"按钮,如图 10-35 所示。

图 10-35 "计算变量"对话框

第一种方法:由 SPSS 软件生成带有模型拟合线的散点图。
【菜单选择】
单击"图形"主菜单,单击"旧对话框"选项,再单击"散点/点图"选项。
【界面设置】
在打开的"散点图/点图"对话框中,单击"简单分布"图标,单击"定义"按钮,如图 10-36 所示。在打开的"简单散点图"对话框中,将"药剂量"选入"X 轴"列表框中,将"药物反应程度"选入"Y 轴"列表框中,单击"确定"按钮,如图 10-37 所示。

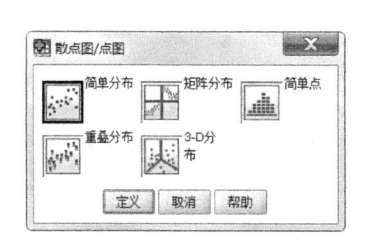

图 10-36 "散点图/点图"对话框 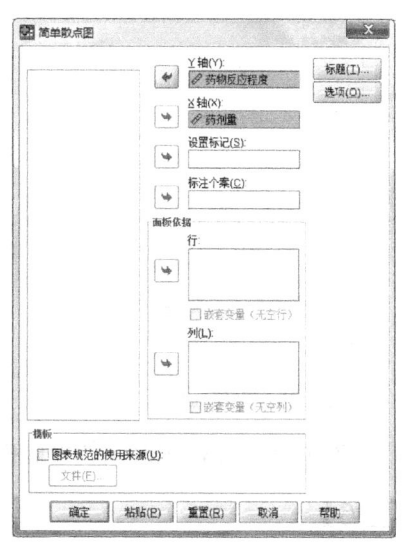　　图 10-37 "简单散点图"对话框

双击生成的散点图,在弹出"图表编辑器"对话框中,单击"选项"选项,再单击"来自方程的参考线"选项,如图 10-38 所示。在打开的"属性"对话框的"参考线"选项卡的"定

制方程"区域,输入表达式"0.955-0.955/[1+(药剂量/4.800)**6.761]",如图 10-39 所示。最后,生成如图 10-40 所示的散点图拟合线。

经比较,自定义函数对应的曲线对散点拟合的效果很好。

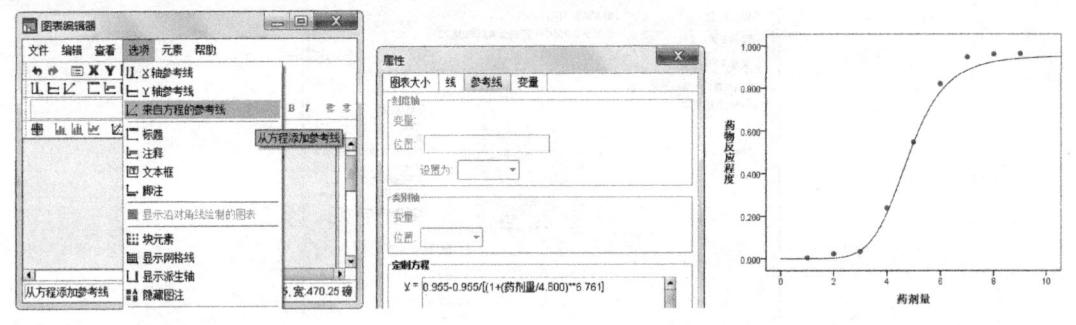

图 10-38 "图表编辑器"对话框　　图 10-39 "属性"对话框　　图 10-40 散点图拟合线

第二种方法:由 SPSS 软件中的图表构建程序生成散点图。

【菜单选择】

单击"图形"主菜单,再单击"图表构建程序"选项。

【界面设置】

在打开的"图表构建程序"对话框的"库"选项卡的"选择范围"区域,单击"散点图/点图"选项;在右侧双击分组散点图,将其显示在画布中;在画布中,将"药剂量"选入画布的"横轴",将"药物反应浓度"和"模型拟合值"选入画布的"纵轴",单击"确定"按钮,如图 10-41 所示。生成的散点图如图 10-42 所示。

图 10-41 "图表构建程序"对话框　　图 10-42 生成的散点图

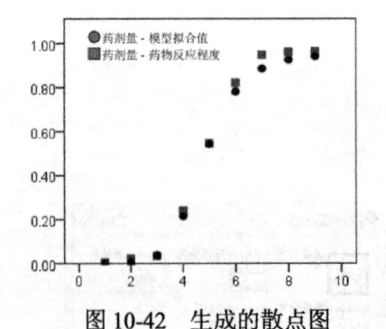

【案例实验 6】

新生婴儿依次按照月龄测量身高。第一种途径是从表 10-22 中选择适合的简单函数,构建曲线回归模型。第二种途径是根据专业分析、借鉴散点图变化特点,建立非线性回归模型 $y=a+b\ln x$,其中 $a$ 与 $b$ 为参数。第三种途径是建立一元线性回归模型,把损失函数由残差平方和改为残差绝对值和,从而将通过最小二乘法改为通过最小一乘法估计参数。数据资料如表 10-27 所示。

本例的数据文件是"10 非线性回归（婴儿身高和月龄）.sav"。

表 10-27　数据资料

| 月龄 X | 1 | 2 | 3 | 4 | 5 | 6 | 7 | 8 | 9 |
|---|---|---|---|---|---|---|---|---|---|
| 身高 Y | 54 | 57 | 61 | 63 | 64 | 66 | 67 | 68 | 69 |

【数据文件】

定义变量"月龄""身高"，类型均为数值。建立数据文件，如图 10-43 所示。

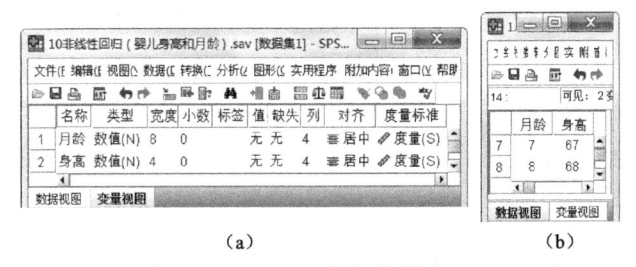

图 10-43　数据文件

第一种途径。

（1）散点图绘制。

【菜单选择】

单击"图形"主菜单，再单击"旧对话框"选项，然后单击"散点/点状"选项。

【界面设置】

在打开的"散点图/点图"对话框中，单击"简单分布"图标，再单击"定义"按钮，如图 10-44 所示。在打开的"简单散点图"对话框中，将"月龄"选入"X 轴"列表框中，"身高"选入"Y 轴"列表框中，如图 10-45 所示。生成的散点图如图 10-46 所示。

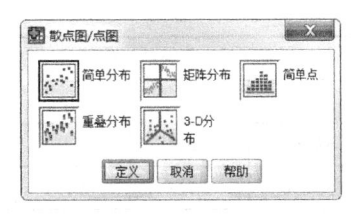

图 10-44　"散点图/点图"对话框 　　图 10-45　"简单散点图"对话框

【结果分析】

经分析，"身高"和"月龄"的散点图具有类似直线或对数函数曲线的特点。

（2）曲线回归分析。

【菜单选择】

单击"分析"主菜单，再单击"回归"选项，然后单击"曲线估计"选项。

【界面设置】

在打开的"曲线估计"对话框中，将"身高"选入"因变量"列表框中，将"月龄"选入"变量"列表框中；在"模型"区域，选择"二次项""立方""对数"选项，单击"确定"按钮，如图 10-47 所示。

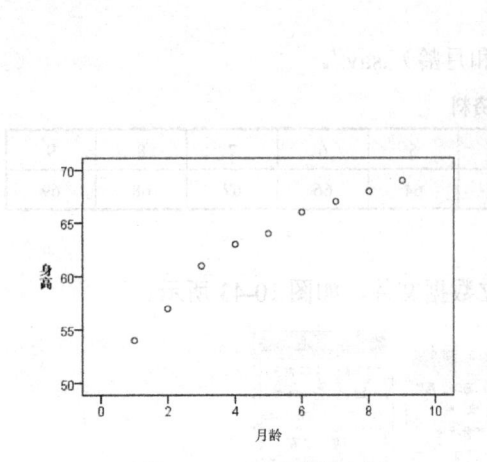

图 10-46 生成的散点图　　　　　图 10-47 "曲线估计"对话框

【结果分析】

三种模型的拟合效果比较如图 10-48 所示。参数估计结果如表 10-28 所示。

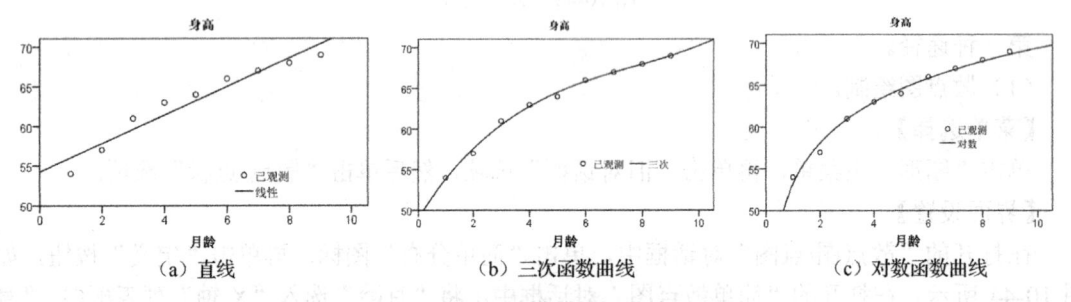

(a) 直线　　　(b) 三次函数曲线　　　(c) 对数函数曲线

图 10-48　三种模型的拟合效果

表 10-28　参数估计结果

| 模　型 | $R^2$ | 统 计 量 | df1 | df2 | 显著性水平 | 参数估计值 ||||
|---|---|---|---|---|---|---|---|---|---|
| | | | | | | $b_0$ | $b_1$ | $b_2$ | $b_3$ |
| 对数函数模型 | 0.989 | 632.177 | 1 | 7 | 0.000 | 53.204 | 7.043 | | |
| 二次函数模型 | 0.992 | 357.853 | 2 | 6 | 0.000 | 50.690 | 3.726 | −0.193 | |
| 三次函数模型 | 0.996 | 368.854 | 3 | 5 | 0.000 | 49.135 | 5.216 | −0.546 | 0.024 |

经分析,三种模型拟合效果都不错,决定系数均大于 0.9,相伴概率 $P$ 为 0.001(小于 0.05),说明都有统计学意义。三次函数模型为 $Y = 49.135 + 5.216X - 0.546X^2 + 0.024X^3$;二次函数模型为 $Y = 50.690 + 3.726X - 0.193X^2$;对数函数模型为 $Y = 53.204 + 7.043\ln X$。

第二种建模途径。

(1) 散点图绘制。

由"身高"与"月龄"的自然对数绘制二维散点图。

【菜单选择】

单击"转换"主菜单,再单击"计算变量"选项。

【界面设置】

在打开的"计算变量"对话框的"目标变量"文本框中输入新变量名称"月龄取对数";在"数字表达式"文本框中编制公式,单击"确定"按钮,如图 10-49 所示。

图 10-49 "计算变量"对话框

【菜单选择】

单击"图形"主菜单,再单击"旧对话框"选项,然后单击"散点/点状"选项。

【界面设置】

在打开的"散点图/点图"对话框中,单击"简单分布"图标,再单击"定义"按钮,如图 10-50 所示。在打开的"简单散点图"对话框中,将"月龄取对数"选入"X 轴"列表框中,"身高"选入"Y 轴"列表框中,单击"确定"按钮,如图 10-51 所示。

双击生成的散点图以后,打开"图表编辑器"对话框,在画布上右击,在弹出的快捷菜单中单击"添加总计拟合线"选项。生成的散点图及其拟合直线如图 10-53 所示。

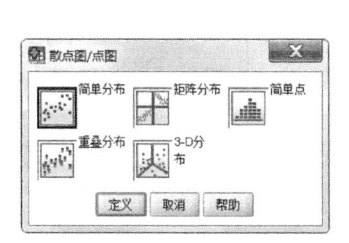

图 10-50 "散点图/点图"对话框 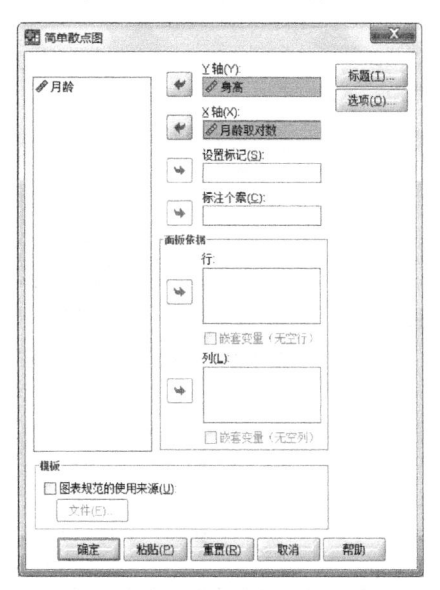　　　　图 10-51 "简单散点图"对话框

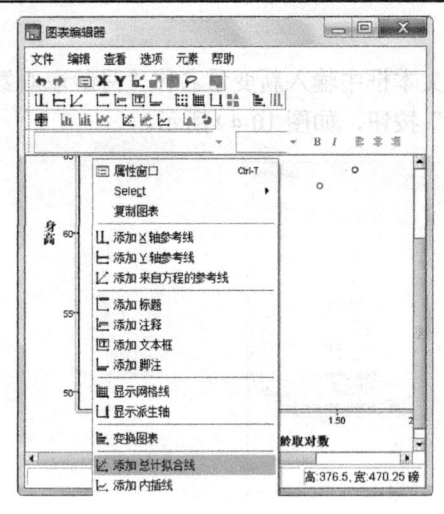

图 10-52 "图表编辑器"对话框 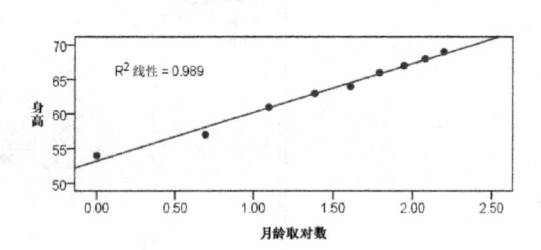    图 10-53 生成的散点图及其拟合直线

【结果分析】

经分析,"身高"与"月龄"的自然对数之间具有线性相关性,决定系数 $R^2$ 为 0.989,说明模型拟合效果很好,可以认为"身高"与"月龄"的自然对数具有线性变化特点。

(2)非线性回归分析。

【菜单选择】

单击"分析"主菜单,再单击"回归"选项,然后单击"非线性"选项。

【界面设置】

在打开的"非线性回归"对话框中,将"身高"选入"因变量"列表框中;在"模型表达式"文本框中输入"a+b*ln(月龄)";试选初始值 a=1、b=1;单击"参数"按钮,如图 10-54 所示。在打开的"非线性回归:参数"对话框中的"名称"文本框中依次输入"a""b",在"初始值"文本框中依次输入"1""1",依次单击"添加"按钮和"继续"按钮,如图 10-55 所示。

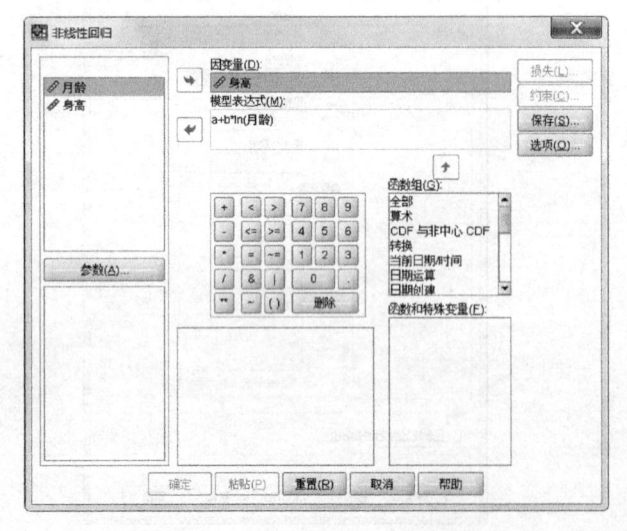

图 10-54 "非线性回归"对话框     图 10-55 "非线性回归:参数"对话框

## 第 10 章 回归分析

【结果分析】

残差平方和随着迭代次数增加而变小，模型最终收敛。

参数估计如表 10-29 所示。

表 10-29 参数估计

| 参数 | 估计值 | 标准误 | 95%的置信区间 | |
| --- | --- | --- | --- | --- |
| | | | 下限 | 上限 |
| a | 53.204 | 0.441 | 52.161 | 54.248 |
| b | 7.043 | 0.280 | 6.380 | 7.705 |

经分析，非线性回归模型表达式为 $Y=53.204+7.043\ln X$，决定系数 $R^2$ 为 0.989，说明该模型拟合效果是不错的。

第三种建模途径。

利用非线性回归分析的菜单命令，通过最小一乘法估计模型参数。

【菜单选择】

单击"分析"主菜单，再单击"回归"选项，然后单击"非线性"选项。

【界面设置】

在打开的"非线性回归"对话框中，将"身高"选入"因变量"列表框；在"模型表达式"文本框中输入"a+b*月龄"；设定初始值 a=1、b=1；单击"参数"按钮，如图 10-56 所示。

在打开的"非线性回归：参数"对话框的"名称"文本框中依次输入"a""b"，在"初始值"文本框中依次输入"1""1"，依次单击"添加"按钮和"继续"按钮，如图 10-57 所示。

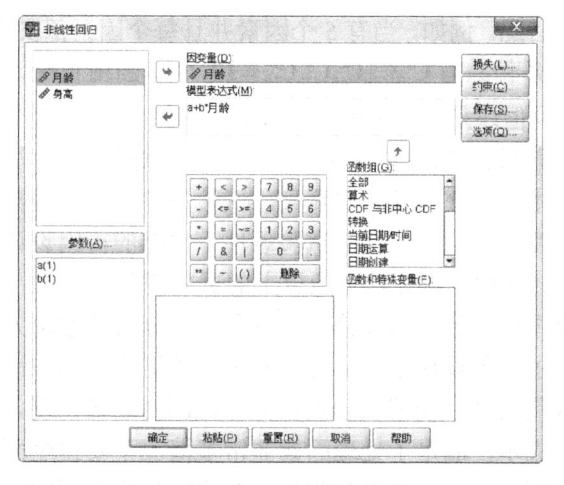

图 10-56 模型表达式　　　　图 10-57 "非线性回归：参数"对话框

在"非线性回归"对话框中，单击"损失"按钮。在打开的"非线性回归：损失函数"对话框中选择"用户定义的损失函数"选项并在其下文本框中输入"ABS（RESID_）"，单击"继续"按钮，如图 10-58 所示。

【结果分析】

在迭代过程中，多次试选参数初始值，估计参数 $a=56.384$，$b=1.517$。经分析，由最小一乘法估计该模型的整体残差略小些，即拟合效果略好些。残差散点图如图 10-59 所示。

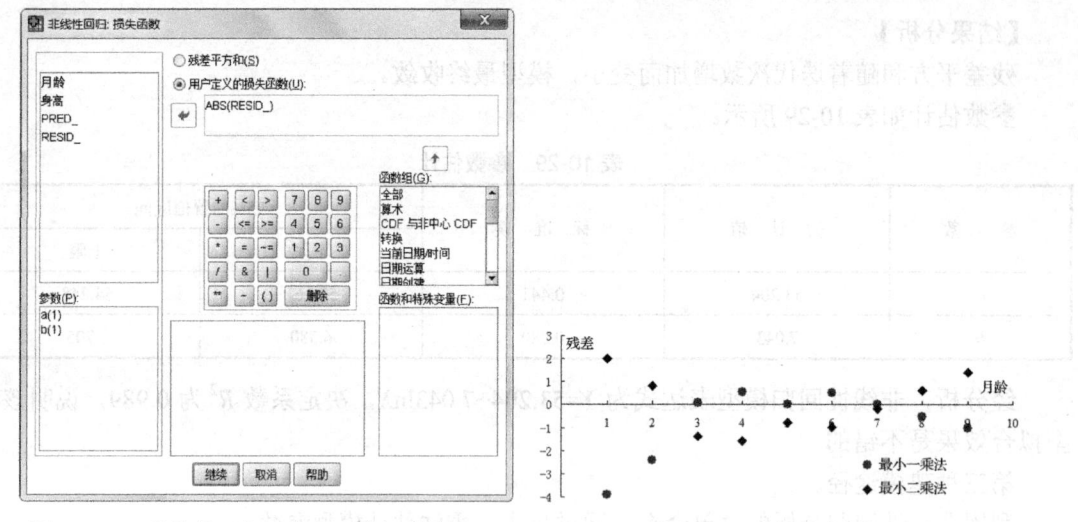

图 10-58 "非线性回归:损失函数"对话框    图 10-59 残差散点图

## 10.6 均匀设计的回归分析

### 1. 提出背景

20世纪70年代,我国第七机械工业部提出一个导弹试验设计的任务,要求在给定5个因素的试验中,对每个因素划分的水平个数应大于10,而试验的总次数又不能多于50,这是在多因素且水平个数很多的情况下安排的非全面试验。对于由析因设计法安排的多因素试验,所有因素的不同水平需要进行完全交叉搭配。例如,当有5个因素并且每个因素都安排10个水平时,按照析因设计安排的全面试验条件共有 $C_{10}^1 C_{10}^1 C_{10}^1 C_{10}^1 C_{10}^1 = 10^5$ 个。当由正交设计法安排非全面试验时,试验次数虽然大大减少但还是多到不能满足要求。例如,当有5个因素并且每个因素都安排10个水平时,按照正交设计安排的非全面试验条件仍然超过50次。由于多因素试验的水平个数多,不仅试验成本高、周期长、浪费大,试验条件难以严格控制,甚至试验次数的规模会大到难以想象的程度。无论是在全面试验条件下安排的析因设计试验,还是在非全面试验条件下安排的正交设计试验,都无法适应以上的试验任务。

我国数学家方开泰和王元根据数论中的一致分布理论,借鉴了近似分析的数论方法,根据伪蒙特卡洛方法研究范畴的成果提出了均匀设计法,通过引入多维数值积分知识设计了均匀表,据此从全面试验条件中选择少数代表者,使得试验点在分布范围内均匀出现,这样的做法极大减少了试验次数、降低了试验成本,满足了处理因素非常多情况下安排全面试验的要求,完成了试验设计任务,达到了数据分析效果。均匀设计法与已经存在的正交设计法、最优设计法、旋转设计法、稳健设计法等具有互补特点。鉴于均匀设计法适应了当时国防科研实践需求,国防科工委将其推广于"八五"计划。数十年实践表明,均匀设计法在航天、化工或制药试验领域得到推广使用,国家层面支持是推动其应用普及的原因。

### 2. 基本思想

均匀设计的基本思想是在多因素试验设计问题中,当处理因素的水平个数很多时,在保证每个因素所有水平都能出现一次的情况下,根据所有因素不同水平搭配的"均衡分散"特点,按均匀表及其使用表安排每次试验因素水平搭配条件,从所有水平的全面组合中筛选出代表性组合，由此安排最能节省试验次数的非全面试验条件（每个因素水平在试验中仅出现一次）。均匀设计的第一个用处是，筛选对于观察指标有统计学意义的影响因素，确定影响因素的主次顺序。均匀设计的第二个用处是，由非全面试验方案，比较每个因素不同水平观察指标的样本均值，以观察指标尽量取到更为理想的值为导向，从每个因素中挑选最优水平，然后将其汇总以后获得所有因素的最优水平组合，并将其作为理想的配方。

鉴于研究任务中试验成本、周期和环境对于试验次数的限制，只能设计非全面试验。因素个数和水平个数是安排试验条件的重要参考。在水平个数多而且试验次数要求少的情况下，均匀表附带的使用表为安排非全面试验条件提供了依据。对于 4 因素、7 水平的试验设计问题，通过析因设计要安排 $7^4=2\,401$ 次试验；通过正交表要安排 49 次试验；通过均匀表要安排 7 次试验，试验次数等于水平个数。均匀设计满足"均匀分散性"，但是不满足"整齐可比性"，均匀设计用于安排试验条件时，所需的试验次数更少、实施起来更为灵活。

例如，当单因素有多个水平时，通常安排完全随机设计试验；当两个因素有多个水平时，通常安排随机区组设计或析因设计试验；当 3 个以上因素且水平个数较少时，通常安排正交设计试验；当 3 个以上因素且水平个数比较多时，通常安排均匀设计试验。

由于正交设计和均匀设计安排的非全面试验次数少，只能安排部分有代表性的试验条件，有时受到偶然因素或个体变异影响而引起试验结果欠稳定。在均匀设计试验中，可以水平划分细一些、个数安排多一些，以免遗漏某些重要的试验条件，从而使得试验点分布更均匀。当水平个数较多时，不仅难以反映不同水平差异，还会引起试验规模变大、成本增加。当水平个数较少时，容易遗漏重要试验条件，影响试验结果数据分析的全面性。

**3. 等水平的均匀表**

均匀表及其使用表是由均匀设计安排试验条件的参考依据。根据每个因素的水平个数是否全相等，均匀表可以分成等水平或混合水平的均匀表。

等水平的均匀表常见，适用于所有因素水平个数全相等情形，记为 $U_n(m^k)$。其中，U 是单词"Uniform"的首字母，表示均匀表；$n$ 为试验次数；$k$ 为正交表的列数或最多安排的因素个数；$m$ 为每个因素的水平个数。例如，$U_7(7^4)$ 表示 7 行 4 列的等水平均匀表。该表中最多可以安排 4 个因素，每个因素一律安排 7 个水平。

等水平的均匀表有以下特点。

特点①：每列中不同数字仅出现一次，对每个因素的每个水平只安排一次试验，总的试验次数与每个因素的水平个数相等。

特点②：任取两列数码组成二维形式坐标点，将其绘制在平面网格中，每行、每列中有且仅有一个坐标点出现，针对因素每个水平做且仅做一次试验。

特点③：由均匀表安排试验时，水平个数增加一个则试验次数增加一次，次数具有"连续性"的特点。由正交表安排试验时，水平个数增加一个则试验至少以平方比例增加次数，次数具有"跳跃性"的特点。例如，当水平数从 4 变为 5 时，试验次数至少从 16 变为 25。

特点①和特点②统称"均衡分散性"。

以均匀表 $U_7(7^4)$ 为例，任取的第 1、3 列演示"均衡分散性"。如图 10-60 所示。

经分析，每列（每个因素）中的 7 个数码（水平）都出现一次且不会重复出现两次以上，即 7 个水平都被安排在一次试验中。从第 1 列、第 3 列中任意挑选某行，获得两个数码并组成数码对，如果把数码对（1，3），（2，6），（3，2），（4，5），（5，1），（6，4），（7，7）布局在平面网格内并绘制坐标点，每行或每列中都只有一种数码而且各不相同，如图10-61所示。

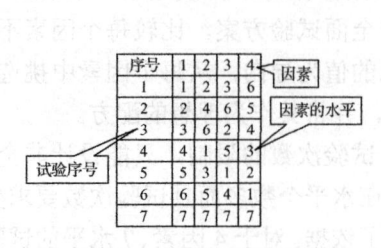

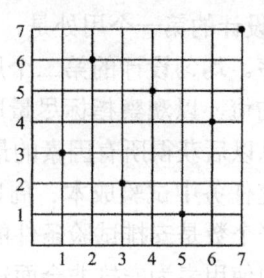

图 10-60　均匀表的结构　　　　图 10-61　$U_7(7^4)$ 特点演示

由均匀表安排试验方案时，每种因素的水平个数可以不必相等。重要因素的水平个数要安排得更多一些，即选择混合水平的均匀设计表安排试验。此外，还可以用均匀表的拟水平法，即当多因素试验的水平个数不全相等时，对水平个数少的因素虚拟补充水平，转换为水平个数全相等的多因素试验，由等水平的均匀设计表处理，此处不再赘述。

### 4. 均匀表的使用表

在由均匀表安排试验条件或确定因素的不同水平搭配时，不能在均匀表中随意选择列，而是由其使用表将处理因素放置在最合适的列，这与正交表的使用情况不同。

每个均匀表都附带了一个使用表，用于查询如何把每个因素安排在均匀表中的列。这种做法是根据因素个数和水平个数选择均匀表以后，再由均匀表的使用表确定选择的哪些列来安排因素，这时才能获得偏差值最小（或均匀度最好）的试验点。

例如，由均匀表 $U_7(7^4)$ 的使用表如表 10-30 所示。

表 10-30　均匀表 $U_7(7^4)$ 的使用表

| 因素个数 | 列　　号 | | | | 偏　　差 |
| --- | --- | --- | --- | --- | --- |
| 2 | 1 | 3 | | | 0.239 8 |
| 3 | 1 | 2 | 3 | | 0.372 1 |
| 4 | 1 | 2 | 3 | 4 | 0.476 |

由表 10-30 可知，在安排 2 个因素时选第 1、第 3 列，在安排 3 个因素时选第 1 列、第 2 列、第 3 列，在安排 4 个因素时选第 1、第 2、第 3、第 4 列。

均匀设计适用于以下情形。

（1）单次试验成本很高、试验次数要求尽量少的多因素多水平试验。

（2）对每个因素的水平取值范围由某种等距方式预先细致划分，即水平个数可以多取些，在逐步搜索试验的过程中找出每个因素的最优水平作为试验条件。

例如，如果 pH 值取值范围为 6~9，那么按照 0.5 的间距把 pH 值取值范围分成 6 个水平。由均匀表的使用表确定列号，再返回由均匀表的每行来安排每次试验条件的因素水平。

又如，研究 6 种毒性物质对于大鼠的危害，按照剂量分成 17 个水平。选择均匀表 $U_{17}(17^8)$ 及其使用表，将其安排在这个均匀表的第 1、第 2、第 3、第 5、第 7、第 8 列。

### 5. 均匀设计目的

根据因素个数和水平个数的要求，由均匀表安排某些代表性的水平组合作为试验条件。均匀表不具有"整齐可比性"的特点，安排试验条件时不会出现水平重复出现的情况。正因为如此，观察指标数据无法用于计算方差，不能使用方差分析，但是可以使用多元线性回归分析筛选有统计学意义的影响因素，然后以观察指标取得更为理想值作为导向，从筛选出来的每个因素中寻找最佳水平和因素的代表性水平组合作为最佳试验条件。

### 6. 均匀设计步骤

步骤①：确定试验研究目的，选择适合的观察指标。

步骤②：选定因素和水平的种类、个数。研究者结合试验条件和专业经验，确定因素的取值范围并确定适合的水平。在通常情况下，每种因素的水平范围不妨取得宽一些，水平个数取得多一些，以防止遗漏最佳的试验条件。

步骤③：根据因素个数、水平个数和试验次数确定均匀表，并设计其表头。

步骤④：筛选观察指标的影响因素，以取到更理想值为目的，比较不同水平的样本均值，从每个因素中选出最佳水平，获得代表性水平组合作为最佳的试验条件。

### 7. 试验数据分析方法

观察指标是因变量 $Y$，影响因素 $X_1, X_2, \cdots, X_m$ 是自变量。观察指标一般是指经过客观测量的数值资料。影响因素一般是指经过人为控制的分类或等级资料。

思考①：如果试验目的只为寻找可行的试验条件，且试验次数很少，那么可以由直观分析法对每种水平的观察指标样本均值进行比较，获得粗糙却实用的参考依据。

思考②：由均匀设计安排的试验次数很少，多因素方差分析不适用。由多元线性回归模型 $Y = b_0 + b_1 X_1 + \cdots + b_m X_m$ 筛选对因变量影响有统计学意义的因素，由标准化偏回归系数比较因素之间的主次作用，寻找代表性水平组合作为最佳的试验条件。

说明：在多元线性回归模型中，自变量最好用因素的真实数值而不是水平的编码。多元线性回归模型要求纳入回归方程的自变量个数不要太多、样本量充分大。当样本量少于自变量个数时，参数估计无法完成。样本量越大则参数估计的稳定性越大。由决定系数 $R^2$ 验证模型拟合效果，回归方程必须通过显著性检验，可以由逐步法筛选有统计学意义的自变量。

思考③：如果回归方程的 $F$ 检验不通过，那么应该继续增加部分甚至全部自变量的交互项或平方项，由二次函数的形式建立非线性回归模型。

例如，包含自变量 $X_1, X_2, X_3$ 及全部乘积项、平方项的模型如下。

$$Y = b_0 + b_1 X_1 + b_2 X_2 + b_3 X_3 + b_{11} X_1^2 + b_{22} X_2^2 + b_{33} X_3^2 + b_{12} X_1 X_2 + b_{13} X_1 X_3 + b_{23} X_2 X_3$$

又如，二次函数表达式（或二次多项式）$Y = b_0 + b_1 X_1 + b_2 X_2 + b_{11} X_1^2 + b_{22} X_2^2 + b_{12} X_1 X_2$ 包括自变量（$X_1, X_2, X_3$）、乘积项（$X_1 X_2$）、平方项（$X_1^2, X_2^2$）。在坐标系中，绘制两个变量和观察指标的曲面图像，求出二元函数的极值点，并在曲面图像上标出其位置。

说明：自变量的交互项可以全部或部分地被引入多元线性回归模型，也就是说，引入两个及以上自变量交互项作为新的自变量并讨论其有无统计学意义。哪些自变量要设置交互项应事先做好安排，可以由 SPSS 软件转换预处理中的"计算变量"选项依次生成自变量的乘积、自变量的乘方，也可以通过 Excel 软件生成新的自变量，并将其纳入多元线性回归模型。

思考④：通过多元线性回归模型、一元二次函数回归模型或指定部分自变量交互项的多元非线性回归模型等进行最优设计，然后由逐步法筛选有统计学意义的自变量，验证模型拟合效果，检验理论回归方程和偏回归系数的显著性，解释偏回归系数的含义。根据研究目的和试验设计的特点，确定观察指标取到更为理想值（非大即小）的最佳试验条件。

【学习目标】理解均匀设计的多元线性回归分析，掌握操作流程并阐述结论。

## 【案例实验7】

"药物得率"试验的因素为"原料配比""吡啶量""反应时间"，每个因素划分7个水平。数据资料如表 10-31 所示。采用多元线性回归分析、二次多项式回归分析筛选影响因素、估计参数和进行模型检验。本例的数据文件是"10 多元线性回归（均匀设计的药物得率）.sav"。

表 10-31 数据资料

| 编号 | 原料配比 | | 吡啶量 | | 反应时间 | | 药物得率 |
|---|---|---|---|---|---|---|---|
| | 列号 | 水平 | 列号 | 水平 | 列号 | 水平 | |
| 1 | 1 | 1 | 2 | 13 | 3 | 1.5 | 0.3 |
| 2 | 2 | 1.4 | 4 | 19 | 6 | 3 | 0.4 |
| 3 | 3 | 1.8 | 6 | 25 | 2 | 1 | 0.3 |
| 4 | 4 | 2.2 | 1 | 10 | 5 | 2.5 | 0.5 |
| 5 | 5 | 2.6 | 3 | 16 | 1 | 0.5 | 0.2 |
| 6 | 6 | 3 | 5 | 22 | 4 | 2 | 0.5 |
| 7 | 7 | 3.4 | 7 | 28 | 7 | 3.5 | 0.5 |

（1）多元线性回归分析。

【数据文件】

定义检验变量"得率 $Y$"，定义分组变量"原料配比 $X_1$""吡啶量 $X_2$""反应时间 $X_3$"，类型均为数值。建立数据文件，如图 10-62 所示。

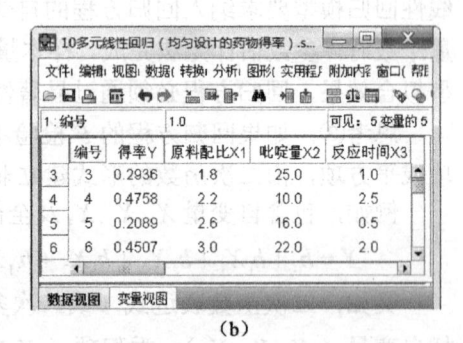

(a)

(b)

图 10-62 数据文件

【菜单选择】

单击"分析"主菜单，再单击"回归"选项，然后单击"线性"选项。

【界面设置】

在打开的"线性回归"对话框中，将"得率"选入"因变量"列表框中，将"原料配比 X1""吡啶量 X2""反应时间 X3"选入"块 1 的 1"区域的"自变量"列表框中；在"方法"下拉列表中选择"逐步"选项；单击"统计量"按钮，如图 10-63 所示。在打开的"线性回归：统计量"对话框的"回归系数"区域，默认选择"估计"选项；在其他区域，选择"模型拟合度"选项；在"残差"区域，选择"Durbin-Watson"选项；单击"继续"按钮，如图 10-64 所示。

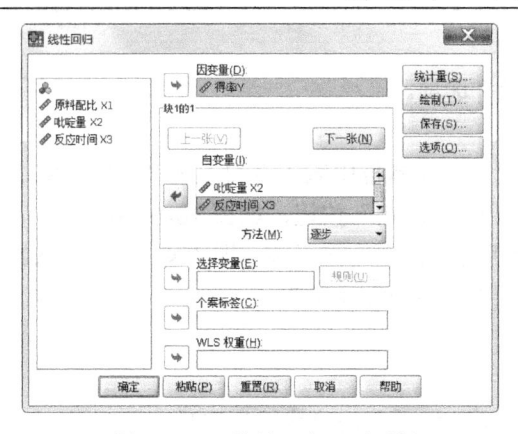

图 10-63 "线性回归"对话框    图 10-64 "线性回归：统计量"对话框

【结果分析】

① 模型拟合效果如表 10-32 所示。

表 10-32 模型拟合效果

| 模 型 | $R$ | $R^2$ | 调整 $R^2$ | 标准估计的误差 | 统计量 DW |
|---|---|---|---|---|---|
| 1 | 0.832 | 0.692 | 0.630 | 0.062 6 | 2.689 |

经分析，调整决定系数 $R^2$ 为 0.630，说明模型拟合效果还可以。

② 回归方程的 $F$ 检验如表 10-33 所示。

表 10-33 回归方程的 $F$ 检验

| 模 型 | | 平 方 和 | df | 均 方 | 统计量 | 显著性水平 |
|---|---|---|---|---|---|---|
| 1 | 回归 | 0.044 | 1 | 0.044 | 11.230 | 0.020 |
| | 残差 | 0.020 | 5 | 0.004 | | |
| | 总计 | 0.064 | 6 | | | |

经分析，由回归方程的 $F$ 检验，相伴概率 $P$ 为 0.020（小于 0.05），说明理论回归方程有统计学意义。

③ 偏回归系数估计及 $t$ 检验的结果如表 10-34 所示。

表 10-34 偏回归系数估计及 $t$ 检验的结果

| 模 型 | | 偏回归系数 | 标 准 误 差 | 标准化偏回归系数 | $t$ | 显著性水平 |
|---|---|---|---|---|---|---|
| 1 | 常量 | 0.214 | 0.053 | | 4.038 | 0.010 |
| | 反应时间 | 0.079 | 0.024 | 0.832 | 3.351 | 0.020 |

经分析，多元线性回归模型表达式为 $Y = 0.214 + 0.079 X_3$。由 $t$ 检验，统计量为 3.351，相伴概率 $P$ 为 0.020（小于 0.05），说明反应时间（$X_3$）有统计学意义。鉴于反应时间的偏回归系数为正，说明反应时间越长时药物得率越大。综上，从增大药物得率和节约成本的角度，确定最佳试验配方为"原料配比=1%、吡啶量=10ml、反应时间=3.5h"。

(2) 二次多项式函数回归分析。

假定二次函数回归模型表达式为 $Y = f(X_1, X_2, X_3, X_1^2, X_2^2, X_3^2, X_1 X_2, X_1 X_3, X_2 X_3)$

【菜单选择】

单击"转换"主菜单，再单击"计算变量"选项。

【界面设置】

在打开的"计量变量"对话框的"目标变量"文本框中输入变量名称"X1和X2交互"。在"数字表达式"文本框中输入"X1*X2"，单击"确定"按钮，如图10-65所示。

类似地，把自变量"X1""X2""X3"的两两乘积作为交互项，即"X1平方""X2平方""X3平方""X1和X2交互""X2和X3交互""X1和X3交互"。

建立数据文件，如图10-66所示。

【菜单选择】

单击"分析"主菜单，再单击"回归"选项，然后单击"线性"选项。

图10-65 "计算变量"对话框　　　　图10-66 数据文件

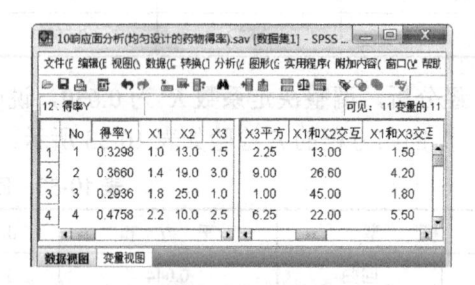

【界面设置】

在打开的"线性回归"对话框中，将"得率Y"选入"因变量"列表框中，将"X1""X2""X3""X1平方""X2平方""X3平方""X1和X2交互""X1和X3交互""X2和X3交互"选入"块1的1"区域的"自变量"列表框中；在"方法"下拉列表中，选择"逐步"选项，单击"统计量"按钮，如图10-67所示。

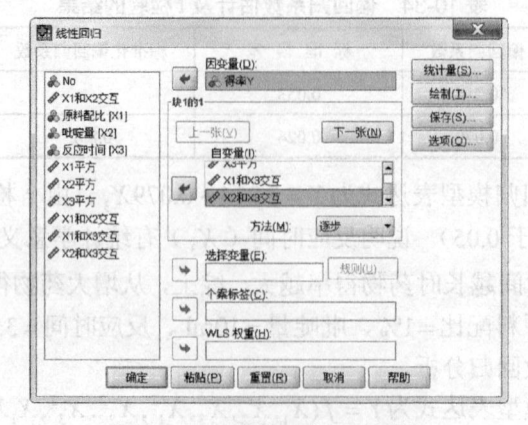

图10-67 "线性回归"对话框

上例中，变量筛选、参数估计、检验和结果分析与多元线性回归模型操作类似而不再赘述。

# 【拓展练习】

【练习1】将十字路口的车流量与某污染物浓度用于建立一元线性回归模型。其中，车流量是自变量，某污染物浓度是因变量。数据资料如表10-35所示。

表10-35 数据资料

| 车流量 | 170 | 173 | 160 | 155 | 173 | 188 | 178 | 183 | 180 | 165 |
|---|---|---|---|---|---|---|---|---|---|---|
| 某污染物浓度 | 45 | 42 | 44 | 41 | 47 | 50 | 47 | 46 | 49 | 43 |

【练习2】在某种生物试验中，将吸氨量、底水和时间用于建立多元线性回归模型。其中，底水和时间是自变量，吸氨量是因变量。数据资料如表10-36所示。

表10-36 数据资料

| 底水 | 136.5 | 136.5 | 136.5 | 138.5 | 138.5 | 138.5 | 140.5 | 140.5 | 140.5 | 138.5 | 138.5 |
| 时间 | 250 | 250 | 180 | 250 | 180 | 215 | 180 | 215 | 250 | 215 | 215 |
| 吸氨量 | 6.2 | 7.5 | 4.8 | 5.1 | 4.6 | 4.6 | 2.8 | 3.1 | 4.3 | 4.8 | 4.1 |

【练习3】某学校随机挑选了24名学生，将性别、年龄、身高、体重和肺活量建立多元多元线性回归模型。其中性别、年龄、身高和体重是自变量，肺活量是因变量。数据资料如表10-37所示。

表10-37 数据资料

| 编号 | 性别 | 年龄 | 身高 | 体重 | 肺活量 | 编号 | 性别 | 年龄 | 身高 | 体重 | 肺活量 |
|---|---|---|---|---|---|---|---|---|---|---|---|
| 1 | 1 | 14.3 | 163 | 45 | 2.8 | 13 | 1 | 15.2 | 170 | 46 | 2.7 |
| 2 | 1 | 13.2 | 150 | 35 | 2.3 | 14 | 1 | 15.1 | 165 | 50 | 2.9 |
| 3 | 1 | 13.4 | 156.2 | 37.1 | 2.3 | 15 | 1 | 15.9 | 165 | 52 | 3 |
| 4 | 1 | 13.3 | 160 | 39 | 2.75 | 16 | 0 | 15.7 | 161 | 41 | 2.3 |
| 5 | 0 | 13.5 | 145 | 33 | 1.8 | 17 | 0 | 15.4 | 161 | 34 | 2.3 |
| 6 | 0 | 13.6 | 146 | 34 | 1.68 | 18 | 0 | 14.2 | 153 | 36 | 2.4 |
| 7 | 1 | 14.5 | 161 | 42 | 2.7 | 19 | 0 | 14.4 | 157 | 41 | 2 |
| 8 | 1 | 14.6 | 170 | 42 | 2.9 | 20 | 0 | 14.8 | 160 | 37 | 2 |
| 9 | 1 | 13.1 | 135.1 | 36 | 2.35 | 21 | 0 | 14.7 | 158 | 35 | 2.1 |
| 10 | 0 | 13.7 | 150 | 32 | 2 | 22 | 1 | 15.2 | 168 | 47 | 2.5 |
| 11 | 0 | 13.5 | 148 | 35 | 2.2 | 23 | 0 | 15.5 | 162 | 40 | 2.2 |
| 12 | 1 | 14.2 | 155 | 41 | 2.55 | 24 | 1 | 15.8 | 164 | 50 | 3 |

【练习4】分析4种装修污染物甲、乙、丙、丁的毒害，每种污染物的剂量等分成了9个水平，依次编码为1,2,3,4,5,6,7,8,9。选择均匀表$U_9(9^6)$安排6种因素、9个水平的均匀设计试验。4种装修污染物是自变量，大鼠的某种细胞凋亡率是因变量，建立二次函数回归模型。数据资料如表10-38所示。

表 10-38 数据资料

| 编号 | 1 | 2 | 3 | 4 | 5 | 6 | 7 | 8 | 9 |
|---|---|---|---|---|---|---|---|---|---|
| 甲 | 1 | 2 | 3 | 4 | 5 | 6 | 7 | 8 | 9 |
| 乙 | 2 | 4 | 6 | 8 | 1 | 3 | 5 | 7 | 9 |
| 丙 | 4 | 8 | 3 | 7 | 2 | 6 | 1 | 5 | 9 |
| 丁 | 7 | 5 | 3 | 1 | 8 | 6 | 4 | 2 | 9 |
| 细胞凋亡率 | 17.9 | 22.5 | 32.4 | 39.3 | 32.2 | 31 | 40 | 42.7 | 24.8 |

【练习5】由试验观测药剂挥发时间($t$)和残存量($y$)。其中,药剂挥发时间是自变量,残存量是因变量。第一种途径是建立拟合模型 $y = y_0 e^{-kt}$。其中, $y_0, k$ 为参数。第二种途径是建立适合的曲线回归模型。数据资料如表 10-39 所示。

表 10-39 数据资料

| 药剂挥发时间 | 0 | 22 | 24 | 48 | 72 | 96 | 120 | 144 |
|---|---|---|---|---|---|---|---|---|
| 残存量 | 100 | 97.34 | 95.73 | 90.80 | 85.69 | 80.99 | 76.25 | 69.21 |

【练习6】将由试验观测的免疫球蛋白 IgA 浓度和火箭电泳高度用于建立曲线回归模型。其中,免疫球蛋白 IgA 浓度是自变量,火箭电泳高度是因变量。数据资料如表 10-40 所示。

表 10-40 数据资料

| 免疫球蛋白 IgA 浓度 | 0.2 | 0.4 | 0.6 | 0.8 | 1 | 1.2 | 1.4 | 1.6 |
|---|---|---|---|---|---|---|---|---|
| 火箭电泳高度 | 7.6 | 12.3 | 15.7 | 18.2 | 18.7 | 21.4 | 22.6 | 23.8 |

【练习7】由试验观测静脉注射药物时间($t$)和血药浓度($y$)。其中,时间是自变量,血药浓度是因变量。第一种途径是建立指定拟合模型 $y = ae^{-bt}/c$。其中, $a, b, c$ 为参数。第二种途径是建立适合的曲线回归模型。数据资料如表 10-41 所示。

表 10-41 数据资料

| 时间 | 0 | 22 | 24 | 48 | 72 | 96 | 120 | 144 |
|---|---|---|---|---|---|---|---|---|
| 血药浓度 | 100 | 97.34 | 95.73 | 90.80 | 85.69 | 80.99 | 76.25 | 69.21 |

# 第 11 章 ROC 曲线分析

### 1. 提出背景

受试者工作特征（Receiver Operating Characteristic）曲线简称 ROC 曲线，初期被用于雷达信号检测方法的准确性评价。当敌机或飞鸟来袭时雷达会产生信号。对于某种信号检测方法来说，当飞鸟来袭时，有可能将雷达信号判断为敌机来袭；当敌机来袭时，也有可能将雷达信号判断为飞鸟来袭。研究者曾经随机检测过大量信号作为样本，事后（由金标准）判断这些信号表示"飞鸟来袭"还是"敌机来袭"。根据这样的分类资料，可以使用 ROC 曲线评价这种信号检测方法判断"飞鸟来袭"或"敌机来袭"（分类）的准确性。当然，根据多种不同信号检测方法分类资料，还可以比较哪种信号检测方法判断（分类）的准确性更好。

ROC 曲线早前用于工业工程质量控制问题，后来被推广于医学诊断试验评价问题，成为图像化展示灵敏度和特异度关系，以及分析检测指标阈值变化规律的简单有效工具。

### 2. 灵敏度和特异度

一组对象由某种金标准划分出两个真实特征（如患病或未患病）。有些时候，将某种标志物作为检测指标，当出现该标志物时标记为阳性，当未出现该标志物时标记为阴性。还有些时候，根据某种检测指标由高到低或由低到高的赋值方向，将数值或等级资料截断成两部分，并以阳性和阴性标记。例如，在临床医学中，根据某种诊断方法的检测指标小于或大于某值，将数值或等级资料划分成阳性和阴性两部分。肝癌甲胎蛋白诊断方法（AFP）的检测指标是某种标志物浓度，如果把该浓度 200ng/ml 作为阈值或界值，那么可以由其数值大小将数值或等级资料截断为两部分，将数值大者标记为阳性、将数值小者标记为阴性。

实际上，不同诊断方法的实施成本和分类准确性有差异。通常把真实分类或准确率最高的某种诊断方法作为金标准。金标准成本高昂、费时、费力，难以快速有效实施，甚至要经过破坏性处理才获得结果。相比较而言，某些诊断方法简便易行、成本小、代价低，如 X 摄像、超声、核磁共振、抽血化验等诊断方法。对于给定的随机抽样资料，首先通过金标准获得两种分类结果并作为正确诊断的事实，然后将由某种诊断方法划分的两种分类结果与之交叉分组以后，计算四种指标：真阳性率、假阳性率、真阴性率和假阴性率。

例如，将大于阈值的诊断指标认定为阳性，将小于阈值的诊断指标认定为阴性。将患病者出现的阳性认定为真阳性，将未患病者出现的阳性认定为假阳性，将未患病者出现的阴性认定为真阴性，将患病者出现的阴性认定为假阴性。当分类完全理想时，患病者和未患病者的诊断指标的值会出现不重叠交叉的特点，即不会出现假阳性和假阴性的现象。然而实际分类情况并非如此，有部分患病者的诊断指标低于未患病者的诊断指标（假阴性），也有部分未患病者的诊断指标高于患病者的诊断指标（真阳性），无法找到完全理想的阈值用于精准划分真阳性和真阴性两个类别，因此无法把患病者和未患病者完全分开来。

如图 11-1 所示，纵轴表示某种诊断指标；横轴表示类别，包括患病者和未患病者两个类别（●表示患病者；○表示未患病者）。随着诊断指标阈值在尺度上的调整变化，求得真阴性、真阳性的比例也会变化。如果找到某最个适合的阈值，同时兼顾真阴性大、真阳性也大，并且使得真阴性和真阳性的比例之和最大，那么这样的诊断指标值称为最佳阈值。

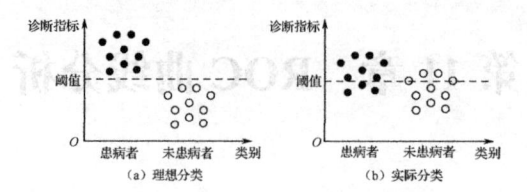

图 11-1 理想分类和实际分类

由四格表对金标准（患病者或未患病者）和诊断方法（阳性或阴性）进行交叉分组，把频数汇总于单元格，合计获得样本量 $n=a+b+c+d$。金标准和诊断方法分类如表 11-1 所示。

表 11-1 金标准和诊断方法分类

| 诊断方法 | 金标准 | | 合 计 |
|---|---|---|---|
| | 患病者 | 未患病者 | |
| 阳性 | $a$ | $b$ | $a+b$ |
| 阴性 | $c$ | $d$ | $c+d$ |
| 合计 | $a+c$ | $b+d$ | $n$ |

真阳性率（或灵敏度）TPR=$a/(a+c)\times100\%$，假阳性率（或误诊率）FPR=$b/(b+d)\times100\%$。真阴性率（或特异度）TNR=$d/(b+d)\times100\%$，假阴性率（或漏诊率）TNR=$c/(a+c)\times100\%$。

从公式来看，灵敏度、特异度与患病率 $a/(a+b)\times100\%$ 是不同的、无关的，灵敏度、特异度数值大小不会受到患病率数值大小的影响。灵敏度和特异度没有可加的意义，却表现出"此消彼长"的特点，当提高灵敏度时往往以降低特异度为代价，反之亦然。临床诊断（如恶心肿瘤）对灵敏度（真正病人被发现患病的概率）关注大；如果提高了灵敏度，则减少了漏诊（患病但未检出患病）现象。群体筛检（如艾滋病）对特异度（真正非病人被发现未患病的概率）关注大；如果提高了特异度，则减少了误诊（不患病却被检出患病）现象。

在临床医学工作中，AFP 试验是一种肝癌诊断方法，即把大于某个阈值的检测指标认定为阳性、小于某个阈值的检测指标认定为阴性。AFP 试验会出现假阳性和假阴性的情况。肝癌患者出现的阳性称为真阳性，其占比就是真阳性率或灵敏度；非肝癌患者出现的阴性称为真阴性，其占比就是真阴性率或特异度。当某医生取阈值为 150ng/ml 时，求出灵敏度为 94%、特异度为 80%。当取阈值为 100ng/ml 时，求出灵敏度为 90%、特异度为 40%。当取阈值为 10ng/ml 时，求出灵敏度为 95%、特异度为 25%。经比较，当取阈值为 150ng/ml 时，灵敏度和特异度之和相比最大，那么用作阳性（大于 150ng/ml）和阴性（小于 150ng/ml）划分依据时效果相比最好，即为了划分疑似患者是否患肝癌，AFP 试验使用最佳阈值为 150ng/ml。

**3. 诊断方法和金标准的关系**

说明①：金标准属于已知的二分类变量，即真实或接近真实分类的两种状态特征。例如，在临床医学工作中，通过业界权威公认的金标准（如病理、手术、CT、核磁共振）将受试者划分成患病或未患病共两个特征。肿瘤诊断的金标准是病理活检法；冠心病诊断的金标准是冠脉造影法。医学权威机构颁布的或临床专家共同制定的综合诊断标准也可以作为金标准。

说明②：由某种诊断方法获得相应的检测指标。检测指标通常是利用精确仪器或设备，以客观方式获得的、具有度量衡单位的数值资料，例如由肝癌患者血样检测的生化指标含量。检测指标还可以是研究者看法或受试者感受，即采用主观评定获得的有序多分类资料，如影像医生由专业经验对 CT 划分的异常程度等级。鉴于无序多分类资料无数量上的比较意义，因此不能将其用作对相应诊断方法进行准确性评价的检测指标。

说明③：金标准通常是已知存在、由业界公认最准确可靠的分类诊断方法，是对其他诊断方法准确性评价的依据。为何要寻找金标准以外其他方法并验证分类准确性呢？实际上，金标准操作的可行性小、成本大。例如，甲状腺肿瘤病理活检法成本高于其他检测方法和常规的物理诊断方法。又如，有的疾病必须在尸体解剖以后才能获得真实分类依据。

对于某种简便可行、成本较低的诊断方法，事先要给定代表性好和质量高的随机抽样资料。根据金标准准确分类的结果，以及由某种诊断方法检测指标阈值划分的阳性和阴性结果，计算灵敏度或特异度，并绘制 ROC 曲线，将其用于评价该诊断方法的准确性。例如，某种生理指标对于疾病诊断有参考意义，随机收集一批疑似患者作为样本，事先由金标准确定这批疑似患者有或没有患病，同时由该生理指标的阈值划分阳性或阴性，计算出灵敏度和特异度，绘制 ROC 曲线并求得曲线下方图形的面积，评价该生理指标诊断疾病的准确性。

**4．ROC 曲线的绘制方法**

（1）随机抽取一定数量的对象（如疑似患者）组成样本，通过金标准将其分成两个真实特征（如患病、未患病）。通过某种诊断方法安排试验，通常使用仪器进行客观检测，也可以由人主观评定级别。当完成诊断或评级以后，获得数值资料或有序多分类资料形式的某种检测指标，如血样中炎性细胞的浓度含量或按严重性程度人为划分的等级。

（2）通过诊断方法获得每个对象的检测指标，对全部对象的检测指标按从大到小（或从小到大）的顺序排序以后，在检测指标阈值处截断为阳性或阴性两部分。通过四格表汇总全部对象，按照检测指标阈值的分类结果（如阳性、阴性）和金标准的分类结果（如患病、未患病），计算真阳性率（灵敏度）和真阴性率（特异度），以灵敏度为纵坐标、1-特异度为横坐标绘制坐标点，将这些坐标点连成 ROC 曲线。ROC 曲线下方图形面积既可以用于某种诊断方法的准确性评价，又可以用于多种不同诊断方法的准确性比较。

**5．ROC 曲线的应用条件**

条件①：随机抽取一组对象作为检测样本，由金标准获得真实的两个分类结果。
条件②：检测指标是数值或有序多分类资料，金标准是二分类资料。
条件③：每个对象必须根据金标准划分为两类参照特征并获得检测指标。
条件④：由随机抽样或随机试验获取的样本代表性要好，样本量要充分大。

**6．ROC 曲线的特点**

在平面坐标系第一象限内，横轴代表灵敏度、纵轴代表特异度，其长度都是 1。每个检测指标数值截断以后，按照取值大或小的方向划分阳性或阴性，与由金标准分类的情况作比较，计算灵敏度和特异度。从原点到右上角绘制一条对角线（或机会线），绘制所有坐标点（1-特异度，灵敏度）并且连接成先向上、再向右延伸的折线，这条折线就是 ROC 曲线。

在实际问题中，ROC 曲线上的坐标点连成折线形式，其平滑程度与样本量有关。样本量越大时 ROC 曲线往往越平滑，反之越不平滑。对于检测指标为有序多分类或等级资料且样本量较小的情况，ROC 曲线具有波折锯齿状的外观特点。理论上，ROC 曲线是平滑曲线。为求得 ROC 曲线下方图形面积的近似值，首先在每个坐标点处把 ROC 曲线下方图形分成若干小梯形，再把小梯形面积之和近似作为 ROC 曲线下方图形面积（Area Under Curve，AUC）的量化估计值，将其作为评价诊断方法准确性的关键依据。如果 ROC 曲线上的坐标点越接近区域左上角或远离参考线，那么灵敏度和特异度就会越大。ROC 曲线下方图形面积大于 0.5 或越大，则说明整体坐标点提供的灵敏度和特异度之和越大，诊断方法准确性越高。

ROC 曲线下方图形面积介于 0.5 与 1 之间（0.5~0.7 表示诊断方法准确性较差、0.7~0.9 表示诊断方法准确性一般、大于 0.9 表示诊断方法准确性较好）。例如，由两种诊断方法所得 ROC 曲线下方图形面积分别为 0.65 和 0.96，则后者的诊断方法更准确。ROC 曲线下方图形面积还用于多种诊断方法的准确性比较。ROC 曲线下方图形面积越大（或越远离对角线），说明诊断方法越准确。如果 ROC 曲线与参考线重合了，那么 ROC 曲线下方图形面积为 0.5，说明诊断方法的分类结果是随机的，无准确性可言。如果 ROC 曲线先从（0,0）开始从左侧贴着边线垂直上升到达顶端、又贴着水平边线向右延伸到（1,1），那么 ROC 曲线下方图形面积等于 1，说明诊断方法的分类结果完全正确或诊断方法绝对理想。后两者都是极端情形。

三种情形的 ROC 曲线如图 11-2 所示。

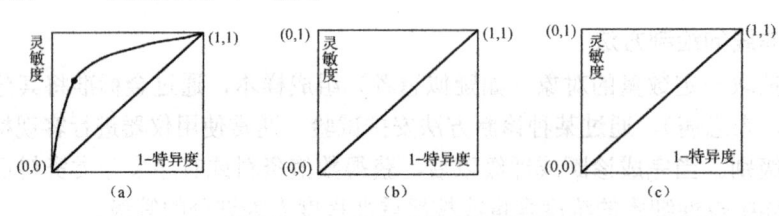

图 11-2　三种情形的 ROC 曲线

说明①：从整体分析，当灵敏度和特异度越大时，说明诊断方法的准确性越好。需要注意的是，检测指标阈值只是划分阳性或阴性的间接参考，不能反映诊断方法准确度的大小。

说明②：有时，在 SPSS 软件中"状态变量的取值"输入"0"而非"1"。还有时，虽然在"状态变量的取值"输入了"1"，但是事先定义值标签时就把目标事件弄反了。如果 ROC 曲线出现在参考线右下方，如 ROC 曲线下方图形面积是 0.053、曲线上方图形面积是 0.947，则改用 ROC 曲线与对角线围成上方图形的面积作为参考标准，如图 11-3（a）所示。

说明③：利用两种诊断方法分别绘制 ROC 曲线，如图 11-4 所示。在图 11-4（a）中，如果上面一条曲线（检测指标 2）向右下完全包住了下面一条曲线（检测指标 1），那么上面这条曲线上坐标点代表的灵敏度和特异度更大，也就是说第一种诊断方法更准确。在图 11-4（b）中，如果这两条曲线相交，上面这条曲线上方凸出的那部分面积更大，那么上面这条曲线上坐标点代表的灵敏度和特异度更大，也说明了第一种诊断方法更准确。

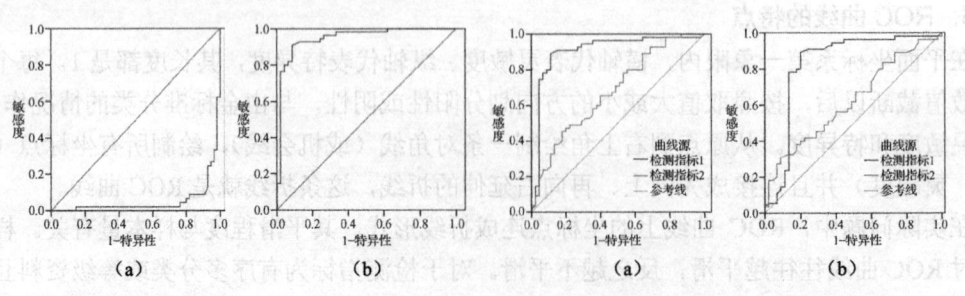

图 11-3　金标准的状态取值　　　　图 11-4　两条 ROC 曲线的比较

### 7. ROC 曲线的估计与检验

由全部随机抽样资料检测指标值和对应的金标准分类结果，间接获得 ROC 曲线下方图形面积，以对诊断方法分类的准确性进行评价。ROC 曲线下方图形面积估计可以用参数法和非参数法。当样本量较大、相同值较少时，这两种方法的估计结果相似。从总体上对 ROC 曲线下方图形面积进行假设检验，当原假设 $H_0$ 为 ROC 曲线下方图形面积是 0.5 时，说明诊断方法无任何价值；当拒绝原假设 $H_0$ 时，可以推断诊断方法的准确性有统计学意义；当将 ROC 曲线下方图形面积作为总体参数时，还可以同时估计出该参数的置信区间。

### 8. Youden 指数的意义

如果认为灵敏度与特异度同等重要，则从灵敏度和特异度之和取值大的角度构造 Youden 指数（Youden Index，YI），又称正确诊断指数。Youden 指数=灵敏度+特异度-1=灵敏度-(1-特异度)=真阳性率-假阳性率=$a/(a+c)-b/(b+d)$，其取值范围是 0～1。

Youden 指数常用来评价由某种分类检测方法所能获得真阳性和真阴性之总和的能力。

Youden 指数和检测指标是对应关系，基本思路是依次把每个对象的检测指标作为阈值，把全部对象截断为两类（如阳性或阴性），与金标准分类特征（如患病或不患病）交叉分组，把频数放入四格表中，由此求得灵敏度、特异度，进而求得 Youden 指数。

（1）随机抽取一组对象作为检测样本，根据金标准获得两类结果。

（2）根据某种诊断方法依次获得检测指标值，分别作为判断阳性或阴性的阈值。根据检测指标的取值大小把全部对象截断以后，划分为阳性和阴性共两个类别。

（3）根据金标准、诊断方法分别获得的两类结果交叉分组以后，制定四格表，把频数放入四格表中，计算灵敏度和特异度并且绘制坐标点（1-特异度，灵敏度），依次类推，把全部的坐标点连成 ROC 曲线，估算曲线下方图形面积。由坐标点对应的特异度和灵敏度求 Youden 指数，最大 Youden 指数用于寻找由检测指标分类的最佳阈值。

（4）ROC 曲线下方图形面积用于评价诊断方法的准确性，最大 Youden 指数用于确定某种诊断方法检测指标的最佳阈值。如果 ROC 曲线上的坐标点越靠近左上角，那么灵敏度和特异度之和越大、Youden 指数越大，将检测指标用作划分阳性或阴性的阈值就会越适合。

如果 ROC 曲线趋近于平滑曲线，那么在倾斜角为 45°切线上的切点附近，灵敏度和特异度之和取值为最大，此时 Youden 指数最大、相对应的检测指标就是最佳的阈值。

【学习目标】理解 ROC 曲线和 Youden 指数的理论方法，掌握操作流程并阐述结论。

## 【案例实验1】

已知每个受试对象分别由甲和乙两种诊断方法获得检测指标，已知每个受试对象已经根据金标准被确认为患病或未患病。通过 ROC 曲线比较两种诊断方法的准确性。数据资料如表 11-2 所示。

本例的数据文件是"11ROC 曲线（两种检测指标比较）.sav"。

表 11-2 数据资料

| 金标准 | 检测指标1 | 检测指标2 | 金标准 | 检测指标1 | 检测指标2 | 金标准 | 检测指标1 | 检测指标2 |
|---|---|---|---|---|---|---|---|---|
| 0 | 94.9 | 120 | 1 | 124.3 | 135.4 | 1 | 110.5 | 157.4 |
| 1 | 140.2 | 140.9 | 0 | 102.5 | 133.9 | 1 | 127 | 159.4 |

续表

| 金标准 | 检测指标1 | 检测指标2 | 金标准 | 检测指标1 | 检测指标2 | 金标准 | 检测指标1 | 检测指标2 |
|---|---|---|---|---|---|---|---|---|
| 1 | 119.7 | 142.1 | 0 | 104.5 | 147 | 1 | 131.6 | 175.7 |
| 0 | 98.6 | 133 | 1 | 128.7 | 133.8 | 1 | 128.2 | 157.2 |
| 0 | 77.3 | 121.7 | 1 | 130.8 | 119.3 | 0 | 106.9 | 141.7 |
| 1 | 139.9 | 128.8 | 0 | 108.9 | 108.4 | 0 | 107.9 | 141 |
| 0 | 97.9 | 116.6 | 0 | 93.2 | 115.8 | 1 | 118.4 | 153.6 |
| 1 | 134.2 | 130.9 | 0 | 101.3 | 114.7 | 1 | 128 | 153.9 |
| 1 | 112.7 | 124 | 1 | 138.8 | 137.1 | 1 | 126.8 | 154.6 |
| 1 | 104 | 135.8 | 1 | 110.4 | 141.8 | 1 | 104.9 | 164 |
| 1 | 126.7 | 122.7 | 0 | 99.8 | 119.7 | 0 | 100.3 | 129.3 |
| 1 | 123.3 | 158.4 | 0 | 108.3 | 108.7 | 0 | 133.4 | 136 |
| 1 | 120.5 | 141.2 | 0 | 86 | 137.9 | 0 | 90.6 | 144.8 |
| 1 | 130.3 | 131.1 | 1 | 120.6 | 125.5 | 0 | 102.9 | 136.6 |
| 1 | 129.6 | 148 | 0 | 94.9 | 126.6 | 1 | 134.8 | 165.8 |
| 0 | 97.9 | 130.6 | 1 | 102.7 | 142.8 | 0 | 86.4 | 144 |
| 1 | 137.5 | 150.5 | 1 | 126.6 | 147.5 | 1 | 132.8 | 166.6 |
| 1 | 131.2 | 131 | 0 | 103.2 | 122.4 | 0 | 107.7 | 167.5 |
| 1 | 110 | 140.2 | 1 | 123 | 151 | 1 | 128.9 | 144.9 |
| 0 | 99.7 | 117.5 | 1 | 119.9 | 149.8 | 1 | 123.1 | 152.4 |
| 1 | 121 | 135.5 | 1 | 95 | 131.3 | 1 | 135.7 | 139.1 |
| 1 | 131.1 | 131.5 | 1 | 143.6 | 136.2 | 1 | 124.5 | 160.6 |
| 1 | 108.9 | 147.5 | 0 | 84 | 128.3 | 1 | 113.1 | 136.9 |
| 1 | 121.2 | 138 | 0 | 84.2 | 138.8 | 0 | 88.9 | 149.8 |
| 0 | 83 | 132.1 | 0 | 112.9 | 126.8 | 1 | 132.5 | 158.9 |
| 1 | 110.5 | 129.1 | 0 | 98.8 | 142.2 | 0 | 108.9 | 133.5 |
| 1 | 126.8 | 143.4 | 0 | 100.2 | 144.4 | 0 | 112.2 | 152.8 |
| 1 | 115.6 | 155.4 | 0 | 105.4 | 155.4 | 0 | 102.8 | 139 |
| 0 | 95.1 | 155.9 | 1 | 133.1 | 157.4 | 0 | 119.2 | 144.6 |
| 1 | 110.7 | 160.9 | 1 | 114.6 | 171.2 | 1 | 131.1 | 154.5 |
| 0 | 85.6 | 149.9 | 0 | 94 | 162.5 | 0 | 92.4 | 127.7 |
| 0 | 102.5 | 132.1 | 1 | 131.8 | 141.9 | 0 | 77.4 | 138.1 |
| 0 | 114.8 | 142.8 | 0 | 94.1 | 142.1 | | | |
| 0 | 86.2 | 144.5 | 0 | 96.8 | 157.4 | | | |

【数据文件】

定义检验变量"检测指标1""检测指标2",类型均为数值。定义状态变量"金标准",

# 第 11 章 ROC 曲线分析

类型是数值型。定义变量值标签"患病"=1、"未患病"=0。建立数据文件，如图 11-5 所示。

图 11-5 数据文件

【菜单选择】
单击"分析"主菜单，再单击"ROC 曲线图"选项。

【界面设置】
在打开的"ROC 曲线"对话框中，将"检测指标 1""检测指标 2"都选入"检验变量"列表框中，将"金标准"选入"状态变量"列表框中，在"状态变量的值"文本框中输入"1"，在"输出"区域选择"ROC 曲线""对角参考线""标准误和置信区间""ROC 曲线的坐标点"选项，单击"确定"按钮，如图 11-6 所示。

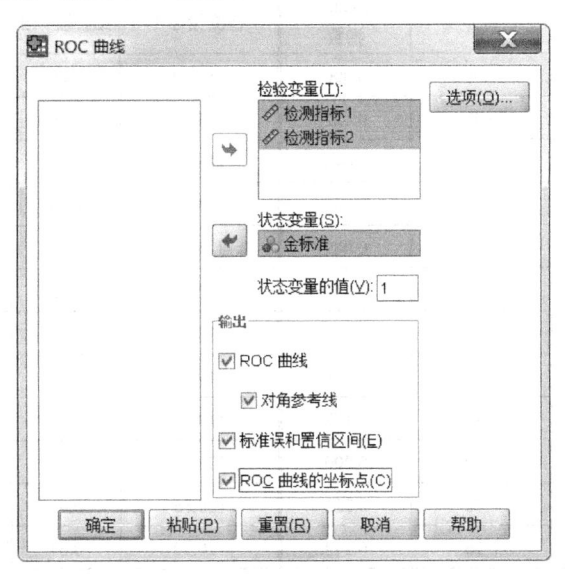

图 11-6 "ROC 曲线"对话框

【结果分析】
ROC 曲线检验的结果如表 11-3 所示。ROC 曲线如图 11-7 所示。

表 11-3 ROC 曲线检验的结果

| 检验变量 | 面积 | 标准误 | 渐近显著性水平 | 95%置信区间 | |
|---|---|---|---|---|---|
| | | | | 下限 | 上限 |
| 检测指标 1 | 0.947 | 0.024 | 0.000 | 0.900 | 0.994 |
| 检测指标 2 | 0.679 | 0.053 | 0.002 | 0.574 | 0.784 |

经分析，检测指标 1 的相伴概率 $P$ 小于 0.001，检测指标 2 的相伴概率 $P$ 为 0.002（小于 0.05），说明两种诊断方法的准确性都有统计学意义。在图 11-7 中，ROC 曲线越集中于左上角，ROC 曲线下方面积越接近 1 时，说明诊断方法的准确性越好。诊断方法 1 的曲线下方面积为 0.947，诊断方法 2 的曲线下方面积为 0.679。经比较，诊断方法 1 的准确性相比更好。

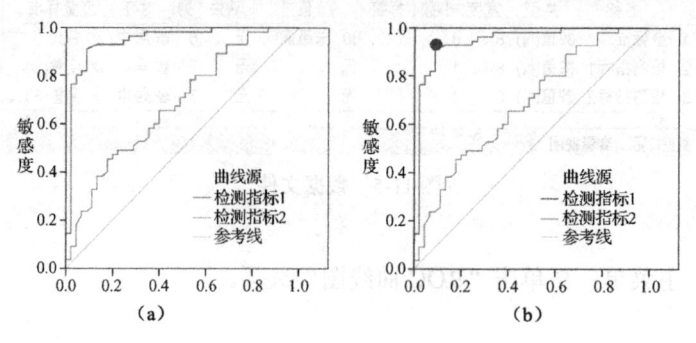

图 11-7 ROC 曲线

将 ROC 曲线中的坐标点导入 Excel，由灵敏度和特异度求得 Youden 指数，如表 11-4 所示。

表 11-4 ROC 曲线坐标点、Youden 指数

| 检测指标 1 | 灵敏度 | 1-特异度 | Youden 指数 | 检测指标 1 | 灵敏度 | 1-特异度 | Youden 指数 |
| --- | --- | --- | --- | --- | --- | --- | --- |
| 76.30 | 1.00 | 1.00 | 0.000 | 112.80 | 0.80 | 0.07 | 0.733 |
| 77.35 | 1.00 | 0.98 | 0.022 | 113.00 | 0.80 | 0.04 | 0.756 |
| 80.20 | 1.00 | 0.96 | 0.044 | 113.85 | 0.78 | 0.04 | 0.737 |
| 83.50 | 1.00 | 0.93 | 0.067 | 114.70 | 0.76 | 0.04 | 0.719 |
| 84.10 | 1.00 | 0.91 | 0.089 | 115.20 | 0.76 | 0.02 | 0.741 |
| 84.90 | 1.00 | 0.89 | 0.111 | 117.00 | 0.75 | 0.02 | 0.723 |
| 85.80 | 1.00 | 0.87 | 0.133 | 118.80 | 0.73 | 0.02 | 0.705 |
| 86.10 | 1.00 | 0.84 | 0.156 | 119.45 | 0.71 | 0.02 | 0.687 |
| 86.30 | 1.00 | 0.82 | 0.178 | 119.80 | 0.69 | 0.02 | 0.669 |
| 87.65 | 1.00 | 0.80 | 0.200 | 120.20 | 0.67 | 0.02 | 0.651 |
| 89.75 | 1.00 | 0.78 | 0.222 | 120.55 | 0.66 | 0.02 | 0.632 |
| 91.50 | 1.00 | 0.76 | 0.244 | 120.80 | 0.64 | 0.02 | 0.614 |
| 92.80 | 1.00 | 0.73 | 0.267 | 121.10 | 0.62 | 0.02 | 0.596 |
| 93.60 | 1.00 | 0.71 | 0.289 | 122.10 | 0.60 | 0.02 | 0.578 |
| 94.05 | 1.00 | 0.69 | 0.311 | 123.05 | 0.58 | 0.02 | 0.560 |
| 94.50 | 1.00 | 0.67 | 0.333 | 123.20 | 0.56 | 0.02 | 0.541 |
| 94.95 | 1.00 | 0.62 | 0.378 | 123.80 | 0.55 | 0.02 | 0.523 |
| 95.05 | 0.98 | 0.62 | 0.360 | 124.40 | 0.53 | 0.02 | 0.505 |
| 95.95 | 0.98 | 0.60 | 0.382 | 125.55 | 0.51 | 0.02 | 0.487 |
| 97.35 | 0.98 | 0.58 | 0.404 | 126.65 | 0.49 | 0.02 | 0.469 |
| 98.25 | 0.98 | 0.53 | 0.448 | 126.75 | 0.47 | 0.02 | 0.451 |

续表

| 检测指标1 | 灵敏度 | 1-特异度 | Youden指数 | 检测指标1 | 灵敏度 | 1-特异度 | Youden指数 |
|---|---|---|---|---|---|---|---|
| 98.70 | 0.98 | 0.51 | 0.471 | 126.90 | 0.44 | 0.02 | 0.414 |
| 99.25 | 0.98 | 0.49 | 0.493 | 127.50 | 0.42 | 0.02 | 0.396 |
| 99.75 | 0.98 | 0.47 | 0.515 | 128.10 | 0.40 | 0.02 | 0.378 |
| 100.00 | 0.98 | 0.44 | 0.537 | 128.45 | 0.38 | 0.02 | 0.360 |
| 100.25 | 0.98 | 0.42 | 0.560 | 128.80 | 0.36 | 0.02 | 0.341 |
| 100.80 | 0.98 | 0.40 | 0.582 | 129.25 | 0.35 | 0.02 | 0.323 |
| 101.90 | 0.98 | 0.38 | 0.604 | 129.95 | 0.33 | 0.02 | 0.305 |
| 102.60 | 0.98 | 0.33 | 0.648 | 130.55 | 0.31 | 0.02 | 0.287 |
| 102.75 | 0.96 | 0.33 | 0.630 | 130.95 | 0.29 | 0.02 | 0.269 |
| 102.85 | 0.96 | 0.31 | 0.653 | 131.15 | 0.26 | 0.02 | 0.232 |
| 103.05 | 0.96 | 0.29 | 0.675 | 131.40 | 0.24 | 0.02 | 0.214 |
| 103.60 | 0.96 | 0.27 | 0.697 | 131.70 | 0.22 | 0.02 | 0.196 |
| 104.25 | 0.95 | 0.27 | 0.679 | 132.15 | 0.20 | 0.02 | 0.178 |
| 104.70 | 0.95 | 0.24 | 0.701 | 132.65 | 0.18 | 0.02 | 0.160 |
| 105.15 | 0.93 | 0.24 | 0.683 | 132.95 | 0.16 | 0.02 | 0.141 |
| 106.15 | 0.93 | 0.22 | 0.705 | 133.25 | 0.15 | 0.02 | 0.123 |
| 107.30 | 0.93 | 0.20 | 0.727 | 133.80 | 0.15 | 0.00 | 0.145 |
| 107.80 | 0.93 | 0.18 | 0.749 | 134.50 | 0.13 | 0.00 | 0.127 |
| 108.10 | 0.93 | 0.16 | 0.772 | 135.25 | 0.11 | 0.00 | 0.109 |
| 108.60 | 0.93 | 0.13 | 0.794 | 136.60 | 0.09 | 0.00 | 0.091 |
| 109.45 | 0.91 | 0.09 | 0.820 | 138.15 | 0.07 | 0.00 | 0.073 |
| 110.20 | 0.89 | 0.09 | 0.802 | 139.35 | 0.06 | 0.00 | 0.055 |
| 110.45 | 0.87 | 0.09 | 0.784 | 140.05 | 0.04 | 0.00 | 0.036 |
| 110.60 | 0.84 | 0.09 | 0.747 | 141.90 | 0.02 | 0.00 | 0.018 |
| 111.45 | 0.82 | 0.09 | 0.729 | 144.60 | 0.00 | 0.00 | 0.000 |
| 112.45 | 0.82 | 0.07 | 0.752 | | | | |

经分析，最靠近 ROC 曲线左上角的坐标点是（0.91,0.09），即灵敏度为 0.91，特异度为 0.91，而求得的最大 Youden 指数为 0.820，从而获得检测指标 1 的最佳阈值 109.45。根据专业知识，检测指标 1 大于 109.45 时认定为阳性、小于 109.45 时认定为阴性。由这个阈值（109.45）把检测指标 1 截断以后，求得真阳性率和真阴性率之和为最大。

## 【案例实验2】

某医生抽取疑似脑瘤患者的 CT 值，根据专业经验将 CT 值异常程度划分成 5 个等级。全部患者根据金标准确认是否患病，给出金标准的两类特征。通过 ROC 曲线评价 CT 值异常程度用于脑瘤诊断时的准确性。数据资料如表 11-5 所示。

本例的数据文件是"11 ROC 曲线（CT 值异常程度）.sav"。

提示：将医生的专业经验作为诊断方法，将异常程度作为检测指标。

表 11-5 数据资料

| 金标准 | 异常程度 | | | | |
|---|---|---|---|---|---|
| | 1 | 2 | 3 | 4 | 5 |
| 患病 | 5 | 7 | 10 | 15 | 40 |
| 未患病 | 42 | 10 | 8 | 4 | 3 |

【数据文件】

（1）交叉表资料。

定义状态变量"金标准"，定义检验变量"异常程度"，定义频数变量"频数"，类型均为数值。定义变量值标签"患病"=1、"未患病"=0。建立数据文件，如图 11-8 所示。

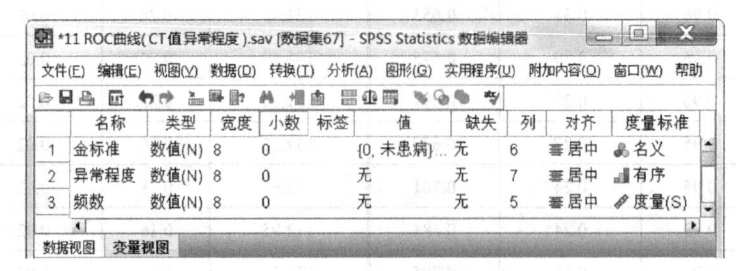

图 11-8 数据文件

【菜单选择】

单击"数据"主菜单，再单击"加权个案"选项。

【界面设置】

在打开的"加权个案"对话框中，将"频数"选入"频数变量"列表框中，单击"确定"按钮，如图 11-9 所示。

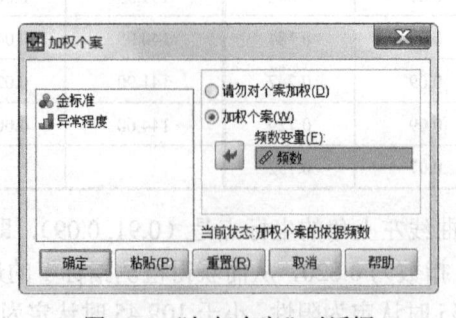

图 11-9 "加权个案"对话框

（2）原始资料。

定义"金标准""异常程度"，类型均为数值。

【菜单选择】

单击"分析"主菜单，再单击"ROC 曲线图"选项。

【界面设置】

在打开的"ROC 曲线"对话框中，将"异常程度"选入"检验变量"列表框中，再把"金标准"选入"状态变量"列表框中,在"状态变量的值"文本框中输入"1",在"输出"区域选择"ROC 曲线""对角参考线""标准误和置信区间""ROC 曲线的坐标点"选项,单击"确定"按钮,如图 11-10 所示。

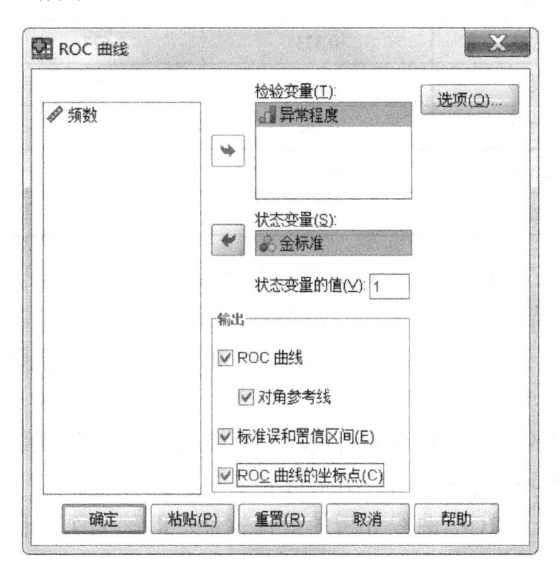

图 11-10 "ROC 曲线"对话框

【结果分析】

ROC 曲线检验的结果如表 11-6 所示。ROC 曲线如图 11-11 所示。

表 11-6 ROC 曲线检验的结果

| 面 积 | 标 准 误 | 渐近显著性水平 | 95%置信区间 | |
|---|---|---|---|---|
| | | | 下 限 | 上 限 |
| 0.881 | 0.029 | 0.000 | 0.823 | 0.938 |

在图 11-11 中,ROC 曲线越靠近左上角,ROC 曲线下方面积就会越接近于 1,说明诊断方法越准确。本例 ROC 曲线下方图形面积是 0.881,说明 CT 值异常程度的经验诊断准确性较好。经检验,相伴概率 $P$ 小于 0.001,说明该诊断方法的准确性有统计学意义。

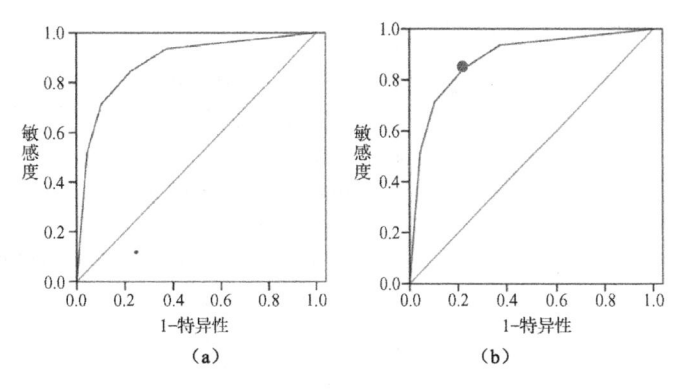

图 11-11 ROC 曲线

将 ROC 曲线中的坐标点导入 Excel,由灵敏度、特异度计算 Youden 指数,如表 11-7 所示。

表 11-7  ROC 曲线坐标点、Youden 指数

| 异常程度 | 灵敏度 | 1-特异度 | 特异度 | Youden 指数 |
|---|---|---|---|---|
| 0.00 | 1.000 | 1.000 | 0.000 | 0.000 |
| 1.50 | 0.935 | 0.373 | 0.627 | 0.562 |
| 2.50 | 0.844 | 0.224 | 0.776 | 0.620 |
| 3.50 | 0.714 | 0.104 | 0.896 | 0.610 |
| 4.50 | 0.519 | 0.045 | 0.955 | 0.475 |
| 6.00 | 0.000 | 0.000 | 1.000 | 0.000 |

经分析，最靠近 ROC 曲线左上角坐标点是（0.844, 0.224），即灵敏度为 0.844，特异度为 0.776，计算 Youden 指数最大值为 0.620。异常程度的阈值是 2.50，说明异常程度大于 2.50 时认定为患病、异常程度小于 2.50 时认定为未患病。由这个阈值把检测指标截断以后，求得真患病率和真未患病率之和为最大。

说明：SPSS 软件中的 ROC 曲线分析模块不很完善，表现在曲线不太美观清晰、参数设置不方便、结果不详细和不能直接计算 Youden 指数等。

下面推荐一款公认用于 ROC 曲线分析的最佳软件，即称为医学计算器的 MedCalc 软件，由其对案例实验 1 演示操作如下。

（1）安装软件。安装 MedCalc 软件以后，出现其主界面，如图 11-12 所示。

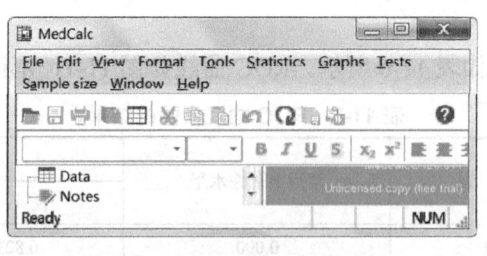

图 11-12  MedCalc 软件主界面

（2）打开数据文件。单击"File"主菜单，再单击"Open"选项，找到文件"11ROC 曲线（两种检测指标比较）.sav"，然后单击"All"按钮，最后单击"OK"按钮，如图 11-13 所示。

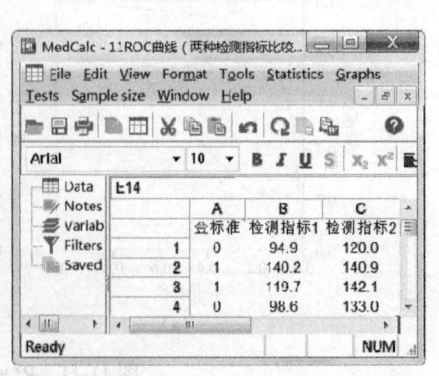

图 11-13  打开数据文件

（3）检测方法比较分析。单击"Statistics"主菜单，再单击"ROC curves"选项，再单击"Comparison of ROC curves"选项，打开"Comparison of ROC curves"对话框。在"Variables"下拉列表中分别选择"检测指标1""检测指标2"选项，在"Classification variable"下拉列表中选择"金标准"选项，在"Methdology"区域默认选择其他选项，单击"OK"按钮，如图 11-14 所示。

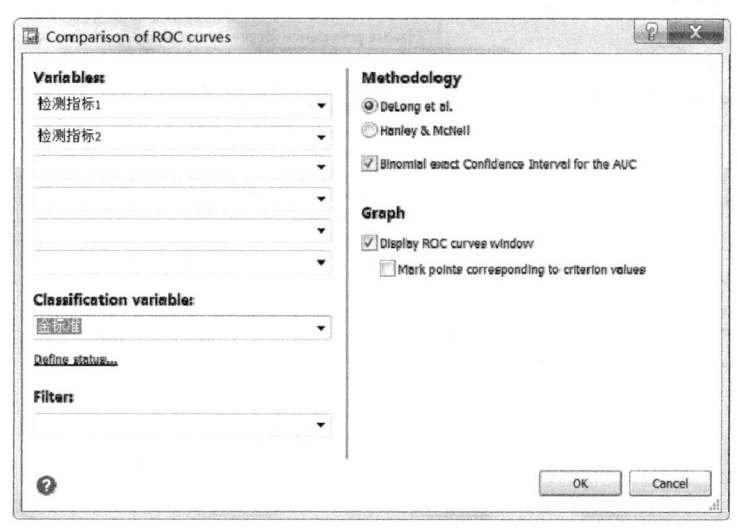

图 11-14　检测方法比较分析设置

MedCalc 软件的运行结果如图 11-15 所示。在图 11-15 中，给出了 ROC 曲线分析的详细结果，包括两种检测方法 ROC 曲线下方图形面积的估计值、标准误、参数估计的95%置信区间，还给出两种检测方法差异性推断结果，并绘制了 ROC 曲线。由于相伴概率 $P$ 小于 0.000 1，说明两种检测方法的准确性差异有统计学意义，检测方法 1 优于检测方法 2。

由图看出，MedCalc 软件比 SPSS 软件的 ROC 曲线清晰度更好一些。

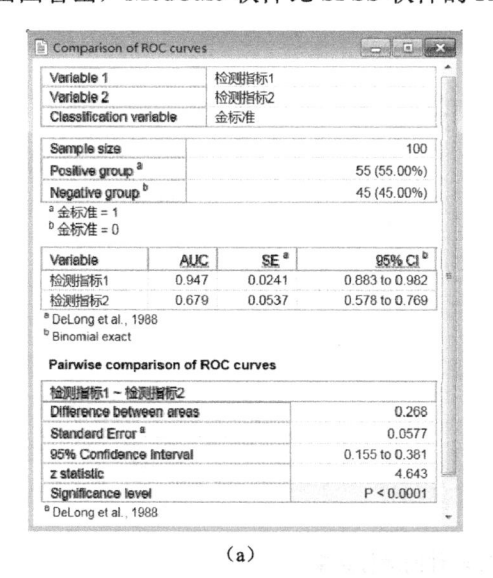

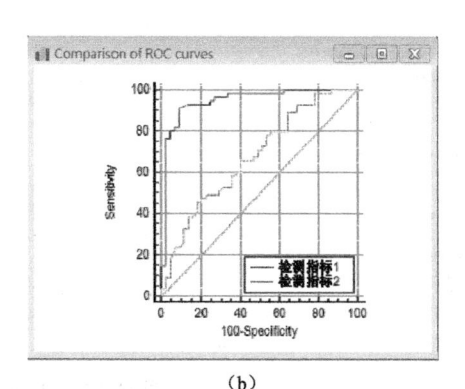

（a）　　　　　　　　　　　　　　　（b）

图 11-15　MedCalc 软件的运行结果

(4) 检测方法 1 的 ROC 曲线分析。单击"Statistics"主菜单，再单击"ROC curves"选项，再单击"ROC curves analysis"选项，打开"ROC curve analysis"对话框。在"Variable"下拉列表中选择"检测指标 1"选项，在"Classification variable"下拉列表中选择"金标准"选项，在"Methdology"区域，默认选择其他选项，单击"OK"按钮，如图 11-16 所示。

图 11-16 检测方法 1 的 ROC 曲线分析设置

MedCalc 软件的运行结果如图 11-17 所示。在图 11-17 中，给出了 ROC 曲线分析的详细结果，包括检测方法 1 的 ROC 曲线下方图形面积估计值、标准误、参数估计的 95%置信区间，还求出了最大 Youden 指数，以及对应的阈值、灵敏度和特异度，绘制了 ROC 曲线。

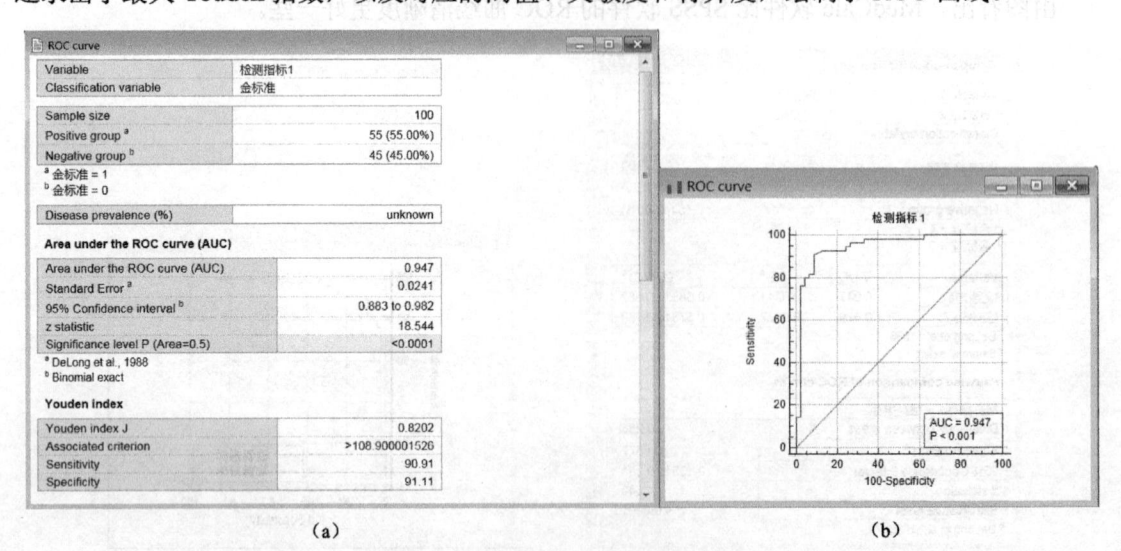

(a)　　　　　　　　　　　　　　　　(b)

图 11-17　MedCalc 软件的运行结果

## 【拓展练习】

【练习1】抽样获取 200 名幼儿病例，先用新方法诊断是否疑似患再生障碍贫血（即阳性或阴性），再以骨髓穿刺作为金标准确认其是否真正患再生障碍贫血（即病例或对照）。计算灵敏度、特异度、Youden 指数。数据资料如表 11-8 所示。

表 11-8 数据资料

| 新方法 | 骨髓穿刺 | |
|---|---|---|
| | 患再生障碍贫血（病例） | 未患再生障碍贫血（对照） |
| 患再生障碍贫血（阳性） | 67 | 12 |
| 未患再生障碍贫血（阴性） | 21 | 90 |

【练习2】抽样获得疑似患者的病理标本资料。根据金标准确认是否患病。检测指标为由细针穿刺测量的细胞核半径。利用 ROC 曲线评价该方法用于疾病诊断时的准确性。数据资料如表 11-9 所示。

表 11-9 数据资料

| 细胞核半径 | 金标准 | 细胞核半径 | 金标准 | 细胞核半径 | 金标准 | 细胞核半径 | 金标准 |
|---|---|---|---|---|---|---|---|
| 15.46 | 1 | 10.03 | 0 | 11.76 | 0 | 13.8 | 1 |
| 12.42 | 0 | 15.13 | 1 | 8.597 | 0 | 13.46 | 0 |
| 15.3 | 1 | 15.46 | 1 | 18.08 | 1 | 25.22 | 1 |
| 11.62 | 0 | 17.85 | 0 | 12.78 | 0 | 12.89 | 0 |
| 13.14 | 0 | 11.89 | 0 | 12.45 | 0 | 12.34 | 0 |
| 13.05 | 0 | 11.3 | 0 | 11.75 | 0 | 14.68 | 1 |
| 9.738 | 0 | 11.99 | 1 | 19.68 | 1 | 13.38 | 0 |
| 11.27 | 0 | 7.691 | 0 | 7.76 | 0 | 11.67 | 0 |
| 13.51 | 0 | 9.742 | 0 | 10.8 | 0 | 14.45 | 1 |
| 13.87 | 0 | 14.29 | 0 | 15.1 | 0 | 11.14 | 0 |
| 17.99 | 1 | 11.41 | 0 | 11.85 | 0 | 14.58 | 1 |
| 11.52 | 0 | 8.196 | 0 | 16.11 | 1 | 12.07 | 0 |

# 第 12 章 Logistic 回归分析

## 12.1 分类变量的回归分析

本章介绍回归分析方法族的一个重要分支——Logistic 回归分析。Logistic 回归分析适合结局变量为二分类、有序多分类和无序多分类资料的情形，可以归入广义线性模型的范畴。对于自变量为线性结构的因果推断模型，变量筛选、参数估计和模型检验方法比较成熟，已经广泛应用于自变量个数较多、类型较复杂的影响因素分析和因果推断建模问题。

**1. 原来方法**

线性回归模型用于分析某个或一组自变量与因变量的线性相关关系。一元线性回归模型表达式为 $Y=\beta_0+\beta_1X_1+\varepsilon$。多元线性回归模型表达式为 $Y=\beta_0+\beta_1X_1+\cdots+\beta_mX_m+\varepsilon$，偏回归系数 $\beta_1,\beta_2,\cdots,\beta_m$ 分别用于解释自变量 $X_1,X_2,\cdots,X_m$ 改变 1 个单位时，引起因变量 $Y$ 的平均变化量。因变量 $Y$ 必须是数值资料且要满足总体服从正态分布的条件。自变量常为数值资料或有序多分类资料，也可以为二分类资料或无序多分类资料。二分类资料可以被直接纳入模型，但无序多分类资料必须在由其派生出一组哑变量以后，再取而代之纳入模型。

多元线性回归模型的用途是筛选对于因变量影响有统计学意义的自变量，估计偏回归系数，由决定系数评估模型拟合效果，进行理论回归方程、偏回归系数的显著性检验，解释偏回归系数的含义，由一组新的自变量观测值去预测因变量的取值及其置信区间。

**2. 新的问题**

在实际问题中，目标事物的取值变化特点不仅可以表现为连续或定量的，也可以表现为离散或定性的，例如从一种取值状态到另一种取值状态，从一个阶段过渡为另一个阶段，从一种等级改变为另一种等级。因变量不仅可以为数值资料，还可以为二分类资料、有序多分类资料或无序多分类资料。二分类资料的两个类别非此即彼，例如有效或无效。有序多分类资料的多个类别有等级差异，例如疗效分为痊愈、显效、好转、无效。无序多分类资料的多个类别没有等级差异，例如治疗方法分为手术、化疗、放疗。

多元线性回归模型 $Y=\beta_0+\beta_1X_1+\cdots+\beta_mX_m+\varepsilon$ 要求因变量 $Y$ 为数值资料，误差 $\varepsilon$ 服从正态分布。实际上，当因变量 $Y$ 为分类资料时，不符合多元线性回归模型假定的误差服从正态分布且满足方差齐性条件的要求，因变量与一组自变量线性组合的理论取值范围无法一致。于是，不妨改变思路，不把分类变量 $Y$ 直接作为因变量，而是用其指定类别发生的概率构造所谓连接函数，并与一组自变量的线性组合建立所谓概率类型的非线性回归模型。

**3. 新的方法**

将分类变量 $Y$ 的某种类别发生的概率 $P$ 或数学函数 $f(P)$ 作为因变量，考虑能否构建模型 $P=\beta_0+\beta_1X_1+\cdots+\beta_mX_m+\varepsilon$ 或 $f(P)=\beta_0+\beta_1X_1+\cdots+\beta_mX_m+\varepsilon$，估计偏回归系数 $\beta_1,\beta_2,\cdots,\beta_m$ 并解释自变量 $X_1,X_2,\cdots,X_m$ 对于分类变量 $Y$ 中某个类别发生概率的影响方向和程度，检验偏回

归系数 $\beta_1, \beta_2, \cdots, \beta_m$ 在理论回归方程中有无统计学意义。

对于结局变量（二分类资料、有序多分类资料、无序多分类资料）来说，模型中因变量构造的方式常见三种情况：某种类别发生与不发生的概率之比、某种类别与另一种类别发生的概率之比、若干个顺次等级之和与其余若干个顺次等级之和发生的概率之比。

例如，将是否患病作为分类变量（属于二分类资料），由患病概率与不患病概率构造因变量；将职业、环境、有无病史作为分类自变量，筛选对于患病有影响的自变量。

又如，将商品种类作为分类变量（属于无序多分类资料），由分别选择两种商品的概率之比构造因变量；将性别、学历作为分类自变量，筛选对商品选择倾向有影响的自变量。

再如，将满意度等级作为分类变量（属于有序多分类资料），由不超过某个等级情形的概率和超过该等级情形的概率之比构造因变量；将性别、职业、学历作为分类自变量，由模型筛选满意度比原来提升一个以上等级时有影响的自变量。

**4．应用特点**

Logistic 回归模型属于广义线性模型，常用于从数据驱动的视角进行因果推断研究，即关注一组自变量与对因变量有无作用、以及对因变量作用大小的解释。

在有些文献中，作者为了使得模型便于理解，直接把结局变量称为模型中的因变量。实际上，因变量不是结局变量本身，而是由结局变量中的类别或等级比例关系构造的，是由与结局变量的类别有密切联系的概率转换而来的。也就是说，模型是由一组自变量与基于概率的转换函数间接进行因果推断，而不是与结局变量直接进行因果推断。

Logistic 回归模型常用于流行病学中的影响因素分析问题，变量选择和资料收集是关键工作。例如，在文献检索或专业讨论的基础上，收集地区、年龄、性别、民族、学历、婚姻、生活、饮食、职业、环境、态度、观点、行为或习惯等因素的抽样观测资料，由模型筛选对于是否患病、更容易患哪种病或患病严重程度影响有统计学意义的因素。

当自变量的个数很多时，先由 $t$ 检验、方差分析、秩和检验或卡方检验进行单因素分析，再对由单因素分析发现有统计学意义的影响因素，纳入 Logistic 回归模型进一步统一筛选。模型设计就是根据科学理论，将专业知识、数据资料与统计学方法结合的探索过程。

本章针对分类变量分别是二分类、无序多分类和有序多分类资料时，基于 Logistic 回归分析进行模型设计，然后由案例演示操作流程，对该模型运行结果进行解读，最终为同类问题模型设计、参数估计和结果解读提供方法论依据。

## 12.2 二分类 Logistic 回归分析

多元线性回归模型不能解释二分类结局变量 $Y$ 与自变量 $X_1, X_2, \cdots, X_m$ 线性相关关系。多元线性回归模型 $Y = \beta_0 + \beta_1 X_1 + ... + \beta_m X_m + \varepsilon$ 的等号两边的理论取值范围不一致。残差方差 $V(\varepsilon)$ 也不再满足方差齐性的条件，表现为误差方差受到自变量取值变化的影响。

以只有一个自变量 $X$ 为例，$Y$ 为二分类结局变量，令 $P(Y=1) = p$，$P(Y=0) = 1-p$，于是有 $E(Y) = 1 \times p + 0 \times (1-p) = p$，$Y = \beta_0 + \beta_1 X + \varepsilon$，$p = E(Y) = \beta_0 + \beta_1 X$。

当 $Y=1$ 时，$\varepsilon = Y - \beta_0 - \beta_1 X = 1 - \beta_0 - \beta_1 X$；当 $Y=0$ 时，$\varepsilon = Y - \beta_0 - \beta_1 X = \beta_0 - \beta_1 X$。

因此，$V(\varepsilon) = E\varepsilon^2 - (E\varepsilon)^2 = (1^2 \times (1-p) + 0^2 \times p) - (1 \times (1-p) + 0 \times p)^2 = p \times (1-p)$。

根据 $p = E(Y) = \beta_0 + \beta_1 X$，得到 $V(\varepsilon) = (\beta_0 + \beta_1 X) \times (1 - \beta_0 - \beta_1 X)$，说明 $V(\varepsilon)$ 随着自变量 $X$

变化而变化，不满足方差齐性条件，因此不能使用最小二乘法进行参数估计。

不妨由二分类结局变量 $Y$ "目标事件发生"概率 $P$ 构造 $\ln(P/(1-P))$ 作为因变量，并假设其与自变量 $X_1, X_2, \cdots, X_m$ 之间有线性相关关系，从而建立概率型非线性回归模型。

### 1. 提出背景

假设事件 $Y$ 为二分类形式的结局变量，定义变量值标签"目标事件发生"（$Y=1$）、"目标事件不发生"（$Y=0$），它们是非此即彼的对立事件，如阴性或阳性、患病或未患病、生存或死亡。不妨把阳性、患病或死亡作为目标事件，如果标记"目标事件发生"（$Y=1$）的概率为 $P$，那么 $1-P$ 是"目标事件不发生"（$Y=0$）的概率。

如果把影响"目标事件发生"（$Y=1$）的多个因素 $X_1, X_2, \cdots, X_m$ 作为自变量，那么一组自变量 $X_1, X_2, \cdots, X_m$ 的线性组合在理论上的取值范围是 $(-\infty, +\infty)$。

思考①：建立多元线性回归模型 $P = \beta_0 + \beta_1 X_1 + \beta_2 X_2 + \cdots + \beta_m X_m$，那么概率 $P$ 在理论上的取值范围是 $(-\infty, +\infty)$，与概率性质 $0 \leq P \leq 1$ 矛盾，说明无法一致。当采用多元线性回归分析时，其误差服从正态分布且满足方差齐性条件的要求也不能满足。

思考②：构造关于概率 $P$ 的某种单调函数 $f(P)$。$f(P)$ 在理论上的取值范围是 $(-\infty, +\infty)$，由它与自变量 $X_1, X_2, \cdots, X_m$ 的线性组合用于构建广义线性模型。

引入"目标事件发生"的概率与"目标事件不发生"的概率的比值 $P/(1-P)$。$P/(1-P)$ 在理论上的取值范围是 $(0, +\infty)$，那么 $\ln(P/(1-P))$ 在理论上的取值范围是 $(-\infty, +\infty)$，线性组合 $\beta_0 + \beta_1 X_1 + \beta_2 X_2 + \cdots + \beta_m X_m$ 在理论上的取值范围是 $(-\infty, +\infty)$，说明可以一致。

思考③："目标事件发生"的概率 $P$ 的函数 $f(P) = \ln(P/(1-P))$ 作为因变量，也就是将 $P/(1-P)$ 转换为 $\ln(P/(1-P))$。$f(P)$ 与 $\beta_0 + \beta_1 X_1 + \beta_2 X_2 + \cdots + \beta_m X_m$ 在理论上的取值范围都是 $(-\infty, +\infty)$。该做法巧妙地解决了分类变量无法直接用作因变量的难题。"Logit"由"Logarithm"和"it"组成，其意思就是"对它取对数"。Logit 模型又称 Logistic 回归模型。

以上转换思路 $x = \ln(y/(1-y))$ 就是利用了 Logistic 函数 $y = 1/(1+e^{-x})$，这个函数又称为 $(0,1)$ 型 Sigmoid 函数，直观演示为类似"S"形状曲线，该曲线先放缓、后加速、出现拐点以后又放缓、逐渐趋于稳定并达到饱和形态，如图 12-1 所示。

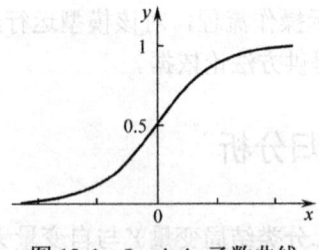

图 12-1 Logistic 函数曲线

从图 12-1 看出，定义域是 $(-\infty, +\infty)$，值域是 $(0,1)$，对称中心点即拐点 $(0, 0.5)$。当直线 $y=0$、直线 $y=1$ 为水平渐近线。当 $x \to -\infty$ 时，$y \to 0$；当 $x \to +\infty$ 时，$y \to 1$。

自变量 $X$ 可以无限增加或减小，既可以趋于 $-\infty$、又可以趋于 $+\infty$。因变量 $Y$ 不会向上或向下无限延伸，在接近 0 或 1 时平缓弯曲且无法突破界限。与线性函数不同，Logistic 函数无法表示自变量 $X$ 改变一个单位时引起因变量 $Y$ 变化的固定幅度为多大。当自变量在不同区域中取值时，自变量 $X$ 取值固定单位的变化引起因变量 $Y$ 变化的幅度也会不一样，在靠近水平坐标轴的两端时，自变量 $X$ 很大变化时只会引起因变量 $Y$ 微小变化；在靠近中央拐点时，自变量 $X$ 微小变化时却会引起因变量 $Y$ 很大变化。也就是说，自变量 $X$ 在靠近两端时对因变量的影响似乎比在中央时更小；当自变量 $x$ 靠近中央时，这条曲线更接近一条直线。

实际上，还有其他非线性函数曲线具有类似"S"形的特点，如标准正态分布的累计概率函数 $\Phi(x)=\int_{-\infty}^{x} e^{-t^2/2}/\sqrt{2\pi} dt$ 的反函数 $\Phi^{-1}(\cdot)$。正是由于此类函数结构简单，易于解释偏回归系数的含义，已经由此发展完善出一套成熟且有推广意义的广义线性模型。

例如，在病因学研究中，与"目标事件发生"的概率（如"患病"的概率）有关的生活、工作、职业、性别、环境、病史等自变量，在"患病"和"未患病"的人群中都会有差异。于是根据随机抽样资料，建立二分类 Logistic 回归模型，经过参数估计和检验以后，推断对"患病"有影响的有统计学意义的自变量，解释其对患病影响的方向和程度。

**2. 模型构建**

以 Logit 函数 $P=1/(1+e^{-x})$ 作为依据构建因变量，令 $\ln(P/(1-P))=$ 自变量线性组合，即 $P=1/\left(1+e^{-(自变量线性组合)}\right)$，从而以"目标事件发生"的概率 $P$ 的函数 $f(P)=\ln(P/(1-P))$ 作为因变量，与自变量 $X_1, X_2, \cdots, X_m$ 建立理论上的概率型非线性回归模型

$$f(P)=\ln(P/(1-P))=\beta_0+\beta_1 X_1+\beta_2 X_2+\cdots+\beta_m X_m+\varepsilon$$

式中，随机误差项 $\varepsilon$ 服从 Logistic 分布。

随着"目标事件发生"的概率 $P$ 变大，$P/(1-P)$ 将变大，$f(P)=\ln(P/(1-P))$ 也将变大。如果偏回归系数 $\beta_j$ 大于 0，那么自变量 $X_j$ 与 $\ln(P/(1-P))$ 的变化方向将会一致。

当 $P \to 0$ 时，$f(P) \to -\infty$；当 $P \to 1$ 时，$f(P) \to +\infty$；当 $P=0.5$ 时，$f(P)=0$。

舍去随机误差项 $\varepsilon$，以上概率型非线性回归模型的等价形式为

$$P=\frac{e^{\beta_0+\beta_1 X_1+\beta_2 X_2+\cdots+\beta_m X_m}}{1+e^{\beta_0+\beta_1 X_1+\beta_2 X_2+\cdots+\beta_m X_m}} \text{ 或 } P=\frac{1}{1+e^{-(\beta_0+\beta_1 X_1+\beta_2 X_2+\cdots+\beta_m X_m)}}$$

当只有一个自变量时，构造一元 Logistic 回归模型 $\ln(P/(1-P))=\beta_0+\beta_1 X$。

经过数学转换以后，获得两种等价形式

$$P=\frac{e^{\beta_0+\beta_1 X}}{1+e^{\beta_0+\beta_1 X}} \text{ 或 } P=\frac{1}{1+e^{-(\beta_0+\beta_1 X)}}$$

式中，常数项 $\beta_0$ 表示当自变量 $X_1, X_2, \cdots, X_m$ 取值为 0 或处于基线水平时，"目标事件发生"的概率 $P$ 与"目标事件不发生"的概率 $1-P$ 之比的自然对数，即因变量 $\ln(P/(1-P))$。

偏回归系数 $\beta_j$ $(j=1,2,\cdots,m)$ 表示当其余自变量 $X_1, X_2, \cdots, X_j, X_{j+1}, X_m$ 固定不变时，每当自变量 $X_j$ 增加 1 个单位，将会引起因变量 $\ln(P/(1-P))$ 平均增加了 $\beta_j$ 个单位。

以上这种说法的含义解释其实不够直观，为此引入优势比 $P/(1-P)$ 的概念，将偏回归系数 $\beta_j$ 转换为以 e 为底数的指数函数 $e^{\beta_j}$ 形式。$e^{\beta_j}$ 又称指数化的参数，与 $\beta_j$ 一一对应，其含义解释比 $\beta_j$ 的含义解释更为直观，并且使得当自变量变化时，对于二分类结局变量中两个类别之间关系的规律认识更为符合实际。

**3. 模型解释**

1）优势和优势比

当自变量取特定值或因素取特定水平时，"目标事件发生"的概率 $P$ 与"目标事件不发生"

的概率$1-P$的比值$P/(1-P)$称为优势。在两个情况下，分别求得"目标事件发生"的概率$P$与"目标事件不发生"的概率$1-P$的比值$P/(1-P)$，两个比值相除得"比值的比值"，即优势比（Odds Ratio，OR）。

例如，二分类结局变量$Y$有"患病"（$Y=1$）、"未患病"（$Y=0$）两种情况，假设"患病"是"目标事件发生"。指定某个因素$X$是二分类变量，"暴露"（$X=1$）、"不暴露"（$X=0$）。

假设因素$X$"暴露"（$X=1$），求"患病"的概率$P_{暴露}$与"未患病"的概率$1-P_{暴露}$之比$P_{暴露}/(1-P_{暴露})$。又假设因素$X$"不暴露"（$X=0$），求"患病"的概率与"未患病"的概率之比$P_{不暴露}/(1-P_{不暴露})$。其中，$P_{暴露}=P(Y=1)$，$P_{不暴露}=P(Y=0)$。

如果以因素$X$的不暴露水平作为参照，那么暴露水平的优势比计算公式为

$$\text{OR}=\left(P_{暴露}/(1-P_{暴露})\right)/\left(P_{不暴露}/(1-P_{不暴露})\right)$$

◇ 当优势比大于1时，因素$X$"暴露"会引起"患病"（$Y=1$）的概率变大，说明该因素$X$"暴露"将会使得"目标事件发生"的危险性增加，故称为危险因素。

◇ 当优势比小于1时，因素$X$"暴露"时会引起"患病"（$Y=1$）的概率变小，说明该因素$X$"暴露"将会使得"目标事件发生"的危险性减小，故称为保护因素。

在队列研究中，定义相对危险度为"暴露"引起"患病"的概率与"不暴露"引起"患病"的概率的比值，即$\text{RR}=P_{暴露}/P_{不暴露}$。可见，相对危险度RR与优势比OR的定义不同。如果"暴露"引起"患病"的概率$P_{暴露}$很小，那么"不暴露"引起"患病"的概率$P_{不暴露}$就会更小，此时两者有近似关系，即$\text{OR}=\left(P_{暴露}/(1-P_{暴露})\right)/\left(P_{不暴露}/(1-P_{不暴露})\right)\approx P_{暴露}/P_{不暴露}=\text{RR}$。

2）偏回归系数与优势比的对应关系

由Logit函数特点解释Logistic回归模型中的偏回归系数与优势比的关系。

假设自变量$X$取值为$k_1,k_2$，且$k_2>k_1$，自变量$X$取值由$k_1$改为$k_2$，其余自变量取值固定不变。令"目标事件发生"（$Y=1$）的概率为$P$，自变量$X$变化前后的因变量为

$$\ln(P/(1-P))_{变化后}=\cdots+\beta k_2+\cdots;\quad \ln(P/(1-P))_{变化前}=\cdots+\beta k_1+\cdots$$

将上面两式相减并引入对数的性质，当$X$取值由$k_1$变成$k_2$时，可以求得

$$\ln\frac{(P/(1-P))_{变化后}}{(P/(1-P))_{变化前}}=\beta(k_2-k_1)$$

等价变形为

$$\text{OR}=\frac{(P/(1-P))_{变化后}}{(P/(1-P))_{变化前}}=e^{\beta(k_2-k_1)}$$

例如，"患病"（$Y=1$）是目标事件发生，如果自变量$X$是二分类变量，"暴露"（$X=1$）、"不暴露"（$X=0$），那么由"不暴露"变成"暴露"时，求得$\text{OR}=e^{\beta\times(1-0)}=e^{\beta}$。

又如，年龄$X$是数值变量，那么由25岁改为30岁时，类似求得$\text{OR}=e^{\beta\times(30-25)}=e^{5\beta}$。

偏回归系数$\beta_j$表示其余自变量固定不变时，如果自变量$X_j$增加1个单位，那么将会引起因变量$\ln(P/(1-P))$平均增加$\beta_j$个单位，但是$\beta_j$的含义解释不直观。当把偏回归系数$\beta_j$转换为$\text{OR}=e^{\beta_j}$以后，OR的含义解释就变得更为直观了。此外，OR的计算与$\beta_0$没有任何关系。

以下针对OR的含义解释进行几点说明。

说明①：OR的含义解释要以自变量的基线状态作为参照类别。

◇ 二分类变量或哑变量情形：二分类变量的基线状态为0，变量值标签定义为0和1。

如果将变量值标签已经定义为 1 或 2，那么可以将其改为 0 或 1。OR 解释为自变量 $X$ 由 0 变成 1 时"目标事件发生"的优势比。

◇ 无序多分类变量情形：由无序多分类变量派生出一组哑变量并取而代之纳入模型，将指定的基线状态作为参照类别。每个哑变量的 OR 分别用于解释自变量 $X$ 由参照类别改为某个指定类别时目标事件发生的优势比。

◇ 有序多分类变量情形：有序多分类变量的基线状态比其当前小一个等级时。OR 解释为自变量 $X$ 增加 1 个等级以后目标事件发生的优势比。

◇ 数值变量情形：数值变量的基线状态比其当前小一个单位时。OR 解释为自变量 $X$ 增加 1 个单位以后目标事件发生的优势比。

说明②：OR 用于讨论优势比的变化方向和大小。

◇ 当参数 $\beta>0$ 时，$\left(P/(1-P)\right)_{变化后}/\left(P/(1-P)\right)_{变化前}=\text{OR}>1$，表示"目标事件发生"的概率与"目标事件不发生"的概率的比值变大，说明自变量 $X$ 取值变大是危险因素。

◇ 当参数 $\beta<0$ 时，$\left(P/(1-P)\right)_{变化后}/\left(P/(1-P)\right)_{变化前}=\text{OR}<1$，表示"目标事件发生"的概率与"目标事件不发生"的概率的比值变小，说明自变量 $X$ 取值变大是保护因素。

◇ 当参数 $\beta=0$ 时，$\left(P/(1-P)\right)_{变化后}/\left(P/(1-P)\right)_{变化前}=\text{OR}=1$，表示"目标事件发生"的概率与"目标事件不发生"的概率的比值不变，说明自变量 $X$ 取值变化是无关因素。

"目标事件发生"一般是指结局变量的终点状态，如流行病学中的死亡、患病等。暴露因素可以是性别、职业、行为、生活、环境、病史、手术方式等。危险因素是引起"目标事件发生"的概率增加的因素。保护因素是引起目标事件发生概率减少的因素。

说明③：$\beta_0$ 表示所有自变量取值为 0（基线状态）时，"目标事件发生"的概率与"目标事件不发生"的概率的比值取自然对数，即为 $\ln(P/(1-P))$，$\exp(\beta_0)$ 表示"目标事件发生"的优势比。虽然 $\beta_0$ 或 $\exp(\beta_0)$ 的含义很明确，但是实际上没有应用参考价值。

有时候，标准化偏回归系数可以通过算法消除量纲，用于比较自变量对因变量影响的相对大小，但是对于二分类变量或哑变量来说，标准化偏回归系数没有明确的参考意义。

3）以四格表资料演示优势比的求法

假设结局变量 $Y$ 和自变量 $X$ 都是二分类变量，下面由四格表资料演示优势比的求法。

令 $P$ 为"目标事件发生"（$Y=1$）的概率。四格表资料（一）如表 12-1 所示。

表 12-1　四格表资料（一）

|  | "暴露"（$X=1$） | "不暴露"（$X=0$） |
|---|---|---|
| "目标事件发生"（$Y=1$） | $a$ | $b$ |
| "目标事件不发生"（$Y=0$） | $c$ | $d$ |

（1）优势比的第一种求法。

由优势比的定义可得

$$\text{OR}=\frac{\left(P/(1-P)\right)_{暴露}}{\left(P/(1-P)\right)_{不暴露}}=\left(\frac{a/(a+c)}{c/(a+c)}\right)\bigg/\left(\frac{b/(b+d)}{d/(b+d)}\right)=ad/bc\text{，即 OR}=ad/bc$$

当"暴露"（$X=1$）时，"目标事件发生"（$Y=1$）的概率与"目标事件不发生"（$Y=0$）的概率之比为 $(a/(a+c))/(c/(a+c))$，即 $a/c$。

当"不暴露"（$X=0$）时，"目标事件发生"（$Y=1$）的概率与"目标事件不发生"（$Y=0$）的概率之比为$(b/(b+d))/(d/(b+d))$，即$b/d$。

将上述两者相除后，求出"暴露"（$X=1$）时"目标事件发生"（$Y=1$）的优势比OR为$ad/bc$。

(2) 优势比的第二种求法。

建立模型 $\ln(P/(1-P))=\beta_0+\beta_1 X$，将"暴露"（$X=1$），"不暴露"（$X=0$）分别代入得

$$\ln(P/(1-P))_{暴露}=\beta_0+\beta\times 1, \quad \ln(P/(1-P))_{不暴露}=\beta_0+\beta\times 0$$

将上面两式相减后可得

$$\ln(OR)=\ln\frac{(P/(1-P))_{暴露}}{(P/(1-P))_{不暴露}}=\beta, \quad OR=\frac{(P/(1-P))_{暴露}}{(P/(1-P))_{不暴露}}=\exp(\beta)$$

由以上两种优势比的求法求得的优势比 OR 分别为 $ad/bc$ 和 $\exp(\beta)$，从而得到偏回归系数$\beta$为$\ln(ad/bc)$。

4) 基于最大似然法的参数估计简单演示

在多元线性回归模型中，因变量为数值资料，采用最小二乘法估计参数。

在 Logistic 回归模型中，结局变量为分类资料，误差服从二项分布，最小二乘法失效，可以采用最大似然法估计参数 $\beta$，求得优势比 OR。当样本量大且抽样代表性好时，OR 估计值稳定，统计分析结果有参考意义。最大似然法的基本思路是构造似然函数并取自然对数（对数似然函数），为了使得函数取最大值，分别关于某个参数的偏导数为 0，由 Newton-Raphson 迭代算法求解方程组以后，求得参数估计值和标准误。四格表资料（二）如表 12-2 所示。

表 12-2　四格表资料（二）

| | "暴露"（$X=1$） | "不暴露"（$X=0$） |
|---|---|---|
| "目标事件发生"（$Y=1$） | $P_{暴露}$ | $P_{不暴露}$ |
| "目标事件不发生"（$Y=0$） | $1-P_{暴露}$ | $1-P_{不暴露}$ |

给定某个因素 $X$，令 $P$ 为"目标事件发生" $Y=1$ 的概率。

在上述四格表资料中，经过交叉分组以后的频数为 $a$，$b$，$c$，$d$。

当因素 $X$ "暴露"（$X=1$）时，由模型求得

$$P_{暴露}=\frac{e^{\beta_0+\beta_1}}{1+e^{\beta_0+\beta_1}}, \quad 1-P_{暴露}=\frac{1}{1+e^{\beta_0+\beta_1}}$$

当因素 $X$ "不暴露"（$X=0$）时，由模型求得

$$P_{不暴露}=\frac{e^{\beta_0}}{1+e^{\beta_0}}, \quad 1-P_{不暴露}=\frac{1}{1+e^{\beta_0}}$$

最大似然法的基本原理是已知从总体中随机抽取 $n$ 组样本观测值，那么将要估计的一组参数值应该使得出现这样的样本观测值的可能性最大。

最大似然函数为

$$L=\left(\frac{e^{\beta_0+\beta_1}}{1+e^{\beta_0+\beta_1}}\right)^a\left(\frac{e^{\beta_0}}{1+e^{\beta_0}}\right)^b\left(\frac{1}{1+e^{\beta_0+\beta_1}}\right)^c\left(\frac{1}{1+e^{\beta_0}}\right)^d$$

对上式等号两边取对数，即可将 $L$ 最大值的求法等价转换为 $\ln L$ 最大值的求法。

由二元函数极值的知识，分别对 $\ln L$ 关于 $\beta_0$ 和 $\beta_1$ 求偏导数，列出方程组并求得估计值为

$$\hat{\beta}_0 = \ln b - \ln d, \quad \hat{\beta}_1 = \ln(ad) - \ln(bc)$$

基于最大似然法的参数估计使用 Newton-Raphson 迭代算法，由 SPSS 或 SAS 软件实现。

### 4．不同类型自变量的特点

1）数值自变量

数值自变量直接纳入模型，OR 解释为自变量增加 1 个单位以后目标事件发生的优势比。当自变量为 $X_j+1$ 时，模型表达式为

$$\ln(P/(1-P))_{变化后} = \beta_0 + \beta_1 X_1 + \cdots + \beta_j(X_j+1) + \cdots + \beta_m X_m$$

当自变量为 $X_j$ 时，模型表达式为

$$\ln(P/(1-P))_{变化前} = \beta_0 + \beta_1 X_1 + \cdots + \beta_j X_j + \cdots + \beta_m X_m$$

上面两式相减以后，根据对数性质引入数学转换为

$$\ln \frac{(P/(1-P))_{变化后}}{(P/(1-P))_{变化前}} = \beta_j$$

于是，求得自变量增加 1 个单位以后的 OR 为

$$OR = \frac{(P/(1-P))_{变化后}}{(P/(1-P))_{变化前}} = e^{\beta_j}$$

也就是说，当自变量增加 1 个单位以后，优势 $P/(1-P)$ 增加了 $e^{\beta_j}-1$ 倍或 $(e^{\beta_j}-1)\times 100\%$。

2）二分类自变量

二分类自变量最好习惯性使用"0、1"编码形式，那么直接纳入模型。如果为"1、2"等其他编码形式，那么最好修改为"0、1"形式以后再取而代之纳入模型，OR 解释为自变量取值由"0"变成"1"时引起"目标事件发生"的优势比。

例如，结局变量 $Y$ 是二分类变量，目标事件发生是"患病"（$Y=1$），自变量是 $X_j$，"有病史"（$X_j=1$）、"无病史"（$X_j=0$），OR 解释为"无病史"改为"有病史"引起"患病"的优势比。如果 OR>1，那么"有病史"（$X_j=1$）引起"患病"的优势超过"无病史"（$X_j=0$）引起"患病"的优势，也就是说"有病史"将会增大"患病"的风险。

当自变量 $X_j$ 为 1 时，模型表达式为

$$\ln(P/(1-P))_{有病史} = \beta_0 + \beta_1 X_1 + \beta_2 X_2 + \cdots + \beta_j \times 1 + \cdots + \beta_m X_m$$

当自变量 $X_j$ 为 0 时，模型表达式为

$$\ln(P/(1-P))_{无病史} = \beta_0 + \beta_1 X_1 + \beta_2 X_2 + \cdots + \beta_j \times 0 + \cdots + \beta_m X_m$$

上面两式相减后可得

$$\ln \frac{(P/(1-P))_{有病史}}{(P/(1-P))_{无病史}} = \beta_j$$

于是，"无病史"改为"有病史"以后，"患病"的优势比为

$$OR = \frac{(P/(1-P))_{有病史}}{(P/(1-P))_{无病史}} = e^{\beta_j}$$

也就是说，"无病史"改为"有病史"以后，优势 $P/(1-P)$ 增加了 $e^{\beta_j}-1$ 倍，也就是增加了 $(e^{\beta_j}-1)\times 100\%$。

### 3）有序多分类自变量

如果有序多分类自变量中的等级程度按照相等间隔递进增加的变化，即认为类别之间是等距的，那么就可以类似数值自变量那样直接纳入模型，结果解释也与数值自变量类似。OR 解释为自变量 $X_j$ 每增加 1 个等级以后"目标事件发生"的优势比。

当自变量为 $X_j +1$ 时，模型表达式为

$$\ln(P/(1-P))_{变化后} = \beta_0 + \beta_1 X_1 + \cdots + \beta_j(X_j+1) + \cdots + \beta_m X_m$$

当自变量为 $X_j$ 时，模型表达式为

$$\ln(P/(1-P))_{变化前} = \beta_0 + \beta_1 X_1 + \cdots + \beta_j X_j + \cdots + \beta_m X_m$$

上面两式相减后，根据对数性质引入数学变换为

$$\ln\frac{(P/(1-P))_{变化后}}{(P/(1-P))_{变化前}} = \beta_j$$

于是，自变量增加 1 个等级以后的优势比为

$$\text{OR} = \frac{(P/(1-P))_{变化后}}{(P/(1-P))_{变化前}} = e^{\beta_j}$$

也就是说，当自变量增加 1 个等级以后，优势 $P/(1-P)$ 增加了 $e^{\beta_j}-1$ 倍，也就是增加了 $(e^{\beta_j}-1)\times 100\%$。

下面以"年龄"或"白细胞个数"对"患病"的影响为例，以下有几点说明。

（1）"年龄"或"白细胞个数"作为数值自变量纳入模型，OR 解释为"年龄"每增长 1 岁或"白细胞个数"增加 1 个以后引起"患病"的优势比。

（2）"患病"的概率会随着"年龄"增长或"白细胞个数"增加而上升，然而在"年龄"每增长 1 岁或"白细胞个数"增加 1 个时引起"患病"的优势比 OR 接近 1，可能没有统计学意义。于是，必须先对数值自变量"年龄"或"白细胞个数"进行统计分组预处理，转换为"年龄组"或"白细胞等级"，OR 解释为"年龄组"或"白细胞等级"每上升 1 个等级引起"患病"的优势比。

（3）当把"年龄"划分成"年龄组"以后，如果仅将其看作人口学分组特征，那么"年龄组"就看作无序多分类变量，由其派生出一组哑变量并取而代之纳入模型。每个哑变量的 OR 依次用于解释把参照的"年龄组"改为指定的某个"年龄组"而引起"患病"的优势比。

### 4）无序多分类自变量

如果有序多分类变量的类别不是等距的，或者有意放弃等级测量信息，将不同等级看作不同的类别或属性，那么应该将其看作无序多分类自变量来对待，由其派生出一组哑变量并且取而代之纳入模型，OR 解释为由参照类别改为指定类别时目标事件发生的优势比。

无序多分类变量的值标签只用于标记类别、没有大小差异，且必须转换为一组虚拟的哑变量以后，才能纳入模型。如果将无序多分类变量直接纳入 Logistic 回归方程，则软件会将其按照数值变量来进行处理和解释。仅以二分类变量为例，如果男性赋值"1"、女性赋值"2"，则性别纳入模型时会在数值上自动将"女性"解释为"男性"的 2 倍。

每个哑变量均为二分类资料、必须取值为 0 或 1。鉴于一组哑变量的取值对于类别有指示作用，又称指示变量。假设将无序多分类变量划分为 $k$ 个类别（$k \geq 2$），并派生出一组共有 $k-1$ 个哑变量。找到参照类别并作为无序多分类变量的基线状态，参照类别在每个哑变量中的赋

值为 0，其余类别在某个哑变量中的赋值为 1 而在其他哑变量中的赋值为 0。每个哑变量的 OR 分别用于解释由参照类别改为指定类别时目标事件发生的优势比。

举例演示，"选举是否参与" $Y$ 作为结局变量，$Y=1$ 表示"选举参与"，$Y=0$ 表示"选举不参与"。"教育程度" $X_1$ 为无序多分类自变量，有 4 个类别："小学"=1、"初中"=2、"高中"=3、"大学"=4。由"教育程度" $X_1$ 派生出一组哑变量 $X_1(1), X_1(2), X_1(3)$。"教育程度"的每个类别和一组哑变量的赋值建立一一对应关系。假设以"小学"作为参照类别，那么分别将所有类别（"初中""高中""大学""小学"）转换为一组共有 3 个哑变量的赋值。

哑变量及其赋值如表 12-3 所示。

表 12-3 哑变量及其赋值

| 教育程度 | $X_1(1)$ | $X_1(2)$ | $X_1(3)$ |
|---|---|---|---|
| 初中 | 1 | 0 | 0 |
| 高中 | 0 | 1 | 0 |
| 大学 | 0 | 0 | 1 |
| 小学 | 0 | 0 | 0 |

假设建立的二分类 Logistic 回归模型表达式为
$$\ln(P/(1-P)) = \beta_0 + (\beta_1 X_1(1) + \beta_2 X_1(2) + \beta_3 X_1(3)) + \cdots + \beta_m X_m$$

其余自变量固定不变，把"教育程度"的每个类别替换成一组哑变量的赋值，代入模型。

◇ "小学"=1 ⇔ "0,0,0"，将 3 个哑变量的赋值依次代入模型表达式
$$\ln(P/(1-P))_{小学} = \beta_0 + (\beta_1 \times 0 + \beta_2 \times 0 + \beta_3 \times 0) + \cdots + \beta_m X_m$$

◇ "初中=2" ⇔ "1,0,0"，将 3 个哑变量的赋值依次代入模型表达式
$$\ln(P/(1-P))_{初中} = \beta_0 + (\beta_1 \times 1 + \beta_2 \times 0 + \beta_3 \times 0) + \cdots + \beta_m X_m$$

◇ "高中=3" ⇔ "0,1,0"，将 3 个哑变量的赋值依次代入模型表达式
$$\ln(P/(1-P))_{高中} = \beta_0 + (\beta_1 \times 0 + \beta_2 \times 1 + \beta_3 \times 0) + \cdots + \beta_m X_m$$

◇ "大学=4" ⇔ "0,0,1"，将 3 个哑变量的赋值依次代入模型表达式
$$\ln(P/(1-P))_{大学} = \beta_0 + (\beta_1 \times 0 + \beta_2 \times 0 + \beta_3 \times 1) + \cdots + \beta_m X_m$$

以"小学"作为参照类别，其他 3 个模型表达式分别与第一个模型表达式相减，并根据对数性质引入数学变换为

◇ $\ln(P/(1-P))_{初中} - \ln(P/(1-P))_{小学} = \ln OR_{初中} = \beta_1$，可以解释为把"小学"类别改为"初中"类别以后的 $OR_{初中} = e^{\beta_1} = \exp(\beta_1)$。

◇ $\ln(P/(1-P))_{高中} - \ln(P/(1-P))_{小学} = \ln OR_{高中} = \beta_2$，可以解释为把"小学"类别改为"高中"类别以后的 $OR_{高中} = e^{\beta_2} = \exp(\beta_2)$。

◇ $\ln(P/(1-P))_{大学} - \ln(P/(1-P))_{小学} = \ln OR_{大学} = \beta_3$，可以解释为把"小学"类别改为"大学"类别以后的 $OR_{大学} = e^{\beta_3} = \exp(\beta_3)$。

综上，$OR_{初中}, OR_{高中}, OR_{大学}$ 分别用于解释以"小学"作为参照类别，将"小学"类别分别改为"初中""高中""大学"类别时"选举参与"（$Y=1$）的优势比。当将"小学"类别分别改为"初中""高中""大学"类别以后，$P/(1-P)$ 分别增加了 $(e^{\beta_1}-1)$ 倍、$(e^{\beta_2}-1)$ 倍、$(e^{\beta_3}-1)$ 倍，即分别增加了 $(e^{\beta_1}-1) \times 100\%$、$(e^{\beta_2}-1) \times 100\%$、$(e^{\beta_3}-1) \times 100\%$。

此外，如果指定类别与参照类别恰好弄反，那么两种情况下 OR 互为倒数。

例如，以"小学"作为参照类别，当将"小学"改为"初中"时，"选举参与"（$Y=1$）的 OR $= e^{\beta_1}$；反之，以"初中"作为参照类别，$\ln(P/(1-P))_{\text{小学}} - \ln(P/(1-P))_{\text{初中}} = -\beta_1$，当将"初中"改为"小学"时，"选举参与"（$Y=1$）的 OR $= 1/e^{\beta_1}$，说明两者恰好互为倒数。

当模型需要由无序多分类变量派生出一组哑变量时，多元线性回归模型中通过 SPSS 软件"重新编码为不同变量"的转换预处理命令，逐个哑变量进行多步手动设置并赋值。Logistic 回归模型中通过 SPSS 软件自带功能而一次性自动完成，不必通过手动设置并赋值。

下面要注意几点。

（1）当由无序多分类变量派生出一组哑变量并取而代之纳入模型时，仍然看作一个整体。在哑变量筛选时，必须按照"同进同出"原则，将其全部纳入或全部移出模型。如果只保留一部分哑变量，那么就可能失去对这个无序多分类变量的整体代表性。

（2）参照类别需要以一定的样本量作为保证条件，如果相对于模型中自变量个数来说，样本量不充分，那么参数估计结果就会不稳定，容易出现标准误增大或置信区间变大的情况。

（3）参照类别要准确实用、可比性强。参照类别必须有充分数量（一般大于 30），否则参数估计结果不稳定。在选择题（用作分类变量）中，有时把最后选项命名为"其他"，如果把"其他"作为参照类别，那么 OR 的含义解释就会变得笼统。

### 5. 几点说明

说明①：Logistic 回归分析必须满足基本条件：资料来自随机抽样调查或随机分组试验；参数估计要有充分的样本量支持；假定自变量与 $\ln(P/(1-P))$ 是线性相关关系。根据经验，当样本量达到自变量个数的 10 倍以上时，参数估计结果才会比较稳定。

在模型中，可以将二分类结局变量 $Y$ 中较少类别的个案数量除以 10，作为最多能分析的自变量个数。例如，某个目标事件发生（$Y=1$）的个案数量为 200，不发生（$Y=0$）的个案数量为 80，那么可以纳入自变量的最大个数为 8（80/10=8）；如果自变量个数增大至 10，那么两种类别的个案数量最少也要大于 100（10×10=100）才可以。

说明②：自变量可以是二分类资料、无序多分类资料、有序多分类资料或数值资料。分类变量的值标签设置要有统一的方向规律，这种做法更有利于解释不同类别 OR 的含义。一般将二分类变量值标签设置为 0 或 1。无序多分类变量不能直接纳入模型，而是由其派生出一组虚拟哑变量并且取而代之纳入模型。每个分类自变量中的基线状态（用作参照）要有足够的样本量，不同水平情况的个案数量不能太少，否则也会引起参数估计结果的不稳定。数值自变量可以经过预处理转换为有序多分类变量以后，再纳入模型。

说明③：自变量最好不能一次性纳入模型太多个数。当自变量个数太多或无序多分类自变量的类别个数很多时，派生出来的哑变量个数也很多，不仅引起模型结构变得复杂，还会使得多重共线性现象变得严重，造成参数估计不稳定或结果不能合理解释的情况。

说明④：当自变量个数较少时，可以将其一次性纳入模型，并逐步筛选有统计学意义者。当自变量个数较多时，建议先把这些自变量逐个纳入模型并进行单因素分析（常见方法有秩和检验、卡方检验和方差分析），也可以采用单变量 Logistic 回归模型。在单因素分析时最好放宽条件，通常把显著性水平取大些（如 $\alpha = 0.1, 0.2$），使得自变量纳入模型时的条件宽松些、不必过于严格。在单因素分析时，将无统计学意义、以及由专业经验判断有确定理论价值的部分变量纳入模型，统一进行集中筛选，即所谓多因素分析。由于单因素分析精简了自变量个数，再做多因素分析时多重共线性现象通常不再严重。

说明⑤：由无序多分类变量派生出一组哑变量并取而代之纳入模型、参与筛选时。即使有的哑变量有统计学意义、有的哑变量无统计学意义，也要将其看作一个整体而同时纳入或移出模型，否则无法代替原来变量。对于无统计学意义的哑变量，不用解释其参数含义。

说明⑥：如果将模型中结局变量的编码顺序恰好弄反了，或者将二分类、无序多分类自变量的参照类别与待比较类别恰好弄反了，又或者将有序多分类、数值自变量增加一个等级、计量单位恰好变成减少一个等级、计量单位，那么在模型中偏回归系数的绝对值不会变化，只是正负的符号恰好相反，于是指数化的偏回归系数或 OR 恰好与原来互为倒数关系。这个特点可以根据对数性质和模型表达式特点进行解释。

说明⑦：当模型中由专业经验和统计学知识筛选出的自变量不算好时，可以采用类似由多元线性回归模型引申的响应面分析做法，考虑将某些自变量的平方项、两个及以上自变量的交互项作为新的自变量引入模型，进行筛选与解释，但是一般无须做这样的处理。

### 6. 模型检验

常见的模型检验有回归方程检验、偏回归系数检验和拟合效果分析等。

由最大似然法对回归方程进行检验。建立原假设 $H_0$ 为 $\beta_1 = \beta_2 = \cdots = \beta_m = 0$，即偏回归系数全为 0。建立备择假设 $H_1$ 为 $\beta_1, \beta_2, \cdots, \beta_m$ 至少一个不为 0，即偏回归系数不全为 0。

其基本思想是对包含、不包含指定自变量的两个模型对数似然函数进行比较。

鉴于似然函数值往往很小、取对数值以后为负数，可对其先取自然对数，再乘以-2。

于是，构造的对数似然比统计量为

$$G = -2\ln L_p - (-2\ln L_k) \sim \chi^2(k - p - 1)$$

式中，$\ln L_p$ 为不包括自变量时的对数似然值；$\ln L_k$ 为已包括自变量时的对数似然值。统计量 $G$ 的大小反映了增加若干变量以后的模型拟合优度提高程度，取值越大则拟合优度好。

通过构造对数似然比统计量，并由该统计量取极端情形的相伴概率 $P$ 进行以下判断。

当 $P < \alpha$ 时，拒绝原假设 $H_0$，认为偏回归系数不全为 0，认为模型有统计学意义；当 $P \geq \alpha$ 时，不拒绝原假设 $H_0$，只能接受偏回归系数全为 0，认为模型无统计学意义。

此外，类似线性回归模型中构造决定系数的作用，也可以从对数似然函数值 $\ln L$ 的角度构造多种伪决定系数并用于反映模型拟合效果。这些伪决定系数是从似然比演化而来的，不是模型对因变量方差解释的真正百分比，只是希望从似然比的角度测量模型拟合情况，以便于大致把握模型解释能力，量度大小的实际意义不明确、仅供参考即可。

偏回归系数检验的方法有多种，其中沃尔德检验最常用。

建立原假设 $H_0$ 为 $\beta_i = 0$。建立备择假设 $H_1$ 为 $\beta_i \neq 0$。

由 $(b_i - 0)/S_{b_i} \sim N(0,1)$ 构造统计量为

$$\left((b_i - 0)/S_{b_i}\right)^2 \sim \chi^2(1)$$

式中，$S_{b_i}$ 为偏回归系数的标准误 $b_i$。

由沃尔德检验对偏回归系数进行显著性检验并获得是否为 0 的结论。当自变量存在多重共线性现象时，标准误会产生扩大趋势，统计量将会变小而倾向于不拒绝原假设，这会使得那些真实可能有统计学意义的自变量未通过显著性检验。

（1）临界值法。查 $\chi^2$ 分布表得临界值 $\chi^2_\alpha(1)$。当统计量 $\chi^2 > \chi^2_\alpha(1)$ 时拒绝原假设 $H_0$；当统

计量 $\chi^2 \leq \chi^2_\alpha(1)$ 时拒绝不原假设 $H_0$。

（2）$P$ 值法。求统计量取得更极端情形的相伴概率 $P$。当相伴概率 $P < \alpha$ 时，拒绝原假设 $H_0$，当相伴概率 $P \geq \alpha$ 时不拒绝原假设 $H_0$。

此外，由 $(b_i - \beta_i)/S_{b_i} \sim N(0,1)$ 可得 $-u_{\alpha/2} < (b_i - \beta_i)/S_{b_i} < u_{\alpha/2}$，从而推导偏回归系数 $\beta_i$ 的置信区间为（$b_i - u_{\alpha/2}S_{b_i}, b_i + u_{\alpha/2}S_{b_i}$），简记为 $b_i \pm u_{\alpha/2}S_{b_i}$。

于是，得到 OR 的置信度为 $1-\alpha$ 的置信区间简记为 $\exp(b_i \pm u_{\alpha/2}S_{b_i})$。

其他检验方法不再介绍，所有检验应以大样本（样本量大）为前提。当样本量很小时，不能保证参数估计的可靠性，会出现 OR 的置信区间变宽或检验效能不足等问题。

拟合优度检验为 Hosmer-Lemeshow 检验，是将所有观测值根据模型预测概率大致分成样本量大致相等的 10 组。如果模型拟合好，那么每组观测值与期望值差异比较小。该检验要求样本量相当大，以确保在多数单元格中至少有 5 个以上个案。

### 7. 应用

在实际问题中，由专业、经验、文献和征询的方式筛选自变量，经过资料收集、变量定义、数据输入、参数估计和模型检验推断结论，用作指导决策的依据。

Logistic 回归分析常用于以抽样资料为基础的影响因素筛选问题。例如，在病因学问题中，疾病影响因素来自多方面，如性别、年龄、职业和地区等人口学因素，病史有无、病程等级、病理分型等疾病因素，手术方式、服药种类和治疗方法等干预因素。

（1）因素筛选：寻找对于目标事件发生有统计学意义的影响因素。

（2）概率预测：对一组自变量 $X_1, X_2, \cdots, X_m$ 赋值以后，预测目标事件发生的概率。

（3）判定类别：对一组自变量 $X_1, X_2, \cdots, X_m$ 赋值以后，求出目标事件发生的概率。

如果把概率 0.5 作为目标事件是否发生的阈值，那么概率 $P$ 可以被截断为两个部分。

当 $P \geq \alpha$ 时，认为目标事件发生；当 $P < 0.5$ 时，认为目标事件不发生。

◇ 回代或拟合：根据参与建模的原始样本，将自变量代入数值以后，计算目标事件发生的概率 $P$，由此判断目标事件是否发生，讨论回代验证的准确率。

◇ 前瞻或外推：根据未参与建模的新样本，将自变量代入数值以后，计算目标事件发生的概率 $P$，由此判断目标事件是否会不发生，讨论外推验证的准确率。

### 8. ROC 曲线用于模型评价

将全部自变量取值代入二分类 Logistic 回归模型以后，可以计算目标事件发生的概率 $P$，还可以评价该模型用于判别分类的准确性。例如，是否患病是结局变量，建立二分类 Logistic 回归模型以后，评价模型用于诊断是否患病的准确性。

二分类 Logistic 回归模型性能评价有以下两种方式。

（1）第一种方式：由模型计算拟合概率 $P$，将 0.5 作为判别目标事件发生的阈值，概率 $P$ 为 0.6, 0.55, 0.9 时说明目标事件发生。既然概率 $P$ 大于 0.5 是目标事件发生的判别标准，那么概率 $P$ 为 0.51, 0.99 时说明目标事件发生，概率 $P$ 为 0.499 时说明目标事件不发生。实际上，这样的判别分类结果粗糙，信息利用不充分，判别分类也不可靠。

（2）第二种方式：将 ROC 曲线评价模型用于判别分类的准确性。二分类 Logistic 回归模型相当于"诊断方法"，拟合概率 $P$ 相当于"检测指标"，已知是否患病相当于"金标准"。其基本思路是把每个对象患病的概率作为阈值，将全部对象患病的概率截断为两类：大于阈值的为阳性,小于阈值的为阴性,将分类结果与是否患病比较,求灵敏度和特异度,绘制 ROC 曲线并由其下方图形面积评价二分类 Logistic 回归模型用于判别分类的准确性。

【学习目标】理解二分类 Logistic 回归分析的理论方法,掌握操作流程并阐述结论。

## 【案例实验1】

随机抽取糖尿病患者和健康对照者的病历,获得身体特征、生活习惯和病史等变量。

(1)由二分类 Logistic 回归模型筛选糖尿病的影响因素。

(2)由 ROC 曲线评价模型用于判别分类的准确性。

变量定义与编码方案如表 12-4 所示,数据资料如表 12-5 所示。

说明:在实际问题中,在大样本时才能保证模型拟合效果更好、参数估计更可靠。

本例的数据文件是"12 二分类 Logistic 回归(糖尿病患病影响因素).sav"。

表 12-4 变量定义与编码方案

| 变量 | 变量标签 | 变量名 | 变量类型 | 变量值标签 |
|---|---|---|---|---|
| 影响因素(自变量) | 年龄(岁) | $X_1$ | 数值 | — |
| | 性别 | $X_2$ | 数值 | "女"=0、"男"=1 |
| | 家族史 | $X_3$ | 数值 | "无"=0、"有"=1 |
| | 体重指数 | $X_4$ | 数值 | "超重"=1、"肥胖"=2、"正常"=3 |
| | 吸烟 | $X_5$ | 数值 | "不吸烟"=0、"吸烟"=1 |
| | 饮酒 | $X_6$ | 数值 | "不饮酒"=0、"饮酒"=1 |
| | 血压 | $X_7$ | 数值 | "正常=0、"异常"=1 |
| 结局变量 | 是否患病 | $Y$ | 数值 | "患病"=1、"未患病"=0 |

表 12-5 数据资料

| 编号 | $X_1$ | $X_2$ | $X_3$ | $X_4$ | $X_5$ | $X_6$ | $X_7$ | $Y$ | 编号 | $X_1$ | $X_2$ | $X_3$ | $X_4$ | $X_5$ | $X_6$ | $X_7$ | $Y$ |
|---|---|---|---|---|---|---|---|---|---|---|---|---|---|---|---|---|---|
| 1 | 54 | 0 | 1 | 3 | 1 | 1 | 0 | 1 | 16 | 31 | 0 | 1 | 2 | 1 | 0 | 1 | 1 |
| 2 | 33 | 0 | 0 | 1 | 0 | 1 | 1 | 0 | 17 | 35 | 0 | 0 | 3 | 0 | 0 | 1 | 0 |
| 3 | 43 | 1 | 1 | 2 | 1 | 0 | 0 | 1 | 18 | 37 | 1 | 0 | 3 | 0 | 0 | 0 | 0 |
| 4 | 41 | 1 | 1 | 3 | 0 | 0 | 0 | 0 | 19 | 63 | 1 | 0 | 1 | 0 | 0 | 1 | 0 |
| 5 | 54 | 1 | 0 | 1 | 1 | 1 | 1 | 1 | 20 | 37 | 1 | 0 | 2 | 1 | 1 | 0 | 1 |
| 6 | 33 | 0 | 1 | 3 | 0 | 1 | 1 | 0 | 21 | 36 | 0 | 0 | 1 | 1 | 0 | 1 | 0 |
| 7 | 56 | 0 | 1 | 1 | 1 | 0 | 1 | 1 | 22 | 56 | 0 | 0 | 3 | 0 | 0 | 1 | 1 |
| 8 | 45 | 1 | 1 | 2 | 1 | 1 | 1 | 1 | 23 | 60 | 0 | 1 | 1 | 1 | 0 | 0 | 1 |
| 9 | 50 | 1 | 0 | 1 | 0 | 1 | 1 | 1 | 24 | 55 | 0 | 1 | 1 | 0 | 1 | 0 | 1 |
| 10 | 34 | 1 | 0 | 1 | 1 | 0 | 0 | 0 | 25 | 51 | 1 | 0 | 2 | 1 | 0 | 1 | 0 |
| 11 | 56 | 1 | 1 | 1 | 1 | 1 | 1 | 1 | 26 | 66 | 1 | 1 | 3 | 1 | 0 | 0 | 1 |
| 12 | 33 | 1 | 0 | 1 | 2 | 1 | 0 | 0 | 27 | 58 | 0 | 1 | 3 | 0 | 1 | 1 | 1 |
| 13 | 43 | 1 | 0 | 3 | 1 | 0 | 0 | 0 | 28 | 45 | 1 | 0 | 3 | 0 | 1 | 1 | 0 |
| 14 | 48 | 0 | 1 | 1 | 0 | 0 | 0 | 1 | 29 | 55 | 1 | 1 | 1 | 1 | 1 | 0 | 1 |
| 15 | 48 | 0 | 1 | 1 | 0 | 1 | 0 | 1 | 30 | 40 | 1 | 0 | 2 | 0 | 1 | 0 | 0 |

【数据文件】

定义标识变量"编号",定义变量标签"年龄(岁)""性别""家族史""体重指数""吸烟""饮酒""血压""是否患病",类型均为数值。定义变量值标签"女"=0、"男"=1,"无"=0、"有"=1,"超重"=1、"肥胖"=2、"正常"=3,"不吸烟"=0、"吸烟"=1,"不饮酒"=0、"饮酒"=1,"正常=0、"异常"=1,"患病"=1、"未患病"=0。

建立数据文件,如图12-2所示。

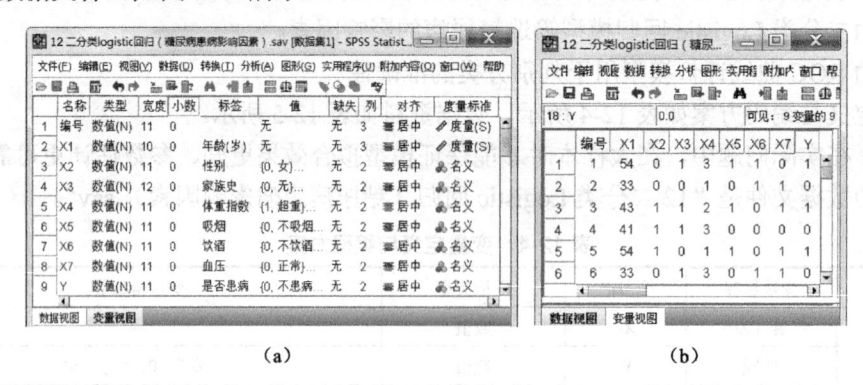

(a)　　　　　　　　　　　　(b)

图12-2　数据文件

【菜单选择】

单击"分析"主菜单,再单击"回归"选项,然后单击"二分类Logistic"选项。

第一阶段:变量选入。

【界面设置】

在打开的"Logistic回归"对话框中,将"是否患病[Y]"选入"因变量"列表框中,将"X1～X7"全部选入"协变量"列表框中,在"方法"下拉列表中选择"向前:条件"选项,单击"分类"按钮,如图12-3所示。

在打开的"Logistic回归:定义分类变量"对话框中,将"X4(指示符)"选入"Logistic回归:定义分类变量"对话框的"分类协变量"列表框中,在"更改对比"区域的"参照类别"处默认选择"最后一个"("正常"=3)选项,单击"继续"按钮,如图12-4所示。

说明:"第一个"即类别值排序首位者为参照;"最后一个"即类别值排序末位为参照。

图12-3　"Logistic回归"对话框 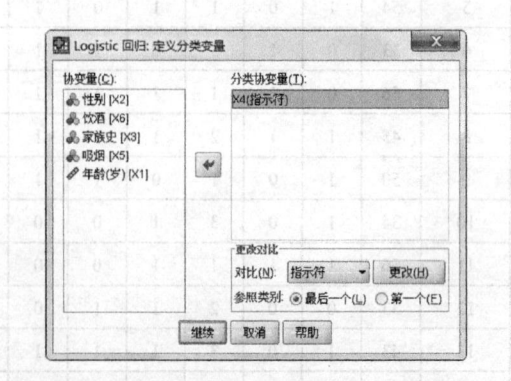　　　　图12-4　"Logistic回归:定义分类变量"对话框

以下有几点说明。

说明①：当选中自变量时，允许选入并设置交互作用。饱和模型是指将自变量的所有主效应、自变量之间的交互效应都包含在模型中。

说明②：自变量筛选方法包括进入法、向前条件法、向后条件法、向前 LR 法、向后 LR 法、向前 Wald 法、向后 Wald 法。一般选择向前条件法。

说明③：首先要把自变量全部选入"协变量"列表框中，由无序多分类变量派生出一组哑变量并取而代之。在二分类 Logistic 回归模型中的哑变量设置方法不同于无序多分类或有序多分类 Logistic 回归分析。在本例中，$X_1$ 是数值资料，$X_2,X_3,X_5,X_6,X_7$ 是二分类资料。如果统一定义变量值标签为 1 或 0，那么可以直接纳入模型并解释其含义。

说明⑤：不妨认为"体重指数"$X_4$ 是一个无序多分类变量，那么由其派生出一组共两个哑变量 $X_4(1)$ 与 $X_4(2)$，默认以最后一个类别"3"（即"正常"）为参照，"超重"转换为并赋值为 $X_4(1)=1$、$X_4(2)=0$，"肥胖"转换并赋值为 $X_4(1)=0$、$X_4(2)=1$，将"正常"类别转换并赋值为 $X_4(1)=0$、$X_4(2)=0$。哑变量设置和赋值情况如表 12-6 所示。

表 12-6 哑变量设置和赋值情况

| 体重指数 | 变量值标签 | $X_4(1)$ | $X_4(2)$ |
| --- | --- | --- | --- |
| 超重 | 1 | 1 | 0 |
| 肥胖 | 2 | 0 | 1 |
| 正常 | 3 | 0 | 0 |

说明⑥：如果二分类、有序多分类或数值变量无统计学意义，那么不用纳入模型。如果一部分哑变量有统计学意义，那么建议将同一组中的其他哑变量也纳入模型。

软件默认将"正常"作为参照类别，由"体重指数"$X_4$ 自动派生出两个哑变量 $X_4(1)$ 与 $X_4(2)$。如果经过筛选以后，发现哑变量 $X_4(1)$ 与 $X_4(2)$ 中至少一个有统计学意义，那么二分类 Logistic 回归模型表达式为 $\ln(P/(1-P))=\beta_0+\cdots+\beta_{41}X_4(1)+\beta_{42}X_4(2)+\cdots$。

表 12-6 中哑变量的赋值情况和 OR 解释如下。

◇ "超重"=1 对应表示 $X_4(1)$ 取值为 1，$X_4(2)$ 取值为 0。"正常"=3 对应表示 $X_4(1)$ 取值为 0、$X_4(2)$ 取值为 0。其他变量固定不变，代入模型表达式并相减。如果由"正常"类别改为"超重"类别，那么引起"患病"的优势比 OR 为 $\exp(\beta_{41})$。

◇ "肥胖"=2 对应表示 $X_4(1)$ 取值为 0，$X_4(2)$ 取值为 1。"正常"=3 对应表示 $X_4(1)$ 取值为 0，$X_4(2)$ 取值为 0。其他变量固定不变，代入模型表达式并相减。如果由"正常"类别改为"肥胖"类别，那么引起"患病"的优势比 OR 为 $\exp(\beta_{42})$。

说明⑦：建议将参照类别设置为最大数值，而且参照类别也允许更改。例如，把第一个类别设置为参照类别，且单击"更改"按钮该设置才会生效。

第二阶段：参数估计。

【界面设置】

在"Logistic 回归"对话框中，单击"保存"按钮。在打开的"Logistic 回归：保存"对话框的"预测值"区域选择"概率"选项，单击"继续"按钮，如图 12-5 所示。

在"Logistic 回归"对话框中，单击"选项"按钮。在打开的"Logistic 回归：选项"对话框的"统计量和图"区域，选择"exp(B)的 CI(X)："选项，并在其后的文本框中输入"95"，默认其他已有设置，如图 12-6 所示。

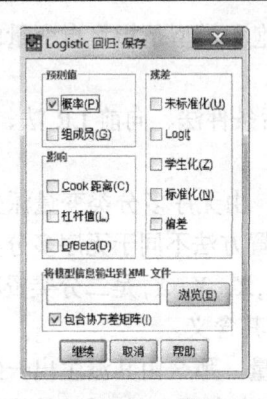

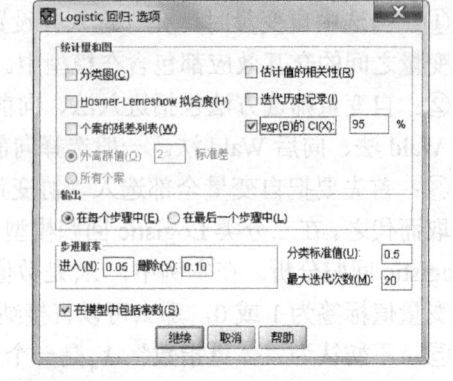

图 12-5 "Logistic 回归：保存"对话框　　图 12-6 "Logistic 回归：选项"对话框

说明：从二分类 Logistic 回归模型回代求解角度，给出概率拟合结果。

点选"Hosmer-Lemeshow 拟合度"时，会给出模型拟合度检验结果；点选"分类图"时，会报告分类表（混淆矩阵），呈现实际与预测类别的交互表，计算预测分类正确的个案所占百分比。

【结果分析】

(1) 哑变量的赋值如表 12-7 所示。

表 12-7　哑变量的赋值

| 哑　变　量 | | 频　　数 | 数　　码 | |
|---|---|---|---|---|
| | | | (1) | (2) |
| 体重指数 | 超重 | 10 | 1 | 0 |
| | 肥胖 | 8 | 0 | 1 |
| | 正常 | 12 | 0 | 0 |

(2) 回归方程的 $\chi^2$ 检验即模型整体性检验，如表 12-8 所示。拟合情况如表 12-9 所示。参数估计与检验的结果如表 12-10 所示。

表 12-8　回归方程的 $\chi^2$ 检验结果

| 模型运行方式 | | $\chi^2$ | df | 显著性水平 |
|---|---|---|---|---|
| 模型 1 | 步骤 | 14.449 | 1 | 0.000 |
| | 块 | 14.449 | 1 | 0.000 |
| | 模型 | 14.449 | 1 | 0.000 |
| 模型 2 | 步骤 | 9.584 | 1 | 0.002 |
| | 块 | 24.033 | 2 | 0.000 |
| | 模型 | 24.033 | 2 | 0.000 |

相伴概率 $P$ 小于 0.001，说明按照逐步法依次建立的回归方程理论上都有统计学意义。

表 12-9　拟合情况

| 模　　型 | $-2$ 对数似然值 | Cox-Snell $R^2$ | Nalkerke $R^2$ |
|---|---|---|---|
| 模型 1 | 26.605 | 0.382 | 0.513 |
| 模型 2 | 17.021 | 0.551 | 0.739 |

伪决定系数（Cox-Snell $R^2$，Nalkerke $R^2$）作用类似于线性回归模型的决定系数 $R^2$，一般参考标准是取值 0.5 以上。经分析，模型 2 的伪决定系数最大，说明该模型拟合效果更好。

表 12-10 参数估计与检验的结果

| 模 型 | | 偏回归系数 | 标 准 误 | 统 计 量 | 显著性水平 | OR | OR 的 95%置信区间 | |
|---|---|---|---|---|---|---|---|---|
| | | | | | | | 下限 | 上限 |
| 模型 1 | $X_3$ | 3.245 | 0.998 | 10.577 | 0.001 | 25.667 | 3.631 | 181.437 |
| | 常量 | −1.299 | 0.651 | 3.979 | 0.046 | 0.273 | | |
| 模型 2 | $X_1$ | 0.187 | 0.076 | 6.056 | 0.014 | 1.205 | 1.039 | 1.398 |
| | $X_3$ | 3.552 | 1.402 | 6.418 | 0.011 | 34.880 | 2.234 | 544.468 |
| | 常量 | −9.932 | 3.801 | 6.828 | 0.009 | 0.000 | | |

参数检验采用沃尔德检验。

（3）参数解释。

在本例中，二分类 Logistic 回归模型表达式为

$$\ln(P/(1-P)) = -9.932 + 0.187X_1 + 3.552X_3$$

经分析，"年龄（岁）" $X_1$、"家族史" $X_3$ 逐步纳入该模型。由"体重指数" $X_4$ 派生出两个哑变量再纳入模型，鉴于这两个哑变量都无统计学意义，那么不必在最终模型中出现。

"年龄（岁）"（OR=1.205，95%置信区间为（1.039,1.398），$P$=0.014<0.05）、"家族史"（OR=34.88，95%置信区间为（2.234,544.468），$P$=0.011<0.05）是有统计学意义的影响因素。"年龄（岁）"每增加 1 岁引起患病的优势比 OR 为 1.205。由"无家族史"改为"有家族史"引起患病的优势比 OR 为 34.88。

综上，年龄大、有家族史会增大患病风险，有家族史者、老年人为患病易感人群。

二分类 Logistic 回归模型表达式的等价转换形式为

$$P = 1/\left(1 + e^{-(-9.932 + 0.187X_1 + 3.552X_3)}\right)$$

如果把有统计学意义的自变量代入该模型，那么可以计算患病的概率。

在数据文件中，自动生成所有个案患病的拟合概率，如图 12-7 所示。

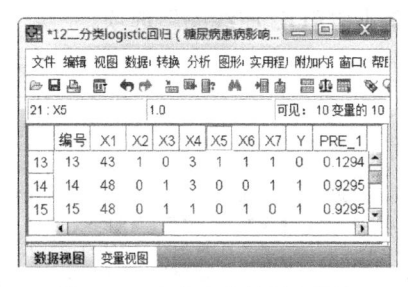

图 12-7 个案患病的拟合概率

以下有几点说明。

说明①：每个无序多分类变量派生出一组哑变量。经过筛选发现这组哑变量全有、部分有或全无统计学意义，那么只要其中一部分有统计学意义，就要把这组中的全部哑变量纳入模型。对于那些无统计学意义的哑变量不必解释 OR 的含义。

说明②：在二分类 Logistic 回归模型中，分类变量比数值变量更常见。数值变量通常要进

行统计分组预处理，以将其离散化为有序多分类变量。

对自变量"年龄（岁）"进行统计分组预处理并离散化为有序分类变量，举例解释如下。

由于"年龄（岁）"每增长 1 岁引起的患病概率变化不大，偏回归系数一般无统计学意义。于是考虑对"年龄（岁）"进行统计分组预处理，将其转换为有序多分类变量并纳入模型。

◇ "年龄（岁）"是数值变量，OR 解释为"年龄（岁）"每增加 1 岁引起患病的优势比。

◇ "年龄（岁）"通过重新编码方式转换为有序多分类变量，即"年龄组"。如果以"年龄组"代替"年龄（岁）"，那么 OR 解释为"年龄组"每上升 1 个等级引起患病的优势比。

◇ "年龄组"也可以丢弃类别中的等级程度作为无序多分类变量，由其派生出一组哑变量并取而代之纳入模型。每个哑变量对应的 OR 依次解释为把参照的"年龄组"改为某个指定的"年龄组"引起患病的优势比。无统计学意义的哑变量不必再进行解释。

说明③：如果把"体重指数"$X_4$ 看作有序多分类资料、而且类别是等距的，那么不必由其派生出一组哑变量。究竟看成有序多分类资料、还是无序多分类资料，取决于研究目的。

说明④：当样本量小且自变量多为数值变量时，模型有时会给出"空单元格"的警告，说明存在过多交叉频数为 0 的单元而使得模型拟合的结果可能不再可靠。

第三阶段：模型评价。

由 ROC 曲线评价模型。二分类 Logistic 回归模型相当于"诊断方法"，"预测概率"相当于数值型"检测指标"，"是否患病"相当于"金标准"。数据资料如表 12-11 所示。

表 12-11　数据资料

| 是否患病 | 1 | 0 | 1 | 0 | 1 | 0 | 1 | 1 | 1 | 0 | 1 | 0 | 0 | 1 | 1 |
|---|---|---|---|---|---|---|---|---|---|---|---|---|---|---|---|
| 预测概率 | 0.98 | 0.02 | 0.84 | 0.78 | 0.54 | 0.44 | 0.98 | 0.88 | 0.35 | 0.03 | 0.98 | 0.02 | 0.13 | 0.93 | 0.93 |
| 是否患病 | 1 | 0 | 0 | 0 | 0 | 0 | 1 | 1 | 1 | 1 | 1 | 1 | 0 | 1 | 0 |
| 预测概率 | 0.36 | 0.03 | 0.05 | 0.86 | 0.05 | 0.04 | 0.63 | 0.99 | 0.98 | 0.96 | 1.00 | 0.99 | 0.18 | 0.98 | 0.08 |

【数据文件】

定义标识变量"预测概率""是否患病"，类型均为数值。建立数据文件，如图 12-8 所示。

【菜单选择】

单击"分析"主菜单，再单击"ROC 曲线图"选项。

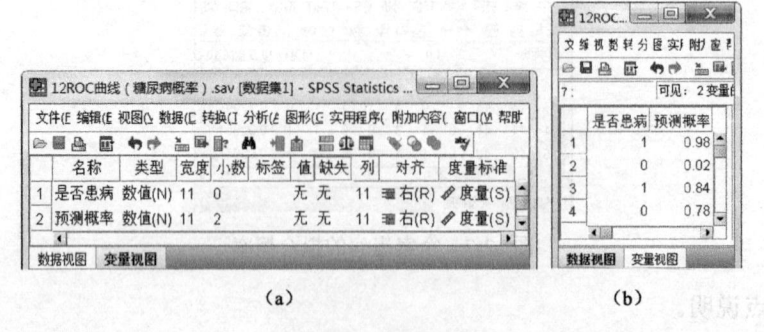

图 12-8　数据文件

【界面设置】

在打开的"ROC 曲线"对话框中，将"预测概率"选入"检验变量"列表框中，将"是否患病"选入"状态变量"列表框中,在"状态变量的值"文本框中输入"1",在"输出"区域选择"ROC 曲线""对角参考线""标准误和置信区间""ROC 曲线的坐标点",单击"确定"按钮,如图 12-9 所示。

图 12-9 "ROC 曲线"对话框

【结果分析】

(1) ROC 曲线检验的结果如表 12-12 所示。

表 12-12 ROC 曲线检验的结果

| ROC 曲线下方图形面积 | 标 准 误 | 渐近显著性水平 | 95%置信区间 | |
|---|---|---|---|---|
| | | | 下限 | 上限 |
| 0.950 | 0.036 | 0.000 | 0.000 | 1.000 |

如图 12-10 所示,ROC 曲线从左下向右上延伸。该曲线下方图形面积介于 0.5~1。如果该曲线越靠近左上角,则曲线下方图形面积越接近 1,说明模型用于判别分类的准确性越高。

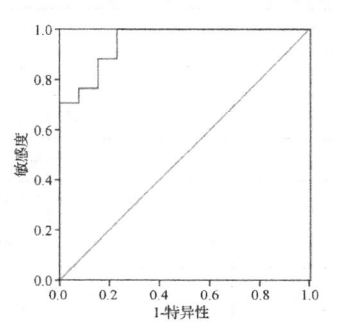

图 12-10 ROC 曲线

经分析,ROC 曲线下方图形面积为 0.950,说明由"是否患病"进行判别分类的准确性好。接下来,由检测指标的阈值将全部对象分类,间接求得由"灵敏度"和"1-特异度"表示的坐标点,导入 Excel 软件、编辑公式并计算 Youden 指数。

(2) ROC 曲线坐标点、Youden 指数如表 12-13 所示。

经分析,Youden 指数的最大值为 0.769,预测概率 0.266 为最佳阈值。

表 12-13　ROC 曲线坐标点、Youden 指数

| 预测概率 | 灵敏度 | 1-特异度 | 特异度 | Youden 指数 | 预测概率 | 灵敏度 | 1-特异度 | 特异度 | Youden 指数 |
|---|---|---|---|---|---|---|---|---|---|
| 0 | 1.00 | 1.00 | 0.00 | 0 | 0.704 | 0.77 | 0.15 | 0.85 | 0.611 |
| 0.025 | 1.00 | 0.85 | 0.15 | 0.154 | 0.81 | 0.77 | 0.08 | 0.92 | 0.688 |
| 0.03 | 1.00 | 0.77 | 0.23 | 0.231 | 0.85 | 0.71 | 0.08 | 0.92 | 0.629 |
| 0.035 | 1.00 | 0.69 | 0.31 | 0.308 | 0.872 | 0.71 | 0.00 | 1.00 | 0.706 |
| 0.042 | 1.00 | 0.62 | 0.39 | 0.385 | 0.906 | 0.65 | 0.00 | 1.00 | 0.647 |
| 0.062 | 1.00 | 0.46 | 0.54 | 0.538 | 0.944 | 0.53 | 0.00 | 1.00 | 0.529 |
| 0.104 | 1.00 | 0.39 | 0.62 | 0.615 | 0.967 | 0.47 | 0.00 | 1.00 | 0.471 |
| 0.153 | 1.00 | 0.31 | 0.69 | 0.692 | 0.978 | 0.41 | 0.00 | 1.00 | 0.412 |
| 0.266 | 1.00 | 0.23 | 0.77 | 0.769 | 0.982 | 0.29 | 0.00 | 1.00 | 0.294 |
| 0.355 | 0.94 | 0.23 | 0.77 | 0.71 | 0.986 | 0.18 | 0.00 | 1.00 | 0.176 |
| 0.4 | 0.88 | 0.23 | 0.77 | 0.652 | 0.99 | 0.12 | 0.00 | 1.00 | 0.118 |
| 0.491 | 0.88 | 0.15 | 0.85 | 0.729 | 0.995 | 0.06 | 0.00 | 1.00 | 0.059 |
| 0.582 | 0.82 | 0.15 | 0.85 | 0.67 | 1 | 0.00 | 0.00 | 1.00 | 0 |

## 【案例实验 2】

随机抽取胃癌患者和健康对照者的病历，获得生物学检查、病情、治疗情况等变量。
（1）由二分类 Logistic 回归模型筛选糖尿病的影响因素。
（2）由 ROC 曲线评价模型用于判别分类的准确性。
变量定义与编码方案如表 12-14 所示，数据资料如表 12-15 所示。
本例的数据文件是"12 二分类 Logistic 回归（胃癌影响因素）.sav"。

表 12-14　变量定义与编码方案

| 变量名 | 变量标签 | 变量类型 | 变量值标签或单位 |
|---|---|---|---|
| $X_1$ | 胃癌位置 | 数值 | "胃底"=1、"胃体"=2、"胃窦"=3 |
| $X_2$ | 胃癌大小 | 数值 | "0 级"=0、"1 级"=1、"2 级"=2、"3 级"=3、"4 级"=4、"5 级"=5 |
| $X_3$ | 大体类型 | 数值 | "溃疡"=1、"肿块"=2、"浸润"=3 |
| $X_4$ | 组织学类型 | 数值 | "腺癌"=1、"黏液癌"=2、"未分化癌"=3、"混合型"=4 |
| $X_5$ | 深度 | 数值 | "1 级"=1、"2 级"=2、"3 级"=3、"4 级"=4、"5 级"=5、"6 级"=6 |
| $X_6$ | 淋巴结转移 | 数值 | "0 级"=0、"1 级"=1、"2 级"=2、"3 级"=3 |
| $X_7$ | 手术方式 | 数值 | "Ⅰ式"=1，"Ⅱ式"=2，"近胃"=3，"全切"=4 |
| $X_8$ | 血色素 | 数值 | g/L |
| $X_9$ | 白细胞 | 数值 | 个/mm³ |
| $X_{10}$ | 手术时年龄 | 数值 | 岁 |
| $X_{11}$ | 性别 | 数值 | "男性"=1、"女性"=0 |
| $X_{12}$ | 是否化疗 | 数值 | "用化疗"=1、"未用化疗"=0 |
| $Y$ | 术后三年的生存结局 | 数值 | "死亡"=1、"存活"=0 |

表 12-15 数据资料

| 编号 | $X_1$ | $X_2$ | $X_3$ | $X_4$ | $X_5$ | $X_6$ | $X_7$ | $X_8$ | $X_9$ | $X_{10}$ | $X_{11}$ | $X_{12}$ | $Y$ |
|---|---|---|---|---|---|---|---|---|---|---|---|---|---|
| 1 | 3 | 2 | 1 | 1 | 2 | 0 | 1 | 13.1 | 4 408 | 35 | 1 | 1 | 0 |
| 2 | 3 | 1 | 1 | 1 | 2 | 0 | 2 | 13.4 | 5 726 | 25 | 1 | 1 | 0 |
| 3 | 3 | 2 | 1 | 2 | 2 | 0 | 1 | 13.7 | 5 979 | 65 | 1 | 1 | 0 |
| 4 | 3 | 3 | 1 | 1 | 6 | 3 | 2 | 8.5 | 6 026 | 25 | 0 | 1 | 1 |
| 5 | 3 | 1 | 1 | 1 | 6 | 0 | 1 | 10.3 | 9 610 | 55 | 1 | 1 | 0 |
| 6 | 3 | 2 | 1 | 3 | 5 | 3 | 2 | 10 | 8 000 | 45 | 0 | 0 | 1 |
| 7 | 3 | 1 | 1 | 4 | 4 | 0 | 2 | 14 | 8 100 | 55 | 1 | 1 | 0 |
| 8 | 3 | 2 | 1 | 2 | 6 | 1 | 2 | 12.5 | 4 451 | 65 | 1 | 1 | 1 |
| 9 | 3 | 3 | 1 | 1 | 6 | 2 | 2 | 5.7 | 4 984 | 65 | 0 | 1 | 1 |
| 10 | 3 | 1 | 1 | 1 | 6 | 3 | 2 | 11.3 | 4 944 | 45 | 1 | 1 | 0 |
| 11 | 3 | 2 | 1 | 1 | 6 | 1 | 2 | 9 | 4 733 | 55 | 1 | 1 | 1 |
| 12 | 3 | 1 | 1 | 1 | 3 | 0 | 2 | 14.8 | 8 974 | 55 | 1 | 1 | 0 |
| 13 | 3 | 1 | 1 | 1 | 3 | 0 | 2 | 13.5 | 6 329 | 55 | 1 | 1 | 0 |
| 14 | 2 | 2 | 1 | 1 | 6 | 1 | 2 | 10.7 | 7 906 | 55 | 1 | 0 | 1 |
| 15 | 3 | 1 | 1 | 3 | 6 | 2 | 2 | 10.5 | 5 265 | 45 | 1 | 0 | 1 |
| 16 | 3 | 1 | 3 | 2 | 3 | 2 | 2 | 7.4 | 3 812 | 55 | 0 | 0 | 0 |
| 17 | 2 | 0 | 1 | 1 | 2 | 0 | 3 | 6.6 | 7 801 | 65 | 0 | 1 | 0 |
| 18 | 3 | 2 | 1 | 2 | 6 | 1 | 2 | 12.5 | 4 321 | 65 | 1 | 1 | 1 |
| 19 | 3 | 2 | 1 | 3 | 5 | 1 | 2 | 8.8 | 3 331 | 45 | 1 | 0 | 0 |
| 20 | 3 | 1 | 1 | 1 | 1 | 0 | 2 | 11.8 | 4 737 | 55 | 1 | 0 | 0 |
| 21 | 3 | 1 | 3 | 3 | 6 | 1 | 2 | 11 | 4 637 | 55 | 0 | 0 | 1 |
| 22 | 3 | 0 | 2 | 4 | 3 | 1 | 2 | 13.1 | 3 899 | 45 | 1 | 1 | 0 |
| 23 | 3 | 0 | 1 | 4 | 1 | 1 | 2 | 12.6 | 5 144 | 35 | 0 | 0 | 0 |
| 24 | 2 | 4 | 3 | 1 | 6 | 1 | 4 | 8.4 | 6 611 | 65 | 0 | 1 | 1 |
| 25 | 3 | 1 | 1 | 1 | 3 | 0 | 1 | 11.3 | 4 509 | 25 | 0 | 0 | 0 |
| 26 | 3 | 2 | 3 | 4 | 5 | 1 | 2 | 9.9 | 4 169 | 35 | 1 | 0 | 1 |
| 27 | 3 | 2 | 1 | 1 | 3 | 2 | 2 | 6.1 | 2 153 | 45 | 0 | 1 | 1 |
| 28 | 3 | 2 | 3 | 1 | 5 | 1 | 2 | 9.9 | 5 347 | 65 | 1 | 1 | 1 |
| 29 | 3 | 2 | 1 | 4 | 6 | 1 | 2 | 11.1 | 4 038 | 65 | 0 | 1 | 0 |
| 30 | 3 | 2 | 1 | 3 | 5 | 1 | 2 | 10.4 | 1 238 | 55 | 0 | 1 | 0 |
| 31 | 3 | 3 | 2 | 4 | 3 | 1 | 2 | 12.6 | 4 960 | 35 | 1 | 1 | 0 |
| 32 | 3 | 2 | 1 | 1 | 6 | 1 | 2 | 3.5 | 5 005 | 65 | 0 | 1 | 1 |
| 33 | 3 | 0 | 1 | 1 | 2 | 0 | 2 | 11.4 | 4 814 | 55 | 1 | 1 | 0 |
| 34 | 3 | 1 | 1 | 2 | 3 | 0 | 2 | 11.3 | 4 758 | 45 | 0 | 1 | 0 |
| 35 | 3 | 1 | 3 | 2 | 3 | 0 | 2 | 11.2 | 9 823 | 65 | 0 | 0 | 0 |

续表

| 编号 | $X_1$ | $X_2$ | $X_3$ | $X_4$ | $X_5$ | $X_6$ | $X_7$ | $X_8$ | $X_9$ | $X_{10}$ | $X_{11}$ | $X_{12}$ | $Y$ |
|---|---|---|---|---|---|---|---|---|---|---|---|---|---|
| 36 | 3 | 1 | 1 | 1 | 1 | 1 | 2 | 10.5 | 5 326 | 55 | 1 | 0 | 0 |
| 37 | 3 | 2 | 1 | 1 | 2 | 0 | 2 | 10.9 | 4 314 | 55 | 1 | 0 | 0 |
| 38 | 3 | 0 | 1 | 4 | 2 | 0 | 1 | 9.4 | 3 921 | 55 | 1 | 1 | 0 |
| 39 | 3 | 1 | 1 | 1 | 2 | 1 | 2 | 12.2 | 4 705 | 55 | 1 | 1 | 0 |
| 40 | 3 | 1 | 1 | 1 | 5 | 0 | 2 | 14.7 | 4 458 | 25 | 1 | 1 | 0 |
| 41 | 3 | 4 | 3 | 1 | 5 | 1 | 2 | 6.2 | 10 217 | 65 | 1 | 0 | 1 |
| 42 | 1 | 2 | 1 | 1 | 6 | 1 | 3 | 8.1 | 7 381 | 45 | 1 | 1 | 0 |
| 43 | 3 | 2 | 1 | 4 | 5 | 2 | 2 | 11.9 | 5 600 | 55 | 1 | 1 | 1 |
| 44 | 3 | 2 | 1 | 4 | 6 | 0 | 2 | 13.7 | 6 760 | 55 | 0 | 1 | 0 |
| 45 | 3 | 3 | 1 | 1 | 1 | 1 | 2 | 8.6 | 6 604 | 65 | 1 | 1 | 0 |
| 46 | 3 | 2 | 1 | 3 | 3 | 0 | 1 | 5.7 | 7 499 | 55 | 1 | 1 | 1 |
| 47 | 3 | 2 | 1 | 4 | 2 | 0 | 1 | 15.1 | 5 819 | 35 | 1 | 1 | 0 |
| 48 | 3 | 3 | 1 | 4 | 2 | 0 | 2 | 9.5 | 7 151 | 45 | 0 | 1 | 0 |
| 49 | 2 | 3 | 3 | 4 | 6 | 3 | 2 | 10.7 | 6 264 | 45 | 0 | 0 | 1 |
| 50 | 3 | 4 | 1 | 1 | 5 | 0 | 2 | 8.1 | 7 299 | 45 | 1 | 0 | 0 |
| 51 | 3 | 1 | 1 | 1 | 1 | 0 | 1 | 13.1 | 6 913 | 35 | 1 | 0 | 0 |
| 52 | 3 | 3 | 1 | 4 | 5 | 1 | 2 | 10.4 | 4 761 | 55 | 1 | 1 | 1 |
| 53 | 2 | 4 | 1 | 1 | 5 | 1 | 2 | 9.5 | 7 151 | 55 | 1 | 0 | 1 |
| 54 | 3 | 2 | 1 | 1 | 3 | 3 | 2 | 6.2 | 4 388 | 65 | 1 | 0 | 1 |
| 55 | 3 | 1 | 2 | 4 | 5 | 1 | 2 | 13.6 | 6 747 | 15 | 1 | 1 | 0 |
| 56 | 3 | 1 | 1 | 1 | 5 | 3 | 2 | 8.9 | 4 761 | 35 | 0 | 1 | 1 |
| 57 | 3 | 3 | 2 | 4 | 6 | 2 | 2 | 12.1 | 4 513 | 55 | 1 | 1 | 0 |
| 58 | 3 | 1 | 3 | 1 | 3 | 0 | 2 | 12.4 | 5 233 | 55 | 1 | 1 | 0 |
| 59 | 3 | 1 | 1 | 1 | 3 | 2 | 2 | 8.9 | 8 026 | 55 | 1 | 0 | 1 |
| 60 | 3 | 2 | 3 | 1 | 3 | 1 | 2 | 12.8 | 9 531 | 45 | 1 | 0 | 1 |
| 61 | 2 | 0 | 3 | 1 | 3 | 0 | 4 | 10.6 | 4 146 | 45 | 0 | 0 | 0 |
| 62 | 3 | 2 | 3 | 1 | 3 | 1 | 2 | 1.2 | 8 989 | 45 | 1 | 0 | 1 |
| 63 | 3 | 3 | 1 | 1 | 6 | 2 | 2 | 6.7 | 6 221 | 45 | 1 | 0 | 1 |
| 64 | 3 | 2 | 1 | 1 | 6 | 2 | 2 | 6.9 | 7 724 | 55 | 1 | 0 | 1 |
| 65 | 2 | 2 | 1 | 4 | 5 | 1 | 3 | 13 | 8 680 | 45 | 1 | 1 | 0 |
| 66 | 3 | 2 | 1 | 1 | 5 | 0 | 2 | 6.6 | 3 410 | 55 | 1 | 0 | 0 |
| 67 | 3 | 3 | 3 | 4 | 3 | 1 | 2 | 9.3 | 3 384 | 15 | 0 | 1 | 1 |
| 68 | 2 | 2 | 3 | 4 | 6 | 1 | 2 | 10.6 | 5 036 | 35 | 0 | 0 | 1 |
| 69 | 3 | 2 | 1 | 1 | 6 | 2 | 2 | 12.6 | 4 610 | 45 | 1 | 0 | 1 |
| 70 | 2 | 2 | 1 | 1 | 3 | 0 | 2 | 11.4 | 6 513 | 45 | 1 | 1 | 0 |
| 71 | 3 | 1 | 1 | 1 | 5 | 0 | 2 | 10.2 | 5 714 | 55 | 0 | 0 | 0 |

续表

| 编号 | $X_1$ | $X_2$ | $X_3$ | $X_4$ | $X_5$ | $X_6$ | $X_7$ | $X_8$ | $X_9$ | $X_{10}$ | $X_{11}$ | $X_{12}$ | Y |
|---|---|---|---|---|---|---|---|---|---|---|---|---|---|
| 72 | 2 | 5 | 1 | 2 | 3 | 0 | 2 | 6.9 | 6 170 | 65 | 0 | 0 | 0 |
| 73 | 1 | 1 | 1 | 1 | 3 | 1 | 3 | 11.1 | 5 267 | 55 | 1 | 1 | 0 |
| 74 | 3 | 2 | 1 | 4 | 6 | 1 | 2 | 10 | 8 123 | 55 | 1 | 1 | 1 |
| 75 | 3 | 2 | 1 | 4 | 6 | 2 | 2 | 9 | 8 000 | 55 | 0 | 0 | 1 |
| 76 | 3 | 5 | 3 | 3 | 6 | 1 | 2 | 9.9 | 10 092 | 55 | 1 | 1 | 1 |
| 77 | 3 | 1 | 1 | 1 | 6 | 1 | 2 | 7 | 5 299 | 55 | 0 | 1 | 1 |
| 78 | 3 | 1 | 1 | 1 | 3 | 0 | 2 | 11.4 | 7 430 | 35 | 0 | 0 | 0 |
| 79 | 3 | 4 | 1 | 2 | 6 | 2 | 2 | 6.3 | 6 048 | 65 | 1 | 0 | 1 |
| 80 | 3 | 2 | 1 | 1 | 3 | 2 | 2 | 7.2 | 4 071 | 45 | 0 | 0 | 1 |
| 81 | 1 | 2 | 2 | 1 | 6 | 1 | 3 | 3.4 | 5 525 | 45 | 0 | 0 | 1 |
| 82 | 3 | 4 | 1 | 1 | 6 | 3 | 2 | 5.5 | 4 167 | 55 | 0 | 0 | 1 |
| 83 | 3 | 1 | 3 | 1 | 3 | 1 | 2 | 10.3 | 7 408 | 25 | 1 | 0 | 1 |
| 84 | 3 | 2 | 1 | 1 | 6 | 3 | 2 | 3.7 | 3 602 | 45 | 0 | 1 | 1 |
| 85 | 3 | 3 | 1 | 2 | 6 | 1 | 2 | 7 | 6 791 | 55 | 0 | 0 | 1 |
| 86 | 3 | 2 | 1 | 1 | 3 | 0 | 2 | 8.4 | 4 703 | 55 | 0 | 1 | 0 |
| 87 | 3 | 3 | 3 | 2 | 6 | 1 | 2 | 8.1 | 7 424 | 55 | 1 | 0 | 1 |
| 88 | 3 | 4 | 1 | 2 | 6 | 1 | 2 | 6.5 | 8 300 | 45 | 0 | 0 | 1 |
| 89 | 3 | 5 | 1 | 1 | 6 | 0 | 2 | 4.3 | 6 974 | 55 | 1 | 0 | 1 |
| 90 | 3 | 2 | 1 | 4 | 5 | 2 | 2 | 5.3 | 7 079 | 55 | 0 | 0 | 1 |
| 91 | 3 | 4 | 3 | 3 | 6 | 2 | 2 | 5.9 | 5 569 | 35 | 0 | 1 | 1 |
| 92 | 3 | 3 | 1 | 1 | 6 | 3 | 2 | 5.4 | 4 100 | 55 | 0 | 0 | 1 |
| 93 | 3 | 2 | 1 | 1 | 6 | 0 | 2 | 10.4 | 9 053 | 45 | 1 | 1 | 1 |
| 94 | 3 | 1 | 3 | 1 | 6 | 1 | 2 | 8 | 4 164 | 55 | 1 | 0 | 1 |
| 95 | 1 | 3 | 1 | 1 | 6 | 1 | 3 | 10.6 | 4 750 | 35 | 0 | 0 | 1 |
| 96 | 3 | 5 | 3 | 1 | 6 | 1 | 2 | 7.3 | 4 000 | 55 | 1 | 1 | 1 |
| 97 | 3 | 1 | 3 | 1 | 6 | 1 | 2 | 8 | 4 141 | 55 | 0 | 0 | 1 |
| 98 | 3 | 2 | 1 | 1 | 6 | 0 | 2 | 10.4 | 9 100 | 55 | 1 | 0 | 1 |

**【数据文件】**

定义标识变量"编号",定义变量标签"胃癌位置""胃癌大小""大体类型""组织学类型""深度""淋巴结转移""手术方式""血色素""白细胞""手术时年龄""性别""是否化疗""术后三年的生存结局",类型均为数值。定义变量值标签"胃底"=1、"胃体"=2、"胃窦"=3,"0级"=0、"1级"=1、"2级"=2、"3级"=3、"4级"=4、"5级"=5,"溃疡"=1、"肿块"=2、"浸润"=3,"腺癌"=1、"黏液癌"=2、"未分化癌"=3、"混合型"=4,"1级"=1、"2级"=2、"3级"=3、"4级"=4、"5级"=5、"6级"=6,"0级"=0、"1级"=1、"2级"=2、"3级"=3,"Ⅰ式"=1、"Ⅱ式"=2、"近胃"=3、"全切"=4。"男性"=1、"女性"=0,"用化疗"=1、"未用化疗"=0,"死亡=1、"存活=0。建立数据文件,如图12-11所示。

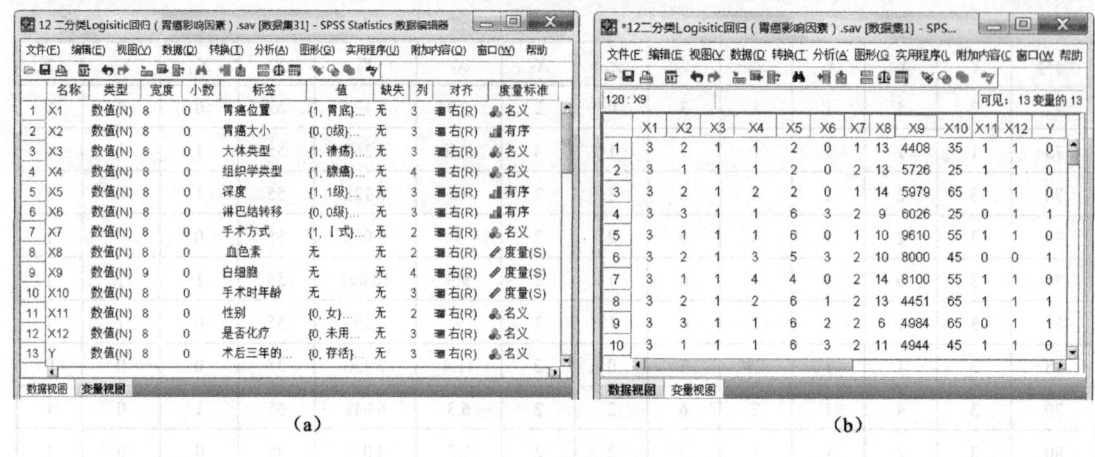

图12-11 数据文件

【菜单选择】

单击"分析"主菜单，再单击"回归"选项，然后单击"二分类Logistic"选项。

【界面设置】

第一阶段：变量选入。

在打开的"Logistic回归"对话框中，将结局变量"术后三年的生存结局[Y]"选入"因变量"列表框中，将自变量"X1""X2""X3""X4""X5""X6""X7""X8""X9""X10""X11""X12"全部选入"协变量"列表框中，在"方法"下拉列表中选择"向前：条件"选项，单击"分类"按钮，如图12-12所示。

"X1""X3""X4""X7"是无序多分类变量，由其派生出一组哑变量并取而代之纳入模型。在打开的"Logistic回归：定义分类变量"对话框中，将"X7（指示符）""X4（指示符）""X1（指示符）""X3（指示符）"选入"分类协变量"列表框中，每个变量转换时都是默认以"最后一个"为参照类别，单击"继续"按钮，如图12-13所示。

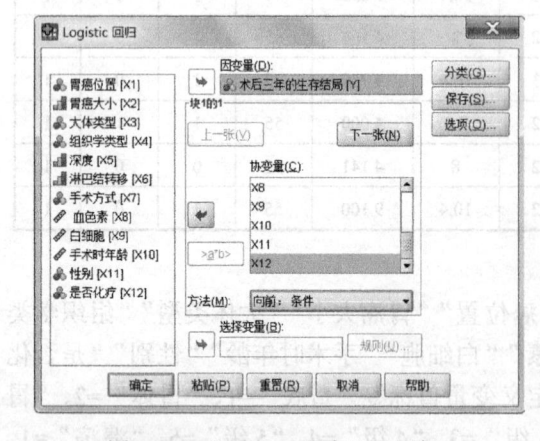

图12-12 "Logistic 回归"对话框 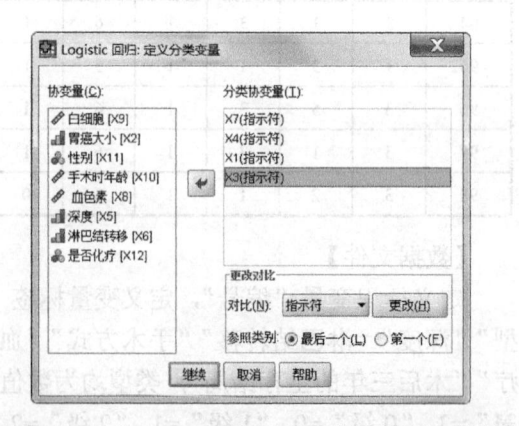    图12-13 "Logistic 回归：定义分类变量"对话框

第二阶段：参数估计。

在打开的"Logistic回归"对话框中，单击"保存"按钮。在打开的"Logistic回归：保存"对话框的"预测值"区域，选择"概率"选项，再单击"继续"按钮，如图12-14所示。

在"Logistic 回归"对话框中单击"选项"按钮。在打开的"Logistic 回归：选项"对话框的"统计量和图"区域，选择"exp(B)的 CI(X):"选项，并在其后的文本框中输入"95"，默认其他已有设置，单击"继续"按钮，如图 12-15 所示。

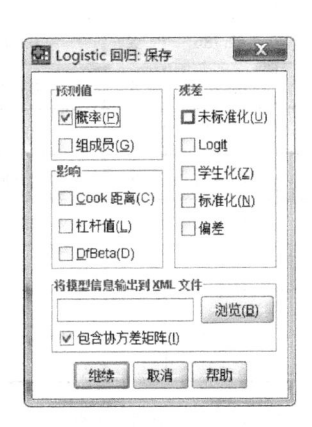

图 12-14 "Logistic 回归：保存"对话框　　　图 12-15 "Logistic 回归：选项"对话框

【结果分析】

（1）哑变量的赋值如表 12-16 所示。

表 12-16　哑变量的赋值

| 哑变量 | | 频率 | 数码 | | | 哑变量 | | 频率 | 数码 | | |
|---|---|---|---|---|---|---|---|---|---|---|---|
| | | | （1） | （2） | （3） | | | | （1） | （2） | （3） |
| 手术方式 | Ⅰ式 | 8 | 1 | 0 | 0 | 大体类型 | 溃疡 | 72 | 1 | 0 | |
| | Ⅱ式 | 82 | 0 | 1 | 0 | | 肿块 | 5 | 0 | 1 | |
| | 近胃 | 6 | 0 | 0 | 1 | | 浸润 | 21 | 0 | 0 | |
| | 全切除 | 2 | 0 | 0 | 0 | 胃癌位置 | 胃底 | 4 | 1 | 0 | |
| 组织学类型 | 腺癌 | 58 | 1 | 0 | 0 | | 胃体 | 10 | 0 | 1 | |
| | 黏液癌 | 11 | 0 | 1 | 0 | | 胃窦 | 84 | 0 | 0 | |
| | 未分化癌 | 8 | 0 | 0 | 1 | | | | | | |
| | 混合型 | 21 | 0 | 0 | 0 | | | | | | |

（2）拟合情况如表 12-17 所示。

经分析，模型 5 伪决定系数最大，说明拟合效果最好。

表 12-17　拟合情况

| 模　型 | −2 对数似然值 | Cox-Snell $R^2$ | Nalkerke $R^2$ |
|---|---|---|---|
| 1 | 94.206 | 0.339 | 0.454 |
| 2 | 72.140 | 0.473 | 0.632 |
| 3 | 62.326 | 0.523 | 0.700 |
| 4 | 52.049 | 0.570 | 0.763 |
| 5 | 47.359 | 0.590 | 0.790 |

(3) 回归方程的 $\chi^2$ 检验即模型整体性检验，如表 12-18 所示。

表 12-18 回归方程的 $\chi^2$ 检验结果

| 模型运行方式 | | $\chi^2$ | df | 显著性水平 | 模型运行方式 | | $\chi^2$ | df | 显著性水平 |
| --- | --- | --- | --- | --- | --- | --- | --- | --- | --- |
| 模型 1 | 步骤 | 40.629 | 1 | 0.000 | 模型 4 | 步骤 | 10.277 | 2 | 0.006 |
| | 块 | 40.629 | 1 | 0.000 | | 块 | 82.786 | 5 | 0.000 |
| | 模型 | 40.629 | 1 | 0.000 | | 模型 | 82.786 | 5 | 0.000 |
| 模型 2 | 步骤 | 22.066 | 1 | 0.000 | 模型 5 | 步骤 | 4.69 | 1 | 0.03 |
| | 块 | 62.694 | 2 | 0.000 | | 块 | 87.476 | 6 | 0.000 |
| | 模型 | 62.694 | 2 | 0.000 | | 模型 | 87.476 | 6 | 0.000 |
| 模型 3 | 步骤 | 9.815 | 1 | 0.002 | | | | | |
| | 块 | 72.509 | 3 | 0.000 | | | | | |
| | 模型 | 72.509 | 3 | 0.000 | | | | | |

相伴概率 $P$ 小于 0.001，说明在每步筛选变量过程中，回归方程理论上都有统计学意义。

(4) 参数估计与检验的结果如表 12-19 所示。

表 12-19 参数估计与检验的结果

| 模型 | | 偏回归系数 | 标准误 | 统计量 | 显著性水平 | OR | OR 的 95%置信区间 | |
| --- | --- | --- | --- | --- | --- | --- | --- | --- |
| | | | | | | | 下限 | 上限 |
| 模型 1 | $X_5$ | 0.936 | 0.177 | 28.079 | 0.000 | 2.550 | 1.804 | 3.606 |
| | 常量 | -3.911 | 0.830 | 22.176 | 0.000 | 0.020 | | |
| 模型 2 | $X_5$ | 0.983 | 0.220 | 19.903 | 0.000 | 2.673 | 1.736 | 4.118 |
| | $X_8$ | -0.533 | 0.141 | 14.325 | 0.000 | 0.587 | 0.445 | 0.773 |
| | 常量 | 1.089 | 1.475 | 0.545 | 0.460 | 2.972 | | |
| 模型 3 | $X_5$ | 0.840 | 0.239 | 12.375 | 0.000 | 2.316 | 1.450 | 3.697 |
| | $X_6$ | 1.272 | 0.467 | 7.409 | 0.006 | 3.568 | 1.428 | 8.918 |
| | $X_8$ | -0.483 | 0.153 | 9.911 | 0.002 | 0.617 | 0.457 | 0.833 |
| | 常量 | 0.041 | 1.697 | 0.001 | 0.981 | 1.042 | | |
| 模型 4 | $X_3$ | | | 7.239 | 0.027 | | | |
| | $X_3(1)$ | -2.292 | 1.069 | 4.597 | 0.032 | 0.101 | 0.012 | 0.821 |
| | $X_3(2)$ | -5.655 | 2.247 | 6.334 | 0.012 | 0.004 | 0.000 | 0.286 |
| | $X_5$ | 1.047 | 0.310 | 11.378 | 0.001 | 2.848 | 1.550 | 5.232 |
| | $X_6$ | 1.407 | 0.490 | 8.247 | 0.004 | 4.084 | 1.563 | 10.670 |
| | $X_8$ | -0.490 | 0.168 | 8.471 | 0.004 | 0.613 | 0.441 | 0.852 |
| | 常量 | 1.019 | 1.982 | 0.264 | 0.607 | 2.770 | | |
| 模型 5 | $X_3$ | | | 6.565 | 0.038 | | | |
| | $X_3(1)$ | -2.190 | 1.069 | 4.196 | 0.041 | 0.112 | 0.014 | 0.910 |
| | $X_3(2)$ | -5.675 | 2.410 | 5.546 | 0.019 | 0.003 | 0.000 | 0.386 |

续表

| 模　型 | | 偏回归系数 | 标　准　误 | 统计量 | 显著性水平 | OR | OR 的95%置信区间 | |
|---|---|---|---|---|---|---|---|---|
| | | | | | | | 下限 | 上限 |
| 模型5 | $X_5$ | 1.073 | 0.333 | 10.358 | 0.001 | 2.924 | 1.521 | 5.620 |
| | $X_6$ | 1.843 | 0.605 | 9.284 | 0.002 | 6.318 | 1.930 | 20.681 |
| | $X_8$ | −0.556 | 0.187 | 8.892 | 0.003 | 0.573 | 0.398 | 0.826 |
| | $X_9$ | 0.000 | 0.000 | 4.135 | 0.042 | 1.000 | 1.000 | 1.001 |
| | 常量 | −1.207 | 2.262 | 0.285 | 0.594 | 0.299 | | |

参数检验采用沃尔德检验。

（5）参数解释。

由向前条件法筛选有统计学意义的自变量。

模型 5 中的自变量为数值资料、有序多分类资料或二分类资料，都有统计学意义。无序多分类资料必须由其派生出一组哑变量并取而代之纳入，每个哑变量都是二分类变量。

二分类 Logistic 回归模型表达式为

$$\ln(P/(1-P)) = -1.207 - 2.190 X_3(1) - 5.675 X_3(2) + 1.073 X_5 + 1.843 X_6 - 0.556 X_8$$

实际上，无统计学意义的变量不必纳入模型。按照整体同时进出的原则，如果一组哑变量中有一部分哑变量有统计学意义，那么这组哑变量中的其他哑变量也要完整纳入模型。

经分析，$X_3(1)$，$X_3(2)$ 表示由"大体类型" $X_3$ 派生出来的两个哑变量。"大体类型" $X_3$ 的哑变量 $X_3(1)$ 与 $X_3(2)$、"深度" $X_5$、"淋巴结转移" $X_6$、"血色素" $X_8$、"白细胞" $X_9$ 偏回归系数的相伴概率 $P$ 分别是 0.041，0.019，0.001，0.002，0.003，0.042，均小于 0.05，说明这些变量均有统计学意义。

以下有几点说明。

说明①："大体类型" $X_3$ 是无序多分类变量。以"浸润"为参照类别，$X_3(1)$ 和 $X_3(2)$ 是由"大体类型" $X_3$ 派生的一组哑变量。"溃疡"对应 $X_3(1)$ 取值为 1、$X_3(2)$ 取值为 0。"浸润"对应 $X_3(1)$ 取值为 0、$X_3(2)$ 取值为 0。

其他变量固定，将"溃疡""浸润"对应的一组哑变量取值分别代入模型表达式并相减

$$\ln(P/(1-P))_{溃疡} - \ln(P/(1-P))_{浸润} = -2.190，\ (P/(1-P))_{溃疡}/(P/(1-P))_{浸润} = e^{-2.190}$$

如果"大体类型"由"浸润"改为"溃疡"，那么引起"患病"的优势比 OR 为 exp(−2.190)=0.112，95%置信区间为（0.014,0.910），P=0.041<0.05，说明"溃疡"比"浸润"引起"患病"的风险更小。

说明②："大体类型" $X_3$ 是无序多分类变量。以"浸润"为参照类别，"肿块"对应 $X_3(1)$ 取值为 0、$X_3(2)$ 取值为 1，"浸润"对应 $X_3(1)$ 取值为 0、$X_3(2)$ 取值为 0。

其他变量固定，将"肿块""浸润"对应的一组哑变量取值分别代入模型表达式并相减

$$\ln(P/(1-P))_{肿块} - \ln(P/(1-P))_{浸润} = -5.675，\ (P/(1-P))_{肿块}/(P/(1-P))_{浸润} = e^{-5.675}$$

如果"大体类型"由"浸润"改为"肿块"，那么引起"患病"的优势比 OR 为 exp(−5.675)=0.003，95%置信区间为（0.000,0.386），P=0.019<0.05，说明"肿块"比"浸润"引起患病的风险更小。

说明③："深度" $X_5$ 是有序多分类变量，在增加 1 个等级前后代入模型表达式并相减。"深度"增加 1 个等级引起"患病"的优势比 OR 为 exp(1.073)=2.924，95%置信区间为 1.521~5.620，

$P=0.001<0.05$，说明"深度"等级增加引起患病的风险更大。

说明④："淋巴结转移" $X_6$ 是有序多分类变量，在增加 1 个等级前后代入模型表达式并相减。"淋巴结转移"增加 1 个等级引起"患病"的优势比 OR 为 $\exp(1.843)=6.318$，95%置信区间为（1.930,20.681），$P=0.002<0.05$，说明"淋巴结转移"等级增加引起"患病"的风险更大。实际上，在论文中参考格式为（OR=6.318，95%CI：1.930～20.681，$P=0.002<0.05$）。

说明⑤："血色素 $X_8$"是数值变量，在增加 1 个单位前后代入模型表达式并相减。"血色素"增加 1 个单位引起"患病"的优势比 OR 为 $\exp(-0.556)=0.573$，95%置信区间为 0.398～0.826，$P=0.003<0.05$，说明"血色素"增加引起患病的风险更小。

说明⑥："白细胞 $X_9$"是数值变量，在增加 1 个单位前后代入模型表达式并相减。"白细胞"增加 1 个单位引起"患病"的优势比 OR 近似为 1，说明"白细胞"增加引起"患病"的风险不变。

综上分析，"浸润"改为"溃疡""肿块"引起"患病"的风险减小；"深度"增加且"淋巴结转移""等级增加""血色素"减少引起"患病"的风险增大；"白细胞"增加引起"患病"的风险不变；其他变量无统计学意义，于是不必解释优势比含义。

说明⑦："血色素 $X_8$"和"白细胞 $X_9$"是数值变量，在统计分组预处理以后转换为有序多分类或等级资料形式，如果有统计学意义，那么 OR 的含义解释为其数量增加 1 个单位引起"患病"的风险增加（或减小）。

（6）个案的患病概率。

$$\ln(P/(1-P)) = -1.207 - 2.190X_3(1) - 5.675X_3(2) + 1.073X_5 + 1.843X_6 - 0.556X_8$$

其等价形式为

$$P = 1/\left(1+e^{-1.207-2.190X_3(1)-5.675X_3(2)+1.073X_5+1.843X_6-0.556X_8}\right)$$

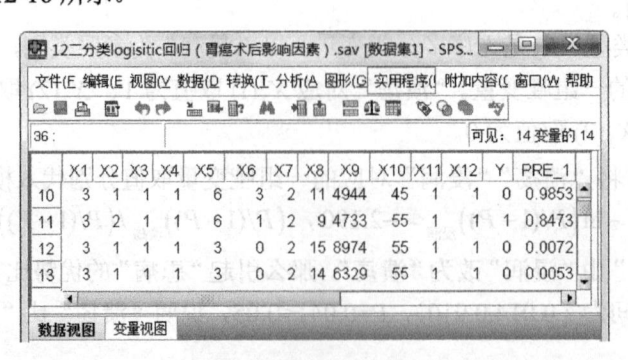

拟合概率如图 12-16 所示。

图 12-16 拟合概率

在数据文件中，同步自动生成全部个案的拟合概率。

如果把自变量观测值代入以上模型表达式，那么由此可以外推预测新个案的患病概率。

第三阶段：模型评价。

由 ROC 曲线评价二分类 Logistic 回归模型判别的准确性。二分类 Logistic 回归模型相当于"诊断方法"，拟合概率相当于数值型"检测指标"，"是否患病"相当于"金标准"。

【菜单选择】

单击"分析"主菜单，再单击"ROC 曲线图"选项。

# 第 12 章 Logistic 回归分析

【界面设置】

在打开的"ROC 曲线"对话框中,将"预测概率"选入"检验变量"列表框中,将"术后三年的生存结局[Y]"选入"状态变量"列表框中,在"状态变量的值"文本框中输入"1",在"输出"区域选择"ROC 曲线""对角参考线""标准误和置信区间""ROC 曲线的坐标点"选项,单击"确定"按钮,如图 12-17 所示。

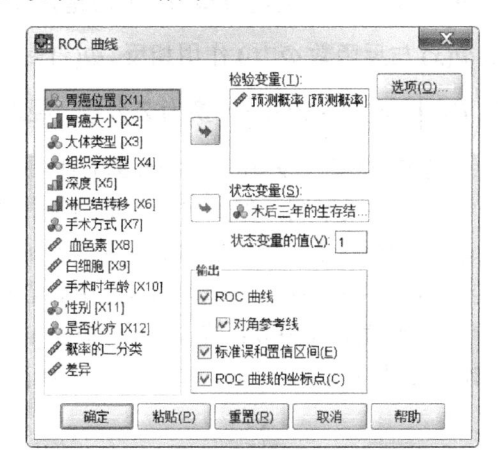

图 12-17 "ROC 曲线"对话框

【结果分析】

如图 12-18 所示,ROC 曲线从左下向右上逐渐延伸。该曲线下方图形面积为 0.5~1。该曲线越靠近左上角,其下方图形面积越接近 1,说明模型用于判别分类的准确性越高。ROC 曲线检验的结果如表 12-20 所示。

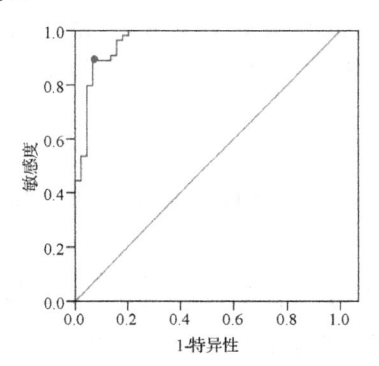

图 12-18 ROC 曲线

表 12-20 ROC 曲线检验的结果

| ROC 曲线下方图形面积 | 标准误 | 渐近显著性水平 | 渐近95%置信区间 | |
|---|---|---|---|---|
| | | | 下限 | 上限 |
| 0.961 | 0.018 | 0.000 | 0.925 | 0.997 |

经分析,ROC 曲线下方图形面积为 0.961,说明根据模型拟合以后的"患病"的概率对于胃癌判别分类的准确性好。当样本量很大时,ROC 曲线更平滑,在 ROC 曲线上 45°倾斜角切点位置,获得最大 Youden 指数和检测指标阈值。相关操作与解释不再赘述。

## 12.3 Probit 回归分析

### 1. 提出背景

二分类 Logistic 回归模型使用 Logistic 函数 $y=1/(1+e^{-x})$。有时候，还可以改为使用累计标准正态分布函数 $\Phi(x)=\int_{-\infty}^{x}e^{-t^2/2}/\sqrt{2\pi}dt$ 的反函数 $\Phi^{-1}(\cdot)$ 来构建具有同类作用的模型。

累计标准正态分布函数 $\Phi(x)$ 与反函数 $\Phi^{-1}(\cdot)$ 作用相反。$\Phi(x)$ 是由给定 Z 分数计算概率 P，而反函数 $\Phi^{-1}(\cdot)$ 是把概率 $P\left(P=\int_{-\infty}^{z}e^{-t^2/2}/\sqrt{2\pi}dt\right)$ 转换为 Z 分数。经近似计算，当 P=0.0014 时，Z=-3；当 P=0.159 时，Z=-1；当 P=0.5 时，Z=0；当 P=0.977 时，z=2；当 P≈1 时，Z≈4。

函数 $\Phi(x)$ 和 Logistic 函数虽然公式不同，但是对应的曲线很相似，呈现"S"形状，都具有加速增长、出现拐点并渐趋饱和的特点，即先放缓、后加速、出现拐点以后又放缓、逐渐趋于稳定并达到饱和形态，定义域是 $(-\infty,+\infty)$，值域是 $(0,1)$，中心点即拐点 $(0,0.5)$。直线 $y=0$、直线 $y=1$ 为水平渐近线。当 $x\to-\infty$ 时，$y\to 0$；当 $x\to+\infty$ 时，$y\to 1$。自变量 X 可以向 $-\infty$ 和 $+\infty$ 无限增加或减小。函数 $\Phi(x)$ 与 $1/(1+e^{-x})$ 对应曲线的比较如图 12.19 所示。

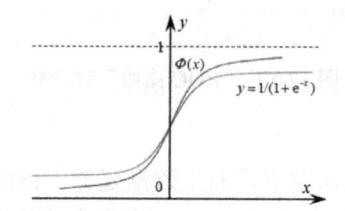

图 12-19　函数 $\Phi(x)$ 和 $1/(1+e^{-x})$ 对应曲线的比较

函数 $y=1/(1+e^{-x})$ 对应的曲线比函数 $\Phi(x)$ 对应的曲线更为平阔，与两条水平渐近线的距离更窄些。在拐点 $(0,0.5)$ 附近变化更为迟缓、在尾部变化则更为急速。

### 2. 模型构建

由转换函数 $\Phi^{-1}(\cdot)$ 定义的、以 Z 分数为因变量建立的广义线性回归模型称为 Probit 回归模型，即概率单位回归模型。"Probit"由"Probability"和"Unit"组成，即"概率单位"。Probit 回归模型的表达式为

$$\Phi^{-1}(P)=\beta_0+\beta_1 X \text{ 和 } P=\int_{-\infty}^{\beta_0+\beta_1 X}e^{-t^2/2}/\sqrt{2\pi}dt$$

如果广义线性回归模型中的自变量有 m 个，那么 $X_1,X_2,\cdots,X_m$，模型表达式结构为

$$\Phi^{-1}(P)=\beta_0+\beta_1 X_1+\cdots+\beta_m X_m+\varepsilon$$

式中，P 为二分类结局变量 Y"目标事件发生"概率，随机误差项 $\varepsilon$ 服从标准正态分布。

由此可见，Probit 回归模型和 Logistic 回归模型具有类似作用，即分别由转换函数 $\Phi^{-1}(\cdot)$ 和 Logistic 函数把概率 P 转换后为 $\Phi^{-1}(P)$ 和 $\ln(P/(1-P))$，作为因变量与自变量 $X_1,X_2,\cdots,X_m$ 建立线性函数形式。当概率 P 增大时，$\Phi^{-1}(P)$、$\ln(P/(1-P))$ 也会随之增大，即当偏回归系数 $\beta_i$ 为正时，如果自变量 $X_i$ 取值变大，则会引起概率 P 增大；当偏回归系数 $\beta_i$ 为负时，如果自变量 $X_i$ 取值变小，则会引起概率 P 增大。

既然 Probit 回归模型中的 $\Phi^{-1}(P)$（Z 分数）代替 Logistic 回归模型中的 $\ln(P/(1-P))$，那么 Probit 回归模型中偏回归系数的解释也就不同于 Logistic 回归模型。Probit 回归模型中偏回

归系数 $\beta_i$ 解释为固定其余自变量不变，当自变量 $X_i$ 改变 1 个单位时，$Z$ 分数改变了多少。比起 Logistic 回归模型的优势 $P/(1-P)$ 来说，$Z$ 分数不易直观理解，也是其应用少见的原因。

在调查设计中，常用 Logistic 回归模型讨论分类变量类别变化、等级变量级别上升时，引起"目标事件发生"与"目标事件不发生"的比例（OR）的数量变化。在试验设计中，对于数值型、个数少（甚至为 1 个）的自变量，那么可用 Probit 回归模型讨论自变量取值变化时，引起目标事件发生"占总数比例（概率）的数量变化。模型参数估计和检验等内容不再赘述。

在药理学或毒理学试验设计问题中，Probit 回归模型常用于反映刺激强度与反应比例之间的关系，用于估计半数反应比例出现时的刺激强度。例如，为了研究某种毒物对于实验动物的毒性，常以半数致死剂量、半数有效剂量等指标衡量。由毒物剂量 $X$ 与实验动物死亡比例（致死率 $P$）的关系，发现致死率与毒物剂量之间类似有"S"形状曲线变化特点。

令毒物剂量 $X$（或取其对数）作为自变量，由 $\Phi^{-1}(\cdot)$ 构造 Probit 回归模型为

$$\Phi^{-1}(P) = \beta_0 + \beta_1 X \text{ 或 } P = \Phi(\beta_0 + \beta_1 X) = \int_{-\infty}^{\beta_0+\beta_1 X} e^{-t^2/2}/\sqrt{2\pi} dt$$

当致死率 $P$ 为 50% 时的毒物剂量阈值称为半数致死剂量 $LD_{50}$（Lethal dose 50%）。

由 Probit 回归模型，根据毒物剂量 $X$ 可以求出对应的致死率 $P$；根据致死率 $P$，也可以求出对应的毒物剂量 $X$。如果致死率 $P$ 为 0.5，那么可以求出半数致死剂量 $LD_{50}$。

## 【案例实验 3】

同种系且特征相似的小鼠分成 6 组、每组 100 只，每组分别注射不同剂量的毒物并观察 2 天内死亡情况。以该毒物的剂量或其对数作为自变量、以致死率作为因变量，建立 Probit 回归模型，估计该毒物的半数致死剂量及其 95% 的置信区间。数据资料如表 12-21 所示。

本例的数据文件是"10 Probit 回归（半数致死剂量）.sav"。

表 12-21 数据资料

| 分组 | 第1组 | 第2组 | 第3组 | 第4组 | 第5组 | 第6组 |
|---|---|---|---|---|---|---|
| 毒物剂量 | 4.2 | 5.3 | 6.6 | 8.5 | 10.2 | 12.3 |
| 总数 | 100 | 100 | 100 | 100 | 100 | 100 |
| 死亡数 | 30 | 40 | 50 | 80 | 60 | 70 |

## 【数据文件】

定义变量"剂量""死亡数""总数"，类型均为数值。建立数据文件，如图 12-20 所示。

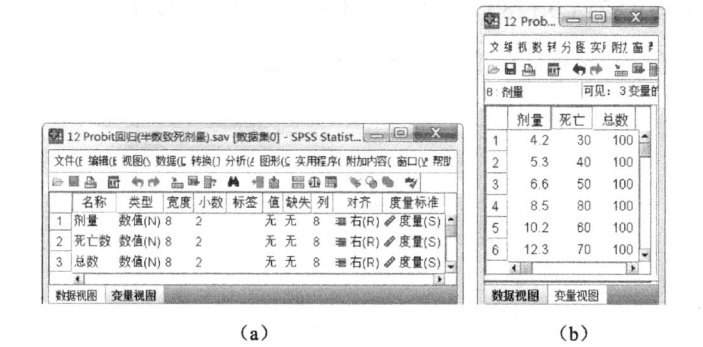

（a） （b）

图 12-20 数据文件

【菜单选择】

单击"分析"主菜单,再单击"回归"选项,然后单击"Probit"选项。

【界面设置】

在打开的"Probit 分析"对话框中,将"死亡数"选入"响应频率"列表框中,将"总数"选入"观测值汇总"列表框中,将"剂量"选入"协变量"列表框中。单击"确定"按钮,如图 12-21 所示。

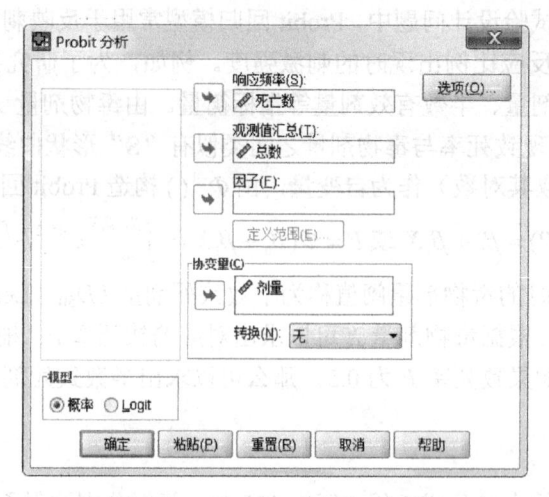

图 12-21 "Probit 分析"对话框

说明:SPSS 软件默认该方法用到频数资料,给定协变量、目标事件发生的例数、总数。

【结果分析】

(1)参数估计与检验的结果如表 12-22 所示。

表 12-22 参数估计与检验的结果

| 参 数 | 估 计 值 | 标 准 误 | z | 显著性水平 | 95% 置信区间 | |
|---|---|---|---|---|---|---|
| | | | | | 下限 | 上限 |
| 剂量 | 0.128 | 0.019 | 6.715 | 0.000 | 0.091 | 0.165 |
| 截距 | −0.871 | 0.157 | −5.552 | 0.000 | −1.028 | −0.714 |

经分析,相伴概率 $P$ 小于 0.001,说明偏回归系数有统计学意义。

模型为 $\Phi^{-1}(P) = -0.871 + 0.128X$ 或 $P = \Phi(-0.871 + 0.128X) = \int_{-\infty}^{-0.871+0.128X} e^{-t^2/2}/\sqrt{2\pi}\, dt$。

(3)剂量估计值与致死率估计值的关系如图 12-22 所示。

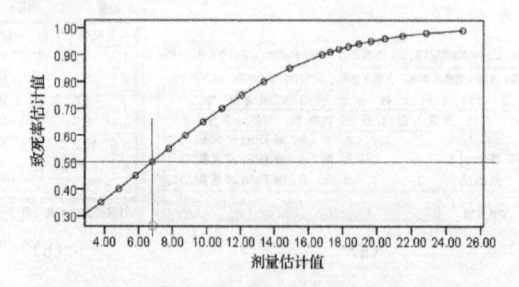

图 12-22 剂量估计值与致死率估计值的关系

经模型估计，毒物半数致死剂量为6.809。如果在图12-22中纵轴上致死率估计值为0.5处画一条水平线，那么与曲线交点的横坐标就是粗略估计的半数致死剂量为6.8左右。

由图12-22分析，死亡率随着剂量增大而呈现"S"型曲线变化特点，该曲线在中间陡峭、在两端平坦。在曲线两端时的致死率对剂量变化的反应不灵敏，在曲线中间时的致死率对剂量变化的反应很灵敏。在致死率为0.5处，曲线的切线斜率最大，即剂量每增加1个单位时，致死率变化最灵敏。除外，由于小鼠个体差异造成了毒物反应不同，最小致死剂量难以测定，所以用半数致死剂量而不是最小致死剂量作为毒物毒力检测的指标更有参考意义。

（2）Pearson 拟合度检验的结果如表12-23所示。

表12-23　Pearson 拟合度检验的结果

| $\chi^2$ | df | 显著性水平 |
|---|---|---|
| 25.230 | 4 | 0.000 |

经分析，相伴概率$P$小于0.001，说明该模型拟合效果有统计学意义。

（3）致死率估计值的计算如表12-24所示。剂量估计值与致死率估计值如表12-25。

表12-24　致死率估计值的计算

| 剂量 | 4.2 | 5.3 | 6.6 | 8.5 | 10.2 | 12.3 |
|---|---|---|---|---|---|---|
| 总数 | 100 | 100 | 100 | 100 | 100 | 100 |
| 观测的响应 | 30 | 40 | 50 | 80 | 60 | 70 |
| 期望的响应 | 36.923 | 42.344 | 48.934 | 58.569 | 66.787 | 75.892 |
| 致死率估计值 | 0.369 | 0.423 | 0.489 | 0.586 | 0.668 | 0.759 |

表12-25　剂量估计值与致死率估计值

| 剂量估计值 | −11.367 | ⋯ | 5.827 | 6.809 | 7.791 | 8.788 | ⋯ | 22.855 | 24.985 |
|---|---|---|---|---|---|---|---|---|---|
| 致死率估计值 | 0.01 | ⋯ | 0.45 | 0.5 | 0.55 | 0.6 | ⋯ | 0.98 | 0.99 |

## 12.4　条件 Logistic 回归分析

在流行病学中的病例对照研究中，由于存在一种及以上混杂因素的影响而难以寻找疾病危险因素，为此需要进行匹配设计。混杂因素可以在试验设计阶段被控制，也可以在数据分析阶段被控制。匹配设计就是指在试验设计阶段对混杂因素进行控制的方法。

例如，将家族史、性别或年龄组等因素按一定比例（1:1，1:2，1:4）匹配的病例作为对照病例，通过比较病例和对照病例各自以往暴露经历来达到分析的目的。如果匹配组中包含了一个病例和一个对照病例，称为1:1匹配或配对；如果匹配组中包含一个病例和 $m$ 个对照病例，称为1:$m$ 匹配。

混杂因素作用越明显，匹配设计就越能提高分析效率。当然，对于某种疾病与混杂因素的联系只有事先从专业角度给予认识以后，才能切实发挥匹配设计的作用。用于匹配设计的因素既可以是职业、性别或家族史等分类变量，也可以是年龄、病程等数值变量。

前面曾经学过，对于成组设计的资料可以使用非条件 Logistic 回归模型。对于匹配设计的资料可以使用条件或匹配 Logistic 回归模型，当匹配组数须达到自变量个数 20 倍以上时，条件或匹配 Logistic 回归模型的参数估计、检验、OR 及其置信区间的求法与非条件 Logistic 回归模型的求法非常类似，此处不再赘述。鉴于条件 Logistic 回归模型中没有常数项，不能用于预测或判别，因此不必列出模型表达式。实际上，对于 Logistic 回归分析方法族来说，如果只是为了影响因素分析而不是预测或判别，那么就可以不必列出模型表达式。

在 SPSS 软件环境下，有学者推荐类似使用 Cox 回归分析的操作步骤来实现条件 Logistic 回归分析模型中的偏回归系数估计和检验。

数据结构演示如表 12-26 所示。$X_1, X_2, X_3, \cdots, X_p$ 为自变量；对于数据 $x_{ijk}$，第 1 个下标 $i$ 表示第 $i$ 个匹配编号，第 2 个下标 $j$ 表示第 $j$ 个组内编号，第 3 个下标 $k$ 表示第 $k$ 个自变量。

表 12-26 数据结构演示

| 匹配编号 | 观察对象 | 组内编号 | $X_1$ | $X_2$ | $X_3$ | ... | $X_p$ |
|---|---|---|---|---|---|---|---|
| 1 | 病例 | 0 | $x_{101}$ | $x_{102}$ | $x_{103}$ | ... | $x_{10p}$ |
| 1 | 对照 1 | 1 | $x_{111}$ | $x_{112}$ | $x_{113}$ | ... | $x_{11p}$ |
| 1 | 对照 2 | 2 | $x_{121}$ | $x_{122}$ | $x_{123}$ | ... | $x_{12p}$ |
| ... | ... | ... | ... | ... | ... | ... | ... |
| $i$ | 病例 | 0 | $x_{i01}$ | $x_{i02}$ | $x_{i03}$ | ... | $x_{i0p}$ |
| $i$ | 对照 1 | 1 | $x_{i11}$ | $x_{i12}$ | $x_{i13}$ | ... | $x_{i1p}$ |
| $i$ | 对照 2 | 2 | $x_{i21}$ | $x_{i22}$ | $x_{i23}$ | ... | $x_{i2p}$ |
| ... | ... | ... | ... | ... | ... | ... | ... |

【案例实验 4】

以工龄为 20～30 年的男性教师作为对象，探讨慢性咽炎与长期饮酒习惯、长期吸烟习惯的联系。按照 1∶1 匹配方式收集抽样资料并建立数据文件，由条件 Logistic 回归模型筛选慢性咽炎的影响因素。变量定义与编码方案如表 12-27 所示，数据资料如表 12-28 所示。

本例的数据文件是"12 条件 Logistic 回归（慢性咽炎的患病影响因素）.sav"。

表 12-27 部分变量定义与编码方案

| 变量 | 变量标签 | 变量名 | 变量类型 | 变量值标签或单位 |
|---|---|---|---|---|
| 影响因素（自变量） | 长期饮酒 | $X_1$ | 数值 | "不饮酒"=0、"饮酒"=1 |
| | 长期吸烟 | $X_2$ | 数值 | "不吸烟"=0、"吸烟"=1 |
| 结局变量 | 慢性咽炎 | $Y$ | 数值 | "患病"=1、"未患病"=0 |

表 12-28 数据资料

| 编号 | $Y$ | $X_1$ | $X_2$ | 编号 | $Y$ | $X_1$ | $X_2$ | 编号 | $Y$ | $X_1$ | $X_2$ | 编号 | $Y$ | $X_1$ | $X_2$ |
|---|---|---|---|---|---|---|---|---|---|---|---|---|---|---|---|
| 1 | 1 | 1 | 1 | 3 | 1 | 1 | 0 | 5 | 1 | 1 | 1 | 7 | 1 | 1 | 1 |
| 1 | 0 | 0 | 1 | 3 | 0 | 1 | 0 | 5 | 0 | 0 | 0 | 7 | 0 | 0 | 1 |
| 2 | 1 | 0 | 1 | 4 | 1 | 1 | 0 | 6 | 1 | 0 | 1 | 8 | 1 | 1 | 1 |
| 2 | 0 | 0 | 1 | 4 | 0 | 1 | 0 | 6 | 0 | 0 | 1 | 8 | 0 | 0 | 0 |

续表

| 编号 | $Y$ | $X_1$ | $X_2$ | 编号 | $Y$ | $X_1$ | $X_2$ | 编号 | $Y$ | $X_1$ | $X_2$ | 编号 | $Y$ | $X_1$ | $X_2$ |
|---|---|---|---|---|---|---|---|---|---|---|---|---|---|---|---|
| 9 | 1 | 1 | 1 | 17 | 1 | 0 | 1 | 25 | 1 | 0 | 0 | 33 | 1 | 0 | 1 |
| 9 | 0 | 0 | 1 | 17 | 0 | 1 | 0 | 25 | 0 | 1 | 1 | 33 | 0 | 1 | 0 |
| 10 | 1 | 1 | 1 | 18 | 1 | 0 | 1 | 26 | 1 | 1 | 1 | 34 | 1 | 1 | 1 |
| 10 | 0 | 0 | 1 | 18 | 0 | 0 | 0 | 26 | 0 | 1 | 0 | 34 | 0 | 1 | 1 |
| 11 | 1 | 1 | 0 | 19 | 1 | 1 | 1 | 27 | 1 | 1 | 1 | 35 | 1 | 1 | 1 |
| 11 | 0 | 0 | 1 | 19 | 0 | 1 | 0 | 27 | 0 | 1 | 1 | 35 | 0 | 0 | 0 |
| 12 | 1 | 1 | 1 | 20 | 1 | 1 | 1 | 28 | 1 | 1 | 1 | 36 | 1 | 1 | 1 |
| 12 | 0 | 1 | 1 | 20 | 0 | 1 | 0 | 28 | 0 | 0 | 1 | 36 | 0 | 1 | 0 |
| 13 | 1 | 1 | 1 | 21 | 1 | 1 | 1 | 29 | 1 | 1 | 1 | 37 | 1 | 1 | 1 |
| 13 | 0 | 0 | 0 | 21 | 0 | 0 | 0 | 29 | 0 | 1 | 0 | 37 | 0 | 0 | 0 |
| 14 | 1 | 1 | 0 | 22 | 1 | 1 | 1 | 30 | 1 | 1 | 1 | 38 | 1 | 1 | 0 |
| 14 | 0 | 0 | 1 | 22 | 0 | 1 | 0 | 30 | 0 | 0 | 0 | 38 | 0 | 0 | 1 |
| 15 | 1 | 1 | 1 | 23 | 1 | 1 | 1 | 31 | 1 | 1 | 1 | 39 | 1 | 1 | 0 |
| 15 | 0 | 1 | 0 | 23 | 0 | 0 | 1 | 31 | 0 | 0 | 0 | 39 | 0 | 0 | 1 |
| 16 | 1 | 1 | 1 | 24 | 1 | 1 | 1 | 32 | 1 | 1 | 0 | 40 | 1 | 0 | 1 |
| 16 | 0 | 1 | 0 | 24 | 0 | 0 | 0 | 32 | 0 | 0 | 0 | 40 | 0 | 0 | 0 |

**【数据文件】**

定义标识变量"编号",定义变量"X1""X2""Y""T",类型均为数值,依次定义变量标签"长期饮酒""长期吸烟""慢性咽炎""虚拟时间",定义变量值标签"不饮酒"=0、"饮酒"=1,"不吸烟"=0、"吸烟"=1,"未患病"=0、"患病"=1,"对照"=0、"病例"=1。

建立数据文件,如图12-23所示。

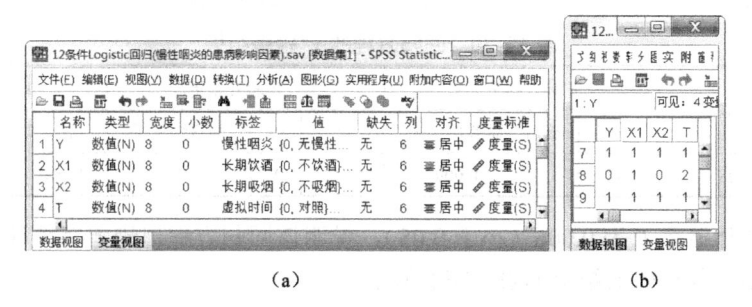

(a)

(b)

图12-23 数据文件

**【菜单选择】**

单击"分析"主菜单,再单击"生存函数"选项,然后单击"Cox回归"选项。

**【界面设置】**

在打开的"Cox回归"对话框中,将变量"X1""X2"全部选入"协变量"列表框中,将"虚拟时间[T]"选入"时间"列表框中,将"Y(1)"选入"状态"列表框中,单击"定义事件"按钮,在"方法"下拉列表中,选择"向前:条件"选项,单击"选项"按钮,如图12-24所示。在打开的"Cox 回归：选项"对话框的"模型统计量"区域，选择"CI 用于 exp(B)"选项，默认其他已有设置，单击"继续"按钮，如图 12-25 所示。

图 12-24 "Cox 回归"对话框　　　　图 12-25 "Cox 回归：选项"对话框

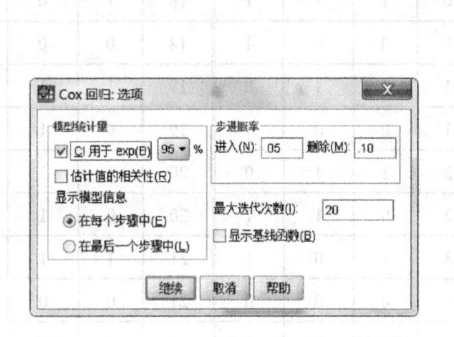

说明：数值变量和有序多分类变量直接纳入模型。无序多分类自变量应派生出一组哑变量以后，再取而代之纳入模型，可以使用"Cox 回归"对话框中的"分类"按钮来操作实现。对于自变量类型多样、个数众多的复杂情形，请参考第 13 章 Cox 回归分析的案例操作演示。

【结果分析】

（1）摘要统计的结果如表 12-29 所示。

表 12-29　摘要统计的结果

| 案　例 | N | 百　分　比 |
|---|---|---|
| 有效案例 | 40 | 50.0% |
| 删失案例 | 40 | 50.0% |

（2）回归方程的 $\chi^2$ 检验即模型整体性检验，如表 12-30 所示。

表 12-30　回归方程的 $\chi^2$ 检验结果

| 模型 | -2 倍对数似然值 | 整体（得分） | | | 上一步骤开始更改 | | | 上一块开始更改 | | |
|---|---|---|---|---|---|---|---|---|---|---|
| | | $\chi^2$ | df | 显著性水平 | $\chi^2$ | df | 显著性水平 | $\chi^2$ | df | 显著性水平 |
| 模型 1 | 342.908 | 6.827 | 1 | 0.009 | 7.654 | 1 | 0.006 | 7.654 | 1 | 0.006 |

经分析，相伴概率 $P$ 为 0.006（小于 0.05），说明该回归方程理论上有统计学意义。

（3）参数估计与检验的结果如表 12-31 所示。

表 12-31　参数估计与检验的结果

| 模　型 | | 偏回归系数 | 标准误 | 统 计 量 | 显著性水平 | OR | 95%置信区间 | |
|---|---|---|---|---|---|---|---|---|
| | | | | | | | 下部 | 上部 |
| 模型 1 | $X_1$ | 1.040 | 0.416 | 6.243 | 0.012 | 2.829 | 1.251 | 6.394 |

参数检验采用沃尔德检验。经分析，"长期饮酒"的相伴概率 $P$ 是 0.012（小于 0.05），说明该变量有统计学意义。由于相对危险度 RR=exp(1.040)=2.829>1，说明当不饮酒习惯改为饮酒习惯时，引起慢性咽炎患病的风险变大了。

## 12.5 有序多分类 Logistic 回归分析

### 1. 变量设置

假设结局变量 $Y$ 是有序多分类资料，有 3 个及以上等级（或有序类别）。例如，成绩分为优、良、中、差；疗效分为痊愈、有效、好转、无效；病情分为轻度、中度、重度。

对于有序多分类资料来说，假设等级（或有序类别）共有 4 个，依次标记为 1,2,3,4。例如，疗效包括痊愈、有效、好转和无效共 4 个等级，变量值标签依次标记为 4,3,2,1 或 1,2,3,4。当定义结局变量的值标签时，通常做法是等级越高则数值越大，否则结论解释恰好相反。

假设结局变量 $Y$ 取 4 个等级 1,2,3,4 的概率分别是 $P_1, P_2, P_3, P_4$，显然 $P_1+P_2+P_3+P_4=1$。

标记结局变量 $Y$ 取多个等级时的累计概率为

$P(Y\leq 1)=P_1$，$P(Y\leq 2)=P_1+P_2$，$P(Y\leq 3)=P_1+P_2+P_3$，显然 $P(Y\leq 1)<\cdots<P(Y\leq 3)<1$。

由上述模型，可以间接求出结局变量 $Y$ 取等级 1,2,3,4 的概率为

$$P_1=P(Y\leq 1)；\quad P_2=P(Y\leq 2)-P(Y\leq 1)；\quad \cdots；\quad P_4=P(Y\leq 4)-P(Y\leq 3)$$

### 2. 模型构建

当结局变量 $Y$ 取值为整数形式的较少个数等级时，这种资料一般不会服从正态分布。

模型中的线性组合部分 $\beta_0+\beta_1X_1+\beta_2X_2+\cdots+\beta_mX_m$ 在理论上的取值范围是 $(-\infty,+\infty)$，它与结局变量 $Y$ 在理论上的取值范围无法一致，所以无法建立多元线性回归模型。

考虑将结局变量 $Y$ 取不同等级的累计概率 $P$ 构造连接函数，并与自变量 $X_1,X_2,\cdots,X_m$ 建立概率型非线性回归模型，称为有序多分类（或累计比数）Logistic 回归模型。

模型构建的基本思路如下。

针对结局变量 $Y$，依次从所有等级不同位置进行分割（或截断）以后，组成两大类。

如果结局变量 $Y$ 的等级共有 $m$ 个，如果从等级 $j$ 处分割，那么将等级 1、等级 2、$\cdots$、等级 $j$ 合并为一个大类，将等级 $j+1$、等级 $j+2$、$\cdots$、等级 $m$ 合并为另一个大类，把 $m$ 个等级变成二分类的情况，其中 $j=1,2,\cdots,m$。

建立二分类 Logistic 回归模型为

$$\ln\left(\frac{P(Y\leq j)}{1-P(Y\leq j)}\right)=-\alpha_j+\beta_1X_1+\beta_2X_2+\cdots+\beta_mX_m$$

式中，累计概率 $P(Y\leq j)=P(Y=1)+P(Y=2)+\cdots+P(Y=j)=P_1+P_2+\cdots+P_j$。

$\alpha_j$ 为常数项；$\beta_1, \beta_2, \cdots, \beta_m$ 为偏回归系数。

不管分割点在什么位置，模型中的偏回归系数保持不变，改变的只是常数项。

随着分割点所在位置的变化，总共建立 $m-1$ 个二分类 Logistic 回归模型。

例如，结局变量 $Y$ 依次标记为 1,2,3,4，分割点所在的位置共有 3 个，每次分割以后划分为两个大类，累计概率分别为 $P(Y\leq 1), P(Y\leq 2), P(Y\leq 3)$。

于是，总共构建 3 个二分类 Logistic 回归模型。

（1）模型 1：分割点在等级 1 和等级 2 之间，分成 $Y\leq 1$ 和 $Y>1$ 两类。其表达式为

$$\ln\left(\frac{P(Y\leq 1)}{1-P(Y\leq 1)}\right)=\ln\left(\frac{P_1}{1-P_1}\right)=\ln\left(\frac{P_1}{P_2+P_3+P_4}\right)=-\alpha_1+\beta_1X_1+\beta_2X_2+\cdots+\beta_mX_m$$

（2）模型 2：分割点在等级 2 和等级 3 之间，分成 $Y\leq 2$ 和 $Y>2$ 两类。其表达式为

$$\ln\left(\frac{P(Y\leq 2)}{1-P(Y\leq 2)}\right)=\ln\left(\frac{P_1+P_2}{1-(P_1+P_2)}\right)=\ln\left(\frac{P_1+P_2}{P_3+P_4}\right)=-\alpha_2+\beta_1 X_1+\beta_2 X_2+\cdots+\beta_m X_m$$

（3）模型 3：分割点在等级 3 和等级 4 之间，分成 $Y\leq 3$ 和 $Y>3$ 两类。其表达式为

$$\ln\left(\frac{P(Y\leq 3)}{1-P(Y\leq 3)}\right)=\ln\left(\frac{P_1+P_2+P_3}{1-(P_1+P_2+P_3)}\right)=\ln\left(\frac{P_1+P_2+P_3}{P_4}\right)=-\alpha_3+\beta_1 X_1+\beta_2 X_2+\cdots+\beta_m X_m$$

3. 说明

说明①：Logistic 回归分析必须满足基本条件：资料来自随机抽样调查或随机分组试验；参数估计要有充分的样本量支持；假定自变量与 $\ln(P(Y\leq i)/(1-P(Y\leq i)))$ 呈线性相关关系。根据经验，当样本量达到自变量个数 10~15 倍以上时，参数估计结果才会比较稳定。

说明②：自变量可以是二分类、无序多分类、有序多分类或数值资料形式。分类变量值标签的设置要有统一的方向规律，这种做法更有利于解释不同类别 OR 的含义。一般二分类变量值标签设置为 0 或 1。无序多分类变量不能直接纳入模型，而是由其派生出一组虚拟哑变量并且取而代之纳入模型。每个分类自变量中的基线状态（用作参照）要有足够的样本量，且不同水平情况的个案数目不能太少，否则会引起参数估计结果的不稳定。数值变量可以经过预处理转换为有序多分类变量以后，然后纳入模型。

说明③：当构造连接函数时，一般考虑把 $\ln(P(Y\leq i)/(1-P(Y\leq i)))$ 作为因变量，这适用于各等级概率大致相等的情形。对于较低等级概率更大的情形，可以把 $-\ln(\ln(P(Y\leq i)))$ 作为因变量；对于较高等级概率更大的情形，可以把 $\ln(-\ln(1-P(Y\leq i)))$ 作为因变量。

说明④：无序多分类 Logistic 回归模型必须满足平行线检验，即 $m-1$ 个模型在多维空间中相互平行，偏回归系数 $\beta_i$ 与分割点位置无关，自变量线性组合 $\beta_1 X_1+\beta_2 X_2+\cdots+\beta_m X_m$ 完全一样，只有常数项不一样。以上假设条件意味着每个自变量在所有模型中有共同作用。当平行线检验的假定条件不满足时，必须更改转换函数；或把结局变量的较多等级合并以减少其个数甚至直接将所有等级分成两类，改用二分类 Logistic 回归模型；或者有意丢弃结局变量所有等级的差异性，改用无序多分类 Logistic 回归模型。在以上情形中，信息利用有差异、结果解释也不同。实际上，有序多分类 Logistic 回归模型对平行线检验的假定条件有耐受性。例如，当相伴概率 $P$ 不太小时，仍然可以认为满足平行线检验的假定条件。

说明⑤：自变量最好不能一次性纳入模型太多个数。当自变量个数太多或无序多分类自变量的类别个数很多时，派生出来的哑变量个数也很多，不仅引起模型结构变得复杂，还会使得多重共线性现象变得严重，造成参数估计不稳定或结果不能合理解释的情况。

说明⑥：当自变量个数较少时，可以将其一次性纳入模型，并逐步筛选有统计学意义者。当自变量个数较多时，建议先把这些自变量逐个纳入模型并进行单因素分析（常见方法有秩和检验、卡方检验和方差分析），也可以采用单变量 Logistic 回归模型。在单因素分析时最好放宽条件，通常把显著性水平取大些（如 $\alpha=0.1,0.2$），使得自变量纳入模型时的条件宽松些、不必过于严格。在单因素分析时，将无统计学意义、以及由专业经验判断有确定理论价值的部分变量纳入模型，统一进行集中筛选，即所谓多因素分析。由于单因素分析精简了自变量个数，再做多因素分析时多重共线性现象通常不再严重。

说明⑦：由无序多分类变量派生出一组哑变量并取而代之纳入模型、参与筛选时，即使在这组哑变量中，有的有统计学意义，有的无统计学意义，也要将其看作一个整体而同时

纳入或移出模型，即要么全部保留这组哑变量，要么全部删除这组哑变量，否则无法代替原来变量。无统计学意义的哑变量无须解释其参数含义。

### 4. 参数解释

一般事先设置结局变量的数值越大，则说明结局变量的等级越高。例如，结局变量 $Y$ 表示疾病的严重程度，其数值越大说明病情越严重。参数 $\beta$ 解释为当自变量 $X$ 每增加 1 个单位时，结局变量 $Y$ 的某些等级合并以后发生的概率与其余等级合并以后发生的概率之比的自然对数将会增加 $\beta$ 个单位。为了进行直观解释，可以令 $\exp(\beta)$ 或 $e^\beta$ 为将参数 $\beta$ 由指数函数转换以后，得到指数化参数 OR。

统一假定结局变量的数值越大，则说明结局变量的等级会更高。

（1）当 $\beta > 0$ 或 $\exp(\beta) > 1$ 时，自变量取值变大则会引起结局变量的数值增大或等级升高。

（2）当 $\beta < 0$ 或 $\exp(\beta) < 1$ 时，自变量取值变大则会引起结局变量的数值减小或等级降低。

（3）当 $\beta = 0$ 或 $\exp(\beta) = 1$ 时，自变量取值变化则不会引起结局变量的数值或等级变化。

OR 的含义是当自变量 $X$ 变化 1 个单位时，结局变量 $Y$ 至少改变 1 个以上等级可能性的倍数，或者结局变量 $Y$ 为更大数值可能性的倍数。按照以下情形解释自变量的含义。

（1）二分类变量或哑变量情形：二分类变量的基线状态为 0，变量值标签定义为 0 和 1。OR 解释为当自变量 $X$ 由 0 改为 1 时，结局变量 $Y$ 取得更为严重等级的概率的倍数。

（2）无序多分类变量情形：由无序多分类变量派生出一组哑变量并取而代之纳入模型，将指定的基线状态作为参照类别。每个哑变量的 OR 解释为当参照类别改为某个指定类别时，结局变量 $Y$ 取得更为严重等级的概率的倍数。

（3）有序多分类变量情形：有序多分类变量的基线状态比其当前小一个等级时。OR 解释为当自变量 $X$ 每增加 1 个等级时，结局变量 $Y$ 取得更为严重等级的概率的倍数。

（4）数值变量情形：数值变量的基线状态比其当前小一个单位时。OR 解释为当自变量 $X$ 每增加 1 个单位以后，结局变量 $Y$ 取得更为严重等级的概率的倍数。

【学习目标】

理解有序多分类 Logistic 回归分析的理论方法，掌握操作流程并阐述结论。

## 【案例实验 5】

研究者收集抽样调查资料并建立数据文件。由有序多分类 Logistic 回归分析讨论"学习素养"等级提升与学生的"性别""年级""专业"之间的关系。数据资料如表 12-32 所示。

本例的数据文件是"12 有序多分类 Logistic 回归（学习素养水平影响因素）.sav"。

表 12-32 数据资料

| $Y$ | $X_1$ | $X_2$ | $X_3$ | $Y$ | $X_1$ | $X_2$ | $X_3$ | $Y$ | $X_1$ | $X_2$ | $X_3$ | $Y$ | $X_1$ | $X_2$ | $X_3$ |
|---|---|---|---|---|---|---|---|---|---|---|---|---|---|---|---|
| 1 | 1 | 1 | 2 | 2 | 1 | 2 | 2 | 3 | 1 | 3 | 2 | 2 | 2 | 1 | 2 |
| 2 | 2 | 3 | 1 | 2 | 2 | 2 | 2 | 1 | 1 | 1 | 2 | 1 | 1 | 1 | 2 |
| 1 | 1 | 1 | 2 | 1 | 1 | 1 | 3 | 3 | 2 | 3 | 2 | 2 | 2 | 2 | 2 |
| 2 | 2 | 2 | 3 | 1 | 2 | 1 | 3 | 2 | 1 | 2 | 3 | 1 | 1 | 1 | 3 |
| 2 | 2 | 3 | 1 | 1 | 1 | 1 | 3 | 1 | 1 | 2 | 2 | 2 | 2 | 2 | 1 |

续表

| Y | $X_1$ | $X_2$ | $X_3$ | Y | $X_1$ | $X_2$ | $X_3$ | Y | $X_1$ | $X_2$ | $X_3$ | Y | $X_1$ | $X_2$ | $X_3$ |
|---|---|---|---|---|---|---|---|---|---|---|---|---|---|---|---|
| 1 | 1 | 1 | 2 | 1 | 1 | 1 | 3 | 1 | 2 | 1 | 3 | 2 | 1 | 1 | 2 |
| 3 | 2 | 2 | 1 | 1 | 1 | 2 | 2 | 2 | 1 | 2 | 2 | 2 | 2 | 2 | 2 |
| 2 | 1 | 1 | 2 | 2 | 1 | 1 | 1 | 1 | 1 | 3 | 3 | 2 | 3 | 3 | 2 |
| 2 | 2 | 2 | 3 | 3 | 1 | 2 | 2 | 1 | 1 | 2 | 1 | 1 | 1 | 1 | 2 |
| 2 | 2 | 3 | 1 | 2 | 1 | 1 | 1 | 1 | 1 | 3 | 2 | 2 | 2 | 2 | 3 |
| 2 | 1 | 2 | 2 | 1 | 1 | 1 | 2 | 2 | 2 | 2 | 3 | 2 | 2 | 1 |   |
| 2 | 2 | 3 | 1 | 2 | 1 | 1 | 3 | 1 | 1 | 1 | 3 | 2 | 2 | 2 | 2 |
| 1 | 1 | 1 | 2 | 3 | 3 | 3 | 2 | 2 | 1 | 3 | 2 | 3 | 2 | 3 | 2 |
| 3 | 2 | 2 | 1 | 2 | 1 | 1 | 1 | 3 | 1 | 1 | 1 | 2 | 1 | 1 | 2 |
| 1 | 1 | 1 | 3 | 2 | 2 | 2 | 1 | 1 | 3 | 3 | 3 | 2 | 3 | 2 | 1 |
| 2 | 1 | 2 | 3 | 1 | 2 | 2 | 2 | 1 | 1 | 2 | 2 | 1 | 1 | 2 |   |
| 2 | 2 | 3 | 1 | 2 | 2 | 2 | 2 | 1 | 1 | 1 | 2 | 3 | 2 | 1 | 1 |

【数据文件】

定义变量"学习素养""性别""年级""专业",类型均为数值。定义变量值标签"低水平"=1、"中水平"=2、"高水平"=3,"男"=1、"女"=2,"低年级"=1、"中年级"=2、"高年级"=3,"工科"=1、"理科"=2、"文科"=3。建立数据文件,如图12-26所示。

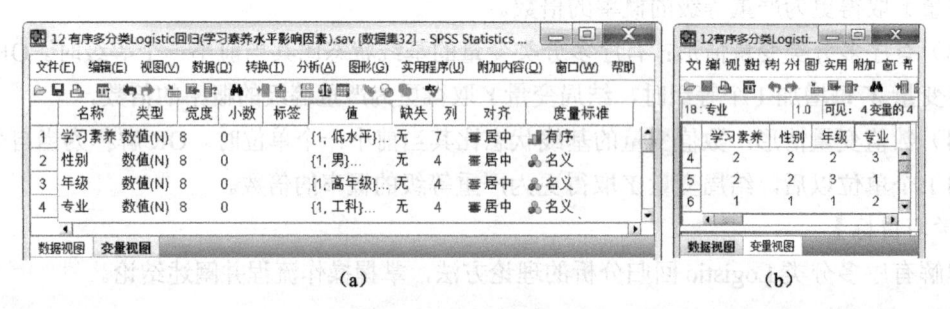

图12-26 数据文件

【菜单选择】

单击主菜单"分析",再单击"回归"选项,然后单击"有序"选项。

第一种策略:将"年级"看作等级资料。

◇ 第一阶段:变量选入和参数估计。

【界面设置】

在打开的"Ordinal 回归"对话框中,将"学习素养"选入"因变量"列表框中,将"性别""专业"选入"因子"列表框中。将"年级"选入"协变量"列表框中,单击"选项"按钮,如图12-27所示。

在打开的"Ordinal 回归:选项"对话框的"链接"下拉列表中默认选择"Logit"选项,如图12-28所示。

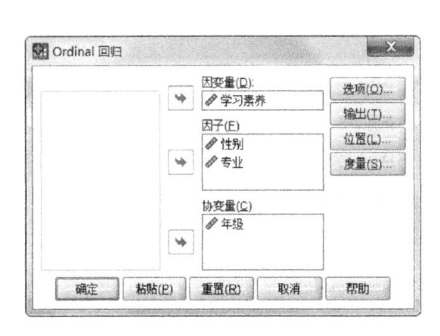

图 12-27 "Ordinal 回归"对话框 　　　　图 12-28 "Ordinal 回归：选项"对话框

以下有几点说明。

说明①："性别"是二分类变量，类别编码为 1、2，其实在建立数据文件时事先将其编码为 0、1 是通常做法。不同类型分类变量的处理方法和结论解释必须注意区分。

由于"专业"是无序多分类变量，由其派生出一组哑变量并取而代之纳入模型。当把"年级"看作有序多分类变量且等级（或有序类别）等距时，可以将其直接纳入模型。

说明②：二分类 Logistic 回归模型把全部自变量选入"协变量"列表框中，由"向前：条件"的方法筛选。在有序多分类 Logistic 回归模型中，没有提供筛选自变量的选项或按钮，一般通过手动方式逐个删除相伴概率 $P$ 较大的自变量，然后获得更为简洁的模型。

说明③：自变量为有序多分类变量和数值变量时选入"协变量（Covariate）"列表框中。

任何分类变量应选入且只要选入"因子"列表框中，就会由其派生出一组哑变量。软件默认以"最后类别"为参照类别，派生出一组哑变量并赋值，每个类别转化为一组哑变量值。

例如，默认以"文科"=3（即最后一个类别）为参照类别，由无序多分类变量"专业"派生出哑变量"专业（1）""专业（2）"。哑变量的设置如表 12-33 所示。

表 12-33　哑变量的设置

| 专　业 | 工　科 | 理　科 | 文　科 |
| --- | --- | --- | --- |
| 专业（1） | 1 | 0 | 0 |
| 专业（2） | 0 | 1 | 0 |

说明④：如果将二分类变量选入"因子"列表框中，那么同样由其派生出一个哑变量。

例如，"性别"值标签为"男生"=1、"女生"=2。如果把"性别"选入"因子"列表框中，那么默认"最后一个"（"女生"=2）为参照类别，这个哑变量仍然命名为"性别"就行，不过编码将被修改为"男生"=1、"女生"=0。

说明⑤：在二分类 Logistic 回归模型中，哑变量的软件设置对话框与有序多分类 Logistic 回归模型不同，任何分类变量只要选入"协变量"列表框中，就会由其派生出一组哑变量。二分类自变量在建立数据文件时，最好事先就编码为 0、1。

◇ 第二阶段：平行线检验。

【界面设置】

在"Ordinal 回归"对话框中，单击"输出"按钮。在打开的"Ordinal 回归：输出"对话框的"输出"区域，选择"拟合度统计""摘要统计""参数估计""平行线检验"选项，单击"继续"按钮，如图 12-29 所示。

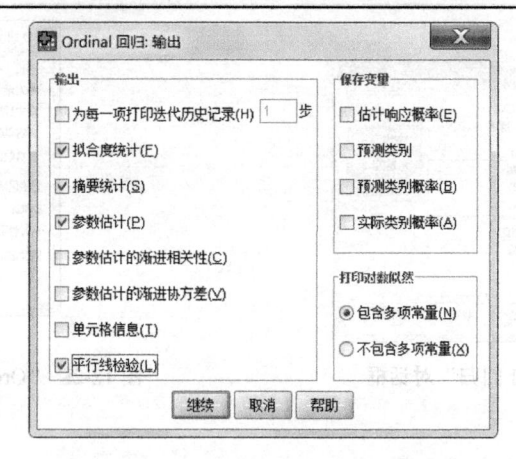

图 12-29 "Ordinal 回归：输出"对话框

【结果分析】
（1）摘要统计的结果如表 12-34 所示。

表 12-34 摘要统计的结果

| 变量 | | N | 边际百分比 | 变量 | | N | 边际百分比 |
|---|---|---|---|---|---|---|---|
| 性别 | 男生 | 41 | 56.90% | 学习素养 | 低水平 | 29 | 40.30% |
| | 女生 | 31 | 43.10% | | 中水平 | 32 | 44.40% |
| 专业 | 工科 | 21 | 29.20% | | 高水平 | 11 | 15.30% |
| | 理科 | 34 | 47.20% | | | | |
| | 文科 | 17 | 23.60% | | | | |

（2）回归方程的 $\chi^2$ 检验即模型整体性检验，如表 12-35。拟合情况如表 12-36 所示。

表 12-35 回归方程的 $\chi^2$ 检验结果

| 模型 | -2 对数似然值 | $\chi^2$ | df | 显著性水平 |
|---|---|---|---|---|
| 截距 | 98.593 | | | |
| 最终 | 50.640 | 47.953 | 4 | 0.000 |

表 12-36 拟合情况

| Cox-Snell $R^2$ | Nalkerke $R^2$ | McFadden $R^2$ |
|---|---|---|
| 0.486 | 0.56 | 0.329 |

经分析，相伴概率 P 小于 0.001，说明回归方程理论上有统计学意义。

经分析，Cox-Snell $R^2$、Nalkerke $R^2$、Nalkerke $R^2$，在 0.5 附近，说明模型拟合效果还可以。

（3）平行线检验的结果如表 12-37 所示。

表 12-37 平行线检验的结果

| 模型 | -2 对数似然值 | $\chi^2$ | df | 显著性水平 |
|---|---|---|---|---|
| 零假设 | 50.640 | | | |
| 广义 | 47.907 | 2.733 | 4 | 0.604 |

经分析，相伴概率 $P$ 为 0.604（大于 0.05），说明以上模型通过了平行线检验。

（4）参数估计及检验的结果如表 12-38 示。参数检验采用沃尔德检验。

表 12-38　参数估计与检验的结果

| 参数 | | 偏回归系数 | 标准误 | 统计量 | 显著性水平 | 偏回归系数的95%置信区间 | | OR |
| --- | --- | --- | --- | --- | --- | --- | --- | --- |
| | | | | | | 下限 | 上限 | |
| 阈值 | [学习素养=1] | 2.221 | 1.047 | 4.499 | 0.034 | 0.169 | 4.272 | |
| | [学习素养=2] | 5.972 | 1.312 | 20.715 | 0.000 | 3.400 | 8.543 | |
| 位置 | 年级 | 1.540 | 0.448 | 11.826 | 0.001 | 0.662 | 2.418 | 4.665 |
| | [性别=1] | -2.066 | 0.632 | 10.691 | 0.001 | -3.304 | -0.828 | 0.127 |
| | [性别=2] | 0 | | | | | | |
| | [专业=1] | 1.739 | 0.837 | 4.317 | 0.038 | 0.099 | 3.379 | 5.692 |
| | [专业=2] | 1.877 | 0.771 | 5.926 | 0.015 | 0.366 | 3.388 | 6.533 |
| | [专业=3] | 0 | | | | | | |

（5）参数解释。

本例中，"学习素养" $Y$ 包括 "低水平" "中水平" "高水平"，依次编码为 1, 2, 3。

第一次把分割点放在 "低水平" 和 "中水平" 之间，把等级分成 $Y \leqslant 1$ 和 $Y > 1$ 两类。

第二次把分割点放在 "中水平" 和 "高水平" 之间，把等级分成 $Y \leqslant 2$ 和 $Y > 2$ 两类。

由无序多分类变量 "专业" 派生出两个哑变量 "专业（1）" "专业（2）"。

经过变量筛选以后，"年级" "性别" "专业（1）" "专业（2）" 的相伴概率 $P$ 分别是 0.001，0.001，0.038，0.015，均小于 0.05，说明这些变量有统计学意义。

模型 1："学习素养" 等级分割为 "低水平" 和 "中水平" "高水平" 两类，建立有序多分类 Logistic 回归模型为

$$\text{Logit}(P(Y \leqslant 1)) = 2.221 + 1.540 \times 年级 - 2.066 \times 性别 + 1.739 \times 专业（1） + 1.877 \times 专业（2）$$

模型 2："学习素养" 等级分割为 "低水平" "中水平" 和 "高水平" 两类，建立有序多分类 Logistic 回归模型为

$$\text{Logit}(P(Y \leqslant 2)) = 5.972 + 1.540 \times 年级 - 2.066 \times 性别 + 1.739 \times 专业（1） + 1.877 \times 专业（2）$$

以下有几点说明。

说明①：鉴于 "性别" 被选入了 "因子" 列表框中，模型自动默认 "最后一个"（"女生"=2）为参照类别，由 "性别" 派生出一个哑变量且仍然命名 "性别"，将 "性别" 新的编码值 "男生"=1、"女生"=0 分别代入模型并相减。"男生" 具有较高 "学习素养" 的可能性是 "女生" 的 exp(-2.066)=0.127 倍，说明 "女生" 具有更高等级的 "学习素养"。

说明②："工科" 对应 "专业（1）" 取值 1、"专业（2）" 取值 0，"文科" 对应 "专业（1）" 取值 0、"专业（2）" 取值 0，分别代入模型并相减。"工科" 具有较高 "学习素养" 的可能性是 "文科" 的 exp(1.739)=5.692 倍，说明 "工科" 学生具有更高等级的 "学习素养"。

说明③："理科" 对应 "专业（1）" 取值 0、"专业（2）" 取值 1，"文科" 对应 "专业（1）" 取值 0、"专业（2）" 取值 0，分别代入模型并相减。"理科" 具有较高 "学习素养" 的可能性是 "文科" 的 exp(1.877)=6.533 倍，说明 "理科" 学生具有更高等级的 "学习素养"。

说明④："年级" 是等级资料，将其增加前后代入模型并相减。每上升一个 "年级" 具有

较高"学习素养"的可能性是原来的 exp(1.540)=4.665 倍,说明当"年级"等级上升时具有更高等级的"学习素养"。

综上,"女生"相比"男生"具有更高等级的"学习素养";"理科""工科"相比"文科"具有更高等级的"学习素养";"年级"等级上升时具有更高等级的"学习素养"。

第二种策略:将"年级"作为无序多分类资料。

"专业"和"年级"看作无序多分类变量,分别由其派生出一组哑变量。由"专业"派生出一组哑变量的设置如表 12-39 所示。由"年级"转换的一组哑变量的设置如表 12-40 所示。

表 12-39 由"专业"派生出一组哑变量的设置

| 专业 | 工科 | 理科 | 文科 |
|---|---|---|---|
| 专业(1) | 1 | 0 | 0 |
| 专业(2) | 0 | 1 | 0 |

表 12-40 由"年级"派生出一组哑变量的设置

| 年级 | 低年级 | 中年级 | 高年级 |
|---|---|---|---|
| 年级(1) | 1 | 0 | 0 |
| 年级(2) | 0 | 1 | 0 |

【界面设置】

在打开的"Ordinal 回归"对话框中,将"学习素养"选入"因变量"列表框中,将"性别""专业""年级"选入"因子"列表框中,单击"输出"按钮,如图 12-30 所示。

在打开的"Ordinal 回归:输出"对话框的"输出"区域,选择"拟合度统计""摘要统计""参数估计""平行线检验"选项,单击"继续"按钮,如图 12-31 所示。

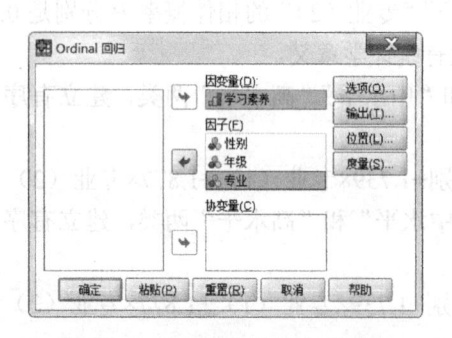

图 12-30 "Ordinal 回归"对话框

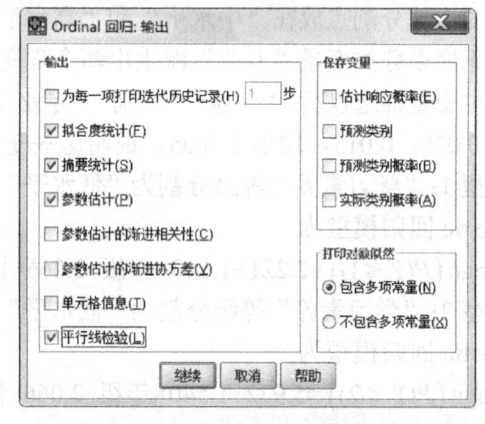

图 12-31 "Ordinal 回归:输出"对话框

【结果分析】

(1) 摘要统计的结果如表 12-41 所示。

表 12-41 摘要统计的结果

| 变量 | | N | 边际百分比 | 变量 | | N | 边际百分比 |
|---|---|---|---|---|---|---|---|
| 学习素养 | 低水平 | 29 | 40.30% | 专业 | 理科 | 34 | 47.20% |
| | 中水平 | 32 | 44.40% | | 文科 | 17 | 23.60% |
| | 高水平 | 11 | 15.30% | 年级 | 高年级 | 27 | 37.50% |
| 性别 | 男 | 41 | 56.90% | | 中年级 | 32 | 44.40% |
| | 女 | 31 | 43.10% | | 低年级 | 13 | 18.10% |
| 专业 | 工科 | 21 | 29.20% | | | | |

(2)拟合情况如表 12-42 所示。

表 12-42 拟合情况

| Cox-Snell $R^2$ | Nalkerke $R^2$ | McFadden $R^2$ |
|---|---|---|
| 0.499 | 0.574 | 0.341 |

(3)回归方程的 $\chi^2$ 检验即模型整体性检验,如表 12-43 所示。

表 12-43 回归方程的 $\chi^2$ 检验结果

| 模 型 | -2 对数似然值 | $\chi^2$ | df | 显著性水平 |
|---|---|---|---|---|
| 截距 | 98.593 | | | |
| 最终 | 48.863 | 49.730 | 5 | 0.000 |

经分析,Cox-Snell $R^2$、Nalkerke $R^2$、McFadden $R^2$ 都大于 0.3,说明模型拟合效果还可以。由回归方程的 $\chi^2$ 检验,相伴概率 P 值小于 0.001,说明回归方程理论上有统计学意义。

(4)平行线检验的结果如表 12-44 所示。

表 12-44 平行线检验的结果

| 模 型 | -2 对数似然值 | $\chi^2$ | df | 显著性水平 |
|---|---|---|---|---|
| 零假设 | 48.863 | | | |
| 广义 | 43.946 | 4.917 | 5 | 0.426 |

经分析,相伴概率 P 为 0.426(大于 0.05),说明该模型通过了平行线检验。

(5)参数估计及检验的结果如表 12-45 所示。

表 12-45 参数估计与检验的结果

| 参 数 | | 偏回归系数 | 标准误 | 统计量 | 显著性水平 | 偏回归系数的 95%置信区间 | | OR |
|---|---|---|---|---|---|---|---|---|
| | | | | | | 下限 | 上限 | |
| 阈值 | [学习素养=1] | -1.850 | 1.059 | 3.054 | 0.081 | -3.925 | 0.225 | |
| | [学习素养=2] | 1.926 | 0.985 | 3.821 | 0.051 | -0.005 | 3.857 | |
| 位置 | [性别=1] | -2.203 | 0.658 | 11.219 | 0.001 | -3.492 | -0.914 | 0.110 |
| | [性别=2] | 0 | | | | | | |
| | [专业=1] | 1.884 | 0.860 | 4.802 | 0.028 | 0.199 | 3.569 | 6.580 |
| | [专业=2] | 2.068 | 0.815 | 6.444 | 0.011 | 0.471 | 3.665 | 7.909 |
| | [专业=3] | 0 | | | | | | |
| 位置 | [年级=1] | -2.873 | 0.894 | 10.324 | 0.001 | -4.626 | -1.121 | 0.057 |
| | [年级=2] | -0.711 | 0.731 | 0.947 | 0.330 | -2.143 | 0.721 | 0.049 |
| | [年级=3] | 0 | | | | | | |

(6)参数解释。

第一次把分割点放在"低水平"和"中水平""高水平"之间,共分成 $Y \leqslant 1$ 和 $Y > 1$ 两类。

第二次把分割点放在"低水平""中水平"和"高水平"之间,共分成 $Y \leqslant 2$ 和 $Y > 2$ 两类。

由无序多分类变量"专业"派生出两个哑变量"专业(1)""专业(2)",由无序多分类变量"年级"派生出两个哑变量"年级(1)""年级(2)"。经过变量筛选以后,"性别""专业（1）""专业（2）""年级（1）"的相伴概率 $P$ 分别为 0.001,0.028,0.011,0.001，均小于 0.05，说明这些变量有统计学意义。

对于部分有统计学意义的哑变量来说，同一组中的其他哑变量最好也要纳入模型。哑变量"年级（1）"（有统计学意义）和哑变量"年级（2）"（无统计学意义）都要纳入模型。

模型 1：学习素养可以分割为"低水平"和"中水平""高水平"两类，建立有序多分类 Logistic 回归模型为

$$\text{Logit}(P(Y \leq 1)) = -1.850 - 2.230 \times 性别 + 1.884 \times 专业（1）+ 2.068 \times 专业（2）- 2.873 \times 年级（1）- 0.711 \text{ 年级（2）}$$

模型 2：学习素养可以分割为低水平、中水平和高水平两类，建立有序多分类 Logistic 回归模型为

$$\text{Logit}(P(Y \leq 2)) = 1.926 - 2.230 \times 性别 + 1.884 \times 专业（1）+ 2.068 \times 专业（2）- 2.873 \times 年级（1）- 0.711 \text{ 年级（2）}$$

以下有几点说明。

说明①：鉴于"性别"被选入了"因子"列表框中，模型自动默认"最后一个"（"女生"=2）为参照类别，由"性别"派生出一个哑变量且仍然命名"性别"，将"性别"新的编码值"男生"=1、"女生"=0 分别代入模型并相减。"男生"具有较高"学习素养"的可能性是"女生"的 exp(-2.203)=0.110 倍，说明"女生"具有更高等级的"学习素养"。

说明②："工科"对应"专业（1）"取值 1、"专业（2）"取值 0，"文科"对应"专业（1）"取值为 0、"专业（2）"取值为 0，分别代入模型并相减。"工科"具有较高"学习素养"的可能性是"文科"的 exp(1.844)=6.580 倍，说明"工科"学生具有更高等级的"学习素养"。

说明③："理科"对应"专业（1）"取值 0、"专业（2）"取值 1，"文科"对应"专业（1）"取值 0、"专业（2）"取值 0，分别代入模型并相减。"理科"具有较高"学习素养"的可能性是"文科"的 exp(2.068)=7.909 倍，说明"理科"学生具有更高等级的"学习素养"。

说明④：以"高年级"作为参照类别，"低年级"对应表示"年级（1）"取值 1、"年级（2）"取值 0，"高年级"对应"专业（1）"取值 0、"专业（2）"取值 0，分别代入模型并相减。"低年级"具有较高"学习素养"的可能性是"高年级"的 exp(-2.873)=0.057 倍，说明"高年级"具有的"学习素养"更高。由于"年级（2）"无统计学意义，那么"中年级"OR 的实际含义不必再做解释。

综上，"女生"相比"男生"具有更高等级的"学习素养"；"理科""工科"相比"文科"具有更高的"学习素养"；"高年级"相比"低年级"具有更高的"学习素养"。在"中年级"与"低年级"、"高年级"与"中年级"之间改变时尚不能确定"学习素养"等级是否更高。

## 12.6 无序多分类 Logistic 回归分析

### 1. 提出背景

假设结局变量 $Y$ 为无序多分类资料，类别个数为 3 个及以上，定义其值标签以后，每个类别数值标记为整数。自变量 $X_1, X_2, \cdots, X_m$ 线性组合在理论上的取值范围是 $(-\infty, +\infty)$，它与无序多分类结局变量 $Y$ 在理论上的取值范围无法一致。鉴于概率 $P$ 的取值范围是 $(0,1)$，如果两个类别"$i$"和"$j$"发生的概率分别标记为 $P_i$ 和 $P_j$，对两者比值再取自然对数 $\ln(P_i/P_j)$，那么

自然对数 $\ln(P_i/P_j)$ 在理论上的取值范围是 $(-\infty, +\infty)$。

如果经过转换的连接函数 $\ln(P_i/P_j)$ 与自变量 $X_1, X_2, \cdots, X_m$ 有线性相关关系,那么考虑类似 Logistic 回归分析方法族中的其他方法,构建一种新的概率型非线性回归模型,用于解释自变量 $X_1, X_2, \cdots, X_m$ 在不同取值情况下的实际含义,讨论偏回归系数变化时,是否引起结局变量 $Y$ 中的某种类别相比另一种类别的概率比值发生变化。

**2. 基本思路**

无序多分类 Logistic 回归模型构建的基本思路是以结局变量 $Y$ 的某个类别为参照类别,分别求得其余类别发生的概率与参照类别发生的概率,取这两种概率比值的自然对数,将其与自变量 $X_1, X_2, \cdots, X_m$ 建立某种广义线性模型。收集抽样资料并进行该模型的求解与检验,筛选有统计学意义的自变量,估计偏回归系数,讨论自变量变化前后的影响,即其余类别发生的概率与参照类别发生的概率的比值变化的特点,解释影响的方向和程度。

如果结局变量 $Y$ 有 $k$ 个类别,那么指定某个类别作为参照类别,其余类别发生的概率与参照类别发生的概率进行比较,总共可以建立 $k-1$ 个模型。例如,结局变量 $Y$ 共有 4 个类别,定义其值标签以后,依次标记为"类别 1""类别 2""类别 3""类别 4",默认"最后类别"即"类别 4"作为参照类别,分别将"类别 1""类别 2""类别 3"发生的概率与"类别 4"发生的概率求比值,总共可以建立 3 个模型。

模型 1、模型 2、模型 3 的表达式分别为

$$\ln(P_1/P_4) = \beta_{10} + \beta_{11}X_1 + \beta_{12}X_2 + \cdots + \beta_{1j}X_j + \cdots + \beta_{1m}X_m$$
$$\ln(P_2/P_4) = \beta_{20} + \beta_{21}X_1 + \beta_{22}X_2 + \cdots + \beta_{2j}X_j + \cdots + \beta_{2m}X_m$$
$$\ln(P_3/P_4) = \beta_{30} + \beta_{31}X_1 + \beta_{32}X_2 + \cdots + \beta_{3j}X_j + \cdots + \beta_{3m}X_m$$

式中,$P_j = P(Y=j)$ 表示结局变量 $Y$ 中第 $j$ 个类别发生的概率,显然有 $P_1+P_2+P_3+P_4=1$。

**3. 参数解释**

参数 $\beta$ 解释为当自变量 $X$ 增加 1 个单位时,模型表达式等号左边的两个概率比值的自然对数平均增加了 $\beta$ 个单位。OR $= \exp(\beta)$ 解释为自变量 $X$ 增加 1 个单位之后和之前时,结局变量 $Y$ 中某个类别发生的概率与参照类别发生的概率的比值。

例如,在矿山粉尘作业工人肺病症状研究问题中,第 2 个类别是"症状 A",第 4 个类别是"症状 B"。不妨把"症状 A"发生的概率记为 $P_2$,"症状 B"发生的概率记为 $P_4$。

以模型 2 为例,当自变量 $X_j$ 增加 1 个单位之前和之后时,分别代入模型有

$$\ln(P_2/P_4)_{变化前} = \beta_{20}+\beta_{21}X_1+\beta_{22}X_2+\cdots+\beta_{2j}X_j+\cdots+\beta_{2m}X_m$$
$$\ln(P_2/P_4)_{变化后} = \beta_{20}+\beta_{21}X_1+\beta_{22}X_2+\cdots+\beta_{2j}(X_j+1)+\cdots+\beta_{2m}X_m$$

两个式子相减以后得到 $\ln\dfrac{(P_2/P_4)_{变化后}}{(P_2/P_4)_{变化前}} = \beta_{2j}$,将其等价转换为 $\dfrac{(P_2/P_4)_{变化后}}{(P_2/P_4)_{变化前}} = e^{\beta_{2j}}$。

OR $= \exp(\beta_{2j})$ 解释为当自变量 $X_j$ 增加 1 个单位之后和之前两种情形下,分别求得"类别 2"发生的概率与"类别 4"发生的概率的比值,再对这两个比值求比,其含义是自变量 $X_j$ 变化 1 个单位引起"类别 2"相对于"类别 4"的优势比。

下面在不同类型自变量的情形下,对 OR 的含义进行解释。

① 二分类或哑变量情形:二分类变量的基线状态为 0,变量值标签定义为 0 和 1。其 OR 解释为自变量 $X$ 由 0 改为 1 时结局变量中的某个类别相对于参照类别的优势比,例如某种因

素由不暴露改为暴露时"症状A"相对于"症状B"的优势比。

② 无序多分类变量情形：由无序多分类变量派生出一组哑变量并取而代之纳入模型，将指定的基线状态作为参照类别。每个哑变量的OR分别解释为自变量X由参照类别改为某个指定类别时，"症状A"相对于"症状B"的优势比。

③ 有序多分类变量情形：有序多分类变量的基线状态比其当前小一个等级时。其OR解释为自变量X每增加1个等级时结局变量的某个类别相对于参照类别的优势比，如某种因素暴露的严重程度每上升1个等级时，"症状A"相对于"症状B"的优势比。

④ 数值变量情形：数值变量的基线状态比其当前小一个单位时。其OR解释为自变量X增加1个单位时结局变量的某个类别相对于参照类别的优势比，如某种因素暴露的剂量每上升1个单位时"症状A"相对于"症状B"的优势比。

说明：结局变量Y的参照类别默认使用"最后类别"，当然也允许进行更改。例如，当结局变量Y的参照类别从"类别3"改为"类别2"时，求"类别2"发生概率和"类别3"发生概率的比值$P_2/P_3$，在自变量X变化之后和之前的两种情形下，再求这两个比值的比值，即为"类别2"相对于"类别2"的优势比。

此外，如果$\ln(P_2/P_4)$（模型2）和$\ln(P_3/P_4)$（模型3）已知，那么不妨利用对数函数的性质，将模型2表达式和模型3表达式直接相减，于是得到间接转换以后的情形

$$\ln(P_2/P_3) = \ln(P_2/P_4) - \ln(P_3/P_4) = (\beta_{20}-\beta_{30}) + (\beta_{21}-\beta_{31})X_1 + \cdots + (\beta_{2m}-\beta_{3m})X_m$$

这时候，$OR = e^{\beta_{2j}-\beta_{3j}}$用于解释自变量$X_j$每增加1个单位时"类别2"发生的概率$P_2$与"类别3"发生的概率$P_3$的比值有什么样的变化特点。实际上，如果研究者打算以"类别3"作为参照类别，那么不妨在定义结局变量和建立数据文件时，只要事先将参照类别的值标签调整或修改为"类别3"即可，不必间接采用如上的转换算法。

### 4. 几点说明

说明①：Logistic回归分析必须满足基本条件：资料来自随机抽样调查或随机分组试验；参数估计要有充分的样本量支持；假定自变量与$\ln(P_i/P_j)$呈线性相关关系。根据经验可知，当样本量达到自变量个数10～15倍以上时，参数估计结果才会比较稳定。

说明②：自变量可以是二分类、无序多分类、有序多分类或数值资料。分类变量值标签的设置要有统一的方向规律，这种做法更有利于解释不同类别OR的含义。一般二分类变量值标签设置为0或1。无序多分类变量不能直接纳入模型，而是由其派生出一组虚拟哑变量并且取而代之纳入模型。每个分类自变量中的基线状态（用作参照）要有足够的样本量，且不同水平情况的个案数目不能太少，否则会引起参数估计结果的不稳定。数值变量可以经预处理转换为有序多分类变量，然后取而代之纳入模型。

说明③：自变量最好不能一次性纳入模型太多个数。当自变量个数太多或无序多分类自变量的类别个数很多时，派生出来的哑变量个数也很多，不仅引起模型结构变得复杂，还会使得多重共线性现象变得严重，造成参数估计不稳定或结果不能合理解释的情况。

说明④：当自变量个数较少时，可以将其一次性纳入模型，并逐步筛选有统计学意义者。当自变量个数较多时，建议先把这些自变量逐个纳入模型并进行单因素分析（常见方法有秩和检验、卡方检验和方差分析），也可以采用单变量Logistic回归模型。在单因素分析时最好放宽条件，通常把显著性水平取大些（如$\alpha=0.1, 0.2$），使得自变量纳入模型时的条件宽松些、不必过于严格。在单因素分析时，将无统计学意义、以及由专业经验判断有确定理论价值的

部分变量纳入模型，统一进行集中筛选，即所谓多因素分析。由于单因素分析精简了自变量个数，再做多因素分析时多重共线性现象通常不再严重。

说明⑤：由无序多分类变量派生出一组哑变量并取而代之纳入模型、参与筛选时，即使在这组哑变量中，有的有统计学意义，有的无统计学意义，那么也要将其看作一个整体而同时纳入或移出模型，即要么全部保留这组哑变量、要么全部删除这组哑变量，否则无法用一组哑变量整体代替原来变量。无统计学意义的哑变量无须解释其参数含义。

【学习目标】

理解无序多分类 Logistic 回归分析的理论方法，掌握操作流程并阐述结论。

## 【案例实验 6】

由门诊病历资料建立数据文件。由无序多分类 Logistic 回归分析研究"性别""职业""工龄"（作为自变量）与"鼻炎""咽炎""结膜炎"不同病种患病概率的关系。数据资料如表 12-46 所示。本例的数据文件是"12 无序多分类 Logistic 回归分析（工矿集团医院门诊疾病影响因素）.sav"。

表 12-46 数据资料

| Y | $X_1$ | $X_2$ | $X_3$ | Y | $X_1$ | $X_2$ | $X_3$ | Y | $X_1$ | $X_2$ | $X_3$ | Y | $X_1$ | $X_2$ | $X_3$ |
|---|---|---|---|---|---|---|---|---|---|---|---|---|---|---|---|
| 1 | 1 | 1 | 2 | 2 | 2 | 2 | 2 | 2 | 1 | 2 | 2 | 1 | 2 | 1 | 1 |
| 3 | 2 | 2 | 3 | 3 | 2 | 2 | 1 | 2 | 2 | 3 | 1 | 1 | 1 | 1 | 1 |
| 1 | 1 | 1 | 1 | 3 | 2 | 1 | 3 | 3 | 1 | 2 | 2 | 3 | 2 | 3 | 1 |
| 2 | 2 | 2 | 2 | 1 | 1 | 1 | 1 | 3 | 2 | 2 | 2 | 2 | 1 | 2 | 2 |
| 1 | 1 | 2 | 2 | 3 | 2 | 3 | 3 | 1 | 1 | 1 | 3 | 3 | 2 | 1 | 3 |
| 3 | 2 | 3 | 3 | 2 | 1 | 2 | 2 | 3 | 1 | 3 | 3 | 2 | 1 | 2 | 1 |
| 2 | 2 | 1 | 3 | 2 | 2 | 1 | 3 | 2 | 1 | 2 | 3 | 2 | 1 | 1 | 1 |
| 1 | 1 | 1 | 1 | 3 | 1 | 3 | 3 | 2 | 2 | 3 | 3 | 3 | 2 | 3 | 3 |
| 2 | 2 | 2 | 1 | 2 | 1 | 2 | 2 | 2 | 1 | 2 | 2 | 2 | 2 | 3 | 2 |
| 2 | 1 | 2 | 2 | 1 | 1 | 1 | 2 | 2 | 2 | 2 | 2 | 2 | 2 | 2 | 2 |
| 3 | 2 | 3 | 3 | 2 | 1 | 2 | 2 | 2 | 2 | 2 | 2 | 2 | 2 | 2 | 2 |
| 1 | 1 | 3 | 3 | 2 | 3 | 1 | 3 | 1 | 2 | 3 | 3 | 3 | 1 | 3 | 2 |
| 1 | 1 | 1 | 1 | 2 | 1 | 1 | 1 | 2 | 1 | 2 | 1 | 3 | 1 | 3 | 1 |
| 3 | 1 | 3 | 3 | 1 | 1 | 1 | 1 | 2 | 1 | 2 | 2 | 1 | 1 | 1 | 2 |
| 2 | 1 | 1 | 1 | 2 | 2 | 3 | 2 | 3 | 1 | 3 | 2 | 3 | 2 | 2 | 1 |
| 2 | 1 | 2 | 2 | 2 | 2 | 2 | 2 | 1 | 1 | 1 | 2 | 3 | 2 | 2 | 2 |
| 2 | 2 | 2 | 3 | 1 | 2 | 2 | 2 | 3 | 2 | 2 | 2 | 2 | 2 | 2 | 3 |
| 1 | 2 | 1 | 1 | 3 | 3 | 3 | 2 | 1 | 2 | 1 | 2 | 1 | 1 | 1 | 1 |
| 2 | 2 | 1 | 2 | 1 | 1 | 1 | 1 | 1 | 2 | 1 | 1 | 3 | 3 | 3 | 1 |
| 2 | 1 | 2 | 2 | 2 | 2 | 2 | 1 | 2 | 1 | 2 | 2 | 2 | 2 | 1 | 1 |
| 2 | 1 | 2 | 2 | 1 | 1 | 1 | 1 | 2 | 2 | 2 | 1 | 1 | 1 | 1 | 2 |
| 2 | 2 | 1 | 2 | 2 | 1 | 2 | 2 | 2 | 2 | 2 | 2 | 2 | 1 | 2 | 1 |
| 3 | 1 | 3 | 3 | 2 | 2 | 2 | 2 | 3 | 1 | 2 | 2 | 2 | 1 | 1 | 1 |
| 2 | 1 | 1 | 2 | 3 | 2 | 1 | 2 | 1 | 1 | 1 | 2 | 1 | 1 | 1 | 2 |

【数据文件】

定义变量"疾病种类""性别""职业""工龄",类型均为数值。定义变量值标签"鼻炎"=1、"咽炎"=2、"结膜炎"=3,"男性"=1、"女性"=2,"仓储"=1、"运输"=2、"工地"=3,"短"=1、"中"=2、"长"=3。建立数据文件,如图12-32所示。

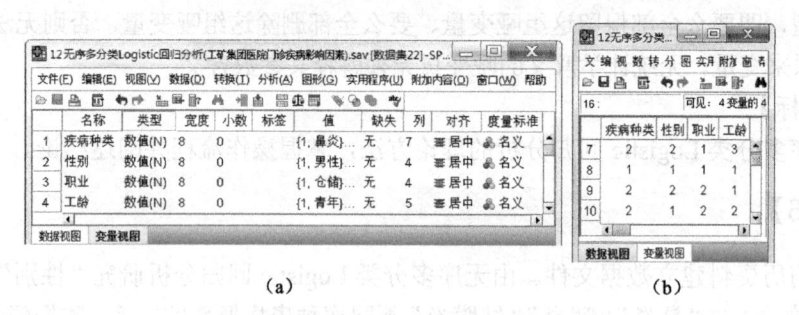

(a)

(b)

图12-32 数据文件

【菜单选择】

单击"分析"主菜单,单击"回归"选项,然后单击"多项Logistic"选项。

【界面设置】

在打开的"多项Logistic回归"对话框中,将"疾病种类"选入"因变量"列表框中,单击"参考类别"按钮,默认选择"最后一个"选项,将"性别"和"职业"选入"因子"列表框中,将"工龄"选入"协变量"列表框中,单击"保存"按钮,如图12-33所示。

以下有几点说明。

说明①:有序多分类和数值变量都需要被选入"协变量"列表框中。对于任何分类变量,只要被选入"因子"列表框中,那么就会自动转换为一组哑变量。本例默认"最后类别"("工地"=3)为参照类别,"职业"转换为一组共两个哑变量"职业(1)""职业(2)"。"仓储"对应表示"职业(1)"取值为1、"职业(2)"取值为0,"运输"对应表示"职业(1)"取值为0、"职业(2)"取值为1,"工地"对应表示"职业(1)"取值为0、"职业(2)"取值为0。

说明②:二分类变量如果选入"因子"列表框中,那么同样转换为一个哑变量。

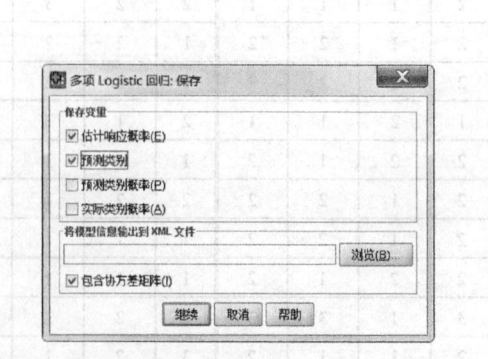

在打开的"多项Logistic回归:保存"对话框的"保存变量"区域,选择"估计响应概率"和"预测类别"选项,默认其他已有设置,单击"继续"按钮,如图12-34所示。

图12-33 "多项Logistic回归"对话框　　　　图12-34 "多项Logistic回归:保存"对话框

# 第 12 章 Logistic 回归分析

在"多项 Logistic 回归"对话框中,单击"统计量"按钮。在打开的"多项 Logistic 回归:统计量"对话框的"模型"区域,选择"伪 R 方""步骤摘要""模型拟合度信息"选项,默认其他已有设置,单击"继续"按钮,如图 12-35 所示。

在"多项 Logistic 回归"对话框中,单击"模型"按钮。在打开的"多项 Logistic 回归:模型"对话框的"指定模型"区域,选择"设定/步进式"选项,将"因子与协变量"列表框中的"性别""职业""工龄"分别选入"步进项"列表框中,在"步进法"下拉列表中默认选择"向前进入"选项,单击"继续"按钮,如图 12-36 所示。

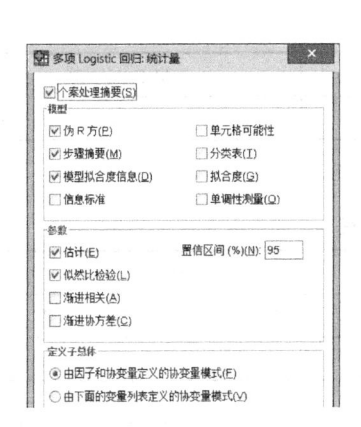

图 12-35 "多项 Logistic 回归:统计量"对话框 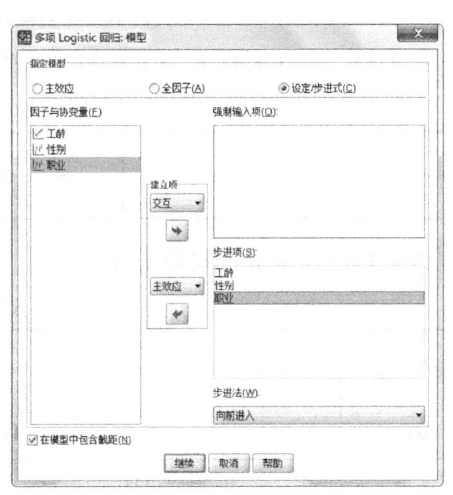        图 12-36 "多项 Logistic 回归:模型"对话框

【结果分析】

(1) 摘要统计的结果如表 12-47 所示。变量选入情况如表 12-48 所示。

表 12-47 摘要统计的结果

| 变 量 | | N | 边际百分比 |
|---|---|---|---|
| 疾病种类 | 鼻炎 | 27 | 28.10% |
| | 咽炎 | 46 | 47.90% |
| | 结膜炎 | 23 | 24.00% |
| 性别 | 男性 | 54 | 56.30% |
| | 女性 | 42 | 43.80% |
| 职业 | 仓储 | 35 | 36.50% |
| | 运输 | 39 | 40.60% |
| | 工地 | 22 | 22.90% |

表 12-48 变量选入情况

| 模型 | 操作 | 效应 | 模型拟合标准 | 效应选择测试 | | |
|---|---|---|---|---|---|---|
| | | | −2 倍对数似然值 | $\chi^2$ | df | 显著性水平 |
| 模型 1 | 已输入 | 职业 | 79.277 | 37.051 | 4 | 0.000 |
| 模型 2 | 已输入 | 工龄 | 69.382 | 9.895 | 2 | 0.007 |
| 模型 3 | 已输入 | 性别 | 63.177 | 6.205 | 2 | 0.045 |

（2）回归方程的 $\chi^2$ 检验即模型整体性检验，如表 12-49 所示。拟合情况如表 12-50 所示。似然比检验的结果如表 12-51 所示。

表 12-49　回归方程的 $\chi^2$ 检验结果

| 模　型 | 模型拟合标准 | 似然比检验 | | |
|---|---|---|---|---|
| | -2 倍对数似然值 | $\chi^2$ | df | 显著性水平 |
| 截距 | 116.327 | | | |
| 最终 | 63.177 | 53.150 | 8 | 0.000 |

经分析，相伴概率 $P$ 小于 0.001，说明理论回归方程有统计学意义。

表 12-50　拟合情况

| Cox-Snell $R^2$ | Nalkerke $R^2$ | McFadden $R^2$ |
|---|---|---|
| 0.425 | 0.484 | 0.263 |

经分析，模型拟合效果还可以。

表 12-51　似然比检验的结果

| 参　数 | 模型拟合标准 | 似然比检验 | | |
|---|---|---|---|---|
| | -2 倍对数似然值 | $\chi^2$ | df | 显著性水平 |
| 截距 | 63.177 | 0.000 | 0 | |
| 工龄 | 73.154 | 9.977 | 2 | 0.007 |
| 性别 | 69.382 | 6.205 | 2 | 0.045 |
| 职业 | 90.254 | 27.077 | 4 | 0.000 |

经分析，相伴概率 $P$ 小于 0.001，说明自变量"工龄""性别""职业"都有统计学意义。

（3）参数估计与检验的结果如表 12-52 所示。

表 12-52　参数估计与检验的结果

| 参　数 | | 偏回归系数 | 标准误 | 统计量 | 显著性水平 | OR | OR 的置信区间 95% | |
|---|---|---|---|---|---|---|---|---|
| | | | | | | | 下限 | 上限 |
| 鼻炎 | 截距 | 1.084 | 1.389 | 0.609 | 0.435 | | | |
| | 工龄 | -1.562 | 0.551 | 8.026 | 0.005 | 0.210 | 0.071 | 0.618 |
| | [性别=1] | 1.796 | 0.765 | 5.511 | 0.019 | 6.023 | 1.345 | 26.972 |
| | [性别=2] | 0 | | | | | | |
| | [职业=1] | 2.965 | 0.996 | 8.863 | 0.003 | 19.400 | 2.754 | 136.656 |
| | [职业=2] | 0.342 | 0.960 | 0.127 | 0.722 | 1.407 | 0.214 | 9.236 |
| | [职业=3] | 0 | | | | | | |
| 咽炎 | 截距 | 1.477 | 1.152 | 1.644 | 0.200 | | | |
| | 工龄 | -1.124 | 0.456 | 6.078 | 0.014 | 0.325 | 0.133 | 0.794 |
| | [性别=1] | 0.707 | 0.618 | 1.306 | 0.253 | 2.027 | 0.603 | 6.811 |
| | [性别=2] | 0 | | | | | | |

| 参　数 | | 偏回归系数 | 标　准　误 | 统　计　量 | 显著性水平 | OR | OR 的置信区间 95% | |
|---|---|---|---|---|---|---|---|---|
| | | | | | | | 下限 | 上限 |
| 咽炎 | [职业=1] | 2.034 | 0.878 | 5.363 | 0.021 | 7.648 | 1.367 | 42.786 |
| | [职业=2] | 1.873 | 0.686 | 7.444 | 0.006 | 6.507 | 1.695 | 24.983 |
| | [职业=3] | 0 | | | | | | |

说明：结局变量以默认的"升序"排列，"最后一个"（"结膜炎"=3）为参照类别。

在本例中，所有的分类自变量都以模型自动默认的"最后一个"为参照类别。

参数检验采用沃尔德检验。

(4) 参数解释。

模型中的自变量包括数值变量、二分类变量和哑变量共 3 种类型。

模型 1："职业"是无序多分类变量，由其派生出来的哑变量是"职业（1）""职业（2）"。

经分析，"工龄""性别""职业（1）"都有统计学意义，它们的相伴概率 $P$ 分别是 0.005, 0.019, 0.003，而其他自变量无统计学意义。

由"鼻炎"发生的概率与"结膜炎"发生的概率，建立无序多分类 Logistic 回归模型为
$$\ln(P_1/P_3) = 1.084 - 1.562 \times 工龄 + 1.796 \times 性别 + 2.965 \times 职业（1）+ 0.342 \times 职业（2）$$
式中，$P_1$ 为"鼻炎"发生的概率；$P_3$ 为"结膜炎"发生的概率。

第二个哑变量"职业（2）"无统计学意义。由于"职业（1）"和"职业（2）"是一组哑变量，于是将其作为整体一起纳入模型。

以下有几点说明。

说明①："工龄"属于等级资料。"工龄"的偏回归系数为-1.562，exp(-1.562)=0.210，说明当"工龄"上升 1 个等级时，"鼻炎"发生的概率与"结膜炎"发生的概率比值是原来的 0.210 倍，即"结膜炎"发生的概率与"鼻炎"发生的概率比值是原来的 4.762 倍。

说明②：由于性别被选入"因子"列表框中，自动默认"最后一个"（"女性"=2）为参照类别，"性别"变成一个哑变量，新编码为"男性"=1，"女性"=0，代入模型并相减。"性别"的偏回归系数为 1.796，exp(1.796)=6.023，说明"性别"由"女性"改为"男性"时，"鼻炎"发生的概率与"结膜炎"发生的概率比值是原来的 6.023 倍。

说明③："仓储"对应"职业（1）"取值为 1、"职业（2）"取值为 0，"工地"对应"职业（1）"取值为 0、"职业（2）"取值为 0，代入模型并相减。"职业（1）"的偏回归系数为 2.965，exp（2.965）=19.40，说明"职业"由"工地"改为"仓储"时，"鼻炎"发生的概率与"结膜炎"发生的概率比值是原来的 19.40 倍。

综上，当"工龄"变短时，"鼻炎"比"结膜炎"的发生风险更大；当"女性"改为"男性"时，"鼻炎"比"结膜炎"的发生风险更大；当"工地"改为"仓储"时，"鼻炎"比"结膜炎"的发生风险更大。

模型 2："职业"是无序多分类变量，由其派生出来的哑变量是"职业（1）""职业（2）"。

经分析，"工龄""职业（1）""职业（2）"都有统计学意义，它们的相伴概率 $P$ 分别是 0.014, 0.021, 0.006，其他自变量无统计学意义。

由"咽炎"发生的概率与"结膜炎"发生的概率，建立无序多分类 Logistic 回归模型为

$$\ln(P_2/P_3)=1.477-1.124\times\text{工龄}+2.034\times\text{职业}（1）+1.873\times\text{职业}（2）$$

式中，$P_2$ 为"咽炎"发生的概率；$P_3$ 为"结膜炎"发生的概率。

以下有几点说明。

说明①："工龄"是等级资料。"工龄"的偏回归系数-1.124，exp(-1.124)=0.325，说明当"工龄"上升1个等级时，"咽炎"发生的概率是"结膜炎"发生的概率的 0.325 倍，即"结膜炎"发生的概率与"咽炎"发生的概率比值是原来的 3.077 倍。

说明②："仓储"对应"职业（1）"取值为 1、"职业（2）"取值为 0，"工地"对应"职业（1）"取值为 0、"职业（2）"取值为 0，代入模型并相减。"职业（1）"的偏回归系数为 2.034，exp(2.034)=7.648，说明"职业"由"工地"改为"仓储"时，"咽炎"发生的概率与"结膜炎"发生的概率比值是原来的 7.648 倍。

说明③："运输"对应"职业（1）"取值为 0、"职业（2）"取值为 1，"工地"对应"职业（1）"取值为 0、"职业（2）"取值为 0，代入模型并相减。"职业（2）"的偏回归系数为 1.873，exp(1.873)=6.507，说明"职业"由"工地"改为"运输"时，"咽炎"发生的概率与"结膜炎"发生的概率比值是原来的 6.507 倍。

综上，当"工龄"变短时，"咽炎"比"结膜炎"的发生风险大；当"职业"由"工地"改为"运输""仓储"时，"咽炎"比"结膜炎"的发生风险大。

当然，"工龄"有时也看作人口学特征分组，将其作为无序多分类资料来对待。

注意：在无序多分类 Logistic 回归模型中，由无序多分类变量派生出一组哑变量的方法是将其选入"因子"列表框中，不是选入"协变量"列表框中。

（5）准确率的判别如表 12-53 所示。

表 12-53 准确率的判别

| 观察值 | 预测值 | | | |
|---|---|---|---|---|
| | 鼻炎 | 咽炎 | 结膜炎 | 百分比校正 |
| 鼻炎 | 19 | 5 | 3 | 70.4% |
| 咽炎 | 7 | 34 | 5 | 73.9% |
| 结膜炎 | 0 | 10 | 13 | 56.5% |
| 总百分比 | 27.1% | 51.0% | 21.9% | 68.8% |

经分析，对鼻炎回代判别的准确率为 70.4%，对咽炎回代判别的准确率为 73.9%，对结膜炎回代判别的准确率为 56.5%，回代判别总的准确率为 68.8%，说明了模型拟合效果还可以。

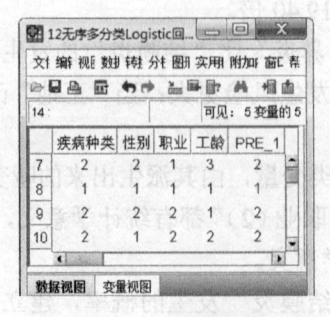

（6）预测类别如图 12-37 所示。

图 12-37 预测类别

## 【拓展练习】

**【练习1】** 收集抽样资料并建立数据文件。急性肾衰竭患者生存结局 $Y$ 包括"生存""死亡"。影响因素有"性别"$X_1$、"年龄"$X_2$、"社会支持"$X_3$、"慢性病"$X_4$、"手术"$X_5$、"糖尿病"$X_6$、"肿瘤"$X_7$、"动脉硬化"$X_8$、"器官移植"$X_9$、"血肌酐"$X_{10}$、"血红蛋白"$X_{11}$、"肾毒性"$X_{12}$、"少尿"$X_{13}$、"黄疸"$X_{14}$、"昏迷"$X_{15}$、"辅助呼吸"$X_{16}$、"心衰"$X_{17}$、"肝衰"$X_{18}$、"出血"$X_{19}$、"呼吸衰竭"$X_{20}$、"器官衰竭"$X_{21}$、"胰腺炎"$X_{22}$、"败血症"$X_{23}$、"感染"$X_{24}$、"透析方式"$X_{25}$。其中,$X_2$、$X_{10}$、$X_{11}$ 为数值资料;$X_{21}$ 为等级资料,定义其变量值标签为"0级"=0、"1级"=1、"2级"=2、"3级"=3、"4级"=4;其余为二分类资料,定义其变量值标签为"有"=1、"无"=0。根据以上抽样资料,由二分类 Logistic 回归模型筛选急性肾衰竭患者预后的影响因素,由 ROC 曲线评价模型判别分类的准确性。

本练习的数据文件是"12 二分类 Logistic 回归分析(肾衰竭患者影响因素).sav"。

**【练习2】** 收集抽样资料并建立数据文件。冠状动脉斑块种类 $Y$ 包括"无斑块"=0、"非钙化斑块"=1、"混合性斑块"=2、"钙化斑块"=3。变量及变量值标签的设置如表 12-54 所示。

由无序多分类 Logistic 回归模型对冠状动脉斑块种类进行影响因素分析。

本练习的数据文件是"12 无序多分类 Logistic 回归分析(冠状动脉斑块影响因素).sav"。

**表 12-54 变量及变量值标签的设置**

| 变 量 | 变量值标签 | 变 量 | 变量值标签 |
|---|---|---|---|
| 年龄 | 直接输入 | 糖尿病 | 无=0、有=1 |
| 性别 | 女=0、男=1 | 总胆固醇 | 不正常=1、正常=0 |
| BMI | 无=0、有=1 | 高密度脂蛋白 | 不正常=1、正常=0 |
| 冠心病家族史 | 无=0、有=1 | 甘油三酯 | 不正常=1、正常=0 |
| 高血压 | 无=0、有=1 | 血糖 | 不正常=1、正常=0 |
| 吸烟史 | 无=0、有=1 | 肌酐 | 不正常=1、正常=0 |

**【练习3】** 收集抽样资料并建立数据文件。颅咽管瘤患者术后功能 $Y$ 由好到坏划分为"等级1""等级2""等级3""等级4",等级越高说明生存质量越好。变量及变量值标签的设置如表 12-55 所示。

由有序多分类 Logistic 回归模型筛选对于肿瘤患者术后功能改变有影响的因素。

本例的数据文件是"12 有序多分类 Logistic 回归分析(颅咽管瘤患者影响因素).sav"。

**表 12-55 变量及变量标签的设置**

| 变 量 | 变量值标签 | 变 量 | 变量值标签 |
|---|---|---|---|
| 年龄 | 直接输入 | 术前功能 | 4个有序等级 |
| 性别 | "男"=1、"女"=2 | 切除程度 | "全部"=1、"部分"=2 |
| 肿瘤大小 | 直接输入 | 脑积水 | 4个有序等级 |
| 肿瘤类型 | 4个无序类别 | 术后功能 | 4个有序等级 |

**【练习4】** 研究性别和手术方式对于疾病疗效的影响,收集病例抽样资料并建立数据文件。治疗效果 $Y$ 由好到坏划分为"显效""有效""无效";性别划分为"男""女";手术方式划分

为"甲方法""乙方法"。由有序多分类 Logistic 回归模型筛选对于疗效有影响的因素。提示：交叉表资料数据文件建立以后须作加权预处理。数据资料如表 12-56 所示。

表 12-56  数据资料

| 性别 | 治疗方法 | 疗效 | | |
|---|---|---|---|---|
| | | 显效 | 有效 | 无效 |
| 男 | 甲方法 | 20 | 8 | 28 |
| | 乙方法 | 4 | 2 | 40 |
| 女 | 甲方法 | 64 | 20 | 24 |
| | 乙方法 | 24 | 28 | 76 |

【练习 4】以偏远农村小学的男童为研究对象，探讨"冬季过敏性咳喘"与"家庭被动吸烟""卧室内煤炉取暖"的关系。按照 1:2 匹配方式收集抽样资料并建立数据文件。由条件 Logistic 回归模型筛选冬季过敏性咳喘的影响因素。

变量及变量值标签的设置如表 12-57 所示。数据资料如表 12-58 所示。

本练习的数据文件是"12 配比设计条件 Logistic 回归（过敏性咳喘影响因素）.sav"。

表 12-57  变量及变量标签的设置

| 变 量 | 变量标签 | 变量名 | 变量类型 | 变量值标签或单位 |
|---|---|---|---|---|
| 影响因素（自变量） | 家庭被动吸烟 | $X_1$ | 二分类 | "无暴露"=0、"暴露"=1 |
| | 卧室煤炉取暖 | $X_2$ | 二分类 | "无暴露"=0、"暴露"=1 |
| 结局变量 | 冬季过敏性咳喘 | $Y$ | 二分类 | "患病"=1、"未患病"=0 |

表 12-58  数据资料

| 编号 | 1 | 1 | 1 | 2 | 2 | 2 | 3 | 3 | 3 | 4 | 4 | 4 | 5 | 5 | 5 | 6 | 6 | 6 | 7 | 7 | 7 | 8 | 8 | 8 |
|---|---|---|---|---|---|---|---|---|---|---|---|---|---|---|---|---|---|---|---|---|---|---|---|---|
| $Y$ | 1 | 0 | 0 | 1 | 0 | 0 | 1 | 0 | 0 | 1 | 0 | 0 | 1 | 0 | 0 | 1 | 0 | 0 | 1 | 0 | 0 | 1 | 0 | 0 |
| $X_1$ | 1 | 1 | 1 | 0 | 1 | 0 | 1 | 0 | 0 | 0 | 0 | 0 | 1 | 1 | 0 | 1 | 1 | 0 | 1 | 1 | 0 | 1 | 1 | 0 |
| $X_2$ | 0 | 1 | 0 | 0 | 1 | 1 | 0 | 0 | 1 | 0 | 1 | 0 | 0 | 1 | 0 | 0 | 1 | 0 | 0 | 1 | 0 | 1 | 0 | 0 |

【练习 5】同种系且特征相似的小鼠分成 10 组、每组 20 只，每组分别注射不同浓度的毒物并观察 3 天内死亡情况。以该毒物的浓度或其对数为自变量、以致死率为因变量，建立 Probit 回归模型，估计该毒物的半数致死浓度及其 95% 的置信区间。数据资料如表 12-21 所示。

表 12-59  数据资料

| 分组 | 第 1 组 | 第 2 组 | 第 3 组 | 第 4 组 | 第 5 组 | 第 6 组 | 第 7 组 | 第 8 组 | 第 9 组 | 第 10 组 |
|---|---|---|---|---|---|---|---|---|---|---|
| 毒物浓度 | 1 000 | 1 200 | 1 400 | 1 600 | 1 800 | 2 000 | 2 200 | 2 400 | 2 600 | 2 800 |
| 总数 | 20 | 20 | 20 | 20 | 20 | 20 | 20 | 20 | 20 | 20 |
| 死亡数 | 1 | 2 | 4 | 7 | 9 | 12 | 13 | 15 | 17 | 18 |

# 第13章 生存分析

## 13.1 生存分析概论

### 1. 提出背景

生存分析是对随访资料进行一系列分析的方法总称。早在17世纪，哈雷（halley）把寿命表用作人口统计分析的工具，而现代生存分析研究始于上个世纪30年代工业革命时代机器可靠性分析问题。在第二次世界大战期间，狂热的军工设备研发与投产带动了生存分析方法的应用发展，彼时主要关注参数分析方法。20世纪70年代，在医学领域出现了大量生存资料，研究关注点转向了非参数和半参数分析方法，英国学者考克斯（Cox）在《回归模型与生命表》论文中提出了比例风险回归模型，此为半参数分析方法研究的标志性成果。

随访研究是在临床医学领域常见的前瞻性研究方法。在对研究对象持续跟踪随访期间，每个对象随访结束时所收集的终点事件发生状态和经历时间统称随访资料。例如，分别对某种因素暴露者或不暴露者随访一段时间并收集资料，讨论因素与患病的关系。又如，按照两种治疗方法对患者进行治疗，并随访一段时间，讨论不同治疗方法与疾病复发风险的关系。

起始事件是指用于记录随访对象初始特征的事件，如患者确诊、手术以后、治疗开始。随访对象出现的某种结局状态称为终点事件，如患者死亡、复发或痊愈。当随访结束时，要准确记录起始事件与终点事件或随访结束（终点事件未发生）的时间跨度。

通过随访资料的统计分析，估算终点事件未发生的比例随着时间延续变化的规律，推断哪些因素影响有统计学意义，分析某种因素取值水平如何变化更有利于延缓终点事件发生。例如，按照两种手术方式治疗一批患者，将术后作为起始事件，将死亡作为终点事件，对这批患者持续随访一段充分长时间以后，比较这两种手术方式下患者生存率变化的特点，推断不同手术方式对于患者生存率变化有无影响，并讨论哪种手术方式更有效。

### 2. 随访资料的概念

随访资料中的生存结局和生存时间是生存分析的重要变量，与后续Cox回归模型中因变量的构造也存在十分密切的联系。

（1）广义上的生存结局包括终点事件发生或终点事件未发生共两种形式，如疾病术后到因该疾病死亡、某疾病确诊到治愈、灯泡买来使用到失效、账号开户到销户等。

（2）广义上的生存时间是指随访对象从起始事件到终点事件发生或最后一次随访结束（终点事件未见发生）所经历的时间。狭义的生存时间是指患者从随访开始到因该疾病死亡所经历的时间。例如，患者从疾病术后到因该疾病死亡所经历的时间，或者因为自杀、车祸死亡、拒访、研究结束、随访到期等各种其他的原因而结中途束随访所经历的时间。

（3）完全数据和删失数据。

在随访期内获得的、从起点事件开始到终点事件结束所持续的准确时间称为完全数据。起点事件和终点事件要在随访研究开始前给予严格定义，这样才会获得准确的生存时间。例如，对肿瘤患者术后进行随访观察，将术后第一天作为起点事件，将复发或死亡作为终点事件。除外，起点事件可以是发病、确诊，终点事件可以是治愈或指标恢复正常。

如果随访结束时尚未能观察到终点事件发生，那么从随访开始到最后一次随访结束时所持续的时间称为不完全数据或删失数据。例如，其他原因（如自杀、车祸、意外或其他疾病）引起了死亡，随访结束仍然存活，中途改变了治疗方案，住址搬迁以后失去联系等。

随访无论长短都会出现删失的情况。绝大部分随访对象应该能够观察到终点事件发生，并且允许一小部分随访对象没有观察到终点事件发生。例如，随访过程持续数年甚至十几年，随访对象失去联系或中途退出，难免出现删失数据。当删失数据出现时，虽然不知道对应的准确生存时间有多长，但是至少在已经观察的时间跨度内没有出现结局时间，未知的准确生存时间只能长于现在观察到的时间而不会短于这个时间。因此，删失数据的后面标记符号"+"以便于区分，而完全数据的后面不要标记符号"+"。

删失数据必须是随机产生的，不能受到研究者主观选择偏好的影响。如果不存在删失数据的情况，那么传统统计方法的使用限制就很小了。删失数据不是完全数据，如果把删失数据看作完全数据，那么计算出来的中位生存时间就会被低估了。删失数据也不是缺失数据，如果把删失数据看作缺失数据而直接剔除，那么就会损失随访资料中的原始信息、降低了代表性。当随访过程持续时间太短时，大部分对象还未出现终点事件就结束了随访过程，造成删失数据的比例较大。例如，癌症患者因为药物反应等原因而中途退出（删失）的比例较大。当删失数据的比例太大时，生存分析方法的使用就会受到限制，其结论也会出现偏倚。经验认为，删失数据的比例应小于 20%，甚至小于 10%。在国际论文评审中，常见有专家对生存分析研究的结论产生疑问，要求作者查验随访数据获取的详细过程，确定删失数据是随机出现的而不是人为干预下造成的，还要求作者提供证据解释出现删失数据的原因。

生存时间一般不服从正态分布，如果按照单位间隔（如月、日、小时）统计分组以后绘制直方图，那么频数分布形态经常会呈现右偏特点，还有可能呈现左偏特点。

例如，如果以肿瘤患者生存时间按照相等间隔划分连续的时段（分组区间）为横坐标，以频数或频率为纵坐标，则直方图呈现出右偏非对称分布（右侧拖尾）而不是中间多、两头少的正态分布。在随访前期，分组的频数较大；在随访后期，分组的频数较小。生存时间的右偏分布如图 13-1 所示。

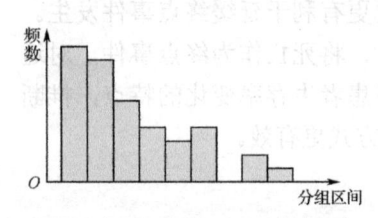

图 13-1 生存时间的右偏分布

### 3. 随访研究的方式

两种随访研究的方式如图 13-2 所示。

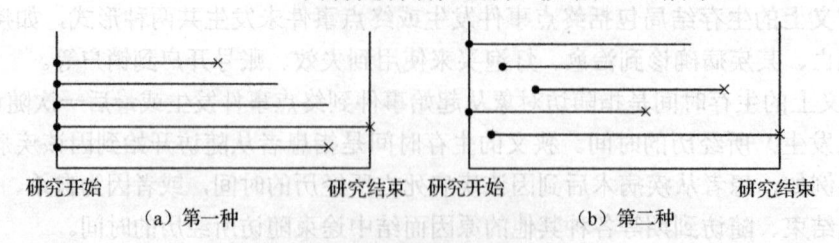

（a）第一种　　　　　　　　（b）第二种

图 13-2 两种随访研究的方式

第一种随访研究的方式是指所有随访对象同时入组，在同一起点开始随访，当最后一个对象出现终点事件或研究到期时随访结束，如社区老年人慢性病的现场研究。

第二种随访研究的方式是指随访对象入组的时间不同，在规定期限内从不同时点陆续入组随访，当出现终点事件的对象数量满足要求时就结束随访，如肿瘤患者术后的随访研究。

例如，肿瘤术后的随访资料如表 13-1 所示。

表 13-1 肿瘤术后的随访资料

| 病号 | 性别 | 开始日期 | 终止日期 | 治疗方法 | 结局 | 原因 | 生存时间/天 |
|---|---|---|---|---|---|---|---|
| 1 | 男 | 1991-05-20 | 1995-06-04 | 传统疗法 | 删失 | 自杀 | 1476+ |
| 2 | 男 | 1992-01-12 | 1998-08-25 | 新疗法 | 删失 | 拒访 | 2417+ |
| 3 | 女 | 1991-10-24 | 1994-03-18 | 传统疗法 | 死亡 | 复发 | 876 |
| 4 | 男 | 1990-11-02 | 2000-12-30 | 新疗法 | 删失 | 终止 | 2250+ |
| 5 | 女 | 1994-06-25 | 1995-03-17 | 新疗法 | 删失 | 车祸 | 265+ |
| 6 | 男 | 1993-12-05 | 1996-08-16 | 传统疗法 | 死亡 | 复发 | 985 |

**4．随访资料的特点和要求**

（1）明确终点事件并据此划分结局种类（死亡、删失），记录干预因素的种类或水平取值。生存时间包括完全或删失数据，测量结果尽量准确到月、天甚至小时。

（2）每个对象进入随访队列的起点时间或进入队列时间的早晚未必相同，终点事件出现时间、随访时间长短或随访结束早晚都会不同，每个对象未必观察到终点事件发生。

（3）由随机抽样的方式收集随访对象的相关资料，样本量要充分大且样本要有代表性。在大多数情况下，随访对象可以观察到终点事件发生，尽量减少删失现象而获得完全数据。例如，晚期肿瘤患者术后随访到期，大部分患者可以观察到死亡，只能获得少部分患者删失数据。删失数据必须随机产生，不受主观偏好因素的影响。

（4）在随访研究中，尽量选取或纳入能够客观测量、有科学价值和实际意义的干预因素作为协变量，协变量一般是指有两个及以上类别的分类资料，例如在病因学研究中的性别、职业、病程、病情，在肿瘤预后研究中的组织类型、治疗方法、有无转移情况。

（5）随访对象进入队列研究的先后顺序可以不同。在随访期限内的干预因素通常不要随着时间延续而发生变化。随访生存结局状态、随访开始到结束经历的时间与因变量都有联系。在每个对象随访结束时，都要准确记录生存结局、生存时间和干预变量等数据。

**5．生存分析的思路**

因变量包括生存结局和生存时间。自变量称为干预因素，通常为分类变量。干预因素的个数可以是一个或多个。因素的水平一般分成两个及以上类别。在对随机抽样的对象施加某些影响因素进行干预以后，持续随访一段时间后收集资料，包括干预因素的不同水平取值、生存结局的种类、从起点事件到终点事件的完全数据、从随访开始到最后一次随访结束的删失数据等。计算全部对象的生存率、中位生存时间，筛选对于终点事件发生风险有统计学意义的影响因素，描述某种生存率曲线或比较多种生存率曲线随时间延续变化的规律。

**6．生存分析的目的**

（1）描述统计：描述生存时间的分布特点，通过生存时间和生存结局的数据估计不同时点的总体生存率及其置信区间、中位生存时间，在平均意义上或不同水平分组下绘制生存率曲线，在随访期内分析生存或死亡随时间的变化特点，常采用寿命表法。例如，根据肺癌患者术后的随访资料，以月为等间隔划分为若干个时段，计算每个时段结束时的生存率并绘制生存率曲线，计算这批患者的中位生存时间。

（2）比较分析：计算某个因素不同水平的累计生存率，通过假设检验方法对不同样本的生存率曲线随时间变化特点进行比较，推断不同总体的生存状况差别有无统计学意义，常采用 Kaplan-Meier 法。例如，使用新药和传统药治疗肿瘤患者，分别绘制新药组和传统药组的生存率曲线，直观比较或统计推断差异性。

（3）影响因素分析：以生存时间和生存解决魏因变量，将可能的影响因素作为自变量，利用因果推断的思想建立模型，在抽样资料基础上对终点事件发生风险的影响因素进行筛选并解释参数的实际含义。Cox 回归分析是代表方法。例如，在肿瘤患者术后随访研究中，从性别、职业、年龄组、病程、病理分期、治疗方法、浸润程度和有无淋巴结转移等因素中筛选有统计学意义者，当把某因素的参照类别改为指定类别以后，讨论肿瘤患者死亡的相对危险度变为参照类别的多少倍，是否可以降低肿瘤患者术后死亡的风险。

### 7. 生存分析的结果

#### 1）死亡概率和生存概率

将生存时间按照单位时间或指定方式划分为相连的时段，第 $k$ 个时段不妨标记为 $(t_{k-1}, t_k)$，其中 $k = 1, 2, 3, \cdots$。在第 $k$ 个时段内存活的可能性即生存概率为 $p_k$，等于该时段结束时存活数与开始时随访对象总数的比例。在第 $k$ 个时段内死亡的可能性即死亡概率为 $q_k$，等于该时段结束时随访对象死亡数与开始时总数的比例。两者关系是 $q_k = 1 - p_k$。因为在每个时段内死亡数或删失数都可能发生变化，所以每个时段开始时的随访对象总数都可能要进行调整或校正。也就是说，生存概率 $p_k$ 和死亡概率 $q_k$ 是逐个时段顺次计算的。

#### 2）累计生存率

累计生存率又称生存率或生存函数，表示在某个时点结束时，生存者占总数的比例。

令 $p_k$ 为第 $k$ 个时段内的生存概率，根据条件概率的知识，将生存概率逐个时段依次合并，第 $k$ 个时点的生存率为 $S_k = p_1 p_2 \cdots p_k = S_{k-1} p_k$，如图 13-3 所示。

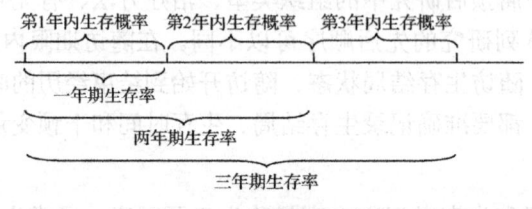

图 13-3　生存率的计算

#### 3）生存率曲线

生存率曲线如图 13-4 所示。

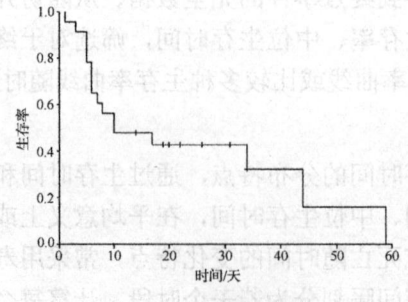

图 13-4　生存率曲线

以时间 $t$ 为横坐标、以生存率 $S(t)$ 为纵坐标,确定一系列的坐标点并将这些坐标点用线段连接为一条单调下降的阶梯形折线,称为生存率曲线(或累计生存函数曲线)。

生存率曲线用于动态演示生存率随着时间延续而下降的特点,对于预后分析有重要参考意义。如果某个时段内出现删失,但是未发生终点事件,那么该时段内的生存概率不会变化,该时段结束时的生存率也不会变化,生存率曲线表现出向右水平延伸的特点。当然,某个时段内只要终点事件出现,就会引起生存率曲线下降。

例如,在随访起点时共 50 个随访对象。第 1 个月结束时随访对象死亡 20 个,生存率是 30/50=60%,生存率曲线下降幅度是 40%;第 2 个月结束时随访对象删失 5 个,生存率还是 60%,生存率曲线不变;第 3 个月结束时随访对象死亡 15 个且存活 10 个,那么由概率乘法公式求得生存率是 60%×(10/(50-20-5))=24%,生存率曲线下降幅度是 60%-24%=36%。

在理论上,生存率曲线在整体上比较平滑。按照逐个时段求得生存概率并合并计算生存率后,生存率曲线表现为分段折线的形式,并且随着时间延续而呈现下降的趋势。当生存率曲线随着时间延续而平缓时,说明预后效果好或生存期长;当生存率曲线随着时间延续而陡峭时,说明预后效果差或生存期短。如果多条生存率曲线拉开了差距,那么倾向于认为预后情况有所不同。在临床医学领域队列研究中,当随访时间足够长且样本量充分多时,生存率曲线长期变化的特点越有参考意义,其学术价值自然也会越大。

4) 中位生存时间

中位生存时间又称半数生存时间,是指随访对象存活比例恰好达到半数时所经历的时间跨度,即经过这个时间跨度以后的存活概率是 50%,它表示有一半数量的个体可以存活到比这个时间更长。中位生存时间越长则疾病预后的效果越好;中位生存时间越短则疾病预后的效果越差。中位生存时间可以由图解法和线性插值法进行计算。

图解法是指在纵坐标(表示生存率)为 0.5 处画一条水平的直线,那么与生存率曲线交点的横坐标就是粗略计算出来的中位生存时间。线性插值法是指在生存率曲线上将纵坐标为 0.5 处的两个相邻点连接,构造简单线性函数,并与穿过纵坐标为 0.5 的一条水平直线相交,那么交点处的横坐标就是按照线性比例近似估计出来的中位生存时间。在估计中位生存时间时,图解法虽然直观但是显得粗糙,线性插值法与之相比则更为精确些。

中位生存时间的图解法、线性插值法如图 13-5 所示。

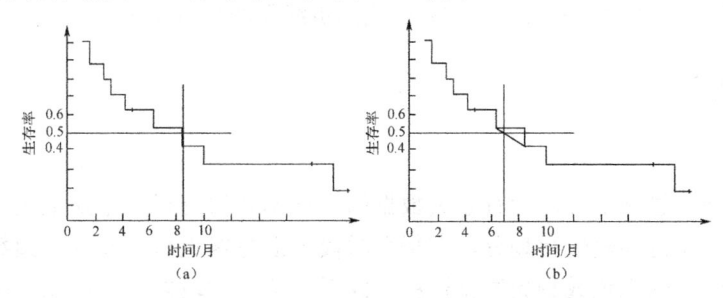

图 13-5 中位生存时间的图解法、线性插值法

例如,绘制一条纵坐标为 0.5 的水平直线,由图解法估算的中位生存时间为 8.5 月。由线性插值法,在生存率为 0.5 的附近找到两个相邻点:已知在 6.2 月结束时的生存率为 0.52,在 8.3 月结束时的生存率为 0.46。当生存率为 0.5 时,假设中位生存时间为 $t$。根据线性比例关系 $(8.3-6.2)/(t-6.2)=(0.46-0.52)/(0.5-0.52)$,解出 $t$=6.9,所以中位生存时间为 6.9 月。

例如，儿童横纹肌肉瘤的治疗组和对照组随访资料如表 13-2 所示。

表 13-2　儿童横纹肌肉瘤的治疗组和对照组随访资料

| 对照组 | 2 | 3 | 9 | 10 | 10 | 12+ | 15 | 15+ | 16 | 18+ | 24+ | 30 | 36+ | 40+ | 45+ | | |
|---|---|---|---|---|---|---|---|---|---|---|---|---|---|---|---|---|---|
| 治疗组 | 9 | 12+ | 16 | 19 | 19+ | 20+ | 20+ | 24+ | 24+ | 30+ | 31+ | 34+ | 42+ | 44+ | 53+ | 59+ | 62+ |

表 13-2 中，删失数据标记"+"，即生存时间是随访起点到随访结束的时间。完全数据未标记"+"，即从随访开始到患者死亡的准确时间。生存率曲线如图 13-6 所示。

经分析，治疗组的生存率曲线随着时间延续而有平缓下降趋势，对照组的生存率曲线随着时间延续而有陡峭下降趋势。在生存率曲线上可以标出出现删失数据的情况。

当生存率取值为 0.5 时，可以粗糙估算出对照组的中位生存时间为 30 个月。鉴于治疗组中尚未出现半数以上死亡的情况，随访结束时还不能估计出中位生存时间。

5）生存率和死亡率曲线

死亡率曲线又称累计风险函数曲线。

生存率曲线随着时间延续而呈现下降趋势，如图 13-6 所示。

死亡率曲线随着时间延续而呈现上升趋势，如图 13-7 所示。

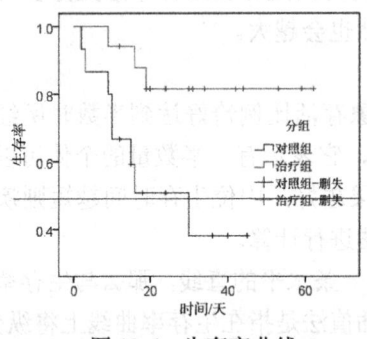

图 13-6　生存率曲线　　　　图 13-7　死亡率曲线

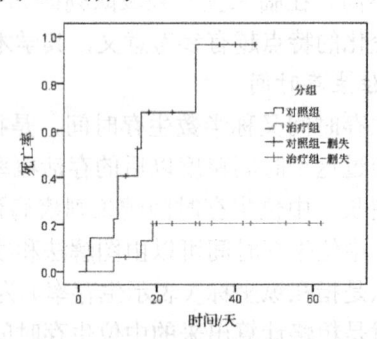

在图 13-6 和图 13-7 中，时间为横坐标、生存率或死亡率为纵坐标。在横坐标相同的每个点处作垂直线，生存率曲线和死亡率曲线对应的纵坐标之和为 1 或 100%。

由于生存率和死亡率是按照时段计算的，而在每个时段内生存率或死亡率的变化规律未知，因此，以上图中绘制的生存率曲线或死亡率曲线为折线而非平滑曲线。

## 13.2　寿命表法

### 1. 基本思路

寿命表法的基本思路是针对含有删失数据的大样本随访资料，定期记录生存时间并按照年、月、日等时段作为间隔依次划分，在每个时段内汇总终点事件发生的频数、删失发生的频数，获得生存时间的完全或删失数据资料。既然在每个时段内都有可能出现删失数据，于是根据概率乘法公式，通过每个时段内生存概率的连乘积，计算随访期内每个时段结束时的生存率（或累计生存比例），然后绘制生存率曲线以及估算中位生存时间。

### 2. 指标含义

（1）期初观察数：每个时段开始时（时段左端点）的随访对象个数，即上个时段期初观察数减去当前时段终结（如死亡）数。

（2）期间终结数：每个时段内终点事件（如死亡）发生的个数。

（3）期内退出数或期末截尾数：每个时段内随访对象的删失数。

（4）校正观察数：每个时段内根据随访对象的删失数而校正的有效观察数（又称历险数），即当前阶段期初观察数减去当前时段删失数的一半。

（5）终结概率=期间终结数÷校正观察数：每个时段内终点事发生的概率。

（6）生存概率=1-终结概率：每个时段内未发生终点事件的概率。

（7）累计生存比例（或累计生存率、生存率）：某个时点以前所有时段内生存概率的连乘积，也就是上个时段的生存率乘以当前时段的生存概率。

**3．基本步骤**

步骤①：将大样本随访对象的生存时间依次划分时段 $[t_{i-1}, t_i]$，分组汇总发生的频数，其中 $i=1,2,\cdots$。每个已知存活到时间点 $t_{i-1}$ 的个案在下个时段 $[t_{i-1}, t_i]$ 内可能出现 3 种情况：继续存活到时段 $[t_{i-1}, t_i]$ 的终点 $t_i$、在时段 $[t_{i-1}, t_i]$ 内死亡和在时段 $[t_{i-1}, t_i]$ 内删失（或截尾）。

步骤②：在时段 $[t_{i-1}, t_i]$ 内死亡数记为 $d_i$、删失数记为 $c_i$，如果期初观察数记为 $l_i = l_{i-1} - d_i$，那么校正观察数就是从期初观察数中减去删失数的一半，将其记为 $n_i = l_i - c_i/2$。

步骤③：在时段 $[t_{i-1}, t_i]$ 内求得条件死亡率 $q_i = d_i/n_i$，在时段 $[t_{i-1}, t_i]$ 内求得条件生存率 $p_i = 1 - q_i$。由概率乘法求得时点 $t_i$ 的生存率 $S_i = \prod p_i = S_{i-1} \times p_i$。

例如，随访心绞痛患者 2418 例，以年为等间隔依次划分时段，汇总每个时段内的死亡数和删失数，逐个时段计算死亡概率、生存概率以及生存率。随访资料如表 13-3 所示。

表 13-3　随访资料

| 时段 $[t_{i-1}, t_i]$ | 死亡数 $d_i$ | 删失数 $c_i$ | 期初观察数 $l_i = d_{i-1} - c_{i-1}$ | 校正观察数 $n_i = l_i - c_i/2$ | 死亡概率 $q_i = d_i/n_i$ | 生存概率 $p_i = 1 - q_i$ | 生存率 $S_i = S_{i-1} \times p_i$ |
|---|---|---|---|---|---|---|---|
| [0,1] | 456 | 0 | 2 418 | 2 418 | 0.189 | 0.811 | 1.000 |
| [1,2] | 226 | 39 | 1 962 | 1 942.5 | 0.116 | 0.884 | 0.884 |
| [2,3] | 152 | 22 | 1 697 | 1 686 | 0.090 | 0.910 | 0.804 |
| [3,4] | 171 | 23 | 1 523 | 1 511.5 | 0.113 | 0.887 | 0.713 |
| [4,5] | 135 | 24 | 1 329 | 1 317 | 0.103 | 0.897 | 0.640 |
| [5,6] | 125 | 107 | 1 170 | 1 116.5 | 0.112 | 0.888 | 0.568 |
| [6,7] | 83 | 133 | 938 | 871.5 | 0.095 | 0.905 | 0.514 |
| [7,8] | 74 | 102 | 722 | 671 | 0.110 | 0.890 | 0.457 |
| [8,9] | 51 | 68 | 546 | 512 | 0.100 | 0.900 | 0.411 |
| [9,10] | 42 | 64 | 427 | 395 | 0.106 | 0.894 | 0.367 |
| [10,11] | 43 | 45 | 321 | 298.5 | 0.144 | 0.856 | 0.314 |
| [11,12] | 34 | 53 | 233 | 206.5 | 0.165 | 0.835 | 0.262 |
| [12,13] | 18 | 33 | 146 | 129.5 | 0.139 | 0.861 | 0.226 |
| [13,14] | 9 | 27 | 95 | 81.5 | 0.110 | 0.890 | 0.201 |
| [14,15] | 6 | 33 | 59 | 42.5 | 0.141 | 0.859 | 0.173 |

以当前时段[3,4]为例。0.804 为上个时段[2,3]的生存率已求出，0.887 为当前时段[3,4]的生存概率，那么当前时段[3,4]的生存率为 0.804×0.887=0.713。

同理，计算其余时段的生存率，生存率曲线的绘制不再赘述。

【学习目标】理解寿命表法的理论方法，掌握操作流程并阐述结论。

# 【案例实验1】

获得肺癌患者术后的随访资料，生存时间以年为间隔进行分组，并以年为相等间隔依次划分为若干个时段，在每个时段内汇总死亡数、删失数。由寿命表法进行统计分析。数据资料如表13-4所示。本例的数据文件是"13寿命表法分析（肺癌患者术后）.sav"。

表13-4　数据资料

| 术后年数 | 0 | 1 | 2 | 3 | 4 | 5 | 6 | 7 | 8 | 9 | 10 |
|---|---|---|---|---|---|---|---|---|---|---|---|
| 死亡数 | 90 | 82 | 65 | 52 | 40 | 30 | 20 | 15 | 8 | 4 | 2 |
| 删失数 | 3 | 2 | 4 | 10 | 8 | 5 | 4 | 2 | 1 | 2 | 1 |

【数据文件】

定义时间变量"术后年数"、频数变量"人数"、指示变量"结局"，类型均为数值。定义变量值标签"死亡"=1、"删失"=0。建立数据文件，如图13-8所示。

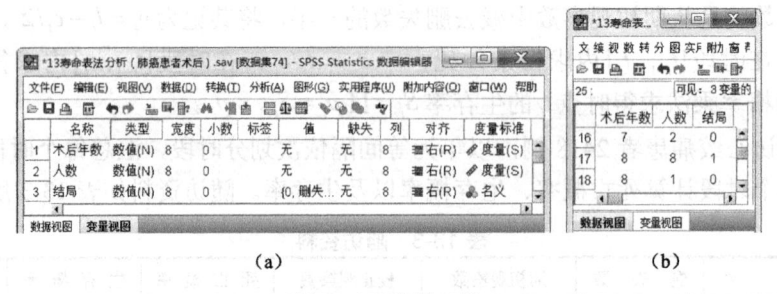

图13-8　数据文件

【菜单选择】

单击"数据"主菜单，再单击"加权个案"选项。

【界面设置】

在打开的"加权个案"对话框中，将"人数"选入"频率变量"列表框中，单击"确定"按钮，如图13-9所示。

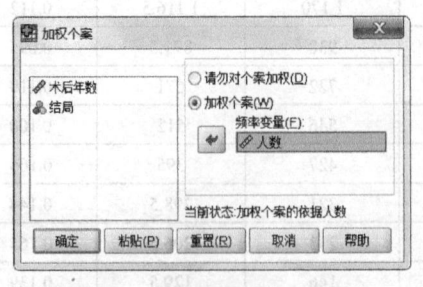

图13-9　"加权个案"对话框

【菜单选择】

单击"分析"主菜单，再单击"生存函数"选项，然后单击"寿命表"选项。

【界面设置】

在打开的"寿命表"对话框中，将"术后年数"选入"时间"列表框中；在"显示时间间隔"区域的"0到"文本框中输入"10"，"步长"文本框中输入"1"；将"结局"选入"状态"列表框中,单击"定义事件"按钮,如图 13-10 所示。在打开的"寿命表:为状态变量定义事件"对话框的"单值"文本框中填入"1",即终点事件为"死亡",如图 13-11 所示。

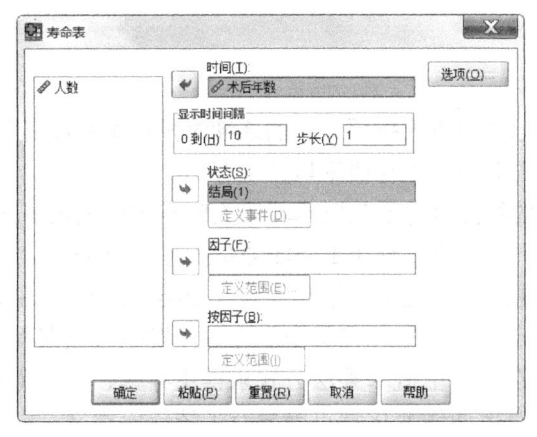

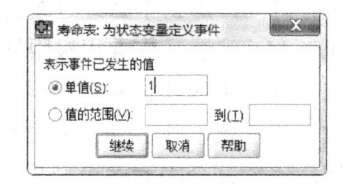

图 13-10 "寿命表"对话框　　　　图 13-11 "寿命表:为状态变量定义事件"对话框

在"寿命表"对话框中,单击"选项"按钮。在打开的"寿命表:选项"对话框的"图"区域选择"生存函数"选项,如图 13-12 所示。

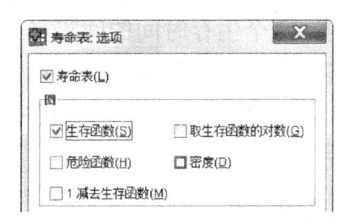

图 13-12 "寿命表:选项"对话框

【结果分析】

(1) 生存率曲线如图 13-13 所示。

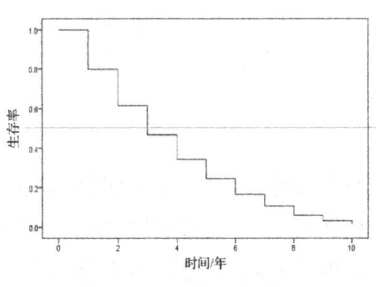

图 13-13 生存率曲线

(2) 描述统计的结果如表 13-5 所示。

表 13-5 描述统计的结果

| 期初时间 | 0 | 1 | 2 | 3 | 4 | 5 | 6 | 7 | 8 | 9 | 10 |
|---|---|---|---|---|---|---|---|---|---|---|---|
| 期间终结数 | 90 | 82 | 65 | 52 | 40 | 30 | 20 | 15 | 8 | 4 | 2 |
| 终结概率 | 0.2 | 0.23 | 0.24 | 0.26 | 0.29 | 0.33 | 0.35 | 0.44 | 0.46 | 0.5 | 0.8 |
| 生存概率 | 0.8 | 0.77 | 0.76 | 0.74 | 0.71 | 0.67 | 0.65 | 0.56 | 0.54 | 0.5 | 0.2 |
| 累积生存率 | 0.8 | 0.62 | 0.47 | 0.35 | 0.25 | 0.16 | 0.11 | 0.06 | 0.03 | 0.02 | 0 |

除外，由样本估算的中位生存时间为 2.78 年，即死亡数达到一半时经历 2.78 年。

## 13.3 Kaplan-Meier 法

### 1. 基本思路

对于大样本随访资料来说，通常采用定期记录的方式按照分割的连续时段收集频数资料，然后可以使用寿命表法进行分析，例如计算死亡概率、生存概率以及生存率。

当处理因素只有一个时，如果将每个个案的终点事件发生时点或删失时点准确记录下来，获得了生存时间，那么不必经过统计分组汇总，一般直接使用 Kaplan-Meier 法进行分析。

Kaplan-Meier 法又称乘积极限法，其基本思路是给定某个干预因素（分类变量），分别将其每个水平分组中的随访对象按照生存时间由小到大排序。在每个生存时间发生时点获得期初观察数、死亡数，计算条件死亡率和条件生存率，由概率乘法公式求得生存率、中位生存时间，然后比较某个因素两个及以上水平的生存率曲线变化特点差异有无统计学意义，并由假设检验法推断这个干预因素的不同水平总体的生存率曲线差异有无统计学意义。

### 2. 基本步骤

步骤①：定期记录生存时间 $t_i$ 并将其由小到大排序。如果完全数据和删失数据相同，那么删失数据将被放在完全数据的后面。两个生存时间的间隔（$\Delta t_i = t_{i+1} - t_i$）未必相等。

步骤②：在时期 $t_i$ 记录期初观察数 $n_i$、终点事件发生数（如死亡数）$d_i$、删失数 $c_i$。

步骤③：在时期 $t_i$ 记录条件死亡率为 $q_i = d_i / n_i$，条件生存率为 $p_i = 1 - q_i$，由概率乘法公式，计算在时间点 $t_{i+1}$ 的生存率 $S_i = S_{i-1} p_i$。

### 3. Kaplan-Meier 法和寿命表法的区别

#### 1）适用格式

寿命表法适用于生存时间分段记录的大样本随访资料，以单位时间间隔对全部对象分组汇总，汇总时间点之间（如月、年）的死亡数和删失数。

Kaplan-Meier 法适用于准确记录生存时间的小样本随访资料，当干预因素仅有一个时，在不同水平分组中列举全部生存时间，由小到大排序，在每个生存时间点计算期初观察数、下一个生存时间点前发生的死亡数。

#### 2）计算思路

寿命表法按照单位时间间隔统计分组汇总，获得两个单位时间间隔的死亡数和删失数，计算生存率、中位生存时间，分析生存率曲线随着时间延续的变化特点。

Kaplan-Meier 法在每个水平分组内对随访对象的生存时间由小到大排序。按照相邻的时间间隔划分为一系列衔接的时段，观测期初观察数、删失数、死亡数，在每个时段内计算生存概率，在每个时段结束时计算生存率，比较不同水平的生存率曲线随着时间延续的变化特点，推断在理论上不同水平总体的生存率曲线变化情况差异有无统计学意义。

例如，获得甲种手术的术后随访资料，记录生存时间 1，3，5(3)，6(3)，7，8，10(2)，14+，17，19+，20+，22+，26+，31+，34，34+，44，59（单位：月）；获得乙种手术的术后随访资料，记录生存时间 1(1)，2，3(2)，4(3)，6(2)，8，9(2)，10，11，12，13，15，17，18（单位：月）。其中，标记"+"号的表示有删失数据；括号内的数据表示生存时间内死亡或删失重复出现的人数。按照上述基本步骤计算生存率。

甲种手术的随访资料如表 13-6 所示。乙种手术的随访资料如表 13-7 所示。

表 13-6 甲种手术的随访资料

| 序 号 $i$ | 生存时间/月 $t_i$ | 死 亡 数 $d_i$ | 期初观察数 $n_i$ | 条件死亡率 $q_i = d_i/n_i$ | 条件生存率 $p_i = 1-q_i$ | 生 存 率 $S_i = S_{i-1}p_i$ |
|---|---|---|---|---|---|---|
| 1 | 1 | 1 | 23 | 0.043 | 0.957 | 0.957 |
| 2 | 3 | 1 | 22 | 0.045 | 0.955 | 0.914 |
| 3 | 5 | 3 | 21 | 0.143 | 0.857 | 0.783 |
| 4 | 6 | 3 | 18 | 0.167 | 0.833 | 0.652 |
| 5 | 7 | 1 | 15 | 0.067 | 0.933 | 0.609 |
| 6 | 8 | 1 | 14 | 0.071 | 0.929 | 0.566 |
| 7 | 10 | 2 | 13 | 0.154 | 0.846 | 0.478 |
| 8 | 14+ | 0 | 11 | 0 | 1 | 0.478 |
| 9 | 17 | 1 | 10 | 0.100 | 0.9 | 0.431 |
| 10 | 19+ | 0 | 9 | 0 | 1 | 0.431 |
| 11 | 20+ | 0 | 8 | 0 | 1 | 0.431 |
| 12 | 22+ | 0 | 7 | 0 | 1 | 0.431 |
| 13 | 26+ | 0 | 6 | 0 | 1 | 0.431 |
| 14 | 31+ | 0 | 5 | 0 | 1 | 0.431 |
| 15 | 34 | 1 | 4 | 0.250 | 0.750 | 0.323 |
| 16 | 34+ | 0 | 3 | 0 | 1 | 0.323 |
| 17 | 44 | 1 | 2 | 0.500 | 0.500 | 0.161 |
| 18 | 59 | 1 | 1 | 1 | 0 | 0 |

表 13-7 乙种手术的随访资料

| 序 号 $i$ | 生存时间/月 $t_i$ | 死 亡 数 $d_i$ | 期初观察数 $n_i$ | 条件死亡率 $q_i = d_i/n_i$ | 条件生存率 $p_i = 1-q_i$ | 生 存 率 $S_i = S_{i-1}p_i$ |
|---|---|---|---|---|---|---|
| 1 | 1 | 2 | 20 | 0.143 | 0.900 | 0.9 |
| 2 | 2 | 1 | 18 | 0.056 | 0.944 | 0.850 |
| 3 | 3 | 2 | 17 | 0.118 | 0.882 | 0.749 |
| 4 | 4 | 3 | 15 | 0.200 | 0.800 | 0.599 |
| 5 | 6 | 2 | 12 | 0.167 | 0.833 | 0.499 |
| 6 | 8 | 1 | 10 | 0.100 | 0.900 | 0.449 |
| 7 | 9 | 2 | 9 | 0.222 | 0.778 | 0.350 |
| 8 | 10 | 1 | 7 | 0.143 | 0.857 | 0.300 |
| 9 | 11 | 1 | 6 | 0.167 | 0.833 | 0.250 |
| 10 | 12 | 1 | 5 | 0.200 | 0.800 | 0.200 |
| 11 | 13 | 1 | 4 | 0.250 | 0.750 | 0.150 |
| 12 | 15 | 1 | 3 | 0.333 | 0.667 | 0.100 |
| 13 | 17 | 1 | 2 | 0.500 | 0.500 | 0.050 |
| 14 | 18 | 1 | 1 | 1 | 0 | 0 |

以生存时间（单位：月）为横坐标，以生存率为纵坐标，分别按照两种手术方式，在每

个时间点求出生存率,从而呈现出阶梯形下降变化趋势的折线图,如图 13-14 所示。

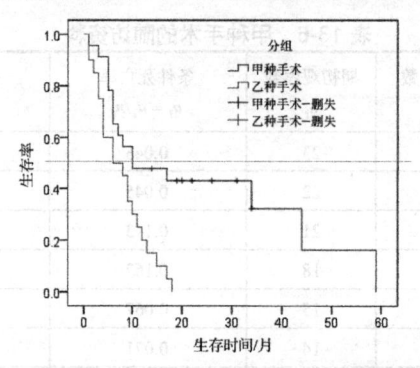

图 13-14 两种手术方式的生存率曲线

经分析,由甲种手术估计的生存率曲线呈现平缓下降趋势;由乙种手术估计的生存率曲线呈现陡峭下降趋势,说明乙种手术比甲种手术的预后效果更不好。

**4. 不同水平分组的生存率曲线差异性检验**

Log-Rank 检验又称对数秩检验。原假设 $H_0$ 为干预因素不同水平的生存率曲线无差异;备择假设 $H_1$ 为干预因素不同水平的生存率曲线有差异。

以某个干预因素共有的两个水平为例,将两个水平处理组的生存时间混合以后按照由小到大顺序统一排序,分别把各组及合并以后的观察数和死亡数随着生存时间依次列出来,获得每个生存时间点的死亡数、期初观察数。

当原假设 $H_0$ 成立时,在每个生存时间点上分别计算各组的期望死亡数,由期望死亡数和实际死亡数构造并计算服从卡方分布的统计量。

当 $P<\alpha$ 时,拒绝原假设 $H_0$;当 $P\geq\alpha$ 时,不拒绝原假设 $H_0$。相伴概率 $P$ 越小则说明越有理由认为干预因素不同水平的生存率曲线有差异。

实际上,Log-Rank 检验和 Breslow 检验常用于不同总体生存率曲线差异性比较的检验。Log-Rank 检验倾向于认为当开始时接近,随着时间延续而后期分开的生存曲线有差异。Breslow 检验倾向于认为当开始时分开,随着时间延续而后期接近的生存曲线有差异。

【学习目标】理解 Kaplan-Meier 法的相关理论知识,掌握操作流程并阐述结论。

# 【案例实验 2】

由中药化疗(中药组)和单纯化疗(对照组)法治疗白血病,有"+"号者为删失数据,无"+"号者为生存时间数据。由 Kaplan-Meier 法进行分析。数据资料如表 13-8 所示。

本例的数据文件是"13Kaplan-Meier 分析(白血病中药组和对照组).sav"。

表 13-8 数据资料

| 中药组 | 10 | 2+ | 12+ | 13 | 18 | 6+ | 19+ | 26 | 9+ | 8+ | 6+ | 43+ | 9 | 4 | 31 | 24 |
|---|---|---|---|---|---|---|---|---|---|---|---|---|---|---|---|---|
| 对照组 | 2+ | 13 | 7+ | 11+ | 6 | 1 | 19 | 11 | 3 | 17 | 7 | | | | | |

【数据文件】

定义时间变量"生存时间"、指示变量"结局"、分组变量"分组",类型均为数值。定义变量值标签"死亡"=1、"删失"=0,"中药组"=1、"对照组"=2。

建立数据文件,如图 13-15 所示。

# 第 13 章 生存分析

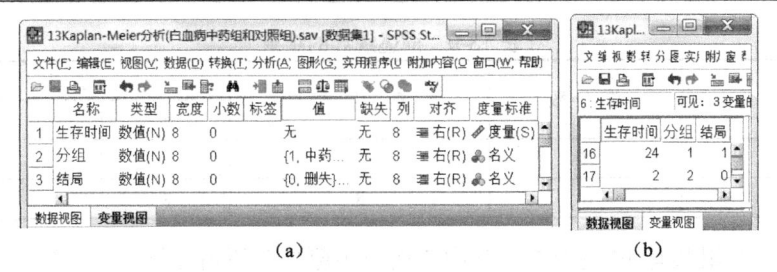

图 13-15 数据文件

【菜单选择】

单击"分析"主菜单,再单击"生存函数"选项,然后单击"Kaplan-Meier"选项。

【界面设置】

在打开的"Kaplan-Meier"对话框中,将"生存时间"选入"时间"列表框中,"结局"选入"状态"列表框中,将分组变量"分组"选入"因子"列表框中,单击"选项"按钮,如图 13-16 所示。在打开的"Kaplan-Meier:选项"对话框的"图"区域,选择"生存函数"选项,单击"继续"按钮,如图 13-17 所示。

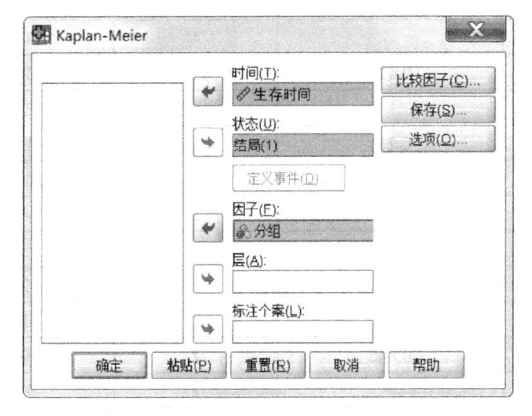

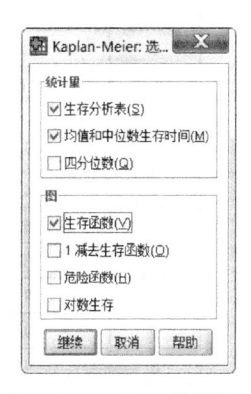

图 13-16 "Kaplan-Meier"对话框

图 13-17 "Kaplan-Meier:选项"对话框

在"Kaplan-Meier"对话框中,单击"比较因子"按钮。在打开的"Kaplan-Meier:比较因子水平"对话框的"检验统计量"区域,选择"对数秩"选项,单击"继续"按钮,如图 13-18 所示。

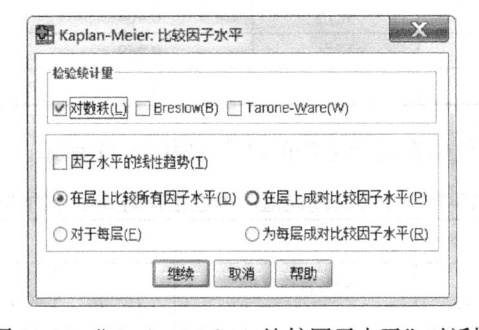

图 13-18 "Kaplan-Meier:比较因子水平"对话框

【结果分析】

(1) 描述统计的结果如表 13-9 所示。

表 13-9　描述统计的结果

| 分组 | 总数 | 事件数 | 删失情况 | |
|---|---|---|---|---|
| | | | N | 百分比 |
| 对照组 | 10 | 7 | 3 | 30.0% |
| 中药组 | 16 | 8 | 8 | 50.0% |

经分析，对照组共有 10 例个案，其中 3 例发生删失，所占比例为 30.0%；中药组共有 16 例个案，其中 8 例发生删失，所占比例为 50.0%。

（2）生存率估计的结果如表 13-10 所示。

表 13-10　生存率估计的结果

| 分组 | | 生存时间 | 状态 | 累积生存比例 | 累积人数 | 剩余人数 |
|---|---|---|---|---|---|---|
| 对照组 | 1 | 1 | 死亡 | 0.9 | 1 | 9 |
| | 2 | 2 | 存活 | | 1 | 8 |
| | 3 | 3 | 死亡 | 0.788 | 2 | 7 |
| | 4 | 6 | 死亡 | 0.675 | 3 | 6 |
| | 5 | 7 | 死亡 | 0.563 | 4 | 5 |
| | 6 | 7 | 存活 | | 4 | 4 |
| | 7 | 11 | 死亡 | 0.422 | 5 | 3 |
| | 8 | 11 | 存活 | | 5 | 2 |
| | 9 | 13 | 死亡 | 0.211 | 6 | 1 |
| | 10 | 17 | 死亡 | | 7 | 0 |
| 中药组 | 1 | 4 | 死亡 | 0.933 | 1 | 14 |
| | 2 | 6 | 存活 | | 1 | 13 |
| | 3 | 6 | 存活 | | 1 | 12 |
| | 4 | 8 | 存活 | | 1 | 11 |
| | 5 | 9 | 死亡 | 0.848 | 2 | 10 |
| | 6 | 9 | 存活 | | 2 | 9 |
| | 7 | 10 | 死亡 | 0.754 | 3 | 8 |
| | 8 | 12 | 存活 | | 3 | 7 |
| | 9 | 13 | 死亡 | 0.646 | 4 | 6 |
| | 10 | 18 | 死亡 | 0.539 | 5 | 5 |
| | 11 | 19 | 存活 | | 5 | 4 |
| | 12 | 24 | 死亡 | 0.404 | 6 | 3 |
| | 13 | 26 | 死亡 | 0.269 | 7 | 2 |
| | 14 | 31 | 死亡 | 0.135 | 8 | 1 |

（3）生存时间均值、中位生存时间估计的结果如表 13-11 所示。

表 13-11　生存时间均值、中位生存时间估计的结果

| 分组 | 均值 | | | | 中位生存时间 | | | |
|---|---|---|---|---|---|---|---|---|
| | 估计值 | 标准误 | 95%置信区间 | | 估计值 | 标准误 | 95%置信区间 | |
| | | | 下限 | 上限 | | | 下限 | 上限 |
| 对照组 | 9.775 | 1.974 | 5.905 | 13.645 | 11.000 | 4.940 | 1.318 | 20.682 |
| 中药组 | 22.013 | 3.663 | 14.834 | 29.193 | 24.000 | 7.519 | 9.262 | 38.738 |

经分析，中药组和对照组的中位生存时间分别为 24 个月、11 个月。生存时间一般不服从正态分布，通常服从右偏分布，中位生存时间比生存时间均值更适用于描述集中趋势。

（4）Log Rank 检验的结果如表 13-12 所示。

表 13-12  Log Rank 检验的结果

| $\chi^2$ | df | 显著性水平 |
| --- | --- | --- |
| 6.579 | 1 | 0.010 |

经分析，相伴概率 $P$ 为 0.01（小于 0.05），说明两组生存率曲线差异有统计学意义。

（5）生存率曲线的比较如图 13-19 所示。

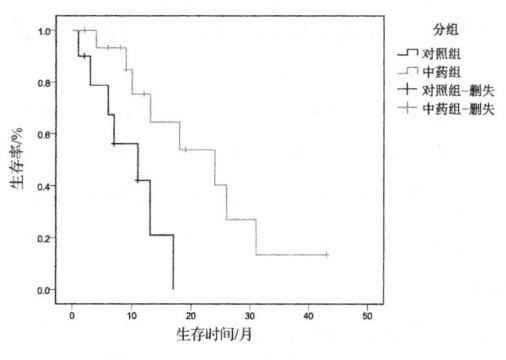

图 13-19  生存率曲线的比较

经分析，中药组和对照组的生存率曲线都呈现下降趋势。中药组的生存率曲线下降趋势相比更平缓，于是认为中药组患者的预后效果更好，中药组患者的生存时间更长。

## 13.4  Cox 回归分析

### 1. 提出背景

寿命表法适用于存在删失数据的大样本随访资料，按照相等的单位时间间隔进行分组汇总，计算生存概率、生存率、中位生存时间，绘制生存率曲线并描述分析随着生存时间变化的特点。Kaplan-Meier 法适用于未经分组且有删失数据的小样本随访资料，在只有一个干预因素时，比较和推断该因素不同水平生存率曲线的差异性。寿命表法和 Kaplan-Meier 法无法用于生存资料的多因素分析问题。如果以终点事件发生的相对风险作为结局变量，引入与之有联系的干预因素作为协变量（协变量、自变量不严格区分），那么考虑构建某种广义线性模型，从多个干预因素中筛选有统计学意义者，解释指定协变量偏回归系数的含义，在某种干预因素不同水平类别或不同水平等级变化时，对引起终点事件发生的相对危险度进行比较。

例如，针对肿瘤患者术后随访研究问题收集资料，引入性别、手术方式、年龄组、病理分型等因素作为协变量，把反映预后效果的某种指标（如死亡）作为结局变量，考虑随访过程中发生删失的情况。类似于 Logistic 回归分析，通过构造反映术后死亡风险的某种函数建立与协变量的因果推断模型，估计模型中的参数、解释参数的含义，筛选出有统计学意义的协变量。如果经过推断认为手术方式有统计学意义，那么还要继续找出哪种手术方式更有利于降低患者术后复发或死亡的风险，即绘制不同手术方式的生存率曲线，比较不同手术方式的生存率曲线随着生存时间延续而发生变化的差异，从而找到预后更好的手术方式。

## 2. 与传统方法的比较

根据随访研究获得的随访资料不同于传统的资料。当把生存时间和生存结局看作结局变量时,生存时间是数值变量,表现为右偏、非正态分布的特点。生存结局包括终点事件发生和删失两种情况,生存时间会被区分并标记为完全数据和删失数据。

**思考①**:如果只将生存结局作为二分类的因变量,那么考虑建立二分类 Logistic 回归模型。生存时间与生存结局是都是很重要的信息。然而,二分类 Logistic 回归分析无法利用生存时间,无法在计算过程中兼顾到删失数据,实际上,删失数据无论是被看作缺失数据、还是完全数据,都会影响到结论制定或解释的合理性。

**思考②**:如果只把生存时间作为数值类型的因变量,那么也可以使用多元线性回归模型。生存时间通常不服从正态分布而是服从右偏态分布,不满足多元线性回归模型的条件要求。同样,生存结局既然属于二分类资料,更无法作为因变量纳入到多元线性回归模型中。

**思考③**:如果生存时间经过统计分组预处理并转换为有序多分类变量,那么可以考虑使用有序多分类 Logistic 回归分析,然而生存结局和删失数据仍然无法直接利用。

综上认为,传统方法不适应生存结局和生存时间都是因变量、而且存在删失数据的情况,于是为了尽量体现随访资料的特殊性,构造一种新的因果推断模型——Cox 回归模型。

## 3. Cox 回归模型的构造

英国学者 Cox 从与生存函数密切联系的角度构造了相对危险度的概念,由概率论和微积分等数学知识推导出一种广义线性模型。该模型以相对危险度为因变量,反映其与两个及以上处理因素之间呈线性结构形式的因果联系。尤其重要的是,该模型对于生存时间分布的类型无要求,允许随访资料中存在删失数据。

### 1) 风险函数和生存率的关系

在一批随访对象中,生存时间 $T$ 超出时间点 $t$ 的概率称为累计生存率(生存率或生存函数),$S(t) = P(T > t)$,那么死亡率函数为 $F(t) = 1 - S(t) = P(T \le t)$。

定义时间点 $t$ 的瞬时死亡率或死亡率的概率密度函数为

$$f(t) = \lim_{\Delta t \to 0} \frac{P(t < T \le t + \Delta t)}{\Delta t}$$

由分布函数求得死亡率函数为 $F(t) = P(T \le t) = \int_0^t f(t) \mathrm{d}t$。

由于 $F(t)$ 为死亡率,所以生存率函数为

$$S(t) = P(T > t) = 1 - F(t) = 1 - \int_0^t f(t)\mathrm{d}t = \int_t^{+\infty} f(t)\mathrm{d}t$$

定义在时间点 $t$ 的风险函数为

$$h(t) = \lim_{\Delta t \to 0} \frac{P(t < T \le t + \Delta t \mid T > t)}{\Delta t}$$

特别地,当 $\Delta t = 1$ 时,近似具有关系 $h(t) \approx P(t < T \le t+1 \mid T > t)$。

下面推导风险函数 $h(t)$ 与死亡率的概率密度函数 $f(t)$、生存率函数 $S(t)$ 关系。

$$h(t) = \lim_{\Delta t \to 0} \frac{P(t < T \le t + \Delta t \mid T > t)}{\Delta t} = \left( \lim_{\Delta t \to 0} \frac{P(t < T \le t + \Delta t)}{\Delta t} \right) / P(T > t) = f(t)/S(t)$$

由微积分知识,可得

$$h(t) = f(t)/S(t) = -\left(1 - F(t)\right)'/S(t) = -S'(t)/S(t) = -\left(\ln S(t)\right)'$$

于是，生存率函数 $S(t)$ 和风险函数 $h(t)$ 具有关系

$$\ln S(t) = -\int_0^t h(t)\mathrm{d}t, \quad S(t) = \exp\left(-\int_0^t h(t)\mathrm{d}t\right)$$

有时，标记累计风险函数为

$$H(t) = -\ln S(t) = \int_0^t h(t)\mathrm{d}t, \quad S(t) = \exp(-H(t))$$

以上推导过程说明，风险函数 $h(t)$ 与生存率函数 $S(t)$ 有密切联系。生存率函数 $S(t)$ 是生存结局和生存时间的间接反映，于是考虑将风险函数 $h(t)$ 用于模型中因变量的构造基础。

2) Cox 回归分析的设计思路

Cox 回归模型常用于影响因素分析问题。令 $X_1, X_2, \cdots, X_m$ 表示 $m$ 个协变量。协变量常为二分类、无序多分类或有序多分类资料，有时为数值资料。协变量既可以是人口学特征变量（如性别、年龄、病程），也可以是人为干预的因素（如手术方式）。

在二分类 Logistic 回归模型中，二分类变量 $Y$ 并非直接作为因变量。如果指定目标事件，把"目标事件发生"记为 $Y=1$，"目标事件不发生"记为 $Y=0$，那么"目标事件发生" $Y=1$ 概率 $P$ 的 Logit 转换函数 $\ln(P/(1-P))$ 作为模型的因变量。

由协变量或由其派生出的一组哑变量记为变量 $X_1, X_2, \cdots, X_m$，将其放入变量集合 $X$。

当变量 $X_1, X_2, \cdots, X_m$ 依次取值为 $x_1, x_2, \cdots, x_m$ 时，风险函数标记为 $h(t, X)$，习惯上将其简记为 $h(t)$ 或 $h(t) = h(t)\big|_{X_1=x_1, X_2=x_2, \cdots, X_m=x_m}$。将变量 $X_1, X_2, \cdots, X_m$ 全部取值为 0 或在基线状态时的风险函数称为基线风险函数 $h_0(t)$。

Cox 回归模型中因变量的构造思路受到了 Logistic 回归模型的启发，它间接使用与生存率函数 $S(t)$ 有密切联系的风险函数 $h(t)$，以风险比 $h(t)/h_0(t)$ 作为因变量，而不是生存函数 $S(t)$ 作为因变量，将其作为 Cox 回归模型的因变量。

构建 Cox 回归模型表达式为

$$\ln(h(t)/h_0(t)) = \beta_1 X_1 + \beta_2 X_2 + \cdots + \beta_m X_m$$

式中，$\beta_1, \beta_2, \cdots, \beta_m$ 为偏回归系数。

舍去随机误差项 $\varepsilon$，以上模型的等价形式为

$$h(t) = h_0(t)\mathrm{e}^{(\beta_1 X_1 + \beta_2 X_2 + \cdots + \beta_m X_m)} = h_0(t)\exp(\beta_1 X_1 + \beta_2 X_2 + \cdots + \beta_m X_m)$$

以下有几点说明。

说明①：在 Cox 回归模型中，风险比 $h(t)/h_0(t)$ 是风险函数 $h(t)$ 和基础风险函数 $h_0(t)$ 的比值，因此 Cox 回归模型又称比例风险模型。

说明②：在 Cox 回归模型中，$\exp(\beta_1 X_1 + \beta_2 X_2 + \cdots + \beta_m X_m)$ 是由协变量观测值估计的参数部分，而风险函数 $h(t)$ 和 $h_0(t)$ 是非参数部分，因此 Cox 回归模型又称半参数模型。

说明③：寿命表法和 Kaplan-Meier 法都适用于非参数模型，不适用于影响因素分析问题。多元线性回归分析、Logistic 回归分析是参数模型，适用于没有删失数据，因变量为数值资料、分类资料，分布类型为正态、二项分布的影响因素分析问题。Cox 回归模型是半参数模型，适用于有删失数据、生存时间分布类型无要求的影响因素分析问题。

3) 预后指数及解释

Cox 回归模型中的参数部分为

$$\exp(\beta_1 X_1 + \beta_2 X_2 + \cdots + \beta_m X_m) = \exp(\beta_1 X_1)\exp(\beta_2 X_2)\cdots\exp(\beta_m X_m)$$

因此，Cox 回归模型属于乘法模型，$m$ 个干预因素单独发挥了作用，对于风险比 $h(t)/h_0(t)$ 将会产生具有类似乘积倍数特点的累计或叠加影响。

定义预后指数 $PI = \beta_1 X_1 + \beta_2 X_2 + \cdots + \beta_m X_m$，其取值越大则说明终点事件发生风险越大。如果将协变量 $X_1, X_2, \cdots, X_m$ 标准化为 $X_1', X_2', \cdots, X_m'$，那么 $PI' = \beta_1 X_1' + \beta_2 X_2' + \cdots + \beta_m X_m'$ 称为标准化预后指数，其取值越大则预后越差。当 $PI' > 0$ 时，说明风险高于平均情况；当 $PI' < 0$ 时，说明风险低于平均情况。在临床医学问题中，有医生把患者预后指数 PI 按照分位数分组，以便于分别对预后状况不同的患者制定治疗方案。

4) 协变量与时间的关系说明

在 Cox 回归模型表达式 $\ln(h(t)/h_0(t)) = \beta_1 X_1 + \beta_2 X_2 + \cdots + \beta_m X_m$ 中，等号左边部分是风险比（Hazards Ratio）$h(t)/h_0(t)$；等号右边部分是协变量 $X_1, X_2, \cdots, X_m$ 的线性组合。如果协变量 $X_1, X_2, \cdots, X_m$ 对 $h(t)/h_0(t)$ 的影响在任何时间相同，即不随时间延续而变化，那么称为满足比例风险（Proportional Hazards，PH）条件。例如，肿瘤患者术后的协变量有饮食、药物、环境或职业等，要求在随访期内不会随着时间延续而变化。比例风险（PH）条件是 Cox 回归模型的基本要求，当不满足时往往隐匿而使得模型应用的结论产生偏性。

比例风险（PH）条件验证常见三种途径。

途径 1：由 Kaplan-Meier 法绘制的不同水平生存率曲线没有交叉现象。

途径 2：以生存时间为横坐标，以不同水平的生存率转换函数 $\ln(-\ln S(t))$ 为纵坐标，绘制出来的不同水平生存率曲线大致表现出相互平行的特点。

途径 3：将数值类型协变量与时间对数 $t$ 的乘积 $X\ln(t)$ 设置为交互项，如果在模型中发现这个交互项无统计学意义，那么说明协变量不随时间延续而变化。

**4. Cox 回归模型参数**

Cox 回归模型参数估计使用最大似然法，检验方法有似然比检验、计分检验或沃尔德检验。假设检验用于模型中不显著旧变量的剔除和显著新变量的引入，以及包含不同变量个数的模型比较。根据抽样资料估计模型中的参数 $\beta_1, \beta_2, \cdots, \beta_m$，讨论当指定协变量 $X$ 取值变化而其余协变量不变时，相对危险度 $\exp(\beta)$ 没有实际含义。

参数 $\beta$ 是指当协变量 $X$ 每增加 1 个单位时，引起风险比对数 $\ln(h(t)/h_0(t))$ 的平均变化量；当协变量 $X$ 每增加 1 个单位时，终点事件发生风险是之前的 $\exp(\beta)$ 倍。Logistic 回归模型中的 $\exp(\beta)$ 是优势比 OR；Cox 回归模型中的 $\exp(\beta)$ 是相对危险度 RR。

1) 参数演示

（1）参数演示 1：假设协变量变化后取值 $X+1$、变化前取值 $X$，分别代模型为

$$\ln(h(t)_{变化后}/h_0(t)) = \beta_1 X_1 + \beta_2 X_2 + \cdots + \beta(X+1) + \cdots + \beta_m X_m$$

$$\ln(h(t)_{变化前}/h_0(t)) = \beta_1 X_1 + \beta_2 X_2 + \cdots + \beta X + \cdots + \beta_m X_m$$

两式相减，得到 $\ln(h(t)_{变化后}/h_0(t)) - \ln(h(t)_{变化前}/h_0(t)) = \ln(h(t)_{变化后}/h(t)_{变化前}) = \beta$。

于是，相对危险度 $RR = h(t)_{变化后}/h(t)_{变化前} = \exp(\beta)$，解释为当协变量 $X$ 每增加 1 个单位时，终点事件的发生风险是之前的 $\exp(\beta)$ 倍。

（2）参数演示 2：假设协变量 $X$ 取值 $k_1, k_2$，且 $k_2 > k_1$，分别代入模型为

$$\ln(h(t)_{X=k_2}/h_0(t)) = \beta_1 X_1 + \beta_2 X_2 + \cdots + \beta k_2 + \cdots + \beta_m X_m$$

$$\ln\left(h(t)_{X=k_1}/h_0(t)\right) = \beta_1 X_1 + \beta_2 X_2 + \cdots + \beta k_1 + \cdots + \beta_m X_m$$

两式相减，得到 $\ln\left(h(t)_{X=k_2}/h(t)_{X=k_1}\right) = \beta(k_2 - k_1)$，即 $h(t)_{X=k_2}/h(t)_{X=k_1} = e^{\beta(k_2-k_1)}$。

也就是说，当协变量 $X$ 取值由 $k_1$ 改为 $k_2$ 时，终点事件的发生风险是之前的 $e^{\beta(k_2-k_1)}$ 倍。

（3）参数演示 3：研究患者术后的预后情况。协变量为"是否手术" $X_1$ 和"是否放疗" $X_2$。定义变量值标签，"是否手术" $X_1$："是"=1、"否"=0；"是否放疗" $X_2$："是"=1、"否"=0。Cox 回归模型表达式为 $h(t) = h_0(t)\exp(-0.430X_1 - 0.263X_2)$，其中协变量 $X_1$ 的偏回归系数 $\beta_1$ 为 $-0.430$、协变量 $X_2$ 的偏回归系数 $\beta_2$ 为 $-0.263$。

第 1 种情况：如果手术和放疗都做，那么协变量赋值为 $X_1=1$、$X_2=1$，代入模型得到
$$h(t)_{X_1=1,\ X_2=1} = h_0(t)\exp(-0.430 \times 1 - 0.263 \times 1) \approx 0.5 h_0(t)$$

第 2 种情况：如果手术和放疗都不做，那么协变量赋值为 $X_1=0$、$X_2=0$，代入模型得到
$$h(t)_{X_1=0,\ X_2=0} = h_0(t)\exp(-0.430 \times 0 - 0.263 \times 0) = h_0(t)$$

根据以上两种情况，将两式相除得到 $h(t)_{X_1=1,\ X_2=1}/h(t)_{X_1=0,\ X_2=0} \approx 0.5$，它解释为当手术和放疗都做相比手术和放疗都不做时，因病死亡的风险变成之前的一半。

（4）参数 $\beta$ 的解释

① 当 $\beta > 0$ 或 $\exp(\beta) > 1$ 时，说明协变量 $X$ 取值变大会引起因变量 $\ln(h(t)/h_0(t))$ 变大，风险比 $h(t)/h_0(t)$ 变大，解释为终点事件的发生风险升高了。

② 当 $\beta < 0$ 或 $\exp(\beta) < 1$ 时，说明协变量 $X$ 取值变大会引起因变量 $\ln(h(t)/h_0(t))$ 变小，风险比 $h(t)/h_0(t)$ 变小，解释为终点事件的发生风险下降了。

③ 协变量的单位和数量级不同。类似多元线性回归模型，标准化偏回归系数 $\beta$ 用于比较不同协变量对于因变量 $\ln(h(t)/h_0(t))$ 影响的相对大小。

2）不同类型协变量的情形

在 Cox 回归模型中，变量类型、设置以及纳入模型的方式与 Logistic 回归模型类似。

（1）二分类变量或哑变量情形：二分类变量的基线状态为 0，变量值标签定义为 0 和 1，直接纳入模型即可。$\exp(\beta)$ 解释为由基线状态"0"改为当前类别"1"时的相对危险度 RR。

例如，"患病" $Y=1$ 是终点事件，考虑协变量为暴露因素 $X$，属于二分类资料。当协变量 $X$ 由"不暴露" $X=0$ 改为"暴露" $X=1$ 时，分别代入模型并相减，求得 $e^{\beta \times (1-0)} = e^\beta = \exp(\beta)$，它解释为由"不暴露" $X=0$ 改为"暴露" $X=1$ 时，患病风险是之前的 $\exp(\beta)$ 倍。当 $\beta > 0$ 时，$\exp(\beta) > 1$，说明由"不暴露" $X=0$ 改为"暴露" $X=1$ 时，患病风险升高了。

（2）无序多分类变量情形：由无序多分类变量派生出一组哑变量并取而代之纳入模型，将指定的基线状态作为参照类别。每个哑变量的 $\exp(\beta)$ 解释为协变量 $X$ 由参照类别改为指定类别时的相对危险度 RR。当 $\beta > 0$ 时，$\exp(\beta) > 1$，说明由参照类别改为指定类别时，终点事件的发生风险升高了。

（3）有序多分类变量情形：有序多分类变量的基线状态比其当前小一个等级时。$\exp(\beta)$ 解释为协变量 $X$ 增加 1 个等级以后相比增加之前的相对危险度 RR。当 $\beta > 0$ 时，$\exp(\beta) > 1$，说明随着协变量 $X$ 等级上升，终点事件的发生风险升高了。

（4）数值变量情形：数值变量的基线状态比其当前小一个单位时。$\exp(\beta)$ 解释为协变量 $X$ 增加 1 个单位以后相比增加之前的相对危险度 RR。当 $\beta > 0$ 时，$\exp(\beta) > 1$，说明随着协变量 $X$ 数值增大，终点事件的发生风险升高了。

## 5. 三类回归分析方法的比较

线性回归分析、二分类 Logistic 回归分析和 Cox 回归分析比较如表 13-13 所示。

表 13-13　线性回归分析、二分类 Logistic 回归分析和 Cox 回归分析比较

| 比　较　项 | 线性回归分析 | 二分类 Logistic 回归分析 | Cox 回归分析 |
| --- | --- | --- | --- |
| 因变量总体分布 | 结局变量作为因变量服从正态分布 | $\ln(P/(1-P))$ 作为因变量结局变量服从二项分布 | $\ln(h(t)/h_0(t))$ 作为因变量生存时间未指定分布状态 |
| 模型类型 | 参数模型 | 参数模型 | 半参数模型 |
| 删失数据 | 不允许 | 不允许 | 允许 |
| 参数估计方法 | 最小二乘法 | 最大似然法 | 最大似然法 |
| 参数检验 | $F$ 检验、$t$ 检验 | 似然比检验、计分检验、沃尔德检验 | 似然比检验、计分检验、沃尔德检验 |
| 参数含义 | 因变量 $Y$ 平均变化 | $\ln(P/(1-P))$ 平均变化 | $\ln(h(t)/h_0(t))$ 平均变化 |
| 模型表达式 | $Y = \beta_0 + \sum \beta_i X_i$ | $\ln(P/(1-P)) = \beta_0 + \sum \beta_i X_i$ | $\ln(h(t, X)/h_0(t)) = \sum \beta_i X_i$ |
| 最少样本量 | 自变量个数的 5～10 倍 | 自变量个数的 10～15 倍 | 协变量个数的 15～20 倍 |

## 6. 几点说明

说明①：二分类 Logistic 回归分析不允许有删失数据。Cox 回归分析允许有删失数据，而且必须明确是完全数据还是删失数据。在二分类 Logistic 回归模型中，生存结局作为因变量，而且不用考虑生存结局出现时间的早晚。在 Cox 回归模型中，结局状态、生存时间与因变量有联系，对于生存时间分布类型无要求。

说明②：Cox 回归分析必须满足基本条件：资料来自随机抽样调查或随机分组试验；参数估计要有充分的样本量支持；假定协变量与 $h(t)/h_0(t)$ 之间是线性相关关系。根据经验，当样本量达到协变量个数的 15～20 倍以上时，参数估计结果才会比较稳定。删失数据所占比例一般不要超过样本量的 20% 或 10%，以免引起研究结果发生偏差。

说明③：对于随访资料，必须明确界定起点事件和终点事件，精确测量生存时间，协变量取值与时间 $t$ 无相关关系。可以将删失数据较多或取值几乎不变的协变量移出模型。

说明④：协变量可以是二分类、无序多分类、有序多分类或数值资料。分类变量值标签的设置要有统一的方向规律，这种做法更有利于解释不同类别 RR 的含义。一般将二分类变量值标签设置为 0 或 1。无序多分类变量不能直接纳入模型，而是由其派生出一组虚拟哑变量并取而代之纳入模型。每个分类协变量中的基线状态（作为参照类别）要有足够的样本量，不同水平情况的个案数目不能太少，否则也会引起参数估计结果的不稳定。数值变量可经预处理转换为有序多分类变量，然后纳入模型。

说明⑤：协变量最好不能一次性纳入模型太多个数。当协变量个数太多或无序多分类协变量的类别个数很多时，派生出来的哑变量个数也很多，不仅引起模型结构变得复杂，还会使得多重共线性现象变得严重，造成参数估计不稳定或结果不能合理解释的情况。

说明⑥：当协变量个数较少时，可以一次性纳入模型，并逐步筛选其中有统计学意义者。当协变量个数较多时，建议先把这些协变量逐个纳入模型并进行单因素分析（常见方法有 Log-Rank 检验），也可以采用单变量 Cox 回归分析。在单因素分析时最好放宽条件，通常把显著性水平取大些（如 $\alpha$ =0.1,0.2），使得协变量纳入模型时的条件宽松些，不必过于严格。最后，将单因素分析时无统计学意义、以及由专业经验判断有确定理论价值的协变量全部纳入模型，

统一进行集中筛选，即所谓多因素分析。由于单因素分析精简了自变量个数，再做多因素分析时多重共线性现象通常不再严重。

说明⑦：由无序多分类变量派生出一组哑变量并取而代之纳入模型、参与筛选时，即使哑变量中有的有统计学意义、有的无统计学意义，那么也要将其看作一个整体而同时纳入或移出模型，即要么全部保留这组哑变量，要么全部删除这组哑变量，否则无法代替原始变量。对于无统计学意义的哑变量无须解释其参数含义。

【学习目标】理解 Cox 回归模型的理论方法，掌握操作流程并阐述结论。

## 【案例实验3】

随机抽样肿瘤患者并随访其术后情况。由 Cox 回归模型筛选手术预后的影响因素。

变量定义与编码方案如表 13-14 所示。数据资料如表 13-15 所示。

本例的数据文件是"13Cox 回归分析（肿瘤术后）.sav"。

表 13-14　变量定义与编码方案

| 变量 | 变量名标签 | 变量值标签或单位 |
|---|---|---|
| $X_1$ | 年龄 | 单位：岁 |
| $X_2$ | 病情分级 | "一级"=1、"二级"=2、"三级"=3 |
| $X_3$ | 肿瘤大小 | "小"=0、"大"=1 |
| $X_4$ | 是否复发 | "未复发"=0、"复发"=1 |
| $X_5$ | 手术方式 | "方式甲"=1、"方式乙"=2、"方式丙"=3 |
| $t$ | 生存时间 | 单位：月 |
| $Y$ | 生存结局 | "删失"=0、"死亡"=1 |

表 13-15　数据资料

| 编号 | $X_1$ | $X_2$ | $X_3$ | $X_4$ | $X_5$ | $t$ | $Y$ | 编号 | $X_1$ | $X_2$ | $X_3$ | $X_4$ | $X_5$ | $t$ | $Y$ |
|---|---|---|---|---|---|---|---|---|---|---|---|---|---|---|---|
| 1 | 50 | 1 | 2 | 0 | 1 | 30 | 1 | 16 | 61 | 3 | 2 | 0 | 2 | 20 | 1 |
| 2 | 26 | 1 | 2 | 1 | 1 | 43 | 1 | 17 | 70 | 3 | 2 | 1 | 3 | 11 | 1 |
| 3 | 43 | 2 | 2 | 0 | 1 | 34 | 1 | 18 | 63 | 2 | 1 | 1 | 3 | 14 | 1 |
| 4 | 62 | 1 | 1 | 0 | 1 | 45 | 1 | 19 | 72 | 3 | 2 | 1 | 3 | 12 | 1 |
| 5 | 67 | 1 | 1 | 1 | 1 | 42 | 1 | 20 | 56 | 3 | 2 | 1 | 3 | 9 | 1 |
| 6 | 50 | 2 | 1 | 0 | 1 | 40 | 1 | 21 | 50 | 3 | 2 | 1 | 3 | 7 | 1 |
| 7 | 56 | 1 | 1 | 1 | 2 | 32 | 1 | 22 | 83 | 2 | 2 | 1 | 3 | 6 | 1 |
| 8 | 85 | 2 | 1 | 1 | 3 | 19 | 1 | 23 | 61 | 1 | 1 | 0 | 1 | 59 | 0 |
| 9 | 65 | 1 | 1 | 1 | 2 | 26 | 1 | 24 | 70 | 1 | 1 | 0 | 1 | 54 | 1 |
| 10 | 54 | 3 | 1 | 1 | 3 | 13 | 1 | 25 | 52 | 2 | 1 | 1 | 1 | 44 | 0 |
| 11 | 62 | 2 | 1 | 0 | 1 | 29 | 1 | 26 | 60 | 1 | 1 | 0 | 1 | 53 | 0 |
| 12 | 52 | 2 | 1 | 1 | 1 | 28 | 1 | 27 | 59 | 2 | 1 | 0 | 2 | 23 | 1 |
| 13 | 63 | 2 | 2 | 0 | 1 | 27 | 1 | 28 | 50 | 1 | 2 | 1 | 2 | 37 | 1 |
| 14 | 50 | 2 | 3 | 1 | 3 | 10 | 1 | 29 | 83 | 1 | 2 | 0 | 1 | 50 | 1 |
| 15 | 83 | 2 | 2 | 1 | 3 | 25 | 1 | 30 | 61 | 1 | 1 | 0 | 2 | 36 | 1 |

【数据文件】

定义时间变量"t",指示变量"Y",协变量"X1""X2""X3""X4""X5",类型均为数值。定义变量名标签,依次是"年龄""病情分级""肿瘤大小""是否复发""手术方式",类型均为数值。定义变量值标签"一级"=1、"二级"=2、"三级"=3、"小"=0、"大"=1、"未复发"=0、"复发"=1,"方式甲"=1、"方式乙"=2、"方式丙"=3。建立数据文件,如图13-20所示。

(a)

(b)

图13-20 数据文件

第一阶段:变量选入。

【菜单选择】

单击"分析"主菜单,再单击"生存函数"选项,然后单击"Cox回归"选项。

【界面设置】

在打开的"Cox回归"对话框中,将变量"X1""X2""X3""X4""X5"全部选入"协变量"列表框中。将"生存时间[t]"选入"时间"列表框中。将"Y(1)"选入"状态"列表框中,在"方法"下拉列表中,选择"向前条件"选项,单击"选项"按钮,如图13-21所示。

图13-21 "Cox回归"对话框

在打开的"Cox回归:选项"对话框的"模型统计量"区域,选择"CI用于exp(B)"选项,默认其他已有设置,单击"继续"按钮,如图13-22所示。在打开的"Cox回归"对话框中,单击"分类"按钮。在打开的"Cox回归:定义分类协变量"对话框中,将"X5(指示符)"选入"分类协变量"列表框中,在"更改对比"区域的"参照类别"后默认选择"最后一个"选项，即"方式丙"=3，单击"继续"按钮，如图 13-23 所示。

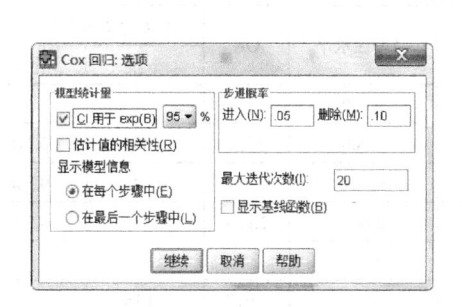

图 13-22 "Cox 回归：选项"对话框

图 13-23 "Cox 回归：定义分类协变量"对话框

以下有几点说明。

说明①：协变量筛选方法有"进入"、"向前条件"、"向后条件"、"向前 LR"、"向后 LR"、"向前 Wald"和"向后 Wald"，一般选择"向前条件"。

说明②：协变量必须全部选入"协变量"列表框中。无序多分类变量由其派生出的一组哑变量取而代之纳入模型。在 SPSS 软件中，哑变量设置窗口的特点与无序多分类或有序多分类 Logistic 回归分析不同，但是与二分类 Logistic 回归分析类似。

说明③：将肿瘤大小和是否复发看作二分类变量，不必设置为哑变量。一般将二分类变量值标签设置为 0 或 1，可以直接纳入模型，与数值变量时参数的含义解释类似。如果值标签为 2 或 1，那么把二分类变量中的值标签为 2 的类别默认为参照类别，由其派生为一个哑变量（值标签为 0 或 1）并取而代之纳入模型。当然，"重新编码为相同变量"命令也能达此目的。

说明④：对于有序多分类变量来说，如果有意丢弃类别中的等级程度信息，那么可以将其看作无序多分类变量，由其派生出一组哑变量，同时也要注意解释结论的差异。

例如，将"病情分级"看作无序多分类变量，其做法是在"Cox 回归"对话框中，单击"分类"按钮，由其派生出一组哑变量并取而代之纳入模型。

【结果分析】

（1）摘要统计的结果如表 13-16 所示。

表 13-16 摘要统计的结果

| | 案例 | N | 百分比 |
|---|---|---|---|
| 分析中可用的案例 | 有效案例 | 27 | 90.0% |
| | 删失案例 | 3 | 10.0% |

（2）整体性检验的结果如表 13-17 所示。

表 13-17 整体性检验的结果

| 模型 | -2 倍对数似然值 | 整体（得分） | | |
|---|---|---|---|---|
| | | $\chi^2$ | df | 显著性水平 |
| 模型 1 | 112.976 | 36.028 | 2 | 0.000 |
| 模型 2 | 106.349 | 41.885 | 3 | 0.000 |
| 模型 3 | 99.618 | 46.008 | 4 | 0.000 |

经分析，模型 1、模型 2、模型 3 的相伴概率 $P$ 均小于 0.05，说明 3 个模型有统计学意义。
（3）参数估计与检验的结果如表 13-18 所示。

表 13-18  参数估计与检验的结果

| 变量 | | 偏回归系数 | 标准误 | 统计量 | 显著性水平 | OR | OR 的 95%置信区间 | |
|---|---|---|---|---|---|---|---|---|
| | | | | | | | 下限 | 上限 |
| 模型 1 | $X_5$ | | | 22.895 | 0.000 | | | |
| | $X_5$（1） | −3.617 | 0.757 | 22.856 | 0.000 | 0.027 | 0.006 | 0.118 |
| | $X_5$（2） | −1.872 | 0.646 | 8.393 | 0.004 | 0.154 | 0.043 | 0.546 |
| 模型 2 | $X_2$ | 1.074 | 0.407 | 6.969 | 0.008 | 2.928 | 1.319 | 6.501 |
| | $X_5$ | | | 11.837 | 0.003 | | | |
| | $X_5$（1） | −2.570 | 0.832 | 9.543 | 0.002 | 0.077 | 0.015 | 0.391 |
| | $X_5$（2） | −0.582 | 0.741 | 0.617 | 0.432 | 0.559 | 0.131 | 2.389 |
| 模型 3 | $X_2$ | 1.145 | 0.423 | 7.311 | 0.007 | 3.142 | 1.370 | 7.203 |
| | $X_3$ | 1.189 | 0.471 | 6.369 | 0.012 | 3.285 | 1.304 | 8.274 |
| | $X_5$ | | | 12.058 | 0.002 | | | |
| | $X_5$（1） | −2.729 | 0.820 | 11.064 | 0.001 | 0.065 | 0.013 | 0.326 |
| | $X_5$（2） | −0.943 | 0.725 | 1.692 | 0.193 | 0.390 | 0.094 | 1.612 |

参数检验采用沃尔德检验。

（4）参数解释

最终模型 3 的表达式为 $\ln(h(t)/h_0(t)) = 1.145X_2 + 1.189X_3 - 2.729X_5(1) - 0.943X_5(2)$。

经分析，由无序多分类变量"手术方式" $X_5$ 派生出一组共两个哑变量 $X_5(1)$，$X_5(2)$。经过自变量筛选以后，病情分级 $X_2$、肿瘤大小 $X_3$、"手术方式" $X_5(1)$ 的相伴概率 $P$ 分别是 0.007，0.012，0.001，均小于 0.05，说明这些变量有统计学意义。由于哑变量 $X_5(1)$ 有统计学意义，那么属于同一组的哑变量 $X_5(2)$ 虽然无统计学意义，但是也要作为整体而纳入模型。

以下有几点说明。

说明①："病情分级" $X_2$ 是无序多分类变量，偏回归系数为 1.145，相伴概率 $P$ 为 0.007（小于 0.05），说明该变量有统计学意义。相对危险度 RR=exp(1.145)=3.142>1，95%置信区间为 [1.370,7.203]，说明"病情分级" $X_2$ 每增加 1 个等级，引起死亡风险升高了。

说明②："肿瘤大小" $X_3$ 是二分类变量，偏回归系数为 1.189，相伴概率 $P$ 为 0.012（小于 0.05），说明该变量有统计学意义。相对危险度 RR=exp(1.189)=3.285>1，95%置信区间为 [1.304,8.274]，说明"肿瘤大小"由"小"=0 改为"大"=1，引起死亡风险升高了。

说明③："手术方式" $X_5$ 是无序多分类变量，"方式甲"对应表示 $X_5(1)$ 取值为 1、$X_5(2)$ 取值为 0，"方式丙"对应表示 $X_5(1)$ 取值为 0，$X_5(2)$ 取值为 0，分别代入该模型表达式并相减。

哑变量 $X_5(1)$ 的偏回归系数为-2.729，相伴概率 $P$ 为 0.001（小于 0.05），说明该变量有统计学意义。相对危险度 RR=exp(-2.729)=0.065<1，95%置信区间为[0.013，0.326]，说明由"方式丙"改为"方式甲"时，引起死亡风险下降了。

哑变量 $X_5(2)$ 无统计学意义，否则还可以解释为哑变量 $X_5(2)$ 偏回归系数为-0.943，相对危险度 RR=exp(-0.943)=0.390<1，说明由"方式丙"改为"方式乙"时，引起死亡风险下降了。

第二阶段：不同水平生存率曲线的绘制与比较。当协变量（如手术方式）取不同水平时，比较不同水平生存率曲线的差异性。

【界面设置】

在"Cox 回归"对话框中,单击"绘图"按钮。在打开的"Cox 回归:图"对话框的"图类型"区域,选择"生存函数"选项,将在"协变量值的位置"列表框中的协变量"X2(均值(M))""X3(均值(M))""X4(均值(M))""X5(Cat)(均值(M))"逐个选入"单线"列表框中,按照不同水平绘制生存率曲线。

任何分类变量(包括二分类变量)在"Cox 回归:图"对话框中选入时会有报错提示。

例如,直接把"X2""X3"选入"单线"列表框中时,弹出报错窗口如图 13-24 所示。

以不同手术方式的生存率曲线比较为例,演示如下。

在"Cox 回归"对话框中,单击"分类"按钮。在打开的"Cox 回归:定义分类协变量"对话框中确认协变量"X5"已经选入"分类协变量"列表框中,单击"继续"按钮。在"Cox 回归"对话框中,单击"绘图"按钮。在打开的"Cox 回归:图"对话框中,将"X5(Cat)(均值(M))"选入"单线"列表框中,最后单击"继续"按钮,如图 13-25 所示。

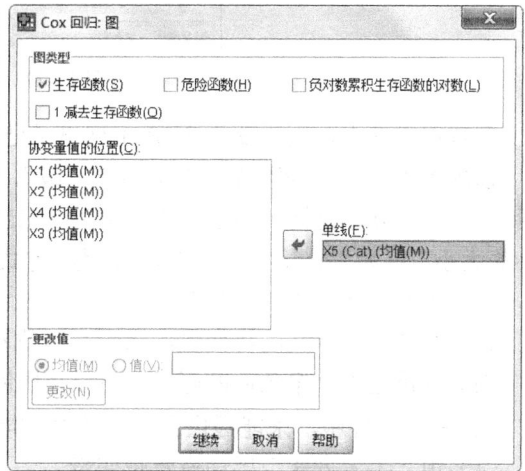

图 13-24 "Cox 回归:图"对话框及提示窗口

图 13-25 将"X5"选入"单线"列表框中

【结果分析】

第二阶段的结果分析。

(1)协变量全部取均值时、不同"手术方式"比较时的生存率曲线如图 13-26 所示。

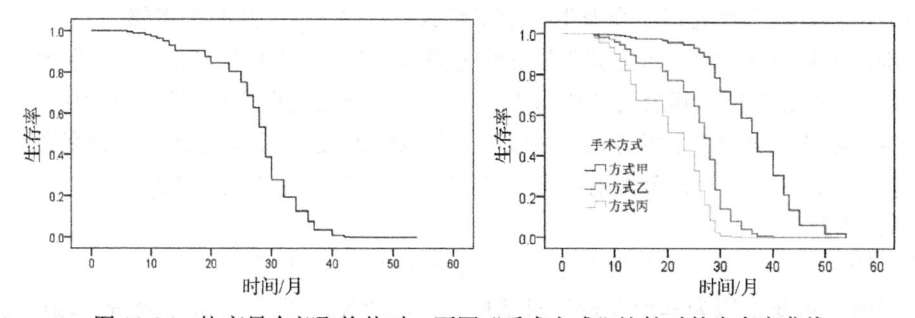

图 13-26 协变量全部取均值时、不同"手术方式"比较时的生存率曲线

经分析,协变量全部取均值时的生存率曲线随时间延续呈现下降趋势,反映了总生存率

的平均变化情况，可见总体中只有 10%的人存活时间在 35 个月以上。

三种手术方式的生存率曲线均呈现下降趋势，其中“方式丙”的下降速度最快、“方式甲”的下降速度最慢，由此认为“方式丙”的预后效果更差，方式丙的患者存活时间更短。

（2）生存率估计。

在数据文件中显示全部个案的生存率预测值，即生成变量 SUR_1，如图 13-27 所示。

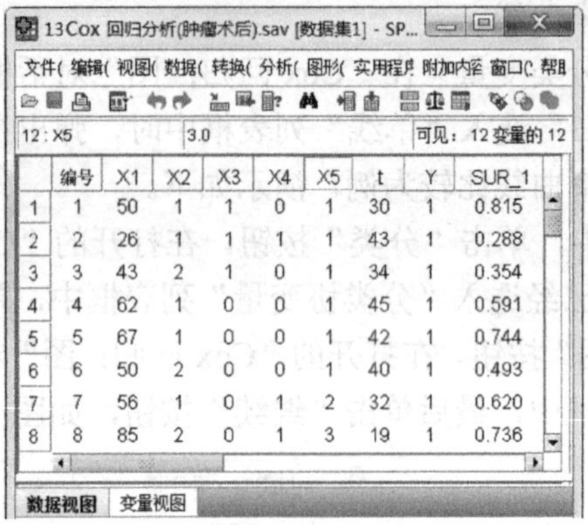


| | 编号 | X1 | X2 | X3 | X4 | X5 | t | Y | SUR_1 |
|---|---|---|---|---|---|---|---|---|---|
| 1 | 1 | 50 | 1 | 1 | 0 | 1 | 30 | 1 | 0.815 |
| 2 | 2 | 26 | 1 | 1 | 1 | 1 | 43 | 1 | 0.288 |
| 3 | 3 | 43 | 2 | 1 | 0 | 1 | 34 | 1 | 0.354 |
| 4 | 4 | 62 | 0 | 0 | 0 | 1 | 45 | 1 | 0.591 |
| 5 | 5 | 67 | 1 | 0 | 0 | 1 | 42 | 1 | 0.744 |
| 6 | 6 | 50 | 2 | 0 | 0 | 1 | 40 | 1 | 0.493 |
| 7 | 7 | 56 | 1 | 0 | 1 | 2 | 32 | 1 | 0.620 |
| 8 | 8 | 85 | 2 | 0 | 1 | 3 | 19 | 1 | 0.736 |

图 13-27　数据文件

在数据文件中，生成变量 SUR_1 列出了全部个案的生存率。

以患者 1 为例，“病情分级” $X_2$ 为“一级”，“肿瘤大小” $X_3$ 为“大”，“手术方式” $X_5$ 为“方式甲”，在第 30 个月情况下求出生存率为 0.815。以患者 8 为例，“病情分级” $X_2$ 为“二级”，“肿瘤大小” $X_3$ 为“小”，“手术方式” $X_5$ 为“方式丙”，在第 19 个月情况下求出生存率为 0.736。

第三阶段：计算预后指数 PI。

选取有统计学意义的协变量，求预后指数 $\mathrm{PI}=1.145X_2+1.189X_3-2.729X_5(1)$ 。

为了分析全部个案预后的好坏，可以按照四分位数将预后指数 PI 分组，不再赘述。

在 SPSS 软件中，未能提供预后指数 PI 的参数设置菜单或对话框，以下自定义计算。

（1）由“手术方式”手动设置哑变量。

“手术方式”是无序多分类变量，在计算预后指数 PI 之前要以一组哑变量取而代之。已知变量值标签“方式甲”=1、“方式乙”=2、“方式丙”=3。如果选择最后类别“方式丙”作为参照，那么“手术方式”派生出一组共有两个哑变量 X5_1 与 X5_2。“方式甲”转换为 X5_1=1，X5_2=0，“方式乙”转换为 X5_1=0，X5_2=1，“方式丙”赋值为 X5_1=0，X5_2=0。

利用“重新编码”预处理命令派生出哑变量 X5_1、X5_2。共两个步骤。

第 1 步：由分类变量“手术方式”生成哑变量 X5_1：由“手术方式”的类别数码“1”转换为哑变量 X5_1 的“1”；其余类别数码“2”、“3”都转换为哑变量 X5_1 的“0”。

第 2 步：由分类变量“手术方式”生成哑变量 X5_2：由“手术方式”的类别数码“2”转换为哑变量 X5_2 的“1”；其余类别数码“1”、“3” 都转换为哑变量 X5_2 的“0”。

【菜单选择】

单击“转换”主菜单，再单击“重新编码为其他变量”选项。

在打开的“重新编码为其他变量”对话框中，将“X5”选入“数字变量→输出变量”列表框中，在“输出变量”区域“名称”文本框中输入“X5_1”，单击“更改”按钮，再单击“旧值和新值”按钮，如图 13-28 所示。

打开"重新编码为其他变量：旧值和新值"对话框，在"旧值"区域的"值"文本框中输入"1"，在"新值"区域的"值"文本框中输入"1"，单击"添加"按钮；在"旧值"区域，选择"所有其他值"选项；在"新值"区域的"值"文本框中输入"0"，单击"添加"按钮；单击"继续"按钮，如图13-29所示。

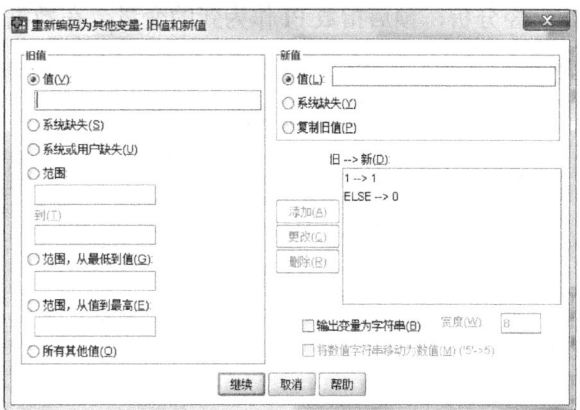

图13-28 "重新编码为其他变量"对话框（一）　　图13-29 "重新编码为其他变量：旧值和新值"对话框（一）

【菜单选择】

单击"转换"主菜单，再单击"重新编码为其他变量"选项。

在打开的"重新编码为其他变量"对话框中，将"X5"选入"数字变量→输出变量"列表框中，在"输出变量"区域"名称"文本框中输入"X5_2"，单击"更改"按钮，再单击"旧值和新值"按钮，如图13-30所示。

打开"重新编码为其他变量：旧值和新值"对话框，在"旧值"区域的"值"文本框中输入"2"，在"新值"区域的"值"文本框中输入"1"，单击"添加"按钮；在"旧值"区域，选择"所有其他值"选项，在"新值"区域的"值"文本框中输入"0"，单击"添加"按钮；单击"继续"按钮，如图13-31所示。

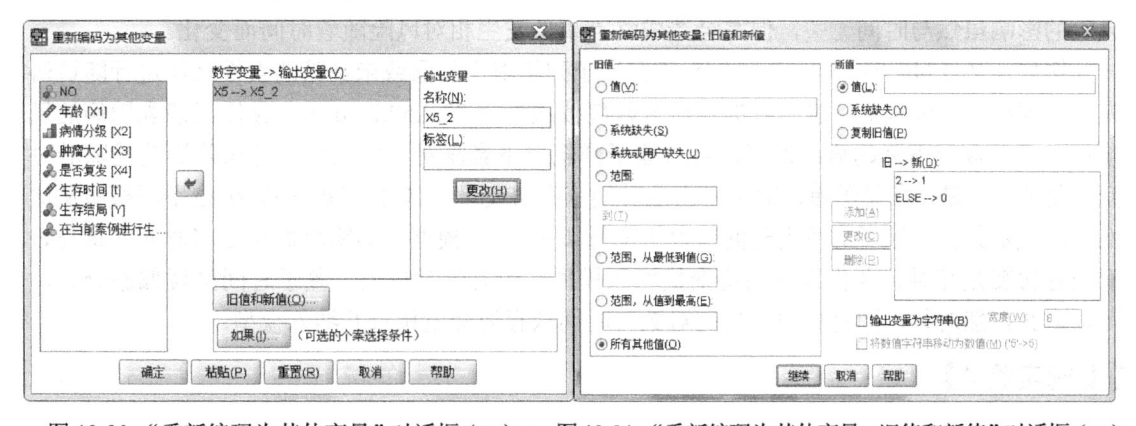

图13-30 "重新编码为其他变量"对话框（二）　　图13-31 "重新编码为其他变量：旧值和新值"对话框（二）

（2）计算预后指数PI。

【菜单选择】

单击"转换"主菜单，再单击"计算变量"选项。

【界面设置】

在打开的"计算变量"对话框的"目标变量"文本框中输入新变量名称"预后指数PI",在"数字表达式"文本框中输入公式"1.145*X2+1.189*X3-2.729*X5_1",单击"确定"按钮,如图13-32所示。全部肿瘤患者的"预后指数PI"同时完成赋值,如图13-33所示。

经分析,预后指数PI作为新的变量,在数据文件中产生并被自动赋值。

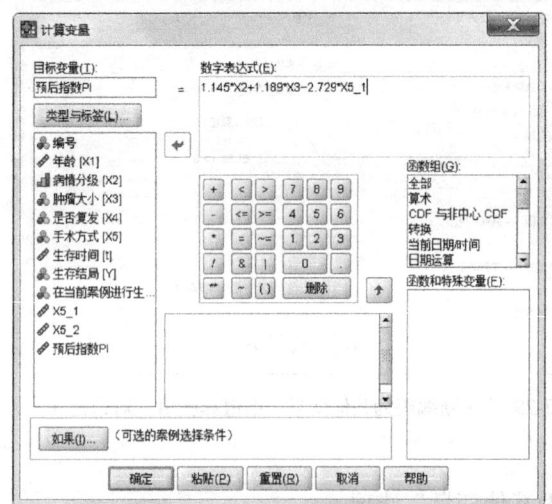

图13-32 "计算变量"对话框  图13-33 预后指数的赋值

### 7. 时间依存协变量Cox回归模型

Cox回归模型必须满足比例风险假定条件,也就是假设协变量对终点事件发生风险的影响不会随着时间发生变化。例如,在糖尿病患病风险随访研究中,假设在整个随访过程中,可能引起糖尿病患病风险变化的影响因素(如饮食习惯、膳食结构、生活质量)不随时间变化,也就是满足了比例风险假定条件,从而可以选择Cox回归模型。

有些协变量对终点事件发生风险的影响往往与时间有关,而有些协变量对终点事件发生风险的影响虽然与时间无关,但是会造成终点事件发生相对风险随着时间而变化。

例如,从1946年开始,对1945年在原子弹辐射下暴露或未暴露的女性逐年进行随访研究,求得在原子弹辐射下暴露者的相对危险度依次为2.72,2.59,2.46,…。暴露者患乳腺癌的风险被发现有逐年下降趋势,说明是否在原子弹辐射下暴露对于患乳腺癌的风险影响是随着时间变化的。于是,原子弹辐射下暴露是时间依存协变量。这时,Cox回归模型不严格服从比例风险假定条件,应考虑改用时间依存协变量Cox回归模型。其简单做法是将时间变量与时间依存协变量相乘,并作为新的协变量引入模型。也有学者提出,鉴于时间呈现偏态分布,可以取其自然对数,即将时间变量的对数与时间依存协变量相乘并纳入模型。

【案例实验4】

所有变量和数据资料来自案例实验3,"病情分级"用于构建时间依存协变量。

【菜单选择】

单击"分析"主菜单,再单击"生存函数"选项,然后单击"Cox时间依存协变量"选项。

【界面设置】

在打开的"Cox时间依存协变量"对话框的候选变量列表框中,除数据文件中的原始变量外，还会自动生成一个变量"Time[T_]"（在 SPSS 软件中，规定以"T_"代替生存时间"t"来构建时间依存协变量）。

在"T_COV_的表达式"文本框中输入"T_*X2"，单击"模型"按钮，如图 13-34 所示。

在打开的"Cox 回归"对话框中，将变量"X1""T_COV_""X3""X4""X5"全部选入"协变量"列表框中，原始变量"X2"不再纳入模型；将"生存时间[t]"选入"时间"列表框中；将"Y(1)"选入"状态"列表框中；在"方法"下拉列表中选择"向前：条件"选项，如图 13-35 所示。

图 13-34 "Cox 时间依存协变量"对话框

图 13-35 "Cox 回归"对话框

在"Cox 回归"对话框中单击"选项"按钮。在打开的"Cox 回归：选项"对话框的"模型统计量"区域，选择"CI 用于 exp(B)"选项，默认其他已有设置，单击"继续"按钮，如图 13-36 所示。

在"Cox 回归"对话框中单击"分类"按钮。在打开的"Cox 回归：定义分类协变量"对话框中，将手术方式"X5（指示符）"选入"分类协变量"列表框中；在"更改对比"区域的"参照类别"后，默认选择"最后一个"选项，即"方式丙"=3，以将手术方式"X5"转换为一组哑变量；单击"继续"按钮，如图 13-37 所示。

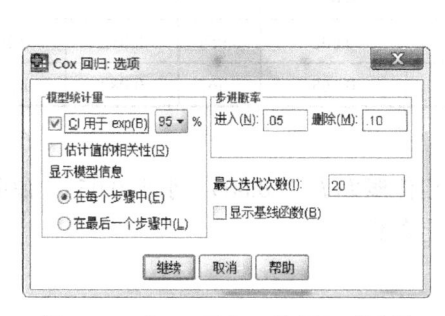

图 13-36 "Cox 回归：选项"对话框

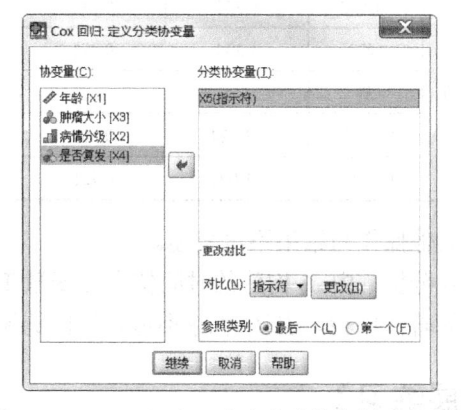

图 13-37 "Cox 回归：定义分类协变量"对话框

【结果分析】

当由逐步法筛选协变量时，参数估计与检验的结果如表 13-19 所示。

表 13-19 参数估计与检验的结果（一）

| 协 变 量 | 偏回归系数 | 标 准 误 | 统 计 量 | 显著性水平 | OR | OR 的 95%置信区间 | |
|---|---|---|---|---|---|---|---|
| | | | | | | 下限 | 上限 |
| $X_3$ | 1.283 | 0.474 | 7.338 | 0.007 | 3.607 | 1.426 | 9.127 |
| $X_5$ | | | 15.599 | 0.000 | | | |
| $X_5$（1） | −3.044 | 0.786 | 14.989 | 0.000 | 0.048 | 0.010 | 0.222 |
| $X_5$（2） | −1.184 | 0.710 | 2.787 | 0.095 | 0.306 | 0.076 | 1.229 |
| T_COV_ | 0.039 | 0.017 | 5.470 | 0.019 | 1.039 | 1.006 | 1.074 |

经分析，由 $X_2$ 构建时间依存协变量 T_COV_，相伴概率 $P$ 为 0.019（小于 0.05），说明 $X_2$ 通过显著性检验，认为 $X_2$ 不符合等比例风险的假定条件。

补充说明：还有些学者提倡在"T_COV_的表达式"文本框中输入"LN（T_）*X2"，如图 13-38 所示。此时，步骤 3 的参数估计与检验的结果（二）如表 13-20 所示。

图 13-38 时间依存协变量的设置

表 13-20 参数估计与检验的结果（二）

| | 协 变 量 | 偏回归系数 | 标 准 误 | 统 计 量 | 显著性水平 | OR | OR 的 95%置信区间 | |
|---|---|---|---|---|---|---|---|---|
| | | | | | | | 下限 | 上限 |
| 步骤 3 | T_COV_ | 0.352 | 0.135 | 6.768 | 0.009 | 1.422 | 1.091 | 1.854 |
| | $X_3$ | 1.234 | 0.471 | 6.859 | 0.009 | 3.436 | 1.364 | 8.654 |
| | $X_5$ | | | 13.107 | 0.001 | | | |
| | $X_5$（1） | −2.824 | 0.809 | 12.186 | 0.000 | 0.059 | 0.012 | 0.290 |
| | $X_5$（2） | −1.002 | 0.721 | 1.931 | 0.165 | 0.367 | 0.089 | 1.509 |

其他操作与结果不再赘述。

经分析，由 $X_2$ 构建的时间依存协变量 T_COV_相伴概率 $P$ 为 0.009（小于 0.05），说明 $X_2$ 通过显著性检验，也认为 $X_2$ 不符合等比例风险的假定条件。

# 【拓展练习】

【练习 1】收集患者随访资料，对死亡数和删失数以年为单位间隔进行逐年汇总。由寿命表法对生存率和中位生存时间进行估计。数据资料如表 13-21 所示。

表 13-21　数据资料

| 术后年数 | 0 | 1 | 2 | 3 | 4 | 5 | 6 | 7 | 8 | 9 | 10 |
|---|---|---|---|---|---|---|---|---|---|---|---|
| 期间死亡数 | 82 | 30 | 27 | 22 | 26 | 25 | 20 | 11 | 14 | 13 | 5 |
| 期间删失数 | 0 | 8 | 8 | 7 | 7 | 28 | 31 | 24 | 27 | 22 | 18 |

【练习 2】按照两种手术方式 A 和 B 治疗某种疾病以后,记录生存时间(单位:月)。其中,标记"+"号者为删失数据。由 Kaplan-Meier 法进行生存分析。数据资料如表 13-22 所示。

表 13-22　数据资料

| A | 3 | 9 | 15 | 20 | 20 | 26 | 64+ | 64 | 135 | 365 | 450 | 596+ | 680+ | 900+ |
|---|---|---|---|---|---|---|---|---|---|---|---|---|---|---|
| B | 10 | 70+ | 70+ | 120 | 225 | 366 | 390+ | 18+ | 647+ | 776+ | 800+ | 852+ | 900+ | 920+ |

【练习 3】收集肿瘤患者术后随访资料,记录患者特征、病情和治疗方式等协变量,观测生存结局和生存时间。由 Cox 回归分析筛选影响因素。变量定义与编码方案如表 13-23 所示。数据资料如表 13-24 所示。

表 13-23　变量定义与编码方案

| 变量名 | 变量名标签 | 变量值标签或单位 |
|---|---|---|
| $X_1$ | 组织学类型 | "高分化"=0,"低分化"=1 |
| $X_2$ | 治疗方式 | "传统"=0,"新方法"=1 |
| $X_3$ | 淋巴结转移 | "是"=1,"否"=0 |
| $X_4$ | 肿瘤浸润 | "突破浆膜"=1,"无突破浆膜"=0 |
| $Y$ | 结局 | "删失"=0,"死亡"=1 |
| $t$ | 生存时间 | 单位:月 |

表 13-24　数据资料

| $X_1$ | 0 | 1 | 0 | 1 | 0 | 1 | 0 | 0 | 0 | 1 | 1 | 0 | 1 | 0 | 1 | 1 | 0 | 1 | 0 |
|---|---|---|---|---|---|---|---|---|---|---|---|---|---|---|---|---|---|---|---|
| $X_2$ | 0 | 1 | 1 | 0 | 0 | 0 | 1 | 0 | 1 | 0 | 1 | 1 | 0 | 0 | 1 | 0 | 1 | 1 | 0 |
| $X_3$ | 1 | 0 | 1 | 1 | 1 | 1 | 1 | 0 | 0 | 0 | 1 | 0 | 1 | 1 | 1 | 1 | 1 | 1 | 0 |
| $X_4$ | 0 | 0 | 1 | 0 | 0 | 0 | 1 | 0 | 0 | 1 | 0 | 1 | 1 | 0 | 1 | 0 | 1 | 0 | 1 |
| $t$ | 42 | 41 | 35 | 94 | 32 | 32 | 52 | 52 | 41 | 52 | 56 | 42 | 41 | 85 | 85 | 89 | 52 | 62 | 62 |
| $Y$ | 1 | 1 | 0 | 1 | 1 | 1 | 1 | 1 | 0 | 1 | 0 | 1 | 0 | 1 | 1 | 0 | 1 | 1 | 1 |

【练习 4】收集烧伤患者术后随访资料,记录患者特征、病情和治疗方式等协变量,观测生存结局和生存时间。由 Cox 回归分析筛选影响因素。变量定义与编码方案如表 13-25 所示。数据资料如表 13-26 所示。

表 13-25　变量定义与编码方案

| 变量名 | 变量名标签 | 变量值标签或单位 |
|---|---|---|
| $X_1$ | 烧伤面积 | "<25%"=0,"25%~50%"=1,"50%~75%"=2,">75%"=3 |
| $X_2$ | 烧伤程度 | "Ⅱ度"=0,"深Ⅱ度"=1,"Ⅱ度+Ⅲ度"=2,"Ⅳ度"=3 |
| $X_3$ | 烧伤性质 | "热"=0,"化学"=1,"热+化学"=2 |
| $X_4$ | 面部烧伤 | "无"=0,"有"=1 |

续表

| 变量名 | 变量名标签 | 变量值标签或单位 |
|---|---|---|
| $X_5$ | 呼吸道烧伤 | "无"=0,"轻"=1,"中"=2,"重"=3 |
| $X_6$ | 受伤到手术时间 | 单位：天 |
| $X_7$ | 手术刀拔管时间 | 单位：天 |
| $t$ | 烧伤到随访结束时间 | 单位：天 |
| $Y$ | 结局 | "删失"=0,"死亡"=1 |

表 13-26　数据资料

| $X_1$ | $X_2$ | $X_3$ | $X_4$ | $X_5$ | $X_6$ | $X_7$ | $t$ | $Y$ | $X_1$ | $X_2$ | $X_3$ | $X_4$ | $X_5$ | $X_6$ | $X_7$ | $t$ | $Y$ |
|---|---|---|---|---|---|---|---|---|---|---|---|---|---|---|---|---|---|
| 2 | 2 | 0 | 0 | 0 | 0 | 9 | 256 | 1 | 2 | 2 | 0 | 1 | 2 | 3 | 21 | 26 | 1 |
| 0 | 2 | 0 | 0 | 0 | 0 | 7 | 252 | 1 | 0 | 0 | 0 | 1 | 3 | 0 | 24 | 24 | 0 |
| 1 | 2 | 0 | 0 | 1 | 2 | 2 | 197 | 1 | 2 | 2 | 0 | 1 | 0 | 1 | 17 | 17 | 0 |
| 3 | 2 | 0 | 1 | 0 | 0 | 14 | 127 | 1 | 0 | 3 | 0 | 1 | 1 | 13 | 7 | 15 | 0 |
| 3 | 2 | 0 | 1 | 1 | 1 | 9 | 118 | 1 | 2 | 2 | 0 | 0 | 2 | 5 | 7 | 12 | 1 |
| 0 | 2 | 0 | 1 | 1 | 0 | 115 | 115 | 0 | 0 | 3 | 0 | 1 | 1 | 2 | 11 | 11 | 1 |
| 2 | 0 | 1 | 1 | 0 | 1 | 10 | 114 | 1 | 3 | 2 | 0 | 1 | 1 | 0 | 6 | 6 | 1 |
| 3 | 2 | 0 | 1 | 2 | 0 | 6 | 102 | 1 | 1 | 2 | 1 | 1 | 0 | 0 | 3 | 3 | 0 |
| 1 | 1 | 0 | 1 | 2 | 2 | 0 | 96 | 1 | 0 | 3 | 0 | 0 | 0 | 0 | 2 | 2 | 1 |
| 0 | 3 | 0 | 1 | 0 | 0 | 29 | 88 | 1 | 0 | 3 | 0 | 1 | 1 | 3 | 12 | 2 | 0 |
| 3 | 2 | 1 | 1 | 1 | 0 | 17 | 85 | 1 | 0 | 2 | 0 | 0 | 2 | 4 | 0 | 1 | 0 |
| 2 | 2 | 0 | 0 | 3 | 80 | 2 | 82 | 1 | 0 | 2 | 1 | 0 | 0 | 0 | 1 | 1 | 0 |
| 2 | 3 | 0 | 1 | 2 | 0 | 5 | 76 | 1 | 1 | 2 | 0 | 0 | 3 | 5 | 1 | 1 | 0 |
| 2 | 2 | 0 | 1 | 1 | 1 | 5 | 73 | 1 | 0 | 3 | 1 | 1 | 2 | 2 | 1 | 1 | 1 |
| 2 | 2 | 0 | 0 | 2 | 1 | 11 | 58 | 1 | 0 | 3 | 1 | 1 | 0 | 0 | 1 | 1 | 0 |

# 第14章 因子分析和对应分析

## 14.1 因子分析

### 1. 提出背景

在实际工作中描述事物的特征时,研究者总是倾向于充分收集用于测量的变量,以便对事物有更为全面完整的把握或认识。当引入太多变量时,虽然从表面上看似涵盖了事物的丰富多样特征,但是实际上某个方面信息可能重复地体现了。变量之间信息的高度重叠和相关会引起所谓的多重共线性现象,造成很多统计学方法不再满足使用条件。例如,在多元线性回归模型中,自变量之间的多重共线性现象造成偏回归系数显著性检验无法通过,参数估计结果不稳定、实际解释参考意义不大。又如,在判别分析模型中,特征指标个数太多还会造成分类的准确性变差。为此,有必要从原始变量的相关关系角度,在信息损失比较少的情况下,将大量信息重叠且具有错综复杂关系的原始变量分组,浓缩成少数重新定义的公因子作为替代,从而弱化甚至消除了多重共线性现象。经过转换后的少数公因子被看作新的自变量,以取代原始变量而纳入模型,这样就会使得许多统计学方法具备了应用条件。

### 2. 基本思路

如果把原始变量之间的相关分析结果作为依据,直接通过删除数据的方法以减少原始变量的个数,那么这种做法势必造成大量重要信息的损失。鉴于此,英国心理统计学家斯皮尔曼(Spearman)创立因子分析并以毕生精力进行了完善。因子分析的基本思路是从原始变量相关系数矩阵(或协变量矩阵)内部依赖关系或内在关联结构分析角度,计算相关系数,把存在错综复杂关系的较多原始变量进行信息浓缩和数学转换,将其分组以后归入少数独立无关的综合因子,把经过直接测量且有高维结构的原始变量,约减为具有可间接测量计算的、低维结构的公因子。公因子不是经过简单削减取舍以后的少数剩余原始变量,而是对原始变量测量信息的重新组合计算,代表原始变量且不能损失大部分信息。存在多重共线性现象的原始变量经过浓缩以后,变成了少数独立的公因子。少数公因子取代多数具有复杂相关关系的原始变量以后,便可以纳入多元线性回归分析、判别分析或聚类分析模型。

大量原始变量具有错综复杂的相关关系,后来按照"穷尽互斥、不重不漏"的原则,根据彼此关系的强弱程度将其划分为多个不同的分组,使得在相同分组中的原始变量相关性大、在不同分组中的原始变量相关性小。彼此相关性大的原始变量归入同一个分组以后,每个分组的原始变量共同解释了同一个结构单元,这个结构单元称为公因子。从原始变量相关系数矩阵、协方差系数矩阵角度建立因子模型以后,原始变量表示为全部公因子及其特殊误差因子的线性组合。经过因子旋转以后,与公因子载荷系数最大的原始变量只归入唯一公因子所在分组中,不再归入在其他公因子所在分组中,根据原始变量含义解释并发掘公因子的名称。此外,每个公因子由得分系数矩阵表示为一部分原始变量的线性组合,只要事先获得每个原始变量的观测值,那么代入这个线性组合以后,就能间接求出公因子的得分。

因此,因子分析是用数据驱动的方式由大量原始变量探索或建构公因子的方法论。

### 3. 公因子的特点

（1）公因子是原始变量经过浓缩重组以后的结构单元，可以保留绝大部分信息。
（2）公因子不是将原始变量直接删除以后的剩余部分。
（3）公因子个数少于原始变量个数。
（4）原始变量是直接测量的显变量，公因子是可以由原始变量间接计算的潜变量。
（5）公因子个数不多、彼此独立，弱化甚至消除了大量原始变量的多重共线性现象。
（6）公因子与某些原始变量关系强、与其他原始变量关系弱，其命名与解释有了依据。

### 4. 主要概念

每个原始变量转换为所有公因子的线性组合和不能由公因子解释的误差两个部分。令 $X_1, X_2, \cdots, X_m$ 是经过标准化以后、消除了量纲影响的 $m$ 个原始变量。$F_1, F_2, \cdots, F_n$ 是对原始变量进行结构变换和重新组合以后命名的公因子，因为它们出现在每个原始变量表示的线性方程中，于是又称公共因子或公因子。$\varepsilon_1, \varepsilon_2, \cdots, \varepsilon_m$ 是特殊因子，其中 $\varepsilon_i$ 是与自变量 $X_i$ 有关、与公因子 $F_1, F_2, \cdots, F_n$ 无关、不能由这些公因子所解释的部分。标准化以后的原始变量 $X_i$ 和公因子 $F_j$ 的均值都为 0、方差都为 1，特殊因子 $\varepsilon_i$ 的均值为 0。公因子之间、特殊因子之间、公因子与特殊因子之间的协方差和相关系数都为 0。

令 $X_i = a_{i1}F_1 + a_{i2}F_2 + \cdots + a_{in}F_n + \varepsilon_i$，$i=1,2,\cdots,m; j=1,2,\cdots,n; n<m$。每个原始变量都是全部公因子和一个特殊因子的线性组合形式，$m$ 个原始变量对应 $m$ 个方程，统称因子模型。

如果把特殊因子作为残差项，那么因子分析模型和多元线性回归在形式上很接近，它们都是用其它变量的线性组合家伙是哪个残差项来表示另一个变量。

将因子分析模型表示成如下线性方程组形式

$$\begin{cases} X_1 = a_{11}F_1 + a_{12}F_2 + \cdots + a_{1n}F_n + \varepsilon_1 \\ X_2 = a_{21}F_1 + a_{22}F_2 + \cdots + a_{2n}F_n + \varepsilon_2 \\ \vdots \\ X_m = a_{m1}F_1 + a_{m2}F_2 + \cdots + a_{mn}F_n + \varepsilon_m \end{cases}$$

这个线性方程组也可以简化为矩阵形式：

$$X = AF + E$$

式中，$A = (a_{ij})_{m \times n}$ 是因子载荷矩阵；$X = (X_1, X_2, \cdots, X_m)^T$ 是原始变量的列向量；$F = (F_1, F_2, \cdots, F_n)^T$ 是公因子的列向量；$E = (\varepsilon_1, \varepsilon_2, \cdots, \varepsilon_n)^T$ 是特殊因子的列向量。

对因子分析模型涉及的参数或结果解释如下。

（1）因子载荷 $a_{ij}$。当原始变量未作标准化处理，因子载荷 $a_{ij}$ 等于变量 $X_i$ 和公因子 $F_j$ 的协方差，说明公因子 $F_j$ 对变量 $X_i$ 的载荷量，反映变量 $X_i$ 对于公因子 $F_j$ 的重要性。当原始变量已作标准化处理，鉴于变量 $X_i$ 和公因子 $F_j$ 的均值都为 0、方差都为 1，那么 $a_{ij}$ 就是变量 $X_i$ 和公因子 $F_j$ 的线性相关系数，变量 $X_i$ 与 $X_j$ 的线性相关系数为 $r_{ij} = a_{i1}a_{j1} + a_{i2}a_{j2} + \cdots + a_{in}a_{jn}$。因子载荷系数 $a_{ij}$ 的绝对值越大、越接近 1，公因子能说明原始变量的信息越多。

由主成分法求解因子载荷系数矩阵的步骤如下：首先，根据原始变量数据矩阵进行标准化预处理，求其线性相关系数矩阵；然后，求线性相关系数矩阵特征值并排序 $\lambda_1 > \lambda_2 > \cdots > \lambda_m$，求其单位特征向量 $(T_1, T_2, \cdots, T_m)$；最后，求因子载荷系数矩阵 $(\sqrt{\lambda_1}T_1, \sqrt{\lambda_2}T_2, \cdots, \sqrt{\lambda_m}T_m)$。

实际上，公因子个数应小于原始变量的个数，只提取因子载荷系数矩阵前 $n$ 个列即可。

(2)共同度。共同度是指因子载荷矩阵 $A=(a_{ij})_{mn}$ 中第 $i$ 行元素平方和 $h_i^2 = a_{i1}^2 + a_{i2}^2 + \cdots + a_{in}^2$，也就是原始变量 $X_i$ 在所有公因子 $F_1, F_2, \cdots, F_n$ 上因子载荷的平方和。它反映全部公因子对于原始变量 $X_i$ 总方差的贡献，即对原始变量变异的解释能力。共同度是衡量因子分析实施效果的重要依据。当原始变量的共同度多数较大（大于 0.8）时，说明全体公因子保留了原始变量的多数信息，总的信息损失少，通过因子分析达到信息浓缩的效果将会越好。

(3)特征值。特征值是指因子载荷矩阵 $A=(a_{ij})_{mn}$ 中第 $j$ 列元素平方和 $\lambda_j = a_{1j}^2 + a_{2j}^2 + \cdots + a_{mj}^2$，即公因子 $F_j$ 对于全部原始变量的方差贡献。

(4)方差贡献率。方差贡献率是指每个特征值在全部特征值中所占的比例 $\lambda_j / \sum \lambda_j$。公因子的方差贡献率越大，说明公因子包含的信息量就越大，即公因子越重要。

(5)累计方差贡献率。累计方差贡献率是指按照公因子特征值大小排序，对方差贡献率靠前的公因子方差贡献率累计求和。累计方差贡献率大于 80% 作为公因子个数选择的依据。

(6)因子旋转。公因子含义的解释很重要，因子旋转算法就是为此而提出的。因子载荷矩阵不具有唯一性，使用因子旋转算法可以得到新的因子载荷矩阵，使得因子载荷的绝对值向"0"和"1"两个方向分化，要么大、要么小。经过因子旋转以后，每个原始变量只能在某个公因子上的因子载荷很大，而在其他公因子上的因子载荷都很小，新产生的公因子与原始变量关系更明确。最理想情形是，每个原始变量在某个公因子上的因子载荷为 1，在其他公因子上的因子载荷为 0。正交旋转法是保证公因子独立并对公因子命名解释的常见算法。因子旋转后因子载荷系数发生变化，重新分配方差贡献率，但是公因子个数不变、累计方差贡献率也不变。因子载荷用于把原始变量归入不同分组中，有利于公因子命名。

(7)公因子得分。每个公因子可以根据得分系数矩阵表示为原始变量的线性组合形式。公因子又称潜变量，虽然无法直接测量，但是可以由全部原始变量进行间接推算。少数公因子替代了原始变量，简化了数据结构，更有利于个案之间的直观比较或排序。当公因子只有 2~3 个时，可以在平面或空间坐标系中绘制散点图并从数值上直观进行演示。

(8)相关系数矩阵。对全部原始变量两两计算相关系数并汇总在相关系数矩阵中，在矩阵中行与列交叉处的元素即两个变量的相关系数。在矩阵中的多数元素越小（如多数不超过 0.3），那么说明由因子分析将原始变量浓缩为公因子就越无实际操作意义。

### 5. 基本步骤

步骤①：给定较多个原始变量，获得观测数据并进行标准化预处理。

步骤②：求原始变量的相关系数矩阵，由 KMO、Bartlett 检验因子分析的应用条件。

步骤③：计算相关系数矩阵的特征值和公因子的方差。

步骤④：根据特征值（一般大于 1）或累计方差贡献率（一般大于 80%）选取公因子的个数。

步骤⑤：计算因子载荷系数矩阵 $A=(a_{ij})_{mn}$，构建因子分析模型 $X = AF + E$。

步骤⑥：原始变量经过因子旋转以后的载荷系数向两极分化，从而把原始变量归入不同分组，并对公因子进行命名解释。由同一组内的原始变量观测值间接计算公因子的得分。

### 6. 应用说明

(1)原始变量一般表现为数值资料，有时也可以使用有序多分类或等级资料，如根据受试者感受符合程度，由李克特五级态度量表收集的所有条目测评分数。

(2)变量结构简化。把存在线性相关关系的许多原始变量转换为少数独立的公因子。

(3)结构效度分析。根据抽样测评资料，把量表中包含的大量条目转换为少数公因子，验证公因子解释的实际测量维度与量表设计的理论测量框架是否吻合。

（4）满足线性建模条件。存在多重共线性现象的原始变量被转换为命名解释后的公因子，由原始变量观测资料间接推算公因子的得分。少数独立的公因子将多数相关的原始变量代替，从而满足了多元线性回归分析、判别分析等广义线性模型的应用条件。

**7. 应用条件**

（1）相关系数分析。如果多数原始变量之间的相关系数小于 0.3，那么说明多数原始变量之间有弱相关关系，不适合由因子分析把原始变量浓缩转换为公因子。

（2）KMO 检验。KMO 即 Kaisex-Meyer-Olkin 的简称。KMO=$\sum_{i\neq j}r_{ij}^2/\left(\sum_{i\neq j}r_{ij}^2+\sum_{i\neq j}p_{ij}^2\right)$，其中 $r_{ij}$ 为相关系数，$p_{ij}$ 为偏相关系数。相关系数平方和越大于偏相关系数平方和，KMO 就会越大。当 KMO 越接近 1 时，说明原始变量中的偏相关性越强，因子分析的实施效果就会越好。当 KMO 大于 0.9 时，因子分析的实施效果较好；当 KMO 为 0.7 左右时，因子分析的实施效果还可以；当 KMO 小于 0.6 时，因子分析的实施效果很差。实际上，KMO 也会随着样本量的变大而变大。经验观点认为，因子分析的应用条件包括样本量至少为原始变量个数的 5 倍或至少为 100 例以上。在实际问题中，也可以适当放宽样本量的要求。

（3）Bartlett 球形度检验。建立原假设 $H_0$ 为原始变量的相关系数矩阵是单位矩阵，即原始变量彼此线性无关。建立备择假设 $H_1$ 为原始变量的相关系数矩阵不是单位矩阵，即原始变量彼此线性相关。如果拒绝原假设 $H_0$，那么认为因子分析满足应用条件。

【学习目标】理解因子分析理论方法，掌握操作流程并阐述结论。

## 【案例实验 1】

已知某省所辖城市职业教育发展水平的原始测评指标资料，包括"在校生数"$X_1$、"招生数"$X_2$、"毕业生数"$X_3$、"教师数"$X_4$、"本科教师比例"$X_5$、"高级教师比例"$X_6$、"平均在校生数"$X_7$、"经费比例"$X_8$、"生均经费"$X_9$。请验证因子分析的应用条件，由原始测评指标资料提取公因子并对其命名、解释和比较。数据资料如表 14-1 所示。

本例的数据文件是"14 因子分析（职业教育发展水平）.sav"。

表 14-1 数据资料

| 城 市 | $X_1$ | $X_2$ | $X_3$ | $X_4$ | $X_5$ | $X_6$ | $X_7$ | $X_8$ | $X_9$ |
|---|---|---|---|---|---|---|---|---|---|
| 城市 A | 221 | 77 | 45 | 17 | 0.499 | 0.254 | 553 | 2.28 | 6 625 |
| 城市 B | 202 | 72 | 57 | 16 | 0.566 | 0.193 | 633 | 1.68 | 5 357 |
| 城市 C | 205 | 76 | 67 | 16 | 0.597 | 0.129 | 616 | 1.07 | 4 990 |
| 城市 D | 232 | 80 | 66 | 19 | 0.531 | 0.106 | 491 | 0.72 | 5 089 |
| 城市 E | 176 | 57 | 31 | 17 | 0.630 | 0.234 | 584 | 1.55 | 6 432 |
| 城市 F | 192 | 61 | 52 | 19 | 0.524 | 0.085 | 535 | 1.58 | 5 695 |
| 城市 G | 156 | 53 | 45 | 15 | 0.507 | 0.245 | 701 | 1.09 | 5 356 |
| 城市 H | 169 | 64 | 42 | 13 | 0.573 | 0.183 | 573 | 0.48 | 5 840 |
| 城市 I | 166 | 66 | 48 | 15 | 0.444 | 0.142 | 465 | 1.12 | 5 532 |
| 城市 J | 119 | 42 | 31 | 13 | 0.502 | 0.331 | 552 | 0.63 | 6 449 |
| 城市 K | 115 | 38 | 25 | 10 | 0.571 | 0.127 | 618 | 0.61 | 7 020 |
| 城市 L | 127 | 53 | 33 | 30 | 0.143 | 0.026 | 376 | 0.75 | 3 904 |

续表

| 城　市 | $X_1$ | $X_2$ | $X_3$ | $X_4$ | $X_5$ | $X_6$ | $X_7$ | $X_8$ | $X_9$ |
|---|---|---|---|---|---|---|---|---|---|
| 城市 M | 121 | 52 | 27 | 12 | 0.223 | 0.076 | 637 | 0.23 | 4 149 |
| 城市 N | 98 | 40 | 25 | 7 | 0.533 | 0.107 | 474 | 0.31 | 5 559 |
| 城市 O | 84 | 41 | 22 | 6 | 0.558 | 0.091 | 518 | 0.43 | 4 376 |
| 城市 P | 78 | 31 | 23 | 5 | 0.366 | 0.070 | 424 | 0.39 | 4 677 |
| 城市 Q | 81 | 39 | 21 | 7 | 0.192 | 0.030 | 533 | 0.07 | 2 548 |
| 城市 R | 67 | 35 | 17 | 5 | 0.341 | 0.079 | 403 | 0.06 | 3 056 |

【数据文件】

定义标识变量"城市",类型为字符串。定义变量"X1""X2""X3""X4""X5""X6""X7""X8""X9",类型均为数值型,定义变量名标签"在校生数""招生数""毕业生数""教师数""本科教师比例""高级教师比例""平均在校生数""经费比例""生均经费"。

建立数据文件,如图14-1所示。

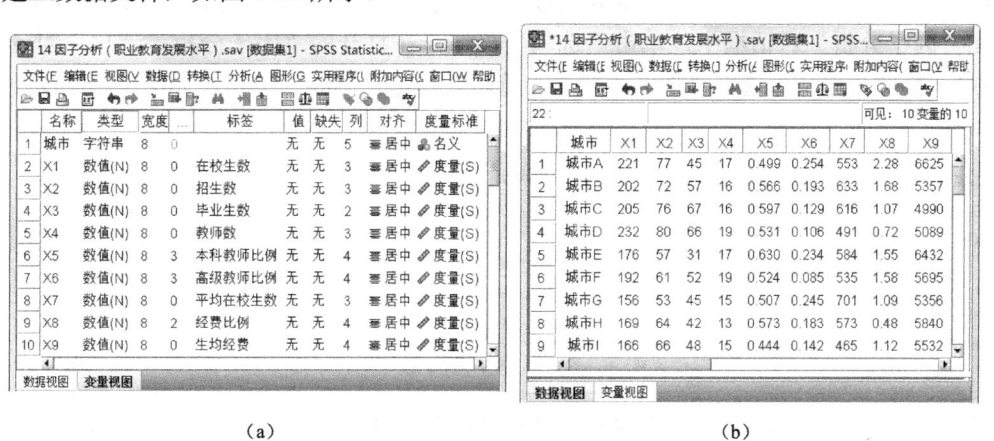

(a)　　　　　　　　　　　　　　(b)

图14-1　数据文件

【菜单选择】

单击"分析"主菜单,再单击"降维"选项,然后单击"因子分析"选项。

【界面设置】

在打开的"因子分析"对话框中,将"在校生数[X1]"等9个变量选入"变量"列表框中,单击"描述"按钮,如图14-2所示。

在打开的"因子分析:描述统计"对话框的"相关矩阵"区域,选择"KMO 和 Bartlett 球形度检验""系数"选项,单击"继续"按钮,如图14-3所示。在"因子分析"对话框中,单击"抽取"按钮。在打开的"因子分析:抽取"对话框的"方法"下拉列表中默认选择"主成分"选项,在"输出"区域选择"未旋转的因子解""碎石图"选项,单击"继续"按钮,如图14-4所示。

图14-2　"因子分析"对话框

图 14-3 "因子分析：描述统计"对话框 　　　图 14-4 "因子分析：抽取"对话框

在"因子分析"对话框中，单击"旋转"按钮。在打开的"因子分析：旋转"对话框的"方法"区域选择"最大方差法"选项，在"输出"区域选择"旋转解"和"载荷图"选项，单击"继续"按钮，如图 14-5 所示。

在"因子分析"对话框中，单击"得分"按钮。在打开的"因子分析：因子得分"对话框中选择"保存为变量""显示因子得分系数矩阵"选项，默认其他已有设置，如图 14-6 所示。

在"因子分析"对话框中，单击"选项"按钮。在打开的"因子分析：选项"对话框的"系数显示格式"区域，选择"按大小排序"选项，单击"继续"按钮，如图 14-7 所示。

图 14-5 "因子分析：旋转"对话框 　　　图 14-6 "因子分析：因子得分"对话框 　　　图 14-7 "因子分析：选项"对话框

【结果分析】
（1）相关系数矩阵如表 14-2 所示。

表 14-2　相关系数矩阵

| 变量 | $X_1$ | $X_2$ | $X_3$ | $X_4$ | $X_5$ | $X_6$ | $X_7$ | $X_8$ | $X_9$ |
| --- | --- | --- | --- | --- | --- | --- | --- | --- | --- |
| $X_1$ | 1.000 | 0.959 | 0.911 | 0.655 | 0.492 | 0.406 | 0.380 | 0.785 | 0.505 |
| $X_2$ | 0.959 | 1.000 | 0.908 | 0.639 | 0.362 | 0.284 | 0.294 | 0.690 | 0.320 |
| $X_3$ | 0.911 | 0.908 | 1.000 | 0.582 | 0.434 | 0.248 | 0.316 | 0.601 | 0.313 |
| $X_4$ | 0.655 | 0.639 | 0.582 | 1.000 | −0.055 | 0.118 | 0.010 | 0.557 | 0.221 |
| $X_5$ | 0.492 | 0.362 | 0.434 | −0.055 | 1.000 | 0.585 | 0.444 | 0.457 | 0.741 |
| $X_6$ | 0.406 | 0.284 | 0.248 | 0.118 | 0.585 | 1.000 | 0.511 | 0.523 | 0.713 |
| $X_7$ | 0.380 | 0.294 | 0.316 | 0.010 | 0.444 | 0.511 | 1.000 | 0.323 | 0.405 |
| $X_8$ | 0.785 | 0.690 | 0.601 | 0.557 | 0.457 | 0.523 | 0.323 | 1.000 | 0.589 |
| $X_9$ | 0.505 | 0.320 | 0.313 | 0.221 | 0.741 | 0.713 | 0.405 | 0.589 | 1.000 |

经分析,多数原始变量的相关系数比较大,说明因子分析满足应用条件。

(2) KMO 检验、Bartlett 球形度检验的结果如表 14-3 所示。

表 14-3 KMO 检验、Bartlett 球形度检验的结果

| KMO 统计量 | | 0.763 |
|---|---|---|
| Bartlett 球形度检验 | 近似 $\chi^2$ | 131.051 |
| | df | 36 |
| | 显著性水平 | 0.000 |

经 Bartlett 球形度检验,相伴概率 $P$ 小于 0.001,于是认为总体相关系数矩阵不是单位矩阵。KMO 统计量为 0.763,于是认为因子分析满足应用条件。

(3) 碎石图。

以特征值为纵坐标、公因子个数为横坐标绘制碎石图,如图 14-8 所示。特征值由大到小排列,从"陡峭山坡"向"平缓山脚"延伸,按照"岩层斜坡下更小的碎石可能是大自然运动从远方带来的、其地质学价值不大"的判断方法作为主要特征值大小取舍的标准。

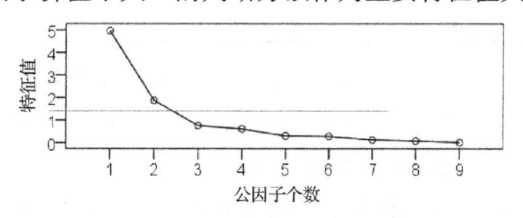

图 14-8 碎石图

(4) 特征值、方差贡献率、累计方差贡献率如表 14-4 所示。

表 14-4 特征值、方差贡献率、累计方差贡献率

| 公因子 | 初始特征值 | | | 提取平方和载入 | | | 旋转平方和载入 | | |
|---|---|---|---|---|---|---|---|---|---|
| | 合计 | 方差贡献率 | 累积方差贡献率 | 合计 | 方差贡献率 | 累积方差贡献率 | 合计 | 方差贡献率 | 累积方差贡献率 |
| 1 | 4.975 | 55.275% | 55.275% | 4.975 | 55.275% | 55.275% | 3.754 | 41.708% | 41.708% |
| 2 | 1.871 | 20.793% | 76.069% | 1.871 | 20.793% | 76.069% | 3.092 | 34.361% | 76.069% |
| 3 | 0.756 | 8.397% | 84.466% | | | | | | |

公因子 1 的方差贡献率为 55.275%,公因子 2 的方差贡献率为 20.793%。

按照特征值大于 1 的标准共提取了两个公因子,累计方差贡献率为 76.069%。

(5) 因子载荷系数图、因子载荷系数矩阵、得分系数矩阵。

对于 2~3 个公因子来说,原始变量分组状况可由因子载荷系数图演示,如图 14-9 所示。

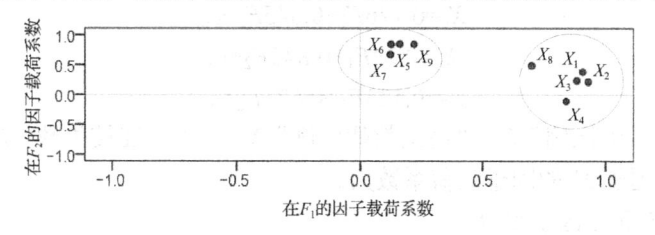

图 14-9 因子载荷系数图

因子载荷系数（因子旋转前）如表 14-5 所示。因子载荷系数（因子旋转后）如表 14-6 所示。得分系数矩阵如表 14-7 所示。

表 14-5 因子载荷系数（因子旋转前）

| 变量 | 因子载荷系数（因子旋转前） | |
|---|---|---|
| | $F_1$ | $F_2$ |
| $X_1$ | 0.946 | -0.270 |
| $X_2$ | 0.860 | -0.413 |
| $X_3$ | 0.834 | -0.369 |
| $X_4$ | 0.585 | -0.610 |
| $X_5$ | 0.657 | 0.558 |
| $X_6$ | 0.628 | 0.579 |
| $X_7$ | 0.516 | 0.446 |
| $X_8$ | 0.848 | -0.058 |
| $X_9$ | 0.701 | 0.520 |

表 14-6 因子载荷系数（因子旋转后）

| 变量 | 因子载荷系数（因子旋转后） | |
|---|---|---|
| | $F_1$ | $F_2$ |
| $X_2$ | 0.929 | 0.217 |
| $X_1$ | 0.906 | 0.383 |
| $X_3$ | 0.881 | 0.236 |
| $X_4$ | 0.838 | -0.108 |
| $X_8$ | 0.697 | 0.487 |
| $X_5$ | 0.161 | 0.847 |
| $X_6$ | 0.126 | 0.845 |
| $X_9$ | 0.220 | 0.845 |
| $X_7$ | 0.123 | 0.671 |

表 14-7 得分系数矩阵

| 变量 | 得分系数矩阵 | |
|---|---|---|
| | $F1$ | $F2$ |
| $X_1$ | 0.239 | 0.007 |
| $X_2$ | 0.273 | -0.064 |
| $X_3$ | 0.254 | -0.048 |
| $X_4$ | 0.296 | -0.180 |
| $X_5$ | -0.084 | 0.315 |
| $X_6$ | -0.096 | 0.320 |
| $X_7$ | -0.069 | 0.251 |
| $X_8$ | 0.152 | 0.083 |
| $X_9$ | -0.065 | 0.305 |

经分析，因子旋转以前的原始变量在公因子 $F_1$ 的因子载荷系数都比较大，无法说明归入哪个公因子分组。因子旋转以后的原始变量在公因子 $F_1$ 与 $F_2$ 的因子载荷系数发生分化，分别归入不同公因子的适合分组，使得命名解释有依据。

按照"穷尽互斥、不重不漏"的原则，根据因子载荷系数比较，把所有原始变量分成两部分：一部分原始变量归入公因子 $F_1$，另一部分原始变量归入公因子 $F_2$。

按照因子载荷系数大小进行排序比较后，可以看出归入公因子 $F_1$ 的原始变量依次是 $X_2$,$X_1$,$X_3$,$X_4$,$X_8$；归入公因子 $F_2$ 的原始变量依次是 $X_5$,$X_6$,$X_9$,$X_7$。

◇ 第一组原始变量的因子载荷系数方程

$$X_2=0.929F_1+0.217F_2+\varepsilon_2$$
$$X_1=0.906F_1+0.383F_2+\varepsilon_1$$
$$X_3=0.881F_1+0.236F_2+\varepsilon_3$$
$$X_4=0.838F_1-0.108F_2+\varepsilon_4$$
$$X_8=0.697F_1+0.487F_2+\varepsilon_8$$

经分析，"在校生数" $X_1$、"招生数" $X_2$、"毕业生数" $X_3$、"专任教师数" $X_4$、"经费比例" $X_8$ 在公因子 $F_1$ 比在公因子 $F_2$ 的因子载荷系数大。

◇ 第二组原始变量的因子载荷系数方程

$$X_5=0.161F_1+0.847F_2+\varepsilon_5$$
$$X_6=0.126F_1+0.845F_2+\varepsilon_6$$
$$X_9=0.22F_1+0.845F_2+\varepsilon_9$$
$$X_7=0.123F_1+0.671F_2+\varepsilon_7$$

经分析，"本科教师比例" $X_5$、"高级教师比例" $X_6$、"平均在校生数" $X_7$、"生均经费" $X_9$ 在公因子 $F_2$ 比在公因子 $F_1$ 的因子载荷系数大。

（6）公因子命名和公因子得分。

根据每个分组中原始变量的含义，把公因子 $F_1$ 命名为"数量"、公因子 $F_2$ 命名为"质量"。

从"数量"和"质量"两个公因子维度,能够解释原始变量的绝大部分信息。

由得分系数矩阵,把公因子"数量""质量"分别表示为原始变量的线性组合

$F_1=0.239X_1+0.273X_2+0.254X_3+0.296X_4-0.084X_5-0.096X_6-0.069X_7+0.152X_8-0.065X_9$

$F_2=0.007X_1-0.064X_2-0.048X_3-0.180X_4+0.315X_5+0.320X_6+0.251X_7+0.083X_8+0.305X_9$

将所有原始变量观测值代入上式以后,可以间接计算公因子得分。

在数据文件中,自动生成公因子 FAC1_1、FAC2_1,全部个案同步赋值。接下来,将公因子 FAC1_1 名称改为数量,将公因子 FAC2_1 名称改为质量。公因子得分如图 14-10 所示。

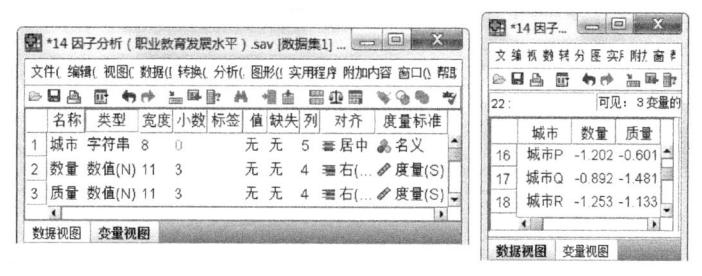

图 14-10 公因子得分

(7)在散点图中可视化演示公因子得分。公因子得分如表 14-8 所示。

表 14-8 公因子得分

| 城市 | 城市 A | 城市 B | 城市 C | 城市 D | 城市 E | 城市 F | 城市 G | 城市 H | 城市 I |
|---|---|---|---|---|---|---|---|---|---|
| 数量 | 1.137 | 1.001 | 1.184 | 1.570 | 0.113 | 1.005 | -0.002 | 0.061 | 0.653 |
| 质量 | 0.921 | 0.670 | 0.223 | -0.481 | 1.187 | -0.067 | 0.992 | 0.597 | -0.221 |
| 城市 | 城市 J | 城市 K | 城市 L | 城市 M | 城市 N | 城市 O | 城市 P | 城市 Q | 城市 R |
| 数量 | -0.832 | -1.052 | 1.084 | -0.351 | -1.073 | -1.152 | -1.202 | -0.892 | -1.253 |
| 质量 | 1.239 | 1.059 | -2.361 | -0.725 | 0.157 | 0.024 | -0.601 | -1.481 | -1.133 |

【菜单选择】

单击"图形"主菜单,再单击"旧对话框"选项,然后单击"散点/点状"选项,最后单击"简单分布"图标。

【界面设置】

在打开的"散点图/点图"对话框中,单击"定义"按钮,如图 14-11 所示。在打开的"简单散点图"对话框中,将"质量"选入"X 轴"列表框中、"数量"选入"Y 轴"列表框中,将"城市"选入"标注个案"列表框中,单击"选项"按钮,如图 14-12 所示。在打开的"选项"对话框中,选择"使用个案标签显示图表"选项,默认其他已有设置,如图 14-13 所示。

双击生成的两个公因子得分的散点图,以进行个性化修改,如图 14-14 所示。

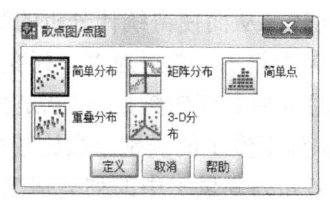

图 14-11 "散点图/点图"对话框

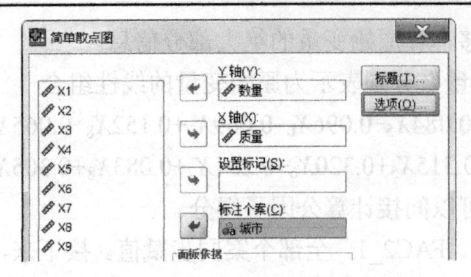

图 14-12 "简单散点图"对话框　　　　图 14-13 "选项"对话框

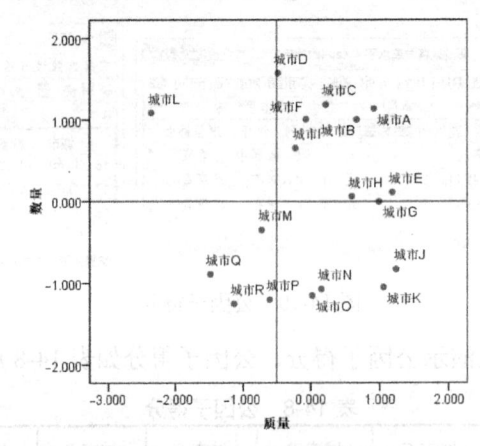

图 14-14　公因子得分的散点图

经分析，数量和质量维度都超过平均水平的是城市 A、城市 B、城市 C、城市 D、城市 E、城市 F、城市 H、城市 I；数量和质量维度都未超过平均水平的是城市 M、城市 P、城市 Q、城市 R。从数量和质量两个维度综合分析，城市 A、城市 B 的职业教育发展水平较高，城市 R、城市 Q 的职业教育发展水平较低。

## 14.2　对应分析

### 1．提出背景

在调查工作中，由封闭式问卷中的单项选择题来收集资料的方式很常见。选择题的不同选项常用于区分不同的属性类别，有时也可以用于衡量不同的等级差异。经过资料收集以后，经常把两个选择题的应答选项进行交叉分组，把选择题的选项放在交叉表的行或列位置，属于不同交叉分组的频数填入单元格中。通过交叉表的卡方检验，推断这两个分类变量在总体上是否独立、有无关联或构成比是否一致。如果两个选择题中的选项个数比较多，那么经过汇总以后的交叉表就会显得结构复杂或规模庞大，而且更容易获得两个分类变量不独立或有关联的结论。在这种情况下，只做一次交叉表的卡方检验是不够的，还要针对不同选项之间存在的密切或疏远关系进行讨论比较，从而使得统计分析的结果更全面。

在 $R×C$ 的交叉表中，行变量 $X$ 中第 $i$ 个类别为 $X_i$、列变量 $Y$ 中第 $j$ 个类别为 $Y_j$，$O_{ij}$ 表示行类别 $X_i$ 和列类别 $Y_j$ 交叉分组汇总以后对应的频数，也就是交叉表中第 $i$ 行和第 $j$ 列交叉位置处单元格的频数。如果行变量 $X$ 和列变量 $Y$ 的类别个数比较少，而且频数 $O_{ij}$ 比较大，那么容易直观看出行变量 $X$ 中的行类别 $X_i$ 和列变量 $Y$ 中的列类别 $Y_j$ 有密切关系。

交叉表汇总资料（一）如表 14-9 所示。交叉表汇总资料（二）如表 14-10 所示。

表 14-9 交叉表汇总资料（一）

| 行变量 | 列变量 | | | |
|---|---|---|---|---|
| | $Y_1$ | $Y_2$ | ... | $Y_C$ |
| $X_1$ | $O_{11}$ | $O_{12}$ | ... | $O_{1C}$ |
| $X_2$ | $O_{21}$ | $O_{22}$ | ... | $O_{2C}$ |
| ... | ... | ... | ... | ... |
| $X_R$ | $O_{R1}$ | $O_{R2}$ | ... | $O_{RC}$ |

表 14-10 交叉表汇总资料（二）

| 专业 | 择业条件 | | | | | |
|---|---|---|---|---|---|---|
| | 收入 | 地区 | 爱好 | 风险 | 强度 | 福利 |
| 理学 | 20 | 39 | 27 | 12 | 20 | 12 |
| 工学 | 45 | 35 | 32 | 47 | 31 | 38 |
| 农学 | 25 | 24 | 31 | 11 | 18 | 20 |
| 医学 | 52 | 40 | 35 | 50 | 44 | 40 |

以下有两种情形。

情形①：当两个分类变量只有两个类别时，把交叉分组的频数汇总在四格表的单元格中，如表 14-11 所示。鉴于类别个数少，两个分类变量中的类别关系容易直观把握。

例如，治疗方法和疗效都是二分类变量，经过交叉分组以后的四格表资料如表 14-12 所示。从表 14-12 中频数大小的特点看出，甲方法与有效的关联程度大、乙方法与无效的关联程度大，两种治疗方法的样本有效率差别大。

表 14-11 四格表资料（一）

| 行变量 | 列变量 | |
|---|---|---|
| | $Y_1$ | $Y_2$ |
| $X_1$ | a | b |
| $X_2$ | c | d |

表 14-12 四格表资料（二）

| 治疗方法 | 疗效 | |
|---|---|---|
| | 有效 | 无效 |
| 甲 | 67 | 13 |
| 乙 | 19 | 54 |

情形②：对两个分类变量的抽样资料交叉分组，由卡方检验推断两个分类变量有无关联。如果拒绝独立性的原假设，那么说明两个变量总体有关联。对于交叉分组汇总资料，如果两个分类变量中的类别个数多，那么所生成交叉表的行数、列数以及单元格的个数也多，于是交叉表就会编的结构复杂、规模庞大。如果分类变量的类别个数多且样本量小，那么所生成交叉表的单元格中频数普遍小、频数分布稀疏。即便由卡方检验可以推断两个分类变量有关联，也不能直观比较不同类别之间的关联程度大小。例如，调查专业与择业条件（如表 14-10 所示），既要从总体的角度推断专业与择业条件的关联性，还要从样本的角度直观比较专业与择业条件的哪些类别之间有联系，并讨论不同专业对于择业条件的偏好特点。

针对两个分类变量且类别个数多的情形，把抽样资料经过交叉分组并对单元格中的频数汇总以后，可以直观看出交叉表的结构和频数分布特点。如果考虑将每个分类变量不同类别之间的关系或两个分类变量不同类别之间的关系直观呈现在某种散点图中，通过散点之间距离的远近来判断关系的大小，那么下面将要提到的对应分析就满足了要求。

**2. 基本原理**

对应分析常用于探讨两个分类变量有无关联并直观比较类别之间的关联程度，寻找同一变量各个类别之间的差异以及不同变量各个类别之间的对应关系。对应分析属于多元统计分析方法，与因子分析的数学思想有些类似，它是基于变量的 R 型因子分析和基于样本的 Q 型因子分析的引申。对应分析和因子分析都要利用线性代数中的矩阵运算知识，不过对应分析计算理论更为抽象复杂，其基本思路是把两个分类变量从高维空间转换到低维空间，主要步骤包括数据变换与标准化、奇异值分解、行列尺度调整、方差和协方差估计、行列评分的标准化等，不再一一赘述。正因为对应分析的数学算法复杂，人们更关注的是借助统计软件（如SPSS软件）把经过编制好的复杂算法程序封装在后台，运行软件以后即可直接输出对应分析图（联合分布图为主）的直观结果，通过图中散点距离的远近比较类别关系的大小。在程序运行过程中，列出的主要结果包括惯量、方差贡献率、联合类别图等。

惯量总和说明公因子对于两个分类变量的变异信息提取的程度，其作用相当于因子分析中的特征值。每个维度的惯量在惯量总和中的比例表示携带的信息量或方差贡献率。

联合类别图是将每个分类变量之中、两个（或三个以上）分类变量之间的类别关系直观反映在平面（或空间）坐标系中的一种散点分布图，通过观察图中类别散点的位置或距离来判断类别之间的密切程度。当联合类别图为平面二维结构时，还可以分别从横轴坐标为0、纵轴坐标为0处画出水平、垂直的辅助线，将图形分隔为四个区域，便于观察与比较。如果类别散点之间的距离越近，那么说明相应类别之间的关联程度越大；反之则说明越小。

例如，某城市抽样调查购房者的家庭收入和户型购买意愿，根据其家庭收入多少，划分3个及以上家庭收入等级；根据户型面积大小，划分3种及以上的户型种类。收集被调查者的应答资料并建立数据文件。首先由卡方检验进行预分析，即推断家庭收入等级和户型种类的关联有无统计学意义，然后由对应分析来讨论家庭收入的等级与户型的种类的关联程度，将联合类别图用于家庭收入的等级与户型的种类之间的关联分析，可能直观发现如下规律：家庭收入高和户型面积大的类别点较近，而家庭收入低和户型面积小的类别点较近。

又如，某学校抽样调查初中生家庭中的父亲学历和母亲学历，由对应分析的联合类别图来直观演示或比较父亲学历的哪种类别和母亲学历的哪种类别之间的关联程度更大。

### 3. 应用特点

特点①：两个分类变量交叉分组以后，把不同类别的频数汇总在交叉表的单元格中，由卡方检验推断两个分类变量有无关联或是否独立，再使用对应分析讨论类别之间联系大小。卡方检验是总体统计推断的范畴，对应分析是样本描述分析的范畴，它们互为补充。

当变量类别很多时，适当放宽卡方检验的要求，允许相伴概率 $P$ 大于 0.05（小于 0.2 即可），例如，当卡方检验的相伴概率 $P$ 为 0.1 时，仍然认为具备使用对应分析的条件。

特点②：因子分析用于探索多个连续型数值变量的联系；对应分析用于探索多个分类变量不同类别的联系。如果分类变量的个数越多、分类变量中的类别个数多或由分类变量交叉分组汇总而成的交叉表规模庞大，那么联合类别图用于类别关联程度的比较更有操作意义，对应分析的应用优势更明显。除外，由对应分析提取的维度个数越多则损失的信息越小，一般提取两个或三个维度即可，其实也是出于在平面或空间坐标系中绘图演示的需要。

特点③：对应分析用于把分类变量从高维空间投影到低维空间，根据惯量比较公因子的累计方差贡献率，并讨论信息损失的严重程度。交叉表单元格中的异常值对于结果影响较大。当单元格中有频数为0时，最好将其类别与性质相似的邻近类别单元格频数合并处理。

特点④：简单对应分析用于讨论两个分类变量的类别关联程度。多重对应分析用于讨论三个及以上分类变量的类别关联程度。由联合分布图中散点位置的远近，比较某个分类变量内部的不同类别之间或不同变量的类别之间的关系大小。为了比较散点位置的远近，还可以分别从横轴、纵轴坐标为0处画出水平、垂直线，分割图形为四个区域以便于比较。

特点⑤：在 SPSS 软件环境下执行对应分析的过程中，自动附带了用于两个分类变量独立性验证的卡方检验模块。如果经过推断认为两个分类变量不独立，那么才可以通过对应分对两个分类变量的类别之间的关联程度进行讨论，否则对应分析没有操作解释意义。

特点⑥：对应分析应用时要求每个单元格中的理论频数不应太少（须大于 5）。当交叉表中单元格的实际频数很少时，相应的理论频数也会很少。在这种情况下，如果单元格中的频数略作增减，类别散点的位置就会发生变化，分析结果的解释就会受到影响。对应分析不能用到有序多分类变量的等级差异信息，而是把等级当成归类的不同属性对待。

【学习目标】理解对应分析的理论方法，掌握操作流程并阐述结论。

## 【案例实验2】

某高校抽样调查通勤职工的岗位特征和交通工具选择情况。推断"交通工具"和"岗位"有无关联；讨论"交通工具"和"岗位"中的类别关联特点。数据资料如表 14-13 所示。

本例的数据文件是"14 对应分析（交通工具和岗位）.sav"。

表 14-13 数据资料

| 岗 位 | 交 通 工 具 | | | | | |
|---|---|---|---|---|---|---|
| | 公交车 | 班车 | 私家车 | 电动车 | 自行车 | 其他 |
| 教学 | 40 | 60 | 20 | 10 | 40 | 20 |
| 行政 | 50 | 40 | 50 | 20 | 30 | 10 |
| 后勤 | 10 | 10 | 10 | 20 | 10 | 10 |

**操作要求（1）**：通过卡方检验，推断"交通工具"与"岗位"关联有无统计学意义。

【数据文件】

（1）交叉表资料。

定义变量"交通工具""岗位"及频数变量"频数"，类型均为数值。定义变量值标签"公交车"=1、"班车"=2、"私家车"=3、"电动车"=4、"自行车"=5、"其他"=6，"教学"=1、"行政"=2、"后勤"=3。建立数据文件，如图 14-15 所示。

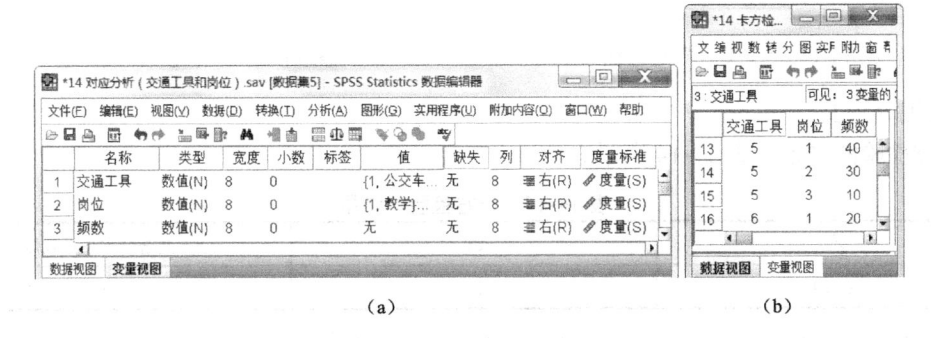

(a)　　　　　　　　　　　　(b)

图 14-15 数据文件

【菜单选择】

单击"数据"主菜单，再单击"加权个案"选项。

【界面设置】

在打开的"加权个案"对话框中，将"频数"选入"频率变量"列表框中，单击"确定"按钮，如图 14-16 所示。

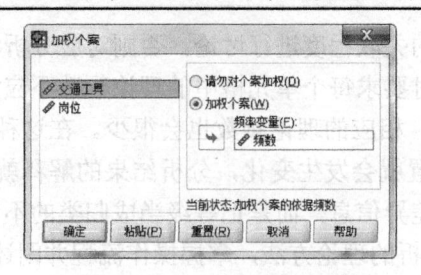

图 14-16 "加权个案"对话框

(2) 原始资料。
定义"交通工具""岗位",类型均为数值。
【菜单选择】
单击"分析"主菜单,再单击"描述统计"选项,然后单击"交叉表"选项。
【界面设置】
在打开的"交叉表"对话框中,将"交通工具"选入"行"列表框中,将"岗位"选入"列"列表框中。单击"统计量"按钮,如图 14-17 所示。在打开的"交叉表:统计量"对话框中,选择"卡方"选项,再单击"继续"按钮,如图 14-18 所示。

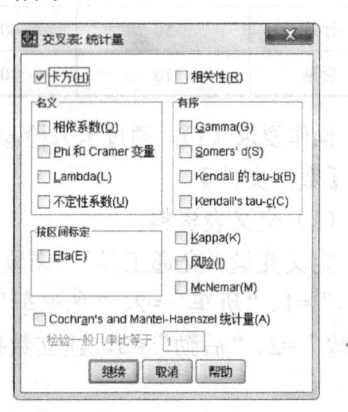

图 14-17 "交叉表"对话框　　　　图 14-18 "交叉表:统计量"对话框

【结果分析】
卡方检验的结果如表 14-14 所示。

表 14-14　卡方检验的结果

| $\chi^2$ | df | 渐近显著性水平(双侧) |
| --- | --- | --- |
| 58.379 | 10 | 0.000 |

经分析,相伴概率 $P$ 小于 0.001,认为"交通工具"与"岗位"总体关联性有统计学意义。
操作要求(2):通过对应分析,讨论"交通工具"与"岗位"不同类别的关联特点。
【数据文件】
本例变量定义、数据输入及加权预处理的操作如前所述,此处省略。
【菜单选择】
单击"分析"主菜单,再单击"降维"选项,然后单击"对应分析"选项。

【界面设置】

将"交通工具"选入"行"列表框中,单击"定义范围"按钮,如图 14-19 所示。

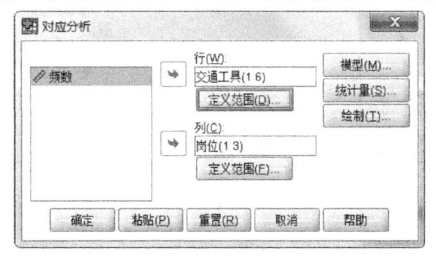

图 14-19 "对应分析"对话框

打开"对应分析:定义行范围"对话框,在"最小值"文本框中输入"1",在"最大值"文本框中输入"6",单击"更新"按钮,如图 14-20 所示。

在"对应分析"对话框中,将"岗位"选入"列"列表框中,单击"定义范围"按钮。打开"对应分析:定义列范围"对话框,在"最小值"文本框中输入"1",在"最大值"文本框中输入"3",单击"更新"按钮,如图 14-21 所示。最后单击"确定"按钮。

图 14-20 "对应分析:定义行范围"对话框

图 14-21 "对应分析:定义列范围"对话框

【结果分析】

摘要统计的结果如表 14-15 所示。

表 14-15 摘要统计的结果

| 维 度 | 奇 异 值 | 惯 量 | 惯 量 比 例 | |
|---|---|---|---|---|
| | | | 方差贡献率 | 累积方差贡献率 |
| 1 | 0.279 | 0.078 | 0.612 | 0.612 |
| 2 | 0.222 | 0.049 | 0.388 | 1.000 |
| 总计 | | 0.127 | 1.000 | 1.000 |

经分析,通过交叉表的卡方检验,相伴概率 $P$ 小于 0.001,认为"交通工具"与"岗位"关联性有统计学意义。惯量说明公因子对于行变量、列变量变异信息的提取能力,两个维度的公因子方差贡献率分别为 0.612 和 0.388,累计方差贡献率为 100%。

"交通工具"与"岗位"的联合类别图如图 14-22 所示。

经分析,"教学"与"班车""自行车"之间、"行政"与"公交车""私家车"之间、"后勤"与"电动车"之间关系密切。

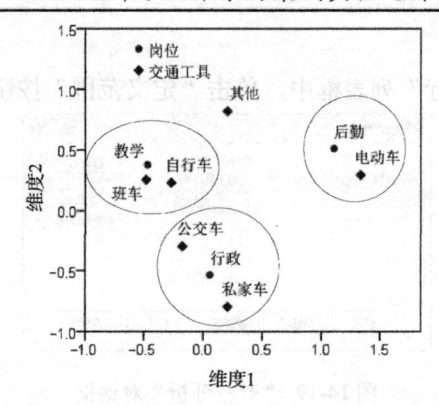

图 14-22 "交通工具"与"岗位"的联合类别图

## 【案例实验 3】

中药学工作者给出了中药的"性"和"味"两种概念,且分别具有 5 个类别。推断"性"和"味"有无关联,讨论"性"和"味"中的类别关联特点。数据资料如表 14-16 所示。

本例的数据文件是"14 对应分析(中药学的性与味).sav"。

表 14-16  数据资料

| 味 | 性 | | | | |
|---|---|---|---|---|---|
| | 寒 | 凉 | 平 | 热 | 温 |
| 甘 | 647 | 519 | 1297 | 14 | 815 |
| 苦 | 1504 | 904 | 945 | 23 | 775 |
| 酸 | 224 | 290 | 443 | 10 | 282 |
| 咸 | 252 | 58 | 253 | 3 | 197 |
| 辛 | 357 | 372 | 600 | 71 | 1354 |

【数据文件】

(1)交叉表资料。

定义分类变量"味""性"及频数变量"频数",类型均为数值。定义变量值标签"甘"=1、"苦"=2、"酸"=3、"咸"=4、"辛"=5、"寒"=1、"凉"=2、"平"=3、"热"=4、"温"=5。建立数据文件,如图 14-23 所示。

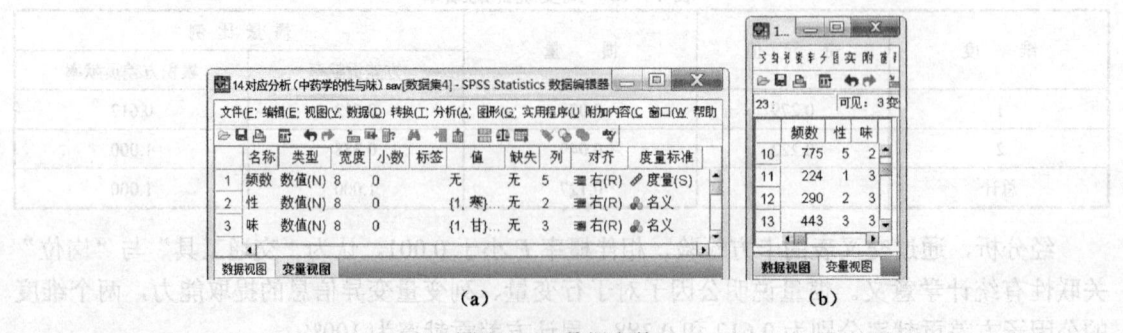

图 14-23  数据文件

【菜单选择】

单击"数据"主菜单,再单击"加权个案"选项。

## 第14章 因子分析和对应分析

【界面设置】

在打开的"加权个案"对话框中,将"频数"选入"频数变量"列表框中,单击"确定"按钮,如图14-24所示。

(2)原始资料。

定义分类变量"性""味",类型均为数值。

【菜单选择】

单击"分析"主菜单,再单击"降维"选项,然后单击"对应分析"选项。

【界面设置】

在打开的"对应分析"对话框中,将"味"选入"行"列表框中,将"性"选入"列"列表框中,如图14-25所示。

图14-24 "加权个案"对话框 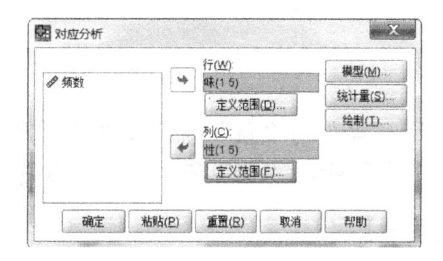　　图14-25 "对应分析"对话框

单击上方"定义范围"按钮,打开"对应分析:定义行范围"对话框,在"最小值"文本框中输入"1",在"最大值"文本框中输入"5",单击"更新"按钮,如图14-27所示。

单击下方"定义范围"按钮,打开"对应分析:定义列范围"对话框,在"最小值"文本框中输入"1",在"最大值"文本框中输入"5",单击"更新"按钮,如图14-27所示。

图14-26 "对应分析:定义行范围"对话框 　　图14-27 "对应分析:定义列范围"对话框

【结果分析】

(1)摘要统计的结果如表14-17所示。

表14-17 摘要统计的结果

| 维　度 | 奇异值 | 惯量 | 惯 量 比 例 | |
|---|---|---|---|---|
| | | | 方差贡献率 | 累积方差贡献率 |
| 1 | 0.295 | 0.087 | 0.689 | 0.689 |
| 2 | 0.175 | 0.031 | 0.242 | 0.931 |
| 3 | 0.093 | 0.009 | 0.068 | 1.000 |

经分析，通过交叉表的卡方检验，相伴概率 $P$ 小于 0.001，说明"性"与"味"关联有统计学意义。两个维度公因子的方差贡献率分别为 68.9%、24.2%，说明变异信息提取充分。

（2）联合类别图。"性"与"味"的联合类别图如图 14-28 所示。

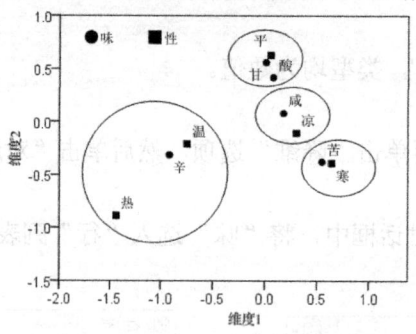

图 14-28 "性"与"味"的联合类别图

经分析，"辛"与"温""热"之间关系密切、"甘""酸"与"平"之间关系密切，"咸"与"凉"的关系密切，"苦"和"寒"之间关系密切。

## 【案例实验 4】

对某人群的"学历""收入"和"晚休"（晚上休息时间）的情况进行抽样调查并收集资料。由多重对应分析讨论"学历""收入"和"晚休"中的类别关联特点；分别由对应分析和多重对应分析讨论"收入"和"学历"的关联性。数据资料如表 14-18 所示。

本例的数据文件是"14 多重对应分析（学历、收入、晚休）.sav"。

表 14-18 数据资料

| 学　历 | 收　入 | 晚　休 | 频　数 |
| --- | --- | --- | --- |
| 初中以下 | 3000~5000 元 | 晚 9 点~晚 10 点 | 50 |
| 初中以下 | 3000 元以下 | 晚 8 点~晚 9 点 | 130 |
| 初中以下 | 8000 元以上 | 晚 10 点~晚 11 点 | 6 |
| 初中以下 | 5000~8000 元 | 晚 11 点以后 | 5 |
| 中专或高中 | 3000~5000 元 | 晚 9 点~晚 10 点 | 100 |
| 中专或高中 | 8000 元以上 | 晚 10 点~晚 11 点 | 9 |
| 中专或高中 | 3000~5000 元 | 晚 10 点~晚 11 点 | 25 |
| 中专或高中 | 5000~8000 元 | 晚 9 点~晚 10 点 | 60 |
| 大专 | 8000 元以上 | 晚 10 点~晚 11 点 | 80 |
| 大专 | 5000~8000 元 | 晚 10 点~晚 11 点 | 160 |
| 大专 | 3000 元以下 | 晚 8 点~晚 9 点 | 81 |
| 大专 | 5000~8000 元 | 晚 9 点~晚 10 点 | 90 |
| 本科及以上 | 5000~8000 元 | 晚 11 点~晚 12 点 | 37 |
| 本科及以上 | 5000~8000 元 | 晚 9 点~晚 10 点 | 28 |
| 本科及以上 | 3000 元以下 | 晚 8 点~晚 9 点 | 20 |
| 本科及以上 | 8000 元以上 | 晚 11 点以后 | 135 |

## 第 14 章  因子分析和对应分析

【数据文件】

定义分组变量"学历""收入""晚休"及频率变量"频数",类型均为数值。定义变量值标签"初中以下"=1、"中专或高中"=2、"大专"=3、"本科及以上"=4,"3000元以下"=1、"3000~5000元"=2、"5000~8000元"=3、"8000元以上"=4,"晚8点~晚9点"=1、"晚9点~晚10点"=2、"晚10点~晚11点"=3、"晚11点以后"=4。数据文件如图14-29所示。

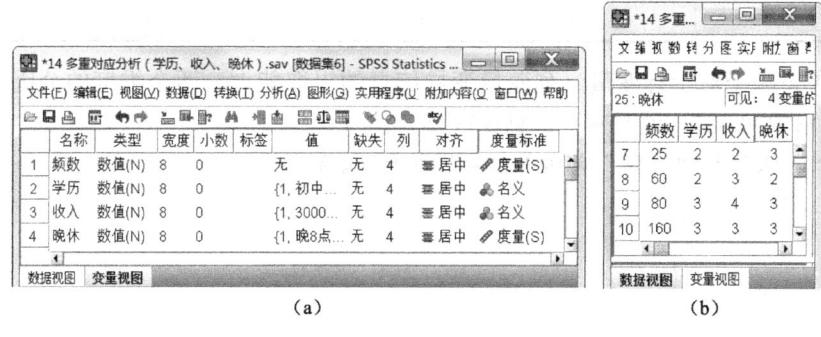

图 14-29  数据文件

【菜单选择】

单击"数据"主菜单,再单击"加权个案"选项。

【界面设置】

在打开的"加权个案"对话框中,将"频数"选入"频率变量"列表框中,单击"确定"按钮,如图14-30所示。

【菜单选择】

单击"分析"主菜单,再单击"降维"选项,然后单击"最优尺度"选项。

图 14-30  "加权个案"对话框

【界面设置】

在打开的"多重对应分析"对话框中,将"学历""收入""晚休"选入"分析变量"列表框中,在"解的维数"文本框中默认为"2",单击"变量"按钮,如图14-31所示。

在打开的"MCA:变量图"对话框中,将"学历""收入""晚休"选入"类别图"列表框中,并同时全部选入"联合类别图"列表框中,单击"继续"按钮,如图14-32所示。

图 14-31  "多重对应分析"对话框 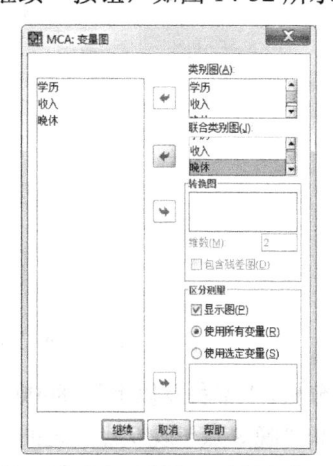      图 14-32  "MCA:变量图"对话框

【结果分析】

多重对应分析的结果如表 14-19 所示。

表 14-19 多重对应分析的结果

| 维 度 | 克朗巴哈系数 α | 惯 量 | 方差贡献率 |
|---|---|---|---|
| 1 | 0.886 | 2.442 | 0.513 |
| 2 | 0.853 | 2.319 | 0.487 |

惯量说明公因子对于行变量、列变量变异信息的提取能力,两个维度的公因子方差贡献率分别为 0.513 和 0.487,说明变异信息提取充分。

"学历""收入"和"晚休"单独的类别图如图 14-33 所示。

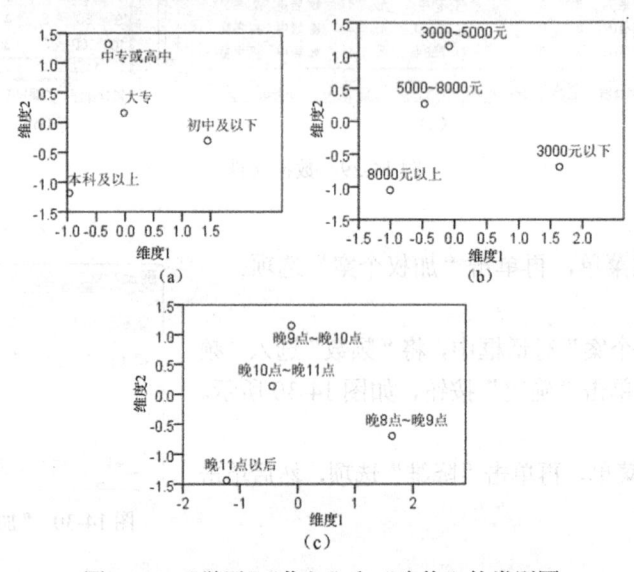

图 14-33 "学历""收入"和"晚休"的类别图

"收入""学历"和"晚休"的联合类别图如图 14-34 所示。

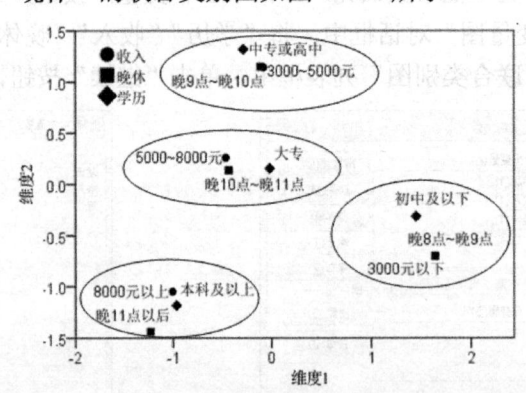

图 14-34 "收入""学历"和"晚休"的联合类别图

经分析,"本科及以上""8000 元以上"和"晚 11 点以后"之间、"初中及以下""3000 元以下"和"晚 8 点~晚 9 点"之间、"大专""5000~8000 元"和"晚 10~晚 11 点"之间、"中专或高中""3000~5000 元"和"晚 9 点~晚 10 点"之间关系密切。

以"收入"和"学历"为例演示,讨论三个以上分类变量中两两之间的关联性。

操作方法一:采用多重对应分析,只将"学历""收入"选入并进行分析。

【菜单选择】

单击"分析"主菜单,再单击"降维"选项,然后单击"最优尺度"选项。

【界面设置】

在打开的"多重对应分析"对话框中,只是将"学历""收入"选入"分析变量"列表框中,在"解的维数"文本框中默认为"2",单击"变量"按钮,如图14-35所示。

在打开的"MCA:变量图"对话框中,只是将"学历""收入"选入"联合类别图"列表框中,默认其他已有设置,单击"继续"按钮,如图14-36所示。

图14-35 "多重对应分析"对话框

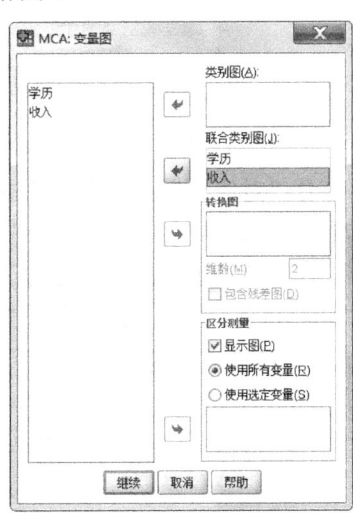

图14-36 "MCA:变量图"对话框

【结果分析】

"学历"和"收入"的联合类别图如图14-37所示。

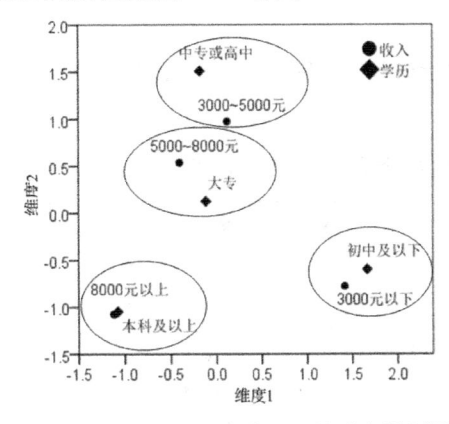

图14-37 "学历"和"收入"的联合类别图

经分析,"本科及以上"和"8000元以上"之间、"初中及以下"和"3000元以下"之间、"大专"和"5000~8000元"之间、"中专或高中"和"3000~5000元"之间关系密切。

操作方法二:直接采用简单对应分析,分析"收入"和"学历"的类别关联程度。

【菜单选择】

单击"分析"主菜单,再单击"降维"选项,然后单击"对应分析"选项。

【界面设置】

在打开的"对应分析"对话框中将"学历"选入"行"列表框中,单击"定义范围"按钮;将"收入"选入"列"列表框中,单击"定义范围"按钮。如图14-35所示。

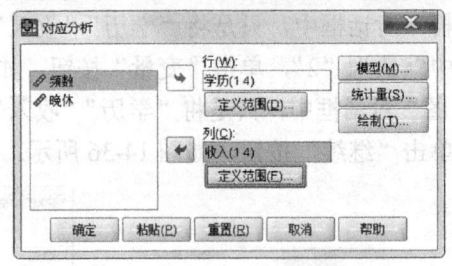

图14-35 简单对应分析的设置

打开"对应分析:定义行范围"对话框,在"最小值"文本框中输入"1",在"最大值"文本框中输入"4",单击"更新"按钮,如图14-36所示。打开"对应分析:定义列范围"对话框,在"最小值"文本框中输入"1",在"最大值"文本框中输入"4",单击"更新"按钮,如图14-37所示。最后单击"确定"按钮。

图14-36 "对应分析:定义行范围"对话框     图14-37 "对应分析:定义列范围"对话框

【结果分析】

"学历"和"收入"的联合类别图如图14-38所示。

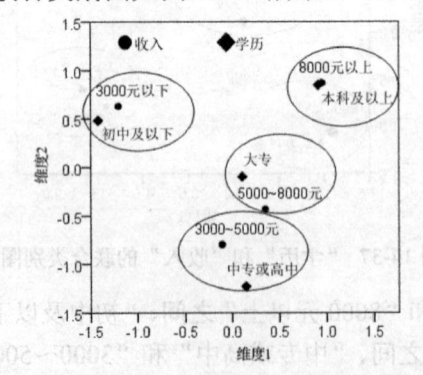

图14-38 "学历"和"收入"的联合类别图

经分析,"本科及以上"和"8000元以上"之间、"初中及以下"和"3000元以下"之间、"大专"和"5000～8000元"之间、"中专或高中"和"3000～5000元"之间关系密切。

## 【拓展练习】

【练习1】7个指标("绩效分配"$X_1$、"职称晋升"$X_2$、"进修培训"$X_3$、"决策力度"$X_4$、"团队协作"$X_5$、"政策法规"$X_6$、"部门效率"$X_7$)用于20家连锁机构测评,由百分制打分法收集相应资料。由因子分析提取公因子。数据资料如表14-20所示。

表14-20 数据资料

| $X_1$ | $X_2$ | $X_3$ | $X_4$ | $X_5$ | $X_6$ | $X_7$ |
|---|---|---|---|---|---|---|
| 79 | 79 | 79 | 79 | 83 | 75 | 74 |
| 76 | 76 | 79 | 75 | 79 | 75 | 74 |
| 74 | 74 | 74 | 75 | 74 | 73 | 75 |
| 76 | 76 | 76 | 73 | 83 | 39 | 73 |
| 75 | 74 | 75 | 76 | 79 | 83 | 79 |
| 79 | 76 | 79 | 75 | 75 | 79 | 75 |
| 75 | 75 | 75 | 79 | 74 | 75 | 74 |
| 74 | 79 | 74 | 75 | 76 | 74 | 76 |
| 76 | 76 | 76 | 73 | 75 | 75 | 75 |
| 75 | 74 | 75 | 73 | 73 | 75 | 74 |
| 74 | 75 | 74 | 78 | 74 | 73 | 78 |
| 78 | 77 | 78 | 80 | 76 | 80 | 80 |
| 80 | 78 | 80 | 80 | 78 | 80 | 78 |
| 75 | 80 | 74 | 75 | 80 | 74 | 81 |
| 78 | 78 | 78 | 78 | 75 | 78 | 81 |
| 87 | 87 | 81 | 79 | 78 | 87 | 78 |

【练习2】抽样调查5个专业男生对于球类运动爱好的状况。专业包括"艺术""英语""管理""机械""药学",球类运动爱好状况包括"十分爱好""比较爱好""不好判断""不爱好"。由对应分析讨论"专业"和"球类运动爱好状况"关联的特点。数据资料如表14-21所示。

表14-21 数据资料

| 专 业 | 球类运动爱好状况 | | | |
|---|---|---|---|---|
| | 十分爱好 | 比较爱好 | 不好判断 | 不爱好 |
| 艺术 | 7 | 10 | 17 | 24 |
| 英语 | 13 | 20 | 30 | 23 |
| 管理 | 20 | 40 | 25 | 15 |
| 机械 | 64 | 52 | 20 | 10 |
| 药学 | 14 | 20 | 31 | 12 |

# 第 15 章 信度分析和效度分析

## 15.1 信度分析

### 1. 提出背景

一台经过校准的血压计可以准确、稳定、可靠、客观和真实地测量血压情况。量表作为测量工具也应该具有类似的特点。量表用于状态、行为或主观态度倾向的测量。在确定量表测评结果前,必须由测评资料验证其信度和效度(分别用于反映稳定性和可靠度)。

举例说明,某人实际体温是 36.5℃。医生用第一个温度计测量多次以后发现围绕 36.5℃ 波动,分别是 36℃、36.9℃、37.1℃、35.5℃;由于数值不太稳定、彼此相差较大,说明第一个温度计的信度不好。医生用第二个温度计测量多次后发现介于 36.1℃~36.2℃之间,数值非常稳定、彼此相差不大,但是与 36.5℃相差较大,说明第二个温度计的效度不好。

测评资料由真实值、系统误差和随机误差共同组成。误差来源于抽样不当、问题难度太小或太大、问卷格式和措辞使用不当等情况。除以上情况外,温度、光线、声音等环境因素,输入错误、被访者注意力无法持久、态度消极和理解错误也是引起误差的原因。

信度用于描述量表测评结果的再现性、一致性、可靠性或稳定性。实际上,信度与测量结果是否准确没有关系。一致性是指性质、题型或目的相同的某个量表,对于同质对象的测量结果将会出现明显的相关性。稳定性是指在不同时间点的测量结果之间具有高度相似性。可靠度是指量表对同一事物测量的结果与真实值接近。提高信度的做法有很多,例如尽量减少人、时、地、物等环境条件干扰、扩大条目的个数、降低条目的难度。数据采集程序有统一规范的标准,例如通过培训规定问答用语、应答方式、回收途径或完成时间。

### 2. 信度指标

量表信度体现在内在信度和外在信度两个方面。其中,内在信度是指在给定条件下,讨论资料收集、解释和分析在多大程度上保持了一致性,量表是否测量了同一个主题。外在信度是在不同时间重复测量同一批对象时,讨论测量结果是否存在一致性。对于大型量表或层级结构复杂的量表来说,信度分析应该针对每组问题或围绕每个维度展开工作。

常见的信度指标包括 $\alpha$ 系数、折半信度、重测信度。

(1) $\alpha$ 系数。$\alpha$ 系数的计算公式为 $\alpha = k\bar{r}/(1+(k-1)\bar{r})$。其中,$k$ 为条目个数;$\bar{r}$ 为相关系数均值。$\alpha$ 系数受到条目数和相关系数均值的影响,用于反映量表内部条目之间的一致性。个别反向条目要事先进行正向处理,使得全部条目同方向转化。如果剔除条目以后,$\alpha$ 系数变大,那么说明剔除条目与其余条目的相关性小。相关系数均值 $\bar{r}$ 越小则 $\alpha$ 系数越小,条目个数 $k$ 越大则 $\alpha$ 系数越大。$\alpha$ 系数取值范围是 0~1,大于 0.80 时说明信度好。

(2) 折半信度。量表条目分成前半部分与后半部分,也可以分成单数序号部分与双数序号部分,还可以随机分成两个部分,两个部分的内容性质、难易程度和条目个数相当,折半信度的计算原理是首先出两个部分条目的总分,然后求出两个总分之间的相关系数 $r$。当量表中存在反向条目时,应该先把这些条目的赋值进行反向处理,以保证在得分方向上的一致性。

折半系数有多种,斯皮尔曼-布朗系数适用于条目个数相等的情况,其计算公式为 $2r/(1+r)$。格特曼折半系数适用于条目个数不相等的情况,其计算公式为 $2(1-(S_1^2+S_2^2)/S^2)$,其中 $S_1^2$、$S_2^2$ 和 $S^2$ 分别表示第一部分条目、第二部分条目和全部条目的样本方差。

(3)重测信度。重测信度反映跨越时间和空间的稳定性和一致性,即在测量环境和条件不变的情况下,反映同一个量表对相同受访者多次重复测量结果之间的相关关系。皮尔逊相关系数或斯皮尔曼秩相关系数是重测信度的常用指标。然而,相同受访者在保持相同条件下的测量工作实施难度很大,因为当时间间隔太长时,测量环境条件可能发生了大的变化。当时间间隔太短时,后一次测量又会受到前一次测量记忆的影响而不真实。

【学习目标】理解信度分析理论方法,掌握操作流程并阐述结论。

## 【案例实验 1】

由李克特等级制计分法,获得量表条目 $X_1 \sim X_{20}$ 的第一次测评资料,列出每个条目得分并求出所有条目总分 Sum1。在第二次测评时,同样求出所有条目总分 Sum2。请根据第一次测评条目的得分求出 $\alpha$ 系数,由两次测评条目总分 Sum1 和 Sum2 的相关系数分析重测信度。$X_1 \sim X_{12}$ 数据资料如表 15-1 所示。$X_{13} \sim X_{20}$ 和 Sum1、Sum2 数据资料如表 15-2 所示。

本例的数据文件是"15 信度分析(李克特等级制 20 个题).sav"。

表 15-1  $X_1 \sim X_{12}$ 数据资料

| 编号 | $X_1$ | $X_2$ | $X_3$ | $X_4$ | $X_5$ | $X_6$ | $X_7$ | $X_8$ | $X_9$ | $X_{10}$ | $X_{11}$ | $X_{12}$ |
|---|---|---|---|---|---|---|---|---|---|---|---|---|
| 1 | 2 | 3 | 3 | 2 | 2 | 3 | 3 | 2 | 3 | 3 | 3 | 3 |
| 2 | 2 | 2 | 2 | 2 | 2 | 3 | 3 | 1 | 2 | 2 | 2 | 2 |
| 3 | 2 | 2 | 3 | 2 | 3 | 3 | 3 | 2 | 2 | 2 | 2 | 3 |
| 4 | 2 | 2 | 2 | 2 | 2 | 1 | 3 | 2 | 2 | 2 | 2 | 2 |
| 5 | 1 | 2 | 2 | 2 | 2 | 2 | 2 | 2 | 2 | 2 | 2 | 2 |
| 6 | 2 | 2 | 3 | 3 | 1 | 3 | 2 | 1 | 1 | 2 | 2 | 2 |
| 7 | 1 | 3 | 1 | 1 | 2 | 1 | 2 | 2 | 1 | 1 | 2 | 2 |
| 8 | 2 | 3 | 3 | 2 | 3 | 2 | 3 | 2 | 2 | 2 | 3 | 3 |
| 9 | 2 | 2 | 2 | 3 | 2 | 2 | 2 | 2 | 2 | 2 | 2 | 2 |
| 10 | 2 | 2 | 3 | 2 | 2 | 2 | 3 | 2 | 2 | 3 | 2 | 2 |
| 11 | 1 | 2 | 3 | 3 | 2 | 2 | 2 | 2 | 2 | 1 | 2 | 2 |
| 12 | 2 | 2 | 2 | 4 | 2 | 2 | 2 | 2 | 2 | 2 | 2 | 3 |
| 13 | 2 | 2 | 2 | 2 | 2 | 2 | 2 | 2 | 2 | 2 | 2 | 1 |
| 14 | 3 | 2 | 3 | 2 | 2 | 3 | 3 | 1 | 1 | 3 | 1 | 4 |
| 15 | 2 | 3 | 2 | 2 | 3 | 2 | 2 | 2 | 2 | 2 | 3 | 3 |
| 16 | 3 | 3 | 3 | 4 | 3 | 2 | 2 | 1 | 3 | 1 | 2 | 3 |
| 17 | 2 | 2 | 3 | 2 | 1 | 1 | 2 | 2 | 2 | 1 | 2 | 2 |
| 18 | 1 | 2 | 2 | 3 | 2 | 2 | 2 | 2 | 2 | 2 | 2 | 2 |
| 19 | 2 | 2 | 2 | 2 | 3 | 2 | 2 | 2 | 2 | 2 | 2 | 2 |
| 20 | 2 | 3 | 4 | 2 | 2 | 2 | 2 | 2 | 2 | 2 | 2 | 2 |
| 21 | 2 | 3 | 2 | 4 | 1 | 3 | 3 | 1 | 1 | 2 | 2 | 2 |
| 22 | 3 | 2 | 4 | 2 | 3 | 3 | 3 | 3 | 3 | 3 | 3 | 2 |

表 15-2  $X_{13}$~$X_{20}$ 和 Sum1、Sum2 数据资料

| 编号 | $X_{13}$ | $X_{14}$ | $X_{15}$ | $X_{16}$ | $X_{17}$ | $X_{18}$ | $X_{19}$ | $X_{20}$ | Sum1 | Sum2 |
|---|---|---|---|---|---|---|---|---|---|---|
| 1 | 3 | 3 | 3 | 3 | 3 | 1 | 3 | 2 | 53 | 54 |
| 2 | 2 | 2 | 2 | 3 | 3 | 3 | 3 | 2 | 45 | 47 |
| 3 | 3 | 3 | 3 | 3 | 3 | 3 | 3 | 1 | 51 | 54 |
| 4 | 2 | 1 | 2 | 1 | 2 | 2 | 2 | 2 | 38 | 40 |
| 5 | 2 | 2 | 3 | 2 | 2 | 4 | 2 | 2 | 42 | 45 |
| 6 | 2 | 3 | 1 | 2 | 2 | 2 | 3 | 2 | 42 | 46 |
| 7 | 2 | 2 | 3 | 2 | 3 | 3 | 3 | 4 | 42 | 45 |
| 8 | 3 | 3 | 2 | 2 | 3 | 4 | 3 | 2 | 53 | 56 |
| 9 | 2 | 3 | 2 | 2 | 2 | 2 | 2 | 2 | 44 | 48 |
| 10 | 3 | 3 | 2 | 2 | 2 | 2 | 3 | 2 | 47 | 50 |
| 11 | 1 | 2 | 2 | 3 | 2 | 2 | 3 | 3 | 42 | 45 |
| 12 | 3 | 3 | 2 | 2 | 2 | 4 | 2 | 2 | 49 | 52 |
| 13 | 3 | 3 | 1 | 2 | 2 | 2 | 3 | 2 | 39 | 42 |
| 14 | 1 | 3 | 2 | 2 | 1 | 2 | 3 | 2 | 45 | 48 |
| 15 | 3 | 2 | 3 | 2 | 3 | 3 | 2 | 3 | 51 | 55 |
| 16 | 3 | 2 | 1 | 2 | 2 | 1 | 2 | 4 | 48 | 51 |
| 17 | 2 | 3 | 2 | 2 | 2 | 2 | 2 | 2 | 41 | 44 |
| 18 | 2 | 2 | 2 | 2 | 2 | 2 | 2 | 2 | 38 | 41 |
| 19 | 1 | 2 | 2 | 2 | 2 | 2 | 1 | 2 | 38 | 40 |
| 20 | 3 | 2 | 2 | 2 | 2 | 3 | 3 | 3 | 49 | 57 |
| 21 | 2 | 3 | 2 | 4 | 2 | 4 | 3 | 1 | 47 | 50 |
| 22 | 4 | 4 | 3 | 4 | 3 | 1 | 4 | 2 | 58 | 60 |

【数据文件】

定义条目变量，"X1"~"X20"。完成两次测量以后，依次定义两个总分变量"Sum1"和"Sum2"，类型均为数值。建立数据文件，如图 15-1 所示。

图 15-1  数据文件

（1）α 系数。

【菜单选择】

单击"分析"主菜单，再单击"度量"选项，然后单击"可靠性分析"选项。

## 第 15 章 信度分析和效度分析

【界面设置】

在打开的"可靠性分析"对话框中,将条目"X1"~"X20"选入"项目"列表框中,单击"统计量"按钮,在"模型"下拉列表中,默认选择"α"选项,单击"确定"按钮,如图 15-2 所示。

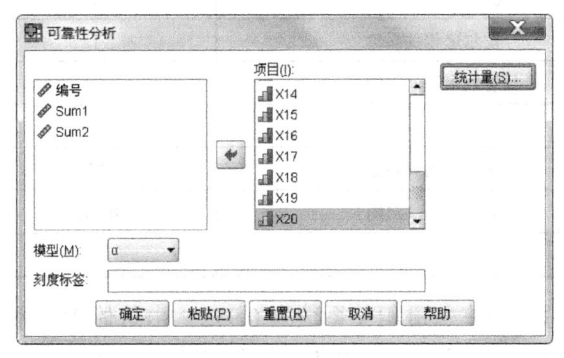

图 15-2 "可靠性分析"对话框

【结果分析】

α 系数如表 15-3 所示。

表 15-3 α 系数

| α | 项数 |
| --- | --- |
| 0.750 | 20 |

经分析,α 系数为 0.750,说明该量表的内在信度还可以。

(2)重测信度。

【菜单选择】

单击"分析"主菜单,再单击"相关"选项,然后单击"双变量"选项。

【界面设置】

在打开的"双变量相关"对话框中,将"Sum1"与"Sum2"选入"变量"列表框中,在"相关系数"区域默认选择"Pearson"选项,单击"确定"按钮,如图 15-3 所示。

图 15-3 "双变量相关"对话框

【结果分析】

相关分析的结果如表 15-4 所示。

表 15-4 相关分析的结果

| 参 数 | | Sum1 | Sum2 |
|---|---|---|---|
| Sum1 | 皮尔逊相关系数 | 1 | 0.972 |
| | 显著性水平（双侧） | | 0.000 |
| | N | 25 | 25 |
| Sum2 | 皮尔逊相关系数 | 0.972 | 1 |
| | 显著性水平（双侧） | 0.000 | |
| | N | 25 | 25 |

经分析，两次测量总分的皮尔逊相关系数为 0.972。由总体相关系数的检验，相伴概率 $P$ 小于 0.001，说明总体线性相关有统计学意义，量表的重测信度好。

（3）折半信度系数。

【菜单选择】

单击"分析"主菜单，再单击"度量"选项，然后单击"可靠性分析"选项。

【界面设置】

在打开的"可靠性分析"对话框中，将条目"X1"～"X20"全部选入"项目"列表框中，单击"统计量"按钮，在"模型"下拉列表中，选择"半分"选项，单击"确定"按钮，如图 15-4 所示。

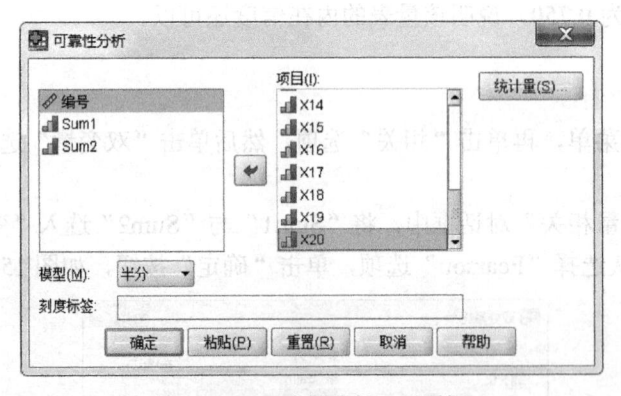

图 15-4 "可靠性分析"对话框

【结果分析】

折半信度系数如表 15-5 所示。

经分析，量表分成两部分，两个部分条目个数相等。

第一部分条目有 $X_1, X_2, X_3, X_4, X_5, X_6, X_7, X_8, X_9, X_{10}$。

第二部分条目有 $X_{11}, X_{12}, X_{13}, X_{14}, X_{15}, X_{16}, X_{17}, X_{18}, X_{19}, X_{20}$。

两个部分量表之间总分数的相关系数为 0.514，说明相关程度一般。

选择斯皮尔曼-布朗系数为 0.679，说明两个分量表的内部一致性尚可。

两个部分量表的 $\alpha$ 系数分别为 0.675 和 0.571，说明可靠度尚可。

格特曼折半系数为 0.677，说明分半信度尚可，内在一致性尚可。

表 15-5 折半信度系数

| α 系数 | 部分 1 | 值 | 0.675 |
|---|---|---|---|
| | | 项数 | 10 |
| | 部分 2 | 值 | 0.571 |
| | | 项数 | 10 |
| | 总项数 | | 20 |
| 斯皮尔曼-布朗系数 | 表格之间的相关性 | | 0.514 |
| | 等长 | | 0.679 |
| 格特曼折半系数 | | | 0.677 |

## 15.2 效度分析

### 1. 提出背景

效度用来评价量表的准确度、有效性和正确性，以说明量表能否真实测量事物的特征，讨论实际测量维度与预期设想的内容结构符合情况。

（1）内容效度或逻辑效度。由定性评估的方式验证量表条目是否覆盖预期的内容范围，衡量在多大程度上恰当代表了所要测量的主要内容，它是一种事前的逻辑分析或合理性判断。常用专家经验判断、小组研讨论证和统计分析方法。

（2）标准效度或标准关联效度。验证量表测量结果与公认有效的量表或权威参照标准的相关性或一致性程度。相关性或一致性越高则说明量表效度越好。常用工具是相关系数。

（3）结构效度或构想效度。验证量表实际测量结果与理论假设构想是否符合逻辑，即最初提出的理论特质或结构框架是否符合真实的情况。

因子分析常用于结构效度分析，从实证分析角度为量表修订提供依据。基本思路是按照量表条目彼此相关性高低，从不同维度浓缩为少数公因子，每个公因子包括彼此相关程度大的一组条目，因子载荷系数作为条目分类的依据。对公因子命名解释以后，讨论其是否充分代表了依据专业文献和理论经验所设计的框架结构。

（4）表面效度。调查对象、调查人员或未受专门训练的观察者对量表有效性的评价。

### 2. 信度和效度的关系和比较

信度和效度关系如图 15-5 所示，圆圈看作靶，中间大黑点看作靶心，靶心是要达到的预期测评目标。散落在其周围的小黑点看作弹着点，即由量表多次测量的结果。

如果大多数小黑点聚集在一起，那么说明信度好；如果大多数小黑点靠近大黑点，那么说明测量结果符合预期。图 15-5（a）说明信度好且效度差，图 15-5（b）说明信度差且效度差，图 15-5（c）说明信度好且效度好。

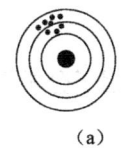

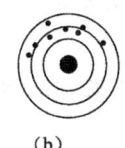

图 15-5 信度和效度的关系

信度以应答者为适用的对象，效度以设计者为适用的对象。信度和效度提出的角度不同，信度用于分析结果的稳定性，效度用于分析量表设计的质量。当多次测量结果一致时说明信度好，当测量结果反映真实情况时说明效度好。信度是效度的前提条件，信度差则效度必然差，信度好则效度未必差。在保证信度情况下，讨论实际测量是否符合预期目标。

【学习目标】理解结构效度分析的理论方法，掌握操作流程并阐述结论。

## 【案例实验2】

某个简易量表共有6个条目，每个条目由里克特十级量表打分，赋值结果为1, 2, 3, …, 10。根据抽样调查资料，采用因子分析验证量表的结构效度。数据资料如表15-6所示。

本例的数据文件是"15量表结构效度分析（因子分析）.sav"。

表 15-6  数据资料

| 学生 | 题1 | 题2 | 题3 | 题4 | 题5 | 题6 | 学生 | 题1 | 题2 | 题3 | 题4 | 题5 | 题6 |
| --- | --- | --- | --- | --- | --- | --- | --- | --- | --- | --- | --- | --- | --- |
| 1 | 2 | 4 | 3 | 4 | 2 | 4 | 21 | 3 | 4 | 4 | 3 | 4 | 3 |
| 2 | 2 | 3 | 2 | 4 | 3 | 1 | 22 | 2 | 2 | 2 | 1 | 2 | 2 |
| 3 | 3 | 4 | 3 | 2 | 2 | 2 | 23 | 3 | 4 | 3 | 2 | 3 | 2 |
| 4 | 4 | 4 | 4 | 2 | 2 | 3 | 24 | 1 | 1 | 1 | 1 | 1 | 4 |
| 5 | 5 | 5 | 1 | 5 | 4 | 3 | 25 | 3 | 5 | 5 | 5 | 4 | 5 |
| 6 | 6 | 6 | 2 | 3 | 5 | 2 | 26 | 4 | 2 | 2 | 3 | 2 | 5 |
| 7 | 6 | 7 | 5 | 2 | 5 | 2 | 27 | 2 | 4 | 3 | 3 | 1 | 3 |
| 8 | 8 | 8 | 6 | 7 | 9 | 4 | 28 | 3 | 2 | 5 | 3 | 2 | 4 |
| 9 | 7 | 8 | 9 | 7 | 6 | 5 | 29 | 1 | 4 | 4 | 1 | 4 | 5 |
| 10 | 5 | 4 | 7 | 6 | 5 | 5 | 30 | 2 | 5 | 3 | 2 | 5 | 5 |
| 11 | 5 | 5 | 5 | 5 | 3 | 5 | 31 | 4 | 2 | 5 | 4 | 2 | 5 |
| 12 | 5 | 5 | 2 | 5 | 5 | 2 | 32 | 5 | 2 | 2 | 4 | 2 | 5 |
| 13 | 4 | 4 | 3 | 3 | 2 | 3 | 33 | 4 | 2 | 3 | 4 | 2 | 3 |
| 14 | 3 | 4 | 4 | 4 | 3 | 5 | 34 | 2 | 1 | 3 | 2 | 1 | 5 |
| 15 | 5 | 3 | 3 | 3 | 4 | 3 | 35 | 3 | 2 | 5 | 3 | 1 | 4 |
| 16 | 4 | 5 | 5 | 5 | 3 | 3 | 36 | 4 | 4 | 5 | 3 | 4 | 5 |
| 17 | 3 | 2 | 3 | 3 | 3 | 3 | 37 | 4 | 4 | 3 | 3 | 3 | 3 |
| 18 | 2 | 3 | 3 | 3 | 3 | 4 | 38 | 4 | 4 | 3 | 3 | 2 | 2 |
| 19 | 4 | 2 | 2 | 2 | 2 | 2 | 39 | 4 | 3 | 3 | 3 | 3 | 3 |
| 20 | 2 | 4 | 2 | 2 | 2 | 2 | 40 | 4 | 3 | 3 | 4 | 3 | 2 |

【数据文件】

定义标识变量"学生"，类型是数值。定义变量"题1""题2""题3""题4""题5""题6"，类型是数值。建立数据文件，如图15-6所示。

【菜单选择】

单击"分析"主菜单，再单击"降维"选项，然后单击"因子分析"选项。

【界面设置】

在打开的"因子分析"对话框中，将"题1""题2""题3""题4""题5""题6"全部选入"变量"列表框中，单击"描述"按钮，如图15-7所示。

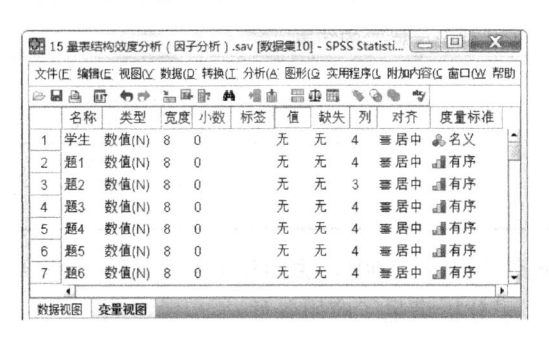

图 15-6 数据文件

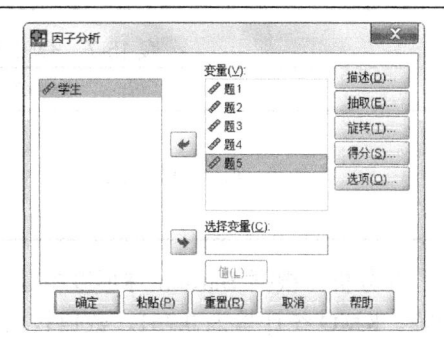

图 15-7 "因子分析"对话框

在打开的"因子分析：描述统计"对话框的"相关矩阵"区域，选择"系数""KMO 和 Bartlett 球形度检验"选项，如图 15-8 所示。在"因子分析"对话框中，单击"抽取"按钮。在打开的"因子分析：抽取"对话框的"方法"下拉列表中，默认选择"主成分"选项，在"抽取"区域默认选择"基于特征值"选项，如图 15-9 所示。

图 15-8 "因子分析：描述统计"对话框

图 15-9 "因子分子：抽取"对话框

在"因子分析"对话框中，单击"旋转"按钮。在打开的"因子分析：旋转"对话框的"方法"区域，选择"最大方差法"选项，在"输出"区域默认选择"旋转解"选项，如图 15-10 所示。在"因子分析"对话框中，单击"得分"按钮。在打开的"因子分析：因子得分"对话框中，选择"保存为变量"和"显示因子得分系数矩阵"选项，单击"继续"按钮，如图 15-11 所示。

图 15-10 "因子分析：旋转"对话框

图 15-11 "因子分析：因子得分"对话框

【结果分析】

（1）KMO 检验、Bartlett 球形度检验的结果如表 15-7 所示。

表 15-7　KMO 检验、Bartlett 球形度检验的结果

| KMO 统计量 | | 0.751 |
|---|---|---|
| Bartlett 球形度检验 | 近似 $\chi^2$ | 93.918 |
| | df | 15 |
| | 显著性水平 | 0.000 |

经分析，根据 Bartlett 球形度检验，相伴概率 $P$ 小于 0.001，说明相关系数矩阵不是单位矩阵。KMO 统计量为 0.751，数值较大。认为因子分析满足了应用条件。

（2）特征值、方差贡献率、累计方差贡献率如表 15-8 所示。

表 15-8　特征值、方差贡献率、累计方差贡献率

| 公因子 | 初始特征值 | | | 提取平方和载入 | | | 旋转平方和载入 | | |
|---|---|---|---|---|---|---|---|---|---|
| | 合计 | 方差贡献率 | 累积方差贡献率 | 合计 | 方差贡献率 | 累积方差贡献率 | 合计 | 方差贡献率 | 累积方差贡献率 |
| 1 | 3.233 | 53.883% | 53.883% | 3.233 | 53.883% | 53.883% | 3.073 | 51.213% | 51.213% |
| 2 | 1.180 | 19.674% | 73.557% | 1.180 | 19.674% | 73.557% | 1.341 | 22.344% | 73.557% |
| 3 | 0.621 | 10.348% | 83.905% | | | | | | |

经分析，默认标准为特征值大于 1，提取两个公因子即可，累计方差贡献率为 73.557%。

（3）因子载荷系数（因子旋转后）如表 15-9 所示。得分系数矩阵如表 15-10 所示。

表 15-9　因子载荷系数（因子旋转后）

| 原始变量 | 因子载荷系数（因子旋转后） | |
|---|---|---|
| | $F_1$ | $F_2$ |
| 题 1 | 0.868 | −0.163 |
| 题 2 | 0.834 | 0.145 |
| 题 3 | 0.624 | 0.579 |
| 题 4 | 0.751 | 0.190 |
| 题 5 | 0.818 | 0.109 |
| 题 6 | −0.023 | 0.954 |

表 15-10　得分系数矩阵

| 原始变量 | 得分系数矩阵 | |
|---|---|---|
| | $F_1$ | $F_2$ |
| 题 1 | 0.329 | −0.257 |
| 题 2 | 0.272 | −0.003 |
| 题 3 | 0.136 | 0.376 |
| 题 4 | 0.236 | 0.045 |
| 题 5 | 0.272 | −0.031 |
| 题 6 | −0.146 | 0.771 |

经过因子旋转以后，提取了两个公因子 $F_1$ 和 $F_2$。

在每个公因子中，所有条目因子载荷系数向 0，1 出现大小分化。按照穷尽互斥的原则，将载荷系数较大的条目归入特定分组，根据分组中所有条目的含义命名公因子。

第一类：$X_1=0.868F_1-0.163F_2+\varepsilon_1$；$X_2=0.834F_1+0.145F_2+\varepsilon_2$；$X_3=0.624F_1+0.579F_2+\varepsilon_3$；$X_4=0.751F_1-0.190F_2+\varepsilon_4$；$X_5=0.818F_1+0.109F_2+\varepsilon_5$。

第二类：$X_6=-0.023F_1+0.954F_2+\varepsilon_6$。

经分析，公因子 $F_1$ 与"题 1"~"题 5"的载荷系数更大，代表了"题 1"~"题 5"的含义。公因子 $F_2$ 与"题 6"的载荷系数更大，代表了"题 6"的含义。

鉴于本例没有指出题项的真实名称，还不能据此命名提取的公因子。

实际上，对于条目内容明确、复杂繁多的行业量表结构效度检验问题，在大样本测评资料基础上，由因子分析生成、命名并解释的公因子，验证量表条目测量的维度是否与量表设计者最初设想的理论结构匹配程度，充分体现了定性与定量分析的做法。

## 【拓展练习】

【练习1】采用瑟斯顿性格量表随机测评 40 个大学生的性格特征并进行量表的信度分析。量表条目包括 $X_1 \sim X_7$，依次表示活动性、支配性、深思性、健壮性、稳定性、社会性、激动性，每个条目根据符合程度划分"非常符合""比较符合""一般""不太符合""不符合"，依次编码为"5""4""3""2""1"。每个学生测评以后获取总分。数据资料如表 15-11 所示。

表 15-11 数据资料

| 编号 | X1 | X2 | X3 | X4 | X5 | X6 | X7 | 编号 | X1 | X2 | X3 | X4 | X5 | X6 | X7 |
|---|---|---|---|---|---|---|---|---|---|---|---|---|---|---|---|
| 1 | 13 | 17 | 8 | 6 | 12 | 16 | 13 | 21 | 11 | 6 | 9 | 7 | 9 | 7 | 8 |
| 2 | 16 | 19 | 17 | 16 | 11 | 19 | 16 | 22 | 5 | 6 | 11 | 8 | 6 | 2 | 9 |
| 3 | 13 | 16 | 10 | 18 | 15 | 16 | 13 | 23 | 13 | 17 | 12 | 8 | 10 | 10 | 12 |
| 4 | 12 | 15 | 18 | 15 | 10 | 8 | 12 | 24 | 8 | 6 | 14 | 11 | 6 | 6 | 11 |
| 5 | 15 | 14 | 10 | 11 | 4 | 9 | 15 | 25 | 9 | 16 | 10 | 11 | 10 | 12 | 11 |
| 6 | 10 | 12 | 8 | 14 | 12 | 15 | 10 | 26 | 14 | 9 | 13 | 9 | 5 | 9 | 11 |
| 7 | 10 | 9 | 13 | 10 | 9 | 6 | 10 | 27 | 9 | 12 | 13 | 11 | 11 | 9 | 12 |
| 8 | 9 | 7 | 13 | 9 | 14 | 15 | 9 | 28 | 8 | 13 | 11 | 12 | 10 | 8 | 12 |
| 9 | 10 | 5 | 14 | 18 | 13 | 17 | 10 | 29 | 9 | 5 | 14 | 3 | 11 | 2 | 8 |
| 10 | 9 | 6 | 9 | 4 | 9 | 4 | 9 | 30 | 10 | 12 | 14 | 9 | 9 | 8 | 9 |
| 11 | 6 | 7 | 9 | 5 | 9 | 11 | 6 | 31 | 12 | 6 | 10 | 6 | 8 | 9 | 8 |
| 12 | 13 | 15 | 10 | 11 | 10 | 14 | 13 | 32 | 15 | 10 | 8 | 8 | 6 | 6 | 11 |
| 13 | 13 | 11 | 7 | 5 | 7 | 7 | 13 | 33 | 10 | 7 | 16 | 14 | 13 | 11 | 8 |
| 14 | 13 | 14 | 14 | 11 | 7 | 13 | 13 | 34 | 13 | 10 | 7 | 10 | 9 | 10 | 8 |
| 15 | 5 | 5 | 12 | 2 | 11 | 3 | 5 | 35 | 8 | 10 | 14 | 6 | 15 | 6 | 13 |
| 16 | 9 | 6 | 11 | 1 | 10 | 7 | 9 | 36 | 14 | 8 | 13 | 16 | 14 | 6 | 11 |
| 17 | 13 | 6 | 12 | 13 | 7 | 12 | 13 | 37 | 4 | 18 | 9 | 15 | 19 | 17 | 13 |
| 18 | 19 | 19 | 6 | 13 | 9 | 17 | 19 | 38 | 10 | 12 | 9 | 4 | 9 | 9 | 11 |
| 19 | 7 | 7 | 11 | 3 | 7 | 13 | 7 | 39 | 6 | 3 | 11 | 5 | 9 | 10 | 6 |
| 20 | 9 | 7 | 10 | 10 | 15 | 8 | 9 | 40 | 14 | 7 | 8 | 9 | 10 | 15 | 12 | 10 |

【练习2】采用简易量表测评学生个性品质，由因子分析进行结构效度分析。量表条目包括 $X_1 \sim X_{10}$。每个条目根据符合程度划分"非常符合""比较符合""一般""不太符合""不符合"，依次编码为"5""4""3""2""1"。数据资料如表 15-12 所示。

表 15-12 数据资料

| 编号 | $X_1$ | $X_2$ | $X_3$ | $X_4$ | $X_5$ | $X_6$ | $X_7$ | $X_8$ | $X_9$ | $X_{10}$ | 编号 | $X_1$ | $X_2$ | $X_3$ | $X_4$ | $X_5$ | $X_6$ | $X_7$ | $X_8$ | $X_9$ | $X_{10}$ |
|---|---|---|---|---|---|---|---|---|---|---|---|---|---|---|---|---|---|---|---|---|---|
| 1 | 1 | 3 | 1 | 5 | 2 | 3 | 5 | 2 | 5 | 2 | 12 | 4 | 3 | 4 | 3 | 4 | 3 | 4 | 3 | 5 | 4 |
| 2 | 2 | 4 | 2 | 2 | 2 | 2 | 4 | 2 | 3 | 2 | 13 | 2 | 1 | 2 | 1 | 2 | 1 | 2 | 1 | 5 | 2 |
| 3 | 3 | 1 | 3 | 3 | 3 | 3 | 1 | 5 | 2 | 4 | 14 | 3 | 2 | 3 | 2 | 3 | 2 | 3 | 2 | 3 | 3 |
| 4 | 4 | 2 | 4 | 4 | 4 | 4 | 2 | 4 | 3 | 2 | 15 | 1 | 4 | 1 | 4 | 1 | 4 | 1 | 4 | 1 | 1 |
| 5 | 1 | 5 | 5 | 1 | 5 | 5 | 5 | 1 | 5 | 4 | 16 | 2 | 5 | 2 | 5 | 2 | 5 | 2 | 5 | 2 | 4 |
| 6 | 2 | 3 | 6 | 2 | 2 | 5 | 2 | 2 | 3 | 3 | 17 | 2 | 2 | 2 | 2 | 2 | 2 | 2 | 2 | 2 | 3 |
| 7 | 5 | 2 | 5 | 5 | 7 | 5 | 2 | 5 | 2 | 5 | 18 | 3 | 2 | 3 | 2 | 4 | 1 | 5 | 2 | 5 | 2 |
| 8 | 3 | 2 | 3 | 3 | 8 | 3 | 2 | 4 | 5 | 2 | 19 | 2 | 5 | 2 | 5 | 2 | 5 | 2 | 5 | 5 | 2 |
| 9 | 2 | 4 | 2 | 2 | 9 | 2 | 4 | 4 | 5 | 4 | 20 | 4 | 1 | 4 | 1 | 4 | 1 | 4 | 1 | 5 | 4 |
| 10 | 2 | 5 | 5 | 2 | 4 | 5 | 2 | 4 | 5 | 5 | 21 | 5 | 5 | 5 | 5 | 5 | 5 | 5 | 5 | 3 | 5 |
| 11 | 4 | 5 | 5 | 4 | 4 | 2 | 4 | 4 | 5 | 2 | 22 | 4 | 4 | 4 | 4 | 4 | 4 | 4 | 4 | 4 | 2 |

续表

| 编号 | $X_1$ | $X_2$ | $X_3$ | $X_4$ | $X_5$ | $X_6$ | $X_7$ | $X_8$ | $X_9$ | $X_{10}$ | 编号 | $X_1$ | $X_2$ | $X_3$ | $X_4$ | $X_5$ | $X_6$ | $X_7$ | $X_8$ | $X_9$ | $X_{10}$ |
|---|---|---|---|---|---|---|---|---|---|---|---|---|---|---|---|---|---|---|---|---|---|
| 23 | 5 | 3 | 3 | 4 | 5 | 5 | 5 | 3 | 3 | 2 | 32 | 5 | 2 | 2 | 3 | 2 | 5 | 2 | 2 | 3 | 2 |
| 24 | 5 | 4 | 4 | 5 | 3 | 3 | 5 | 4 | 5 | 2 | 33 | 5 | 3 | 4 | 2 | 2 | 5 | 3 | 4 | 2 | 2 |
| 25 | 3 | 3 | 3 | 5 | 4 | 4 | 3 | 3 | 4 | 3 | 34 | 5 | 3 | 2 | 4 | 1 | 5 | 3 | 2 | 4 | 1 |
| 26 | 4 | 5 | 5 | 3 | 3 | 3 | 4 | 5 | 3 | 4 | 35 | 2 | 5 | 3 | 5 | 2 | 2 | 5 | 3 | 5 | 1 |
| 27 | 3 | 4 | 4 | 4 | 5 | 5 | 4 | 5 | 4 | 3 | 36 | 3 | 4 | 1 | 5 | 4 | 1 | 5 | 4 | 3 | 4 |
| 28 | 5 | 3 | 3 | 3 | 4 | 4 | 5 | 3 | 3 | 5 | 37 | 5 | 5 | 2 | 3 | 5 | 2 | 3 | 5 | 5 | 3 |
| 29 | 4 | 2 | 2 | 5 | 3 | 3 | 4 | 2 | 2 | 4 | 38 | 4 | 5 | 4 | 4 | 5 | 4 | 5 | 4 | 2 | 5 |
| 30 | 3 | 4 | 4 | 4 | 2 | 2 | 3 | 4 | 2 | 3 | 39 | 5 | 2 | 2 | 5 | 2 | 5 | 2 | 2 | 4 | 3 |
| 31 | 2 | 2 | 2 | 3 | 4 | 4 | 2 | 2 | 4 | 2 | 40 | 5 | 3 | 4 | 5 | 3 | 5 | 3 | 4 | 2 | 3 |

# 第16章 聚类分析和判别分析

对事物分类以把握其特征的思想在社会生产和生活中常见，所谓"物以类聚、人以群分"。古代的人们主要依靠实践经验对事物进行分类，不会用到任何数学或统计学方法作为工具。自从分类学问题引入统计学方法以后，事物分类时避免了主观性和盲目性。后来，数值分类学作为一门新的学科产生、发展和逐渐完善起来。随着多元统计学方法的兴起，聚类分析和判别分析已经成为数值分类学中的两种代表方法。近年来，数据挖掘、人工智能和信息计算技术开始崛起，使得分类方法体系的更新与完善突破了传统思路限制，以机器学习算法作为代表的数据挖掘技术为分类学问题研究扩宽了方向。

笼统来讲，所谓类就是由性质或特征相似的事物组成的集合。根据不同的研究对象和研究目的，类的定义也会不同。分类就是根据事物多种属性特征计算的距离程度或相似关系，把众多事物划分为不同类的过程。同一类中的事物具有较高的相似度而聚合在一起、不同类间的事物有较大的差异性而彼此分开，以便于在应用中按照不同分类进一步深入认识。例如，在生物学领域，根据生物在形态结构和生理功能等方面的特征划分界、门、纲、目、科、属和种。如果用于分类的特征指标个数少，那么由直观经验就能把事物划分成不同类别。例如，按照身高和体重把人划分成瘦高、胖高、瘦矮和胖矮4种类别。如果用于分类的特征指标个数多，那么在高维特征空间上无法凭经验进行分类。

## 16.1 聚类分析

### 1. 基本思路

在没有任何经验、分类标准未知、甚至分成类别的个数也不确定的情况下，由专业知识或实践经验选择代表性高、区分度大的特征指标，从数据驱动的角度，将事物按照彼此的亲疏程度自动分类。空间距离或相似系数都可用于度量事物的亲疏程度，以此作为比较工具将事物自动分组并划分到不同的类中，使得同类事物的相似性大，不同类事物的差异性大。聚类分析属于探索性分析，不需要高深统计学理论的支持，也不会用到假设检验和统计推断的思想。聚类分析只用到简单的数学计算而已，虽然粗糙但是很实用。有时候，事物聚成多少类可以提前指定。聚类以后的结果须结合专业知识才能解释实际价值。

聚类分析有两种思路：即凝聚或分解。所谓凝聚是先把个案自成一类，按照某种方法度量所有个案间的亲疏程度，将最亲密的个案聚成一个小类，形成n-1个类，再度量剩余个案和小类的亲疏程度，将当前最亲密的个案和小类再聚成一类，重复上述过程，不断将所有个案和小类聚集成越来越大的类，直到所有个案聚成一个大类为止。所谓分解是先把所有个案归入一个类，按照某种方法度量所有个体间的亲疏程度，将大类中彼此最疏远的个体分离出去形成两类。接下来，再次度量类中剩余个案间的亲疏程度，将类中最疏远的个案再次分离出去，重复上述过程，不断进行类的分解，直到所有个案自成一类为止。

常见算法有事先指定聚类个数的快速聚类算法和逐个层次阶段实施的系统聚类算法。聚类分析演示如图16-1所示。

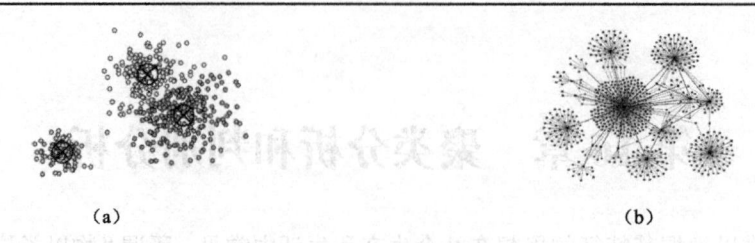

图 16-1 快速聚类演示

**2. 快速聚类**

快速聚类（或 K-均值聚类）的基本思路是预先指定聚类个数，选择某些个案作为初始的聚类中心。按照与聚类中心距离最小的原则修改分类，其余个案逐渐向聚类中心靠拢，直到归入适合的类中。通过动态调整类中心位置，实施迭代过程，逐渐减少聚类的个数，当聚类个数满足要求或分类合理时为止。K-均值聚类在实施前要进行变量筛选或数据审核，确定聚类的类别数，由使用者预先设定或系统自动确定聚类中心，计算样本点到中心的距离，以距离最小原则对样本点聚类，计算每个类中变量均值并作为新的中心点，判断聚类过程是否终止、迭代次数有无达成要求、与初始类中心之间距离是否小于指定数值。

**3. 系统聚类**

系统聚类（或层次聚类）的主要思路是将 $n$ 例个案或 $n$ 个变量看作 $n$ 个类，每个类就包含了一例个案或一个变量，按照某种方法度量对象或变量之间的亲疏程度。首先把相似的两个类合并为一个新类，得到 $n-1$ 个类；再把最为接近的两个类继续合并，于是得到 $n-2$ 个类，以此类推，逐步动态实施下去。每步迭代后减少类的个数，直到合并为一个类为止。该方法不用预先指定类的个数，而是以具有层次结构的谱系图（如冰柱图、树状图）形式逐步演示聚类过程，每步聚类后列出类的个数及每个类中的全部成员。冰柱图和树状图如图 16-2 所示。

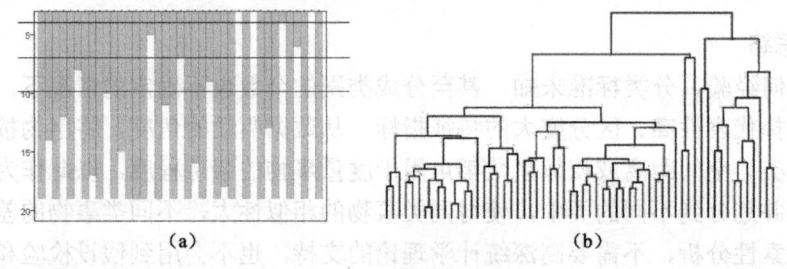

图 16-2 冰柱图和树状图

冰柱图中的纵轴刻度数字表示聚类以后类的个数，横轴列出了按照不同聚类要求划分的全部成员情况。竖立的每个白色长条类似倒立的冰柱，它在不同类别成员之间起到了分隔的作用。从下往上显示了类的合并，从上往下显示了类的细分。冰柱图中冰柱的数量从上往下逐渐变多，由冰柱分隔而成的类别个数也逐渐越多。如果由左向右画一条水平的直线，那么在聚类个数指定要求的情况下，便于找出在每个类中分别包括了哪些成员。

冰柱图和树状图以谱系图形式直观演示了聚类的逐步实施过程，动态演示了聚类的效果，用户可以根据自己的偏好来选择使用的图形种类。一般来说，树状图的使用更为常见，但是在 SPSS 软件低版本中生成的树状图不太清晰，新版本已经解决了此问题。

### 4. 应用特点

多数聚类分析方法既能适用于样本聚类，又能适用于变量聚类。K-均值聚类法适用于样本量较大时的样本聚类，但是不适用于变量聚类。

（1）变量聚类又称 R 型聚类分析。把质量好且代表强的样本作为变量聚类依据。以样本观测数据为计算依据，使得相似大的变量聚集在一起，差异大的变量分离开来。

（2）样本聚类又称 Q 型聚类分析。筛选特征指标并对其赋值后作为样本聚类的依据。以样本观测数据为计算依据，使得相似大的个案聚集在一起，差异大的个案分离开来。

例如，医生根据主诉有长期胃痛患者的病情特征指标资料，由样本聚类将患者进行分类，以了解不同类别的胃痛患者有哪些相似性表现，是否合并未不同的病种。

又如，医生根据主诉有长期胃痛患者的病情特征指标资料，由变量聚类将特征指标进行分类，以了解长期胃痛患者的病情特征指标相互关联或相伴而发的特点。

（4）聚类分析的计算过程简单粗糙，没有统计推断功能，理论体系也显得不完善，由于方法容易理解、操作方便，普遍用于解决生产和生活领域的许多分类问题。聚类分析只是一种数据分析的辅助工具，由研究者专业经验来判断分类的结果有无用处。

（5）当根据空间距离或相关系数求个案之间亲疏程度时，每个特征指标都会有贡献。如果特征指标中有严重多重共线性现象，那么某些方面就会过度体现。因此，特征指标必须结合专业经验和相关系数进行筛选，尽量要具有特异性、代表性和区分度。

### 5. 测度方法

所谓类的相似性测度只是个笼统做法，目的是寻找客观反映事物亲疏关系或合理度量事物差异程度的统计量。在样本中，个案之间和变量之间的差异性测度方法不同。

特征指标通常使用数值变量，有时也可以使用分类变量。个案之间亲疏程度的测度可以采用空间距离法或者相似系数法，空间距离和相似系数算法简单、容易直观理解。在采用空间距离法时，特征指标要事先消除单位或数量级的影响。

距离和相似系数的描述方法有 30 余种，距离用来度量样本之间的相似性，相似系数用来度量变量之间的相似性，度量方法不同则聚类结果有影响。距离法是将个案看成高维空间中的点，空间距离越近的点归入一类，空间距离较远的点归入不同的类。相似系数法是指性质接近的个案，相似系数的绝对值接近 1，反之则接近 0。

样本聚类时，数值变量距离用欧氏公式、明氏公式、兰氏公式和切比雪夫公式等，定类变量距离用卡方公式，二分类变量距离用简单匹配系数公式和雅可比系数公式。

变量聚类时，相似程度一般相似系数，如夹角余弦、皮尔逊相关系数、斯皮尔曼秩相关系数等。聚类计算的依据就是把空间距离小的个案聚集到相同类中或相似程度大的变量聚集到相同类中；反之，则把个案或变量聚集到不同类中。

在样本聚类中，如果反映个案特征的变量有 $p$ 个，那么个案可以看成在 $p$ 维特征空间中的坐标点，样本中的 $n$ 例个案就是在 $p$ 维空间中的 $n$ 个点。变量经过标准化预处理后用于消除量纲的影响，然后对全部个案点两两计算空间距离。

在变量聚类中，一般使用相似系数而不使用距离公式来区分不同类的事物。从变量聚类和样本聚类的算法处理技巧看，如果把样本个案放在行、特征变量放在列的样本数据矩阵进行转置，那么列就变成了样本个案、行就变成了特征变量。

【学习目标】理解快速聚类和系统聚类的理论方法，掌握操作流程和结论阐述。

## 【案例实验 1】

收集 17 所专科医院的特征指标数据资料,由聚类分析将其划分为 3 类医院。数据资料如表 16-1 所示。本例的数据文件是"16 聚类分析(六项特征指标医院).sav"。

表 16-1 数据资料

| 医院编号 | 日均住院人数 | 月均 X 光摄片人数 | 月均病床天数 | 服务范围人口数 | 患者人均住院天数 | 每月使用人力 |
|---|---|---|---|---|---|---|
| 1 | 15.67 | 2 463 | 472.92 | 18.00 | 4.45 | 566.52 |
| 2 | 44.02 | 2 048 | 1 339.75 | 9.50 | 6.92 | 596.82 |
| 3 | 20.42 | 3 940 | 620.25 | 12.80 | 4.28 | 1 033.15 |
| 4 | 18.74 | 6 505 | 560.30 | 36.70 | 3.90 | 1 603.62 |
| 5 | 49.20 | 6 723 | 1 497.60 | 35.70 | 5.50 | 1 611.37 |
| 6 | 44.92 | 11 520 | 1 365.63 | 24.00 | 4.60 | 1 613.27 |
| 7 | 55.48 | 5 779 | 1 687.00 | 43.30 | 5.63 | 1 854.17 |
| 8 | 50.28 | 5 969 | 1 639.92 | 46.70 | 5.15 | 2 160.55 |
| 9 | 94.39 | 8 461 | 2 872.33 | 78.70 | 6.18 | 230.58 |
| 10 | 128.02 | 20 106 | 3 655.08 | 180.50 | 6.15 | 3 505.93 |
| 11 | 96.00 | 13 313 | 2 912.00 | 60.90 | 5.88 | 3 571.89 |
| 12 | 131.42 | 10 771 | 3 021.00 | 103.70 | 4.88 | 3 741.40 |
| 13 | 127.21 | 15 543 | 3 865.67 | 126.80 | 5.50 | 4 026.52 |
| 14 | 252.90 | 36 194 | 7 684.10 | 157.70 | 7.00 | 10 343.81 |
| 15 | 409.20 | 34 703 | 12 446.33 | 169.40 | 10.78 | 11 732.17 |
| 16 | 463.70 | 39 204 | 14 098.40 | 331.40 | 10.78 | 15 414.94 |
| 17 | 510.21 | 86 533 | 15 524.00 | 371.60 | 6.35 | 18 854.45 |

【数据文件】

定义标识变量"医院编号",类型为数值。根据特征指标定义变量"日均住院人数""月均 X 光摄片人数""月均占病床天数""服务范围人口数""患者人均住院天数""每月使用人力",类型均为数值。建立数据文件,如图 16-3 所示。

(a)

(b)

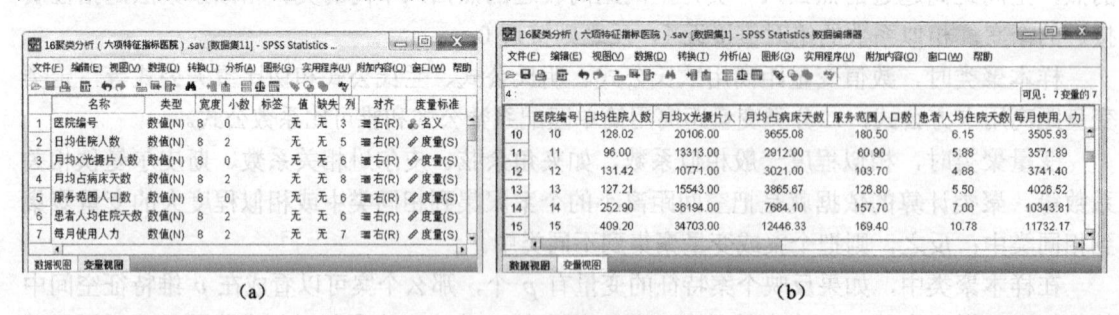

图 16-3 数据文件

【菜单选择】

单击"分析"主菜单,再单击"分类"选项,然后单击"K 均值聚类"选项。

【界面设置】

在打开的"K 均值聚类分析"对话框中,将"日均住院人数""月均 X 光摄片人数""月均占病床天数""服务范围人口数""患者人均住院天数""每月使用人力"选入"变量"列表框中,将"医院编号"选入"个案标记依据"列表框中,在"聚类数"文本框中输入"3",单击"保存"按钮,如图 16-4 所示。在打开的"K-Means 群集"对话框中选择"聚类成员",单击"继续"按钮,如图 16-5 所示。

图 16-4 "K 均值聚类分析"对话框 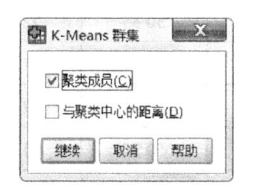　　　图 16-5 "K-Means 群集"对话框

【结果分析】

聚类变量的类中心均值如表 16-2 所示。聚类分析结果如图 16-6 所示。

表 16-2 聚类变量的类中心均值

| 变　　量 | 3 类 | | |
|---|---|---|---|
| | 1 | 2 | 3 |
| 日均住院人数 | 375.27 | 67.37 | 510.21 |
| 月均 X 光摄片人数 | 36 700.33 | 8 703.15 | 86 533.00 |
| 月均占病床天数 | 11 409.61 | 1 962.27 | 15 524.00 |
| 服务范围人口数 | 219.50 | 59.79 | 371.60 |
| 患者人均住院天数 | 9.52 | 5.31 | 6.35 |
| 每月使用人力 | 12 496.97 | 2 008.91 | 18 854.45 |

图 16-6 聚类分析结果

经分析,编号 14~16 归入第 1 类、编号 1~13 归入第 2 类、编号 17 归入第 3 类。

## 【案例实验2】

收集某些省市医疗卫生服务统计资料，根据系统聚类法，先对省市聚类，再对变量聚类。数据资料如表 16-3 所示。本例的数据文件是"16 聚类分析（各省市医疗卫生服务）.sav"。

表 16-3 数据资料

| 省（市） | 万人拥有医务人员数 | 万人拥有病人床位数 | 门诊病人人均医疗费 | 住院病人人均医疗费 | 婴儿死亡率 | 孕产妇死亡率 | 平均预期寿命 |
|---|---|---|---|---|---|---|---|
| 北京 | 108.11 | 51.41 | 259.5 | 12 551.7 | 8.8 | 7.9 | 76.10 |
| 天津 | 75.39 | 39.80 | 170.3 | 7 849.9 | 10.7 | 6.6 | 74.91 |
| 河北 | 40.82 | 23.66 | 116.9 | 3 427.0 | 9.2 | 23.3 | 72.54 |
| 山西 | 53.35 | 32.18 | 127.7 | 3 934.4 | 19.2 | 39.3 | 71.65 |
| 内蒙古 | 50.53 | 28.94 | 103.6 | 3 669.9 | 29 | 38.6 | 69.87 |
| 辽宁 | 64.77 | 42.06 | 133.0 | 4 623.5 | 18.7 | 19.3 | 73.34 |
| 吉林 | 59.44 | 32.14 | 102.2 | 3 758.3 | 24.4 | 30.3 | 73.10 |
| 黑龙江 | 50.25 | 31.33 | 133.0 | 4 360.9 | 18.4 | 27.0 | 72.37 |
| 上海 | 77.62 | 50.48 | 202.0 | 8 974.9 | 12.4 | 9.5 | 78.14 |
| 江苏 | 44.75 | 26.42 | 136.2 | 6 298.9 | 15.0 | 11.2 | 73.91 |
| 浙江 | 52.07 | 28.73 | 145.8 | 7 111.0 | 17.1 | 10.3 | 74.70 |
| 安徽 | 33.41 | 20.68 | 115.9 | 3 933.5 | 26.1 | 26.9 | 71.85 |
| 福建 | 35.33 | 23.10 | 109.6 | 4 487.0 | 23.0 | 24.6 | 72.55 |
| 江西 | 33.10 | 19.68 | 97.5 | 3 174.2 | 43.0 | 31.4 | 68.95 |
| 山东 | 42.81 | 26.77 | 131.8 | 4 052.7 | 12.9 | 15.7 | 73.92 |
| 河南 | 39.97 | 22.64 | 83.7 | 2 934.9 | 18.5 | 41.2 | 71.54 |
| 河北 | 46.46 | 24.37 | 121.6 | 4 255.9 | 25.1 | 27.1 | 71.08 |
| 湖南 | 39.21 | 23.92 | 135.1 | 4 172.6 | 38.1 | 34.6 | 70.66 |
| 广东 | 44.48 | 22.73 | 123.6 | 6 440.4 | 15.9 | 17.3 | 73.27 |
| 广西 | 34.92 | 20.07 | 83.9 | 3 457.8 | 44.0 | 29.0 | 71.29 |
| 海南 | 46.13 | 22.53 | 115.9 | 4 485.4 | 29.2 | 41.0 | 72.92 |
| 重庆 | 34.58 | 22.94 | 121.6 | 4 158.5 | 38.4 | 63.5 | 71.73 |
| 四川 | 34.80 | 23.52 | 91.9 | 3 601.8 | 38.4 | 57.7 | 71.20 |
| 贵州 | 25.64 | 16.51 | 120.4 | 3 655.4 | 52.4 | 79.3 | 65.96 |
| 云南 | 32.72 | 23.90 | 89.4 | 2 558.3 | 65.8 | 64.0 | 65.49 |
| 西藏 | 38.79 | 24.43 | 39.5 | 2 296.8 | 96.2 | 244.1 | 64.37 |
| 陕西 | 45.21 | 28.60 | 110.5 | 3 770.2 | 22.0 | 32.9 | 70.07 |
| 甘肃 | 38.33 | 24.41 | 64.2 | 2 730.0 | 31.5 | 64.8 | 67.47 |
| 青海 | 43.29 | 27.79 | 79.3 | 3 292.4 | 66.3 | 88.5 | 66.03 |
| 宁夏 | 46.73 | 29.79 | 108.1 | 3 862.9 | 37.3 | 44.7 | 70.17 |
| 新疆 | 60.40 | 39.52 | 108.8 | 3 366.7 | 58.5 | 92.1 | 67.41 |

(1) 变量系统聚类。

【数据文件】

定义标识变量"省市",类型为字符串。定义变量"万人拥有医务人员数""万人拥有病人床位数""门诊病人人均医疗费""住院病人人均医疗费""婴儿死亡率""孕产妇死亡率""平均预期寿命",类型均为数值。建立数据文件。

【菜单选择】

单击"分析"主菜单,再单击"分类"选项,然后单击"系统聚类"选项。

【界面设置】

在打开的"系统聚类分析"对话框中,将"万人拥有医务人员数""万人拥有病人床位数""门诊病人人均医疗费""住院病人人均医疗费""婴儿死亡率""孕产妇死亡率""平均预期寿命"选入"变量"列表框中;在"分群"区域,选择"变量"选项;在"输出"区域,默认选择"统计量""图"选项,单击"绘制"按钮,如图16-7所示。

在打开的"系统聚类分析:图"对话框中,选择"树状图"选项,单击"继续"按钮,如图16-8所示。

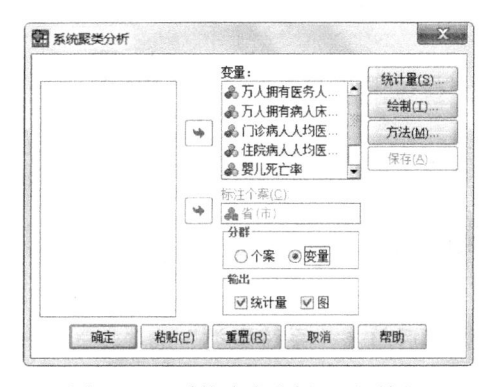

图16-7 "系统聚类分析"对话框

图16-8 "系统聚类分析:图"对话框

【结果分析】

冰柱图如图16-9所示。树状图如图16-10所示。

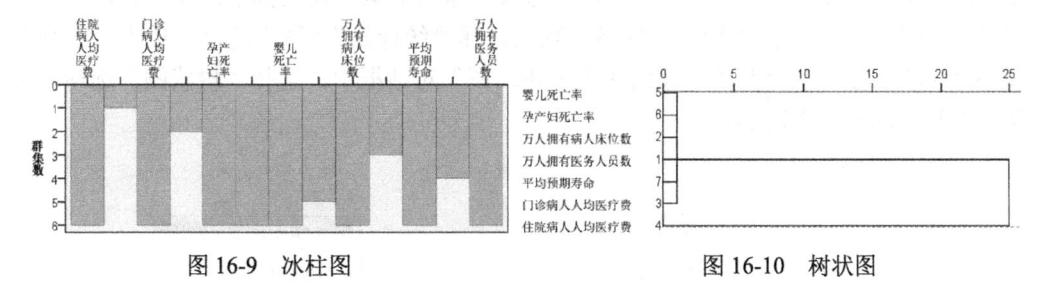

图16-9 冰柱图

图16-10 树状图

经分析,两图分别演示了全部变量的聚类过程。

如果分成2类,第1类是"住院病人住院医疗费";第2类是其他所有变量。

如果分成3类,那么第1类是"住院病人住院医疗费";第2类是"门诊病人人均医疗费";第3类是"万人拥有医务人员数""万人拥有病人床位数""婴儿死亡率""孕产妇死亡率""平均预期寿命"。

(2) 样本系统聚类。

【数据文件】

定义标识变量"省（市）"，类型为字符串。根据特征指标定义变量"万人拥有医务人员数""万人拥有病人床位数""门诊病人人均医疗费""住院病人人均医疗费""婴儿死亡率""孕产妇死亡率""平均预期寿命"，类型均为数值。建立数据文件，如图16-11所示。

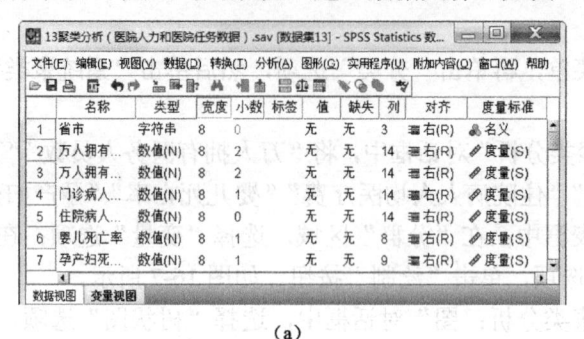

(a)

(b)

图 16-11 数据文件（续）

【菜单选择】

单击"分析"主菜单，再单击"分类"选项，然后单击"系统聚类"选项。

【界面设置】

在打开的"系数聚类分析"对话框中，将"万人拥有医务人员数""万人拥有病人床位数""门诊病人人均医疗费""住院病人人均医疗费""婴儿死亡率""孕产妇死亡率""平均预期寿命"选入"变量"列表框中，将"省（市）"选入"标注个案"列表框中；在"分群"区域，默认选择"个案"选项，在"输出"区域，默认选择"统计量""图"选项，单击"绘制"按钮，如图16-12所示。在打开的"系统聚类分析：图"对话框中，选择"树状图"选项，单击"继续"按钮。如图16-13所示。

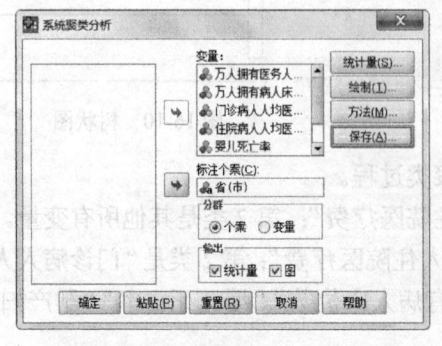

图 16-12 "系统聚类分析"对话框　　　图 16-13 "系统聚类分析：图"

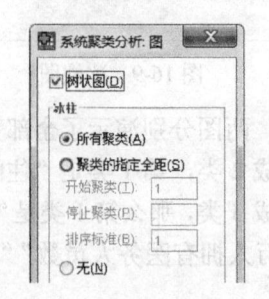

【结果分析】

冰柱图如图 16-14 所示。

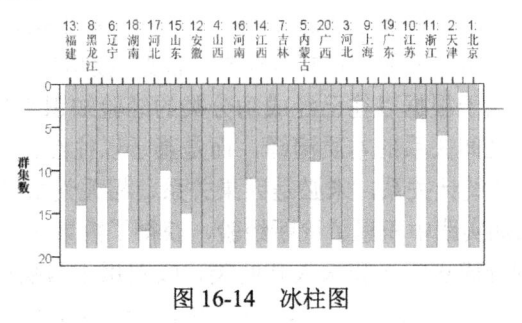

图 16-14 冰柱图

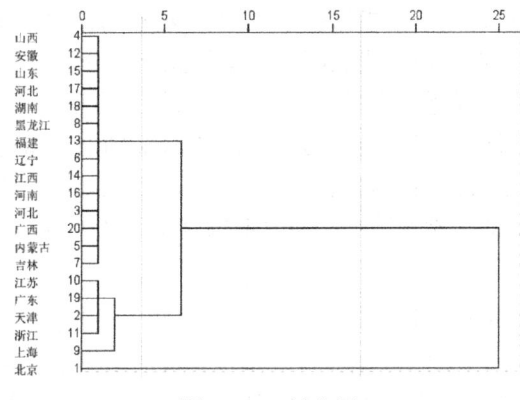

树状图如图 16-15 所示。

图 16-15 树状图

经分析,以上两图分别演示了给定全部省(市)的聚类过程。如果分成 3 类,那么第 1 类是北京;第 2 类是上海、广东、江苏、浙江、天津;第 3 类是福建、黑龙江、辽宁、湖南、河北、山东、安徽、山西、河南、江西、吉林、内蒙古、广西、河北。

## 16.2 判别分析

### 1. 基本思路

判别分析是以分类明确的、属于不同类别的训练样本为依据,根据特征指标(或判别变量)观测数据建立判别函数并作为经验判别准则,反映训练样本的特征指标观测值与其类别之间的对应关系,据此将来自不同类别同质总体但是尚未明确分类的新样本分类,通过回代或外推分类的准确性来验证实用性的多元统计学方法。

判别分析需要筛选用于类别划分的特征指标,给定用于制定判别标准的训练样本。特征指标区分度好、灵敏度和特异度好,训练样本代表好、质量高且分类明确,每种类别训练样本数量充分。根据训练样本的特征指标与类别的对应关系估计若干判别函数,只要把新个案的特征指标值代入求得判别函数值,就可以划分类别。

近年来时兴的机器算法(如支持向量机、BP 神经网络)具有优良的判别分类性能。给定数量充分、代表性好的训练样本,特征指标和类别已知,经过样本自适应训练以后,把分类规则内置在黑箱中,利用泛化能力对新样本外推分类。

## 2. 应用特点

（1）确定用于事物类别划分的若干特征指标、数量充分且质量较好的训练样本。
（2）训练样本的特征指标值和金标准划分的类别已知，用于构建若干判别函数。
（3）给定特征指标值已知、类别未知的新样本，根据判别准则计算后再进行分类。

实际上，判别分析相当于根据以往已经成功分类的经验知识来预测新案例的类别，判别分析不是特征指标与类别之间关系的本质演绎，而是基于以往经验信息为基础的数学归纳。特征指标与类别须有稳定的统计关系，未必是因果关系、相关关系就可以。

例如，临床医生在长期实践中积累了诊断经验，获得了数量充分且质量较高的训练样本。根据金标准把某种人群划分成正常人和病人共两类，收集用于与疾病诊断有密切联系的、具有典型区分能力的特征指标（如生理、生化、心脑电图、超声波和 CT 等指标）。根据训练样本中的特征指标值与已知类别之间的对应关系，建立若干个判别函数。如果给定某位疑似患者的特征指标值，那么根据这些特征指标值后续的算法就可以间接判别其是否患病。如果特征指标有典型的区分能力、训练样本代表好、样本量充分、分类个数少，那么根据这些特征指标值构建的辅助诊断系统可为临床医生提供快速、实用、自动的初步参考依据。

常见的判别方法有距离判别法、Fisher 判别法、Bayes 判别法和逐步判别法。距离判别法时计算样本到各个总体中心（聚核）的位置，然后根据样本到所有聚核的距离，将样本到离它最近的中心所在类中。Fisher 判别法是应用普遍的判别方法，将其原理介绍如下。

## 3. Fisher 判别准则

Fisher 判别准则的基本思路是根据训练样本构建若干个判别函数，特征指标的个数为 $m$、构建的判别函数个数为 $p$，$m>p$。把 $m$ 维的特征指标组成的高维空间转换到由 $p$ 个判别函数确定的低维空间中。基于训练样本构建若干个判别函数，分别将训练样本的全部个案或来自训练样本某个类别同质总体的新个案代入特征指标测量值，求出每个判别函数值。

训练样本中属于每个类别的个案按照特征指标取均值，以作为类的质心点。把每个类质心点的特征指标值代入判别函数，对新个案的判别函数值与质心点的判别函数值进行比较，再利用马氏距离衡量该个案与质心点的关系，并将其划分到适合类中。

令 $Y_1, Y_2, \cdots, Y_p$ 为 $p$ 个判别函数，$X_1, X_2, \cdots, X_m$ 为特征指标。假设第 $j$ 个线性判别函数表达式为 $Y_j = a_1X_1 + a_2X_2 + \cdots + a_mX_m$，其中 $a_1, a_2, \cdots, a_m$ 为判别系数。判别函数的因变量时判别函数的得分，并不是分组变量的编码值，而是通过对观察指标进行坐标旋转而得到的定距测度，其作用在于最大化组间差异、最小化组内差异。由线性代数和概率论知识，可以计算未标准化或标准化的判别系数。判别函数的特征值、方差贡献率反映判别函数的判别能力，越大则说明判别函数判别能力越强。一般来说，第一个或前两个判别函数足以满足分类目标。

以简单情形为例。由训练样本构建线性判别函数 $Y = a_1X_1 + a_2X_2$，其中 $X_1, X_2$ 为特征指标。估算判别系数以后，把训练样本中的个案分成两类。二维判别函数的构造特点如图 16-16 所示。

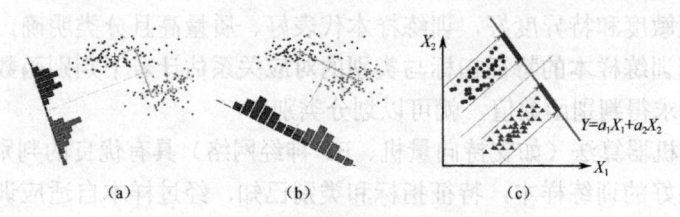

图 16-16 二维判别函数的构造特点

经分析，第 1 个图的判别函数能够把全部个案准确分类。第 2 个图的判别函数能够把大多数个案准确分类，但是仍有少数个案错误分类，说明第 1 个判别函数好。

判别函数在判别分析中具有关键作用，用于表达判别值与判别变量的数量关系。判别系数表示判别变量对于判别函数的影响。判别函数中的因变量是定距变量、体现各分类之间差异、不是分类变量的编码值，分类变量的整数编码值没有数量意义。

下面演示判别函数中参数的估计方法。

假设判别函数为 $Y = a_1X_1 + a_2X_2 + \cdots + a_mX_m$。样本中的全部个体分成 A 类和 B 类共两类，样本量分别为 $n_1$ 和 $n_2$，特征指标为 $X_1, X_2, \cdots, X_m$，建立数据结构，如表 16-4 所示。

表 16-4 数据结构

| 序号 | A 类 | | | | B 类 | | | |
|---|---|---|---|---|---|---|---|---|
| | $X_1$ | $X_2$ | $\cdots$ | $X_m$ | $X_1$ | $X_2$ | $\cdots$ | $X_m$ |
| 1 | $x_{11A}$ | $x_{12A}$ | $\cdots$ | $x_{1mA}$ | $x_{11B}$ | $x_{12B}$ | $\cdots$ | $x_{1mB}$ |
| 2 | $x_{21A}$ | $x_{22A}$ | $\cdots$ | $x_{2mA}$ | $x_{21B}$ | $x_{22B}$ | $\cdots$ | $x_{2mB}$ |
| $\cdots$ | $\cdots$ | $\cdots$ | $\cdots$ | $\cdots$ | $\cdots$ | $\cdots$ | $\cdots$ | $\cdots$ |
| $n_1$ | $x_{n_11A}$ | $x_{n_12A}$ | $\cdots$ | $x_{n_1mA}$ | $x_{n_21B}$ | $x_{n_22B}$ | $\cdots$ | $x_{n_2mB}$ |
| 平均 | $\bar{x}_{1A}$ | $\bar{x}_{2A}$ | $\cdots$ | $\bar{x}_{mA}$ | $\bar{x}_{1B}$ | $\bar{x}_{2B}$ | $\cdots$ | $\bar{x}_{mB}$ |

估计判别系数 $a_1, a_2, \cdots, a_m$ 时，要求 A 类和 B 类的判别函数值平均差异最大，$(\bar{Y}(A) - \bar{Y}(B))^2$ 达到最大，其中同类中判别函数值的样本方差须尽量大。

在 A 类求得判别函数值的样本方差为 $S_A^2 = \sum_{i=1}^{n_1}(Y_i(A) - \bar{Y}(A))^2 / n_1$，其中 $Y_i(A)$ 为 A 类中第 $i$ 个个体的判别函数值，$\bar{Y}(A)$ 为 A 类中判别函数的样本均值。

在 B 类求得判别函数值的样本方差为 $S_B^2 = \sum_{i=1}^{n_2}(Y_i(B) - \bar{Y}(B))^2 / n_2$，其中 $Y_i(B)$ 为 B 类中第 $i$ 个个体的判别函数值，$\bar{Y}(B)$ 为 B 类中判别函数的样本均值。

根据以上两式构造综合函数 $I = (\bar{Y}(A) - \bar{Y}(B))^2 / (S_A^2 + S_B^2)$。

函数 $I$ 由判别函数值构成，而判别函数中包含了参数 $a_1, a_2, \cdots, a_m$。

接下来，令函数 $I$ 取得最大值，引入多元函数求极值思想，将函数 $I$ 关于参数 $a_1, a_2, \cdots, a_m$ 求偏导数 $\partial I / \partial a_i$，$i = 1, 2, \cdots, m$。由此解得参数值 $a_1, a_2, \cdots, a_m$。

于是，将累积贡献率是否达到足够大（如 80%）作为判别函数取舍的标准。

对于两分类的判别问题而言，不妨定义临界点为 $Y_0$，$Y_0 = (n_1\bar{Y}(A) + n_2\bar{Y}(B)) / (n_1 + n_2)$。

其中 $\bar{Y}(A)$ 和 $\bar{Y}(B)$ 的含义如前所述，不妨设 $\bar{Y}(A) > \bar{Y}(B)$。

对于一个新样本中的对象，代入判别函数即可求得判别得分为 $Y^*$。

若 $Y^* > Y_0$ 则归入 A 类、若 $Y^* < Y_0$ 则归入 B 类。

对于判别函数为两个以上的情况，其计算原理非常复杂、不再赘述。

**4．判别分析与聚类分析的区别**

判别分析和聚类分析都属于多元统计学方法，都要事先筛选出用于类别划分的特征指标。

聚类分析用于样本分类或变量分类，而判别分析用于样本分类。

判别分析属于有监督学习算法，首先给定样本量充分的训练样本，每个个案的类别和类别的总个数事先由金标准给出。根据特征指标取值和类别的对应关系，基于训练样本构建若干个判别函数作为判别规则，对来自多个类别同质总体的个案纳入判别算法并划分类别。

（1）将训练样本的每个个案和类别未知的新个案分别代入未标准化的判别函数中，得到每个判别函数的值。

（2）将训练样本中分别属于每个类的个案特征指标取均值，用于获得不同类的质心点，代入未标准化的判别函数，计算每个类质心点的判别函数值。根据每个个案的判别函数值与不同类质心的判别函数值的关系，将其划分适合的某个类别。

聚类分析属于无监督学习算法，该方法不必事先给出训练样本，不必事先由金标准给出个案的类别归属，不必事先严格要求分成多少个类别，不用事先由训练样本制定判别规则。只须给定限定范围内待分类的全部个案和特征指标测量值，通过全部个案的特征指标测量值，就能粗略求出全部个案之间的空间距离或相似系数。把相似的个案聚在一起，而把不相似的个案分离开来，根据要求划分类别，自动列出每个类中所属的成员。

当每种类别的总体情况尚不清楚时，鉴于聚类分析和判别分析的特点，有时可以将这两种方法联合起来使用。首先采用聚类分析对样本量充分的一批代表性样本进行分类，制定判别函数并作为判别准则，然后采用判别分析对给定的若干新样品划分适合的类别。

### 5. 几点说明

说明①：由于训练样本分类功能的强弱受到所选特征指标的影响，所以特征指标和由金标准给出的类别必须事先给定。特征指标一般是数值资料，也可以是定序资料，其个数并非越多越好，一般取 5~10 个。特征指标必须有实际意义，尽量保证特异性、代表性和区分度。特征指标的筛选依靠专业经验和统计学方法，一般遵循个数精简的原则。

特征指标个数少时可以直接纳入模型。特征指标个数太多时，不仅资料收集困难，还会削弱判别效果，参数估计也不太稳定，判别分类效果变差。于是，可以采用类似多元线性回归分析中的逐步法，每次引入一个新变量时就要将以前引入的其他变量并逐个检验显著性，直到引入判别函数的自变量显著，没有引入判别函数的自变量不显著为止。

判别分析以分类为目的，而无须关注特征指标对于判别函数贡献的显著性推断。特征指标允许有一定的相关性，多重共线性现象不严重时可不处理。

说明②：训练样本要有代表性，每个类别的样本量及所占比例不能太少。样本量最好是自变量个数的 10~20 倍以上，在训练样本中的类别个数需要预先指定。

判别函数按照方差贡献率可以选择一个或多个。如果类别个数比较多，那么判别分类的准确性就会变得很差。类别个数与判别函数的个数不必相等，一般为 2~3 个即可。最多可以构造的判别函数个数是 $k-1$，其中 $k$ 为待划分的类别个数。

说明③：训练样本代表性、特征指标区分能力和由金标准事先分类的个数对判别分类的准确性都有影响。判别准则好坏的检验标准包括回代验证、前瞻验证或交叉验证。

回代验证是指把用来建立判别函数的训练样本，再次用于验证错判率。前瞻验证是指把除训练样本外，未用来建立判别函数的新样本用于验证错判率。交叉验证法又称刀切法，是指把训练样本等分成 $n$ 份，$n-1$ 份用于建立判别函数，另外 1 份用于验证模型的错判率。例如，随机抽取 90%个案组成训练样本并建立判别函数，其余 10%个案验证分类准确性。

说明④：Logistic 回归分析与判别分析都可以用于分类问题，但是数学原理和应用特点完全不同。Logistic 回归分析主要用于目标事件发生概率的影响因素分析，解释偏回归系数及优势比的实际含义,由新个案推断目标事件发生的概率。判别分析是指根据训练样本的特征指标与类别之间的对应关系,制定判别函数并用于新个案的分类,分类才是其主要用途。

【学习目标】理解判别分析的理论方法,掌握操作流程和结论阐述。

## 【案例实验3】

患者疾病共有 3 类(健康人、肝硬化症患者、冠心病患者)。已知用于这 3 类疾病区分的临床特征指标为 $X_1, X_2, \cdots, X_5$。将 19 例患者组成训练样本,其临床特征指标观测值已知、疾病类别已由金标准确认。又有来自这 3 类患者同质总体的疑似新患者,其临床特征指标测量值已知、疾病类别未知。请由 Fisher 判别分析根据训练样本,挖掘疾病类别与临床特征指标之间的关系,作为经验性辅助诊断依据划分疾病的类别。数据资料如表 16-5 所示。

本例的数据文件是"16 判别分析(3 类人群的诊断指标).sav"。

表 16-5 数据资料

| 个案序号 | X1 | X2 | X3 | X4 | X5 | 疾病种类 |
| --- | --- | --- | --- | --- | --- | --- |
| 1 | 2.56 | 137.13 | 9.21 | 6.11 | 4.36 | 健康人 |
| 2 | 9.85 | 249.58 | 15.61 | 6.06 | 6.11 | 健康人 |
| 3 | 8.11 | 261.01 | 13.23 | 5.46 | 7.36 | 健康人 |
| 4 | 9.36 | 185.39 | 9.02 | 5.66 | 5.99 | 健康人 |
| 5 | 9.64 | 231.38 | 13.03 | 4.86 | 8.53 | 健康人 |
| 6 | 4.11 | 260.25 | 14.72 | 5.36 | 10.02 | 健康人 |
| 7 | 8.00 | 259.51 | 14.16 | 4.91 | 9.79 | 健康人 |
| 8 | 8.06 | 231.03 | 14.41 | 5.72 | 6.15 | 健康人 |
| 8 | 8.06 | 231.03 | 14.41 | 5.72 | 6.15 | 健康人 |
| 9 | 2.56 | 137.13 | 9.21 | 6.11 | 4.36 | 健康人 |
| 10 | 6.8 | 308.9 | 15.11 | 5.52 | 8.49 | 肝硬化症患者 |
| 11 | 8.08 | 258.69 | 14.02 | 4.79 | 7.16 | 肝硬化症患者 |
| 12 | 5.67 | 355.54 | 15.13 | 4.97 | 9.43 | 肝硬化症患者 |
| 13 | 3.71 | 361.12 | 17.12 | 6.04 | 8.17 | 肝硬化症患者 |
| 14 | 5.37 | 274.57 | 16.75 | 4.98 | 9.67 | 肝硬化症患者 |
| 15 | 9.89 | 409.42 | 19.47 | 5.19 | 10.49 | 肝硬化症患者 |
| 16 | 5.22 | 330.34 | 18.19 | 4.96 | 9.61 | 冠心病患者 |
| 17 | 4.71 | 352.5 | 20.79 | 5.07 | 11 | 冠心病患者 |
| 18 | 3.36 | 347.31 | 17.9 | 4.65 | 11.19 | 冠心病患者 |
| 19 | 8.27 | 189.59 | 12.74 | 5.46 | 6.94 | 冠心病患者 |
| 20 | 7.71 | 273.84 | 16.01 | 5.15 | 8.79 | |
| 21 | 7.51 | 303.59 | 19.14 | 5.7 | 8.53 | |
| 22 | 8.1 | 476.69 | 7.38 | 5.32 | 11.32 | |

【数据文件】

定义标识变量"个案序号",定义变量"X1""X2""X3""X4""X5",定义分组变量"人群类别",类型均为数值。定义变量值标签"健康人"=1、"肝硬化症患者"=2、"冠心病患者"=3。建立数据文件,如图16-17所示。

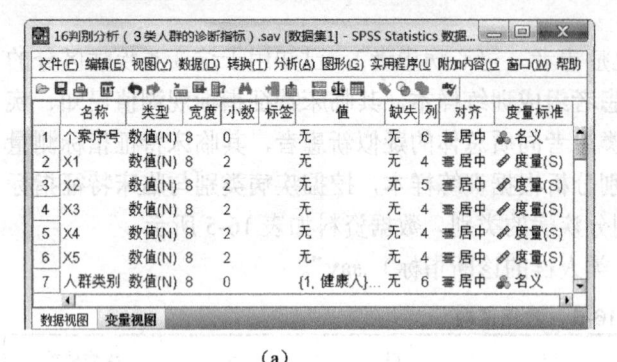

(a)

(b)

图16-17 数据文件

【菜单选择】

单击"分析"主菜单,再单击"分类"选项,然后单击"判别"选项。

【界面设置】

在打开的"判别分析"对话框中,将"X1""X2""X3""X4""X5"选入"自变量"列表框中,默认选择"一起输入自变量"选项,将"人群类别"选入"分组变量"列表框中。单击"定义范围"按钮,如图16-18所示。在打开的"判别分析:定义范围"对话框"最小值"文本框中输入"1",在"最大值"文本框中输入"3",单击"继续"按钮,如图16-19所示。

图16-18 "判别分析"对话框

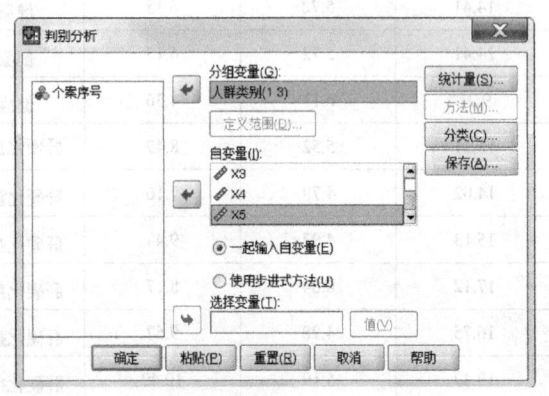

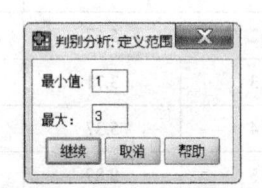

图16-19 "判别分析:定义范围"对话框

在"判别分析"对话框中,单击"统计量"按钮。在打开的"判别分析:统计量"对话框的"函数系数"区域,选择"Fisher""未标准化"选项,如图16-20所示。

说明:"未标准化"选项表示使用Fisher函数;"Fisher"选项表示使用贝叶斯函数。

在"判别分析"对话框中,单击"保存"按钮。在打开的"判别分析:保存"对话框中,选择"预测组成员""判别得分"选项,单击"继续"按钮,如图16-21所示。

说明:预测组成员表示将个观测的预测类别值保存在数据编辑器中;判别得分表示将个观测的Fisher盘被函数保存在数据窗口中。

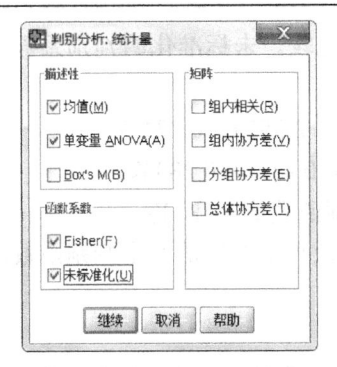

图 16-20 "判别分析：统计量"对话框 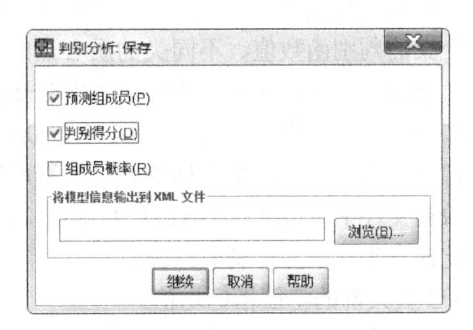　　　图 16-21 "判别分析：保存"对话框

**【结果分析】**

（1）根据特征值及其方差贡献率确定判别函数的个数。判别函数的特征值、方差贡献率、累积方差贡献率、正则相关性系数如表 16-6 所示。判别函数的检验结果如表 16-7 所示。

表 16-6　判别函数的特征值、方差贡献率、累积方差贡献率、正则相关性系数

| 函　　数 | 特　征　值 | 方差贡献率 | 累积方差贡献率 | 正则相关性系数 |
|---|---|---|---|---|
| 1 | 1.574 | 74.4% | 74.4% | 0.782 |
| 2 | 0.542 | 25.6% | 100.0% | 0.593 |

经分析，函数 1 特征值的方差贡献率为 1.574/(1.574+0.542)×100%=74.4%，同理，函数 2 特征值的方差贡献率为 25.6%。由于函数 2 特征值的方差贡献率不算小，建议保留。

表 16-7　判别函数的检验结果

| 函　　数 | Wilks' Lambda | $\chi^2$ | df | 显著性水平 |
|---|---|---|---|---|
| 1 到 2 | 0.252 | 19.304 | 10 | 0.037 |
| 2 | 0.648 | 6.607 | 4 | 0.194 |

经分析，由 Wilks' Lambda 检验，函数 2 的相伴概率 $P$ 为 0.194（大于 0.05），说明判别能力无统计学意义。表 16-7 中的"1 到 2"是指用两个判别函数（函数 1 和函数 2），相伴概率 $P$ 为 0.037（小于 0.05），说明判别能力有统计学意义。

（2）标准化判别系数和未标准化判别系数。

标准化的判别系数如表 16-8 所示。未标准化的判别系数如表 16-9 所示。

表 16-8　标准化的判别系数

| 特征指标 | 两个判别函数 | |
|---|---|---|
| | 1 | 2 |
| $X_1$ | 0.587 | 0.280 |
| $X_2$ | −1.090 | 1.978 |
| $X_3$ | −0.613 | −1.550 |
| $X_4$ | 1.060 | 0.195 |
| $X_5$ | 1.429 | −0.533 |

表 16-9　未标准化的判别系数

| 特征指标 | 两个判别函数 | |
|---|---|---|
| | 1 | 2 |
| $X_1$ | 0.225 | 0.107 |
| $X_2$ | −0.019 | 0.034 |
| $X_3$ | −0.235 | −0.595 |
| $X_4$ | 2.352 | 0.432 |
| $X_5$ | 0.774 | −0.289 |
| 常数 | −11.904 | −1.000 |

说明：标准化的判别系数用于特征指标相对重要性的比较。未标准化的判别系数用于计算全部个案的判别函数值、不同类的质心点的判别函数值。

第 1 个判别函数为 $Y_1=-11.904+0.225X_1-0.019X_2-0.235X_3+2.352X_4+0.774X_5$。

第 2 个判别函数为 $Y_2=-1.000+0.107X_1+0.034X_2-0.595X_3+0.432X_4-0.289X_5$。

全部个案代入以上两个未标准化的判别函数，求得判别函数值 $Y_1$ 和 $Y_2$。

在数据文件中生成变量 Dis1_1 和 Dis2_1，用于分别存放每个个案的两个判别函数值；也可以据此建立坐标系并绘制散点图。

（3）3 类人群的特征指标均值。

根据每类人群中的所有个案，计算特征指标的均值并作为类的质心点。3 类人群的特征指标均值如表 16-10 所示。

表 16-10　3 类人群的特征指标均值

| 人群类别 | 特征指标均值 | | | | |
|---|---|---|---|---|---|
| | $X_1$ | $X_2$ | $X_3$ | $X_4$ | $X_5$ |
| 1 | 6.92 | 216.93 | 12.51 | 5.58 | 6.96 |
| 2 | 6.59 | 328.04 | 16.27 | 5.25 | 8.90 |
| 3 | 5.39 | 304.94 | 17.41 | 5.04 | 9.69 |

（4）3 类人群的质心点坐标。

3 类人群的质心点分别代入两个判别函数并求值。3 类人群的质心点坐标如表 16-11 所示。

表 16-11　3 类人群的质心点坐标

| 人群类别 | 两个坐标 | |
|---|---|---|
| | 坐标 1 | 坐标 2 |
| 1 | 1.214 | 0.000 |
| 2 | -1.091 | 0.761 |
| 3 | -1.095 | -1.140 |

（5）判别分类图如图 16-22 所示。

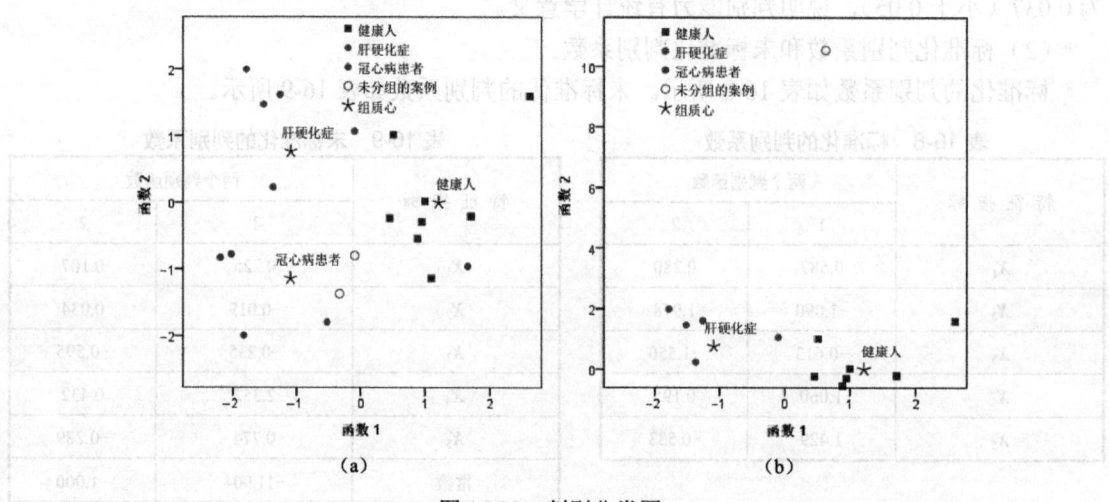

图 16-22　判别分类图

图中散点为已知分类的训练样本、不同种类训练样本的质心点、未知分类的新样本。图中散点的横坐标和纵坐标是两个判别函数值。

如果在点（0, 0）处划分 4 个区域并用于观察分类，那么第二区域倾向于肝硬化症，第三区域倾向于冠心病患者，第一、四区域倾向于健康人。

空心圆圈是指训练样本以外的 3 个新个案。2 个个案被划入冠心病患者，还有 1 个案的某个判别函数值大，其坐标点超出了图 16-23（a）显示的区域。于是，把坐标比例尺调整以后，将其显示在图 16-23（b）中，训练样本经过回代以后，1 例肝硬化患者被错划分为冠心病患者，1 例冠心病患者被错划分为健康人。

（6）求个案与类质心的判别函数值并对个案分类。

判别分类结果如图 16-23 所示。

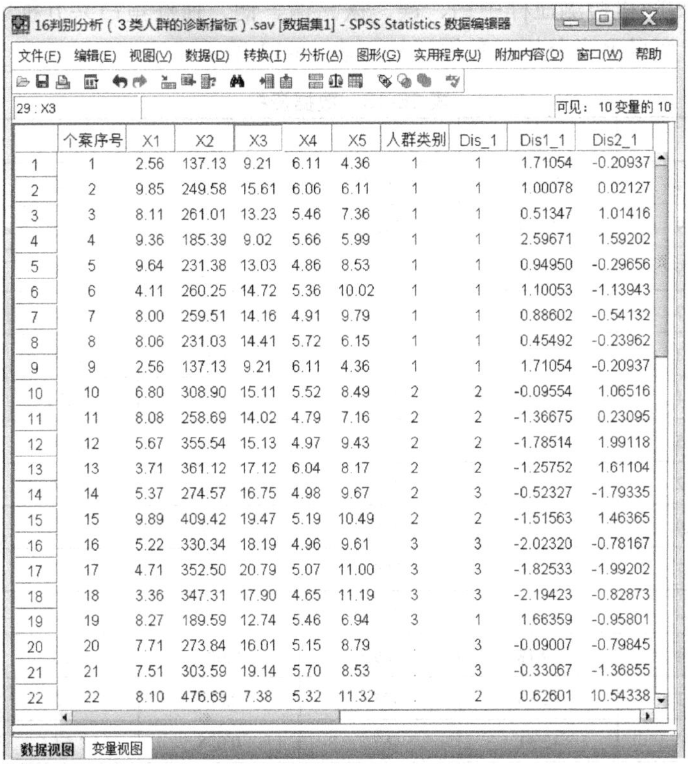


| | 个案序号 | X1 | X2 | X3 | X4 | X5 | 人群类别 | Dis_1 | Dis1_1 | Dis2_1 |
|---|---|---|---|---|---|---|---|---|---|---|
| 1 | 1 | 2.56 | 137.13 | 9.21 | 6.11 | 4.36 | 1 | 1 | 1.71054 | -0.20937 |
| 2 | 2 | 9.85 | 249.58 | 15.61 | 6.06 | 6.11 | 1 | 1 | 1.00078 | 0.02127 |
| 3 | 3 | 8.11 | 261.01 | 13.23 | 5.46 | 7.36 | 1 | 1 | 0.51347 | 1.01416 |
| 4 | 4 | 9.36 | 185.39 | 9.02 | 5.66 | 5.99 | 1 | 1 | 2.59671 | 1.59202 |
| 5 | 5 | 9.64 | 231.38 | 13.03 | 4.86 | 8.53 | 1 | 1 | 0.94950 | -0.29656 |
| 6 | 6 | 4.11 | 260.25 | 14.72 | 5.36 | 10.02 | 1 | 1 | 1.10053 | -1.13943 |
| 7 | 7 | 8.00 | 259.51 | 14.16 | 4.91 | 9.79 | 1 | 1 | 0.88602 | -0.54132 |
| 8 | 8 | 8.06 | 231.03 | 14.41 | 5.72 | 6.15 | 1 | 1 | 0.45492 | -0.23962 |
| 9 | 9 | 2.56 | 137.13 | 9.21 | 6.11 | 4.36 | 1 | 1 | 1.71054 | -0.20937 |
| 10 | 10 | 6.80 | 308.90 | 15.11 | 5.52 | 8.49 | 2 | 2 | -0.09554 | 1.06516 |
| 11 | 11 | 8.08 | 258.69 | 14.02 | 4.79 | 7.16 | 2 | 2 | -1.36675 | 0.23095 |
| 12 | 12 | 5.67 | 355.54 | 15.13 | 4.97 | 9.43 | 2 | 2 | -1.78514 | 1.99118 |
| 13 | 13 | 3.71 | 361.12 | 17.12 | 6.04 | 8.17 | 2 | 2 | -1.25752 | 1.61104 |
| 14 | 14 | 5.37 | 274.57 | 16.75 | 4.98 | 9.67 | 2 | 3 | -0.52327 | -1.79335 |
| 15 | 15 | 9.89 | 409.42 | 19.47 | 5.19 | 10.49 | 2 | 2 | -1.51563 | 1.46365 |
| 16 | 16 | 5.22 | 330.34 | 18.19 | 4.96 | 9.61 | 3 | 3 | -2.02320 | -0.78167 |
| 17 | 17 | 4.71 | 352.50 | 20.79 | 5.07 | 11.00 | 3 | 3 | -1.82533 | -1.99202 |
| 18 | 18 | 3.36 | 347.31 | 17.90 | 4.65 | 11.19 | 3 | 3 | -2.19423 | -0.82873 |
| 19 | 19 | 8.27 | 189.59 | 12.74 | 5.46 | 6.94 | 3 | 1 | 1.66359 | -0.95801 |
| 20 | 20 | 7.71 | 273.84 | 16.01 | 5.15 | 8.79 | . | 3 | -0.09007 | -0.79845 |
| 21 | 21 | 7.51 | 303.59 | 19.14 | 5.70 | 8.53 | . | 3 | -0.33067 | -1.36855 |
| 22 | 22 | 8.10 | 476.69 | 7.38 | 5.32 | 11.32 | . | 2 | 0.62601 | 10.54338 |

图 16-23 判别分类结果

经分析，在数据文件中生成新变量 Dis_1、Dis1_1、Dis2_1，其中用于 Dis_1 存放每个个案的类别划分情况，Dis1_1、Dis2_1 分别为每个个案对应的两个判别函数值。

训练样本回代分类的准确率是 17/19=89.47%，说明分类效果好。从前瞻验证来看，序号为 20 和 21 的个案是第 3 类（糖尿病）、序号为 22 的个案是第 2 类（肝硬化症）。

# 【拓展练习】

【练习 1】记录学习动机、态度、行为和效果共 4 个特征指标，由此对 12 名学生测量。请对 12 名学生按照特征指标特征进行样本聚类分析，聚类个数指定为 3。数据资料如表 16-12 所示。

表 16-12  数据资料

| 编号 | 动机 | 态度 | 行为 | 效果 | 编号 | 动机 | 态度 | 行为 | 效果 |
|---|---|---|---|---|---|---|---|---|---|
| 1 | 40 | 80 | 54 | 44 | 8 | 80 | 37 | 73 | 82 |
| 2 | 37 | 73 | 56 | 46 | 9 | 83 | 40 | 76 | 96 |
| 3 | 43 | 70 | 75 | 58 | 10 | 87 | 43 | 75 | 91 |
| 4 | 50 | 77 | 85 | 77 | 11 | 60 | 57 | 70 | 85 |
| 5 | 47 | 87 | 89 | 63 | 12 | 70 | 50 | 69 | 90 |
| 6 | 67 | 80 | 84 | 69 | 13 | 48 | 75 | 81 | 75 |
| 7 | 77 | 37 | 57 | 100 | 14 | 70 | 82 | 86 | 71 |

【练习 2】已知随机检测血样中钙、镁、铁、锰、铜、血红蛋白共五种成分的含量。对血样中这些成分进行变量聚类分析。数据资料如表 16-13 所示。

表 16-13  数据资料

| 序号 | 钙 | 镁 | 铁 | 锰 | 铜 | 血红蛋白 |
|---|---|---|---|---|---|---|
| 1 | 47.31 | 28.55 | 294.7 | 0.005 | 0.84 | 7.0 |
| 2 | 73.89 | 32.94 | 312.5 | 0.064 | 1.15 | 7.25 |
| 3 | 69.69 | 40.01 | 416.7 | 0.012 | 1.35 | 11.0 |
| 4 | 60.17 | 33.67 | 383.2 | 0.001 | 0.91 | 11.25 |
| 5 | 61.23 | 37.35 | 446.0 | 0.022 | 1.38 | 11.50 |
| 6 | 54.04 | 34.23 | 405.6 | 0.008 | 1.3 | 11.75 |
| 7 | 60.35 | 38.20 | 394.4 | 0.001 | 1.14 | 12.0 |
| 8 | 86.12 | 43.79 | 440.1 | 0.017 | 1.77 | 12.25 |
| 9 | 54.89 | 30.88 | 448.7 | 0.012 | 1.01 | 12.5 |
| 10 | 43.67 | 26.18 | 395.8 | 0.001 | 0.59 | 12.75 |
| 11 | 58.50 | 37.67 | 456.6 | 0.012 | 1.01 | 14.25 |
| 12 | 64.74 | 39.18 | 469.8 | 0.005 | 1.22 | 14.0 |
| 13 | 53.81 | 52.86 | 425.6 | 0.004 | 1.22 | 13.75 |
| 14 | 72.49 | 42.61 | 467.3 | 0.008 | 1.64 | 13.0 |
| 15 | 54.89 | 30.86 | 448.7 | 0.012 | 1.01 | 13.5 |
| 16 | 72.28 | 40.12 | 430.8 | 0 | 1.2 | 10.8 |
| 17 | 55.13 | 33.02 | 445.8 | 0.012 | 0.92 | 10.5 |
| 18 | 70.08 | 36.81 | 409.8 | 0.012 | 1.19 | 10.6 |
| 19 | 63.05 | 35.07 | 384.1 | 0 | 0.85 | 10.0 |
| 20 | 48.75 | 30.53 | 342.9 | 0.018 | 0.92 | 9.75 |

【练习 3】某地方病共 3 类。已知用于这 3 类疾病诊断的特征指标为 $X_1, X_2, X_3, X_4, X_5, X_6$，含义解释略。将序号为 1～15 患者组成训练样本，其特征指标观测值已知、疾病类别已由金标准确认。将序号为 16～19 患者来自 3 类同质总体的疑似患者。请由 Fisher 判别分析将其判定适合的疾病类别。数据资料如表 16-14 所示。

表 16-14 数据资料

| 序 号 | $X_1$ | $X_2$ | $X_3$ | $X_4$ | $X_5$ | $X_6$ | 类 别 |
|---|---|---|---|---|---|---|---|
| 1 | 34.16% | 7.44% | 1.12% | 7.87% | 95.19% | 69.3% | 1 |
| 2 | 33.06% | 6.34% | 1.08% | 6.77% | 94.08% | 69.7% | 1 |
| 3 | 36.26% | 9.24% | 1.04% | 8.97% | 97.37% | 68.8% | 1 |
| 4 | 40.17% | 13.45% | 1.43% | 13.88% | 93.25% | 66.2% | 1 |
| 5 | 50.06% | 23.03% | 2.83% | 23.74% | 95.13% | 63.3% | 1 |
| 6 | 33.24% | 6.24% | 1.18% | 22.9% | 92.52% | 65.4% | 2 |
| 7 | 32.22% | 4.22% | 1.06% | 20.7% | 96.91% | 68.7% | 2 |
| 8 | 41.15% | 10.08% | 2.32% | 32.84% | 94.62% | 65.8% | 2 |
| 9 | 53.04% | 25.74% | 4.06% | 34.87% | 93.32% | 63.5% | 2 |
| 10 | 38.03% | 11.20% | 6.07% | 27.84% | 93.60% | 66.8% | 2 |
| 11 | 34.03% | 5.41% | 0.07% | 5.21% | 90.11% | 69.5% | 3 |
| 12 | 32.11% | 3.02% | 0.09% | 3.14% | 85.13% | 70.8% | 3 |
| 13 | 44.12% | 15.02% | 1.08% | 15.15% | 96.33% | 64.8% | 3 |
| 14 | 54.17% | 25.03% | 2.11% | 25.15% | 94.42% | 63.7% | 3 |
| 15 | 28.07% | 2.01% | 0.07% | 3.02% | 81.22% | 68.3% | 3 |
| 16 | 50.22% | 6.66% | 1.08% | 22.54% | 97.41% | 65.2% | |
| 17 | 34.64% | 7.33% | 1.11% | 7.78% | 95.16% | 69.3% | |
| 18 | 33.42% | 6.22% | 1.12% | 22.95% | 96.92% | 68.3% | |
| 19 | 44.02% | 15.36% | 1.07% | 16.45% | 93.21% | 64.2% | |

# 参考文献

[1] 张文彤，邝春伟. SPSS 统计分析基础教程[M]. 北京：高等教育出版社，2017.
[2] 张文彤，董伟. SPSS 统计分析高级教程[M]. 北京：高等教育出版社，2017.
[3] 薛薇. SPSS 统计分析方法及应用[M]. 北京：电子工业出版社，2017.
[4] 高祖新，言方容. 医药统计分析与 SPSS 软件应用[M]. 北京：人民卫生出版社，2018.
[5] 郭秀花. 医学统计学与 SPSS 软件实现方法[M]. 北京：科学出版社，2017.
[6] 陈平雁，安胜利. IBM SPSS 统计软件应用[M]. 北京：人民卫生出版社，2020.
[7] 史周华，何雁. 中医药统计学与软件应用[M]. 北京：中国中医药出版社，2017.
[8] 武松，潘发明. SPSS 统计分析大全[M]. 北京：清华大学出版社，2014.
[9] 武松. SPSS 实战与统计思维[M]. 北京：清华大学出版社，2019.
[10] 李志辉，罗平. SPSS 常用统计分析教程[M]. 北京：电子工业出版社，2015.
[11] 王在翔，崔庆霞，赵晶. SPSS 软件与应用[M]. 北京：北京大学医学出版社，2023.
[12] 高晶，章昊，曹福凯. SPSS 统计分析大全[M]. 北京：北京大学出版社，2023.
[13] 刘仁权. SPSS 统计分析教程[M]. 北京：中国中医药出版社，2023.
[14] 董时富. 生物统计学[M]. 北京：科学出版社，2009.
[15] 李金昌，苏为华. 统计学[M]. 北京：机械工业出版社，2014.
[16] 方积乾. 卫生统计学[M]. 北京：人民卫生出版社，2019.
[17] 颜艳，王彤. 卫生统计学[M]. 北京：高等教育出版社，2020.
[18] 贺佳，尹平. 医学统计学[M]. 北京：高等教育出版社，2012.
[19] 万崇华，罗家洪. 高级医学统计学[M]. 北京：科学出版社，2014.
[20] 高祖新. 医药数理统计方法[M]. 北京：高等教育出版社，2016.
[21] 祝国强. 医药数理统计方法[M]. 北京：高等教育出版社，2021.
[22] 张丕德，马洪林. 医药数理统计[M]. 北京：科学出版社，2018.
[23] 尹海洁，李树林. 社会统计学[M]. 北京：中国人民大学出版社，2018.
[24] 贾俊平，何晓群，金勇进. 统计学[M]. 北京：中国人民大学出版社，2018.
[25] 卢淑华. 社会统计学[M]. 北京：北京大学出版社，2009.
[26] 何晓群. 应用回归分析[M]. 北京：中国人民大学出版社，2019.
[27] 马立平. 回归分析[M]. 北京：机械工业出版社，2017.
[28] 何晓群. 多元统计学[M]. 北京：中国人民大学出版社，2019.
[29] 候典牧. 社会调查研究方法[M]. 北京：北京大学出版社，2018.
[30] 李云雁，胡传荣. 试验设计与数据处理[M]. 北京：化学工业出版社，2019.
[31] 杜双奎，李志西. 试验优化设计与统计分析[M]. 北京：科学出版社，2021.
[32] 马义中，马妍，林成龙. 试验设计分析与改进[M]. 北京：科学出版社，2023.

# 反侵权盗版声明

电子工业出版社依法对本作品享有专有出版权。任何未经权利人书面许可,复制、销售或通过信息网络传播本作品的行为,歪曲、篡改、剽窃本作品的行为,均违反《中华人民共和国著作权法》,其行为人应承担相应的民事责任和行政责任,构成犯罪的,将被依法追究刑事责任。

为了维护市场秩序,保护权利人的合法权益,我社将依法查处和打击侵权盗版的单位和个人。欢迎社会各界人士积极举报侵权盗版行为,本社将奖励举报有功人员,并保证举报人的信息不被泄露。

举报电话:(010)88254396;(010)88258888
传　　真:(010)88254397
E-mail: dbqq@phei.com.cn
通信地址:北京市海淀区万寿路173信箱
　　　　　电子工业出版社总编办公室
邮　　编:100036

# 反侵权盗版声明

电子工业出版社依法对本作品享有专有出版权。任何未经权利人书面许可,复制、销售或通过信息网络传播本作品的行为,歪曲、篡改、剽窃本作品的行为,均违反《中华人民共和国著作权法》,其行为人应承担相应的民事责任和行政责任,构成犯罪的,将被依法追究刑事责任。

为了维护市场秩序,保护权利人的合法权益,我社将依法查处和打击侵权盗版的单位和个人。欢迎社会各界人士积极举报侵权盗版行为,本社将奖励举报有功人员,并保证举报人的信息不被泄露。

举报电话:(010)88254396;(010)88258888
传　　真:(010)88254397
E-mail: dbqq@phei.com.cn
通信地址:北京市万寿路173信箱
　　　　　电子工业出版社总编办公室
邮　　编:100036